"十三五"文化发展改革
规划汇编

中华人民共和国文化部政策法规司 ◎编

图书在版编目（CIP）数据

"十三五"文化发展改革规划汇编 / 中华人民共和国文化部政策法规司编 . —北京：知识产权出版社，2018.2
ISBN 978-7-5130-4979-5

Ⅰ. ①十… Ⅱ. ①中… Ⅲ. ①文化发展－研究－中国－2016-2020 Ⅳ. ①G12

中国版本图书馆CIP数据核字(2017)第150052号

"十三五"文化发展改革规划汇编

SHISANWU WENHUA FAZHAN GAIGE GUIHUA HUIBIAN

中华人民共和国文化部政策法规司　编

出版发行：	知识产权出版社有限责任公司	网　　址：	http://www.ipph.cn
电　　话：	010－82004826		http://www.laichushu.com
社　　址：	北京市海淀区气象路50号院	邮　　编：	100081
责编电话：	010－82000860转8597	责编邮箱：	luyuanyuan@cnipr.com
发行电话：	010－82000860转8101	发行传真：	010－82000893
印　　刷：	北京中献拓方科技发展有限公司	经　　销：	各大网上书店、新华书店及相关专业书店
开　　本：	787mm×1092mm　1/16	印　　张：	40.25
版　　次：	2018年2月第1版	印　　次：	2018年2月第1次印刷
字　　数：	1267千字	定　　价：	120.00元

ISBN 978-7-5130-4979-5

出版权专有　侵权必究

如有印装质量问题，本社负责调换。

编写说明

"十三五"时期是全面建成小康社会的决胜阶段,是促进文化繁荣发展的关键时期,也是建设社会主义文化强国的重要时期。以习近平同志为核心的党中央高度重视文化建设,从实现"两个一百年"奋斗目标的高度,将文化建设纳入中国特色社会主义"五位一体"总体布局,提出坚定文化自信,推动社会主义文化繁荣发展,建设社会主义文化强国,为新时代中国特色社会主义文化建设指明了前进方向。

《中华人民共和国国民经济和社会发展第十三个五年规划纲要》和《国家"十三五"时期文化发展改革规划纲要》,从国家层面做出战略安排,明确了"十三五"时期文化建设的目标和任务。根据《中华人民共和国国民经济和社会发展第十三个五年规划纲要》和《国家"十三五"时期文化发展改革规划纲要》,文化部于2017年2月颁布了《文化部"十三五"时期文化发展改革规划》,明确了"十三五"时期文化建设的时间表、路线图和任务书。与此同时,文化建设各领域"十三五"专项规划以及各省(区、市)"十三五"文化发展规划相继发布,进一步健全完善了总体规划和专项规划相互配套、有机衔接的规划体系。这些规划共同构建了一幅"十三五"时期文化发展改革的宏伟蓝图,成为引领和推动文化领域各项工作扎实有效开展的强有力抓手。

为推动文化系统及社会各界加深对"十三五"规划的认识和了解,促进学习交流和规划实施,我们收集了已正式颁布且面向社会公开的各类文化发展规划,汇编成册,供广大读者参考。本汇编共分为三个部分:一是国家"十三五"规划,即《中华人民共和国国民经济和社会发展第十三个五年规划纲要》(文化部分)和《国家"十三五"时期文化发展改革规划纲要》;二是文化部及其他有关部委"十三五"规划,主要包括《文化部"十三五"时期文化发展改革规划》、文化建设各领域专项规划,以及有关部委出台的涉及文化建设的"十三五"规划;三是地方"十三五"文化发展规划。在本书的编辑过程中,得到了各有关部门和地方文化厅局的大力支持,在此深表感谢!

编　者

2018年1月

目 录

国家"十三五"规划

中华人民共和国国民经济和社会发展第十三个五年规划纲要（文化部分） ……3
国家"十三五"时期文化发展改革规划纲要 ……13

各部委"十三五"规划

文化部"十三五"时期文化发展改革规划 ……33
国家文物事业发展"十三五"规划 ……50
文化部"十三五"时期艺术创作规划 ……61
文化部"十三五"时期文化科技创新规划 ……66
文化部"十三五"时期文化产业发展规划 ……72
"十三五"时期全国古籍保护工作规划 ……85
"十三五"时期全国公共图书馆事业发展规划 ……91
文化部"十三五"时期公共数字文化建设规划 ……99
"十三五"时期繁荣群众文艺发展规划 ……106
文化部"一带一路"文化发展行动计划（2016—2020年） ……112
"十三五"时期贫困地区公共文化服务体系建设规划纲要 ……117
中国传统工艺振兴计划 ……126
新闻出版广播影视"十三五"发展规划 ……129
"十三五"国家科普和创新文化建设规划 ……152
全民阅读"十三五"时期发展规划 ……160
版权工作"十三五"规划 ……167
大遗址保护"十三五"专项规划 ……174

地方"十三五"文化发展规划

北京市文化局"十三五"时期文化发展规划 ……181
天津市文化广播影视"十三五"规划 ……191
河北省文化事业发展"十三五"规划 ……201
山西省"十三五"文化改革发展规划 ……208
内蒙古自治区"十三五"文化改革发展规划 ……224

辽宁省文化改革发展"十三五"规划	237
吉林省文化厅"十三五"时期文化发展改革规划	245
黑龙江省文化厅"十三五"时期改革发展规划	260
上海市"十三五"时期文化文物广播影视发展规划	270
江苏省文化厅"十三五"文化发展规划	281
浙江省文化发展"十三五"规划	294
安徽省文化厅"十三五"时期文化改革发展规划	310
福建省"十三五"文化改革发展专项规划	319
江西省文化产业发展"十三五"规划	337
山东省文化厅"十三五"时期文化改革发展规划	354
河南省文化厅"十三五"时期文化改革发展规划	370
湖北省"十三五"时期文化事业发展规划	382
湖南省文化厅"十三五"时期文化发展规划	393
广西壮族自治区文化发展"十三五"规划	404
海南省文化广电出版体育"十三五"发展规划	422
重庆市文化发展"十三五"规划	439
四川省"十三五"文化发展规划	454
贵州省"十三五"文化事业和文化产业发展规划	469
西藏自治区"十三五"时期文化发展规划	490
陕西省"十三五"文化发展规划	506
甘肃省"十三五"文化产业发展规划	517
青海省"十三五"文化发展规划	531
宁夏公共文化服务体系"十三五"建设规划	550
新疆维吾尔自治区文化事业"十三五"发展规划	564
新疆建设兵团"十三五"时期文化改革发展规划	581
宁波市文化广电新闻出版局"十三五"文化发展规划	589
大连市文化发展"十三五"规划	603
深圳市文化发展"十三五"规划	617
青岛市"十三五"时期文化发展改革规划纲要	628

国家"十三五"规划

中华人民共和国国民经济和社会发展
第十三个五年规划纲要
（文化部分）

第三章 主要目标

按照全面建成小康社会新的目标要求，今后五年经济社会发展的主要目标是：

——经济保持中高速增长。在提高发展平衡性、包容性、可持续性基础上，到2020年国内生产总值和城乡居民人均收入比2010年翻一番，主要经济指标平衡协调，发展质量和效益明显提高。产业迈向中高端水平，农业现代化进展明显，工业化和信息化融合发展水平进一步提高，先进制造业和战略性新兴产业加快发展，新产业新业态不断成长，服务业比重进一步提高。

——创新驱动发展成效显著。创新驱动发展战略深入实施，创业创新蓬勃发展，全要素生产率明显提高。科技与经济深度融合，创新要素配置更加高效，重点领域和关键环节核心技术取得重大突破，自主创新能力全面增强，迈进创新型国家和人才强国行列。

——发展协调性明显增强。消费对经济增长贡献继续加大，投资效率和企业效率明显上升。城镇化质量明显改善，户籍人口城镇化率加快提高。区域协调发展新格局基本形成，发展空间布局得到优化。对外开放深度广度不断提高，全球配置资源能力进一步增强，进出口结构不断优化，国际收支基本平衡。

——人民生活水平和质量普遍提高。就业、教育、文化体育、社保、医疗、住房等公共服务体系更加健全，基本公共服务均等化水平稳步提高。教育现代化取得重要进展，劳动年龄人口受教育年限明显增加。就业比较充分，收入差距缩小，中等收入人口比重上升。我国现行标准下农村贫困人口实现脱贫，贫困县全部摘帽，解决区域性整体贫困。

——国民素质和社会文明程度显著提高。中国梦和社会主义核心价值观更加深入人心，爱国主义、集体主义、社会主义思想广泛弘扬，向上向善、诚信互助的社会风尚更加浓厚，国民思想道德素质、科学文化素质、健康素质明显提高，全社会法治意识不断增强。公共文化服务体系基本建成，文化产业成为国民经济支柱性产业。中华文化影响持续扩大。

——生态环境质量总体改善。生产方式和生活方式绿色、低碳水平上升。能源资源开发利用效率大幅提高，能源和水资源消耗、建设用地、碳排放总量得到有效控制，主要污染物排放总量大幅减少。主体功能区布局和生态安全屏障基本形成。

——各方面制度更加成熟更加定型。国家治理体系和治理能力现代化取得重大进展，各领域基础性制度体系基本形成。人民民主更加健全，法治政府基本建成，司法公信力明显提高。人权得到切实保障，产权得到有效保护。开放型经济新体制基本形成。中国特色现代军事体系更加完善。党的建设制度化水平显著提高。

第七章 深入推进大众创业万众创新

把大众创业万众创新融入发展各领域各环节，鼓励各类主体开发新技术、新产品、新业态、新模式，打造发展新引擎。

第一节　建设创业创新公共服务平台

实施"双创"行动计划，鼓励发展面向大众、服务中小微企业的低成本、便利化、开放式服务平台，打造一批"双创"示范基地和城市。加强信息资源整合，向企业开放专利信息资源和科研基地。鼓励大型企业建立技术转移和服务平台，向创业者提供技术支撑服务。完善创业培育服务，打造创业服务与创业投资结合、线上与线下结合的开放式服务载体。更好发挥政府创业投资引导基金作用。

第二节　全面推进众创众包众扶众筹

依托互联网拓宽市场资源、社会需求与创业创新对接通道。推进专业空间、网络平台和企业内部众创，加强创新资源共享。推广研发创意、制造运维、知识内容和生活服务众包，推动大众参与线上生产流通分工。发展公众众扶、分享众扶和互助众扶。完善监管制度，规范发展实物众筹、股权众筹和网络借贷。

第十八章　增强农产品安全保障能力

确保谷物基本自给、口粮绝对安全，调整优化农业结构，提高农产品综合生产能力和质量安全水平，形成结构更加合理、保障更加有力的农产品有效供给。

第三节　推进农村一二三产业融合发展

推进农业产业链和价值链建设，建立多形式利益联结机制，培育融合主体、创新融合方式，拓宽农民增收渠道，更多分享增值收益。积极发展农产品加工业和农业生产性服务业。拓展农业多种功能，推进农业与旅游休闲、教育文化、健康养生等深度融合，发展观光农业、体验农业、创意农业等新业态。加快发展都市现代农业。激活农村要素资源，增加农民财产性收入。

第二十三章　支持战略性新兴产业发展

瞄准技术前沿，把握产业变革方向，围绕重点领域，优化政策组合，拓展新兴产业增长空间，抢占未来竞争制高点，使战略性新兴产业增加值占国内生产总值比重达到15%。

第一节　提升新兴产业支撑作用

支持新一代信息技术、新能源汽车、生物技术、绿色低碳、高端装备与材料、数字创意等领域的产业发展壮大。大力推进先进半导体、机器人、增材制造、智能系统、新一代航空装备、空间技术综合服务系统、智能交通、精准医疗、高效储能与分布式能源系统、智能材料、高效节能环保、虚拟现实与互动影视等新兴前沿领域创新和产业化，形成一批新增长点。

第二节　培育发展战略性产业

加强前瞻布局，在空天海洋、信息网络、生命科学、核技术等领域，培育一批战略性产业。大力发展新型飞行器及航行器、新一代作业平台和空天一体化观测系统，着力构建量子通信和泛在安全物联网，加快发展合成生物和再生医学技术，加速开发新一代核电装备和小型核动力系统、民用核分析与成像，打造未来发展新优势。

第三节　构建新兴产业发展新格局

支持产业创新中心、新技术推广应用中心建设，支持创新资源密集度高的城市发展成为新兴产业创新发展策源地。推动新兴产业链创新链快速发展，加速形成特色新兴产业集群。实施新兴产业全球创新发展网络计划，鼓励企业全球配置创新资源，支持建立一批海外研发中心。

第四节　完善新兴产业发展环境

发挥产业政策导向和促进竞争功能，构建有利于新技术、新产品、新业态、新模式发展的准入条件、监管规则和标准体系。鼓励民生和基础设施重大工程采用创新产品和服务。设立国家战略性产业发展基金，充分发挥新兴产业创业投资引导基金作用，重点支持新兴产业领域初创期创新型企业。

第二十四章　加快推动服务业优质高效发展

开展加快发展现代服务业行动，扩大服务业对外开放，优化服务业发展环境，推动生产性服务业向专业化和价值链高端延伸、生活性服务业向精细和高品质转变。

第一节　促进生产性服务业专业化

以产业升级和提高效率为导向，发展工业设计和创意、工程咨询、商务咨询、法律会计、现代保险、信用评级、售后服务、检验检测认证、人力资源服务等产业。深化流通体制改革，促进流通信息化、标准化、集约化，推动传统商业加速向现代流通转型升级。加强物流基础设施建设，大力发展第三方物流和绿色物流、冷链物流、城乡配送。实施高技术服务业创新工程。引导生产企业加快服务环节专业化分离和外包。建立与国际接轨的生产性服务业标准体系，提高国际化水平。

第二节　提高生活性服务业品质

加快教育培训、健康养老、文化娱乐、体育健身等领域发展。大力发展旅游业，深入实施旅游业提质增效工程，加快海南国际旅游岛建设，支持发展生态旅游、文化旅游、休闲旅游、山地旅游等。积极发展家庭服务业，促进专业化、规模化和网络化发展。推动生活性服务业融合发展，鼓励发展针对个性化需求的定制服务。支持从业人员参加职业培训和技能鉴定考核，推进从业者职业化、专业化。实施生活性服务业放心行动计划，推广优质服务承诺标识与管理制度，培育知名服务品牌。

第三节　完善服务业发展体制和政策

面向社会资本扩大市场准入，加快开放电力、民航、铁路、石油、天然气、邮政、市政公用等行业的竞争性业务，扩大金融、教育、医疗、文化、互联网、商贸物流等领域开放，开展服务业扩大开放综合试点。清理各类歧视性规定，完善各类社会资本公平参与医疗、教育、托幼、养老、体育等领域发展的政策。扩大政府购买服务范围，推动竞争性购买第三方服务。

第三十四章　建设和谐宜居城市

转变城市发展方式，提高城市治理能力，加大"城市病"防治力度，不断提升城市环境质量、居民生活质量和城市竞争力，努力打造和谐宜居、富有活力、各具特色的城市。

第一节　加快新型城市建设

根据资源环境承载力调节城市规模，实行绿色规划、设计、施工标准，实施生态廊道建设和生态系统修复工程，建设绿色城市。加强现代信息基础设施建设，推进大数据和物联网发展，建设智慧城市。发挥城市创新资源密集优势，打造创业乐园和创新摇篮，建设创新城市。提高城市开放度和包容性，加强文化和自然遗产保护，延续历史文脉，建设人文城市。加强城市空间开发利用管制，建设密度较高、功能融合、公交导向的紧凑城市。

第三十五章　健全住房供应体系

构建以政府为主提供基本保障、以市场为主满足多层次需求的住房供应体系，优化住房供需结构，稳步提高居民住房水平，更好保障住有所居。

第二节　促进房地产市场健康发展

优化住房供给结构，促进市场供需平衡，保持房地产市场平稳运行。在住房供求关系紧张地区适度增加用地规模。在商品房库存较大地区，稳步化解房地产库存，扩大住房有效需求，提高棚户区改造货币化安置比例。积极发展住房租赁市场，鼓励自然人和各类机构投资者购买库存商品房，扩大租赁市场房源，鼓励发展以住房租赁为主营业务的专业化企业。促进房地产业兼并重组，提高产业集中度，开展房地产投资信托基金试点。发展旅游地产、养老地产、文化地产等新业态。加快推进住宅产业现代化，提升住宅综合品质。

第三十六章　推动城乡协调发展

推动新型城镇化和新农村建设协调发展，提升县域经济支撑辐射能力，促进公共资源在城乡间均衡配置，拓展农村广阔发展空间，形成城乡共同发展新格局。

第二节　加快建设美丽宜居乡村

推进农村改革和制度创新，增强集体经济组织服务功能，激发农村发展活力。全面改善农村生产生活条件。科学规划村镇建设、农田保护、村落分布、生态涵养等空间布局。加快农村宽带、公路、危房、饮水、照明、环卫、消防等设施改造。开展新一轮农网改造升级，农网供电可靠率达到99.8%。实施农村饮水安全巩固提升工程。改善农村办学条件和教师工作生活条件，加强基层医疗卫生机构和乡村医生队伍建设。建立健全农村留守儿童和妇女、老人关爱服务体系。加强和改善农村社会治理，完善农村治安防控体系，深入推进平安乡村建设。加强农村文化建设，深入开展"星级文明户""五好文明家庭"等创建活动，培育文明乡风、优良家风、新乡贤文化。开展农村不良风气专项治理，整治农村非法宗教活动等突出问题。开展生态文明示范村镇建设行动和农村人居环境综合整治行动，加大传统村落和民居、民族特色村镇保护力度，传承乡村文明，建设田园牧歌、秀山丽水、和谐幸福的美丽宜居乡村。

第三十七章　深入实施区域发展总体战略

深入实施西部开发、东北振兴、中部崛起和东部率先的区域发展总体战略，创新区域发展政策，完善区域发展机制，促进区域协调、协同、共同发展，努力缩小区域发展差距。

第一节　深入推进西部大开发

把深入实施西部大开发战略放在优先位置，更好发挥"一带一路"建设对西部大开发的带动作用。加快内外联通通道和区域性枢纽建设，进一步提高基础设施水平，明显改善落后边远地区对外通行条件。大力发展绿色农产品加工、文化旅游等特色优势产业。设立一批国家级产业转移示范区，发展产业集群。依托资源环境承载力较强地区，提高资源就地加工转化比重。加强水资源科学开发和高效利用。强化生态环境保护，提升生态安全屏障功能。健全长期稳定资金渠道，继续加大转移支付和政府投资力度。加快基本公共服务均等化。加大门户城市开放力度，提升开放型经济水平。

第四十章　扶持特殊类型地区发展

加大对革命老区、民族地区、边疆地区和困难地区的支持力度，实施边远贫困地区、边疆民族地区和革命老区人才支持计划，推动经济加快发展、人民生活明显改善。

第二节　推动民族地区健康发展

把加快少数民族和民族地区发展摆到更加突出的战略位置，加大财政投入和金融支持，改善基础设施条件，提高基本公共服务能力。支持民族地区发展优势产业和特色经济。加强跨省区对口支援和对口帮扶工作。加大对西藏和四省藏区支持力度。支持新疆南疆四地州加快发展。促进少数民族事业发展，大力扶持人口较少民族发展，支持民族特需商品生产发展，保护和传承少数民族传统文化。深入开展民族团结进步示范区创建活动，促进各民族交往交流交融。

第四十二章　加快建设主体功能区

强化主体功能区作为国土空间开发保护基础制度的作用，加快完善主体功能区政策体系，推动各地区依据主体功能定位发展。

第二节　健全主体功能区配套政策体系

根据不同主体功能区定位要求，健全差别化的财政、产业、投资、人口流动、土地、资源开发、环境保护等政策，实行分类考核的绩效评价办法。重点生态功能区实行产业准入负面清单。加大对农产品主产区和重点生态功能区的转移支付力度，建立健全区域流域横向生态补偿机制。设立统一规范的国家生态文明试验区。建立国家公园体制，整合设立一批国家公园。

第五十一章　推进"一带一路"建设

秉持亲诚惠容，坚持共商共建共享原则，开展与有关国家和地区多领域互利共赢的务实合作，打造陆海内外联动、东西双向开放的全面开放新格局。

第三节　共创开放包容的人文交流新局面

办好"一带一路"国际高峰论坛，发挥丝绸之路（敦煌）国际文化博览会等作用。广泛开展教育、科技、文化、体育、旅游、环保、卫生及中医药等领域合作。构建官民并举、多方参与的人文交流机制，互办文化年、艺术节、电影节、博览会等活动，鼓励丰富多样的民间文化交流，发挥妈祖文化等民间文化的积极作用。联合开发特色旅游产品，提高旅游便利化。加强卫生防疫领域交流合作，提高合作处理突发公共卫生事件能力。推动建立智库联盟。

第五十四章　支持香港澳门长期繁荣稳定发展

全面准确贯彻"一国两制"、"港人治港"、"澳人治澳"、高度自治的方针，严格依照宪法和基本法办事，发挥港澳独特优势，提升港澳在国家经济发展和对外开放中的地位和功能，支持港澳发展经济、改善民生、推进民主、促进和谐。

第二节　深化内地与港澳合作

支持港澳参与国家双向开放、"一带一路"建设，鼓励内地与港澳企业发挥各自优势，通过多种方式合作走出去。加大内地对港澳开放力度，推动内地与港澳关于建立更紧密经贸关系安排升级。深化内地与香港金融合作，加快两地市场互联互通。加深内地同港澳在社会、民生、文化、教育、环保等领域交流合作，支持内地与港澳开展创新及科技合作，支持港澳中小微企业和青年人在内地发展创业。支持共建大珠三角优质生活圈，加快前海、南沙、横琴等粤港澳合作平台建设。支持港澳在泛珠三角区域合作中发挥重要作用，推动粤港澳大湾区和跨省区重大合作平台建设。

第五十五章　推进两岸关系和平发展和祖国统一进程

坚持"九二共识"和一个中国原则，坚决反对"台独"。在坚持原则立场基础上，以互利共赢方式深化两岸经济合作，扩大两岸合作领域，增进两岸同胞福祉，巩固和推进两岸关系和平发展。

第二节　加强两岸人文社会交流

扩大两岸人员往来，完善台湾同胞待遇政策措施，为台湾居民在大陆工作、学习、生活提供更多便利。加强两岸文化交流合作，共同弘扬中华文化，增进两岸同胞文化、民族认同。深化两岸教育交流合作，扩大两岸高校学历互认范围，推进闽台职业教育交流合作试验区建设。鼓励两岸联合开展科技研发合作，深化两岸学术交流。加强两岸基层和青少年交流，让更多台湾普通民众、青少年和中小企业在交流合作中受益。

第五十七章　支持贫困地区加快发展

把革命老区、民族地区、边疆地区、集中连片贫困地区作为脱贫攻坚重点，持续加大对集中连片特殊困难地区的扶贫投入力度，增强造血能力，实现贫困地区农民人均可支配收入增长幅度高于全国平均水平，基本公共服务主要领域指标接近全国平均水平。

第二节　提高贫困地区公共服务水平

把建档立卡贫困户放在优先位置，全面完成危房改造，切实保障贫困户住房安全。改善贫困地区基本公共服务，提高教育质量和医疗服务水平。集中实施一批文化惠民扶贫项目，推动贫困地区县级公共文化体育设施达到国家标准。

第十五篇　提高民生保障水平

按照人人参与、人人尽力、人人享有的要求，坚守底线、突出重点、完善制度、引导预期，注重机会公平，保障基本民生，不断提高人民生活水平，实现全体人民共同迈入全面小康社会。

第六十一章　增加公共服务供给

坚持普惠性、保基本、均等化、可持续方向，从解决人民最关心最直接最现实的利益问题入手，增强政府职责，提高公共服务共建能力和共享水平。

第二节 满足多样化公共服务需求

开放市场并完善监管，努力增加非基本公共服务和产品供给。积极推动医疗、养老、文化、体育等领域非基本公共服务加快发展，丰富服务产品，提高服务质量，提供个性化服务方案。积极应用新技术、发展新业态，促进线上线下服务衔接，让人民群众享受高效便捷优质服务。

第十六篇 加强社会主义精神文明建设

坚持社会主义先进文化前进方向，坚持以人民为中心的工作导向，坚持把社会效益放在首位、社会效益和经济效益相统一，加快文化改革发展，推动物质文明和精神文明协调发展，建设社会主义文化强国。

第六十七章 提升国民文明素质

以社会主义核心价值观为引领，加强思想道德建设和社会诚信建设，弘扬中华传统美德和时代新风，倡导科学精神和人文精神，全面提高国民素质和社会文明程度。

第一节 培育和践行社会主义核心价值观

用中国梦和社会主义核心价值观凝聚共识、汇聚力量，增强国家意识、法治意识、道德意识、社会责任意识、生态文明意识。加强理想信念教育，深化中国特色社会主义理论体系的学习研究宣传，把社会主义核心价值观贯穿融入经济社会发展各领域和社会生活各方面。通过教育引导、舆论宣传、文化熏陶、行为实践、制度保障，使社会主义核心价值观内化为人们的坚定信念，外化为人们的自觉行动，增强全社会的道路自信、理论自信、制度自信。加强和改进基层宣传思想文化工作。推进公民道德建设，培育正确的道德判断和道德责任。

第三节 传承发展优秀传统文化

构建中华优秀传统文化传承体系，实现传统文化创造性转化和创新性发展。广泛开展优秀传统文化普及活动并纳入国民教育，继承五四运动以来的革命文化传统。大力推行和规范使用国家语言文字。加强文物保护利用，杜绝破坏性开发和不当经营。加强非物质文化遗产保护与传承，振兴传统工艺，传承发展传统戏曲。发展民族民间文化，扶持民间文化社团组织发展。

第四节 深化群众性精神文明创建活动

广泛开展文明城市、文明村镇、文明单位、文明家庭、文明校园等群众性精神文明创建活动，深化学雷锋志愿服务活动。发挥重要传统节日、重大礼仪活动、公益广告的思想熏陶和文化教育功能。普及科学知识，推动全民阅读，公民具备科学素质的比例超过10%。深入开展惠民演出、艺术普及等活动。培育良好家风、乡风、校风、行风，营造现代文明风尚。

第六十八章 丰富文化产品和服务

推进文化事业和文化产业双轮驱动，实施重大文化工程和文化名家工程，为全体人民提供昂扬向上、多姿多彩、怡养情怀的精神食粮。

第一节 繁荣发展社会主义文艺

扶持优秀文化作品创作生产，推出更多传播当代中国价值观念、体现中华文化精神、反映中国人审美追求的精品力作。更好发挥政府投入和各类基金作用，鼓励内容和形式创新，支持文艺院团发展，加强排演场所建设。加强文艺理论和评论工作。建设德艺双馨的文艺队伍。

第二节 构建现代公共文化服务体系

推进基本公共文化服务标准化、均等化。完善公共文化设施网络，加强基层文化服务能力建设。加大对老少边穷地区文化建设帮扶力度。加快公共数字文化建设。加强文化产品、惠民服务与群众文化需求对接。鼓励社会力量参与公共文化服务。继续推进公共文化设施免费开放。繁荣发展文学艺术、新闻出版、广播影视和体育事业。加强老年人、未成年人、农民工、残疾人等群体的文化权益保障。

第三节 加快发展现代文化产业

加快发展网络视听、移动多媒体、数字出版、动漫游戏等新兴产业，推动出版发行、影视制作、工艺美术等传统产业转型升级。推进文化业态创新，大力发展创意文化产业，促进文化与科技、信息、旅游、体育、金融等产业融合发展。推动文化企业兼并重组，扶持中小微文化企业发展。加快全国有线电视网络整合和智能化建设。扩大和引导文化消费。

第四节 建设现代传媒体系

加强主流媒体建设，提高舆论引导水平，增强传播力公信力影响力。以先进技术为支撑、内容建设为根本，推动传统媒体和新兴媒体在内容、渠道、平台、经营、管理等方面深度融合，建设"内容+平台+终端"的新型传播体系，打造一批新型主流媒体和传播载体。优化媒体结构，规范传播秩序。

第五节 加强网络文化建设

实施网络内容建设工程，丰富网络文化内涵，鼓励推出优秀网络原创作品，大力发展网络文艺，发展积极向上的网络文化。创新符合网络传播规律的网上宣传方式，提升网络舆情分析和引导能力。加强互联网分类管理，强化运营主体的社会责任。推进文明办网、文明上网，引导广大青年争当"中国好网民"，倡导网络公益活动，净化网络环境。

第六节 深化文化体制改革

健全党委领导、政府管理、行业自律、社会监督、企事业单位依法运营的文化管理体制。深化公益性文化单位改革。推动文化企业建立有文化特色的现代企业制度。健全国有文化资产管理体制。降低社会资本进入门槛，鼓励非公有制文化企业发展。开展新闻出版传媒企业特殊管理股试点。健全现代文化市场体系，落实完善文化经济政策。深入开展"扫黄打非"，加强市场监管，提升综合执法能力。

第六十九章 提高文化开放水平

加大中外人文交流力度，创新对外传播、文化交流、文化贸易方式，在交流互鉴中展示中华文化独特魅力，推动中华文化走向世界。

第一节 拓展文化交流与合作空间

推动政府合作和民间交流互促共进，增进文化互信和人文交流。推进国际汉学交流。完善海外中国文化中心建设运营机制。支持海外侨胞开展中外人文交流。鼓励文化企业对外投资合作，推进文化产品和服务出口，努力开拓国际文化市场。积极吸收借鉴国外优秀文化成果、先进文化经营管理理念，鼓励外资企业在华进行文化科技研发和服务外包。维护国家文化安全。

第二节　加强国际传播能力建设

拓展海外传播网络，丰富传播渠道和手段。打造旗舰媒体，推进合作传播，加强与国际大型传媒集团的合资合作，发挥各类信息网络设施的文化传播作用。打造符合国际惯例和国别特征、具有我国文化特色的话语体系，运用生动多样的表达方式，增强文化传播亲和力。

专栏25　文化重大工程

（一）公民道德建设

扎实开展道德模范评选表彰和宣传学习，实施诚信社会、诚信中国建设行动，开展节俭养德全民行动，修订完善乡规民约、学生守则等社会规范。

（二）文化精品创作

组织实施精神文明建设"五个一"工程、国家舞台艺术精品创作工程、国家重大出版工程、国家影视精品工程、中国当代文学艺术创作工程、优秀剧本扶持工程、国家美术发展和收藏工程等，加大对原创精品扶持力度。

（三）公共文化设施建设

改善市县公共文化馆、图书馆、博物馆设施条件。提高村级综合文化中心功能和使用效率。贫困地区县县配有流动文化车。加快推进广播电视户户通，加强中央广播电视节目无线数字化覆盖，重点加强边疆少数民族地区广播电视覆盖和译制能力建设，完善应急广播体系。实施少数民族新闻出版东风工程、少数民族电影工程。推进国家美术馆、中国工艺美术馆、"平安故宫"及国家文献战略储备库等国家级重大文化设施建设。完善档案馆库设施。

（四）传统文化和自然遗产保护传承

加强国家重大文化和自然遗产地、全国重点文物保护单位、中国历史文化名城名镇名村、国家级非物质文化遗产等遗产资源的保护利用，建设国家文化公园，完善相关保护利用设施。实施国家记忆工程。推进山东曲阜优秀传统文化传承发展示范区、甘肃华夏文明传承创新区建设。加强考古工作，推进二里头夏朝遗址博物馆、景德镇御窑厂遗址等重要文化遗产保护项目。

（五）传统戏曲传承和传统工艺振兴

开展戏曲剧种普查，资助数字化影像化保存，扶持京剧、昆曲、地方戏等开展"名家传戏"，建设区域性演艺中心，加强戏曲专业人才培养。制定实施中国传统工艺振兴计划，扶持传统工艺项目，推动形成一批具有民族特色的知名品牌。

（六）中华典籍整理

实施中华古籍保护计划。基本完成古籍普查工作，推动古籍原生性和再生性保护，推出300种国家重点古籍整理出版项目，建设国家古籍资源数据库。支持《中华续道藏》、《大藏经》等宗教典籍整理抢修。加强修史修志。实施民国时期文献保护计划。系统整理出版近代以来重要典籍文献。

（七）传播能力建设

加强重点新闻媒体建设，打造融媒体运行平台。加强重要网站内容建设，发展政务新媒体。加快文化资源数字化建设，推动中华优秀文化网上传播。统筹对外传播资源，扩大高端覆盖、本土化覆盖、口岸覆盖。建设讲好中国故事队伍。

（八）全民阅读

举办"书香中国"系列活动，在充分利用现有设施基础上，统筹建设社区阅读中心、数字农家书屋、公共数字阅读终端等设施，实施儿童阅读书报发放计划、市民阅读发放计划、盲文出版工程，支持实体书店发展。

第七十五章 全面推进法治中国建设

坚持依法治国、依法执政、依法行政共同推进，坚持法治国家、法治政府、法治社会一体建设，建设中国特色社会主义法治体系，建设社会主义法治国家。

第四节 全面推进法治社会建设

推进多层次多领域依法治理，提高社会治理法治化水平。加强法治文化建设，弘扬社会主义法治精神，增强全社会特别是公职人员尊法学法守法用法观念，在全社会形成良好法治氛围和法治习惯。深入开展"七五"普法，把法治教育纳入国民教育体系，健全公民和组织守法信用记录。完善法律服务体系，加强律师等法律人才和法律服务队伍建设，推进覆盖城乡居民的公共法律服务体系建设，完善法律援助制度，健全司法救助体系。

国家"十三五"时期文化发展改革规划纲要

发文单位：中共中央办公厅、国务院办公厅

为深入贯彻落实党的十八大和十八届三中、四中、五中、六中全会精神，加快文化发展改革，建设社会主义文化强国，根据《中共中央关于制定国民经济和社会发展第十三个五年规划的建议》和《中华人民共和国国民经济和社会发展第十三个五年规划纲要》，编制本规划纲要。

序　言

文化是民族的血脉，是人民的精神家园，是国家强盛的重要支撑。坚持"两手抓、两手都要硬"，推动物质文明和精神文明协调发展，繁荣发展社会主义先进文化，是党和国家的战略方针。

"十二五"时期我国文化建设取得显著成就，《国家"十二五"时期文化改革发展规划纲要》确定的各项任务顺利完成。特别是党的十八大以来，以习近平同志为核心的党中央团结带领全党全国各族人民，开辟了治国理政新境界，开创了中国特色社会主义事业新局面，社会主义文化建设进一步呈现出繁荣发展的生动景象。中国特色社会主义理论体系最新成果的学习宣传教育不断加强，中华民族伟大复兴的中国梦和社会主义核心价值观深入人心，主旋律更响亮、正能量更强劲。文化体制改革进一步深化，文化事业文化产业持续健康发展，文艺创作日益繁荣，中华优秀传统文化广为弘扬，人民群众精神文化生活更加丰富多彩。文化走出去步伐加快，国际传播能力大幅提高，中华文化国际影响力进一步提升。我们比历史上任何时期都更接近实现中华民族伟大复兴的目标，更有信心和能力铸就中华文化新的辉煌。

"十三五"时期是全面建成小康社会决胜阶段，也是促进文化繁荣发展关键时期。在新的历史起点上，夺取中国特色社会主义新胜利，赢得具有许多新的历史特点的伟大斗争，必须充分发挥文化引领风尚、教育人民、服务社会、推动发展的作用。全面建成小康社会，迫切需要补齐文化发展短板、实现文化小康，丰富人们精神文化生活，提高国民素质和社会文明程度。适应把握引领经济发展新常态，推动改革全面深化，促进社会和谐稳定，迫切需要牢固树立和贯彻落实创新、协调、绿色、开放、共享的发展理念，增进社会共识、营造良好氛围，激发全民族创造活力。高新技术发展日新月异，社会信息化持续推进，互联网影响广泛而深刻，迫切需要拓展文化发展新领域，发展壮大网上主流舆论阵地，更好运用先进技术发展和传播先进文化。世界多极化、经济全球化、文化多样化、社会信息化深入发展，综合国力竞争日趋激烈，迫切需要提高文化开放水平，广泛参与世界文明对话，增强国际话语权，展示中华文化独特魅力，增强国家文化软实力。面对新形势新要求，要进一步坚定文化自信，增强文化自觉，奋力开创中国特色社会主义文化建设新局面，为做好党和国家各项工作提供强大的价值引领力、文化凝聚力和精神推动力。

一、总体要求

（一）牢牢把握文化发展改革的指导思想

高举中国特色社会主义伟大旗帜，全面贯彻党的十八大和十八届三中、四中、五中、六中全会精神，以马

克思列宁主义、毛泽东思想、邓小平理论、"三个代表"重要思想、科学发展观为指导，深入学习贯彻习近平总书记系列重要讲话精神和治国理政新理念新思想新战略，切实增强政治意识、大局意识、核心意识、看齐意识，紧紧围绕统筹推进"五位一体"总体布局和协调推进"四个全面"战略布局，坚持以社会主义核心价值观为引领，坚持社会主义先进文化前进方向，坚持中国特色社会主义文化发展道路，坚持依法治国和以德治国相结合，坚持以人民为中心的发展思想和工作导向，坚持把社会效益放在首位、社会效益和经济效益相统一，全面推进文化发展改革，全面完成文化小康建设各项任务，建设社会主义文化强国，更好地构筑中国精神、中国价值、中国力量、中国贡献，为实现"两个一百年"奋斗目标、实现中华民族伟大复兴的中国梦奠定更加坚实的思想文化基础。

（二）把新发展理念贯穿于文化发展改革全过程

——坚持创新发展。适应社会主义市场经济和高新技术发展要求，体现文化例外要求，加大改革力度，全面推进文化内容形式、方法手段、载体渠道、体制机制、政策法规等创新，激发动力、增强活力、释放潜力，推动出精品出人才出效益。

——坚持协调发展。统筹城乡、区域文化发展，统筹文化发展、改革和管理，正确处理政府与市场、国有与民营、对内与对外等重要关系，促进文化事业全面繁荣、文化产业更好发展、优秀传统文化传承弘扬。

——坚持绿色发展。尊重规律，增加优秀精神文化产品和优质文化服务供给，净化社会文化环境，提升文化产业发展质量和效益，推动形成绿色发展方式和生活方式。

——坚持开放发展。推动中华文化走出去，提高国际传播能力，更好发出中国声音、展现中国精神、提出中国主张，借鉴吸收世界有益文化成果，深化不同文明交流互鉴。

——坚持共享发展。面向基层，贴近群众、依靠群众、服务群众，保障人民基本文化权益，满足人民群众日益增长的精神文化需求，提高群众文化参与度和获得感。

（三）全面实现文化发展改革的目标任务

——马克思主义中国化最新成果广泛普及，中国梦引领凝聚作用进一步增强，富强民主文明和谐、自由平等公正法治、爱国敬业诚信友善的社会主义核心价值观更加深入人心，国民思想道德素质、科学文化素质和社会文明程度显著提高。

——精神文化产品创作生产更加活跃繁荣，哲学社会科学创新发展能力不断提升，文化精品不断涌现，网络文化健康发展，社会精神文化生活丰富多彩。

——现代传播体系逐步建立，传统媒体与新兴媒体融合发展取得阶段性成果，形成一批新型主流媒体和主流媒体集团，网络空间更加清朗，社会舆论积极向上。

——现代公共文化服务体系基本建成，基本公共文化服务标准化、均等化水平稳步提高，体现地方和民族特色的文化设施网络基本形成，公共文化供给与群众文化需求有效匹配。

——现代文化产业体系和现代文化市场体系更加完善，文化市场的积极作用进一步发挥，做优做强做大一批文化企业和文化品牌，文化整体实力和竞争力明显增强，"十三五"末文化产业成为国民经济支柱性产业。

——中华优秀传统文化传承体系基本形成，中华民族文化基因与当代文化相适应、与现代社会相协调，实现传统文化创造性转化和创新性发展。

——文化开放格局日益完善，中华文化影响力持续扩大，中国故事、中国声音广泛传播，良好国家形象全面展示，国家文化软实力和国际话语权进一步增强，促进世界文化多样化发展。

——文化宏观管理体制改革不断深化，微观运行机制进一步健全，文化法治建设深入推进，中国特色社会主义文化制度更加成熟更加定型。

二、加强思想理论建设

坚持用马克思列宁主义、毛泽东思想、邓小平理论、"三个代表"重要思想、科学发展观和习近平总书记系列重要讲话精神武装全党、教育人民、推动实践，不断巩固马克思主义在意识形态领域的指导地位，增强广大干部群众中国特色社会主义道路自信、理论自信、制度自信、文化自信。

（一）深化中国特色社会主义理论体系的学习研究宣传

把深入学习宣传贯彻习近平总书记系列重要讲话精神和治国理政新理念新思想新战略作为重中之重，深化中国特色社会主义和中国梦的学习宣传教育。继续编辑出版《习近平谈治国理政》、修订出版《习近平总书记系列重要讲话读本》等。结合"学党章党规、学系列讲话，做合格党员"学习教育深化理论宣传。深入实施马克思主义理论研究和建设工程规划纲要。抓好马克思主义哲学和党史国史、社会主义发展史的学习研究。发展中国特色社会主义政治经济学。坚持和创新党内学习制度，制定党委（党组）中心组学习规则。组织开展面向基层群众的对象化、互动化的理论宣讲。加强对各种社会思潮的辨析和引导，出版一批通俗理论读物。深入实施高校思想政治理论课建设体系创新计划。加强青少年理想信念教育。

专栏1　理论工作"四大平台"建设

马克思主义理论研究和建设工程：开展重大现实问题、重大理论问题、重大实践经验总结的课题研究，体现时代性、实践性，突出本土化、当代化，深化党中央治国理论新理念新思想新战略的研究阐释，推出一批优秀成果。加快推进工程重点教材建设。

中国特色社会主义理论体系研究中心建设：做实做强一批国家级研究中心，带动各地研究中心壮大发展。

马克思主义学院建设：扶持一批全国重点马克思主义学院，加强马克思主义理论学科建设和骨干人才培养，办好高校思想政治理论课。

报刊网络理论宣传阵地建设：重点建设扶持一批党报理论版和党刊，打造一批有影响力的全国重点理论网站（频道）。

（二）繁荣发展哲学社会科学

坚持马克思主义立场观点方法，按照立足中国、借鉴国外，挖掘历史、把握当代，关怀人类、面向未来的思路，着力构建中国特色哲学社会科学。建立健全哲学社会科学管理体制，加强哲学社会科学创新平台、研究基地、传播中心建设。加强话语体系建设，注重以我为主设置议题，积极开展中国哲学社会科学国际学术研讨活动。举办当代中国马克思主义论坛系列理论研讨会。加强对各类讲座论坛、社科机构的引导和管理。发挥国家哲学社会科学基金示范引导作用，强化考核评价工作。充分发挥中国特色新型智库作用，形成定位明晰、特色鲜明、规模适度、布局合理、能进能出的中国特色新型智库体系。扶持哲学社会科学优秀著作出版。编写哲学社会科学普及读本。

专栏2　哲学社会科学创新工程

哲学社会科学学科体系建设：统筹基础学科、应用学科、新兴学科建设，发展交叉学科，扶持具有重要文化价值和传承意义的"绝学"、冷门学科，建设一批重点研究基地。

哲学社会科学话语体系建设：以党中央治国理政新理念新思想新战略研究为重点，开展当代中国话语体系建设研究，完善工作机制，加强专题研讨，注重推广研究成果。

哲学社会科学科研体制机制创新：健全课题立项、招标或委托制度，加强管理，探索建立科研成果的短期和中长期评价机制，完善优秀科研成果发布和转化机制。

哲学社会科学协同创新平台建设：加强社科院、高校、党校、行政学院以及政府部门之间的项目合作和人才交流，推动跨部门跨区域跨学科协同创新。

专栏3　中国特色新型智库建设工程

国家高端智库建设：重点扶持一批国家亟需、特色鲜明、制度创新、引领发展的专业化高端智库。加强社科院、党校、行政学院、高校、企业等智库建设。

（三）加强意识形态领域管理

落实党委（党组）意识形态工作责任制，建立健全考核、督查、问责机制。推动各级党校、行政学院和干部学院开设意识形态工作课程和讲座。坚持党管宣传、党管意识形态、党管媒体，落实属地管理、分级负责和谁主管谁负责的原则，加强意识形态阵地管理，建立健全网络意识形态工作机制，维护国家意识形态安全。

三、提高舆论引导水平

牢牢坚持党性原则、坚持马克思主义新闻观、坚持正确舆论导向、坚持正面宣传为主，把政治方向摆在第一位，高举旗帜、引领导向，围绕中心、服务大局，团结人民、鼓舞士气，成风化人、凝心聚力，澄清谬误、明辨是非，连接中外、沟通世界，加快构建现代传播体系，健全舆情引导机制，强化媒体社会责任，发展壮大主流媒体，切实提高新闻舆论传播力、引导力、影响力、公信力。

（一）做强做大主流舆论

适应分众化、差异化传播趋势，加快构建主流舆论矩阵。加强党报党刊、通讯社、电台电视台等重点新闻媒体建设，提高宣传报道专业化水平。加强和改进正面宣传，做亮党中央治国理政新理念新思想新战略重大主题宣传，做活经济宣传，做好热点引导。综合运用微博、微信、移动新闻客户端等传播方式，拓展主流舆论传播空间。建立和完善民意调查等制度。做好重大突发事件新闻报道和权威信息发布，把握舆论引导的时度效。加强和改进舆论监督，发挥舆论监督建设性作用。

（二）推动媒体融合发展

扶持重点主流媒体创新思路，推动融合发展尽快从相"加"迈向相"融"，形成新型传播模式。支持党报党刊、通讯社、电台电视台建设统一指挥调度的融媒体中心、全媒体采编平台等"中央厨房"，重构新闻采编生产流程，生产全媒体产品。明确不同类型、不同层级媒体定位，统筹推进媒体结构调整和融合发展，打造一批新型主流媒体和媒体集团。

（三）发展壮大网上舆论阵地

遵循网络传播规律，强化互联网思维，加快网络媒体发展。加强重点新闻网站和政府网站建设。加强移动互联网建设和生态治理。强化网站主体责任，健全网站分级分层管理体制。加强教育引导，进一步提升网民网络文明素养。将新闻网站采编人员纳入新闻记者证制度统一管理，纳入新闻采编人员职业资格制度，健全职称评价体系。统筹推进网络舆论引导、网络文化建设、网络文明传播、网络公益活动，增亮网络底色、激发网络正气。

专栏4　网络舆论阵地建设工程
网络传播体系建设：加强重点新闻网站、网络广播电视台等主流网站集群传播能力建设，发展移动互联网"微传播"体系。支持符合条件的网站上市。
新兴网络媒体培育：扶持一批主流媒体所属网站和新媒体，加大对国有资本和社会力量投资互联网文化领域的引导和规范。
网络内容建设工程：推动中国特色社会主义理论创新成果和各种优秀精神文化产品网上传播，推动网络文化产品创作生产，推动主流媒体开展网络信息服务。
政务新媒体建设：规范党政机关、人民团体、国有企事业单位等开办政务新媒体账号或客户端，加强内容建设与管理。
网络评论体系建设：推进网络评论理论、学科、教材阵地建设，提升网络作品创作质量。
网络人才队伍建设：制定实施网络文化重点领域人才培养计划，加强网络应急、网宣、网评、网管、网研等方面队伍建设，引导和发挥网民的积极性。

(四）规范传播秩序

规范地方媒体、行业媒体管理。规范推进电台电视台实质性合并，健全节目退出机制。建设视听新媒体集成播控平台。开展视听类智能终端设备入网认证工作。制定互联网分类管理办法。完善互联网法律法规，将现行新闻出版法律法规延伸覆盖到网络媒体管理。完善网站新闻来源许可机制，加强新闻信息采编转载资质管理，规范商业网站转载行为和网络转载版权秩序。建立完善网络版权使用机制。实行新闻采编专业人员职业资格制度，加强职务行为信息管理。加强互联网信息搜索引擎、即时通信工具、移动新闻客户端等管理，明确微博、微信等的运营主体对所传播内容的主体责任。加大对新闻界突出问题治理力度。严厉打击网络谣言、有害信息、虚假新闻、新闻敲诈和假媒体假记者。

专栏5　舆论引导能力提升工程

重点媒体融合发展：支持中央和省级主要媒体拓展新技术新应用，完善基础设施和硬件系统，创新内容生产与信息服务，加快重点项目建设。

主流媒体内容建设：加强重点栏目、节目建设，加大创新创优力度，推出一批名记者、名编辑、名主持、名评论员，完善原创新闻作品版权保护和有偿使用制度。

新闻发布制度建设：推动各级党政机关完善信息发布制度，健全政策解读机制。

新闻人才培养：建立健全部校共建新闻教育机制，推进地方党委宣传部门与高校共建新闻学院。做好新闻传播人才教育培养和国际传播后备人才培养工作。

舆论传播能力评估机制建设：科学设置绩效评价指标，引入第三方评价，搭建传播能力建设评估平台，建立全媒体传播效果评价体系。

行业自律和社会监督制度建设：健全工作机制，发挥新闻道德委员会作用，完善媒体社会责任报告制度。

四、培育和践行社会主义核心价值观

把社会主义核心价值观融入经济社会发展各领域、贯穿社会生活全过程，加强教育引导、舆论宣传、文化熏陶、实践养成和制度保障，注重通过法律和政策向社会传导正确价值取向，推动社会主义核心价值观宣传教育落细落小落实，不断增强价值观自信，巩固全党全国各族人民团结奋斗的共同思想基础。

（一）推进社会主义核心价值观学习实践具体化系统化

加强对社会主义核心价值观的研究阐释和宣传普及，充分运用各类媒体、文艺作品、公益广告和群众性文化活动等开展主题宣传。强化实践养成，注重典型示范，开展文化培育，精心设计开展多样化的人民群众喜闻乐见的活动。修订和实施爱国主义教育实施纲要，丰富教育内容、创新教育载体，增强中华民族归属感、认同感、尊严感、荣誉感和命运共同体意识。把社会主义核心价值观纳入国民教育体系，增强学生爱国精神、社会责任感和实践创新能力。发扬红色传统、传承红色基因，用好革命历史类纪念设施、遗址和各类爱国主义教育示范基地等红色资源。弘扬社会主义法治精神，把社会主义核心价值观融入法治建设，推动公正文明执法司法，彰显社会主流价值。推动社会治理体现社会主义核心价值观要求，强化公共政策的价值导向，探索建立重大公共政策道德风险评估和纠偏机制。

专栏6　社会主义核心价值观主题

社会主义核心价值观主题教育活动：开展爱国主义、革命传统、法治、诚信等主题教育，增强国家意识、法治意识、道德意识、社会责任意识、生态文明意识，推动社会主义核心价值观学习实践从个人层面向国家、社会层面延伸。

"爱我中华"主题教育活动：围绕"七一""八一""十一"等重大纪念日，开展主题活动，弘扬爱国主义精神。加强国防教育，推进国防文化、军旅文化和边塞文化建设。

学雷锋志愿服务活动：完善志愿服务登记、培训和政策法规保障等机制，推动志愿服务活动制度化、常态化。每年命名一批全国学雷锋活动示范点和岗位学雷锋标兵。

"图说我们的价值观""讲文明树新风"等公益广告宣传活动：完善配套措施，加大创作刊播力度，强化各类媒体、社会媒介和广告发布做公益广告的责任。

红色旅游活动：加强精品线路建设，丰富展陈内容，发挥全国爱国主义教育示范基地、全国红色旅游经典景区等的作用，增强教育活动吸引力、感染力。

"我们的节日"主题活动：运用春节、清明节、端午节、中秋节、重阳节等民族传统节日，传承民族文化、凝聚价值共识。

规范守则教育实践活动：修订完善市民公约、乡规民约、学生守则、行业规章、职业规则、团体章程，开展专题教育实践，强化人们的准则意识、律己意识。

平安中国建设活动：实施"七五"普法规划，组织"国家宪法日""全民国家安全教育日"等主题活动，开展公正文明执法活动。

民族团结进步创建活动：在机关、企业、社区、乡镇、学校、宗教活动场所等开展创建活动，命名示范单位，宣传民族团结进步模范，维护民族团结，反对民族分裂。

（二）加强和改进群众性思想政治工作

加强对社会热点难点问题的应对解读，合理引导社会预期，组织开展理论宣讲和形势政策教育，设计有特色有实效的活动载体。推动基层党组织、基层单位、城乡社区有针对性地加强思想政治工作，创新新经济组织和新社会组织的思想政治工作方式。加强青少年思想政治工作。加强高校思想政治建设。持续深入推进"基层工作加强年"活动。健全人文关怀和心理疏导机制，培育自尊自信、理性平和、积极向上的社会心态。

专栏7　群众性思想政治工作

基层宣讲：加强基层讲堂建设，开设理论政策大讲坛，面向群众开展宣讲，解疑释惑、化解矛盾。

通俗理论读物出版：编写出版《理论热点面对面》等通俗理论读物，开展优秀通俗理论读物推荐活动。

送温暖、献爱心活动：把解决思想问题和解决实际问题结合起来，广泛开展扶贫赈灾、慈善资助、支教助学、义务献血活动。

网络公益活动：鼓励网民互助，规范网络捐赠，推动有条件的地方和网站组建公益联盟。

社会心理服务：建立健全社会心理监测和服务机制，加强心理危机预警和干预，做好对重点人群的心理疏导。建立社会心理预期数据库。

（三）深入推进公民道德建设

加强社会公德、职业道德、家庭美德、个人品德教育。发挥党员干部的模范带头作用。举办中国公民道德论坛。礼敬英雄人物，加强对全国重大典型和道德模范、时代楷模的学习宣传，广泛推出"最美人物"、善行义举和身边好人。建立健全先进模范发挥作用的长效机制。弘扬中华传统美德，创新发展乡贤文化，开展孝敬教育、勤劳节俭教育、文明礼仪教育。加强社会诚信建设，推进诚信建设制度化。弘扬劳动最光荣、劳动者最伟大的观念，加强企业文化建设，培育创新创业精神。

专栏8　公民道德建设工程
道德模范评选表彰和宣传学习：每两年评选表彰一届全国道德模范。开展"道德模范在身边"宣传学习活动。开展道德模范"传帮带"活动。建立帮扶礼遇制度。做好道德模范管理服务工作。 公众人物"重品行、树形象、做榜样"活动：加强社会责任教育，引导企业界以及文艺、体育、教育、科技界名人等强化自身修养、投身公益事业、引领社会风尚。 未成年人思想道德建设：完善学校、家庭、社会三结合教育网络，开展主题教育实践活动，加强校外活动场所建设及使用管理，丰富优秀少儿文化产品供给。每三年评选表彰一届全国未成年人思想道德建设工作先进城市。 新乡贤文化建设：以乡情为纽带，以优秀基层干部、道德模范、身边好人的嘉言懿行为示范引领，培育新型农民，涵育文明乡风。 孝敬文化建设：发扬中华传统美德，弘扬中华孝道，强化孝敬父母、尊敬长辈的社会风尚。 节俭养德全民行动：倡导绿色低碳生活方式，积极开展健康有益的各类活动。 推进诚信社会、诚信中国建设：建设全国信用信息共享平台和国家企业信用信息公示系统，建立健全覆盖全社会的征信系统，完善守信激励和失信惩戒机制，开展道德领域突出问题专项教育和治理。

（四）深化拓展群众性精神文明创建活动

广泛开展群众性精神文明创建活动，修订完善各类创建测评体系。加强和改进文明城市创建管理，培育城市精神。加强农村精神文明建设。加强文明行业文明单位创建。培育优良家风家教，传承优良校风校训。针对群众反映强烈的突出问题，开展专项文明行动。完善文化科技卫生"三下乡"长效机制。倡导文明健康生活方式。制定国家礼仪规程。实施全民文明礼仪教育养成行动，培育文明行为习惯。规范升国旗仪式、成人仪式、入党入团入队仪式等礼仪制度。广泛开展军民警民共建精神文明活动。落实党和国家有关政策规定，加强对各类评比活动的规范管理。

专栏9　精神文明创建工程
文明城市创建：每三年评选表彰一届全国文明城市，每年组织对部分全国文明城市和提名城市进行暗访督查和测评考核。扩大县级文明城市创建活动覆盖面。 文明村镇创建：推进美丽乡村建设示范工程，深化文明村镇创建活动。"十三五"末全国县级及以上文明村和乡镇占比达到50%以上。 文明单位创建：每三年评选表彰一届全国文明单位，在各行各业特别是窗口单位选树一批创建标兵。 文明家庭创建：开展创建全国文明家庭、"五好家庭"、星级文明户和寻找"最美家庭"等活动。加强家庭家风建设，开展党员干部家庭建设专题教育。 文明校园创建：健全工作机制，开展文明校园创建活动，提高师生道德和文明礼仪水平，增强民主法治观念，改善校园文化环境。

专栏10　精神文明专项行动
文明旅游行动：加强文明出境游和国内游宣传教育、规范约束和社会监督，加强景区景点文明建设，加强导游培训和规范约束，建立游客不文明行为记录制度。 文明交通行动：完善交通安全宣传教育体系，整治交通违法行为，曝光不文明现象，引导人们文明出行。 文明办网、文明上网行动：实施网德工程，推行网站信用等级评价和网上实名制。引导广大青年争当"中国好网民"。引导网民善意、阳光、理性跟帖和评论。开展网络文明传播行动，加强中国文明网建设。 文明使者行动：在乡村、社区遴选文明使者，开展形式多样的文明传播活动。

五、繁荣文化产品创作生产

深入贯彻《中共中央关于繁荣发展社会主义文艺的意见》，着力扶持优秀文化产品创作生产，推出更多传播当代中国价值观念、体现中华文化精神、反映中国人审美追求的精品力作。

（一）把握正确创作导向

牢固树立以人民为中心的创作导向，坚持"二为"方向和"双百"方针，努力为人民抒写、抒情、抒怀。抓好中国梦和爱国主义主题文艺创作，讲好国家民族宏大故事，讲好百姓身边日常故事。建立支持文艺工作者长期深入生活扎根基层的长效保障机制。

（二）推动文化内容形式创新

加强规划指导，加大对具有示范性、引领性作用原创精品的扶持力度。抓好文学、剧本、作曲等基础性环节，支持戏剧、电影、电视、音乐、舞蹈、美术、摄影、书法、曲艺、杂技等艺术门类创新发展，鼓励戏曲流派创新，推动交响乐、歌剧、芭蕾舞等艺术品种的中国化、民族化。推进高雅艺术进校园活动。发挥国家艺术基金、国家出版基金的积极作用。

（三）发展网络文艺

加强网络文化产品创作生产，推动网络文学、网络剧、微电影等新兴文艺类型繁荣有序发展。推动传统文艺与网络文艺创新性融合，促进优秀作品多渠道传输、多平台展示、多终端推送。培养优秀的网络文艺创作、生产、传播和评论人才。健全网络文艺思潮研究分析机制，加大对网络文艺引导力度。

（四）完善评价激励机制

建立健全科学合理的文化产品评价体系，把价值取向、艺术水准、受众反应、社会影响等作为主要指标，合理设置反映市场接受程度的量化指标。建立健全中国特色的收视率调查系统。深化全国性文艺评奖制度改革。引导和规范出版物推荐活动。加强马克思主义文艺理论与评论建设，培养高素质评论队伍。

（五）加强版权保护

全面实施国家知识产权战略，以版权保护促进文化创新。完善版权相关法律法规、行政执法体制和社会服务体系，推进国家版权监管平台建设，依法打击侵权盗版行为，保护版权权利人利益。建立健全信息网络传播权长效保护机制，推进软件正版化工作。推进原创文化作品的版权保护，规范网络使用。完善版权运用的市场机制，推动版权贸易规范化。发展版权产业，形成全产业链的版权开发经营模式。

专栏11　文化精品创作生产

精神文明建设"五个一工程"：推动电影（含动画片）、电视剧（含动画片、电视纪录片）、戏剧、歌曲、图书、广播剧等优秀精神文化产品创作生产。

国家重大出版工程：统筹主题出版和重大出版项目，做好党和国家领导人重要著作出版，实施"三个一百"原创出版计划和学术出版奖励计划，编纂出版《中国大百科全书》（第三版）、《中国历代绘画大系》等，建设"中国社会科学词条库"。

中国当代文学艺术创作工程：重点扶持一批现实题材、中国梦题材、爱国主义题材、重大革命和历史题材、少儿题材、军事题材等文艺精品创作项目，推动出版和展演展映展播展示。

经典再造推广工程：做好优秀经典作品重拍、重排、重演、重版，以现代手法和元素激活和重塑经典。

网络文艺精品创作和传播工程：扶持优秀网络原创作品，支持优秀作品网络传播。扶持一批重点文艺网站。

国家舞台艺术精品创作工程：扶持重点剧目创作，推出一批优秀舞台艺术作品，支持优秀保留剧目复排演出。

国家影视精品工程：扶持一批优秀广播电视节目、影视剧、纪录片、动画片等创作生产。

优秀剧本扶持工程：实施影视、舞台等剧本孵化计划，组织作家、编剧采风，建立网上剧本交易平台，完善定制、采购、众筹等机制，支持创作改编和排演推广。

传统戏曲振兴工程：开展全国地方戏曲剧种普查，逐一制定保护传承方案，扶持建设若干戏曲中心，形成文化艺术"大码头"。实施"名家传戏——戏曲名家收徒传艺"计划。实施"像音像"工程。支持地方戏建设排演场所，盘活用好现有剧场资源。将符合条件的地方戏曲纳入非物质文化遗产名录，实施抢救性记录和保存。

国家美术发展和收藏工程：实施当代美术创作引导计划、全国美术馆和画院专业建设提升计划、国家美术收藏计划，实施国家美术作品收藏和捐赠奖励项目。

马克思主义文艺理论与评论建设工程：编好用好马克思主义文艺理论教材，发挥文艺评论组织、研究机构、高校的积极作用，办好重点文艺评论报刊、网站和栏目，资助优秀文艺评论成果。

六、加快现代公共文化服务体系建设

坚持政府主导、社会参与、重心下移、共建共享，坚持缺什么补什么，注重有用、适用、综合、配套，统筹建设、使用与管理，加快构建普惠性、保基本、均等化、可持续的现代公共文化服务体系。

（一）完善公共文化服务网络

鼓励各地按照国家基本公共文化服务指导标准，自主制定富有特色的地方实施办法，健全各级各类公共文化基础设施。立足实际，注重实效，做好公共文化馆、图书馆、博物馆、美术馆、乡镇（街道）综合文化站、村（社区）综合性文化服务中心等的规划建设。提高广播电视播出机构的制播能力和发射（监测）台、卫星地球站、直播卫星平台的承载能力。建设国家和地方应急广播体系。探索农村电影放映长效机制。鼓励社会力量投资或捐助公共文化设施设备。

（二）推动基层公共文化设施资源共建共享

统筹公共文化设施网络和重点文化惠民工程，避免重复建设。整合宣传文化、党员教育、科普普法、体育健身等资源，建设乡镇（街道）、村（社区）的综合文化服务设施。合理利用历史街区、民宅村落、闲置厂房等，兴办公共文化项目。以县级图书馆、文化馆为中心推进总分馆制。推进公共文化设施免费开放。

专栏12 公共文化服务重大工程

国家级重大文化设施建设：推动国家美术馆、中国工艺美术馆、"平安故宫"、中国国家画院、国家图书馆国家文献战略储备库、国家自然博物馆、中国新闻博物馆、中国民族博物馆等重大文化设施建设项目，推动国家级文艺院团重点建设项目。

基层综合文化服务中心建设：推动中心建设，使其基本具备读书看报、文体活动、公共数字文化服务、广播、电影电视放映、村史收集展陈等功能，并配套建设室外活动场地。发挥中心作用，增强对基层群众特别是青少年的吸引力。

广播电视节目无线数字化覆盖：改造全国现有大中功率无线骨干发射台站设备，进行小功率补点建设，实现模拟发射向数字发射转换。

数字广播电视户户通：推进有线电视网络建设和数字化双向化改造，推进直播卫星和地面数字广播电视入户接收，基本实现数字广播电视户户通。

全民阅读：开展"书香中国"系列活动，打造"中国好书"推荐平台。扶持实体书店发展。鼓励兴建各类公共阅读场所，完善全民阅读基础设施。实施儿童阅读促进计划、盲文出版项目。

（三）创新公共文化服务运行机制

推动各级政府购买公共文化服务。鼓励社会组织和企业参与公共文化设施运营和产品服务供给。建立"按需制单、百姓点单"模式，明确由基层选定为主的公共文化服务项目，健全配送网络。推进数字图书馆、文化馆、博物馆建设。开发和提供适合老年人、未成年人、农民工、残疾人等群体的基本公共文化产品和服务。完善公共文化考核评价，探索建立第三方评价机制。

（四）推动老少边贫地区公共文化跨越发展

与国家脱贫攻坚战略相结合，实施一批公共文化设施建设项目。加强少数民族语言频率频道和涉农节目建设。为贫困地区配备或更新多功能流动文化服务车。支持少数民族电影事业发展。加大文化扶贫力度，建立健全"结对子、种文化"工作机制。

专栏13　老少边贫地区公共文化建设

文化基础设施标准化建设：全面加强公共文化馆（站）、图书馆、博物馆、广播电视播出机构和发射（监测）台达标建设。

贫困地区村级综合文化服务中心建设扶持工程：通过盘活存量、调整置换、集中利用和新建等方式，在贫困地区普遍建成村级综合性文化设施，因地制宜配置保障基本文化需求、群众需要的有关场地和设施器材。

少数民族新闻出版东风工程：加强国家民文出版基地建设，支持民族文字媒体发展，提升译制出版和印制发行能力，扩大数字出版和出版物赠阅。

边境和民族地区广播电视节目覆盖能力建设：加强广西、云南、吉林、辽宁等边境地区的广播电视覆盖，让当地群众听收看高质量境内广播电视节目。

边远贫困地区、边疆民族地区和革命老区文化人才支持计划：每年选派一批文化工作者到"三区"工作服务。每年为"三区"培养一批文化工作者。支持贫困地区设立财政补贴的基层公共文化服务岗位。

七、完善现代文化市场体系和现代文化产业体系

加快发展文化产业，促进产业结构优化升级，提高规模化集约化专业化水平，促进文化产品和要素在全国范围内合理流动，促进文化资源与文化产业有机融合，扩大和引导文化消费，提高文化产业发展质量和效益。

（一）发展壮大文化市场主体

发展骨干文化企业，推动产业关联度高、业务相近的国有文化企业联合重组，推动跨所有制并购重组。以党报党刊所属非时政类报刊、实力雄厚的行业报刊为龙头整合报刊资源，对长期经营困难的新闻出版单位实行关停并转。降低社会资本准入门槛，鼓励和引导非公有制文化企业发展。支持"专、精、特、新"中小微文化企业发展。

专栏14　骨干文化企业培育工程

文化领军企业培育：加快培育一批主业突出、核心竞争力强、市场占有率高的综合性文化企业集团，力争若干家进入世界同行业前列。

广电网络资源整合：加快全国有线电视网络整合和智能化建设，建立互联互通、安全可控的全国性数字化文化传播渠道。

出版发行资源整合：打造一批新型出版发行机构和出版传媒集团，建设聚合出版发行资源的互联网发行平台。

知名文化品牌建设：鼓励打造知名文化品牌，扶持老字号企业扩大品牌影响力，加强商标品牌的培育和保护。

（二）推进文化市场建设

着力构建统一开放、竞争有序的现代文化市场体系，完善文化市场准入和退出机制。加快文化产品市场建设，发展基于互联网的新型文化市场业态，发展电子票务、电影院线、演出院线、网络书店等现代流通组织形式。健全文化要素市场，完善文化资产评估体系。创新文化投融资体制，推动文化资源与金融资本有效对接。鼓励有条件的国有文化企业利用资本市场发展壮大，推动资产证券化。加强文化消费场所建设，开发新型文化消费金融服务模式。发展文化旅游，扩大休闲娱乐消费。培育和发展农村文化市场。加强城乡出版物发行网点建设。规范出版物市场价格行为。加强文化行业组织建设，发展文化中介服务。规范文化产业统计。加强文化市场管理，深入开展"扫黄打非"。

专栏15　文化市场建设

重点文化会展：办好中国（深圳）国际文化产业博览交易会、中国国际动漫节、北京国际广播电影电视设备展览会、北京国际图书博览会、上海国际电影电视节、上海国际艺术节等重点会展。

重点文化产权交易所：办好重点文化产权交易所，推动文化企业国有资产入场交易，开展电视剧等进场交易试点。

文化消费促进和引导：开展促进文化消费试点。鼓励为困难群众等提供适当消费补贴。支持大中城市建设文化娱乐综合体，支持艺术街区、特色书店和小剧场等建设，鼓励把文化消费嵌入各类消费场所。

全国文化市场技术监管与服务平台：建立互联网及其服务场所、娱乐场所以及文化产品经营活动等监管系统，加强大数据资源建设，完善文化市场信用制度。

（三）优化文化产业结构布局

加快发展网络视听、移动多媒体、数字出版、动漫游戏、创意设计、3D和巨幕电影等新兴产业，推动出版发行、影视制作、工艺美术、印刷复制、广告服务、文化娱乐等传统产业转型升级，鼓励演出、娱乐、艺术品展览等传统业态实现线上线下融合。开发文化创意产品，扩大中高端文化供给，推动现代服务业发展。围绕"一带一路"建设、京津冀协同发展、长江经济带发展等国家战略，加强重点文化产业带建设。发掘城市文化资源，推进城市文化中心建设。支持中西部地区、民族地区、贫困地区发展特色文化产业。

专栏16　重大文化产业工程

电影繁荣发展：全面提高电影质量，做大做强电影市场，推动电影票房和银幕总数稳定增长。推动有条件的乡镇建设数字影院，加强电影衍生品和后产品开发。

出版融合发展：优化出版资源和要素，推动传统和新兴出版在内容、技术应用、平台终端等方面共享融通。

广播电视繁荣发展：全面提升广播电视节目制作和传播水平，扶持电视剧、电视动画、纪录片、有线网络等产业加快发展，形成视听内容生产传播新优势。

音乐产业发展：释放音乐创作活力，建设现代音乐产业综合体系，推动音乐产业与其他产业融合发展。

"文化+"行动：推动文化创意与相关产业有机融合，增加文化含量和产业附加值，把文化资源优势转化为产业和市场优势。

"互联网+"行动：创新网络文化产品和服务，引导支持网络文化产业基地建设。建设中国文化（出版广电）大数据产业平台。

文化产业集聚区建设：结合主体功能区规划布局，依托中心城市和城市群，打造若干文化产业集聚平台，形成内容创新、文化科技创新、文化金融服务创新中心。

文化产业园区规范引导：统筹推进各级各类文化产业园区（基地）建设，严格认定标准，建立退出机制。加强国家广告产业园区建设。

（四）强化文化科技支撑

落实中央财政科技计划管理改革的有关要求，通过优化整合后的科技计划（专项、基金等），支持符合条件的文化科技项目。运用云计算、人工智能、物联网等科技成果，催生新型文化业态。加强虚拟现实技术的研发与运用。推动"三网融合"。制定文化产业领域技术标准，深入推进国家文化科技创新工程。依托国家级文化和科技融合示范基地，加强文化科技企业创新能力建设，提高文化核心技术装备制造水平。加强文化资源的数字化采集、保存和应用。

专栏17　文化科技创新工程
宽带广电建设：加快建设下一代广播电视网，开发智能电视操作系统和融合终端，发展"电视+语音+互联网+智能家居+智慧城市"等综合业务。 广播影视数字化提升：推进广播电视台数字化建设，建设影院信息化管理与服务体系和电影市场技术监管体系，加强电视和电影前沿技术研究应用。 数字出版创新：建立国家知识服务平台，搭建新闻出版内容生产与分销等平台。支持发展绿色印刷、纳米印刷。 艺术呈现技术提升：加快新型灯光、音响、机械、视效、特效、智能展示等研发应用，提升艺术展演展陈数字化、智能化、网络化水平。

八、传承弘扬中华优秀传统文化

坚守中华文化立场，坚持客观科学礼敬的态度，扬弃继承、转化创新，推动中华文化现代化，让中华优秀传统文化拥有更多的传承载体、传播渠道和传习人群，增强做中国人的骨气和底气。

（一）加强中华优秀传统文化研究挖掘和创新发展

系统梳理中华文化的历史渊源、发展脉络、时代影响，阐明中华文化的独特创造、价值理念。厘清中华优秀传统文化的内涵，改造陈旧的表现形式，赋予新的时代内涵和现代表达形式。加强中华优秀传统文化典籍整理和出版，推进文化典籍资源数字化。推动文博单位开发相关文化创意产品。

（二）开展中华优秀传统文化普及

完善中华优秀传统文化教育，加强中华文化基因校园传承。推动中华优秀传统文化图书音像版权资源共享。加强戏曲保护与传承。普及中华诗词、音乐舞蹈、书法绘画等，举办经典诵读、国学讲堂、文化讲坛、专题展览等活动。鼓励媒体开办主题专栏、节目。利用互联网，推动中华优秀传统文化网络传播。加强语言文字研究和信息化开发应用，大力推广和规范使用国家通用语言文字，科学保护各民族语言文字。

（三）加强文化遗产保护

大力强化全社会文物保护意识，加强世界文化遗产、文物保护单位、大遗址、国家考古遗址公园、重要工业遗址、历史文化名城名镇名村和非物质文化遗产等珍贵遗产资源保护，推动遗产资源合理利用。加强馆藏文物保护和修复。建立健全国家文物督察制度，完善文物登录制度。规范文物流通市场，加大非法流失海外中国文物追索力度。加强考古发掘和整理研究。健全非物质文化遗产保护制度。加强国家级文化生态保护实验区建设，支持非物质文化遗产展览、展示、传习场所建设。推进非物质文化遗产生产性保护。

专栏18　文化遗产保护工程
国家珍贵文化和自然遗产保护利用：加强国家文化和自然遗产地中保护利用设施建设、重大文物保护维修，改善基础设施条件。

重点文物保护：实施长城、大遗址、世界文化遗产、文物保护单位等重大文物保护维修，开展水下文化遗产保护，进行国有可移动文物抢救性修复。

考古与大遗址保护：对古代遗址有重点地进行系统考古发掘整理和有效保护，深化重大专题研究。推进重要遗产瓮中保护项目。开展重点海域专项调查和水下考古发掘保护项目，划定一批水下文物保护区。

南海水下文化遗产保护：建设水下考古中心南海基地，开展南海水下文化遗产考古调查和抢救性保护。

传统村落保护利用：编制总体规划，完善基础设施，对国家和省级重点文物保护单位集中连片的传统村落进行整体保护利用。

文物数字资源共享：加快文物藏品数字化保藏，推进数字故宫、数字敦煌、数字丝绸之路和中国人民抗日战争数字博物馆建设。

非物质文化遗产保护与传承：对国家级非物质文化遗产代表性传承人实行抢救性记录，实施传承人群研修习培训计划，加强非物质文化遗产保护利用设施建设。

（四）传承振兴民族民间文化

加强对民间文学、民俗文化、民间音乐舞蹈戏曲、少数民族史诗的研究整理，对濒危技艺、珍贵实物资料进行抢救性保护。扶持民族民间文化社团组织发展。规范和支持非国有博物馆建设。把民族民间文化元素融入新型城镇化和新农村建设，发展有历史记忆、地域特色、民族特点的美丽城镇、美丽乡村。打造一批民间文化艺术之乡。

（五）保护和发展传统工艺

加强对中国传统工艺的传承保护和开发创新，挖掘技术与文化双重价值。推动传统工艺走进现代生活，运用现代设计改进传统工艺，促进传统工艺提高品质、形成品牌、带动就业。

专栏19　中华文化传承工程

中华文化资源数据库建设：统筹规划、加强协调，推动全国文化遗产、古籍资源、少数民族文化资源、民间口头文学、老唱片、电影档案等文化资源数字化建设，搭建文化数据共享平台。

中国古代典籍整理：实施中华古籍保护计划，编修《国家珍贵古籍名录》，推进基础性古籍、散失海外中华古籍、出土文献、古代社会档案等整理出版，统筹推进古籍整理出版数字化。基本完成古籍普查工作，推出300种国家重点古籍整理出版项目。

中国近现代典籍整理：实施民国时期文献保护计划。分期分类梳理近现代重要典籍文献，编纂《复兴文库》。

史志编修：加强中国共产党史、中华人民共和国史编修，加强地方史编写和边疆历史地理研究。完成省、市、县三级地方志书出版工作。开展旧志整理和部分有条件的镇志、标志编纂。

文化经典普及：编纂出版《中华传统文化百部经典》等著作，拍摄《记住乡愁》、《中华文化基因》等系列历史文化专题纪录片。

历史文化记录：实施国家记忆计划。抓紧历史文化记录和保护，重点做好影像记录、口述历史、记忆整理等项目。

国家文化公园建设：依托长城、大运河、黄帝陵、孔府、卢沟桥等重大历史文化遗产，规划建设一批国家文化公园，形成中华文化重要标识。

中华优秀传统文化进校园：将中华优秀传统文化教育融入课程和教材体系，提升教育师资水平，分学段有序推进。推进戏曲进校园。

中华优秀传统文化教育基地建设：发挥历史文化名城、名镇、名街、名村、名人故居以及名战场等的作用，推动主题特色公园建设，推出专题浏览路线，形成若干教育基地。

> 中华民族音乐传承出版：搜集整理民族传统音乐曲谱，完成对珍贵录音录像资料的数字化保护，建设民族音乐资源库，支持民族音乐创新出版传播方式。
>
> 民族民间文化典藏与传播：建设传统表演艺术基本动作、传统乐器声学资源和传统文化特征色彩的数字化典藏，建立中国皮影、木偶等艺术音像资源库。
>
> 传统工艺振兴：制定传统工艺振兴目录，扶持一批传统工艺项目，建设一批传统工艺工作站，推动形成一批具有民族特色的知名品牌。

九、提高文化开放水平

推动中华文化走出去，统筹对外文化交流、传播和贸易，创新方式方法，讲述好中国故事，阐释好中国特色，让全世界都能听到听清听懂中国声音，不断增强中国国际话语权，使当代中国形象在世界上不断树立和闪亮起来。

（一）加强国际传播能力建设

提升重点媒体国际传播能力，加强项目实施效果评估。建设国家新闻发布平台。推动理论创新、学术创新和表达创新，把话语体系建设研究成果转化为外宣工作资源，在国际上推动形成正确的中国观。

（二）扩大文化交流合作

用好中外人文交流机制，深化政府间文化交流。加强与"一带一路"沿线国家文化交流合作。推进国际汉学交流和中外智库合作。支持民间力量参与对外文化交流，发挥海外侨胞的积极作用。鼓励社会组织、中资机构等参与海外中国文化中心、孔子学院建设。扩大与海外青少年文化交流。加强与港澳台文化交流合作，共同弘扬中华文化。

（三）发展对外文化贸易和投资

培育对外文化贸易主体，鼓励和引导各种所有制文化企业参与文化产品和服务出口，加大内容创新力度，打造外向型骨干文化企业。稳定传统优势文化产品出口，利用跨境电子商务、市场采购贸易等新兴贸易方式，提高数字文化产品的国际市场竞争力，推动文化装备制造技术标准走出去。支持中华医药、中华烹饪、中国园林、中国武术等走出去。大力发展文化服务外包。鼓励各类企业在境外开展文化投资合作，建设国际营销网络，扩大境外优质文化资产规模。支持文化企业参加重要国际性文化节展。

（四）吸收借鉴国外优秀文化成果

统筹引进来和走出去，以我为主、为我所用，积极吸收借鉴国外有益文化成果、先进经营管理理念和有益做法经验。吸引外商投资我国法律法规许可的文化产业领域，推动文化产业领域有序开放，提升引进外资质量和水平。鼓励文化单位同国外有实力的文化机构进行项目合作，学习先进制作技术和管理经验。开展知识产权保护国际合作。

十、推进文化体制改革创新

遵循社会主义精神文明建设规律，把握文化创作生产传播特点，进一步发挥市场在文化资源配置中的积极作用，加强制度创新，构建确保把社会效益放在首位、社会效益和经济效益相统一的体制机制，调动全社会参与文化发展改革的积极性、主动性、创造性。

（一）全面深化文化体制改革

正确处理党委、政府、市场、社会之间的关系，建立健全党委领导、政府管理、行业自律、社会监督、企事业单位依法运营的文化体制机制。加大供给侧结构性改革力度，增强文化产品和服务有效供给。深化公益性文化事业单位改革，强化社会服务功能。推动国有文化企业加快完善文化生产经营机制，提高市场开发和营销能力。引导非公有资本有序进入、规范经营，鼓励社会各方面参与文化创业。科学区分文化建设项目类型，可以产业化、市场化方式运作的以产业化、市场化方式运作。推广政府和社会资本合作（PPP）模式，允许社会资本参与图书馆、文化馆、博物馆、剧院等公共文化设施建设和运营。加强文化领域重要基础性制度研究和评估，进一步完善体制机制。

（二）完善文化管理体制

加快文化立法进程，强化文化法治保障，全面推进依法行政。抓好公共文化服务保障法、网络安全法、电影产业促进法等法律的实施。深化文化行政管理体制改革，推动政府职能转变，赋予文化企事业单位更多的法人自主权。健全互联网管理领导体制，加强互联网文化管理法规制度建设，完善有关管理工作联动机制。健全国有文化资产管理体制机制。深化文化市场综合行政执法改革，理顺执法机构与有关行政管理部门之间的关系，全面落实行政执法责任制。推进文化类社会组织和行业自律建设，深化文联、作协、记协改革。

专栏20　文化法律制度建设

法律建设：制定文化产业促进法、公共图书馆法等，修订著作权法、文物保护法等。

行政法规建设：制定全民阅读促进条例、未成年人网络保护条例、文化市场综合行政执法管理条例、志愿服务条例等，修订电影管理条例、互联网上网服务营业场所管理条例、印刷业管理条例等。

部门规章建设：修订互联网新闻信息服务管理规定等。

（三）深化文化事业单位改革

分类推进文化事业单位改革，进一步明确不同单位的功能定位。深化人事、收入分配、社会保障、经费保障等制度改革，加强绩效评估考核。推动公共文化馆、图书馆、博物馆、美术馆等建立事业单位法人治理结构。加大对党报党刊、通讯社、电台电视台、时政类报刊社、公益性出版社等主流媒体扶持力度，加强内部管理，严格实行采编与经营分开，规范经营活动。在坚持出版权、播出权特许经营前提下，允许制作和出版、制作和播出分开。

（四）建立健全有文化特色的现代企业制度

加快国有文化企业公司制股份制改造，科学设置内部组织结构，强化经营管理。深化内部改革。完善社会效益和经济效益综合考核评价指标体系，建立健全社会效益的具体评价标准，建立考核结果与薪酬分配挂钩的绩效考核制度。推动党政部门逐步与所属文化企业脱钩，理顺主管主办单位与出资人机构关系。

专栏21　文化体制机制建设

国有文化资产监管：建立健全党委和政府监管有机结合、宣传部门有效主导的管理模式和工作机制，推动实现管人管事管资产管导向相统一。健全国有文化资产监督管理基础制度和管理办法。

综合考核评价指标体系建设：制定新闻网站、出版发行、影视、演艺等不同类别国有文化企业考核评价办法，明确社会效益指标考核权重占50%以上。

新闻出版传媒企业特殊管理股试点：在从事互联网新闻信息服务、网络出版、信息网络传播视听节目服务等须取得行政许可业务的互联网企业，以及按规定转制的重要国有传媒企业开展试点，推动特殊管理股制度成为新闻出版传媒领域一项重要制度安排。

文化事业单位内部改革：推动公共文化馆、图书馆、博物馆、美术馆等建立理事会制度。推动新闻媒体建立健全对采编和经营活动的不同管理制度和考核办法。规范广播电台、电视台制播分离改革。

国有文化企业内部组织结构建设：完善法人治理结构，实行党委成员以双向进入、交叉任职的方式进入董事会、监事会和经营管理层，建立健全编辑委员会、艺术委员会等专门机构。

> 国有文化企业干部人才管理：完善国有文化企业管理人员分类分层管理制度、经济效益和社会效益综合考核制度。开展国有控股上市文化企业股权激励试点。开展国有文化企业职业经理人制度试点。
>
> 文化类社会组织培育：加强对文化领域行业组织建设的指导，深化协会、商会等改革，健全内部管理制度。

十一、加强文化人才队伍建设

坚持党管干部、党管人才，突出抓好思想政治建设，全面提高能力素质，加快培养造就一支政治坚定、业务精湛、作风优良、党和人民放心的文化人才队伍。

（一）加强思想政治建设和职业道德建设

选好配强宣传思想文化单位领导班子，做到讲政治、强党性、敢担当、勇创新、严律己。大力加强马克思主义新闻观、文艺观教育，开展分层分类培训。深入开展"深入生活、扎根人民""走基层、转作风、改文风"等主题实践活动。

（二）培养造就高层次人才

加强领军人才建设，建立健全重大文化项目首席专家制度，培养集聚一批有深厚马克思主义理论素养、学贯中西的思想家和理论家，造就一批人民喜爱、有国际影响的学术大家、艺术大师和民族文化代表人物。加强新闻出版传媒领域高层次人才培养。实施中国特色新型智库高端人才培养计划，壮大公共政策研究和决策咨询队伍。加强文化产业投资运营、文化企业管理、媒体融合发展、网络信息服务等方面复合型人才、紧缺人才培养，多渠道引进海外优秀文化人才。

（三）加强基层宣传文化人才队伍建设

推动解决基层宣传文化单位人员配备、基本待遇、工作条件等方面的实际问题，表彰长期坚守基层、业绩突出的先进工作者，建强基层宣传文化队伍。打造专兼结合的基层工作队伍，扶持民间文艺社团、业余队伍，培养乡土文化能人、民族民间文化传承人和各类文化活动骨干。强化职业院校文化艺术类专业建设，鼓励民间艺人、技艺大师到职业院校兼职任教。深入推进服务农民、服务基层文化建设先进集体创建活动。加强西部及边疆地区基层文化人才队伍建设。大力发展文化志愿者队伍，鼓励社会各方面人士提供公共文化服务、参与基层文化活动。

> **专栏22　文化人才队伍建设**
>
> 文化名家暨"四个一批"人才工程：遴选扶持一批哲学社会科学、新闻出版、广播影视、文化艺术和文物保护、文化经营管理、文化科技等方面高层次人才，培养造就一批有较大影响的领军人才和学术带头人。
>
> 地方县级和城乡基层宣传思想文化队伍建设：加强县级宣传文化部门领导班子和重要阵地干部管理。大规模开展基层队伍教育培训，健全培训工作机制，开展全员培训。配齐配好乡镇、村和街道、社区宣传文化工作人员，加大专业技术人才培养力度，支持民间文化人才队伍发展。推进东西部地区培训工作交流合作、对口支持。
>
> 国家文化荣誉制度：按照党和国家功勋荣誉表彰制度要求，建立健全国家级文化荣誉称号，表彰奖励有杰出贡献的文化工作者。

十二、完善和落实文化经济政策

加大政策创新和执行力度，进一步健全文化经济政策体系，增强针对性、拓展覆盖面，更好地发挥引导激励和兜底保障作用，为坚持把社会效益放在首位、社会效益和经济效益相统一提供强有力的支撑。

（一）加强财政保障

完善公共财政文化投入机制，多渠道筹措资金支持文化发展改革。合理划分各级政府在文化领域的财政事权和支出责任，明确地方主体责任。进一步完善转移支付体制，加大中央和省级财政转移支付力度，重点向革命老区、民族地区、边疆地区、贫困地区倾斜，落实对国家在贫困地区安排的公益性文化建设项目取消县以下（含县）以及西部地区集中连片特困地区地市级配套资金的政策。加大政府性基金与一般公共预算的统筹力度。中央和省级财政继续设立宣传文化发展专项资金，整合设立中央补助地方公共文化服务体系建设专项资金。加大政府向社会力量购买公共文化服务的力度。中央和地方设立文艺创作专项资金或基金。创新文化产业发展专项资金管理模式，提高资金使用效益。加大文化企业国有资本经营预算投入，补充企业资本金。省属重点文化企业，经省级政府批准，2020年年底前可免缴国有资本收益。建立财政文化预算安排与资金绩效评价结果挂钩制度。通过政府购买服务、原创剧目补贴、以奖代补等方式，着力扶持文艺院团发展改革。

（二）落实和完善文化税收政策

落实经营性文化事业单位转制为企业以及支持文化创意和设计服务、电影、动漫、出版发行等文化企业发展的相关政策，落实支持社会组织、机构、个人捐赠和兴办公益性文化事业的相关政策。研究非物质文化遗产项目经营等方面的税收优惠政策。按照财税体制改革的总体要求，结合文化产业发展的实际需要，完善相关政策，加强对政策执行情况的评估督察，推动文化企业把社会效益放在首位、更好实现社会效益和经济效益有机统一。

（三）发展文化金融

鼓励金融机构开发适合文化企业特点的文化金融产品。支持符合条件的文化企业直接融资，支持上市文化企业利用资本市场并购重组。规范引导面向文化领域的互联网金融业务发展。完善文化金融中介服务体系，促进文化金融对接。探索开展无形资产抵押、质押贷款业务。鼓励开发文化消费信贷产品。

（四）健全文化贸易促进政策

简化文化出口行政审批流程，清理规范出口环节经营性服务和收费，推进文化贸易投资外汇管理便利化，提高海关通关便利化。加强对外文化贸易公共信息服务，分领域、分国别发布国外文化市场动态和文化产业政策信息。支持开展涉外知识产权维权工作。

（五）加强文化建设用地保障

将文化用地纳入城乡规划、土地利用总体规划，在国家土地政策许可范围内，优先保证重要公益性文化设施和文化产业设施、项目用地。修改城市用地分类与规划建设用地标准，完善文化设施用地类型，增加建设用地混合使用要求，保障文化事业文化产业发展。新建、改建、扩建居民住宅区，按照国家有关规定规划和建设相应的文化体育设施。鼓励将城市转型中退出的工业用地根据相关规划优先用于发展文化产业。

十三、组织实施

各级党委和政府要从全局和战略高度，充分认识"十三五"时期文化发展改革的重要意义，把本规划纲要提出的目标任务纳入经济社会发展全局，作为评价地区发展水平、衡量发展质量和考核领导干部工作业绩的重要内容，切实加强组织领导，抓好贯彻实施，力戒形式主义。要牢牢把握文化发展改革的正确方向，坚持和完善党委统一领导、党政齐抓共管、宣传部门组织协调、有关部门分工负责、社会力量积极参与的工作体制和工作格局，形成推动文化建设的强大合力。

中央网信办、文化部、新闻出版广电总局要根据本规划纲要，抓紧制定本领域的专项规划，报中央文化体制改革和发展工作领导小组批准后实施。国家发展改革委、财政部、国土资源部、商务部、税务总局等要按照职责分工，切实落实有关政策，做好各项重点工程的实施和保障。中央文史馆、国务院参事室等相关部门要积极发挥作用。各地要结合实际，编制好本地区文化发展改革规划。各地区各有关部门要加强对本规划纲要实施情况的跟踪分析和监督检查，推动各项任务措施落到实处。

各部委"十三五"规划

文化部"十三五"时期文化发展改革规划

发文单位：文化部

为全面贯彻党的十八大和十八届三中、四中、五中、六中全会精神，进一步加快文化发展改革，建设社会主义文化强国，根据《中华人民共和国国民经济和社会发展第十三个五年规划纲要》和《国家"十三五"时期文化发展改革规划纲要》，编制本规划。

序 言

"十二五"时期，我国文化建设全面快速发展，中国特色社会主义文化发展道路不断巩固拓展。各级党委政府高度重视、社会各界和人民群众积极参与文化建设，文化事业和文化产业发展的各项基础不断夯实，文化建设在引领当代价值、提升公众素养、提高生活质量、推动经济发展、优化社会氛围、塑造国家形象等方面的作用明显增强。艺术创作生产繁荣活跃，公共文化服务体系建设取得重大进展，公共文化服务网络更加完善，文物保护状况明显改善，非物质文化遗产保护传承体系不断健全，文化产业对国民经济贡献持续加大，文化市场监管能力有较大提高，中华文化国际影响力进一步提升，国家文化软实力不断增强。

"十三五"时期是全面建成小康社会的决胜阶段，是促进文化繁荣发展的关键时期，也是建设社会主义文化强国的重要时期。从国内看，经济发展进入新常态，文化在稳增长、促改革、调结构、惠民生方面将发挥更加重要的作用。中国特色新型工业化、信息化、城镇化、农业现代化同步发展，"一带一路"建设、京津冀协同发展和长江经济带建设等国家重大战略相继实施，文化建设空间更加广阔。居民可支配收入和闲暇时间进一步增多，多样化多层次的精神文化需求更加旺盛。高新科技的广泛应用催生了文化生产、传播、消费方式的深刻变革。同时，文化建设的水平和质量离全面建成小康社会还存在一定差距，迫切需要补齐短板、兜好底线，提高区域、城乡文化发展的均衡性和协调性，提高国民素质和社会文明程度。从国际看，世界多极化、经济全球化、文化多样化、社会信息化深入发展，文化在国际交往中的地位和作用更加凸显，中华文化的国际影响力持续扩大。同时，世界范围内各种思想文化交流交融交锋更加频繁，综合国力竞争更加激烈，文化安全形势更加复杂，提高国家文化软实力、增强国际话语权的任务日趋紧迫。综合判断，文化面临重大发展机遇，也面临诸多挑战。在新的历史起点上，必须以新发展理念引领文化建设，全面提高文化发展的质量和效益，推动社会主义文化大发展大繁荣。

一、指导思想和基本原则

（一）指导思想

高举中国特色社会主义伟大旗帜，全面贯彻党的十八大和十八届三中、四中、五中、六中全会精神，以马克思列宁主义、毛泽东思想、邓小平理论、"三个代表"重要思想、科学发展观为指导，深入学习贯彻习近平总书记系列重要讲话精神和治国理政新理念新思想新战略，切实增强政治意识、大局意识、核心意识、看齐意识，紧紧围绕统筹推进"五位一体"总体布局和协调推进"四个全面"战略布局，牢固树立和贯彻落实创新、协调、绿色、开放、共享的发展理念，推进社会主义文化强国建设，进一步坚定文化自信，增强文化自觉，全面完成文化小康建设各项任务，为实现"两个一百年"奋斗目标、实现中华民族伟大复兴的中国梦提供强大的价值引领力、文化凝聚力、精神推动力。

(二) 基本原则

1.坚持正确方向

坚持党对文化工作的领导，牢牢把握社会主义先进文化前进方向，贯彻"二为"方向、"双百"方针，把中国梦和社会主义核心价值观贯穿到文化建设各领域各环节，坚持把社会效益放在首位、社会效益和经济效益相统一。

2.坚持以人为本

坚持以人民为中心的发展思想和工作导向，发挥人民主体作用，坚持共建共享，努力利民惠民，着力提高人民群众文化参与度，提升国民素质和社会文明程度，促进人的全面发展。

3.坚持改革创新

积极探索有利于解放和发展文化生产力的新举措、新途径，全方位推进文化创新，深化文化体制改革，推进文化领域供给侧结构性改革，激发全民族文化创造活力。

4.坚持科学发展

加快转变文化发展方式，促进城乡、区域文化协调发展，推动文化与其他领域融合发展，努力实现更高质量、更有效率、更加公平、更可持续的发展。

5.坚持传承弘扬

把弘扬优秀传统文化与发展现实文化有机统一起来，在继承中发展，在发展中继承，实现中华优秀传统文化创造性转化和创新性发展。

6.坚持开放包容

构建全方位、多层次、宽领域文化对外开放格局，吸收借鉴人类优秀文明成果，讲好中国故事、阐释中国道路、体现中国精神、展示中国形象，推动中华文化走向世界。

二、发展目标和主要指标

(一) 发展目标

到2020年，社会主义文化强国建设取得重要进展，国家文化软实力进一步提高。中国梦的引领凝聚作用进一步增强，社会主义核心价值观更加深入人心，人民群众精神文化生活更加丰富，文化参与的广度和深度不断拓展，国民素质和社会文明程度显著提高。文学艺术繁荣发展，无愧于民族、无愧于时代的文艺精品不断涌现，中华优秀传统文化传承体系基本形成，现代公共文化服务体系基本建成，现代文化产业体系和现代文化市场体系更加完善，文化产业成为国民经济支柱性产业。对外文化交流体系逐步建立，中华文化影响力持续扩大。国家文化安全得到有效维护。区域文化发展格局更加优化，文化治理体系和治理能力现代化水平显著提升。

(二) 主要指标

——"十三五"期间，重点推出50部左右体现时代文化成就、代表国家文化形象的舞台艺术优秀作品。实现名家传戏1000人次，扶持100部舞台艺术剧本创作。国家艺术基金立项资助项目达到4000项。

——到"十三五"期末，县级公共图书馆、文化馆和乡镇（街道）综合文化站设施建设基本达标，基本实现每个行政村（社区）都建有综合性文化服务中心，贫困地区县县有流动文化车。

——到"十三五"期末，全国人均拥有公共图书馆（含分馆）藏量达到1册，全国公共图书馆年流通人次达到8亿，文化馆（站）年服务人次达到8亿，博物馆年服务人次达到8亿。

——到"十三五"期末，全国重点文物保护单位有保护范围、有保护标志、有记录档案、有保管机构的"四有"工作完成率达到100%，全国重点文物保护单位和省级重点文物保护单位重大文物保护工程合格率达到100%。

——到"十三五"期末，对非物质文化遗产传承人群开展研修研习培训达到10万人次。

——"十三五"期间，以文化产业成为国民经济支柱性产业为目标，支持实施一批具有示范带动效应的重点文化产业项目，培育一批集聚功能和辐射作用明显的国家级文化产业园区，打造3至5个市场化、专业化、国际化的重点文化产业展会。

——到"十三五"期末，基于文化市场技术监管与服务平台的文化市场信用信息数据库涵盖全国90%以上的文化市场经营主体，文化市场技术监管与服务平台在全国区县级文化行政部门和文化市场综合执法机构应用率达到95%以上。

——到"十三五"期末，海外中国文化中心总数达到50个。

三、繁荣艺术创作生产

坚持"二为"方向、"双百"方针，深入贯彻习近平总书记关于文艺工作的重要讲话精神，贯彻落实《中共中央关于繁荣发展社会主义文艺的意见》，坚持以人民为中心的创作导向，把创作生产优秀作品作为文艺工作的中心环节，努力创作生产更多传播当代中国价值观念、体现中华文化精神、反映中国人审美追求，思想精深、艺术精湛、制作精良的文艺精品。

（一）把握正确的创作导向

聚焦中国梦时代主题，以中华优秀传统文化为根脉，以创新为动力，大力弘扬社会主义核心价值观，唱响爱国主义主旋律。持续开展"深入生活、扎根人民"主题实践活动，建立健全长效机制。围绕重大节庆纪念活动，开展主题创作和展演展览活动。

（二）创作生产优秀文艺作品

实施精品战略，把握发展态势，尊重艺术创作规律，加强艺术创作规划和资源统筹。抓好现实题材、爱国主义题材、重大革命和历史题材、青少年题材、军事题材等的创作生产，合理集聚和有效配置资源打造精品，努力攀登艺术高峰。推动传统戏曲和民族歌剧传承发展，培育有利于民族艺术活起来、传下去、出精品、出名家的良好环境。扶持剧本创作，解决优秀剧本不足问题。扶持西部及少数民族地区艺术发展，鼓励东西部艺术交流。发挥国家艺术基金引导作用。推动舞台艺术和美术领域作品量质齐升。

（三）完善文艺评价激励机制

充分发挥文艺评奖的导向激励作用，进一步完善评奖机制。把遵循社会主义先进文化前进方向和人民满意作为最高标准，把群众评价、专家评价和市场检验统一起来。建立获奖作品跟踪考核机制，推动获奖作品面向公众多演出。开展积极健康的文艺批评，加强文艺评论阵地建设、理论研究和成果推广。

（四）加强优秀作品的传播推广

发挥中国艺术节等重大艺术活动的示范引导作用，扩大优秀艺术作品的知名度和观众覆盖面。发展网络文艺。创新艺术传播渠道，促进优秀文艺作品多渠道传输、多平台展示、多终端推送。支持建设综合性剧目排练中心，鼓励有条件的国有排练场所向民营院团开放。加强对剧场、演艺区发展的支持和引导，统筹艺术产品的创作生产与剧场资源的整合利用。探索剧场建设、运营、管理的科学模式，研究制定剧场运营管理规范。提升美术馆专业化建设水平，使优秀美术成果惠及更多群众。

（五）提升文化艺术科研水平

以重大理论和现实问题为主攻方向，坚持基础研究和应用研究并重，加强全国艺术科学研究规划及项目管理，推出一批高质量的文化艺术研究成果。加大对全国艺术研究院所建设的指导和支持，努力将中国艺术研究院建设成我国文化艺术领域的高端智库。

专栏 1　艺术创作生产

国家舞台艺术精品创作扶持工程：制定中长期文艺创作规划，评选发布年度全国舞台艺术重点创作剧目名录和国家舞台艺术精品创作工程重点扶持剧目，推出 50 部左右舞台艺术优秀作品，加强宣传推广，推动开展交流演出。

国家艺术基金项目：面向社会进行项目申报和项目实施，在舞台艺术创作、美术创作、艺术传播交流推广、艺术人才培养、新兴艺术门类创作等方面实施 4000 项资助项目，进一步健全管理制度，完善资助机制，提高资助质量。

戏曲振兴工程：开展戏曲剧种普查。实施"名家传戏"，组织京剧、昆曲和地方戏名家传授经典折子戏 1000 人次。实施中国戏曲像音像工程。录制昆曲传统折子戏，抢救、保护戏曲文献资料。加大对国家级非物质文化遗产保护名录中传统戏剧项目的扶持力度。推动戏曲进校园、进农村、进基层，将地方戏曲演出纳入基本公共文化服务目录，支持戏曲艺术表演团体到各级各类学校演出。组织中国京剧艺术节、中国昆剧艺术节、全国基层院团戏曲会演等展演活动。加强戏曲艺术专业人才培养。

剧本扶持工程：通过征集新创、整理改编、买断移植，扶持 100 部舞台艺术剧本创作。实施戏曲剧本孵化计划。

民族音乐舞蹈杂技扶持工程：扶持重点民族音乐、舞蹈、杂技艺术院团，组织重点剧（节）目创作、展演，开展民间乐种和民族舞蹈样式普查，抢救保护传统民族音乐舞蹈资源。

民族歌剧传承发展工程：制定并实施民族歌剧重点剧目创作计划和遴选指导制度，推动原创民族歌剧的创作和经典民族歌剧的复排。办好中国歌剧节等活动，打造展示传播平台。加强民族歌剧人才培养和理论研究。

"深入生活、扎根人民"主题实践活动：制定支持文艺工作者长期深入生活的政策措施，建立健全长效保障和激励机制。组织文化系统艺术单位深入城乡基层开展采风创作、结对帮扶、慰问演出等活动。

国家美术发展和收藏工程：加强重大题材美术创作，推出一批优秀主题性美术作品。加强对当代美术创作的引导。完成全国美术馆藏品普查。加大国家美术收藏力度，对国家重点美术馆实施的捐赠性收藏项目予以奖励扶持。加强国家美术藏品的保护修复和研究推广，推出 150 个左右美术馆馆藏精品展览。推进美术馆和画院专业化建设。

四、构建现代公共文化服务体系

坚持政府主导、社会参与、重心下移、共建共享，以基本公共文化服务标准化均等化为突破口，立足人民群众基本文化需求，构建体现时代发展趋势、符合文化发展规律、具有中国特色的现代公共文化服务体系。

（一）全面推进基本公共文化服务标准化均等化

以县为基本单位，全面落实国家基本公共文化服务指导标准和地方实施标准。健全公共文化设施运行管理和服务标准体系，规范各级各类公共文化机构服务项目和流程。以标准化促进均等化，填平补齐公共文化资源，推动区域间、城乡间公共文化服务均衡协调发展。开发和提供适合老年人、未成年人、残疾人、农民工、农村留守妇女儿童、生活困难群众等群体的基本公共文化产品和服务。

（二）完善公共文化设施网络

以公共图书馆、文化馆、博物馆、乡镇（街道）综合文化站、村（社区）综合性文化服务中心为重点，以流动文化设施和数字文化设施为补充，统筹规划，均衡配置，推动各级公共文化设施基本达到国家建设标准。

采取盘活存量、调整置换、集中利用等方式，着力推进乡镇（街道）和村（社区）综合性文化服务中心建设。加强贫困地区的流动服务点建设，配备流动文化服务设备器材，实现流动服务常态化。

（三）加大贫困地区公共文化服务体系建设力度

与国家扶贫攻坚战略相结合，加强对中西部地区特别是老少边穷地区公共文化建设的帮扶。加大资金、项目、政策的倾斜力度，补齐公共文化服务短板。盘活贫困地区文化资源，大力推动文化惠民。将公共文化帮扶纳入行业扶贫、东西部扶贫协作和定点扶贫工作内容，通过对口支援、合作共建、区域文化联动等形式，建立与扶贫开发工作重点县的结对帮扶机制。深入实施文化扶贫项目，动员社会力量积极参与，实现"一县一策"、精准扶贫。

（四）提高公共文化服务效能

创新公共文化管理体制和运行机制，完善公共文化服务体系建设协调机制，推动基层党委和政府统筹实施各类重大文化工程和项目。建立健全县级文化馆、图书馆总分馆制。深入推进公共图书馆、博物馆、文化馆（站）、美术馆等公共文化设施免费开放，提升免费开放服务水平，提高群众文化参与程度。建立健全基层公共文化服务监督评价机制，开展常态化的公共文化服务效能评估。建立群众文化需求反馈机制，推广"菜单式"服务模式。丰富公共文化产品供给，拓宽供给渠道。推动公共数字文化建设，加快数字图书馆、博物馆、文化馆、美术馆建设，统筹实施重大公共数字文化建设工程，加强数字产品和服务的开发，提高优质资源供给能力。建立以效能为导向的评价激励机制，研究制定公众参与度和群众满意度指标。深入开展艺术普及活动。繁荣群众文艺，完善扶持机制，搭建展示平台。

（五）推动公共文化服务社会化发展

促进公共文化服务项目化管理、市场化运作、社会化参与。建立健全政府购买公共文化服务工作机制。培育文化类社会组织。运用政府与社会资本合作、公益创投等多种模式，支持企业、社会组织和个人提供公共文化设施、产品和服务，推动有条件的公共文化设施社会化运营。鼓励和引导社会力量在符合条件的情况下结合历史街区和传统村落建设等兴办公共文化项目。推进文化志愿服务，建立和完善文化志愿者注册招募、服务记录、管理评价和激励保障机制，提高文化志愿服务规范化、专业化和社会化水平。

（六）全面加强边境地区文化建设

以边境县为主体，以县、乡、村三级为重点，以公共文化服务体系建设为主要方面，全面加强边境地区文化建设，推动文化稳边、固边、兴边。加强边境地区公共文化设施建设，改造提升设施条件，增加多层次、多语种文化产品供给，加强网络建设和数字资源建设。鼓励文艺工作者深入边境地区开展采风创作和慰问演出，丰富边民文化生活。加大文化人才、文化科教支边力度，加强人才培训。挖掘和保护边境特色文化资源，扶持特色文化产业发展。建立边境地区文化市场执法协作机制，加大违法案件查办力度，维护文化安全。支持边境地区与周边国家和地区开展形式多样、内容丰富的文化交流与合作，发展文化边贸。

专栏2　现代公共文化服务体系建设

国家级文化设施建设工程：实施国家美术馆、中国工艺美术馆（中国非物质文化遗产馆）、"平安故宫"、国家图书馆国家文献战略储备库等重大文化设施建设，推动中国国家画院扩建、中央芭蕾舞团业务用房扩建、中国交响乐团团址重建等项目，形成比较完备的国家级文化设施网络。

贫困地区公共文化服务体系建设项目：为贫困地区每个县配备流动文化车。加大中央财政支持力度，对贫困地区村级文化设施建设给予支持，推动普遍建立村级综合性文化服务中心。为贫困地区村级综合性文化服务中心配备设备。

基层综合性文化服务中心建设项目：在乡镇（街道）和村（社区）统筹建设综合性文化服务中心，配套建设文体广场、文化活动室、简易戏台并配备阅报栏（屏）、文化器材（含灯光音响设备和部分乐器）、广播器材和体育健身设施等。

公共数字文化建设项目：统筹实施全国文化信息资源共享工程、数字图书馆推广工程和公共电子阅览室建设计划，完善国家公共文化数字支撑平台，建设国家基本公共数字文化资源库，资源总量达到3500百万兆字节（TB）以上。

全民文化艺术普及项目：发挥各级文艺院团、艺术院校作用，开展面向基层、面向学校的公益性演出。推动在高等院校和中小学普及艺术教育，持续推进高雅艺术进校园。依托公共文化机构开展形式多样的公益性艺术培训，规范引导社会艺术水平考级健康发展。制定繁荣群众文艺发展规划，创作推出更多优秀群众文艺作品。

特殊群体文化产品扶持计划：组织实施面向老年人、未成年人、残疾人、农民工、农村留守妇女儿童等特殊群体的文化活动，开展特殊群体优秀文化产品征集推广，培育一批特殊群体文化服务品牌。推进文化系统老年大学规范化建设。

全国文化志愿服务行动计划：每年实施100个左右具有示范意义的志愿服务项目，培育文化志愿服务品牌。实施"阳光工程"——中西部地区农村文化志愿服务行动计划。建立健全各级文化志愿服务组织，壮大文化志愿者队伍，加强分级分类管理和培训。

边境地区文化建设工程：加强边境县公共文化设施建设。建设边疆万里数字文化长廊，基本实现边境地区公共数字文化网络全覆盖。实施边疆博物馆提升工程。实施"春雨工程"，开展文化志愿者边疆行活动。支持边境地区建设具有富民效应和示范效应的文化产业园区基地，鼓励发展传统工艺和文化旅游，支持搭建外向型展会平台，开展原创动漫边疆推广工作。实施文化睦邻工程，积极开展跨境文化交流和贸易合作。

五、加强文物保护利用

全面贯彻"保护为主、抢救第一、合理利用、加强管理"的文物工作方针，坚持立足于保、保用结合，切实加大文物保护力度，深入挖掘和系统阐发文物所蕴含的文化内涵和时代价值，推进文物合理适度利用，使文物保护成果更多惠及人民群众，推动中华优秀传统文化创造性转化和创新性发展，努力走出一条符合国情的文物保护利用之路。

（一）加强文物保护

推动文物保护由抢救性保护为主向抢救性与预防性保护并重转变，由注重文物本体保护向文物本体与周边环境、文化生态的整体保护转变。健全国家文物登录制度，建立国家文物资源总目录和大数据库，推进文物信息资源社会共享。加强不可移动文物保护，对存在重大险情的各级文物保护单位及时开展抢救性保护，加强文物日常养护、岁修、巡查和监测。加强革命文物保护，实施革命旧址保护修缮三年行动计划和馆藏革命文物修复计划。加强城乡建设中的文物保护，保护历史文化名城、街区、村镇和传统村落的整体格局和历史风貌。加强大遗址保护和国家考古遗址公园建设，开展大遗址数字化展示监测试点。加强考古发掘和整理研究工作。开展水下文物考古调查，基本掌握水下文物的分布和保存状况。加强世界文化遗产保护管理工作，推进海上丝绸之路保护与申遗工作。加强可移动文物保护，实施馆藏珍贵文物修复工程。严格文物执法，强化文物督察。实施文物平安工程，提升文物安全监管能力。

（二）推进博物馆建设

贯彻实施《博物馆条例》，提高博物馆公共服务水平。优化博物馆布局，提升彰显国家名片和地方形象的博物馆的综合实力，建设具有行业和地域特色的专题博物馆，发展智慧博物馆。加强革命老区、民族地区、边疆地区、贫困地区博物馆建设。积极支持引导非国有博物馆的发展。健全文物陈列展览交流平台，建立国家一级博物馆与基层博物馆借展、联展、巡展合作机制。加强文教结合，完善博物馆青少年教育功能，定期开展博物馆中小学教育活动。实施经济社会发展变迁物证征藏工程，征集新中国成立以来反映经济社会发展的重要实物，记录时代发展，丰富藏品门类。

（三）拓展文物利用

发挥文物资源在文化传承中的重要作用，丰富城乡文化内涵，彰显地域文化特色，发展有历史记忆、地域特色、民族特点的美丽城镇、美丽乡村。发挥文物资源在促进地区经济社会发展中的作用，培育一批文物旅游品牌。大力开发文博创意产品，进一步拓展文物利用综合效益。开展文物经营主体信用评估，规范文物经营活动，鼓励民间合法收藏文物。强化文物进出境协同监管，加大打击文物走私力度。

专栏3　文物保护利用

国家记忆工程：依托文物建筑、文化典籍、国家档案等，通过体现中华优秀传统文化、革命文化和社会主义先进文化的代表性文物，分类分批实施国家历史、文化、艺术、科学记忆工程及国家记忆数字化保存行动计划，体现中华民族最深层的精神追求，建立全民共识的国家精神标识。

"互联网+中华文明"行动计划：依托互联网，建立文物信息资源共享机制，开展文物价值挖掘、文物数字化展示利用，推动与教育、文创、动漫、游戏、工业设计、旅游等领域的跨界融合，围绕文明源流、国学经典、传统美德、艺术欣赏、乡土民俗、红色记忆等主题，进行创作、创新、创造，形成一批具有广泛影响和普遍示范效应的优秀文化产品和服务，让文物可见、可感、可亲，讲好中国故事，传播中国声音。

"考古中国"研究与大遗址保护工程：对古文化遗址有重点地进行系统考古发掘整理和有效保护，深化重大专题研究。推进良渚、二里头、殷墟、景德镇御窑厂等遗址保护项目。开展西沙群岛、南沙群岛及沿海重点海域水下文化遗产调查和水下考古发掘保护项目，划定一批水下文化遗产保护区。

文物保护展示重点工程：加强长城保护，开展一批抢险加固、保护修缮、设施建设和综合展示项目，新建一批长城保护展示示范区。加强革命文物保护展示，加强近现代代表性建筑保护展示，加强古建筑和传统村落保护、西部地区石窟、海上丝绸之路沿线文物保护，加强西藏、四省（青海、四川、云南、甘肃）藏区和新疆文物保护，做好冬奥会区域文物保护展示。

中华古籍保护计划：建立完善的古籍普查、修复、保存、宣传、利用工作机制，通过微缩复制、数字化和善本再造等方式，实现古籍的再生性保护，开展古籍专题展览展示交流活动。开展中华传统文化百部经典编纂工作。

民国时期文献保护计划：通过文献普查、海内外文献征集、整理出版、数字化加工整合、举办文献展览以及文献的保护技术研究等工作，有效抢救与保护民国时期文献。

曲阜优秀传统文化传承发展示范区和甘肃华夏文明传承创新区建设：支持山东推进实施曲阜国家级文化产业示范园区、孔子博物馆、尼山圣境等重点项目，建设优秀传统文化传承发展示范区。支持甘肃以华夏文明传承创新区为平台推进文化建设。

六、提高非物质文化遗产保护传承水平

坚持"保护为主、抢救第一、合理利用、传承发展"的工作方针，进一步完善非物质文化遗产保护制度，以人的培养为核心，以融入现代生活为导向，切实加强能力建设，提高保护传承水平，推动非物质文化遗产保护事业深入发展。

（一）推进非物质文化遗产项目保护

编制国家级非物质文化遗产代表性项目保护规划，加强国家级非物质文化遗产代表性项目保护。实施非物质文化遗产记录工程。探索非物质文化遗产整体性保护，推进国家级文化生态保护实验区建设。积极申报联合国教科文组织非物质文化遗产名录，与周边国家联合申报、联合保护同源共享的非物质文化遗产。

（二）增强非物质文化遗产传承活力

加大对非物质文化遗产代表性传承人的扶持力度，加强传承人梯队建设。实施中国非物质文化遗产传承人

群研修研习培训计划，帮助非物质文化遗产传承人群提高学习和传承能力，增强传承后劲。推动非物质文化遗产传承与现代教育体系深度融合。

（三）振兴传统工艺

实施中国传统工艺振兴计划，促进传统工艺走进现代生活、现代设计走进传统工艺，提升传统工艺产品的整体品质，培育形成具有民族特色的知名品牌，发挥传统工艺对城乡就业的促进作用，提高中国传统工艺保护、传承和发展水平。

（四）加强宣传展示与交流

办好中国非物质文化遗产博览会、中国成都国际非物质文化遗产节、文化和自然遗产日，以及传统节日文化活动，支持各地举办具有区域特色的非物质文化遗产展览展示活动。鼓励图书馆、文化馆、博物馆等公共文化机构和非物质文化遗产展示馆、传习所开展非物质文化遗产宣传展示活动。推动非物质文化遗产领域的国际交流与合作。

专栏4　非物质文化遗产保护传承

中国传统工艺振兴计划：制定人才培育、行业扶持、市场拓展、技术攻关、理论研究、普及教育、交流合作等多个方面的政策措施，发掘和运用传统工艺所包含的文化元素和工艺理念，丰富传统工艺的题材和产品品种，提升设计与制作水平，提高产品品质，培育知名品牌，使传统工艺在现代生活中得到新的广泛应用。

中国非物质文化遗产传承人群研修研习培训计划：委托高校、企业和相关单位，组织非物质文化遗产传承人群参加研修、研习和培训，累计培训10万人次。

非物质文化遗产记录工程：按照统一的标准规范，对国家级非物质文化遗产代表性项目的内容与表现形式、流变过程、核心技艺和传承实践情况进行全面、真实、系统的记录，对其中部分濒危项目和代表性传承人抓紧实施抢救性记录，并加强对记录成果的传播和利用。

文化生态保护区建设工程：组织开展国家级文化生态保护实验区建设评估。在文化生态保护区增设一批非物质文化遗产传习中心、传习点。以规划为引领，突出特色，推进文化生态保护区建设。统筹规划，新设立一批国家级文化生态保护实验区。

国家非物质文化遗产保护利用设施建设工程：以国家级非物质文化遗产代表性项目为依托，根据非物质文化遗产项目分布状况，统筹建设一批传统表演艺术类、传统技艺类、传统民俗活动类非物质文化遗产项目保护利用设施。

民族民间文化典藏与传播工程：完成"村落文化志"系列丛书，建成中国传统皮影、木偶艺术音像资源库，辑成中国传统表演艺术基本动作、中国传统乐器、中国传统文化特征色彩数字化典藏，建设民族民间文化资源汇集管理平台。

七、推动文化产业成为国民经济支柱性产业

落实供给侧结构性改革战略部署，完善现代文化产业体系，着力发展骨干文化企业和创意文化产业，培育新型文化业态，促进文化资源与文化产业有机融合，形成新的增长点、增长极和增长带，全面提升文化产业发展的质量和效益。

（一）推动文化产业结构优化升级

加快发展动漫、游戏、创意设计、网络文化等新型文化业态，继续引导上网服务营业场所、游戏游艺场所、歌舞娱乐等行业转型升级，全面提高管理服务水平，推动"互联网+"对传统文化产业领域的整合。落实国家战略性新兴产业发展的部署，加快发展以文化创意为核心，依托数字技术进行创作、生产、传播和服务的

数字文化产业，培育形成文化产业发展新亮点。推动中国（深圳）国际文化产业博览交易会、中国西部文化产业博览会、中国（义乌）文化产品交易会、中国国际网络文化博览会、中国国际动漫游戏博览会等重点文化产业展会市场化、国际化、专业化发展。支持原创动漫创作生产和宣传推广，培育民族动漫创意和品牌，持续推动手机（移动终端）动漫等标准制定和推广。加强文化产业关键共性技术研发、商业模式创新。推进文化创意和设计服务与实体经济深度融合，催生新技术、新工艺、新产品，满足新需求。推进文化产业与制造、建筑、设计、信息、旅游、农业、体育、健康等相关产业融合发展，增加文化含量和产业附加值，把文化资源转化为产业优势和市场优势。

（二）优化区域文化产业发展布局

实施差异化的区域文化产业发展战略，推动形成文化产业优势互补、联动发展的布局体系。引导各地根据资源禀赋和功能定位，走特色化、差异化发展之路。围绕"一带一路"建设、京津冀协同发展、长江经济带建设，加强重点文化产业带建设。支持中心城市和城市群发挥技术、人才、资金密集优势，形成若干带动区域产业发展的增长极。支持中小城市、小城镇和农村打造特色文化产业群。加大对中西部地区、少数民族地区、贫困地区、革命老区特色文化产业发展的支持力度。推进国家文化产业创新实验区、国家动漫产业综合示范园建设，形成面向区域和行业发展的协同创新中心。

（三）培育健全各类市场主体

营造各类文化企业一视同仁、公平竞争的发展环境，推动形成不同所有制文化企业共同发展、大中小微文化企业相互促进的文化产业格局。培育一批核心竞争力强的骨干文化企业，鼓励各类文化企业以资本为纽带进行联合重组，推动跨地区跨行业跨所有制并购重组，提高文化产业规模化、集约化、专业化水平。加强文化产业园区（基地）的规划建设和管理，严格命名标准，完善退出机制，进一步完善国家级文化产业示范园区创建工作，提升国家级文化产业园区（基地）的引领示范效应。推动文化产业发展与"大众创业、万众创新"紧密结合，加强文化企业孵化器、公共服务平台、众创空间建设，扶持文化产业领域创新创业，支持"专、精、特、新"中小微文化企业发展。培育和扶持一批知名文化品牌，以品牌带动全产业链发展。

（四）扩大和引导文化消费

从供需两端发力，以创新供给带动需求扩展，努力实现更高层次的供需平衡。着力扩大文化产品和服务有效供给，改善消费条件，营造消费环境，推动建立扩大和引导文化消费的长效机制。鼓励文化文物单位和社会力量开发文化创意产品，满足多样化消费需求。充分激发市场活力和社会创新创造能力，引导文化企业提供个性化、多样化的文化产品和服务，培育新的文化消费增长点。建设文化消费服务平台。支持各地采取各种措施促进文化消费。加强宣传推广，倡导文化消费理念，提升文化消费水平。

（五）鼓励和引导社会资本进入文化产业

加快建设完善文化产业投融资体系，会同有关部门落实鼓励和引导社会资本进入文化领域的各项政策措施，为文化产业发展持续提供动力。进一步拓宽社会投资的领域和范围，鼓励社会资本进入文化企业孵化器、文化众创空间、文化资源保护开发等新兴领域。深化文化金融合作，发挥财政政策、金融政策、产业政策的协同效应，为社会资本进入文化产业提供金融支持。落实以奖代补、基金注入等重要政策，以推广文化领域的政府与社会资本合作模式为抓手，扶持引导社会投资进入文化领域。用好国家投资政策，将文化领域纳入投资政策工具支持范围。

专栏5　文化产业发展
促进文化消费计划：扩大试点范围，总结评估试点情况，研究提出扩大文化消费的政策措施。对文化消费数据进行分析利用，发布文化消费指数，引导文化企业扩大文化产品和服务的有效供给，提升消费者文化消费意愿，逐步建立扩大和引导文化消费的长效机制。

> 文化创意产品扶持计划：落实推动文化创意产品开发的政策措施，加强示范引导、搭建平台、展示推广，调动博物馆、图书馆、美术馆等文化文物单位和创意设计机构等社会力量积极性，创作生产弘扬中华优秀文化、适应市场需要、满足现代消费需求的优秀文化创意产品。
> 特色文化产业发展工程：支持规划实施一批特色文化产业项目，支持地方建设一批特色文化小镇，培育特色文化企业、产品和品牌。持续推进丝绸之路文化产业带、藏羌彝文化产业走廊建设，支持在边疆、革命老区和少数民族地区建设具有富民效应和示范效应的文化产业集聚区。
> 数字文化产业发展计划：推动优秀文化内容数字化转化和创新，加强数字文化创意内容创作与供给。提升数字文化创意技术与装备水平。建设数字文化产业双创平台，构建数字文化产业创新生态体系。推进数字文化与相关产业融合发展。
> 文化金融创新工程：鼓励金融机构针对文化产业特点创新产品和服务，推广无形资产评估和质押融资，逐步健全文化企业征信体系、融资风险补偿机制和信用担保体系。建立文化企业上市资源储备库，支持文化企业利用资本市场上市融资、再融资和并购重组，扩大文化企业债券融资规模。鼓励文化产业类投资基金发展。支持各地建立文化金融服务中心。创建文化与金融合作示范区。
> 文化产业公共服务平台建设工程：建设和完善项目服务平台、文化消费服务平台、人才培养平台、文化产业园区基地平台等子平台，提高文化产业领域公共服务水平。制定文化企业品牌建设行动计划，推动建设一批文化产业品牌实验室，支持和规范有关机构发布相关文化产业品牌排行榜。

八、完善现代文化市场体系

建立统一开放、竞争有序、诚信守法、监管有力的现代文化市场体系，健全以内容监管为重点、信用监管为核心的文化市场事中事后监管体系，推动文化市场成为满足人民群众多样化精神文化需求的主渠道。

（一）完善多层次的文化产品市场

推动文化产品供给侧结构性改革，加强内容建设，丰富产品供给。鼓励文化企业加快创新、丰富业态、改造装备、改善服务环境、提供公共服务，支持行业协会举办创新设计大赛和群众性赛事活动。引导企业开发面向大众、适合不同年龄层次的文化产品，提供差异化服务。加强网络文化内容建设，引导市场主体提供弘扬社会主义核心价值观、体现中国精神的网络文化产品。

（二）建立完备高效的文化要素市场

加强人才、资本、技术、信息、产权和中介服务市场建设，促进文化要素在健康有序的市场环境中高效流转，提高文化资源配置效率，增强文化市场内生动力。建立统一的市场准入退出制度。推动各行业建立较为完备的政策法规、标准规范、人才培训、数据信息等服务平台，为行业发展提供优质公共服务和行政指导。消除地区壁垒，促进区域协作和市场一体化建设。消除行业壁垒，鼓励多种经营和业态融合，支持大中城市建设文化娱乐综合体。

（三）构建以信用管理为核心的监管体系

以文化市场信用信息数据库建设为基础，以信息公开为监督约束手段，以警示名单和黑名单为基本制度，以协会开展信用评价、分类评定为辅助，构建守信激励、失信惩戒和协同监管机制。建设文化市场信用信息系统，实现部门之间、区域之间信息交互共享。定期公布文化市场违法违规经营主体和文化产品黑名单、警示名单，对文化市场经营主体实行分级分类管理。加强行业信用评级制度建设及信用信息应用，开展文化市场经营场所分类评级，培育文化市场信用服务机构，发挥协会在文化市场信用体系建设中的积极作用。

（四）提升文化市场综合执法能力

基本完成深化文化市场综合执法改革任务，建强文化市场执法机构和队伍，提高全国综合执法队伍专业化、规范化、信息化水平。建立文化市场信息报送和反馈系统，建成高效的文化市场执法指挥平台。制定文化市场综合执法规范化标准，完善综合执法协作机制。针对突出问题开展专项整治，加强重大案件督查督办。加强文化市场执法人员的准入、演练、操练和动态管理。加强以案件为导向的执法培训，提高综合执法队伍执法办案能力。推进全国文化市场技术监管与服务平台全面应用，提高文化市场管理与执法信息化水平。

专栏6　现代文化市场体系建设

　　文化市场信用体系建设工程：完善文化市场信用信息数据库，涵盖全国90%以上的文化市场经营主体。建立文化市场信用管理规章制度，指导协会开展行业标准及规范建设。与其他部门建立信用信息交互共享及联合惩戒机制，向管理部门和公众提供便捷及时的文化市场信用信息服务。

　　网络文化市场建设工程：支持国产优秀网络文化产品生产创作，拓展优秀网络文化产品传播渠道和落地空间。完善网络文化内容监管体系，构建全网筛查、全国协作、标准统一、步调一致的网络文化市场执法机制，防控含有禁止内容的网络文化产品传播，净化网络文化环境。鼓励传统文化市场与网络文化市场优势互补、融合发展。

　　文化市场综合执法能力提升工程：健全文化市场综合执法协作机制，加强京津冀、江浙沪、西藏及四省藏区等区域执法协作。全面实施以"随机抽取检查对象、随机抽取执法人员、向社会公开检查结果"为主要内容的"双随机一公开"制度。制定文化市场安全生产工作规范，提升公共突发事件防范处置能力。推进中西部地区文化市场综合执法能力提升行动计划，推广综合执法以案施训和师资巡讲活动。推动地方落实综合执法队伍能力建设及工作经费。

　　全国文化市场技术监管与服务平台建设和推广工程：建成支撑文化市场宏观决策、市场准入、综合执法、动态监管和公共服务等核心应用的文化市场技术监管系统，形成统一的信息共享平台、信用服务平台、业务关联平台、应用集成平台和技术支撑平台，推动平台在全国区县文化行政部门和文化市场综合执法机构应用率达到95%。

九、提高文化开放水平

坚持政府统筹、社会参与、官民并举、市场运作，统筹对外文化交流、传播和贸易，创新方式方法，有效传播当代中国价值观念，讲述好中国故事，阐释好中国特色，展示中华文化独特魅力，提升国际话语权，全面提高国家文化软实力。

（一）积极开展文化外交

大力发展与世界各国和国际组织的政府间文化交流，构建畅通的政府间文化交流合作机制。以重要外事活动为契机，积极开展对外文化交流，充分展示中华文化精粹。按照品牌化、本土化、市场化的发展方向，支持在各大洲举办中国文化年（节）等大型文化交流活动，持续提升"欢乐春节"等品牌的影响力。加大商签防止盗窃、盗掘和非法进出境文化财产政府间双边协定的工作力度，构建稳定、多维的政府间文物合作网络。推出一批具有中国内涵、国际表达、创意融合的对外文物展览，拓展文物出展国家和地区，引进一批高水平文物展览。加大对发展中国家尤其是周边国家的文化援助力度，统筹开展文物援外工程。

（二）加强国际汉学交流和中外智库合作

促进中外智库交流与合作，大力推动国际汉学和中国研究的发展，培养一批具有发展潜力的青年汉学家、翻译家。举办高端国际文化论坛，畅通中华文化和价值理念的传播渠道。积极参与国际文化事务，建立国际文化专家队伍，支持民间智库和社会组织在文化类公约框架下为政府间委员会提供咨询。推进对外文化传播网络和新媒体平台建设。积极借鉴国外优秀文化成果。

（三）加强与"一带一路"沿线国家文化交流与合作

制定实施文化部"一带一路"文化发展行动计划。围绕"一带一路"建设，积极搭建各类文化交流平台。推进与"一带一路"沿线国家的项目援助和专业交流，鼓励丰富多样的民间文化交流，发挥妈祖文化等民间文化的积极作用，促进民心相通，夯实民意基础。推进动漫游戏产业"一带一路"国际合作。拓展与"一带一路"沿线国家的文物保护与考古合作，建设"一带一路"文化遗产长廊。

（四）推进海外中国文化中心建设与发展

继续加快推进海外中国文化中心建设。鼓励地方政府、中资机构等参与中国文化中心建设，多模式建设布局科学、功能完善、规模适宜的海外中国文化中心，筹建中国文化中心总部。为中国文化中心提供高质量项目资源，开展国情宣介、思想交流、文化展示、信息服务等活动，使中国文化中心成为中华文化传播的综合服务平台。

（五）大力发展对外文化贸易

构建国际文化贸易合作体系，建立健全双边、多边政府间文化贸易对话与合作机制。积极参与国际文化贸易规则制定。搭建国家文化贸易服务平台，发挥国家对外文化贸易基地示范作用。引导文化企业和社会资本境外投资，拓展海外文化市场，扩大境外优质文化资产规模。提升民族文化品牌内涵，突出"中国创造"理念，建设核心文化产品资源库。

（六）深化对港澳台地区文化工作

以传承和弘扬中华优秀传统文化为重心，搭建形式多样的文化交流平台，提升对港澳台地区文化交流水平。加强面向港澳台青少年的文化交流，促进民族认同、文化认同、国家认同。加强与港澳台地区文物交流，推动港澳台同胞共享中华优秀文化遗产。与港澳特区政府定期签署内地与港澳特区文化合作执行计划，将港澳文化活动纳入国家文化交流平台。把握大势，稳妥推进两岸文化交流合作，推动两岸文化交流机制化进程。

专栏7　对外文化交流与贸易

对外文化交流机制化合作网络建设工程：积极参与中俄、中美、中英、中欧、中法、中印尼人文交流机制，完善高级别政府间文化政策对话及文化机构间合作机制，与全球600家重点文化艺术机构、国际知名艺术节建立长期合作关系。

中外思想交流与传播能力建设工程：举办"汉学与当代中国"座谈会、青年汉学家研修计划、中外文化翻译合作研修计划。建设对外传播云平台和中华文化译研网，完成涵盖世界各主要语言的译介平台建设，实现中国文化网浏览量突破10亿人次。

对外文化交流品牌拓展工程："欢乐春节"形成10个子品牌，与30个重点国家和地区的相关机构建立长期合作机制，文化援助品牌项目与各国社会公益项目有机结合。

"一带一路"文化交流与合作工程：推动陕西西安丝绸之路国际艺术节、福建泉州海上丝绸之路国际艺术节、丝绸之路（敦煌）国际文化博览会、中国新疆国际民族舞蹈节等品牌活动建设，创建丝绸之路剧院联盟，建设福建泉州海上丝绸之路艺术公园、宁夏银川中阿友谊雕塑艺术园等文化交流基地。

海外中国文化中心建设与发展工程：海外中国文化中心全球布局达到50个，建设包含300-500个项目的中国文化中心动态资源库。加强中国文化中心多模式发展力度，鼓励和引导地方政府、中资机构等参与建设和管理。

对外文化贸易促进工程：培育一批具有国际竞争力的外向型文化企业，形成一批具有核心竞争力的文化产品，打造一批具有国际影响力的文化品牌，搭建具有较强辐射力的国际文化交易平台。

港澳台中华文化弘扬工程：加强与港澳台思想文化界的深度交流，打造港澳台青少年艺术节、青年文化论坛、青年文化产业交流营，推动优秀文化产品进入港澳台基层社区。

十、提升文化科技支撑水平

深入实施科技带动战略，加强文化科技原始创新、集成创新和引进消化吸收再创新，着力增强自主创新能力，有效提升文化领域技术装备水平，促进科学技术在文化领域的应用与推广，推动文化与科技融合向纵深发展。

（一）优化文化科技创新发展环境

探索跨部门、跨地区的文化科技融合工作机制，支持社会力量参与文化创新活动。培育文化科技融合示范型载体，培养文化科技复合型人才，加强文化科技创新成果宣传和推广，进一步激发文化领域创新创造的活力。

（二）提升文化行业标准化水平

健全标准化工作机制，加快文化行业标准和国家标准的制定修订，积极参与国际标准制定。增强文化行业标准化意识，提升标准化应用水平，构建较为完善的文化行业标准规范体系。

（三）加强文化领域关键共性技术研发

围绕文化发展重大需求，运用数字技术、网络技术、智能技术、材料技术、虚拟现实技术，提升文化科技自主创新能力和技术研发水平。支持数字文化资源开发关键技术研究与应用，加快文化艺术展演展陈虚拟化、协同化、数字化步伐，加强文化领域重要装备、工艺、系统、技术平台等相关研究。

（四）促进文化科技成果转化应用

完善文化科技成果转化机制，发挥企业主体作用，加强技术转移和科技项目成果应用，促进科技成果转化为文化生产力。建立健全舞台设备质量检测体系，提高文化科技装备国产化水平。

专栏8　文化科技融合发展

文化创新引领工程：培育70项左右国家文化创新工程项目，出版中国文化创新年度报告。培养文化创新人才。开展文化创新成果宣传、示范和推广活动。发挥艺术院校和艺术科研院所在推动文化创新方面的作用。

"互联网+文化"工程：加强"互联网+文化"顶层设计，制定相关系列规划。加强有关互联网技术应用于文化领域的关键技术攻关。支持形成共享机制。开设艺术教育网络课堂，加大网上开放艺术学研究成果力度。

文化大数据工程：开展数字文化艺术资源发展状况调查，制定发展规划，建立多部门协调机制，成立专家咨询委员会，完成数字文化资源共享目录清单，制定文化大数据服务标准规范，推动建立综合服务平台。

文化标准化工程：重点加强舞台安全领域标准制定与实施，健全舞台设备质量检测体系，制定数字图书馆建设与服务、社会艺术水平考级管理等标准不少于40项，使文化行业标准总数超过110项。积极参与国际标准化工作，清理妨碍创新的行业标准。

文化装备系统提升工程：重点提升公共文化机构以及舞台演艺、动漫、游戏、非遗保护等领域的技术装备系统水平。支持一批技术创新项目，建立专家咨询委员会，支持举办技术装备系统展示应用活动，促进文化相关领域国家重大科研设施和科研仪器开放共享。

成果转化应用工程：完善文化科技成果统计和成果转化服务制度，落实成果奖励政策，发布文化科技成果目录清单。建设文化部工程技术研究中心及产学研用相结合的技术联盟，五年内累计新认定20至30家文化部重点实验室。支持开展文化科技成果推广和展示活动。

文化部电子政务和网络安全项目：整合业务系统，统一技术支撑，推进数据共享和业务协同，逐步实现电子政务平台、网络媒体平台和数据交换平台的同步发展，持续开展等级保护和分级保护工作，加强系统安全监测，提升安全管理和保障能力。

十一、深化文化体制机制改革

深入推进文化体制改革，建立健全党委领导、政府管理、行业自律、社会监督、企事业单位依法运营的文化体制机制。

（一）完善文化管理体制

深化文化行政部门职能转变，建立健全行政权力和责任清单制度。继续深入推进行政审批制度改革，加强事中事后监管，促进简政放权、放管结合、优化服务"三管齐下"。深入推进政府管理与服务创新，综合运用法律、行政、经济、科技等手段提高管理效能。深化文化市场综合执法改革，逐步形成权责明确、监督有效、保障有力的文化市场综合执法管理体制，推进文化领域跨部门、跨行业综合执法。按照政企分开、政事分开原则，推动文化行政部门与其所属的文化企事业单位进一步理顺关系，依法赋予企事业单位更多的法人自主权。

（二）推进文化事业单位改革

深化文化事业单位人事、收入分配、社会保障、经费保障等制度改革，创新管理运行机制，积极探索政事分开、管办分离的有效形式。推动公共图书馆、博物馆、文化馆等建立事业单位法人治理结构，吸纳有关方面代表、专业人士、各界群众参与管理，健全决策、执行和监督机制。推动保留事业体制院团内部机制改革。完善绩效评估考核，结合文化单位特点制定科学的绩效指标体系，适当引入第三方评估，加强评估结果的公开和运用。

（三）建立健全有文化特色的现代企业制度

加快国有文化企业公司制股份制改造，形成体现文化企业特点、符合现代企业制度要求的资产组织形式和经营管理模式。完善社会效益和经济效益综合考核评价指标体系，确保国有文化企业把社会效益放在首位、实现社会效益和经济效益相统一。进一步深化国有文艺院团体制改革，通过政府购买服务、原创剧目补贴等方式扶持转制院团的艺术创作生产。

（四）培育和规范文化类社会组织

加强对业务主管的文化类行业协会、基金会、民办非企业单位等社会组织的引导、扶持和管理，促进规范有序发展。积极发挥行业组织在行业自律、行业管理、行业交流等方面的重要作用。厘清文化行政部门与所属行业协会的职能边界，积极稳妥推进文化行业协会与行政机关脱钩。加大政府向文化类社会组织购买服务力度，将适合由社会组织提供的公共文化服务事项交由社会组织承担。

十二、加强文化人才队伍建设

加快各类文化人才成长步伐，实现人才队伍总量稳步增长、结构更加合理、活力不断增强、效能充分发挥，培养造就一支政治坚定、业务精湛、作风优良、党和人民放心的文化人才队伍，为文化发展改革提供坚强的人才保障和广泛的智力支持。

（一）健全文化人才发展体制机制

完善党管人才工作格局，实行人才工作目标责任考核。完善人才政策体系，健全人才培养开发、评价发现、选拔任用、流动配置、激励保障机制。充分发挥用人主体在人才培养、吸引和使用中的主导作用，完善事业单位岗位管理。健全文化特殊人才评价机制。加快推进职称制度改革。加大对西部文化人才的培养支持力度。进一步完善"三先"表彰工作，及时表彰深入生活、扎根人民的优秀文化工作者。

（二）培养造就高层次领军人物

发挥政府的导向和扶持作用，培养一批德艺双馨、成就突出、影响广泛的高层次文化人才。加强新型文化智库建设。实施国家"千人计划"文化艺术人才项目和海外高层次文化人才引进计划。开展文化部优秀专家选拔扶持工作。举办高层次文化人才国情研修班。加强艺术研究院所专业人员队伍建设，培养学术带头人和研究骨干。探索建立专家学术休假制度、学术（艺术）助手制度和师承制度等高层次人才培养制度。

（三）着力培养青年拔尖人才

在文化艺术领域培养一批青年学术技术带头人，形成高层次领军人物的重要后备力量。利用国家公派留学计划选派有发展潜力的优秀学者、中青年艺术家到国外著名院校或文化机构留学。继续组织实施文化产业创业创意人才扶持计划，加强对设计、音乐、传统工艺等重点领域创业创意人才的选拔、培养和展示推广，有效激发文化产业领域创新创业活力。支持符合条件的文化单位设立博士后科研工作站，加快培养复合型文化产业人才和科技人才。

（四）加强基层文化人才队伍建设

继续实施全国基层文化队伍培训计划，以专职文化队伍、业余文化骨干、文化志愿者为重点，完善基层文化队伍培训体系，统筹推进分级分类分层培训。加大西部地区基层文化人才培养力度，实施"三区"人才支持计划文化工作者专项，加快边远贫困地区、边疆民族地区和革命老区文化人才队伍建设。大力开展网络远程培训。加强文化技能人才培养，引导职业院校根据基层需求设置专业和课程。加强非公有制领域文化人才工作。

（五）拓展文化人才培养途径

与教育部门加强合作，加大对非物质文化遗产学历教育的支持力度，推动设置文化产业管理硕士专业学位，推动将公共文化服务专业人才培养纳入国民教育体系，支持高校设立文化科技交叉学科和专业。加强文化系统艺术职业院校建设。加强艺术教育人才培训，提升人才培养质量。在全国艺术院校推动民族文化传承创新示范专业点建设。

（六）健全文化人才培训体系

按照分级负责、分类管理的工作原则，进一步完善组织调训、干部培训、在职教育、挂职实践和远程培训相结合的工作格局。依托党校、行政学院、干部学院、高等学校、职业院校、重点大型企业和各级各类教学点，扎实开展初任培训、任职培训、岗位培训、专题培训、业务培训。进一步加强全国文化干部远程培训平台、全国文化干部培训基地以及师资库、教材库建设。强化培训质量管理，改进和完善培训考核评价机制，着力打造优秀培训品牌和特色培训项目。

专栏9　文化人才队伍建设

全国省、地、县文化厅局长轮训工程：举办省（区、市）文化厅（局）长、地市文化局长、县市文化局长培训班，每年累计培训850人，五年内把各省（区、市）文化厅（局）长、各地市文化局长和各县级文化局一把手轮训一遍。

新型文化智库建设计划：整合高等院校、研究机构等力量，培育和扶持一批具有较大影响力的服务文化领域的高端智库。发挥文化艺术科研单位的智库作用，实施150项文化艺术应用对策研究及相关基础研究项目。

海外高层次文化人才引进计划：支持一批海外高层次文化人才回国（来华）工作，分层次、有计划地引进一批学术专家、文化艺术领军人才和优秀经营管理人才。

国家艺术基金人才资助项目：资助1000名40周岁以下青年艺术人才开展创作活动，资助500个急需紧缺的高端艺术专业人才、文艺理论人才和复合型经营管理人才培养项目。

"三区"人才支持计划文化工作者专项：每年选派1.9万名优秀文化工作者到边远贫困地区、边疆民族地区和革命老区工作或提供服务，每年为"三区"培养1500名急需紧缺的文化工作者。

专业艺术人才培训计划：实施戏曲艺术人才培养"千人计划"，培训1000名戏曲编剧、导演、作曲、舞台美术、评论专业中青年人才。培训美术专业人才1500人次，基本实现国有美术馆馆长轮训目标。提升西部及少数民族地区艺术创作水平，培训100名紧缺人才。面向全社会开展戏剧、舞蹈、杂技等专业人才培训。

全国基层文化队伍培训计划：对全国县级图书馆馆长、文化馆馆长和乡镇文化站站长进行系统轮训。加强基层文艺人才培训。举办示范性培训班和远程培训，开展公共文化巡讲，组织编写第二批全国基层文化队伍培训教材。

文化经营管理人才培养计划：实施全国文艺院团长培训计划。培训全国演艺企业经营管理人才1500人次。开展全国文化产业项目管理职业经理人培训、全国重点文化企业品牌建设与管理培训，培养数字文化产业人才、文化金融人才。

文化科技人才培养计划：通过项目带动和平台建设，吸引和培养10至20名有重要影响的技术专家、1000名中青年科技骨干，凝聚一批优秀文化科技团队。推动在10个以上艺术职业院校和相关高校设立文化科技专业。

文化技能人才培养计划：建立文化技能人才资源信息库和公共服务网站，推动用人单位、院校和培训机构参与文化技能人才培养。加强文化行业职业技能鉴定单位和定点培训单位建设。

十三、保障措施

加大文化发展改革的政策和法治保障力度，进一步落实各项政策措施，有效发挥引导、扶持、激励、规范作用，营造良好的制度环境，确保各项工作顺利推进。

（一）加强文化财政保障

进一步健全文化财政保障机制，加大政府投入力度。按照基本公共文化服务标准，推动落实基层提供基本公共服务所必需的资金。将购买公共文化服务资金纳入各级政府财政预算。加大政府性基金与一般公共预算的统筹力度，通过政府购买、项目补贴、定向资助、贷款贴息等多种手段引导和激励社会力量参与文化建设，建立政府、社会、市场共同参与的多元文化投入机制。科学划分各级政府文化事权与支出责任，推动各级财政转移支付不断向精准投入转变。推动财政进一步优化完善转移支付机制，重点向贫困地区、革命老区、民族地区、边疆地区倾斜。建立健全财政资金监督管理机制，建立文化财政资金绩效评价结果与预算安排挂钩制度，提高资金使用效益。进一步夯实文化统计基础，提升文化统计服务能力。

（二）落实文化经济政策

落实国有经营性文化单位转企改制扶持政策。推动将文化用地纳入城乡发展规划、土地利用总体规划，在国家土地政策许可范围内，优先保证重要公益性文化设施和文化产业设施、项目用地。进一步完善文化税收政策体系，推动落实关于社会捐赠的税前扣除政策。推动落实有利于文化内容创意生产、非物质文化遗产生产性保护、小微文化企业发展的税收优惠政策。加大已有支持对外文化贸易各项优惠政策的落实力度。完善《文化产品和服务出口指导目录》，加大对国家文化出口重点企业和项目扶持力度。简化文化出口行政审批流程，加强对外文化贸易公共信息服务。

（三）健全文化法律制度

积极推进文化产业促进法、公共图书馆法、故宫保护条例、古籍保护条例、文化市场综合执法管理条例等重点立法项目进程，修订《文物保护法》《营业性演出管理条例》《互联网上网服务营业场所管理条例》《娱乐场所管理条例》，贯彻《公共文化服务保障法》《博物馆条例》《非物质文化遗产法》。建立健全重大决策合法性审查工作制度。推动文化部直属事业单位、地方文化行政部门普遍建立法律顾问制度。完善文化法制专家委员会制度。

（四）加强文化领域知识产权保护

建立健全知识产权保护机制，提升文化领域知识产权运用效益，发挥知识产权对文化创新发展的驱动作用。强化文化领域知识产权意识，营造良好发展环境，激发文化创造活力。开展文化领域知识产权统计工作，对文化资源的知识产权状况进行确权、登记、评估。构建知识产权信息咨询服务和交易平台，提升文化领域的知识产权管理能力和运用水平。支持文化企业开展涉外知识产权维权工作。

（五）建立健全文化安全工作机制

加强国家文化安全保障能力建设，建立健全文化安全监测预警和危机处置机制，提升危机应对能力，研究制定危机应对预案和程序，加快处置、有效化解危害文化安全的重大或突发事件。

十四、组织实施

各级文化行政部门要充分认识《文化部"十三五"时期文化发展改革规划》的重大意义，积极推动各级党委和政府把文化建设摆在全局工作重要位置，纳入经济社会发展全局，列入各级政府效能和领导干部政绩考核体系，做到文化建设与经济建设、政治建设、社会建设以及生态文明建设同部署、同落实。文化文物系统各单位、各部门要认真贯彻本规划，结合实际制定实施方案和年度执行计划。要明确重大工程和重大项目的责任主体和实施进度，对规划实施情况进行动态监测和跟踪分析，加强年度检查和考核评价，适时引入第三方评估，强化评估结果的运用。要重视对评估结果的科学运用，及时发现并解决问题，确保规划取得实效。

国家文物事业发展"十三五"规划

发文单位：国家文物局

前　言

　　文物承载灿烂文明，传承历史文化，维系民族精神，是国家的"金色名片"，是中华文明源远流长和生生不息的实物见证，是传承弘扬中华优秀传统文化的历史根脉，是加强社会主义精神文明建设的深厚滋养，是推动经济社会发展的优势资源。保护文物功在当代、利在千秋。加强文物保护利用，让收藏在博物馆里的文物、陈列在广阔大地上的遗产、书写在古籍里的文字都活起来，对于坚定文化自信、增强中华民族凝聚力、满足人民群众精神文化需求、促进文明交流互鉴、实现中华民族伟大复兴中国梦具有重要意义。

　　"十二五"以来，在党中央、国务院的坚强领导下，在中央国家机关相关部门和地方党委、政府的大力支持下，在广大文物工作者的共同努力下，我国文物事业取得显著成就。全社会保护文物的共识初步形成，各级党委、政府落实保护责任，相关部门齐抓共管，社会力量积极参与，文物的价值和作用得到广泛认同。文物资源家底基本廓清，文物保护对象和范围更加拓展，第三次全国文物普查圆满完成，第一次全国可移动文物普查全面推进；不可移动文物766722处，文物藏品4138.9万件/套；全国重点文物保护单位4296处；世界遗产50项，跃居世界第二，其中世界文化遗产35项、世界文化和自然遗产4项。文物保存状况有效改善，承德避暑山庄及周围寺庙、大足石刻千手观音造像、延安革命旧址群等文物保护修缮重点工程顺利完成，抗战文物和传统村落保护展示全面提速，水下文化遗产、大遗址保护及国家考古遗址公园建设取得突破，城乡建设中文物考古和抢救保护协同推进，可移动文物保护修复有序开展。博物馆建设蓬勃发展，全国博物馆总数达到4692家，其中国有博物馆3582家、非国有博物馆1110家，免费开放博物馆4013家，全国平均29万人拥有1家博物馆。文物法律制度体系基本形成，《文物保护法》启动修订，《博物馆条例》公布实施，文物执法督察和联合执法力度逐步加大，依法行政能力和宏观管理水平有效提升。文物工作保障体系日渐完善，文物保护投入大幅递增，文物科技支撑能力明显增强，文物博物馆机构稳步增长，文物博物馆人才培训力度持续加大。文物对外交流合作长足发展，文物进出境管理持续加强，流失海外中国文物追索返还取得新成果。文物保护成果更多惠及人民群众，文物事业对经济社会发展的贡献持续增长，全社会依法保护文物的意识不断增强。文物事业呈现出前所未有的良好态势，面临着前所未有的发展机遇。

　　"十三五"时期，是全面建成小康社会的决胜阶段，也是文物事业改革发展的关键时期。随着经济社会快速发展，文物保护利用的任务更加艰巨，文物工作责任更加重大，文物资源在推动经济社会发展中的积极作用有待进一步发挥，文物事业治理能力和治理水平有待进一步提高。各级文物部门必须牢固树立政治意识、大局意识、核心意识、看齐意识，不辱使命，守土尽责，抓住机遇，奋发有为，全面推进文物工作迈上新台阶。

　　根据《中华人民共和国文物保护法》《博物馆条例》《中共中央关于制定国民经济和社会发展第十三个五年规划的建议》《中华人民共和国国民经济和社会发展第十三个五年规划纲要》，编制本规划。

一、总体要求

（一）指导思想

高举中国特色社会主义伟大旗帜，全面贯彻党的十八大和十八届三中、四中、五中、六中全会精神，以马克思列宁主义、毛泽东思想、邓小平理论、"三个代表"重要思想、科学发展观为指导，深入贯彻习近平总书记系列重要讲话特别是关于文物工作重要指示批示精神，紧紧围绕"五位一体"总体布局和"四个全面"战略布局，牢固树立创新、协调、绿色、开放、共享的发展理念和保护文物也是政绩的科学理念，贯彻执行《中华人民共和国文物保护法》《博物馆条例》和"保护为主、抢救第一、合理利用、加强管理"的文物工作方针，全面落实《国务院关于进一步加强文物工作的指导意见》《关于实施中华优秀传统文化传承发展工程的意见》，统筹好文物保护与经济社会发展，切实加大文物保护力度，推进文物合理适度利用，使文物保护成果更多惠及人民群众，广泛动员社会力量参与，切实做到在保护中发展、在发展中保护，努力走出一条符合国情的文物保护利用之路，为实现"两个一百年"奋斗目标、实现中华民族伟大复兴中国梦做出更大贡献。

（二）发展目标

到2020年，文物资源和保存状况基本摸清，全国重点文物保护单位、省级文物保护单位保存状况良好，市县级文物保护单位保存状况明显改善，尚未核定公布为文物保护单位的不可移动文物保护措施得到落实；馆藏文物预防性保护进一步加强，珍贵文物较多的博物馆藏品保存环境全部达标；文物保护的科技含量和装备水平进一步提高，文物展示利用手段和形式实现突破；博物馆体系日臻完善，馆藏文物展示利用效率明显提升，文物单位文化创意产品体系逐步形成，有条件的文物保护单位实现对外开放，公共文化服务功能和社会教育作用更加彰显；文物法律制度体系基本完备，文物保护利用理论架构基本确立，文物行业标准体系和诚信体系基本形成；文博人才队伍结构不断优化，专业水平明显提升；文物执法督察体系基本建立，文物行政执法力量得到加强，文物安全责任体系更加健全，文物安全形势明显好转；文物市场活跃有序，文物收藏者的合法权益得到有效保护，文物进出境监管和文物鉴定服务日趋完备；社会力量广泛参与文物保护利用格局基本形成，文物保护成果更多惠及人民群众，文物事业的社会影响力进一步提升，文物工作在传承中华优秀传统文化、弘扬社会主义核心价值观、推动中华文化走出去、提高国民素质和社会文明程度中的重要作用进一步发挥，文物工作在促进经济发展、推动社会进步、坚定文化自信、拓展中外人文交流中的积极作用进一步增强。

二、切实加大文物保护力度

坚持分类指导，突出重点，加强基础，实现由注重抢救性保护向抢救性与预防性保护并重转变，由注重文物本体保护向文物本体与周边环境、文化生态的整体保护转变，确保文物安全。

（一）加强不可移动文物保护

夯实不可移动文物基础工作。建立全国重点文物保护单位保护管理状况评估制度，发布年度评估报告。开展工业遗产、农业遗产和水利遗产普查和保护，加强新中国成立以来的文物保护。开展第八批全国重点文物保护单位的推荐和遴选，落实市县级文物保护单位"四有"工作，完善尚未核定公布为文物保护单位的不可移动文物保护措施。加强文物保护单位保护规划编制、公布和实施，推动将文物保护规划相关内容纳入城乡规划。全国重点文物保护单位和省级文物保护单位"四有"工作完成率达到100%，全国重点文物保护单位和省级文物保护单位文物保护工程合格率达到100%。

提升考古在文物保护中的基础性地位和作用。开展"考古中国"重大研究工程，对古文化遗址有重点地进行系统考古发掘，不断加深对中华文明悠久历史和宝贵价值的认识。继续重视基本建设考古，做好北京城市副中心考古和文物保护工作。研究建立文物影响评估制度，推动地下文物埋藏区的认定与公布。全面推进大遗址保护利用，实施国家考古遗址公园建设工程，推动考古、保护、研究与展示、利用的良性循环。

加强革命文物保护。实施革命文物保护利用工程，全面提升革命文物保护展示水平。编制革命文物保护利用规划，加强革命文物和革命文献史料的调查、征集、研究工作，做好馆藏革命文物的清理、定级、建账和建档工作。加强革命文物的安全防范设施建设，完善馆藏革命文物监测调控设施，改善革命文物的藏品保管和陈列展览条件。

实施文物保护重点工程。加强濒危文物抢救保护，简化项目审批，开辟绿色通道。加强长城保护。开展山西古建筑、江西海昏侯墓保护等一批具有重大影响和示范效应的文物保护重点项目，开展西藏、四省藏区和新疆文物保护、近现代代表性建筑保护、西部地区石窟保护展示工程。建立京津冀文物保护协同机制，实施冬奥会区域文物保护展示工程，推进京张铁路整体保护利用示范项目。推动文物预防性保护常态化、标准化，出台日常养护、岁修、巡查和监测工作规范。指导古建筑密集区开展古建筑养护工程试点和古建筑保护利用综合试点。

加强新型城镇化和新农村建设中的文物保护。完善历史文化名城、村镇、街区申报和管理制度，加强历史文化名城、村镇、街区和传统村落整体格局和历史风貌的保护，实施古村落古民居保护工程。

加强水下文化遗产保护。开展西沙群岛、南沙群岛及沿海重点海域水下文化遗产调查和水下考古发掘保护项目，划定一批水下文化遗产保护区。推进南海I号、丹东I号等考古发掘和保护展示项目，实施海上丝绸之路文物保护工程。提升水下文化遗产保护装备水平，建成国家水下文化遗产保护南海基地。

加强世界文化遗产申报、保护和管理。坚持有利于突出中华文明历史文化价值、有利于体现中华民族精神追求、有利于向世人展示全面真实的古代中国和现代中国的工作原则，加强中国世界文化遗产预备名单动态管理，推进花山岩画文化景观、鼓浪屿·历史国际社区、古泉州（刺桐）史迹、良渚遗址、海上丝绸之路保护与申遗工作，推动陆上丝绸之路其他廊道申遗。加强长城、大运河、"丝绸之路：长安——天山廊道的路网"沿线文物保护。完成世界文化遗产保护管理规划编制和世界文化遗产基础数据库建设，完善世界文化遗产保护状况监测和报告制度。

（二）加强可移动文物保护

全面完成第一次全国可移动文物普查，公布普查数据和普查成果，实行国有可移动文物身份证制度，建立全国国有可移动文物资源库。

加强可移动文物修复。制定文物病害程度和健康状况分析评估标准，实施馆藏珍贵文物保护修复工程，重点开展纺织品、漆木器、书画、青铜器等易损文物抢救修复工作。建立国家、省、市三级可移动文物保护修复平台，提升馆藏文物保护基础设施和专业装备水平。

加强馆藏文物预防性保护。出台馆藏文物日常养护技术标准和管理规范，制定博物馆库房标准，实施馆藏文物保存条件达标和标准化库房建设工程。在文物收藏较为集中的博物馆，建设文物保存环境监测平台、环境调控系统和专有装置，实现国家一、二级博物馆文物保存环境全部达标。在地震多发地区，开展馆藏文物防震设施建设。实施馆藏革命文物预防性保护工程，改善馆藏革命文物保存环境。

（三）加强文物安全

创新文物安全监管模式。推动将文物安全纳入地方政府绩效考核或社会治安综合治理体系，层层落实文物安全责任。制修订文物安全监管工作规范、文物博物馆单位应急管理规范和安全保卫人员岗位职责，推动文物安全监管规范化、标准化。

提升文物安全监管能力。制定全国重点文物保护单位安全风险评估规范，开展文物被盗、被破坏和火灾风险评估，建立全国重点文物保护单位文物安全数据库，推广文物博物馆单位安全防范系统远程监管、文物建筑消防物联网监控和文物安全监管人员田野文物智能巡检，基本形成人防、物防、技防相结合的文物安全防护体系。

提高文物安全防范水平。实施文物平安工程，健全文物安全防护标准，推广文物博物馆单位防火防盗防破坏先进技术和专有装备，加强文物博物馆单位安全防护设施建设。

专栏1　文物保护工程
①长城保护计划：构建"政府主导、社会参与、惠及民生"的长城保护体系，编制实施长城保护总体规划和省级长城保护规划，实施一批长城抢险加固、保护修缮、设施建设和综合展示工程，新建一批长城保护展示示范区。健全长城保护管理制度，推动组建国家级长城保护研究中心，开展长城保护宣传教育活动。

②革命文物保护利用工程：建立革命文物资源目录和大数据库，推进革命旧址保护修缮三年行动计划和馆藏革命文物修复计划，实施一批具有重大影响和示范意义的革命旧址保护展示项目，抢救修复濒危、易损馆藏革命文物；推广赣南等原中央苏区革命旧址整体保护经验，实施鄂豫皖大别山区革命文物保护展示项目，继续加强抗战文物保护展示；加强对革命文物的研究阐释，改进提升革命文物陈列展示水平，推出一批弘扬革命精神、彰显社会主义核心价值观的革命文物专题展览，做到见人、见物、见精神。实施"长征——红色记忆工程"，编制长征文化线路保护总体规划，加强长征文物保护展示，打造长征红色旅游精品线路，助力革命老区脱贫攻坚行动和经济社会发展。

③"考古中国"重大研究工程：以良渚等遗址为重点，深入研究展现早期中华文明的多元一体格局；以殷墟等遗址为重点，深化夏商周考古工作，揭示早期中国整体面貌；以河套地区聚落与社会、长江中上游文明进程、长江下游区域文明模式研究为重点，推进区域文明化进程研究。实施良渚、殷墟、石峁、二里头、三星堆、秦始皇陵、景德镇御窑、圆明园等遗址展示提升工程，建成一批遗址博物馆和国家考古遗址公园。

④海上丝绸之路文物保护工程：开展海上丝绸之路史迹调查，基本掌握西沙海域文物遗存状况，加强明清海防设施、窑址、海岛文物调查研究，推进东海、黄海、渤海及内水重点区域水下文化遗产调查，实施一批海上丝绸之路文物保护修缮、展示提升和环境整治项目。

⑤西部地区石窟保护展示工程：加强四川、重庆、甘肃等石窟寺石刻保护展示，实施石窟稳定性评估、石窟本体及载体加固治理、窟檐保护性设施建设项目，形成西南地区和西北地区石窟展示廊道。

⑥西藏、四省藏区和新疆重点文物保护工程：实施西藏重点文物保护工程和青海、四川、云南、甘肃藏区全国重点文物保护单位及省级文物保护单位保护工程，传承藏族传统营造技艺；实施新疆重点文物保护工程，加强新疆生产建设兵团辖区文物特别是军垦文物保护。

⑦古建筑和传统村落保护工程：继续实施山西古建筑、曲阜孔府孔庙孔林、武当山古建筑群、沈阳故宫等古建筑保护利用工程，推出一批精品工程。完成270处全国重点文物保护单位和省级文物保护单位集中成片传统村落整体保护利用项目。

⑧近现代代表性建筑保护展示提升工程：制定近现代文物建筑保护利用导则和养护规程，实施上海、广州、青岛等近现代文物建筑综合保护和京张铁路、中东铁路历史建筑整体保护工程，基本完成全国重点文物保护单位中工业遗产、名人故居保护修缮项目，提升近现代代表性建筑的保护管理和展示利用水平。

⑨水利遗产保护工程：健全水利遗产保护管理制度，制定水利遗产保护的技术标准和工作规范，开展水利遗产保护、监测、管理和展示、利用研究，实施一批重要水利遗产保护利用示范项目，加强水利遗产保护宣传教育。

⑩馆藏珍贵文物保护修复工程：完成5万件馆藏珍贵文物的病害分析与健康评估工作，完成4万件馆藏珍贵文物及重要出土文物、出水文物的保护修复工作，建立馆藏文物保护修复基础资料数据库。

⑪馆藏文物保存条件达标和标准化库房建设工程：完成150家博物馆及重要文物收藏单位的馆藏文物保存条件达标建设项目；完成10万件珍贵文物柜架囊匣配置工作；完成省级博物馆库房标准化改造，实现新建地市级博物馆库房达标；完成处于全国7度抗震设防区国家一、二、三级博物馆珍贵文物的防震加固设施建设。

⑫文物平安工程：实施全国重点文物保护单位中高风险古遗址、古墓葬、石窟寺防盗技术设施建设，高风险古城镇、传统村落、古建筑群防火技术设施建设和高风险古建筑防雷技术设施建设。完成1000处第六批、第七批全国重点文物保护单位防火防盗设施建设，基本建成规模较大、风险较高的全国重点文物保护单位安全防护体系。

三、全面提升博物馆发展质量

博物馆是保护传承人类文明的重要殿堂，是连接过去、现在、未来的桥梁，在促进世界文明交流互鉴方面具有特殊作用。中国各类博物馆不仅是中国历史的保存者和记录者，也是当代中国人民为实现中华民族伟大复兴中国梦而奋斗的见证者和参与者。贯彻落实好《博物馆条例》，优化博物馆结构，丰富博物馆藏品，促进博物馆文化创意产品开发，提升博物馆公共服务功能和社会教育水平，建设现代博物馆体系。

（一）优化博物馆建设布局

到2020年，主体多元、结构优化、特色鲜明、富有活力的博物馆体系基本形成，全国博物馆公共文化服务人群覆盖率达到每25万人拥有1家博物馆，观众人数达到8亿人次/年。推动公布《博物馆建设标准》。加强标志国家及地方文明形象的重点博物馆建设，支持故宫博物院、中国国家博物馆等建设世界一流博物馆。完善中央地方共建国家级博物馆工作机制，推进上海博物馆、河南博物院、湖南省博物馆、湖北省博物馆、西藏博物馆等改扩建和功能提升工程。加快二里头遗址博物馆、国家自然博物馆、国家设计博物馆、国家人类学博物馆、当代艺术博物馆等专题博物馆建设，推进生态博物馆、社区博物馆和工业遗产博物馆建设，形成一批具有鲜明主题和地域特色的博物馆群体。加强市县博物馆建设，支持革命老区、民族地区、边疆地区、贫困地区博物馆建设，实施边疆地区博物馆建设工程。

（二）完善博物馆管理机制

完善博物馆藏品管理、陈列展览、科学研究、公共服务和社会教育机制，健全博物馆藏品和展览备案制度，建立博物馆综合评价体系，推进博物馆理事会制度建设，公布《国有博物馆章程范本》，修订《博物馆评估办法》。支持非国有博物馆发展，完善非国有博物馆法人治理结构，健全非国有博物馆准入退出制度，修订《非国有博物馆章程示范文本》，实施非国有博物馆发展质量提升工程。

（三）提升博物馆教育质量

完善博物馆免费开放工作机制，建立博物馆免费开放绩效评估管理制度，探索对免费开放博物馆实行动态管理，将更多博物馆纳入各级财政支持的免费开放范围，促进博物馆公共文化服务标准化、均等化。改善博物馆服务设施和接待条件，拓展博物馆文化休闲功能，发挥博物馆的文化中心和研究中心作用。健全博物馆陈列展览质量标准和评价体系，建立国家一级博物馆与市县级博物馆借展、联展、巡展合作机制。加强流动博物馆建设，推动展览陈列进乡村、进社区、进学校、进军营、进企业。强化文教结合，完善博物馆青少年教育功能，定期开展博物馆中小学生教育活动，推出一批博物馆教育精品项目和示范活动。

（四）加强博物馆藏品管理

完善博物馆藏品征集标准，拓展博物馆藏品征集领域和途径，充实基层博物馆藏品数量和类型。加强近现代文物征集，注重民俗文物、民族文物和非物质文化遗产征集，实施经济社会发展变迁物证征藏工程。健全文物藏品档案管理制度，建立全国可移动文物藏品信息备案系统，形成博物馆藏品资源共享和馆际交流机制，推进考古机构依法向博物馆移交考古发掘的出土文物和出水文物。

专栏2　博物馆建设工程

①博物馆青少年教育功能提升工程：全国国有博物馆为中小学生讲解服务10万小时以上/年，每家博物馆开展中小学生讲解服务或教育活动4次以上/年。建立博物馆青少年教育项目库，制作博物馆青少年教育精品课程100个以上。开展博物馆教育示范点建设，建立馆校合作机制，创建与学校教学相结合的博物馆青少年教育活动项目品牌。

②边疆地区博物馆建设工程：实施新疆、西藏、云南、广西、内蒙古、黑龙江、吉林、辽宁等省级博物馆改造提升工程，建成一批反映边疆历史及多民族融合发展的边疆博物馆，全面提高边疆地区博物馆的藏品保存和陈列展示水平。

③非国有博物馆发展质量提升工程：将非国有博物馆纳入博物馆质量评价体系，开展非国有博物馆定级评估，加强非国有博物馆藏品管理、保护修复、公共服务和教育设施建设。推进国有博物馆对口帮扶非国有博物馆，加强对非国有博物馆的专业指导、技术扶持和人才培养。支持非国有博物馆开展社会教育活动，推出100项非国有博物馆精品展览或教育活动，促进将符合条件的非国有博物馆纳入政府公共文化服务采购范围。

④经济社会发展变迁物证征藏工程：开展新中国成立以来反映国家重点建设成就、区域经济发展、社会生产生活方式变迁的重要实物调查与征藏，制定入藏门类、标准和规范，重点充实基层博物馆藏品资源，新增经济社会发展变迁物证藏品达到10万件以上。

四、多措并举让文物活起来

坚持保护为主、保用结合，坚持创造性转化和创新性发展，大力拓展文物合理适度利用的有效途径，传承中华优秀传统文化，培育社会主义核心价值观，让历史说话，让文物活起来，讲好中国故事，提升中华文化国际影响力，让宝贵遗产世代传承、焕发新的光彩，用文明力量助推发展进步。

（一）发挥社会教育功能，弘扬中华优秀传统文化

实施国家记忆工程，建设全民共识的国家精神标识。实施"互联网+中华文明"三年行动计划，激活中华优秀传统文化的生命力和影响力。推进山东曲阜优秀传统文化传承发展示范区、甘肃华夏文明传承创新区建设，加强北京历史文化名城保护。编纂出版《中国文物志》。

（二）彰显文物资源优势，促进经济社会发展

创新文物合理利用模式。推动文物保护利用与新型城镇化和新农村建设相结合，与扶贫攻坚和经济发展相结合，与美丽中国建设相结合，延续历史文脉，建设人文城市，打造特色小镇和美丽乡村。促进文物保护单位开放利用，推动有条件的行政机关、企事业单位、社会团体、军队管理使用的文物保护单位定期或部分对公众开放。分类分级制定文物景区游客承载量标准，培育以博物馆和文物保护单位为载体的体验旅游、研学旅行、休闲旅游精品线路。

促进文化创意产品开发。贯彻落实国务院办公厅转发文化部、国家发展改革委、财政部、国家文物局《关于推动文化文物单位文化创意产品开发的若干意见》，出台《博物馆商业经营活动管理办法》，开展文物单位文化创意产品开发试点和经验推广。研究制定社会力量参与文物保护利用规范性文件。实施"互联网+中华文明"三年行动计划，支持各方力量利用文物资源开发文化创意产品，推出一批具有示范带动作用的文化创意产品开发项目和优秀企业。到2020年，打造50个博物馆文化创意产品品牌，建成10个博物馆文化创意产品研发基地，文化创意产品年销售额1000万元以上的文物单位和企业超过50家，其中年销售额2000万元以上的超过20家。扩大文物资源开放，实施全国可移动文物资源共享工程。

（三）鼓励民间合法收藏文物，提升社会文物管理服务水平

开展民间文物收藏情况调研，组织鼓励民间合法收藏文物相关课题研究，建立健全鼓励民间合法收藏文物的政策措施，印发《文物拍卖管理办法》，研究制定《文物市场管理办法》，规范文物经营活动，引导民间收藏行为。完善文物经营资质审批和文物拍卖标的审核备案制度，加强文物市场和网上文物交易监管，完善联合监管机制。建立文物经营主体信用信息公示系统和违法失信"黑名单"管理制度。编制文物鉴定规程和民间收藏文物鉴定指导意见，支持培育各类合格主体开展民间文物鉴定业务，规范文物鉴定活动。制定涉案文物鉴定管理办法、技术标准和操作规范，涉案文物鉴定机构达到35个，每个省（自治区、直辖市）至少拥有1个涉案文物鉴定机构。推广科技手段在文物鉴定中的应用。

加强文物进出境管理。完善文物进出境审核信息管理系统，推广文物身份电子标识，实现文物进出境审核

管理信息化标准化。加强协同监管，加强对自贸区、保税区的文物进出境管理服务，加大打击文物走私力度。优化文物进出境审核机构布局，文物进出境责任鉴定员达到260人。开展流失海外中国文物调查研究，推动流失文物追索返还取得新成果。

（四）拓展文物对外交流合作，建设"一带一路"文化遗产长廊

加强与文化遗产国际组织的深度合作，提高文化遗产国际公约履约水平。扩大与各国政府间文物交流互动，推动与更多国家签署防止盗窃盗掘和非法进出境文物的双边协定，构建稳定、多维的政府间文物合作网络。增进与"一带一路"沿线国家及文化遗产国际组织的交流合作，建设"一带一路"文化遗产长廊。加强中华文物对外交流合作，推出一批具有中国内涵、国际表达、创意融合的对外文物展览，引进一批高水平来华文物展览。统筹开展援外文物保护工程和境外合作考古项目，推出一批中国文物保护理论成果和实践案例，实施中华文物走出去精品工程。加强与香港、澳门、台湾地区在文物领域的交流合作，促进港澳台同胞共享中华优秀文化遗产。

专栏3　文物合理利用工程

①国家记忆工程：依托文物建筑、文化典籍、国家档案等，通过体现中华优秀传统文化、革命文化和社会主义先进文化的代表性文物，分类分批实施国家历史、文化、艺术、科学记忆工程及国家记忆数字化保存行动计划，建设全民共识的国家精神标识。

②"互联网+中华文明"三年行动计划：坚持政府积极引导、社会共同参与，推动互联网的创新成果与中华优秀传统文化的传承、创新与发展深度融合，充分发挥市场作用，通过观念创新、技术创新和模式创新，推动文物信息资源开放共享，推进文物信息资源、内容、产品、渠道、消费全链条设计，丰富文化供给，促进文化消费，进一步发挥文物资源在培育社会主义核心价值观、构建中华优秀传统文化传承体系和公共文化服务体系中的独特作用。推进文物信息资源开放共享，调动文物博物馆单位用活文物资源的积极性，激发企业创新主体活力，完善业态发展支撑体系，形成一批具有示范性、带动性和影响力的融合型文化产品和服务品牌，有力促进大众创新、万众创业。

③全国可移动文物资源共享工程：运用第一次全国可移动文物普查数字化成果，建立可移动文物资源共享机制。公布文物藏品信息达到100万件以上，向社会公众提供查询服务。

④"一带一路"文化遗产长廊建设工程：编制实施"一带一路"沿线文化遗产保护利用规划，推进陆上丝绸之路扩展项目、海上丝绸之路的保护与申遗工作，加强"丝绸之路：长安——天山廊道的路网"跨国协作与文物保护，开展丝绸之路"南亚廊道"研究。构建"一带一路"文化遗产双边、多边交流机制和合作平台，实施"一带一路"沿线国家援外文物保护工程和合作考古、科技保护、文物展览项目，促进民心相通，增进深度认知。举办"丝绸之路文化遗产"主题研讨会、高级别论坛和陆上、海上丝绸之路文物交流展。

⑤中华文物走出去精品工程：充分利用党和国家领导人重要对外活动契机，抓住重大节庆、重大事件、重要会议、重要节展赛事的时间节点和国家文化年、文化节系列活动，向世界推介更多具有中国特色、凸显中国精神、蕴含中国智慧的文物精品展览，扩大文物出展国家和地区。全方位拓展文物对外交流合作渠道平台，大力创新方法手段，在重点国家实现突破，在周边国家巩固扩大，在非洲、拉美等地区扩大覆盖范围，打造一批文物对外交流合作品牌。将中华文化走出去融入文物对外援助工作，继续推进援助柬埔寨、乌兹别克斯坦、尼泊尔、缅甸等文物保护工程，做好境外联合考古项目。举办面向港澳台地区青少年的历史文化研习营活动，组织赴港澳台文物展览，保持与台湾文化遗产领域机制性交流。

五、加强文物科技创新

构建以技术创新为核心、以组织创新为支撑、以制度创新为保障的文物行业创新体系，支撑引领文物事业科学发展。

（一）提高技术预测预见能力，加强基础科学技术前沿研究

加强文物保护基础理论研究和学科建设，重点开展文物领域技术预测、预见的方法研究，规划文物科技发展战略、重点领域和行动计划，制定技术路线图。开展文物价值综合研究、文物本体材料及制作工艺、文物病害、保护材料与文物本体作用机制等应用基础研究，重点推进以应用基础研究为先导的技术创新。支持文物风险识别、评估预警和处置的理论、方法和模型前沿研究。

（二）加强共性关键技术攻关，加快文物保护装备建设

开展考古调查与发掘专用技术、无损分析检测和多技术协同探测技术研发，构建考古现场保护体系。开展文物风险评估技术与方法、风险处置关键技术和出水文物、土遗址、壁画、石窟寺等成套保护技术及生物病害综合防治技术研发。开展书画、纺织品、陶质彩绘文物传统修复工艺与现代科技相结合的共性关键技术研究，文物保护材料性能和保护效果评价方法研究，木结构建筑和历代书画传统工艺谱系研究。以博物馆和大遗址为对象，开展智慧博物馆技术支撑体系研究。深化"制造商+用户""产品+服务"发展模式，加强企业与文博科研单位、用户单位的合作，推进文物博物馆专有装备研发、推广应用、替代升级，形成文物保护装备产品系列。制定文物保护装备产品标准，建设国家文物保护装备产业基地。

（三）加快急需标准制定，推进文物信息化建设

加强文物术语与编码等基础标准的制修订，加强文物数字资源采集、加工、存储、传输、交换、服务等通用标准的制修订，加强文物价值评估、风险管理、保护技术等技术标准和管理标准的制修订，完善标准复审制度，完成50项以上行业技术标准的制修订工作。推进单位（实验室）标准、地方标准建设，开展团体标准试点。强化文物标准宣传贯彻，开展标准化示范试点。全面推进文物保护、利用、管理、研究信息化整合共享工作，建设国家文物大数据库，建成国家文物主管部门综合行政管理平台，完善文物部门政务公共服务系统，实现文物信息互联互通与数据资源共享共建。

（四）推广文物科技成果，构建多元化科研组织

促进文物科技成果的推广应用，开展文物科技成果的效果和适用评估，建立文物科技转移和成果扩散机制，发布重点文物科技成果转化项目指南。依托国家文物局重点科研基地及工作站、科技创新联盟，实施文物保护科技示范工程。鼓励社会科技资源参与文物科技创新，加强资源共享、风险共担、优势互补的战略合作，建立实体研发组织与虚拟研发组织相结合的新型文物科技创新组织模式。建成30个国家文物局重点科研基地、5个以上文物行业科技协同创新平台。培育国家文物局重点科研基地进入国家级研发基地序列，完善文物科技项目、科技成果和科研机构评价制度。

专栏4　文物科技创新应用工程

①文物保护科技示范工程：依托不可移动文物保护工程和可移动文物修复项目，围绕土遗址、彩塑壁画、石质文物、陶质彩绘文物、出水文物、竹木漆器、纺织品、纸质文物和馆藏文物保存环境监测调控、馆藏文物防震、遗产地风险预控等方面，实施20项以上文物保护科技示范项目。

②智慧博物馆建设工程：运用物联网、大数据、云计算、移动互联等现代信息技术，研发智慧博物馆技术支撑体系、知识组织和"五觉"虚拟体验技术，建设智慧博物馆云数据中心、公共服务支撑平台和业务管理支撑平台，形成智慧博物馆标准、安全和技术支撑体系。建设智慧故宫、智慧敦煌、智慧秦始皇陵博物院。

③文物保护装备应用示范工程：研发水下考古机器人搭载平台、文物数字化装备和智能感知终端、智慧博物馆装备、文物素材再造设备和系统等前沿技术，形成一批拥有自主知识产权的文物保护装备。促进文物预防性保护、文物安全、文物运输、文物管理等专有装备应用。建设装备企业和文博科研、用户单位相结合的文物保护装备产业基地和应用示范区。

六、加强文物法治建设

坚持制度先行，完善文物法律制度，健全文物政策措施，落实文物行政执法主体责任，增强文物法律意识，提升文物法治水平。

（一）完善法律制度，加强文物普法宣传

加快形成系统完备、科学规范、运行有效的文物法律制度体系。落实《国家文物局贯彻落实〈法治政府建设实施纲要（2015－2020年）〉实施方案》，推动《文物保护法》和《水下文物保护管理条例》修订工作，制定一批配合文物法律法规实施的部门规章及规范性文件，做好文物行政法规、部门规章和规范性文件清理工作。开展文物系统"七五"普法工作，深化文物法律进机关、进乡村、进社区、进学校、进企业、进单位主题活动。加强文物普法宣传员队伍建设，鼓励社会力量参与文物法治宣传工作，促进文物法治理念深入人心。

（二）坚持依法行政，深化文物行政审批制度改革

深入推进文物领域"放管服"改革，简政放权，转变职能，优化文物行政审批流程，更新文物行政审批事项服务指南，加强事中事后监管。推行文物行政许可标准化和"双随机一公开"监管方式，完善"一单两库一细则"。推进文物行政审批事项的标准化、规范化，实现文物行政审批事项在标准上规范、程序上简约、管理上精细、时限上明确。进一步明确文物部门的职责定位和发展定位，进一步规范文物部门的权力清单和责任清单。推进文物部门决策、执行、管理、服务、结果公开和重点领域信息公开。

（三）加大层级监督，强化文物行政执法督察

完善国家文物督察制度。构建"国省督察、市县执法、社会监督、科技支撑"的文物执法督察体系，依法督察地方政府履行文物保护职责情况，依法督办重大文物违法案件和文物安全事故。公开曝光一批重大文物违法案件和文物安全事故，对影响恶劣的，及时约谈地方政府负责人。开展文物法人违法案件三年整治专项行动和长城执法专项督察，重大文物违法案件查处率达到100%。

充实文物行政执法力量。优化省级以上文物执法督察力量配置，落实市县文物行政执法职能，实现省市县文物行政执法主体全覆盖。完善文物行政执法责任制，开展省级文物执法效能评估。建立全国文物行政执法人员动态管理系统，建立岗位培训制度，提高文物行政执法人员素质。

规范文物行政执法程序。健全文物行政处罚裁量权基准制度，建立文物行政执法全过程记录制度，规范文物行政执法行为。建立文物违法案件分级处置、重大案件挂牌督办和约谈通报曝光机制。推广说服教育、劝导示范、行政指导等非强制性执法手段。健全文物行政执法和刑事司法衔接机制，完善文物案件通报、移送标准和程序。

提升文物行政执法能力。强化科技、装备在文物行政执法领域的应用，实施文物行政执法能力提升工程。发挥国家文物局文物违法举报中心作用，建好用好"12359"文物违法举报热线，建立文物违法社会监督员制度，形成文物执法领域志愿服务机制。

（四）加强联合执法，打击文物违法犯罪行为

发挥全国文物安全工作部际联席会议的协调作用，落实"两高"文物犯罪司法解释，完善联合打击和防范文物犯罪长效机制。提升全国文物犯罪信息中心的实战作用。开展打击文物犯罪专项行动和文物建筑火灾隐患整治专项行动，有效遏制重大文物犯罪案件和文物火灾事故高发势头。完善多部门联合执法机制，强化水下文化遗产执法合作，开展多领域联合行政执法行动。

（五）严格责任追究，健全文物违法行为惩戒机制

地方政府、有关部门和单位因不依法履行职责、决策失误、失职渎职导致文物遭受破坏、失盗、失火并造成一定损失的，要依法依纪追究有关人员的责任；涉嫌犯罪的，移送司法机关处理。建立文物保护责任终身追

究制，对负有责任的领导干部，不论是否已调离、提拔或者退休，都必须严肃追责。建立健全文物保护工程勘察设计、施工、监理、技术审核质量负责制，对违反国家法律法规和技术标准，造成文物和国家财产遭受重大损失的，依法追究相关单位和人员的责任。建立健全文物领域守法信用记录制度，完善守法诚信行为褒奖机制和违法失信行为惩戒机制。

专栏5　文物法治建设工程

①文物行政执法能力提升工程：建成全国重点文物保护单位执法监督管理系统，开展全国重点文物保护单位执法监督在线巡查试点和执法终端建设试点，建设全国文物行政执法监管平台。开展不可移动文物执法遥感监测，抽查100个县域单元，对其文物消失或违法情况进行监测。推动5个文物资源密集城市建立文物安全保护志愿服务队伍，指导文物资源密集市县建立文物违法社会监督员制度。

②文物宣传传播能力提升工程：围绕文物法律、重大政策、重要节庆、重要事件、典型案例和重要考古发现、文物保护利用重点工程、执法督察行动开展主题宣传系列活动。做好国际博物馆日全国主会场、中国文化遗产日主场城市活动。加强文物普法宣传，加大文物新闻发布力度，开展文物网络舆情监测。打造文物系统网络新媒体矩阵，开设文化遗产公开课，建设文物传播专家库和资源库。

七、完善规划保障措施

加大政策引导，强化资金保障，加强队伍建设，为文物事业改革发展提供有力支撑。

（一）出台政策举措，完善文物保护管理制度

建立国家文物登录制度。健全文物认定、登录标准，规范文物调查、申报、登记、定级、公布程序，建设国家文物登录中心。研究制定不可移动文物降级撤销和馆藏文物退出机制，推进文物信息资源社会共享。

健全文物保护工程质量监督管理体系，加强文物保护工程检查指导，推动第三方机构参与文物保护工程质量和效果评估，提高文物保护工程质量。制修订《文物保护工程管理办法》《文物保护工程招投标管理办法》《古建筑修缮工程施工规程》《近现代建筑保养维护工程技术规程》。

研究制定文物保护补偿办法。研究探索对文物资源密集区的财政支持方式，在土地置换、容积率补偿等方面给予政策倾斜。表彰向国家捐献文物、捐赠文物保护资金及其他支持文物保护的行为。

广泛动员社会参与。出台城乡群众自治组织保护管理使用尚未核定公布为文物保护单位的不可移动文物的指导意见。推广政府和社会资本合作（PPP）模式，拓宽社会资金进入文物保护利用渠道。研究制定文物保护志愿者管理制度，培育文物行业社会组织。

（二）拓宽投入渠道，提高文物保护资金使用效益

增强文物保护中央财政专项资金的导向性，发布专项资金年度项目申报指南，对革命老区、民族地区、边疆地区、贫困地区予以倾斜，对重大项目、重点工程和重大政策实施予以保障。

加强文物保护资金规范管理。制定《文物保护项目预算编制规范》《馆藏文物修复计价清单》，进一步完善支出标准体系。建设文物保护中央财政专项资金管理平台，健全中央财政和地方财政文物保护投入绩效考评制度，完善第三方评估机制，加大重点文物保护工程项目专项资金使用情况的监督、管理、评估和验收，制定《国家重点文物保护专项补助经费绩效管理暂行办法（试行）》《国家重点文物保护专项补助资金项目财务验收管理办法》。

落实省级和市县级文物保护单位保护资金投入。拓宽社会资金进入文物保护利用渠道，发挥文物保护基金平台作用，探索开发文物保护保险产品，为非国有不可移动文物保护维修提供资金支持。

（三）提高人才素质，增强文物保护管理能力

继续推进文博人才培养"金鼎工程"，实施高层次文博行业人才提升计划，将高层次文博人才引进和培养

纳入国家"千人计划""万人计划"和文化名家暨"四个一批"人才项目。加强对急需专业技术人才、技能型人才和复合型管理人才的培养，加大跨行业、跨部门文博人才培养力度。加强文博人才培训基地建设，完善文博人才培养体系，对经济欠发达地区基层文博单位人员培训予以倾斜。强化"以修代培"，推动文博人才培养与不可移动文物保护工程、可移动文物修复项目、传统村落保护项目相结合。研究制定文博行业职业教育指导意见，将文物传统工艺的保护传承纳入职业教育，推动职业院校与文博企事业单位的产学研协同创新平台建设。研究制定文博行业相关职业标准，完善专业技术人才、技能型人才职业能力评价和人才考核评价体系。完善全国文博网络学院，实现文物行业网络培训全覆盖。

专栏6　文物人才培养工程

①文博人才培养"金鼎工程"：举办文物领域培训项目达到300个以上，培养各类文博人才达到1.8万人次以上；实施"以修代培"项目20个以上。实施文物行业领军人才计划，在文物重点领域培养领军人才20名以上；实施专业技术人才培育计划，举办专业技术培训班10个以上/年；加强技能型人才培养，新增文物保护修复人才700名以上；实施文博人才扶贫计划，举办贫困地区文物专业技术和管理人员培训班30个以上。

②民间匠人传统工艺传承工程：开展文物保护传统工艺人才调查，加强传统工艺、工匠研究与保护，支持民间匠人参与文物保护工程项目实施，推动传统工艺纳入高等院校、职业院校教学内容，建设以传统工艺传承保护为核心的产学研协同创新平台。

八、形成规划实施合力

各级文物部门要加强对本规划实施的组织、协调和督导，地方文物部门要结合实际制定地方规划和年度计划。完善规划实施机制，坚持规划管理的目标导向与问题导向相结合，对重大工程、重大项目、重大政策和重要任务进行细化落地、落实责任主体、明确进度安排，确保如期完成。加强财政预算与规划实施的衔接协调，推动各级财政加强对规划实施的保障作用。充分发挥各级党委政府、社会各界参与文物保护利用的积极性、主动性和创造性，共同推动规划顺利实施，努力形成全社会群策群力、共建共享的生动局面。

国家文物主管部门要建立规划执行情况的监测、评估和督查机制，开展规划实施的年度监测，组织规划实施的中期评估和期末评估，把监测评估结果作为改进文物工作和加强绩效考核的重要依据。

文化部"十三五"时期艺术创作规划

发文单位：文化部

为贯彻落实习近平总书记关于文艺工作的重要讲话精神和《中共中央关于繁荣发展社会主义文艺的意见》精神，促进文艺繁荣发展，编制本规划。

一、指导思想

全面贯彻党的十八大和十八届三中、四中、五中、六中全会精神，深入学习贯彻习近平总书记系列重要讲话精神特别是在文艺工作座谈会和中国文联十大、中国作协九大开幕式上的重要讲话精神，坚持为人民服务、为社会主义服务，坚持百花齐放、百家争鸣，坚定文化自信，坚持以人民为中心的创作导向，以培育和弘扬社会主义核心价值观为根本任务，以中华优秀传统文化为根脉，勇攀艺术高峰，为实现"两个一百年"奋斗目标、实现中华民族伟大复兴的中国梦提供强大的价值引导力、文化凝聚力、精神推动力。

二、基本原则

——弘扬主旋律，传递正能量。坚持党对文艺工作的领导，牢牢把握社会主义先进文化前进方向，把中国梦和社会主义核心价值观贯穿到艺术创作各环节。

——坚定文化自信，振奋民族精神。坚守中华文化立场，传承中华文化基因；坚持不忘本来、吸收外来、面向未来，创作更多具有鲜明中国特色、中国风格、中国气派的艺术作品。

——坚持服务人民，积极歌颂人民。把满足人民精神文化需求作为文艺和文艺工作的出发点和落脚点，把人民作为文艺表现的主体、作为文艺审美的鉴赏家和评判者，为人民抒写、为人民抒情、为人民抒怀，生动展现人民创造历史的伟大进程。

——坚持继承创新，推动艺术发展。树立精品意识，坚持思想性、艺术性、观赏性相统一，把创新精神贯穿于艺术创作生产全过程，提高文艺原创能力。推动观念和手段相结合、内容和形式相融合、各种艺术要素和技术要素相辉映，提升作品精神高度、文化内涵和艺术价值，不断增强艺术表现力。

——坚持德艺双馨，引领社会风尚。牢记文化责任和社会担当，牢记以文化人、以文育人的职责，始终把社会效益放在首位，崇德尚艺，传递向善向上的价值观，成为时代风气的先觉者、先行者、先倡者。

三、发展目标和主要指标

（一）发展目标

到2020年，艺术生产机制更加健全，艺术创作更加繁荣，艺术评价体系更加完善，艺术人才队伍更加壮大，优秀文艺作品不断涌现，人民群众精神文化生活不断迈上新台阶。

（二）主要指标

——重点推出50部左右思想精深、艺术精湛、制作精良的舞台艺术作品。扶持100部舞台艺术剧本创作。

——实现全国文艺院团领导干部轮训。培训1000名戏曲编剧、导演、音乐、舞台美术、评论等骨干人才。

——推出100件左右优秀主题性美术作品和150个左右美术馆馆藏精品展览。扶持建立2-3家国家美术藏品修复示范中心。

——国家艺术基金立项资助项目达到4000项左右。

四、创作主题

聚焦中国梦的时代主题，培育和弘扬社会主义核心价值观，唱响爱国主义主旋律，传承和弘扬中华优秀传统文化，讲好中国故事，传播中国声音，塑造中国形象，弘扬中国精神，凝聚中国力量。

——重点扶持现实题材、爱国主义题材、重大革命和历史题材、青少年题材、军事题材等创作生产。

——重点支持反映改革开放和社会主义现代化建设的伟大实践，特别是以"全面建成小康社会、全面深化改革、全面依法治国、全面从严治党""强军梦""一带一路""京津冀协同发展""长江经济带""扶贫攻坚""西部开发""东北振兴""中部崛起""东部率先"等国民经济和社会发展重大战略为主题的创作选题。

——重点围绕党的十九大、建军90周年、香港回归20周年、改革开放40周年、新中国成立70周年、澳门回归20周年、全面建成小康社会、抗战胜利75周年、长征胜利85周年、建党100周年等重大时间节点以及反映党史国史军史上的重大事件、重要人物，开展艺术创作。

五、重点任务

（一）建设深入生活、扎根人民常态化的工作机制

引导广大文艺工作者牢固树立走入生活、贴近人民的创作态度，增强提炼生活的创作能力，推动"深入生活、扎根人民"主题实践活动常态化开展，使广大文艺工作者向人民学习、为人民服务、接受人民检验，推动深入生活、扎根人民成为艺术创作的基础环节和必由之路。

专栏1　持续开展"深入生活、扎根人民"主题实践活动
"深入生活、扎根人民"主题实践活动：组织广大文艺工作者围绕重点艺术作品创作到生活一线采风；建立基层联系点，开展定点深入生活、"结对子、种文化"等帮扶基层工作。加强组织引导，制定和完善开展主题实践活动常态化的机制，从政策、经费、艺术指标和绩效考核等方面为主题实践活动提供支持和保障。确定主题实践活动的重点创作目标和详细计划，落实人员、经费、时间和成果要求。通过动员、引导、示范、表彰等手段，树立和宣传活动典型，带动更多的文艺工作者自觉投身到活动中来。

（二）创作生产优秀文艺作品

实施精品战略，把握发展态势，尊重艺术创作规律，加大对艺术创作生产的组织引导，合理集聚和有效配置资源，组织实施重大工程项目，加大对具有示范性、引领性作用的原创精品的扶持力度，推出更多无愧于民族、无愧于时代的优秀作品。

专栏2　扶持精品创作
国家舞台艺术精品创作扶持工程：集中力量、集聚资源，出精品、攀高峰，力争到2020年推出50部左右优秀舞台艺术作品。坚持统筹协调、上下联动，努力形成策划一批、创作一批、演出一批的优秀作品创作生产机制。每年发布"全国舞台艺术重点创作剧目名录"，并从中遴选"国家舞台艺术精品创作扶持工程重点扶持剧目"。组织专家对重点扶持剧目跟踪指导、考核评估，加强宣传推广，开展交流演出。 国家艺术基金资助项目：在舞台艺术创作、美术创作、艺术传播交流推广、艺术人才培养、新兴艺术门类创作等方面，资助项目4000项左右，进一步健全管理制度，完善资助机制，提高资助质量。 民族歌剧传承发展工程：制定并实施民族歌剧重点剧目创作计划和遴选指导制度，扶持重点民族歌剧创作和经典民族歌剧复排；举办民族歌剧培训班和传习班，积极培养民族歌剧艺术人才；举办中国民族歌剧创作座谈会，加强理论评论建设；加大宣传推广力度，打造民族歌剧展示传播平台，办好优秀民族歌剧展演、中国歌剧节等重大艺术活动。

剧本扶持工程：扶持一度创作，提升艺术原创水平。通过征集新创、整理改编、买断移植，扶持戏曲、话剧、儿童剧、歌剧、音乐剧、舞剧等100部舞台艺术剧本创作。开展戏曲剧本孵化计划，资助原创大戏和小戏剧本各150部，扶持戏曲企业剧目创作生产。

重大题材美术创作工程：公布选题方案，遴选优秀美术家参与创作并推出100件左右优秀主题性美术作品。围绕庆祝新中国成立70周年和庆祝中国共产党成立100周年，举办展览活动，将新创作的优秀作品与馆藏经典作品共同展示。

国家美术发展和收藏工程：实施全国美术馆发展扶持计划，开展美术馆专业人才培训，完成1500人次培训任务，基本实现国有美术馆馆长轮训目标。提升画院创作研究能力，培养扶持画院专业创作人才200人左右。完成全国美术馆藏品普查。实施国家美术作品收藏和捐赠奖励项目。加强国家美术藏品的保护修复和研究推广，扶持建立2-3家国家美术藏品保护和修复示范中心，推出150个左右美术馆馆藏精品展览。

（三）传承和弘扬中华优秀传统文化

坚持"创造性转化、创新性发展"，坚持在扬弃继承中大力推动中华优秀传统文化转化创新，激发中华优秀传统文化的时代活力，用中华优秀传统文化滋养艺术创作，将传统文化融入艺术创造之中，创作更多体现中华文化精髓、反映中国人审美追求、传播当代中国价值观念、又符合世界进步潮流的优秀作品。

专栏3 弘扬中华优秀传统文化

戏曲振兴工程：完成全国地方戏曲剧种普查，摸清戏曲家底，实现动态化管理。培育戏曲人才，开展"名家传戏——当代戏曲名家收徒传艺工程"，组织京剧、昆曲和地方戏名家传授经典折子戏。传承戏曲经典，实施中国京剧像音像工程，录制350部京剧剧目，启动中国戏曲像音像工程；开展优秀昆曲传统折子戏录制工作，抢救、保护戏曲文献资料。鼓励戏曲创作，实施剧本扶持工程和戏曲剧本孵化计划，从创作源头入手，推动优秀剧目创作。开展示范性戏曲活动，组织京剧、昆剧、越剧、黄梅戏、评剧、豫剧等艺术节庆及全国基层院团戏曲会演等展演展示活动；举办"名家传戏"成果汇报演出，展示培养成果。推动戏曲进校园、进农村、进基层，将地方戏曲演出纳入基本公共文化服务目录，支持戏曲艺术表演团体到各级各类学校演出。加大对国家级非物质文化遗产保护名录中传统戏剧项目的扶持力度。培育有利于戏曲活起来、传下去、出精品、出名家的良好环境。

民族音乐舞蹈杂技扶持工程：引导艺术院团和艺术家深入基层，学习和传承民间乐种和民族舞蹈；抢救保护珍贵传统乐谱，开展民间乐种和民族舞蹈样式普查，建设民族音乐舞蹈数据库；扶持重点音乐、舞蹈、杂技艺术院团，组织开展音乐、舞蹈、杂技作品的创作、征集和展演，推出一批优秀作品和人才。

（四）完善评价激励机制

建立健全科学合理的文艺作品评价体系，把遵循社会主义先进文化前进方向和人民满意作为最高标准，把群众评价、专家评价和市场检验统一起来。充分发挥文艺评奖的导向激励作用，进一步改革和完善评奖机制。建立获奖作品跟踪考核机制，推动获奖作品面向公众多演出。加强文艺理论和评论工作，运用历史的、人民的、艺术的、美学的观点评判和鉴赏文艺作品，褒优贬劣，激浊扬清，更加有效地引导创作、推出精品、提高审美、引领风尚。

专栏4 健全文艺评价机制

中国文化艺术政府奖——文华奖：开展第十五届、第十六届文华奖评选工作。制定《文华奖章程》，完善评奖办法，科学设立奖项，健全评奖机制。坚持公平公正公开，严格标准、严格程序，严肃评奖纪律，提高公信力和权威性。推动获奖作品和艺术家面向基层、服务人民。

艺术评论体系构建和引导计划：加强文艺评论阵地建设、队伍建设、实践开展和成果推广。扩大与重点媒体特别是新兴媒体的合作，办好各类评论人才培训班，大力开展"一剧一评"等多种形式的评论活动，发挥评论对创作的促进作用。

（五）举办重大艺术活动

发挥重大艺术活动的示范引导作用，为优秀作品的演出、展示、提高搭建良好平台。举办第十一届、第十二届中国艺术节。继续举办全国舞台艺术优秀剧目展演、国家艺术院团演出季、全国基层院团戏曲会演、全国民营艺术院团优秀剧目展演、中国京剧艺术节、中国昆剧艺术节、中国越剧艺术节、中国（安庆）黄梅戏艺术节、中国评剧艺术节、中国豫剧艺术节、全国小剧场戏剧优秀剧目展演、全国曲艺木偶皮影优秀剧（节）目展演、全国优秀舞蹈节目展演、全国声乐展演、中国歌剧节、全国优秀民族歌剧展演、中国民族器乐民间乐种组合展演、中国西部交响乐周、全国优秀杂技节目展演、中国诗歌节、全国美术作品展览、中国设计大展、全国美术馆馆藏精品展出季等重大展演展览活动。

（六）加强优秀作品的传播推广

通过政府购买服务方式，大力开展"文化下乡""文化迎春，艺术为民""高雅艺术进校园"等公益性演出活动。创新艺术传播渠道，促进优秀文艺作品多渠道传播、多平台展示、多终端推送。扩大和引导文化消费，让更多的观众共享艺术发展的最新成果。

（七）加强艺术人才队伍建设

深化马克思主义文艺观学习教育，引导文艺工作者打牢世界观、人生观、价值观的根底，提高学养、涵养、修养。多措并举，形成有步骤、有层次、系统化的人才培养机制，培养造就文艺领军人物和高素质文艺人才，建设一支德艺双馨、专业均衡、结构合理、数量宏大的人才队伍。尊重艺术家的创造性劳动，鼓励创新创造，深化人才发展体制机制改革，做好对新的文艺组织和新的文艺群体的团结、引导、服务工作，完善人才评价、流动、激励机制，为全面提升艺术创作水平提供有力的人才支持。

专栏5　培养艺术人才

名家传戏——当代戏曲名家收徒传艺工程：以"一带二"的方式，由老一代表演艺术家向青年演员传授表演精粹，"传艺、传神、传德"，培训戏曲青年表演人才1000人次。

戏曲艺术人才培养"千人计划"：举办戏曲编剧、导演、音乐、舞台美术、评论等专业人才培训班，培养1000名具有扎实戏曲创作能力的骨干创作人才。

全国文艺院团长培训班：完成全国文艺院团长轮训。文化部举办示范培训班培训约2400人，各地文化行政部门结合实际完成培训约19000人。

西部及少数民族地区艺术创作提升计划：针对西部12个省份及新疆生产建设兵团，确定一批重点剧目，组织专家协助开展剧目的修改、打磨、提高。选拔100名青年创作人才到国家艺术院团进行驻团实践，提高西部及少数民族地区创作能力，促进西部艺术资源开发，推动全国艺术创作协调发展。

六、保障措施

（一）加强组织领导

各级文化行政部门切实加强对艺术创作的组织领导，把艺术创作纳入重点工作任务，纳入考核评价体系。履行好意识形态工作责任，把好政治导向关。

（二）加大资金保障

各级文化行政部门要加大对艺术创作的经费支持，用好各类专项资金和艺术基金。创新资金投入方式，提高资金使用效率，健全政府采购、项目补贴、贷款贴息、税收减免等制度。鼓励和引导社会力量参与文艺创作和公益性演出。

(三) 强化任务落实

各级文化行政部门、文化部直属艺术机构要充分认识本规划的意义，结合本地、本单位实际制定实施方案和执行计划；明确重大工程和重大项目的责任主体和实施进度，对规划实施情况进行跟踪分析、检查评估，推动各项任务措施落到实处。

文化部"十三五"时期文化科技创新规划

发文单位：文化部

文化科技创新是国家科技创新的重要组成部分，是社会主义文化强国建设的关键支撑力量。随着新一轮科技革命和产业变革孕育兴起，信息网络、大数据、智能制造等高新技术广泛渗透到创作、生产、传播、消费的各个层面和环节，加速了文化生产方式变革，成为文化发展的重要引擎和不竭动力。目前我国文化建设的科技基础仍然薄弱，自主创新能力还不够强，文化科技体制机制与文化发展的要求不相适应，必须加快文化科技创新体系建设。

为贯彻《国家创新驱动发展战略纲要》《国家"十三五"时期文化发展改革规划纲要》及《文化部"十三五"时期文化发展改革规划》，特制定本规划。

一、基本思路

（一）指导思想

高举中国特色社会主义伟大旗帜，全面贯彻党的十八大和十八届三中、四中、五中、六中全会精神，以马克思列宁主义、毛泽东思想、邓小平理论、"三个代表"重要思想、科学发展观为指导，深入学习贯彻习近平总书记系列重要讲话精神和治国理政新理念新思想新战略，坚持社会主义先进文化前进方向，弘扬社会主义核心价值观，实施创新驱动发展战略，以构建文化科技创新体系为目标，强化顶层部署、优化资源布局、拓展创新领域、壮大人才队伍、提升自主创新能力，进一步坚定文化自信，增强文化自觉，为建设社会主义文化强国做出贡献。

（二）基本原则

价值引领。坚持和弘扬社会主义核心价值观，始终把社会效益放在首位，社会效益和经济效益相统一，坚定文化自信，传承中华文明，不断增强国家软实力。

需求导向。深度融入文化建设主战场和科技发展大舞台，聚焦文化发展迫切需要，有效利用新技术、新工艺、新材料和新设备，内容为王，技术制胜，追求文化产品思想精深、艺术精湛、制作精良，体现精益求精的工匠精神。

创造为本。将文化创意与科技创新作为文化创造的基本要素，依托丰富的民族民间文化资源，不断适应文化发展的现实需求，以文化创意引发科技创新，以科技创新支撑文化创意。

民生为先。突出文化科技服务人民，让广大群众享有更多更好的文化产品。推动大众创业万众创新，增强人民群众创造文化、享有文化的主体地位和参与意识，实现文化生产与文化消费的良性互动。

（三）发展目标

到2020年，文化科技自主创新能力得到较大提升，文化科技支撑实力进一步增强，文化重点领域关键技术攻关取得重要进展，文化行业标准体系相对完备，文化科技基础条件明显改善，有效服务于文化事业和文化产业发展，基本形成以市场为导向，以需求为牵引，以应用为驱动，以文化科技企业为技术创新主体，以协同创新、研发攻关、成果转化、区域统筹、人才培养等为主要构成的文化科技创新体系。

——全面推进科技融入文化领域。信息网络、智能制造、虚拟现实、大数据、云计算、物联网、3D打印等高新技术的应用更加广泛，文化领域科技创新水平显著提高。

——全面提升文化企业科技创新能力。文化企业作为市场主体和技术创新主体的地位得到加强，创意创新活动更加活跃，在自主知识产权和核心竞争力等方面有明显进步。

——全面支持文化创意融入实体经济。发挥文化科技引擎作用，促进文化创意与消费品工业、装备制造业、建筑业、信息业、旅游业、体育业和特色农业等行业融合发展，赋予实体经济更丰富的文化内涵，有效提升经济发展质量。

——突破重点技术。围绕文化建设重大需求，特别是公共文化服务、文化产业、文化市场、文化遗产保护传承、对外文化交流和贸易，加强技术研发、集成应用和产业化示范，推动实施10至15项国家级科技重点项目，制定40项左右文化领域国家标准和行业标准，大幅提升技术创新对文化产业增长贡献率。

——实施重点工程。着力实施文化创新、文化科技重点研发、文化大数据、文化装备系统提升、文化标准化、文化科技成果转化等6项工程。

——培养重点人才。通过项目带动和平台建设，吸引和培养10至20名左右有重要影响的技术专家，1000名左右中青年科技骨干，凝聚一批优秀文化科技团队。推动在10个以上艺术职业院校和相关高校设立文化科技专业，培养技能型人才。

二、主要任务

（一）加强协同创新

强化文化企业创新主体地位。发挥市场和政府在资源配置中的各自优势，科技创新与制度创新双轮驱动，加快建设以企业为主体的技术创新体系，发挥企业在创新决策、研发投入、成果转化中的主体作用。引导各种创新要素向高新技术文化企业集聚。培育创新型领军企业。支持老字号等传统文化企业优化技艺、创新商业模式。

支持高校、科研院所参与文化科技创新。坚持产教对话、科教协同，引导高校、科研院所根据文化建设的科技需求，开展基础研究和前沿技术攻关。探索文化单位与科技企业及科研机构合作新机制，通过专业分工、服务外包、订单生产、技术联盟等多种途径，建立协同创新关系。

建设文化科技创新综合载体。按照优化布局、重点建设、分层管理、规范运行原则，建设一批突破型、引领型、平台型的国家文化创新研究中心、文化部重点实验室。探索建立文化部工程技术研究中心，支持建立文化科技创新联盟及区域性文化科技协同创新平台，推动文化科技社会组织建设。培育文化科技领域市场化新型组织、研发服务中介和研发服务外包新业态。发挥文化科技融合示范基地作用，支持国家自主创新区、高新区等向文化科技领域拓展。加强文化艺术智库建设，引导科研机构、高校、研究院所、文化企事业单位及相关社会组织参与文化科技创新活动。

促进国际合作。开展多层次、多方位的文化科技国际交流。引导国内企业和国际优势企业加强文化领域关键技术、产品的研发合作。支持国内企业开拓国际市场，形成若干具有国际竞争力的文化科技企业和产品。

推进文化科技领域大众创新创业。搭建社会化、专业化、网络化创新服务平台，加强孵化器建设，支持"专、精、特、新"小微文化企业发展。鼓励文化企事业单位、大学科技园、科研院所构建低成本、便利化、全要素、开放式的众创空间。鼓励社会力量投入文化科技领域大众创新项目。

（二）加强研发攻关

布局文化科技基础性研究。针对文化建设重点领域和优先主题进行前期技术预研。加强文化科技基础性工作，开展科学考察与调查、科技资料整编。开展对重大文化科技问题评议研究和文化科技软科学研究。

突破共性关键技术。聚焦文化建设重大需求，制订文化科技融合重大项目指南。推动实施国家重点研发计划文化专项，加强文化领域战略性前沿技术布局。按期完成国家重大文化科技项目。

推动文化行业标准化建设。加快文化行业标准及国家标准制修订工作，健全标准化工作机制。培育发展团体标准，鼓励发展企业标准，构建较为完善的标准规范体系。加强标准的宣传和实施，增强从业人员标准化意识和应用水平。

（三）加强成果应用

完善文化科技成果转化机制。鼓励研发机构、高等院校与企业相结合，联合推动科技成果转化。在组织实施应用类科技项目时，明确项目承担者的科技成果转化义务。促进各类研发主体优化成果转化流程，引导科技成果转化服务机构通过转让、许可或作价投资等方式向文化企业转移技术。依靠市场需求驱动，促进文化科技成果有效转化。

建设文化科技成果转化平台。建立文化科技成果报告制度和文化科技成果信息系统，为社会提供成果信息查询、筛选等公益服务。探索建设国家文化科技公共服务平台，推进文化产业、公共文化服务、文化遗产、对外文化交流与贸易等领域的文化科技数据库建设。推动建立跨区域、跨部门、跨层级的服务机制，实现资源共享。

推进先进技术应用于文化领域。增强文化服务应用系统软件、专用材料、文化遗产发现与再利用技术、文化展览展示系统等高新技术及装备的应用。重点开展"互联网+文化"行动，实施网络文化战略。将发展网络文化列入全国艺术科学研究规划。运用社会力量及全国艺术院校资源，形成艺术教育网上课程体系。

促进文化科技成果广泛融入实体经济。开发文化科技与相关产业融合发展的集成技术，增强相关产业文化科技含量。推动动漫游戏、演出展演展陈技术等在设计、制造、科普、宣传、教育、体育、建筑、旅游和现代农业等领域中的集成应用，提升社区、乡村和景区等公共空间的文化品质。

（四）加强区域统筹

优化区域布局。结合"一带一路"建设、京津冀协同发展、长江经济带发展等区域发展战略，构建各具特色和比较优势的文化科技区域发展格局。推动东部地区提高原始创新和集成创新能力，培育具有国际竞争力的文化科技集群。推动中西部地区走差异化和跨越式发展道路，培育壮大区域特色经济和新兴产业。构建区域文化科技战略合作机制，促进文化科技资源互享互通。

发挥文化科教扶贫兴边作用。发挥文化科教在精准扶贫和兴边富民中的作用。支持农民以"文创+科创+农创"模式创业致富。依托现代技术推动贫困、边境地区数字文化旅游等业态发展。借助全国和区域性产教对话平台，促进艺术院团、园区、企业、社会组织参与贫困、边境地区人才培养，为创业学生提供场地、商务、项目咨询及市场开拓服务。

（五）加强人才培养

培养多层次人才。形成文化领域科学研究、工程技术、科技管理、科技创业人员和技能型人才梯次齐备的人才结构。加大对重点领域、企业急需紧缺人才支持力度。培养知识产权和技术转移人才，壮大技术经纪人队伍，提升管理人才职业化和专业化水平。将传统工艺及其他非物质文化遗产传承人群的培养纳入艺术职业教育体系。

完善人才培养模式。依托国家科技人才专项及其他人才项目，发挥高校院所、企业、园区基地优势，以文化科技重点领域的技术研发项目为载体，汇集和培养各层次人才，健全人才培养使用、考核评价、激励保障机制。建立文化科技专家资源库，支持高校设立文化科技交叉学科与专业，培养后备人才。鼓励文化科技研发团队申报国家自然科学基金、国家重大项目、国家科技进步奖等。支持实施国家创新人才推进计划和创新人才培养示范基地建设。

三、重点工程

（一）文化创新工程

加强创新研究。实施200余项文化艺术应用对策研究及相关基础研究项目，提交"文化智库要报"及相关决策咨询报告，探索形成文化艺术智库体系。开展"中国文化创新发展指数"研究。出版《中国文化创新年度报告》。

构建创新平台。按照政产学研用一体化模式建设20个国家文化创新研究中心，并认定30个文化部重点实验室。支持文化企事业单位联合高校、研究机构申报国家现代服务业工程研究中心、国家重点实验室和企业技术中心。通过载体建设和项目实施，促进高校、研究机构参与文化创新活动。

支持创新创业。开展全国高校文化艺术类专业设置情况调研，支持高校与文化建设需求对接。完善艺术职业教育"订单式"人才培养，进行现代学徒制试点，落实职业院校与职业技能鉴定机构双证书制度。实施"艺术职业院校创新能力提升计划"。发挥教育部、文化部、国家民委"全国职业院校民族文化传承与创新示范专业点"带动作用。

提高创新素质。协调推动在全国开展的"科普文化进万家"，扎实开展"科普周""全国科学工作者日""世界标准日"活动。鼓励科普作品的创作生产，参与国家科普示范基地和国家特色科普示范基地建设，培育科普设计制作、展览、服务企业。

（二）文化科技重点研发工程

加强研发规划。与科技部门合作，将文化领域共性关键技术研发需求纳入国家有关科技发展规划，将文化科技创新活动纳入国家科技管理工作体系。推动落实《国家"十三五"文化遗产保护与公共文化服务科技创新规划》。

组织相关项目。利用国家科技计划（专项、基金等）管理部际联席会议机制，推进文化领域国家重点研发计划项目实施。协调落实国家"现代服务业科技专项"中"文化科技"方向的有关任务。引导各地艺术研究院所、艺术职业院校及文化企事业单位申报实施地方科技项目。

完善项目管理。建立文化科技研发项目库，发挥指南、申报、孵化综合功能。形成科学合理的项目管理制度和流程，加强项目中期督查，确保项目顺利实施、通过验收。

（三）文化大数据工程

建立统筹机制。贯彻国务院《促进大数据发展行动纲要》，组建文化大数据工程领导小组，制定工作方案。推动各相关单位提出数据资源开放目录，完成数字文化资源共享清单。

组织重大项目。以图书馆、博物馆、文化馆、美术馆、艺术院团和艺术科研院所等机构的数据资源为主要内容展开调查，掌握基础数据存量和增量情况。加强文化大数据采集、清洗、分析、共享、可视化的研发，提升大数据技术服务能力和应用开发水平，集中力量支持大数据核心技术集成攻关、产业链构建、应用示范和公共平台建设。

加强服务规范。加快制定技术、管理、开放、安全等标准。推进文化资源统一标识、核心元数据、分类编码、数据采集、指标口径、数据质量、数据交易、技术产品、安全保密等共性关键标准的制定和实施。

建立服务载体。依托数字文化资源元数据仓储建设，汇集数据并进行组织与关联。研究用户数据采集标准，促进全国图书馆、博物馆、文化馆、美术馆采集与共享用户数据。与社会力量共同开发利用文化资源数据，选择优质社会数据与文化资源数据融合。

（四）文化装备系统提升工程

制定文化装备行业技术成长方案。开展文化装备系统水平调研，厘定装备、材料、工艺分类规范，拟定技术需求清单，提出发展规划。加强关键技术标准研制与更新，研究建立文化专用装备检验检测体系与认证认可体系。推动《国家企业技术中心的认定领域和重点》目录增列"文化装备与服务领域"并引导企业参与。

加强重点方向文化装备系统的技术供给。推动形成一批公共文化服务、文化创作生产、文化产业细分领域的技术解决方案与装备系统。改进、完善流动舞台车、图书车、文化车等流动文化设施。鼓励社会组织、企业推介技术成果，支持办好"中国国际专业音响灯光乐器及技术展览会"及各类文化装备系统展示、交易活动，培育文化装备民族品牌并支持其"走出去"。

着力提高演艺装备水平。聚焦演艺创编、交互体验、智能演艺等方向，提升舞台艺术呈现效果。重点支持舞台机械类、演艺灯光类、演艺音响类、观演视效类、乐器类的关键部件和系统装备的研发应用，推进智慧剧场建设，加快数字化、智能化、网络化进程。出版《中国演艺装备系统蓝皮书》。

促进国家重大科研设施和科研仪器开放共享。协调文化企业和研究机构共享国家高科技装备研发资源。文化部重点实验室和拟认定的文化部工程技术研究中心向社会发布科研设施与仪器开放清单和开放信息。

（五）文化标准化工程

推进文化行业重点领域标准制修订工作。重点加强舞台安全强制性标准制定与实施，健全舞台设备质量检测标准体系，制定数字图书馆、文化馆、美术馆、非物质文化遗产保护、动漫、网络文化、文化娱乐场所、社会艺术水平考级、文化装备等领域的国家标准和行业标准不少于40项，文化行业标准总数超过110项，基本覆盖文化建设各领域。以中国主导制定的手机（移动终端）动漫标准成为国际标准为契机，推进国际标准交流。

发挥标准引领作用。以剧场安全标准为依据，加强对文化部直属院团剧场和文化部主办演出活动剧场的设备质量安全检测，推动成立"国家舞台设备质量监督检验中心"，带动文化系统和社会剧场安全检测，促进剧场安全标准体系完善。加大力度实施各类推荐性文化行业标准。

提升标准化管理水平。依托各专业标准化技术委员会开展标准化知识普及、标准编写培训。修订文化行业标准化工作管理办法。实行标准化技术委员会委员、秘书处承担单位动态调整机制。严格执行现行标准复审制度，清理妨碍创新的行业标准。支持有突出贡献的组织和个人申报中国标准创新贡献奖。

（六）文化科技成果转化工程

建立文化科技成果信息系统。文化科技项目承担单位、文化部重点实验室、国家文化科技融合示范基地等，均通过该系统公布项目实施情况及成果信息，实现该系统与国家科技成果信息系统对接。建立开放的文化科技成果库，分类别、分层级收录文化科技成果。

建设成果转化载体。突出文化部重点实验室及其他科研实体在促进成果转化、应用方面的功能。通过制度保障和平台建设，缩短成果转化周期。培育一批部级技术转移示范机构，成熟后推荐申报国家技术转移示范机构。明确成果转化义务。利用财政资金实施的项目，将科技成果转化和知识产权创造、运用作为立项和验收的重要内容和依据。

加强成果开发利用。探索开展成果信息资源增值服务，提供符合用户需求的精准科技成果信息，实现成果转移转化供给端与需求端的精准对接。支持文化科技专家参与"万名专家服务基层行动计划""科技创业者行动"，培育以文化科技融合为主要内容的众创空间。

四、保障措施

（一）优化文化科技管理体制

转变政府管理职能，突出服务意识，发挥市场积极作用。进一步加强文化部门与科技部门联系机制，开展对文化科技发展规划、政策的制定、评估，完善文化科技创新成效评价。各级文化行政部门加强与宣传、发展改革、财政、科技、教育、工信等部门对接，鼓励跨部门、跨区域联合推动文化科技工作。发挥社群团体作用。

（二）完善文化科技政策措施

积极争取将文化科技重大项目纳入国家科技发展规划和计划，推动出台相关配套政策和专项规划。鼓励各地制定支持文化科技融合发展的政策措施。加强地区间、部门间、行业间的协同联动，确保政策措施落实到位。

（三）拓展文化科技支持渠道

争取中央和地方财政加大对文化领域的科技投入，并引导文化企业先行投入开展研发攻关，政府部门以财政后补助、间接投入、以奖代补、政府采购等形式进行支持。探索设立文化科技类扶持基金。鼓励基于文化企业特点开展金融产品和服务创新，推广知识产权和股权质押贷款。鼓励开发创新型文化保险产品。支持有条件的文化科技企业在创业板、新三板等挂牌上市，采用并购重组、股权合作的方式，提升创新能力和市场竞争力。

文化部"十三五"时期文化产业发展规划

发文单位：文化部

为全面贯彻落实党的十八大和十八届三中、四中、五中、六中全会精神，推动文化产业成为国民经济支柱性产业，建设社会主义文化强国，根据《中华人民共和国国民经济和社会发展第十三个五年规划纲要》《国家"十三五"时期文化发展改革规划纲要》和《文化部"十三五"时期文化发展改革规划》，编制本规划。

前言：准确把握文化产业发展新态势

发展文化产业是满足人民群众多样化精神文化需求、提高人民群众生活品质和幸福感的重要途径，是推动中华优秀传统文化创造性转化和创新性发展、使中国梦和社会主义核心价值观深入人心的重要载体，是推动中华文化走向世界、提升国家文化软实力的重要渠道，是培育经济发展新动能、推动经济社会转型升级、促进创新创业的重要动力。

"十二五"以来特别是党的十八大以来，在以习近平同志为核心的党中央坚强领导下，在各级党委政府大力推动和社会各界共同努力下，我国文化产业蓬勃发展、成效显著，文化产业总量规模稳步提升，文化领域创新创业日趋活跃，社会力量投资文化产业热情高涨，文化产品和服务更加丰富，新兴和特色文化产业都呈现良好发展势头，文化企业、文化产品和服务走出去加快步伐，文化产业在稳增长、促改革、调结构、惠民生等方面做出积极贡献，为"十三五"时期推动文化产业成为国民经济支柱性产业奠定了坚实基础。

"十三五"时期是我国全面建成小康社会的决胜阶段，也是推动文化产业成为国民经济支柱性产业的决定性阶段。世界经济正处于新旧增长动能转换的关键时期，新一轮科技革命和产业变革蓄势待发，我国经济发展进入速度变化、结构优化和动力转换的新常态，在创新、协调、绿色、开放、共享的发展理念指引下，供给侧结构性改革全面推进，中国特色新型工业化、信息化、城镇化、农业现代化同步发展，"一带一路"建设、京津冀协同发展和长江经济带发展等国家重大战略深入实施，"文化+""互联网+"相互交融，文化产业发展空间更加广阔。但也应该看到，我国文化产业的整体规模还不够大，创新创意能力和竞争力还不强，结构布局还需优化，文化产品和服务有效供给不足，高端人才相对短缺，政策和市场环境有待完善。

综合判断，我国文化产业发展正处于可以大有作为的重要战略机遇期，也面临着不少困难和问题。站在新的历史起点上，面对新形势新要求，要进一步坚定文化自信，增强文化自觉，坚持创新驱动，推动文化产业转型升级、提质增效，实现文化产业成为国民经济支柱性产业的战略目标。

一、树立贯彻新理念，明确发展新要求

（一）指导思想

高举中国特色社会主义伟大旗帜，全面贯彻党的十八大和十八届三中、四中、五中、六中全会精神，以邓小平理论、"三个代表"重要思想、科学发展观为指导，深入贯彻习近平总书记系列重要讲话精神和治国理政新理念新思想新战略，紧紧围绕统筹推进"五位一体"总体布局和协调推进"四个全面"战略布局，牢固树立和贯彻落实创新、协调、绿色、开放、共享的发展理念，适应把握引领经济发展新常态，坚持社会主义先进文化前进方向，坚持把社会效益放在首位、社会效益和经济效益相统一，以推进供给侧结构性改革为主线，不断

解放和发展文化生产力，促进文化产业转型升级，提高文化产业发展质量和效益，满足多样化文化消费需求，培育和弘扬社会主义核心价值观，维护国家文化安全，建设社会主义文化强国，为实现"两个一百年"奋斗目标、实现中华民族伟大复兴的中国梦提供有力支撑和持续动力。

（二）基本原则

1.坚持正确导向

以社会主义核心价值观为引领，始终把社会效益放在首位，坚定文化自信，传承中华文明，鼓励和引导创作生产内容健康向上、群众喜闻乐见的精品力作，努力实现中华优秀传统文化的创造性转化和创新性发展。

2.坚持以人为本

坚持以人民为中心的发展思想，鼓励人民群众广泛参与，满足人民群众多样化精神文化需求，提高人民群众生活品质和获得感。

3.坚持企业主体

尊重文化企业的市场主体地位，进一步简政放权、放管结合、优化服务，充分发挥市场在文化资源配置中的积极作用，更好发挥政府引导、调控和服务职能，建立健全现代文化市场体系，营造各类文化市场主体公平竞争的发展环境。

4.坚持创新驱动

以文化创意、科技创新为引领，提升文化内容原创能力，推动文化产业产品、技术、业态、模式、管理创新，推动文化产业与"大众创业、万众创新"紧密结合，充分激发全社会文化创造活力。

5.坚持跨界融合

推进"文化+"和"互联网+"战略，促进文化产业与文化事业、文化产业不同门类、文化产业与相关产业的深度融合，进一步拓展文化产业发展空间，为国民经济和社会转型升级注入文化活力。

6.坚持统筹协调

统筹城乡、区域文化产业发展，立足各地特色文化资源和功能定位，发挥比较优势，明确发展重点，推动不同地区文化产业多样化、差异化发展，形成优势互补、相互协调、联动发展的布局体系。

（三）主要目标

到2020年，文化产业整体实力和竞争力明显增强，培育形成一批新的增长点、增长极和增长带，全面提升文化产业发展的质量和效益，文化产业成为国民经济支柱性产业。

现代文化产业体系和现代文化市场体系更加完善，文化产业结构布局不断优化，文化市场的积极作用进一步发挥，文化产品和服务供给能力显著提升，城乡居民文化消费持续增长，文化创造活力明显增强，文化产业吸纳就业能力进一步彰显，文化产业对相关产业的带动和提升作用充分发挥。

"十三五"期间，培育一批具有核心竞争力的文化企业，打造一批具有较强影响力的文化产品和品牌，支持实施一批具有较强带动作用的重点文化产业项目，创建一批具有显著示范效应的国家级文化产业园区，确定一批国家文化消费试点城市，打造3至5个市场化、专业化、国际化的重点文化产业展会，支持建设50个左右文化金融服务中心，培训各类文化产业人才超过5000人次。

二、推进供给侧结构性改革，推动转型升级提质增效

落实供给侧结构性改革战略部署，优化文化产业结构布局，着力发展骨干文化企业和创意文化产业，培育新型文化业态，推动文化产业转型升级、提质增效，构建结构合理、门类齐全、科技含量高、富有创意、竞争力强的现代文化产业体系。

（一）推进"文化+""互联网+"，促进结构优化升级

推进"文化+"和"互联网+"战略，促进互联网等高新科技在文化创作、生产、传播、消费等各环节的应

用,推动文化产业与制造、建筑、设计、信息、旅游、农业、体育、健康等相关产业融合发展。

1. 培育新型业态

加快发展以文化创意内容为核心,依托数字技术进行创作、生产、传播和服务的数字文化产业,培育形成文化产业发展新亮点。提升动漫、游戏、创意设计、网络文化等新兴文化产业发展水平,大力培育基于大数据、云计算、物联网、人工智能等新技术的新型文化业态,形成文化产业新的增长点。

2. 促进转型升级

促进高新科技在演艺、娱乐、文化旅游、工艺美术等传统文化行业中的应用,推进传统文化行业在内容创作、传播方式和表现手段等方面创新,推动线上线下融合发展,提升传统文化行业发展活力。推动优秀传统文化资源数字化进程,积极促进共享和利用。继续引导上网服务、游戏游艺、歌舞娱乐等行业转型升级,全面提高管理服务水平。推动重点文化产业展会转型升级,提升市场化、专业化、国际化发展水平。

3. 推动融合发展

推动文化创意和设计服务与装备制造业和消费品工业深度融合,提升产品附加价值。鼓励合理利用工业遗产发展文化产业。鼓励文化与建筑、地产等行业结合,注重文化建设与人居环境相协调,以文化创意为引领,加强文化传承与创新,建设有文化内涵的特色城镇,提升城市公共空间、文化街区、艺术园区等人文空间规划设计品质。促进文化产业与旅游业深度融合,以文化提升旅游的内涵,以旅游扩大文化的传播和消费。推动文化产业与农业有机结合,合理开发农业文化遗产,支持发展集农耕体验、田园观光、教育展示、文化创意于一体的特色农业。支持发展体育竞赛表演、电子竞技等新业态,鼓励地方依托当地自然人文资源举办特色体育活动。推动文化产业与健康养老产业结合。支持开发承载中医药文化的创意产品。

专栏1　文化产业结构优化升级

数字文化产业创新发展:落实国家战略性新兴产业发展部署,出台推动数字文化产业创新发展的指导意见。推动优秀文化内容数字化转化和创新,丰富数字文化创意内容创作与供给。提升数字文化创意技术与装备水平。支持数字文化产业双创平台建设,构建数字文化产业创新生态体系,推进数字文化与相关产业融合发展。

上网服务行业转型升级:鼓励、引导上网服务场所与公共服务相结合,建立上网服务场所参与公共服务的长效机制。推进农村、乡镇上网服务场所改善经营环境,丰富服务功能。推动上网服务场所环境服务分级评定工作,完善分级评定标准,加强结果应用,探索建立场所分类定级管理制度。指导全国行业协会加大对上网服务场所的培训力度,开展跨界培训、主题性培训工作。

文化娱乐行业转型升级:实施全国阳光娱乐行动计划,开展阳光娱乐惠民活动,指导行业积极探索建立阳光娱乐消费长效机制。加强文化娱乐价值引导和内容审核。引导企业开发智能化、技能化、健身化、具有教育功能的娱乐设备。指导行业协会举办游戏游艺竞技赛事。开展娱乐场所环境服务评定工作,加强结果应用。加强行业交流培训。

重点文化产业展会转型升级:推动中国(深圳)国际文化产业博览交易会、中国西部文化产业博览会、中国(义乌)文化产品交易会、中国国际网络文化博览会、中国国际动漫游戏博览会等重点文化产业展会转型升级。

(二)以"三大战略"为引领,优化发展布局

以国家区域发展总体战略为基础,以"一带一路"建设、京津冀协同发展、长江经济带发展为引领,引导各地根据资源禀赋和功能定位,走特色化、差异化发展之路,充分发挥文化产业在脱贫攻坚战略中的积极作用,推动形成文化产业优势互补、相互协调、联动发展的布局体系。

1. 加强文化产业区域布局

围绕"一带一路"建设、京津冀协同发展、长江经济带发展等国家战略,加强重点文化产业带建设,建立

和完善区域文化产业发展协调联动机制，实现互惠共赢。支持我国"一带一路"沿线地区特别是西部地区、边疆地区、民族地区文化产业发展，建立和完善文化产业国际交流合作机制。围绕京津冀文化产业协同发展，搭建区域性公共服务平台，探索建立跨区域协同创新体制机制。发挥长江经济带在区域文化产业发展中的引领作用，推进长江经济带城市群文化产业业态创新和差异化发展。以地方和民族特色文化资源与旅游等产业深度融合为抓手，持续推动藏羌彝文化产业走廊建设。充分发挥文化产业在推动东北老工业基地转型升级中的作用，培育东北地区经济发展增长点。加强海峡两岸及内地与港澳文化产业交流与合作。

2.统筹城乡文化产业发展

推动文化产业发展融入新型城镇化建设，延续城市历史文脉，保护乡村原始风貌、自然生态，承载文化记忆和乡愁。支持中心城市和城市群发挥创意、技术、人才、资金密集优势，积极推动产城融合发展，形成若干带动区域协同发展的增长极。鼓励中小城市、小城镇和农村充分挖掘特色文化资源，积极发展县域特色文化产业，打造特色文化产业群，促进城镇居民、农业转移人口和农民就业增收。支持各地建设一批文化特点鲜明和主导产业突出的特色文化小（城）镇、特色文化街区、特色文化乡村。

3.特色产业助力脱贫攻坚

加大对中西部地区、少数民族地区、贫困地区、革命老区特色文化产业发展的支持力度，发挥文化产业在脱贫攻坚战略中的积极作用。依托各地民族特色文化、红色文化、乡土文化和非物质文化遗产，大力发展贫困人口参与并受益的民族手工艺品、民间演出、乡村文化旅游等。加快民族文化产业发展，推动具有竞争潜力的少数民族文化产品进入国内国际市场，促进特色文化产业发展与民族文化传承、群众就业增收、生态环境保护、特色民居保护等融合。支持建设一批辐射带动贫困人口就业增收的文化产业项目。

专栏2 优化文化产业布局

丝绸之路文化产业带建设：鼓励国内"一带一路"沿线文化企业跨区域经营，实现文化旅游互为目的地和客源地，建设具有代表性的特色文化产品生产和销售基地。运用文化部文化产业项目服务平台，加强对区域内文化产业项目征集发布、宣传推介、融资洽谈、对接落地等全方位服务。将国内"一带一路"沿线区域符合条件的城市纳入扩大文化消费试点范围，逐步建立促进文化消费的长效机制。

京津冀文化产业协同发展：坚持优势互补、共建共享、统一开放的原则，编制出台京津冀文化产业协同发展规划纲要，建立工作协调机制，搭建协同发展平台，重视产业链分工协作，促进人才、技术、资金和资源等要素合理流动，推动三地文化企业、文化产业园区及文化产业项目的沟通对接，实现互利共赢。

长江经济带文化产业发展：加强对长江经济带文化产业发展的规划指导，深挖长江流域文化内涵，支持依托中心城市和城市群，打造一批主业突出的文化产业园区和若干文化产业集群平台，促进长江经济带文化产业交流合作。

特色文化产业发展工程：支持规划实施一批特色文化产业项目，支持地方建设一批特色文化小（城）镇，培育特色文化企业、产品和品牌。支持在边疆地区、贫困地区、革命老区和少数民族地区建设具有富民效应和示范效应的文化产业集聚区。

藏羌彝文化产业走廊建设：加快推进藏羌彝文化产业走廊建设，引导实施一批文化资源有效保护与产业转化项目，培育各具特色的民族文化产业产品和品牌，打造藏羌彝文化旅游带，促进文化产业与民族文化传承保护、生态、旅游融合发展。

（三）培育壮大各类市场主体，增强发展内生动力

进一步完善文化市场准入和退出机制，培育和壮大各类文化市场主体，鼓励各类市场主体公平竞争、优胜劣汰，推动形成不同所有制文化企业共同发展、大中小微文化企业相互促进的文化产业格局。

1.培育骨干文化企业

培育一批核心竞争力强的骨干文化企业，鼓励产业关联度高的文化企业以资本为纽带联合重组，推动跨地

区跨行业跨所有制并购重组，提高文化产业规模化、集约化、专业化水平。充分发挥国有文化企业在实现社会效益和经济效益相统一中的示范作用，推动建立健全有文化特色的现代企业制度，完善法人治理结构，推进公司制、股份制改革。鼓励和引导非公有制文化企业发展，引导非公有资本有序进入、规范经营，营造公平参与市场竞争、同等受到法律保护的环境。加强对国家文化产业示范基地的规范管理，进一步提升其示范、带动和辐射作用。

2.支持中小微文化企业发展

推动文化产业发展与"大众创业、万众创新"紧密结合，扶持文化领域创新创业，支持"专、精、特、新"中小微文化企业发展。鼓励社会各方面参与文化领域创新创业。支持文化企业孵化器、众创空间、公共服务平台建设，为文化领域创新创业和中小微文化企业发展提供生产经营场地和信息咨询、投融资、知识产权等各项服务。鼓励互联网创业平台、交易平台等新型创业载体发展，拓宽中小微文化企业创业发展渠道。加强对中小微文化企业经营管理的培训和辅导。

3.完善文化产业园区建设

加强对各级各类文化产业园区的规范管理，突出文化内涵、主导业态，引导特色发展、融合发展、创新发展，防止盲目投入和低水平、同质化建设。进一步完善国家级文化产业示范园区创建工作，提升国家级文化产业园区的引领示范效应。推进国家文化产业创新实验区、国家动漫产业综合示范园建设，形成面向区域和行业发展的协同创新中心。严格国家级文化产业园区命名标准，建立文化产业园区评价指标体系和评估机制，强化动态管理，完善退出机制。支持地方合理规划建设特色文化产业园区。

专栏3　文化市场主体培育
中小微文化企业扶持：加大对中小微文化企业和文化领域创业者的扶持力度，进一步完善和落实支持中小微文化企业发展的政策措施，解决中小微文化企业发展困难，营造良好发展环境。 　　国家级文化产业示范园区创建：在全国确定一批具有一定产业集聚效应和特色的文化产业园区，通过规划管理和创建，形成一批社会效益和经济效益显著、发展特色鲜明、创新能力突出、产业集聚度高、配套服务完善的国家级文化产业示范园区。 　　国家文化产业创新实验区建设：完善国家文化产业创新实验区建设的顶层设计，促进产业融合和协同创新，显著提升区域文化产业创新发展水平和辐射带动能力，推进北京全国文化中心建设，服务京津冀文化产业协同发展。支持在区域内积极探索文化产业政策落地方式方法和举措创新。

（四）扩大有效供给，更好满足需求

扎实推进文化领域供给侧结构性改革，以创新供给带动需求扩展，创新文化产品和服务供给方式，优化文化产品和服务供给结构，提升文化产品和服务供给质量，扩大文化产品和服务的有效供给，满足人民群众日益增长、不断升级和个性化的精神文化需求。

1.加强对文化产品创作生产的引导

牢固树立以人民为中心的创作生产导向，坚持"二为"方向和"双百"方针，坚持创造性转化、创新性发展，引导文化产业工作者和文化企业坚定文化自信，自觉培育和弘扬社会主义核心价值观，着力提升文化产品的内涵和质量。鼓励深入发掘中华优秀传统文化，弘扬以爱国主义为核心的民族精神和以改革创新为核心的时代精神，培育精品意识，推出一批思想性、艺术性、观赏性相统一，体现中华文化精髓、反映中国人审美追求、传播当代中国价值观念、符合世界进步潮流的文化精品。坚持把价值取向、艺术水准、受众反应、社会影响等作为主要指标，建立健全科学合理的文化产品评价体系。

2.推动文化创意产品开发

系统梳理传统文化资源，推动文化资源活起来，以中华美学精神引领创意设计，把传统元素与时尚元素、民族特色与世界潮流结合起来，创作生产更多优秀原创文化创意产品，扩大中高端文化供给。鼓励文化文物单位和社会力量深度合作，创作生产传承优秀传统文化、适应市场需要、满足现代消费需求的优秀文化创意产品。利用现代科技手段，推动文化内容形式、传播手段创新，提高文化创意产品原创能力和营销水平。加强数字文化创意内容创作与供给。

3.创新文化产品和服务供给方式

大力开发适宜互联网、移动终端等载体的数字文化产品，促进优秀文化产品多渠道传输、多平台展示、多终端推送。引导文化企业提供个性化、分众化的文化产品和服务。积极推广政府向社会力量购买文化服务模式。积极推动众创、众包、众扶、众筹，鼓励企业采用个性定制、精准营销、社群共生、网络共享等模式提供文化产品和服务。

4.加强文化品牌建设

鼓励和引导文化企业提升品牌培育意识及知识产权创造、运用、保护和管理能力，积极培育拥有较高知名度和美誉度的文化企业品牌和文化产品品牌。实施文化企业品牌建设行动计划，显著提升文化品牌公共服务水平。加快文化品牌智库建设，推动建设一批文化品牌实验室，支持和规范有关机构研究发布相关文化产业品牌排行榜。

5.振兴传统工艺

鼓励传统工艺从业者、企业、行业组织和相关单位坚守工匠精神，加强质量意识、精品意识、品牌意识和市场意识，改进设计、改善材料、改良制作，全面提高传统工艺产品的整体品质和市场竞争力。鼓励和支持个人及相关单位激发创造活力，立足优秀传统文化，结合现代生活需求，丰富传统工艺的题材和产品品种，使传统工艺在现代生活中得到新的广泛应用。鼓励有条件的个人、单位和地方注册产品商标，培育有民族或地方特色的传统工艺知名品牌。鼓励各地搭建平台，将传统工艺品的设计、生产与文化创意产品开发、文化旅游等有机结合。

专栏4　扩大文化产品和服务有效供给

文化创意产品扶持计划：落实推动文化文物单位文化创意产品开发的政策措施，加强示范引领、平台搭建、展示推广，广泛调动博物馆、美术馆、图书馆等文化文物单位和社会力量参与文化创意产品开发的积极性。稳步推进试点工作，鼓励大胆探索创新。

文化企业品牌建设行动计划：依托文化部文化产业公共服务平台，建设文化品牌服务平台，加强文化品牌宣传，加快文化品牌数据库建设。培育一批具有较强影响力和竞争力的品牌文化企业，打造系列文化品牌和服务。加强文化企业品牌管理人才培养。

文化产业创业创意人才扶持计划：面向全国征集优秀设计、音乐等创意作品和人才，并予以扶持，建设文化产业创业创意人才库。依托重点文化产业展会、全国"大众创业、万众创新"活动周等平台，加强对优秀作品和人才的宣传推介，促进市场对接和成果转化。

（五）扩大和引导文化消费，拓展发展空间

适应和引领个性化、多样化的文化消费发展趋势，稳步推进引导城乡居民扩大文化消费试点工作，改善文化消费条件，释放文化消费需求，挖掘文化消费潜力，建立扩大和引导文化消费的长效机制。

1.改善文化消费条件

加强文化消费场所建设，推动区域文化中心、文化街区、文化广场、小剧场、文艺演出院线等文化消费基础设施建设。支持大中城市建设文化娱乐综合体，鼓励把文化消费嵌入各类消费场所。鼓励社会力量通过政府购买服务、政府和社会资本合作等方式，参与文化设施的建设和运营，加强文化消费项目的拓展和创新。鼓励企业、机关、学校的文化设施通过合理方式面向社会开放。开发文化消费服务平台和文化消费信息数据库平台，完善文化消费综合信息服务，加强文化消费监测分析。积极开发新型文化消费金融支持和服务模式，创新文化消费信贷产品，进一步提高文化消费便利化水平。

2.释放文化消费需求

充分发挥国家文化消费试点城市典型示范和辐射带动作用，以点带面，形成若干行之有效、可持续和可复制推广的促进文化消费模式。鼓励各地结合举办已有各类节庆、展览等活动，形成一批主题鲜明的文化消费活动品牌，营造积极健康的文化消费氛围。通过政府购买、税费补贴、积分奖励等多种手段，激发群众文化消费意愿，培育文化消费习惯，提高城乡居民文化消费能力。鼓励在商业演出中安排一定数量的低价场次或门票。鼓励网络文化运营商开发更多低收费业务和优质产品，促进数字文化消费。积极培育和发展农村文化消费市场。

专栏5　扩大和引导文化消费

促进文化消费计划：扩大试点范围，总结评估试点情况，形成若干行之有效、可持续和可复制推广的促进文化消费模式，研究提出扩大文化消费的政策措施。对文化消费数据进行分析利用，发布文化消费指数，引导文化企业扩大文化产品和服务的有效供给，逐步建立促进文化消费的长效机制。

（六）健全投融资体系，激发投资活力

进一步拓宽社会资本投资的领域和范围，激发社会投资活力，健全多层次、多元化、多渠道的文化产业投融资体系，完善金融支持文化产业发展的相关机制，着力解决金融服务有效供给与文化产业发展实际需求间的矛盾。

1.拓宽社会资本进入领域

积极推广文化领域政府和社会资本合作模式。鼓励社会资本参与文艺院团等国有文化单位转企改制、公共文化设施的建设和运营、非物质文化遗产的保护和利用，参与重大文化项目和设施建设。用好各类型政府投资工具支持文化产业。会同有关部门落实鼓励和引导社会资本进入文化领域的各项政策措施，社会资本投资符合国家重点扶持方向的文化行业门类和领域，可给予扶持。

2.创新融资方式

创新文化产业融资模式，推动文化资源与金融资本有效对接。鼓励金融机构加大产品和服务创新力度，开发适合文化企业特点的文化金融产品。积极探索文化资产管理、文化产业融资租赁、文化保险等业务创新。鼓励发展文化金融专营机构、特色支行、文化类小额贷款公司等专业化机构。支持符合条件的文化企业直接融资，进一步扩大文化企业上市融资、并购重组和债券融资规模。大力发展文化产业股权融资。引导面向文化领域的互联网金融业务规范发展。

3.优化融资服务

开展文化与金融合作示范区创建工作。支持各地建立文化金融服务中心。积极推进文化企业无形资产评估、确权、登记、托管、流转服务。鼓励金融机构针对文化产业特点创新产品和服务，推广无形资产评估、流转和抵质押融资，完善文化企业信用评价体系、融资风险补偿机制和融资信用担保体系。完善文化产业金融服务中介机构，建立文化产业融资担保、保险、版权质押等投融资服务体系，构建多层次文化企业投融资风险补偿分担机制。

专栏6　健全投融资体系

文化金融创新工程：鼓励金融机构针对文化产业特点创新产品和服务，推广无形资产评估和质押融资，逐步健全文化企业信用评价体系、融资风险补偿机制和融资信用担保体系。支持文化企业利用资本市场上市融资、再融资和并购重组，研究设计"文创债"，扩大文化企业债券融资规模。

文化领域政府和社会资本合作（PPP）示范：推广实施文化领域政府和社会资本合作模式，征集适宜采用政府和社会资本合作（PPP）模式的文化项目。科学选择运营模式，认真做好评估论证，择优选择社会资本，加强项目的全生命周期监管，切实推进政府和社会资本合作（PPP）项目示范工作，形成一批可复制、可推广的示范案例，助推更多项目落地实施。

文化与金融合作示范区创建：选择部分文化产业发展成熟、金融服务基础较好的地区创建文化与金融合作示范区，发挥地方政府主体作用，探索建立文化、金融、财政等多部门沟通协作机制，引导和促进金融机构创新金融产品和服务模式，搭建文化与金融合作服务平台，优化文化与金融合作政策环境。

（七）加强科技创新与转化，提供发展支撑

建立健全以企业为主体、市场为导向、产学研相结合的文化技术创新体系，加强文化产业领域重大科技创新，着力推进新一代信息技术在文化产业领域的集成与应用。

1.增强文化科技创新能力

围绕文化产业发展重大需求，运用数字、互联网、移动互联网、新材料、人工智能、虚拟现实、增强现实等技术，提升文化科技自主创新能力和技术研发水平。支持数字文化资源开发关键技术研究与应用，加快文化产品数字化、协同化步伐，加强文化领域重要装备、工艺、系统、技术平台等相关研究。加快文化行业标准和国家标准的制定修订，积极参与国际标准制定。增强文化行业标准化意识，提升标准化应用水平，构建文化行业标准规范体系。探索建立文化部工程技术研究中心，支持建立文化科技创新联盟及区域性文化科技协同创新平台，认定和建设一批文化部重点实验室。

2.促进文化科技成果转化

完善文化科技成果转化机制，发挥企业主体作用，加强技术转移和科技项目成果应用，促进科技成果转化为文化生产力。建立健全舞台设备质量检测体系，提高文化科技装备国产化水平。完善文化科技成果统计，强化成果转化服务。

（八）完善现代文化市场体系，优化发展环境

进一步完善文化产品和要素市场建设，加强文化产品流通体系建设，建立健全文化市场监管体系，深化文化市场综合执法改革，加强知识产权保护利用，规范市场秩序，维护文化安全，加快构建统一开放、竞争有序、诚信守法、监管有力的现代文化市场体系。

1.完善文化产品和要素市场

加快文化产品市场建设，加强内容建设，发展基于互联网的新型文化市场业态，丰富产品供给。鼓励各类企业依法从事传播渠道建设，支持发展电子票务、演出院线等现代流通组织形式，建立互联互通、安全高效的文化产品流通体系。发挥各类信息网络设施和平台的文化传播作用，提升文化产品传播数字化、网络化水平。消除地区和行业壁垒，建立统一的市场准入退出制度，促进文化要素在健康有序的市场环境中高效流转，提高文化资源配置效率。加强人才、技术、信息、产权和中介服务市场建设，支持版权代理、文化经纪、评估鉴定、担保、推介等文化中介机构发展。

2.健全文化市场监管体系

以文化市场信用信息数据库建设为基础，以信息公开为监督约束手段，以警示名单和黑名单为基本制度，以行业协会开展信用评价、分类评定为辅助，构建守信激励、失信惩戒和协同监管机制。积极探索适合新技术、新业态、新模式特点的监管方式，既要有利于营造公平竞争环境，激发创新创造活力，又要审慎有效、防范风险。以网络音乐、网络游戏、网络动漫、网络表演等市场为重点，开展"双随机一公开"抽查，及时向社会公开随机抽查事项、程序和结果。加强网络表演市场日常巡查，加强对网络表演者的信用约束，指导行业协会加强内部监督和行业自律。加强文化市场安全生产监督检查，明确文化市场安全生产职责。加强以案件为导向的执法培训，提高综合执法队伍执法办案能力。针对突出问题开展专项整治，加强重大案件督查督办。严查文化市场禁止内容，规范文化市场秩序，净化文化市场环境，维护国家文化安全和意识形态安全。

3.深化文化市场综合执法改革

建设文化市场综合执法法律法规支撑体系，形成责权明确、监督有效、保障有力的文化市场综合执法管理体系，建设一支政治坚定、行为规范、业务精通、作风过硬的文化市场综合执法队伍。进一步整合文化市场执法权，加快实现跨部门、跨行业综合执法。制定文化市场综合执法规范化标准，提高全国综合执法队伍专业化、规范化水平。加强文化市场综合执法区域交流协作，实施中西部地区文化市场综合执法能力提升行动计划，完善综合执法协作机制。

4.加强知识产权保护与利用

推动完善适应文化产业发展要求的知识产权法律制度，健全知识产权侵权查处机制，加大知识产权保护力度。重点加强网络文化知识产权保护制度建设，有效应对互联网等新技术发展的挑战。完善文化产权交易体系，引导文化产权交易场所规范发展。进一步推动对文化创意作品及形象的专利申请、商标注册、软件著作权保护，加大对文化市场主体在知识产权确权登记环节的扶持力度。

专栏7　完善现代文化市场体系
完善网络文化内容监管体系：加强网络文化市场事中事后监管，完善监管模式，构建全网筛查、全国协作、标准统一、步调一致的网络文化市场执法机制，严禁含有法律法规禁止内容的网络文化产品传播，不断净化和规范网络文化环境，营造清朗网络文化空间。加强网络文化市场日常巡查，全面实施"双随机一公开"。针对网络文化市场突出问题开展专项整治，加强重大案件督查督办。 健全文化市场信用体系：完善文化市场信用信息数据库，涵盖全国90%以上的文化市场经营主体。定期公布文化市场违法违规经营主体和文化产品黑名单、警示名单，对文化市场经营主体实行分级分类管理。建立文化市场信用管理规章制度，指导行业协会开展行业标准及规范建设。健全文化市场信用评价体系，与其他部门建立信用信息交互共享及联合惩戒机制，向管理部门和公众提供便捷及时的文化市场信用信息服务。

（九）坚持开放发展，深度融入国际分工合作

按照国家构建开放型经济体制的总体要求，深度参与国际文化产业分工协作，研究制定和落实对外文化贸易相关政策措施，加快我国优秀文化产品、服务和文化企业走出去步伐，提升我国文化产业国际竞争力，构建互利共赢的文化产业国际交流合作新格局。

1.培育文化企业国际合作竞争优势

培育一批具有国际竞争力的外向型文化企业，形成一批具有核心竞争力的文化产品和服务，打造一批具有国际影响力的文化品牌。鼓励各类所有制企业发挥自身优势，深度参与国际文化产业分工协作，全面提升在全球价值链中的地位。在优势领域加强国际标准制定和推广，抢占国际文化产业制高点。鼓励各类企业和资本通过新设、收购、合作等方式，在境外开展文化产业投资合作，建设国际营销网络，扩大境外优质文化资产规模。大力发展文化服务外包。提升民族文化品牌内涵，突出"中国创造"理念。配合商务部制定发布国家文化出口重点企业和重点项目名录，为入选企业和项目在市场开拓、技术创新、海关通关、金融服务等方面创造有利条件。

2.搭建文化产品和服务走出去平台和渠道

深入发挥国家对外文化贸易基地作用，辐射和带动更多文化企业及其产品和服务走出去。鼓励文化企业参加国际重要文化展会，提升国内展会的国际化水平。鼓励文化企业借助电子商务等新模式新渠道拓展国际业务。借助"欢乐春节"活动等大型对外文化交流品牌，向世界展示推介我国优秀文化产品和服务。加强对外文化贸易公共信息服务，向文化企业发布海外文化市场信息。

3.拓展文化产业国际交流合作新空间

坚持走出去和引进来相结合，吸引外商投资我国法律法规许可的文化产业领域，推动文化产业领域有序开放，提升引进外资质量和水平。建立健全双边、多边政府间文化贸易对话与合作机制，积极参与国际文化贸易规则制定，不断增加国际话语权。鼓励文化企业与国外有实力的文化机构进行合作，学习先进技术和管理经验，不断提升我国文化产业面向国际市场的综合能力。配合"一带一路"建设、京津冀协同发展和长江经济带发展等重大战略，推动沿线城市积极开展对外文化贸易，扩大沿边地区与周边国家和地区的文化贸易往来，发挥各地自贸区开展文化贸易的优势和潜力，引导中西部地区文化贸易发展，形成全方位对外文化贸易格局。

专栏8　国际文化产业分工合作
动漫游戏产业"一带一路"国际合作行动计划：发挥动漫游戏产业在文化产业国际合作中的先导作用，面向"一带一路"沿线各国，聚焦重点，广泛开展。搭建交流合作平台、开展交流推广活动，促进互联互通，构建产业生态体系。发挥中国动漫游戏产业比较优势，培育重点企业，实施重点项目，开展国际产能合作，实现中国动漫游戏产业与沿线国家合作规模显著扩展、水平显著提升，促进互利共赢，为青少年民心相通发挥独特作用。

三、坚持创新驱动，促进重点行业全面发展

落实创新驱动发展战略，促进演艺、娱乐、动漫、游戏、创意设计、网络文化、文化旅游、艺术品、工艺美术、文化会展、文化装备制造等行业全面协调发展，以重点行业的跨越式发展助推文化产业成为国民经济支柱性产业。

（一）演艺业

"十三五"期间，打造一批深受人民群众喜爱、久演不衰的精品剧目，支持建设10家左右全国性或跨区域的文艺演出院线，大幅提升城乡居民演艺消费规模。通过政府购买服务、原创剧目补贴、以奖代补等方式，扶持演艺企业创作生产，增强面向市场服务群众的能力。加强舞美设计、舞台布景创意和舞台技术装备创新，丰富舞台艺术表现形式。鼓励演艺企业创作开发体现中华优秀文化、展示当代中国形象、面向国际市场的演艺精品。探索科学的剧场建设和运营模式，加快推进以演出剧场为中心的演艺产业链建设，建立布局合理、场团合一、创作生产与市场销售为一体的演出产品经营机制。加快演艺基础设施建设改造和文艺演出院线建设。培育旅游演艺市场，丰富旅游演艺产品。鼓励建立规范透明票务系统，提供优质便民服务。

（二）娱乐业

"十三五"期间，推动娱乐业自主创新，显著提升娱乐场所品牌化、标准化、规范化水平和服务质量。推动娱乐场所标准化建设。鼓励娱乐场所跨区域连锁经营，鼓励连锁场所入驻城市文化娱乐综合体。引导和扶持各种竞技比赛与游戏游艺行业融合发展。推动娱乐场所品牌建设，打造具有较大产业规模和较强竞争力的娱乐业品牌。鼓励企业开发拥有自主知识产权的娱乐设备和拥有自主知识产权、内容健康的娱乐产品。科学规划、适度发展科含量高、富有中国文化特色的主题公园。支持高科技娱乐企业发展，积极开发具有民族特色、健康向上和技术先进的新型娱乐方式，创新娱乐业态。探索对娱乐场所开展环境服务分级评定。促进娱乐业与休闲产业结合。

（三）动漫业

到2020年，预计动漫产业产值达到2500亿元左右，动漫创意和产品质量大幅提升，培育一批在国际上具有较强竞争力和影响力的国产动漫品牌和骨干动漫企业，打造3-5个具有广泛影响力的动漫展会。加强产业顶层设计，构建产业生态体系，推进动漫产业提质升级。提升动漫产品质量，扶持内容健康向上、富有创意的优秀原创动漫产品的创作、生产、传播和消费。培育民族动漫创意和品牌，加大对优秀动漫创意人才的扶持力度。推广手机（移动终端）动漫行业标准，鼓励面向新媒体渠道的动漫创作。加强动漫关键技术研发和动漫公共素材库项目建设。探索建设培育动漫品牌授权市场，促进动漫与实体经济的深度融合，引导促进动漫会展发展，活跃动漫消费市场。

（四）游戏业

到2020年，预计游戏业市场规模达到3000亿元左右，培育一批具有较强品牌影响力和国际竞争力的骨干游戏企业，创作生产一批内容健康向上、富有民族特色的游戏精品。推进游戏产业结构升级，推动网络游戏、

电子游戏等游戏门类协调发展，促进移动游戏、电子竞技、游戏直播、虚拟现实游戏等新业态发展。制定游戏内容开发指引，鼓励游戏创意研发，建立有力的游戏评价奖惩体系。鼓励研发具有自主知识产权的网络游戏技术、电子游戏软硬件设备，鼓励游戏游艺设备生产企业积极引入体感、多维特效、虚拟现实、增强现实等先进技术。鼓励游戏游艺场所积极应用新设备、改造服务环境、创新经营模式。推动游戏与教育、医疗、环保、科普等领域相结合，加快研发适应不同年龄、性别、职业用户群体，益智化、健身化、技能化的游戏产品，为不同用户人群提供多样化的游戏消费选择。

（五）创意设计业

"十三五"期间，培育3-5家国内外知名的领军创意设计企业和一批具有较强竞争力的中小微创意设计企业，全面提升创意设计业发展水平，充分发挥创意设计对国民经济相关产业的支撑作用。树立注重创意创新、淡化行业界限、强调交互融合的大设计理念，营造创意设计氛围，不断提高创意设计能力。推动民族文化元素与现代设计有机结合，形成有中国文化特色的创意设计发展路径。促进创意设计与现代生产生活和消费需求对接，拓展大众消费市场，探索个性化定制服务。培育具有地方特色的创意设计企业。支持创意设计推广、品牌展示活动。

（六）网络文化业

到2020年，推动形成内涵丰富、技术先进、链条完整的网络文化业态发展格局，进一步增强网络文化的核心竞争力。提高网络音乐、网络动漫、网络演出、网络表演、网络艺术品等网络文化产品的原创能力和文化品位，发展健康向上的网络文化。鼓励文化内容与网络技术结合，不断创新文化业态，丰富文化表现形式。支持制作适合互联网和移动互联网传播的精品佳作，促进优秀传统文化和当代文化精品网络传播。深化互联网上网服务行业转型升级。鼓励和引导上网服务场所与电子竞技、游戏游艺、网络教育、电子商务等领域的跨界融合，发挥上网服务场所的区位优势、场地优势和技术优势，增加行业发展后劲。

（七）文化旅游业

到2020年，文化与旅游双向深度融合，促进休闲娱乐消费的作用更加明显，培育5-10个品牌效应突出的特色文化旅游功能区，支持建设一批有历史、地域、民族特色和文化内涵的旅游休闲街区、特色小（城）镇、旅游度假区，培育一批文化旅游精品和品牌。鼓励文化创意、演艺、工艺美术、非物质文化遗产等与旅游资源整合，开发具有地域特色和民族风情的旅游演艺精品和旅游商品。提升文化旅游产品开发和服务设计水平，促进发展参与式、体验式等新型业态。支持开发集文化创意、旅游休闲、康体养生等主题于一体的文化旅游综合体。扶持旅游与文化创意产品开发、数字文化产业相融合。推进区域文化旅游一体化发展，支持培育一批跨区域特色文化旅游功能区。支持民族特色文化旅游繁荣发展，支持设计开发民族文化体验项目，促进文化生态旅游融合。

（八）艺术品业

到2020年，中国艺术品市场交易总额保持在全球前列，形成2-3家具有世界影响的艺术品产业集聚区，积极构建艺术原创、学术评价、艺术品市场互为推进的艺术品业发展体系。加强艺术品市场监管力度，建立健全集艺术品评估、鉴定、拍卖、展示、保险等服务于一体的艺术品交易全产业链。支持多种艺术形式、艺术风格、艺术流派创新发展，鼓励创作更多思想性艺术性观赏性俱佳的艺术品。加强艺术品市场需求和消费趋势预测研究，促进艺术创作与市场需求对接、与生活结合。推动画廊业健康发展，培育诚信画廊，扶持经纪代理制画廊等市场主体，引导、培育和建设艺术品一级市场。鼓励原创新媒体艺术发展。鼓励开发艺术衍生品和艺术授权产品，培育艺术品市场新增长点。

（九）工艺美术业

"十三五"期间，培育一批具有较高知名度和广泛影响力的工艺美术品牌，建设一批工艺美术产业集聚区或基地，坚持保护传承和创新发展相结合，促进工艺美术业全面发展。促进工艺美术与现代设计、现代生活相结合，提升工艺美术产品的整体品质。推进3D打印、互联网等新技术与工艺美术的融合发展，促进新工艺、新材料、新设备和新模式的运用。加强对各类小微特色工艺美术企业和个体创业者的扶持，支持个体创作者、工作室、合作社、协作体和产业联盟等特色组织发展。

（十）文化会展业

"十三五"期间，打造3-5个市场化、专业化、国际化的重点文化产业展会，培育知名品牌展会，充分发挥示范和带动作用。提升会展业精细化服务能力，健全会展服务产业链，加强专业化分工，促进产业链上下游之间的协同合作。优化会展业布局，鼓励产业特色鲜明、区域特点显著的文化展会发展。采取文化展会差异化发展战略，促进综合性和专业化展会有机协调。加强对地方文化展会和节庆活动的规范和引导。

（十一）文化装备制造业

"十三五"期间，培育一批骨干文化装备企业，构建完善的文化装备研发、设计、制造、安装、租赁、销售产业链。适应沉浸体验、智能交互、软硬件结合等发展趋势，促进文化装备技术研发和升级改造，加强标准、内容和技术装备的协同创新。鼓励研发具有自主知识产权、引领新型文化消费的可穿戴设备、智能硬件、沉浸式体验平台、应用软件及辅助工具。加快新型灯光、音响、机械、视效、特效、智能展示等研发应用，提升艺术展演展陈数字化、智能化、网络化水平。支持文物和艺术品展陈、保护、修复设备产业化及应用示范。推动文化装备制造技术标准走出去。

四、提升治理能力，完善发展保障体系

加快推进文化治理体系和治理能力现代化，创新文化产业发展的体制机制，进一步完善文化产业政策法规体系，加快文化产业促进法立法进程，落实完善文化经济政策，强化人才支撑，优化公共服务，加强统计应用，全面营造有利于文化产业发展的良好环境。

（一）创新体制机制

坚持党委领导、政府管理、行业自律、社会监督、企业依法运营，建立健全文化产业管理体制和运行机制。深化文化行政部门职能转变，深入推进行政审批制度改革，加强事中事后监管，促进简政放权、放管结合、优化服务。健全国有文化资产管理体制机制。推动文化企业建立健全有文化特色的现代企业制度，完善社会效益和经济效益综合考核评价指标体系。加强博物馆、美术馆、图书馆等文化文物单位运行体制机制改革创新，推进文化创意产品开发。推进文化产业领域行业组织建设，健全内部管理制度，积极发挥行业组织在行业自律、行业管理、行业交流等方面的重要作用。推动文化产业发展与文化安全工作有机结合，通过提升文化产业整体实力和竞争力、加强文化市场建设，提升国家文化安全保障能力，有效维护国家文化安全。

（二）推进法治建设

加快制定出台文化产业促进法，把行之有效的文化经济政策法定化，健全促进社会效益和经济效益有机统一的制度规范。推动出台《文化市场综合行政执法管理条例》，修订《营业性演出管理条例》《互联网上网服务营业场所管理条例》《娱乐场所管理条例》等。建立健全重大决策合法性审查和公平竞争审查工作制度。加强互联网文化管理法规制度建设。深化文化市场综合行政执法改革，全面落实行政执法责任制。

（三）完善经济政策

结合文化产业发展实际需要，加大政策创新和执行力度，进一步推动完善文化经济政策体系，加强对政策落实情况的评估督导。创新政府投入方式，逐步引入市场化运作模式，加大对具有较好市场前景、战略性、先导性的文化产业创新创业项目支持力度。争取各类财政资金、基金加大对文化产业的支持力度，提高资金使用效益。鼓励文化产业类投资基金发展，综合运用设立基金、阶段参股、风险补助和投资保障等方式吸引社会资

本投入文化产业。研究出台文化产业专项债券发行指引。推动将文化用地纳入城乡发展规划、土地利用总体规划，在国家土地政策许可范围内，优先保证重要文化产业设施、项目用地。鼓励将城市转型中退出的工业用地根据相关规划优先用于发展文化产业。鼓励将旧厂房、仓库改造成文化创意场所，推动落实在五年内继续按原用途和土地权利类型使用土地的过渡期政策。持续推动落实经营性文化事业单位转制为企业、支持文化创意和设计服务发展、支持动漫产业发展、发展对外文化贸易、支持小微文化企业发展等税收优惠政策。

（四）强化人才支撑

以产业发展为导向，以高端内容创作、创意设计、经营管理、投资运营、数字文化、文化金融等人才为重点，加强对文化产业人才的培养和扶持，为文化产业发展提供强有力的人才支撑。针对文化产业发展重点领域，办好各类人才培训班、研修班。推动文化产业相关学科专业建设，鼓励有条件的高等学校、中等职业学校和其他教育机构等开设文化产业相关专业和课程。发挥高校院所、培训机构、文化企业、园区基地、众创空间、孵化器等各自优势，推进产学研用合作培养人才。鼓励有条件的地区出台文化产业高端人才引进政策。鼓励通过"走出去、请进来"的方式，加强与各国文化产业界的交流合作，培养国际化人才。加强文化产业领域智库建设，鼓励各地结合实际建设文化产业专业智库，发挥好文化产业研究和咨询机构、文化产业专家委员会等在理论创新、智力支持、督查指导和项目评审等方面的作用。

（五）优化公共服务

持续推进文化部文化产业公共服务平台建设，增强综合信息服务、项目宣传推介、公共技术支撑、投融资服务、资源共享、统计分析等功能。鼓励和支持各地建设文化产业服务、孵化平台，促进文化企业创新，降低创业成本。建立支撑文化市场宏观决策、市场准入、综合执法、动态监管等核心应用的文化市场技术监管系统，形成统一的信息共享平台、信用服务平台、业务关联平台、应用集成平台和技术支撑平台。建设文化消费服务平台，引导文化企业扩大文化产品和服务的有效供给。

（六）加强统计应用

加强与统计部门沟通合作，建立部门间文化产业数据共享机制。开展文化产业数据调查工作，推动各地文化行政部门建立数据统计机制。建设文化产业数据统计平台，设立数据监测点，采取多种手段丰富数据来源，逐步建立文化系统文化产业数据调查机制。加强对文化产业数据的分析研究，做好数据应用工作，提升文化产业工作决策科学化水平。

（七）抓好组织实施

各级文化行政部门要充分认识"十三五"时期文化产业发展的重要意义，积极推动各级党委和政府把文化产业发展摆在重要位置，在党委和政府的领导下，立足地方实际，把握产业发展规律，突出地方特色，认真抓好《文化部"十三五"时期文化产业发展规划》的组织实施，加强对规划落实情况的监督检查。要认真履行职责，加强与发展改革、财政、税务、金融、教育、科技、工业和信息化、国土资源、商务、旅游、统计等部门的沟通协调，争取各项政策对文化产业发展的支持，确保各项任务措施落到实处。

"十三五"时期全国古籍保护工作规划

发文单位：文化部

为贯彻落实中央关于传承和弘扬中华优秀传统文化的重要决策部署，深入做好"十三五"时期中华古籍保护工作，根据《中华人民共和国公共文化服务保障法》《中华人民共和国文物保护法》《中共中央办公厅 国务院办公厅关于实施中华优秀传统文化传承发展工程的意见》《国家"十三五"时期文化发展改革规划纲要》和《文化部"十三五"时期文化发展改革规划》有关精神，特制定本规划。

一、总体要求

（一）指导思想

全面贯彻党的十八大和十八届三中、四中、五中、六中全会精神，深入贯彻落实习近平总书记系列重要讲话精神和治国理政新理念新思想新战略，围绕中央关于传承和弘扬中华优秀传统文化、构建现代公共文化服务体系的部署要求，坚持以社会主义核心价值观为引领，坚持"保护为主、抢救第一、合理利用、加强管理"的工作方针，以普查登记为基础，以分级保护和揭示利用为重点，不断提升古籍保护水平，切实发挥古籍传承中华优秀传统文化的重要作用，真正让"书写在古籍里的文字活起来"。

（二）基本原则

1.坚持保护为主。始终把古籍保护作为工作重心，遵循古籍保护工作规律，坚持依法保护和科学保护，把古籍的抢救性保护与预防性保护有机结合，加大对珍贵古籍的保护力度，建立科学有效的古籍保护长效机制。

2.坚持抢救第一。把握古籍具有易损性、不可再生性等特点，重点加强对濒危珍贵古籍的抢救，加大古籍保护技术的研发和应用，培育古籍修复人才，改善古籍存藏条件，提升古籍修复能力。

3.坚持合理利用。推动中华优秀传统文化的创造性转化和创新性发展，通过展览展示、数字化服务、影印出版和文化创意产品开发等多种方式，加强对中华古籍的揭示和利用，发挥古籍的文化价值和社会服务功能。

4.坚持加强管理。加强古籍保护相关职能部门之间的沟通与协调，进一步完善古籍保护工作制度，加强古籍保护单位管理，建立古籍标准化体系，实施严格的古籍保护责任制度和责任追究制度，促进古籍保护工作科学化规范化。

（三）发展目标

到2020年，全国古籍资源和保存状况基本摸清，国家级、省级珍贵古籍保护状况明显改善，实施一批珍贵古籍修复项目，完成一批在全国有重大影响的古籍影印出版工作，珍贵古籍缩微复制和数字化成果显著，古籍公共文化服务功能和社会教育的作用更加彰显，古籍保护人才队伍结构不断优化、专业水平明显提升，制度建设、立法工作和标准规范有较大进展，社会参与的广度和深度不断拓展，古籍传承文明、服务社会的能力进一步提升。

"十三五"时期全国古籍保护工作主要指标

类别	指标	单位	2016年	2020年
普查登记	完成古籍普查登记的古籍收藏机构的数量	家	1218	2000
普查登记	出版《普查登记目录》的古籍收藏机构的数量	家	122	200
普查登记	古籍普查数据的发布量	万条	40.6	72.6
保护修复	珍贵古籍修复数量	万叶	250	350
资源利用	完成古籍数字资源	万部	4.6	7
资源利用	发布数字化古籍资源	万部	2.7	7
资源利用	影印出版古籍数量	万部	1.34	1.5
队伍建设	培训古籍收藏单位从业人员数量	人次	8396	10000
标准规范	制定出台古籍定级、存藏、修复、数字化等专业技术标准数量	部	5	15

二、重点任务

（一）基本完成全国古籍普查登记工作

1.完善古籍普查登记管理制度。进一步提高古籍普查登记质量，明确各级人民政府及文化、教育、民族、宗教、文物等部门对本地、本系统古籍普查登记的职责。健全各级古籍普查登记机构，实现古籍登记管理常态化。设立年度古籍普查进度通报制度，依托古籍保护数字服务平台，对各地、各有关单位古籍普查情况进行统计。

2.加大全国古籍普查登记力度。各相关部门加强对本系统古籍收藏机构普查登记工作的督促指导，全面摸清本系统内古籍资源，将宗教活动场所藏书、雕版等纳入普查范围。统一普查数据格式，依托全国古籍普查登记平台，对各地各单位报送的数据进行汇总和核校，完善鉴定著录，确保普查准确规范。鼓励民间古籍收藏机构按照规定登记所藏古籍。同时，继续做好海外中华古籍的调查摸底工作，重点对美国、加拿大、德国、法国和英国等国家存藏的中华古籍进行调查。

3.加强古籍普查登记目录建设。依托全国古籍普查登记平台，建立古籍普查登记编号及信息库，形成全国收藏单位古籍普查登记目录档案。在各省级古籍保护中心、古籍收藏单位对本地本单位普查登记信息的审校和编纂工作的基础上，由国家古籍保护中心汇总形成《全国古籍普查登记目录》并陆续出版。继续推进《中华古籍总目》编纂工作，完成一批省级分卷出版项目。加快推进《中国少数民族古籍总目提要》的整理、研究和出版工作。

4.促进古籍普查数据开放共享。古籍保护机构要加强与文物系统的协调合作，共同做好古籍普查与全国可移动文物普查的数据对接工作，及时进行数据交换。建立中华古籍综合信息数据库，及时将各古籍保护机构的普查数据输入数据库，并完善导入和导出功能，加快建设全国古籍联合书目通用检索系统，及时公布普查成果，实现古籍普查数据在全国范围的开放共享。

专栏1　中华古籍普查登记项目
《全国古籍普查登记目录》项目。加快古籍普查进度，各古籍收藏单位在完成普查登记的基础上，汇总整理形成古籍普查登记目录并正式出版。"十三五"期间，力争完成不少于200家收藏单位的古籍普查登记目录。

《中华古籍总目》编纂项目。在《全国古籍普查登记目录》基础上，由国家古籍保护中心牵头组织，主要采取省级分卷的形式，编纂出版《中华古籍总目》。在分省（区、市）编纂的同时，《中华古籍总目》还将依机构、类型、文种等分卷编纂。收藏古籍在100万册以上的单位，可独立成卷；简帛古籍、敦煌遗书、碑帖拓片等按类型编纂。

《中国少数民族古籍总目提要》编纂出版项目。编纂项目由国家民委组织实施。收录我国55个少数民族及古代民族文献典籍、碑刻铭文、口头传承等现存古籍目录和内容提要，全套书目按民族分卷，计划收录书目30余万条，约60卷，100余册，系统真实地反映我国各少数民族古籍现存情况。

（二）切实加大古籍保护力度

1. 完善古籍分级保护制度。研究制定珍贵古籍评级标准，馆藏古籍日常养护技术标准和管理规范。研究制定中国少数民族文字古籍定级标准。完善省级珍贵古籍名录和古籍重点保护单位向国家古籍保护中心的报备制度。研究制定国家级、省级珍贵古籍名录和重点保护单位的管理办法。

2. 加强珍贵古籍保护。继续开展国家和省级珍贵古籍名录及古籍重点保护单位的申报评审，重点做好少数民族文字珍贵古籍申报评审工作。根据《图书馆古籍书库基本要求》，做好各级古籍收藏机构的库房新建和改扩建工作。对国家珍贵古籍实施专库或专架管理，确保珍贵古籍实体安全。各地古籍保护机构根据实际做好珍贵古籍装具配置工作。推进国家图书馆国家文献战略储备库建设。推动建设一批符合国家标准的古籍寄存书库，为不具备存藏条件的单位提供寄存服务。建立国家古籍数字资源异地镜像保存体系。鼓励有条件的地方推进古籍异地异质灾备工作。继续实施新疆、西藏及四省藏区的古籍保护工作专项，加大对新疆、西藏及四省藏区宗教活动场所古籍保护经费投入。

3. 促进海外中华古籍回归。建立海外中华古籍回归工作机制，依托各级古籍保护中心和有关高校、科研院所、出版机构等，发挥各自优势，明确责任分工，有计划、分步骤开展海外中华古籍回归工作。以海外中华古籍主要存藏机构的古籍调查摸底为基础，积极开展海外古籍资源数字化、影印出版及其他形式的回归，编纂出版一批具有学术影响力和重要历史文化意义的海外珍贵中华古籍。加大与古籍保护国际组织和民间机构的交流合作力度，积极参与古籍保护国际行动，举办高质量国际古籍保护学术会议，推进国际古籍保护项目合作和科技攻关。深化与港澳台地区古籍收藏机构的交流协作。

专栏2　珍贵古籍保护项目

国家和省级珍贵古籍名录、古籍重点保护单位申报评审。建立健全申报、核查、评审、公布和支持制度。适时开展第六批国家珍贵古籍名录和全国古籍重点保护单位的申报评审工作。推动未开展省级申报评审工作的省份尽快建立本省评审制度并开展相关工作，力争"十三五"末实现全覆盖。

西藏古籍保护工作专项。协助西藏自治区以宗教、文物系统为重点开展古籍普查，推进普查登记目录的编纂出版。支持西藏藏文古籍修复中心开展修复工作以及相关标准、技术研究，提升古籍修复能力。结合国家珍贵古籍数字化项目，完成西藏地区入选《国家珍贵古籍名录》古籍的数字化工作。加强西藏自治区古籍保护人才培养，提高古籍保护队伍业务能力。支持采取多种形式宣传古籍保护成果。

新疆古籍保护工作专项。协助新疆维吾尔自治区开展古籍普查登记，编纂出版《新疆维吾尔自治区珍贵古籍图录》。推进新疆维吾尔自治区古籍修复中心建设，积极开展古籍修复工作。结合"国家珍贵古籍数字化"项目，完成新疆地区入选《国家珍贵古籍名录》古籍的数字化工作。

（三）全面提升古籍修复能力

1. 加强珍贵古籍修复。重点抓好列入《国家珍贵古籍名录》和濒危古籍的修复工作。完善国家级古籍修复中心申报制度、评审标准和退出机制，适时开展第二批国家级古籍修复中心的申报评审工作。制定古籍修复档案标准规范。继续实施"天禄琳琅"等古籍专项修复项目，谋划实施一批新的修复项目。鼓励图书馆、博物馆、档案馆等古籍收藏机构合作开展古籍修复工作。加强少数民族文字古籍修复工作，推进少数民族文字古籍修复中心（修复室）建设。

2.促进古籍修复技艺传承发展。发挥古籍修复专家的传帮带作用，采取古籍修复基础研究与古籍修复项目相结合的方式，传承古籍修复技艺，提高古籍修复水平。鼓励和支持省级古籍保护中心在本地区建立古籍修复技艺传习单位。加大对古籍修复等非物质文化遗产代表性传承人的扶持力度，支持开展收徒、教学等传承活动。推广国家古籍保护中心在古籍用纸定制生产等方面的做法和经验，扶持古籍修复用纸传统工艺传承与发展。

3.加强古籍保护技术研究。推进古籍保护机构和存藏单位与其他公共文化单位、高等院校、科研院所、中等职业学校、高科技企业等领域的深度合作，开展古籍修复的理论和技术研究。借鉴国外先进修复技术，创新我国古籍修复的工艺和方法。在具备条件的图书馆设立高水平文献保护重点实验室，开展古籍保护技术的研究和实验。

专栏3　国家级古籍修复中心和古籍保护实验室建设项目
依托国家级古籍修复中心，开展古籍修复工作和科学研究，推进国家级古籍修复中心可移动文物修复资质的申报工作。加强国家级古籍保护实验室建设，完善管理制度，推动硬件升级，深入开展修复用材安全性研究、中国古籍纸张老化程度检测方法研究等古籍保护科研工作。

（四）加强古籍整理出版和数字化建设

1.做好古籍整理出版工作。推动《中华再造善本（三编）》《中国古籍珍本丛刊》《中国古籍书志书目丛刊》《儒藏》《中华续道藏》《大藏经》《中华医藏》《海外中华古籍珍本丛刊》《海外中华古籍书目书志丛刊》和《国外所藏汉籍善本丛刊》等一批国家级重点古籍影印和整理出版项目实施。完善古籍影印出版管理制度，对重点出版项目进行绩效评估，提高古籍影印和整理出版项目专项资金的监管水平和使用效益。

2.推进珍贵古籍缩微复制保存。继续开展珍贵古籍缩微化工作，依据全国古籍普查登记情况，对尚未拍摄的珍贵古籍文献，有计划地开展缩微工作。充分发挥缩微技术有利于长期保存的优势，依托数转模技术，以珍贵古籍数字化项目成果为基础，开展珍贵古籍数字资源转换缩微胶片，逐步实现全部珍贵古籍缩微化长期保存。

3.加强古籍数字化工作。鼓励和支持各古籍收藏单位加快古籍数字化步伐，借助互联网、大数据、云服务等高新技术，率先对馆藏特色文献和珍贵古籍进行数字化，加快建立中华古籍数字资源库和中华古籍综合信息数据管理平台，扩大古籍数字资源开放，促进资源共享，提高利用效率。

专栏4　古籍整理出版及数字化建设项目
《中华再造善本（三编）》和《中国古籍珍本丛刊》编纂出版项目。《中华再造善本（三编）》收录标准为版本稀少、文献及学术价值较高的珍贵古籍，其中大部分属国家一、二级古籍。《中国古籍珍本丛刊》计划出版海内外图书馆、博物馆等藏书机构珍藏善本文献，收录标准为中华再造善本之外、现存传本数量在3部以内（含3部）且具重要历史文献价值的古籍善本，计划收录海内外70余家藏书机构5000种古籍善本。 　　《儒藏》（精华编）编纂出版项目。由教育部指导，北京大学具体组织实施，依托现有工作机制和队伍进行编纂，在充分利用古籍整理出版及数字化成果的基础上，对我国两千多年来儒家思想方面的典籍进行系统整理，计划精选历史上有较大影响和价值的儒学著作339册进行编纂出版。 　　《中华医藏》编纂出版项目。由国家中医药管理局会同文化部、新闻出版广电总局共同组织推进，分为经典著作、基础理论、临床各科和民族医药四编，重点从我国现存的医药古籍文献中，遴选出兼具学术价值和版本价值的医药古籍，分阶段影印出版，有效促进我国医药文化的传承发展和古籍的保护利用。 　　《中华续道藏》编纂出版项目。《中华续道藏》是《中华道藏》的续编，由国家宗教事务局组织实施，重点对《中华道藏》未收录的道教典籍及流传于民间的道教典籍，进行抢救、整理和点校。同时，建设《中华续道藏》数字资源库，全面推进道教古籍保护利用及道教文化建设。

汉文《大藏经》整理编纂项目。由国家宗教事务局指导中国佛教协会组织实施。重点是在现存汉文《大藏经》和《大藏经》研究成果基础上，依次对汉文《大藏经》律藏、论藏、经藏等进行整理编纂，建设佛教典籍数字化资源库，全面推进佛教古籍的保护利用，佛教教义的现代阐释。

"中华古籍数字资源库"建设项目。以国家和省级珍贵古籍数字化为带动，加强各古籍收藏单位之间的合作，通过利用现有资源以及向社会购买资源等方式，建立品种齐全、版本丰富的"中华古籍数字资源库"。按照边建设、边服务的原则，及时发布古籍影像信息资源，免费为专家学者和社会大众提供便捷优质的阅览服务。

"中华古籍综合信息数据管理平台"建设项目。建立集古籍普查登记、修复保护、宣传推广、人才培养等多功能于一体的综合信息管理平台，通过大数据收集、整理和统计，对全国古籍保护相关信息进行分析研判和动态监测。同时，依托管理平台，建立综合信息数据年报制度，全面掌握古籍保护年度工作情况，便于进行数据对比和信息查询。

（五）利用古籍传承和弘扬中华优秀传统文化

1.深入挖掘古籍的深厚文化内涵。推进国家传统文化典籍整理工程实施，组织开展《中华传统文化百部经典》《中华珍贵古籍史话》等国家重点古籍编纂出版项目，依托哲学、历史、文学、宗教等多个领域的专家学者，根据典籍的学术代表性和社会影响力，兼顾学科分类和年代分布，对中华优秀典籍进行诠释和解读，深入阐发中华优秀传统文化精髓，研究中华文化的历史渊源、发展脉络和基本走向，进一步激发中华优秀传统文化的生机与活力。

2.组织开展古籍宣传推广活动。建立中华优秀古籍的宣传推广机制，运用数字化、信息化、网络化等现代技术手段，采取线上线下相结合的方式，加强对中华优秀古籍多媒体、多渠道、多终端传播。开展"册府千华"系列展览、"我与中华古籍"系列宣传推广活动，形成品牌示范带动效应。以中国古籍保护网为平台，及时发布古籍资源和保护工作成果。依托中华优秀传统文化实践基地，组织经常性的讲座、展览、互动体验、技能竞赛等活动，开展礼敬中华优秀传统文化系列活动，实施中华经典诵读工程，推动优秀传统文化的传承和发展。

3.加强古籍文化创意产品开发。坚持社会效益第一，鼓励符合条件的古籍收藏机构发挥古籍资源丰富的优势，依托全国公共图书馆文化创意产品开发联盟等平台，依法通过委托、与文化企事业单位合作等多种方式，开发一批弘扬中华优秀传统文化、反映时代精神、符合群众实际需求的古籍类文化创意产品。把古籍文化创意产品开发与读书活动相结合，举办中华古籍创客大赛、古籍文化创意产品推介会等活动。提高古籍文化创意产品开发的整体品质，加强过程监管。借助国内外图书馆行业会议或学术会议，广泛推介中华古籍类文化创意产品。

专栏5　中华优秀文化典籍推广工程

《中华传统文化百部经典》编纂项目。由中宣部牵头，文化部协调国家图书馆具体组织实施，着眼于对中华优秀传统文化的创造性转化、创新性发展，从传统文化典籍中精选100部具有代表性的经典书目，涵盖政治、经济、文化、社会、历史、生态等内容，采取大众化、品读导读的方式，推动传统经典普及传播。

"我与中华古籍"系列宣传推广项目。推动古籍保护与全民阅读相融合，利用广播电视、报纸杂志等传统媒体和新闻网站、微博、微信等新兴媒体，传播古籍保护知识，宣传古籍保护工作取得的新进展新成效。继续举办文津讲坛、珍贵古籍特展等宣传推广活动，配合古籍修复、雕版印刷、碑帖传拓等互动体验服务，以群众喜闻乐见的形式，向公众普及古籍保护知识，提高全社会的古籍保护意识。

（六）加强古籍保护制度、法规和标准建设

1.完善古籍保护工作机制。充分发挥全国古籍保护工作部际联席会议、全国古籍整理出版规划领导小组和

全国高等院校古籍整理研究工作委员会的平台作用，进一步完善统筹规划、分类指导、部门协同、权责明确的古籍保护工作制度。由文化行政部门牵头，各相关部门发挥职能和资源优势，在规划编制、政策衔接、标准制定和项目实施等方面加强沟通协作，形成工作合力。

2.加快古籍保护立法。积极推进国家古籍保护立法工作，做好与《中华人民共和国文物保护法》等相关法律的区分和衔接，开展专题调研，起草法律文本，争取尽早纳入国家立法计划。鼓励和支持古籍资源较为丰富的地方探索制定古籍保护法律法规，从法律层面规范古籍管理、保护与利用等工作，解决古籍保护工作中存在的突出问题，使古籍保护有法可依。

3.加强古籍保护标准化建设。依托全国图书馆标准化技术委员会、各系统各层级古籍保护机构、高等院校、科研院所等，充分运用各学科研究成果，围绕古籍装具、古籍修复用品、古籍传拓技艺、古籍数字化等方面，开展古籍保护科学研究，编制一批古籍保护技术标准、管理标准、评价标准，重点推进各类型古籍文献除虫、防霉、防酸脱酸等技术标准发展，加强新制定标准的应用推广和效果评价，逐步建立起比较完备的古籍保护标准体系。

4.加强古籍保护专家委员会建设。依据工作需要，适时调整全国古籍保护工作专家委员会，补充公共文化领域专家和古籍保护相关管理部门人员，建立起跨地区、跨专业、跨单位的专家队伍。创新和完善专家委员会工作机制，促进成员在加强理论研究、提供决策咨询、指导地方实践和参与人才培养等方面发挥积极作用。各省（区、市）可参照建立省级古籍保护工作专家委员会。

三、保障措施

（一）加强组织领导

各级文化行政部门要发挥牵头作用，会同古籍保护工作相关部门，加强对古籍保护工作的组织领导，推动古籍保护工作纳入本地经济社会发展总体规划，纳入公共文化服务体系建设整体安排，结合实际制定具体的工作计划和落实方案，明确责任，统筹实施。各级古籍收藏机构也要根据规划，细化目标任务，采取有力措施，抓好工作落实。

（二）推进队伍建设

将古籍保护人才队伍建设纳入全国基层文化队伍培训计划，统筹开展分类分层培训。发挥古籍保护人才培训基地作用，持续开展在职培训，多层次、多渠道培养古籍人才队伍。发挥高校古籍教学科研人才较多的优势，利用高等院校古籍人才培养及整理研究专项基金，加强对古籍保护研究型人才培养。依托国家民委少数民族古籍文献人才培养与科学研究基地，加强少数民族古籍保护人才培养。完善全国古籍保护工作专家委员会，建立起结构合理、业务过硬、工作高效的专家队伍。

（三）开展监督评价

各级文化行政部门要会同古籍保护工作相关部门加强过程管理和动态监测，建立健全面向各类古籍保护主体、项目的绩效评价指标体系、评价制度、问责机制和信息公开制度，切实加强古籍保护工作的日常监管、定期督查和年度考评，并将考核结果与相关单位收入分配和人员奖惩等挂钩，推动古籍保护工作持续高效开展。

"十三五"时期全国公共图书馆事业发展规划

发文单位：文化部

为推动"十三五"时期公共图书馆事业科学发展，加快构建现代公共文化服务体系，更好地保障人民群众基本文化权益，根据《中华人民共和国公共文化服务保障法》《国家"十三五"时期文化发展改革规划纲要》《文化部"十三五"时期文化发展改革规划》有关精神，特制定本规划。

一、总体要求

（一）指导思想

全面贯彻党的十八大和十八届三中、四中、五中、六中全会精神，深入贯彻落实习近平总书记系列重要讲话精神和治国理政新理念新思想新战略，围绕中央关于加快构建现代公共文化服务体系的决策部署，按照公益性、基本性、均等性和便利性要求，以完善设施网络为基础，以丰富服务内容、强化资源整合、提高服务效能为重点，以完善体制机制为保障，努力构建覆盖城乡、服务高效、惠及全民的公共图书馆服务网络，进一步推进全民阅读，坚定文化自信，提高全民族科学文化素质和社会文明程度，增强人民群众对公共文化服务的获得感。

（二）基本原则

1.坚持导向、服务大局。坚持社会主义先进文化的前进方向，坚持以人民为中心，以社会主义核心价值观为引领，牢固树立阵地意识，传播先进文化，促进在全社会形成积极向上的精神追求，助推全面建成小康社会目标实现。

2.政府主导、社会参与。将公共图书馆事业发展纳入现代公共文化服务体系，加强组织领导、政策支持和监督管理，落实基本公共文化服务标准，鼓励和引导社会力量参与公共图书馆的建设、管理和服务。

3.统筹兼顾、创新发展。立足实际，加强指导，统筹推进区域之间和城乡之间公共图书馆均衡发展，建立覆盖全社会的公共图书馆服务体系，创新管理体制和运行机制，进一步增强发展活力。

4.服务基层、提升效能。坚持重心下移、资源下移、服务下移，加强资源整合，把优质公共文化服务向城乡基层延伸，完善群众评价和反馈机制，提升服务的针对性和有效性，促进供需有效对接。

（三）主要目标

到2020年，全国公共图书馆设施网络进一步完善，文献资源保障能力明显增强，县级图书馆总分馆制基本建立，公共图书馆服务标准化、均等化水平显著提高，信息网络等新技术应用更加普及，法人治理结构建设积极推进，人才队伍建设有效加强，政策法律保障更加有力，社会力量广泛参与，公众对公共图书馆服务的满意度持续提升。

"十三五"时期全国公共图书馆事业发展主要指标

类别	指标	单位	2015年	2020年
设施网络	公共图书馆达标率（部颁三级以上）	%	72.50	80

设施网络	每万人公共图书馆建筑面积	平方米	94.7	110
	阅览室座席数	万个	91.07	105
文献资源	人均公共图书馆藏书量	册	0.61	1
	人均公共图书馆年新增图书藏量	册	0.04	0.08
	人均公共图书馆购书经费	元	1.43	1.8
	县均公共图书馆数字资源	TB	—	5
服务效能	有效读者总人数	万人	5721	8000
	年流通人次	亿人次	5.89	8
	文献外借册次	亿册次	5.09	8
队伍建设	专业技术人员比例 高级职称	%	10.2	12.7
	专业技术人员比例 中级职称	%	32.7	33

二、重点任务

（一）完善公共图书馆设施服务网络

1.加强公共图书馆设施建设。加强对公共图书馆布局的统筹规划，在"十二五"建设的基础上，按照均衡配置、规模适当、经济适用、节能环保等要求，根据城乡发展和人口分布，推动地方建成比较完备的公共图书馆设施网络，对设施空白或不达标的地市级和县级公共图书馆进行新建、改建和扩建，重点加强对贫困地区公共图书馆的统筹规划建设。

2.推进乡镇（街道）、村（社区）图书室建设。推动乡、村基层综合性文化服务中心建设，按照相关建设标准和要求设立图书室，配备相应的器材设备，完善管理制度。村级不具备单独设立图书室条件的，可开辟图书阅览区。

3.加强流动服务设施与数字服务设施建设。鼓励有条件的地方为公共图书馆配置流动图书车或具有借阅功能的流动文化车。重点为革命老区、民族地区、边疆地区和贫困地区公共图书馆配备流动服务设施设备。依托文化信息资源共享工程、公共电子阅览室建设计划、数字图书馆推广工程，加强公共图书馆数字服务设施建设，并配置相应器材设备。

4.加快推进县级图书馆总分馆制建设。落实文化部等部委《关于推进县级文化馆图书馆总分馆制建设的指导意见》，因地制宜建立以县级图书馆为总馆，乡镇（街道）综合文化站为分馆，村（社区）综合性文化服务中心为基层服务点，上下联通、资源共享、有效覆盖的总分馆体系。通过总分馆制，整合县域内的公共阅读资源，实现总馆主导下的文献资源统一采购、统一编目、统一配送、通借通还和人员的统一培训。加强部门协同，推动符合条件的农家书屋成为图书馆分馆。鼓励符合条件、具有资质的上网服务场所成为总分馆的基层服务点。

专栏1　公共图书馆设施网络建设

项目1：流动图书车配备项目

国家和省级重点为革命老区、民族地区、边疆地区和贫困地区配备流动图书车，有条件的市、县为辖区图书馆配备流动图书车，合理设置服务网点及营运路线，根据基层群众需要，开展图书借阅、流动办证、流动展览、流动讲座、数字资源流动下载等多种形式的服务，有效拓展服务半径。

项目2：城市24小时阅读服务空间

鼓励地方采取与社会力量合作等方式，建设自助图书服务空间，因地制宜设置自助图书设备，开展办证、阅览、外借等24小时图书馆服务；科学规划自助图书服务空间和设备的布点，与各级各类图书馆相辅相成，打造百姓身边的公共阅读场所；加强资源更新、用户辅导和设备维护。

（二）加强文献信息资源保障能力建设

1.推进公共图书馆文献信息资源体系建设。加大文献资源建设经费投入，确保文献资源达到一定规模并持续更新，通过整体布局、协调采购、分工入藏、分散采集等方式，在全国建立若干总量丰富、各具特色的地区性文献资源保障中心，扩大文献资源规模。落实新增藏量指标，优化文献资源结构，建立涵盖纸本文献、缩微文献、数字资源、网络资源等各种资源类型的公共图书馆信息资源体系。

2.加强文献信息资源采集。完善文献信息资源购置标准，加强对采集规模、类型、更新率及复本量等方面的科学安排。国家图书馆加大对重点国家、重点地区和重点领域文献的采集入藏，加快推进国家文献信息资源总库建设。省级公共图书馆兼顾文献覆盖面和文献专深度，丰富本省出版或内容涉及本省的文献采集收藏，逐步形成涵盖广泛、富有特色的省级文献资源体系；市、县级公共图书馆加强对内容涉及本地文献、本地编印文献以及与当地群众文化需求相适应的出版物采集。在总分馆体系中承担总馆职能的县级图书馆，根据本地实际需要，统筹分馆文献资源建设。尚未建立总分馆制的地方，由县级公共图书馆指导乡镇（街道）和村（社区）图书室文献资源采集。各级公共图书馆要适应文献载体形态的发展变化，加强数字资源等新兴载体资源的采集入藏，推进新媒体终端适用资源建设。

3.完善文献资源协调与共享机制。充分发挥省级公共图书馆作为地区性文献资源保障中心的作用，联合本地区各级公共图书馆共同开展地方文献资源的建设与服务。加强各级公共图书馆与其他系统图书馆之间的资源共建共享，实现分工协作、优势互补。加强各级公共图书馆联合馆藏建设，完善国家文献信息资源总目，实现文献信息资源在统一平台上的共享利用。

专栏2　文献信息资源保障能力建设

项目3：国家文献信息资源总目建设

充分发挥国家图书馆作为国家书目中心的作用，建立全国联合编目系统，不断加强各级各类图书馆之间的书目合作与共享，加快推进数字化国家书目系统建设；进一步落实国家出版物呈缴制度，不断提升国家书目收录内容的系统性与完整性；深入挖掘国家文献信息资源总目的服务功能，针对不同用户的特定需求，综合各种不同检索方式，利用数据挖掘技术，定制多类交互界面，实现个性化服务。

项目4："中国记忆"项目

坚持抢救性、代表性、前瞻性原则，由国家图书馆牵头，以口述史料与影像文献为特色，围绕中国现当代重大历史事件、重要代表人物、重点热点话题等，有选择地采集和制作专题资源，联合各级各类文化、教育、研究机构，社会团体，家庭及个人，搭建开放、统一的资源共建共享平台，传播与分享集体记忆和个人记忆，建设"中国记忆资源库"，实现对国家现当代有关资料的系统搜集、整理、保存和利用。

项目5：国家图书馆国家文献战略储备库建设工程

到"十三五"末，基本完成国家图书馆国家文献战略储备库的基础设施建设，并同步建立相应的标准规范和工作制度。以此为契机，推进国家文献信息资源总库的科学规划与合理布局。鼓励有条件的省（区、市）建设本地文献储备设施，为建成分级分布、共建共享的国家文献战略储备体系奠定基础。

（三）提高服务效能，推进公共图书馆服务均等化建设

1.提升免费开放工作水平。落实国家基本公共文化服务指导标准和地方实施标准，推动各级公共图书馆健全免费开放项目，完善规章制度，创新服务手段，优化阅读环境，提升设施空间利用效率；完善信息公开制度，及时向社会公示公共图书馆基本服务项目和开放时间，有条件的公共图书馆应当根据当地群众实际需要，实行错时开放；完善免费开放工作监督评价机制，推动免费开放经费投入与服务效能挂钩。

2.深入开展全民阅读。各级公共图书馆根据职责制定阅读推广计划，围绕世界读书日、图书馆服务宣传周、全民读书月以及中华传统节日、重要节假日和重大节庆活动，深入开展系列阅读推广活动；完善针对不同

读者群体的优秀读物推荐机制；鼓励基层群众依托公共图书馆，兴办读书社、阅读兴趣小组等，开展阅读活动，进行读书交流；发挥中国图书馆学会等行业组织的作用，指导各级公共图书馆探索形成符合本地实际的阅读推广方式。

3.提高专业化服务能力。打造一批专业化服务水平较高的公共图书馆，通过定题检索、文献查证、委托课题、信息推送等方式，为政府科学决策提供咨询服务，为企业和教育科研机构提供专题服务，为社会公众创新创业提供文献支撑和信息服务。省、地两级公共图书馆要加强对本行政区域内基层图书馆（室）的业务指导。配合京津冀协同发展、长江经济带等重大区域发展战略，建设区域图书馆联盟，提供联合服务。推动公共图书馆与博物馆、文化馆等其他公共文化机构的互联互通，加强跨部门、跨行业、跨地域的公共文化资源整合。

4.加强特殊群体服务。加强老年人、未成年人、残疾人、农民工和农村留守妇女儿童等特殊群体适用资源建设和设施配备，有针对性地开展新技术应用培训、阅读辅导、送书上门、网络服务等，为其更好地融入社会提供帮助。加强对少年儿童的阅读指导，开展面向农村留守儿童的基础阅读促进工作。推进公共图书馆与独立建制少儿图书馆的阅读资源共享，为中小学图书馆开展阅读活动提供资源保障和业务支持。

专栏3　公共图书馆阅读服务
项目6："4·23"图书馆阅读推广活动 落实国务院"促进全民阅读，建设书香社会"的要求，开展4月23日"世界读书日"阅读推广活动，各级公共图书馆结合各地实际，设置主题，通过专家讲座、读书征文、荐书送书、座谈交流、网上交流等多种形式，借助书展、读书节、图书博览会等现有阅读平台和载体，开展丰富多彩的全民阅读活动，打造一批国家级和地方阅读品牌活动，倡导"让阅读成为一种生活方式"理念，推动全民阅读的常态化。 项目7：全国少年儿童图书馆阅读提升计划 依托中国图书馆学会和各地方图书馆学会、协会组织，联合全国各地公共图书馆、少儿图书馆、中小学图书馆，以及社会各界的儿童阅读推广力量，举办"全国少年儿童阅读年"系列活动，为全国少年儿童阅读提供服务和指导，评选优秀少儿读物。深入推进全国少年儿童阅读研究，编制少儿阅读指导书目，发布少儿阅读调查报告，为少年儿童阅读服务和图书出版提供科学依据。

（四）加强新技术应用，提升数字化服务能力

1.加强图书馆数字化建设。深入实施数字图书馆推广工程，提高各地公共图书馆数字化服务能力，构建标准统一、覆盖城乡、互联互通、便捷高效的公共数字文化服务网络，县级以上公共图书馆全部具备提供互联网服务和移动终端服务的能力。加强公共图书馆数字资源的整合利用，丰富资源类型，提升资源适应性，满足不同终端、不同人群的实际需求。

2.加强新技术研发和应用。结合国家重大信息工程建设，加强先进技术研究转化和应用，利用云计算、大数据等信息技术，推动图书馆信息化装备和系统软件的研发应用，促进图书馆数字服务手段升级换代，提升公共图书馆的现代化服务水平。通过互联网等新技术手段，深入开展用户需求数据分析，推广线上线下互动的服务模式。

3.推进基层公共数字文化综合服务平台建设。依托文化信息资源共享工程和数字图书馆推广工程，逐步建立集信息推送、网络监测、统计分析、数据发布、绩效评价等功能于一体的基层公共数字文化综合服务平台，引导优质公共数字文化资源向基层传输，通过开展"菜单式"、"订单式"服务，促进供需有效对接。

专栏4　数字图书馆建设
项目8：数字图书馆推广工程 依托国家数字图书馆建设成果，提高基层公共图书馆数字化服务水平；建设优质数字文化资源库群，促进对数字资源的整合与共享，加强大数据分析与知识挖掘，提升资源建设和使用效能；构建面向移动终端、贯通线上线下的服务模式，为社会公众提供基于全媒体的资源与服务。

项目9：公共图书馆互联网服务覆盖项目

推动公共图书馆利用互联网开展图书借阅、数字阅读、信息推送、终身教育等服务，在有条件的公共图书馆开通微信公众号、微博等服务，实现图书馆资源和服务上线；积极与其他社会化服务平台进行服务对接，让图书馆服务融入群众日常生活环境。

（五）充分利用馆藏资源，传承和弘扬中华优秀传统文化

1.深入开展中华古籍和民国时期文献的普查与保护工作。做好与可移动文物普查工作的对接，到"十三五"末，基本完成全国古籍及民国时期文献普查工作，海外中华古籍及民国时期文献调查工作取得实质性进展。推进古籍和民国时期文献保存保护的研究与实践，加强文献修复技艺传承和培训，加快濒危文献抢救性修复保护，有序推进古籍和民国时期文献再生性保护，推动各级公共图书馆按照国家标准和行业标准建设一批标准化书库，有效改善古籍及民国时期文献存藏条件。

2.推进传统文献典籍的整理推广和开发利用。深入推进专题文献整理出版和专题特色资源库建设，重点加强对地方特色资源、优秀传统文化资源、少数民族文化资源的挖掘整理。推进《中华传统文化百部经典》编纂等重大出版项目实施，依托国家重大文化工程和地方文化建设项目，加大对传统文化典籍的整理阐释与宣传推广。推动有条件的图书馆建立中华优秀传统文化实践基地，开展丰富多彩的社会教育活动。

3.文化创意产品开发。把文化创意产品开发纳入公共图书馆评估定级标准。推动各级公共图书馆利用古籍善本、图书报刊和数字文化资源等开发文化创意产品，挖掘地方传统文献资源，开发一批弘扬中华优秀传统文化、反映时代精神、符合群众实际需求的文化创意产品。举办文化创意产品开发培训班，培训图书馆领域创意开发和营销推广人才。

专栏5　中华优秀传统文化的保护、传承和利用

项目10：中华古籍保护计划

基本完成全国2000家古籍收藏机构所藏古籍的普查登记工作，完善分级保护制度，继续开展《国家珍贵古籍名录》和全国古籍保护重点单位评审工作，加强少数民族文字古籍保护；改善古籍存藏环境，实施国家珍贵古籍专库（专架）管理，提高珍贵古籍书库应急防灾能力；加强古籍修复中心建设，推进古籍修复用材安全、文献脱酸等科技立项和研究，继续实施"天禄琳琅"等修复项目；促进古籍文献的整理利用，推进中华古籍数字资源库建设，编纂出版《中华古籍总目》分省卷，推动《中华再造善本》（三编）《中国古籍珍本丛书》等整理出版工作；推进中华优秀传统文化实践基地建设，加强对古籍保护成果的宣传推广和展示利用。

项目11：民国时期文献保护计划

完善民国时期文献保护工作机制。开展民国时期文献的普查登记，编制民国时期文献总目。开展海内外民国时期文献的征集与合作开发，促进文献实物回归以及缩微、数字化成果回归。加强文献研究、开发与利用，推进文献史料的整理出版。建立文献信息资源整合和揭示平台，为学界和公众利用资源提供便利。做好宣传推广工作，为民国时期文献保护工作营造良好舆论氛围。

项目12：海外中华古籍调查暨数字化合作

以海外中华古籍调查摸底为基础，积极推动海外古籍资源以数字化、影印出版及其他形式实现回归与共享，编纂出版《海外中华古籍珍本丛刊》《海外中华古籍书目书志丛刊》等一批具有学术影响力和重要历史文化价值的古籍出版物。

项目13：文化创意产品开发试点工作

文化部确定37家省级、副省级公共图书馆试点单位，推动建立文化创意产品开发联盟，依托古籍和民国文献、图书报刊、老照片、数字文化资源等馆藏资源，探索开发具有图书馆特色的文化创意产品，利用新闻媒体和中国图书馆年会等平台进行宣传展示。

(六)加强政策理论研究，完善相关法律法规和行业标准

1.强化法律和政策保障。落实公共文化服务保障法，深入开展公共图书馆立法支撑研究，推动出台公共图书馆法。加快古籍保护立法进程，鼓励和支持各地制定地方性图书馆法律法规。

2.完善标准规范体系。加强图书馆标准化研究，推进图书馆相关标准的制（修）订和宣传贯彻工作。制定出台各级公共图书馆业务规范，建立涵盖图书馆业务、技术、管理和服务等主要领域的较为完善的标准体系，推动一批重点领域国际标准的本土化研究和应用。

3.加强理论研究。围绕公共图书馆建设、管理和服务等关键环节，策划一批重点理论研究课题。依托国家图书馆，以及相关高校、科研机构等，加强图书馆理论研究队伍建设，建立一批各具特色的研究基地。加强图书馆领域关键技术的研发应用，推动公共图书馆事业与科学技术融合发展。

专栏6　图书馆理论研究

项目14：落实公共图书馆法相关制度研究

推进公共图书馆立法工作，就法律出台后的贯彻实施开展制度设计和调查研究，针对公共图书馆资源建设、运行管理、服务内容、经费保障、捐赠制度、总分馆制建设、法人治理结构建设、社会力量参与图书馆建设、基层公共文化资源整合等重点问题，形成具体的制度设计成果，促进地方公共图书馆立法工作。

项目15：图书馆标准规范体系建设

进一步加强图书馆领域标准化建设，健全政府主管部门、标准化技术委员会与行业协会组织共同参与、相互配合的标准化工作机制；结合我国图书馆事业发展需求及标准化工作现状，开展图书馆设施、资源、管理、服务及技术等主要领域的标准规范制定工作，重点推进一批图书馆基础业务指导标准和基本服务保障标准的研制和应用；积极适应图书馆新技术、新业务、新服务的发展变化，探索建立图书馆标准规范体系的动态调整机制。

(七)创新管理体制机制，促进社会化发展

1.深入推进公共图书馆法人治理结构改革。推动全国地市级以上规模较大、面向社会提供公益服务的公共图书馆，基本建立以理事会为主要形式的法人治理结构，吸纳有关方面代表、专业人员、各界群众参与，落实法人自主权，健全决策、执行和监督机制，进一步提升公共图书馆管理水平和服务效能。建立法人治理结构的公共图书馆按有关规定可以适当扩大人事管理自主权、收入分配自主权等。

2.加强行业组织建设。按照中央关于文化领域行业组织建设的有关要求，加强中国图书馆学会、中国古籍保护协会等相关行业组织的建设和管理，确保正确发展方向；强化行业组织自身能力建设，完善内部管理制度，促进其在服务行业发展、开展行业自律、制定相关标准、维护会员权益等方面发挥积极作用；鼓励和支持具备条件的行业组织依法承担政府相关转移职能，办好中国图书馆年会等重要活动。

3.支持社会力量参与公共图书馆建设。鼓励和支持公民、企事业单位、社会团体以及其他组织兴建、捐建或与政府部门合作建设公共图书馆，或者通过捐资、捐赠、捐建等方式参与公共图书馆建设、管理和服务。健全政府向社会力量购买公共文化服务的工作机制，将公益性图书服务纳入政府购买的指导性目录。有条件的公共图书馆可探索引入社会专业机构，进行委托经营，或将公共图书馆的信息采集、书刊编目等业务外包，推动公共图书馆专业化、社会化发展。

4.广泛开展文化志愿服务。弘扬志愿服务精神，坚持志愿服务与政府服务、市场服务相衔接，鼓励和支持公共图书馆开展参与广泛、内容丰富、形式多样的文化志愿服务，探索具有图书馆特色的文化志愿服务模式，打造一批公共图书馆志愿服务品牌。完善公共图书馆志愿者注册招募、服务记录、管理评价和激励机制。各级文化行政部门对公共图书馆志愿服务给予必要的指导和支持。

专栏7	创新公共图书馆管理体制

项目16：中国图书馆年会

按照"政府指导、学会主办、行业参与、市场运作"的原则，发挥行业组织优势和承办城市的积极性，引入社会力量参与，结合年度公共文化建设重点任务，组织举办全国图书馆年会，邀请公共图书馆从业人员代表和有关专家学者参会，通过组织工作会议、学术论坛、展览展示等，促进业界交流合作。

项目17：公共图书馆志愿服务活动

着眼于丰富公共图书馆服务项目和内容，弥补公共图书馆工作人员不足，在各级公共图书馆和基层综合性文化服务中心，广泛招募志愿者，建立相应工作制度，辅助做好图书管理、借阅咨询、阅读辅导和推广活动等工作，加强志愿者培训，并为其开展服务提供必要条件。

（八）加强国际交流与合作，进一步提升国际影响力

1.积极开展国际交流活动。落实中华文化"走出去"战略部署，加强与国际图书馆协会联合会等国际图书馆行业组织，以及国外图书馆界的联系与合作，为海外中国文化中心数字图书馆建设提供资源与服务支持，宣传介绍我国图书馆事业发展成就。配合国家"一带一路"倡议，筹建丝绸之路国际图书馆联盟和丝绸之路数字图书馆，策划举办丝绸之路图书馆馆长论坛和亚大地区国家图书馆馆长会议。

2.推动实施对外合作项目。充分发挥图书馆在传播中国精神方面的独特优势，围绕典籍展览展示、文献保护利用、资源共建共享、人才培养交流等领域，通过交换馆员计划、图书馆高层互访、合作办展、数字图书馆合作等形式，有针对性地参与或组织策划国际业务合作和学术交流项目，培养一批具有国际视野、具备参与国际图书馆领域规则制定等重要事务能力的专业人才，推进与其他国家和地区图书馆之间的务实合作。

专栏8	图书馆国际交流与合作

项目18：丝绸之路国际图书馆联盟

以国家图书馆以及丝绸之路国内各相关省、市图书馆为依托，联合丝绸之路沿线其他国家图书馆，通过联盟方式，逐步建立起沿线各国图书馆间的长期战略合作关系和定期交流互访机制，共同策划合作项目，在文献信息资源的共建共知共享、区域珍贵历史文明成果的保存保护、数字图书馆建设、专业技术人才培养、学术交流与业务培训等领域开展广泛深入合作，带动沿线各国图书馆事业共同进步。

项目19：海外中国文化中心图书馆

以国家图书馆为主，部分有条件的省、市级公共图书馆参与，为海外中国文化中心图书馆提供图书文献采选与加工、图书馆自动化系统建设、图书馆业务培训与现场指导等服务，提高中国文化中心的专业化水平；推进中国文化中心数字图书馆建设，有针对性地推送特色鲜明、内容丰富的中华文化优秀数字资源，通过线上线下多种方式举办展览、讲座等文化活动，加强中华优秀文化的传播推广。

三、保障措施

（一）加强组织领导

各地要根据本规划，制定相关工作计划和落实方案，明确责任，统筹实施。要推动将公共图书馆建设纳入本地国民经济和社会发展总体规划，纳入政府议事日程和领导班子绩效考核。各级文化行政部门要始终把导向意识贯穿到工作全过程。各级公共图书馆也要根据规划，细化目标任务，采取有力措施，抓好工作落实。

（二）完善经费保障

建立健全经费保障机制，合理保障公共图书馆日常运行经费。支持公共图书馆免费开放工作，重点向革命老区、民族地区、边疆地区、贫困地区倾斜。支持农村和城市社区的公共图书馆（室）建设。

（三）加强队伍建设

完善选人用人机制，培养一支具有现代意识、创新意识和专业水准的公共图书馆从业人员队伍。重点推动贫困地区公共图书馆人员编制落实。加强分级分类培训，重点加强对基层公共图书馆从业人员培训，力争在"十三五"期间对县级以上公共图书馆从业人员轮训一遍。

（四）健全监督管理

完善公共图书馆绩效考评制度，开展第六次公共图书馆评估定级，健全图书馆领域重大文化惠民工程综合绩效评估制度。加强用户评价和反馈，探索建立第三方评价机制，开展群众满意度调查，增强评价的客观性和科学性。考核结果作为预算确定、收入分配和负责人奖惩的重要依据。

文化部"十三五"时期公共数字文化建设规划

发文单位：文化部

公共数字文化建设是加快构建现代公共文化服务体系的重要任务。"十二五"时期，我国大力推进公共数字文化建设，统筹实施了全国文化信息资源共享工程、数字图书馆推广工程、公共电子阅览室建设计划等重点公共数字文化工程。目前，公共数字文化建设工作框架基本建立，覆盖全国的服务网络基本成型，资源库群初具规模，服务模式不断创新，政策标准逐步完善，保障水平明显提高，对构建现代公共文化服务体系发挥了重要的支撑作用。虽然我国公共数字文化建设取得了显著成绩，但仍存在诸多突出矛盾和问题，主要表现在：与固定设施服务、流动服务有机结合的数字文化服务网络尚不完善；公共数字文化服务与群众文化需求缺乏有效对接，服务效能不高；不同公共数字文化工程缺乏有效统筹，没有完全实现互联互通和相互支撑；社会力量参与机制不健全，公共数字文化建设活力不足等。

"十三五"时期，是基本建成现代公共文化服务体系的冲刺阶段，是落实国家"互联网+"行动计划、大数据战略和推进公共数字文化发展的重要战略机遇期。为加快推进公共数字文化建设，根据《中华人民共和国公共文化服务保障法》《中共中央办公厅、国务院办公厅关于加快构建现代公共文化服务体系的意见》《国家"十三五"时期文化发展改革规划纲要》和《文化部"十三五"时期文化发展改革规划》，特制定本规划。

一、总体要求

（一）指导思想

全面落实党的十八大和十八届三中、四中、五中、六中全会精神，深入贯彻习近平总书记系列重要讲话精神和治国理政新理念新思想新战略，围绕中央关于加快构建现代公共文化服务体系的决策部署，按照公益性、基本性、均等性和便利性要求，以现代信息技术为支撑，以重点公共数字文化惠民工程为抓手，以资源建设和服务推广为重点，进一步完善公共数字文化服务网络，丰富服务资源，提升服务效能，全面提高公共文化管理和服务的信息化、网络化水平，促进基本公共文化服务标准化、均等化，更好地满足广大人民群众快速增长的数字文化需求。

（二）基本原则

1.坚持正确工作导向。坚持社会主义先进文化前进方向，以社会主义核心价值观为引领，进一步完善公共数字文化服务网络、丰富服务内容，提高服务的针对性和实效性，保障人民群众基本文化权益，促进社会文明进步。

2.坚持政府主导、社会参与。牢牢把握公共数字文化服务的公益属性，全面落实政府主体责任，充分发挥政府主导作用，完善社会力量参与机制，畅通社会力量参与渠道，鼓励和引导社会力量参与，激发公共数字文化发展活力。

3.坚持服务群众、突出效能。建立健全群众文化需求征集和评价反馈机制，以群众需求为导向，丰富公共数字文化产品和服务内容，为人民群众提供集成化、"一站式"公共数字文化服务，促进供需有效对接，提升服务效能。

4.坚持科学管理、创新发展。围绕建设、管理和服务等关键环节，完善公共数字文化建设工作机制，创新服务模式，完善公共数字文化建设政策保障，优化配置各级各类公共数字文化资源，促进互联互通、共建共享，实现创新发展。

(三) 目标任务

到2020年，基本建成与现代公共文化服务体系相适应的开放兼容、内容丰富、传输快捷、运行高效的公共数字文化服务体系。

——公共数字文化服务网络初步建成。公共图书馆、文化馆和基层综合性文化服务中心基本实现无线网络覆盖，全国县级以上公共图书馆均具备数字图书馆服务能力，全国50%以上的文化馆具备数字文化馆服务能力，文化信息资源共享工程基层服务点实现提档升级。

——分级分布式资源体系基本建成。建成一批结构合理、内容丰富、品质精良的公共数字文化资源，资源总量达到3500TB以上，可供全国共享使用的资源达到1500TB以上，其中特色资源达到880TB以上，与移动互联服务相适应的资源比例明显提高。

——公共数字文化服务效能显著提升。依托国家公共数字文化服务云平台，实现线上线下互动式服务模式广泛应用，菜单式、点单式服务实现普及，数字文化服务与群众文化需求有效对接，成为保障人民群众基本文化权益的重要方式。

——社会力量参与程度明显增强。社会力量参与公共数字文化平台开发、资源建设、服务供给、运营管理的工作机制更加完善，参与渠道更加通畅，参与方式更加多元，政府主导、市场和社会力量广泛参与公共数字文化建设的格局基本形成。

——公共数字文化保障机制完善。公共数字文化建设工作体系进一步完善，运行管理标准化、规范化，数字文化服务实现远程监管，群众满意度第三方评价机制基本形成，政府主导责任有效落实，政策、资金、人才、技术保障有力，公共数字文化服务可持续发展能力不断增强。

二、重点任务

(一) 构建互联互通的公共数字文化服务网络

结合"宽带中国""智慧城市"等国家重大信息工程，依托国家公共数字文化工程服务平台，构建覆盖全国的公共数字文化服务网络，开展公共文化云服务，提升公共文化服务的数字化、网络化、智能化水平。

1.加强国家公共数字文化工程服务平台建设。完善国家公共文化数字支撑平台，健全门户导航、资源调度分发、需求征集和服务反馈等功能，实现网络联通、资源共享、定制导航、交互服务。继续推进中国文化网络电视、国家数字文化网等新媒体建设，加强宣传推广，提高点击率和用户量。推动县级公共图书馆接入数字图书馆推广工程服务平台，完善数字图书馆推广工程服务网络，促进各级公共图书馆数字资源的整合与共享。建立标准化和开放性的数字图书馆系统，打造基于新媒体的数字图书馆服务业态，提供"互联网+借阅""互联网+信息服务"，形成面向移动终端、贯通线上线下的服务新格局。

2.建设区域综合性、一站式公共数字文化服务平台。结合实施中央补助地方公共数字文化建设项目，鼓励各地建设基层综合性公共数字文化服务平台，对公共文化设施、资源、惠民项目进行综合智能管理，统筹整合和揭示各类公共数字文化资源，实现共建共享，提供一站式、集成式、多媒体覆盖的公共数字文化服务。

3.提高公共文化设施的信息化、智能化水平。加强图书馆、文化馆（站）、美术馆、博物馆等公共文化机构信息化设施设备配备，建立业务管理信息化系统，提升公共文化设施信息化水平。推进数字图书馆、数字文化馆、数字美术馆、数字博物馆建设，开展线上服务，提高公共文化服务信息化、网络化水平。鼓励公共文化机构建立互动体验空间，充分运用人机交互、虚拟现实、增强现实、3D打印等现代技术，设立阅读、舞蹈、音乐、书法、绘画、摄影、培训等交互式文化体验专区，增强公共文化服务互动性和趣味性。

4.推进贫困地区公共数字文化设施提档升级。结合文化精准扶贫，将中西部贫困地区22个省份的832个贫困县县级公共图书馆、文化共享工程乡镇基层服务点建设纳入公共数字文化建设项目，实现提档升级。结合边疆万里数字文化长廊建设，在沿边沿海的18个省（区、市）和新疆生产建设兵团，继续推进草原牧场、边境口岸、边防哨所、边贸集市等服务盲区基层服务点建设，消除服务"盲点"，助力文化脱贫。

5.推动各类公共数字文化服务平台互联互通。推进国家公共文化数字支撑平台与国家数字图书馆推广工程平台之间的互联互通，实现数据资源和应用服务的合理调度。积极推进基层公共数字文化服务平台与国家公共数字文化服务平台之间实现用户、数据、资源、服务的互通互联，形成覆盖全国的公共数字文化服务网络。鼓励各级各类公共数字文化服务平台与商业运营平台、网络传播媒体、公共服务平台开展合作，嵌入公共数字文化服务，增强公共文化服务便利性。

专栏1
重点项目1：国家公共文化数字支撑平台建设
以已建的1个国家平台和33个省级平台为基础，按照统一的标准规范，聚拢资源、应用、数据，提供"一站式"应用服务。加载汇集分散在图书馆、文化馆、美术馆、博物馆等公共文化机构中的数字文化资源，形成全国公共数字文化资源云目录，实现按需下载、个性化推送。"十三五"期末，文化共享工程各级分支中心、50%的县级以上文化馆接入平台，50%的乡镇基层服务点能够依托平台提供公共数字文化服务。
重点项目2：数字图书馆推广工程服务平台建设
推进公共图书馆基础设施提档升级，完善专网建设，加快实现基层图书馆互联互通。对唯一标识符等业务系统升级扩容，到"十三五"末，实现33家省级公共图书馆和具备条件的市、县级公共图书馆纳入用户统一管理体系，移动阅读服务覆盖500家公共图书馆。加强推广工程资源库与各地资源的整合揭示服务，建立面向全媒体的数字图书馆推广工程服务平台，与海外文化中心合作共同推动中华文化走出去。
重点项目3：中西部贫困地区数字文化设施提档升级
加强中、西部贫困地区县级公共图书馆、文化馆、乡镇基层服务点设施设备配置，把中西部贫困地区22个省份的832个贫困县县级公共图书馆、乡镇基层服务点纳入中央补助地方公共数字文化建设专项资金支持项目，实现到2020年中西部贫困地区县级图书馆具备数字图书馆服务能力、文化共享工程基层服务点实现提档升级。
重点项目4：边疆万里数字文化长廊建设
在我国沿边沿海的18个省（区、市）和新疆生产建设兵团，建成不少于1万个能够提供便捷服务的数字文化驿站，利用现代信息技术特别是移动通信技术，进一步整合资源，提高配置标准，消除公共文化服务"盲点"。

（二）打造公共数字文化资源库群，加强资源保障

坚持"需求导向、分工合作、共建共享"的原则，打造分级分布式数字文化资源库群，优化资源结构，盘活资源存量，增加资源总量，提升资源质量，丰富适用于移动互联网传输的数字文化资源，加强公共数字文化资源保障。

1.统筹推进公共数字文化资源建设。根据不同公共数字文化工程的功能定位和发展目标，合理确定数字资源建设重点和方向，统筹规划公共数字文化资源建设。建立公共数字文化资源群众需求征集制度，定期征集公共数字文化资源建设方向，编制资源建设指南，科学推进数字文化资源建设。全国文化信息资源共享工程重点建设与文化艺术普及和基本公共文化服务相适应的资源，数字图书馆推广工程重点建设与公共图书馆服务相适应的资源。

2.建立国家基本公共数字文化资源库。活等基础性数字文化资源建设，形成国家全民艺术普及基础资源库和全民阅读基础资源库。针对不同群体的文化需求，定制惠农资源、务工资源、少儿资源、社区服务资源、残

障专题资源、精准扶贫资源等各具特色的数字文化资源产品，满足不同群体数字文化需求。

3.加强地方特色公共数字文化资源建设。坚持弘扬和传承中华优秀传统文化，加强中国戏曲、书法、民歌等优秀传统文化资源，以及红色历史文化、少数民族文化、当代文化艺术与群众文化等资源建设。深入挖掘地方特色文化资源，加强体现民族文化、历史文化、地域文化等特色文化资源建设，建成体现社会主义核心价值观、展示中华文化精神、反映当代中国人审美追求，思想性、艺术性、观赏性较强的地方特色数字文化资源。

4.加强少数民族数字文化资源建设。鼓励各地建设民族风俗、民族艺术、民族手工艺、民族旅游等地方资源项目，丰富民族特色资源内容，增加少数民族双语资源建设数量。加强少数民族语言资源建设中心和少数民族地区省级分中心建设，研究开发少数民族语言与汉语之间的智能互译技术和设备，增强民族语言资源译制能力。针对少数民族地区群众需要和文化生活习惯，采取译制、购买等方式，丰富数字文化资源种类。加强各民族文化交流特色项目建设，打造民族文化交流品牌。

5.完善公共数字文化资源建设工作机制。建立和完善公共数字文化资源建设事前规划立项、事中监管、事后评价的工作机制，完善项目评审、专家咨询、监督检查、绩效评价等重点环节的制度规范，强化资源应用评价和激励约束，推动资源建设工作可持续开展。

专栏2
重点项目5：全民艺术普及基础资源库 着眼于保障人民基本文化权益、提高全民艺术素养，规划和建设覆盖各艺术门类的全民艺术普及基础资源库，满足艺术鉴赏、艺术培训、艺术实践等艺术活动的基本资源需求。 重点项目6：地方特色文化资源库 以传承传播优秀传统文化，弘扬革命历史文化，展示当代文化艺术发展和群众文化建设成果为目标，以数字化、影像化等方式，生动形象地讲述中国文化、中国故事。深入挖掘地方特色文化，有重点地建设一批具有鲜明地方文化特点，具有较强代表性和较高历史、人文、科学价值的数字文化资源。 重点项目7：公共图书馆基础资源库 建立包括精品电子书、主流期刊报纸、精品公开课的公共图书馆基础资源库，借助各级公共数字文化服务平台面向全民推广，充分利用移动互联网的优势和特点，满足不同群体的阅读需求。

（三）创新服务方式，提升服务效能

应用最新科技成果，畅通公共数字文化服务渠道，创新服务模式，精准对接群众文化需求，提供多层次、多样化的数字文化服务，提升公共数字文化服务的针对性、实效性。

1.建立基于大数据分析的群众文化需求反馈机制。依托各类公共数字文化服务平台，开发和应用集信息发布、需求征集、意见反馈、在线互动的公共数字文化服务管理系统。通过公共数字文化服务平台和新媒体渠道，常态化征集群众数字文化需求信息，测评公共数字文化服务群众满意度。建立健全大数据分析系统，加强需求信息的整理、归纳和分析，精准识别群众文化需求。

2.畅通公共数字文化服务传播渠道。加强各类公共数字文化服务设备的开发与应用，实现公共数字文化服务全媒体、多终端覆盖，提高公共文化数字资源的传播效率。鼓励各级公共文化机构利用互联网、新媒体等手段，借助公共数字文化服务平台，开展远程辅导和培训，广泛传播数字文化资源，方便基层群众通过各类终端方便快捷地获取数字文化服务。加强公共数字文化资源面向基层公共文化机构的推送力度，建立数字文化资源定期更新机制，提高公共数字文化资源使用效率。

3.创新公共数字文化服务方式。依托公共数字文化服务管理系统，探索建立公共文化物联网，形成与设施阵地服务、流动服务有机结合的公共数字文化服务体系。广泛采用"订单式""菜单式""预约式"服务模式，实现数字文化资源订单式配送、场地网上预订、活动网上预约、网上评价反馈等功能，形成线上线下有机结合的服务模式，增强基本公共文化服务供给精准度。加强公共数字文化服务品牌建设，继续开展"戏曲动漫进校园""百姓大舞台"、"网络书香"等品牌活动，丰富群众精神文化生活。

4.加强数字文化创意产品开发与推广。鼓励公共图书馆、文化馆、美术馆、博物馆等公共文化机构充分利用馆藏资源，深入挖掘文化资源的价值内涵和文化元素，加强现代科技在数字文化创意产品开发设计中的应用，开发设计集艺术性和实用性相统一、适应现代生活需求的数字文化创意产品，增强群众的文化体验感，提升数字文化创意产品附加值。加大数字文化创意产品的展示和推广，培育数字文化创意产品品牌，推动文化产品和服务的数字化、网络化传播。

5.加大贫困地区和特殊群体服务力度。开展中西部贫困地区数字文化资源配送活动和数字图书馆精准帮扶专项活动，加大公共数字文化资源和产品"点对点"直接配送力度，精准提供公共数字文化服务。引导和鼓励各地根据实际情况，在人员流动量较大的公共场所、务工人员较为集中的区域以及留守妇女儿童较为集中的农村地区，配备必要的数字文化设施，提供便利可及的公共数字文化服务。将务工人员作为重点对象，广泛开展公益性数字文化培训，帮助其掌握互联网、获取数字化服务的基本技能。大力推进少年儿童数字图书馆建设，通过网站、手机、手持阅读器、数字电视、电子数据库等多种模式向青少年提供数字图书馆服务。推进残障人士数字图书馆、音频馆建设，建立残障人士阅读和视听服务体系。通过微信、网站、广播电视等渠道向贫困地区和特殊群体广泛推广数字文化资源。

专栏3

重点项目8：面向特殊群体的数字图书馆

进一步完善公共图书馆残障人士数字化服务内容和保障措施，建立和完善残障人士阅读服务体系，为残障人士提供无障碍数字图书馆服务，保障残障人士获取信息、学习知识的文化权利。完善少儿图书馆数字化服务，构建中华优秀传统文化网络教育平台，向青少年儿童推送经典文化资源，提供健康绿色的数字图书馆服务。

重点项目9：数字文化馆建设

探索建立数字文化馆标准体系，重点开展数字文化馆基础硬件网络支撑环境、业务系统、线上应用服务平台、线下数字艺术体验馆建设。"十三五"期末，副省级以上文化馆普遍完成数字化建设，50%以上市县级文化馆提供数字文化馆服务，全民艺术普及云服务基本形成。

（四）统筹推进重点公共数字文化工程建设

统筹规划、协调推进全国文化信息资源共享工程、国家数字图书馆推广工程和公共电子阅览室建设计划，在网络建设上开放接口、兼容互用，在资源建设上明确分工、突出特色，使各工程互为支撑、形成合力，整体提升服务效能。

1.推进全国文化信息资源共享工程建设。推进文化资源信息共享工程国家中心及各级分中心、支中心和基层服务点软硬件系统升级换代，提高服务终端配置标准，实现数字存储空间、网络带宽扩容增能。将各级文化共享工程分中心、支中心和服务点纳入国家公共文化数字支撑平台，形成公共文化特色应用集成，进一步拓展各级文化共享工程设施的服务功能，促进用户、数据、资源、服务的整合，实现公共数字文化资源按需推送、一站式服务。

2.推进数字图书馆推广工程建设。推进公共图书馆软硬件系统等基础设施升级换代，改善各级数字图书馆存储空间、网络设备、终端服务设施配置。建设面向基层、互联互通的数字图书馆服务网络，构建覆盖国家、省、市、县四级公共数字图书馆网络服务体系。建设数字图书馆优秀文化资源库群，加强大数据分析与知识挖掘，提升资源建设和使用效能。对国家数字图书馆统一用户管理、唯一标识符、资源发现、移动服务等业务系统进行升级扩容，优化系统性能，推进各类业务平台在各级公共图书馆的开放应用。

3.推进公共电子阅览室升级换代。促进公共数字文化基层服务点标准化配置，推动各地对公共电子阅览室进行升级换代，提升软硬件设施配置水平。加强公共文化服务一体机、电脑、各类移动设备、无线网络设施的更新换代，提高互联网络服务带宽，提供有线与无线网络接入服务，支持多种终端设备访问，为基层群众提供集成化、一站式公共数字文化服务。安装网络服务监测管理系统，加强运行监测和维护，形成常态化的设备和技术更新机制。

（五）鼓励和支持社会力量参与公共数字文化建设

按照政府职能转变的要求，搭建社会力量参与平台，拓宽参与渠道，推广政府与社会资本合作模式，鼓励和引导社会力量进入公共数字文化服务领域，激发公共数字文化建设活力。

1.完善社会力量参与机制。建立和完善社会力量参与公共数字文化平台开发、资源建设、服务推广、运营管理的工作机制，推动具备资质、符合条件的文化企业、社会机构与公共文化机构开展公平竞争。推动落实社会力量参与公共文化服务的优惠政策，鼓励和支持社会力量通过委托管理、捐赠设备、提供资源、赞助活动、合作研发等方式参与公共数字文化建设，形成以政府为主导、社会力量广泛参与的公共数字文化建设格局。

2.加大政府和社会力量合作力度。落实政府向社会力量购买公共文化服务工作的意见，把公共数字文化服务作为政府向社会力量购买公共文化服务的重要内容，将政府负责提供且适宜由社会力量承担的文化服务事项纳入购买范围，加大政府购买力度。探索公共数字文化设施的委托运营和管理，科学选定社会承接主体，加强绩效评价，提高运营管理的规范化水平。鼓励公共文化单位、高等院校与高科技文化企业合作，根据公共数字文化服务建设的实际需要，共同开展关键技术攻关，研发公共数字文化产品。

3.鼓励社会力量参与提供公共数字文化服务。积极鼓励各类社会文化机构、文化企业和个人依托公共数字文化服务平台提供公共文化服务，开展健康有益的文化活动。鼓励社会机构、文化企业开发和推广具有民族精神、反映时代特点的数字文化资源和产品，免费或以优惠条件提供公共数字文化服务。

（六）加强公共数字文化建设管理

加强公共数字文化工作管理，完善公共数字文化科技研发、内容建设、标准规范制定、绩效考核评价工作机制，提高公共数字文化建设工作的科学化、规范化水平。

1.加强公共数字文化内容监管。按照"谁提供、谁负责"的原则，由各级公共文化机构履行内容审核的主体责任，坚持以传播社会主义核心价值观为首要标准，加强对公共数字文化资源内容的审核，确保资源内容符合社会主义先进文化发展方向。加强传播渠道的管理，建立安全风险防范机制，保证服务内容向善向上，把符合基层群众文化需求、富有地方特色的公共数字文化资源及时传递给人民群众。加大公共数字文化资源知识产权保护力度。

2.强化公共数字文化网络安全管理。定期开展公共数字文化网络平台安全检查工作，推动各级公共文化机构落实安全管理责任制，建立安全管理应急机制。按照信息安全等级保护、重要信息系统基础设施保护的基本要求，及时完善、更新网络安全系统和设施，构建公共数字文化安全管理平台，提高网络安全防护能力，保障网络系统、信息内容、传播渠道和用户数据的安全，保证国家数字文化安全。

3.完善公共数字文化建设标准规范。建立和完善资源建设、系统开发、服务提供、数据开放等方面的公共数字文化标准规范体系，促进数据、资源和服务在互联网环境下的开放利用。完善包括资源内容、元数据、对象数据的加工规范和长期保存规范，保证各类公共数字文化资源建设的规范性。依据"平台化"的原则制订开放接口规范、数据交换规范、新媒体服务类规范，确保异构系统间的数据交换、资源整合和服务调度。制订可兼容现有数据结构的、同时具备良好可扩展性的数据结构规范和符合开放数据标准的数据格式规范，提高公共数字文化资源的开放共享水平和服务效能。

4.加强绩效考核评价。建立以效能为导向的公共数字文化服务绩效考核机制。完善绩效评价指标体系，坚持建管用并重，加大效能指标权重，引导政府和公共文化服务机构切实提升服务效益。建立公共文化数字监管平台，对公共文化机构日常运行、服务效果等进行实时监控。开展公共数字文化工程年度考核，发现和解决公共数字文化工程建设中存在的问题，推动公共数字文化工程科学发展。以群众文化需求为导向，研究制定公共数字文化服务群众满意度指标，建立和完善"第三方"评价机制，加大群众满意度测评方式的应用。

三、保障措施

（一）加强组织领导

各级文化行政部门要高度重视公共数字文化建设工作，推动纳入当地政府文化发展规划。结合本规划，制定具体的工作计划和落实方案，抓好工作落实，形成公共数字文化建设工作合力。加大宣传力度，营造全社会共同关注、支持和参与公共数字文化建设的良好氛围。

（二）完善经费保障

中央财政通过现有资金渠道，统筹支持地方公共数字文化建设，重点向革命老区、民族地区、边疆地区和贫困地区倾斜。各地文化行政部门要积极争取本地党委政府的重视和支持，将公共数字文化建设纳入财政预算，加强经费保障、管理和使用，提高财政资金使用效益。

（三）注重队伍建设

采取专兼职结合等方式，建立一支总量均衡、相对稳定、技术过硬、业务精湛的公共数字文化人才队伍。完善选人用人机制，采取聘用制、劳务派遣、委托管理、服务外包、联建共享等方式，加强公共数字文化人才配备。建立分级培训机制，采取网络远程培训和集中培训等方式，加强队伍培训，提升队伍整体素质。结合"阳光工程"，吸纳文化志愿者参与公共数字文化工作。加强与公共文化服务机构、科研院所、高等院校、文化企业等合作，搭建专业技术人才交流平台。

（四）强化督查落实

把公共数字文化建设纳入公共文化服务体系建设督查内容，定期开展督查，加强对规划落实的跟踪指导，推动落实公共数字文化建设工作责任。建立规划落实评估制度，引入群众满意度测评，定期对规划实施情况进行评估，推动规划落实。

"十三五"时期繁荣群众文艺发展规划

发文单位：文化部

为深入贯彻习近平总书记关于文艺工作的重要讲话精神，根据《中共中央关于繁荣发展社会主义文艺的意见》《中共中央办公厅、国务院办公厅关于实施中华优秀传统文化传承发展工程的意见》《国家"十三五"时期文化发展改革规划纲要》和《文化部"十三五"时期文化发展改革规划》相关要求，结合群众文艺工作实际，制定本规划。

一、总体要求

（一）指导思想

全面贯彻党的十八大和十八届三中、四中、五中、六中全会精神，深入贯彻习近平总书记系列重要讲话精神和治国理政新理念新思想新战略，紧紧围绕中央关于繁荣发展社会主义文艺和构建现代公共文化服务体系的战略部署，坚持社会主义先进文化前进方向，全面贯彻"二为"方向和"双百"方针，坚持以人民为中心的工作导向，坚持以社会主义核心价值观为引领，坚持创造性转化和创新性发展，坚定文化自信，以创作生产优秀作品为中心环节，以丰富人民群众精神文化生活、保障人民群众基本文化权益为出发点和落脚点，激发人民创造活力，繁荣群众文艺，维护国家文化安全，不断提升国民素质和社会文明程度，为构建现代公共文化服务体系和建设社会主义文化强国提供有力支撑。

（二）基本原则

坚持正确导向。以社会主义核心价值观为引领，创作生产人民群众喜闻乐见的优秀作品，组织提供人民群众乐于便于参与的文化服务和活动。从做好意识形态工作的高度出发，弘扬主旋律，传递正能量，巩固社会主义群众文艺阵地，推动人民群众精神文化生活不断迈上新台阶。

坚持群众主体。发扬党的群众文艺工作的优良传统，充分尊重人民群众主体地位和首创精神，以基层群众为服务对象和表现主体，坚持重心下移，完善扶持机制，引导群众自我表现、自我教育、自我服务，不断提升广大人民群众的获得感和幸福感。

鼓励社会参与。加大政府购买服务力度，培育和壮大群众文艺力量，吸引社会力量参与群众文艺创作和群众文艺活动，鼓励和支持公民、法人和社会组织通过资助项目、赞助活动、提供设施、捐赠产品等方式参与群众文艺工作。

坚持普及与提高相结合。发挥公共文化服务体系支撑作用，大力普及文艺知识，广泛开展群众文艺活动，以优秀的文艺成果丰富公共文化服务的内涵，不断提高全民文化艺术素养。

坚持继承和创新相结合。立足于传承和弘扬中华优秀传统文化，古为今用，推陈出新，加强创造性转化和创新性发展；丰富和拓展群众文艺题材、体裁、内容、形式和手法，使群众文艺更加符合时代进步潮流，更好弘扬中华美学精神。

（三）发展目标

到2020年，群众文艺工作网络进一步完善，创作生产机制更加健全，影响力进一步增强，广大人民群众参与的主动性和积极性明显提高，审美能力和艺术素养显著提升，基本形成群众创造活力迸发、优秀作品不断涌现、人才队伍日益壮大、文艺活动蓬勃开展的群众文艺繁荣发展新格局。

二、重点任务

（一）推出优秀群众文艺作品

1.组织创作优秀群众文艺作品。组织聚焦中国梦、弘扬社会主义核心价值观、体现中国精神的群众文艺创作。继续开展中国文化艺术政府奖——群星奖的评奖工作，发挥国家级文艺评奖的示范、引领作用，带动全国群众文艺创作，推出一批优秀群众文艺作品。依托各类全国性文艺评奖项目和国家艺术基金资助项目，鼓励群众文艺作品积极参与和申报，形成优秀群众文艺作品的集群效应。加强优秀群众文艺作品创作工作，各省（区、市）围绕重大节庆和纪念日活动，组织开展主题性群众文艺创作；因地制宜，制定群众音乐、舞蹈、戏剧、曲艺、美术、书法、摄影、文学等专项创作计划，集中力量、集聚资源，推出一批反映时代风貌和基层群众生活的优秀群众文艺作品。

2.激发群众文艺原创活力。坚持思想性、群众性、艺术性、公益性相统一，突出地域特色和民族特色，突出群众文艺创作贴近群众、生动鲜活、短小精悍的优势和特点，着力增强群众文艺作品的吸引力和感染力。省级、地市级文化馆确定年度选题和重点创作任务，每年推出一定数量、代表当地群众文艺创作水准的原创作品。坚持从实际出发，尊重群众意愿，推出更多易于推广、易于普及的群众文艺作品，让群众易学、易演。加强少数民族群众文艺作品创作，提升少数民族地区群众文艺创作水平。加强优秀群众文艺原创作品征集。

3.加强对优秀文艺作品的传承创新。深入挖掘和提炼优秀传统文化中的有益思想和艺术价值，对优秀传统民间音乐、舞蹈、戏剧、曲艺作品等进行改编和艺术提升，并注入新的时代精神和创作元素。实施优秀舞台艺术作品移植改编计划，鼓励各地文化馆（站）移植改编优秀文艺作品，开展惠民演出。

专栏1　优秀群众文艺作品创作提升

中国文化艺术政府奖——群星奖评奖。开展两届群星奖评奖工作，评选出40个获奖作品，发挥群星奖示范带动作用，推动优秀群众文艺作品创作。

优秀舞台艺术作品移植改编计划。在获得著作权使用许可的前提下，组织各地对专业文艺院团优秀作品和群星奖获奖作品进行移植改编，推出100个优秀舞台艺术作品，提供给基层公共文化单位演出。

网络群众文艺作品征集与传播计划。依托公共数字文化工程，通过网络组织征集、传播优秀网络群众文艺作品，推出1000部原创网络文学、网络音乐、网络动漫等作品。

（二）广泛开展群众文艺活动

4.搭建群众文艺交流展示平台。组织开展群星奖获奖作品及优秀作品全国巡演，鼓励各省（区、市）开展各地巡演和省际交流巡演。开展区域性群众文艺交流展示活动，组织各级各类文艺汇演和城乡群众文化活动。推动群众文艺作品供需对接，实现优秀群众文艺作品有效传播。依托对外文化交流项目和海外中国文化中心，推动优秀群众文艺作品"走出去"，向世界讲好中国故事。

5.打造群众文艺活动品牌。充分发挥群众文艺机构的骨干作用，利用当地特色文化资源，开展经常性群众文化活动，培育参与度高、影响面广、深受群众喜爱的品牌活动。创新群众文艺品牌活动形式和组织方式，提升活动内涵，吸引群众特别是青年人踊跃参与。充分发挥"中国民间文化艺术之乡"在群众文艺发展中的示范带动作用，形成各具特色的民间文化艺术活动品牌。按照"精品、惠民、节俭、可持续"的要求，办好中国老年合唱节、中国少年儿童合唱节、中国农民歌会、送欢乐下基层等示范性活动，带动各地群众文化活动蓬勃开展，坚决防止出现强迫命令、走过场、盲目追求"高大上"等脱离实际、脱离群众的问题。开展线上线下相结合的惠民文化服务。

6.积极开展艺术普及活动。各级公共文化机构将开展艺术普及活动作为免费开放的重要内容,纳入基本服务项目,常年举办公益性艺术讲座、展览和培训活动。开展"戏曲进乡村"活动,普及推广戏曲艺术,丰富基层群众精神文化生活。开展"高雅艺术进校园""戏曲进校园"活动,让广大学生接受艺术熏陶,提升艺术鉴赏能力。

7.扶持和引导群众自办文化活动。依托传统节日,组织群众开展各项节庆文化活动。充分发挥群众主体性、积极性和创造性,引导广场舞、合唱、街舞等群众文艺活动健康、规范、有序开展。鼓励和扶持业余文艺团队自发开展活动。发挥文化大院、文化中心户、文化带头人的积极作用,推动开展社区、乡村、学校、企业、军营群众文化活动。

专栏2　群众文艺示范性活动

优秀群众文艺作品推广活动。开展群星奖获奖作品及优秀作品巡演活动,并将其纳入各级政府购买公共文化服务范围,让广大群众共享优秀文化成果。探索群众文艺"走出去"路径,向海外推介优秀群众文艺作品,讲好中国故事。

"中国民间文化艺术之乡"建设。组织开展"中国民间文化艺术之乡"评审命名,加强建设管理,推动"中国民间文化艺术之乡"依托本地特色民间文艺资源,广泛开展群众文艺普及推广活动,带动基层群众文艺发展。

"戏曲进乡村"活动。对属于国家贫困地区范围的乡镇,每乡镇每两个月配送一场以地方戏为主的演出,解决农民看戏难的问题,形成政府、市场、社会协同推动农村文化建设的良好局面。

"永远的辉煌"——中国老年合唱节。每年举办一届,集中展现全国老年群众合唱活动的丰硕成果,吸引全国各地优秀老年合唱团参与。

中国少年儿童合唱节。每年举办一届,着眼于培养未成年人艺术素养,提高合唱水平,吸引全国各地优秀少儿合唱团参与。

"百姓大舞台"网络群众文化品牌活动。依托国家数字文化网、文化共享工程·中国文化网络电视等新媒体平台,将全国地方特色突出、区域影响力强、普惠效果好的群众舞台艺术演出、培训交流、展览展示品牌活动,进行优质资源采集和网络直播、展播及线上线下互动服务。建设特色网络群众文艺资源,纳入公共数字文化工程资源库。

广场舞普及推广行动。各级文化行政部门和各级文化馆,组织创作适于推广的优秀广场舞作品,举办广场舞编创人员培训班,加强对各地广场舞队带头人的培训,开展广场舞普及推广活动,为基层提供交流平台和展示机会,培育一批有导向性、示范性的广场舞活动品牌。

(三)完善群众文艺工作机制

8.发挥群众文艺机构引领作用。各级文化馆(站)、基层综合性文化服务中心等公共文化机构将繁荣群众文艺作为基本职能和重要任务,加强与基层文联、作协的沟通合作,统筹组织本地区群众文艺工作,发挥引领作用。有条件的文化馆可设立群众文艺创作室(中心),开展创作活动,承担区域内群众文艺创作规划、指导等工作,逐步形成分工明确、上下衔接的群众文艺工作网络。在有条件的社区、乡村、学校、企业、军营等建立群众文艺创作基地,加强群众文艺创作辅导。发挥文化馆协会、群众文化学会等行业组织在群众文艺作品创作、活动开展、经验交流、理论研究等方面的积极作用,将中国文化馆年会打造成为群众文艺交流展示研讨的平台。

9.健全群众文艺创作机制。各级文化行政部门结合年度重大活动和中心工作,指导各级文化馆(站)开展群众文艺创作,在创作过程中注重发挥基层文联、作协作用。建立群众文艺创作人员采风机制,实现采风常态化。建立群众文艺作品提升机制,为新创作的作品搭建演出展示平台,加强交流研讨,帮助作品打磨、提升。

10.建立专业文艺帮扶机制。依托"结对子、种文化"工作机制,通过"深入生活、扎根人民"主题实践活动,建立专业文艺指导帮扶群众文艺的有效机制,引导专业文艺院团、艺术院校、文联、作协对基层公共文化机构和群众文艺团队结对帮扶。推动各级艺术院团全面建立基层联系点制度，长期开展定点服务，培养和提升基层群众文艺人才，辅导群众艺术创作。

11.加强群众文艺宣传推广。充分发挥中央和地方新闻媒体的作用，设置群众文艺专题栏目，为优秀群众文艺作品和人才提供展示平台。积极探索和运用新媒体，创新传播方式和手段，不断提高群众文艺品牌活动和优秀群众文艺作品的影响力。依托国家数字文化网和中国文化网络电视平台，借助微博、微信、移动客户端等载体，推动优秀群众文艺作品广泛有效传播。

12.运用现代科技推动群众文艺工作。探索"互联网+群众文艺"创作与传播新模式，制定并实施网络群众文艺创作和传播计划。鼓励有条件的群众文化活动场馆、创作演出团队采用现代科技手段，增强群众文艺作品的表现力和感染力。鼓励各级文化馆（站）业务骨干、群文工作者运用网络创作传播优秀作品。鼓励行业组织、互联网企业等社会力量搭建各类网络群众文艺展示平台，引导群众文艺网络社群健康发展。

专栏3　群众文艺工作机制建设
群众文艺创作采风计划。建立群众文艺创作人员采风机制，将采风与下基层辅导相结合，保证省级、地市级文化馆群众文艺创作人员每年都有不少于15天的采风时间，建立采风联系点，定期进行采风成果交流汇报，支持采风人员创作相关作品并进行展示。 　　专业文艺机构帮扶计划。开展专业文艺院团、艺术院校对基层公共文化机构、群众文艺团队结对帮扶活动。鼓励和支持有条件的县级文化馆及乡镇文化站建立与专业艺术机构的联系制度，开展艺术辅导，提升群众文艺工作水平。 　　群众文艺网络管理服务平台建设。以国家公共文化数字支撑平台为依托，搭建群众文艺网络管理服务平台，对群众文艺机构、队伍、作品及品牌项目等进行综合智能管理，建立群众文艺作品、活动项目、人才等资源库，实现群众文艺资源共建共享，有效对接群众需求，提升群众文艺资源的传播效率。 　　中国文化馆年会。通过每年一届的中国文化馆年会，为群众文艺作品交流展示、理论研讨提供平台，推动群众文艺繁荣发展。

（四）培育和壮大群众文艺力量

13.健全群众文艺人才队伍。各级文化行政部门按照文化馆功能、任务和服务人口规模，合理设置群众文艺工作岗位，配备相应专业人员，建立科学合理的群众文艺工作评价考核和激励机制。建立群众文艺专家库，加强群众文艺理论研究和评论工作，提高群众文艺专业化水平。

14.加强群众文艺骨干力量建设。加强群众文艺骨干队伍培训，促进艺术普及活动质量和水平提高。以各级文化馆（站）业务人员为主，吸收基层文联、作协创作人员和业余文艺社团骨干和业余文艺爱好者参与，建立群众文艺人才信息库。以国家级、省级群众文艺评奖、项目申报、重大活动为依托，推出一批群众文艺领军人才、一批群众文艺创作骨干。创新群众文艺人才引进机制，在有条件的文化馆（站）探索建立艺术家工作室。将群众文艺创作人才培养纳入全国基层文化队伍培训计划，逐步形成一支门类较为齐全的群众文艺创作队伍。

15.加强基层群众文艺团队建设。根据群众文艺特点，积极发展群众音乐、舞蹈、戏剧、曲艺、美术、书法、摄影、文学等群众文艺团队。加强各级文化馆馆办文艺团队建设，引导管理规范、具备一定规模的群众文艺团队登记为文化类社会组织。发挥文化馆（站）培训和辅导功能，做好由文化馆（站）指导的群众业余文艺团队的管理和培训工作，扩大群众文艺团队规模，通过星级评定等措施，促进规范发展。结合社区文化、村镇文化、企业文化、校园文化、军营文化建设，培育积极健康、丰富多样的群众文艺团队。各级文化行政部门建立群众文艺团队信息库，加大对各类群众文艺团队的扶持力度，加强内容指导和队伍建设。鼓励各地对优秀群众文艺团队予以表彰奖励。

16.发展和壮大群众文艺志愿者队伍。各级文化馆（站）建立文化志愿服务机制，鼓励和动员专家学者、专业艺术工作者参加群众文艺工作，通过教学帮带，提升群众文艺工作水平。加强基层群众文艺志愿者队伍建设，建立注册招募、服务记录、管理评价、教育培训机制。继续开展文化志愿服务品牌活动，推进"春雨工程"——全国文化志愿者边疆行活动、"大地情深"——国家艺术院团志愿服务走基层活动、"阳光工程"——中西部农村文化志愿服务行动计划，发挥品牌活动示范引导作用。会同中国文联文艺志愿服务中心开展文艺家志愿服务活动。

17.加强群众文艺行业组织建设。认真落实中办国办《关于加强文化领域行业组织建设的指导意见》，支持中国文化馆协会、中国群众文化学会等规范发展。鼓励各地因地制宜发展群众文艺行业组织，引导其更好地参与群众文艺工作，助力群众文艺繁荣发展。

专栏4　群众文艺人才队伍建设

群众文艺骨干培训计划。依托全国基层文化队伍培训计划，加大对群众文艺人才队伍的培训力度，"十三五"期间，对全国各级文化馆馆长、乡镇（街道）文化站站长进行系统轮训，对群众文艺创作、表演骨干人员进行专题培训。

优秀群众文艺团队扶持计划。通过加强技能培训、搭建交流平台、评选示范团队等形式，培养一批长期活跃在基层、深受群众喜爱的优秀团队。到2020年，培育优秀群众文艺团队1000个，文化馆馆办文艺团队10000个，经常开展活动的群众业余文艺团队50万个。

文化志愿者服务计划。推动各地开展以"大舞台""大讲堂""大展台"为主要形式的文化志愿服务活动，继续开展"春雨工程"——全国文化志愿者边疆行活动、"大地情深"——国家艺术院团志愿服务走基层活动、"阳光工程"——中西部农村文化志愿服务行动计划，加大对基层群众文艺创作辅导、技能培训和活动支持，配合开展文艺家志愿服务活动。

全民艺术普及技能提升计划。依据《国家基本公共文化服务指导标准》、文化馆（站）基本服务项目和内容，通过业务培训、技能比武及交流展示等形式，提升群众文艺工作者业务水平和服务能力；依托各级文化馆（站）、公共图书馆和基层综合性文化服务中心，通过集中办班、基层辅导、远程培训等多种形式，组织开展面向不同群体的文化艺术知识普及和培训服务。

（五）加强群众文艺阵地建设管理

18.完善群众文艺工作网络。牢固树立阵地意识，各级文化馆（站）要用社会主义先进文化引领群众文艺健康发展。围绕构建现代公共文化服务体系，加快各级文化馆（站）、基层综合性文化服务中心、文化广场、文化大院等群众文艺阵地建设，建立覆盖全国的群众文艺设施阵地网络。制定和完善群众文化机构管理办法和业务规范，明确各级群众文化机构的功能定位、职责范围和重点任务，确保群众文艺健康发展。加强数字文化馆建设，搭建群众文艺创作和培训的数字化平台。推动各地办好群众文艺期刊、网站和栏目，提供交流展示平台，拓展传播渠道。

19.加强群众文艺阵地规范管理。按照属地管理和"谁主管、谁负责"的原则，加强对各类群众文艺讲座、论坛、沙龙、读书会、演出展览、广场文化活动等的引导和管理，建立"一会一报""一事一报"制度。加强文化市场综合执法，强化对社会力量主办的群众文艺报刊、出版物、网站等群众文艺阵地的管理。

20.加强群众文艺内容管理。建立健全群众文艺作品和群众文化活动评价机制，把握正确导向，坚持弘扬社会主义核心价值观，旗帜鲜明地表达党的文艺立场、文艺方针。做好重点选题和热点敏感问题创作的审核把关，开展严肃的群众文艺批评，讴歌真善美，贬斥假恶丑，抵制庸俗低俗媚俗，营造积极健康、宽松和谐的群众文艺生态环境。

三、保障措施

（一）加强组织领导

各级文化行政部门切实加强对群众文艺工作的组织领导，将繁荣发展群众文艺纳入地方"十三五"文化发展规划，纳入繁荣发展社会主义文艺总体安排，纳入构建现代公共文化服务体系整体部署，纳入意识形态工作责任制，加强政治引领、把关。省级文化行政部门根据本规划制定实施方案，作为本地繁荣发展社会主义文艺工作的重点任务加以推进。地市和县级文化行政部门因地制宜制定年度工作计划，提出具体措施加以落实。

（二）加强经费支持

依托国家艺术基金等现有专项资金和基金渠道，鼓励有条件的地方设立繁荣群众文艺专项资金或群众文艺创作基金，支持开展面向基层的群众文艺项目及文艺活动，扶持重点作品创作。将优秀群众文艺演出和展示活动纳入各级政府购买公共文化服务范围，支持优秀群众文艺作品传播推广和惠民演出。加强群众文艺资金管理，制定经费使用管理制度或办法，提高资金使用效益，坚决防止发生侵害群众利益、浪费国家财产的问题。

（三）加强资源整合

依托县级文化馆总分馆制建设，加强城乡群众文艺资源整合和互联互通。加强与文联、作协、工会、共青团、妇联等团体和军队系统的群众文艺资源整合。促进群众文艺与旅游、体育项目相结合，打造一批具有地域特色、符合市场需求的群众文艺项目，促进群众文艺与旅游、体育等相关产业相结合。

（四）营造良好环境

按照中央关于文艺评奖改革精神，加强和改进群众文艺评奖工作，切实提高评奖的公信力和影响力。充分发挥全国服务农民、服务基层文化建设先进集体表彰机制的作用，引领各级文化馆（站）加强群众文艺工作。落实国家关于公益性文化单位改革的政策要求，支持文化馆（站）开展群众文艺工作。鼓励和引导各类业余文艺社团、民营剧团、文化类社会组织等社会力量积极参与群众文艺工作。加大对优秀群众文艺作品和人才的宣传力度，完善群众文艺人才激励机制，依法保护群众文艺作品知识产权，扩大群众文艺影响力和吸引力。

（五）强化责任落实

各级文化行政部门承担规划落实的主体责任。省级文化行政部门应将本规划与贯彻公共文化服务保障法和公共文化服务示范区创建工作有机结合，建立规划实施的监督检查机制，将规划实施情况作为对文化馆（站）绩效考核和评估定级的重要参考依据。省级文化行政部门每年向文化部报告规划实施情况，并负责对地市级、县级文化行政部门贯彻落实情况进行督促检查。文化部适时组织抽查，推动规划落实。

文化部"一带一路"文化发展行动计划（2016—2020年）

发文单位：文化部

为深入贯彻十八大和十八届三中、四中、五中、六中全会精神，深入贯彻习近平总书记系列重要讲话精神，落实经国务院授权，由国家发展改革委、外交部、商务部联合发布的《推动共建丝绸之路经济带和21世纪海上丝绸之路的愿景与行动》（以下简称《愿景与行动》），加强与"一带一路"沿线国家和地区的文明互鉴与民心相通，切实推动文化交流、文化传播、文化贸易创新发展，特制定本行动计划。

一、指导思想与基本原则

（一）指导思想

高举中国特色社会主义伟大旗帜，以邓小平理论、"三个代表"重要思想和科学发展观为指导，深入贯彻落实习近平总书记系列重要讲话精神，坚持社会主义先进文化前进方向，认真贯彻落实《愿景与行动》的整体部署，助推"一带一路"沿线国家和地区积极参与文化交流与合作，传承丝路精神，促进文明互鉴，实现亲诚惠容、民心相通，推动中华文化"走出去"，扩大中华文化的国际影响力，为实现《愿景与行动》总体目标和全面推进"一带一路"建设，夯实民意基础。

（二）基本原则

政府主导，开放包容。坚持文化对外开放战略布局，发挥政府引领统筹作用，加强与"一带一路"沿线国家和地区政府间文化交流，着力建立长效合作机制，充分发挥国内各省区市优势，鼓励社会力量积极参与、共同建设。

交融互鉴，创新发展。秉承和而不同、互鉴互惠的理念，尊重"一带一路"沿线国家和地区人民的精神创造和文化传统，以创新为动力，充分运用互联网思维和新科技手段，推动"一带一路"多元文化深度融合。

市场引导，互利共赢。兼顾各方利益和关切，遵循国际规则和市场规律，充分发挥市场在资源配置中的重要作用，调动各方积极性，将文化与外交、经贸密切结合，形成文化交流、文化传播、文化贸易协调发展态势，实现互利共赢。

二、发展目标

准确把握"一带一路"倡议精神，全方位提升我国文化领域开放水平，秉承立足周边、辐射"一带一路"、面向全球的合作理念，构建文化交融的命运共同体。着力实现以下目标：

——文化交流合作机制逐步完善。与"一带一路"沿线国家和地区政府、民间文化交流合作机制进一步健全，部际、部省等工作机制进一步完善。形成政府统筹、社会参与、市场运作的整体发展机制和跨地区、跨部门、跨行业的文化交流合作协调发展态势。

——文化交流合作平台基本形成。加快在"一带一路"沿线国家和地区设立中国文化中心，形成布局合理、功能完备的设施网络。以"一带一路"为主题的各类艺术节、博览会、交易会、论坛、公共信息服务等平台建设逐步实现规范化和常态化。

——文化交流合作品牌效应充分显现。打造文化交流合作知名品牌，继续扩大"欢乐春节"品牌在沿线国家的影响，充分发挥"丝绸之路文化之旅"、"丝绸之路文化使者"等重大文化交流品牌活动的载体作用。

——文化产业及对外文化贸易渐成规模。面向"一带一路"国际文化市场的文化产业发展格局初步形成，文化企业规模不断壮大，文化贸易渠道持续拓展，服务体系建设初见成效。

三、重点任务

（一）健全"一带一路"文化交流合作机制

积极与"一带一路"沿线国家和地区签署政府间文件，深化人文合作委员会、文化联委会等合作机制，为"一带一路"文化发展提供有效保障。加强上海合作组织成员国文化部长会晤、中国—中东欧国家文化部长会议、中阿文化部长论坛、中国与东盟"10＋1"文化部长会议等高级别文化磋商。推动与沿线国家和地区建立非物质文化遗产交流与合作机制。与沿线国家和地区建立文化遗产保护和世界遗产申报等方面的长效合作机制。支持国家艺术基金与沿线国家和地区的同类机构建立合作机制。

完善部省合作机制，鼓励各省区市在文化交流、遗产保护、文艺创作、文化旅游等领域开展区域性合作。发挥海外侨胞以及港澳台地区的独特优势，积极搭建港澳台与"一带一路"沿线国家和地区文化交流平台。充分考虑和包含以妈祖文化为代表的海洋文化，构建21世纪海上丝绸之路文化纽带。引导和扶持社会力量参与"一带一路"文化交流与合作。

专栏1　"一带一路"文化交流合作机制建设

1. "一带一路"国际交流机制建设计划

积极贯彻落实我国与"一带一路"沿线国家和地区签订的文化合作（含文化遗产保护）协定、年度执行计划、谅解备忘录等政府间文件，加强我国与"一带一路"沿线国家和地区文化交流与合作机制化发展，推动成立"丝绸之路国际剧院联盟"、"丝绸之路国际图书馆联盟"、"丝绸之路国际博物馆联盟"、"丝绸之路国际美术馆联盟"、"丝绸之路国际艺术节联盟"、"丝绸之路国际艺术院校联盟"等，与"一带一路"沿线地区组织和重点国家逐步建立城际文化交流合作机制。

2. "一带一路"国内合作机制建设计划

建立"一带一路"部省对口合作机制，共同研究制定中长期合作规划，在项目审批、资金、人才、技术等方面予以支持，建立对口项目合作机制和目标任务考核机制，研究提出绩效评估办法。

（二）完善"一带一路"文化交流合作平台

优先推动"一带一路"沿线国家和地区的中国文化中心建设，完善沿线国家和地区的中心布局。着力打造以"一带一路"为主题的国际艺术节、博览会、艺术公园等国际交流合作平台。鼓励和支持各类综合性国际论坛、交易会等设立"一带一路"文化交流板块。逐步建立"丝绸之路"文化数据库，打造公共数字文化支撑平台。

专栏2　"一带一路"文化交流合作平台建设

3. "一带一路"沿线国家中国文化中心建设计划

落实《海外中国文化中心发展规划（2012—2020年）》，优先在缅甸、马来西亚、印度尼西亚、越南、匈牙利、罗马尼亚、保加利亚、哈萨克斯坦、白俄罗斯、塞尔维亚、拉脱维亚、土库曼斯坦、以色列等"一带一路"沿线国家设立中国文化中心。

4. "一带一路"文化交流合作平台建设计划

将"中国新疆国际民族舞蹈节"、"丝绸之路国际艺术节"、"海上丝绸之路国际艺术节"、"丝绸之路（敦煌）国际文化博览会"、"厦门国际海洋周"、"中国海洋文化节"等活动打造成国际交流合作平台，建设"海上丝绸之路（泉州）艺术公园"和"中阿友谊雕塑园"等重点项目平台。

鼓励中国—亚欧博览会、中国—阿拉伯国家博览会、中国—东盟博览会、中国西部国际博览会、中国（深圳）国际文化产业博览交易会、中国西部文化产业博览会等综合性平台设立"一带一路"文化交流板块。

（三）打造"一带一路"文化交流品牌

在"一带一路"沿线国家和地区打造"欢乐春节""丝绸之路文化之旅"等重点交流品牌以及互办文化节（年、季、周、日）等活动，扩大文化交流规模。

与"一带一路"沿线国家和地区共同遴选"丝绸之路文化使者"，通过智库学者、汉学家、翻译家交流对话和青年人才培养，促进思想文化交流。推动中外文化经典作品互译和推广。

积极探索与"一带一路"沿线国家和地区开展同源共享的非物质文化遗产的联合保护、研究、人员培训、项目交流和联合申报。加大"一带一路"文化遗产保护力度，促进与沿线国家和地区在考古研究、文物修复、文物展览、人员培训、博物馆交流、世界遗产申报与管理等方面开展国际合作。鼓励地方和社会力量参与文化遗产领域的对外交流与合作。

繁荣"一带一路"主题文化艺术生产，倡导与沿线国家和地区的艺术人才和文化机构联合创作、共同推介，搭建展示平台，提升艺术人才的专业水准和综合素质，为丝路主题艺术创作储备人才资源。

专栏3　"一带一路"文化交流品牌建设

5."丝绸之路文化之旅"计划

打造"丝绸之路文化之旅"品牌，到2020年，实现与"一带一路"沿线国家和地区文化交流规模达30000人次、1000家中外文化机构、200名专家和100项大型文化年（节、季、周、日）活动。联合沿线国家和地区共同开发"丝绸之路"文化旅游精品线路及相关文创产品。邀请"一带一路"沿线国家和地区知名艺术家来华举行"意会中国"采风创作活动，推动沿线国家的国家级艺术院团及代表性舞台艺术作品开展交流互访，形成品牌活动。

6."丝绸之路文化使者"计划

开展与"一带一路"沿线国家和地区的智库交流与合作，举办青年汉学家、翻译家研修活动，邀请800名著名智库学者、汉学家、翻译家来华交流、研修。实施"一带一路"中国文化译介人才发展计划。与周边国家举办文化论坛。与沿线国家和地区合办代表国家水准和民族特色的优秀艺术家互访、文化艺术人才培训和青少年交流活动。培养150名国际青年文物修复和博物馆管理人才。

7."一带一路"艺术创作扶持计划

支持与"一带一路"沿线国家和地区文化机构在戏剧、音乐、舞蹈、美术等领域开展联合创作，在国内"一带一路"沿线区域实施"中华优秀传统艺术传承发展计划"，通过国家艺术基金对"一带一路"主题艺术创作优秀项目予以支持。

8."一带一路"文化遗产长廊建设计划

与"一带一路"沿线国家和地区共同实施考古合作、文物科技保护与修复、人员培训等项目，实施文物保护援助工程。举办以"丝绸之路文化遗产"为主题的研讨交流活动。推进海上丝绸之路申遗以及世界文化遗产"丝绸之路：长安—天山廊道的路网"扩展项目。

（四）推动"一带一路"文化产业繁荣发展

建立和完善文化产业国际合作机制，加快国内"丝绸之路文化产业带"建设。以文化旅游、演艺娱乐、工艺美术、创意设计、数字文化为重点领域，支持"一带一路"沿线地区根据地域特色和民族特点实施特色文化产业项目，加强与"一带一路"国家在文化资源数字化保护与开发中的合作，积极利用"一带一路"文化交流合作平台推介文化创意产品，推动动漫游戏产业面向"一带一路"国家发展。顺应"互联网+"发展趋势，推进互联网与文化产业融合发展，鼓励和引导社会资本投入"丝绸之路文化产业带"建设。持续推进藏羌彝文化产业走廊建设。

专栏4　"一带一路"文化产业发展
9."丝绸之路文化产业带"建设计划 鼓励国内"一带一路"沿线文化企业跨区域经营，实现文化旅游互为目的地和客源地，建设具有代表性的特色文化产品生产和销售基地。运用文化产业项目服务平台，加强对丝绸之路文化产业重点项目征集发布、宣传推介、融资洽谈、对接落地等全方位服务。将国内"一带一路"沿线区域符合条件的城市纳入扩大文化消费试点范围，逐步建立促进文化消费的长效机制。 10.动漫游戏产业"一带一路"国际合作行动计划 发挥动漫游戏产业在文化产业国际合作中的先导作用，面向"一带一路"各国，聚焦重点，广泛开展。搭建交流合作平台、开展交流推广活动，促进互联互通，构建产业生态体系。发挥中国动漫游戏产业创新能力强、产业规模大的优势，培育重点企业，实施重点项目，开展国际产能合作，实现中国动漫游戏产业与沿线国家合作规模显著扩展、水平显著提升，为青少年民心相通发挥独特作用。 11."一带一路"文博产业繁荣计划 推进"互联网+中华文明"及"文物带你看中国"项目，提高"一带一路"文化遗产与旅游、影视、出版、动漫、游戏、建筑、设计等产业结合度，促进文物资源、新技术和创意人才等产业要素的国际流通。

（五）促进"一带一路"文化贸易合作

围绕演艺、电影、电视、广播、音乐、动漫、游戏、游艺、数字文化、创意设计、文化科技装备、艺术品及授权产品等领域，开拓完善国际合作渠道。推广民族文化品牌，鼓励文化企业在"一带一路"沿线国家和地区投资。鼓励国有企业及社会资本参与"一带一路"文化贸易，依托国家对外文化贸易基地，推动骨干和中小文化企业的联动整合、融合创新，带动文化生产与消费良性互动。

专栏5　"一带一路"文化贸易合作
12."一带一路"文化贸易拓展计划 扶持外向型骨干文化企业与"一带一路"沿线国家和地区文化企业围绕重点领域开展项目合作。开展1000人次文化贸易职业经理人、创意策划人和经营管理人才的交流互访。在国内举办的国际文化会展推出"一带一路"专馆或专区，支持国内文化企业到"一带一路"沿线国家和地区参加知名文化会展。

四、保障措施

（一）组织保障

运用好对外文化工作部际联席会议机制，在文化部"一带一路"工作领导小组指导下，根据本规划明确职责分工，制定实施方案，强化督促检查，形成工作合力。

（二）政策法规保障

签署和落实国际政府文化合作协定，全面落实国家文化、外交和贸易政策，加强文化领域知识产权保护。建立和完善文化事业、文化产业和对外文化贸易的相关法律法规体系，引导企业自觉遵守国际法律和贸易规则。

（三）资金保障

完善财政投入机制，设立文化部"一带一路"文化交流专项资金。鼓励社会力量参与，引导社会资本投入"一带一路"文化发展建设。鼓励政策性、商业性金融机构发挥优势探索支持"一带一路"文化发展建设的有效模式，为"一带一路"文化项目提供多元化金融服务。

（四）人才保障

培养一支政治坚定、业务精通、外语娴熟、纪律严明、作风过硬的文化外交人才队伍。加大非通用语人才储备，引导文化艺术专业技术人才和复合型经营管理人才投身于"一带一路"文化工作。有针对性地开展"一带一路"文化交流培训工作，加强"一带一路"文化人才队伍建设，提升人才队伍的素质和能力。

（五）评估落实

建立"一带一路"文化发展重点项目库，定期对落实情况进行检查、评估、总结，宣传推广先进经验和有效做法。

"十三五"时期贫困地区公共文化服务体系建设规划纲要

发文单位：文化部、国家发展改革委、国家民委、财政部、
新闻出版广电总局、体育总局、国务院扶贫办

构建中国特色现代公共文化服务体系、实现基本公共文化服务标准化均等化，最艰巨最繁重的任务在贫困地区。为推动贫困地区公共文化建设跨越式发展，促进贫困地区整体脱贫致富，实现到2020年全面建成小康社会的目标，根据《中国农村扶贫开发纲要（2011-2020年）》《关于创新机制扎实推进农村扶贫开发工作的意见》（中办发〔2013〕25号）和《关于加快构建现代公共文化服务体系的意见》（中办发〔2015〕2号）等文件精神，制定本规划纲要。

近年来，在党中央、国务院的高度重视下，在地方各级党委和政府的大力支持下，贫困地区公共文化投入逐步增加，公共文化设施网络基本建立，重大文化惠民工程深入实施，基层公共文化人才队伍不断壮大，公共文化服务效能逐步提高，对丰富群众精神文化生活、促进经济社会发展、维护边疆稳定和社会和谐发挥了重要作用。但由于贫困地区公共文化服务体系建设起点低、基础差、投入不足，公共文化服务水平总体不高，在设施建设、管理运行、人才队伍、服务效能等方面，与发达地区的差距仍在持续扩大。"十三五"时期加快推进贫困地区公共文化服务体系建设，是服务脱贫攻坚大局、构建现代公共文化服务体系的重要任务，也是统筹城乡区域文化一体化发展、维护国家文化安全、保障人民群众基本文化权益、促进全体人民共享文化改革发展成果的重大举措，更是全面建成小康社会、构建社会主义和谐社会的迫切需要。

本规划纲要实施范围为六盘山区、秦巴山区、武陵山区、乌蒙山区、滇桂黔石漠化区、滇西边境山区、大兴安岭南麓山区、燕山—太行山区、吕梁山区、大别山区、罗霄山区等区域的集中连片特困地区和已经明确实施特殊政策的西藏、四省藏区、新疆南疆四地州，以及连片特困地区以外的国家扶贫开发工作重点县，共计839个县，含民族自治地方县426个、革命老区县357个、陆地边境县72个，共有乡镇（街道）1.29万个，行政村14.2万个，总人口3.26亿，占全国人口的23.8%；总面积479.6万平方公里，占国土面积的49.9%，涉及22个省级行政区、167个地级行政区。本规划纲要规划期为2016-2020年。

一、总体要求

（一）指导思想

全面贯彻落实党的十八大和十八届三中、四中、五中全会精神，以邓小平理论、"三个代表"重要思想、科学发展观为指导，深入贯彻习近平总书记系列重要讲话精神，按照促进贫困地区脱贫致富和如期实现全面建成小康社会的总体要求，以社会主义核心价值观为引领，以完善公共文化设施网络、提升服务效能、促进均衡发展为主线，加大政策和资金支持力度，创新公共文化服务体制机制，因地制宜采取精准措施解决突出矛盾和问题，促进基本公共文化服务标准化、均等化，实现服务群众同教育引导群众相结合、满足群众文化需求同提高群众文化素质相结合，为建设"美丽乡村"、促进贫困地区文化建设与经济社会建设协调发展做出积极贡献。

（二）基本原则

服务大局，统筹规划。深入贯彻全面建成小康社会奋斗目标和国家扶贫开发战略部署，将贫困地区公共文化建设纳入新型城镇化建设、新农村建设和国家扶贫开发工作总体布局，纳入专项扶贫、行业扶贫、社会扶贫"三位一体"大扶贫格局。

因地制宜，精准建设。充分发挥地方特别是基层政府的主动性，以县为基本单元和落实主体，加强调查研究，全面梳理公共文化服务体系建设存在的突出矛盾和问题，结合本地区经济社会发展实际，因地制宜采取精准措施加以解决。

突出重点，讲求实效。全面推进与重点突破相结合，着力完善贫困地区公共文化设施网络，加强基层公共文化服务资源整合，进一步提升服务效能，在提升贫困地区公共文化服务体系建设整体水平上取得实效。

改革创新，激发活力。全面落实中央关于深化文化体制改革、加快构建现代公共文化服务体系的要求，加强公共文化服务体制机制改革创新，结合贫困地区实际，在公共文化服务标准化、均等化、数字化、社会化建设等方面采取有效措施，激发公共文化服务活力。

（三）总体目标

到2020年，贫困地区公共文化服务能力和水平有明显改善，群众基本文化权益得到有效保障，基本公共文化服务主要指标接近全国平均水平，扭转发展差距扩大趋势，公共文化在提高贫困地区群众科学文化素质、促进当地经济社会全面发展方面发挥更大作用。

——公共文化服务设施网络基本完善。设施种类齐全，规模质量达到国家建设标准。通过固定场馆、流动设施和数字服务，全面有效覆盖服务人群；

——基本公共文化服务项目逐步健全。公共文化服务的内容、种类、数量和水平达到《国家基本公共文化服务指导标准（2015—2020年）》和本省实施标准，符合"十三五"时期公共文化服务体系建设相关规划要求；

——公共文化服务效能显著提升。基层公共文化资源整合力度不断加强，公共文化服务的内容和手段更加丰富，服务质量明显提高；

——公共文化管理体制和运行机制建设取得突破。公共文化机构内部管理体制健全，公共图书馆、文化馆总分馆制初步建立并推广。政府向社会力量购买公共文化服务的力度不断加大，政府、市场、社会共同参与公共文化服务体系建设的格局基本形成；

——公共文化服务保障切实加强。公共文化服务的财政和人才队伍保障政策全面落实，公共文化服务法律和政策保障体系进一步完善；

——群众受益程度不断提高。多样化的群众需求反馈和评价机制基本建立，公共文化服务的需求适应性、群众参与率、受益率和满意度明显提升。

二、主要任务

（一）加快完善公共文化设施网络

适应新型城镇化和社会主义新农村建设发展的要求，根据国家公共文化设施建设标准和当地实际情况，因地制宜推进贫困地区公共文化设施建设，实现固定设施与流动设施、数字设施有机结合、相互补充和有效覆盖。

1.推动县级公共文化设施全面达到国家标准。消除县级公共文化设施空白点，没有县级公共图书馆、文化馆的县，要按照已公布的国家建设标准进行建设。文物资源丰富、具备建设条件的县，可因地制宜开展博物馆建设。人口少于5万的县，相关公共文化设施可合并建设。县级公共文化设施未达到国家建设标准的县，根据实际需要进行改建或扩建。

2.积极开展基层综合性文化服务中心建设。加大资源整合力度，主要采取盘活存量、调整置换、集中利用等方式，在乡镇（街道）和村（社区）建设集宣传文化、党员教育、科学普及、普法教育、体育健身等功能于一体的基层综合性文化服务中心，配套建设文体广场并配备活动器材。重点加强牧民定居点、移民新区、城乡接合部地区、城镇新兴社区和农村"中心村"的基层综合性文化服务中心建设。

3.扩大广播电视服务网络覆盖。统筹有线、无线、卫星等方式，加强广播电视传输覆盖网络建设，实现广播电视户户通。强化贫困地区的中央广播电视节目无线数字化覆盖，推进广播电视无线发射台基础设施建设。实施地方应急广播工程，加强广播电视卫星接收等基层公共数字文化设施设备运营维护，提高设施设备质量和使用效率。统筹推进农村地区广播电视用户接收设备配备工作，鼓励建设农村广播电视维修服务网点。

4.合理配备流动文化服务设施设备。为县级公共文化机构配备流动文化服务车，使其具备经常性开展流动文化服务的条件。根据人口聚集的实际情况，依托基层综合性文化服务中心建立稳定的流动服务点，重点加强农村集市、边贸口岸、边疆哨所流动服务点建设，配备新型集成化、便携式、多功能的流动文化服务设备器材，逐步实现流动文化服务常态化。

专栏1　贫困地区公共文化设施建设项目

县级公共文化设施建设项目。按照国家建设标准，对贫困地区未建成或未达标的县级公共图书馆、文化馆进行新建和改扩建，到2020年实现县级公共文化设施全部达到国家建设标准。

基层综合性文化服务中心设施建设项目。在贫困地区乡镇（街道）和村（社区）建设基层综合性文化服务中心，配套建设文体广场并配备阅报栏（屏）、灯光音响设备、广播器材和体育健身设施等，有条件的可搭建戏台舞台。

广播电视传输覆盖网络建设项目。统筹有线、无线、卫星等多种方式，基本实现数字广播电视户户通；完善贫困地区县级广播电视发射（监测）台建设；实施地方应急广播工程，完善传输网络，布置应急广播终端，实现应急信息及时有效传输发布。

流动文化服务车配置项目。根据贫困地区实际，为每个县配备用于图书借阅、文艺演出、电影放映等服务的流动文化车。

（二）全面推进基本公共文化服务均衡发展

坚持以标准化促进均等化，强化县级人民政府在公共文化产品生产和服务供给中的落实责任，发挥公益性文化体育单位的骨干作用，加大公共文化产品生产和服务供给力度，保障贫困地区群众的基本文化需求。

1.以县为基本单位全面落实国家指导标准和地方实施标准。制定县域基本公共文化服务项目供给目录，围绕文艺演出、读书看报、广播电视、电影放映、文体活动、展览展示、教育培训等方面，设置具体服务项目，明确服务种类、内容和数量要求，提升服务质量和效率。到2020年，基本公共文化服务内容各项指标达到国家指导标准和本省实施标准要求。

2.丰富公共文化服务内容。结合乡土文化特色和群众实际文化需求，进一步加大公共文化产品和服务供给。大力开展全民阅读活动，实施阅读能力提升计划。积极开展文化艺术普及公益行动，培养群众积极向上的文艺爱好。组织各级文艺院团、文博机构为乡镇、农村送演出、展览、戏曲等服务。进一步丰富农村数字电影影片供给，加强中小学爱国主义影片放映工作。组织群众广泛开展体育健身活动和科普活动。

3.提高边疆民族地区公共文化服务水平。加强优秀文化作品的民族语言译制和在民族地区的传播，鼓励和扶助民族文化产品的创作生产，支持开展具有民族特色的群众性文化体育活动。进一步加强文化援藏、援疆工作，把公共文化建设作为重点内容，加大项目、资金、人才、技术和培训等方面的支持。加强少数民族文字及双语出版物的出版发行，支持少数民族语言文字数字出版。提高西藏、四省藏区和新疆等边疆民族地区广播电视安全防控能力、少数民族语言广播电视节目译制制作能力和广播电视节目覆盖水平。

4.切实保障特殊群体基本文化权益。加强对农村留守儿童在阅读辅导、艺术培训、科学普及、文体活动等方面的文化服务。基层综合性文化服务中心要配备儿童康乐设施，增加儿童课外读物，并为留守儿童与外出务工父母之间的视频沟通提供便利。加强面向农村留守妇女、流动妇女在计生知识、心理咨询、文艺活动等方面的文化服务。鼓励建立老年体协、老年艺术团、老年大学等文体组织，并提供必要的活动经费。支持公益性文化机构针对"五保户"、孤寡老人等开展送文化活动。提高面向农村残疾人的无障碍公共文化体育服务水平，为残疾人提供实用技术培训。加大对盲文图书、有声读物出版支持力度。将返乡农民工纳入本地区公共文化服务体系，帮助开展就业创业辅导和职业技能培训。

专栏2　贫困地区基本公共文化服务建设项目

阅读能力提升计划。每个县每年举办主题阅读活动。依托数字图书馆建设工程，每年为中小学生提供精品电子书、电子期刊报纸和网络精品公开课。实施"书香童年"阅读工程，为学龄前儿童发放阅读书包、开展阅读指导服务。对接群众需求，完善农家书屋出版物补充更新工作，开展农民阅读活动。

文化艺术普及公益行动。每个县每年举办文化艺术普及活动。依托各级各类公共文化机构，通过集中办班、下乡辅导、远程培训等多种形式，组织开展面向不同群体的文化艺术知识普及和培训服务。

送地方戏下基层项目。根据地方实际，将送地方戏曲纳入基本公共文化服务目录。鼓励有条件的县级文化馆综合设置戏曲排练演出场所，推动部分有条件的地方为县级国有戏曲院团和民族地区文艺院团建设小型综合排演场所，通过多种渠道为地方戏曲艺术表演团体免费或低价提供排练演出场所。采取政府购买服务等方式组织地方戏曲艺术表演团体到农村演出。

边疆文化建设"春雨工程"。加强民族自治地方县、边境县的公共文化基础设施建设，组织开展导向性、带动性的少数民族文化活动，加强少数民族数字文化资源建设，保护少数民族文化遗产资源，加大边疆民族地区基层文化队伍培训。到2020年，边疆民族地区公共文化服务能力和水平有明显改善。

文化援藏援疆项目。根据西藏、四省藏区和新疆实际文化需求，广泛发动中央宣传文化、体育系统各单位和地方对口支援省市，制定对口援助工作计划，明确具体援助项目，通过捐赠文化设备、选派文化干部、创排文艺作品等多种形式支持当地公共文化建设。

少数民族新闻出版"东风工程"。加强新疆等民族地区少数民族语言文字译制出版能力和印制发行能力建设，支持民族文字主流媒体和新兴媒体融合发展，推进民族文字出版单位数字化转型升级。扶持少数民族文字和双语出版项目，开展面向基层少数民族群众出版物赠阅。

新疆广播电视安防工程。重点支持新疆边境口岸广播电视发射台改扩建，加强边境县和重点乡镇广播电视网络覆盖，建设少数民族语言广播电视节目译制系统，提高少数民族语言频率频道覆盖水平。

藏区广播电视节目覆盖能力提升项目。加强西藏和四省藏区州县级广播电视节目传输覆盖，进一步提高广播电视节目译制制作能力，扩展广播电视服务功能，全面提升藏区广播电视节目有效覆盖能力。

（三）有效增强公共文化发展活力

尊重人民群众主体地位，不断创新公共文化服务供给方式，大力发展群众自办文化，广泛动员社会力量参与公共文化建设，推动公共文化服务社会化发展。

1.创新公共文化服务供给方式。通过政府购买、票价补贴等方式，支持各类艺术表演团体为农村提供公益性演出，支持经营性文化设施、传统民俗文化活动场所等为群众提供优惠或免费的文化服务。支持电影企业深入城乡基层开展公益放映，鼓励在商业电影放映中安排低价场次或电影票。

2.大力支持群众自主参与。依托民间文化艺术之乡建设工作，深入挖掘民族民间优秀传统文化资源，组织开展群众乐于参与、便于参与的节日民俗活动和形式多样的群众性文化体育活动，引导广场文化活动健康、规范、有序开展。大力支持群众自办文化，扶持以文化能人为核心的文化大院、文化中心户、农民书社、电影放映队、农民演艺团体、业余剧团等群众文化组织。促进文化体育类行业协会、基金会、民办非企业单位、公益组织等文化类社会组织在贫困地区发展。到2020年，初步形成"一县一特色"、"一乡一品牌"、"一村一团队"的发展格局。

3.推进政府向社会力量购买公共文化服务。建立和完善政府购买公共文化服务工作机制，制定政府购买目录并进行动态调整。选择符合条件的社会力量作为承接主体，将公益性文化体育产品创作传播、公益性文体活动组织承办、民族民间优秀传统文化体育项目传承保护、公共文化体育设施的运营管理和民办文化体育机构免费或低收费服务等内容纳入政府购买范围。

4.鼓励社会力量参与公共文化建设。运用政府与社会资本合作、公益创投、公益众筹等多种模式，鼓励和引导各类企业、社会组织和个人等社会力量投资或捐助贫困地区公共文化设施设备、资助文化活动、提供公共文化产品和服务。鼓励有条件的地方探索开展公共文化设施社会化运营试点，支持社会力量在符合条件情况下利用闲置用地、历史街区、老旧民宅村落等兴办公共文化项目，促进公共文化服务举办主体多元化、建设运营社会化、融资方式多样化。

专栏3 增强贫困地区公共文化发展活力项目
民间文化艺术之乡建设项目。深入发掘和盘活贫困地区具有鲜明地域特色的各类优秀民间文化资源，命名一批民间文化艺术之乡，培养一批民间文化队伍及乡土文化人才，培育一批特色文化品牌，充分发挥民间文化艺术之乡的示范导向作用，弘扬民族民间优秀传统文化，增强基层公共文化发展活力。 优秀群众文化团队扶持计划。通过加强技能培训、搭建交流平台、评选示范团队等形式，在贫困地区培养一批长期活跃在基层、丰富广大群众文化生活的优秀群众文化团队，充分发挥优秀团队的示范带动作用，全面提高基层群众文化团队的发展水平，使其成为丰富群众精神文化生活的重要力量。到2020年，基本实现每个行政村至少建立一支人员比较稳定、经常开展活动的群众文艺团队。

（四）切实提高公共文化服务效能

坚持"重心下移、资源下移、服务下移"，进一步提高公共文化机构服务能力，加强重大文化惠民项目的统筹整合，推进公共文化共建共享、互联互通，实现公共文化服务多元互补。

1.提高公共文化机构服务能力。加强公共文化机构免费开放工作，进一步增加服务项目，健全服务标准，规范服务流程，完善管理制度，不断提高服务水平和设施使用效益。逐步推动体育场、妇女儿童活动中心、工人文化宫、青少年校外活动场所免费提供基本公共文化服务项目。深化基层公益性文化事业单位改革，选择有条件的公共图书馆、文化馆、博物馆开展法人治理结构试点。采取试点先行、逐步推广的方式，到2020年初步形成以县级公共图书馆、文化馆为总馆，乡镇（街道）综合文化站为分馆，村（社区）综合性文化服务中心（农家书屋）为流通服务点的总分馆体系。

专栏4 贫困地区公共文化服务效能提升项目
公共图书馆总分馆体系建设。以县级公共图书馆为总馆，乡镇（街道）综合文化站为分馆，村（社区）综合性文化服务中心（农家书屋）为流通点。县级公共图书馆统筹全县图书资源建设和服务提供，对乡、村按需配置图书并定期更新，组织乡、村服务人员的岗前培训、业务指导和监督考核，实现县域范围内图书统一采编，资源统一调配，人员统一培训、服务统一规范、绩效统一考评。到2020年，力争三分之一的县建立公共图书馆总分馆体系。 文化馆总分馆体系建设。以县级文化馆为总馆，乡镇综合文化站为分馆，村级综合文化服务中心为服务点。县级文化馆统筹全县群众文艺产品创作生产和特色文化资源传承创新，为乡、村群众文艺团队、文化骨干提供经常性的指导和培训服务，指导和协助乡、村因地制宜开展群众文化活动，组织基层文化队伍的技能培训、业务指导和考核评估，实现县域群众文化活动资源整合。到2020年，力争三分之一的县建立文化馆总分馆体系。

2.加大基层公共文化资源整合力度。依托基层综合性文化服务中心，整合文化信息资源共享工程、公共电子阅览室、数字图书馆推广工程、农村数字电影放映、农家书屋、城乡电子阅报屏、农民体育健身工程等项目

资源，提供公共文化"一站式"服务。整合基层公共文化设施设备资源，加强对文化体育设施的综合管理和利用，推动实现基层文化惠民项目和公共文化服务的综合集成。

3.创建"按需点单"的公共文化服务模式。建设"县建总站、乡镇（街道）建分站、村（社区）建基点"的文化配送网络，形成"你点单、我配送"的文化服务工作机制。积极对接"互联网+"行动计划，利用信息化技术实现县域内公共文化服务线上自主预约、线下按需配送、定点跟踪服务，全面提升公共文化服务效率。优化文化阵地、文化活动、文化队伍等资源，借助网络平台，以"线上预约+线下配送"方式，创建向群众提供培训、讲座、展览、演出等公共文化服务的综合服务平台。

(五) 大力推进公共数字文化建设

充分发挥公共数字文化推动贫困地区公共文化建设跨越发展的重要作用，加强公共数字文化平台建设、资源建设和服务推广，促进公共文化服务与现代科技融合发展。

1.畅通公共数字文化资源传输渠道。整合文化信息资源共享工程、公共电子阅览室建设计划和数字图书馆推广工程，构建县域公共数字文化综合服务平台和区域性公共数字文化综合管理平台，实现基层公共数字文化服务的综合管理和"一站式"提供，方便群众获取数字文化资源。深入开展"边疆万里数字文化长廊"建设，在牧区、边远山区和人口稀少的地区建设小型无线服务器，扩大无线传播覆盖面积，畅通无线传播渠道。

2.加强公共数字文化资源供给配送。加大国家级公共数字文化资源向贫困地区推送力度，加强少数民族语言数字资源的征集、整合、译制及服务工作。依托重大公共数字文化工程建设，征集制作县域少数民族文化、民间传统文化、文化遗产、红色历史文化等特色数字文化资源，建设地方特色文化资源库。通过网络传输、硬盘固化、光盘录制、手机下载等多种方式，推动数字文化资源"进村入户"。进一步丰富基层应急广播内容建设。

3.提升公共文化机构数字化水平。加强国家文化科技提升计划项目、文化部科技创新项目对贫困地区的支持力度。结合"宽带中国"、"智慧城市"等国家重大信息工程，推动数字图书馆、数字文化馆、智慧博物馆建设，加强县级公共文化机构和基层综合性文化服务中心数字文化设施设备运营维护。到2020年，县级公共文化机构基本具备数字资源提供能力和远程服务能力。

4.提高新闻出版广播电视现代传播能力。积极推进"三网融合"，大力加强县级广播电视播出机构服务能力建设，全面提高数字节目的制播能力和网络数字传输能力。探索支持西藏、四省藏区和新疆等地域广阔、传输覆盖手段不足的地方省（市）节目"上星定点覆盖"，更好满足群众收听收看贴近性、本地化广播电视节目的需求。鼓励边远地区通过卫星网络手段，解决时政报刊不能及时送达的问题。

专栏5　贫困地区公共数字文化建设项目

县域公共数字文化综合服务平台建设项目。以国家公共文化数字支撑平台为依托，构建县域公共数字文化综合服务平台，对基层公共文化服务网络设施及惠民项目进行综合智能管理，实现基本公共数字文化资源共建共享，提升数字文化资源的传播服务效率，为公共文化服务体系建设提供数字化支撑。

边疆万里数字文化长廊建设项目。统筹边疆地区全国文化信息资源共享工程服务点和公共电子阅览室建设，以提升服务效能为目标，整合边疆特色数字文化资源，运用互联网和移动通讯等现代信息技术手段，基本实现边疆地区公共数字文化服务网络全覆盖。

地方特色文化资源库建设项目。支持贫困地区征集制作文化遗产、社会文化、戏剧戏曲、曲艺杂技、音乐舞蹈、历史地理、少数民族文化等方面的特色文化资源。在"戏曲动漫"、"大众美育馆"、"心声·音频馆"、"社区文化生活馆"等重点数字文化资源产品中加强对贫困地区特色资源内容的建设与服务。

少数民族语言数字资源建设项目。加强少数民族语言数字资源征集、译制和服务工作，在贫困地区建立一批少数民族语言资源建设中心，建设一批贴近少数民族群众生活、反映少数民族特色、帮助少数民族农牧民群众生产致富的数字文化资源。

广播电视节目无线数字化覆盖工程。按照国家基本公共文化服务指导标准，充分利用现有资源，增配数字广播电视发射系统，实现15套电视节目、15套广播节目在贫困地区的无线数字化覆盖。

（六）不断加强公共文化人才队伍建设

按照存量优化、增量优选的原则，加强公共文化人才队伍建设，完善机构编制、学习培训、待遇保障等方面的政策措施，建立稳定的、高素质的基层公共文化人才队伍。

1.加强基层公共文化队伍建设。在现有编制总量内，落实《国家基本公共文化服务指导标准（2015-2020年）》的乡镇综合文化站编制政策。探索设立乡镇基层公共文化服务岗位，配置由公共财政补贴的工作人员。探索建立基层文化专干激励机制，对在贫困地区乡镇基层从业一定年限、工作成绩突出的文化专干给予鼓励。劳动模范、先进工作者等评选表彰适当向贫困地区基层文化专干倾斜。

2.加强基层文化队伍培训。深入实施全国基层文化队伍培训计划，依托基层文化队伍培训基地、各级公共文化机构、广播电视技术中心和图书馆学会、文化馆协会等行业组织，结合公共数字文化重点工程，分级分类分批对县、乡基层文化干部进行系统培训。实施"一员三能"提升工程，加强农村（社区）文化管理员和业余文化骨干培训。将公共文化建设内容纳入贫困地区党校教育、干部培训的教学体系。鼓励与艺术学校、艺术职业学院及传媒类职业院校等教育机构合作开展基层文化干部学历教育，采取定向培养等方式选派优秀基层文化干部在职学习深造。全国基层文化队伍示范性培训、公共文化巡讲等项目加大向贫困地区倾斜力度。

3.大力培育乡土文化人才。重视发现和培养扎根基层的乡土文化能人、非物质文化遗产项目代表性传承人，大力营造有利于乡土人才成长的环境。建立县域乡土人才信息资源库，通过搭建交流平台、提供活动经费、加强培训辅导等方式，鼓励和扶持乡土人才开展农村文化艺术、民族民间文化、文物保护管理等乡土文化技能培训与传承、普及与推广，发挥他们在传统文化传承、手工技艺培训、文化遗产保护等方面的积极作用。

4.加大文化人才培养力度。深入实施"边远贫困地区、边疆民族地区和革命老区"人才支持计划文化工作者专项，针对当地实际文化需求，选派优秀文化人才，加大基层文化人才培养。制定国家、省、市文化行政部门和文化单位与贫困地区干部交流工作计划，在职务晋升、职称评定中对有贫困地区工作经历的干部在同等条件下优先考虑。在重大文化工程、重大文化项目实施中加大对贫困地区基层文化人才的培养、使用和支持。

专栏6　贫困地区公共文化人才队伍建设项目

村（社区）级公益文化岗位配置项目。按照公开招募、自愿报名、组织选拔、集中派遣的形式，采取"县聘乡管村用"的管理方式，探索在村级综合性文化服务中心设置由政府购买的公益文化岗位。

"边远贫困地区、边疆民族地区和革命老区"人才支持计划文化工作者项目。"十三五"期间，每年选派1.9万名优秀文化工作者到"三区"工作和提供服务，每年为"三区"培训1500名急需紧缺的文化工作者。

"一员三能"提升工程。依托全国基层文化队伍远程培训网络和文化信息资源共享工程服务网络，采取集中培训、业务辅导、远程教学等多种形式，提升农村文化管理员的政治素养、专业技术和服务管理能力。

（七）大力开展文化帮扶工作

广泛调动和充分利用各方资源，建立对贫困地区的文化对口帮扶长效机制，策划实施一批文化帮扶项目，帮助贫困地区提升公共文化服务的能力和水平。

1.深入开展文体志愿服务活动。深入开展文化志愿者边疆行和艺术院团志愿服务走基层活动。鼓励和支持专家学者、艺术家、优秀运动员、青年学生、专业技术人才、退休人员和社会各界人士为贫困地区提供文体志愿服务，推动公共文化单位、艺术院团、体育运动队和艺术体育院校等到贫困地区教、学、帮、带。支持贫困地区建立文体志愿服务组织，广泛开展基层文体志愿服务活动，探索具有地方特色的文体志愿服务模式。在贫困地区大力发展社会体育指导员队伍，开展全民健身志愿服务活动。到2020年，基本实现每县建立机制健全、运行有效的文体志愿者组织机构，拥有人员稳定、管理规范、活动经常的文体志愿者队伍。

2.建立健全文化结对帮扶工作机制。将公共文化帮扶纳入行业扶贫、东西部扶贫协作和定点扶贫工作内容。通过合作共建、结对帮扶、区域文化联动等形式，建立国家和省级文化单位、国家公共文化服务体系示范区（项目）城市、全国文化先进单位（文化先进县、市、区）、本省区域内发达市（县）与国家扶贫开发工作重点县结对帮扶工作机制，确保每个县都有对口帮扶单位。在集中连片特困地区建立毗邻省市县公共文化服务体系建设协作机制，推进公共文化设施、文化品牌、特色文化产业、文化人才培养等协同共建。

3.广泛动员企业和社会各界参与文化帮扶。为企业和社会各界参与文化帮扶提供准确信息，推进帮扶资源供给与帮扶需求的有效对接，提高社会帮扶资源配置与使用效率。建立本地区企业和社会各方面力量参与文化帮扶的工作制度，广泛动员区域外企业和社会力量参与文化帮扶。打造一批文化帮扶公益品牌，发挥品牌效应，积极引导社会各方面资源向贫困地区聚集，动员社会各方面力量参与文化帮扶重点项目，形成政府、市场、社会协同推进贫困地区公共文化建设的工作格局。

专栏7　贫困地区文化帮扶项目

文化志愿者边疆行活动。以满足老少边穷地区群众基本文化需求为主要任务，以加强老少边穷地区公共文化服务能力和队伍建设为重点，以"大舞台"、"大讲堂"、"大展台"为主要形式，通过供需对接、双向互动，组织招募文化志愿者开展各种文化服务活动，丰富老少边穷地区基层群众精神文化生活。

公共文化发展"一县一策"帮扶计划。依托公共文化结对帮扶工作机制，发挥东部地区、定点扶贫单位和省内发达市（县）的资源优势，通过选派文化人才、资助项目、赞助活动、购买文化产品和服务等方式，帮助对口帮扶县制定实施符合地方特点和实际需要的公共文化发展政策，实现"一县一策"发展战略。

优质文化产品帮扶项目。依托"文化下乡"、"送欢乐下基层"、艺术院团志愿服务走基层、"群星奖"巡演等活动，组织国家、省、市级文艺院团和文化单位为贫困地区提供高水平的演出、讲座和展览，帮助贫困地区人民群众提高艺术鉴赏水平。

（八）积极推动群众脱贫致富

充分发挥公共文化对提升群众素质、促进社会发展等方面的积极作用，加强特色文化资源合理开发利用，带动群众脱贫致富，推动贫困地区经济社会发展。

1.积极为群众脱贫致富创造有利条件。依托公共文化设施和文化惠民工程，通过联合办班、提供场地、远程培训等多种方式，积极开展科学普及、法制宣传、社保救助、卫生计生、养老助残等惠农服务，提高群众科学文化素质。与贫困村、贫困户建档立卡和贫困识别结果工作相衔接，配合有关部门开展各类生产技术培训，帮助贫困群众掌握1至2项实用技术。积极探索互联网上网服务企业参与农村公共文化建设的模式。深入开展"农民（社区居民）科学素质行动"，培养群众健康文明的生活方式。

2.大力促进地方特色文化保护和发展。充分发挥公共文化机构的作用，推动地方特色文化和民族文化保护、传承和发展。支持贫困地区依托当地民族民间特色文化资源和非物质文化遗产，发展特色手工艺品、传统文化展示表演和乡村文化旅游。深入开展经济社会发展变迁物证征藏工作，进一步加强对文物保护单位、历史文化名镇名村和传统村落的保护。积极开展非物质文化遗产生产性保护，促使其在保护传承的同时，带动当地经济发展，有效拉动就业，增强贫困地区自我发展能力。

专栏8　推动群众脱贫致富项目

农民素质教育网络培训项目。根据"三农"工作需要和农民群众脱贫致富需求，以文化信息资源共享工程为平台，以基层综合性文化服务中心为依托，通过多媒体教学、上机自学、集中授课、基地实训等多种形式，组织开展各类专项培训，培养具有一定科学文化素质和掌握实用技术的新型农民。

农民（社区居民）科学素质行动。通过形式多样、内容丰富、群众喜闻乐见的文化科普活动，面向贫困地区农民（社区居民）大力开展保护生态环境、节约能源资源等内容的宣传教育，开展新型农民培训和现代农业科学技术培训，提升社区居民应用科学知识解决实际问题、改善生活质量、应对突发事件的能力，引导农民（社区居民）养成科学文明健康的生活方式，形成良好的社会公德、职业道德、家庭美德和自觉抵制反科学、伪科学、破除愚昧迷信的社会风尚。

3.深入推进生态文化建设。将贫困地区公共文化建设纳入生态文明建设，贯彻节能、节地、节水、节材的

文化建筑设计理念。充分利用广播、电视、报刊等现代媒体，深入宣传保护生态环境的重要作用和意义，不断提高当地群众的节约意识、环保意识和生态意识。发挥文化活动潜移默化、以文化人的作用，营造全民参与环境保护和生态文明建设的良好风气，促进贫困地区生态可持续发展和国家生态安全。

三、保障措施

（一）加强组织领导

按照中央统筹、省负总责、县抓落实的总体要求，加强对贫困地区公共文化建设工作的组织领导。推动地方各级党委和政府把贫困地区公共文化建设作为扶贫开发重点工作，纳入重要议事日程，纳入经济社会发展全局，纳入评价地区发展水平、发展质量和领导干部工作业绩的重要内容。在国家和各地公共文化服务体系建设协调机制的框架下，明确部门分工，加强统筹协调。建立完善党委和政府统一领导、文化部门组织协调、有关部门分工负责、社会力量积极参与的工作格局。

（二）推进精准建设

省级文化行政部门会同有关部门对本省贫困地区县、乡、村三级公共文化设施、服务资源、人才队伍等基本情况开展专项调查，摸清公共文化服务和资源底数，明确突出矛盾和问题；对照国家基本公共文化服务指导标准和地方实施标准，按照基本服务项目、硬件设施、人员配备等类别，逐项测算服务和资源缺口，列出公共文化建设项目清单；按照前三年集中攻坚、后两年巩固提高的阶段目标，指导县级文化行政部门制定公共文化服务建设实施方案，明确工作措施，建立工作台账，分年度确定重点解决事项和工作内容，形成可操作、可检查、可评估的工作计划、时间表和路线图。

（三）加大财政支持

中央和省级财政通过转移支付对贫困地区基本公共文化服务项目资金予以补助，并根据绩效考核结果实施奖励。地方各级政府要将落实基本公共文化服务标准所需资金纳入预算管理，统筹利用现有资金渠道，按照规划目标集中调配资源，支持贫困地区公共文化建设。落实国家安排的公益性文化建设项目取消县及县以下和集中连片特困地区地市级资金配套的政策，加大相关转移支付资金对贫困地区公共文化建设的支持力度。中央补助基层的公共文化服务体系建设专项资金，在确保专项任务完成和资金用途不变的前提下，可按规定由县级财政部门会同文化行政部门统筹使用。进一步加强对公共文化服务资金管理使用情况的监督和审计。运用村级公益事业建设一事一议民主决策机制，开展农村公共文化项目建设，提高资金使用效益。

（四）加强考核评估

各级政府要把规划纲要落实情况作为政府督查督办事项，对规划纲要实施进展、质量和成效进行动态监测评估，将结果作为对下一级政府绩效考核的重要内容。地方文化、新闻出版广电部门要加强与发展改革、财政、体育、扶贫等部门的综合协调，及时研究解决规划纲要实施过程中出现的新情况新问题，定期向本级政府和上级文化、新闻出版广电行政部门报告规划纲要实施情况。省级文化、新闻出版广电行政部门每年向文化部、新闻出版广电总局报告规划纲要实施情况。文化部会同有关部门对规划纲要实施情况进行跟踪分析，适时开展中期评估和后期评估。

中国传统工艺振兴计划

发文单位：文化部、工业和信息化部、财政部

为落实党的十八届五中全会关于"构建中华优秀传统文化传承体系，加强文化遗产保护，振兴传统工艺"和《中华人民共和国国民经济和社会发展第十三个五年规划纲要》关于"制定实施中国传统工艺振兴计划"的要求，促进中国传统工艺的传承与振兴，特制定本计划。

本计划所称传统工艺，是指具有历史传承和民族或地域特色、与日常生活联系紧密、主要使用手工劳动的制作工艺及相关产品，是创造性的手工劳动和因材施艺的个性化制作，具有工业化生产不能替代的特性。

一、重要意义

中国各族人民在长期社会生活实践中共同创造的传统工艺，蕴含着中华民族的文化价值观念、思想智慧和实践经验，是非物质文化遗产的重要组成部分。我国传统工艺门类众多，涵盖衣食住行，遍布各族各地。振兴传统工艺，有助于传承与发展中华优秀传统文化，涵养文化生态，丰富文化资源，增强文化自信；有助于更好地发挥手工劳动的创造力，发现手工劳动的创造性价值，在全社会培育和弘扬精益求精的工匠精神；有助于促进就业，实现精准扶贫，提高城乡居民收入，增强传统街区和村落活力。

二、总体要求

（一）总体目标

立足中华民族优秀传统文化，学习借鉴人类文明优秀成果，发掘和运用传统工艺所包含的文化元素和工艺理念，丰富传统工艺的题材和产品品种，提升设计与制作水平，提高产品品质，培育中国工匠和知名品牌，使传统工艺在现代生活中得到新的广泛应用，更好满足人民群众消费升级的需要。到2020年，传统工艺的传承和再创造能力、行业管理水平和市场竞争力、从业者收入以及对城乡就业的促进作用得到明显提升。

（二）基本原则

尊重优秀传统文化。尊重地域文化特点、尊重民族传统，保护文化多样性，维护和弘扬传统工艺所蕴含的文化精髓和价值。

坚守工匠精神。厚植工匠文化，倡导专注坚守、追求卓越，树立质量第一意识，推动品质革命，加强品牌建设，多出精品、多出人才。

激发创造活力。保护广大手工艺者个性，挖掘创造性手工的价值，激发因材施艺灵感和精心手作潜能，恢复和发展濒危或退化的优秀工艺和元素。

促进就业增收。发挥传统工艺覆盖面广、兼顾农工、适合家庭生产的优势，扩大就业创业，促进精准扶贫，增加城乡居民收入。

坚持绿色发展。增强生态保护意识，合理利用天然材料，反对滥用不可再生的天然原材料资源，禁止使用非法获取的珍稀动植物资源。

三、主要任务

（一）建立国家传统工艺振兴目录

以国家级非物质文化遗产代表性项目名录为基础，对具备一定传承基础和生产规模、有发展前景、有助于带动就业的传统工艺项目，建立国家传统工艺振兴目录。实施动态管理，鼓励地方参照建立本级的传统工艺振兴目录。对列入振兴目录的项目，予以重点支持。

（二）扩大非物质文化遗产传承人队伍

鼓励技艺精湛、符合条件的中青年传承人申报并进入各级非物质文化遗产代表性项目代表性传承人队伍，形成合理梯队，调动年轻一代从事传统工艺的积极性，培养高水平大国工匠队伍。各地要通过多种方式，为收徒授艺等传统工艺传习活动提供支持。引导返乡下乡人员结合自身优势和特长，发展传统工艺、文化创意等产业。

（三）将传统工艺作为中国非物质文化遗产传承人群研修研习培训计划实施重点

依托相关高校、企业、机构，组织传统工艺持有者、从业者等传承人群参加研修、研习和培训，提高传承能力，增强传承后劲。组织优秀传承人、工艺师及设计、管理人员，到传统工艺项目所在地开展巡回讲习，扩大传承人群培训面。倡导传承人群主动学习，鼓励同行之间或跨行业切磋互鉴，提高技艺水平，提升再创造能力。

（四）加强传统工艺相关学科专业建设和理论、技术研究

支持具备条件的高校开设传统工艺的相关专业和课程，培养传统工艺专业技术人才和理论研究人才。支持具备条件的职业院校加强传统工艺专业建设，培养具有较好文化艺术素质的技术技能人才。积极推行现代学徒制，建设一批技能大师工作室，鼓励代表性传承人参与职业教育教学和开展研究。支持有条件的学校帮助传统工艺传承人群提升学历水平。鼓励高校、研究机构、企业等设立传统工艺的研究基地、重点实验室等，在保持优秀传统的基础上，探索手工技艺与现代科技、工艺装备的有机融合，提高材料处理水平，切实加强成果转化。加强传统工艺的挖掘、记录和整理。对具有独特历史意义的濒危传统工艺项目，加快实施抢救性记录，落实保护与传承措施。鼓励出版有关传统工艺的专著、译著、图册等研究和实践成果。

（五）提高传统工艺产品的设计、制作水平和整体品质

强化质量意识、精品意识、品牌意识和市场意识，结合现代生活需求，改进设计，改善材料，改良制作，并引入现代管理制度，广泛开展质量提升行动，加强全面质量管理，提高传统工艺产品的整体品质和市场竞争力。鼓励传统工艺从业者在自己的作品或产品上署名或使用手作标识，支持发展基于手工劳动、富有文化内涵的现代手工艺。鼓励传统工艺企业和从业者合理运用知识产权制度，注册产品商标，保护商业秘密和创新成果。支持有条件的地方注册地理标志证明商标或集体商标，培育有民族特色的传统工艺知名品牌。鼓励拥有较强设计能力的企业、高校和相关单位到传统工艺项目集中地设立工作站，帮助当地传统工艺企业和从业者解决工艺难题，提高产品品质，培育品牌，拓展市场。依托乡村旅游创客示范基地和返乡下乡人员创业创新培训园区（基地），推动传统工艺品的生产、设计等和发展乡村旅游有机结合。开展多种形式的传统工艺大赛、技能大赛，发现、扶持传统工艺创意人才。

（六）拓宽传统工艺产品的推介、展示、销售渠道

鼓励在传统工艺集中的历史文化街区和村镇、自然和人文景区、传统工艺项目集中地，设立传统工艺产品的展示展销场所，集中展示、宣传和推介具有民族或地域特色的传统工艺产品，推动传统工艺与旅游市场的结合。在非物质文化遗产、旅游等相关节会上设立传统工艺专区。举办多种传统工艺博览会和传统工艺大展，为传统工艺搭建更多展示交易平台。鼓励商业网站与相关专业网站设立网络销售平台，帮助推介传统工艺产品。

（七）加强行业组织建设

鼓励地方成立传统工艺行业组织。行业组织要制定产品质量行业标准，组织或支持开展面向本地区或本行业传承人群的培训和交流等活动，并提供信息发布、权益维护等服务。

（八）加强文化生态环境的整体保护

鼓励各地对传统工艺集中的乡镇、街道和村落实施整体性保护。结合传统村落、少数民族特色村镇和历史文化街区保护，注意保护传统工艺相关的文化空间和特定的自然人文环境。鼓励研发绿色环保材料，改进有污染的工艺流程，加强生态环境保护。整合现有资源开展非商业性象牙雕刻技艺研究和传承，引导和支持使用替代材料传承以象牙等珍稀动植物资源为原材料的相关技艺。

（九）促进社会普及教育

继续开展非物质文化遗产进校园等活动。支持各地将传统工艺纳入高校人文素质课程和中小学相关教育教学活动；支持大中小学校组织开展体现地域特色、民族特色的传统工艺体验和比赛，提高青少年的动手能力和创造能力，加深对传统文化的认知。鼓励电视、网络媒体等推出丰富多彩的传统工艺类节目。拍摄和译制传统工艺纪录片、教学片和宣传片，弘扬工匠精神，促进知识传播、普及和技艺交流，方便大众学习传统工艺知识。鼓励有关部门和社会组织积极参与或组织传统工艺相关活动，充分发挥各级公共文化机构的作用，依托公共文化服务场所积极开展面向社区的传统工艺展演、体验、传习、讲座、培训等各类活动，使各级公共文化机构成为普及推广传统工艺的重要阵地，丰富民众文化生活，增强传统工艺的社会认同。

（十）开展国际交流与合作

通过双边、多边渠道，组织传统工艺传承人、企业和行业组织代表开展国际交流和研修培训，以及技术领域的研究与合作，开阔视野，借鉴经验。

四、保障措施

（一）加强统筹协调

各级人民政府有关部门要结合发展繁荣文化事业和文化产业、精准扶贫、新农村建设、少数民族传统手工艺及特色村镇保护与发展、传统村落保护、美丽乡村建设、乡村旅游发展等工作，积极探索振兴传统工艺的有效途径。广泛开展面向农村剩余劳动力、城市下岗职工、城乡残疾人、返乡下乡创业创新人员、民族地区群众的手工艺技能培训，鼓励其从事传统工艺生产。引导非物质文化遗产生产性保护示范基地发挥示范引领作用。

（二）落实支持政策

利用现有资金渠道，对符合规定的传统工艺相关项目以及特色文化产业传统工艺发展予以适当支持。将传统工艺展示、传习基础设施建设纳入"十三五"时期文化旅游提升工程。传统工艺企业符合现行小微企业和高新技术企业等税收优惠政策条件的，可按规定享受税收优惠政策。

（三）加强金融服务

探索建立传统工艺企业无形资产评估准则体系，支持符合条件的传统工艺企业融资发展。鼓励金融机构开发适合传统工艺企业特点的金融产品和服务，加强对传统工艺企业的投融资支持与服务。

（四）鼓励社会参与

鼓励社会力量兴办传统工艺企业，建设传统工艺展示、传习场所和公共服务平台，举办传统工艺的宣传、培训、研讨和交流合作等。

新闻出版广播影视"十三五"发展规划

发文单位：国家新闻出版广电总局

"十三五"时期是全面建成小康社会决胜阶段，也是推动我国由新闻出版广播影视大国向新闻出版广播影视强国迈进的关键时期。为加快促进新闻出版广播影视繁荣发展，根据《中共中央关于制定国民经济和社会发展第十三个五年规划的建议》《中华人民共和国国民经济和社会发展第十三个五年规划纲要》和《国家"十三五"时期文化发展改革规划纲要》，编制本规划。

一、发展基础

（一）主要成就

"十二五"时期，新闻出版广播影视紧紧围绕党和国家工作大局，深入贯彻落实党中央、国务院各项决策部署，深化改革，创新发展，转型升级，取得显著成就。

1.新闻宣传深入创新，舆论引导能力不断增强

各级党报党刊、电台电视台、出版单位牢牢把握正确舆论导向，大力推进新闻宣传内容形式、方式方法、手段业态、体制机制等改革创新，深入学习宣传贯彻习近平总书记系列重要讲话精神，深入宣传阐释党中央治国理政新理念新思想新战略，围绕重要会议、重大活动和重要时间节点，聚焦中国梦、"五位一体"总体布局、"四个全面"战略布局、新发展理念、供给侧结构改革、社会主义核心价值观、中华优秀传统文化等主题主线，开展了全方位、多层次、多媒体的宣传报道，唱响了主旋律，传播了正能量，舆论引导能力和水平显著提升，新闻出版广播影视媒体传播力、引导力、影响力、公信力进一步加强。与此同时，新闻出版广播影视传统媒体和新兴媒体融合发展向深度迈进，全媒体、多平台、多终端采编播能力显著增强，新闻宣传阵地不断扩大。

2.内容创作生产持续繁荣，精品力作不断涌现

2015年，全国制作广播节目时间达772万小时，较2010年增长13.27%；全国制作电视节目时间为353万小时，较2010年增长28.75%；全国电视剧产量达394部16540集，较2010年增长12.8%；全国故事影片产量686部，较2010年增长30.4%；出版图书总印数86.6亿册（张），较2010年增长21.3%；著作权登记总量达164万件，比2010年增加105万件，增长177.97%。报刊结构进一步优化，多形态媒体产品日益丰富，多渠道立体传播体系日益形成，报刊信息传播更加广泛。网络剧、微电影等网络视听节目丰富多彩，网络文学蓬勃发展在数量稳定增长的同时，大力实施精品战略，广播电视节目栏目、电影电视剧、网络视听节目、图书报纸刊物内容质量不断提高，优秀作品和原创作品大幅增加，公益性节目播出比例不断提升，中国梦主题创作生产取得显著成效，涌现出一批两个效益俱佳、叫好又叫座的精品力作。

3.惠民工程扎实推进，新闻出版广播影视公共服务体系加快升级

广播电视村村通工程"十二五"规划任务顺利完成，实现82万个20户以下已通电自然村"盲村"通广播电视，直播卫星公共服务加快推进，全国用户超过6500万户。中央广播电视节目无线数字化覆盖启动实施，1000余个市县建设了本地节目地面数字电视传输覆盖网。部分地区应急广播大喇叭系统建设取得重要进展，对农服务进一步丰富。2015年，全国广播、电视综合人口覆盖率为98.17%和98.77%，较2010年分别提高了1.39

个百分点和1.15个百分点。西新工程实现了藏（卫藏、安多、康巴）、维、哈、蒙、朝等主要少数民族语言广播影视节目上星传输，并为少数民族群众提供了大量"听得懂""看得懂"的本民族语言节目。农村电影放映工程加快升级，到2015年底，全国县级城市基本实现数字放映场所全覆盖，按期实现了中央确定的目标。全国2116个县级城市中，已拥有数字影院3241家、银幕12777块。农家书屋建设提质增效，农民迫切需要的图书比例增加，全国已建成农家书屋600449家，覆盖了全国具备基本条件的行政村，建成数字农家书屋3.5万家，其中卫星数字农家书屋2.2万家。全国出版物网点22万个，较2010年增长40.9%，其中农村出版物发行网点4.74万个，较2010年增长82.31%。全民阅读工程深入推进，全国已建成城乡阅报栏（屏）超过10万个，每年全国城乡有8亿人次参加各类全民阅读活动，国民综合阅读率从2010年的77.1%提高到2015年的79.6%。少数民族新闻出版东风工程覆盖全国五个少数民族自治区、四省藏区和新疆生产建设兵团，"十二五"期间，通过中央财政转移支付资助的民文和双语出版物超过6000种，少数民族语言文字书报刊出版和发行能力明显提高。

4. 体制机制改革稳步推进，内部活力和运行效率大幅提升

行政管理体制改革顺利推进，总局机构整合、业务融合、职能转变步伐加快，取消和下放行政审批事项28项，全国省级新闻出版、广播影视行政部门基本完成机构和职责整合。国有文化企业改革向纵深迈进，国有影视剧制作机构、电影发行放映机构、印刷复制单位、发行单位、经营性图书音像电子出版社、非时政类报刊出版单位全面完成转企改制。市场体系不断健全，产品交易、内容消费、影视播映等市场进一步完善。通过"十二五"时期的深入改革，新闻出版广播影视实现了政府职能、体制机制、发展方式等重大转变，形成了扶持精品生产的引导机制、支持改革发展的政策机制、加快技术创新的推进机制、参与国际竞争的激励机制等重大机制。

5. 产业发展迅速，整体实力明显提升

"十二五"时期，新闻出版广播影视产业继续保持高速增长态势。2015年，全国出版、印刷和发行服务实现营业收入21655.9亿元，较2010年增长70.5%；利润总额1662.1亿元，增长54.5%；全国广播电视行业总收入达4635亿元，较2010年增长101.35%。电影、电视剧、动画片、纪录片、图书、期刊等内容产业继续繁荣发展，全国共有《广播电视节目制作经营许可证》持证机构10232家，较2010年翻了一番，全国电影票房连续十年保持30%左右的高速增长。新媒体产业异军突起，发展迅速。数字出版营业收入超过4400亿元，较2010年增长318.7%，在新闻出版营业收入中所占比重由2010年的8.5%增加到2015年的20.5%；视听新媒体已经成为互联网流量贡献率最大的应用领域，产业规模达到378.4亿元，展现出强大的发展活力。绿色印刷实施成效显著，每年12亿册中小学教科书绿色印刷

全覆盖，近200万印刷从业人员的工作环境得到改善。产业资源整合和结构优化力度进一步加大，成立了中国广播电视网络有限公司，推动组建了130多家出版传媒集团，中国出版集团、中国教育出版传媒集团、凤凰出版传媒集团、中南出版传媒集团四家出版集团进入全球出版企业50强，全国已有23家影视企业、33家出版传媒企业在境内主板和创业板上市，国家中影数字制作基地、浙江横店影视产业实验区、无锡国家数字电影产业园、张江国家数字出版产业基地等国家级产业园区基地孵化效应和集聚效应进一步增强，新闻出版广播影视产业规模化、集约化、专业化水平明显提升。目前，我国日报发行量、图书出版量、广播电视传输覆盖规模、电视剧动画片产量位居世界首位，电影产业、数字出版、印刷业整体规模均居世界第二，我国已经成为名副其实的新闻出版广播影视大国。

6. 科技创新步伐加快，数字化水平大幅提高

实施了广播电视数字化工程、电影高新技术应用工程、国家数字复合出版系统工程、数字版权保护技术研发工程、中华字库工程等重大科技项目，全行业数字化发展大大加快。一批推动数字出版发展的关键技术得到广泛应用，170家出版机构被确定为数字出版转型示范单位。传统印刷与互联网加快融合，印刷电子商务平台约300家，数字印刷企业近3000家。各级广播电视台基本实现数字化，省级以上广播电视台实现网络化制作播出。全国2.39亿有线电视用户中，数字电视用户1.96亿，高清电视用户超过6000万，下一代广播电视网建设取得重大进展，三网融合业务承载能力明显提升，电影数字化放映全面覆盖。新闻出版广播影视数字内容加

工、集成、传播平台建设步伐加快，数字播映、数字出版、数字印刷、数字发行、数字传输等新业态发展迅速，"一个内容多种创意、多重开发"模式正在形成。新闻出版广播影视重点领域自主创新迈上新台阶。机载卫星电视、无线双向覆盖技术试验取得重大成果，地面数字音频广播（CDR）技术标准体系初步建立，先进音视频编码技术标准（AVS+）以及智能电视操作系统（TVOS）逐步推广，由我国主导研制的《国际标准关联标识符（ISLI）》国际标准正式发布，ISLI标准国际注册中心落户中国。应急广播关键技术取得重大进展，有线、无线、卫星融合网试点正式启动，自主知识产权的"中国巨幕"和激光放映技术发展迅速。

7.国际传播能力建设深入推进，"走出去"成效进一步显现

"经典中国"国际出版工程、中国图书对外推广计划、中国出版物国际营销渠道拓展工程、重点新闻出版企业海外发展扶持计划等新闻出版"走出去"重点工程取得重大进展，打开了190多个国家和地区出版物市场，版权输出和引进品种比例从2010年的1∶2.9提高到2015年的1∶1.6。丝绸之路影视桥工程带动广电领域全产业链，服务"一带一路"战略，丝绸之路国际电影节、中国影视剧本土化译配及推广工程等已形成品牌效应。丝路书香工程推进了一大批合作项目。中非影视合作工程在非洲主流社会产生重要影响。国际一流媒体建设取得重大进展，中央三台和中国电视长城平台在境外落地和覆盖范围不断扩大，国际传播布局不断完善，传播能力不断加强。边疆省区广播电视节目、图书报纸在周边国家和地区的覆盖进一步扩大。民营企业积极参与文化"走出去"，已成为新闻出版广播影视走出去的重要力量。新闻出版企业在境外投资或设立分支机构超过400家，跨国兼并收购成为我国出版业国际化发展的重要途径。新闻出版广播影视产品和服务出口规模持续增长，数字出版产品出口超过50亿美元。重要国际书展和国际影视节展中国主宾国活动、上海国际电影节、北京国际图书博览会、中国国际广播电视信息网络展览会等已成为国际新闻出版广播影视业交流的重要平台。海峡两岸暨香港、澳门合作交流活跃。

8.行业管理与法治建设不断加强，党风廉政建设与人才培养扎实推进

行业管理与调控不断改进创新。深入开展打击新闻敲诈和假新闻专项行动，清理整顿中央新闻单位驻地方机构，撤销合并1181家，撤并比例达37%；加大报刊、记者站、记者证清理和退出力度，停办注销报刊144种、注销新闻记者证34419个，规范了新闻采编出版发行秩序。深入开展虚假违规广告、电视购物短片广告专项治理，坚决查处违规占用广播电视频率、违规生产直播卫星接收设备、非法安装地面接收设施等行为，规范了广播电视制作传播秩序。《电影产业促进法》《公共文化服务保障法》等立法取得重大突破，新闻出版广播影视（版权）法律体系进一步完善，依法行政、法制宣传、执法监督工作深入推进。党风廉政建设深入落实，从严管党治党常态化长效化机制进一步健全。新闻出版广播影视队伍建设不断加强，2015年全国新闻出版广播电视行业从业人员达579万人，人才结构进一步优化，人才工作机制进一步完善，人才教育培训和管理服务取得新进展。

9.安全保障能力全面提升，监测监管体系进一步完善

广播影视安全播出管理制度体系不断健全，制定发布了广播中心、电视中心、卫星、无线、有线、微波、视听新媒体等10个专业的安全播出实施细则，出台了多个有关信息安全等级保护的标准文件，技术系统可靠性和信息化水平明显提升。进一步加强了安全播出基础设施和技术系统建设，完善了安全播出应急预案，健全了指挥调度机制，有效提高了广播电视安全播出保障能力，圆满完成了党的十八大、纪念抗战胜利70周年系列活动等重大活动、重点时段、重要节目的安全播出工作。建立健全了重大虚假新闻报刊主要负责人问责制度、报刊违规处理社会通报制度、重大违法违规问题的查办督办机制、"双移送"工作机制。深入开展"固边""净网""秋风""护苗"专项行动，持续推进"护城河工程""南岭工程""天山工程""珠峰工程"和"长白山工程"，2011年至2015年全国共收缴各类非法出版物1.1亿件，查处各类案件5.9万余起。加强了对视听新媒体和网络出版的监管，建立健全了全国报刊数字监测审读平台和国家版权监管平台，深入开展非法电视网络接收设备专项整治行动和打击网络侵权盗版"剑网"行动，查处关闭了一批侵权网站和有害网站，有效规范了网络传播秩序，净化了广播电视、阅读载体和网络空间，维护了意识形态和文化安全，保障了人民群众文化权益。

(二)面临的新形势和存在的问题

当前,经济全球化和高新技术迅猛发展,我国经济发展进入新常态,新闻出版广播影视改革发展面临新的重大机遇:

一是以习近平同志为核心的党中央治国理政新理念新思想新战略,开辟了中国特色社会主义新境界。实现中华民族伟大复兴的中国梦,统筹推进"五位一体"总体布局和协调推进"四个全面"战略布局,引领经济发展新常态等,为新闻出版广播影视业提供了强大动力和广阔平台。二是习近平总书记站在党和国家事业全局战略高度,对宣传思想文化工作提出一系列新思想新观点新论断新要求,为新闻出版广播影视改革发展指明了方向,提供了重要遵循,提出了更高要求。三是中央坚持稳中求进工作总基调,确立适应经济发展新常态的政策框架,形成以"创新、协调、绿色、开放、共享"新发展理念为指导、以供给侧结构性改革为主线的政策体系,为新闻出版广播影视带来重大政策利好。四是经过多年建设发展,新闻出版广播影视产品产量、覆盖规模不断壮大,多项指标位居世界前列,进一步做强做大的物质技术条件更加雄厚,转型升级、跨越发展的基础更加完备。五是全面深化改革各项工作扎实推进,进一步解放和发展新闻出版广播影视生产力,必将带来事业大繁荣、产业大发展和整个行业传播力竞争力影响力大跨越。六是随着经济社会全面发展和物质生活不断改善,人民群众精神文化需求快速增长,为促进文化消费、推动新闻出版广播影视发展提供了巨大空间。七是以互联网为代表的数字、网络、信息技术的裂变、融合发展,为重构媒体格局、创新文化业态带来前所未有的机遇。

同时也要清醒看到,我国新闻出版广播影视发展仍存在一些薄弱环节和问题:

一是在传统媒体和新兴媒体融合发展方面,虽然传统媒体的新兴媒体业务发展势头迅猛,但所占比重不高,传统媒体转型升级任务较重,还没有从相"加"迈向相"融",同时网络舆论引导能力和实际效果有待提升。二是在内容产品质量方面,有数量缺质量、有"高原"缺"高峰"的问题依然存在,与人民群众日益增长的精神文化需求还存在差距,推出精品力作的任务依然繁重。三是在公共文化服务体系建设方面,还存在城乡区域发展不平衡、标准化均等化水平不够、数字化覆盖水平不高、长效机制不健全等问题,与全面建成小康社会的要求还不相适应。四是在产业发展方面,束缚新闻出版广播影视产业发展的体制机制性障碍尚未彻底消除,成熟的市场主体、完善的现代企业制度、健全的现代市场体系还处于建设之中,产业竞争力不强,规模化集约化水平不高,对文化信息消费和国民经济的拉动作用尚未充分显现。五是在科技创新方面,网络化、融合化、智能化水平不高,推动新闻出版广播影视技术与新一代信息技术的融合发展,实现全业务、全流程、全网络从数字化向智能化的战略转型任务依然艰巨。六是在国际传播能力建设方面,我国传媒机构的整体实力和竞争力与世界知名传媒企业还存在较大差距,生产世界级、划时代内容产品的能力还较欠缺,海外传播力和影响力有待进一步提高,传播效果有待进一步提升,与我国文化资源大国形象和日益提高的国际地位还不相称。七是在保障文化和信息安全方面,应对突发事件能力有待进一步加强,监管体系有待进一步健全,监管技术水平有待进一步提升。八是行政管理和法治建设方面,依法行政的意识和能力还需要进一步提升,综合运用法律、经济、行政、科技等进行管理的方式方法不够丰富,部分法律法规还不能充分适应新闻出版广播影视业改革和发展需要。

二、指导思想和基本原则

(一)指导思想

高举中国特色社会主义伟大旗帜,全面贯彻党的十八大和十八届三中、四中、五中、六中全会精神,以马克思列宁主义、毛泽东思想、邓小平理论、"三个代表"重要思想、科学发展观为指导,深入学习贯彻习近平总书记系列重要讲话精神和治国理政新理念新思想新战略,牢固树立政治意识、大局意识、核心意识、看齐意识,紧紧围绕统筹推进"五位一体"总体布局和协调推进"四个全面"战略布局,深入贯彻创新、协调、绿色、开放、共享的发展理念,坚持以社会主义核心价值观为引领,坚持以人民为中心的发展思想和工作导向,坚持把社会效益放在首位、社会效益和经济效益相统一,切实加强统筹协调、资源整合、业务聚合、媒体融合，深入推进改革创新、繁荣发展，着力推动转型升级、提质增效，全面提升新闻出版广播影视舆论引导能力和事业产业发展能力，全面完成文化小康建设中新闻出版广播影视各项任务，为推动从新闻出版广播影视大国向强国迈进奠定坚实基础，为实现"两个一百年"奋斗目标、实现中华民族伟大复兴的中国梦提供思想保证、精神力量、道德滋养和文化条件。

（二）基本原则

1.坚持正确政治方向

正确的政治方向是新闻出版广播影视工作的灵魂和统帅。必须坚持把政治方向摆在第一位，紧密团结在以习近平同志为核心的党中央周围，牢固树立政治意识、大局意识、核心意识、看齐意识，牢牢坚持党性原则，牢牢坚持马克思主义新闻观，牢牢坚持正确舆论导向，牢牢坚持正面宣传为主，切实践行好"高举旗帜、引领导向，围绕中心、服务大局，团结人民、鼓舞士气，成风化人、凝心聚力，澄清谬误、明辨是非，连接中外、沟通世界"的职责使命。

2.坚持党的领导

新闻出版广播影视媒体是党和政府的宣传阵地，必须坚持党媒姓党，坚持党管媒体、党管意识形态，坚持政治家办报、办刊、办台、办网。新闻出版广播影视的一切工作都要坚持党性原则，体现党的意志、反映党的主张，维护党中央的权威、维护党的团结，在思想上、政治上、行动上同党中央保持高度一致，做到爱党、护党、为党。这是新闻出版广播影视持续健康发展的根本政治保证。

3.坚持人民主体地位

人民是推动发展的根本力量。新闻出版广播影视必须坚持以人民为中心的工作导向，发挥人民主体作用，实现好、维护好、发展好最广大人民的根本利益，努力利民惠民，保障人民基本文化权益，满足人民日益增长的精神文化需求，做到发展为了人民、依靠人民、服务人民。

4.坚持科学发展

发展是硬道理。必须自觉践行"创新、协调、绿色、开放、共享"的发展理念，从新闻出版广播影视工作实际出发，把握新闻宣传和事业产业发展新特征，加快转变发展方式，大力推动由以数量规模增长为主向以质量效益提高为主的转变，实现更高质量、更有效率、更加公平、更可持续的发展。

5.坚持深化改革

改革是发展的强大动力。必须推动新闻出版广播影视工作理念、内容、体裁、形式、方法、手段、业态、体制、机制等全方位改革创新，以改革激发动力、增强活力、释放潜力，解放和发展新闻出版广播影视创造力、生产力，为发展提供持续动力。

6.坚持依法行政

法治是改革发展的坚强保障。必须强化法治思维和法治方式，大力推进新闻出版广播影视法治建设，进一步完善中国特色社会主义新闻出版广播影视法律法规体系，提升依法行政、依法管理的能力和水平，积极推进治理体系和治理能力现代化，确保新闻出版广播影视健康有序发展。

三、发展目标和主要任务

（一）发展目标

经过五年努力奋斗，到2020年争取实现以下目标：

——舆论传播力、引导力、影响力、公信力大幅提升。中国梦和社会主义核心价值观更加深入人心，优秀新闻出版广播影视产品创作繁荣发展。新闻出版广播电视媒体巩固壮大主流舆论的效果更加突出，传统媒体和新兴媒体深度融合取得突破性进展，形成一批新型主流媒体，打造几家具有传播力公信力影响力的新型媒体集团，建成技术先进、形态多样、传输快捷、覆盖广泛的现代传播体系，努力达到世界一流水平。

——公共文化服务全面升级。全面完成国家基本公共文化服务指导标准（2015-2020年）提出的服务项目，现代新闻出版广播影视公共服务体系基本建成，基本服务均等化、标准化水平稳步提高。到"十三五"期末，实现国民综合阅读率达到81.6%，国民数字化阅读率达到70%，年人均图书阅读量5.0册，年人均电子书阅读量4.0册，每家农家书屋年均新增出版物不少于60种，作品自愿登记数量达到278万件，有线广播电视网络和地面无线电视基本实现数字化，城市网络基本实现双向化，全国有线电视网络基本实现互联互通，直播卫星公共服务基本覆盖有线电视网络未通达的农村地区，全国广播、电视节目综合人口覆盖率均达到99%以上，基本实现数字广播电视户户通，应急广播系统基本建成，农村电影放映服务、少数民族语电影译制服务层次全面提升。

——对经济的拉动作用显著增强。新闻出版广播影视产业体系和市场体系进一步完善，产业整体实力、综合效益和市场竞争力大幅提升，对国民经济增长的贡献率逐步提升，在推动文化产业成为国民经济支柱产业方面的作用更加凸显。"十三五"时期，新闻出版产业营业收入年均增速不低于8%，利润年均增速不低于7%，到"十三五"期末实现全行业营业收入32000亿元，实现利润总额2300亿元。数字新产品新服务增长提速，到"十三五"期末，数字出版营业收入达到9600亿元，年均增速不低于17%；新兴产品中电子书收入达到107亿元，数字报纸收入达到14亿元，数字期刊收入达到37亿元，移动出版收入达到2700亿元。电影产业继续保持快速发展势头，到2020年，电影票房突破600亿元，国产影片市场份额达到55%以上，全国城市影院银幕数达到6万块，3D银幕数达到5万块，巨幕影厅达到700个左右。

——"智慧广电"战略和新闻出版数字化转型升级行动全面推进。全国省级以上广播电视台基本建立全媒体制播云平台和全台网，地市级以上基本实现高清化，县级全部实现数字化网络化，高清电视和超高清电视得到进一步推广，开播4K超高清电视试验频道。有线、无线、卫星与互联网的全媒体服务云平台加快构建，广播电视网络综合业务承载能力大幅提高，广电终端标准化智能化应用能力显著提升。建立健全电影制作发行放映技术新工艺新体系，促进电影融合发展和产业战略升级。推进传统新闻出版业在人员、理念、模式、市场和服务等更高层面全面加快数字化转型升级步伐。绿色印刷、数字印刷、按需印刷发展加快，智慧印厂建设加速，发行流通的信息化、智能化、标准化、集约化水平全面提升。

——保障国家文化安全的能力显著提高。新闻出版广播影视治理体系和治理能力现代化取得积极进展，"扫黄打非"工作进一步加强，版权治理与工作体系进一步健全，安全播出管理体制与运行机制进一步完善，网络与信息安全技术体系和管理体系基本建立，全国广播电视和网络统一监测监管结构化体系和监测监管系统基本建成。

——传播中国声音、提升中国形象、产品服务走出去的成效和作用更加凸显。服务党和国家外交大局能力进一步提升，"走出去"重点工程和项目扎实推进，国际传播体系和国际传播能力建设取得重要进展，着力打造2-3家具有国际一流水平的广电媒体集团，新闻报道的原创率、首发率、采用率、落地率、议题设置能力和本土化传播水平进一步提高，我国新闻出版广播影视产品和服务在国际市场的竞争力和市场份额扩大。"十三五"时期，版权输出的增长速度达到5%，到"十三五"期末版权输出规模突破13000种；数字出版产品出口增长速度达到17%，到"十三五"期末数字出版产品出口规模达到110亿美元。

（二）主要任务

1.加强主流媒体建设，提高舆论引导能力

坚持党性原则，坚持党媒姓党，牢牢掌握党报党刊广播电视媒体的领导权和舆论引导的话语权，旗帜鲜明、守好阵地，始终在思想上政治上行动上同以习近平同志为核心的党中央保持高度一致。切实组织开展好习近平总书记系列重要讲话精神和党中央治国理政新理念新思想新战略宣传阐释，认真做好中国特色社会主义、中国梦、"五位一体"总体布局、"四个全面"战略布局、新发展理念、社会主义核心价值观、中华优秀传统文化等主题宣传和主题出版，引导党员干部牢固树立"四个意识"，引导干部群众进一步增强中国特色社会主义道路自信、理论自信、制度自信、文化自信。牢牢把握正确政治方向和舆论导向，坚持"三贴近"，深化"走转改"，完善重大宣传报道一体化统筹机制，坚持传统媒体与新媒体同频共振，内宣与外宣共同发力，不断提高党报党刊、电台电视台等宣传报道水平，着力提升主流媒体传播力引导力影响力公信力。强化各级党报党刊、电台电视台"头条"建设，让党的主张成为时代最强音。坚持新闻立台，加强采编播能力建设，优化采编流程，强化内容建设，发挥专业采编优势和信息资源优势，提高新闻报道的快速反应能力，提升专业化、品牌化水平。深入推进发展思路、运行机制、内容形式创新创优，着力优化结构、提高质量，推出更多具有原创价值、自主知识产权和核心竞争力的栏目节目。适应分众化、差异化传播趋势，积极运用新兴传播渠道，综合运用微博、微信、移动客户端等，增强针对性和实效性，加快构建舆论引导新格局。做好重大突发事件新闻报道和权威信息发布，把握舆论引导的时度效。

专栏1　社会主义核心价值观传播项目

①社会主义核心价值观出版传播平台工程

资助出版一批培育和践行社会主义核心价值观的优秀学术出版物、一批优秀通俗读物、一批优秀青少年文学读物。建设社会主义核心价值观出版传播平台，搭建弘扬社会主义核心价值观内容资源共享平台，实现多渠道多介质传播。

②马克思主义思想理论研究和建设出版传播工程

支持出版一批马克思主义思想理论研究和建设工程的最新成果，建设马克思主义思想理论传播平台丰富和扩展马克思主义思想理论出版传播渠道和手段。

③重点报刊舆论引导力建设工程

加强重点报刊内容建设，对报刊开展主题宣传加大政策和资金的支持，支持主流媒体加强重点栏目、节目建设，培育一批知名栏目、节目和公众号，打造融媒体服务、智慧化传播的新型主流媒体。

④中华优秀传统文化（图书音像）版权资源传承工程

归集中华优秀传统文化经典图书音像非公版版权资源，遴选一批优秀公版版权资源，搭建中华优秀传统文化版权资源公共服务平台。建立中华优秀传统文化公益出版传播的版权资源免费使用、再创作回馈的文化传承良性运行机制，推动中华优秀传统文化的大众化、国际化传播。

2.弘扬社会主义核心价值观，提高内容生产和创新能力

坚持以人民为中心的创作导向，紧紧抓住创作生产优秀作品这一中心环节，努力推出更多弘扬中国梦主题、传播当代中国价值观念、体现中华文化精神，思想性、艺术性、观赏性有机统一的优秀作品。发扬精益求精的工匠精神，在提高原创力上下功夫，在拓展题材、内容、形式、手法上下功夫，推动观念和手段相结合、内容和形式相融合、各种艺术要素和技术要素相辉映，努力保高原、攀高峰。加大扶持力度，集中优势力量抓精品，着力推进实施一批对文化传承具有深远意义、反映时代精神、体现国家水平的重大精品工程，鼓励生产更多反映人民主体地位和现实生活、群众喜闻乐见的，思想精深、艺术精湛、制作精良的优秀作品，延展提升内容产业价值链。建设若干家中华优秀传统文化出版基地和国家学术出版中心。加大公益类节目和公益广告的扶持力度，扩大制播比例。健全电台电视台、报刊社、出版社、网络视听和网络出版网站社会效益综合评价体系和机制，加大政治导向、内容质量、品位格调、社会影响等指标权重，着力解决片面强调收视率、收听率、上座率、点击率、排行榜、发行量等问题。

专栏2　国家新闻出版影视精品创作生产工程

①主题出版工程

紧密结合党和国家工作大局，统筹做好重大选题出版工作，凸显党中央治国理政新理念新思想新战略、中国特色社会主义和中国梦、社会主义核心价值观，围绕重大活动、重大会议、重大事件、重大节庆等主题，特别组织实施好聚焦党的十九大、中国共产党成立95周年、改革开放40周年、中华人民共和国成立70周年、中国人民解放军成立90周年等国家重大主题出版工程。

②中华精品出版工程

重大精品出版工程：实施中国大百科全书（第三版）、中国历代绘画大系、辞海（第七版）等一批重大出版工程。

中国文艺原创精品出版工程：重点扶持一批弘扬社会主义核心价值观、传承中华优秀传统文化、体现时代文化成就、代表国家文化形象的优秀原创文艺作品出版传播。

网络文学精品出版工程：开展优秀网络文学原创作品推介活动，重点在选题立项、创作研发、出版传播、宣传推广、版权开发等环节予以扶持，不断推出网络文学精品。

中华民族音乐传承出版工程：挖掘整理中华民族传统音乐资源，建立分类名录。选取代表性的音乐精品出版。加强传统音乐数字化典藏工作，推动对珍贵录音、录像资料的数字化保护，建设中华民族音乐资源库，支持民族音乐创新出版传播方式。

有声读物精品出版工程：加强有声读物精品的创作生产，组织出版一批具有较高艺术水准和精良制作水平、受到广大人民群众喜爱的有声读物，加快有声读物资源库与服务平台建设，加强对有声读物的质量管理。

③中华典籍整理出版工程

实施2011-2020年国家古籍整理出版规划，围绕基础性古籍、佚失海外中华古籍、出土文献、古代社会档案整理，完成300种重点古籍整理出版。系统整理出版近代以来重要典籍文献，加快推进古籍数字化，完善建设国家古籍整理出版数字平台，加快建设国家古籍资源数据库。

④"原动力"中国原创动漫出版扶持计划

重点对漫画图书、漫画期刊、多媒体动漫、民文译制、少数民族动漫作品、网络游戏等优秀原创动漫作品进行扶持。通过扶持一批优秀项目，搭建中国原创动漫出版网络服务平台，实施"原动力"中国高校动漫出版孵化计划，引导促进国产原创动漫出版精品创作生产，推动优秀国产原创动漫出版"走出去"。

⑤国家学术出版工程

依托专业出版机构，培育若干家国家学术出版中心，建设3-5个国家学术出版基地。搭建国家学术出版网络平台，实施国家学术出版奖励计划，健全学术出版评价机制，提高学术出版质量。

⑥影视作品创作生产引导

在现有电影、电视剧、少儿广播电视节目、动画片、纪录片、网络原创视听节目、节目创新创优、公益广告等创作生产引导专项资金基础上，进一步加大对弘扬中国梦主题、体现社会主义核心价值观、承载当代中国价值观念以及弘扬中华民族传统文化的广播影视作品创作生产扶持力度。

⑦少数民族语言影视剧片源补助

中央财政安排资金对少数民族语言影视剧片源给予补助重点解决包含新疆、西藏在内的少数民族语言译制片源不足、时新性不强等问题，让广大少数民族群众听好、看好广播影视节目，共享广播影视发展的文化成果。

⑧中国经典民间故事动漫创作工程

以中国经典民间故事为蓝本，组织生产系列动漫作品，塑造经典动漫形象，推出一批中国经典民间故事精品电视动画、动画电影、动漫出版物、移动端动漫。

⑨中华文化电视传播工程

进一步加大对文化类节目的扶持引导力度加强经验总结和宣传推介，以引领示范，营造热潮。

3.深化一体发展，推动媒体融合取得新突破

把深度融合、一体发展作为关系行业生存发展的战略工程，在思想认识上再深化，在资源配置上再倾斜，在工作推进上再抓紧，在方法举措上再创新，以自我革命的精神推进融合发展。推动传统媒体与新兴媒体在内

容、渠道、平台、经营、管理等各方面加快深度融合，实现内容产品、技术应用、平台终端、人才队伍的共享融通，形成一体化的组织机构、传播体系和管理机制。加快流程再造、平台再造、体制机制再造，着力打造融媒体服务、智慧化传播的新型主流媒体，建成若干家具有强大实力和传播力、公信力、影响力的新型传媒集团。打通制作生产环节，推进制作流程一体化、资源共享便捷化，实现内容产品融媒化。打通传播分发环节，构建支撑业务运营、媒体服务的集成播控平台，推进内容的碎片化集成、亮点化索取、最优化组合，实现传播分发融媒化，满足需求应用个性化。打通内部管理环节，创新运行管理机制，一体化配置资源。中央和省级媒体要走在前、先突破，实现化学反应，取得融合一体化的实质飞跃。支持建设统一指挥调度的融媒体中心、全媒体采编平台等"中央厨房"，重构新闻采编生产流程，生产全媒体产品，提高内容供给、产品生产、信息传播和服务能力。推动设立国家出版融合发展投资引导资金，带动社会资本积极参加传统出版与新兴出版融合发展。探索以资本为纽带的媒体融合发展路径，支持传统新闻出版广播电视媒体控股或参股互联网企业和科技企业。

专栏3　传统出版与新兴出版融合发展项目

①新闻出版业关键技术研发与应用工程

研发应用虚拟现实（VR、增强现实（AR）等丰富内容呈现方式的关键技术；研发应用人工智能技术，包括基于深度学习、类脑智能的机器写作、机器翻译、机器智能选题策划、智能内容分发的关键技术；研发应用知识组织、知识管理及知识服务的关键技术；研发应用数字印刷、按需印刷装备制造和材料等关键技术；研发应用提升产品供应链效率的关键技术研发应用提高数字版权管理与保护能力的关键技术；研发应用印刷电子、纳米印刷等关键技术；研发应用"机器人+出版"的关键技术，包括印刷、发行物流、数据加工、数字教育、数字娱乐等领域的关键技术；创新互联网技术应用。

②国家数字出版创新促进工程

建立数字出版技术研发中心，建设国家数字出版技术服务平台，充分利用国家数字复合出版工程、数字版权保护技术研发工程、中华字库工程等新闻出版重大科技工程项目成果推进技术应用加快《国际标准关联标识符（ISLI）》、电子书标准等数字出版领域标准的应用推广。

③国家知识资源数据库工程

建立国家知识资源服务中心，研发关键技术，研制相关标准、规范，建设国家知识服务平台及其数据、营运、技术支撑中心；支持新闻出版企业建设专业领域的知识资源数据库、服务平台；创新信息内容服务模式，提供知识服务解决方案。

④国家出版发行大数据工程

汇聚新闻出版行政管理机构及新闻出版单位的基础业务数据，建设行业信息数据库，建设出版产品信息交换平台和新闻出版大数据综合服务平台，实现行业基础数据的开放与共享，支持新闻出版企业开展大数据应用。

⑤数字出版产业化应用服务示范工程

在教育出版领域，支持出版单位开发数字教育内容资源产品、课程体系和服务平台，推出一批服务于教育领域的整体解决方案；在专业出版领域，支持出版单位整合同类资源，开发专业内容知识资源产品和垂直服务平台；在大众出版领域，支持出版单位创新产业化推广模式；在全民阅读及信息服务等领域，开展数字出版模式创新。

⑥出版融合发展示范引导工程

支持传统新闻出版单位与新媒体企业、渠道运营企业、技术企业开展合作。设立出版融合发展课题研究专项资金和出版融合发展项目引导资金。到2020年，鼓励支持100家出版融合发展示范单位，建立一批国家级出版融合发展研究重点实验室。

专栏4　广播电视传统媒体与新兴媒体融合发展工程
①中国广播云平台 以中央人民广播电台为主体，建设广播行业云采编系统，以"中国广播Radio.cn"为原型，构建移动互联网网络平台，打造具有中国广播特色的新闻、音频和全媒体客户端产品、社交媒体矩阵，面向移动互联网用户提供新闻咨询、声音媒体和社交等新媒体服务。
②新型多媒体融合平台——"中华云" 以中国国际广播电台为主体，建设"中华云平台统一技术支撑平台、打造"中华"系列品牌媒体产品、建设全球用户评估系统实现智能内容聚合、用户引导，为国际传播和国家决策提供舆情参考。
③中央电视台新媒体工程 以中央电视台为主体，坚持"电视+新媒体"的模式，建设中国电视云服务平台，包括新媒体集成播控平台、网络视频数据库、用户数据库、全球视频分发平台等；建设下一代社交电视平台，为电视节目、直播类节目电视应用提供统一的用户及社交管理、收视关联服务和行为分析；建设直播中国，打造覆盖广泛、内容丰富、效果显著的新媒体全球传播平台；建设新媒体研究院，打造网络视频行业的技术"硅谷"和新媒体产品孵化器。
④广播电视媒体融合承载网关键技术研究与应用示范 研究广播电视技术与云计算、大数据等新一代信息技术的融合创新技术，研究突破支撑融合媒体发展的新一代广播电视有线、无线、卫星融合网关键技术，构建省级以上规模化试验网，提供涵盖"电视、宽带、通信、物联网"等服务的融合业务，促进广电有线、无线、卫星三种不同传输网络在技术体制、运营体制、管理体制方面的融合和协同。
⑤广电全媒体制播与服务云关键技术研究及应用示范 研究构建传统媒体与新媒体融合的内容制播平台和集成播控服务平台，智能重构台网联动流程、接口和架构，集成整合智能电视操作系统（TVOS）、可下载条件接收系统（DCAS）、数字版权保护（DRM）等智能终端关键技术。

4.构建现代新闻出版广播影视公共服务体系，促进公共文化服务提质增效

贯彻落实《公共文化服务保障法》《中共中央办公厅国务院办公厅印发<关于加快构建现代公共文化服务体系的意见>的通知》（中办发〔2015〕2号）《"十三五"推进基本公共服务均等化规划》，以人民群众基本文化需求为导向，围绕看电视、听广播、读书看报、看电影等群众基本文化权益，进一步加强新闻出版广播影视基础设施标准化建设，全面实施基本公共服务清单项目，着力提高新闻出版广播影视公共产品服务供给能力和管理运行水平，不断满足人民群众日益增长的精神文化需求。

一是全面提升公共服务效能。坚持政府主导、社会参与、重心下移、共建共享，补齐发展短板，强化资源整合，创新管理体制，完善运行机制，统筹推动新闻出版广播影视公共服务提质增效。坚持政府主导和充分利用市场资源并重，坚持基础设施建设和运行维护并重，坚持完善网络与丰富内容并重，坚持传统方式与新兴方式并重，推进基本公共服务标准化均等化，在确保基本公共服务的基础上，积极开发市场服务，满足群众基本文化需求和多样化文化需求。积极研究推动基层农村新闻出版和广播影视资源共享、渠道互通、统筹分配，探索公共服务产品联合制作、"打包"传播、综合服务的有效方式。采取政府购买、项目补贴、以奖代补、定向资助、贷款贴息、保费补贴等方式，支持社会各类组织和机构参与新闻出版广播影视公共服务。鼓励符合政策的新闻出版广播影视公共服务项目采用政府和社会资本合作（PPP）模式开展项目建设，促进公共服务提供主体和提供方式多元化。推动设立全民阅读基金，建立健全政府主导、社会参与的全民阅读、农村电影放映等公共服务公益资金筹措体系。着眼建立健全长效机制，加强对农家书屋工程资源的统筹管理和互联互通，完善出

版物补充更新机制。进一步加强省、市、县新闻出版广播影视公共服务运行机构和人员队伍建设，健全广播电视监管平台和服务网点，逐步形成"县级及以上有机构管理、乡镇有网点支撑、村组有专人负责"的公共服务长效运行维护体系。

二是着力推进惠民工程建设。全面实施全民阅读工程。广泛开展"书香中国"系列活动。推动建立全民阅读工作组织协调机制，加快推动出台《全民阅读促进条例》。推动全民阅读进家庭、进社区、进校园、进农村、进企业、进机关。推动数字阅读，统筹建设社区阅读中心、数字农家书屋、公共数字阅读终端等设施，打造基于移动互联网的国家级全民阅读公共服务平台，实现全民阅读线上线下协同推进。开展学龄前儿童基础阅读促进工作，实施儿童阅读书报发放计划、市民阅读发放计划。建设一批复合型特色实体书店，支持书店和图书馆合作开展"借阅、购买、馆藏"活动（指图书馆与书店开展合作，读者在书店选书，图书馆向书店支付图书费用，并办理馆藏和借阅手续，阅后归还图书馆）；加快实现全国所有乡镇实体书店网点、出版物代销代购店全覆盖。加快城乡阅报栏（屏）工程建设。继续推动送书下乡，推进"三农"出版物出版发行工作，鼓励党报党刊、"三农"类报刊在农村免费赠阅。制定并落实扶持实体书店发展的各项政策措施，积极发挥实体书店在全民阅读等公共文化服务中的作用，实施城镇实体书店精神地标示范推广项目。建设国家盲文出版基地，实施盲文出版工程。贯彻落实《国务院办公厅关于加快推进广播电视村村通向户户通升级工作的通知》（国办发〔2016〕20号），在全面实现村村通的基础上，由各地科学统筹无线、有线、卫星三种技术方式，因地制宜、因户制宜选择适合本地特点和用户需求的方式，推进数字广播电视入户接收，实现数字广播电视户户通。加快实施中央和地方广播电视节目无线数字化覆盖工程，加快地面无线模拟电视向数字化转换，加快地面无线数字音频广播（CDR）的试点与应用推广，向城乡居民提供无线数字广播电视公共服务。加强广播电视无线发射台、广播电视监测台（站）、广播电视播出机构、监管机构基础设施建设。加强中国乡村之声广播节目覆盖和中国交通广播建设。进一步发挥广播电视应对突发公共事件的独特作用，加快实施国家和地方应急广播建设工程，按照"统一联动、安全可靠、快速高效、平战结合"的原则，统筹利用现有广播电视资源，加快建立各级应急广播制作播发和调度控制平台，升级改造传输覆盖网络，布置应急广播终端，形成中央、省、市、县四级联动、信息共享、分级负责、反应快捷、安全可靠的全国应急广播体系，提供灾害预警应急广播和基层政务信息发布、政策宣讲服务。加强飞机、列车、轮船、高速公路等的应急广播系统建设和覆盖。巩固农村电影放映"一村一月一场"成果，引导社会资本投资农村电影固定放映点，着力推动流动放映向固定放映、室外放映向室内放映转变，同时进一步丰富影片供给。继续实施县级城市数字影院建设工程，扩大到有条件的乡镇。

三是加大老少边穷地区扶持力度。全面落实党中央国务院对边疆民族地区长治久安、贫困地区脱贫攻坚等各项工作部署，从基础设施建设、内容产品供给、特殊政策支持等方面进一步加大扶持力度，提高自我发展能力。继续加强新闻出版广播影视少数民族语言、文字产品的制作、译制、出版和传播能力，丰富产品类型，提高内容质量水平，更好地满足边疆民族地区群众的精神文化需求。继续实施少数民族新闻出版东风工程，扩大实施范围，拓展实施项目。推动国家民文出版基地建设。大力推进阅读推广志愿服务，发展各类阅读群众组织。努力保障特殊和困难群体基本文化权益，重点支持贫困地区公共阅读设施建设，保障特殊群体的基本阅读权益。支持西藏、新疆等地域广阔的边疆民族地区，将地方省级和地市级台开办的少数民族语言广播电视节目通过直播卫星传输，定向覆盖本地。对边疆民族地区广播电视无线发射台基础设施建设、应急广播建设、基层广播电视播出机构服务能力建设、广播影视监管平台建设等方面给予倾斜支持。加强贫困地区县级广播电视播出机构制播能力建设，丰富和完善本地广播电视节目，提升基层广播电视信息服务能力。加强广西、云南、吉林、辽宁等边境地区的广播电视覆盖。配合实施"贫困地区百县万村综合文化服务中心示范工程"和"贫困地区民族自治县、边境县村综合文化服务中心覆盖工程"，做好广播器材配备工作。进一步做好中小学爱国主义影片放映，切实解决城镇低收入居民以及进城务工人员等特殊群体看电影难问题。

专栏5　新闻出版广播影视重大公共服务项目

①全民阅读工程

举办"书香中国系列活动培育和巩固一批全民阅读活动品牌；建立青少年阅读体验中心、社区阅读中心、机关与企业阅读中心、公共读物投放点和数字农家书屋、公共数字阅读终端等全民阅读基础设施组织优秀出版物推荐打造中国好书推荐平台。继续深入推进"少儿报刊阅读季活动，逐步实施儿童阅读书报刊发放计划、市民阅读发放计划；开展学生分级阅读体系和阅读能力测试体系建设；建设全民阅读网络推广平台；推广数字阅读；建设书香社会评价指标体系。推动社会各领域广泛开展"你看书，我买单"活动（是指为推广全民阅读，公交、地铁、公园、影院等各类公共服务设施运营机构针对读者开展优惠活动，读者阅读一定数量的图书后，即可减免部分公共服务设施使用费用）。

实施红色文化传播项目，重点宣传一批红色文化出版物精品继续向全国青少年推荐优秀党史、军史等红色文化出版物，开展红色文化出版物精品进校园、进课堂、进家庭活动。

②少数民族新闻出版东风工程

加强民文出版译制和印刷发行能力建设。继续支持少数民族自治区、自治州改善新闻出版基础设施条件，提升技术装备水平。继续实施民族文化数字出版促进工程建设民族文化数字出版产品公共传播服务平台和民族语言教育资源库。开展向少数民族地区基层群众出版物赠阅项目。提升出版物市场监管能力。

③数字农家书屋工程

积极利用卫星、互联网、有线等传播渠道，推动有条件的地方建立多种形式的数字农家书屋。在集中连片特殊困难地区和民族地区推进卫星数字农家书屋的建设工作建立图文声像并茂的卫星数字服务平台，逐步丰富服务内容。

④盲文出版工程

开展盲人阅读推广工作，实施盲人听书项目，构建数字有声资源平台，推动实施盲人读物出版工程，制定盲用数字出版行业标准建设盲用数字出版加工平台与服务体系。

⑤公共电子阅报栏（屏）建设工程

在城乡主要街道、公共场所、社区等人流密集地点设置电子阅报栏（屏、亭）等综合文化服务智能终端，提供实时的精神文化产品服务和便民服务。推动纳入地方政府民生工程。

⑥实体书店建设扶持工程

推动将实体书店建设纳入基层宣传思想文化工作考核评价体系，落实实体书店扶持政策，积极支持推动城乡实体书店建设。鼓励建设红色、古旧、民俗、景区等特色实体书店。规划、建设覆盖大中专院校及中小学校的校园书店。加快实体书店服务升级，鼓励实体书店和影院融合发展，倡导建设一批以阅读为主题的商业中心，创新商业模式和经营业态，推动一批优秀实体书店成为城市精神地标和"最美书店"。

⑦中国出版博物馆建设项目

系统征集、收藏、保护、研究、展示出版文化资源和文物，打造集收藏、展示、传播、体验、学术研究等公共文化服务于一体的国家级博物馆建成国家出版文献战略储备基地、国家出版文物回归中心。

⑧广播电视节目无线数字化覆盖

按照国家基本公共服务标准，充分利用现有无线发射台站，增配数字广播电视发射机，更新改造节目源、天馈线等配套系统，进行大中功率无线数字广播电视覆盖，同时根据技术需要，在现有乡镇级发射台站中，增配小功率数字广播电视发射系统进行补点建设，最终实现中央和地方15套电视节目、15套广播节目在全国的无线数字化覆盖，为城乡居民提供更高质量的无线广播电视公共服务。

⑨广播电视户户通

按照"技术先进、安全可靠、经济可行、保证长效"的原则兼顾考虑补充覆盖和安全备份的需要，由各地因地制宜、因户制宜科学统筹无线、有线、卫星三种方式，选择适合本地特点和用户需求的方式，在距离城镇较近、有条件的农村鼓励采取有线光缆联网方式，在有线电视未通达的农村地区鼓励群众自愿选择直播卫星、地面数字电视或直播卫星+地面数字电视等方式推进数字广播电视入户接收，到2020年底基本实现数字广播电视户户通。

⑩广播电视无线发射台基础设施建设二期

在"十二五"期间已实施的高山发射台基础设施建设基础上，"十三五"期间实施二期工程，继续对其余条件较差的转播中央广播电视节目的无线发射台基础设施进行建设，重点改造机房、道路、围墙、供配电、给排水等设施设备，改善播出和工作条件。

⑪11国家应急广播建设

推进国家应急广播中心技术业务用房、国家应急广播信息制作播发平台及国家应急广播调度控制平台建设，在中短波调频覆盖网、直播卫星覆盖网等广播电视覆盖网增加应急广播设备和功能等。

⑫地方应急广播建设

充分利用现有广播电视基础设施和传输手段，建设省、市、县三级应急广播平台在中短波调频覆盖网、移动多媒体广播电视传输网、地面数字电视覆盖网、有线数字电视覆盖网、数字音频广播覆盖网等广播电视覆盖网增加应急广播设备和功能，建设应急广播大喇叭系统，并布置应急广播终端，建设覆盖到行政村的应急广播系统，最终实现应急广播全覆盖。

⑬县级广播电视播出机构服务能力建设

按照广播电视工程相关建设标准改善县级广播电视播出机构基础设施，加强采编播设备配置，重点对中西部地区尤其是贫困县给予支持，进一步提高广播电视公益节目制播能力，为基层群众提供本地广播电视公共信息和文化娱乐服务。

5.加强科技创新，构建现代传播体系

一是加快广播电视智慧化发展和新闻出版数字化转型升级。着眼于广播电视智慧化发展，全面推进省级地市级广播电视台高清制播能力建设，适时开播4K超高清电视试验频道，推动构建高清、4K超高清电视混合播出系统；积极推动融合媒体制播云平台和融合媒体服务云平台建设、全国有线电视互联互通平台建设、移动多媒体交互广播电视网建设，推进有线无线卫星传输网络互联互通和智能协同覆盖，加快建设下一代广播电视网，构建宽带、融合、安全、泛在的新一代广电信息化基础设施和现代传播体系。力争到2020年，全国省级以上广播电视台基本建立"融合云"平台，地市级以上广播电视基本实现高清化，县级广播电视实现数字化网络化。着眼于新闻出版数字化转型升级，继续推动出版单位数字化改造和技术升级，全面提升数字化管理、生产、传播、服务能力。加快推进数字印刷、智慧印厂发展。

二是深入推进电影科技创新。进一步加强高新技术电影的研发、标准制定与推广应用，提升电影生产制作、加工储存、发行放映与市场监管等诸多系统和环节的科技水平，推进电影全业务、全流程高度统筹的信息化管理，形成互联互通、可管可控、信息安全、资源共享的现代化数字电影发行放映体系和适应产业化发展的数字电影信息化服务体系。积极发展巨幕电影、3D电影、高清晰高帧率电影、动感电影、沉浸式声音和新型光源电影放映。

三是大力推进具有自主知识产权、基础性战略性技术的研发和应用推广。强化自主创新，重点加强交互融合传输覆盖网、智能媒体网关、移动多媒体等关键技术和标准研发应用。建立若干家国家级出版融合发展研究重点实验室，对出版融合发展重大项目实施集智攻关。指导、扶持新闻出版科技与标准重点实验室，开展科技情报收集，组织关键技术攻关，开展新技术应用研究，推动技术孵化。大力推进智能电视操作系统（TVOS）

在有线、无线、卫星和互联网等广电终端的应用，基本实现机顶盒、一体机、媒体网关和智能终端等广电终端的标准化智能化，形成广播电视和互联网融合的"广电+"生态，将广电智能终端打造为智慧家庭、智慧社区和智慧城市的重要基础。加快新闻出版和科技融合的技术研发及成果应用，加快发展新闻出版装备制造业。加快推进数字版权保护技术应用。继续推动绿色印刷，完善绿色印刷体系，推进印刷业转型升级。启动ISLI国家标准（《国际标准关联标识符（ISLI）》国际标准、《中国标准关联标识符（ISLI）》国家标准）的应用推广工作，继续推进中国出版物在线信息交换（CNONIX）、电子书内容、知识服务、绿色印刷等标准的应用推广工作，加强对物联网、无线射频技术（RFID）在出版物生产、流通、零售等环节应用的研究。加强云计算、物联网、人工智能等科技成果在出版领域应用，大力发展微博、微信、客户端、听书等网络出版新形态，确立一批示范单位、示范项目、示范基地（园区）。

专栏6　广播影视数字化提升工程
①宽带广电战略 　　加快建设下一代广播电视网，将互联网的创新成果与广播影视深度融合，开发智能融合终端和高清、超高清、互动电视、电视图书馆等新业态，发展"电视+语音+互联网+智能家居+智慧社区+智慧城市"等多种综合业务，实现广播影视技术、内容、业务、形态、功能等各方面的转型升级。
②提升直播卫星公共服务平台数字化支撑能力 　　建设直播卫星异地集成播出分平台，扩容改造直播卫星前端集成播出平台、加密授权系统、用户管理系统和直播卫星呼叫中心等；建设业务资源共享系统、应急广播播出系统、互动业务系统、用户收视行为统计分析系统、信息安全系统和公共服务统一门户系统等。
③全国城市影院网络化信息化体系建设 　　按照统筹规划、合理布局、企业经营、资源共享、政府资助、事业管理的原则，建设国家级电影发行放映信息化服务管理平台以及覆盖全国城市影院的影院管理系统、计算机售票系统、影片密钥分发管理系统、影院数字拷贝卫星分发传输系统、影院网络运维中心。
④电影高新技术应用基地建设 　　依托中影集团的规模、品牌、技术和资产优势，在中影数字基地一期工程取得成功的基础上，加强电影高新技术研发与推广应用，建设一个以影视外景拍摄功能为主，与现有基地功能相配套、特点鲜明、科技含量高、服务理念新的电影产业园区，提高电影科技化、现代化制作能力和工业化水平，增强电影文化软实力和国际竞争力，加固"中国制造"品牌。

6.做优做大做强新闻出版广播影视产业，进一步提高规模化、集约化、专业化水平

一是积极培育产业发展主体。打破层级和区域限制，加快图书、报刊、广播、电影、电视资源聚合、产业融合。鼓励支持传媒企业跨地区跨行业跨所有制兼并重组，培育一批主业突出、具有创新能力和竞争力的新型骨干传媒公司。继续大力培育走内涵式发展道路的"专、精、特、新"现代传媒企业。探索以国有资本金注入方式推动新闻出版企业兼并重组，培育国家级骨干出版传媒企业。认真落实中宣部、财政部、新闻出版广电总局《关于加快推进全国有线电视网络整合发展的意见》，加大全国有线电视网络整合工作力度，协同推进互联互通平台建设和全国性业务开展，到"十三五"末期基本完成全国有线网络整合，成立全国性股份公司，实现全国一张网。支持符合条件的新闻出版广播影视企业通过资本市场上市融资、再融资和并购重组做大做强。推动金融与新闻出版广播影视产业融合发展，鼓励电子商务平台发挥技术、信息、资金优势为新闻出版广播影视企业提供特色服务。

二是加快推动重点产业发展。加快发展内容产业。充分发挥新闻出版广播影视业在内容方面的核心优势，巩固提升图书、报纸、期刊产业，大力繁荣电影、电视剧、影视动画、纪录片、网络剧、微电影产业。加快发

展新媒体新服务产业。加快文化与科技的融合，大力发展数字音乐、数字教育、网络文学、动漫游戏、高清电视、移动多媒体广播电视、手机电视、数字广播、回看点播、电视院线、电视图书馆、宽带服务、智能家居、智慧社区、智慧城市等新兴新闻出版广播影视业务。加快发展网络产业。积极推进三网融合，加速技术升级、业务创新和战略转型，着力将广电网络建设成以音视频服务为主、提供多种信息服务、可管可控、安全可靠的广播电视全功能全业务综合信息网络，全面提升网络综合效益。加快发展印刷产业。推动印刷产业向绿色化、数字化、智能化、融合化方向发展，加强绿色印刷质量监督检测，推动传统印刷数字网络化发展，加强与互联网、云计算大数据的融合，支持智能印厂建设，支持纳米印刷等各类新材料和新技术的研发和应用，鼓励印刷业加快融合发展，继续建设国家印刷复制示范企业。

三是优化产业布局，调整产业结构。围绕"一带一路"建设、京津冀协同发展，长江经济带建设等国家战略，加强新闻出版广播影视产业基地（园区）和特色小镇建设，充分发挥其带动产业发展中的示范引领作用，着力打造产业集群。加快调整光盘复制业产能结构，推进大容量光存储技术研发与应用，推动产业资源整合升级。组织一批对新闻出版广播影视产业发展和结构调整全局带动性强的重大工程，推出一批对推进产业发展效果显著的重大项目，出台一批促进产业更快更好发展的重大政策，进一步提高新闻出版广播影视产业在国民经济增长中的贡献率。

专栏7　新闻出版广播影视产业发展项目
①新闻出版广播影视产业项目示范工程 　　开展新闻出版广播影视产业项目示范推广工作，每年确定一批新闻出版广播影视改革发展项目库重点项目、示范项目，拓宽项目支持渠道，充分发挥财政专项资金、基金等各级各类资金的引导作用，鼓励和支持优质项目实施。推动项目创新合作，开展多种形式的项目推介活动。
②国家音乐产业促进工程 　　建设现代音乐产业体系，搭建大型专业音乐平台，推进音乐行业标准化建设，推动音乐产业融合发展。加强国家音乐产业基地建设。实施音乐产业人才培养计划。支持原创音乐作品创作和出版。推动优秀音乐企业上市，培育一批具有国际竞争力的音乐企业。推动中国音乐"走出去"。
③绿色印刷推广工程 　　积极培育绿色印刷消费市场，鼓励引导印刷企业实施绿色印刷，支持绿色印刷产业示范项目；扩大绿色印刷产品范围和绿色印刷市场，完善绿色印刷系列标准；提高绿色印刷质量监督检测能力，加快建设绿色印刷质检实验室；不断提高绿色印刷产能在印刷业中的比重。继续支持珠三角、长三角和京津冀等绿色印刷复制产业带建设，实施振兴东北印刷产业计划和促进中西部印刷产业开发与崛起工程。
④产业基地建设工程 　　加快建设广播影视产业基地、出版创意基地、数字出版基地、印刷产业基地、音乐产业基地、版权创新基地，形成较为完整的内容创意、加工、存储、复制、传播、消费、物流产业链，集聚行业资源，培育新型业态，形成规模效应，转变基地（园区）发展方式，规范基地（园区）管理，建立和完善退出机制。建设国家新闻出版广播影视传媒融合发展基地工程。鼓励和推动书香小镇、影视小镇、音乐小镇、动漫小镇、游戏小镇、IP小镇等具有新闻出版影视特色的文化小镇建设。
⑤广电网络资源整合 　　以中国广播电视网络有限公司为主体，加快全国有线电视网络整合和智能化建设，尽快实现全国一张网，建立互联互通、安全可控的全国性数字化文化传播渠道，推进三网融合。
⑥影视强国建设 　　全面提升影视剧制作水平，加快数字影院和影视基地建设，推动电视剧、影视动画、纪录片产业规模不断壮大，培育一批有市场竞争力和影响力的影视传媒集团。

7.加快构建现代新闻出版广播影视市场体系

建立多层次新闻出版广播影视产品和要素市场，大力发展图书报刊、数字出版、影视剧等产品市场，加快培育产权、版权、技术、人才等要素市场，促进市场要素合理流动，鼓励各类市场主体公平竞争、优胜劣汰。积极拓展后产品、衍生产品市场，延伸产业链，促进产业良性循环和综合效益增长。创新新闻出版广播影视投融资市场，进一步推动金融资本、社会资本与新闻出版广播影视产业资源相结合，建立适合新闻出版广播影视发展的多样化、多元化投融资体系。推动建立新闻出版（版权）产业投资基金。鼓励大型新闻出版广播影视企业发起设立股权投资基金或公司，鼓励有条件的新闻出版广播影视单位设立财务公司等非银行金融机构。探索建立新闻出版广播影视企业上市资源储备库。支持新闻出版广播影视企业通过全国中小企业股份转让系统和区域性股权交易市场实现股权融资。鼓励大中型企业采取短期融资券、中期票据、资产支持票据等债务融资工具优化融资结构。支持具备高成长性的中小新闻出版广播影视企业通过发行集合债券、区域集优债券、行业集优债券等拓宽融资渠道。引导私募股权投资基金、创业投资基金等各类投资机构投资政策许可的新闻出版广播影视领域。加快发展流通市场。着眼于拓展大众文化消费、信息消费，大力发展连锁经营、电影院线等现代流通形式。积极引导电影院线开展特色经营和差异化竞争，大力促进电影院线规模化、集约化发展和城市数字多厅影院建设。建设聚合出版发行资源的互联网发行平台，推动网上书店健康发展，提高发行流通的信息化、智能化、标准化、集约化水平，建立布局合理、技术先进、便捷高效、绿色环保、安全有序的现代出版物流服务体系。办好重点新闻出版广播影视展会，培育新的消费增长点。

支持有条件的新闻出版广播影视企业利用众创、众包、众扶、众筹等大众创业、万众创新支撑平台快速发展。鼓励各类出版产业基地（园区）加快与互联网融合创新，推动基于"互联网+"的专业空间众创；支持开放式平台积极通过众包方式实行知识内容的创造、更新和汇集；鼓励大中型出版企业通过生产协作、开放平台、共享资源、开放标准等方式，带动上下游小微出版服务企业发展，分享众扶；在加强内容管理的同时，支持出版、印刷、发行等创意项目依法开展实物众筹。顺应网络文化消费新趋势，推出更多适合在网上体验和消费的新闻出版广播影视产品和服务，形成需求升级和产业升级协同共进的格局。

着力加强市场管理和调控。切实加强电影、电视剧、影视动画和纪录片播映市场的宏观调控，积极发展影视剧新媒体传播。进一步加强网络传播市场建设和管理，对网络传播影视剧包括境外影视剧等，实行同一尺度、同一标准。进一步规范出版物市场和电影放映市场，开展市场治理专项行动，优化市场环境。进一步加强版权市场管理。全面强化新闻出版广播电视内容版权保护、利用和管理，健全节目版权保护开发机制，盘活版权资源，巩固核心竞争力。探索版权资产的经营开发，研究建立内容版权交易云平台，促进节目交换，提升节目价值。加强新闻出版广播影视机构自主商标的保护和运用，提高自主商标的国际知名度和影响力。加快市场诚信体系建设，建立健全市场准入和退出机制，完善相关登记备案和年度核验制度，营造良好市场秩序。有效发挥行业协会和中介组织的作用。

加强新闻出版广播影视行业新型智库建设，重点建设一批具有较大影响力的高端产业智库，造就一支坚持正确政治方向、德才兼备、富于创新精神的政策研究和决策咨询队伍，通过项目招标、政府采购、直接委托、课题合作等方式，引导相关智库开展新闻出版广播影视政策研究、决策评估、政策解读等工作。

专栏8　新闻出版广播影视市场体系建设项目
①出版物现代发行网络建设工程 依托互联网技术，构建覆盖城乡、布局合理、便捷高效、线上线下相结合、垂直纵深的现代发行网络体系。加快建设乡镇网点、城镇社区网点，推动大型出版物流配送中心升级改造，完善出版物在线交易系统，鼓励相关服务企业开展出版物经营业务，推动网上书店健康发展，鼓励在农村开展多种形式的出版物代购、代销和流动销售服务。

②全国新闻出版征信系统建设工程

整合新闻出版行业内信用信息资源，建立新闻出版企业基本信息、奖励表彰、行政许可、行政处罚、重大违法违规行为记录等基础信息档案，建设行业信用信息基础数据库，构建新闻出版行业基础信用服务系统。探索建立国有新闻出版企业社会责任报告制度，建立和规范新闻出版企业信用信息发布制度、信用监管制度和失信惩戒制度。

③国家新闻出版智库建设工程

统筹整合优质资源建设若干家国家亟需、特色鲜明、制度创新、引领发展的新闻出版专业化智库，支持有条件的新闻出版科研单位先行开展高端智库建设试点，鼓励国有及国有控股新闻出版企业兴办产学研用紧密结合的新型智库。

8.深化新闻出版广播影视改革，健全确保把社会效益放在首位、实现社会效益和经济效益相统一的体制机制

进一步深化行政审批制度改革。推进"互联网+政务服务"，着力转变政府职能，提高政府效能，简政放权、放管结合、优化服务。在坚持新闻出版主管主办制度前提下，稳步推动党政部门与其所办新闻出版企业脱钩。进一步加快推进新闻出版广播影视供给侧结构性改革。从提高供给质量出发，大力优化新闻出版广播影视产业结构、产品结构、消费结构等，着力解决频道频率、报刊发展中的同质化、低效率等问题，扩大有效供给，提高全要素生产率，更好满足广大人民群众的需求。进一步深化国有新闻出版广播影视企业改革。以提高国有资本效率、增强国有新闻出版广播影视企业市场竞争力为中心，继续大力推动已转制的新华书店、图书出版社、电子音像出版社、有线网络企业、电影发行放映企业、影视剧制作企业、非时政类报刊社等新闻出版广播影视企业进行公司制、股份制改造，建立健全现代企业制度和法人治理结构。完善新闻出版广播影视企业内部运行管理机制，建立健全双效统一的评价考核机制，完善新闻出版企业总编（主编）职责管理办法。开展国有控股上市传媒企业股权激励试点，探索建立国有传媒企业股权激励机制。抓紧在网络出版、网络视听节目领域开展特殊管理股制度试点。进一步引导民营企业健康有序发展。允许非公有制广播影视企业以控股形式参与广播影视制作机构改制经营。继续推进非公有制文化企业参与对外专项出版试点工作。在坚持出版权特许经营的前提下，开展出版与制作分开试点。进一步深化公益性新闻出版广播影视机构改革。与国家事业单位分类改革相衔接，深化新闻出版广播影视事业单位劳动人事、收入分配、社会保障、经费保障等制度改革。以党报党刊所属非时政类报刊、实力雄厚的行业报刊为龙头整合报刊资源，对长期经营困难的新闻出版单位实行关停并转。稳步推进不具有独立法人资格的报刊编辑部改革。完善新闻出版单位事业与企业分开、采编与经营分开工作机制，允许公益性新闻出版单位中经营性部分转制为企业进行公司制、股份制运作，增强自身活力。

专栏9　新闻出版广播影视体制改革

①深化行政审批制度改革

持续推进简政放权、放管结合、优化服务，进一步深化审批制度改革，全面推进政务公开和依法决策，推行政府权力清单，推动实现网络审批，完善新闻出版许可准入制度，改革年审年检制度，进一步放宽发行、印刷等企业的准入条件。

②国家级骨干出版传媒企业培育工程

推动以党报党刊所属非时政类报刊和实力雄厚的行业报刊出版单位为龙头，整合本区域本行业报刊资源，打造一批形态多样、手段先进、具有竞争力的新型主流媒体集团。加快推进中国出版集团、中国教育出版集团、中国科技出版传媒集团等中央出版企业和有实力的地方出版传媒公司上市。大力推动出版、发行集团以资本为纽带跨地区、跨行业、跨所有制、跨国兼并重组，以上市出版传媒公司为龙头，加快建成一批拥有强大实力的国内一流出版传媒集团，培育若干家国际知名世界一流的大型跨国出版传媒集团。

③引导社会资本有序参与出版影视经营

在从事网络出版、信息网络传播视听节目服务等须取得行政许可业务的互联网企业，以及按规定转制的重要国有传媒企业开展特殊管理股制度试点。继续实施非公有制文化企业参与对外专项出版试点，制定实施规范图书制作与出版分开的管理办法。推出一批试点企业，

总结试点经验，适时推广试点成果。扶持"专、精、特、新"小微出版影视服务企业发展。

④"双效俱佳"新闻出版单位奖励计划

建立新闻出版单位"双效"建设评价考核指标体系，制定实施图书、音像电子、报纸、期刊及网络文学出版和新华书店等出版发行企业加强社会效益评价考核办法。表彰鼓励一批"双效"俱佳新闻出版单位，加大对社会效益突出的产业项目扶持力度，推动新闻出版单位自觉把社会效益放在首位，实现"双效统一"。

⑤国家新闻出版广播影视领军人才工程

开展新闻出版广播影视领军人才工程和青年创新人才培养工程，逐步实施重大项目首席专家制度。实施媒体融合千人培养计划，建立新闻出版广播影视高端人才和专业人才库。创新人才评选表彰评价和激励机制。探索实行职业经理人制度，推进建立首席播音员主持人、首席记者、首席编辑制度。

9.加强国际传播能力建设，传播中国声音、展现中国精神、提升中国影响

一是打造新闻出版广播影视公共外交新亮点。服务国家战略，围绕党和国家领导人高访和主场外交，配合重大国家外交行动，精心策划图书和影视节展等活动，着力推动新闻出版广播影视对外交流合作重点项目和品牌活动。做好国家重大主场外交活动的宣传报道，落实好中外媒体交流年、媒体峰会等各项任务，巩固提升北京国际图书博览会、上海国际电视节、北京国际电影节等重要节展的国际影响力，做好对港澳台宣传、媒体交流和青年媒体人工作，进一步扩大对台出版交流。

二是大力实施重点工程项目，完善国际传播网络。以"一带一路"沿线国家为重点，深入实施丝绸之路影视桥、丝路书香等工程，构建与丝路国家新闻出版广播影视合作新格局。统筹各类资源，推动重点出版集团开拓国际市场。开展中国影视剧品牌提升行动，加大介绍中国发展变化、反映当代中国精神风貌、传播优秀中华文化的精品出版物的翻译出版和国际推广力度。积极拓展海外互联网营销渠道。办好重要国际书展中国主宾国活动。

三是进一步增强"走出去"合力。坚持内外统筹、政企统筹，完善政府主导、多主体参与、市场运作的"走出去"工作机制。拓展渠道，推动我国企业与海外主流企业深入挖掘合作资源，鼓励通过合资、合作、参股等方式在外办出版社、开店建厂、合拍影视剧、合作出版图书，更好开拓国际市场。支持影视机构参与国外数字电视投资、建设和运营。积极参与全球新闻出版产品供给，深化与跨国销售机构的合作，积极拓展海外互联网营销渠道。加强对外推介平台建设，支持各类机构和企业参加国际图书和影视节展。加强与国外作家、汉学家、翻译家、出版家的合作，实施外国人写作中国计划和国外译者、作者、出版人发展计划，提升中华图书特殊贡献奖影响力，创作出版中国主题图书。加大优秀影视作品的翻译和译制扶持力度。推进实施边疆地区新闻出版"走出去"扶持计划，积极支持新闻出版企业充分依托自贸区的有关政策"走出去"。

专栏10　新闻出版广播影视国际传播能力建设项目

①新闻出版海外发展扶持工程

重点扶持一批外向型骨干企业，鼓励多种所有制出版企业以资本为纽带，通过合资、合作、参股、控股等方式，到境外建社建站、办报办刊、开厂开店，扩大境外投资，输出重点产品。实施海外出版本土化项目。支持有实力、有实绩的民营企业开拓境外市场，设立海外出版营销企业，实现跨国经营。鼓励金融机构支持新闻出版企业海外并购、境外投资。

②丝绸之路影视桥工程

以"一带一路"为主线，以内容建设、渠道建设、品牌建设和技术设备输出等为主要内容，着重推动面向丝绸之路国家和地区的影视作品创作和发行，办好"丝绸之路国际电影节"、开展面向沿线国家的影视精品译配和创作，组织沿线国家跨境采访、媒体活动等品牌活动，推动广播影视对外技术合作和工程承包等。

③丝路书香工程

面向周边国家和"一带一路"沿线国家，深入实施翻译资助、图书展会、国际出版合作、人才培养等项目，推动双边和多边在精品翻译、教材推广、网络游戏和出版物数据库推广、重点图书展会和出版本土化等方面开展广泛、深入、务实、共赢的交流与合作，集中优势打造一批知名品牌。每年资助翻译出版多语种、小语种图书150种左右。

10.加强文化信息安全建设，提升新闻出版广播影视安全保障能力

一是建立健全网络与信息安全保障体系。针对云计算、大数据等技术在融合媒体网络与业务的广泛应用，基于内容管控、日常运营、系统建设、业务管理等方面的新闻出版广播影视网络与信息安全需求，建立健全安全保障体制机制，构建适应新技术发展的立体化信息安全防护体系。研究建立覆盖行业内生产业务相关信息系统、新媒体相关信息系统以及各类互联网业务系统的网络安全态势感知平台、技术标准和制度机制，提升新闻出版广播影视融合媒体信息安全纵深防御和服务能力，全面提高行业网络与信息安全保障水平。培养支持行业内科研院所建立网络安全技术平台、人员队伍和专家团队，为行业网络安全工作提供有力支撑。

二是进一步加强广播电视安全播出保障体系建设。按照国家和行业信息安全要求，适应媒体融合发展方向和信息技术演进趋势，积极开展融合媒体安全播出技术体系研究，完善符合融合媒体运管特征的监防体系，重点加强技术装备、基础设施建设和网络化、智能化建设，完善制播传输、安全管理、指挥调度、预警监测、应急处置等方面技术保障系统，健全体制机制，加强队伍建设和经费保障，强化统一联动、上下贯通、分级负责，建立健全新技术条件下的安全播出管理体制和运行机制，打造一体化的可信、可控、可管的广播电视安全播出保障体系，为确保广播电视安全播出提供有力支撑。

三是加强意识形态及文化信息安全保障能力建设。充分用好"扫黄打非"平台，有效整合相关部门资源，深入开展专项行动，坚决打击新闻出版广播影视领域的违法犯罪活动。持续开展网上"扫黄打非"，建立高效、完备、有力的网上"扫黄打非"工作体制机制。坚持传统媒体和新兴媒体管理一个标准、一把尺子，督导网站落实主体责任和项治理相结合，先审后播后发制度。坚持日常监管与专坚决遏制过度娱乐化和低俗倾向。加强综艺娱乐类节目管理和宏观调控。加强对重点报刊使用网络低俗语言的监测、监督和检查。加强网络视听节目直播服务管理。保持打击新闻敲诈、假新闻以及假媒体、假记者站、假记者的高压态势。加大报刊和广播电视虚假违法广告整治力度。加强印刷复制发行市场监管，加大对内部资料性出版物、网上书店等重点领域治理力度。依托广播电视有线网络专网优势，为未成年人和用户提供绿色健康的互联网内容。着力加强广播电视台站安全防护、应急体系建设，继续丰富和拓展联防协作工程，深入推进"扫黄打非"进基层，不断夯实工作基础。

四是全面提升新闻出版广播影视监测监管能力。紧密结合广播电视公共服务和融合媒体业务发展，充分运用大数据、云计算等先进技术，同步进行监测监管系统升级改造和建设，推进监测监管系统的网络化、智能化、协同化。以中央和省为重点，统筹兼顾内容与技术、传统媒体与新兴媒体、国内与国外，建设技术监测、视听新媒体监管、内容监管、安全播出、信息安全五位一体的全国广播电视监测监管系统。创新监管机制，再造监管流程，构建包含制度规范、机制运行、技术标准、研判分析、应急处置等方面的全国统一监测监管结构化体系，对内容、业务、网络、终端等进行全流程监测监管。完善数字电影技术服务监管平台建设，强化电影市场和质量监管，提升电影监管的现代化水平。建立全国报刊年检信息化系统，推动网络文学作品数字内容标识试点应用。

专栏11　新闻出版广播影视文化信息安全保障能力建设项目
①广播电视监测监管体系建设工程 　　完善传统广播电视媒体监测监管业务系统、广播电视监督投诉系统；建设全国广播电视监测监管云平台，建设广播电视监测监管标准体系、内容监管系统、监测监管综合值守系统、智能研判与决策支撑系统、应急广播调度控制平台与应急广播效果监测评估系统。 ②国家新闻报刊数字监管系统 　　建设标准统一的全国报刊数据中心和全国报刊年度核验信息化系统。建设完整的报刊出版版式和数字化报刊内容数据库，完成对重点报刊的建库，实现对报刊内容多维度挖掘和分析，提高报刊内容监管能力。进一步改进优化"全国新闻记者证管理及核验网络系统"，加强对新闻从业人员的监管。

11.加强版权管理，大力发展版权产业

加强版权保护体系建设。大力推进互联网环境下的版权治理与流通体系建设，坚持先授权后使用、先授权后传播原则，完善原创作品版权保护和有偿使用制度，建设与完善国家版权监管与服务平台。加大网络版权监管，重点打击各种利用新技术手段侵权盗版的行为。推进建立软件正版化长效机制，实行适合我国发展国情的著作权保护制度，维护著作权人合法权益，营造公平、开放、透明的版权产业环境，增强市场主体创新创业动力。加强版权社会服务体系建设。完善著作权登记制度，推进全国版权示范城市、示范单位、示范园区（基地）建设。加快版权产业发展，提高版权产业的经济贡献。推动设立版权贸易引导资金和版权产业发展基金。建立并完善全国性版权贸易、版权交易协作联盟，加强在线版权交易服务平台建设，以互联网思维创新版权交易模式。完善版权贸易的配套机制，建立健全版权金融服务体系，完善版权评估、质押、投资、融资相关制度。加快构建数字版权唯一标识符（DCI）体系。创新互联网环境下版权的确权授权、版权公示、代理、争议解决、收益分配新机制。加强在线版权交易、使用与保护的相关技术研发。鼓励社会力量创办和参与各类版权中介服务机构，发挥其在反盗维权及版权社会管理和服务方面的作用，加强行业自律。加强版权涉外应对体系建设，妥善处理多双边关系，维护国家核心利益，树立中国版权良好国际形象。

专栏12　国家版权监管和版权产业推进项目
①版权监管与服务平台项目 　　完善国家版权监管平台，实现版权执法、著作权登记和软件正版化等版权工作信息的及时报送、统计、公告和查询，实现对网络侵权盗版行为的有效监管，建设对著作权集体管理组织及著作权涉外认证机构的监管与服务网络，构建地方版权管理与执法机构的联系沟通信息网。
②数字版权唯一标识符体系建设工程 　　建设数字版权唯一标识符（DCI）体系业务支撑平台，重点在数字版权登记、版权交易结算、版权智能监测取证等环节推广数字版权唯一标识符标准，搭建全国数字版权基础信息数据库。
③国家版权示范工作推进工程 　　持续开展全国版权示范城市、示范单位、示范基地（园区）创建工作，争取创建5-10个示范城市、50-100个示范单位、10-20个示范基地（园区），充分发挥各示范主体的引领和带动作用。
④全国版权交易体系建设推进工程 　　重点培育5-10个在"一带一路"沿线、国家综合改革试验区、自由贸易区内的版权交易中心（基地），建立并完善全国性的版权贸易、版权交易协作联盟。推进"版权云"建设项目。建设国家版权交易平台，实现国内版权交易大数据应用。

四、保障措施

（一）加强党的建设，强化组织保障

按照中央全面从严治党的重要部署，强化各级党组织管党治党政治责任，健全和完善党对新闻出版广播影视工作的领导体制机制。大力推进新闻出版广播影视单位党的建设和思想政治工作，深入学习贯彻习近平总书记系列重要讲话精神，深入开展马克思主义文艺观、新闻观、出版观教育，引导广大新闻出版广播影视工作者牢固树立"四个意识"，自觉坚决向党中央看齐、向习近平总书记看齐、向党的理论和路线方针政策看齐、向党中央决策部署看齐，做党的政策主张的传播者、时代风云的记录者、社会进步的推动者、公平正义的守望者。积极探索新形势下加强党的建设的新途径新方法，改进工作体制机制和方式方法，制定在国有新闻出版广播影视企业加强党的建设的指导意见，明确党组织在公司法人治理结构中的法定地位，推动党的组织和党的工作在新闻出版广播影视各社会组织的全覆盖，切实发挥党组织的政治核心和保证监督作用。落实《关于新形势下党内政治生活的若干准则》和《中国共产党党内监督条例》，严明党的纪律和规矩，严格落实民主集中制、党内政治生活、重大问题请示报告等制度，加强党内监督，健全问责机制，强化对权力运行的制约和监督。大力推进精神文明建设和行风建设，贯彻落实《新闻出版广播影视从业人员廉洁行为若干规定》和《新闻出版广播影视从业人员职业道德自律公约》，强化行业治理，弘扬新风正气。压紧压实党风廉政建设主体责任和监督责任，巩固反腐败成果，增强拒腐防变和抵御风险能力，构建清正、清廉、清明的行业生态。

（二）加强依法管理，强化法治保障

坚持以管理保导向保安全、以法治促改革促发展，推进新闻出版广播影视治理体系和治理能力现代化。切实加强法治建设，着力推动新闻出版广播影视重点立法项目，完善依法行政工作机制。重点推进《电影产业促进法》《公共文化服务保障法》贯彻实施，推进《著作权法》及其配套法规的立、改、废工作，配合国务院法制办公室推进《全民阅读促进条例》《广播电视传输保障法》立法进程，完成《广播电视法》在本行业内的基础调研和研究论证，配合有关部门推动《文化产业促进法》尽快出台。落实《党政主要负责人履行推进法治建设第一责任人》《法治政府建设实施纲要（2015—2020）》，围绕建设服务政府、法治政府、责任政府、廉洁政府，进一步深化行政审批制度改革，全面推进政务公开和依法决策，推行政府权力清单，完善管理体制，理顺管理关系，落实管理职责，不断完善权责统一、权威高效的新闻出版广播影视依法行政体制。围绕强化事中事后监管，加强新闻出版广播影视机构准入管理和日常监管，规范和完善畅销书等各类排行榜，建立健全科学合理的出版产品评价体系、质量监督检验管理体系及认证体系。把党管媒体的原则贯彻到新媒体领域，将从事新闻信息服务、具有媒体属性和舆论动员功能的传播平台纳入管理范围。深入开展"扫黄打非"工作，坚决惩处各类违法违规行为，进一步营造公平有序的市场环境。全面规范广播影视播出秩序，重点加强广播电视节目、电影、电视剧、网络视听节目、广告播出等的管理，改进宏观调控，强化行业准入，建立违规主体退出机制；坚决依法查处非法设立台站、违规开办频率频道、擅自调整频率频道定位、违规跨地区合办频率频道、擅自开展地面数字电视广播等问题；坚决抵制违法犯罪和丑闻劣迹者在广播影视节目中发声出镜，坚决打击偷漏瞒虚报电影票房及盗录盗播电影行为，认真开展违规广告、违规视听节目整治工作。加强报刊年度核验工作，停办退出一批严重违法违规、无法正常出版的报刊。

（三）加快科技创新，强化技术保障

充分发挥政策引导作用，建立健全科技工作政策与相关规章制度，着力推进科技人力资源、基础科技环境、前沿技术跟踪研发、科技应用支撑领域建设，完善新闻出版广播影视科技创新体系。落实国家大数据战略要求，大力推进新闻出版大数据体系建设。深入实施"宽带广电"战略和"广电+"行动计划，大力推进广播电视传统媒体与新兴媒体融合发展工程、广播影视数字化提升工程、广播电视文化信息安全保障能力建设和广播电视监测监管体系建设工程。整合相关资源，加强新闻出版广播影视科技机构建设。紧紧围绕国家科技发展

战略和新闻出版广播影视发展需求,积极引入国家和社会资金支持,在电子政务、公共服务、行业服务、产业发展四个层面,推动实施一批具有战略性、创新性和引导性的重点工程项目,建设一批技术水平高、带动性强、服务性好的创新型综合服务平台,更多运用财政后补助、间接投入等方式,支持企业自主创新、先行投入开展重大关键共性技术及装备研发攻关,实现关键共性技术和装备研制突破,为新闻出版广播影视业科学发展提供科技支撑。深入推进新闻出版广播影视标准化建设,建设数字出版标识符体系,推进《国际标准关联标识符(ISLI)》《中国出版物在线信息交换(CNONIX)》《数字版权唯一标识符(DCI)》、出版物质量检测标准、电子书内容、绿色印刷等新闻出版领域相关标准的应用,加强大数据、云计算、虚拟现实、人工智能、物联网等在新闻出版广播影视领域应用的研究,推进中国巨幕、智能电视操作系统、无线双向覆盖等自主知识产权科技项目成果推广应用。建立完善新闻出版广播影视技术标准体系,积极推动自主研发的国内新闻出版广播影视标准走向国际。

(四)加强政策支持,强化政策保障

认真贯彻党中央、国务院关于加强党的新闻舆论工作和宣传思想工作、深化文化体制改革、加强社会主义核心价值体系建设、弘扬中华优秀传统文化、加强文艺工作、推进媒体融合发展、构建现代公共文化服务体系、推进三网融合、建设网络强国、促进信息消费等方面的一系列重大政策措施,加大政策创新和执行落实力度,发挥好政策扶持激励和引导调控作用,保障新闻出版广播影视改革发展顺利推进。结合新闻出版广播影视实际和发展需求,积极争取发改、财政、金融、税务、国资等部门的支持,形成支持新闻出版广播影视发展的稳定的财政保障机制和投融资体系;积极协调规划、国土、建设、环保、市政等部门,为新闻出版广播影视发展创造良好的基础设施条件;积极加强与宣传、文化、网信等部门的沟通联系,确保新闻出版广播影视事业产业发展形成合力。进一步加强新闻出版广播影视行业统计分析、整体政策研究和发展绩效评估,为新闻出版广播影视改革发展提供可持续的顶层设计和系统规划。

(五)加强队伍建设,强化人才保障

积极适应新闻出版广播影视改革发展新形势新任务新要求,按照坚持正确政治方向、舆论导向、新闻志向、工作取向的要求,进一步加强新闻出版广播影视各级各类干部人才队伍的政治素养、理论水平、政策水平、法治意识和业务能力建设,培养造就一支政治坚定、业务精湛、作风优良、党和人民放心的新闻出版广播影视工作队伍。加强专业人才队伍建设,实施重点人才培养工程,全面规划、系统培养领导人才、经营管理人才、专业技术人才,特别是复合型人才与行业急需紧缺人才。落实好文化名家工程暨"四个一批"人才工程部署,继续深入开展新闻出版广播影视行业领军人才工程、名人名品工程和青年英才、创新人才培养工程,实施媒体融合千人培养计划,切实抓好"影视创作百人计划""优秀青年导演编剧扶持计划"等人才项目,实施"新闻出版广播影视专业技术人才知识更新工程",逐步实施重大项目首席专家制度。服务行业发展,开展大规模教育培训,完善新闻出版广播影视专业技术人员继续教育制度,分类组织开展行业急需紧缺人才和专业技术人才继续教育,积极推进行业教育培训师资队伍建设和培训教材建设,加强培训基地建设,拓展培训手段,丰富培训内容,提高培训的针对性和实效性,充分发挥教育指导委员会和行业指导委员会作用。支持高等院校开办新闻出版广播影视相关专业,大力培养新闻出版广播影视融合发展各类新型人才。加大在基层实践中培养锻炼人才力度,积极选派优秀人才到基层单位挂职锻炼。以职业准入和岗位准入为抓手,加强基层和西部边疆地区人才队伍及专业技术力量培养建设,实施内地与新疆出版专业人才互派交流工作。严格新闻采编从业人员职业资格准入制度,完善新闻出版广播影视专业技术人员职业资格制度,制定新闻采编、数字编辑人员职业资格制度及职业资格考试办法,实现对新闻出版工作者管理的全覆盖。进一步加强广播电视编辑、记者、播音员、主持人职业资格管理,研究建立视听新媒体从业人员职业资格制度,做好体制外人员的管理服务工作。推进职称评审与专业技术人才继续教育制度衔接,加快专业技术人才知识更新。根据行业发展需要,推进新闻出版广播影视职称制度改革工作,修订新闻出版广播影视职称评价标准,健全高级职称层级设置。加大新兴媒体内容

生产、研发、资本运作和经营管理等各类人才培养引进力度。把非公有新闻出版广电机构的人才队伍纳入行业人才队伍建设体系。通过市场化选聘人才的办法，探索实行职业经理人制度，推进建立首席播音员主持人、首席记者、首席编辑制度。创新人才选拔、人才评选表彰评价和激励机制，加强对优秀人才和先进模范的培养、发现、宣传和激励，营造人才成长良好氛围，形成有利于各类人才脱颖而出的体制环境。

（六）加强组织领导，强化规划落实

全国新闻出版广播影视系统各部门、各单位要从全局和战略高度，充分认识"十三五"时期新闻出版广播影视发展规划的重要地位和作用，切实加强组织领导，明确规划实施责任，把规划提出的目标任务纳入本部门、本单位重点工作计划，结合实际细化目标、细化措施、细化分工，强化统筹协调、强化督促检查，按照"课题式设计、项目式管理、工程式推进、台账式督查、绩效式考核"工作方法，切实抓好各项任务的落实。同时，要积极争取各级党委政府的重视和支持，确保新闻出版广播影视始终在各级党委政府的有力领导下沿着正确方向不断前进，确保新闻出版广播影视改革发展重大任务纳入本地区经济社会发展全局，确保新闻出版广播影视改革发展成果惠及于民。要完善规划监测评估机制，在规划实施的中期对实施情况进行跟踪分析并可根据实际情况适当调整目标任务，在规划实施的终期对实施情况进行总结评估，并将评估结果与规划实施责任部门和责任人绩效评价考核相挂钩。各地区新闻出版广电部门要结合本地实际，编制好本地区新闻出版广播影视发展规划并与本规划做好衔接，确保各项任务措施落到实处。

"十三五"国家科普和创新文化建设规划

发文单位：科技部、中央宣传部

《"十三五"国家科普和创新文化建设规划》依据《中华人民共和国国民经济和社会发展第十三个五年规划纲要》《国家创新驱动发展战略纲要》，实施《中华人民共和国科学技术普及法》，完成《国家中长期科学和技术发展规划纲要（2006—2020年）》《全民科学素质行动计划纲要（2006—2010—2020年）》《"十三五"国家科技创新规划》确定的科学普及和创新文化建设的相关任务编制，主要明确"十三五"时期科普和创新文化建设的指导思想、发展目标、重点任务和主要措施，是国家在科普和创新文化建设领域的专项规划，是指导我国科普和创新文化建设的行动指南。

一、形势与需求

科技创新和科学普及是实现创新发展的两翼。"十二五"期间，党和国家高度重视科学技术普及和创新文化建设工作，政府科普工作协调机制发挥积极作用，社会各界广泛参与，科普活动广泛开展，创新文化建设深入推进，我国科普事业和创新文化建设取得了显著成效。

（一）科普和创新文化建设成效显著

一是公众科学素质和创新文化意识不断提升，据测算，我国公众具备基本科学素质的比例达到6.2%，实现了"十二五"科普规划确定的超过5%的目标。二是科普人才队伍持续增长，全国共有科普人员205.38万人，每万人口拥有科普人员14.94人，分别比2010年增长17.27%和14.40%。三是科普经费投入稳定提高，科普经费来源渠道仍以政府为主。全社会科普经费筹集额141.2亿元，比2010年增长41.88%；政府拨款占75.54%，比2010年的68.42%提高了近7个百分点。全国人均年科普专项经费4.63元，比2010年增长77.39%。四是科普场馆建设力度加强，全国共有科技馆和科学技术类博物馆1258个，比2010年增长41.35%；参观人数共计15206.21万人次，比2010年增长61.15%。每万人拥有科普场馆面积74.8平方米，比2010年增长101%。五是科普传播形式日趋多样，科普图书、科普期刊、广播电视科普栏目等传统传播形式保持稳定，以移动互联为代表的新媒体迅猛增长，成为科学传播的重要平台，全国科普网站达到2612个，比2010年增长了22.80%。六是群众性科技活动成效显著，公众年度参与科普活动人数超过6.22亿人次，向公众开放开展科普活动的科研机构和大学数量超过7241个，比2010年增长43.81%。七是创新文化环境正在形成，营造鼓励创新、宽容失败、开放包容的创新文化成为社会共识；关注创新、服务创新、支持创新、参与创新的良好社会风尚初步树立，大众创新创业渐成潮流。

科普工作和创新文化建设虽然取得了显著成效，但仍然存在一些突出问题和不足。科技创新与科学普及"一体两翼"不平衡，各级政府对科普工作重视不够，重科研、轻科普，科普与科研脱节现象仍然存在。公民科学素质总体水平较低，城乡和区域差别较大，难以适应经济社会快速发展的需要。科普产品研发能力弱，科普作品创作水平不高，基础设施建设不均衡，科普服务能力不强，展陈和传播内容同质化、单一化现象较为突出，科普供给侧未能满足公众快速增长的多元化、差异化需求，特别是面向劳动者和老年人的科普成效不高。对公众关注的热点问题和前沿科学技术最新进展快速响应不足，权威发声不够，应急科普机制不健全。运用市场化手段广泛调动社会力量参与科普的机制亟待完善，社会化、市场化、常态化、泛在化的科普工作局面尚未形成。全社会的创新文化氛围尚不浓厚，崇尚创新的价值取向仍未牢固确立，质疑探究、勇于创新的风气尚未全面形成，鼓励创新、宽容失败的体制机制保障尚未到位，评价激励制度滞后于创新发展的要求，科技人才创新创业活力亟待充分激发，企业创新的内在动力不足。

（二）科普和创新文化建设面临新需求

"十三五"是全面建成小康社会的决胜阶段，也是进入创新型国家行列的冲刺阶段，对科普工作和创新文化建设提出了新的更高要求。实施创新驱动发展战略，适应和引领经济发展新常态，实现经济发展动力转换、结构优化、速度变化，不仅需要提升科技创新能力，还需要强化创新文化氛围，推进大众创业、万众创新，把科技创新的成果和知识为全社会所掌握、所应用；普遍提高人民生活水平和质量，实现贫困人口全面脱贫，提升社会文明程度，改善生态环境质量，需要进一步在全社会弘扬科学精神、普及科学知识，大幅度提升公民科技意识和科学素质，提高公民解决实际问题和参与公共事务的能力。

面对新形势新需求，"十三五"科普和创新文化建设工作要与时俱进、开拓创新，努力实现以下转变：在科普工作对象上，由重点面向青少年群体向面向包含劳动者、老年人和贫困落后地区群众的全体公众转变；在科普产品供给上，由增加数量规模向更加注重结构优化、质量提升转变；在科普内容上，由"低幼化"的一般科学技术知识向更加注重弘扬科学精神、掌握科学方法、传承中华优秀传统文化，普及新技术新成果转变；在传播方式上，由传统媒体传播、场馆展示为主向传统媒体和新媒体融合和互动转变；在科普工作方式上，由政府主导抓重大科普示范活动向政府引导、全社会参与的常态化、经常性科普转变；在科普工作发展上，由重点开展公益性事业科普向统筹做好公益性科普事业与经营性科普产业转变；在创新文化建设上，由重点优化科研环境为主向营造全社会的创新创业环境和建立健全创新激励政策体系转变。

二、指导思想与发展目标

（一）指导思想

全面贯彻党的十八大和十八届三中、四中、五中、六中全会精神，认真学习贯彻习近平总书记系列重要讲话精神和治国理政新理念新思想新战略，树立和贯彻创新、协调、绿色、开放、共享发展理念和"四个全面"战略布局，扎实推进创新驱动发展战略，坚持政府引导、社会参与、市场运作，以提升公民科学素质、加强科普能力和创新文化建设为重点，大力推动科普工作的多元化投入、常态化发展，切实提升科普产品、科普服务的精准、有效供给能力和信息化水平，进一步完善科普政策法规体系，着力培育创新文化生态环境，充分激发全社会创新创业活力，为全面建成小康社会、建设创新型国家和世界科技强国奠定坚实的社会基础。

（二）发展目标

到2020年，科学精神进一步弘扬，创新创业文化氛围更加浓厚，以青少年、农民、城镇劳动者、领导干部和公务员、部队官兵等为重点人群，按照中国公民科学素质基准，以到2020年我国公民具备科学素质比例超过10%为目标，广泛开展科技教育、传播与普及，提升全民科学素质整体水平。国家科普研发、创作能力和科学传播水平显著提高，科普基础设施体系基本形成，科普基地布局更加合理，科普体制机制进一步优化，公益性科普事业和经营性科普产业统筹协调发展，关注创新、服务创新、支持创新、参与创新的良好社会氛围基本形成。具体目标为：

——公民具备科学素质的比例超过10%，力争比"十二五"提高5个百分点。

——科普投入显著提高。完善多元化投入机制，企业、社会团体、个人等成为科普投入的重要组成。

——科普作品的原创能力、传播水平和科普展教品研发能力达到中等发达国家水平。

——形成门类齐全、布局合理、特色鲜明的科普基础设施体系，力争达到每60万人拥有一个科普场馆。

建设一批国家科普示范基地，国家特色科普基地形成体系。

——创新文化氛围基本形成。公众创新意识明显增强，面向公众传播科学精神和培育创新文化的机制基本建成，在全社会形成科学、理性、求实、创新的价值导向。

三、重点任务

根据指导思想和发展目标，"十三五"期间重点开展以下任务：

（一）提升重点人群科学素质

加快实施全民科学素质行动计划，以青少年、农民、城镇劳动者、领导干部和公务员、部队官兵等为重点人群，以青少年、城乡劳动者科学素质提升为着力点，开展《中国公民科学素质基准》的宣贯实施，全面推进公民科学素质整体水平的跨越提升，特别关注少数民族、贫穷、边远、落后地区群众科学素质的提升，缩小城乡和区域差别，提高公民解决实际问题和参与公共事务的能力，保障全面建成小康社会。

1.提高青少年科学素质。结合普及义务教育，以增强创新意识、学习能力和实践能力为主，完善基础教育阶段的科学教育。鼓励中小学建立跨学科的科学技术实践创新中心，积极开展研究性学习与科学实践、社会服务与社会实践活动。以培养劳动技能为主，加强中等职业学校科技教育，推动科技教育与创新创业实践进课堂进教材，系统提高学生科学意识、创新精神和实践能力；以提升创新创业能力为主，完善高等教育阶段的科技教育，鼓励在校大学生开展创新性实验、创业训练和创业实践。充分发挥现代信息技术在科技教育和科普活动方面的积极作用，大力开展线上线下相结合的青少年科普活动。发挥非正规教育的促进作用，促进学校科技教育和校外科普活动的有效衔接。

2.提高劳动者科学文化素质。大力开展农业科技教育培训，全方位、多层次培养新型职业农民和农村实用技术人才。广泛开展形式多样的农村科普活动，大力普及绿色发展、安全健康、节约资源、耕地保护、防灾减灾等科技知识和观念，传播科学理念，反对封建迷信，帮助农民养成科学健康文明的生产生活方式。加强农村科普公共服务体系建设，提升乡镇村寨科普服务能力。创新教育渠道和载体，推动建立公益性培训制度。将普及实用技术与提高农民科学素质结合起来，加强农村科普信息建设，探索培养新型职业农民的多种途径，开展针对性强、务实有效的农业科技培训，鼓励和支持农民创新创业。加大对革命老区、少数民族地区、边疆地区和贫困地区科普工作的精准帮扶，大力提高农村妇女和留守人群的科学素质。继续实施农业从业人员培训，鼓励职业院校，根据就业市场需求和企业岗位实际要求，参与开展对进城务工人员、农村转移就业劳动者的订单式或定岗培训，提高其职业技能水平和适应城市生活的能力。开展各种形式的职业培训、继续教育、技能竞赛和经常性科普活动，提高城镇劳动者科学素质和职业技能，更好地适应经济社会和自身发展的要求。依托街道、社区公共服务场所和设施，建立创新创业场所，提升社区科普能力和创业服务水平，提升居民应用科学知识解决实际问题、改善生活质量、应对突发事件的应变能力，促进居民形成科学文明健康的生活方式。开展老年人科技传播与科普服务，促进健康养老、科学养老。

3.提高领导干部科学决策和管理水平。把科技教育作为领导干部和公务员培训的重要内容，突出科技知识和科学方法的学习培训，注重科学思想、科学精神的培养。引导领导干部和公务员不断提升科学管理能力和科学决策水平。积极利用网络化、智能化、数字化等教育培训方式，扩大优质科普信息覆盖面，满足领导干部和公务员多样化学习需求。提高领导干部和公务员的科技意识、科学决策能力、科学治理水平和科学生活素质。不断完善领导干部考核评价机制，在领导干部考核和公务员录用中体现科学素质的要求。制定并不断完善领导干部和公务员科学素质监测、评估标准。广泛开展针对领导干部和公务员的科技讲座、科普报告等各类科普活动。

4.提高部队官兵科学素质。着眼科技强军目标，完善军队科普工作体系，加强军队科普能力建设。开展适合官兵特点的科普活动，传播科技知识，培养科学思想和科学精神。针对使命任务需求，培训科学理论和科学方法，提升官兵打赢信息化战争能力。

（二）加强科普基础设施建设

完善国家科普基础设施体系，大力推进科普信息化，实施科普基础设施建设工程，依托现有资源，因地制宜建设一批国家科普示范基地和国家特色科普基地，充实拓展专业特色科普场馆和基层科普基础设施，提高科普基地的教育、服务能力和水平，支持和推动有条件的科研机构、科研设施、高等学校和企业向公众开放，开展科普活动，提高科普基本服务能力和水平，建立国家科普基地评估评价机制和指标体系。

1.加强科普场馆设施建设。推进科普基础设施的系统布局，建立以实体科技馆（科技类博物馆）为基础，流动科技馆（科技类博物馆）、学校科技馆、数字科技馆、科普大篷车为延伸，辐射基层科普设施的中国特色现代科技馆体系。支持部门、地方建设适应需求、各具特色的科普基地。进一步优化布局和结构，推动中西部地区和地市级科普基础设施的建设，缩小地区差距。推动有条件的企事业单位、社会团体因地制宜建设一批具有产业、领域或学科特色的专题科普设施。结合基层公共服务设施，统筹建设街道（乡镇）、行政村、社区科技创新（操作）室、科普活动站（室、中心）、科技图书室、科普画廊等基层科普场所。

2.推进国家科普基地建设。按照需求导向、合理布局、特色鲜明的原则，推进国家科普示范基地和国家特色科普基地建设。依托大科学工程、大科学装置、国家（重点）实验室、重大科研试验场所等现有国家高端科技资源，以及部门、地方和企业带动性、示范性强的科普场所，选择条件成熟的建立国家科普示范基地和特色科普基地，面向公众或特定群体开展科普活动，提升其科技教育与科普服务的示范、带动作用。新建国家重大科研设施要充分考虑科普功能，同步规划、同步设计、同步建设。

3.提升科普基本服务能力。加强基层科普服务能力建设的内容，着力提高各级各类科普基地、机构的服务能力、水平和成效，推动青少年宫、妇女儿童活动中心、文化宫、图书馆、实体书店、农家书屋、社区阅读中心等增加科普与服务功能；引导海洋馆、野生动物园、主题公园、自然保护区、森林公园、地质公园、动植物园等增强科普与服务功能；支持中小科普场馆充实展教内容，为中小科普场馆提供技术支持和人员培训服务，提高其业务水平；鼓励和支持科普基地结合自身优势，开展进农村、进校园、进社区、进企业、进军营科普活动。加强"流动科技馆（科技类博物馆）"建设，为乡镇学校、特别是边远贫困地区、革命老区、少数民族地区提供科普服务。

（三）提高科普创作研发传播能力

实施科普创作研发提升工程，综合运用政府鼓励、市场激励等手段，激发创作研发活力，推出一批高水平、高品质、多元化的科普作品和产品。实施科技传播能力提升工程，加强科技传播体系建设，充分激发传统媒体的科技传播活力，大力推进新媒体、自媒体等基于移动互联的"互联网+科普"新技术、新形式的运用，拓展科学技术普及速度、广度、深度，满足社会、公众对生产、生活中相关知识的迫切需求。

1.提升科普原创能力。加强科普创作人才培养，推动科研人员和文艺工作者的跨界合作。以多元化投资和市场化运作的方式，加大对优秀科普原创作品以及科普创作重要选题的资助，产生一批水平高、社会影响力大的国产原创科普精品。制定科幻创作支持措施，推动我国科幻作品创作与生产进入国际一流水平。支持科普游戏开发，加大传播推广力度。开展全国优秀科普作品、影视、微视频、微电影、动漫的评选推介等活动，推动优秀作品在广播电台、电视台、院线、科普场馆、门户网站等进行播放，扩大科普作品的影响力。以作品征集、推介、评奖等方式，加大对优秀原创科普作品的扶持、奖励力度，激发社会各界人士从事科普作品创作的热情。

2.增强展品研发能力。鼓励科普机构、科研机构、产学研中心等建立科普产品研发中心，提高科普产品的原始创新能力。建设一批科普影视、科普出版、科普动漫、科普创意等科普创作、研发示范试点。着力增强产品研发团队的能力建设，推动最新科技创新成果向科普产品的转化，支持科普展品（展教具）的研究开发，引导社会力量投身科普展教品研发工作。

3.提升传统媒体传播力度。引导中央及地方主要新闻媒体加大科普宣传力度，加强科普宣传载体建设，继续发挥好广播电视的传播作用，制作播出贴近生活、丰富多彩、形式多样的科普节目，打造吸引力强、参与度高、受众面广的科普品牌栏目。促进出版单位增加各类科普出版物的品种，提高质量，扩大发行量，综合类和行业类报纸、期刊杂志增加科普栏目的数量和版面。推动各类大众传播机构参与科普作品的创作与制作，加大对重大科技成果、事件、人物及社会热点的宣传力度。

4.推进科普信息化建设。促进信息技术与科技教育、科普活动融合发展，实现科普理念、科普内容、传播方式、运行和运营等服务模式的不断创新。重视"互联网+科普"科技传播，以科普的内容信息、服务云、传播网络、应用端为核心，构建科普信息化服务体系。创新基于互联网的科普传播方式和载体，充分发挥微博、微信、移动客户端APP等新媒体即时、快速、便捷的传播优势，提高科学传播的吸引力和渗透力。开发一批内容健康、形式活泼、高科技含量的网络科普产品，大力发展网络虚拟科普、数字科普。鼓励和支持重点门户网站、政府网站和新闻网站开设科普专栏，建设网上科普展厅，培育和扶植若干吸引力强的品牌科普网站，促进网站之间开展科技传播交流与合作，提升网络科学传播广度和深度。

5.创新科学传播方式。创新科普讲解方式，提升科普讲解水平，增强科学体验效果。借助信息技术、特别是互联网技术的发展，实现科学传播方式的创新，推进科普讲解的规范化、标准化，开展科普讲解竞技活动，提高讲解能力和技巧。促进科普展览内容和展览形式的创新，倡导快乐科普理念，增强参与、互动、体验内容。大力应用VR（虚拟现实）、AR（增强现实）、MR（混合现实）技术，开发科普互动展品、产品，丰富科普内容和传播方式。

（四）加强重点领域科普工作

建立起经常性与应急性相结合的科普工作机制，做好重点领域常态化科普工作，加强社会热点和突发事件的应急科普工作。

1.做好重点领域科普。围绕信息技术、生物、航天、航空、核、海洋、高端装备制造、新能源、新材料、健康等高新技术产业和战略新兴产业开展形式多样的科普工作，提高公众对战略性新兴产业的认知水平，为产业转型升级，促进经济保持中高速增长奠定良好群众基础。

2.及时开展应急科普。普及绿色低碳、生态环保、防灾减灾、科学生活、安全健康、节约资源、应急避险、网络安全等知识，针对环境污染、重大灾害、气候变化、食品安全、传染病、重大公众安全等群众关注的社会热点问题和突发事件，及时解读，释疑解惑，做好舆论引导工作。结合重大热点科技事件，组织传媒与科学家共同解读相关领域科学知识，引导公众正确理解和科学认识社会热点事件。对涉及公众健康和安全的工程项目，建立面向公众的科学听证制度，扩大公众对重大科技决策的知情权和参与能力。

3.发挥品牌活动示范。继续组织实施好"科技活动周"、文化科技卫生"三下乡""公众科学日""中国航天日""科普日""院士专家科普巡讲""科技列车行""科学使者校园行""航海日"等品牌科普活动。针对新时期群众性科技活动特点，创新活动手段、丰富活动内容、提升活动效果，使这些活动在时间上延续、在空间上拓展。结合世界地球日、环境日、海洋日、气象日、国际博物馆日等国际纪念日，我国传统节日、防灾减灾日、安全生产月、文化和自然遗产日等，组织开展形式多样、各具特色的主题科普活动。针对新时期农民对科技的需求，创新科普服务的载体和方式，拓展服务的渠道和范围，提升科普服务的水平和质量，深入广泛开展科技特派员、科技入户、科技110、科技专家和致富能手下乡等农村科普活动。鼓励有条件的农村职业学校、成人教育机构、中小学建立科普实验室、科技创新（操作）室、创新屋，使科技人员、科技活动常下乡、常在乡。

4.提升科普服务能力。推动科技馆、博物馆、少年宫、图书馆、文化馆、基层综合性文化服务中心、公园、动植物园、自然风景区等面向公众开展贴近生产、生活的经常性科普活动，增强科技吸引力，提升科普服务效果。及时通过科普讲座、科普讲解、科学实验演示等方式向社会宣传前沿科技知识，实现高端科技资源科普化。推动高新技术企业、军工企业对公众或特定人员开放研发机构、生产设施，组织开展各种观摩体验活动，让公众近距离感受现代制造业和现代服务业的科技含量。充分利用科普活动站（室）、科普宣传栏、流动科技馆等多种载体，采用群众喜闻乐见的形式，以普及知识、更新观念和传授技能为重点，切实加强对基层，特别是贫困、边远地区群众的科普服务能力。

5.加强少数民族科普。针对少数民族地区特点，根据少数民族群众对科技的需求，开展适合少数民族特点的双语科普活动，创作、编印制作少数民族文字或双语科普作品。加强流动科普服务队、科普大篷车、流动科技馆建设，将科普服务延伸到少数民族集聚点、流动居住地等。结合少数民族传统节日开展科普志愿服务活动。

（五）推动科普产业发展

1.促进科普产业发展。以公众科普需求为导向，以多元化投资和市场化运作的方式，推动科普展览、科技教育、科普展教品、科普影视、科普书刊、科普音像电子出版物、科普玩具、科普旅游、科普网络与信息等科普产业的发展。鼓励建立科普园区和产业基地，研究制定科普产业相关技术标准和规范，培育一批具有较强实力和较大规模的科普设计制作、展览、服务企业，形成一批具有较高知名度的科普品牌。

2.培育科普产品市场。打造科普产品研发、生产、推广、金融全链条对接平台，大力培育科普企业，开发科普新产品，促进科普产业聚集，增强市场竞争力。鼓励举办科普产品博览会、交易会，建设科普产品市场和交易平台，加大对重点科普企业产品的政府采购力度。

3.开发科普旅游资源。科普场馆、科普机构等加强与旅游部门的合作，提升旅游服务业的科技含量，开发新型科普旅游服务，推荐精品科普旅游线路，推进科普旅游市场的发展。旅游服务设施要发挥科普功能，开发和充实旅游景区（点）、乡村旅游点等旅游开放场所的科普内容，制定科普旅游设施与服务标准与规范。探索新型的科普旅游形式，满足公众对科普旅游日益增长的社会需求。

4.促进创新创业与科普结合。推进科研与科普的结合，在国家科技计划项目实施中进一步明确科普义务和要求，项目承担单位和科研人员要主动面向社会开展科普服务。促进创业与科普的结合，鼓励和引导众创空间等创新创业服务平台面向创业者和公众开展科普活动。推动科普场馆、科普机构等面向创新创业者开展科普服务。鼓励科研人员积极参与创新创业服务平台和孵化器的科普活动，支持创客参与科普产品的设计、研发和推广。

（六）营造鼓励创新的文化环境

营造崇尚创新的文化环境，加快科学精神和创新价值的传播塑造，动员全社会更好理解和投身科技创新。营造鼓励探索、宽容失败和尊重人才、尊重创造的氛围，加强科研诚信、科研道德、科研伦理建设和社会监督，培育尊重知识、崇尚创造、追求卓越的创新文化。

1.大力弘扬科学精神。紧紧围绕培育弘扬社会主义核心价值观，把弘扬科学精神作为社会主义先进文化建设的重要内容。大力弘扬求真务实、勇于创新、追求卓越、团结协作、无私奉献的科学精神。鼓励学术争鸣，激发批判思维，提倡富有生气、不受约束、敢于发明和创造的学术自由。引导科技界和科技工作者强化社会责任，报效祖国，造福人民，在践行社会主义核心价值观、引领社会良好风尚中率先垂范。

坚持制度规范和道德自律并举原则，建设教育、自律、监督、惩治于一体的科研诚信体系。积极开展科研诚信教育和宣传。完善科研诚信的承诺和报告制度等，明确学术不端行为监督调查惩治主体和程序，加强监督和对科研不端行为的查处和曝光力度。实施科研严重失信行为记录制度，对于纳入严重失信记录的责任主体，在项目申报、职位晋升、奖励评定等方面采取限制措施。发挥科研机构和学术团体的自律功能，引导科技人员加强自我约束、自我管理。加强对科研诚信、科研道德的社会监督，扩大公众对科研活动的知情权和监督权。倡导负责任的研究与创新，加强科研伦理建设，强化科研伦理教育，提高科技工作者科研伦理规范意识，引导企业在技术创新活动中重视和承担保护生态、保障安全等社会责任。

2.增进科技界与公众互动互信。加强科技界与公众的沟通交流，塑造科技界在公众中的良好形象。在科技规划、技术预测、科技评估以及科技计划任务部署等科技管理活动中扩大公众参与力度，拓展有序参与渠道。围绕重点热点领域积极开展科学家与公众对话，通过开放论坛、科学沙龙、科学咖啡馆、科学之夜和展览展示等形式，创造更多科技界与公众交流的机会。加强科技舆情引导和动态监测，建立重大科技事件应急响应机制，抵制伪科学和歪曲、不实、不严谨的科技报道。

3.培育企业家精神与创新文化。大力培育中国特色创新文化，增强创新自信，积极倡导敢为人先、勇于冒尖、宽容失败的创新文化，形成鼓励创新的科学文化氛围，树立崇尚创新、创业致富的价值导向，大力培育企业家精神和创客文化，形成吸引更多人才从事创新活动和创业行为的社会导向，使谋划创新、推动创新、落实创新成为自觉行动。引导创新创业组织建设开放、平等、合作、民主的组织文化，尊重不同见解，承认差异，促进不同知识、文化背景人才的融合。鼓励创新创业组织建立有效激励机制，为不同知识层次、不同文化背景的创新创业者提供平等的机会，实现创新价值的最大化。鼓励建立组织内部众创空间等非正式交流平台，为创新创业提供适宜的软环境。加强科技创新宣传力度，报道创新创业先进事迹，树立创新创业典型人物，进一步形成尊重劳动、尊重知识、尊重人才、尊重创造的良好风尚。

4.优化有利于创新的科研环境。改进高校、科研院所评价标准，实行科技人才分类评价，对从事不同科研活动的人员采取不同的评价指标与方法。倡导百家争鸣、百花齐放的学术研究氛围，学术研究中要尊重科学家个性，鼓励敢于冒尖，质疑探索。加强批判性思维和创新创业教育，在全社会形成鼓励创造、追求卓越的价值导向，推动创新成为民族精神的重要内涵。营造宽松包容的科研氛围，保障科研人员学术自由。充分发挥学术共同体的作用，鼓励不同领域和组织的学者合作创新。促进公众了解创新环境和创业历程，承认创新价值。创新投资意识和投融资手段，健全适合创新创业特点的收益分配、风险投资和社会保障体系，发展众创空间、创新工场、创业咖啡、创业集训营等多种形式的创业辅导场所。引导创业组织加强内部创新文化建设，形成开放、平等、民主的组织文化。

（七）积极开展国际交流与合作

加强科普和创新文化的国际交流与合作。学习国外先进科普理念，引进先进的展教用品等优质科普资源；支持优秀的科普展品、作品走出去。搭建科普和创新文化的国际交流合作平台，合作举办国际或区域性科普和创新文化活动。

1.加强国家科普资源合作共享。拓展与发达国家科普交流与合作的渠道和领域，在国际科技合作交流中增加科普内容。鼓励学会、协会、研究会等与国外深入开展科普交流与合作。引进国外先进的科普展教用品、优秀的图书、音像电子出版物等科普资源，支持与国际知名科普研发机构合作。支持优秀科普展品、作品走向世界。加强创新文化、多元文化融合等相关主题的合作交流。借鉴发达国家科普和创新文化建设成功经验。

2.促进"一带一路"沿线国家交流合作。合作举办科技竞赛、青少年科普交流考察活动。开展"一带一路"沿线国家科普人员的交流和培训合作，促进科普展品互展活动。加强创新文化建设交流，相互借鉴创新文化建设的成功经验和做法。推进举办"一带一路"国际科学节等活动。

3.深化"海峡两岸及香港、澳门"科普和创新文化合作。加强内地与港澳台地区的科普展教具交流与互展活动，合作开展各种主题的科技活动周、科学节等群众性科技活动，继续支持澳门特别行政区办好科技活动周。开展科普夏令营、冬令营、科普乐园等青少年科普交流活动。

（八）加强国防科普能力建设

加强国防科普力量体系建设，完善政策法规和工作机制；加强军地协调配合，提高国防科普创作、研发和传播能力；发挥国防科普资源、科普作品作用，普及国防科技知识，提高国防观念和科学素质，更好地为国防和军队现代化建设服务。

1.面向全民普及国防科技知识。弘扬国防精神和科学精神，提高公众国防观念和科学素质，激发爱国热情，使其关心和支持国防建设，更好地为国防和军队现代化建设服务。

2.开展科普进军营等各类活动。组织部队官兵参观科研机构、科普场馆、科普基地，组织科普工作者、流动科普设施进军营，开展多种形式的科普活动，提高部队官兵科学素质。

四、主要措施

加强组织领导，明确分工责任，强化规划实施中的协调管理，形成规划实施的合力与相关制度保障。

（一）健全组织领导协调机制

在全国科普工作联席会议制度的组织协调下，建立相关部门、各地方协同推进的规划实施机制。建立健全部门联席、军民融合、省市联动、媒体合作、专家协作的常态化科普协调机制和应急科普工作机制，统筹协调科技传播与科普服务工作。相关部门、各地方应依据本规划，结合实际，强化相关部门、地方科普和创新文化规划部署，做好与规划主要目标的衔接。充分调动和激发社会各界的积极性，广泛动员各方力量，共同推动规划顺利实施。

（二）完善科普发展政策法规

落实支持科普发展的税收优惠政策，制定加强科普能力建设的具体措施，提高科普场馆研发和展教水平。研究制定国家科普基地建设管理办法，规范评价评估标准，加强对科普基地建设的引导和规范管理。研究制定科普产业相关技术标准，推动科普产业享受高新技术产业、创意产业和文化产业的相关优惠政策。各地政府应完善财政投入机制，为科普和创新文化建设目标的实现提供支撑。广泛吸纳境内外企业、机构、个人的资金和物资，支持科普和创新文化活动。建立政府公共科普服务平台，培育创新文化环境。

（三）落实重点任务分工

细化落实本规划提出的主要目标和重点任务，建立规划重点任务、主要措施的分工实施方案，与规划任务内容对标并进行审查。健全部门之间、中央与地方之间、军地之间的科普工作沟通协调机制，加强不同任务间的有机衔接，确保规划提出的各项任务落到实处。

（四）加强规划实施监测评估

开展《科普法》执法检查，强化政府部门科普工作的责任和义务，依据《中国公民科学素质基准》开展公民科学素质测评工作。开展规划实施情况的动态监测和第三方评估，把监测和评估结果作为改进政府科普和创新文化管理工作的重要依据。将科普绩效纳入科研人员职称评定、国家科技计划项目考核。推进区域科普发展指数评价，实现政府对科普事业发展及公民科学素质的有效监测。建立创新文化评价考核体系，引导创新文化持续健康发展。定期发布国家科普和创新文化相关统计数据，为科普能力建设和创新文化培养提供权威大数据平台。加强宣传引导，调动和增强社会各方面落实规划的主动性、积极性。加快完善包容创新的文化环境，形成人人崇尚创新、人人渴望创新、人人皆可创新的社会氛围。

全民阅读"十三五"时期发展规划

发文单位：新闻出版总署

为深入贯彻落实党中央、国务院关于开展全民阅读的重要部署，提升国民素质和社会文明程度，共同建设书香社会，根据《中共中央关于制定国民经济和社会发展第十三个五年规划的建议》《中华人民共和国国民经济和社会发展第十三个五年规划纲要》和《国家"十三五"时期文化改革发展规划纲要》，编制本规划。

序　言

阅读是人类获取知识、增长智慧的重要方式，是一个国家、一个民族精神发育、文明传承的重要途径。中华民族有着优良的读书传统，崇尚读书、诗书继世之风绵延数千年。

党的十八大以来，以习近平同志为核心的党中央高度重视全民阅读。2012年11月，党的十八大报告提出"开展全民阅读活动"。2014年以来，"倡导全民阅读"连续3年写入国务院政府工作报告。《中华人民共和国国民经济和社会发展第十三个五年规划纲要》要求"推动全民阅读"，并将全民阅读工程列为"十三五"时期文化重大工程之一，将全民阅读提升到国家战略高度。

"十三五"时期，是全面建成小康社会的决胜阶段，是实现"两个一百年"宏伟目标、实现中华民族伟大复兴中国梦的关键时期。在新的历史条件下，深入开展全民阅读对于提高公民的思想道德素质和科学文化素质，培育和践行社会主义核心价值观，传承中华优秀传统文化，满足人民群众日益增长的精神文化需求，都具有重大而深远的意义。

一、指导思想、基本原则和主要目标

（一）指导思想

高举中国特色社会主义伟大旗帜，以邓小平理论、"三个代表"重要思想、科学发展观为指导，全面贯彻党的十八大和十八届三中、四中、五中、六中全会精神，深入贯彻习近平总书记系列重要讲话精神和治国理政新理念新思想新战略，紧紧围绕"五位一体"总体布局和"四个全面"战略布局，牢牢把握"两个巩固"根本任务，按照全面建成小康社会的总体要求，以满足人民群众精神文化需求为出发点和落脚点，完善体制机制，创新方式方法，将丰富阅读活动内容与提升思想文化内涵相结合，将出版精品与推荐精品相结合，将公益活动和市场推广相结合，将传统阅读与数字阅读相结合，将服务与管理相结合，全面提升全民阅读质量和水平，推动国民素质和社会文明程度显著提高，为实现"两个一百年"奋斗目标和中华民族伟大复兴中国梦提供强大的精神动力和文化支撑。

（二）基本原则

——坚持政府主导，社会参与。全民阅读功在当代、利在千秋。必须强化政府责任，完善机制，健全制度，加强宏观指导和政策推动。开展全民阅读，每个人既是参与者，也是推动者。必须充分调动社会各界的积极性、主动性和创造性，鼓励、动员和引导社会力量共同参与，加强理念创新、制度创新、方式创新，推动全民阅读长期深入开展。

——坚持重在内容，提升质量。全民阅读的核心是阅读内容。必须加强优秀作品的创作生产，进一步完善创作出版扶持和激励机制，加强对精品力作的宣传推广，拓宽传播渠道，为全民阅读提供更多优质阅读内容，充分发挥引领示范作用，不断提升全民阅读的质量和水平。加强对数字化阅读的规范和引导，推动传统阅读和数字阅读相融合。

——坚持少儿优先，保障重点。少儿阅读是全民阅读的基础。必须将保障和促进少年儿童阅读作为全民阅读工作的重点，从小培育阅读兴趣、阅读习惯、阅读能力。要着力保障农村留守儿童、城市流动儿童和贫困家庭儿童的基本阅读需求。要着力保障残疾人、进城务工人员等困难群体、特殊群体的基本阅读需求。

——坚持公益普惠，深入基层。全民阅读具有典型的公益性。必须加快推进全民阅读推广服务体系城乡一体化建设，坚持公益性、基本性、均等性和便利性相统一，面向基层、面向群众，保障全民平等享有基本阅读权益。

（三）主要目标

本规划期限为2016年到2020年。主要目标是：各类全民阅读活动蓬勃开展，全民阅读氛围更加浓厚，全民阅读理念更加深入人心，优质阅读内容供给能力显著提升，全民阅读基础设施建设更加完善，阅读推广人队伍更加壮大，各类阅读推广机构不断涌现，全民阅读法制化建设取得积极进展，全民阅读工作体制机制更加健全，基本形成与全面建成小康社会发展要求相适应的以人为本、面向基层、惠及群众、兼顾重点的全民阅读推广服务体系，推动国民素质和社会文明程度显著提高。

二、重点任务

（一）举办重大全民阅读活动

开展全国范围的"书香中国"系列活动，动员各方力量，加强品牌建设，办好各类读书节、读书周、读书月、读书季等全民阅读活动，提升群众参与度、平台辐射面和品牌号召力。

在世界读书日、"六一"儿童节及其他重要节庆期间开展内容丰富、形式多样的全民阅读活动，各级领导干部带头参加，引领示范，不断扩大全民阅读的社会影响力。

围绕党和国家工作大局和重大节庆活动，组织开展主题演讲、经典诵读、读书征文、知识竞赛等丰富多彩的主题阅读活动，弘扬主旋律、传播正能量。

办好全国书博会、书展、书市等各种行业展会，通过论坛讲座、评书荐书、名家签售等人民群众喜闻乐见的形式，将之打造成为连接作者、读者、出版者和书店、媒体的阅读桥梁，充分发挥其推动全民阅读的功能和作用。

专栏1　全民阅读品牌活动

①"书香中国"系列活动

打造"书香中国"系列活动品牌，培育和巩固"书香中国·北京阅读季""书香江苏""书香荆楚·文化湖北""书香中国·上海周""书香岭南""书香湖南""书香八闽""书香辽宁""书香龙江""海南书香节""书香八桂""书香燕赵""书香赣鄱""三秦书月""书香安徽阅读季""书香天府""书香齐鲁""书香陇原""书香天津""书香天山""书香宁夏""书香青海"以及"深圳读书月""苏州读书节"等全国各地书香活动品牌。到2020年，所有省（自治区、直辖市）、计划单列市、地级市都有品牌活动，80%以上的县（区）有品牌活动。

②举办主题读书活动

结合传承和弘扬中华优秀传统文化、加强中国特色社会主义和中国梦宣传教育、弘扬社会主义核心价值观、民族团结进步、迎接党的十九大召开、庆祝建军90周年、纪念改革开放40周年、新中国成立70周年、全面建成小康社会、中国共产党成立100周年等重大主题，广泛开展各类主题读书活动。

③行业展会服务全民阅读

充分发挥全国图书交易博览会、北京国际图书博览会等行业展会推广全民阅读的重要功能，举办"读者大会"等全民阅读活动。

（二）加强优质阅读内容供给

完善创作出版扶持引导机制，引导广大作者和出版者自觉践行社会主义核心价值观，传承和弘扬中华优秀传统文化。发挥国家出版基金的积极作用，实施重大出版工程等，出版更多在文化传承上有新的突破、学术水平上有新的超越的精品力作。充分发挥"五个一工程"奖、中国出版政府奖、中华优秀出版物奖等奖项的导向作用。

进一步完善针对不同读者群体的优秀出版物推荐机制，提升推荐出版物的权威性和影响力。坚持价值导向、专家意见、市场表现、群众口碑、质量标准相统一的原则，向读者推荐更多思想精深、艺术精湛、制作精良的优秀出版物。继续开展面向青少年、老年人、少数民族等不同群体的优秀出版物推荐活动，推动精品出版物宣传推介常态化、制度化。加强和改进书评机制，加强图书评论工作，加强对各类图书排行榜的引导和管理。

专栏2　全民阅读优质内容建设工程

①重点出版物出版工程

"十三五"时期推出重点主题出版物、重大出版工程、文艺原创精品、未成年人出版物、少数民族文字出版物、古籍、辞书、社会科学与人文科学出版物、自然科学与工程技术出版物等3000种左右。

②优秀出版物推荐工程

进一步完善推荐机制，做好"中国好书""向全国青少年推荐百种优秀出版物""优秀老年人出版物""大众喜爱的50种图书""优秀民族图书""中华优秀传统文化普及图书""优秀少儿报刊""精品文学期刊""优秀网络文学原创作品"等推荐工作。

（三）推动全民阅读深入基层、深入群众

大力推进全民阅读进农村、进社区、进家庭、进学校、进机关、进企业、进军营，使阅读活动真正深入基层、深入群众。倡导党员干部带头读书，建立和完善党员干部读书学习制度，激发广大党员干部读书学习的热情，带领本单位、本系统、本地区大兴读书之风。倡导在高校大学生和中青年人群中建立读书会，开展读书活动。充分利用农家书屋、社区书屋、职工书屋等各类阅读设施，开展各种形式的基层读书活动。开展书香军营活动，服务强军建设。完善"书香之家""书香之乡（镇、街道）"等的推荐机制，发挥典型榜样的引领示范作用，展现基层群众的读书传统和读书风采。

强化公益性文化单位在全民阅读工作中的重要作用，文化馆（站）、公共图书馆、科技馆、工人文化宫、青少年宫、妇女儿童活动中心等各级公益性文化单位要常年开展主题读书活动、荐书送书活动、读书交流会等。鼓励政府机关、社会组织和企事业单位开展公益性阅读活动。实施市民阅读发放计划。完善全民阅读示范单位、先进个人和优秀项目推荐机制。

专栏3　全民阅读"七进"工程

①"书香之家""书香之村（社区）""书香之乡（镇、街道）"、书香企业、书香机关推荐活动

"十三五"期间推荐3000家"书香之家"、500个"书香之村（社区）"、200个"书香之乡（镇、街道）"、1000个"书香企业"、500个"书香机关"，向全社会展现基层群众读书风采，引领阅读风尚。

②开展"书香中国·全民阅读大讲堂""强素质·作表率"读书讲坛

邀请文化名家、社会名人深入群众，引导党员干部和群众认真读书学习、开阔文化视野、全面增强素质，有效推动学习型党组织建设、学习型社会建设。

③"书香军营"系列活动

组织一批文化界、艺术界的名家大家深入基层部队，举办"书香军营"讲坛，并广泛开展"主题读书日""月读一书""名家荐书""军营读书节"等活动，营造浓厚的军营阅读氛围。

（四）大力促进少年儿童阅读

大力倡导家庭阅读、亲子阅读，发挥父母和未成年人监护人言传身教的重要作用，推动全社会共同创造、维护少年儿童良好阅读环境。鼓励幼儿园开展与学龄前儿童的年龄和心理状况相适应的阅读活动，着力培养阅读兴趣、阅读习惯。

加强中小学书香校园文化建设，完善中小学图书馆等校园阅读设施，开展多种形式的校园阅读活动。充分利用少年儿童图书馆、农家书屋、职工书屋、社区书屋、基层综合性文化服务中心以及青少年活动中心、少年宫等青少年活动场所，支持和帮助中小学生参加校外阅读活动，开展少儿阅读推广活动。

加强对少儿阅读规律的研究和运用，科学研究不同年龄、不同群体、不同性别少年儿童的智力、心理、认知能力和特点，借鉴国外阅读能力测试、分级阅读等科学方法，探索建立中国儿童阶梯阅读体系，加快提高我国少年儿童的整体阅读水平。

重点保障农村留守儿童、城市流动儿童、贫困家庭儿童等儿童群体的基本阅读需求。鼓励学校、全民阅读设施管理单位、阅读推广人及阅读推广机构等对其进行定期阅读指导和服务。将本行政区域内的外来务工人员随居子女纳入当地全民阅读服务保障范围。有条件的地方可以积极探索开展农村地区学龄前儿童基础阅读促进工作。

专栏4　少年儿童阅读工程

①家庭阅读·亲子阅读工程

开展丰富多彩、喜闻乐见的亲子阅读活动，通过推荐优秀读物、开展阅读指导、开展爱心捐赠、阅读推广展示等，传递家庭教育科学理念，引领亲子阅读风尚，营造书香氛围，培育良好家风，促进儿童健康成长。

②少儿阶梯阅读推广

建立符合中国儿童特点的阶梯阅读体系，开展我国少儿阶梯阅读工程的研发及推广应用工作。开展我国少儿阅读能力测试项目的研发工作，建设少儿阅读能力监测体系，科学推动整体提高少儿阅读能力。

③"书香校园"建设

通过创造浓郁的阅读氛围，整合丰富的阅读资源，开展多彩的读书活动，让阅读成为师生最日常的生活方式，进而推动书香校园的形成。

④"少儿报刊阅读季"活动

广泛开展各种内容丰富、形式多样的少儿报刊阅读活动，充分利用"4·23世界读书日""六一"儿童节等重要时间节点，开展组织捐赠优秀少儿报刊、"好报刊伴我成长"等专题宣传推广活动。

（五）保障困难群体、特殊群体的基本阅读需求

切实加强针对残障人士、外来务工人员、贫困地区居民等困难群体、特殊群体的阅读服务，保障其基本阅读需求。加快将进城务工人员阅读服务纳入常住地全民阅读服务体系，鼓励以社会文化机构、用工企业等为主体，满足进城务工人员的基本阅读需求，继续扩大"书香中国e阅读"工程的覆盖范围。

鼓励全民阅读设施管理单位及阅读推广人等进行定期阅读指导和服务，有针对性地向残疾人提供盲文出版物、有声读物等阅读资源、设施与服务。各类全民阅读设施应加强无障碍设施建设。建立和完善社会各界为特殊群体、困难群体开展志愿者助读、发放购书券、组织出版物捐赠等捐助和服务的渠道。

专栏5　重点群体阅读促进工程

①盲文出版物出版与阅读推广工程

加强盲文出版基地建设，实施盲文出版工程，支持有声读物开发，扩大各类盲人读物有效供给，完善盲文出版物、有声出版物邮寄借阅平台，推动各级图书馆开设视障阅览室，面向视力障碍人群，提供阅读服务。

② "书香中国e阅读"推广工程

以政府购买服务的方式，定期向全国进城务工人员、边疆民族地区手机用户推送国家新闻出版广电总局组织推荐的各类优秀图书、报刊等。2016年覆盖人群1000万人，到2020年覆盖5000万人。

（六）完善全民阅读基础设施和服务体系

统筹规划，合理布局，进一步加大城乡基层全民阅读设施建设力度。制定和完善公共图书馆、基层综合性文化服务中心、农家书屋等公共文化服务设施建设标准和资源配置标准，推进全民阅读公共文化设施建设的规范化、标准化。

加快促进城乡基本公共文化服务均等化，实现农村、城市社区公共文化服务资源整合和互联互通，以创新管理机制、提升服务效能为重点，探索长效管理机制。充分发挥各级各类图书馆在阅读推广中的重要作用。加强出版物发行网点建设，特别是农村和社区网点建设，支持实体书店、书报亭、高校书店等各类阅读设施的发展，发挥其促进全民阅读的公益功能。在充分利用现有设施基础上，统筹建设社区阅读中心、数字农家书屋、公共数字阅读终端等设施。

专栏6 全民阅读设施建设重点工程

①农家书屋提升工程

建立健全农家书屋管理员队伍，完善出版物补充机制，加大少年儿童出版物配备比例，推动数字（卫星）农家书屋建设，推动农家书屋和基层图书馆、基层综合性文化服务中心资源整合，培育"我的书屋·我的梦"农村少年儿童阅读活动品牌，更好发挥农家书屋作为农村阅读活动和阅读服务主阵地的作用。

②支持实体书店发展

坚持改革创新，发挥市场作用，加强政府引导，注重统筹协调，推动实体书店与社会经济协调发展，到2020年，基本形成布局合理、功能完善、主业突出、多元经营的实体书店发展格局。

③城乡阅报栏（屏）建设工程

在车站、商场、广场、社区、学校、医院等人流密集地点新增建设一批阅报栏（屏）和全民阅读数字触摸屏，完善数字阅读屏维护更新机制。

（七）提高数字化阅读的质量和水平

适应数字化新趋势，充分利用数字技术，大力推进数字化阅读发展，建立全民阅读数字资源平台，推进数字化阅读服务。建立内容丰富的数字阅读资源库群，加强公共电子阅览室建设计划和全国文化信息资源共享工程网络建设，加强数字图书馆建设。形成覆盖全国的全民阅读数字服务网络。

加快推进传统出版单位数字化转型升级，通过制订配套政策、专项资金资助、推介示范单位等多种方式，推动出版与科技融合发展。实施网络文艺精品创作和传播计划，加强网络文学出版传播的管理和引导，推出更多网络原创精品力作。加强数字出版内容投送平台建设和管理，改善数字出版内容消费服务方式，提升公众数字阅读消费满意度。深入探索读者阅读行为和阅读习惯的数字化转型，提供更便捷、人性化的数字化阅读技术服务，全面推进全民阅读的多媒体、多平台融合。

专栏7 数字化阅读建设重点工程

①全民数字化阅读推广工程

组织开展系列专题数字化阅读活动，大力提升全民数字化阅读率；支持建设一批数字化阅读服务平台，助力全民阅读普及，提升数字出版在公共文化服务体系建设中的支撑能力。

②国家全民阅读数字化平台建设

建设3至4家国家级公益性数字化阅读推广、优质阅读内容数字化传播、移动阅读数字化传播平台，与各类图书馆、农家书屋等终端联网，向读者提供数字化阅读服务。

③网络文学精品出版工程

用3至5年时间，使创作导向更加健康，创作质量明显提升，推出一批思想精深、艺术精湛、制作精良、深受群众喜爱的原创网络文学精品，在网络内容建设和文艺创新中的作用更加突出。

（八）组织引导社会各方力量共同参与

鼓励和吸引社会力量建设全民阅读公共设施、提供全民阅读服务。充分发挥热心阅读推广的社会名人、文化名家的阅读引领作用。鼓励和支持公务员、教师、新闻出版工作者、大学生等加入阅读推广人队伍，定期培训，提升阅读推广人队伍的整体素质和服务能力。鼓励和支持文化团体、教育机构和其他社会组织开展阅读推广并提供公益阅读服务。成立各级全民阅读促进协会。鼓励和支持高等院校和科研单位进行阅读研究，鼓励从跨学科的角度研究阅读理论，创新研究方法，加强阅读学学科建设，促进全民阅读工作的开展。

专栏8 社会力量参与机制

①建立阅读推广人队伍

制定阅读推广人培养方案及管理办法，建立基层全民阅读工作者队伍培训机制，对全国各级全民阅读工作人员、图书馆馆员、农家书屋管理员、阅读推广人等进行系统培训，提高全民阅读推广能力，支持开展各类基层读书活动。

②培育阅读推广机构

充分发挥各类绘本馆、阅读空间、读书会等的重要作用，提升阅读推广专业性、阅读服务规范性，培育一批在社会上具有广泛影响力的阅读推广机构。

③成立全民阅读促进协会

汇聚相关部门、群团组织、阅读推广机构、出版发行单位、公共图书馆、基层阅读组织、知名作家学者以及其他热心全民阅读推广的社会人士，组建各级全民阅读促进协会，开展全民阅读推广工作。到2020年，全国所有省（自治区、直辖市）都应成立全民阅读促进协会，50%的地级市应成立全民阅读促进协会。

（九）加强全民阅读宣传推广

重视和发挥中央媒体和地方媒体、传统媒体和新兴媒体、主流媒体和各类媒体的重要作用，形成强大宣传合力，营造全民阅读的良好氛围。进一步做好理念创新、手段创新、载体创新，把创新的重心放在基层一线，从围绕相关节庆、重点事件报道向常态化、持续化发展，从书评、书摘、书讯等传统栏目向典型报道、深度报道、专题报道、系列报道扩展，从报刊读书栏目、广播电视读书节目向公益广告、户外传媒、新媒体等全媒介多元化发展。

鼓励和支持各类媒体、组织全民阅读媒体联盟和全民阅读百网联盟成员单位深入街道、社区和乡镇、农村等基层，抓取第一手新闻素材，把鲜活读书故事、先进读书人物传递给广大读者。要充分发挥正面宣传鼓舞人、激励人的作用，多宣传读书陶冶情操、读书改变命运、读书成就人生等感人故事，让全民阅读理念春风化雨，润物无声。

专栏9 全民阅读宣传推广
①全民阅读媒体联盟和全民阅读百网联盟 充分发挥各类媒体的特点，适应分众化、差异化传播趋势，实现传统宣传推广形式与新媒体宣传推广形式深度融合，以全民阅读官方网站和全民阅读工作网站为平台和纽带，利用官方微博、微信公众号和新闻客户端"两微一端"，资源共享、信息互通、资讯互联，形成合力，共同向广大读者宣传推广全民阅读。 ②书香中国万里行 组织全民阅读媒体联盟、全民阅读百网联盟成员单位深入街道、社区和乡镇、农村等基层，宣传报道全民阅读先进典型和感人事迹，营造开展全民阅读的良好氛围。

三、加强组织领导和统筹实施

加强全民阅读工作的组织领导和统筹协调，建立相关部门共同参与的协商推进机制，形成合力，共同承担全民阅读工作的职责。加强全民阅读法制建设，制订发布《全民阅读促进条例》，鼓励和推动地方开展全民阅读立法工作。

建立书香社会指标体系，定期评估和发布。鼓励将全民阅读指数纳入社会发展指标体系，纳入创建文明城市指标体系，将工作情况纳入目标管理和考核体系。

专栏10 全民阅读长效机制建设工程
①制订《全民阅读促进条例》 将全民阅读纳入法制化轨道，规范政府责任，保障公民基本阅读权利，促进全民阅读服务体系建设。推动地方全民阅读立法工作。到2020年，推动全国所有省（自治区、直辖市）出台本地的全民阅读地方性法规、地方政府规章及政策性文件等。 ②建立全民阅读指导委员会 建立国家全民阅读指导委员会和地方各级全民阅读指导委员会，形成各部门综合协调机制，共同研究全民阅读工作中的重大问题，制订全民阅读公共服务基本标准，协调全民阅读基础设施建设与资源配置，促进阅读相关机构和组织合作。 ③书香社会指标体系 定期开展全国国民阅读调查，建设全民阅读监测体系，监测全民阅读发展水平、阅读服务公众满意度、阅读服务标准实现程度；对全民阅读活动、工程效果进行第三方测评，收集群众反馈意见，对活动进行科学评估。

版权工作"十三五"规划

发文单位：国家版权局

"十三五"时期是全面建成小康社会的决胜阶段，是落实"四个全面"战略布局，实现"两个一百年"宏伟目标的关键时期。为全面提高版权创作、运用、保护、管理和服务能力，有效实施创新驱动发展战略，加快版权强国建设，服务全面建成小康社会，根据《国家知识产权战略纲要》《国务院关于新形势下加快知识产权强国建设的若干意见》《"十三五"国家知识产权保护和运用规划》及《新闻出版广播影视"十三五"发展规划》，编制本规划。

一、版权工作发展环境

（一）"十二五"时期版权工作主要成就

"十二五"时期，版权工作深入贯彻落实党的十八大精神，积极推进实施《国家知识产权战略纲要》，各项工作取得显著成绩。

1. 版权法律制度体系不断完善

我国批准世界知识产权组织《视听表演北京条约》，《著作权法》第三次修订工作深入推进，完成《著作权法实施条例》《信息网络传播权保护条例》等行政法规的修订工作，制定《使用文字作品支付报酬办法》《关于规范网络转载版权秩序的通知》等部门规章和规范性文件，版权地方性立法工作有序开展。既符合中国国情又与国际规则相衔接的版权法律制度体系不断完善，版权工作法治化水平显著提升。

2. 版权执法监管力度不断加大

各级版权行政管理部门坚持日常监管与专项行动相结合，严厉打击各类侵权盗版行为。"十二五"期间，全国版权行政处罚案件35280件。国家版权局联合相关部门持续开展打击网络侵权盗版"剑网行动"，共查处网络案件2765件，依法关闭侵权盗版网站1193个，有效打击和震慑了网络侵权盗版行为。建设国家版权监管平台，利用技术手段强化版权执法监管初见成效。

3. 使用正版软件工作不断推进

软件正版化工作取得重大进展，政府机关于2013年底全部实现软件正版化，全国累计27001家企业实现软件正版化。其中中央企业、大中型金融机构、新闻出版行业企业集团基本实现软件正版化，75.35%的金融机构实现软件正版化，软件正版化长效工作机制不断健全。

4. 版权社会服务水平不断提升

著作权登记工作规范化、标准化、信息化水平不断提升，登记数量持续增长。2011年至2015年登记总量为5260972件，2013年登记量首次突破百万，提前2年完成"十二五"规划目标。加强对著作权集体管理组织及涉外著作权认证机构的管理与服务，版权社会服务体系日趋完善。

5. 版权产业持续推进不断发展

国家版权局授予8个城市为全国版权示范城市、56个单位为全国版权示范单位、18个园区（基地）为全国版权示范园区（基地），成立了全国版权示范城市联盟，各省级版权示范工作也逐步开展。全国设立12家版权交易中心（贸易基地），成立了国家版权交易中心联盟。我国版权产业对国民经济贡献的比重持续增长，2014

年已占全国GDP的7.28%。

6.版权宣传培训工作不断加强

宣传培训工作形成了以"4·26知识产权宣传周"为重要平台，配合版权重点工作有计划开展的常态机制。国家版权局发挥官方网站信息主渠道作用，开通官方微博、微信及新闻客户端，持续组织举办版权执法培训班、软件正版化培训班、版权相关热点问题媒体研修班，各地开展了形式多样、丰富多彩的宣传培训活动，社会各界不断增进对版权工作的认识和理解。

7.版权国际交流合作不断深入

我国于2012年6月在北京承办世界知识产权组织保护音像表演外交会议，推动成功缔结《视听表演北京条约》，2014年批准该条约，积极推动世界知识产权组织在中国设立了办事处，增强了我国在国际版权领域的话语权和影响力。积极落实与美、欧、英、日、韩等国家和地区的版权合作战略备忘录，完成世界贸易组织对华贸易政策审议及相关自贸区谈判、双边磋商等，为我国经济社会发展创造良好国际版权环境。

（二）"十三五"时期版权工作形势

"十三五"时期，我国经济发展进入"新常态"，坚持创新、协调、绿色、开放、共享五大发展理念，实施创新驱动发展战略，加快知识产权强国建设。版权创作、运用、保护、管理和服务的任务更重、作用更大、要求更高，版权工作进入一个新阶段。

党中央、国务院高度重视包括版权在内的知识产权工作，对版权工作的要求越来越高。版权工作必须牢固树立"四个意识"，特别是核心意识、看齐意识，始终同以习近平同志为核心的党中央保持高度一致，始终坚持为党和国家工作大局服务的宗旨。在新的形势下，做好版权工作必须具备更好政治素质和业务素质。版权工作属于社会化管理工作，从事版权工作要树立面向全社会的新思路、新方法，充分运用市场力量，积极整合社会资源，建立完善的版权社会化服务体系和治理体系。版权涉外事务繁多，双边、多边和区域问题复杂。随着我国地位提升和国际竞争加剧，版权涉外应对形势愈加复杂、任务更加繁重。版权工作要从被动适应国际规则转变到主动参与、引导国际规则制定，不断提升版权国际话语权和影响力。

"十二五"时期版权工作取得很大成绩，但当前还存在不少问题和挑战。一是版权保护环境有待进一步优化。我国版权保护目前仍处于矛盾和纠纷高发期，总体特征仍然是保护不足，这就决定了"十三五"时期仍然要将版权保护放在版权工作的突出位置，实行版权严格保护，维护良好的版权保护环境和秩序。二是全社会的版权意识有待进一步提高。"尊重创作、尊重版权"的氛围还没有在全社会普遍形成，需要持续加大版权宣传、培训力度。三是版权法律制度、体制机制、人才队伍等方面还不能适应建设创新型国家和版权强国的要求，还需要不断完善法律制度体系，健全体制机制，加强人才队伍建设。

二、指导思想、基本原则和发展目标

（一）指导思想

坚持以马克思列宁主义、毛泽东思想、邓小平理论、"三个代表"重要思想、科学发展观为指导，全面贯彻党的十八大和十八届三中、四中、五中、六中全会精神，以习近平总书记系列重要讲话精神为主线，全面落实党中央、国务院各项决策部署，紧紧围绕服务经济发展新常态，大力实施创新驱动发展战略，认真贯彻《国家知识产权战略纲要》及《国务院关于新形势下加快知识产权强国建设的若干意见》，按照"创新、协调、绿色、开放、共享"的发展理念，推进版权工作理念创新、内容创新、方法创新，不断提高工作水平，加快版权强国建设，为建设创新型国家和全面建成小康社会提供有力支撑。

（二）基本原则

实施版权严格保护。在版权保护方面，针对当前我国仍处于版权矛盾和纠纷高发期，侵权盗版行为还比较普遍、版权环境还有待进一步优化的现实，继续加大版权执法监管力度，实行严格的版权保护。同时要与我国仍处于社会主义初级阶段和属于发展中国家的基本国情相适应，避免过度保护、滥用保护，突出版权保护实际效果，构建版权严格保护格局。

推动版权产业发展。根据中央"发展仍是解决我国所有问题的关键"这个重大战略判断，综合运用法律、政策、经济、行政和技术等手段，促进版权创造和运用，加强版权交易中心建设，做好版权示范工作，研究建立互联网版权确权、授权和交易机制，强化版权资产管理，完善版权产业发展的制度研究，发挥版权在文化发展中的基础性、战略性作用，构建版权产业又好又快发展格局。

健全版权工作体系。版权工作要注重体系建设，统筹兼顾，整体推进，坚持"五个并重"。坚持立法与执法并重，既重视版权立法，也要强化版权执法；坚持监管与服务并重，既要加大版权监管力度，也要提高版权服务水平；坚持网下与网上并重，既要重点打击互联网侵权盗版行为，也不忽视传统形式的版权问题；坚持国内与国际并重，既要加强国内版权工作，也要提升国际应对能力；坚持保护与发展并重，既要强调加强版权保护，也要注重版权产业发展。

（三）发展目标

1.总体目标

加快版权强国建设，为建成中国特色、世界水平的版权强国奠定坚实基础。按照《国务院关于新形势下加快知识产权强国建设的若干意见》规划，努力推进版权强国建设。到2020年，版权法律制度体系更加完备，版权工作法治水平进一步提高；版权执法监管力度不断加大，版权保护环境明显改善；版权社会服务体系更加完善，版权产业又好又快发展；版权创作、运用、保护、管理和服务能力显著增强，全社会版权意识大幅提升；版权国际交流合作不断拓展，我国在国际版权体系中的话语权和影响力进一步提高。

2.具体指标

"十三五"时期，各级版权行政管理部门要加大版权重点工作力度。国家版权局每年组织开展2次全国性的版权执法专项行动，5次全国性的版权执法培训及7次全国性的软件正版化工作培训。每年新授予1至2家全国版权示范城市、15至20家全国版权示范单位、3至5家全国版权示范园区（基地）。著作权登记工作持续推进。其中作品登记年均增长15%，2020年全国登记数量达到278万件；计算机软件著作权登记数量年均增长10%，2020年全国登记数量达到60万件（详见下表）。

指标年份	2016年	2017年	2018年	2019年	2020年
全国作品登记数量	159万	183万	210万	242万	278万
全国计算机软件著作权登记数量	41万	45万	50万	55万	60万

三、重点任务

（一）完善版权法律制度体系

根据《中共中央国务院关于完善产权保护制度依法保护产权的意见》等有关规定和要求，立足版权实际和中心工作，推进版权法律制度精细化、时代化和特色化，着力解决版权领域法律修订相对滞后等问题，加强版权重点立法，加快完善版权法律制度体系。

1.推进《著作权法》第三次修改

修改完善《著作权法》，健全侵权法定赔偿、著作权集体管理制度、著作权登记制度、网络环境下确权、授权和交易规则等顶层设计，加强《著作权法》与我国加入国际条约的衔接。

2.制定、修订有关著作权行政法规

根据《著作权法》修订情况，研究制定《民间文学艺术作品著作权保护条例》，修订《著作权法实施条例》、《信息网络传播权保护条例》、《著作权集体管理条例》等配套行政法规，完善著作权法律法规体系。

3.制定、修订有关著作权部门规章

研究制定规范网络版权秩序的系列办法，完善版权行政执法依据；研究制定国有著作权管理办法，填补国内版权管理空白；适时修订有关著作权登记的部门规章，进一步规范作品登记、合同登记与备案等工作。

4.指导地方著作权立法工作

加强工作指导和业务支持，鼓励各地在立法权限和范围内因地制宜制定地方性法规和规章，保障各项著作权法律法规的有效实施。

（二）完善版权行政管理体系

1.加大版权执法监管力度

健全版权侵权查处机制，加强版权执法监管，做好行政执法与刑事司法衔接，强化事中事后监管，重点突出大案要案查处和重点行业专项治理，加大侵权行为惩治力度，营造和维护合法有序的版权环境。

（1）加强版权行政执法力度。把行政执法作为版权工作的首要任务来抓，通过专项整治与日常监管相结合，强化事中事后监管，重点查处侵犯版权的大案要案，加大对反复侵权、恶意侵权、规模侵权等行为的处罚力度。

（2）突出网络领域版权监管。将网络作为履行版权监管职责的重要阵地，不断净化网络版权环境。持续开展打击网络侵权盗版"剑网行动"，强化分类管理，加强对网络文学、音乐、影视、游戏、动漫、软件等重点领域的监测监管，及时发现和查处侵权盗版行为。依托国家版权监管平台，完善版权重点监管，扩大监管范围，把智能移动终端第三方应用程序（APP）、网络云存储空间、网络销售平台等新型传播方式纳入版权有效监管。

（3）强化版权执法协作。进一步强化版权执法协作机制，推动完善各级文化综合执法机构落实版权执法任务的工作机制，有效发挥文化市场行政综合执法中的版权执法职能，充分运用"扫黄打非"工作组织协调机制，加强与公安、工商、工信、网信等部门的配合、协作，形成版权执法合力。加强版权行政执法与刑事司法的衔接，积极参与建设和使用全国打击侵权假冒工作行政执法与刑事司法衔接工作信息共享平台，进一步推进版权执法案件的信息公开。更好发挥地方执法监管和社会维权监督作用，建立地方版权执法协作机制及版权执法部门与企业、协会合作机制。

（4）建立完善长效机制。完善打击网络侵权盗版的快速反应机制，健全与基础电信企业、互联网信息服务企业快速有效的"通知—移除侵权"工作机制。完善版权快速维权与维权援助机制，缩短侵权处理周期。探索建立版权行政调解机制，通过非诉讼纠纷解决途径积极化解版权纠纷。探索建立侵权盗版信用评价机制，发布失信单位和个人"黑名单"。

（5）提升执法监管信息化水平。充分利用云计算、物联网、大数据、移动互联网等新一代信息技术，创新版权监管手段，提高执法有效性和精准度。完善国家版权监管平台，建设权利人及侵权盗版等信息库，实现对互联网侵权盗版行为的及时发现、源头追溯、有效监控、准确取证、属地查处，提高对侵权盗版行为的监管、查处效能。

2.持续推进软件正版化工作

建立健全软件正版化工作制度和长效机制，充分利用互联网和大数据等信息技术，创新工作模式和方法，制度与技术手段并重，构建软件正版化工作新体系，巩固和扩大软件正版化工作成果。

（1）紧密把握两个结合。推进软件正版化与信息化建设、信息安全保护有机结合，推进软件正版化与自主创新有机结合，推广应用优秀软件产品，提升国家软件核心竞争力。

（2）突出重点工作任务。充分发挥推进使用正版软件工作机制优势，加强正版软件管理，巩固中央和省级政府机关、中央企业和大中型金融机构软件正版化成果，推进市县级政府机关软件正版化工作规范化、常态化，推进地方国有企业和中小金融机构全部实现软件正版化，推进事业单位和民营企业软件正版化工作。

（3）建立健全责任体系。推进政府机关和相关企业明确软件正版化工作责任部门，建立较为完善的软件正版化责任体系，把推进软件正版化工作的领导责任、部门责任和员工责任落到实处。

（4）加强技术标准手段。在完善软件正版化工作涉及的软件采购、使用管理、督促检查等制度的基础上，充分利用技术手段，建立软件正版化工作信息化平台，统一软件正版化工作相关数据标准和统计标准，提高软件正版化工作效率。加强管理模式创新，科学利用第三方专业机构资源。

（三）完善版权社会服务体系

1. 优化版权社会管理工作

全面完善版权社会服务体系，创新工作方式方法，加强版权公共信息服务平台建设，充分发挥版权社会服务机构的作用，进一步提升版权服务与管理能力。

（1）搭建版权社会服务平台。积极争取国家有关部门批准，搭建全国著作权登记工作的服务平台，探索建立全国统一的著作权登记、统计和查询系统，完善版权社会服务。

（2）推进著作权登记工作。进一步规范作品登记、计算机软件著作权登记、著作权质权登记、涉外著作权合同登记、著作权专有许可使用合同及转让合同备案等工作，提高著作权登记数量，提升著作权登记质量。

（3）加强对著作权集体管理组织的监管与服务。支持著作权集体管理组织依法开展业务活动和维权工作，妥善解决其与相关利益方之间的矛盾与纠纷。鼓励著作权集体管理组织建立与相关产业、行业的合作平台。适时研究建立表演、美术等领域的著作权集体管理组织。

（4）依法加强对涉外著作权认证机构、国际著作权组织在华常驻代表机构的监管。健全监管通气会制度，依法规范上述机构在我国境内开展的各项涉及版权的活动，充分发挥其在国内外版权交流与合作中的桥梁纽带作用。

2. 推动版权产业健康发展

完善推动版权产业发展的制度与政策，加强机制和平台建设，抓好项目带动，综合运用各种措施，促进版权创造与运用，推动版权产业又好又快发展。

（1）积极推进版权交易。加强对国家版权交易中心、国家版权贸易基地的培育和管理，重点培育东北地区、"一带一路"沿线、国家综合改革试验区、自由贸易区等既符合国家战略又具有产业特色的国家版权交易中心。支持"国家版权交易中心联盟"建设，充分发挥其在版权交易、评估、融资等方面的聚集、协同和服务作用。继续举办"中国国际版权博览会"，扩大版权产业影响。

（2）继续开展版权示范创建。继续开展国家版权示范城市、示范单位、示范园区（基地）创建工作，加强对已授予称号的示范城市、单位和园区（基地）的后续管理，充分发挥版权示范创建工作对版权产业发展的引导带动作用。

（3）深入开展版权产业相关研究。以出版行业国有版权资产管理为基础，开展广播电影电视等领域的版权资产管理调研，清理、拓展版权资产价值，探索版权资产管理的方法流程和制度体系，带动全社会各领域加强版权资产管理。组织开展网络版权产业发展研究，继续开展版权产业国民经济贡献调研，指导推动地方开展版权产业国民经济贡献调研，更好发挥对版权产业发展的促进作用。

3. 加强版权宣传培训工作

充分利用各种传播形式尤其是新型传播形式，全方位地进行版权宣传，广泛开展版权培训，提升全社会版权认知度，扩大版权工作的社会影响，增进国际社会对中国版权工作的理解和支持。

（1）做好版权重点宣传。以"4·26知识产权宣传周"为重要平台，以重大版权事件、版权活动为契机，充分发挥国家版权局门户网站及官方微信、微博等主导作用，利用各种场合、媒体，不断创新宣传方式，做好版权重点工作的国内国际宣传，营造良好版权舆论氛围。

（2）建立版权舆情监测信息服务机制。积极运用各种媒体特别是网络媒体，注重对版权热点问题、重大事件、网络监测内容的舆情分析，建立舆情信息专报制度，为版权工作大局提供舆情信息服务。

（3）强化版权教育培训。针对不同地区、不同部门、不同人群开展培训，将版权培训对象从版权执法人员向公众、媒体和版权相关从业人员扩展，继续办好"版权媒体热点问题研修班"，引导正确的舆论导向，提高全社会的版权认知水平。

（四）完善版权涉外工作体系

正确研判国际形势，统筹国内国际两个大局，主动参与国际版权体系建设，积极推动"一带一路"涉外版权工作，稳妥处理国际版权事务，拓展国际交流合作渠道，进一步提高版权多、双边合作与应对水平，适时变被动应对为主动出击，不断提升版权国际话语权和影响力。

1.深化与版权有关的国际组织合作

深化与世界知识产权组织、世界贸易组织、亚太经合组织等与版权有关的国际组织的交流合作，争取增加我国在国际组织中的职员比重，推动《视听表演北京条约》早日生效，做好《马拉喀什条约》批准的相关工作，积极参与相关国际版权条约的制定及版权议题的对话与磋商，切实维护我国家利益，争取有利于我发展的国际版权环境。

2.推动建立合作共赢的新型双边版权关系

进一步完善与美、欧、英、日、韩等重要版权双边关系的对话交流平台，本着"合作共赢"的原则，妥善处理版权保护问题，化解版权争端，适时推动与其他国家建立对话协商机制，促进与"一带一路"沿线国家版权工作开展，继续推进海峡两岸暨香港、澳门版权工作，形成遍及重点国家和地区的新型双边版权关系网络。

3.建立健全版权国际应对联动机制

继续做好国际版权事务的分析研究，跟踪了解、掌握国际版权发展的新动向、新趋势，特别是美欧发达国家版权新情况，及时制定实施相应工作措施。加强与立法机关、司法机关及外交、商务、专利、商标等行政机关的版权国际应对联系沟通，实现多部门、多行业的联动应对机制。

四、保障措施

（一）加强组织领导，强化督促检查，确保各项工作落到实处

建立完善版权工作领导负责制，从新闻出版广播影视（版权）系统做起，把版权工作作为全局性的工作统筹谋划、切实抓好，引导全社会高度重视版权工作。加强对各级版权行政管理部门的指导和协调，发挥中央和地方两个层面的积极性，将版权工作纳入从中央到地方的重大规划当中。强化对各项工作任务的监督、指导与考核，建立目标责任考核体系，积极争取把版权执法、软件正版化、著作权登记、版权示范等纳入地方政府的重点工作及考核目标，确保各项工作任务的落实。

（二）加强队伍建设，提高业务能力，完善版权执法及管理体系

强化国家版权局与地方版权管理部门及文化市场综合执法部门的联系，发挥各地文化市场综合执法优势，充分调动公安、工信、网信、"扫黄打非"等部门版权执法的积极性，运用好"两法"衔接机制，定期召开版权执法工作会议，开展版权执法培训，运用国家版权监管平台，增强版权行政管理和执法人员利用新技术进行监管的能力。建立媒体及著作权登记等版权从业人员培训制度，定期组织业务培训，提高从业人员的版权业务水平，进一步规范版权相关服务机构及中介组织的市场行为。

（三）争取财政支持和优惠政策，加大对版权工作的扶持力度

积极与财政、金融、税务、发展改革等部门沟通协调，努力将版权工作纳入各地重大规划中实施，争取财政及其他相关政策支持。引导地方政府给予著作权登记工作专项资金或优惠政策。对西部欠发达地区及少数民族地区版权重点工作加强指导、扶持。

（四）加强激励引导，调动社会力量，激发全民创新创造活力

继续举办并有效运用"中国版权金奖"，对在版权创作、运用、保护、管理和服务过程中做出突出贡献的

单位和个人予以嘉奖，激发全社会的创新意识和创作热情。充分调动各种社会资源和力量，发挥各类版权协会、中介组织、交易中心、研究机构、集体管理组织及专家学者的作用，强化版权登记、评估、质押、融资、交易、调解、仲裁等功能，完善版权社会服务体系，促进版权事业、版权产业全面健康发展。

（五）加强人才储备，整合社会资源，服务版权涉外应对工作

建立国际版权专家智库，重视版权国际应对人才的培养，有针对性地开展国际版权专业人才培训，培养一批政治素质好、业务水平高、熟悉国内外版权事务的版权业务骨干。充分利用社会资源，发挥专家学者的特长，整合由高校、科研院所等专业机构为主体的国际版权应对工作咨询团队，系统研究版权热点难点问题，为做好版权国际应对、提升对外版权工作水平提供人才保障和智力支持。

附："十三五"时期版权工作项目

1.国家版权监管平台项目 完善国家版权监管平台，通过平台应用实现版权执法、著作权登记和软件正版化等版权工作信息的及时报送、统计、公告和查询，对互联网及其他新媒体的侵权盗版行为进行实时监管，加强对著作权集体管理组织及著作权涉外认证机构的监管与服务，增进对地方版权管理及执法机构的联系和指导，全面提升版权工作水平。
2.国家版权示范工作推进工程 继续开展全国版权示范城市、示范单位、示范园区（基地）创建工作，"十三五"时期，争取创建5-10个示范城市、75-100个示范单位、15-25个示范园区（基地），充分发挥各示范主体在版权保护、版权产业发展中的引领和带动作用。
3.全国版权交易体系建设推进工程 重点培育5-10个在"一带一路"沿线、国家综合改革试验区、自由贸易区内既符合国家战略又带动区域经济发展的全国性或区域性版权交易中心（基地），建立并完善全国性的版权贸易、版权交易协作联盟，集聚版权资源，降低交易成本，促进版权交易的规范化运作，打造健康版权产业链，服务创新型国家和版权强国建设。

大遗址保护"十三五"专项规划

发文单位：国家文物局

"十二五"时期，我国初步形成了以"六片、四线、一圈"为核心，以150处大遗址为支撑的大遗址保护格局，全面启动150处大遗址保护规划编制，开展大遗址考古，掌握了一批重要大遗址的分布范围和保存情况，实施一批文物保护展示和环境整治工程，大遗址本体和环境得到有效保护，压力缓解明显，建成24家国家考古遗址公园和一批遗址博物馆，提高了大遗址的保护展示水平，推动元上都、大运河、丝绸之路、土司遗址等相继列入世界遗产名录，充分发挥了大遗址保护对地方区域经济社会发展的促进作用。

"十三五"时期是全面建成小康社会的决胜阶段，国土空间优化开发新格局基本确立，新型城镇化建设和美丽乡村建设也正在快速推进。同时，中央进一步明确提出要构建中华优秀传统文化传承体系和公共文化服务体系。这都给大遗址保护提出了新的要求，大遗址保护也面临着新的机遇和挑战。

为做好新形势下大遗址保护展示利用工作，服务经济社会发展大局，更好地满足人民群众的精神文化需求，根据《国家文物事业发展"十三五"规划》，特制定本规划。

一、指导思想

高举中国特色社会主义伟大旗帜，全面贯彻党的十八大和十八届三中、四中、五中、六中全会精神，深入贯彻习近平总书记系列重要讲话和加强文物保护重要论述精神，围绕"五位一体"总体布局和"四个全面"战略布局，坚持创新、协调、绿色、开放、共享的发展理念，坚持"保护为主、抢救第一、合理利用、加强管理"的文物工作方针，落实《国务院关于进一步加强文物工作的指导意见》，坚持稳中求进，协调做好文物的研究、保护、传承、利用和发展，为统筹推进文物保护与经济社会发展服务。

二、基本原则

以人为本，传承文化，保护为主，合理利用。
中央主导，属地管理，社会参与，成果共享。
统筹规划，分步实施，分类指导，示范带动。
科技支撑，创新发展，彰显特色，注重实效。

三、总体目标和主要指标

（一）总体目标

基本实现大遗址本体和环境安全，完善大遗址保护规划和管理体系，加强基础设施和保护利用设施建设，全面实现大遗址对外开放，继续推进国家考古遗址公园建设，有效提升大遗址保护展示利用水平，充分发挥大遗址在构建中华优秀传统文化传承体系和公共文化服务体系中的作用，充分发挥大遗址在新型城镇化建设和美丽乡村建设中的带动作用，促进大遗址所在地经济社会协调发展，为全面建成小康社会贡献力量。

（二）主要指标

列入项目库的大遗址考古调查、勘探和测绘工作基本完成；

列入项目库的大遗址基础信息"一张图"完成率100%；

列入项目库的大遗址保护规划编制完成率100%；

列入项目库的大遗址基本实现对外开放；

列入项目库的大遗址专门管理机构设立率100%；

建成10~20个专门的考古工作基地（站）；

新建成20~30个遗址博物馆；

新建成10~15个国家考古遗址公园；

形成8~10处大遗址保护片区；

形成一批大遗址保护的理论和科技成果。

四、主要任务

（一）开展考古工作

持续开展系统性的大遗址考古调查、勘探、测绘、研究工作，强化课题意识、科技意识、保护意识、展示意识，全面掌握列入项目库的大遗址的内涵、范围、布局。有重点地开展系统考古发掘，推进"长江下游区域文明模式研究"、"河套地区聚落与社会研究"、"长江中游文明进程研究"等跨区域的综合性考古研究项目，不断加深对中华文明悠久历史和宝贵价值的认识。

（二）整合信息数据

采集综合信息数据，实现大遗址基础数据的数字化、信息化和规范化，搭建地理信息系统平台，初步完成列入项目库的大遗址"一张图"。鼓励各地根据实际情况，将大遗址综合信息数据纳入当地城乡建设及土地管理"一张图"。

（三）编制保护规划

继续推动大遗址保护规划编制工作，强化空间布局，加强与城乡总体规划和土地利用总体规划的衔接，理顺大遗址保护与城乡发展的关系。全面完成列入项目库的大遗址保护规划编制工作，并公布实施。鼓励编制线性遗产规划和大遗址区域性空间引导规划，对接新型城镇化建设和美丽乡村建设，实现整体保护与协调发展。

（四）实施重点工程

实施一批文物本体抢救性保护工程和安全防范工程，加大保护范围内环境治理工作力度，基本实现大遗址本体及环境安全。

实施一批具有带动和示范效应的保护展示工程，重点做好凌家滩、陶寺、石峁、三星堆、大堡子山、齐国故城、汉唐帝陵、紫金城城址及铁河古墓群、明中都皇故城等遗址的保护展示，以及良渚、二里头、殷墟、盘龙城、鲁国故城、秦始皇陵、汉长安城、扬州城、西夏陵、景德镇御窑厂、圆明园等遗址的展示利用提升，整体提升大遗址保护展示利用水平。

推进体现中华文明发展主体进程的陶寺、石峁、二里头、周原、圆明园等10至15处重要大遗址研究、基础设施改造、环境整治和展示提升及遗址博物馆建设工程，并将其纳入国家记忆工程，包括科学、系统展示大遗址的核心价值，集中展示中国历史文明的进程，发掘并弘扬大遗址所蕴藏的优秀传统文化内涵，向国人和世界充分展示中华文明的灿烂辉煌。

继续做好长城、丝绸之路、大运河等线性遗产的保护展示工程，开展海上丝绸之路、万里茶路、明清海防、蜀道、茶马古道、秦直道保护展示工程。

重点支持东北、西北和西南等边疆地区能体现并维护主权安全、国土安全和文化安全，扩大国际和区域影响力的大遗址保护展示利用工程。

（五）提升服务能力

加强大遗址基础设施、保护利用设施、公共服务设施建设，丰富展示手段，充实展示内容，提高展示和服务水平，实现列入项目库的大遗址对外开放。鼓励以大遗址为核心，统筹考虑遗址区域及周边重要文化遗产的展示利用，产生聚合效应和规模效应，有效承担城市或社区功能，发挥公共文化服务作用，成为新型城镇化建设和美丽乡村建设的有机组成部分。

重点建设二里头、景德镇御窑厂等20~30处遗址博物馆。大幅提升国家考古遗址公园接待服务能力，实现每处国家考古遗址公园均有1处遗址博物馆或展示服务中心。开展数字化展示试点，推动"互联网+"展示项目试点。大力发展文物旅游和文化创意产品，提供更多的优质旅游资源。

（六）建设遗址公园

出台国家考古遗址公园建设和运行管理指导性文件，加强国家考古遗址公园运行评估与监管，新建成10~15处国家考古遗址公园。鼓励各地参照国家考古遗址公园模式，积极开展省级考古遗址公园建设，共同推进大遗址保护利用工作。

（七）加强科学研究

加强理论研究，探索适用于我国大遗址特性的保护利用理念和方法，研究如何发挥大遗址保护展示利用在公共文化服务体系中的作用，形成一批研究成果。

加强管理体制机制研究，探索适用于大遗址保护利用的合理模式，研究大遗址分类管理的相关要求，研究大遗址和国家考古遗址公园融入国家公园体制。

加强政策研究，探索大遗址综合保护利用和统筹发展的有效途径。开展大遗址保护文物补偿专项研究和试点。结合大遗址所在地居民生产生活需求，探索大遗址保护范围内土地合理、有效利用的可行方式。

加强技术创新，形成一批具有较强应用性的保护技术手段；加强数字技术的应用研究。

（八）规范日常管理

深化管理体制改革，创新管理机制，加强大遗址保护管理机构建设，实现每处大遗址均设有专门的管理机构，鼓励设立综合性管理机构，支持建设专门的考古工作基地（站）。加强专业人员配备，提高考古和文博专业人员比例，加强专业培训，提高从业人员专业水平。开展大遗址日常监测，做好日常养护，深化、细化各项规范和管理措施，实现科学化、精细化、标准化管理。

（九）发挥片区优势

继续做好西安、洛阳、郑州、曲阜、成都、荆州大遗址保护片区保护利用工作，鼓励文物资源丰富、价值重大和相对集中的区域建设新的大遗址保护片区，形成8~10处大遗址保护片区，关注保护片区内各大遗址之间的有机联系，推进各大遗址的协调发展，充分发挥大遗址的集群效应和联动效应。

五、保障措施

（一）政策保障

中央明确提出要构建中华优秀传统文化传承体系，加强文化遗产保护；增加公共服务供给，加强公共文化服务。国务院印发《关于进一步加强文物工作的指导意见》，为"十三五"大遗址保护工作的顺利实施提供了有力保障。

（二）组织保障

加强与国家相关职能部门之间的沟通与协调，建立有效的协调机制，做好大遗址保护与经济社会发展、土地利用和城乡建设之间的规划衔接。发挥地方人民政府的主观能动性和积极性，统筹协调大遗址保护工作。

（三）经费保障

国家设立重点文物保护专项补助资金和遗产保护设施建设专项资金，有力地保证大遗址保护工作的顺利开展。立足于中央专项资金与地方资金相结合，进一步完善鼓励和吸纳社会资金投入大遗址保护的投资机制。

（四）人才保障

加强能力建设，健全培训机制，充实培训内容，形成一支组织体系完备、地域分布合理、专业结构齐全的高素质大遗址保护人才队伍。

附：

"十三五"时期大遗址

一、各省、自治区、直辖市

1. 北京：周口店遗址、圆明园遗址、琉璃河遗址、金代皇陵

2. 河北：赵邯郸故城（含赵王陵）、邺城遗址（含河南安阳高陵）、燕下都遗址、泥河湾遗址群、元中都遗址、中山古城遗址、磁州窑遗址、东先贤遗址—邢国墓地

3. 山西：陶寺遗址、侯马晋国遗址、曲村-天马遗址、晋阳古城遗址、蒲津渡与蒲州故城遗址

4. 内蒙古：辽上京遗址、元上都遗址、辽陵及奉陵邑、居延遗址（内蒙古、甘肃）、辽中京遗址、和林格尔土城子遗址、二道井子遗址

5. 辽宁：牛河梁遗址、姜女石遗址（含河北北戴河秦行宫遗址）、高句丽遗址（凤凰山山城、五女山山城、燕州城山城、石台子山城、城子山山城、高丽城山城、高俭地山城）、金牛山遗址

6. 吉林：高句丽遗址（洞沟古墓群、丸都山城与国内城、罗通山城、自安山城、龙潭山城、万发拨子遗址）、渤海遗址（西古城遗址、八连城遗址、龙头山古墓群、六顶山古墓群、苏密城、磨盘村山城）、帽儿山墓地、辽金捺钵遗址（城四家子城址、春捺钵遗址群）

7. 黑龙江：渤海国上京龙泉府遗址、金上京会宁府遗址

8. 上海：福泉山遗址

9. 江苏：扬州城遗址、鸿山墓群、徐州汉墓群（含徐州汉代采石场）、阖闾城遗址、龙虬庄遗址、南唐二陵

10. 浙江：良渚遗址、上林湖越窑遗址、大窑龙泉窑遗址、临安城遗址、安吉龙山古城遗址

11. 安徽：凌家滩遗址、六安王陵、寿春城遗址、明中都皇故城及皇陵石刻、繁昌窑遗址、蚌埠双墩遗址（含蚌埠双墩春秋墓）

12. 福建：万寿岩遗址、城村汉城、德化窑遗址、南山遗址

13. 江西：吴城遗址（含筑卫城遗址）、湖田窑遗址、御窑厂遗址（含高岭瓷土矿）、吉州窑遗址、铜岭铜矿遗址、紫金城址与铁河古墓群

14. 山东：临淄齐国故城（含临淄墓群、田齐王陵）、两城镇遗址（含尧王城遗址）、城子崖遗址（含东平陵故城）、曲阜鲁国故城（含邾国故城、汉鲁王墓群、明鲁王墓）、大汶口遗址、即墨故城及六曲山墓群（含琅琊台遗址）、大辛庄遗址

15. 河南：二里头遗址、偃师商城遗址、汉魏洛阳故城、隋唐洛阳城遗址、殷墟、郑韩故城、北阳平遗

址、郑州商代遗址、宋陵、清凉寺汝官窑遗址、邙山陵墓群、城阳城址、仰韶村遗址、北宋东京城遗址、贾湖遗址、庙底沟遗址、平粮台古城遗址

16.湖北：石家河遗址、楚纪南故城、盘龙城遗址、龙湾遗址、擂鼓墩古墓群、铜绿山遗址、屈家岭遗址、容美土司遗址、走马岭遗址

17.湖南：里耶古城遗址、铜官窑遗址、城头山遗址（含八十垱遗址、彭头山遗址、虎爪山遗址、汤家岗遗址）、老司城遗址、炭河里遗址、汉代长沙王陵墓群

18.广东：南越国宫署遗址、石峡遗址（含马坝人遗址）

19.广西：靖江王府及王陵、合浦汉墓群与汉城遗址（含合浦汉墓群、草鞋村遗址、大浪古城遗址）、甑皮岩遗址

20.重庆：钓鱼城遗址

21.四川：三星堆遗址、金沙遗址、邛窑、成都平原史前城址、明蜀王陵墓群、罗家坝遗址、城坝遗址

22.贵州：可乐遗址、海龙屯

23.云南：太和城遗址

24.西藏：古格王国遗址、藏王墓、卡若遗址

25.陕西：秦咸阳城遗址、周原遗址、阿房宫遗址、汉长安城遗址、秦始皇陵、秦雍城遗址、西汉帝陵（含薄太后陵）、唐代帝陵（含唐顺陵）、统万城遗址、黄堡镇耀州窑遗址、丰镐遗址、石峁遗址、杨官寨遗址、黄帝陵

26.甘肃：大地湾遗址、许三湾城及墓群、锁阳城遗址、大堡子山遗址

27.青海：喇家遗址、热水墓群

28.宁夏：西夏陵、水洞沟遗址、开城遗址

29.新疆：坎尔井

二、跨省、自治区、直辖市

长城（北京、天津、河北、山西、内蒙古、辽宁、吉林、山东、陕西、甘肃、宁夏、青海、新疆、河南、黑龙江）

丝绸之路（新疆、甘肃、青海、宁夏、陕西、河南）

大运河（北京、天津、河北、江苏、浙江、安徽、山东、河南）

万里茶路（河北、山西、内蒙古、福建、江西、河南、湖北、湖南）

秦直道（内蒙古、陕西、甘肃）

茶马古道（云南、四川、西藏、贵州、青海、甘肃、陕西）

明清海防（辽宁、河北、天津、山东、江苏、上海、浙江、福建、广东、广西、海南）

蜀道（陕西、四川、重庆）

地方"十三五"文化发展规划

北京市文化局"十三五"时期文化发展规划

一、"十二五"时期文化发展回顾

"十二五"以来,特别是党的十八大以来,按照中央决策部署,全市文化系统在市委、市政府的坚强领导下,深入贯彻党的十八大和十八届三中、四中、五中全会精神,以马克思列宁主义、毛泽东思想、邓小平理论、"三个代表"重要思想、科学发展观为指导,按照"四个全面"战略布局要求,深入贯彻习近平总书记系列重要讲话和对北京工作的重要指示精神,深入贯彻落实习近平总书记在文艺工作座谈会上的重要讲话精神,贯彻落实《京津冀协同发展规划纲要》精神,坚持改革创新、坚持人民导向、坚持传承发展,大力弘扬社会主义核心价值观,着力深化文化体制改革,着力构建现代公共文化服务体系,着力繁荣首都文艺舞台,着力完善非物质文化遗产的保护传承体系,着力推动文化创意产业的创新发展,着力提升对外文化交流水平,首都文化发展取得长足进步,成为首都创新驱动发展的重要支撑,更好地满足了人民群众的文化生活需要。

(一)积极落实重点改革任务,文化体制改革逐步深化

推进政府职能转变。推动简政放权,认真贯彻落实《北京市深化文化体制改革加强全国文化中心建设的实施意见》,梳理行政许可事项和非行政许可事项,承接好国家对美术品进出口内容审查五类下放审批事项。入驻北京市政务服务中心集中办公,优化审批流程,受理环节从6个减少到4个,审批时间缩短为5-10个工作日,平均提效50%。严格依法行政,开展文化市场行政审批规范化建设。配合商事制度改革,调整"先工商后文化"的审批程序。加强对文化领域的安全监管,开展文化娱乐场所"安全生产月"等活动,举办公开课、培训班,普及安全生产知识。严格依法治文,认真开展"六五"普法工作,在首都图书馆建立了北京市法治宣传教育基地,市文化局被评为"十二五"中期全国法治宣传教育工作先进单位。

分类推进国有文化单位改革。对北京儿童艺术剧院、中国杂技团、中国木偶剧院、北京歌舞剧院4家已转制企业,加大支持力度,协助做大做强;对新转企改制的中国评剧院、北京市河北梆子剧团和北京市曲剧团3家院团,给予有效扶持,帮助企业快速适应市场;保留事业体制的北京京剧院、北京交响乐团、北方昆曲剧院3家院团,开展建立名家工作室、实施项目制等机制创新。公益性的文化事业单位北京画院、首都图书馆、北京戏曲艺术职业学院、北京文化艺术活动中心,加强内部机制改革。

(二)高质量推动公共文化标准化,公共文化服务优质均衡发展成效显著

公共文化服务体系进一步完善。在全国范围内率先出台《关于进一步加强基层公共文化建设的意见》以及首都公共文化服务示范区创建、基层公共文化设施建设标准和服务规范的"1+3"公共文化政策,形成了公共文化设施建设、管理、服务、绩效等上下衔接的指标体系。构建完善公共图书馆服务配送体系、文化馆服务配送体系以及公益演出服务配送体系,实现惠民服务与群众需求的有效对接。以市、区、街道乡镇和行政村为基础的四级网络体系基本形成,市区两级覆盖率达到100%。推进市级重点文化基础设施建设,完成首都图书馆二期建设,新建改建北京市文化艺术中心、北方昆曲艺术中心。

公共文化产品和服务供给不断丰富。实施"万场演出下基层"等文化惠民活动,开展首都市民系列文化活动,打造群众文化活动品牌,累计组织文化活动13万场次,年均参与人数3000万人次。开展"一区一品、一街(乡)一品、一社(村)一品"建设活动,引导形成具有地方特色的文化品牌。整合基层图书服务资源,加强图书馆一卡通服务平台建设,实现了图书通还、国图和首图读者卡互认。

公共文化社会化参与工作逐步完善。积极推动基层文化服务中心试点，支持创建公共文化服务体系示范区（项目），探索公共文化服务设施运营管理多元化。朝阳区、东城区、海淀区先后荣获国家公共文化服务体系示范区，东城区、海淀区、大兴区、延庆区、石景山区、房山区先后荣获示范项目。探索在基层公共图书馆、文化馆、街道（乡镇）综合文化中心等机构吸纳社会力量及专业人士参与管理。通过购买服务等方式，在展览展示服务、公益演出服务等领域公开招标，推动公共文化服务社会化发展。

基层公共文化人才队伍建设成效显著。着力培养基层公共文化干部、群众文化组织员和文化志愿者三支队伍。制定《全市公共文化队伍三年培训规划》，连续三年培训基层文化组织员1000名。推出"文化驻乡工程"，加强文化志愿者队伍建设。截至2015年底，全市共有基层群众文艺团队9204支，在册文化志愿者3.27万名，文化志愿团体311个。

（三）实施文化精品工程，首都文艺创作与演出市场持续繁荣发展

文艺创作的规划引导切实加强。把创作生产优秀作品作为文艺工作的中心环节，把"出精品"作为各个院团最重要的考核指标之一。传承弘扬中华优秀传统文化，结合新的时代条件，新创和加工复排一批传统经典剧目。加大对京剧、评剧、昆曲、地方戏曲等优秀传统艺术的扶持力度，传承发展优秀传统文化。开展"深入生活、扎根人民"主题实践活动，推动局属文艺院团艺术创作贴近生活、贴近人民。

涌现了一批弘扬主流价值观的优秀作品。积极推进社会主义核心价值体系建设，围绕"中国梦"主题进行创作，推出了一批在全国具有影响力、体现首都水准的精品力作，评剧《母亲》等被列为北京市文化精品项目，并入围纪念中国人民抗日战争暨世界反法西斯战争胜利70周年全国巡演剧目，昆曲《红楼梦》、儿童剧《想飞的孩子》、杂技《协奏·黑白狂想——男子技巧》等多个作品荣获国际国内大奖。

举办了一系列社会效益良好的展演活动。重点打造北京国际音乐节、北京新年音乐会等一批国家级文化活动品牌，举办"春苗行动"少儿剧目展演、优秀小剧场剧目展演、金秋剧目展演等品牌活动。组织了第六届戏剧奥林匹克、"双甲之约——纪念梅兰芳大师诞辰120周年""二十世纪美术大家""裘韵流芳·戎耀百年""名家传戏——2014全国《牡丹亭》传承汇报演出"等活动。

搭建促进舞台艺术发展的平台。以政府购买公共服务的方式，建立北京剧目排练中心，从创作前端入手，扶持原创、孵化优秀精品剧目。建设北京市剧院运营服务平台，从演出终端入手，整合剧场和剧目资源，促进剧场、院团、优秀剧目资源的有效对接。发挥首都剧院联盟的作用，成员单位增加到139个，约占全市营业性演出场所90%。

艺术工作机制和资助体系不断完善。研究制定各类舞台艺术创作、文艺展演、惠民低价票等扶持政策10余项，扶持优秀剧目创作生产和文化惠民，有效发挥财政资金引导作用。2015年，低价票补贴工作被列入市政府为群众办实事项目，享受补贴剧场达31个，补贴低价票19万张，补贴金额达2200万元。积极争取国家资金支持，组织国家艺术基金的申报。加强文艺评论，成立艺术专家指导委员会。

（四）完善非物质文化遗产保护体系，活态传承能力得到加强

非遗保护力度不断加大。政策体系不断完善，《北京市非物质文化遗产保护条例》已被列入立法规划，制定《关于加强非物质文化遗产保护传承的扶持办法》《北京市非物质文化遗产保护专项资金管理办法》等。三级名录体系及保护机制不断健全，截至2015年底，全市有10个项目入选联合国教科文组织"人类非物质文化遗产代表作"名录，126个项目入选国家级非遗代表性项目名录，公布市级代表性项目273项；有国家级代表性传承人85人，市级代表性传承人267人。"十二五"期间，北京市级财政对非遗保护的资金投入总数达到1.355亿元，市级非遗项目代表性传承人补助费提高到每人每年2万元。开展"名家传艺工程"，连丽如、刘刚等8位名家收徒27位；鼓励和支持雕漆技艺等急需保护的项目单位和传承人向社会公开招徒。开展年事已高的代表性传承人实物作品征集工作，征集金漆镶嵌髹饰技艺作品精工矫嵌屏风《花香凝翠》、北京宫廷补绣作品《尊胜佛母像》等201件。积极开展保护基地建设，认定10个北京市非遗生产性保护示范基地、28个北京市非

遗培训基地、1个北京市非遗优秀实践名册项目。

非遗宣传展示形式日益丰富。以"文化遗产日"和传统节庆为契机,广泛宣传非物质文化遗产。连续7年举办"北京春节庙会·灯会·文化活动评选";在国内外举办和参与如"燕京绝技——北京非物质文化遗产展""京味儿——北京非物质文化遗产展"等50次大型非遗展示展演活动,组织北京非遗走进我国台湾地区、走进沙特阿拉伯、走进韩国首尔、走进法国巴黎。积极开展非遗进校园活动,在部分学校中探索将非遗项目列入校本课程、与非遗传承人结对共建、开设非遗传承课等长效工作机制。拍摄《守望》纪录片188集并在北京卫视播出,最高收视率达2.07%,记录、保存、展示与宣传北京非遗资源,扩大社会影响力。编辑出版《北京非物质文化遗产传承人口述史》（十册）及《北京市非物质文化遗产丛书》（十册）,共约180万字,后者以口述史形式系统记录非遗项目代表性传承人,是非遗研究记录形式的创新。组织编写《北京市非物质文化遗产保护资源汇编》系列丛书（十二册）,共约270余万字;编纂《北京志·非物质文化遗产志》,完成初稿50余万字。

（五）引导文化创意产业转型升级,文化创新驱动能力不断增强

文化创意产业保持稳步增长。文化创新驱动作用不断增强,"十二五"期间,文化创意产业平稳健康发展,全市文化创意产业作为首都经济支柱性产业的地位更加巩固。文化部产业司发布的"中国文化产业系列指数"中,北京市文化产业综合指数连续五年全国排名第一。

文化市场保持繁荣稳定。截至2015年底,全市共有文艺表演团体640家,演出场所经营单位114家,演出经纪机构1478家,互联网上网服务营业场所1504家,娱乐场所经营单位2131家,互联网文化经营单位1242家。演艺业稳步发展,2015年全市135家营业性演出场馆演出24238场,吸引观众1035.63万人次,演出收入15.49亿元,与去年同期相比,观众人数增长2.27%,演出收入增长3.54%。动漫游戏产业实现爆发式增长,2015年产值达455亿元,占全国总产值的三分之一,比2011年增长近2.5倍,出口额达58.7亿元,比2011年增长3.9倍,多年来稳居全国第一。

多元融合的新文化业态兴起。文化与科技、旅游、商务、金融、体育等相关行业的融合发展速度进一步加快。支持举办"艺术北京""动漫北京""演艺北京"、文博会等文化会展活动,活动规模和水平逐年实现突破。

部市合作进一步加强。与文化部合作建设的天竺国家对外文化贸易基地、国家文化产业创新实验区取得阶段性进展,积极推进文化服务业扩大开放综合试点工作。组织指导文化企业申报中央文化发展专项资金等一系列文化产业重点项目,推出了一批重点项目、精品项目。

（六）对外文化交流更加活跃,中华传统文化魅力彰显

文化引进来常态化发展。服务保障国家重大节日、纪念日和重大外交活动,高质量高水平做好APEC会议、世界田径锦标赛、中国人民抗日战争暨世界反法西斯战争胜利70周年系列纪念活动等国家重大活动文艺演出的组织服务保障。发起举办第六届戏剧奥林匹克等活动,邀请国际知名艺术家、国外优秀剧目登台献艺。

文化走出去的活动日渐丰富。成功塑造"欢乐春节""北京之夜"等文化活动品牌,其中连续14年举办的"欢乐春节"活动已在30多个国家和地区留下足迹,在推动对外文化交流活动品牌化、精品化、本土化方面迈出了坚实步伐。举办"两岸城市互访系列—北京文化周""北京舞台艺术香江行"交流活动,加强与港澳台地区的文化交流。大力推动市属院团"走出去",组织北京京剧院"传承之旅"、北京交响乐团欧洲、美洲巡演之旅、"昆曲四部经典欧洲行"等活动。

搭建了文化交流与贸易服务平台。积极筹建北京市对外文化交流项目资源库,对接文化部与驻外文化机构,服务文化企业和文化产品"走出去"。组派优秀艺术院团赴美国、英国、加拿大、德国、俄罗斯等地开展文艺演出、非遗展示、美术品展览、青少年交流等多领域交流,不断深化文化交流。

（七）主动融入京津冀协同发展大局,文化领域先行先试率先突破

加强顶层设计,形成区域整体规划和联动机制。签署京津冀三地文化领域协同发展战略框架协议,建立文

化部门联席会议制度。举行工作会议，明确了深化演艺领域合作的举措。成立了京津冀文化协同发展工作领导小组，加强了专项工作的统筹协调，加快推动战略框架协议的实施与落实。

注重优势互补，全方位深化三地文化交流与合作。与津冀联合主办"2015年京津冀精品剧目展演"，共同培育三地的戏曲演出品牌。积极推进文化产业协作，加强三地在动漫游戏、文艺演出、艺术品交易领域的合作对接。深化演艺领域合作，组织京津冀演艺项目交易会和演艺发展论坛，举办了京津冀精品剧目展演。联手推动三地非遗保护工作，共同举办京津冀非物质文化遗产展暨传统手工艺作品设计大赛，举办京津冀非物质文化遗产展驻华使节专场活动。

加强资源统筹，不断探索创新三地文化交流与合作的新模式。2015年，全市各区、局属单位已开展或拟开展文化合作项目约50项，涵盖了公共文化服务体系建设、群众文化活动组织、文艺精品创作、人才交流培育等多个领域。支持举办首届"一带一路一城"国际文化艺术节。开展京津冀文化领域协同发展相关课题研究和规划研究。《京津冀三省市文化协同发展战略研究》已被列入文化部年度重点课题。加强"十三五"文化发展规划编制工作对接。

"十二五"以来，北京市文化发展取得重要成果。但我们清醒地认识到，北京文化改革发展还面临很多困难和问题，主要表现在：一是在推进文化改革任务落实过程中，需加强顶层设计、制定实施路径细则，在推动文化管理的方式和手段与市场需求之间的衔接还有待完善，国有文化改制市场竞争能力还有待进一步提高；二是公共文化产品和服务的供给方式、渠道较为固化，导致文化设施的使用率和服务参与率不足，供需匹配尚需进一步优化；三是文艺作品的体裁、题材、形式、手段创新突破不足，文化消费市场发展相对较慢，亟须通过完善政策措施，引导、促进演艺创作精品化；四是非物质文化遗产保护的科学化管理经验不足，传承人梯队建设还需进一步加强，非物质文化遗产与现代生活相融合、相协调的程度不高；五是相对于市场需求的规模放量和高频迭代，文化创新对经济增长的驱动力有待增强，文化产业的国际竞争能力尚且不足；六是对外文化交流的层次与影响力有待提升、文化传播方式和手段有待创新，国际高端文化资源的荟萃集聚的城市文化品牌形象尚未形成。面对这些问题，我们将加大改革创新力度，不断解放思想，求真务实，以问题为导向，扎实工作，积极探索，推动解决，努力促进首都文化大发展大繁荣，更好地满足人民群众日益增长的文化需求，更好地发挥全国文化中心示范引领作用。

二、"十三五"时期文化发展的形势和要求

文化是民族的血脉，是人民的精神家园，是城市发展进步的灵魂。加强首都全国文化中心建设，是落实首都城市战略定位、加快建设国际一流和谐宜居之都、推动社会主义文化大发展大繁荣的重大战略举措。当前，北京文化发展处于可以大有作为的重要战略机遇期，既面临艰巨任务，又有许多有利条件。要求我们站在协调推进"四个全面"战略布局、加快建设国际一流和谐宜居之都的高度，深入贯彻落实《京津冀协同发展规划纲要》，深入贯彻落实市委全会精神，全面谋划和布局首都文化改革发展。

北京文化发展面临着重要机遇。一是文化发展有了更深厚的基础。习近平总书记在庆祝中国共产党成立95周年大会上发表重要讲话指出，坚持不忘初心、继续前进，就要坚持中国特色社会主义道路自信、理论自信、制度自信、文化自信，坚持党的基本路线不动摇，不断把中国特色社会主义伟大事业推向前进。文化自信，是更基础、更广泛、更深厚的自信。在5000多年文明发展中孕育的中华优秀传统文化，在党和人民伟大斗争中孕育的革命文化和社会主义先进文化，积淀着中华民族最深层的精神追求，代表着中华民族独特的精神标识。总书记对文化自信的深刻阐释，为我们推动文化改革发展提供了重大牵引。二是国际国内环境有利于北京文化进一步繁荣发展。国际层面，和平与发展仍是时代主题，世界多极化、经济全球化、文化多样化、社会信息化深入发展，新一轮科技革命和产业革命正在萌发，国际环境相对稳定。国内层面，我国经济长期向好的基本面没有改变，改革创新将充分释放发展的活力。北京发展层面，城市战略定位更加明确，优势更加明显，特别是京津冀协同发展等重大国家战略的实施将推动形成以首都为核心的世界级城市群。三是北京自身资源条件禀赋

为文化大发展大繁荣提供了坚实保障。北京文化底蕴深厚，是享誉世界的历史文化名城。全国文化中心的定位，是中央赋予北京的重任，为推动北京文化发展加强全国文化中心建设，发挥示范引领作用，增添了新的内涵。

北京文化发展面临着众多挑战。当前，世界经济复苏缓慢，不稳定不确定因素很多。我国经济发展进入新常态，转型发展面临着更加深刻的变革。北京发展面临突出的困难和矛盾，人口资源环境矛盾突出，出现人口过多、交通拥堵、环境污染等"大城市病"等。文化发展自身看，文化创新优势发挥不够，资源优势转化为发展优势的能力还不足，亟须提高城市文明程度、提升文化发展水平。

机遇和挑战并存。推动北京文化发展，必须紧紧围绕实现到2020年全面建成小康社会目标而努力。这是我们党确定的"两个一百年"奋斗目标的第一个百年奋斗目标。我们要按照市委十一届八次全会精神，坚持社会主义先进文化方向，构筑社会主义核心价值观精神高地，处理好继承与发展的关系，切实保护好历史文化名城金名片，全面深化文化体制改革，激发文化创造活力，构建现代公共文化服务体系，推动文化产业蓬勃发展，扩大文化交流传播，强化全国文化中心的凝聚示范、辐射带动、展示交流和服务保障功能，显著提升首都文化软实力。

三、"十三五"时期文化发展的指导思想、工作原则和总体目标

（一）"十三五"时期文化发展的指导思想

高举中国特色社会主义伟大旗帜，全面贯彻党的十八大和十八届三中、四中、五中全会精神，以马克思列宁主义、毛泽东思想、邓小平理论、"三个代表"重要思想、科学发展观为指导，深入贯彻习近平总书记系列重要讲话精神和对北京工作的重要指示精神，秉持高度的文化自觉和文化自信，按照协调推进"四个全面"战略布局要求，在市委市政府的坚强领导下，立足首都城市战略定位，积极推动京津冀协同发展，坚持创新、协调、绿色、开放、共享的发展理念，坚持社会主义先进文化前进方向，坚持以人民群众为中心的工作导向，出政策、建机制、搭平台、推精品、育人才，提升创新力，增强服务力，扩大影响力，以改革创新为动力，培育践行社会主义核心价值观，弘扬传承中华优秀传统文化，深入推进文化改革发展，率先建成公共文化服务体系，优化艺术创作环境，促进文化创意产业升级发展，提高对外文化交流水平，推动非物质文化遗产活态传承，提高文化干部队伍素质，促进文化创新和服务的核心能力提升，实现文化工作改革发展出精品、出影响力、出人才的新跨越，充分发挥全国文化中心的示范引领作用，建设社会主义先进文化之都，为建设国际一流的和谐宜居之都打下坚实的文化基础，为推进社会主义文化强国建设做出积极贡献。

（二）"十三五"时期文化发展的工作原则

一是坚持改革发展和文化安全保障相统一。全面深化文化体制改革，激发全社会力量参与公共文化服务的动力，激发社会文化创新创造活力，以市场化、社会化的服务满足人们对公共文化服务多元化、个性化的需求。充分适应技术发展对文化发展的影响，加快文化与科技、金融、旅游等多领域融合发展，创新文化管理方式，保持文化发展活力和文化竞争力。同时，根据时代要求和国际国内形势变化，不断丰富和建立有效的、多层次的文化监管体系。

二是坚持文化继承与文化创新相统一。深入挖掘中华传统文化的内涵，推动优秀传统文化的保护与传承，凝聚文化共识；紧紧抓住现代文化发展日新月异的动力源泉，充分利用技术对文化表现方式、传播方式、内容制作手段等，进行创新，增添文化发展新的动力和活力。

三是坚持政府引导和发挥市场机制作用相统一。坚持规划引导，引领文化发展的正确方向，以更宽阔的视野审视文化发展的趋势，重视对社会大众日常点滴"正能量"的传颂，以及对先进文化、新兴观念的创新，充分发挥全社会的力量传播社会主义核心价值观，弘扬中国精神、传播中国价值、凝聚中国力量。充分发挥市场机制在配置文化资源中的基础性作用，运用市场机制调节引导北京文化市场的开发与发展，提高文化发展效

能，实现文化创新驱动发展目标。

四是坚持"走出去"与"引进来"相统一。立足于全球视野，增强民族凝聚力和向心力、增强国际影响力、捍卫国家文化安全。扩大城市的开放性，推动京津冀协同发展，延伸文化的广度，充分引进汇集国际优秀文化成果。积极鼓励文化企业面向国际市场，促进文化产品和服务输出。

(三)"十三五"时期文化发展的总体目标

到2020年，首都文化工作实现跨越式发展，全国文化中心的凝聚示范、辐射带动、展示交流和服务保障功能得到充分发挥，在文化体制改革、基本公共文化服务体系完善、优秀文化产品创作生产、文化创意产业发展、优秀传统文化传承、文化开放水平提升以及京津冀文化协同发展等方面取得新成就，为北京建设成为具有高度包容性和亲和力，充满人文关怀、人文风采和文化魅力的中国特色社会主义先进文化之都做出积极贡献，为建设国际一流的和谐宜居之都打下坚实文化基础。

具体目标：一是首都文化体制改革不断深化，文化管理体制、文化产品和服务的生产经营机制充满活力、富有效率；二是公共文化服务体系不断完善，公共文化服务能力和水平进一步提高，市、区、街道（乡镇）、社区（村）四级公共文化设施基本实现全覆盖，公共文化服务首善之区的水平不断提高，城乡居民文化生活丰富多彩，率先建成均衡发展、供给丰富、服务高效、保障有力的现代公共文化服务体系；三是文艺工作方向和导向更加鲜明，以社会主义核心价值观为引领，更多具有中国精神、北京特色、首都水准，思想精深、艺术精湛、制作精良的优秀文艺作品不断涌现，首都文艺舞台持续繁荣；四是建立健全确保国有文化企业把社会效益放在首位、实现两个效益相统一的体制机制，文化产业的支柱地位巩固提升，形成一批文化产业发展新的增长点和增长极，全面提升文化产业发展的质量和效益；五是中华优秀传统文化传承体系不断完善，推动非物质文化遗产活态传承，在秉持传统、不失其本的基础上，促进非物质文化遗产走进现代生活，实现创新性发展；六是以提高文化开放水平为着力点，不断丰富对外文化交流的渠道和形式，文化开放格局更加完善，首都文化的世界影响力持续扩大，展示中华文化的重要窗口和文化走出去的桥梁纽带作用更加彰显；七是京津冀三地文化资源得到有效统筹，协同发展机制有效运转，公共文化、演艺、非遗、文化产业等重点领域交流合作取得积极成效，京津冀文化协同发展格局初步形成。

四、"十三五"时期文化发展的主要任务

(一) 全面深化文化体制改革

深入探索首都文化改革发展的规律，充分发挥市场配置资源的决定性作用和政府的管理引导作用，加快政府职能转变，努力由办文化向管文化转变、从管文化向治理文化转变、从管微观向管宏观转变，着力构建激发全社会文化创造活力的政策体系和体制机制。

深入推进简政放权。贯彻落实国务院、文化部关于简政放权的要求精神，落实我市"先照后证"商事制度改革举措，坚持放管结合，进一步加强事中、事后监管，做好服务。主要做好对演出市场的监管，加强对小剧场演出内容的现场监管，加强对大型涉外演唱会和各类音乐节的监管。同时，加大对文化娱乐场所和局属单位安全生产工作的监管力度，加强与相关监管执法部门的联动和执法检查力度。

深入推进依法治理。加强文化法律法规体系建设，为保障公共文化服务、非遗保护、文化创意产业发展、文化市场要素建设提供法治保障和政策护航，推进《北京市非物质文化遗产保护条例》《北京市公共文化服务保障条例》的立法工作。严格依法行政，做好行政诉讼、行政复议和行政规范性文件立、改、废、释等各项工作。抓好文化法治宣传教育工作，完善首都图书馆法治宣传教育示范基地功能，将其建成北京乃至全国一流的文化法治宣传教育示范基地。实施文化法治"两个一千"培训计划，对我局职能范围内的文化企事业单位1000名法人和1000名文化法治宣传员开展文化法治培训。

深化国有院团改革。坚持把社会效益放在首位、社会效益和经济效益相统一，加强分类指导，分类推进国

有文艺院团深化改革。对于已转制院团，着重推动建立具有文化特色的现代文化企业管理制度模式；对于文化事业单位，着重推动完善人事管理、收入分配、艺术生产等内部管理机制，鼓励院团通过名家工作室、项目制等方式进行机制创新，形成"一团一策"的长效扶持机制。积极进行探索试点，深入推进事业单位法人治理结构建设，重点在北京京剧院、北京交响乐团、首都图书馆、北京戏曲艺术职业学院、北京文化艺术活动中心等公益性文化事业单位，探索管理制度和内部机制改革。

（二）构建现代公共文化服务体系

坚持政府主导、社会参与、聚焦基层，全面落实"1+3"公共文化政策，以人民群众基本文化需求为导向，保基本、促公平、提效能，扎实开展公共文化建设五项工程，提供更高质量、供需对接的公共文化服务，率先建成现代公共文化服务体系。

实施"引领工程"，统筹推进公共文化服务均衡发展。完善公共文化服务体系，主要是在"四级"公共文化服务体系基础上，根据服务人口分布特点，合理规划布局，在不同街道、乡镇，打破行政区划的限定，跨区域设置区域级综合文化中心，提高文化效能和服务管理水平；着重提高乡镇（街道）综合文化中心的辐射力、影响力，充分发挥其对行政村（社区）的指导能力。完善一批公共文化服务设施。采取新建、改扩建、租赁、购买等方式，解决设施未建有的情况，同时按照相关标准提高达标率。重点是新建、改建一批重点场馆，积极配合市行政副中心建设，对接好通州公共文化基础设施建设项目，抓紧规划实施，建设北京国际文化艺术交流中心、北京非物质文化遗产展示中心等公共文化基础设施；推进东城区第二文化馆及图书馆、海淀区文图两馆、顺义区文图两馆、房山区文图两馆等文化基础设施建设；推进北京市文化艺术中心、北方昆曲艺术中心、北京京剧博物馆等工程项目建设；积极推动中和戏院、广和剧场、吉祥戏院等老字号演出场所的重建、改造、修缮工程，恢复功能，发挥作用。

实施"提升工程"，切实增强基层公共文化服务能力。基本实现公共文化服务设施全覆盖，重点是大力推进乡镇文化站建设。在此基础上，以实现基层公共文化服务标准化、均等化、社会化和数字化为目标，领先完成国家规定标准的达标任务。

实施"示范工程"，推动基层公共文化服务工作创新发展。重点是抓好首都公共文化服务示范区创建；推进国家公共文化服务体系示范区和示范项目创建，促进首都公共文化服务体系提速发展和全面建设，在全国起到示范引领作用。

实施"培训工程"，抓好基层公共文化人才队伍建设。开展"千人培训"计划。按照"六会"的要求（即会做群众工作、会组织活动、会指挥合唱、会舞蹈编排、会乐器演奏、会计算机技能），每年完成培训1000名基层文化组织员的任务。每个乡镇（街道）配备3至4名文化专职工作人员；探索实施政府购买公共服务岗位的方式，为每个行政村（社区）配备至少1名群众文化组织员。

实施"保障工程"，实现供需对接和资源整合。按照群众点菜、政府端菜的订单式、菜单式服务要求，推动公共文化服务落到实处。健全公共文化服务供给机制。建立健全政府向社会力量购买公共文化服务机制，进一步扩大公共文化服务政府购买的范围和内容，激发社会力量的积极性。积极推广区域文化资源共建共享、服务配送等经验，通过构建公共图书、文化活动和公益演出三个配送体系，将各级各类文化资源输送到基层社区和农村，增加文化资源的流动性，扩大服务半径，实现服务的全覆盖。积极引导社会资源、社区居民和村民参与公共文化服务项目的规划、建设、管理、服务和监督工作，吸引和鼓励社会力量提供更多更好的文化服务和产品。充分利用"互联网+"数字技术。利用信息化技术，开发文化数字资源，搭建数字化服务平台，使基层群众足不出户，就可以通过互联网、物流网、手机客户端等方式，获取各种资源，满足多样化的文化需求。加强图书馆一卡通服务平台建设，统筹实施全市数字化图书馆、数字文化社区服务等重点项目，推进基层公共文化服务云系统建设。探索新的绩效考核办法。建立健全绩效考核办法，引入第三方机构，对推动公共文化服务落实情况进行考评。

（三）潜心抓好文艺"高峰"创作

坚持以人民为中心的创作导向，紧紧抓住创作生产优秀作品这一文艺工作的中心环节，加强规划引导，聚焦精品创作，创新保障机制，推动一批精品力作涌现，推动首都文艺舞台持续繁荣。

加强对文艺创作的规划引导。突出中国梦时代主题、突出"十三五"时期特点，实施重大精品创作工程，主要围绕革命历史、现实生活、历史文化等方面的题材，集聚资源打造精品，推动现代文艺创作和戏曲流派传承创新，引导创作一批国家水准、首都标准、北京特点精品力作。

着力提升品牌活动影响力。整合各类文化资源，积极培育品牌活动，大力推动精品创作展演，重视民族民间艺术，推动戏曲、音乐、舞蹈、杂技、曲艺、美术等艺术形式繁荣发展。进一步丰富"春苗行动"优秀少儿题材剧目展演、优秀小剧场剧目展演、北京金秋优秀剧目展演等品牌活动内容，积极组织巡演、万场演出下基层、高雅艺术"三进入"（进校园、进军营、进工厂）、低价票政策实施、演出交易会，扩大优秀艺术作品影响力。推进全国地方戏曲演出中心建设，培育剧院剧场品牌，为地方戏进京展演等活动提供优质服务。选址北京园博园，每年举办中国戏曲嘉年华，打造戏曲传承创新的品牌。

探索创新保障艺术创作生产的长效机制。从政策、资金、机制等方面着手，为艺术创作生产提供坚实保障。政策方面，推动出台并实施北京市《关于支持戏曲传承发展的实施意见》，从支持戏曲剧本创作、演出、改善生产条件以及人才培养、观众培育等多个方面，支持戏曲保护、传承与创新发展。资金方面，设立北京文化艺术基金，面向全社会文化机构和个人进行资助和奖励，支持优秀艺术作品创作、对外交流传播和优秀文艺人才培养。机制方面，运营北京市剧院运营服务平台，以政府购买服务的方式采购剧场资源，以零场租或低场租提供给优秀剧目，实现剧场、院团、观众三方受益。积极推进规划、建设、运营北京剧目排练中心，坚持扶持原创、孵化精品，为院团打磨艺术精品提供条件，打造艺术精品创作"孵化器"。在中国评剧大剧院试点运行"北京市戏曲院团联袂驻场演出"，推动中国评剧大剧院等剧院成为全国地方戏曲演出的重要基地。与中国戏曲学院共同实施"京剧流派传承创新推进工程"。

（四）构建非物质文化遗产保护传承体系

坚持"保护为主、抢救第一、合理利用、传承发展"的工作方针，以人的培养为核心，从制度法规保障、创新保护与传承机制、拓展传播途径等方面，构建非遗传承和保护体系，依法保护非物质文化遗产，推动活态传承，巩固抢救保护成果，提高保护传承水平。

完善非遗保护的政策法规和保护机制。继续推进非遗保护立法工作，推动《北京市非物质文化遗产保护条例》尽早出台。完善非遗代表性项目及代表性传承人名录体系，建立健全非遗保护、传承、监督检查机制，对非遗项目、传承人进行分类指导、分项保护和精细化管理。进一步完善三级名录体系及保护机制，对国家级、市级的非遗代表性项目和代表性传承人实行动态管理，落实科学保护措施，健全传承机制。

加强非遗生产性保护和活态传承。运用市场化手段，推动非物质文化遗产与日常生产生活相融合。认定一批"北京市非物质文化遗产生产性保护示范基地"、"北京市非物质文化遗产研究基地"和"北京市非物质文化遗产优秀实践名册项目"。实施"非遗传承人群研修研习培训计划""非遗校园传承计划"，组织高校、职业技术院校、中小学积极开展非遗传承工作。在全市范围内开展非遗实物征集工作，征集年事已高的非遗代表性传承人的优秀作品，同时收集反映非遗项目历史渊源、技艺价值等内容的相关实物资料。

拓展非遗保护宣传传播途径。利用"文化遗产日"和传统节日，组织开展非物质文化遗产保护系列宣传展示活动，提高全社会非遗保护意识。在通州区选址，建设北京非物质文化遗产展示中心，集展示、体验、传习、交流、生产、销售等功能于一体，形成"传习体验基地、生产基地、市场开发"的集聚区模式，成为长期性、综合性展示宣传传统文化的场所和空间。策划开展"一带一路"非遗主题文化活动，充分发掘"一带一路"沿线国家深厚文化底蕴，深化与"一带一路"沿线国家在非物质文化遗产保护与传承发展的交流与合作，推动非遗"走出去"。

（五）积极促进对外文化交流和文化贸易

积极培育对外交流文化品牌，抓好重大交流项目，统筹对外文化交流、传播和贸易，创新方式方法，深入开展北京市文化服务开放试点，推动文化"走出去"。

做大做强"欢乐春节"文化品牌，打造北京文化整体形象。配合"一带一路"国家战略和北京友好城市发展，丰富对外文化交流的内容与形式，推出环地中海"欢乐春节"活动，将"欢乐春节"打造成集舞台演出、展览展示、非遗项目体验、影视产品交流于一体的综合性文化活动。

抓好对外文化交流重大项目建设。在通州建设北京国际文化艺术交流中心，将其建设成为集展览展示、现场体验、讲解与传承于一体的对外文化展示交流基地。筹建雅典中国文化中心，与文化部共同推动，赋予其文化活动、艺术培训和信息服务三大功能，使之成为首都对外开放的重要窗口和平台。

构建文化贸易的差异化优势。立足我国快速成长的文化消费市场，积极引入新兴消费模式，大力吸引外来文化消费，培育国际化的文化消费市场。大力推动符合国际规则的中国文化消费内容，鼓励文化消费形式和标准的展示、推广，努力构建新兴文化消费的体验中心、新兴消费模式的孵化中心和新兴消费规则的输出中心。深化对港澳台文化工作。

（六）强化文化产业的支柱性地位

坚持政府引导、市场主导、企业主体的运行模式，充分释放市场活力，积极推动文化发展方式转变，促进文化产业与科技、金融、商务、旅游等融合发展，改造提升传统文化产业，大力培育新兴文化业态，积极构建现代文化产业体系。

推动文化产业结构优化升级。积极协同有关部门，逐步完善文化产业各门类政策，改造提升演艺、娱乐、文化旅游、工艺美术等传统文化产业，加快发展动漫、游戏、网络文化、数字文化服务等新兴文化产业，构建结构合理、门类齐全、科技含量高、竞争力强的现代文化产业体系，推动文化产业跨越式发展。发展壮大艺术品一级市场，推动艺术保税区建设，完善展示、推介、交易、物流、仓储、担保、租赁、财务、税收及金融等专业服务，形成国际文化贸易服务的专业化体系。

推动文化产业多元融合发展。推动文化与科技融合。紧紧抓住数字化、移动化的发展趋势，以科技为支撑，以新型文化业态发展为动力，在底层技术架构、基础技术研发、应用技术开发、技术系统集成等方面推动文化科技的创新发展。推动文化与金融融合发展。充分利用三板等资本市场，探索引导众筹等方式，发挥金融支持文化发展作用，充分体现文化企业价值。推动文化与商务融合。积极引导和支持商务服务机构主体集聚发展，形成完善的促进和加速文化与科技融合发展的商务服务体系，重点推动科技商务、文化商务、市场商务的发展创新，加强文化与科技融合发展的全创新链的系统推进，从而提升融合创新发展的研发挖掘能力、集成应用能力、成果转化能力、示范引领能力、推动激励能力。

不断优化文化产业发展环境。落实部市合作，积极推动朝阳区国家文化产业创新实验区建设。抓好各项国家级文化产业政策在京落地工作，加强对民营文化企业的政策扶持，大力扶持小微文化企业，重点支持一批原创内容和特色产业项目。组织和指导优秀文化企业参加中央文创资金等一系列项目评审和资金申报。

（七）推动京津冀文化协同发展迈向更高水平

深入落实京津冀协同发展战略要求，立足资源禀赋和功能定位，深化文化重点领域的交流合作，构建并完善文化协同发展体制机制，努力推动三地文化协同发展不断取得新进展。

健全文化协同发展工作机制，加强三地统筹协调。加强顶层设计，完善三省市文化职能部门联席会议制度，共同研究三地文化交流与合作的政策机制。搭建日常工作平台，共同推动协同发展文化合作项目落实。

推动公共文化服务一体化，讲好三地故事。推动建立群众文化活动联动机制，通过举办京津冀群众艺术节、合唱节、曲艺节等活动，共同打造涵盖京津冀区域的群众文化品牌。充分利用"互联网+"数字技术，整合三地公共文化信息资源，大力推进数字图书馆、数字文化馆、数字美术馆等公共文化服务平台建设，推动涵盖京津冀三地展示演出、场馆导览、图书阅读等数字化信息服务资源的共建共享。

统筹打造艺术创作精品，繁荣三地文化市场。京津冀三地将整合艺术创作力量，挖掘区域特色文化资源，在剧本创作、剧目创排、展演汇演等方面，加强交流合作，推动三地艺术院团打造具有地域特色的舞台艺术精品。由北京、河北、天津三地交响乐团联合创作排演交响乐《长城》，计划2016年开始在三地巡演。

推动演艺交流品牌化。充分挖掘三地演艺文化资源，以"春苗行动"少儿展演、金秋优秀剧目展演、河北省戏剧节、吴桥国际杂技艺术节等展演活动为平台，吸引三地优秀剧目参展交流，形成常态机制。

推动产业协作区域化。服从和服务区域整体功能定位，完善京津冀文化产业合作机制，重点加强在动漫游戏、文艺演出、艺术品交易领域合作对接，共同开发演艺市场，策划重大品牌文化活动，以产业支撑、品牌活动推动京津冀文化协同发展。

推动非遗保护整体化。依托区域历史文化资源，加强京津冀三地非遗保护领域的交流与合作。针对三地丰厚的非物质文化遗产项目，联合开展保护理论研究，共同举办展览演出、讲座论坛等，形成三地品牌活动，提升非遗的社会影响力。

五、保障措施

一是加强党风廉政建设。推动作风建设常态化长效化，为"十三五"规划的实现提供坚强保证。不断强化党员的党性修养和规矩意识，严守党的政治纪律和政治规矩，坚决在思想上政治上行动上与党中央保持高度一致，坚决维护党中央权威，维护党的团结。持久抓群众路线教育，切实解决好一切工作的出发点和落脚点问题；持久抓宗旨意识教育，切实解决好角色定位问题；各级领导干部要充分发挥表率作用，认真落实"三严三实"的要求，切实做到为民务实清廉，以上率下改进作风；要大兴调查研究之风，全面推行机关联系基层、干部联系群众"双联系"制度，以良好的作风、优异的业绩赢得群众的支持和信任；实现建章立制常态化，不断修订完善各项制度，把改进作风的成功做法经验化、零星探索系统化、有效措施制度化。落实"两个责任"，积极推进党风廉政建设工作，推动主体责任和监督责任层层落实，为我市文化事业健康有序发展提供纪律保障。

二是加强组织保障。在北京市文化改革和发展领导小组全面领导下，发挥好全市公共文化联席会议制度的统筹协调作用，建立市级部门之间、市区两级文化部门之间的沟通机制，围绕文化改革发展重点领域，共同研究解决规划实施的重大问题，形成合力，确保规划有序推进落实。做好规划的宣讲和解读，加强对区级文化部门规划编制引导，做好衔接，提高规划实施效率。

三是加大资金投入。不断提高各级财政对文化事业的资金投入，我市各级财政对文化建设的投入增幅不低于同级财政经常性收入的增幅，形成以政府投入为主、社会力量积极参与的、稳定的文化事业发展投入机制。加大公共文化服务体系建设资金和经费投入，切实保障实施重大公共文化工程、购买公共文化产品、开展重要公共文化活动所必需的资金。转变投入方式，通过政府购买服务、项目补贴、以奖代补等方式，鼓励和引导社会力量提供公共文化产品和服务，促进文化产业发展。

四是推进文化法治工作。贯彻落实好国家有关文化法律法规，积极推动地方性文化法规建设。不断修订完善舞台艺术创作展演、公共文化服务、文化产业振兴、文化市场管理、对外文化交流、非物质文化遗产保护等一系列扶持政策和行政规范性文件，进一步完善文化法律制度体系。

五是强化人才支撑。落实"1+3"公共文化政策文件要求，采取政府购买服务等多种方式，加强对基层文化队伍的建设、管理和使用。开展基层文化组织员"千人培训"计划，完善发展北京市文化志愿者服务体系。加大文艺人才培养扶持力度，实施"四个一批"文化人才培养工程，有计划、有步骤地打造一支以文艺大师为核心、杰出人才和优秀中青年人才为主体、广大文艺工作者为基础的，艺术门类分布均衡，年龄梯次结构合理的文艺人才队伍。完善戏曲专业人才培养机制，实施戏曲青年人才培养计划，建立戏曲院校与戏曲文艺院团"双向交流"机制，为戏曲传承发展提供可持续的人才保障。加大高层次人才及紧缺人才引进与培养力度，完善优秀文化艺术人才资格认定制度，畅通高层次人才落户北京的政策渠道。

天津市文化广播影视"十三五"规划

为贯彻落实党的十八届五中全会和市委十届八次全会精神，建设文化繁荣、社会文明的魅力人文之都，根据《天津市国民经济和社会发展"十三五"规划纲要》《天津市文化改革发展"十三五"规划》和文化部、国家新闻出版广电总局、国家文物局"十三五"时期相关规划，编制本规划。

序　言

"十二五"期间，全市文化广播影视系统认真贯彻落实市委、市政府决策部署，大力实施文化强市战略，扎实推进文化事业和文化产业发展，文化综合实力和竞争力显著提升。

公共文化服务体系建设取得突破。建成天津文化中心等重大公共文化设施。各区图书馆、文化馆、街道（乡镇）文化站、村（社区）文化活动室基本实现全覆盖并免费开放，四级公共文化设施网络更加完善。完成公共电子阅览室建设计划。天津图书馆和市内六区图书馆实现通借通还。在全国率先出台《关于加快构建现代公共文化服务体系的实施意见》。3个区、5个项目入选国家公共文化服务体系示范区和示范项目。基层文化活动更加活跃。

艺术创作演出更加繁荣。京剧《香莲案》、河北梆子《晚雪》、评剧《赵锦棠》等优秀作品荣获全国大奖。35个项目获得国家艺术基金资助。出台《天津市舞台艺术创作生产规划（2015—2017年）》，组建艺术指导委员会，进一步加强对艺术创作生产的组织引导。成功举办第七届中国京剧艺术节。组织天津市优秀剧目展演、名家经典演出季，推出文化惠民卡，艺术院团惠民演出形成常态化。

文化产业快速发展。全市文化产业增加值年均增长20%以上，2015年超过780多亿元。文化与创意设计、金融、科技、旅游融合更加深入。国家数字内容贸易服务平台落户天津。新增国家文化产业示范基地4家。市级文化产业示范基地达到47家，示范园区19家。一批原创动漫作品取得良好社会效益和经济效益。

文化市场规范有序。放管结合优化服务，落实先照后证，放宽准入限制，促进文化市场健康发展。运用技术手段加强文化市场事中事后监管，文化市场技术监管与服务平台上线应用。出台《天津自贸区文化市场开放项目实施细则》。互联网上网服务行业转型升级成效明显。

文化遗产保护成效显著。大运河（天津段）入选世界文化遗产名录。圆满完成第三次不可移动文物普查，共调查登记不可移动文物2082处。我市全国重点文物保护单位达到28处，市级文物保护单位212处。划定公布《天津市境内国家级、市级文物保护单位保护区划》。天津自然博物馆迁入新址，杨柳青木版年画博物馆建成开放，全市各类博物馆达到72家。对各级各类博物馆开展绩效考评，博物馆社会服务水平进一步提升。非物质文化遗产保护体系进一步健全，国家级、市级代表性项目分别达到32、157个，国家级、市级代表性传承人分别达到20、221名。

广播影视管理不断加强。电视剧《辛亥革命》《寻路》、纪录片《五大道》等影响广泛。农村电影放映工程、中央广播电视节目无线数字化覆盖工程稳步推进。截至2015年底，全市数字影院达到58家，银幕398块，观众人次和票房收入保持两位数增长。圆满完成重要保障期安全播出任务。深入开展专项治理，广播电视传输秩序进一步规范。

对外文化交流不断扩大。五年共办理对外文化交流项目541项。圆满完成"欢乐春节"等重点文化交流任务。与文化部共建斯里兰卡中国文化中心正式成立。华夏未来少儿艺术团"中国梦·世界梦"全球巡演影响广泛。霍元甲文武学校被文化部授予"对非文化培训基地"。我市连续两年获得文化部"对外及对港澳台文化交流贡献奖"。

文化体制改革进一步深入。推进文化行政部门职能转变，公布权责清单，加强依法行政。深化行政审批制度改革，精简、下放、整合一批行政许可事项。国有文艺院团改革任务按期完成，天津北方演艺集团有限公司、天津北方文创产业集团有限公司成立。天津图书馆法人治理结构建设试点扎实推进。

京津冀协同发展迈出新步伐。与京冀文化和广电部门签署交流合作协议，成立京津冀演艺联盟、公共文化服务示范走廊发展联盟、图书馆联盟等区域合作组织。开展京津冀河北梆子优秀剧目巡演、精品剧目展演、文化产业项目推介会、非物质文化遗产大展暨传统手工艺作品设计大赛等系列活动，京津冀文化交流合作更加紧密深入。

人才队伍建设不断加强。加大拔尖领军人才培养和引进力度，新增中宣部"四个一批"人才2名、文化部优秀专家

3名、享受政府特贴专家2名、天津市宣传文化"五个一批"人才44名，1人入选国家"千人计划"，7人入选天津市"131"创新型人才培养工程，4人荣获中国戏剧梅花奖。完成文博系统"名师教室"第二期培养任务。艺术职业教育特色更加突出。实施"千村百站"农村文艺骨干和"千人百团"社区艺术团文艺骨干培训，基层文化队伍素质明显提升。

我市文化改革发展还存在一些问题和短板：城乡文化发展还不均衡，基层公共文化服务相对薄弱；艺术创作存在"有数量缺质量、有高原缺高峰"的现象，推出精品力作的任务仍然十分繁重；文化产业规模和质量有待提升，骨干企业和知名品牌较少；广播电视管理缺乏有效的技术支撑；文化遗产保护任务依然艰巨；文化治理能力和管理水平需要进一步提高，文化企事业单位发展活力还不够强；高层次文化人才比较紧缺。

"十三五"时期，是加快实现中央对天津定位、全面建成高质量小康社会的关键时期，是建设文化强市的重要时期，也是我市文化发展大有作为的重要战略机遇期。全面小康既包括物质生活的小康，也包括精神文化的小康，需要着力提高城乡文化发展的均衡性和协调性，打牢基础、补齐短板，努力实现高质量文化小康；适应和引领经济发展新常态，需要更好发挥文化在稳增长、促改革、调结构、惠民生方面的重要作用；天津五大战略机遇叠加为文化发展提供了广阔空间；高新科技的广泛应用催生了文化生产、传播、消费方式的深刻变革。在新的历史起点上，必须以新的发展理念引领文化发展，乘势而上，奋发有为，不断开拓文化改革发展的新局面。

一、指导思想和发展目标

（一）指导思想

高举中国特色社会主义伟大旗帜，以马克思列宁主义、毛泽东思想、邓小平理论、"三个代表"重要思想、科学发展观为指导，深入贯彻习近平总书记系列重要讲话精神，紧紧围绕"四个全面"战略布局，坚持社会主义先进文化的前进方向，牢固树立创新、协调、绿色、开放、共享的发展理念，以社会主义核心价值观为引领，以满足人民精神文化需求为出发点和落脚点，以改革创新为动力，努力建设文化繁荣、社会文明的魅力人文之都，为加快实现中央对天津定位、全面建成高质量小康社会提供强大精神动力和文化支撑。

（二）方针原则

1.坚持正确方向。贯彻"二为"方向、"双百"方针，"三贴近原则"，弘扬主旋律，提倡多样化，培育践行社会主义核心价值观，始终把社会效益放在首位，做到社会效益和经济效益的有机统一。

2.坚持以人为本。坚持以人民为中心的工作导向，做到文化发展为了人民、文化发展依靠人民、文化发展成果由人民共享，着力提高人民群众文化参与度，提升市民素质和社会文明程度。

3.坚持服务基层。坚持工作重心下沉，资源配置下移，强基层，补"短板"，着力解决城乡基层特别是农村地区文化建设薄弱的突出问题，促进基层文化繁荣，推动城乡文化一体化发展。

4.坚持改革创新。积极探索有利于解放和发展文化生产力的新举措、新途径，深化文化体制改革，推进文化内容形式、体制机制、传播手段创新，推动文化与其他领域融合发展，增强文化发展动力，激发文化创造活力。

（三）发展目标

到2020年，文化强市建设取得重要进展，城市文化软实力显著增强。基本建成覆盖城乡、便捷高效、保基本、促公平的现代公共文化服务体系，公共文化服务各项指标位于全国先进水平。舞台艺术繁荣发展，创作生产更多传播当代中国价值观念、体现中华文化精神、富有天津地域特色的优秀作品。现代文化市场体系更加完善，以内容监管为重点、信用监管为核心的文化市场事中事后监管体系基本建立。文化产业布局结构优化升级，质量效益显著提升，成为国民经济支柱性产业。广播影视综合实力显著增强，传统媒体与新兴媒体融合发展取得重要成果。历史文化遗产得到有效保护，优秀传统文化传承体系加快构建。文化开放水平不断提高，天津文化国际影响力日益扩大。文化体制机制改革深入推进，文化管理体制和文化产品生产经营机制充满活力、富有效率。文化人才队伍发展壮大，人才素质进一步提升，人才结构更加合理。

（四）主要指标

到2020年：

——全市公共图书馆、文化馆达标率100%，基层综合性文化服务中心设置率100%；全市人均拥有公共图书馆藏量不少于1.2册；每个村（社区）每月组织群众文化活动至少1次；

——新创排舞台艺术剧节目20部以上，其中在全国有影响的大戏5部左右，力争8至10部作品入选国家艺术基金资助项目；

——文化产业增加值年均增长12%以上，占全市生产总值的比重达到6.5%；建设一批主业突出、代表文化产业发展方向的园区基地；

——全国重点文物保护单位和市级文物保护单位"四有"工作完成率100%、重大险情排除率100%；国有博物馆一、二、三级文物藏品建账建档率100%，年举办陈列展览400个以上，接待观众1100万人次以上；

——推荐国家级非物质文化遗产代表性项目20个，推荐国家级非物质文化遗产代表性传承人40名，评选市级非物质文化遗产代表性项目100个，认定市级非物质文化遗产代表性传承人120名；

——全市实现数字广播电视户户通，地面无线数字广播电视实现100%覆盖。各区播出机构台内数字化率基本达到100%。全市电影票房年均增长15%以上，影院银幕数达到500块。

——培养引进50名在国内具有引领作用的文化人才、80名复合型经营管理人才、100名创新型青年人才。

二、构建现代公共文化服务体系

（一）推进基本公共文化服务标准化均等化。以区为基本单位，全面落实天津市基本公共文化服务实施标准和区实施方案。健全公共文化设施运行管理和服务标准，规范各级各类公共文化机构服务项目和流程。推动公共文化资源向城乡基层特别是农村延伸，拓展文化惠民项目服务"三农"内容，促进城乡公共文化服务一体化发展。坚持普惠与特惠相结合，开发和提供适合老年人、未成年人、残疾人、生活困难群众等群体的公共文化产品和服务，将外来务工人员纳入常住地公共文化服务体系。

（二）完善公共文化设施网络。按照人口分布和发展，合理规划、建设公共文化设施，完善城乡"15分钟文化服务圈"，使城乡居民就近、便利享受公共文化服务。完成天津歌舞剧院、天津交响乐团迁址扩建和天津群星剧院、元明清天妃宫遗址博物馆修缮，推动平津战役纪念馆改陈、天津泥人张彩塑工作室等文化设施提升改造。新建、改扩建一批区文化馆、图书馆、博物馆，统筹建设一批街道（乡镇）和社区（村）综合文化服务中心，推动各级公共文化设施达到国家标准。加强流动文化设施建设，每个区配备用于图书借阅、文艺演出和电影放映等服务的流动文化服务车。

（三）提升公共文化服务效能。推动公共文化服务从硬件建设为主向提升服务效能为主转变，全面提升公共文化设施运营管理水平。创新天津文化中心公共文化服务内容方式，打造公共文化服务品牌。深入推进公共文化设施免费开放，鼓励文物建筑及遗址类博物馆、非物质文化遗产项目保护单位面向群众定期免费开放，逐步将行业博物馆等纳入免费开放范围。依托图书馆广泛开展全民阅读，努力营造书香社会。举办"天津市民艺术节"，形成贯穿全年、覆盖全市的市民文化活动格局。推动公共文化服务数字化发展，建设数字图书馆、文化馆、非遗馆等，提高数字文化产品和服务供给能力。建立群众文化需求反馈机制，发挥"公共文化民心桥"互动平台作用，推动文化惠民项目与群众需求有效对接。

（四）创新公共文化管理体制和运行机制。建立和完善公共文化服务体系建设协调机制，加强政策衔接、标准制定和督导检查。推进图书馆、文化馆总分馆建设，全面实现天津图书馆与各区图书馆通借通还服务，建立市、区文化馆与基层综合文化服务中心"结对帮扶"长效机制，促进资源共享和有效利用。推动公共文化服务社会化发展，加大政府购买公共文化服务力度，开展委托社会机构运营基层文化设施工作试点，探索公共文化服务第三方评价机制。大力开展文化志愿服务活动，实现文化志愿服务常态化发展。

（五）促进京津冀公共文化服务协同发展。发挥京津冀图书馆联盟、公共文化服务示范走廊联盟的作用，健全京津冀群众艺术馆合作机制，共同举办群众文化活动。建立京津冀公共文化资源库，加强地方特色数字文化资源建设，依托文化信息资源共享工程、公共电子阅览室和数字图书馆、文化馆等，构建标准统一、互联互通的公共数字文化服务网络。加强公共文化大数据采集、存储和分析处理，探索建立覆盖京津冀公共文化服务单位的信息管理平台，推进数字文化资源共建共享。

三、构建优秀艺术作品创作推广体系

（一）创作生产优秀文艺作品。坚持以人民为中心的创作导向，把推出优秀作品作为中心环节，加强对艺术创作生产的规划引导。聚焦"中国梦"时代主题，抓好现实题材、爱国主义和革命历史题材、天津地方特色题材的创作生产，推出一批质量上乘、影响广泛的文艺精品。围绕庆祝建党95周年、建国70周年等重大活动，开展主题创作和展演展示活动。发挥艺术指导委员会作用，推进剧目立项、演出推广、绩效评估等工作。

（二）推动优秀传统艺术传承发展。全面落实国务院办公厅《关于支持戏曲传承发展的若干政策》，促进天津戏曲繁荣发展。开展天津地方戏曲剧种普查，加强对京剧、评剧、河北梆子等传统艺术门类的扶持。加大优秀戏曲剧本创作扶持力度。坚持复排传统剧节目、新编历史戏和创作现代戏并重，推进中国京剧"像音像"集萃工程，推动京剧电影拍摄，进一步振兴以京剧和曲艺为代表的"津派艺术"。

（三）加大惠民演出力度。办好"天津市名家经典惠民演出季"，打造舞台艺术演出品牌。积极开展送戏下乡、进社区、进军营、进校园、进企业等公益性演出活动。继续实施低票价惠民演出政策，鼓励在商业演出中安排一定数量的低价票。支持举办"曹禺戏剧节""歌剧舞剧节"等演出活动。创新艺术传播渠道，鼓励艺术院团、剧场、演出经纪机构等利用现代传播技术，促进优秀文艺作品多渠道传播、多平台展示、多终端推送。

（四）加强文艺理论建设。积极开展文艺评论，形成健康理性的评论氛围。加强文艺评论阵地和队伍建设，建设专兼职结合的舞台艺术评论骨干队伍。提升文化艺术科研水平，发挥天津市艺术科学规划项目的导向作用，以重大理论和现实问题为主攻方向，推出一批高质量的文化艺术研究成果。

（五）推进京津冀演艺领域合作。组建京津冀演艺联盟，共同建设京津冀演艺网络平台，实现剧本推介、演出营销、人才交流等线上线下双向互动。统筹三地资源，深化院团合作，共同创作艺术作品，培育演艺品牌。举办"京津冀精品剧目展演""京津冀音乐节"等系列活动，集中展示三地优秀剧（节）目。建立京津冀演艺资讯统一发布平台，通过媒体宣传、项目推介等方式，整体打包推出三地的优秀剧（节）目。

四、构建文化产业和文化市场发展体系

（一）推动文化产业转型升级。推进传统文化业态和新型文化业态协调发展，促进演艺娱乐、文化旅游、

工艺美术等提质增效,加快发展创意设计、动漫游戏、数字文化服务等新型业态。加强示范引导,推动文化与创意设计深度融合。鼓励文化文物单位利用馆藏资源优势,采取合作、授权、独立开发等方式,开发特色鲜明、有影响力的文化创意精品。支持原创动漫创作生产和宣传推广。实施"文化+"计划,促进文化产业与制造、建筑、信息、旅游、农业、体育等相关产业融合发展,推动互联网在文化生产、消费领域拓展应用,催生文化新业态、新产品和新服务。深入挖掘天津特色文化资源,创建一批特色文化产业示范乡镇(街区),引导文化产业特色化、差异化发展。

(二)培育壮大文化市场主体。加强文化产业园区基地的规划建设和动态管理,推动从数量速度型向质量效益型转变,新评选命名一批主业突出、代表文化产业发展方向的园区基地。推进国家动漫产业综合示范园、国家文化科技融合示范基地、中国天津3D影视创意园区建设,打造引领行业发展的协同创新中心。着力培育核心竞争力强的骨干文化企业,鼓励有实力的文化企业跨地区、跨行业、跨所有制兼并重组和上市融资。支持北方文创产业集团做优做强文创品牌。扶持文化产业领域创新创业,支持各类中小微企业"专、精、特、新"发展。

(三)引导和扩大文化消费。从供需两端着力,扩大有效供给,改善消费条件,激活和释放文化消费需求,提升文化消费总量。探索拉动城乡居民文化消费试点,调动市场力量,增加有效供给,培育新的文化消费增长点。扶持、引导文化企业建设文化消费载体,改善文化消费环境,提供个性化、多样化的文化产品和服务。推进杨柳青年画、泥人张彩塑等"津味"特色文化资源与现代消费需求有效对接,拓展大众文化消费市场。建设城市文化消费服务平台,鼓励研发商业演出、动漫游戏等领域的移动支付系统,提升文化消费便利化水平。

(四)优化文化产业发展环境。建设文化产业项目服务平台,加强文化产业项目征集发布、宣传推介、合作对接服务,提高文化产业领域公共服务水平。实施文化产业人才培训计划,加强对经营管理、创意策划、专业技能和产业管理人才的培养。提升天津滨海文创展交会专业化、市场化水平,共同打造京津冀文化产品展示、交易平台。深化文化金融合作,创建国家文化金融合作试验区,鼓励金融机构针对文化企业特点创新产品和服务,推广无形资产质押融资,建立文化企业征信体系、融资风险补偿和信用担保机制。

(五)提高文化市场监管水平。依法加强文化市场管理,创新文化市场监管模式,综合运用法律、行政、经济、科技等手段提高管理水平,加强文化市场技术监管与服务平台建设与应用。构建以信用监管为核心的文化市场监管体系,落实"一个平台管信用",建立文化市场基础数据库,完善市场主体信用信息记录,建立文化市场守信激励和失信惩戒机制。建立健全文化市场警示名单和黑名单制度,对从事违法违规经营、屡查屡犯的经营单位和个人,依法公开其违法违规记录,使失信违规者在市场交易中受到制约和限制。落实市场主体守法经营的主体责任,指导其加强事前防范、事中监管和事后处理工作。推动行业协会等社会组织建立健全行业经营自律规范、自律公约和职业道德准则,引导行业健康发展。规范艺术品市场,建立健全集艺术品评估、交易、展示、保险等服务于一体的艺术品交易全产业链,规范鉴定服务市场,引导艺术品市场有序发展。建立文化行政部门与文化市场综合执法机构的信息共享与工作联动机制,形成分工负责、相互支持、密切配合的文化市场管理工作格局。

五、构建文化遗产保护传承体系

(一)切实加强文物保护。实施文物登录制度,建立文物信息管理平台,实现文物资源动态管理。推进各级文物保护单位和一般不可移动文物核定、公布工作,开展第五批天津市文物保护单位遴选和推荐。完成全国重点文物保护单位、市级文物保护单位"四有"工作。编制实施长城(天津段)保护规划,加快推进各级文物保护单位保护规划编制和公布实施。积极推进水下文化遗产保护。明确文物保护单位管理使用单位的日常养护责任,建立年度报告制度。加强文物保护工程资质管理。对存在重大险情的文物保护单位开展抢救性保护,实施50项文物保护重点工程。完成第一次全国可移动文物普查,建立全市博物馆藏品和国有单位收藏文物数据库。建立馆藏文物保护修复平台，加强预防性保护。编制文物建筑集中分布区消防专项规划，组织实施一批文物安全防护工程，推动将文物安全纳入政府绩效考核和社会管理综合治理。

（二）完善博物馆服务功能。以经济社会发展物证征集收藏展示为重点，拓展博物馆藏品征集范围，丰富博物馆藏品资源。合理进行博物馆基本陈列改造提升，增加临时展览数量，鼓励联展、借展、巡展，提高博物馆藏品利用率。建立陈列展览评价体系，畅通公众评价渠道，加强对优秀展览的推广力度。完善博物馆青少年教育功能，研发博物馆青少年教育课程，增加面向中小学生的陈列展览项目，建立中小学生利用博物馆学习的长效机制。积极发展民办博物馆，加强引导，规范管理。加强对中小博物馆陈列展览、藏品修复等方面对口帮扶。对各级各类博物馆开展运行评估，提高博物馆公共文化服务水平。

（三）促进文物合理适度利用。挖掘研究文物价值内涵，充分发挥文物资源在传承文明、服务社会、促进发展中的作用。推动文物保护工程与展示利用整体设计、同步实施，开展保护利用综合试点。推动有条件的行政机关、企事业单位管理使用的文物保护单位定期或部分对公众开放。健全京津冀文物保护利用协同机制，打造京津冀长城、运河文化遗产长廊。探索实施"互联网+中华文明"行动计划，促进文物资源与互联网深度融合。加强社会文物管理，规范文物经营和民间文物收藏、鉴定行为。制定文物交易负面清单制度，推动文物拍卖企业和购销企业建立征信制度。编纂出版《天津文博志》。

（四）提高非物质文化遗产保护传承水平。完善非物质文化遗产代表性项目名录体系和保护机制，制定国家级、市级非物质文化遗产代表性项目保护规划，落实保护职责。认定两批市级非遗项目代表性传承人。以国家级和市级非物质文化遗产代表性传承人为重点，开展抢救性记录工作，加强抢救性保护成果的整理和利用。实施非物质文化遗产代表性项目和传承人保护传承评估制度，建立动态管理机制。建设天津市非物质文化遗产馆，搭建非物质文化遗产展示交流平台。加强非物质文化遗产生产性保护，促进非物质文化遗产走进现代生活，增强传承活力。对历史文化积淀丰厚、存续性良好，具有重要价值和鲜明特色的非遗形态进行整体性保护。设立市级文化生态保护区，积极申报国家级文化生态保护区。

六、构建广播影视传播体系

（一）加强广播电视内容管理。坚持团结稳定鼓劲、正面宣传为主的方针，坚持"三贴近"，深化"走转改"，不断增强广播电视媒体的舆论引导能力和传播力、影响力。深入开展广播电视节目创新创优，推出一批导向正确、特色鲜明、效益显著的品牌节目栏目，加大对公益服务类节目扶持力度。加强影视剧创作规划引导，健全优秀影视创作扶持机制，把社会主义核心价值观和中国梦主题融入影视剧、纪录片、动画片、微电影、网络剧等作品创作的各个方面，加大对弘扬民族精神、时代精神影视作品的扶持力度。推进京津冀广播影视协同发展，鼓励广播影视制作经营机构联合发展。

（二）发展壮大电影市场。鼓励电影院线开展特色经营和差异化竞争，支持民营企业投资国有电影院线改造。鼓励发展巨幕电影、4K电影、动感电影、沉浸式声音和新型光源电影放映，提高影院服务水平。推进电影一卡通票务平台覆盖全市数字影院，实现在线票务支付。拓展影讯宣传渠道，加强新片推介，国产影片市场份额达到55%以上。拓宽影片海外发行渠道，利用"丝绸之路影视桥工程""中非影视合作工程""中国影视节目海外推广项目——中国联合展台"等载体，支持优秀津产电影进入国际主流电影市场。

（三）推动广播影视公共服务。推进地面无线数字广播电视覆盖，通过数字音频提供不少于15套广播节目，通过地面数字电视提供不少于15套电视节目。指导各级播出机构利用现有广播电视设施实施应急广播工程，实现城乡应急广播全覆盖。巩固农村电影放映"一村一月一场"成果，增强影片观赏性、适用性和吸引力，提升服务"三农"影片放映比例，运用技术手段加大场次监管力度。每学期为中小学生至少放映两场爱国主义教育影片。鼓励电影院线深入社区、工地、企业和军营放映。

（四）提升广播影视科技创新能力。推进广播电视技术创新，推动广播电视技术与云计算、大数据、宽带无线等新一代信息技术的融合创新。推进广电宽带网络建设，加快推进有线电视网络数字化、双向化、信息化改造，促进高清电视、互动电视、交互式网络电视、手机电视等新业务发展。推动广播电视传统媒体与新媒体融合发展，推进"三网融合"，指导广电、电信业务双向进入、优势互补、共同发展。推进电影技术创新，推动全市影院实现电影数字拷贝卫星传输和接收，建立互联互通、资源共享、可管可控的数字电影放映体系。举办"丝路友城——中俄视听新媒体作品交流季"。

（五）提高广播影视监管能力。全面落实广播电视安全播出机构的主体责任，提高播出、传输管理的自动化水平，确保广播电视播出安全。依法加强广播电视设施管理，指导、督促广播电视设施管理单位提高管理能力，保证设施安全。推动广播电视监管中心建设，建立广播电视综合监管平台，实现从结果管理向过程管理转变。建立广播电视节目、互联网视听节目综合评价体系，推动建立与"三网融合"相适应的管理机制和技术监管体系。依法加强广播电视广告管理，履行广播电视媒体公益广告制作播出的社会责任和法定义务。

七、构建对外文化开放体系

（一）不断扩大对外和对港澳台文化交流。坚持政府统筹、社会参与、官民并举、市场运作，加强天津对外文化整体形象的策划与推广，打造"美丽天津"品牌。深化部市合作机制，进一步拓宽对外文化交流渠道，提升对外文化交流的规模和质量。围绕"一带一路"战略，加强与沿线国家及天津友城的文化交流与合作，充分展示和传播天津文化精粹及其内在精神价值。发挥斯里兰卡中国文化中心的平台作用，积极开展市情宣介、交流演出、文化展示等活动。加强对非文化培训基地建设，以培训带动交流，促进天津与非洲国家文化交流互鉴。办好天津国际少年儿童文化艺术节。广泛借鉴吸收世界各国文明成果，积极引进国外文化艺术精品。发挥天津特色文化优势，提升对港澳台文化交流水平，加强面向港澳台青少年的文化交流。

（二）大力发展对外文化贸易。结合天津自由贸易试验区建设，搭建对外文化贸易平台，开拓对外文化贸易渠道，争取国家对外文化贸易基地落户天津。推进国家数字内容贸易服务平台建设。鼓励和支持演艺、影视、动漫、游戏、工艺美术等符合国外受众特点和文化消费习惯，代表"美丽天津"品牌的文化产品和服务以商业形式进入国际市场，不断扩大贸易份额。建设对外文化贸易项目资源库，推动更多文化企业和项目进入国家文化出口重点企业和重点项目目录。支持文化企业参加国际性文化展会，拓宽对外文化贸易渠道。

八、构建文化人才队伍支撑体系

（一）加大文化人才培养引进力度。深入落实天津市宣传文化"五个一批"人才培养工程、宣传文化百家工程和青年文艺人才工程，着力培养造就一批国内一流、业内公认的拔尖文化人才。实施天津市"名家传戏——当代戏曲名家收徒"、青年戏曲编导人才孵化、文博人才"名师教室"等培养项目。创新艺术职业院校人才培养模式，采取定向招生和校团、校企联合培养等方式，积极培养后备人才。加大文化人才培训力度，依托高等院校、文化单位、文化产业园区、大型文化项目等，建立一批文化人才实训基地，开展岗位培训、业务培训、专题培训。制定《天津市文化广播影视局系统引进急需紧缺人才实施意见》，采取多种方式引进文化拔尖人才、高层次人才和急需人才。

（二）加强基层文化队伍建设。落实基层文化人才队伍建设规划，完善学习培训、待遇保障等政策措施。配好配齐乡镇综合文化站专职人员，设立社区公共文化服务岗位。重视发现和培养贴近群众、扎根基层的乡土文化能人、民族民间文化传承人。实施基层文化队伍培训计划，对区图书馆、文化馆和基层综合文化服务中心人员进行全面轮训。发展文化志愿者队伍，鼓励专业文化工作者和社会各界人士参与基层文化建设和群众文化活动，形成专兼职结合的基层文化工作队伍。

（三）加强职业道德和作风建设。引导文化工作者自觉践行社会主义核心价值观，坚守社会责任，加强自身修养，克服浮躁心态，追求德艺双馨，努力做道德品行和人格操守的示范者。深入开展"深入生活、扎根人民"主题实践活动，鼓励文化工作者深入改革开放和现代化建设第一线，进一步增强对国情市情的了解、增加对基层的体验、增进对群众的感情，切实做到为人民抒写、为人民抒情。

（四）优化文化人才发展环境。健全人才培养开发、评价发现、选拔任用、流动配置、激励保障机制，建立以岗位职责为基础、以品德、能力和业绩为导向的人才评价考核体系，为优秀人才脱颖而出创造有利制度环境。坚持在实践中锻炼人才，在重大文化工程、重点文化项目实施中发现和培养人才。加大优秀文化人才宣传推介力度。对非公有制文化单位人员评定职称、参与培训、申报项目、表彰奖励实行同等对待。

九、保障措施

（一）加大文化财政保障。进一步健全与经济社会发展水平相匹配、与人民群众文化需求相适应的文化财政保障机制，加大政府投入力度。合理划分各级政府基本公共文化服务支出责任，按照基本公共文化服务标准，落实保障基本公共文化服务所需资金，将购买公共文化服务资金纳入各级政府财政预算。转变投入方式，通过政府购买、项目补贴、定向资助、贷款贴息等方式，引导和鼓励社会力量参与文化建设，建立政府主导、社会参与的多元文化投入机制。建立健全财政文化资金监督管理机制，提高资金使用效益。

（二）完善文化经济政策。鼓励和支持社会力量通过投资或捐助设施设备、兴办实体、资助项目、赞助活动、提供产品和服务等方式参与公共文化服务体系建设。推动建立健全公开透明的社会捐赠管理制度。鼓励党政机关、国有企事业单位和学校的各类文化设施向社会免费或优惠开放。推动落实有利于非物质文化遗产生产性保护、文化内容创意生产、小微文化企业发展的税收优惠政策。推动出台扩大文化消费的相关政策。加大财政、税收、金融、用地、外贸、人才等方面对文化发展的政策支持力度，推动已有政策落地。

（三）深化文化体制改革。完善文化管理体制和运行机制，建立健全党委领导、政府管理、行业自律、社会监督、企事业单位依法高效运营的文化管理体制和富有活力的文化产品生产经营机制。按照政企分开、政事分开原则，进一步理顺文化行政部门与文化企事业单位的关系，加快文化行政部门职能转变，简政放权，放管结合，优化服务。深化公益性文化事业单位内部改革，推动文化馆、博物馆等文化事业单位建立法人治理结构，健全决策、执行和监督机制，强化服务功能，提高运行效率。加快国有文化企业公司制、股份制改造，建立体现文化企业特点、符合现代企业制度要求的资产组织形式和经营管理模式，确保把社会效益放在首位、实现社会效益和经济效益相统一。

（四）加强文化法治建设。完善文化法律法规体系，推进《天津市公共文化服务保障条例》《天津市非物质文化遗产保护条例》《天津市文化产业促进条例》立法进程，提高立法质量。修订《天津市文物保护条例》。统筹安排营业性演出、艺术品市场、社会文物管理等领域立法，及时将文化建设的重大政策上升为地方立法。建立文化领域知识产权保护机制，发挥知识产权对文化事业和文化产业发展的创新驱动作用。全面推进依法行政，实施权责清单，深化行政审批制度改革，推进政府信息公开，推动局属文化单位、区文化行政部门普遍建立法律顾问制度。深入开展"七五"普法，推进文化系统全员法治培训，提高运用法治思维和法治方式管理文化事务的能力。把法治文化建设纳入公共文化服务体系，支持法治作品创作推广，弘扬法治精神。

（五）强化规划组织实施。文化广播影视系统各单位、各部门要充分认识实施《天津市文化广播影视"十三五"规划》的重大意义，积极推动各级党委和政府把文化建设摆在全局工作重要位置，纳入经济社会发展总体规划，列入绩效考评和领导干部政绩考核体系，做到文化建设与经济建设、政治建设、社会建设和生态文明建设同部署、同落实。各单位、各部门要细化落实本规划提出的主要目标任务，结合实际制定实施方案，纳入年度工作计划，明确时间表、路线图和责任人，扎实推进各项工作。要建立规划评估机制，加强对规划执行的评估督查，做好中期评估和期末评估，强化问责机制，确保规划确定的各项任务有序推进、取得实效。

附表："十三五"期间天津文化广播影视发展重点工程和重点项目

	序号	名称	主要内容
十大工程	1	基层公共文化产品配送工程	以群众文化需求为导向，运用"互联网+"、大数据等先进技术，建设公共文化资源库和菜单式配送目录，建立全市统一的公共文化产品配送平台，形成市、区县、街镇三级公共文化资源差异化配送网络，通过"点单、配送、评估"等互动功能，以"线上预约+线下配送"方式，实现免费培训、讲座、展览、演出、数字文化资源等"一站式"直达社区和农村，形成全市文化资源大配送、大循环的格局。
	2	公共数字文化建设工程	加强公共数字文化平台建设、资源供给和服务推广，统筹实施文化信息资源共享工程、数字图书馆推广和公共电子阅览室建设计划，在基层建立统一的公共数字文化服务平台，加快图书馆、文化馆、博物馆、美术馆等公共文化设施馆藏资源数字化，建设基本公共数字文化资源库，加强数字文化产品和服务的开发，不断提高数字文化资源的供给能力。
	3	舞台艺术精品创作工程	实施精品战略，落实舞台艺术创作生产规划和年度重点创作剧目选题计划，集聚资源打造精品，努力攀登艺术高峰，新创排舞台艺术剧节目20部以上，其中在全国有影响的大戏5部左右，力争8至10部作品入选国家艺术基金资助项目。
	4	戏曲振兴工程	开展"名家传戏——当代戏曲名家收徒"、青年戏曲编导人才孵化等戏曲传承发展工程，推进中国京剧"像音像"集萃工程，培育有利于传统戏曲活起来、传下去、出精品、出名家的良好环境，进一步振兴"津派"戏曲艺术。
	5	特色文化产业及园区基地提升工程	以特色文化资源保护与合理利用为基础，加强创意转化、科技提升和市场运作，创建一批特色文化产业示范乡镇（街区），培育特色文化企业、产品和品牌。支持文化产业园区基地发挥功能，加强动态管理，提升发展水平，建设一批主业突出、代表文化产业发展方向的园区基地。
	6	文化市场信用体系建设工程	建立文化市场基础数据库，完善市场主体信用信息记录，实行文化市场警示名单和黑名单制度，加强与相关部门信用信息交互共享，建立健全文化市场守信激励和失信惩戒机制，构建以信用监管为核心的文化市场监管体系。
	7	数字广播电视户户通工程	推进地面无线数字广播电视覆盖，通过数字音频提供不少于15套广播节目，通过地面数字电视提供不少于15套电视节目；有线广播电视网络实现双向化、智能化；实现数字广播电视户户通。
	8	重点文物抢救保护工程	编制2016-2020年文物保护单位修缮项目库，实施广东会馆主体建筑修缮、大沽口炮台遗址本体保护、造币总厂旧址落架大修、蓟州关帝庙山门复原和大悲院、徐朴庵旧居修缮等重点文物保护工程，开展文物保护单位周边环境整治工作。
	9	非物质文化遗产代表性传承人抢救性记录工程	以国家级和市级非物质文化遗产代表性传承人为重点，按照统一的标准规范，采用数字多媒体等现代信息手段，全面记录代表性传承人口述史、传统技艺流程、代表剧节目、仪式规程等信息，为传承、研究、宣传、利用非物质文化遗产留下珍贵资料。

	序号	名称	主要内容
十大项目	1	市级重点文化设施建设项目	完成天津歌舞剧院、天津交响乐团迁址扩建，天津非物质文化遗产馆新建和天津群星剧院、元明清天妃宫遗址博物馆修缮，推动平津战役纪念馆改陈、天津市广播电视监管中心建设、天津泥人张彩塑工作室提升改造。
	2	基层公共文化设施标准化建设项目	根据《天津市基本公共文化服务实施标准》及相关公共文化设施建设标准，支持各区县新建、改扩建一批文化馆、图书馆、博物馆等公共文化设施，统筹建设一批街道（乡镇）和社区（村）综合文化服务中心，进一步改善基层公共文化设施条件，推动各级公共文化设施达到国家标准。
	3	公共文化服务创新示范推广项目	推广和平、河西、北辰等国家公共文化服务示范区（项目）的建设经验，积极申报、创建基层公共文化示范创新项目并加以推广，发挥公共文化服务体系建设的示范带动作用。
	4	文化产业项目服务平台建设项目	按照基础性、开放性和公益性原则，建设天津市文化产业项目服务平台，提高文化产业项目合作、资源信息、投资融资、交易展示等方面服务能力，与文化部国家文化产业公共服务平台实现对接，提高文化产业领域公共服务水平。
	5	文化市场技术监管与服务平台建设推广项目	推进文化市场技术监管服务平台建设，加强市场准入、动态监管、公共服务等功能，形成全市文化市场统一的信息共享平台、信用服务平台、业务关联平台、应用集成平台和技术支撑平台，推动平台在全市区县文化行政部门和审批部门应用率达到95%以上。
	6	广播电视综合监管平台建设项目	建立覆盖全市广播电视节目、互联网视听节目、IP电视节目、手机电视节目，集广播电视内容监听监看、技术质量监测和安全播出调度指挥等功能于一体的综合监管平台，为加强广播电视管理提供技术支撑和保障。
	7	文物信息管理平台建设项目	建设全市文物信息化采集、管理和展示综合应用平台，建成文物信息数据库、文物信息采集处理和展示应用系统，推动建成基于移动客户端的全市馆藏文物电子导览系统和基于地理信息的不可移动文物信息管理平台，实现对全市文物信息的动态化大数据管理。
	8	博物馆青少年教育课程开发项目	紧密结合国家和地方课程的设置和课程改革目标，依托馆藏资源特色，设计研发博物馆青少年教育课程，选择部分中小学作为试点，以远程教育等形式将博物馆的宣教服务送进课堂，逐步在全市各区县中小学推广。
	9	古籍保护修复项目	推进珍贵古籍安全保障体系建设，开展珍贵古籍数字化缩微工作，并进行异地灾备；加强古籍原生性保护，完成300部"国家珍贵古籍"装具配置，推进古籍库房建设达标，改善古籍保存条件；提升天津图书馆国家古籍修复中心科研能力，修复完成古籍1万页；推进古籍数字化及整理出版，建成古籍数字资源库信息发布平台，免费提供古籍影像阅览服务。
	10	"一带一路"文化交流项目	以"一带一路"沿线国家和天津友好城市为重点，以斯里兰卡中国文化中心为平台，以海外"欢乐春节"等活动为载体，组织实施一批对外文化交流重点项目，扩大对外文化交流与合作。
	6	广播电视综合监管平台建设项目	建立覆盖全市广播电视节目、互联网视听节目、IP电视节目、手机电视节目，集广播电视内容监听监看、技术质量监测和安全播出调度指挥等功能于一体的综合监管平台，为加强广播电视管理提供技术支撑和保障。

河北省文化事业发展"十三五"规划

为推动全省文化事业繁荣发展，根据《河北省国民经济和社会发展第十三个五年规划纲要》和《中共河北省委办公厅河北省人民政府办公厅关于加快构建现代公共文化服务体系的实施意见》（冀办发〔2015〕40号），制定本规划。本规划包括公共文化服务、文艺创作演出、优秀传统文化传承、文化市场监管、对外文化交流等内容。

一、总体要求

（一）指导思想

深入学习贯彻习近平总书记系列重要讲话精神，全面贯彻落实党的十八大以来中央和省委、省政府关于文化工作的方针政策，坚持社会主义先进文化前进方向，坚持以人民为中心的工作导向，坚持创新、协调、绿色、开放、共享的发展理念，着力提升公共文化服务能力，传承和弘扬中华优秀传统文化，创作推出一批优秀文艺作品，推动文化体制机制创新，培养德艺双馨的文化人才队伍，为全面建成小康社会、实现经济强省和美丽河北提供强有力的精神动力和文化支撑。

（二）基本原则

1.坚持正确方向。牢牢把握社会主义先进文化前进方向，培育和践行社会主义核心价值观，弘扬主旋律，提倡多样化，宣传河北精神、凝聚河北力量、讲好河北故事。

2.坚持以人为本。尊重人民群众的主体地位，保障人民平等参与、平等发展权利，激发全社会文化创造活力，不断满足人民群众日益增长的精神文化需求。

3.坚持政府主导。以公共财政为支撑，建立健全公共文化产品和服务供给保障机制，形成政府主导、市场调节、社会充分参与的多元化文化事业发展格局。

4.坚持改革创新。全面推进文化改革发展理念创新、体制机制创新、方法形式创新，紧密结合供给侧结构性改革，增强文化事业发展的生机与活力。

5.坚持统筹兼顾。统筹文化事业和文化产业发展，统筹城乡发展，统筹处理好改革与发展、继承与创新、保护与利用、繁荣与管理等关系，推进基本公共文化服务标准化、均等化。

（三）发展目标

"十三五"期间，通过实施文艺精品工程、构建"五大体系"，推动我省文化建设与经济建设、政治建设、社会建设和生态文明建设协调发展，进一步提升河北文化软实力。文艺精品工程实施不断深化，创作和演出管理机制和发展环境不断优化，优秀文艺作品不断涌现；覆盖城乡、便捷高效、保基本、促公平的现代公共文化服务体系基本建成，公共文化服务内容和手段更加丰富，服务质量显著提升；优秀传统文化传承体系更加完善，优秀传统文化保护的社会氛围更加浓厚；统一开放、竞争有序、诚信守法、监管有力的现代文化市场体系基本建立，权责明确、公平公正、透明高效、法治保障的文化市场监管格局初步确立；对外文化交流体系初步确立，开放水平不断提高，河北文化影响力日益扩大；文化人才队伍培养体系更加合理，专业类型多样、层次分布科学、老中青衔接有序的文化人才队伍基本形成。

二、主要任务

（一）大力实施文艺精品工程

1.创作一批文艺精品力作。开展"深入生活、扎根人民"主题实践活动，紧紧围绕创作优秀文艺作品这一中心环节，围绕实现中华民族伟大复兴中国梦的时代主题，团结引导广大文艺工作者开展各种形式的采风创作，提升艺术原创水平，推出更多体现时代文化成就、代表国家文化形象的精品力作。鼓励抓住建党、新中国成立等重大历史事件节点，围绕现实题材、爱国主义题材、重大革命题材、青少年题材等开展艺术创作。鼓励创作生产反映改革开放和社会主义现代化建设的伟大实践，表现"一带一路"、京津冀协同发展、2022年冬奥会等发展战略及事件的艺术作品。实施河北省舞台艺术精品工程，每年组织专家对全省重点文艺精品创作项目进行评审、跟踪、指导、验收。实施"三个一批"计划，扶持戏曲、话剧、儿童剧、歌剧、舞剧等剧（节）目的创作。

专栏1　文艺创作重点项目
1.创作一批：围绕爱国主义题材、中国梦主题，创排交响乐《长城》、河北梆子《大青衣》、平调落子《大喇叭》等；围绕筹办2022年冬奥会与京张文化体育旅游产业带建设，创排民族舞剧《大道记忆》、话剧《詹天佑》、蔚县秧歌剧《魏象枢》等；围绕李保国先进事迹，创排河北梆子《李保国》及话剧、歌舞剧、豫剧、快板书等多种形式的李保国主题剧目。
2.提高一批：加工修改话剧《成兆才》、京剧《奚啸伯》、河北梆子《牺牲》《吕玉兰》、评剧《安娥》等一批基础良好的剧目。
3.储备一批：实施戏曲剧本扶持计划，发掘、培养戏曲创作新势力。结合河北省青年剧作家培养项目，从创作源头抓起，每年扶持10部以上剧本创作，将打磨提高后的优秀剧本纳入剧本库，解决"剧本荒"现象。

2.加大创作演出管理支持力度。落实国家支持戏曲发展和扶持艺术创作生产演出的有关政策。坚持把社会效益放在首位、实现社会效益和经济效益相统一的原则，修改完善《河北省舞台艺术精品工程管理办法（试行）》，制定有利于院团艺术创作演出的政府购买文化服务标准和管理办法。加大对转企改制国有文艺院团的政策扶持力度，引导院团加强艺术创作生产和开展惠民演出，形成出人才、出作品、出效益的良性发展模式。积极争取国家艺术基金支持，提升河北艺术精品创作、艺术交流传播、艺术人才培养水平。

3.提升品牌文艺活动效应。依托艺术精品创作演出，深入打造特色品牌文艺活动，推动品牌文艺活动面向大众，充分发挥其引领示范作用。积极创新品牌展演展示类文艺活动机制，吸收社会力量参与，关注群众需求，采取低票价、公益专场等措施，让人民群众广泛享受文艺发展成果。加快京津冀演艺交流，举办三地联动的精品展示活动，引进京津等地优秀剧目，实施"省会文化惠民卡"项目，繁荣省会文艺演出。健全"结对子、种文化"工作机制，通过政府购买文化服务，充实文化惠民内容，扩大"戏曲进校园""文化进万家""贫困地区送戏下乡""三下乡"等基层文化惠民品牌的覆盖面，推动品牌文艺活动"走下去"。

专栏2　品牌文化艺术活动
1.中国吴桥杂技艺术节。
2.中国评剧艺术节。
3.京津冀优秀剧目展演。
4.河北省戏剧节。
5."一月一名剧"系列惠民演出。
6."走进太行"美术创作写生活动。

4.加强文化艺术科学研究。进一步完善省级文化艺术科研规划课题的征集、评审机制，加强对全省文化艺

术科研工作的引导和管理，形成科学、严谨、公正的评审和管理体系。全力做好与国家艺术科学规划领导小组的对接工作，组织好全省艺术科研的选题立项工作，力争更多项目入选国家课题。做好河北省文化艺术科研规划课题（项目）的成果鉴定、验收和宣传推广工作，以高质量的科研课题和项目促进我省文化艺术科研工作上水平，促进全省艺术科研繁荣健康发展。

（二）加快建立现代公共文化服务体系

1.推进公共文化服务均等化。统筹城乡公共文化设施布局、服务提供、队伍建设、资金保障，均衡配置城乡公共文化资源，新增预算内固定资产投资优先向农村公共文化服务项目倾斜。各级公共图书馆、文化馆和国有剧团要常年开展流动文化服务。加大对环首都扶贫攻坚示范区、燕山—太行山集中连片特困地区、黑龙港流域集中连片贫困地区、少数民族贫困地区和坝上地区财政转移支付力度，集中实施一批基础设施建设、设备器材配送等文化扶贫项目。重点保障特殊群体的基本文化权益，将老年人、未成年人、残疾人、农民工、农村留守妇女儿童、生活困难群众作为公共文化服务均等化的重点对象，鼓励各级公共文化单位开办老年大学、残疾人课堂，建立基层农村文艺辅导基地、图书馆馆外基层服务点。不断扩大京津冀公共文化示范走廊发展联盟覆盖范围和服务内容，加快推动京张文化协同发展，推动京津冀公共文化服务体系建设协同发展。

专栏3　贫困地区公共文化服务项目
1.基层综合性文化服务中心建设项目。 2.流动文化服务车、流动图书车项目。

2.促进公共文化服务标准化。以县为基本单位，全面落实《河北省基本公共文化服务保障标准（2016—2020年）》，健全省、市、县、乡（镇）、村（社区）五级公共文化设施网络，实现基本公共文化服务全覆盖。以县（市、区）为基本单位，制定适合本地的实施标准，明确基本公共文化服务数量和水平及应具备的基本条件和政府保障责任。发挥我省国家级公共文化服务示范区引领作用，开展河北省公共文化服务示范区创建工作，命名一批公共文化服务达标县。完善各级公共图书馆、文化馆（群艺馆）等服务标准，对设施与环境、服务对象与开放时间、服务内容与方式、服务管理与监督等进行统一规范，提高服务效能。

专栏4　公共文化重点项目
1.加快公共文化基础设施建设。河北大剧院、河北省群众艺术馆等建成并投入使用，河北省美术馆、河北省非物质文化遗产博物馆立项并启动建设。市级建有公共图书馆、文化馆（群艺馆）、博物馆，县级建有公共图书馆、文化馆，乡镇建有综合文化站，行政村建有综合文化服务中心。80%以上公共文化设施达到国家评估定级标准。 2.创建省级公共文化服务示范区。在秦皇岛、廊坊、沧州市（国家公共文化示范区创建地）以外，以县（市、区）为主体，创建一批省级公共文化服务示范区。 3.开展河北省公共文化服务达标县验收工作。根据《河北省基本公共文化服务保障标准（2016-2020年）》组织验收。

3.增强公共文化服务供给能力。完善公共文化设施免费开放保障机制，深入推进公共图书馆、博物馆、文化馆（站）、纪念馆、美术馆等免费开放工作，逐步扩大免费开放范围。增强文化产品和服务的精准供给、有效供给，拓宽供给渠道。建立群众文化需求反馈机制，推广"菜单式"服务模式。扩大"彩色周末"、全民阅读、燕赵群星奖等文化惠民活动的规模和影响力，组织开展多种形式的文化进校园、进社区、进企业等活动，引导扶持广场舞等群众自发文化活动健康发展。建设特色文化小镇，积极培育地方特色文化品牌，逐步实现一市多品、一县多品、一乡一品和一村一品。

4.推动公共文化服务社会化发展。促进公共文化服务项目化管理、市场化运作、社会化参与。建立健全政府购买公共文化服务工作机制。培育文化类社会组织。运用政府与社会资本合作、公益创投等多种模式，支持企业、社会组织和个人提供公共文化设施、产品和服务，推动有条件的公共文化设施社会化运营。鼓励和引导社会力量在符合条件的情况下结合历史街区和传统村落建设等兴办公共文化项目。推进文化志愿服务，建立和完善文化志愿者注册招募、服务记录、管理评价和激励保障机制，提高文化志愿服务规范化、专业化和社会化水平。

5.提高公共文化服务科技水平。推动公共数字文化建设，统筹实施重大公共数字文化建设工程，加强数字产品和服务的开发，提高优质资源供给能力。强化科技成果转化应用，积极推进文化与互联网、大数据等技术的融合发展。推进图书馆、文化馆、博物馆、美术馆的数据采集和数字化，构建河北省文化数字资源库。实施文化信息资源共享、数字图书馆、数字文化馆、数字博物馆、数字美术馆等项目建设，构建标准统一、互联互通、便捷高效的数字文化服务网络。拓宽公共文化资源传输渠道，推动手机终端软件（APP）、微信和微博等基于新媒体的公共文化服务。

专栏5　公共数字文化建设项目

1.数字平台建设。推动数字文化资源"进村入户"，省、市、县三级公共文化机构基本具备数字资源提供能力和远程服务能力。

2.数字资源建设。进一步加强公共数字文化资源建设，形成具有分级分布式海量资源库群。省图书馆可用数字资源量不低于150TB，市级不低于25TB，县级不低于3TB。

3.数字文化服务推广。开展面向群众的公共数字文化惠民服务及宣传推广活动，组织全省公共数字文化服务从业人员培训等。

6.创新公共文化管理机制。完善省、市、县三级公共文化服务体系建设协调机制。深化公益性文化单位内部机制改革，推进县域公共文化单位法人治理结构和县域公共图书馆、文化馆总分馆制试点。加强对文化类社会组织的引导、扶持和管理，调动社会力量共同参与基层公共文化管理和服务的积极性。探索建立群众评价和反馈机制、公共文化服务第三方评价机制，增强公共文化服务评价的客观性和科学性。建立一支全省性的统计、分析、评估文化发展专业队伍及与之相关的完善的运行机制，为我省文化改革发展及时提供真实、系统、有质量的决策依据。

（三）不断健全优秀传统文化传承体系

1.推进非物质文化遗产传承保护和创新发展。探索建立现代非物质文化遗产保护传承体系，推动非物质文化遗产保护工作从单个项目保护向整体性保护转变，从注重项目申报评审向规范化管理转变，从被动保护向增强传承活力转变，促进非物质文化遗产与现代生活融合。进一步健全国家、省、市、县四级名录体系，加强传承人队伍建设，推进非物质文化遗产代表性名录项目和传承人的依法管理和科学保护。调整完善专家库，核准非物质文化遗产代表性项目保护单位，健全非物质文化遗产保护工作机制。加大非物质文化遗产代表性传承人的扶持力度，实施非物质文化遗产中青年传承人群研修研习培训、濒危非物质文化遗产抢救性记录和数字化保存项目。推动各级各类非物质文化遗产展示、传习场所建设。落实国家振兴传统工艺计划，促进传统工艺走进现代生活、现代设计走进传统工艺，通过举办展会活动、建设非遗小镇试点等举措，引导培育地方特色文化消费成为新的经济增长点。加强宣传展示与交流，办好京津冀非遗联展、文化和自然遗产日以及传统节日文化活动，鼓励和支持各地图书馆、文化馆、博物馆等公共文化机构广泛开展非物质文化遗产展览展示活动。

2.加强古籍的整理、出版和研究利用。在做好古籍普查登记工作的基础上，鼓励古籍资源丰富的单位编辑出版《珍贵古籍名录》，开展《河北省珍贵古籍名录》编纂出版工作。建立全省古籍修复中心，将传统修复技艺与现代技术相结合，提高古籍修复水平，确保修复质量。有计划、分步骤开展珍贵古籍数字化工作，建设河北珍贵古籍资源库。开展古籍寄存，在所有权不变的前提下帮助不具备古籍保存条件的单位保存好珍贵古籍。

专栏6　非物质文化遗产传承保护重点任务
1.名录体系建设项目。积极申报人类非物质文化遗产代表作项目名录和国家级非物质文化遗产代表性项目名录、国家级文化生态保护实验区。组织开展两批省级非遗代表性项目和传承人申报评定工作。 2.抢救性记录和数字化保存项目。完成30位省级代表性传承人技艺抢救性记录和数字化保存工作。完善综合性省级非遗数据库建设。 3.中青年传承人群研修研习培训项目。重视对中青年传承人群的培养，形成代表性传承人梯队，分批次开展300名非遗传承人研修、研习和培训。 4.传统工艺振兴项目。制定传统工艺振兴扶持政策，推进50个非遗主题小镇建设。 5.传统戏剧项目。重点支持恢复和排演100部传统剧目。 6.非遗品牌活动项目。重点组织开展好京津冀非遗联展和河北省民俗文化节两项重要文化活动。

3.加大优秀传统文化扶持保护力度。落实好国家和省扶持戏曲传承发展政策，加大对戏曲传承发展的扶持力度。全面普查河北省地方戏曲剧种，客观评估各剧种发展状况，为制定扶持戏曲剧种传承发展政策和规划提供科学依据。整理复排一批戏曲优秀传统剧目，培养青年演员，重视发展传统剧目演出市场。支持戏曲等传统艺术进校园、进基层，逐步推动戏曲通识教育。扶持杂技、民族音乐舞蹈、皮影、太极等传统艺术，建立重点作品遴选和跟踪指导扶持机制，鼓励其加大对现实题材的开掘力度，创作出更多更好反映当代河北人民生活和精神风貌的新作品。制定针对民间文学、民俗文化、民间音乐舞蹈戏曲、少数民族史诗等遗产项目的抢救性保护政策和具体措施。

（四）着力完善现代文化市场体系

1.加强信用监管促进转型升级。完善文化市场信用监管体系，建立行业信用评级制度，健全行业信用信息系统，实现部门之间、行业之间、区域之间信息共享。加强信用信息应用，构建守信激励、失信惩戒机制，建立健全文化市场警示名单和"黑名单"制度。支持和推动服务环境评级，促进行业提高管理和服务水平。继续鼓励企业探索发展新的业态和服务模式，鼓励多种经营和业态融合，推动互联网上网服务场所、娱乐场所等行业转型升级。加强行业法规宣传，充分发挥行业协会作用，进一步引领行业自律。

2.推进文化市场监管体系建设。严格实行执法人员持证上岗和资格管理制度，全面推行"双随机、一公开"监管模式，进一步加大对文化市场事中事后监管力度。积极推广完善全国文化市场技术监管与服务平台同各有关部门信息系统的衔接共享，形成统一高效的文化市场技术监管体系。深入开展"扫黄打非"等文化市场整治行动，大力实施"扫黄打非·护城河工程"，重点打击含有禁止内容的文化产品及服务，及时查处各类违法违规行为，全面扫除各类文化市场垃圾，持续净化文化市场和互联网文化环境，维护意识形态安全和文化安全。积极推动县（市、区）文化部门通过法定程序委托乡（镇）政府，依托乡（镇）文化站行使部分文化市场管理和执法权，发生重大问题和事故时，依法采取应急措施并及时按程序上报。鼓励依托村（居）委会设立文化市场义务监督员。

3.提升文化市场综合执法能力。推动落实我省进一步深化文化市场综合执法改革各项工作。开展文化市场执法业务培训，借助高等学校及全国文化市场执法领域优秀师资进行交流授课。指导各地分级分层开展集中培训，组织多种形式的执法业务交流，建设我省文化市场行政执法师资库。推动京津冀执法骨干业务交流，提升执法人员执法技能。

（五）大力建设对外文化交流体系

1.稳步推进部省合作机制。配合国家重大对外文化活动，立足我省对外开放实际，策划、组织实施一批重点对外文化交流项目。积极参加文化部海外文化中心对口合作、欢乐春节、中国文化年（节）、感知中国等品牌活动，融入河北文化元素，提升河北文化软实力和河北文化影响力。

2.积极创新交流活动载体。探索国际传播和交流新模式，抓住"一带一路"和"京津冀协同发展"等国家重大战略机遇，结合我省地域特色文化资源，加强顶层设计和统筹协调，谋划面向"一带一路"和拉美国家的文化交流项目。举办中国—中东欧国家文化季、中国文化聚焦—走进非洲、中国—拉美文化节、普拉艺术盛典—京津冀文化月等文化活动；联袂京津，推动在京津周边地区打造国际演艺项目聚集区，加强文化与旅游的融合，增加2022年冬奥会的文化附加值，利用冬奥会扩大河北对外文化宣传。

3.提升文化品牌的影响力。挖掘文化交流项目内涵，丰富活动内容，利用河北特色文化资源，集中财力、物力、智力精心谋划，将传统的杂技、舞蹈、戏曲、皮影、剪纸、年画等艺术形式融入新的时代元素和西方元素，借助境内外文化机构和社会力量在境外进行推广。鼓励文化企业利用国际文化展会、跨境电商等平台开展业务，扩大对外文化贸易，提升对外和对港澳台文化交流和宣传的品牌影响力。

专栏7 对外文化交流项目
1.花的絮语—中国剪纸艺术精品展。 2.雕刻时光千年色彩—中国木版画艺术精品展。 3.影叙千秋—中国皮影艺术展。 4.中国—中东欧国家文化季活动。 5.普拉艺术盛典—中国文化月活动。 6.中国文化聚焦—走进非洲活动。

（六）科学搭建文化人才队伍培养体系

1.优化文化人才发展环境。各级文化部门将人才培养经费纳入年度预算，加大对文化人才队伍建设工作的政策扶持和经费投入力度。鼓励单位自筹、社会资助、个人部分出资等形式，构建以财政支持为主，社会、单位和个人合理分担的多元文艺人才培养投入机制。加大对特殊岗位专业人才招聘力度，对专业经验丰富、业务成绩突出人才采取选聘方式优先引进。注重对社会文化艺术人才的挖掘和使用，鼓励完善有偿专业顾问、业务指导、技术合作等灵活人才使用机制。

2.加强基层文化人才队伍建设。完善机构编制、人员配备、教育培训、待遇保障等方面的政策措施，吸引优秀文化人才服务基层。严格按照核准编制数配齐县级以上公共文化机构工作人员，配好乡镇综合文化站专职人员，每个乡镇综合文化站有1-2名专业人员，规模较大的乡镇可适当增加。壮大文化志愿者队伍，鼓励文化类社会组织有序发展，发挥社会组织在文化建设中的作用。加大基层文化人员培训力度，"十三五"期间完成对县、乡基层文化单位培训业务骨干的轮训任务。组织实施边远贫困地区文化工作者专项支持计划，进一步加强对基层文化工作的规划指导、业务咨询、人员培训和技术攻关，促进基层文化健康发展。加强边远山区、革命老区和贫困地区人才队伍建设，提升文化人才专业素质和公共文化服务水平。

专栏8 艺术人才培育提升项目
1.河北省青年剧作家培养项目。邀请著名编剧对有潜力的作者就具体作品进行指导，在艺术创作实践过程中，传授培养优秀青年戏剧人才，切实锻炼提升其创作水平。 2.河北省青年戏曲音乐家培养项目。重点选取河北梆子、评剧、丝弦、老调、平调落子等具有代表性的河北地方剧种，以鉴赏、采风、创作为主要形式，邀请专家针对戏曲音乐创作进行授课指导。 3."名师传戏"计划。在省内择优遴选若干名戏曲表演艺术家，扶持其收徒传戏。采用"一带二"的形式，由每位艺术家向两名学生传授经典折子戏，通过师徒同演一出戏，逐渐完成戏曲人才队伍建设上的薪火相传。

3.实施艺术人才培育提升计划。建立以实际需求和事业发展需要为导向的艺术教育体系，培养符合社会需要和艺术创作实际的复合型艺术人才。积极推动河北艺术职业学院新校区建设。以京津冀艺术协同发展为契机，借助京津艺术人才培养资源，推动河北艺术职业教育向本科职业教育方向发展，增强河北艺术职业教育可

持续发展水平和竞争能力，形成良性培育机制。积极推荐河北省青年文艺人才参加国家级人才培养项目。鼓励艺术院团与艺术教育培训机构深度合作，将艺术院团丰富的舞台经验与教育机构完善的教育理念相结合，培养和锻造专业艺术人才。

三、保障措施

（一）加强组织领导。建立健全政府组织实施、各级文化部门具体落实、政府相关职能部门密切配合的工作机制。各级政府作为实施主体，要把文化事业发展纳入重要议事日程和经济社会发展规划，进一步完善政策措施，及时研究解决重大问题。各级文化行政主管部门要细化工作措施，明确目标任务，推动规划落实。

（二）完善监督评价机制。确定河北省文化事业发展考核指标，将其作为考核评价各级政府经济社会发展实绩的重要内容，纳入科学发展考核体系。建立公共文化机构、文化市场管理绩效考评制度。加强对重大文化项目资金使用、实施效果和服务效能等方面的监督和评估。

（三）建立投入保障机制。优化投入结构，建立以各级财政投入为主导的多元化投入机制，积极引导企业、个人等社会力量通过冠名、捐赠等形式资助和兴办文化事业。创新投入方式，采取统筹安排资金、争取上级补助、资产置换等多渠道投资方式支持文化事业发展。健全财政投入绩效管理机制，不断提高文化资金使用效益。

（四）推动文化法治建设。进一步完善文化政策法规体系，提高文化建设法治化水平。强化依法行政，完善文化法律顾问制度，建立重大决策合法性审查工作机制，进一步完善文化行政执法体制机制，强化文化行政监督和问责。加强文化法制宣传，加强文化法治机构和队伍建设，不断提高文化工作者依法治文能力，营造良好的文化法治环境。

山西省"十三五"文化改革发展规划

"十三五"（2016—2020年）是全面建成小康社会的决胜时期，也是文化改革发展大有作为的重要战略机遇期。按照中央和省委省政府关于文化改革发展的部署，根据《山西省国民经济和社会发展第十三个五年规划纲要》，编制本规划。

一、发展基础和面临形势

（一）"十二五"山西文化发展概况

文化体制改革持续深入。省级合并成立省新闻出版广电局。市县两级文化与新闻出版广电机构合并，部分还与文物、体育机构合并，国有文艺院团和非时政类报刊出版单位完成改制任务。大力推进简政放权、放管结合和优化服务。文化行业协会管理进一步规范。

文化设施建设扎实推进。"省、市、县三级公益文化设施建设达标率"提升到80.06%，比"十一五"末提高28个百分点。山西大剧院、山西省图书馆等十大省级文化设施投入使用。全省博物馆、纪念馆达到130座。广播电视无线发射台站基础设施进一步完善，广播电视村村通任务全面完成，全省广播综合覆盖率达到98.04%。地级市实现城市影院全覆盖，县级影院覆盖率显著提高。

文艺创作生产持续繁荣。舞剧《粉墨春秋》、说唱剧《解放》、图书《乍放的玫瑰》《少年的荣耀》、电视剧《革命人永远是年轻》《幸福生活万年长》、动画片《终极大冒险》、广播剧《种树人》、歌曲《阳光路上》荣获中宣部精神文明建设"五个一工程奖"；《粉墨春秋》《解放》分获"文华大奖"和"文华优秀剧目奖"，我省入选国家舞台艺术精品工程资助剧目位居全国前列。10台优秀新创舞台剧晋京展演获得广泛好评。新出版图书14272种、5.5亿余册，出版发行报纸84.86亿余份、期刊近1.35亿册、音像电子出版物281.5万盒（张），拍摄电影57部、电视剧36部1200集。

文化遗产保护成果丰硕。实施806座文物本体保护工程和80余处文物保护单位环境整治工程，全省不可移动文物保护状况明显改善。实施主动性考古发掘19项。修复保养珍贵文物3600余件。出台《山西省非物质文化遗产条例》，国家、省、市、县四级非物质文化遗产名录体系进一步完善，国家级"晋中文化生态保护实验区"建设深入推进。全省国家级非物质文化遗产代表性名录项目116项，保护单位168个，位居全国前列。

文化服务能力显著提升。全省"三馆一站"（公共图书馆、文化馆、美术馆、文化站）全部实现免费开放。政府购买公共演出等机制初步建立。"文化惠民在三晋"、"书香三晋·文化山西"等主题活动蓬勃开展。文化科研教育与人才队伍建设取得显著成绩，与中国戏曲学院、上海戏剧学院等高等院校合作培养高层次紧缺艺术人才，艺术职业教育产教一体发展扎实推进。

文化产业实力明显增强。组建9大国有文化产业集团，培育国家级文化产业示范基地9家、省级文化产业示范基地41家。太原高新区被认定为国家级科技与文化融合示范基地。山西文化保税区等重大项目启动建设。设立文化产业发展投资基金。一批文化企业入选国家重点出口企业。全省文化产品及服务出口比"十一五"末成倍增长，文化产业增加值占全省GDP比重大幅度提升。

文化市场管理健康有序。下放行政审批事项2项，承接文化部下放省级文化行政部门审批事项6项。文化市场技术监管与服务平台建设、应用全面达标。集中开展文化市场专项行动，打击违法经营行为。文化市场综合执法能力显著提升。全省演出总计达30余万场次，其中涉外演出团体600多家次。

文化交流工作取得新成效。完成对外和对港澳台文化交流104项，"情系三晋——两岸文化联谊行"等活动得到广泛好评。对口援疆工作成绩显著，我省创排的话剧《生命如歌》为全国第一部大型援疆主题作品。

（二）"十三五"文化建设面临的机遇与挑战

一是全面建成小康社会对文化建设提出了新目标。全面建成小康社会，要求在改善文化民生的同时，增强文化建设的全面性、协调性和可持续性，补齐短板、兜好底线、提质增效，保障人民群众基本文化权益，不断满足人民群众日益增长的精神文化需求。

二是我省经济社会发展对文化建设提出了新要求。推进转型综改实验区建设、推动山西融入"一带一路"战略以及大力发展文化旅游产业等兴晋强晋方略，要求充分发挥文化的引领、提升与支撑作用。稳增长、调结构、转方式要求加快文化产业发展步伐，使之成为国民经济支柱产业。

三是创新融合为文化建设注入了新动力。科学技术特别是新媒体技术的发展、文化与金融合作、文化与科技融合创新等将进一步解放和发展文化生产力，为山西文化改革发展提供强劲动力。

四是新型城镇化对文化建设提出了新课题。新型城镇化进程中，丰富文化内涵、丰润文化滋养、提高居民文明素质、促进公共文化服务标准化均等化等任务，要求搞好文化遗产和特色文化的传承保护，让优秀传统文化代代相传。

五是扩大对外开放给文化建设赋予了新使命。开放发展的理念和实践要求山西文化加快"走出去"步伐，更多更好地参与国际文化交流与合作，在借鉴、吸收、创新、发展的同时，不断展示自身的独特魅力，提升山西形象与影响力。

同时，我省文化改革发展还面临不少差距和问题。一是城乡、区域文化发展不平衡，公共文化建设现状与公共文化服务标准化、均等化要求还有较大差距。二是文化产品和服务供给与人民群众日益增长的精神文化需求还不相适应，打造精品力作的任务艰巨。三是文化产业离支柱产业目标还有较大差距，对经济增长的贡献率有待进一步提高。四是文化领域拔尖和领军人才短缺，基层文化队伍需要进一步充实。五是文化体制改革需要进一步深化，体制机制创新任重道远。

二、指导思想、总体要求和主要目标

（一）指导思想

高举中国特色社会主义伟大旗帜，全面贯彻落实党的十八大和十八届三中、四中、五中全会精神，以习近平总书记系列重要讲话为指引，坚持创新、协调、绿色、开放、共享发展理念，同步抓好"构建良好政治生态"和"推动经济稳定向好"这两个关键，以满足人民群众精神文化需求为宗旨，以培育和弘扬社会主义核心价值体系为根本任务，以激发人民群众文化创造活力为中心环节，以改革创新为动力，充分发挥山西文化底蕴厚重、资源丰富的优势，以高度的文化自觉和文化自信，在全面建成小康社会和脱贫攻坚进程中更好地发挥文化的作用，为经济社会发展和人民群众提供丰润的文化滋养，促进全省文化建设呈现全新局面，加快文化强省建设步伐。

（二）总体要求

坚持社会主义先进文化前进方向。培育和践行社会主义核心价值观，坚持党的领导，坚持为人民服务、为社会主义服务，始终把社会效益放在首位，实现经济效益与社会效益的有机统一。

坚持以人民为中心的工作导向。把服务群众同教育群众结合起来，把满足需求同提高素质结合起来，着力提高人民群众文化参与度，提升国民素质和社会文明程度，促进人的全面发展。

坚持围绕中心服务大局。充分发挥文化工作优势，密切配合脱贫攻坚等中心工作，做好宣传发动，凝聚全省精神，提振群众信心，在全面建成小康社会进程中做出文化新作为。

坚持发扬优秀文化传统。坚守中华文化立场、传承中华文化基因，引导全省人民艰苦奋斗、久久为功，实现三晋传统文化的创造性转化和创新性发展。

坚持改革创新的发展路径。以先觉、先行、先倡的精神积极探索解放和发展文化生产力的新举措、新途径，不断深化文化体制改革，加快文化供给侧结构性改革，推动文化创新，激发人民群众的文化创造力。

（三）主要目标

到2020年，通过文化改革和创新，实现全省文化事业大繁荣大发展，现代公共文化服务体系基本建立，文化产业体系、文化市场体系和优秀传统文化传承体系更加完善，优秀的山西历史文化资源得到进一步挖掘与宣传弘扬，公共文化、文化产业、文化传播与对外交流、文化艺术人才培养取得较大突破，艺术创作、地方戏曲保护振兴、红色文化传承发展、文化遗产保护利用向全国一流水平迈进，实现由文化资源大省向文化强省的转变。省、市、县公益文化设施基本达标，公共文化服务能力显著增强，服务标准化、均等化程度大幅提升；文艺创作繁荣，戏曲振兴发展；文物保护达到更高水平，国有和享受政府资助的非国有文物保护单位免费开放率达60%以上；非物质文化遗产保护手段更加丰富；新闻出版和广播影视社会思想舆论引导能力显著提升；文化行政管理进一步规范，文化事业单位法人治理结构进一步完善；文化产业增加值占全省GDP比重显著增加，打造国民经济支柱产业步伐进一步加快；文化市场繁荣有序；文化科技创新对文化发展的支撑作用更加突出；文化人才队伍专兼结合、结构合理、门类较为齐全；文化在塑造山西美好形象、实现山西振兴崛起中发挥出更大作用，山西文化影响力显著提高，文化建设呈现全新局面。

三、推进公共文化服务标准化、均等化

（一）完善公共文化服务体系

坚持政府主导、社会参与、重心下移、共建共享，推进公共文化服务体系建设。按照公共文化服务指导标准，规范各级公共文化服务机构、项目和流程，加强公共文化服务人员队伍建设，健全监管平台和服务网点，逐步形成"县级以上有机构管理、乡镇有网点支撑、村组有专人负责"的长效运行维护体系。坚持送文化下乡，促进城乡公共文化服务均衡发展。开发和提供公益性文化艺术培训、展演和科普等适合老年人、未成年人、残障人士、农民工、农村留守妇女儿童、生活困难群众等群体的公共文化产品与服务。

（二）加强公共文化设施建设

按照城乡人口发展和分布，合理规划建设各类公共文化设施。充分发挥省级公共文化设施示范引领作用，完善市、县两级公共图书馆、文化馆、博物馆（纪念馆）、科技馆、体育馆（场）、剧院（场）以及青少年校外活动场所等设施。实现市、县两级基本公共文化设施达标。完善乡镇（街道）综合性文化设施，在明确产权、保证服务接续的基础上，推进建设集宣传文化、党员教育、科学普及、普法教育、体育健身等功能于一体的基层综合性文化服务中心。加强文体广场建设，把简易戏台与城乡阅报栏（屏）纳入村级公共文化服务平台建设范围。抓好新城区、矿区、移民新村、廉租保障房集中片区文化设施建设。推进县级城市数字影院全覆盖工程。鼓励立足当地特色资源，建设公共美术馆、文化遗产保护利用设施等。实施应急广播建设工程。鼓励机关、学校、企事业单位等建设相应文化设施。加强公共文化服务机构无障碍设施建设。鼓励应用PPP模式，拓展融资渠道，采取委托经营、国有民办、民办国助等多种途径，提高公共文化设施运行和管理效率。

（三）深入开展"文化惠民在三晋"活动

落实公共文化设施免费开放，规范服务项目和服务流程，在县级以上城市推行公共文化服务"一卡通"。推广城市周末戏台、农村大舞台等文艺演出活动。推进数字广播电视入户接收，实现数字广播电视户户通。巩固农村电影放映"一村一月一场"成果，做好农村寄宿制学校爱国主义影片放映，探索解决中小学生和打工群体看电影难的办法。鼓励有条件的地区实施文化低保工程。鼓励机关、学校、企事业单位和民间文化设施向社会免费或优惠开放。鼓励社会力量参与公共文化设施建设和公共文化服务供给。

（四）加快推进政府向社会力量购买公共文化服务工作

完善政府向社会力量购买公共文化服务机制，制定和落实好相关措施。规范农村文化建设资金、免费开放资金、"三区"人才资金与公共文化服务绩效奖励资金使用，拓宽政府购买公共文化服务资金来源。创新公共文化场馆运营和管理模式，采用服务外包、统筹政府购买公共服务岗位、政府补贴等形式，有效解决基层管理人员总量不足问题，提高服务水平。做好文化资源整合与文化资金统筹，推广集中配送、连锁服务等供给形式，提供互动式、菜单式服务，推动公共文化服务与基层人民群众实际文化需求有效对接。鼓励各地有针对性地培育和发展政府购买公共文化服务多元承接主体，推动公共文化服务社会化发展。促进公共文化服务项目化管理、专业化运行、社会化参与，运用政府与社会资本合作、公益创投、公益众筹等多种模式，支持企业、社会组织和个人提供公共文化设施、产品和服务。鼓励利用闲置用地、历史街区、老旧民宅村落等实施公共文化项目，推动公共文化设施社会化运营。

（五）不断提升公共文化服务能力

总结推广国家公共文化服务示范区和示范项目建设经验，深化文化强县创建活动，推进公共文化服务标准化、均等化试点建设。建立群众文化需求反馈机制，推广"按需点单"服务模式，提升各级各类公共文化设施免费开放服务水平，提高群众参与程度。加强公共文化服务绩效评估，研究制定公众参与度和群众满意度指标，建立基本公共文化服务评价指标体系。推广总分馆、院线、行业联盟等合作形式，推动城乡公共文化服务一体化，成立山西省图书馆协会和山西省文化馆协会。实施"三晋典籍整理工程"，依托各级公共图书馆广泛开展全民阅读，建设书香社会。在县级以上公共图书馆开设盲人阅览室或有声读物图书室。在市县之间、县乡（村）之间探索实施形式多样的总分馆管理模式。鼓励文化馆（站）通过资源共享、项目合作等方式，为艺术表演团体免费或低价提供排练演出场所。加快推进社区书屋、职工书屋、卫星数字农家书屋建设，完善农家书屋运行管理机制。打造一批地方特色群众文化项目，实现公共文化"县县有品牌、乡乡有特色、村村有活动"。依托国家重大信息工程，打造覆盖全省的公共数字文化服务平台，开发特色数字文化产品，提高文化数字资源供给能力。依托山西文化云平台，整合全省文博、旅游等资源，建设公共文化互动新媒介。推动数字图书馆、文化馆、博物馆、美术馆建设，统筹实施重大公共数字文化建设工程，在基层建立统一的公共数字文化服务平台。

专栏1　重点文化设施建设工程

1.省级文化设施示范工程：完成山西省少儿图书馆改建工程、山西省古籍保护中心改造工程并投入使用。升级改造山西省群众艺术馆，规划建设山西省公共美术馆、山西省艺术档案馆。完成山西晋剧艺术中心建设工程并投入使用，完善省属院团综合排练演出场馆。

2.市级文化设施健全工程：引导支持阳泉、晋城、晋中、运城、临汾、吕梁等6市全面完成市级公共图书馆、文化馆（群众艺术馆）建设。引导各市规划建设一批剧院（场），完善市属院团综合排练演出场馆，力争实现"一团一院一所一址"建设目标。

3.县级文化设施达标工程：引导支持50个县（市、区）开展未达标公共图书馆、文化馆标准化建设，实现基本公共文化设施达标。

4.艺术院校设施建设工程：改善艺术、戏曲院校办学条件，重点改善山西艺术职业学院、山西戏剧职业学院办学条件。推进山西艺术学院筹建工作。

5.文化设施建设拓展工程：鼓励有条件的市、县开展公共美术馆和非物质文化遗产保护利用设施建设。鼓励在贫困地区建设一批国有戏曲院团综合排练演出场馆。

6.戏曲博物馆建设工程：支持建设晋剧博物馆。鼓励有条件的地方建设戏曲博物馆。

7.国有艺术表演院团舞美设施升级改造计划：为转制国有艺术表演团体配置LED屏幕等设施，实现舞台美术设施改造升级。

8.基层综合性文化服务中心建设计划：在乡镇（街道）和村（社区）整合建设综合性文化服务中心，配套建设文体广场并配备阅报栏（屏）、灯光音响设备、广播器材和体育健身设施等。

专栏2　文化惠民工程
1."三馆一站"免费开放工程：完善公共文化服务机构免费开放制度，向群众免费提供基本公共文化服务。建立公益文化单位定期下基层制度，向基层公共文化服务机构和基层群众开展总分馆服务、流动文化服务。 2.政府购买公共文化服务工程：推广政府购买公共文化服务方式，定期发布政府购买公共文化服务清单。 3.政府购买公共文化服务岗位计划：统筹政府购买公共文化服务岗位，优先向无固定人员的乡镇综合文化站配备。 4.文化惠民资金使用提质增效工程：引导县级文化主管部门统筹利用各类面向基层的文化惠民资金，拓宽政府购买公共文化服务领域，实现从送资金下基层到送服务下基层的转变。 5.送文化服务下基层工程：推动经常性送演出、送培训、送图书、送电影、送辅导下乡和高雅艺术、戏曲进校园、进社区、进厂矿、进军营活动，每年为每个建制村和大中小学校配送一场戏曲等文艺演出，开展"一村（校）一年一场"戏曲演出与"一校一月一场"爱国主义电影放映活动。

专栏3　文化服务能力提升工程
1.文化强县创建工程：推动文化强县创建工作，每两年评选一次文化强县创建先进单位并进行表彰奖励。 2.红色文化阵地建设计划：发挥省、市、县各级公共文化设施文化普及、宣传功能，分别开设红色文化专室、专区、专栏（专架）。依托当地公共图书馆，分别在忻州、长治、吕梁等地建设晋察冀、晋冀鲁豫、晋绥等红色文献主题馆。 3.流动文化建设计划：为县级公共图书馆、文化馆等基层文化机构配送流动文化服务车，开展总分馆服务和流动下乡服务。 4.数字文化建设计划：推进文化信息资源共享工程服务网络进村入户，构建以山西省图书馆为主要节点、覆盖全省的数字图书馆服务网络，搭建新媒体服务平台；依托公益性文化单位，建设公共电子阅览室，为基层群众特别是广大青少年提供绿色上网空间。 5.总分馆建设计划：深化公共图书馆总分馆建设，探索文化馆总分馆建设，建立健全公共图书馆、文化馆总分馆制，推动文化资源共享，提升乡村公共文化场馆服务水平，促进城乡公共文化服务一体化。 6.公共文化服务人才队伍建设计划：将公共文化服务专业人才培养纳入国民教育体系，推行持证上岗和定期轮训制度。做好"四个一批"人才和"三区"（贫困地区、边疆民族地区、革命老区）人才支持计划文化工作者专项工作。 7.全省文化志愿者服务行动计划：成立山西省文化志愿者协会，建立健全各级文化志愿者服务组织，壮大文化志愿者队伍，加强分级分类管理和培训。鼓励艺术家、专家学者和运动员等社会知名人士参加志愿者服务，推动各类艺术院团、院校建立志愿者服务下基层制度。

四、繁荣发展文艺创作

（一）实施"艺术精品创作工程"

加大对文艺精品创作的扶持力度，立足地方特色，挖掘本土资源，规划题材体裁，围绕建党、建军、建国等重要时间节点和山西重点历史文化资源的宣传，立足人民中心导向，努力将资源优势转化为艺术创作优势，将再现党史、国史和山西历史上的重大事件、重要人物与挖掘凡人小事中蕴藏的真善美结合起来，不断推出思想精深、艺术精湛、制作精良、群众喜爱、体现山西特色的精品力作。建立文艺精品推广机制，扩大山西文艺精品影响力。引导创作一批成本小、影响力大的小剧（节）目，适应现代文化消费节奏，满足群众多样化文化需求。完善艺术创作工作机制，建立健全艺术创作联席会议制度，建立健全新剧目报送制度和首演剧目报送制度，及时交流创作经验，形成创作合力。

（二）加大戏曲传承发展力度

落实《山西省人民政府办公厅关于实施山西省戏曲传承发展振兴工程的意见》，建立山西地方戏曲传承发展组织协调机制，加强对山西地方戏曲的传承、创新和整体保护。制定一批戏曲创作演出配套保障措施，推出一批戏曲精品力作，打造一批戏曲品牌活动，命名一批戏曲之乡，建设一批戏曲传承研究创作基地，确立一批省级戏曲创作演出重点院团和戏曲名家工作室，推出一批戏曲拔尖领军人物，培养一批青少年戏曲人才，出版一批戏曲文化书籍。注重古戏台保护利用。合理开发利用历史建筑、工业遗址等，形成特色鲜明的戏曲演出集聚区。加大对群众喜闻乐见、地方特色浓郁的小剧种扶持力度。加大剧本创作扶持和青年演员培养力度。对注重深入基层、热心为基层群众演出的院团在政府购买等方面给予政策倾斜。通过组织戏曲调（汇）演，发现新剧目、新人才，营造重视戏曲的良好社会氛围。加大对传统经典剧目复排的支持力度。努力把我省建成全国地方戏曲生态保护示范区、精品创作繁荣区、优秀人才集聚区、传播普及先进区和市场演出活跃区。

（三）建立"深入生活、扎根人民"长效机制

完善"深入生活、扎根人民"主题实践活动的政策措施，建立"深入生活、扎根人民"创作和采风基地，定期组织文艺工作者到工矿、农村、军营等体验生活，采风创作。为广大群众送书画作品、送文艺演出等。把"送文化"与"种文化"结合起来，建立"种文化"帮扶机制。建立文艺工作者深入生活、深入基层、深入人民的长效机制。

（四）发展和引导网络文艺创作

加快文化与科技融合，生产推出一批反映时代热点、群众普及率高的优秀网络原创作品，推动网络文学、网络音乐、网络剧、微电影、网络演出、网络动漫等新兴文艺类型繁荣有序发展，使之成为舞台精品创作的有益补充，为人民提供形式更加丰富的文艺作品。加强重点文艺网站建设，运用微博、微信、移动客户端等载体，促进优秀作品多渠道传输、多平台展示、多终端推送。加强内容管理，创新管理方式，规范传播秩序，引领网络文艺坚持向上向善的发展道路。

（五）推动书法、美术、工艺美术等艺术门类全面繁荣

开展重大题材书法、美术和工艺美术作品创作。创作一批立得住、留得下的精品力作。培养具有全国影响力的书画名家，打造"太行画派"。举办山西画家美术作品双年展，资助书画名家举办个展，引入国内外优秀美术、书法作品展。继续办好"中国梦·太行魂"国画名家画太行活动和"翰墨薪传"大型书法公益培训等专题活动。

（六）完善文化产品评价体系和激励机制

加强文艺评论队伍和阵地建设，建立专家咨询评价机制和文艺评论特邀研究员制度，提高文艺评论水平、健全文艺评价机制。加强对艺术创作实践、文化现象、文艺思潮和艺术家等研究的引导。加强文艺评奖管理，完善以价值取向、艺术水准、审美情趣、群众口碑等为主的文艺作品评价标准，建立科学合理的文艺评价评奖体系，发挥好文艺评奖的导向作用。

专栏4　文艺繁荣发展工程

1.艺术精品创作工程：创演一批以"中国梦""红色文化""一带一路"等为主题的戏剧、音乐、舞蹈和影视艺术作品。

2.红色文化精品创作工程：以讴歌弘扬太行精神、吕梁精神、大寨精神、右玉精神等为主题，新创一批戏曲、话剧、舞剧；复排、改编一批经典剧目；移植一批优秀革命历史剧目。编辑出版《山西革命根据地文学史》《山西革命根据地戏曲史》《根据地文艺大众化民族化研究》等重点图书。

3. 艺术展示工程：举办"杏花奖"评比等艺术活动，开展地方戏曲、歌舞、曲艺调（汇）演，举办美术、书法、摄影、工艺美术作品展览，积极参加国家艺术节与各种调（汇）演，展示我省文艺创作成果。

4. 美术创作工程：组织开展"中国梦·太行魂"双年美术采风创作交流活动，组织开展山西革命重大题材"烽火三晋"美术创作和"红色记忆·胜利之路"工艺美术精品创作活动。

5. 艺术人才培养工程：建立特色戏曲、艺术人才培养和实训基地，打造传统戏曲与民歌民舞教学、创作高地。加大高层次艺术人才培养力度，多途径引进和培养高层次紧缺人才。完善文化艺术人才奖励办法。实施"三晋文化名家支持工程"和"三晋青年文化人才扶持工程"。

专栏5　戏曲传承振兴工程

1. 四大梆子振兴工程：进行四大梆子集中展演。实施戏曲流派传承创作推进工程，举办山西地方戏曲流派展演。加大对老戏本、珍贵戏曲史料的数字化保护和整理出版，组织出版以"四大梆子"为代表的优秀戏曲作品集。

2. 戏曲院团发展工程：鼓励采取灵活的产权形式，或以政府购买演出场所的演出时段、提供场租补贴等形式，帮助戏曲院团解决演出场所问题。鼓励为基层戏曲院团无偿提供剧本。通过多种方式对原创剧目的首演和推广进行资助。

3. 剧本扶持工程：文化产业发展专项资金对戏曲企业的优秀戏曲剧本创作项目予以支持。加强戏曲剧本创作、孵化工作，通过"征集新创一批、整理改编一批、买断移植一批"，每年推出10部优秀戏曲剧本。建立全省戏曲剧本资源数据库。

4. 珍贵戏曲资料保护工程：加强戏曲理论研究，编辑整理地方戏曲古戏本，编写四大梆子志书。开展戏曲资料音配像工程。鼓励拍摄戏曲电影。

5. 地方戏曲推广传播工程：鼓励戏曲进村入校。建立戏曲进校园补贴制度，实现全省大中小学校学生每年看一场戏。建立网上剧院，扩大戏曲的影响力和传播速度。编撰《山西戏曲通识教材》。

6. 戏曲人才培养工程：在艺术院校建立戏曲大师工作室，实施教学名师养成计划。增加戏曲专业生均经费。推进戏曲人才本科教育。建立戏曲院校青年教师与戏曲院团青年骨干"双向交流"机制。实施"名家传戏——戏曲名家收徒传艺"计划，建立名老艺术家收徒传艺备案制度。加大对戏曲编剧、导演、音乐、表演、评论等紧缺人才的培养扶持力度。五年内培养优秀本土中青年编剧、导演、作曲各10名。

五、加强文物保护

（一）完善文化遗产保护体制机制

贯彻落实《中华人民共和国文物保护法》和《山西省实施〈中华人民共和国文物保护法〉办法》。完善博物馆登记、年检制度，推进博物馆评估定级和运行评估，探索政府、行业和社会共同参与的博物馆监督管理机制。规范民办博物馆准入制度，健全对民办博物馆的专业化建设扶持机制。加强博物馆行业协会建设，提高博物馆工作人员的职业道德及业务水平，壮大博物馆志愿者队伍。健全文物司法鉴定工作机制。加强文物拍卖市场管理，健全文物拍卖许可证年审、文物拍卖标的审核备案等监管制度。

（二）夯实文物保护基础

全面完成第一次全国可移动文物普查工作，编制文物保护规划、文物维修设计方案，建立并完善全省濒危文物保护单位名录和濒危文物抢救抢险项目库，实施一批古建筑保护抢险工程。做好基本建设中的文物保护，加强城镇和新农村建设中文物保护单位、历史文化名城、名镇、名村和历史文化街区标志性建筑及其周围环境的保护。做好华夏文明之源的保护开发，实施世界文化遗产保护维修工程、晋都大遗址保护片区建设和元以前古建筑保护等重点文物保护工程，有序开展大遗址全面调查和重点发掘工作。加强革命历史文物收集整理与挖掘研究。

（三）提高文物保护水平

实施文物平安工程，完善技术标准和管理制度，提升文物保护基础设施与专业装备水平。建设3-5个基本条件具备、技术水平较高、专业优势突出的可移动文物保护修复基地；建立勘察和监测成套技术体系，建设文物保护工程数据平台；挖掘和抢救濒临失传的文物保护传统工艺和技术，加强现代技术在考古工作中的应用，力争建成1个考古现场文物保护移动实验室。探索搭建与高等院校、科研院所的合作平台，形成以技术体系为核心，以组织体系为支撑，以制度体系为保障的行业创新体系。实施古建筑和彩塑壁画数字化记录项目，对我省古建筑和彩塑壁画进行科学系统的数字化勘察记录，并采取行之有效的保护修复干预措施。推动建设遗址博物馆、工业遗产博物馆和具有地方特色的生态博物馆、社区博物馆。加强博物馆网络资源体系建设，搭建博物馆管理公共服务平台，推进数字化博物馆建设。

（四）营造有利于文物保护的良好社会氛围

加大文博单位开放利用力度，健全陈列展览交流平台，建立博物馆馆际借展、联展、巡展合作机制，加强流动博物馆建设。组织策划一批格调高雅、内容丰富、形式活泼、贴近群众的专题展览，提高展示艺术和表现方式，使博物馆成为城市、地区的窗口和名片。注重发挥文物资源独特历史文化信息的作用，丰富城市的文化内涵，提升城市建设品位。完善博物馆青少年教育功能，推动建立中小学生定期参观博物馆长效机制。实施区域资源整合，建设考古遗址公园等公益性展示园区，让群众享受保护成果。

专栏6　文化遗产保护重点工程

1.世界文化遗产保护工程：重点推进平遥城墙保护修缮工程、平遥镇国寺、双林寺彩塑保护工程、云冈石窟岩体加固及窟檐建设工程、五台山重点寺庙抢险工程、佛光寺东大殿保护工程等。

2.大遗址保护利用工程：重点推进芮城西候度遗址、陶寺遗址、曲村—天马遗址、侯马晋国遗址、晋阳古城遗址、蒲津渡与蒲州故城等大遗址的本体保护、周边环境整治、安全防护和展示服务设施建设等。

3.长城保护工程：重点推进老营、韩庄、旧关、雁门关、新广武、白草口、十二连城等长城重点段落及重点片区的保护、修缮和利用工作。

4.古建筑保护工程：继续推进应县木塔加固保护工程。重点做好179处国保古建筑保护，力争"十三五"末国保和1-4批省保古建筑全部抢险维修到位。开展国保单位附属的彩塑、壁画的前期勘察、研究，制订保护方案，实施抢险保护加固。

5.古村落保护工程：重点做好湘峪村、窦庄村、西文兴村、郭峪村等国省保单位集中成片的传统村落保护。

6.文物平安工程：力争第一至五批全国重点文物保护单位完善安全防护设施，第六至七批全国重点文物保护单位中高风险单位基本具备安全防护设施，省级文物保护单位安全基础设施建设率至少达到50%。

专栏7　文化遗产开发利用工程

1.优秀传统文化传承展示体验区建设：结合塔儿山周边遗址群开发，加强丁村遗址"人类之源"、陶寺遗址"中华文明之源"、曲村—天马遗址"三晋文明之源"等保护开发，建设"中国之源"主题文化园区；结合古村落保护，建设"沁河流域古村落"展示带；结合长城抢险保护，建设"雁门关长城文化"展示园区；结合武乡、左权、黎城"三角区"红色及抗战文物保护，建设"太行山抗战文化"展示园区。

2.三晋文明行动计划：组织、引导和鼓励社会力量，深入挖掘文化遗产资源蕴含的历史文化价值和时代精神，打造一批讲述三晋文明历史、传统美德、爱国励志故事的公共文化产品，使社会公众，特别是大中小学生群体更好地接受三晋优秀传统文化、爱国主义和社会主义核心价值观教育。

3.文化遗产交流展览工程：策划组织系列富含中国文化、凝聚中国智慧、展现中国气派的对外文物展览，扩大文物出展国家和地区范围，加强交流互鉴，引进一批高水平的国外文物展览。

六、提高非物质文化遗产保护传承水平

(一)加大非物质文化遗产保护力度

贯彻落实《中华人民共和国非物质文化遗产法》《山西省非物质文化遗产条例》，完善非物质文化遗产代表性项目名录、传承人评审和专项资金监管等长效机制。对濒危非物质文化遗产名录项目、传承人开展抢救性记录，加强抢救性保护成果的整理和利用。开展非物质文化遗产理论研究，推出一批非物质文化遗产理论研究成果。加大非物质文化遗产项目和传承保护活动进入传统村落、历史文化街区的支持力度。创新非遗传承保护新机制，支持对非遗项目进行创造性转化、创新性发展。总结提升"晋中文化生态保护实验区"建设经验，鼓励各地在学习借鉴实验区经验基础上努力探索有特色的文化生态保护建设之路，促进全省非物质文化遗产的整体性保护工作。

(二)加强非物质文化遗产保护队伍建设

完善省级非物质文化遗产评审等制度，优化评审形式和内容，促进非物质文化遗产代表性项目和传承人评审更加科学、规范。开展全省非物质文化遗产工作人员定期培训，委托高校和相关企业，实施非物质文化遗产传承人群研修研习计划，提高传承人文化艺术素养、审美能力和创新能力。振兴山西传统工艺，促进非物质文化遗产融入生活，培育和弘扬三晋工匠精神。

(三)推进国家级"晋中文化生态保护实验区"建设

加强统筹协调、区域联动，以国有综合性非物质文化遗产展示馆（传习中心）建设为抓手，推进"晋中文化生态保护实验区"非物质文化遗产的整体性保护工作。探索建立企业、社会等参与共建保护区的新模式。努力把实验区建成全国一流示范区、三晋文化特色展示区、全省文化事业和文化产业统筹发展先行区。

(四)实施"乡村文化记忆工程"

总结推广试点建设经验，以活态保护、展示传承为宗旨，以县（市、区）为主导、以乡镇为单元、以建制村为单位，按照"普查""细理""善存""展示""活用"五个步骤，梳理全省乡村历史脉络、文化烙印、发展轨迹和乡风民俗等文化资源，建立乡村文化档案和数据库。基本实现每个乡镇都有系统完整、图文并茂的文化发展记录，并依托乡镇综合文化站加以展示；每个县（市、区）都有全面生动、翔实准确的县域历史文化资料数据库，协同推动生态农业、乡村旅游、文化建设。

(五)充分调动民众参与保护传承的积极性

加大非物质文化遗产传承展示交流，充分利用报刊、广播电视、互联网等媒体加强对非物质文化遗产保护政策和成效的宣传报道。鼓励图书馆、文化馆、博物馆等公共文化机构开展非物质文化遗产宣传展示活动。推动非物质文化遗产进校园、进社区、进军营，普及非物质文化遗产保护知识。利用"文化遗产日"、民族传统节日，开展丰富多彩的展览展示和民俗文化活动，激发民众自觉保护意识和传承热情。

专栏8 非物质文化遗产保护工程

1. 非遗保护利用设施建设工程：在"晋中文化生态保护实验区"所涉3个市和19个县（市、区）各建设一个以上的国有综合性非物质文化遗产展示馆或综合传习中心，展示传承各级非物质文化遗产名录项目。
2. 文化生态保护工程：加强"晋中国家级文化生态保护实验区"建设，推进我省碛口、河曲、上党（晋城）三个省级文化生态保护区建设，支持各地开展市、县级文化生态保护区建设。
3. 乡村文化记忆工程：巩固试点成果，做好推广普及，到2020年基本覆盖到所有乡镇。
4. 非遗生产性保护示范基地建设工程：加强3个国家级、14个省级非物质文化遗产生产性保护示范基地建设，支持各地开展市、县级非物质文化遗产生产性保护示范基地建设。

5.非遗代表性传承人抢救性记录工程：重点对于濒危的国家级和省级非物质文化遗产代表性项目的进行传承人口述史、传统技艺流程、代表剧（节）目、仪式规程等进行抢救性记录。

6.非遗保护理论研究工程：与相关高校和科研机构协同开展非物质文化遗产理论研究，依托各类学术期刊开设非物质文化遗产专栏，推出一批非物质文化遗产理论研究成果。

7.传统工艺振兴计划：培育和弘扬精益求精的三晋工匠精神，促进传统工艺走进现代生活、现代设计走进传统工艺，促进传统工艺提高品质，形成具有山西特色的工艺品牌。

8.传统村落和历史文化街区发展计划：在具备条件的传统村落、历史文化街区和自然、人文景区，支持设立一批非物质文化遗产传习展示中心，协助打造传统文化旅游基地和非遗产品展销基地。

9.非遗保护传承创新计划：与相关部门合作，探索和创新非遗传承保护新机制；支持对非物质文化遗产项目在继承核心元素和典型特征基础上进行创造性转化、创新性发展。

七、推进新闻出版与广播影视事业

（一）加强主流媒体基础建设

办好《山西日报》和各市级党报，加强山西新闻网、黄河新闻网等网络媒体建设，实现传统媒体与新兴媒体的融合发展，全面提升党报党刊和广播电台电视台新闻采编条件和传播能力，强化主流媒体在新闻出版多元传播格局中的领导地位。探索多媒体发展路径，综合运用微博、微信、移动客户端等，构建具有多样传播形态、多元传播渠道、多种平台终端的立体传播体系，增强主流媒体的传播公信力、影响力。坚持采编和经营两分开、两加强，严守经营底线，规范经营活动，探索特殊管理股制度，确保党对新闻媒体的主导权、管理权。

（二）以红色文化占领思想舆论宣传阵地

推进"红色文化宣传推广工程"，在全省传统主流媒体的重要版面、重要时段开设专栏专题，通过新闻报道、理论研究、言论评论、互动交流、公益广告等多种形式，及时报道我省红色文化研究动态与成果，特别是党史理论研究、红色文化传承保护等方面的新动态、新事件，重点推介和评论红色题材新创理论著作、文艺作品、书画展览等，持续广泛地宣传红色文化。推进"互联网+红色文化"工作，将弘扬红色文化与山西文化云平台、山西新闻网、黄河新闻网等网络资源库及网络媒体建设有机结合，建立便捷、通畅的红色文化资源数字传播体系。发挥网络媒体优势，有针对性地投放主题公益广告，宣讲红色故事，组织红色文化主题公益活动和知识竞赛，营造良好社会文化环境。

（三）提升广播影视安全保障和监测监管能力

完善符合融合媒体运管特征的监防体系。加强广播电视传输系统特别是卫星地球站安全播出保障能力建设，扩展调度指挥平台网络及相关应用系统，完善安全播出分级预警体系，提高广播电视播出应对突发事件能力。健全安全运行防范体系，实施全方位防范战略，健全统一协调、快捷有效的三级安全播出调度指挥、应急通讯和预警发布体系、监测传输覆盖系统和灾备体系，健全安全教育、业务技能培训、应急演练制度体系和技术监督监控系统。

专栏9　新闻出版广播影视重点工程

1.中华优秀传统文化传播工程：集中优势媒体，通过开发图书、电影、电视剧节目、网站、数据库及开展多种形式的公益性活动、竞赛等，提供国学教育资源，提升群众国学素养和精神修养。

2.《山西文华》编纂出版工程：按照"著述"、"史料"和"图录"分类编列，加强对山西古籍文献的抢救、整理和保护。

3.山西红色经典创作工程：编辑出版《山西抗战档案》《抗日根据地历史丛书》《寻找太原抗战记忆》《档案中的山西抗战》等一批重点图书，创作纪念中国人民抗日战争胜利75周年献礼影片、电视剧等。

4.全省报刊舆情监测系统建设工程：建设符合国家标准的全省报刊数据中心，建设完整的报刊出版版式和数字化报刊内容数据库，实现对报刊内容多维度挖掘和分析，提高报刊内容监测能力。

5.新闻出版广播影视监管平台建设工程：以网络、云计算等高新技术为手段，建设面向全省的集成度高、系统安全可靠，智能化、全程全网、全业务、全媒体的安全指挥调度监管平台，实现统一采集汇聚和集中存储管理。

八、加快文化产业转型升级和发展步伐

（一）培育壮大文化产业市场主体

实施大集团引领战略，推进省级文化产业集团整合重组，重点扶持一批优质文化企业发展壮大。积极引进战略投资者，推动文化企业跨地区、跨行业、跨所有制兼并重组，提高文化产业规模化、集约化、专业化水平。加快发展重点文化产业园区和特色文化产业群，培育10家左右高起点、规模化、代表未来发展方向的文化产业示范园区，100个集聚效应明显的文化产业示范基地，1000个特色鲜明、主导产业突出的优势文化企业。积极支持中小微文化企业、个体创作者、文化工作室、民办非企业文化机构发展，形成以国有文化企业为骨干、大中小文化企业优势互补、共同发展的新格局。实施重大文化产业项目带动战略，加快推进山西省文化保税区、山西省文化产业园、山西文化云平台项目建设，推动形成"一个中心区（太原）、三个产业带（运城，晋中、吕梁，大同）"的印刷复制产业布局，建设覆盖全省、辐射周边的出版物流通网络。

（二）实施"文化+"产业发展战略

落实《山西省推进文化创意和设计服务与相关产业融合发展行动计划》，探索"文化+"产业融合发展新模式，促进文化与旅游、科技、体育、工业、建筑、会展、商贸、农业等领域的融合发展。推进文化文物单位创意产品开发，确立试点，创新机制，逐步推开，让更多的三晋传统文化以创意产品的形式融入当代生活。加快发展动漫、游戏、娱乐休闲、网络文化、数字文化服务等新型文化业态。依托优势资源，培育发展以企业技术创新中心、技术创新战略联盟、专业孵化器、科技园、工程（技术）研究中心为核心，以科研院所和高校为重要支撑的文化科技创新体系，培育一批文化创意企业和文化科技创新企业，进一步提高科技创新对文化产业发展的支撑作用。推动大众创业、万众创新。推动特色文化产业发展，依托华夏之根、黄河之魂、佛教圣地、晋商家园、古建瑰宝、边塞风情、关公故里、抗战文化等文化品牌，结合新农村建设、新型城镇化建设和脱贫攻坚，实施"一地（县、镇、村）一品"特色文化产业培育计划，重点挖掘剪纸、布艺、雕刻、刺绣、面塑等传统手工技艺，发挥有代表性的民间手工艺人、工艺美术大师和文化名人的作用，建设一批历史记忆深厚、地域特色鲜明、主导产业突出的特色文化产业示范县（市）、乡镇（街区）和村。推动有线数字电视城乡一体化、双向化发展。完成省内CMMB信号全覆盖，导入手机导航定位、手机应急、手机游戏等新业务，推动新媒体产业发展。拓展移动终端市场与分众传媒市场。以"山西网络广播电视台"为主干，打造集新闻、资讯、娱乐、服务为一体的一流网络传播平台。

（三）完善文化产业投融资体系

围绕我省金融振兴战略契机，构建新型文化金融合作体系，探索开展文化金融服务，推动成立文化产业小额贷款公司和文化产业融资担保公司，为文化企业融资需求提供优质服务。充分发挥山西省文化产业发展财政专项资金和山西省文化产业发展投资基金、山西省旅游文化体育产业投资基金的杠杆撬动作用，引导更多社会资本投资文化产业。鼓励支持符合条件的文化企业通过资本市场上市融资。筹建国有控股的山西省文化产业投资集团，投资国有文化集团的转型升级、科技创新、新兴产业、与相关产业融合发展等方面的优质项目，面向社会投资成长性好、带动性强的新兴文化产业项目和创新型文化服务业项目。推进山西省民营文化企业协会建设。不断提升山西省文化产业网服务功能，充实山西省文化产业项目库、政策资源数据库，完善项目在线申报

系统，搭建网上文博会。

（四）推动文化旅游融合发展

挖掘提升旅游景区文化内涵，加强特色旅游景区建设，重点塑造和提升五台山、云冈石窟、平遥古城、长城山西段、晋商大院等知名旅游品牌，推动宗教古建、晋商文化、太行山水、黄河文明、寻根觅祖、红色圣地等文化旅游产业集聚区建设。推进演艺和非物质文化遗产传承人（企业）、非物质文化遗产展演展示项目进景区，推出一批具有深厚文化内涵的实景演出和体验情景剧目，研发一批三晋文化特色的旅游纪念艺术品，开发一批文化生态体验游等文化旅游新线路，规划建设一批文化旅游融合发展示范项目。依托红色文化资源，规划建设"胜利之路"、"追寻先辈的足迹"等红色文化主题精品旅游线路。打造国家级国际性文化节庆品牌活动，继续办好山西文化产业博览交易会、平遥国际摄影大展等节庆活动。

（五）扩大文化贸易，鼓励文化消费

加大对重点文化产品、生产企业和贸易基地的扶持力度，鼓励创作开发展示山西底蕴的文化产品，支持更多优质文化产品和服务以商业运作方式进入境外市场。紧紧围绕"一带一路"战略，依托沿线国家和地区的中国文化交流中心，建立文化交流合作机制，互办文化节、文化周，密切双边文化交流和贸易。鼓励支持本省文化企业参加国际性知名展会，提升山西文化企业知名度。主动融入京津冀经济圈、环渤海经济圈和中原经济区，加大与长三角、珠三角及沿黄河区域的文化交流合作，建立晋港澳文化交流合作长效机制。促进优质文化资源整合，建立山西省文化出口重点企业、项目名录和产品数据库。推进文化产业供给侧结构性改革，促进文化产业与构建现代公共文化服务体系相结合。在太原市开展文化消费试点，在有条件的地方推行"文化消费卡"（文化惠民卡），做好文化消费的宣传引导，培育文化消费理念，拓展文化消费空间，并在试点经验基础上向全省逐步推开。构建覆盖全省的演出院线体系，支持全省文化票务网络建设。推动全省网吧转型升级，引导游艺娱乐场所向规模化、品牌化、综合型、特色型发展。

（六）加强文化市场监管，促进文化市场繁荣

建立健全以内容监管为重点，以信用监管为核心，以繁荣发展为目标的文化市场监管体系。完善文化市场信用监管体系，建立行业信用评级制度，构建守信激励、失信惩戒机制，建立健全文化市场警示名单和黑名单制度。培育和扶持文化市场信用服务机构。加强对行业协会的管理与指导，推动出台行业标准、从业人员行为准则。进一步简政放权，放管结合，优化服务工作。完善文化市场准入和退出机制，加快培育资本、产权、人才、信息、技术等文化要素市场，加速发展文化产品拍卖、经纪、评估、鉴定、交易等文化市场中介服务，促进文化要素在健康有序的市场环境中高效运转，提升文化资源配置效率。

专栏10　文化产业重大建设工程

1. 文化产业平台建设工程：健全文化金融服务平台、文化产业投资平台、文化产权交易平台，推进山西文化云平台建设。组建山西省民营文化企业协会和演艺剧场服务联盟。

2. 文化产业园区建设工程：重点建设山西省文化保税区（山西省对外文化贸易基地）、山西省文化产业园、孟母文化养生健康园、太原瓦窑文化创意产业园、关公文化园和山西日报报业集团媒体融合暨全媒体平台、山西广播电视台全台网络云平台、黄河新闻网手机客户端、山西广电信息网络平台、山西新华书店集团全省"校园书店"。建设广灵剪纸文化产业园、定襄晟龙木雕文化产业园、平定刻花瓷文化产业园、平定砂器文化产业园、山西晋绣文化产业园、平遥漆器文化产业园、孝义皮影木偶文化产业园、长治上党堆锦文化产业园、晋城潞绸文化产业园、高平东宅黑陶文化产业园、永济惠昌文化创意产业园、襄汾晋作家具文化产业园、宇达青铜文化产业园、山西本命年文化产业园、新绛澄泥砚文化产业园等文化产业基地（园区）。

3. 文化旅游提升工程：重点建设宗教古建、晋商文化、太行山水、黄河文明、寻根问祖、红色胜地等文化旅游融合产业集聚区。

4.文化创意产业基地建设工程：依托太原高新技术开发区、山西高校园区和太原科技创新城，建设山西文化创意产业基地和文化科技融合示范基地。打造晋城二十八宿文化主题园。建设山西省动漫游戏产业发展基地、山西传媒学院动画教学基地、山西省工艺美术产业示范基地。

5.文化产业展会项目：策划举办"华夏之根·丝茶之路"（山西）国际文化旅游节。办好山西文化产业博览交易会、山西动漫艺术节和云冈国际旅游文化节、五台山国际旅游文化节、临汾根祖文化节、关公文化旅游节、平遥国际摄影大展、吕梁民俗文化节、武乡八路军文化节等节庆活动和山西·右玉西口风情生态旅游文化节、山西·临汾帝尧古都文化旅游节。依托"晋中文化生态保护实验区"，推动设立文化生态保护交流博览会。

6."三网融合"工程：推进全省电信网、有线电视网、互联网三网融合，构建集卫星、有线、无线、地面数字电视、手持电视、网络电视为一体的现代数字化传播体系。

7.新闻出版广播影视资源数字化平台建设工程：利用大数据技术，加快经典、稀缺、重大新闻出版广播影视资源数字化转化、存储、应用。

专栏11　文化市场综合执法能力提升工程

1.文化市场综合执法队伍管理体系建设工程：严格实行执法人员持证上岗和资格管理制度。建立健全考核评价和激励约束等人才培养机制，拓宽培养渠道，培养复合型、专业型人才。

2.文化市场综合执法能力提升行动计划：开展全省执法人员全员培训和执法骨干培训，实施跨省跨界人才交流，开展轮岗、挂职、驻场等交叉锻炼，以及以案施训、现场说案等活动，提高执法人员业务能力水平。

3.文化市场技术监管与服务平台建设计划：加快推广应用全国文化市场技术监管与服务平台，支撑文化市场宏观决策、市场准入、综合执法、动态监管、公共服务等核心应用，实现行政审批事项全部线上办理，行政执法案件全部平台办理。推进互联网上网服务营业场所监管平台建设，实现部、省两级监管系统数据实时交换、互联互通。

九、进一步扩大文化交流

（一）推动山西文化融入国家"一带一路"战略

用好国家对外文化平台，推动山西文化"走出去"纳入国家"一带一路"总体战略布局。主动参与对外商贸文化交流活动。推动与"一带一路"沿线国家和地区建立省（州、区）文化交流合作机制，开展多种形式的交流合作，促进双边文化贸易持续增长。积极承办国际性、全国性重大会议、文艺演出、展览和赛事，不断提高服务水平。

（二）深化对外对港澳台文化交流合作

建立文化交流合作长效机制，推动对外和对港澳台文化交往。创新文化交流合作方式，主动邀请港澳台及国际文化产业界参加山西文化产业博览交易会等重大活动。提升与港澳台文化艺术团体、艺术院校、电影机构、新闻传媒机构、文博机构、知名文化人士的交流合作层次。运用现代技术手段，采取国外和港澳台民众特别是广大青少年易于接受的方式，做好山西对外文化产品和服务的包装、宣传推介工作。支持企业拓展境外文化市场。

（三）推动山西文化"走出去"

鼓励文化单位创作打造一批适合对外交流演出的艺术精品力作。加大山西优秀文艺精品入港入澳入台力度。积极参与双边、多边和全球性、区域性博物馆合作。大力开展版权贸易。鼓励和支持我省文化企业到省外境外投资，逐步提高山西文化产品在国内国际市场的美誉度和占有率，加强对体现民族文化优秀影片的海外营销和推广，扩大三晋文化影响力。

（四）加大对文化交流的政策支持与引导

建立对外文化人才资源库。鼓励有资质和潜力的社会组织、企业参与对外对港澳台文化交流。按照有关规定，开展对外和对港澳台文化交流表彰工作。

（五）做好文化对口援助工作

按照国家和省委省政府对口援助总体部署，积极选派文化干部、创排文艺作品，开展公共文化服务、舞台艺术精品演出、非物质文化遗产项目展示、文化艺术人才交流等援疆援藏工作。

专栏12　对外文化交流工程

1. 对外文化交流机制化合作网络建设工程：加强与国家有关部委、驻外使领馆以及港澳台地区有关部门的沟通联络，重点推动与"一带一路"沿线国家和地区建立省（州、区）文化交流合作机制，推动互办文化艺术节，开展多种形式的长期交流合作。

2. 山西文化影响力拓展工程：积极参与中国文化年、欢乐春节、文化（艺术）节等品牌文化活动，主动参与"山西品牌中华行"、"山西品牌丝路行"等重大对外商贸文化交流活动。积极承办国际性、全国性文艺演出、展览和赛事。

3. 山西文化"走出去"计划：鼓励结合"山西万里茶路"、"一带一路"等主题，创作打造一批在省外、境外长期驻场演出或巡回演出的艺术精品力作。做好山西省图书馆毛里求斯中国文化中心分馆建设。鼓励和支持影视企业积极参加国家"丝绸之路影视桥工程"和"中非影视合作工程"等重大对外传播工程。

十、实施文化精准脱贫攻坚

（一）夯实贫困地区公共文化基础，提升贫困地区公共文化服务水平

实现43个贫困县公共图书馆、文化馆基本达标。开展流动文化设施配送，建立健全贫困县常态化流动文化服务机制。加快贫困地区广播电视基础设施和地方应急广播工程建设，扩大广播电视服务网络覆盖。推进全省贫困地区"三馆一站"免费开放。推动数字文化资源"进村入户"。以贫困户和留守人员为重点保障农村常住人口基本文化权益。

（二）扶持特色文化产业，助力贫困地区经济发展

加强"一地（乡镇、村）一品"特色文化产业开发，发展家庭作坊、专业合作社，形成区域性脱贫致富产业。抓好"乡村文化记忆工程"，协同推进文化建设、乡村旅游、生态农业。依托民俗类非遗资源，培育一批文化旅游名村、名镇，开发一批文化生态体验区景点。实施非遗生产性保护扶贫计划。扶持贫困老区红色文化创意产品开发，推进红色文化与旅游、会展、演艺、影视、传统手工艺等产业融合发展。推动贫困地区文化产品走出去。

（三）开展艺术创作扶贫，丰润贫困地区群众文化滋养

组织开展脱贫攻坚主题创作，用艺术形式讲好脱贫故事，为打赢脱贫攻坚战加油鼓劲。重点扶持37个贫困县国有剧团，引导支持21个贫困县培育优秀民营剧团。扶持常住人口相对稳定的贫困村规划建设简易戏台。组织艺术工作者深入脱贫攻坚第一线采风创作，建立"种文化"帮扶机制，挖掘培养乡土文艺人才，帮助贫困县提高艺术创作水平。

（四）推进文化惠民扶贫工程，帮助贫困人口实现文化小康

面向贫困地区，为农村综合性文化服务中心配送乐器、服装、道具、音响等器材设备，为文体广场集中配

置广播、健身器材，为农户配送直播卫星设备。省级购买的下乡演出服务，70%以上面向贫困地区演出；市级购买的演出主要面向贫困地区演出。推动各级各类文化艺术院校定向招收和培养贫困地区艺术生，并减免费用。

（五）实施文化人才扶贫工程，加强贫困地区文化队伍建设

运用政府购买基层公共服务岗位等方式，为乡镇综合文化站配置工作人员。引导省市文化工作者深入贫困地区开展帮扶。鼓励和支持社会各界人士为贫困县提供文化志愿者服务。对长期在贫困地区工作且成绩突出的文化工作者，在评比表彰、学习进修、职称评定、参加展演（展览）等方面给予倾斜。举办贫困地区特色文化产业人才培训班和中小文化企业创业辅导培训班。

专栏13　文化精准扶贫工程

1. 公共文化扶贫工程：重点抓好国家确定的412个村级综合性文化服务中心示范点建设。实现国家级贫困县（区）公共图书馆、文化馆流动图书车、流动文化服务车配送全覆盖。

2. 文化产业扶贫工程：每年举办贫困县文化技能型和管理型人才培训班。支持贫困地区42个国家级非遗项目、179个省级项目与旅游景区、传统村落、历史文化街区融合发展，扶持贫困村非遗项目展览展示展销。

3. 文化艺术扶贫工程：引导扶持阳高县二人台剧种传习中心、和顺县牛郎织女艺术团、宁武县晋剧团、兴县晋剧团等贫困县建设文艺院团综合排练场所。实现每个建制村不少于一支群众文艺团队。

4. 文化惠民扶贫工程：实施艺术教育扶贫，推动各级文化艺术院校定向招收和培养贫困地区艺术生。开展戏曲进农村、进校园活动，2017年落实一村一年看一场戏，2020年前落实一校一年看一场戏。

5. 文化人才扶贫工程：实施贫困县"三区"人才支持计划。每年选派768名文化人才到贫困县提供文化服务，接收36名贫困县优秀文化专业人才到省直文化单位挂职研修。实施"一员三能"提升计划。2017年前，对329名贫困县乡镇综合文化站站长进行培训，完成总量的50%；2019年，完成乡镇综合文化站站长培训全覆盖。

6. 广播电视传播能力提升工程：对我省国家级扶贫开发工作重点县和集中连片特殊困难县的广播电视播出机构的采集、编辑、播出设备进行更新，提升制播能力，实现贫困地区15套电视节目、15套广播节目无线数字化覆盖。

十一、规划实施与保障措施

（一）完善文化政策法规体系

推进地方文化立法进程。结合国家文化立法进程与我省实际，启动《山西省公共图书馆条例》《山西省文化产业促进条例》《山西省公共文化服务保障条例》和《山西省文化市场管理条例》立法工作，完善《山西省非物质文化遗产条例》。推进文化系统科学立法、严格执法、自觉用法、主动守法，提高依法行政水平。

出台相关文化政策措施。根据中央和省委、省政府部署，出台和完善提高公共文化服务水平、加快发展文化产业、推进戏曲传承发展振兴、政府向社会力量购买公共文化服务、推进基层综合性文化中心建设、加强文物和非物质文化遗产保护、推进文化创意和设计服务与相关产业融合发展、促进文化消费、拓宽文化产业投融资渠道、支持文化出口等方面的政策措施。

完善权力运行监管制度体系。加强对权力清单和责任清单的动态管理，完善权力运行流程图和廉政风险防控图，按照"全面覆盖、全程监管"的要求，建立健全各项规章制度。加快政务服务平台和公共资源交易平台建设，巩固落实行政审批制度改革成果，推行网上集中预受理和预审查，创造条件推进网上审批，提高行政效率，多途径加强对权力运行的监督，营造风清气正的文化环境。

（二）加大支持保障力度

加强财政保障。各级政府要把文化发展纳入经济社会发展规划，健全文化财政保障机制，保障基本公共文化服务、重大文化惠民活动、文化低保工程等所需经费。按照基本公共文化服务标准，落实基层提供基本公共文化服务项目所必需的资金，将购买公共文化服务资金纳入各级政府财政预算。延续国有经营性文化单位转企改制扶持政策。增加非物质文化遗产保护经费投入。

转变公共财政投入方式。推动各级财政转移支付从粗放投入向精准投入转变，建立财政文化资金绩效评估结果与预算安排挂钩制度，建立健全财政资金监督管理机制，提高文化建设资金使用效益。进一步优化完善转移支付机制，重点向革命老区、贫困地区倾斜。健全政府向社会力量购买公共文化服务机制。进一步完善文化税收政策体系，推动将文化服务行业纳入"营改增"试点范围，推动落实现行鼓励社会组织、机构和个人捐献公益性文化事业所得税税前扣除政策规定。鼓励引导各类机构和民间资本投入公共文化设施建设和公共文化服务供给，形成以政府投入为主、社会力量积极参与的多元化公共文化服务投入机制。提高各级彩票公益金用于文化事业的比重，修订《山西省省级彩票公益金资助县级文化设施建设项目管理指南》，扩大资助面。

（三）改善文化发展环境

深化文化体制改革。贯彻落实政企分开、政事分开原则，进一步理顺文化行政部门与文化企事业单位的关系，努力转变政府职能。建立公共文化机构法人治理结构，推动公共图书馆、博物馆、文化馆等组建理事会。加快国有文化企业公司制股份制改造，形成体现文化企业特点、符合现代企业制度要求的资产组织形式和经营管理模式。加强对文化类社会组织的引导、扶持和管理。建立健全党委领导、政府管理、行业自律、社会监督、企事业单位依法运营的文化管理体制和富有活力的运行机制。

加强文化人才队伍建设。完善文化艺术人才奖励办法，评选表彰在文化强省建设中有突出贡献的单位和个人。推进职称制度改革，完善专业技术人才评价机制。多途径引进和培养高层次紧缺人才。做好领导干部调学培训工作。建立基层公共文化服务队伍激励和保障机制，逐步提高基层文化工作者待遇，重视发挥乡土文化能人、民族民间文化传承人和文化积极分子的作用。做好"四个一批"人才和"三区"（贫困地区、边疆民族地区、革命老区）人才支持计划文化工作者专项工作。

建立文化科技支撑体系。优化文化科技创新发展环境，加强文化领域技术集成创新、模式创新与自主创新，提升文化科技支撑水平。鼓励和支持文化企业从事知识产权托管交易、知识产权作价、知识产权质押融资和入股，增强文化创意产业核心竞争力，发挥知识产权对文化发展的创新驱动作用。

形成科学的绩效考核办法。建立文化繁荣发展考核评价体系。提高文化工作在绩效考核指标体系中所占权重，发挥绩效考核评价对引导政府文化建设的促进和激励作用。

（四）加强组织实施

各级文化行政部门要积极推动各级党委和政府把文化建设摆在全局工作的重要位置，做到与经济建设、政治建设、社会建设以及生态文明建设同部署、同落实。文化系统各单位、各部门要认真贯彻本规划，结合实际制定实施方案和年度工作计划，采取切实有效的措施，加强对重大文化项目资金使用、实施效果、服务能效等方面的监督和评估，确保规划取得实效。

内蒙古自治区"十三五"文化改革发展规划

为深入贯彻落实党的十八届五中全会和自治区党委九届十四次会议精神，进一步加快文化改革发展，推进文化强区建设，根据《国家"十三五"时期文化改革发展规划》和《内蒙古自治区国民经济和社会发展第十三个五年规划纲要》，编制本规划。

序　言

一个国家，一个民族的强盛，总是以文化兴盛为支撑的，中华民族伟大复兴需要以中华文化发展繁荣为条件。我区着力建设文化强区，是坚持和发展中国特色社会主义文化发展道路、建设社会主义文化强国和实现中华民族伟大复兴中国梦的需要，是我区如期实现全面建成小康社会目标的重要保证。

"十二五"时期，全区文化战线自觉贯彻中央和自治区党委政府的决策部署，围绕中心，服务大局，以改革创新精神，促进文化事业全面繁荣和文化产业快速发展，加快推进由文化大区向文化强区迈进，各项工作都有新进展。艺术创作生产日益繁荣，推出了一大批优秀作品。覆盖城乡的基本公共文化服务体系日趋完善，人民群众的基本文化权益得到进一步保障。一大批文化基础设施相继建成并投入使用，有效地改善了文化发展的基本物质条件。民族文化遗产得到有效保护，传承体系逐步健全。文化产业加快发展，特色更加凸显。文化市场体系不断完善，监管能力有效提升。对外文化交流成效显著，草原文化影响力进一步扩大。文化体制机制改革稳步推进，文化人才队伍建设不断加强，文化投入持续加大，为文化发展提供了有力支撑。

"十三五"时期是我区全面建成小康社会的决胜阶段，也是建设文化强区的重要时期。从国家看，经济发展进入新常态，供给侧结构性改革的实施，文化将在稳增长、促改革、调结构、惠民生方面发挥更加重要的作用；新型城镇化、"一带一路"建设、差别化经济政策、对边疆民族地区文化发展扶持等重大战略的实施，为自治区文化建设提供新的契机；从自治区看，我区综合经济实力迈上新台阶，"十个全覆盖"工程的实施，为基层公共文化发展奠定了坚实基础；草原文化影响日益扩大，民族特色更加凸显，各族人民群众日益增长的精神文化需求，为文化发展创造了更加广阔的空间；全社会对文化建设的重视程度和参与热情不断提升，为文化发展营造了良好的社会氛围。与此同时，我们也清醒地认识到，面对新形势，我区文化发展仍面临着诸多困难和挑战。艺术创作生产精品缺少，民族文化遗产保护和传承难度增大，文化基础设施和基本公共文化服务相对滞后，城乡、区域文化发展不够协调，文化产业基础薄弱总量偏低，文化对外开放水平不高，文化人才结构不够合理，制约文化发展的体制机制障碍尚未完全破除。综合研判，"十三五"时期，我区文化发展仍处于可以大有作为的重要战略机遇期。在新的历史起点上，必须以新的理念引领文化发展，进一步坚定文化自信，增强文化自觉，不断开创文化发展新局面。

一、指导思想、基本原则和发展目标

（一）指导思想

高举中国特色社会主义伟大旗帜，全面贯彻党的十八大和十八届三中、四中、五中、六中全会精神，以马克思列宁主义、毛泽东思想、邓小平理论、"三个代表"重要思想、科学发展观为指导，深入贯彻习近平总书记系列重要讲话和考察内蒙古重要讲话精神，深入贯彻自治区党委九届十一次、十二次、十三次、十四次全委会议和第十次党代会精神和重大决策部署，紧紧围绕中国特色社会主义总体布局和"四个全面"战略布局，坚持创新、协调、绿色、开放、共享发展理念，不断推进文化强区建设，把祖国北疆文化繁荣这道风景线打造得更加亮丽。

（二）基本原则

1.坚持社会主义先进文化前进方向。贯彻落实"为人民服务、为社会主义服务"方向和"百花齐放、百家争鸣"方针，弘扬主旋律，提倡多样化，加强社会主义核心价值观建设，始终把社会效益放在首位，实现经济效益和社会效益的有机统一。

2.坚持以人民为中心的工作导向。牢记人民是推动文化发展的根本力量，树立以人民为中心的发展理念，不断提升国民素质和社会文明程度。坚持文化工作贴近实际、贴近生活、贴近群众。坚持文化发展为了人民、依靠人民，文化发展成果由人民共享。

3.坚持深化改革和创新发展。牢记改革是发展的强大动力，加快完善体制机制，破除一切不利于科学发展的体制机制障碍。坚持五大发展理念，创新文化发展思路，不断释放和激发文化活力和创造力，增强社会主义文化的吸引力和凝聚力。

4.坚持统筹兼顾。统筹好文化改革和发展，统筹好城乡之间、区域之间文化发展，统筹好公益性文化事业和经营性文化产业，统筹好文化繁荣和文化管理，促进文化协调发展、科学发展。

5.坚持重在建设。立足当前，着眼未来，坚持问题导向，扎实推进思想建设、组织建设、制度建设、业务建设。加强文化基础设施建设，实施重大公共文化工程和文化项目，促进文化惠民项目与群众文化需求有效对接。

6.坚持民族特色。立足区情，放眼世界，坚持挖掘保护和创新发展相结合，充分发挥民族文化资源优势，打造草原文化品牌，传承和弘扬草原文化核心理念，走出一条符合民族地区实际的文化发展道路。

（三）发展目标

围绕建设民族文化强区奋斗目标，到2020年，文化建设的主要目标是：公共文化产品创作生产体系更加规范，创作生产一批优秀作品，民族艺术影响力显著提升。现代公共文化服务体系基本建成，各族人民群众基本文化权益得到有效保障。民族优秀传统文化传承体系更加健全，文化遗产抢救、保护进一步加强。现代文化产业体系更加完善，民族特色文化产业发展活力明显增强。现代文化市场体系更加有序，监管和服务水平有效提升。对外文化交流和贸易日益活跃，草原文化影响力不断扩大。文化体制改革政策举措纳入法治轨道，着力建成文化创造活力迸发、文化事业繁荣、文化产业振兴、文化人才荟萃、文化体制完善、各族人民群众精神文化生活更加丰富的民族文化强区，打造成为祖国北疆文化繁荣亮丽风景线。文化工作整体水平步入全国先进行列。

——艺术创作生产能力显著增强。以人民为中心的创作生产保障和激励机制更加完善，舞台艺术精品力作不断涌现，体裁题材和风格流派更加丰富多样，打造一批国内外影响广泛的艺术名片，各类优秀剧节目获国家扶持和表彰数量位居西部和少数民族地区前列。

——公共文化服务体系更加健全。公共文化服务网络更加完善，标准化、均等化主要指标达到全国平均水平，部分指标走进全国前列，旗县图书馆、文化馆面积全部达到国家相关建设标准。固定设施、流动设施、数字设施相互补充，实现有效覆盖。公共文化服务的内容、种类、数量和水平达到自治区基本公共文化服务实施标准要求，覆盖城乡、便捷高效、保基本、促公平的现代公共文化服务体系基本建成，各族群众基本文化权益得到更好保障。

——文物保护体系更加完善。基本形成较为完善的文化遗产保护体系，各级各类文物得到全面有效保护。建立全区文物保护及馆藏文物信息库、文物安全监测信息平台，实现全区文物保护利用的科学、规范、可持续发展。民族优秀传统文化实现有效保护传承和创新发展。

——非遗保护传承得到提升。建立健全非遗传承人保护和管理机制。推动建设一批专业性非遗保护展示场馆，加大传承基地和文化生态保护区建设力度。全面实施"千校万户"计划，大力加强非遗生产性保护。

——特色文化产业加快发展。积极构建结构合理、门类齐全、科技含量高、富有创意、竞争力强的现代文化产业体系。实施一批特色文化产业项目，到"十三五"末，基本建成特色鲜明、重点突出、布局合理、链条完整、效益显著的文化产业发展格局。文化产业增加值占全区生产总值比重力争达到4%。

——文化市场体系健全完善。文化市场准入体系更加规范，实现审批主体、审批条件、审批流程的标准化管理，运行体系更加完善，建立健全门类齐全的文化产品市场和文化要素市场，促进文化产品和生产要素的合理流动；监管体系更加完备，全面应用技术监管系统，技术监管水平走进全国前列。

——草原文化全方位"走出去"。形成一批富有民族和地域特色的对外文化交流品牌，建立中蒙、中俄文化交流基地，扶持培育一批外向型文化企业，文化产品和服务出口规模有较大提升，交流渠道进一步拓宽，在国际主流市场中的比重加大，草原文化在国内外的影响力明显提高。

——人才队伍建设全面加强。文化人才队伍规模不断壮大，人才紧缺问题得到改善，基层文化人才素质明显提高，文化人才结构进一步合理，文化人才环境进一步优化，培养造就门类齐全、结构合理、梯次分明、素质优良的文化人才队伍，为推动文化大发展大繁荣奠定坚实的人才基础。

——文化创新活力充分释放。着力推动文化体制改革创新，文化经济政策更加完善，建立充满活力、富有成效的文化管理体制和运营机制，体制内外的文化创造活力充分释放，文化体制机制环境更加优化。

——公共文化大数据有效利用。充分利用现代化网络的大数据手段，进一步加强含公共文化、文物保护、艺术表演、非遗保护、文化产业、文化市场、对外文化交流、文化人才培养等在内数据库建设，逐步建立健全"公共文化大数据"服务平台，推进"互联网+"在文化领域更加有效利用，不断提升文化工作水平和服务效能。

二、坚持以人民为中心的创作导向，繁荣发展民族艺术

（一）坚持正确的创作导向，着力推出更多优秀文艺作品

贯彻《中共中央关于繁荣发展社会主义文艺的意见》（中发〔2015〕27号），以社会主义核心价值观指导艺术创作实践，抓好"中国梦"主题创作，讲好内蒙古故事，阐述草原文化核心理念，抓精品、树"高峰"。制定实施《"十三五"时期内蒙古舞台艺术重点剧节目创作规划》，组织开展内蒙古舞台艺术精品创作工程，逐步加大政府扶持力度，引导艺术创作繁荣发展。组建内蒙古艺术研究院。推动设立"内蒙古自治区民族艺术发展专项资金"，成立相关的管理机构。积极申报国家舞台艺术精品创作工程，争取国家艺术基金资助。开展"扎根草原、情系人民"艺术采风创作活动，建立健全长效机制。

（二）积极创建品牌工程，加大惠民演出服务力度

着力创建实施"草原文艺天天演——惠民演出工程"，打造6个系列惠民演出品牌。一是"惠民演出全覆盖"。全区各级文艺院团每年深入基层演出7000场以上，到所辖区域每个行政村，实现我区"草原文艺天天演"。二是"百团千场下基层"。每年元旦到春节期间，全区100余院团深入基层惠民演出1000场以上，成为两节期间"三下乡""双服务"活动品牌。三是"草原音乐周末"。由区直和盟市院团在各自所在地指定剧场，举办各具特色音乐会，形成"内蒙古草原音乐周末"驻场演出品牌。四是"草原戏剧演出月"。在自治区首府每月选调一台全区新创和优秀地方戏剧进行专场演出，逐步形成优秀剧目巡回演出机制。五是"四季内蒙古舞蹈季"。每年每季度在盟市轮流举办全区优秀舞蹈作品展演，由承办地根据民族、地域、季节等风格打造"四季内蒙古舞蹈季"品牌。六是"一带一路——乌兰牧骑行"。组织全区乌兰牧骑在"草原丝绸之路"和"一带一路"沿线相关地区进行巡回演出，打造"乌兰牧骑丝绸之路"，把乌兰牧骑式演出服务品牌推向全国。

（三）创新艺术节庆品牌，培育演艺市场

整合各类艺术节庆活动，坚持精品战略和品牌意识，组织实施"内蒙古民族艺术品牌体系建设工程"，着

力打造出我区特色文化艺术名片。组织策划好庆祝自治区成立70周年、中华人民共和国成立70周年和建党100周年文艺活动，汇集建党、建国和自治区成立以来经典艺术作品和最新创作成果，举办系列节庆惠民文艺演出活动。办好"草原文化节"优秀剧目展演、"乌兰牧骑艺术节""二人台艺术节"等导向性、示范性民族特色节庆活动。打造"亮丽内蒙古"系列民族艺术品牌，举办全区音乐、舞蹈、小戏小品专业赛事，举办政府购买公共演出活动。培育《千古马颂》等一批我区独具特色的优秀驻场演艺品牌。整合盘活各类演艺资源，探索组建内蒙古演艺联盟，逐步实行全区演艺行业标准化管理和集约化运营。

（四）促进内蒙古地方戏曲发展，打造"草原特色戏剧"品牌

实施内蒙古地方戏曲振兴工程，培育打造"草原特色戏剧"品牌。大力扶持和加强我区特色民族戏剧和地方戏的研究、保护、传承、创作工作，繁荣民族戏曲和振兴地方戏。注重乌兰牧骑在地方戏曲传承、保护、创作中的特殊作用，大力扶持地方戏院团创作演出和设施设备建设。健全保护传承工作体系，开展地方戏曲剧种普查工作，建立地方戏曲剧种数据库和信息共享网络平台，完善戏曲教育与艺术表演团体传习结合的人才培养体系。

（五）大力加强乌兰牧骑工作，打造新时期"草原文艺轻骑兵"品牌

按照国家文化体制改革和自治区《关于加强新时期乌兰牧骑工作的意见》（厅发〔2010〕37号）精神，确保乌兰牧骑的一类公益性事业单位性质，让乌兰牧骑充分发挥出"社会主义文艺战线上的一面旗帜"作用和基层公共文化服务体系建设中的主力军作用。利用乌兰牧骑作为内蒙古独特文化名片，进一步发挥在"一带一路""向北开放"战略中的艺术桥梁作用，打造新时期"草原文艺轻骑兵"品牌。做好乌兰牧骑建立60周年暨第七届、第八届乌兰牧骑艺术节工作。做好乌兰牧骑深入基层创作、演出和业务培训工作。加强对乌兰牧骑惠民演出补助资金的监管工作，加大政府购买演出力度，推动各级政府设立乌兰牧骑惠民演出补助匹配资金。建设乌兰牧骑艺术宫，承担全区乌兰牧骑的宣传展览、培训辅导、理论研究和交流演出等职能，并列入公共文化免费开放部门。加大对乌兰牧骑排练、演出场所等硬件设施建设的投入力度，改善下乡演出交通工具，科学创新乌兰牧骑服务方式，研发建设"流动蒙古包剧场"。

（六）加强艺术理论研究和艺术评论

加强理论研究，改进艺术评论工作，正确引导艺术评论的健康发展。坚持运用马克思主义的美学观点评判鉴赏作品，褒优贬劣、激浊扬清。按照思想精深、艺术精湛、制作精良的标准评价，充分发挥理论研究和文艺批评的积极引导作用，使艺术评论和理论研究的成果及时转化为艺术创作生产力。大力加强和充实我区艺术创作、评论、研究机构，成立内蒙古艺术研究院。建立领军人才工作室制度，搭建优秀作品创作生产平台。利用好舆论媒体、网络、报纸杂志等全面开展艺术评论。争取国家重大艺术研究课题，全面提高自治区艺术研究和艺术评论水平。推动设立"内蒙古自治区政府文艺奖"。

（七）培育和发展新型艺术门类，打造"草原文艺网络"品牌

以开放和创新的思路关注网络文艺和新型艺术领域发展，培育"艺术+科技、旅游、金融、产业、互联网"的跨界融合艺术品牌，创建共享、协调、开放的内蒙古民族艺术互联网文艺。推动我区艺术数据库建设，创建内蒙古网络文艺平台，打造"草原文艺网络"品牌。鼓励网络原创作品、网络剧创作，鼓励艺术家积极运用网络创作传播优秀作品，善于运用微博、微信等载体，采取多渠道、多平台展示。建立全区乌兰牧骑网络管理平台，做到资源共享、相互交流、实时监管和协调服务。

（八）深化文艺院团改革

深化内部机制改革，制定优惠政策，加大对转企改制艺术院团的扶持力度和政府购买力度，鼓励社会资本以多种形式投资和支持。全面深化事业体制院团改革，建立健全人事制度、分配制度、社会保障制度和艺术创作、经费管理等体制机制，搞活和创新用人机制。实施离岗退养政策，改进艺术人才招聘引进模式，全面推行

人员竞聘上岗制度，形成人才激励机制。完善以"多劳多得"兼顾公平为导向的收入分配制度和以绩效考核为主的奖励性绩效工资分配办法。

> **专栏1 艺术创作演出和设施建设**
>
> 内蒙古舞台艺术精品创作工程：建立运行机制，成立专家指导委员会，制定内蒙古舞台艺术创作中长期发展规划，每年推出10部优秀剧目，50部优秀节目（小戏小品、音乐、舞蹈、曲艺杂技等），每年重点扶持精品剧节目。
>
> 草原文艺天天演——惠民演出工程：创建实施内蒙古自治区"草原文艺天天演——惠民演出工程"，分别打造"惠民演出全覆盖""百团千场下基层""草原音乐周末""草原戏剧演出月""四季内蒙古舞蹈季""一带一路——乌兰牧骑行"6个系列惠民演出品牌。
>
> 内蒙古地方戏曲振兴工程：制定出台《内蒙古自治区关于支持戏曲传承和地方戏保护发展工作的实施意见》，设立扶持地方戏曲专项资金，开展戏曲剧种普查，建立数据平台，举办内蒙古地方戏剧展演，打造"草原特色戏剧"品牌。
>
> 组建内蒙古演艺联盟：整合和盘活各类演艺资源，开发演艺市场，联合各盟市的艺术院团、剧场、综合场馆、演出经纪机构等组建内蒙古演艺联盟。加强与保利院线的合作，拓展合作渠道，丰富合作形式。
>
> 设立内蒙古自治区政府文艺奖：参照文化部文华奖，推动设立内蒙古自治区政府文艺奖。对优秀剧节目创作、编导、表演团体以及个人进行奖励。
>
> 盟市、旗县区剧场建设：在盟市所在地和每个旗县区各建设一座舞台台口18米以上、灯光音响齐全，能够满足一般性文艺演出，可兼有召开会议和播放电影等功能的综合性剧场。
>
> 乌兰牧骑排练厅建设：完成一批乌兰牧骑排练厅建设任务，每个面积达到300平方米。

三、以标准化均等化发展为核心，加快构建现代公共文化服务体系

（一）创新公共文化运行机制和管理体制

积极推进"互联网+公共文化"，提高公共文化管理、服务的数字化、网络化水平，逐步形成内容丰富、技术先进、覆盖城乡、传播快捷的公共数字文化服务网络体系。继续实施公共数字文化工程、数字图书馆推广工程和公共电子阅览室建设计划等公共数字文化工程。不断完善数字图书馆、数字文化馆和数字美术馆等建设。创新服务方式，大力推进"数字文化走进蒙古包"工程，扩大实施区域、提高传输质量。全面推广内蒙古图书馆"彩云服务"项目。加强开展流动文化服务，加大投入力度，实现流动文化服务常态化。

落实自治区《关于公共文化服务体系建设评价考核办法（试行）》（内政办发〔2016〕55号），建立和完善党委领导、政府管理、部门协调、权责明确、统筹推进的公共文化服务体系协调机制，实现各部门职能和资源的优势互补。优化公共图书馆、博物馆、文化馆（站）等公益性文化单位法人治理结构，提高公益性文化单位服务效能。逐步建立和完善嘎查村、社区基层综合性文化服务中心统一的管理和服务标准。加快开展图书馆、文化馆总分馆制试点工作，建立健全县级公共文化机构总分馆体系，到2020年初步形成以盟市公共图书馆、群艺馆为中心，以旗县级公共图书馆、文化馆为总馆，苏木乡镇（街道）综合文化站为分馆，嘎查村（社区）综合性文化服务中心为基层服务点的总分馆体系。

（二）推动公共文化设施标准化建设

完善自治区级公共文化基础设施建设，创建内蒙古图书馆达到国家二级标准。完成不达标旗县级"两馆"建设，推动完成"十二五"未开工盟市级"三馆"建设项目。对于恢复建制的乡镇，继续建设乡镇文化综合服务中心，推动各地对国有林场、农牧场、农垦兵团等特殊地区建设文化设施。加大资源整合力度，采取盘活存量、调整置换、集中利用等方式，在苏木乡镇（街道）和嘎查村（社区）建设集宣传文化、党员教育、科学普

及、普法教育、体育健身等功能于一体的基层综合性文化服务中心。实施贫困地区"百县万村"综合性文化服务中心示范建设工程。

（三）推进基本公共文化服务标准化均等化

落实自治区《关于加快构建现代公共文化服务体系的实施意见》（内党办发〔2016〕8号），围绕文体活动、文艺演出、展览展示等群众基本文化需求，提供达到基本公共文化服务实施标准要求的文化产品和服务。以实现城乡、群体基本公共文化服务均等化为目标，推动公共文化服务重心下移、资源下移。根据城乡人口变化等情况，均衡配置公共文化资源。以农民工、老年人、未成年人、农村留守儿童、残疾人群体为重点服务对象，开辟服务渠道，丰富服务内容，切实保障特殊群体的基本文化权益。实施自办文化扶持项目，大力支持群众文化团队建设，扶持以文化能人为核心的文化大院、文化中心户、农民书社和业余剧团等群众文化组织。

（四）加快贫困地区公共文化服务体系建设步伐

落实《关于加快自治区贫困地区公共文化服务体系建设的意见》（内政办发〔2016〕56号）和《内蒙古自治区贫困地区"百县万村"综合文化服务中心示范工程建设工作方案》（内党宣字〔2016〕11号），加大文化资源、项目向贫困地区倾斜力度，提高贫困地区公共文化设施覆盖率、达标率。为每个贫困旗县配备用于业务培训、展览展示、辅助演出等多功能的流动文化车。依托基层综合文化设施，加强流动服务点建设，逐步形成流动文化服务网络。推动城市与农村开展帮扶活动，以城带乡，精准扶贫。到2017年和2020年，分别实现26个自治区级、31个国家级贫困旗县公共文化服务体系建设达到或接近全区平均水平。

（五）推动公共文化服务社会化发展

建立健全政府向社会力量购买公共文化服务机制，落实《自治区人民政府办公厅关于向社会力量购买公共文化服务的实施意见》（内政办发〔2015〕143号），促进重大公益性文化活动提供主体和方式多元化。鼓励和引导社会力量资助文化活动，兴办文化大院、群众文艺团队、社区文化服务组织、民间文艺协会等。探索开展公共文化设施社会化运营试点，通过委托或招投标等方式吸引有实力的社会组织和企业参与公共文化设施运营。推动有条件地区开展向老年人、农民工、残疾人、低收入群体等特殊人群赠送文化消费卡工作。完善文体志愿者注册招募、服务记录、管理评价和激励保障机制。

（六）提高公共文化产品供给和服务能力

分年度举办"农牧民文化周""社区文化周"和"群众广场舞"活动。打造一批在全国有影响、特色鲜明的示范性社会文化活动。大力培育特色鲜明、形式多样、彰显地方文化魅力、群众广泛参与的文化活动品牌。按照自治区《关于社区与机关单位公共文化服务设施共建共用办法（试行）》（内政办发〔2016〕68号），推动社会企事业单位内部管理的文体设施，逐步面向社会免费提供基本文体服务项目。依托基层综合性文化服务中心，整合各级各类基层公共文化资源和项目，提供公共文化"一站式"服务。

专栏2　公共文化服务体系建设

自治区级文化设施建设：推进内蒙古非遗中心、内蒙古群众艺术馆、内蒙古展览馆等重大文化设施新建或改扩建。

盟市旗县文化设施建设：推进盟市级"三馆"（图书馆、文化馆、博物馆）建设。对全区达不到国家相关建设标准的旗县级公共图书馆和文化馆进行新建和改扩建。推动盟市、旗县美术馆建设。推动在非遗资源富集的盟市、旗县建设面积不低于0.2万平方米的非遗展示馆、传习所。

公共文化数字资源建设："十三五"期末，自治区分中心达到150T、盟市、旗县级支中心、苏木乡镇基层点资源存贮量分别不少于30T、4T和1T。

数字文化走进蒙古包工程：继续实施"数字文化走进蒙古包"工程，完成2000个移动数字加油站建设。

四、加强民族文化遗产保护利用和传承，推动创新发展

（一）实施重大文物保护工程

贯彻习近平总书记、李克强总理关于文物工作的重要指示批示精神，贯彻刘延东副总理在全国文物工作会议上的重要讲话精神和《国务院关于进一步加强文物工作的指导意见》（国发〔2016〕17号），贯彻自治区王君书记、布小林主席关于文物工作的重要批示精神。坚持"保护为主、抢救第一、合理利用、加强管理"的文物工作方针，采取总体规划、保护维修、环境整治、安全防护、展览展示等综合性保护措施，创新和探索保护与利用，活化文化遗产的新路子。实现文物本体保护好、周边环境整治好、经济社会发展好、人民生活改善好的科学、规范、可持续发展。重点实施一批古遗址、古墓葬、明清古建筑和少数民族建筑、近现代文物建筑群、传统村落、典型线性文化遗产、工业遗产的保护维修工程。

（二）推进"万里茶道""草原丝绸之路"等重要线性文化遗产申遗、考察和合作工作

贯彻落实"一带一路"战略，充分发挥内蒙古边疆少数民族地区和草原文化遗产优势，做好"万里茶道"内蒙古段申遗工作和"草原丝绸之路"考古调查与研究，加强与"万里茶道"等重要线性文化遗产沿线省区，特别是与俄罗斯、蒙古国的合作，摸清与我区有关的文物遗址点、线等情况，做好相关规划、保护、资料收集、实地考察、研究报告等基础工作。

（三）加强长城保护工作

秉持正确保护理念，编制长城保护总体规划，实施重点地段长城保护工程，建立较为完善的长城保护管理机制。建立起自治区、盟市、旗县区三级比较完备的长城保护管理制度，基本形成较为完善的保护体系，建成一批长城参观游览示范区。长城保护法制建设得到加强，保护状况明显改善，各时代长城均得到全面有效的保护。

（四）推进世界文化遗产保护工作

继续加强元上都遗址申遗后的管理体制和法规建设工作，做好遗产监测、保护、展示、考古、研究，贯彻《内蒙古自治区元上都遗址保护条例》。积极推进我区辽代上京城与祖陵遗址群、红山文化遗址群、阴山岩刻遗址群申遗工作，做好申遗文本编制、考古工作计划、保护规划制定、保护工程等前期工作，力争有1至2个申遗项目有重大突破。

（五）开展我区国家考古遗址公园建设，建设一批自治区考古遗址公园

内蒙古大遗址数量众多，在国内外具有重大影响，是承载着草原文明的物化载体，在多元一体的中华文化中具有典型的代表性。国家在"十一五"时期已启动"国家考古遗址公园"项目，我区辽上京遗址、萨拉乌苏遗址被列为立项名单。"十三五"时期，按相关要求，推进建设工作。同时，参照国家标准，针对我区文物大遗址保存现状，以及遗址所在地的人文、经济、旅游等条件，建设一批自治区级考古遗址公园。

（六）全面推进博物馆事业可持续健康发展

宣传、贯彻、执行国务院《博物馆条例》（国务院令第659号），鼓励和发展国有博物馆，扶持和规范非国有博物馆，建设和提升一批特色博物馆，不断完善全区博物馆体系建设。建立博物馆理事会制度，创新博物馆管理机制。建立全区博物馆馆际联盟，推出一批具有内蒙古民族特色和地域特色的草原文化系列专题展览，做好草原丝绸之路巡回展。实施珍贵可移动文物抢救性保护修复，加强馆藏文物日常养护，完善技术标准和管理制度，建设标准化库房。建设大青山革命历史博物馆。建设内蒙古智慧博物馆，实现全区国有馆藏珍贵文物数字化资源共享，全面提升博物馆研究、保护、服务和管理水平。建设全区博物馆青少年教育资源库和项目库，与学校联合开展青少年教育活动。

（七）建立文物登录制度，强化文物安全监管和执法督查

建设自治区文物资源总目录和数据资源库，全面掌握文物保护现状和保护需求，健全文物资源管理利用机

制，推进文物信息资源社会共享。创新文物安全监管模式，提升文物安全监管能力。完成全区重点古代建筑、近现代建筑，以及一、二级博物馆风险等级单位文物安全防范工程（消防、技防、防雷）。实施一批重点大遗址、古墓葬的"草原神灯"安全防护工程项目，以及古建筑安全防护工程，完善前五批全国重点文物保护单位安全防护设施，完成第六批和第七批全国重点文物保护单位中高风险单位安全防护设施配置，基本建成规模较大、风险较高的全国重点文物保护单位安全防护体系。建立健全联动机制，推进网络化文物安全防范机制。继续加强与公安、消防、海关、工商行政管理部门的协作机制，强化联合执法，严厉打击文物违法犯罪行为。重点推进"草原神鹰工程"，对全区20个边境旗县市区的文物古迹共同进行巡查，大力推进"马背文物保护队"的保护模式，建立"驼峰文物保护队"，发动、鼓励和引导广大基层群众参与文物安全工作，形成网络化文物安全防范机制。利用现代通信技术，建立全区文物安全监督平台。

（八）全方位推进非物质文化遗产保护

开展全区第二次非遗资源普查。完善全区各级各类名录体系，使具有代表性的项目纳入保护范围。大力实施非遗抢救性保护"双百工程"等项目，扩大保护范围，加快抢救速度，形成上下联动机制，抢救和保留一批濒危项目和传承人音视频、照片和口述史等材料，减少"人绝艺亡"问题。加快推进文化生态保护区规划完善和建设工作，设立自治区级非遗生产性保护基地。大力振兴传统工艺。

（九）探索非遗传承发展新模式

命名传承人、传承户、传习所，评审命名自治区级非遗名录项目代表性传承人。建立传承基地。把非遗资源丰富、传承工作有基础的地区列为传承基地并给予扶持，带动传承工作。建立自治区级生产性保护基地，加强非物质文化遗产生产性保护。深入开展"千校万户"计划。调动社会力量参与非遗保护。与教育部门合作，命名一批"传承学校"，聘请专家编写教材，推动非遗传承入教材、进校园、进课堂。支持各地尝试适合自身特点的非遗普及教育，逐步形成家族、学校、社会传承链。

（十）拓展非遗展示传播的有效途径

启动自治区非遗展示馆系列工程。在自治区、各盟市和其他富集地区建设非物质文化遗产展示馆，作为非遗传承、传播、展示等的长期固定场所并对外免费开放。推动社会组织和民间力量建立具有民族和地域特色的非遗展示馆和民俗馆。利用"中国文化遗产日"、传统民族节日、节庆活动等，搭建展览展示平台，开展非遗系列展示活动。每两年举办一次全区非物质文化遗产展。加强非物质文化遗产利用工作。推动非物质文化遗产保护成果与市场衔接，与旅游融合，通过市场化运作，推出非物质文化遗产专场演出，打造自治区的非遗品牌。建设非物质文化遗产数字化展示中心。通过各级非物质文化遗产网站、移动端APP，宣传展示非遗保护成果。完善数据库建设，开放公众查询、检索功能，提升数据库平台技术水平。建立全区非遗电子地图。整理、编辑结集出版非遗书籍。

专栏3　文物保护利用建设

文物保护工程：进一步推进古建筑、古遗址、近现代建筑等文物保护工程，完成国保单位保护规划。设立内蒙古文物保护基金，成立内蒙古文物保护基金会。

长城保护工程：重点实施秦汉长城、明长城、金界壕等保护维修工程、抢险加固工程。

历史文化名镇名村和传统村落保护利用项目：联合住建厅和各级地方部门，共同推动全区历史文化名镇、名村和传统村落保护和利用工作。

文物大遗址保护和"考古遗址公园"建设：继续推进8处文物大遗址保护、展示、利用工作。继续推进2处国家考古遗址公园建设，力争自治区2—3处考古遗址公园列入国家正式建设名单，建设10—12个自治区级考古遗址公园。

文物安全工程：开展全区古代建筑、近现代建筑、民族文物建筑安全防范工程（防火、防盗、防雷）建设工程。完成10处重点文物建筑、博物馆的消防工程，完成10处重点大遗址、古墓群、古建筑、博物馆等的技防工程，完成10处重点文物建筑的防雷工程。开展全区各级重点博物馆展厅、文物库房安全保护和提升工程。

文物信息化建设：完成国有可移动文物普查。完成全区古建筑数字化扫描录入，完善全区文物保护单位数据库。建立自治区文物资源信息库。

专栏4　非物质文化遗产保护传承建设

非遗展品征集和展示项目：推动设立非遗基本陈列展，每年列支专项征集经费。每两年举办一次全区非物质文化遗产展。建设非物质文化遗产数字化展示中心。

非遗普查设施建设项目：为自治区、盟市、旗县配备普查车及普查设备。

非遗生产性保护"双百工程"：开展抢救性保护工作，采访传承人，采用现代手段保存资料和口述史。

非遗整体性保护工程：命名10个自治区级文化生态保护区，有1个地区进入国家级文化生态保护区行列。

非遗保护"千校万户"计划：推动在非遗资源相对集中地区每个嘎查村不少于1个传承户，每个旗县不少于1个基地，每个旗县不少于1所学校。

五、扶持区域和特色文化产业，加快推动文化产业发展壮大

（一）加快文化产业园区、示范基地建设

以国家级、自治区级文化产业园区和示范基地为核心载体，以"政、产、学、研、资、介"一体化发展为重点，建设文化产业专业和特色孵化器。聚集项目、人才、技术、资金与信息，将文化产业园区和示范基地打造成为市场主体培育孵化的主要阵地和文化产业跨越发展的重要载体。到2020年，建设一批国家级文化产业示范基地、自治区级文化产业园区（或培养园区）和自治区级文化产业示范基地。

（二）促进文化创意与设计服务等相关产业融合发展

贯彻落实国务院《关于推动文化文物单位文化创意产品开发若干意见的通知》（国发〔2016〕36号）。推动文化创意与城乡规划、建筑设计、园林设计和装饰设计等产业融合，积极发展绿色产业，完善优化功能，提升文化品位。推动文化与信息产业融合，强化文化对信息产业的内容支撑和创意设计提升，加快文化产品和服务的生产、传播、消费的数字化、网络化进程。推动文化与科技融合，支持利用数字技术、互联网、软件等高新技术，加强对文化内容、装备、材料、工艺、系统的开发利用和优化升级。推动文化单位发展互联网新媒体，推动传统媒体和新兴媒体融合发展，提升先进文化互联网传播吸引力。提升消费类产品设计和研发能力，增加多样化供给，促进文化消费，引导消费升级。推动休闲农业与乡村旅游经营场所的创意和设计，发展集农耕体验、田园观光、教育展示、文化传承于一体的休闲农业园。举办内蒙古文化产业博览会和全区工艺美术创新作品大赛。建设内蒙古文化产业电子商务信息服务平台。

（三）进一步促进文化与金融合作

发挥政府部门政策指引和组织协调优势，搭建文化产业与金融业对接平台。支持金融机构创新文化金融服务。建立和完善文化金融中介服务体系，加快推动适合文化企业特点的信贷产品和服务方式创新，推进文化企业直接融资。鼓励社会资本投入文化产业，形成多层次、多渠道、多元化的文化产业投融资体系。

（四）扶持小微文化企业发展

通过资金支持、政策扶持、加强公共服务等多种方式，促进小微文化企业活力释放，形成一批拥有自主文化知识产权、体制机制灵活、管理科学、市场反应迅速的民营小微企业主体。支持小微文化企业向"专、特、

精、新"方向发展，向自治区现有文化产业园区、示范基地集中，强化特色经营、特色产品和特色服务，形成富有活力的小微文化企业群。

（五）推动文化与旅游深度融合

实施演艺企业向中心城市、旅游景点驻点演出战略，打造精品旅游市场演艺节目。推动工艺美术企业向旅游景点扩张，提供特色高品质文化旅游纪念品。整合会展资源，加强市场化运作，举办自治区文化与旅游融合系列活动，打造文化旅游系列活动品牌，培育10个全国性文化旅游节庆活动。支持现有文化产业园区、基地发展旅游产业。实施大遗址开发计划。在注重保护的前提下，科学合理发展大遗址文化旅游产业。推进非物质文化遗产生产性保护与旅游项目的融合，开发创意产品，为旅游增添民族文化元素。推动"文化+科技+旅游"的产业新模式。

（六）推进特色文化产业建设

以文化旅游、文化节庆、文化展会、工艺品、演艺娱乐等特色文化产业为重点领域，促进特色文化元素、传统工艺技艺与创意设计、现代科技、时代元素相结合。加强对文脉相同、地缘相近区域的统筹协调，建立和完善特色文化产业区域合作机制。围绕重点产业和重点项目，推动产业要素有效配置、优势互补、相互促进。实施一批特色文化产业项目，突出民族文化特色，建成特色文化产业带。到"十三五"末，形成若干特色文化产业带，建设一批"一地一品"特色文化产业旗县区，培育一批充满活力的各类特色文化展会，基本建成特色鲜明、重点突出、布局合理、链条完整、效益显著的特色文化产业发展格局。

六、培育和构建现代文化市场体系

（一）规范文化市场准入机制

坚持一手抓繁荣、一手抓管理方针，制定全区文化市场发展规划，引导文化市场的结构调整和布局优化，促进文化市场健康规范发展。深化行政审批制度改革，继续简政放权、推动政府职能转变，确立行政审批事先咨询指导制度，做好市场准入服务。加强文化市场主体和内容管理。鼓励网络文化经营单位和歌舞娱乐场所运营国产游戏、音乐和曲库，大幅提高国产网络游戏、音乐及其他新兴文化产品和文化服务的市场占有率。鼓励社会资本投资兴办民营文艺团体，扶持各类人才和民间艺人自筹资金组建民间文艺表演团体。定期组织民间演出经纪人开展法规培训和业务指导。

（二）完善文化市场运行体系

降低开办经费、规模等准入条件，取消法规规定以外设置的门槛，严格内容审查和消防等前置审批条件的审查，提升演出市场、网络文化市场、娱乐市场等传统文化市场的品质。加大贯彻实施《艺术品经营管理办法》的力度，通过美术品经营单位备案、诚信画廊评比等措施，培育规范的艺术品经营市场。推进上网服务、游戏游艺、歌舞娱乐行业转型升级工作，鼓励、扶持量贩式KTV等群众喜闻乐见、大众消费的经营场所，取消最低消费、降低经营成本，不断改善消费条件，引导和刺激文化消费。进一步完善市场退出机制，运用市场调节作用和政府调控职能，淘汰难以为继和违规经营的文化经营主体，扶持符合文化市场发展规律、守法经营的市场主体。

（三）强化文化市场监管

实施"文化市场北疆稳定工程"，全面应用全国文化市场技术监管与服务平台，扩展网吧监管平台的功能，将监管平台的管理、应用覆盖各个文化市场门类，包括建立演出、艺术品、歌舞娱乐、电子游戏、网络文化、动漫市场等内容的监控系统，增加视频监控、处罚信息管理等功能，与全国文化市场技术监管与服务平台对接和信息共享，运用技术手段提升事中事后监管水平。建立文化市场举报奖励、表彰奖励制度，形成政府引导、群众监督、行业自律、媒体舆论监督的社会监督机制。强化培训，提高文化市场监管与综合执法队伍履职能力和监管水平。加强事中事后监管，做到行业自律、政府引导、行政监管并重，促进文化市场规范有序。开展文化市场综合执法先进集体、先进个人奖励评选活动；组织审批案卷、执法案卷评选表彰。实施"文化市场综合执法能力提升工程"，制定全区文化市场综合执法队伍建设规划，开展执法技能大练兵、大比武。加大装备配备的投入，从软、硬件上提高行政执法水平和市场监管能力。加强协作配合机制，进一步把文化市场执法工作纳入综治考核，作为对盟市综治工作考评的重要指标。积极探索跨部门、跨地区的更加深入的协作机制，为全社会创造秩序规范、健康和谐、平安稳定的文化市场环境。

（四）深化文化市场综合执法改革

落实中办、国办《关于进一步深化文化市场综合执法改革的意见》（中办发〔2016〕20号），出台自治区实施意见，充实完善自治区、盟市、旗县三级文化市场管理工作领导小组，统一领导本行政区文化市场管理和综合执法工作，推动文化领域跨部门跨行业综合执法。转变自治区文化市场综合执法机构职能，主要侧重于政策研究、监督指导、组织协调以及跨区域重大违法案件的查处，减少具体行政执法行为。深化盟市、旗县综合执法改革，落实执法机构的人员、编制、经费、装备，明确盟市、旗县综合执法机构的隶属关系、执法权限。

专栏5　文化市场建设
文化市场技术监控系统建设：扩展网吧监管平台的功能，将监管平台的管理、应用覆盖各个文化市场门类，包括建立演出、艺术品、歌舞娱乐、电子游戏、网络文化、动漫市场等内容的监控系统，增加视频监控、处罚信息管理等功能，与全国平台实现对接和信息共享，运用技术手段提升事中事后监管水平。

七、推动民族文化宽领域高层次"走出去"

（一）统筹和规范全区对外文化交流

贯彻落实自治区《关于进一步加强全区对外对港澳台文化工作的实施意见》（内党办发〔2015〕29号），规范和统筹全区对外文化交流工作。建立对外文化交流协作机制，推动我区对外文化交流走入规范化、长效化轨道。坚持政府统筹、社会参与、官民并举、市场运作，以培育和推出对外文化交流品牌和特色文化产品为依托，开展多渠道多形式多层次对外文化交流活动。以口岸盟市为依托，加强边境地区文化建设，以推进与俄罗斯、蒙古国的文化交流合作为重点，推动全区对外文化交流不断向前发展。鼓励和支持社会力量参与对外文化交流，以市场化、商业化运作方式，促进对外文化贸易蓬勃发展，提升草原文化对外影响力。

（二）加大与俄蒙文化交流合作

按照自治区《关于加强与俄罗斯和蒙古国文化交流的意见》（内政办发〔2016〕25号），围绕"一带一路""向北开放"发展战略，依托"草原丝绸之路""万里茶道"的历史渊源优势，加大与俄蒙文化交流力度。建立与俄蒙文化交流长效机制和定期会晤工作机制，制定对俄蒙中长期文化交流规划和年度计划。三方定期共同举办"文化那达慕"活动，将其打造成为自治区乃至国家对俄蒙文化交流品牌。以大型文化节日为契机，在俄罗斯、蒙古国举办文化周、文化日、"欢乐春节"等活动。三方互办"国际蒙古语戏剧艺术节"。联合举办中蒙、中俄国际演出交易会，呼麦、长调、马头琴、舞蹈等国际比赛，互派艺术家开展学术交流、艺术采风。在文化艺术人才培养、民族文化遗产保护传承、图书交流等方面加大合作力度。加强边境口岸城市的文化交流，提升二连浩特、满洲里等城市的交流规模和层次。鼓励和支持各类文化单位和社会力量参与俄蒙文化交流。

（三）打造对外文化交流品牌

整合民族和地域文化资源，着力打造"美丽草原我的家"对外文化交流活动品牌。以中蒙博览会为平台，把国际蒙古舞大赛和中蒙歌会等品牌做大做响，争取成为在国际上有影响力的文化活动品牌。进一步完善全区对外文化交流数据库建设，大力扶持和加强指导具有民族和地域特色、具备对外文化交流潜力的项目。积极推动艺术院团参加国家品牌的交流活动，如"欢乐春节""国家文化年""国家文化节"等，带动我区对外文化交流上规模、上层次。在文化艺术各领域推出一批新的对外文化交流品牌，以品牌建设推动对外文化交流再上新台阶。

（四）不断扩大对外文化贸易

鼓励和扶持优秀文化企业和个人参加海外文化精品推介会，扩大国际市场空间，增加国际文化竞争力。搭建公共服务平台，针对演艺、数字、艺术、工艺品、文化旅游创意设计等核心领域，完善品牌策略、信息服务、投融资等机制。支持满洲里市、二连浩特市两个对外贸易桥头堡文化项目建设。

（五）积极参与海外中国文化中心活动

加强与海外文化中心的合作交流，坚持每年至少与一个海外文化中心建立合作的工作机制。加强与蒙古国和俄罗斯中国文化中心的合作力度，建立定期会晤机制，加大我区与俄蒙文化交流的广度和深度。

八、以专业人才为重点，加强文化队伍建设

（一）深化人事制度改革

落实自治区《关于深化公益性文化事业单位内部机制改革的意见》（内政办发〔2016〕67号），全面推行人员聘用制和竞争上岗制度。推进国有文艺院团不断搞活用人机制，建立体现岗位绩效和分级分类管理要求的绩效工资分配制度。对国有文艺院团，设置创作、表演、营销和管理等不同岗位工资的等级和档次，将绩效工资与单位总体收益直接挂钩。对公益性文化事业单位，加大奖励性绩效工资的分配改革力度。对急需紧缺高层次人才，还可鼓励以资本、技术和管理等生产要素按贡献参与分配，以及政府特殊津贴、一次性奖励以及实行协议工资等灵活多样的分配形式和分配办法。加快推进文化事业单位社会保障制度改革。

（二）创新人才工作机制

制定和落实《自治区文化厅"十三五"时期人才队伍建设规划》。畅通事业单位人员"进口"管理体制，推动制定文化艺术人才引进特殊政策，落实绿色通道服务措施。采取剧目聘任、项目合作等柔性引进机制，吸引和使用区内外各类高层次人才。畅通人员"出口"机制，推动各地制定出台符合艺术表演特点的人员退出机制，促进人才合理流动。探索建立自治区文化界的政府荣誉制度。建立全区文化人才库，实现人才资源的互通与共享。建立文化志愿者选拔、培训、激励机制，鼓励各界文化志愿者参与公益性文化服务。

（三）抓好各类人才培养

制定和落实《自治区文化厅"十三五"时期干部教育培训规划》。建立文化与教育部门联席制度，制定文化艺术人才培养培训规划。将公共文化服务专业人才培养纳入国民教育体系。加强文化行政管理人才培养培训，2020年前全部轮训一次。加强文化专业技术人才培养培训。加强与国内外知名院校的联系，培养短缺技术人才和重点学科人才。加强与中央文化单位的交流与合作，以中长期岗位技能培训和专业高校进修学习等形式开展对口学习。继续实施"金鼎工程"，重点加快全区文博复合型管理、专业技能人才培养。培养100名左右复合型文化产业经营管理行家。

（四）加强基层文化队伍建设

按照国家基本公共文化服务指导标准要求，加大对基层专职和业余文化队伍的培训力度。完善领导干部轮岗、交流、选调等工作机制，鼓励和支持区直文化单位从基层选拔优秀党政领导人才进行挂职学习。在乡镇和社区培养和建立业余非物质文化遗产保护员队伍，积极培育民族民间文化传承人。加强乌兰牧骑队伍建设，成立自治区艺术人才综合培训基地，在东、中、西部成立全区乌兰牧骑培训基地。拓宽服务领域，为民营文化企业人才培养和人员培训搭建平台和提供支持。苏木乡镇和街道办事处综合文化站配备不少于1至2名专职工作人员。嘎查村和城镇社区综合文化服务中心至少有1名文化协理员。制定和完善文化协理员和文化服务志愿者的招募、聘任、培训、管理、表彰等相关政策，建立活跃城乡的文化服务志愿者队伍。

（五）建立文化人才智库

文化智库是中国现代智库体系的重要组成部分。贯彻落实中办、国办《关于加强中国特色新型智库建设的意见》（中办发〔2014〕65号）精神，建立自治区文化人才智库，成立艺术、社文、文物、文化产业、对外文化交流等专家指导委员会，使其成为研究我区文化发展战略、服务文化决策、创新文化理论、引领文化思潮的重要主体。

九、加强保障体系建设

（一）加强文化法治建设

重点加强公共文化服务、文化产业发展、民族文化传承创新等方面的立法。积极推动文化地方立法，及时将实践证明行之有效的文化体制改革重大政策举措上升为地方立法，推动出台《公共文化服务保障条例》《文化产业促进条例》《公共图书馆条例》《非物质文化遗产保护条例》《文化市场管理条例（修改）》等地方立法项目。配合人大常委会做好《文物保护条例》执法检查。开展"七五"普法工作，加强文化法制机构和队伍建设。

（二）完善文化发展考评体系

进一步推动将文化建设的成效纳入对各级党政领导班子和领导干部政绩考核，研究建立全面、科学、合理、刚性的文化改革发展指标体系。把文化投入增长幅度、文化经费支出占财政支出比重、公共文化场馆标准化建设、文艺作品创作和文化遗产保护、文化产业发展等反映文化发展水平的关键性指标作为硬性规定，建立群众评价反馈机制。引入第三方专业机构评估，重视文化发展绩效考评结果的使用，形成有利于促进文化发展的评价监督机制。推动建立文化建设联席会议制度。

（三）健全完善文化投入机制

进一步健全文化财政保障机制，加大政府投入力度。合理划分各级政府文化事权与支出责任，推动基层按照公共文化服务标准化、均等化要求，落实基本公共文化服务所需的资金，保障广大人民群众的基本文化权益。引导和激励社会力量参与文化建设，建立政府主导、社会参与的多元文化投入机制。建立健全文化专项资金绩效评价和监督管理机制，提高资金使用效益。转变公共文化投入方式和供给方式，推广运用政府与社会资本合作模式，规范和推进政府向社会力量购买公共文化产品和服务工作，将购买公共文化服务所需资金纳入各级政府财政预算。

（四）健全完善文化经济政策

推动文化用地纳入城乡发展规划、土地利用总体规划，在国家土地政策许可范围内，优先保证重要公益性文化设施和文化产业设施、项目用地。制定和完善相关专项行业政策，加大财政、税收、金融等方面对文化产业的政策扶持力度。深化与金融机构的合作，完善相关配套措施，引导银行开发多元化、多层次的信贷产品和贷款模式，形成文化产业投融资信息共享机制。积极倡导鼓励担保和再担保机构大力开发支持文化产业发展的贷款担保业务品种。完善文化市场准入等政策，鼓励和支持非公有资本在政策许可的范围内以多种形式投资文化产业。

十、组织实施

各级文化行政部门要统一思想，充分认识编制和实施《内蒙古自治区"十三五"时期文化改革发展规划》的重大意义，积极推动各级党委和政府把文化建设摆在全局工作的重要位置，纳入经济社会发展总体规划，纳入科学发展考核评价体系，切实做到文化建设与经济建设、政治建设、社会建设以及生态文明建设统一部署、统一实施、统一考核。文化系统各部门、各单位要结合规划提出的目标和任务，制定落实规划的实施方案，扎实推进各项工作。各级文化行政部门要结合实际，认真贯彻落实本规划，建立规划评估机制，加强对规划执行情况的评估督查，做好中期评估和期末评估，确保各项任务的完成。

辽宁省文化改革发展"十三五"规划

"十三五"时期是全面建成小康社会、实现辽宁新一轮振兴的决胜阶段，也是建设辽宁文化强省的攻坚阶段。为了深入贯彻党的十八届五中全会精神，进一步推动辽宁文化改革发展，根据《辽宁省国民经济和社会发展第十三个五年规划纲要》，编制本规划。

一、指导思想和基本原则

(一) 指导思想

高举中国特色社会主义伟大旗帜，全面贯彻党的十八大和十八届三中、四中、五中全会精神，以马克思列宁主义、毛泽东思想、邓小平理论、"三个代表"重要思想、科学发展观为指导，深入贯彻习近平总书记系列重要讲话精神，紧紧围绕中国特色社会主义总体布局和"四个全面"战略布局，深入贯彻创新、协调、绿色、开放、共享的发展理念，以科学发展为主题，以培育和弘扬社会主义核心价值观为根本任务，以满足人民精神文化需求为出发点和落脚点，以改革创新为动力，增强文化整体实力和竞争力，提高全省人民文明素质，为全面建成小康社会、实现辽宁新一轮全面振兴提供强大的价值引导力、文化凝聚力、精神推动力。

(二) 基本原则

1.坚持弘扬主旋律，传播正能量。坚持党对文化工作的领导，牢牢把握社会主义先进文化前进方向，全面贯彻"二为"方向和"双百"方针，培育和弘扬社会主义核心价值观，坚持把社会效益放在首位、社会效益和经济效益相统一，聚焦中国梦的时代主题，唱响爱国主义主旋律，服务辽宁新一轮全面振兴大局，弘扬新时期"辽宁精神"，激发全省人民团结奋进的强大力量。

2.坚持以民为本，以人为本。树立以人民为中心的工作导向，充分发挥人民在文化建设中的主体作用，坚持共建共享，努力利民惠民，着力提高人民群众文化参与度，把服务群众同教育引导群众结合起来，把满足需求同提高素养结合起来，促进人的全面发展。

3.坚持问题导向，整体提高。立足基本国情、省情，密切关注辽宁文化领域的新情况，从问题出发科学规划文化工作目标任务，坚持问题导向和目标牵引相统一、全面规划和突出重点相协调、战略性和操作性相结合，协调好文化建设的各个领域、各个方面，推动文化事业全面繁荣和文化产业快速发展，增强文化的整体实力和竞争力。

4.坚持统筹协调，科学发展。遵循文化建设基本规律，正确处理和把握新形势下文化改革发展中的各种重大关系，做好与国家和省有关规划纲要衔接配套，符合辽宁实际，体现辽宁特点，着力转变文化发展方式，促进城乡、区域文化协调发展，推动文化与其他领域融合发展，努力实现更高质量、更有效率、更加公平、更可持续的发展。

5.坚持深化改革，推进创新。坚持大众创业、万众创新，积极探索有利于进一步解放和发展文化生产力的新举措、新途径，全方位推进文化创新，继续深化文化体制改革，激发全民文化创造活力，形成有利于创新创造的文化发展环境。

6.坚持传承弘扬，开放包容。把弘扬优秀传统文化与发展现实文化有机统一起来，在继承中发展，在发展中继承，实现中华优秀传统文化创造性转化和创新性发展。构建全方位、多层次、宽领域文化对外开放格局，吸收借鉴人类优秀文明成果，进一步推动辽宁文化"走出去"。

二、总体目标

按照实现全面建成小康社会文化软实力显著增强奋斗目标的要求，到2020年，全省文化改革发展目标是：中国梦和社会主义核心价值观更加深入人心，人民群众精神文化生活更加丰富，文化参与的广度和深度不断拓展，国民文明素质和社会文明程度逐步提高，文学艺术繁荣发展，无愧于民族、无愧于时代的优秀作品不断涌现，中华优秀传统文化传承体系加速构建，现代公共文化服务体系基本建成，现代文化市场体系和现代文化产业体系更加完善，文化产业成为全省国民经济支柱性产业，辽宁文化影响持续扩大，文化治理体系和治理能力现代化水平显著提升，基本建成文化强省。

——艺术创作和演出日益繁荣。对艺术创作生产的引导不断加强，创作和推出一批弘扬时代精神、凝聚民族力量、反映全国全省人民奋斗追求的舞台艺术精品。"十三五"期间，力争推出3-5部在全国有影响的剧目，2-3部剧目获中宣部"五个一工程"奖和中国艺术节大奖。优秀艺术作品的演出力度不断加强，坚持实施"送戏到基层"民生工程，每年演出5000场以上，人民群众日益增长的文化需求得到更好满足。艺术人才培养不断加强，艺术持续发展繁荣的动力不断增强。

——现代公共文化服务体系基本建成。公共文化服务能力显著增强，基本建成覆盖城乡、便捷高效、保基本、促公平的现代公共文化服务体系。公共文化设施网络全面覆盖、互联互通，公共文化服务的内容和手段更加丰富，服务质量显著提升，人民群众基本文化权益得到有效保障。县级公共图书馆、文化馆和乡镇（街道）综合文化站设施建设基本达标，普遍建立村级综合性文化服务中心。文化馆（站）年服务人次达到1500万。全省人均拥有公共图书馆（含分馆）藏量达到1.5册，全省公共图书馆年流通人次达到2000万。

——文物保护工作力度加大。长城保护等文物保护工程顺利实施，文物保护单位得到有效保护，文物利用力度加大。结合辽宁历史文化课题研究的主动考古发掘工作扎实推进，配合基本建设的相关文物保护工作有效开展。博物馆体系进一步形成，博物馆总数达到120家，年均举办陈列展览400个以上，接待观众达到2000万人次。

——非物质文化遗产得到有效传承。省、市、县三级非物质文化遗产代表性项目名录体系和非物质文化遗产传承机制建立健全，省级代表性项目名录达到280项，省级非物质文化遗产代表性传承人达到220名。非物质文化遗产基础设施条件明显改善，建成省非物质文化遗产展示馆，50%的市和30%的县（区）建成综合性的非物质文化遗产博物馆（展示馆）。

——文化产业成为国民经济支柱性产业。全省文化系统文化产业增加值年均增速不低于15%，到"十三五"末比"十二五"末翻一番。现代文化产业体系不断完善，文化企业实力与竞争力不断提高，文化创新活力不断增强，基本形成主导产业突出、产业规模较大、区域布局合理、市场体系完善、品牌效应明显、出口明显扩大、综合实力位居全国前列的现代文化产业发展新格局。

——现代文化市场体系更加完善。统一开放、竞争有序、诚信守法、监管有力的现代文化市场体系更加完善，以内容监管为重点、信用监管为核心的文化市场事中事后监管体系建立健全。基于文化市场技术监管与服务平台的文化市场信用信息数据库涵盖全省90%以上的文化市场经营主体，平台在全省区县级文化行政部门和文化市场综合执法机构应用率达到95%以上。

——对外和对港澳台文化交流格局更加完备。对外文化交流与合作继续深化，辽宁文化品牌"走出去"战略进一步实施。重点打造芭蕾、杂技、非物质文化遗产等交流项目成为"辽宁文化"形象品牌。政府扶持力度加大，对外文化交流渠道扩大，辽宁文化走向世界的繁荣局面逐步形成。

——文化改革创新大力推进。国有文艺院团转企改制和文化事业单位内部机制改革继续深化，面向市场、服务群众的能力进一步提升。文化市场综合执法改革深入推进，公共文化管理机制不断创新。社会资本进入门槛逐步降低，文化与科技深度融合。

三、重点任务

(一) 以社会主义核心价值观为引领,创作生产更好更多的优秀艺术作品

1.引导优秀原创剧目创作。坚持以人民为中心的创作导向,把创作生产优秀作品作为文艺工作的中心环节,树立精品意识,完善引导激励机制,深入实践、深入生活、深入群众,打造一批聚焦中国梦时代主题、传承和弘扬中华优秀传统文化、体现鲜明辽宁地域特色、具有市场潜力的原创艺术精品。把创新精神贯穿艺术创作生产全过程,在推动各艺术门类创作全面繁荣的基础上,重点扶持重大革命和历史题材、农村题材、少儿题材、现实题材创作,力争全省创作100部(个)具有良好社会反响和经济效益的优秀剧(节)目。

2.打造艺术活动品牌。办好辽宁省第十、第十一届艺术节。依托辽宁省艺术节,推动全省艺术作品创作和人才培养工作。在每届艺术节上力争推出20部优秀舞台艺术作品和5-8名优秀青年艺术人才,扩大辽宁省艺术节的社会影响力。精心打造覆盖全省、辐射城乡的辽宁本土艺术活动品牌,重点提升"辽宁省文化厅新年音乐会""高雅艺术进校园"等活动的艺术质量。

3.开展"送戏到基层"演出活动。采取专业院团演出和政府购买民营演出服务相结合的方式,继续深入开展"送戏到基层"(到乡村、到社区、到厂矿、到军营、到学校)演出活动。创新工作模式,细化演出计划,扩大演出范围,规范演出要求,针对不同人群安排演出内容,使"送戏到基层"演出真正成为全省城乡群众喜爱的文化活动。

4.培养高素质文艺创作队伍。全力营造宽松、活跃的文艺创作环境,凝聚吸引国内外优秀艺术人才。鼓励、扶持全省艺术人才参加专业培训,进一步完善扶持艺术创作的相关政策。"十三五"期间,力争发现3-5名优秀编剧人才,每年推出2-3部优秀剧本。

5.加强艺术科学研究。高度重视和切实加强文艺理论和评论工作,大力推进文化发展战略、基础理论和重大现实问题的研究。努力提升辽宁省艺术节文化艺术政府奖的含金量和对艺术创作生产的引导性。

(二) 以基本公共文化服务标准化均等化为突破口,加快构建现代公共文化服务体系

1.全面推进基本公共文化服务标准化均等化。把城乡基本公共文化服务均等化纳入全省经济和社会发展总体规划及城乡规划,以县为基本单位,全面落实辽宁省基本公共文化服务实施标准,明确各级政府保障底线。健全公共文化设施运行管理和服务标准体系,规范各级各类公共文化机构服务项目和流程。整合并推进文化共享工程、数字图书馆推广工程和公共电子阅览室建设工程;继续推进辽宁文化共享工程"广电模式"建设,不断丰富优秀文化信息资源。拓展重大文化惠民项目,将老年人、未成年人、残疾人、农民工、农村留守妇女儿童、生活困难群众等群体列为公共文化服务的重点对象。

2.完善公共文化设施网络。以公共图书馆、文化馆、乡镇(街道)综合文化站、村(社区)文化室为重点,以流动文化设施和数字文化设施为补充,统筹规划、均衡配置,对未达到国家建设标准的市县图书馆、文化馆、乡镇文化站进行新建或改扩建。全省乡镇(街道)、村(社区)普遍建成集宣传文化、党员教育、科学普及、体育健身等功能于一体的基层综合性文化中心。完成全省所有乡镇公共电子阅览室的建设。

3.提高公共文化服务效能。建立群众文化需求反馈机制,推广"按需点单"服务模式,推动各地建设便捷通畅的文化产品和服务配送网络。深入推进公共图书馆、文化馆(站)等公共文化设施免费开放,提升免费开放服务水平,提高群众文化参与程度。依托图书馆广泛开展全民阅读,努力营造书香社会。

4.推动公共文化服务社会化发展。促进公共文化服务项目化管理、专业化运行、社会化参与。建立健全政府购买服务工作机制。运用政府与社会资本合作、公益创投、公益众筹等多种模式,支持企业、社会组织和个人提供公共文化设施、产品和服务。广泛开展文化志愿服务。

5.推进公共数字文化建设。加强公共数字文化平台建设、资源建设和服务推广。推动数字图书馆、文化馆建设。建立统一的公共数字文化服务平台,加强数字产品和服务的开发,提高优质资源供给能力。

6.加强边境地区、贫困地区公共文化建设。加强边疆地区基层公共文化设施建设，促进地区对口帮扶。落实辽宁省扶贫攻坚工作规划，支持贫困地区挖掘、开发、利用民族民间文化资源，促进公共文化服务能力和水平的改善和提高。

（三）以有效保护为前提，大力加强文物合理利用

1.实施长城保护工程。编制完成长城保护的总体规划，分类实施长城现状保护、维修及保护利用的示范工程项目，完善长城保护管理体系。实施好长城保护、利用、示范项目，重点实施锥子山长城、小河口长城、赫甸城城址等项目，编制保护工程方案，向国家申请专项经费，使长城得到有效的保护和利用。

2.实施文物保护项目。编制全国重点文物保护单位和省级文物保护单位保护规划、维修保护方案及安防、消防、防雷工程方案项目100个，实施文物保护单位文物本体保护工程及安防、消防、防雷工程100个。依托营口西炮台遗址、锥子山长城等具有广阔展示和利用前景的文物保护单位，利用文物资源打造文物旅游景点，取得良好的社会效益和经济效益。实施地下水下文物保护工程，做好基本建设过程中地下文物保护工作，完成调查、勘探和发掘任务，主动开展好红山文化、辽陵等文物遗址专项考古调查工作，加快考古发掘报告编写出版进度，提高学术研究水平，配合国家有关部门和单位做好辽宁沿海水下文物调查和相关文物保护工程。实施全省馆藏可移动文物预防性保护和文物修复保护项目30项，整体提升全省可移动文物修复保护资质单位水平。

3.加强博物馆免费开放。扩大博物馆免费开放范围，将符合国家规定、功能完善、社会影响较大、社会效益较好的博物馆均纳入免费开放行列，实现博物馆免费开放工作制度化和规范化，建立和完善博物馆免费开放经费保障机制。实施博物馆数字化，利用现代科技手段，全省二级以上博物馆全部实现数字化博物馆功能。建设流动博物馆，围绕每年的"5.18"国际博物馆日开展博物馆日主题宣传活动，开展博物馆进校园、进社区的系列活动。完善博物馆青少年教育功能，推动建立小学生定期参观博物馆的长效机制。

4.夯实文物保护基础性工作。全面完成可移动文物普查，完成国有博物馆文物藏品和民办博物馆珍贵文物藏品登记、建档，建成全省博物馆和国有单位收藏文物数据库。做好文物保护单位"四有"工作，全面完成第一至第七批全国重点文物保护单位的记录档案编制工作，完成200处省级文物保护单位记录档案的编制工作，科学划定保护范围和建设控制地带，建立健全保护组织。

5.积极申报世界文化遗产。配合地方政府做好已列入世界文化遗产预备名单的牛河梁遗址、奉国寺大雄殿、兴城城墙等3处文保单位与其他省联合"申遗"的申报文本、保护管理规划等"申遗"前期各项准备工作。

6.加强非国有博物馆管理。积极发展民办博物馆，加强支持引导、规范管理。规范非国有博物馆准入制度，做好非国有博物馆设立备案和监督管理工作，指导全省非国有博物馆建设，健全藏品管理制度，更好发挥宣传展示和社会服务功能。

7.打牢文物安全防范基础。重点针对世界文化遗产、风险突出的省级以上文物保护单位和文物收藏单位实施文物安防、消防保护工程，并推广应用文物安全防护新设备、新技术、新材料和新工艺。力争完成安消防工程20项左右，基本消除省级以上文物保护单位安全消防隐患。

（四）以建设保护传承体系为核心，切实做好非物质文化遗产工作

1.实施非物质文化遗产代表性项目和传承人保护工程。不断完善代表性项目和传承人体系建设。进一步做好国家级代表性项目和传承人的推荐和申报工作，推进省、市、县三级代表性项目体系和传承人队伍建设，形成以市、县级代表性项目为基础，以省级代表性项目为骨干，以国家级代表性项目为重点的梯次结构代表性项目体系。对具有重大历史、文化和科学价值，生存状况濒危的国家级和省级代表性项目予以重点保护。进一步规范各级代表性传承人认定与命名工作，鼓励和支持代表性传承人开展传承、传习活动，对国家级和省级非物质文化遗产代表性传承人开展授徒传艺、教学、交流等活动提供必要的资助。积极推进抢救性保护、生产性保

护、整体性保护工作。完成全省70周岁以上国家级和省级代表性传承人的抢救性记录工作。利用非物质文化遗产资源优势，通过生产性保护方式，扶持一批具有辽宁民族和地域特色、保护措施得力、产业发展前景广阔、具有示范引领作用的保护项目。

2.实施非物质文化遗产基础建设工程。加强全省非物质文化遗产数据库建设。完成全省14个市及重点县（区）非物质文化遗产数据库建设，实现省、市、县三级联网。加强工作机构和队伍建设。建立"省级培训为主、各地分级负责"的培训工作体系，采取综合性培训、专题性培训等方式培训全省非物质文化遗产保护管理人员、代表性传承人。加强宣传展示和传习场所等基础设施建设。力争于2018年建成省非物质文化遗产展示馆，推进市、县级非物质文化遗产专题博物馆、传习所等基础设施建设。开展实物资料征集工作。重点征集国家级和省级非物质文化遗产代表性项目中一些珍贵实物和资料，建立健全规章制度，妥善保存和管理。

3.开展非物质文化遗产宣传展示活动。建立省级非物质文化遗产保护网站，充分利用新闻媒体，利用"文化遗产日"和民族传统节日，广泛开展非物质文化遗产宣传展示活动。组织非物质文化遗产代表性项目及传承人、民间艺人，参加国内外重要非物质文化遗产交流活动。积极推进非物质文化遗产进校园、进社区活动，实施重点民生工程。结合实际，在部分大中小学建立非物质文化遗产传承教学基地。

（五）以文化产业结构优化升级为重要抓手，全面提升文化产业发展的质量和效益

1.重点支持主导产业发展。按照"重点突出、项目牵引、园区拉动、行业支撑"的原则，着力打造演艺娱乐、动漫游戏、工艺美术、文化会展等主导产业。

演艺娱乐业：做大做强辽宁剧院联盟，构建覆盖全省或跨省的演出院线；不断壮大辽宁演艺联盟，打造一批深受人民群众喜爱、久演不衰的精品剧目；大力发展民营演艺产业，繁荣城乡演出市场。支持开发健康向上的原创娱乐产品和新兴娱乐方式，促进娱乐业与旅游休闲产业结合。

动漫游戏业：优化动漫产业结构，增强游戏产业的核心竞争力。倡导、扶持动漫游戏产业走民族风格和时代特点相结合、技术创新与市场开发相结合的产业发展道路，推动具有民族特色、健康向上的原创游戏发展，推动移动新媒体动漫发展，打造动漫精品和原创品牌。把沈阳动漫产业基地、大连高新区动漫产业基地建设成全国一流动漫产业基地，力争打造上市动漫企业。

工艺美术业：挖掘民族文化元素，突出地域特色，强化品牌意识。有效保护传统技艺，不断开发新技术、新工艺、新产品，促进保护传承与创新发展密切结合，增加艺术含量和科技含量，提高产品附加值。鼓励企业集聚，重点扶持特色鲜明的工艺美术产业集聚区。培育一批以鞍山岫玉、抚顺煤晶琥珀、本溪辽砚、阜新玛瑙、朝阳紫砂为代表的全国工艺美术品牌，培育皮影、木偶、剪纸、满族刺绣等民俗品牌。

文化会展业：科学布局，突出特色，发展综合性、专业化等不同类型的文化会展。转变文化会展业运作模式，切实提升文化会展的交易功能和作用。挖掘传统节庆文化内涵，提升新兴节庆文化品质。重点培育扶持中国东北文化产业博览交易会、中国动漫电玩节、辽宁工艺精品文化节等重要展会，打造精品展会品牌。

2.培育园区、基地和骨干文化企业。抓好国家级和省级文化产业示范园区、基地建设。建设特色文化产业项目库。挖掘各地特色文化资源，发展壮大一批特色明显、集聚度高的特色文化产业基地。鼓励各地依托文化遗产，发展一批特色文化产品和服务。重点扶持10个集聚效应明显、产业特色突出、发展前景光明的重点产业园区。依托各地文化资源，走差异化、特色化之路，重点培育100家经济效益和社会效益好、引领示范作用强、发展潜力大的文化产业基地和骨干文化企业。

3.增强文化产业竞争力。大力推进文化创意类企业发展，支持沈阳、大连打造国内知名的"设计之都"，举办具有广泛影响力的创意设计展会活动。支持文化与现代高新科技的结合，大力推进"互联网+文化产业"的发展模式，催生并大力发展文化创意、数字内容、动漫等文化新业态，改造和提升传统文化产业。推动文化与旅游业融合发展，推进文化资源向旅游产品转化。推动文化艺术、文化创意与园艺观光、体验娱乐等市场需求相结合。推动文化与现代服务业融合，以文化引领服务、商贸流通业的创新，引导消费升级。

（六）以培育市场主体、激发市场活力、加强市场监管为重点，继续促进文化市场健康发展

1.推动文化市场发展与繁荣。推进简政放权，加强"一站式"服务，创建文化市场行政审批示范点，不断提高行政审批效能。鼓励多种经营和业态融合，推动互联网上网服务行业多业态、多主题经营，营造敞亮、整洁、开放、文明的服务环境，到"十三五"末，全省上网服务营业场所总量的30%实现转型升级；开展文化娱乐场所新业态、综合业态试点，引导文化娱乐行业转型升级。鼓励综合性、平台式文化企业发展，支持大中城市建设文化娱乐综合体，向公众提供"一站式"文化消费。鼓励传统文化市场与网络文化市场优势互补、融合发展。

2.构建以信用为核心的监管体系。以文化市场信用信息数据库建设为基础，以警示名单和黑名单为基本制度，以开展信用评价、分类评定、信息公开为监督约束手段，构建文化市场信用监管体系。建设文化市场信用信息系统，实现部门之间、区域之间信息交互共享。落实文化部《文化市场黑名单管理办法》，定期公布文化市场经营主体和文化产品黑名单、警示名单。建立文化市场信用管理规章制度，指导协会开展行业标准及规范建设，健全文化市场行业信用评价体系，开展文化市场经营场所分类评级，评定50家五星级上网服务营业场所。

3.提升文化市场综合执法能力。加强以案件为导向的执法培训，提高综合执法队伍执法办案能力。突出内容监管，加强重大案件督查办理。与黑龙江、吉林建立边境地区文化市场执法协作机制，提升边境地区文化市场执法能力。加强文化市场执法人员的准入、操练、考核等动态管理。加快文化市场技术监管与服务平台应用，推进行政许可与行政执法在线办理、远程监控，实现互联互通，提升综合执法效能。

（七）以提高文化开放水平为着力点，积极推动辽宁文化走向世界

1.建立对外文化交流大格局。以"政府主导、社会参与、多种方式运作、交流贸易并重"为方针，调动多方积极性，扶持并运用民间和社会力量，官民并举，统筹协调，开展多渠道多形式多层次对外文化交流。借鉴、引进和吸收国外优秀文化成果，促进我省文化建设和艺术创新。

2.运用平台和外力打造品牌。利用国家现有的多边、区域、国际等合作机制和文化合作平台，充分发挥文化独特作用，加大同国外主流文化机构合作，综合运用国家年、文化节、博览会、艺术节、"欢乐春节"等活动，精心打造辽宁文化品牌，重点品牌项目达到10个，树立"辽宁文化"新形象。

3.积极参与"海外中国文化中心"部省合作计划。整合文化资源，以文化中心为纽带，主动、因地制宜地推出"辽宁文化精品展"、"美丽辽宁图片展"、"非物质文化遗产展"、"天辽地宁—农民画展"等一系列文化交流活动，交流项目达35个批次，交流人数达400余人次，促进和深化与当地文化机构之间的交流与合作。

4.加强与"一带一路"国家的文化交流与合作。积极搭建各类文化交流平台，通过专业艺术、公共文化、非物质文化遗产、文化贸易等传承和弘扬丝绸之路友好合作精神。

5.支持文化产品"走出去"。大力开拓国际市场，扶持具有较强创新能力、拥有自主知识产权的大型文化企业做强做大对外文化贸易品牌，重点支持具有辽宁特色的文化产品和服务进入国际市场，形成一批具有国际竞争优势的品牌文化企业和品牌文化产品。推动芭蕾舞、杂技、歌舞、器乐、京剧、非遗等自有品牌剧（项）目的国际化商业巡演，加强衍生产品开发。支持更多的辽宁文化企业和产品列入《国家文化出口重点企业目录》和《国家文化出口重点项目目录》。

（八）以激发文化创造力为中心环节，深入推进文化改革创新

1.深化国有文艺院团体制改革。以建立健全确保国有文艺院团把社会效益放在首位、实现社会效益和经济效益相统一的体制机制为目标，以建立有文化特色的现代企业制度为重点，推动转企改制院团完善内部运行机制，做强做优做大，重点培育和打造一批具有核心竞争力的骨干演艺企业。推进保留事业体制的国有文艺院团实行企业化管理，增强面向市场、面向群众提供服务能力。改革地方戏曲剧团管理体制，加大对辽剧等独具地方特色剧种的扶持力度，出台扶持地方戏曲院团的相关政策和具体实施办法，力争推出3-5部地方戏曲精品剧目。

2.推动公益性文化事业单位改革。与事业单位分类改革相衔接，推进文化事业单位人事、收入分配、社会保障、经费保障等制度改革，推动图书馆、博物馆、纪念馆、艺术馆（文化馆）等公益性文化事业单位建立事业单位法人治理结构。探索公共图书馆、博物馆、文化馆组建理事会，规范和创新管理运行机制，强化服务功能。组建全省公共图书馆联盟。

3.深化文化市场综合执法改革。全面落实中共中央办公厅、国务院办公厅关于进一步深化文化市场综合执法改革的意见，突出文化市场综合执法队伍是宣传文化战线唯一执法队伍的重要性，深化文化市场综合执法改革，推动各地落实文化市场综合执法机构设置、编制、人员、执法车辆、能力建设及工作经费，完善综合执法管理体制、制度与考核机制，建强文化市场综合执法队伍，提高综合执法队伍专业化、规范化、信息化水平。

4.创新公共文化管理体制和运行机制。完善公共文化服务体系建设协调机制，加强政策衔接、标准制定和督导检查，推动各类公共文化重点项目的实施。逐步建立县级图书馆、文化馆总分馆制，促进资源的共享和有效利用。推广公共文化服务体系示范区和示范项目建设的成功经验，在全省创建1个国家公共文化服务体系示范区、2个国家级示范项目；创建5个省级示范区、4个省级示范项目。加强公共文化服务绩效评估，建立基本公共文化服务评价指标体系。

5.积极探索PPP项目。创新服务方式，完善相关政策，逐步推进政府与社会资本相融合，共同推动文化事业全面繁荣和文化产业加速发展。主要包括：引导社会力量与政府合作投资兴办公共文化设施，鼓励社会力量参与公共文化设施的运营与管理，参与群众文化的演出和推广，参与专业艺术生产和舞台演出，参与对外文化交流活动，参与非物质文化遗产展演活动等。

四、保障措施

（一）政府投入保障

各级政府要保证公共财政对文化建设投入的增长幅度高于财政经常性收入增长幅度，提高文化支出占财政支出比例，使文化事业费支出占财政支出的比例不低于全国平均水平，逐步解决文化建设投入总量偏少、比例偏低的问题。扩大公共财政覆盖范围，完善投入方式，加强资金管理，提高资金使用效益，保障公共文化服务体系建设和运行。把主要公共文化产品和服务项目、公益性文化活动纳入公共财政经常性支出预算，随着人民文化需求的日益增长和经济的发展，逐步加大政府向社会力量购买公共文化服务资金投入。认真贯彻中央和省委、省政府关于扶贫开发工作的指示精神，着力抓好文化扶贫各项工作的落实。

（二）经济政策保障

加大财政、税收、金融、用地等方面对文化产业的政策扶持，继续执行文化体制改革配套政策及其他有利于文化内容创意生产、非物质文化遗产项目经营等方面的税收优惠政策。加大全省文化事业基本建设投资力度，提高文化事业基本建设投资在固定资产投资中的比例。加大政府购买公共文化服务力度，逐步扩大地区政府购买公共文化服务目录，全面扩展购买服务项目，完善服务的购买机制。制定政策，加大社会公益类文化组织等政府购买承接主体的培育力度。完善政府购买公共文化服务的采购政策。建立社会力量参与文化建设的奖励和退出机制。鼓励社会力量捐资捐赠。

（三）人才队伍保障

注重高端文化人才队伍建设，实施"文化名家"工程。重点培养50名在全国知名的中青年文化艺术名家，打造我省文化建设的领军人物。实施"薪火工程"，利用全省现有的优秀艺术力量培养青年一代，采取一对一传承方式，重点培养编剧、导演、舞蹈编导、作曲、指挥、非遗传承、文物研究与鉴定等文化艺术、文化遗产、文物博物等领域专业人才。着力培养青年人才，实施中青年人才培育工程。按照符合文化艺术规律的科学合理的评估考核制度,力争培养和储备1000名中青年文化管理、文化艺术和文化产业等人才。推动选好配齐乡镇、街道综合文化站专兼职人员,加强基层文化人才队伍建设。鼓励专业文化工作者和社会各界人士参与基层文化建设,充实基层文化工作力量。重视发现和大力培养乡村文化能人、文化传承人特别是非物质文化遗产项目代表性传承人,为其提供宣传交流、传承推广的展示平台。制定紧缺的专门人才培养规划,加强紧缺的专门人才队伍建设。完善文化管理、文化营销、文化经纪和高新技术等各类人才的培养和引进及评价激励机制,促进文化艺术经营管理和技术人才专业化、职业化。提升文化干部培训基地的教学实践能力,强化文化人才的教育培训。依托省艺术学校作为全国文化干部培训基地的平台,采取组织轮训、专题培训、在职教育等方式,加强对全省文化系统干部的教育培训工作,提升全省文化干部综合素质。

(四)文化法治保障

加快文化立法。根据国家有关法律法规,研究制定配套政策法规。制订《辽宁省文物保护条例》,修订《辽宁省文化市场管理条例》。根据国家有关公共文化服务立法情况,研究制定我省公共文化服务方面相关法规。提高依法行政能力。深化行政审批制度改革,进一步简政放权,加强事中事后监管,做到权力下放、监管跟上、服务提升。建立重大行政决策合法性审查机制和法律顾问制度。按照严格规范公正文明执法要求,开展法治宣传。制定"七五"普法规划,紧密结合"文化遗产日""国际博物馆日"等开展法治宣传。加强文化法治机构和队伍建设,不断改善文化法治环境。

(五)组织领导保障

全省各级文化行政部门要统一思想,从全局出发,充分认识《辽宁省"十三五"时期文化改革发展规划》的重大意义,切实加强组织领导,积极推动把文化建设纳入经济社会发展总体规划,列入政府效能和领导干部政绩考核体系,做到文化建设与经济建设、政治建设、社会建设以及生态文明建设同部署、同落实。文化系统各单位、各部门要结合规划提出的目标和任务,制定切实可行的实施方案,扎实推进各项工作。要加强对规划执行的动态监测和分析,做好年度检查和中期评估,确保各项目标和任务顺利完成。

吉林省文化厅"十三五"时期文化发展改革规划

为加快全省文化发展改革，推进吉林文化强省建设，根据《文化部"十三五"时期文化发展改革规划》《国家文物事业发展"十三五"规划》《吉林省"十三五"时期文化发展改革规划纲要》，编制本规划。

序 言

文化是民族的血脉，是人民的精神家园，是国家强盛的重要支撑。推动文化繁荣发展，增强文化软实力，促进物质文明和精神文明协调发展，对于促进吉林新一轮全面振兴发展，满足人民群众日益增长的精神文化需求，全面建成小康社会具有重要意义。

"十二五"时期，全省文化事业和文化产业快速发展，各项基础不断夯实，文化建设在弘扬社会主义核心价值观、提升公众素养、提高生活质量、推动经济发展、优化社会氛围、提升吉林形象等方面的作用明显增强。艺术创作生产演出活跃，吉剧振兴工程取得阶段性成果。现代公共文化服务体系初步构建，覆盖城乡的公共文化服务网络基本建成。文物保护状况明显改善，博物馆事业蓬勃发展。非物质文化遗产工作扎实推进，保护传承体系不断健全。文化产业快速发展，成为新的经济增长点。文化市场监管能力不断提高。对外文化交流与贸易不断拓展，吉林文化的影响力进一步提升。

"十三五"时期，是全面建成小康社会的决胜阶段，是实现吉林新一轮全面振兴发展的攻坚时期，也是促进吉林文化繁荣发展的关键时期。我省文化资源丰富，文化底蕴深厚，文化特色鲜明。省委、省政府高度重视文化建设，着眼于满足人民群众多样化多层次的精神文化需求，统筹推进文化建设与经济社会建设全面协调发展，将文化建设纳入吉林振兴发展的"三个五"重大发展战略，纳入全省经济社会发展全局，纳入政府效能考核体系，制定一系列推动文化建设的重要政策和措施，加大公共文化财政保障力度，提出了建设文化强省的奋斗目标，全省文化建设面临着难得的发展机遇。同时，全省文化建设的水平和质量距离全面建成小康社会还存在一定差距，迫切需要补齐短板、兜好底线，提高区域、城乡文化发展的均衡性和协调性，提高公共服务效能，提升居民素质和社会文明程度。为此，在吉林新一轮全面振兴发展的新征程上，我们必须以新发展理念引领文化建设，以新发展理念谋划文化建设，以新发展理念推进文化建设，落实文化强省建设各项任务，实现文化大发展大繁荣，为吉林新一轮全面振兴发展提供强大的文化支撑。

一、指导思想和基本原则

（一）指导思想

高举中国特色社会主义伟大旗帜，全面贯彻党的十八大和十八届三中、四中、五中、六中全会精神，以马克思列宁主义、毛泽东思想、邓小平理论、"三个代表"重要思想、科学发展观为指导，深入学习贯彻习近平总书记系列重要讲话精神和治国理政新理念新思想新战略，切实增强政治意识、大局意识、核心意识、看齐意识，紧紧围绕统筹推进"五位一体"总体布局和协调推进"四个全面"战略布局，紧紧围绕省委提出的"三个五"战略任务，牢固树立和贯彻落实创新、协调、绿色、开放、共享的发展理念，进一步坚定文化自信，增强文化自觉，全面完成文化小康建设各项任务，建设文化强省，为推动吉林新一轮振兴发展，为建设幸福美好吉林，为实现"两个一百年"奋斗目标、实现中华民族伟大复兴的中国梦贡献力量。

（二）基本原则

1.坚持正确方向。坚持党对文化工作的领导，牢牢把握社会主义先进文化前进方向，贯彻"二为"方向、"双百"方针，把中国梦和社会主义核心价值观贯穿到文化建设各领域各环节，坚持把社会效益放在首位、社会效益和经济效益相统一。

2.坚持以人为本。坚持以人民为中心的发展思想和工作导向，发挥人民主体作用，坚持共建共享，努力利民惠民，着力提高人民群众文化参与度，提升国民素质和社会文明程度，促进人的全面发展。

3.坚持改革创新。积极探索有利于解放和发展文化生产力的新举措、新途径，全方位推进文化创新，深化文化体制改革，推进文化领域供给侧结构性改革，激发文化创造活力。

4.坚持科学发展。加快转变文化发展方式，促进城乡、区域文化协调发展，推动文化与其他领域融合发展，努力实现更高质量、更有效率、更加公平、更可持续的发展。

5.坚持传承弘扬。把弘扬优秀传统文化与发展现实文化有机统一起来，在继承中发展，在发展中继承，实现中华优秀传统文化创造性转化和创新性发展。

6.坚持开放包容。扩大对外文化交流，讲好吉林文化故事，推动对外文化贸易发展，加强合作传播能力建设，推动吉林文化走出去，树立吉林对外良好形象。

二、发展目标和主要指标

（一）发展目标

到2020年，文化强省建设取得重要进展，社会主义核心价值观更加深入人心，人民群众精神文化生活更加丰富，文化参与的广度和深度不断拓展，居民素质和社会文明程度显著提高。艺术创作生产演出更加繁荣，中华优秀传统文化传承体系、现代公共文化服务体系、现代文化产业体系和现代文化市场体系基本建成，对外文化交流更加活跃，吉林文化影响力持续扩大。

（二）主要指标

——"十三五"期间，重点推出5-10部具有吉林文化特色、在全国产生较大影响力的原创精品力作。推出10部体现时代风尚和地域特色的吉剧优秀剧目。新创、复排10台左右高派京剧剧目。国家艺术基金立项资助项目达到100个。扶持30部大型舞台艺术剧本、100部小型舞台艺术剧本创作。选送100人次参加上级组织的培训学习，邀请50位文艺名家来长开展辅导教学，组织5-10次舞台艺术人才培养的专题培训。培养5-8名高派传人。开展"送演出下基层"15000场。

——到"十三五"期末，市（州）级文化馆、图书馆、博物馆覆盖率100%，设施建设基本达标。全省县级公共图书馆、文化馆覆盖率达到100%，设施建设基本达标。全省行政村文化小广场覆盖率达到100%，全省行政村（社区）基层综合性文化服务中心覆盖率达到100%，县（市、区）流动文化车、流动图书车覆盖率100%。

——到"十三五"期末，全省人均拥有公共图书馆藏量达到1册，全省公共图书馆年流通人次达到1000万，文化馆站年服务人次达到1000万，博物馆年服务人次达到1500万。

——到"十三五"期末，全国重点文物保护单位和省级文物保护单位"四有"工作完成率达到100%；全国重点文物保护单位达到100处，省级文物保护单位达到500处，建成3个国家考古遗址公园，全省三级以上珍贵文物建账建档率达到100%。全国重点文物保护单位和省级重点文物保护单位重大文物保护工程合格率达到100%。各级各类博物馆达到130个。

——到"十三五"期末，列入省级非遗保护项目名录的达到400个，建成省级非遗保护传承基地40个以上，建成省级文化生态保护区4个，省级代表性传承人达到300人，对非物质文化遗产传承人群开展研修研习培训达到500人次。

——"十三五"期间，培育3个以上民族动漫品牌，培育10家以上省级文化产业示范园区和基地，2家园区创建国家级文化产业示范园区，培育10个具有代表性的民间工艺品品牌，重点培育5家文化外贸型企业。

三、繁荣艺术创作生产

坚持"二为"方向、"双百"方针，深入贯彻习近平总书记关于文艺工作的重要讲话精神，贯彻落实《中共中央关于繁荣发展社会主义文艺的意见》和省委制定的实施意见，坚持以人民为中心的创作导向，把创作生产优秀作品作为文艺工作的中心环节，努力创作生产更多传播当代中国价值观念、体现中华文化精神、反映中国人审美追求，思想精深、艺术精湛、制作精良的文艺精品。

（一）把握正确的创作导向

聚焦中国梦时代主题，以中华优秀传统文化为根脉，以创新为动力，大力弘扬社会主义核心价值观，唱响爱国主义主旋律。持续开展"深入生活、扎根人民"主题实践活动，建立健全长效机制。围绕重大节庆纪念活动，开展主题创作和展演活动。

（二）创作生产优秀文艺作品

实施精品战略，把握发展态势，尊重艺术创作规律，加强艺术创作规划和资源统筹。突出做好中国梦题材、爱国主义题材、重大革命和历史题材、农村现实题材、吉林特色题材、青少年题材等创作生产，合理集聚和有效配置资源，打造精品，努力攀登艺术高峰。力争每年推出1—2部具有吉林文化特色、在全国产生较大影响力的原创精品力作。加强戏剧性创作生产，推进吉剧振兴工程。依托省戏曲剧院京剧团，加强京剧高派基地建设。推动京剧、评剧、话剧，以及满族新城戏、黄龙戏等地方戏曲的发展，力争每年有20个项目获得国家艺术基金资助。扶持《雪韵春光》《爱兰珠》等重点作品，打造吉林歌舞品牌。加强对音乐、舞蹈、美术、书法、曲艺、杂技、民间文艺、二人转的扶持，促进各艺术门类全面发展。

（三）完善文艺评价激励机制

充分发挥文艺评奖的导向激励作用，进一步完善评奖机制。把遵循社会主义先进文化前进方向和人民满意作为最高标准，把群众评价、专家评价和市场检验统一起来。建立获奖作品跟踪考核机制，推动获奖作品面向公众多演出。落实《关于全国性文艺评奖制度改革的意见》和《吉林省全省性文艺评奖改革方案》。开展积极健康的文艺评论，加强文艺评论阵地建设、理论研究和成果推广。

（四）加强优秀作品的传播推广

发挥"吉林省二人转·戏剧小品艺术节""吉林省优秀剧目汇演"等艺术活动的示范引导作用，扩大优秀艺术作品的知名度和观众覆盖面。探索发展网络文艺。创新艺术传播渠道，促进优秀文艺作品多渠道传输、多平台展示、多终端推送。加强对剧场、演艺区发展的支持和引导，统筹艺术产品的创作生产与剧场资源的整合利用。探索剧场建设、运营、管理的科学模式。

（五）提升文化艺术科研水平

以重大理论和现实问题为主攻方向，坚持基础研究和应用研究并重，加强全省艺术科学研究规划及项目管理，推出一批高质量的文化艺术研究成果，将省艺术研究院建设成全省文化艺术领域的高端智库。

专栏1　艺术创作生产
吉剧振兴工程：坚持继承与创新并重，每年创作出2—3部体现时代风尚和地域特色的优秀剧目。做优做强吉剧剧团，打造名团、名戏、名角，培养中青年编、导、演拔尖人才，加强吉剧策划、创作、表演、制作、营销等核心人才团队建设，开展"吉剧进校园"活动，打造吉剧品牌。

"深入生活、扎根人民"主题实践活动：制定支持文艺工作者长期深入生活的具体措施，建立健全长效保障和激励机制。组织文化系统艺术单位深入城乡基层开展采风创作、结对帮扶等活动，每年开展"送演出下基层"3000场。

剧本扶持工程：通过征集新创、整理改编、买断移植等方式，扶持30部大型舞台艺术剧本、100部小型舞台艺术剧本创作。

京剧高派基地建设工程：办好京剧高派艺术人才研修班，保护、传承、创新京剧高派剧种，整理、恢复一批京剧高派剧目，"十三五"时期培养5-8名高派传人，每年新创、复排2台高派剧目。

舞台艺术人才培养工程：不断加强与中国戏曲学院、吉林艺术学院等高校的联合办学，针对有潜力人才开展重点培养，争取每年选送20名演职员参加文化部、高等院校、中直院团组织的培训学习，每年邀请10位文艺名家来长开展辅导教学，每年在省内组织1—2次舞台艺术人才培养的专题培训。

四、构建现代公共文化服务体系

坚持政府主导、社会参与、重心下移、共建共享原则，按照公益性、基本性、均等性、便利性要求，立足人民群众基本文化需求，构建覆盖城乡、便捷高效、保基本、促公平的现代公共文化服务体系，基本实现服务网络完善、配送体系科学、资源配置均衡、社会参与广泛、运行保障充分的目标。

（一）推进公共文化服务标准化均等化

以县为基本单位，全面落实《吉林省基本公共文化服务实施标准（2016—2020年）》和地方实施标准。以服务半径、服务人口为参考，以推进城乡公共文化设施建设和资源配置为抓手，统筹空间布局，逐步打破城乡公共文化壁垒，逐步实现城乡基本公共文化服务均等化。根据城镇化进程，同步加强全省18个扩权镇公共服务设施建设。积极开展"种文化、结对子"活动，鼓励和引导城市优质公共文化服务和资源向农村延伸。坚持普惠与特惠相结合，在公共文化产品生产和服务方式等方面考虑未成年人、老年人、妇女、残疾人、农民工等特定人群的实际需求，保障他们的基本公共文化权益。

（二）完善公共文化设施网络

统筹规划，合理布局，"建管用"并重，进一步完善省、市、县、乡、村五级公共文化设施建设网络，补齐基础设施建设短板。建成省文化活动中心、省美术馆、吉林省近现代史展览馆等一批省级重大文化设施，实现省有六馆（文化馆、图书馆、博物馆、美术馆、展览馆、大剧院），发挥龙头示范作用；市（州）有三馆（文化馆、图书馆、博物馆），县（市）有两馆（文化馆、图书馆），乡（镇、街道）有综合文化站，村有基层综合性文化服务中心和文化小广场。加快数字文化设施和流动文化设施的规划建设。利用彩票公益金支持全省文化馆、图书馆、博物馆、美术馆充实专业技术设备。进一步完善各类文化设施运行管理制度和服务规范体系，实行资产统计报告和服务开展情况年报制度，保障公共文化设施高效运行。加大政府向社会力量购买服务力度，吸引社会组织或企业参与公共文化设施的建设和运营。

（三）加大贫困地区公共文化服务体系建设力度

加大对贫困地区、民族地区和集中连片特困区的基本公共服务财政投入和公共资源配置力度，政府基本公共文化服务投资项目优先向这些地区倾斜。推进各级公共文化服务机构内部无障碍设施建设，开展无障碍服务。鼓励发达地区采取定向援助、对口支援和对口帮扶等多种形式，支持这些地区提升基本公共文化服务能力和水平，并逐步形成长效机制。深入实施文化扶贫项目，实现"一县一策"，精准扶贫。

（四）加强边境地区公共文化服务体系建设

借助创建国家公共文化服务体系示范区机遇，在公共文化基础设施建设、公共文化供给等方面全力加强边境县公共文化服务体系建设，助推文化稳边、固边、兴边、乐边。实施好边疆万里数字文化长廊、文化志愿者边疆行等项目，提升边境县数字化公共文化服务能力。

（五）加强公共文化产品服务供给

充分发挥公益性文化单位在公共文化产品生产中的骨干作用，探索"菜单式"文化产品服务新模式，提供符合群众需求的公共文化产品和服务。公益性文化单位按照免费开放要求，进一步明确服务标准，创新服务方式，为城乡居民提供优质高效、普遍均等的公共文化服务。持续实施"送演出、下基层"惠民项目，不断提高演出质量。探索历史文化名城、名镇、名村、传统村落、文物保护单位、国家考古遗址公园向社会免费开放方式，传承民族优秀文化遗产。每年举办全省"悦动吉林""市民文化节""农民文化节""送演出下基层"等主题活动，丰富基层群众的精神文化生活。推进数字化图书馆、文化馆建设，创新公共文化数字化服务方式。推动少数民族优秀文化传承创新。深入开展艺术普及活动，繁荣群众文艺。

（六）推动公共文化社会化建设

采取政府购买、项目补贴的方式，支持文化企业生产质优价廉、健康适用的公共文化产品，参与公共文化服务。利用互联网等新兴传播手段，创新文化产品和服务内容。构建参与广泛、形式多样、制度健全的文化志愿服务体系，开展文化志愿服务。

（七）创新公共文化服务体系运行机制

由各级文化主管部门牵头，建立省、市、县三级公共文化服务体系建设协调机制，统筹公共文化服务体系建设，形成工作合力。将公共文化服务体系建设重要指标作为考核内容纳入科学发展评估体系，纳入各级党委政府和党政领导干部的绩效考核体系，并增大权重，逐步健全考核机制。推进公益性文化事业单位组建理事会，完善法人治理结构。开展县级文化馆、图书馆总分馆制，推动公共文化流动服务，促进资源共享和有效利用。充分尊重群众的参与权和表达权，以公益性文化单位为主体，建立群众评价动态反馈机制。

专栏2　现代公共文化服务体系建设

省级文化设施建设工程：实施吉林省文化活动中心、吉林省美术馆、吉林省近现代史展览馆等重大文化设施建设，修缮省博物院、省群众艺术馆，维护运行好省图书馆、大众剧场、桃李梅剧场，形成完备的省级文化设施网络。

县级文化馆图书馆建设项目：多渠道筹集资金，支持37个县级文化馆、图书馆项目新建、改扩建，充实专业技术设备，优先扶持国家级贫困县、省级贫困县的15个文化馆、图书馆设施设备建设，使之达到省里确定的标准。

流动文化服务项目：支持基层公益性文化单位开展流动文化服务，配备流动文化服务设备器材，为全省60个县（市、区）级文化馆、55个县（市、区）级图书馆分别配送流动文化车和流动图书车，实现流动服务常态化。

农村文化小广场建设项目：落实《吉林省农村文化小广场建设三年规划（2017—2019年）》，统筹推进全省农村文化小广场建设。"十三五"期间，建设4323个农村文化小广场，到2020年，实现全省9265个行政村农村文化小广场全覆盖。

村综合性文化服务中心建设工程：依托行政村村部设施，通过配备村民开展文化活动所需设备的方式，逐步推进村综合性文化服务中心建设，利用3年时间对全省1493个贫困村的村综合性文化服务中心进行设备配备。

拓展公共文化服务免费开放主体单位类别（范围）工程：在继续做好公共图书馆、文化馆（站）、博物馆等各类公益性文化单位免费开放的基础上，探索历史文化名城、名镇、名村、传统村落、文物保护单位、国家考古遗址公园向社会免费开放方式，传承民族优秀文化遗产。

公共数字文化建设项目：统筹实施吉林省文化信息资源共享工程、数字图书馆推广工程和公共电子阅览室建设计划，完善国家公共文化数字支撑平台吉林省级平台，建设吉林省基本公共数字文化资源库，自建资源总量达到50百万兆字节（TB）以上。

五、加强文物保护利用

深入贯彻习近平总书记关于文物工作重要指示精神，全面落实《国务院关于进一步加强文物工作的指导意见》和《关于实施中华优秀传统文化传承发展工程的意见》，坚持"保护为主、抢救第一、合理利用、加强管理"的工作方针，深入挖掘吉林文物所蕴含的丰富历史信息和独特价值，提升文物保护管理水平，推进文物合理适度利用，多措并举让文物活起来，发挥文物的公共文化服务和社会教育功能，使文物保护成果更多惠及人民群众。

（一）加强不可移动文物保护

推动文物保护从抢救性保护为主向抢救性保护与预防性保护并重转变，努力实现由注重文物本体保护向注重文物本体与周边环境、文化生态的整体保护转变，基本形成以夫余、高句丽、渤海大遗址保护为核心，辽金城址群、长城资源保护为重点，伪满时期建筑群、中东铁路建筑群、东北抗联遗迹和"一五"时期工业遗产为特色的"五片两线一带十点"吉林省文物保护利用总体格局。夯实文物保护基础工作。积极申报第八批全国重点文物保护单位，公布第八批省级文物保护单位名录。开展工业遗产、农业遗产、水利遗产普查和保护。基本完成第一至第七批全国重点文物保护单位保护规划。督导落实市县级文物保护单位"四有工作"。基本完成第一至第七批全国重点文物保护单位文物本体抢救性保护修缮工程。推进世界文化遗产展示提升和遗产监测体系建设。开展大遗址保护工程。加强国家和省级考古遗址公园建设。科学实施长城保护工程。实施革命文物保护三年计划。加强新型城镇化和新农村建设中的文物保护。开展"考古吉林"研究工程。加强文物日常养护。

（二）大力发展博物馆事业

贯彻实施好《博物馆条例》，促进博物馆发展由数量增长向质量提升转变，努力让博物馆馆藏资源活起来。提升彰显吉林名片和地方特色的国有博物馆实力，促进非国有博物馆健康发展。推进生态博物馆、遗址类博物馆和工业遗产博物馆建设。加强革命文物和革命史料的调查和研究，做好馆藏革命文物的定级和建档工作，改善革命文物的保存环境和条件。以"互联网＋中华文明"行动计划为载体，努力开展博物馆科技创新。对贫困地区、民族地区、边疆地区博物馆建设给予扶持。加强博物馆的规范化管理，全面提高博物馆的公共文化服务水平。大力推动博物馆与旅游结合，提升博物馆的服务水平和接待能力，完善博物馆的旅游功能，吸引更多的游客走进博物馆，促进博物馆事业和旅游业互动发展。

（三）积极拓展文物利用

坚持保护为主、保用结合，大力拓展文物合理适度利用的有效途径，进一步增强文物事业影响力，发挥文物工作在促进吉林新一轮振兴发展、提升吉林文化软实力中的积极作用。推动有条件的行政机关、企事业单位、军队等管理使用的文物保护单位定期或部分对公众开放。培育以博物馆和文物保护单位为载体的体验旅游、研学旅行、休闲旅游精品线路，鼓励有条件的地区建设考古遗址公园、文物保护示范区，加大对历史文化名城、名镇、名村和传统村落保护利用，培育具有吉林特色的文物旅游品牌，实现文物保护与旅游产业互利双赢。

（四）完善文物保障体系

强化科技支撑作用。 坚持把科学研究和技术创新作为推动文物保护由抢救性保护向预防性保护转变的重要支撑。引导先进的文物保护科技资源向我省科研机构和文物保护管理机构聚集。开展考古调查和发掘技术研究和应用，探索虚拟重建等展示利用的新方法。推广文物科技成果应用，提高考古现场文物保护、遗址安全监测等各个环节的科技含量，充分发挥文物保护科技在高句丽壁画墓、好太王碑碑刻保护等重大项目中的关键作用。

壮大文物保护人才队伍。 继续与北京大学、吉林大学等高等院校和科研院所合作，通过重大项目吸引优质人力资源参与文物保护，培养带动一批我省文物保护发展急需的专业人才。指导省古迹遗址协会、省考古学会、省博物馆协会举办 文物保护修复、文物保护工程、考古发掘技术、公众服务等专业技术培训。

（五）加强文物安全防护监管

积极推动文物安全监管规范化、标准化，将文物安全纳入地方政府绩效考核或当地社会治安综合治理，建立群防群控网络和安全预警机制，逐级落实文物安全责任；强化文物安全防范基础设施建设，完善文物建筑和古遗址、古墓葬的防火、防盗和防破坏设施，加强文物安全监督检查，降低文物保护单位的安全风险；完善多部门联合执法长效机制，建立文物安全立体防控体系，严厉打击和防范盗掘、盗窃、走私等各类文物违法犯罪活动；优化省级文化执法督察力量配置，落实市县文物行政执法职能，实现省市县文物行政执法主体全覆盖；扎实推进文物法人违法案件专项整治三年行动，加大重点案件督办力度。

专栏3　文物保护利用
世界文化遗产和大遗址展示提升工程：发挥世界文化遗产、大遗址的旗舰作用，继续开展集安高句丽世界文化遗产展示提升工程。完善集安世界文化遗产监测预警体系建设。开展渤海中京城、龙潭山城、苏密城大遗址保护工程。指导地方按照《吉林省长城保护管理总体规划》，有计划、分步骤、按程序实施长城保护修缮、管理、利用和宣传工作。 近现代建筑保护工程：深入实施片区战略，强化伪满建筑群整体保护利用理念，实施伪满皇宫博物院、伪满国务院、伪满司法部、伪满民生部保护修缮工程。编制并实施《吉林省中东铁路总体保护规划》，探索中东铁路"以点带线"保护利用新模式。 革命文物保护三年计划：深入挖掘我省革命文物特别是东北抗联遗迹所承载的红色基因与红色精神，摸清家底，建立吉林省革命文物名录。创新理念、方法与模式，着力推进维修保护和陈列展示，重点做好珲春、桦甸、梨树、龙井等地革命文物的维修保护和展示利用项目，助力当地脱贫攻坚和经济社会发展。 "考古吉林"研究工程：秉承考古与保护结合的科学理念，发挥考古大省人才和经验优势，落实高句丽和渤海专项规划，强化高句丽和渤海考古的核心地位，抢占东北亚学术制高点。深入开展辽金考古。加大科技考古应用，扩大吉林考古宣传，提升吉林考古在全国的知名度和影响力。 博物馆展览提升工程：对全省纳入国家免费开放补助范围博物馆的基本陈列进行改造提升，更新陈旧展览，提升展览水平。十三五期间，计划每年扶持3到5家纳入国家免费开放补助范围的博物馆、纪念馆向国家申报资金补助，争取十三五期末，全省15-20家符合申报条件的博物馆实现展览提升。 可移动文物预防性保护工程：对全省博物馆珍贵文物和重要出土文物保存环境和设备进行预防性保护，对存在锈蚀、残损的金属类、纸质等文物进行抢救性修复。十三五期间，积极争取国家专项资金，以馆藏三级以上珍贵文物分布较为集中的博物馆为重点，加强可移动文物修复和馆藏文物预防性保护。计划每年争取国家支持3至5家博物馆，十三五期间，争取15至20家博物馆文物修复、文物保存环境和设备得到改善。 完善博物馆青少年教育工程：发挥博物馆青少年教育功能，促进博物馆教育与学校教育的有效衔接，在省博物院完善博物馆青少年教育功能试点项目的基础上，在全省范围内，以全省三级以上博物馆为中心，完善并扩展博物馆青少年教育活动试点项目的实施范围，建立青少年定期利用博物馆进行社会实践活动的长效机制。 智慧博物馆工程：即以数字化为基础，充分利用物联网、云计算、大数据、移动互联等新技术，构建以感知、宽带互联、智能融合为特征的博物馆形态。重点推动省博物院、省自然博物馆建立智慧博物馆服务管理系统，实现文物数字化保护、文物物联网保护、智慧导览、微信服务、虚拟展示、青少年教育等多项功能。 博物馆展览（文物）数字化保护工程：落实"互联网＋中华文明"行动计划，结合可移动文物普查成果，对全省各级各类博物馆展览及展出的文物进行数字化保护，建立吉林省博物馆展览数字化平台。深入挖掘文物内涵，促进可移动文物与教育、文创、动漫、影视等融合发展，以更好地实现博物馆公共文化服务职能。"十三五"期间，重点扶持省级馆、地（市）级馆和具有精品陈列的县级馆，完成60个数字化展览和1000件以上文物三维或全景展示，覆盖全省60%以上的各级各类博物馆。

"吉林印记"历史文化传承与保护工程：在我省历史文化比较丰富的乡镇村屯，利用现有设施，整合文物、非物质文化遗产和民族民间文化资源，筹建乡村博物馆，举办展览展示活动，以保护传承历史文化，提升基层公共文化服务能力和水平。2016年试点先行，"十三五"期间力争建设70—100个示范村镇馆。

博物馆文创产品开发工程：落实国家关于文化创意产品开发的有关精神，鼓励博物馆挖掘藏品内涵，与文化创意、旅游等产业相结合，开发衍生产品，增强博物馆发展能力。争取博物馆文创产品所需资金纳入文化产业资金扶持范围，重点扶持纳入国家文创试点范围的省博物院、伪满皇宫博物院，形成规模，做出品牌。发挥试点单位带动作用，向吉林市博物馆、延边博物馆、前郭县博物馆等市、县级博物馆延伸。

六、加强非物质文化遗产保护传承和发展

坚持"保护为主，抢救第一，合理利用，传承发展"的工作方针，以非物质文化遗产代表性项目和传承人为核心，促进保护工作规范化、制度化建设，增强保护传承活力，推动我省非遗保护事业可持续发展。

（一）加强全省非物质文化遗产项目保护

健全省、市、县三级非物质文化遗产代表性项目名录体系，组织制定国家、省、市级代表性项目保护规划。"十三五"期间完成2批省级非遗项目和代表性传承人申报、考查、评选工作，使我省省级非遗保护项目保持在400个左右；推动非物质文化遗产项目整体性保护，开展省级文化生态保护区建设，探索冰雪文化生态保护实验区建设经验，至2019年拟建成省级文化生态保护区4个。推进申报国家级非遗项目和国家级文化生态保护区的相关工作。

（二）健全全省非物质文化遗产传承体系

做好代表性传承人认定工作，确保各级代表性项目后继有人，"十三五"期末，使我省省级代表性传承人达到300人左右。落实非物质文化遗产传承人群培训计划，与省内高校联合每年举办2届全省规模传承人培训班，"十三五"期间共培训传承人500人次，提高传承人队伍的审美创新能力和整体文化艺术水平。推动非遗传承进社区、进校园，在中小学增设具有地方特色的非遗素质教育内容。加强非物质文化遗产传承基地、传习所建设，2020年前，建成朝鲜族农乐舞、二人转、东北大鼓、朝鲜族三老人等国家级项目保护利用设施，建设省级非遗保护传承基地40个以上，完善非物质文化遗产展示馆、展示园区建设。

（三）促进非物质文化遗产合理利用适度开发

建立全省非物质文化遗产生产性保护分项目录，在确保非遗项目保护原则的前提下，推动具备条件的非遗项目产业化发展，倡导非遗项目与旅游、商贸融合，丰富传统文化产品资源，创建吉林省非遗项目产品（商品）知名品牌。十三五时期，重点推动1－2个草编、食品加工类非遗扶贫开发项目。

落实传统工艺振兴计划，大力倡导和弘扬中国"工匠精神"，举办传统工艺创意设计大赛，开展传统工艺城市社区展示、体验活动，促进传统工艺走进现代生活，现代设计融入传统工艺，推出面向社会、百姓喜欢的传统工艺品、旅游纪念品等非遗系列衍生艺术品，提高传统工艺从业人员的社会地位和工艺传承水平。

（四）加大社会宣传力度

积极做好"文化和自然遗产日"系列活动，以遗产日为契机，每年重点举办2-3次全省性大型活动，扩大社会影响。打造非遗作品（商品）博览会品牌，为非遗项目走向社会，走进百姓生活搭建平台。组建"吉林省非物质文化遗产艺术团"，组织开展非遗文艺创作、演出活动，通过非遗文艺晚会、省内外巡演以及电视网络汇演方式，推介、宣传吉林非遗文艺项目资源。加大与新闻媒体网络的合作力度，扩大非遗保护工作社会影响力。

（五）加强非遗保护法规体系建设

深入贯彻落实《非物质文化遗产法》和《吉林省非物质文化遗产保护条例》，健全非物质文化遗产项目、

传承人保护规章制度，出台《吉林省非物质文化遗产传承基地（传习所）管理办法》《吉林省非物质文化遗产代表性项目管理办法》《吉林省非物质文化遗产代表性传承人管理办法》《吉林省文化生态保护区建设管理办法》。推动非物质文化遗产资源丰富、具备条件的市、县出台本级非物质文化遗产保护地方性法规和相关配套制度。

专栏4　非物质文化遗产保护传承

濒危项目抢救保护计划：建立《吉林省非物质文化遗产濒危项目名录》，有计划地对濒危项目进行优先重点保护。每年结合传承基地（传习所）建设，重点扶持3-5个濒危项目。对高龄代表性传承人后继传承人开展认定，按年龄及身体状况及时做好抢救性记录工作。2019年前完成全省省级以上、70岁以上传承人抢救性记录的工作目标。

传承基地、传习所及展览展示场所建设项目：十三五期间，建立省级非物质文化遗产传承基地40个以上，省级传习所100个以上；新增各类民间、民俗、民族传统工艺等非遗展览展示场馆10个以上，保证现有44个国家级非遗保护项目及部分省级重点项目2020前进驻传承基地和传习所。推动各地参照省级传承基地评选办法和建设经验，做好本地区传承基地（传习所）评选、建设工作。

省级文化生态保护区建设项目：制定《吉林省文化生态保护区发展规划》及《吉林省文化生态保护区评选办法》。到2020年，初步建成3个以上省级文化生态保护区，对非物质文化遗产项目集中、文化生态相对完好，非遗保护工作有所作为的区域实行系统性、区域性整体保护。从吉林省特点出发，实施冰雪文化生态保护实验区。十三五期间计划建成1个省级冰雪文化生态保护实验区。2019年前培育1-2个比较成熟的省级保护区申报国家级文化生态保护试验区，2020年前力争我省能有一个保护区进入国家级保护区行列。

吉林传统工艺振兴计划：积极落实文化部振兴传统工艺计划，鼓励和支持企业和高校及全社会关注和参与传统工艺传承、开发，大力倡导"工匠精神"，推动非物质文化遗产领域形成具有民族特色的吉林品牌；每年对传统工艺非物质文化遗产传承人群开展培训。举办传统工艺创意大赛，为传统工艺传承人提供竞技、展示平台。开展传统工艺城市社区体验、观摩活动，让市民近距离感受和体验传统工艺的无穷魅力。有计划地组织开展传统工艺展示、展销、展演活动。

七、加快发展文化产业

贯彻国家关于供给侧结构性改革和加快服务业发展战略部署，完善现代文化产业体系，紧密结合我省地域特点和历史文化特征，着力发展特色文化产业，培育新型文化业态，健全市场机制，扩大文化消费，加速提升文化产业发展的质量和效益。

（一）优化升级文化产业结构

加快发展文化创意产业。引导广大文博单位、文化创意和设计机构整合资源，开发适应现代生活需求的文化创意产品和服务。支持创新工场和虚拟社区发展，提升我省文化产业的原创能力。依托文化"智库"，为产业发展提供智力支撑。加快发展以文化创意为核心，依托数字技术进行创作、生产、传播和服务的数字文化产业，培育形成文化产业发展新亮点。加快发展动漫产业。支持原创动漫创作生产和宣传推广，培育至少3个民族动漫品牌。推动我省动漫产业形成创意、制作、衍生品开发、播放、交易等较为完整的产业链，逐步建立辐射东北亚的动漫产业基地。推动文化与旅游融合发展，在旅游城市和旅游景区打造具有吉林符号、地方特色的驻场演出；将少数民族文化、冰雪文化、边疆文化等融入旅游产业，增加产业附加值；促进红色文化和旅游相结合，提升红色旅游的文化内涵。推动文化与制造业融合发展，增加产品的文化内涵。与农业融合发展，发展休闲观光农业，建设特色义化小镇。与城市建设融合发展，提升城市的文化形象。

（二）改善区域文化产业发展布局

实施特色化、差异化的区域文化产业发展战略，推动形成文化产业优势互补、联动发展的布局体系。重点发展少数民族和工艺美术等优势产业。深入挖掘满族、朝鲜族和蒙古族历史文化资源，鼓励选择合适地点建立少数民族文化产业园，整合少数民族餐饮、民俗资源，打造少数民族文化产业链。依托松花石等特有资源，着力提升工艺美术产品的工艺水平和艺术表现力。引导各地根据资源禀赋和功能定位，走特色化、差异化发展之路。长春可重点发展文化创意、动漫游戏、数字文化产业，并发挥人才、资金密集优势，形成带动全省产业发展的增长极；通化和白山地区可重点发展玉石类产业；吉林、延边、长白山等地区可重点发展文化休闲类产业；松原、白城地区可重点发展少数民族产业；辽源、四平地区可重点发展艺术培训和工艺美术产业。

（三）建立健全现代市场机制

建立健全现代文化产业公共服务平台。引导文化产权交易所健康发展，健全文化经纪、评估鉴定、推介咨询、担保拍卖等各类中介服务机构，引导其发挥作用，规范运作。建设我省文化产业数据化生产与交易平台。加强文化产业园区（基地）的规划建设和管理，培育10家以上省级文化产业示范园区和基地，重点推动2家园区开展国家级文化产业示范园区创建工作。推动文化产业发展与"大众创业、万众创新"紧密结合，加强文化企业孵化器、众创空间建设，支持"专、精、特、新"中小微文化企业发展。重点培育松花石、农民画、刀油画等民间工艺品，培育10个具有代表性的民间工艺品品牌。加大开拓东北亚区域市场的力度，重点培育5家文化外贸型企业。借助各种文化博览会等平台，推动吉林文化品牌"走出去"。

（四）扩大引导文化消费

着力扩大文化产品和服务有效供给，引进多门类舞台艺术精品，为群众提供多样化、高品质服务。探索建立互联互通的省级或区域文化资源共建共享数据库和集成数字平台，为城乡居民提供"菜单式""订单式"文化产品和服务。支持涉农电商平台建设，鼓励将线下产业发展和线上电商交易相结合，拓展农村消费市场。推动送演出下基层、公益和低票价惠民演出、高雅艺术进校园等活动深入开展。整合省内演艺资源，面向全省演艺场馆，灵活调配、及时更新演出内容，在创作和演出环节引入观众参与和认可度评估。借助互联网、手机终端等新媒体，加强文艺院团和剧场的信息平台建设，完善"吉林省票务中心"功能，为消费者提供更加便捷的综合性服务。加强文化消费试点城市建设，发挥长春、吉林等试点城市的文化消费带动效应。

（五）提升文化产业融资能力和水平

拓宽社会投资的领域和范围，鼓励社会资本进入文化企业孵化器、文化众创空间、文化资源保护开发等新兴领域。推进文化金融产品创新和服务创新，加强与开发性、政策性金融机构合作，争取政策性金融对文化的支持。推动文化企业上市挂牌融资，加强拟上市挂牌企业培育孵化。通过政府注资、投资集团等金融资本参与的方式，推动设立文化产业发展引导基金，充分发挥其杠杆作用，为广大文化企业提供融资服务。鼓励国有文化企业、企业商会与社会资本共同发起成立文化类小额贷款担保公司，拓宽中小文化企业融资渠道。

（六）提升文化产业科技发展水平

深入实施科技带动战略，有效提升文化领域技术装备水平，促进科学技术在文化领域的应用与推广。依托省内外科研机构、文化科技研究所和文化企业建立文化科技融合工作机制，培育文化科技融合示范载体，培养文化科技复合型人才，激发文化领域创新创造的活力。落实国务院《关于推进"互联网+"行动的指导意见》，引导文化企业加强与网络、手机、有线电视等多种新媒体结合，提高文化产业的网络化、信息化发展水平。支持企业应用新技术、新工艺、新材料，加快产品升级换代，运用新平台、新模式，提高消费便利性和市场占有率。完善文化科技成果转化机制，发挥企业主体作用，加强技术转移和科技项目成果应用，促进科技成果转化为文化生产力。

专栏5　文化产业发展
促进文化消费工程：以长春市、吉林市为重点，抓好文化消费试点城市建设，落实扩大文化消费的政策措施，提高文化消费水平。对文化消费数据分析利用，引导文化企业扩大文化产品和服务的有效供给，发挥试点城市的带动示范效应，逐步建立扩大和引导文化消费的长效机制。 文化创意产品扶持工程：落实推动文化创意产品开发的政策措施，调动博物馆、图书馆、美术馆等文化文物单位和创意设计机构积极性，创作生产弘扬中华优秀文化、适应现代市场需要的文化创意产品。举办创意设计大赛类相关活动，为文化创意搭建展示宣传、交流推广的平台。 动漫、数字文化产业发展工程：推动建设国产动漫产品生产基地，支持原创动漫创作生产和宣传推广，培育我省动漫品牌。发展以文化创意为核心的数字文化产业。推动动漫、数字文化产业与其他产业相融合。 特色文化产业发展工程：推动建立少数民族文化产业园，整合少数民族餐饮和民俗资源，打造少数民族文化产业链。重点培育松花石、长白石、集黄玉、农民画、刀油画、草编、剪纸、撕纸等工艺美术产业，打造具有我省特色的民间工艺品牌。 文化产业公共服务平台建设工程：建设和完善中介服务平台、"文化天下"电子商务平台、小微文化企业孵化平台、文化博览会宣传推介平台等子平台，提高文化产业领域公共服务水平。进一步整合资源，推动我省文化产业建立健全现代市场机制。 文化科技融合发展工程：落实国务院《关于推进"互联网+"行动的指导意见》，推动文化企业与新媒体融合，提高文化产业网络化、信息化水平。培育国家文化创新工程项目，整理文化科技成果目录清单，建立文化科技成果转化机制，加强技术转移和科技项目成果应用。

八、完善现代文化市场体系

建立统一开放、竞争有序、诚信守法、监管有力的现代文化市场体系，健全以内容监管为重点、信用监管为核心的文化市场事中事后监管方式，推动全省文化市场监管工作成为满足人民群众多样化精神文化需求的主渠道。

（一）完善多层次的文化产品市场

推动文化产品供给侧结构性改革，加强内容建设，丰富产品供给。鼓励文化企业加快创新、丰富业态、改造装备、改善服务环境、提供公共服务，支持行业协会举办有利于企业转型升级的群众性赛事活动。引导企业开发面向大众、适合不同年龄层次的文化产品，提供差异化服务。加强网络文化内容建设，引导市场主体提供弘扬社会主义核心价值观、体现中国精神和本地特色的网络文化产品。

（二）建立完备高效的文化要素市场

加强人才、资本、技术、信息、产权和中介服务市场建设，促进文化要素在健康有序的市场环境中高效流转，提高文化资源配置效率，增强文化市场内生动力。建立统一的市场准入和退出制度。推动落实各行业建立较为完备的政策法规、标准规范、人才培训、数据信息等服务平台，贯彻放管服政策，降低门槛，支持新兴业态，规范行政审批，为行业发展提供优质公共服务和行政指导。消除地区壁垒，促进区域协作和市场一体化建设。消除行业壁垒，鼓励多种经营和业态融合，支持大中城市建设文化娱乐综合体。

（三）构建以信用管理为核心的监管体系

以文化市场信用信息数据库建设为基础，以信息公开为监督约束手段，以警示名单和黑名单为基本制度，以协会开展信用评价、分类评定为辅助，构建守信激励、失信惩戒和协同监管机制。建设文化市场信用信息系统，实现部门之间、区域之间信息交互共享。定期公布文化市场违法违规经营主体和文化产品黑名单、警示名单，对文化市场经营主体实行分级分类管理。加强行业信用评级制度建设及信用信息应用，开展文化市场经营场所分类评级，培育文化市场信用服务机构，发挥协会在文化市场信用体系建设中的积极作用。

（四）提升文化市场综合执法能力

完成深化文化市场综合执法改革任务，健全完善文化市场执法机构和队伍，提高全省综合执法队伍专业化、规范化、信息化水平。建立文化市场信息报送和反馈机制。落实文化市场综合执法规范化标准，完善综合执法协作机制。针对突出问题开展专项整治，加强重大案件督查督办。加强文化市场执法人员的准入、演练、操练和动态管理。加强以案件为导向的执法培训，提高综合执法队伍执法办案能力。应用好全国文化市场技术监管与服务平台，提高文化市场管理与执法信息化水平。

专栏6　现代文化市场体系建设
文化市场信用体系建设工程：完善全省文化市场信用信息数据库，涵盖全省90%以上的文化市场经营主体。建立文化市场信用管理规章制度，指导协会开展行业标准及规范建设。与其他部门建立信用信息交互共享及联合惩戒机制，向管理部门和公众提供便捷及时的文化市场信用信息服务。 网络文化市场建设工程：支持全省优秀网络文化产品生产创作，拓展优秀网络文化产品传播渠道和落地空间。完善网络文化内容监管体系，构建全网筛查、全省协作、标准统一、步调一致的网络文化市场执法机制，防控含有禁止内容的网络文化产品传播，净化网络文化环境。鼓励传统文化市场与网络文化市场优势互补、融合发展。 文化市场综合执法能力提升工程：健全全省文化市场综合执法协作机制，加强区域执法协作。全面实施以"随机抽取检查对象、随机抽取执法人员、向社会公开检查结果"为主要内容的"双随机、一公开"制度。落实好文化部的文化市场安全生产工作规范，提升公共突发事件防范处置能力。推进文化市场综合执法能力提升行动计划，推广综合执法以案施训和师资巡讲活动。推动地方落实综合执法队伍能力建设及工作经费。 文化市场技术监管与服务平台推广工程：加强全省文化市场技术监管与服务平台与国家平台的互联互通建设，及时把互联网新科技、新技术融入平台中去，激发"双创"精神原动力，使之成为支撑我省文化市场宏观决策、市场准入、综合执法、动态监管和公共服务等核心应用的文化市场技术监管系统，形成统一的信息共享平台、信用服务平台、业务关联平台、应用集成平台和技术支撑平台，推动平台在全省区县文化行政部门和文化市场综合执法机构应用率达到90%以上。

九、加强对外文化交流与合作

贯彻落实《中央关于进一步加强对外和对港澳台文化工作的意见》《文化部"一带一路"文化发展行动计划（2016-2020）》，落实《吉林省参与建设丝绸之路经济带和21世纪海上丝绸之路的实施方案》要求，围绕文化部和省委、省政府中心工作，大力推介吉林省优秀文化成果，不断提高吉林对外文化交流水平，扩大吉林文化对外影响。

（一）积极承办国家对外文化交流任务

加强省部合作，依托文化部举办的"欢乐春节""中国文化周""国际艺术节"与相关国家建交周年纪念活动等平台或载体，拓宽对外和对港澳台文化交流渠道。坚持"政府主导、开放包容，交融互鉴、创新发展"的基本原则，创新文化走出去形式，讲好中国故事，传播中国声音，进一步提高吉林省对外文化工作水平，为国家文化外交大局服务。

（二）不断加强与东北亚国家的文化交流

依托我省地处东北亚腹地的区位优势和文化地域特色，从战略高度和大局视角加强与周边国家的文化往来。积极落实国家《建设中俄蒙经济走廊合作规划纲要》《中国东北地区与俄罗斯远东及西伯利亚地区合作开发开放规划》以及《沿边地区开发开放规划》等系列文件精神，通过"中国·东北亚博览会""中国长春·东北亚文化艺术周""感知中国——吉林文化周""吉风吉韵送吉祥"等文化经贸活动的平台，加强与俄罗斯、蒙古、日本、韩国以及朝鲜等东北亚国家的文化往来，促进我省经济、社会、文化全面发展。

（三）进一步推动文化贸易的有效发展

立足当前，着眼长远，改革创新，完善机制，加强政策引导，逐步壮大市场，鼓励具有较强创新能力和市场竞争能力的省内文化企业"走出去"，把更多具有吉林特色的文化产品和文化服务推向世界，促进文化交流与文化贸易的有效结合。

专栏7　对外文化交流与贸易
"吉风吉韵送吉祥"：围绕"一带一路"发展战略，结合国家文化交流和省内重大经贸活动，积极培育"吉风吉韵送吉祥"吉林对外文化交流品牌。组织派遣艺术团或文化展演团参加海外"欢乐春节""中国文化周""国际艺术节"等品牌文化交流活动，宣传展示吉林文化，讲好中国故事，传播吉林声音，传播好中华文化的同时，扩大吉林文化的对外影响力。 "一带一路"文化建设：贯彻落实我国与"一带一路"沿线国家的文化合作协定计划和我省与相关国家地方政府间文化经贸合作执行计划，组织完成6~8项文化交流任务。通过非遗展览、文物保护利用、图书馆际间交流、文化经贸博览会等，丰富和提高我省"一带一路"人文领域的交流合作水平，增强我省对外文化的辐射力。

十、深化文化体制机制改革

推动文化体制机制创新，促进文化事业全面繁荣、文化产业快速发展，不断增强文化整体实力和竞争力，把创新精神贯穿文艺创作生产过程，形成不断出精品、出人才的生动局面。建立健全有文化特色的现代企业制度，加强文化领域行业组织建设，推动吉林文化走出去，积极向国内外讲述好吉林故事、传播好吉林声音，提高吉林文化软实力。

（一）创新文化管理体制机制

深化文化行政部门职能转变，推进政企分开、政事分开，推动行政管理部门更好地履行政策调节、市场监管、社会管理和公共服务职能。加快行政审批制度改革，推进简政放权，推动文化政务公开。鼓励和引领各类非公有制文化企业健康发展，特别是支持各类小微文化企业发展。深化文化市场综合执法改革，逐步形成权责明确、监督有效、保障有力的文化市场综合执法管理体制。

（二）分类推进文化事业单位改革

深化文化事业单位人事、收入分配、社会保障、经费保障等制度改革。加强绩效评估考核，推动形成责任明确、行为规范、更有效率、服务优良的运行机制，强化社会服务功能。推动公共文化馆、图书馆、博物馆、美术馆等建立事业单位法人治理结构，健全决策、执行和监督机制。

（三）深化国有文化企业改革

探索建立有文化特色的现代企业制度，健全文化企业法人治理结构，深化企业内部劳动、人事和收入分配等制度改革。建立并完善社会效益和经济效益综合考核评价指标体系，建立健全社会效益具体评价标准。加大政府购买服务力度，采取项目补贴、定向资助、政府和社会资本等方式，吸引文化企业、社会组织和其他社会力量参与公共文化供给。

（四）培育和规范文化类社会组织

加强对业务主管的文化类行业协会、基金会、民办非企业单位等社会组织的引导、扶持和管理，促进规范有序发展。积极发挥行业组织在行业自律、行业管理、行业交流等方面的重要作用。厘清文化行政部门与所属行业协会的职能边界，积极稳妥推进文化行业协会与行政机关脱钩。

十一、加强文化人才队伍建设

加快各类文化人才成长步伐，实现人才队伍总量稳步增长、结构更加合理、活力不断增强、效能充分发挥，培养造就一支政治坚定、业务精湛、作风优良、党和人民放心的文化人才队伍，为文化改革发展提供坚强的人才保障和广泛的智力支持。

（一）健全文化人才发展体制机制

坚持党管人才原则，选好配强文化事业单位领导班子。完善人才政策体系，健全人才培养开发、评价发现、选拔任用、流动配置、激励保障机制。完善事业单位岗位管理。加快推进职称制度改革。

（二）培养造就高层次领军人物

发挥政府的导向和扶持作用，培养造就一批德艺双馨、成就突出、影响广泛的高层次文化人才。开展国务院特殊津贴、文化部优秀专家、吉林省高级专家等拔尖人才的选拔推荐和扶持政策的落实工作。加强艺术、文物等研究院所专业人员队伍建设，培养学术带头人和研究骨干。

（三）着力培养青年拔尖人才

拓宽识才、选才、用才视野，通过重点培养、定向引进、项目锻炼，支持优秀中青年人才主持重点课题、重点项目、重要演出，培养一批青年学术带头人，形成高层次领军人物的重要后备力量。充分利用国家公派留学计划，选派有发展潜力的优秀学者、中青年艺术家到国外著名院校或文化机构留学。实施省直文化系统人才建设项目扶持计划。加强文化产业投资运营、文化企业经营管理、网络信息服务等既懂文化又懂市场的复合型、创新型急需紧缺人才培养，培养非公有制领域领军人才。

（四）加强基层文化人才队伍建设

构建省、市、县三级分级分类分层人才培训体系。鼓励支持大学生和优秀人才参与基层文化工作，重视发现和培养扎根基层的乡土文化能人、民族民间文化传承人特别是非物质文化遗产项目传承人。继续实施"三区"人才支持计划文化工作者专项，加快边远贫困地区、边疆民族地区和革命老区文化人才队伍建设。加强文化技能人才培养，支持职业院校文化艺术类专业建设。大力发展文化志愿者队伍，为文化事业广聚英才。

（五）拓展文化人才培养途径

发挥我省高等教育资源优势，探索研究在条件成熟的大专院校设置文化特色专业，加强文化学科专业建设，重点支持非物质文化遗产学历教育、文化产业管理硕士专业学位设置、文化科技交叉学科和专业设立，满足文化行业对专业人才的需求。

（六）健全文化人才培训体系

按照分级负责、分类管理的工作原则，进一步完善组织调训、干部培训、在职教育、挂职实践和远程培训相结合的工作格局。依托党校、行政学院、干部学院、高等学校、职业院校、重点大型企业和各级各类教学点，扎实开展初任培训、任职培训、岗位培训、专题培训、业务培训。强化培训质量管理，改进和完善培训考核评价机制，培育具有我省特点的优秀培训品牌和特色培训项目。

专栏8　文化人才队伍建设

省直文化系统人才建设项目扶持计划：对省直文化系统优秀文化艺术人才进行专项培养，造就一批专业水平突出、业绩显著、在业内具有较高知名度的优秀文化艺术领军人才。

"三区"人才支持计划文化工作者项目：每年选派119名优秀文化工作者到国家级贫困县工作或提供服务，每年为受援县培养8名急需紧缺的文化工作者。

十二、完善规划保障措施

加大文化发展改革的政策和法治保障力度，进一步落实国家和省制定的各项政策措施，有效发挥引导、扶持、激励、规范作用，营造良好的发展氛围，确保各项工作顺利推进。

（一）加强文化财政保障

进一步健全文化财政保障机制，加大政府投入力度。科学划分各级政府文化事权与支出责任，加强中期财政规划和年度预算与规划实施的衔接协调，落实提供基本公共文化服务所必需的资金。省级财政文化投入对重大项目、重点工程和重点任务实施予以扶持，对革命老区、民族地区、边疆地区、贫困地区予以倾斜。探索建立政府、社会、市场共同参与的多元化文化投入机制，加快培育文化类社会组织，推广政府和社会资本合作（PPP）模式，采取政府购买公共文化服务、项目补贴、定向资助、贷款贴息等多种手段，引导和激励社会力量参与文化建设。健全文化财政资金管理制度，建立文化财政资金分配专家评审咨询和第三方机构咨询机制、文化财政资金使用监管机制、文化财政资金绩效评价结果与预算安排挂钩机制，进一步提高资金使用效益。

（二）落实文化经济政策

落实国有经营性文化单位转企改制扶持政策，贯彻国家文化体制改革中经营性文化事业单位转制为企业的税收政策，通过政府购买、原创剧目补贴和以奖代补等方式扶持其发展。推动将文化用地纳入城乡发展规划、土地利用总体规划，在国家土地政策许可范围内，优先保证重要公益性文化设施和文化产业设施、项目用地。落实国家支持文化企业发展税收优惠政策。加大已有支持对外文化贸易各项优惠政策的落实力度，简化文化出口行政审批流程，加强对外文化贸易公共信息服务。

（三）贯彻文化法律制度

坚持依法治文，改善文化法制环境，提高全省文化建设法治化水平。宣传贯彻《公共文化服务保障法》《非物质文化遗产法》《博物馆条例》，促进文化法治理念深入人心。健全地方文化立法，制定《吉林省非物质文化遗产保护条例》《吉林省公共文化服务保障条例》，修订《吉林省文物保护条例》，为文化发展和规划实施提供法制保障。推动各级文化行政部门、省文化厅直属企事业单位建立健全重要民商事决策进行法律咨询制度。

（四）深化政府职能转变

深入推进各级文化行政部门管理与服务创新，围绕规划确定的目标和任务，综合运用法律、行政、经济、科技等手段提高行政效能和行动能力，提升现代化管理水平。落实清单管理制度，制定文化行政部门权力清单和责任清单，健全责任体系，明确主体责任、监督责任和其他责任。深入推进各级文化行政管理部门简政放权、放管结合、优化服务，引导文化资源合理配置，努力营造文化发展的良好环境。加强事中和事后监管，推进"双随机一公开"监管方式。稳步推进文化行政部门决策、执行、管理、服务、结果等信息公开。

十三、形成规划实施合力

各级文化行政部门要充分认识编制和实施《吉林省文化厅"十三五"文化发展改革规划》的重要意义，积极推动各级党委和政府把文化建设摆在全局工作重要位置，做到文化建设与经济建设、政治建设、社会建设以及生态文明建设同部署、同检查、同考核、同落实。省直文化系统各单位、各地文化行政部门要认真贯彻本规划，结合本地本单位实际制定地方规划和年度执行计划。对重大工程、重大项目、重点任务进行细化落地，落实责任主体、明确进度安排，保证如期完成。

省文化厅建立规划执行情况的监测、评估和督查机制，开展规划执行情况的年度监测和督查，及时发现并解决问题，适时引入第三方开展规划实施的中期评估和期末评估，强化监测、督查和评估结果的运用，确保规划取得实效。

黑龙江省文化厅"十三五"时期改革发展规划

为深入推动我省文化繁荣发展，进一步坚定文化自信，增强文化自觉，根据《黑龙江省国民经济和社会发展第十三个五年规划纲要》和《文化部"十三五"时期文化改革发展规划》，结合我省文化工作实际，制定本规划。

一、发展基础与环境

"十二五"时期，我省文化建设取得显著成绩，边疆文化大省建设迈出坚实步伐。文化体制改革取得重要进展，文化改革发展活力进一步增强。覆盖城乡的五级公共文化设施网络和公共数字文化服务网络基本建成，文化服务内容不断丰富，服务产品不断增加。文化产业从探索起步进入增速发展新时期，文化产业凸显出成长为国民经济支柱性产业的较大潜力。艺术创作生产呈现良好态势，组织新创作了一批具有较高艺术水准的作品，艺术人才培养成果初步显现。文化遗产保护取得重要成果，重点文物保护力度大幅增强，博物馆综合功能全面发挥。非物质文化遗产保护取得标志性成果，赫哲族伊玛堪、望奎皮影成功入选世界文化遗产名录。以对俄为重点的对外文化交流呈现新局面，连续7年举办的中俄文化大集，成为两国跨境文化贸易和区域间文化交流与合作的重要平台。

"十三五"时期是全面建成小康社会的决胜阶段，文化在促进经济社会持续健康发展方面的作用更加突出，我省文化改革发展处于大有可为的战略机遇期。党中央、国务院和省委、省政府密集出台一系列文化政策，为文化建设提供了重要遵循和制度保障；经济发展进入新常态，文化产业成为转变经济发展方式的重要着力点；文化对社会风尚的引领作用日益凸显，丰富文化产品、满足人民文化需求将会牵动文化事业和文化产业快速发展；社会力量参与文化建设越来越广泛，文化与其他行业的融合趋势越来越明显，为文化改革发展提供了更广阔的空间。

在新的历史起点上，我省文化建设既面临重大发展机遇，也面临诸多挑战。文化领域在我省全面建成小康社会进程中还是"短板"，城乡文化发展差距较大，基层文化基础设施相对落后；艺术创作推出精品力作的任务仍然十分繁重；文化产业整体实力和竞争力有待加强；文物安全形势依然严峻；对外文化交流影响力尚需进一步提升；文化人才短缺状况还没有根本改变；文化投入保障机制不够健全等等。必须以新发展理念引领文化建设，着力在增强发展动力、解决瓶颈问题、补齐短板上取得突破性进展，全面提高文化发展质量和效益，推动龙江文化建设再上新台阶。

二、指导思想和基本原则

（一）指导思想

全面贯彻党的十八大和十八届三中、四中、五中、六中全会精神，以习近平总书记系列重要讲话精神特别是两次对黑龙江的重要讲话精神为指导，以创新、协调、绿色、开放、共享五大发展理念为引领，紧紧围绕龙江全面振兴发展战略，坚持以文化人、以文育人、以文立业、以文兴业，大力培育和践行社会主义核心价值观，深入实施文化建设"七大体系"和文化发展"六项工程"，加快文化体制机制改革创新，加快文化强省建设步伐，为全省经济社会发展提供坚实的文化力量和文化保障。

（二）基本原则

一是坚持把准方向、树正导向。牢牢把握社会主义先进文化前进方向，贯彻"二为"方向和"双百"方针，把中国梦和社会主义核心价值观贯穿文化建设各领域和环节，推进社会主义文艺大繁荣大发展，实现社会效益放在首位、社会效益和经济效益相统一。

二是坚持上下衔接、前后贯通。充分体现中央关于文化工作的系列方针政策，与文化部"十三五"时期文化发展改革规划相衔接，充分体现规划的全局性、战略性、前瞻性。立足我省文化事业发展实际，既对"十二五"规划的主要目标进行科学承接，又要结合新形势、新任务，突出规划的阶段性、针对性。

三是坚持以人为本、共建共享。坚持政府主导、企业参与、社会支持、群众共享，推进基本公共文化服务标准化、均等化建设，促进城乡、区域文化协调发展，逐步建成覆盖城乡、结构合理、功能健全、实用高效的现代公共文化服务体系，让人民群众享受到更多的文化实惠。

四是坚持深化改革、创新发展。积极探索有利于解放和发展文化生产力的新举措、新途径，深入推进文化领域供给侧结构性改革，推进文化资源与创新发展元素、相关产业门类紧密融合，促进文化产业结构调整和优化升级，推动形成新的经济增长点和支柱性产业。

三、发展目标

到2020年，文化强省建设取得重要进展，社会主义核心价值观更加深入人心，形成较为健全的文化改革发展政策体系、文艺创作生产体系、现代公共文化服务体系、传统文化传承体系、文化产业发展体系、对外文化交流体系、现代文化市场体系，全面建成小康社会的文化目标圆满实现。

——文化改革发展政策体系日益健全。文艺创作生产、公共文化服务、文化遗产保护、文化产业发展、对外文化交流等方面政策进一步完善，文化改革发展的瓶颈得以破题，促进文化事业和文化产业全面发展的政策框架基本形成。

——文艺创作生产体系逐步完善。舞台文艺创作生产机制进一步健全，剧目生产立戏、排演、储备和人才保障机制进一步完善，舞台艺术原创能力进一步提升。每年创作生产3~5部具有地域性、时代性、艺术性的舞台艺术精品。

——现代公共文化服务体系基本建成。公共文化服务设施建设基本达标，公共文化服务的内容和手段更加丰富，公共文化管理、运行和保障机制进一步完善，基本公共文化服务标准化、均等化水平显著提高。

——传统文化传承体系初步形成。全国重点文物保护单位"四有"达标率显著提升，一批重点文物得到有效保护，博物馆服务效能进一步提高，非物质文化遗产传承保护实现质的飞跃。

——文化产业发展体系进一步完善。文化产业发展活力和综合实力进一步增强，成为我省国民经济支柱性产业。"十三五"时期，全省文化产业重点项目完成投资300亿元以上，争取实现2~4家文化企业实现主板上市，1家以上企业进入全国文化企业30强。

——对外文化交流体系逐步建立。中俄文化大集成为连接亚欧的重要文化艺术桥梁，对俄全方位文化交流桥头堡作用日益突出，对外文化交流的内容和形式进一步拓展，对外文化交流层次和水平进一步提升。

——现代文化市场体系更加开放规范。文化市场综合执法改革进一步深化，文化市场发展环境进一步优化，文化市场技术监管与服务平台在县级文化行政部门和文化市场综合执法机构应用率达95%以上。

四、主要任务和重点项目

（一）大力实施文艺精品创作工程

充分挖掘我省抗联精神、北大荒精神、大庆精神、铁人精神等特色文化内涵，坚持以人民为中心的创作导向，紧扣时代发展主题，推出一批响亮主旋律、弘扬正能量、讲好龙江故事的优秀作品和文艺品牌。

一是完善艺术创作生产和评价激励机制。加强题材和体裁规划，完善立戏决策、剧目排演和储备、创作资源整合和保障机制，以机制创新推动艺术精品创作。用好国家艺术基金，引导创作生产和排演科学化、常态化。建设具有深厚理论功底和专业思维的文艺评论队伍。建立文艺创作综合评价体系，发挥文艺评论对大众艺术审美情趣的导向作用和优秀作品广泛传播的助推作用。建立获奖作品跟踪考核机制，推动获奖作品面向公众演出。

二是引导优秀原创剧目创作。实施精品战略，以创作生产优秀作品为中心任务，围绕"中国梦"和社会主义核心价值观主题，持续开展"深入生活、扎根人民"主题实践活动和重要纪念日主题创作展演活动。继续实施重点现实题材文艺作品创作工程，以龙江剧、京剧和评剧为重点，储备、创排、演出一批独具龙江特色、龙江风格、龙江气派的艺术精品。

三是推动戏曲传承发展。落实国家和省扶持戏曲传承发展政策，实施戏曲振兴工程，采取场次补贴、政府购买、戏曲进校园等方式，培育有利于戏曲活起来、传下去、出精品、出名家的良好环境，推进优秀戏曲艺术作品的数字化保存和传播。

四是打造特色艺术活动品牌。充分发挥国有文艺院团的导向性、示范性和骨干作用，持续开展"高雅艺术进校园"、"送欢笑到基层"活动，组织策划弘扬主旋律的舞台作品占领龙江文化主阵地。推进文化与旅游深度融合，在哈尔滨市和省内重点旅游景区打造特色驻场演出节目，烘托城市文化氛围，助推龙江旅游向纵深发展。

五是创新演艺品牌传播渠道。深入推进哈尔滨音乐之城建设，推动省直文艺院团与哈尔滨演出场所大规模合作，根据演出场所定位和自身艺术特点，谋划、打造特色演出品牌。通过演艺精品所形成的品牌效应，扩大优秀作品的知名度和观众覆盖面。做好演出的高端宣传推广，扩大文艺院团的影响。

重点项目：

1.舞台艺术精品创作计划。制定中长期全省舞台艺术精品创作生产规划，建立农村、社区、企业、学校等相对稳定的艺术创作生产基地，打造更多反映现实生活、体现龙江地域特色、弘扬社会主义核心价值观的新创剧目。进一步打磨一批现有剧目，复排一批传统剧目，同时抓好中小剧（节）目生产。

2.地方戏曲振兴工程。扶持戏曲院团发展，支持京剧、评剧、龙江剧、龙滨戏、东北地方戏（拉场戏）等具有我省特色的戏曲艺术发展。推动戏曲进校园、进农村、进基层，将戏曲演出纳入基本公共文化服务目录。主办第三届东北四省区地方戏曲优秀剧目展演，持续办好"白淑贤"杯全省地方戏、小戏、小品暨曲艺、杂技比赛。加强戏曲艺术专业人才培养。

3.民族音乐舞蹈歌剧杂技扶持工程。扶持重点民族音乐、舞蹈、歌剧、杂技艺术院团。组织重点剧（节）目创作、展演，开展民间乐种和民族舞蹈样式普查，抢救保护传统民族音乐舞蹈资源。推动原创民族歌剧创作和经典民族歌剧复排。

4.重大历史题材美术创作工程。以国画、油画、版画等形式，集中创作一批以反映黑龙江省重大历史事件为主要内容的优秀美术作品，并组织评审、收藏优秀作品。

5.特色旅游驻场演出项目。充分利用哈尔滨大剧院、哈尔滨音乐厅、老会堂音乐厅等场馆，推出一批更有吸引力的驻场演出。持续开展哈尔滨"欢乐冰城"、"迷人夏都"系列驻场演出，提升冰上杂技、经典音乐、戏曲曲艺、综艺演出等特色演艺水平。推动北极村、镜泊湖、五大连池、亚布力、雪乡等重点旅游景区丰富和提升贯穿旅游季的优质驻场演艺产品。

6.演艺产品宣传营销项目。集中打造"哈尔滨文化资讯网"、"娱龙网"等演艺信息平台，重点推介演艺场馆、演出节目、景区驻场演出信息。充分利用广播、电视、报纸、广告牌等传统宣传手段，加强对文艺院团、文艺产品推介营销。

（二）深入推进文化惠民工程

坚持政府主导、社会参与、重心下移、共建共享，以建成覆盖城乡、结构合理、功能健全、实用高效的现代公共文化服务体系为目标，立足人民群众基本需求，推进基本公共文化服务标准化、均等化建设。

一是全面推进基本公共文化服务标准化均等化。以县为基本单位，全面落实国家基本公共文化服务指导标准和地方实施标准，统筹推进革命老区、民族地区、边疆地区、贫困地区公共文化服务体系建设，集中优势文化资源向贫困地区倾斜，缩小城乡之间、地域之间和人群之间的公共文化发展差距。健全公共文化设施运行管理和服务标准体系，规范各级各类公共文化机构服务项目和流程。开发和提供适合老年人、未成年人、残疾人、农民工、农村留守妇女儿童、生活困难群众等群体的基本公共文化产品和服务。

二是完善公共文化设施建设。以公共图书馆、文化馆、乡镇综合文化站、村（社区）综合性文化服务中心为重点，以流动文化设施和数字设施为补充，加快省博物馆新馆等重点文化设施建设，推进市级"三馆"和县级"两馆"达标建设，完善乡镇（街道）文化站功能，整合资源集中建设农村（社区）综合性文化中心，配套建设文体广场。

三是加强公共文化产品和服务供给。持续开展"百馆千站送文化下基层""送欢笑到基层""全民阅读月"等系列主题活动，不断创新文化惠民的形式和内容。以"结对子、种文化"为抓手，以优质文化资源对接群众实际文化需求，培训基层文化队伍、辅导基层文化活动，实现"送文化"到"种文化"转变。举办农民文化节、社区文化艺术节，为群众搭建展示舞台。实施基层特色文化品牌建设，鼓励发展具有龙江特色的各类群众文化活动品牌。

四是提高公共文化服务效能。创新公共文化管理体制和运行机制，完善公共文化服务体系建设协调机制，推动基层党委和政府统筹实施各类重大文化工程和项目。建立健全县级文化馆、图书馆总分馆制。深入推进公共图书馆、博物馆、文化馆（站）、美术馆等公共文化设施免费开放，提升免费开放服务水平。建立健全基层公共文化服务监督评价机制，开展常态化的公共文化服务效能评估。建立以效能为导向的评价激励机制，研究制定公众参与度和群众满意度指标。

五是推动公共文化服务社会化发展。建立健全政府购买公共文化服务工作机制。积极培养文化类社会组织，支持企业、社会组织和个人提供公共文化设施、产品和服务，推动有条件的公共文化设施社会化运营。推进文化志愿服务，建立省、市、县、乡四级文化志愿服务工作机构，完善全省文化志愿者信息管理网络平台，加强文化能人培养，着力培育和打造一批文化志愿服务品牌，形成示范带动效应，推动基层文化志愿服务工作高水平开展。

重点项目：

1.省级文化设施建设工程。实施省博物馆新馆建设，推动省群众艺术馆工程、省数字图书馆建设工程。

2.基层公共文化服务设施达标工程。推进牡丹江、七台河、大兴安岭博物馆，鸡西、伊春、黑河、绥化、大兴安岭图书馆和牡丹江朝鲜民族图书馆，齐齐哈尔、佳木斯、鸡西、伊春、绥化群艺馆建设和54个县级"两馆"达标建设。实施乡镇（街道）、村（社区）综合性文化服务中心建设和社区文化中心（文化活动室）设备购置项目。

3.公共数字文化工程建设。继续实施"边疆数字文化长廊"建设，在边疆地区实现乡级基层服务点、数字文化点（数字文化驿站）全覆盖。建立联通国家、省、市、县、乡、村的"省区域云平台专网共享"公共数字文化服务体系；建设以云计算平台为基础的公共数字文化服务平台。打造全省图书馆自动化集群管理系统、全省远程监控技术管理系统、全省VPN专网等基础服务平台，完善省级中心及各地支中心硬件设施建设。

4."结对子、种文化"文化惠民项目。持续开展"结对子、种文化"活动，实施全民文化艺术普及工程和百万文化能人培训工程，依托各级公共文化机构开展形式多样的公益性艺术培训，建设一批扎根基层、活跃群众文化生活的文化队伍。

5.群众文化活动品牌建设项目。以农民和社区群众为主体，每两年轮流举办一次农民文化节和社区文化艺术节，展示新时代人民形象和风采，丰富社区群众精神文化生活。继续实施"城市之光""金色田野""送文化到基层"等群众文化服务活动，打造一批内涵充实、形式多样、符合需求、特色鲜明的基层文化活动品牌。

6.文化志愿者服务行动计划。实施"阳光工程"——农村文化志愿服务行动计划。建立健全各级文化志愿服务组织，壮大文化志愿服务队伍，加强分级管理和培训。每年实施10个左右具有示范意义的志愿服务项目，培育文化志愿服务品牌。

7.文化精准扶贫项目。充分利用国家政策，对贫困地区村级文化设施建设给予支持，推动国家级和省级贫困村普遍建立村级综合性文化服务中心。开展非遗传承（技艺）扶贫工程，优先吸收贫困村中有一定技能的人员参加剪纸、满族刺绣、麦秸剪贴、桦树皮制作技艺、鱼皮制作技艺等培训班学习。优先选拔贫困地区家庭生活困难的学生到省艺术职业学院免费学习。

8.特殊群体文化产品扶持计划。加强文化事业与养老服务业融合发展，实施"文化养老"工程，广泛开展适应老年人的特色文化活动，丰富老年文化产品和服务。推进文化系统老年大学规范化建设。组织实施面向未成年人、残疾人、农民工、农村留守妇女儿童等特殊群体文化活动，培育一批特殊群体文化服务品牌。

（三）全面推进文化产业发展工程

深入推进文化领域供给侧结构性改革，着力发展骨干文化企业和创意文化产业，促进文化与科技、金融、互联网及各类传统产业深度融合，挖掘、培育更多的新增长领域，不断提升文化产业发展质量和效益。

一是优化区域文化产业发展布局。优先发展文化旅游、出版发行、现代传媒三大主导行业，加快培育演艺娱乐、工艺美术、节庆会展三大特色行业，积极拓展创意设计、数字印刷、影视制作、信息服务四大创新行业，重点打造哈尔滨文化创意及时尚文化产业核心聚集区、西部石油文化及湿地养生产业聚集区、东南部湖泊生态及民俗工艺文化产业聚集区、东北部民俗旅游及演艺娱乐文化产业聚集区、北部森林旅游及冰雪体验文化产业聚集区，着力构建以各区域中心城市为节点、以各口岸城市为依托的龙江陆海丝绸之路文化经济带，加快建设独具龙江特色的现代文化产业板块。

二是推动文化产业结构优化升级。推进文化产业与旅游、时尚等相关产业及要素深度融合，拓展文化产业发展空间，提高相关产业文化含量。推进文化与创意设计等深度融合，加强文化产业关键技术研发应用，催生新工艺、新产品、新业态。推进文化与"互联网+"深度融合，改造提升传统产业，培育壮大新兴产业，变革创新营销模式。加快发展动漫、游戏、创意设计、网络文化等新兴文化业态，继续引导上网服务营业场所、游戏游艺场所、歌舞娱乐等行业转型升级。加快发展以文化创意为核心，依托数字技术进行创作、生产、传播和服务的数字文化产业，培育形成文化产业发展新亮点。

三是实施文化产业重点项目牵动工程。提高项目创意生成水平，加强项目规划实施，重点推进一批文化内容实、创意水平高、产业链条长、市场前景好、投资规模大的项目，牵动文化产业扩大规模、优化结构。发挥各级财政扶持资金激励引导作用，引导金融资本向文化产业领域配置，推动建立文化产业发展基金，引进战略投资者，推广运用PPP模式，加快建立多元化文化产业投融资体系。

四是培育壮大各类市场主体。鼓励文化企业以资本为纽带，开展跨地区、跨行业、跨所有制兼并重组，加强文化企业孵化器、公共服务平台、众创空间建设，支持"专、精、特、新"小微文化企业发展，培育一批核心竞争力强的国有文化企业。以品牌提升文化企业市场竞争力和文化产品市场占有率，叫响一批具有龙江特色、龙江风格、龙江气派的知名文化产业品牌。对接争取国家级文化产业示范园区等相关扶持政策，促进文化企业提档升级。

五是扩大和引导文化消费。增加文化产品和服务有效供给，改善消费条件，营造消费环境，推动建立扩大和引导文化消费的长效机制。鼓励和引导社会资本进入文化产业，充分激发市场活力和社会创新创造能力，引导文化企业提供个性化、多样化的文化产品和服务，培育新的文化消费增长点。支持各地采取各种措施促进文化消费。加强宣传推广，倡导文化消费理念，提升文化消费水平。

六是提升文化科技支撑水平。探索跨部门、跨地区的文化科技融合工作机制，支持社会力量参与文化创新活动。围绕文化发展重大需求，运用数字技术、网络技术、智能技术、材料技术、虚拟现实技术，提升文化科技自主创新能力和技术研发水平。支持数字文化资源开发关键技术研究与应用，加快文化艺术展演展陈虚拟化、协同化、数字化。完善文化科技成果转化机制，发挥企业主体作用，加强技术转移和科技项目成果应用。

重点项目：

1.文化产业重点项目牵动工程。围绕文化产业重点行业和转型升级重点任务，每年从省重点推进和文化创意类两个层面谋划确立一批重点项目，对符合条件的项目推荐安排财政专项资金支持。重点推进哈尔滨万达文化旅游城产业综合体、省广电网络公司全网双向化改造、省演艺集团电影产业综合体和《一场雪·一万年》雪乡冰雪实景演出、哈尔滨国际油画交易中心推广营销、俄罗斯美协创作基地等项目建设，促其尽早投产达效。

2.国家文化消费试点。争取2—3个区域中心城市纳入国家试点范围，总结评估试点情况，研究提出扩大文化消费的政策措施，推动形成行之有效、可持续和可复制推广的实施路径和可行做法。

3.文化金融合作试验区。推动黑龙江文化金融中心建设，完善文化产权交易、文化资产整合交易、文化企业投融资服务、文化金融综合服务等功能，与哈尔滨金融机构开展对接合作，构建联通中小微文化企业和政府、金融机构、担保中介服务机构的"网络式"金融服务生态。

4."互联网+文化"行动计划。引导和鼓励文化企业广泛应用以移动互联网、云计算、大数据、物联网为代表的新一代信息技术，推动创意来源开放、生产方式改进、内容产品升级和营销模式创新，催生壮大新兴产业业态和新型文化企业，打造新的产业增长点。支持相关网络平台、众创空间和应用示范项目建设，重点推进中俄艺术品、北大荒版画网上交易平台和省演艺集团文化产业大数据服务系统等项目加快实施。

5.文化科技融合发展工程。依托文化部文化创新引领工程、文化大数据工程、文化装备系统提升工程、成果转化应用工程等重点项目，积极培育文化创新工程项目，培养文化创新人才，推动艺术院校和艺术科研院所加强文化创新；开展数字文化艺术资源发展状况调查，推动建立文化大数据综合服务平台；提升公共文化机构及舞台演艺、动漫、游戏、非遗保护等领域技术装备系统水平；支持各类高校和科研院所参与文化部重点实验室建设。

（四）综合开展文化遗产传承保护利用工程

坚持保护利用并重、传承创新并举、合作交流并行，统筹推进文化遗产保护与经济社会发展，切实让文化遗产"活起来"，推动优秀传统文化创造性转化和创新性发展。

一是加强文物保护。持续做好文物保护基础工作，推进重点文物保护单位"四有"工作，建立不可移动文物和国有可移动文物数据库。开展文物科技保护专题研究，推动文物由抢救性保护向预防性保护转变，由注重文物本体保护向文物本体与周边环境、文化生态的整体保护转变。加强不可移动文物保护，对存在重大险情的文物保护单位及时开展抢救性保护，加强文物日常养护、岁修、巡查和监测。加强长城保护和革命文物保护，提升保护展示水平，实施革命旧址保护修缮和馆藏革命文物修复计划。加强城乡建设中的文物保护，保护历史文化名城、街区、村镇和传统村落的整体格局和历史风貌。做好基本建设中的考古工作，为水利、高铁、公路等重大建设工程提供良好服务和有力保障。

二是加强文物安全执法。落实各级政府保护文物主体责任和文化（文物）行政部门监管责任。强化预防控制措施，加大执法巡查力度。建立案件应急处置、层级监督等工作机制，严格责任追究。建立联合执法工作机制，形成文物行政执法协调体系和长效机制。积极开展文物行政执法人员培训工作。建立健全社会监督机制，自觉接受社会舆论和人民群众的监督。

三是提升博物馆管理和服务水平。积极贯彻《博物馆条例》，优化博物馆布局，建设具有行业和地域特色的专题博物馆，发展智慧博物馆。建立健全文物资源数据库，开展符合馆藏定位的文物征集，实施馆藏文物预防性保护。挖掘地域文物资源，增加原创内容，着力打造龙江特色陈列展览品牌。建立省级博物馆与基层博物馆借展、联展、巡展合作机制。加强文教结合，完善博物馆青少年教育功能，定期开展博物馆中小学教育活动。积极引导非国有博物馆发展，引导、支持社会各行业和个人依法兴办专题博物馆和特色博物馆，着力完善以国有博物馆为主体，行业和非国有博物馆为重要补充的多元发展体系。

四是加强非物质文化遗产保护传承工作。以伊玛堪、望奎皮影为重点，实施非物质文化遗产项目抢救性、生产性保护。推进具有地域特色的国家级文化生态保护实验区、保护传承示范基地建设。加强非物质文化遗产展示场馆建设，设立省非物质文化遗产展示中心，挖掘传统工艺技术与文化双重价值，展示传播我省非物质文化遗产保护及优秀文化创意成果，增强非物质文化遗产传承活力。积极探索非遗传承与旅游产业、与特色小镇和美丽乡村建设相结合，打造一批非遗特色小镇和非遗特色乡村。进一步做好传承人保护工作，促进活态传承。做好国家级代表性项目和传承人的推荐和申报工作，推进省、市、县三级代表性项目体系和传承人队伍建设，规范各级代表性传承人认定和命名工作。完善非物质文化遗产保护网站，利用"文化遗产日"和民族传统节日，通过媒体广泛开展非物质文化遗产宣传展示活动。

五是推进文化创意产品开发。加强文化资源系统梳理，深入挖掘文化资源的价值内涵和文化元素，充分运用创意和科技手段，开发艺术性和实用性有机统一、适应现代生活需求的文化创意产品，打造文化创意品牌，使文创产品开发成为文化文物单位传播地域文明、传承传统文化、实现社会效益和经济效益双丰收的重要阵地。

重点项目：

1.重大文物保护工程。推进中东铁路建筑群整体保护，编制保护规划并启动实施昂昂溪中东铁路建筑群、一面坡中东铁路建筑群、绥芬河市中东铁路建筑群保护工程。实施金上京会宁府遗址、七三一旧址等大遗址保护和展示工程。持续推进唐渤海国上京龙泉府遗址和金上京会宁府遗址国家考古遗址公园建设。加强长城保护，编制长城保护规划，实施金界壕遗址水冲沟治理工程。加强革命文物保护展示，重点实施虎头要塞、东宁要塞等侵华日军罪证旧址保护项目。

2."互联网+中华文明"行动计划。深度挖掘和拓展文物蕴含的历史、艺术、科学价值和时代精神，依托互联网创新成果，建立文物信息资源共享机制，推动文物与教育、文创、动漫、游戏、工业设计、旅游等领域跨界融合，形成一批具有广泛影响和普遍示范效应的优秀文化产品和服务，让文物可见、可感、可亲。

3.全省博物馆"传历史记忆、展黑土风采"主题系列展览宣传活动。办好基本陈列、临时展览、专题展览，利用电视、广播、报刊、网络等媒体资源开展宣传活动，开办博物馆沙龙、博物馆剧社、文物鉴赏讲座、文物知识竞赛等社会活动，把"传历史记忆、展黑土风采"活动打造成引领和统筹全省博物馆工作，有凝聚力、影响力、传播力的文化品牌。

4.文博创意产品开发项目。梳理第三次全国文物普查、第一次全国可移动文物普查数据，制定全省博物馆文创产品开发名录，通过推广全国试点单位文创产品开发经验，推动具有龙江地域特色的博物馆文创产品开发。

5.文化生态保护区建设工程。深入推进省级文化生态保护实验区建设，进一步完善保护区非物质文化遗产名录体系，编制保护规划，确立文化空间，维护文化生态、培养非遗传承人群，实施整体保护。力争把赫哲族文化生态保护实验区建设成为国家级文化生态保护区。

6.非物质文化遗产保护利用设施建设工程。依托国家级非物质文化遗产代表性项目，根据非遗项目分布情况，统筹推进实施省非物质文化遗产展示中心项目、麦秸技艺传承基地项目、望奎皮影产业基地建设项目、海伦市北派二人转传承保护中心、"赵世魁戏法"排演综合楼项目、赫哲族鱼皮制作技艺传习中心项目、牡丹江满族刺绣文化产业示范基地项目。

（五）着力实施平安文化市场创建工程

坚持管理和服务并重，加快推进文化市场综合执法改革，逐步建立统一开放、竞争有序、诚信守法、监管有力的市场管理格局。

一是有序发展文化产品供给市场。推动文化产品供给侧结构性改革，加强内容建设，丰富产品供给。鼓励文化企业加快创新、丰富业态、改造装备、改善服务环境、提供公共服务，支持行业协会举办创新设计大赛和群众性赛事活动。优化文化消费发展环境，引导企业丰富产品供给、提供差异化服务，促进文化消费转型升级。加强网络文化内容建设，引导市场主体提供弘扬社会主义核心价值观、体现中国精神的网络文化产品。

二是优化文化市场发展环境。严格落实"先照后证"改革要求，放宽准入标准，优化审批服务，鼓励各种社会力量进入文化市场领域，激发文化市场发展活力。大力发展演出、娱乐、网络文化、艺术品等市场，鼓励、扶持和规范民营艺术表演团体发展。加快建设多层次文化产品和文化要素市场，加强人才、资本、技术、信息、产权和中介服务市场建设，提高文化资源配置效率。建立统一的市场准入退出制度。

三是强化文化市场监管。健全以内容监管为重点、信用监管为核心的文化市场事中事后监管体系。推进完善"双随机"抽查机制，建设"双随机一公开"抽查监管信息平台。持续开展文化市场综合执法整治专项行动和文化市场交叉检查活动，坚决打击各类违法违规经营行为。开展文化市场企业信用等级评定，建立全省文化市场信用信息数据库和全省文化市场诚信档案，对文化市场经营主体实行分级分类管理，提升文化市场监管效能。

四是提高文化市场综合执法能力。深化文化市场综合执法改革，建强省、市、县级综合执法机构和队伍，在全省形成协调统一、运行规范的文化市场综合执法体系，推进文化领域跨部门、跨行业综合执法。制定文化市场综合执法规范化标准，完善综合执法协作机制。推进全国文化市场技术监管与服务平台全面应用，提高文化市场管理与执法信息化水平。加强以案件为导向的执法培训，提高综合执法队伍执法办案能力。

重点项目：

1."双随机一公开"抽查监管信息平台项目。依托文化市场行政执法总队建设全省文化市场"双随机一公开"抽查监管信息平台。制定随机抽查事项清单，建立被检市场主体名录库和执法检查人员名录库。

2.文化市场信用信息数据库建设项目。建立涵盖省市县文化市场经营主体的文化市场信用信息数据库，记录全省市场主体信用信息。建立文化市场警示名单和黑名单制度，对违法违规经营的单位和个人，依法公开其违法违规记录，使失信违规者在市场交易中受到制约和限制。

3.文化市场技术监管与服务平台建设和推广工程。利用现代科技手段，建设和完善省、市、县三级文化市场技术监管平台，实现全省文化市场管理的网上审批、网上执法办公办案、网上市场监控和网上基础数据查询。

（六）广泛开展文化睦邻工程

充分发挥我省毗邻俄罗斯、面向东北亚的区位优势，发挥文化对外交流的特殊作用，主动融入文化部"一带一路"文化发展行动计划，进一步拓展文化交流的内容和形式，提升对外文化交流层次和水平，打造对俄全方位文化交流桥头堡。

一是构建对俄文化交流合作新格局。围绕"中蒙俄经济走廊"龙江陆海丝绸之路经济带建设发展战略，统筹对俄文化交流、传播和贸易，推动对俄文化交流合作层次、规模、领域和范围不断提升。发挥哈尔滨对俄交流合作中心城市作用，鼓励和扶持边境地区发挥地缘和人缘优势，深化与俄友好省、州、市的交流，形成长效机制，逐步构建多渠道、多领域、多层次的龙江对俄文化交流合作新格局。

二是打造对俄交流文化品牌。策划实施富有龙江特色的对外文化交流项目，展示龙江文化独特魅力，有效传播当代中国价值观念。突出办好中俄文化大集、中俄博览会文化交流、阿穆尔州"黑龙江日"展演等对俄重大文化活动，推动中俄互设文化中心，以人文领域交流带动经贸合作升级。发挥沿边城市对俄文化交流优势，推进"沿边城市文化走廊"建设，推出一批具有地方特色、民族特色的对俄文化交流品牌。

三是扩大与周边国家地区和港澳台的文化交流。落实文化部部省合作项目，派出具有我省特色的文化展演项目，赴新西兰、丹麦等国开展文化交流。以传承和弘扬中华传统文化为重心，搭建对港澳台交流渠道和平台，促进文化认同和国家认同，不断深化黑龙江与港澳台地区的文化交流合作。

重点项目：

1.中俄文化大集项目。创新活动形式，扩大活动规模，提升活动影响力，逐步把中俄文化大集打造成区域性全方位开放的交流合作品牌和国家级机制性交流平台，为黑龙江全方位对外文化交流与合作搭建桥梁。

2.中俄人文合作项目。重点推进哈尔滨国际油画交易中心、哈尔滨中俄文化艺术交流周、哈尔滨中俄宝玉石文化创意产业园、中俄中东铁路文化遗产保护创新研究中心、中俄"黑龙江日"和"滨海边区日"、黑河中俄文化产品集散市场、牡丹江中俄旅游文化节等合作项目，深化人文领域交流合作，经常性开展双边文化交流。

3.承办省政府对外交流文化展演项目。根据省政府地区日活动安排，负责"黑龙江日"活动中文化交流演出及展览工作。组织策划体现国家级水准，突出黑龙江特色的"中国——俄罗斯博览会"开幕式演出活动。

（七）深化文化体制机制改革

坚持以改革创新求繁荣促发展，深入推进文化体制改革，建立健全党委领导、政府管理、行业自律、社会监督、企事业单位依法运营的文化体制机制，切实增强文化创造活力。

一是完善文化管理体制。加快文化行政部门职能转变，深化行政审批制度改革，简政放权、放管结合，建立健全文化行政权力和责任清单制度。深化商事制度改革，补充完善文化领域相关法规规章，推动政府部门由"办"文化向"管"文化转变。

二是推进文化事业单位改革。深化文化事业单位人事、收入分配、社会保障、经费保障等制度改革，创新管理运行机制，探索政事分开、管办分离的有效形式。推动公共图书馆、博物馆、文化馆等建立事业单位法人治理结构。推动保留事业体制院团内部机制改革。完善绩效评估考核，制定科学的绩效指标体系，适当引进第三方评估，加强评估结果的公开和运用。

三是深化国有文艺院团体制改革。推进转企国有文艺院团建立健全体现文化特色的现代企业制度，进一步优化内部分配机制，激发发展内生动力。完善社会效益和经济效益综合考评指标体系，确保把社会效益放在首位，实现社会效益和经济效益相统一。通过政府购买服务、原创剧目补贴、以奖代补等方式扶持转企院团的艺术创作生产。

四是培育和规范文化类社会组织发展。加强对文化类行业协会、民办非企业单位等社会组织的引导、扶持和管理，促进规范有序发展。厘清文化行政部门与所属行业协会职能边界，加快推进文化行业协会与行政机关脱钩。加大政府向文化类社会组织购买服务力度，探索将适合由社会组织提供的公共文化服务事项交由社会组织承担。

（八）加强文化队伍建设

深入实施人才培养计划，创新人才培养机制，有效落实人才政策，优化人才成长环境，建设结构合理、梯次清晰、门类齐全的高素质文化人才队伍，为文化改革发展提供人才保障和智力支持。

一是健全文化人才培养机制。完善人才培养开发、评价发现、选拔任用、激励保障机制。对高层次人才、高技能人才、有突出贡献特殊人才、德艺双馨艺术名家、地方戏和非物质文化遗产传承人及团体，制定专门扶持政策。加强艺术研究院所专业人员建设，培养学术带头人和研究骨干。激发人才活力，赋予文化单位充分的用人自主权，落实全员聘用制。畅通引进优秀戏曲专业人员通道，按照特人特招、特事特办原则引进优秀专业人员。

二是加大艺术人才培养力度。采取"走出去"与"请进来"培训方式，成建制集中培训与个性化培养相结合，着力培养文化艺术领域青年拔尖人才。发挥政府导向和扶持作用，培养和引进文化发展重点领域急需紧缺专业人才、高层次领军人物和经营管理人才。充分利用国家专业艺术人才培训计划，培训一批戏曲编剧、导演、作曲、舞台美术、评论等专业中青年人才。以专职文化队伍、业余文化骨干、文化志愿者为重点，完善基层文化人才培训网络，加强基层文化人才队伍建设。

三是拓展文化人才培养途径。加强黑龙江省艺术职业学院建设，建立科学化、规范化、精细化管理机制，完善校企合作、校地合作育人机制和"准订单式"人才培养机制，设立"校友艺术馆"和"实验艺术团"，扩大学院影响，提升人才培养质量。大力开展网络远程培训，加强文化技能人才培养，引导黑龙江艺术职业学院根据基层需求设置专业和课程。创造性地实施"三区"人才支持计划文化工作者专项，加快边远贫困地区、边疆民族地区和革命老区文化人才队伍建设。加强非公有制领域文化人才工作。

重点项目：

1.文化局长轮训工程。充分利用国家和省文化教育资源，组织全省、市县两级文化局长参加文化厅局长轮训班，争取五年内让各地文化局长轮训一遍。

2.艺术人才培养计划。建立国家与地方合作培养人才机制，实施名家（校）与地方院团合作的"一校带一院（团）"、剧目实训、项目带训、互联网艺术平台自训等人才培养新模式，落实"名家传戏"、"传承人参与艺术职业教育双向进入"、戏曲学生免学费等人才培养政策要求，培养文化艺术事业发展重点领域急需紧缺专业人才、高层次领军人物和经营管理人才。

3."乔梁舞蹈艺术中心"舞蹈教育品牌工程。成立"乔梁舞蹈艺术中心"，推进民族民间舞蹈教学科研工作，提升舞蹈人才培养质量。搭建民族民间舞蹈传承与创新交流平台，遴选培养已入选全国职业院校民族文化传承与创新示范专业的"花棍舞"和"东北秧歌"项目传承人。编撰出版相关教材，推动我省民族民间舞蹈教育教学改革与发展。建设骨干教师发展梯队和优秀教学团队，积极创作和打造富有龙江特色和时代气息的舞蹈艺术精品。

五、保障措施

加强文化改革发展政策和法治建设，有效发挥财政保障、文化政策、人才队伍和文化法治的引导、扶持、激励和规范作用，为文化改革发展营造良好的发展环境，确保各项工作顺利推进。

（一）加强文化财政保障

建立健全公共文化服务财政保障机制，合理划分公共文化服务的事权和支出责任，将公共文化服务经费纳入财政预算，安排公共文化服务所需资金，保障公共文化服务体系建设和运行。进一步完善转移支付机制，重点扶助革命老区、民族地区、边疆地区、贫困地区，着力支持农村和城市社区基层公共文化服务设施建设，落实文化扶贫工作任务。创新文化投入方式，推进政府购买服务和PPP项目。加强对资金管理使用情况的监督和审计，开展绩效评价。

（二）完善文化经济政策

加大政府购买公共文化服务力度。出台政府购买公共文化服务指导性意见和目录，将政府购买公共文化服务纳入财政预算，逐步加大现有财政资金向社会力量购买公共文化服务的投入力度。按照财税体制改革总体要求，落实转企改制戏曲表演团体、文化内容创意生产、非物质文化遗产项目经营等方面的税收优惠政策。继续实施支持文化企业发展税收政策。完善绩效考核评价工作机制。建立公共文化服务、精品艺术生产、文化产业推进考核指标和评价标准，推动公共文化服务参与式管理。

（三）加强文化法治建设

贯彻《文物法》和《非物质文化遗产法》，修订《黑龙江省文物管理条例》，制定颁布《黑龙江省非物质文化遗产条例》。按照国家《公共文化服务保障法》《文化产业促进法》《公共图书馆法》颁布进程，结合我省实际，制定出台相关法规，不断完善文化法律法规体系。建立重大决策合法性审查机制和法律顾问制度，确保文化改革发展工作依法有效开展。

六、组织实施

全省各级文化行政部门要积极推动各级党委和政府把文化建设作为一项重点工作，纳入经济社会发展全局，列入各级政府效能和领导干部政绩考核体系，做到文化建设与经济建设、政治建设、社会建设、生态文明建设同部署、同推进、同落实。文化文物系统各单位、各部门要认真贯彻本规划，结合实际制定实施方案和年度执行计划。要明确重大工程和重大项目责任主体和实施进度，对规划实施情况进行动态监测和跟踪分析，加强年度检查和考核评价，适时引入第三方评估，强化评估结果运用，及时发现并解决问题，确保规划取得实效。

上海市"十三五"时期文化文物广播影视发展规划

"十三五"时期是我国全面建成小康社会的决战阶段,是上海基本建成"四个中心"和社会主义现代化国际大都市的决定时期。为深入贯彻党的十八大和十八届三中、四中全会精神,深化文化体制机制改革,推动社会主义文化大发展大繁荣,根据《关于繁荣发展社会主义文艺的意见》《国家"十三五"时期文化发展改革规划纲要》《上海市"十三五"时期文化改革发展规划》编制本《规划》。

一、上海文化发展的基本情况和面临的形势

(一)"十二五"时期上海文化发展取得的成绩

"十二五"上海文化发展基本完成规划目标,为"十三五"基本建成国际文化大都市打下了坚实基础。

1.社会主义核心价值观深入人心。创新通过舆论引导、艺术熏陶、服务引领、传统灌输、活动感染、市场渗透、机制撬动七种方式落细、落小、落实社会主义核心价值观。

2.公共文化服务体系优化。设施建设取得新进展,基本形成市、区、街道、村(居委会)的四级公共文化服务网络,实现十五分钟公共文化服务圈的建设目标。服务内容实现新提升,创新公共文化配送机制形成市、区、街道三级公共文化内容配送体系。连续三年举办市民文化节,积极推进文化"十进"工程,城市文化氛围营造浓郁。服务管理形成新突破,公共文化服务法治保障明显增强,社会化、专业化发展深化,第三方评估机制逐步建立。

3.文化产业优势稳步增强。产业规模持续扩大,文化创意产业增加值占全市GDP比重超过12%,超预期完成规划目标。产业集聚区建设加快,西岸文化走廊、环上大影视园区等文化功能项目推进有序,空间布局更趋合理。文化跨地区、跨所有制发展不断深化。电影、演艺、艺术品等重点产业发展迈上新台阶。

4.文化市场发展持续繁荣。文化市场主体日益丰富,行业协会发展规范有序。文化要素市场健康发展,文化资源配置方式优化。文化产品多元,消费活力激发。文化市场服务管理亮点不断,区域文化市场合作持续深化。依托上海自由贸易试验区建设,文化开放能级有序提升。

5.传统优秀文化传承有力。文物保护和非物质文化遗产保护力度加大,出台了《上海市文物保护条例》《上海市非物质文化遗产保护条例(草案)》,推动文化法制建设步入新阶段。博物馆发展体系日臻完善,基本陈列和专题展览的主题内容、科技含量和艺术感染力逐步提升。

6.跨界融合发展不断深化。文化与科技、金融、教育、商业、旅游、体育、贸易等融合发展日益深入。大力推进"文化上海云"建设,积极促成下一代大型5D剧场、下一代舞台、下一代半导体彩色激光源、下一代广播电视网等的规划实施和重大项目落户。顺利实施《上海文化与旅游合作发展三年行动计划》《上海文教结合三年行动计划》。

7.文化国际影响力逐渐凸显。文化引进来能级加大,迪士尼、梦工厂、佳士得等先后落沪。文化走出去加快,成立了全国首个国家对外文化贸易基地,每年实现贸易额达100亿元。舞台、美术、文学、影视等领域精品力作不断涌现,上海国际电影节、上海国际艺术节、上海电视节、上海艺术博览会等本土文化品牌影响力不断扩大。

8.文化改革完成阶段任务。政府职能优化,文化管理由审批向事中事后监管转变。国有文化企业改革取得新突破,国有文艺院团启动新一轮创新改革,广电改革深化打造新型互联网传媒集团。文化事业单位实行法人治理、理事会制度的探索卓有成效。

(二)"十二五"时期上海文化发展存在的问题

"十二五"时期上海文化发展仍存在一些亟须破解的问题:一是亟须提升文化的国际影响力。对标伦敦、纽约等国际大都市,上海城市文明程度、市民文化修养仍需提升,全球性、国际性的现象级文化产品或事件仍待丰富,具有行业影响力的文化领军企业还需壮大,对"一带一路"、长江经济带、长三角城市群等国家战略的服务和带动作用仍需凸显。二是亟须加强市民公共文化权益保障。公共文化服务体系在中心城区与郊区县,在不同年龄、不同身份、不同阶层的群体之间仍有不均衡。部分公共文化资源的功能发挥、社会参与积极性仍未充分。三是亟须激发文化创新活力。市场配置资源的决定性作用尚未完全发挥,社会力量参与文化的广度和深度还不够。文化原创活力不足,民营力量相对薄弱,互联网下的新兴产业催生、传统产业转型动力不足,部分制约文化发展的体制机制障碍仍未破除,文化消费还显乏力。四是亟须壮大文化人才队伍。现有文化领军人才、专业人才、复合型人才和创新型人才的规模、质量,与建设国际文化大都市的要求还存有差距,中高端文化人才引留政策的机制障碍尚未彻底消除。

(三)"十三五"时期上海文化发展的形势分析

"十三五"时期,面对国际、国内、本市的新形势,上海要大胆挖潜有利条件,积极应对出现的新问题、新矛盾,坚持以文化的力量提升城市文明程度和市民文化修养。

从国际层面看,一是文化成为国际竞争的焦点。上海定位于建设具有全球资源配置能力、较强国际竞争力和影响力的全球城市,应主动寻找和设定新时期的城市文化担当,将其提升到"文化兴市"的战略高度。二是文化成为创新经济的切入口。上海科技创新中心建设不仅需要人力、财力、物力的"精";也需要城市文化凝聚的"气",更需要城市独特个性塑造的"神",以文化魅力加速创新要素集聚。三是文化与社会经济的融合发展正产生深远影响。文化精神与市民日常融合提升城市的认同感和归属感。与科技、教育、贸易、旅游、商业、金融融合,有利于催生一系列文化新兴业态、表现形式、传播渠道、运营模式,释放社会经济发展潜能。

从国家层面看,一是文化大发展大繁荣成为国家长期战略任务。上海须坚定不移贯彻落实中央的战略部署,为打造中国经济升级版、实现中华民族伟大复兴的中国梦做出应有贡献。二是上海文化体制改革先行先试任务重。作为全国文化体制改革先行地区,上海承载着中央寄予的殷切期望,迫切需要深化文化体制改革,形成有利于文化创新活跃、要素集聚、市场开放、全面可持续发展的制度环境。三是跨区域文化合作日趋紧密。上海要在"一带一路"、长江经济带、长三角城市群等国家战略中发挥龙头作用,在区域合作竞争中保持领先地位,就必须将文化发展提升到新的战略高度,以文化的方式对接区域合作。

从上海层面看,一是城市进入创新驱动、转型发展的关键期。在新一轮发展中需发挥文化调结构、促转型的作用,使其成为支持、呼应、推动城市升级的新引擎和新动力。二是文化在国际大都市建设中的地位凸显。"十二五"时期上海文化创意产业产值及产业增加值增幅显著快于GDP增长,发展前景看好。"十三五"时期上海仍需继续加大文化产业发展力度,丰富城市的文化内涵。三是市民期待在文化发展中拥有更多获得感。随着上海城市市民群体来源的多样化,对文化发展环境和质量的重视程度不断提高,对多元文化的需求同步加大,对文化开放包容和人性化的追求也更加强烈,以文化人、以人兴文成为城市发展的关键命题。

二、指导思想、基本原则、发展目标和发展布局

(一)指导思想

高举中国特色社会主义伟大旗帜,坚持以邓小平理论、"三个代表"重要思想和科学发展观为指导,深入贯彻习近平总书记系列重要讲话精神,按照"四个全面"战略布局要求,紧紧围绕"四个中心"和社会主义现代化国际大都市总目标,紧抓文化大繁荣大发展的历史机遇,以社会主义核心价值观为引导,以满足市民多元文化需求为立足点,以科技创新为强大动力,大力弘扬中华优秀文化,积极汲取世界文化精华,不断增进市民文化自信、提升城市的国际影响力和文明程度、提高市民的文化修养和追求,为上海社会经济发展提供强大的

思想保障、精神动力和智力支持。

（二）基本原则

1.坚持人是发展的根本。贯彻人本主义精神，发挥市民在上海文化发展中的主体地位，鼓励文化的自觉创造和创新发展。坚持文化发展为市民、文化发展靠市民、文化发展成果由市民共享，把更好地保障市民文化权益，更好地满足市民多样化、多层次、多方面的文化需求作为发展的立足点。

2.坚持空间是发展的基础。响应城市的更新升级，在工业存量资源、商业载体、交通场所、数字信息等空间中融合渗透文化功能。持续提升已有文化设施、文化场所、文化机构、文化组织、文化媒介核心价值观宣传引导和文化氛围营造的功能，不断拓展上海文化发展阵地。

3.坚持政策是发展的保障。立足上海文化发展环境的优化，积极促进政府与市场的协同发展。通过政策保障让市民享好文化、让市场办好文化、让社会做好文化、让政府管好文化，营造全社会参与文化发展的氛围。

4.坚持文化共识是发展的关键。通过文化共识形成独特的情感认知以达成社会认同，形成创新的共生共赢模式以实现跨界融合，形成统筹的文化协作机制以凝聚发展合力，不断提升上海文化发展的系统性、整体性、协同性。

5.坚持改革创新是发展的主线。紧抓上海自由贸易试验区制度创新的契机，坚持把改革、开放、创新贯彻于上海文化发展的各领域和全过程，以深化改革激发活力，以全面创新增强动力。

（三）发展目标

围绕上海城市文明程度和市民文化修养的提升，围绕上海独特的精神品格和文化内涵的塑造，围绕市民多样化、多层次、多方面文化需求的满足，着力构建全国一流的现代公共文化服务体系、形成全国领先的文化优势产业、打造国际化的文化品牌、推出国际知名的原创作品、建设国际领先的文化设施、集聚国际一流的文化人才，力争到2020年基本建成与"四个中心"和社会主义现代化国际大都市相适应的国际文化大都市。

围绕"国际文化大都市"这一总目标，"十三五"时期上海发展形成"一都三中心"的分目标体系。

——打造"氛围浓郁、惠民利民的公共文化服务体验之都"。继续保持上海公共文化全国领先的地位，率先构建现代公共文化服务体系，以软带硬软硬兼施，加快文化设施建设，营造文化氛围，创新服务管理实践，确保市民基本文化权益享受，力争"十三五"期末上海人均公共文化设施面积达到0.18平方米，接待和服务参观者与观众超过1.5亿人次，超12小时开放的公共文化设施超过200个，使上海成为公共文化服务体验之都。

——打造"国内外文化创新发展的活力中心"。探索具有国际趋势、中国特色、上海基因的文化创新发展模式，以信息为源激发文化平台经济，以技术为本创新文化商业模式，以资本为引提升文化产业效率，构建现代文化产业发展体系，推进文化与科技、教育、商业、贸易、旅游、金融等创新融合，集聚优势、协同创新、释放活力，凸显电影、演艺、艺术品重点产业在全国的领先地位，使上海成为中国电影的又一中心、亚洲演艺之都、世界重要艺术品交易中心。力争"十三五"期末上海文化创意产业增加值占比超过13%，使上海成为国内外文化创新发展的活力中心。

——打造"全国乃至亚太文化艺术的源创中心"。坚持"百花齐放、百家争鸣"的方针，广泛集聚文化创作人才，大力支持文化艺术创作，不断提升上海文艺创作的数量、品质，切实发挥文化艺术创作的"源头性"作用，力争"十三五"时期上海获得国家级及以上奖项的文化艺术作品超百个，获得国家级以上奖项的优秀文化人才超百位，成为全国乃至亚太文化艺术的源创中心。

——打造"具有世界影响力的文化交流中心"。坚持上海文化的传承与包容共生共赢，继承和弘扬优秀传统文化精髓，拓展和丰富国际文化大都市发展内涵，塑造上海城市精神品格，打磨上海城市文化名片。内引外联，走出去引进来，形成全球文化资源、品牌的展示、融合、创新、服务、衍生平台，释放世界性的文化影响力，力争"十三五"时期上海国际性文化活动或赛事达到二十余项，将上海建成具有世界影响力的文化交流中心。

（四）发展布局

"十三五"时期，立足激发城市文化活力、响应城市转型升级、传承城市历史文脉、营造城市空间归属感，跨江东进，过河北上，力争形成"沿江沿河、一轴双心、一环多圈"的发展新格局。

一轴双心：打造横贯中心城区的文化轴线，完善人民广场文化设施集聚区，构建浦东花木地区文化设施集聚区，形成"一轴双心"的文化设施新布局。在浦西，充分发挥上海博物馆、上海大剧院等现有文化设施的集聚融合作用，改建上海大世界传艺中心等重大文化设施，推进环人民广场老剧场的改建恢复及多元演艺空间的创新建设，激发区域文化发展活力。在浦东，重点推进上海博物馆东馆、上海图书馆东馆、上海大歌剧院等设施建设，结合上海东方艺术中心等现有文化设施，形成具有国际影响力的文化资源新高地。

沿江沿河：继续加强黄浦江两岸文化资源开发利用，保护利用苏州河沿岸的工业遗存和景观资源，不断完善苏州河以北文化设施布局，形成文化演艺、时尚娱乐、影视传媒、新媒体视听等复合功能优势。优先布局黄浦江沿线的文化设施建设，重点推进世博文博区、徐汇滨江、前滩、后滩等文化集聚区建设。

一环多圈：结合商业副中心、新型城镇建设，紧抓城市更新契机，形成文化创意创新产业集聚的"中环文化金腰带"。加强市区联动，发挥区县积极性，实施文化点灯工程，推进区县重大文化设施建设，以点带面，辐射带动周边区域文化整体发展和文化内涵提升。重点推进上海马戏城主剧场和中剧场改建、上海轻音乐团迁建、桃浦文化艺术中心、上海戏曲艺术中心等项目。

三、主要任务

"十三五"时期上海将抓住关键、聚焦重点，着力做好以下九个方面的工作：

（一）深化社会主义核心价值观建设，提升市民文化素养

培育和践行社会主义核心价值观，发挥文化对人的教化作用。通过市民文化素养的提高，塑造城市独特精神品格，促进城市文明程度的提升。一是在落细上，坚持细处着眼、润物无声，让核心价值观在文化牵引下进设施场馆、进内容生产、进文化活动、进艺术空间、进学生课堂、进消费市场、进社区家庭、进人文窗口。二是在落小上，注重小处着手、以小见大，通过小故事、小节目、小活动、小演出等从点滴做起、从身边做起、从自己做起，让核心价值观落脚在市民的一言一行中。三是在落实上，狠抓实处着力、知行合一，建立和完善支撑核心价值观的制度体系，加强顶层设计、法律支持、政策保证和机制保障，探索建立一套与上海文化特点相适应的落细、落小、落实方式。

（二）构建现代公共文化服务体系，保障市民基本文化权益

1.推进公共文化服务均衡化发展

一是率先实现城乡文化一体化。均衡文化设施的城乡发展，结合城乡文化一体化规划，对农村区域尤其是远离城区和经济薄弱的乡镇，有重点地推进文化信息资源共享、农村电影放映、农家书屋等文化惠民工程及文化站、图书室、社区文化活动中心等基础设施建设。加强农村公共文化建设，大力支持乡土艺术创作，继续实施"一镇一品"工程，培育具有上海特色的美丽乡村文化品牌。继续深化农村家庭文化、乡土文化、生态文化、村民文化、来沪务工人员文化建设。

二是完善公共文化设施网络建设。加快推进市级重大文化设施建设，力争实现建筑、质量、功能、运营管理等方面达到国际一流水平。完善基层公共文化设施建设，力争实现中心城区十分钟、郊区十五分钟的公共文化服务圈建设。重点推进由于市政建设规划、行政区域合并等造成行政区域扩大、人口集聚的区域社区文化活动中心分中心及新建大居社区文化活动中心建设。

三是保障特殊人群基本文化权益。确保老年人、未成年人、残疾人、来沪务工人员、生活困难群众、创新创业者等群体享有公共文化服务的基本权益，结合不同群体实际情况按需配送特色公共文化产品和服务。

2.完善公共文化产品和服务供给

一是提升公共文化服务效能。以需求为导向，形成市、区（县）、街道三级网络的需求调研、产品生产和服务配送体系，深化公共文化资源按需配送的制度化建设。推进各类公共文化设施运行管理和服务的标准化体系建设，规范各级各类公共文化机构服务内容和流程。提高社区文化活动中心的使用率和参与度，视情况延长服务时间。推进公共图书馆、博物馆、文化馆、纪念馆、美术馆等公共文化设施的免费开放。鼓励科技馆、工人文化宫、妇女儿童活动中心以及青少年校外活动场所等提供基本公共文化服务。鼓励闲置、利用率较低的党政机关、国有企事业单位和学校的各类文化设施在条件允许情况下向社会免费或优惠开放。

二是优化队伍提升配送品质。通过政府购买服务形式支持专业院团、民营团体、演出机构、文化团队等向基层配送涵盖文艺演出、培训、讲座、展览、白领工作坊、文化指导员等板块的公共文化产品。扩大国有专业院团参与社区公共文化服务配送的比例，鼓励专业艺术院团、专家、学者等到基层教、学、帮、带，开展形式多样的"结对子、种文化"活动。

三是健全志愿者服务机制。鼓励志愿者成为全民阅读、艺术培训、公益演出、创意集市等公共文化服务的统筹者、组织者、参与者，挖掘一批读书英雄、艺术名人、创意民星、文艺达人。在公共图书馆、文化馆、博物馆、美术馆、社区文化活动中心、剧场等公共文化设施或机构建立文化志愿者服务基地。鼓励专业领域的专家、学者、大师加入志愿服务队伍，打造志愿者服务品牌。

3.深化公共文化服务的管理创新

一是加强公共文化服务的社会化、专业化管理。鼓励社会各方力量参与公共文化设施运营、公共文化服务内容供给、公共文化服务效能评估等。大力扶持文化类社会组织，引导和孵化公益自组织等松散型非正式组织。不断完善建立社区文化活动中心社会化、专业化管理合格主体推荐制度，引入更多合格社会主体管理社区文化活动中心。继续完善公共文化服务的第三方评价机制及服务质量监测体系，制定公众满意度指标，构建社会评价反馈机制。探索直营连锁的社会化管理模式。

二是完善公共文化服务机构法人治理结构。维护社会公众对公共文化服务的知情权、参与权和监督权，推动公共文化服务机构治理结构、决策程序、工作流程的完善。鼓励中国上海国际艺术节中心、大型博物馆、大型图书馆等公共文化服务机构组建理事会。明确不同文化事业单位功能定位，推进公益性事业单位的人事管理、收入分配、社会保障、经费保障等制度完善。

（三）完善现代产业发展体系，助力城市经济升级

1.推动产业转型升级

一是巩固发展优势。聚焦电影、演艺、艺术品三大产业，创新发展模式，推进产业不断升级，力争在"十三五"期末，上海电影创作生产数量在全国占比超过10%，票房占比超过15%以上；演出票房收入达到20亿元，亚洲演艺之都建设取得实质性进展；艺术品产业规模达到200亿元，成为世界重要艺术品交易中心。围绕广电制作、网络视听、动漫游戏等产业，继续巩固已有的领先优势，加快创新技术、业态、模式的研究应用，鼓励重点企业拓展国际国内市场。

二是丰富产业主体。加快培育具有国际竞争力的大型国有文化企业，通过公司制、股份制改造等形成新型互联网文化集团。加快吸引具有行业影响力的民营优质企业进入上海，鼓励民营文化企业做大做强，创造条件推动骨干民营企业融资上市。充分利用上海自由贸易试验区优势，开展与国外一流文化娱乐集团的合作，汲取海外先进的文化产业运营理念、制作技术和市场开发经验。

三是加快载体建设。加强市区联动，推动环人民广场演艺活力区、花木文化集聚区、前滩文化集聚区、松江车墩影视基地、南上海文化旅游集聚区、金沙江路互联网电影产业带等文化功能区建设。继续推进浦西文博区、环上大影视园区、临港文化装备产业基地、西岸文化走廊、南上海文化旅游创意产业集聚区等市级文化集聚区建设。利用上海城市更新、旧厂房改造等发展契机，力争在"十三五"期间新建（或认定）一批定位明确、主题突出的文化产业园区。

2.创新"互联网+"

一是互动内容生产。借力互联网传播平台与传播手段，鼓励文化企业将技术贯穿于文化内容生产的全过程，通过市场预测、大数据互动反馈、人气指向等探索新型文化内容生产模式，为观众提供线上线下互动体验。鼓励利用粉丝经济、明星经济、电商经济推动文化娱乐产品产业化发展，提高市场化文化产品的覆盖面和市场收益。

二是扩大文化传播。支持文化产品营销从过去的广告和活动转向与观演、观展的文化群体建立基于互联网的互动关系。鼓励文化场馆、文化机构、文化组织逐步形成文化产品的话题营销、口碑营销、粉丝及社群运营体系，扩大文化传播渠道。重点鼓励演艺机构探索从在线宣传、在线选票、在线支付到电子票入场全程无纸化，建立全新的票务系统，不断提升观演群体规模和观演体验感。

三是催生创新模式。鼓励互联网与文化产业融合创新，催生商业模式、融合业态、新兴产业等。鼓励将众筹、娱乐宝等新型运作模式应用于文化产业投融资、内容生产、宣传营销、运营管理、衍生品开发等全产业链环节。鼓励艺术品电商、剧场演出网络版、网上博览会等新模式发展。

(四) 健全现代文化市场体系，营造开放有序环境

1.调动市场主体积极性

一是培育市场经营主体。鼓励社会主体更多地参与上海文化发展规划的修订、文化设施的建设、文化场馆的运营管理、文化活动的组织承办、文化内容的生产供给、文化市场的巡查监管。鼓励行业组织、民办非企单位和基金会等成为上海文化建设新主体。支持行业协会发挥行业服务、代表、协调与自律作用。

二是营造市场发展氛围。营造有利于各类文化市场主体脱颖而出、一视同仁的发展环境，在宣传推广、播出支持、资金扶持等方面给予民营机构同等待遇。支持国有机构吸纳社会资本、引进战略投资者，加快混合所有制发展。

2.加快文化市场繁荣

一是促进大众文化消费。扩大公益性文化服务范围，继续完善公益性演出补贴制度，合理演出市场票价，保障市民观演权益。鼓励经营性文化设施、大型文艺院团等提供优惠或免费的公益性文化服务。试点推广文化消费卡，在博物馆、美术馆、剧场、图书馆的观演、观展、阅读消费基础上，探索将商业娱乐、文化旅游、公共交通等日常市民消费纳入其中，形成更广泛的文商旅联动。试点差别化租金模式的公益剧场建设，对一般性商业演出实行市场价格，对社会公益演出予以场地优惠，并面向市民尤其是中小学生开展广泛的戏剧教育、艺术课堂、公益讲座等活动。

二是规范文化市场管理。深化市场服务监管，继续推进文化市场三级联动日常监管巡查员制度，加强博物馆、图书馆、美术馆、剧场等大型文化设施运营的安全监管。推进大数据服务管理，会同统计部门、行业协会与专业机构逐步建立涵盖年度、季度与月度的动态数据采集分析制度。创新市场管理，探索上海自由贸易试验区内的文化企业信用管理机制，推进区内不同业态的文化市场监督执法职能集中，积极争取更多文化市场管理创新举措在区内先行先试，以形成可复制、可推广经验。

3.完善要素市场配套

一是深化文化交易市场。继续发挥上海文化产权交易所的平台作用。用好用足上海国际艺术博览会、上海国际电影节、上海国际动漫游戏博览会等平台，加快引进国际顶级文物艺术品展会，逐步形成立足长三角、覆盖全国、面向世界的综合性文化服务贸易平台。

二是丰富文化资本市场。鼓励已上市的文化企业通过再融资方式扩大规模。支持符合条件的文化企业通过发行企业债、公司债等方式融资，推动符合条件的文化企业上市融资，在适当条件下探索开展文化产业项目的资产证券化试点。鼓励保险公司、风险投资基金、私募股权基金等进入不同的文化业态，丰富文化资本市场形态。

4.促进区域市场合作

一是优化区域文化合作环境。完善现有各层面的高层会晤、专题合作机制，建立苏浙沪文化合作项目联席

会议制度，逐步形成"各部门密切配合，市（地）、区县联动，政府企业紧密联系"的长三角文化合作组织体系。加强区域内地方性法规、规章和规范性文件的制定、清理、审查备案工作的协作，形成区域相对统一的法制环境。建立健全长三角文化市场行政执法争议协调机制，共同查处危害区域文化市场秩序的违法行为。

二是促进文化要素跨区流动。试点开展异地购票、异地缴费及异地文化"一卡通"服务。探索建立苏浙沪地区文化职业技能培训和服务鉴定平台，形成资质互认的跨区域流通格局。围绕相关政策、文化产业投资、文化基金资助、重大文化活动承办等加快文化信息公开，构建长三角区域文化信息资源互认共享平台。

（五）大力弘扬优秀传统文化，丰富城市文化内涵

1. 加大物质文化遗产保护力度

一是全面有效保护文物。每年定期开展文物保护工程项目，确保重点文物保护工程合格率达到100%，重大险情排除率达到100%。编制建筑类不可移动文物分类保护导则，启动地下文物埋藏区、水下文物保护区的划定。开展地下、水下文物的普查、长江口一号沉船遗址及相关水域的水下勘探等工作。加强青龙镇考古研究及福泉山遗址保护力度。继续加强文物市场监管服务体系和文物经营资质管理制度的建设。

二是适时推动申遗工作。结合国家"一带一路"战略，开展海上丝绸之路遗产点储备清单调查，为争取列入海上丝绸之路申遗城市名单打下坚实的基础。适时推动上海水乡古镇、提篮桥犹太人聚居区、外滩建筑群、石库门建筑群等申请加入国家申遗名单的可行性论证工作。

2. 加强非物质文化遗产保护传承

一是构建完善的非遗保护体系。做好非遗项目记录与保存工作，加强濒危项目的抢救性保护。加强非物质文化遗产的传承，完善传承人、传承基地认定制度。建成一批集保护、传承、展示、传播等多元功能的非遗传习基地与生态保护区，加快建设上海大世界传艺中心。探索建立非物质文化遗产衍生产品创研基地，鼓励非遗项目的生产性保护开发。

二是广泛宣传非物质文化遗产。继续推进"非遗进校园"、"非遗进课堂"等品牌活动。通过设立和开辟非物质文化遗产保护专栏、专版、专题及举办讲座等方式加大非遗传播力度。试点创建上海市非物质文化遗产节。探索成立非物质文化遗产基金会。跨区域开展非遗产保护宣传，举办长三角非物质文化遗产展。

3. 创造性历史文化的保护开发

一是历史文化保护与城市更新结合。形成文化与规土、房屋、文物等相关管理部门参与的协同机制，将大遗址、古村落、古民居的保护利用纳入城乡建设和新农村建设总体布局。探索城市更新政策在历史文化开发保护中的创新应用，深化"点（优秀历史建筑）、线（特色风貌道路）、面（历史文化风貌区）"立体化的历史文化保护体系建设。

二是丰富历史文化传承保护方式。多元载体功能，将文物开放单位建设成为传统优秀文化挖掘整理、宣传展示、普及弘扬、对外传播的中心，使之成为爱国主义教育、思想道德培育和科学普及的重要阵地。将重要的名人旧（故）居有条件地改造为纪念馆。联动优势资源，依托公共空间拓展文化遗产的传播阵地，整合全市文博藏品和展厅资源，实现"文物藏品打通""展览活动打通""教育服务打通"。

（六）加快文化多元融合发展，形成社会发展合力

1. 深化文化与科技融合

一是加强文化发展的科技渗透。推进数字博物馆、数字图书馆、数字出版、数字展会、网络演出等建设。继续推进下一代剧场、下一代舞台、下一代光源等文化技术集成与创新项目落地。鼓励新闻传媒、广电影视、演艺娱乐、文化衍生品等传统行业通过数字技术等高新科技手段改造升级，催生3D媒体、全息影像等新业态，促进泛娱乐产业发展。

二是促进公共文化服务与科技融合。继续深化"文化上海云"建设，形成市、区、街道、社区四级资源共建共享的公共文化服务网络。运用宽带互联网、移动互联网、广播电视网、卫星网络等手段拓宽公共文化资源

传输渠道，提升公共文化传播能力。推进有线电视网络建设和数字化双向化改造，实现广播电视户户通，实现所有电视节目高清播出。不断提高国家文化信息资源共享、农村数字电影放映、农家书屋等重点公共文化工程的技术服务水平。

2.强化文化与教育融合

一是深化文教结合计划。继续深化文教双方的融合，聚焦公共文化服务、文博事业建设、文化产业发展、文化人才培养、素质教育工程建设、青少年爱国主义教育基地建设、开门办学模式创新、优秀师资队伍的文化塑造、青年学生的文化涵养教育等领域开展工作。

二是推进文化艺术亲邻。鼓励上海交响乐团、上海大剧院等通过集中授课、观演观展、大师指导、在线课堂等形式开展各类艺术普及教育，培育市民艺术鉴赏能力。推进博物馆、美术馆、图书馆、剧场、非遗场馆搭建公共教育、市民教育、终身教育、继续教育平台，建立儿童教育专员队伍，营造市民文化艺术教育氛围，提升市民文化艺术修养。

3.拓展文化与商旅贸融合

在文化与旅游融合方面，整合演艺、展览、公共文化、商业、美食、旅游景点等资源，开发文化旅游主题产品，组织文化旅游精品线路。鼓励文化机构与旅行社、旅游公司联手，在世博园区、黄浦滨江、徐汇滨江等大型公共文化开放空间，策划制作一至两台反映城市文脉、体现海派文化、融合新技术体验的旅游驻场综艺秀。

在文化与商业融合方面，加强文化元素在商业领域、商业营销平台的推介植入，推进南京路、淮海路、徐家汇、虹桥、陆家嘴、五角场等商业集聚区与美术馆、图书馆、非遗展示、文化演艺、书店等文化业态的有机结合。

在文化与贸易融合方面，继续做好上海自由贸易试验区开放政策辐射浦东的相关工作，聚焦文化信息、创意设计、动漫版权、演艺等重点领域推进文化贸易实现新突破。

4.促进文化与金融融合

一是集聚文化金融机构。发挥大型文化产业基金尤其是政府引导基金"投、引、聚"作用吸引各类社会资本积极参与上海文化发展。培育和引进各类专门服务于文化产业的金融专营机构如文化小贷公司、文化第三方支付公司、文化融资租赁公司、文化集团财务公司、艺术品金融机构、文化互联网金融机构等。

二是支持服务与产品创新。鼓励商业银行根据文化企业的不同类型和发展阶段打造特色产品与服务，探索开展无形资产抵质押贷款业务。鼓励天使孵化、风险投资等参与文化内容生产、营销推广、设施建设及运营管理等。

（七）提升文化国际影响力，塑上海城市精神魅力

1.激发文化创造活力

一是支持艺术家多元创作。宽松艺术创造空间，吸引各级各类社会力量参与上海文化创作。鼓励传统艺术创新性转化、当代艺术创造性发展。实施艺术家驻地交流，吸引国内外知名艺术家、青年艺术家来沪创作。打造文化艺术首发地，将原创作品的国内乃至全球的首创、首演、首发，巡演作品的首站、中国站、亚洲站放在上海。完善各类文化艺术奖项评奖办法、文化系统表彰奖励制度，扶持名家名作。组织原创作品的参展评比，创作成果的巡演展演，挖掘新人新作。

二是激发市民自觉创造。城市文化氛围营造，继续深化文化"十进"工程，发挥市民文化节平台作用。建设文化参与型社区，支持社区与社区、社区与周边文化设施、文艺院校的互动，组织特色文化活动、策划社区文化旅游等。依托有一定影响力、文化符号性强的剧场、美术馆、艺术馆、博物馆、文化体验馆、书店等创新形成"艺术共同体"、"全民阅读联盟"、"戏剧工坊"等区域社会文化中心，实现文化艺术的信息互联、资源共享、交流互通、学术共建、项目合作、美育普及。引导因共同的兴趣、生活方式、价值观、时间和空间等聚合形成的文化社群健康发展，培育积极向上的个性化经济和城市亚文化。

2.多元拓展文化空间

一是延展文化体验空间。赋予博物馆、美术馆、图书馆、画廊、剧场等文化设施更多的文化休闲、短期办公、信息共享、艺术表演、数字交互、学习体验功能，为市民打造社交沟通的"第三空间"。利用城市广场、绿地、滨江等公共空间，形成艺术形式多样、内容丰富的户外音乐广场、街头艺术表演区、公共艺术装置展示区、先锋创意艺术区等。运用信息、数字、网络、通讯、计算机等加速文化的线上交互与线下体验的融合，加强电视、互联网、手机等多屏终端的互动，拓展文化传播和服务的阵地领域。

二是再造公共文化空间。以"文化点灯、空间再造"为发展主线，通过技术创新、业态融合、模式升级将文化元素融入城市旧区改造、工业厂房升级等更新空间内。支持重大文化设施服务的馆外延伸，在滨江、广场、商场、楼宇、工地、集市、地铁、机场、高铁等人流密集场所打造流动图书馆、移动剧场、自助阅览室、小型博物馆、艺术工坊等，开展读书、展览、讲座、培训、文艺演出等活动。

三是打造"众创空间"。结合文化创意园区升级、旧区改造、新地块功能开发等打造文化"众创空间"，吸引各类文化制作机构、文化内容生产商、经营性文化设施场地提供方、专业服务机构及个人入驻，为其提供交互的社区、开放的空间、共享的资源和尽可能完备的文化服务设施，配套天使基金、创业导师、企业资源对接、商业化辅导等孵化支持，培育上海文化新兴力量，引领创客文化。

3.培育本土文化品牌

一是抓重大活动，创城市文化名片。做大做强上海国际电影节、上海国际艺术节、上海之春国际音乐节、上海艺术博览会、中国国际动漫游戏博览会等重大节庆活动，提升国际影响。做专做优爵士上海音乐节、世界音乐周、西岸音乐节等城市活动，实现品牌化运作。培育和引进一批专业化、前瞻性、知晓度高，集产业、艺术、创新优势于一体的国际文化活动及顶级赛事，如格兰美音乐颁奖礼、国际小提琴比赛、国际芭蕾大赛、国际歌剧节、国际戏剧艺术节等。

二是抓衍生品，造城市文化符号。推进文博界、艺术界、工业界、传媒界、游戏界、广告界和科技界的跨界融合发展，创新文化衍生品商业模式，推出一批与上海城市气质吻合、代表城市形象的文化衍生品。鼓励国内外优秀文化产品的引进和本土化的开发衍生，鼓励网络小说、电视电影、动漫游戏等版权内容的二次乃至多次多向开发，实现优质IP的"一源多用"。

4.深化国际合作交流

一是用文化方式服务国家战略。深化高层文化互访尤其是长三角区域多层协商机制、长三角高层互动机制。结合"一带一路"等国家战略，继续开展文化中国、欢乐春节、国家年等大型对外文化活动，办好用好海外中国文化中心、孔子学院等对外文化交流产品。创办丝绸之路经济带区域文化合作联盟，引导上海各类学术、人文艺术团体与丝绸之路沿线的区域、城市、企业加强联系，参与和承担跨区域人文交流项目。合作举办文化年、艺术节、电影节、电视周、图书展、文物展等文化活动，深化区域间、市民间的文化交流。

二是加快文化"走出去"步伐。释放上海自由贸易试验区制度优势，争取文化、金融、进出口创新政策的先行先试。发挥企业主体积极性，鼓励文化贸易企业通过资本合作、品牌共享、技术交流、管理创新等加快"走出去"步伐。鼓励有条件的企业通过跨国并购、海外投资等获得新技术、新市场、新资源、新模式，提升全球文化运营能力。创新和改进广播电视产品和服务出口的运行方式，鼓励传媒机构通过租赁频道、时段、合办栏目等在海外形成一批具有国际影响、中国风格、海派特色的节目品牌。

（八）壮大文化人才队伍，积蓄城市文化的原动力

1.机制创新，引进人

一是引进文化领军人才。用足用好上海科创中心人才政策"20条"，聚焦文学创作、舞台艺术、影视创作、网络新媒体、文化贸易、文化管理、对外交流等领域，培育和引进高层次的文化管理、学术、交流、运营人才。对在国内外重大赛事中获得重要奖项的人员，以及对上海文化发展做出重大、突出贡献的优秀人才及时进行表彰，形成示范效应。

二是集聚创新创业人才。鼓励孵化器与优秀社会资源、高校资源合作，建立文化人才培养基地，开展产业链式培养。支持本市文艺院校与国外知名的院校、院团、文化集团联合办学，培养国际化文化创新人才。打破传统人才选拔机制，与民间团体合作设立新人奖项，为获低级别奖项的新人提供展示的机会，为还未成名的团体和个人提供融资及会场、事业管理支持等。

2.环境营造，培养人

一是完善人才管理体系。建立以能力、业绩、贡献为主要标准的人才评价导向。突破体制壁垒，实现体制内外人才在资质认定、职称评审、社会保障、成果评奖等方面的同等对待。针对不同专业、不同门类的文化专业人才，与行业单位联合研究完善相关的职业技能鉴定和职业资格认定制度。

二是优化人才服务管理。通过建立大师工作室等形式，为优秀文化人才提供展示、演出、比赛、评比、交流等机会，给予职称评审和其他资质、能力、成就的认定机会，以咨询、聘任制、签约制等方式形成合作机制，留住优秀人才。加大优秀人才政策保障，解决落户、住房、医疗和子女教育等实际问题。优化人才荣誉激励机制，通过召开专家团拜会、领军人才座谈会、专家约谈会等加大优秀文化人才激励和宣传力度。

(九) 推进体制机制改革创新，提升文化治理水平

1.深化政府职能转变

一是转变理念。按照建立服务政府、法治政府、责任政府的要求，改进管理方式，创新管理手段，提高管理效率，进一步减少、规范文化行政审批事项，实现从"办文化"向"管文化"的转变。建立政府管理目录和权力清单，将社会可做的交给社会、将市场可调节的交给市场、将企业能承担的交给企业。进一步健全政府向社会力量购买公共文化服务机制。

二是优化职能。在全面履行政府职能的基础上，更加注重强化政府在文化建设中的社会管理和公共服务职能。在文化发展的顶层设计、总体规划、政策研究、制度建设等方面进一步强化职能，在审批、立项、议事、决策等方面进一步优化流程，在信息公开、办事透明、社会评议、群众监督等方面进一步明确规范。

2.创新文化管理机制

一是创新社会参与方式。进一步发挥市场配置文化资源的决定性作用，积极推进重大文化设施项目的所有权与经营权分离，鼓励专业第三方机构参与博物馆、图书馆、美术馆、剧场等文化设施的投资建设、提升改造、运营管理等。探索PPP等形式在文化设施运营管理中的创新应用。

二是深化文化企业改革。继续深化国有文化企业改革，以产权制度改革为契机，通过转企改制、混合所有并存及降低准入门槛等措施探索建立混合所有制市场主体成长机制，做大做强一批骨干文化企业。加快完善管人管事管资产管导向相统一的国有文化资产管理体制建设。

四、保障措施

(一) 建立文化协作机制

积极探索形成具有强大驾驭力、协调力、统筹力与推进力的权责一致、责权挂钩的文化发展制度。建议建立由市委、市政府指导，由市委宣传部牵头，文广、规土、道路交通、环保、公安消防、财税、海关等相关部门参与的文化协同机制，统一协商制定上海文化发展战略、远景规划、目标责任和推进举措。围绕城市文化氛围营造、重点功能区文化建设、电影、演艺、艺术品等重点产业发展，文化融合发展等内容建立多部门参与的联席会议制度，由文化、执法、工商、财税、商委、海关、公安、区县等部门和单位共同制订具体推进细则及配套扶持政策，实现上海文化可持续发展。

(二) 加强规划统筹实施

市区联动，从全市层面协调上海国际文化大都市建设项目的功能能级、结构体系、空间分布，统筹推进重大文化设施建设。加强与相关部门的协调合作，贯彻落实现行土地优惠政策，优先保证文化事业产业发展用

地。坚持规划先行，做好重大文化设施项目周边综合服务配套及区域文化设施项目之间的交通连通工作，争取城市更新政策在文化项目的先行先试。从规划层面确保在市级公共设施、大型区域转型开发中为文化发展预留空间。探索实施百分比文化计划，从规划层面鼓励商业建筑百分之一空间用于文化发展。

(三) 明确资金投入保障

确保政府对文化事业投入力度，争取每年对文化投入的都有所增长，确保重大文化项目、重点文化产业、远郊地区公共文化发展的资金投入。加强对政府重大文化项目的监督管理，健全公共文化资金投入的绩效考评机制，加强重大文化项目的财务管理，推行公共文化项目公开招标和政府服务采购，确保文化资金投入的合理使用。

探索政府资金投入方式及资金扶持方式创新。通过政府服务购买、项目补贴、以奖代补等方式，鼓励和引导社会力量提供公共文化和服务。通过贷款贴息、担保贴费等方式引导和支持文化企业面向资本市场融资。设立文化产业创业投资基金、种子引导基金，研究探索更为灵活便利的扶持方式。

(四) 健全法律法规体系

稳步推进文化立法，研究制定《上海市文物经营管理办法（暂名）》、《上海市文化类社会组织管理办法（暂名）》、《上海街头艺人管理条例（暂名）》、《上海文化市场管理办法（暂名）》等地方性法规和政府规章，加快出台电影院、博物馆、美术馆、图书馆等文化设施的管理标准、服务标准。进一步完善有利于文化市场开放、市场行为规范、知识产权（版权）保护的制度建设，加快推进大型图书馆、博物馆、美术馆、剧场等文化设施及国有文艺院团的年报制度建立，持续完善公共文化捐赠激励机制。积极争取文化拍卖进一步开放等政策的先试先行。会同财政、税务部门研究调整与文广影视相关的税收政策。

江苏省文化厅"十三五"文化发展规划

序　言

"十三五"时期，是江苏全面贯彻习近平总书记系列重要讲话精神特别是视察江苏重要讲话精神，推动"迈上新台阶、建设新江苏"取得重大进展的关键时期，也是率先全面建成小康社会决胜阶段和积极探索开启基本现代化建设新征程的重要阶段。为深入贯彻十八届五中全会精神和省委十二届十一次全会精神，全面提升文化建设质量，加快建成文化强省，根据《江苏省国民经济和社会发展第十三个五年规划纲要》《文化部"十三五"时期文化改革发展规划》，制定本规划。

第一章　规划背景

第一节　"十二五"文化发展回顾

公共文化服务体系建设扎实推进。以构建现代公共文化服务体系为目标，建立省公共文化服务协调机制，开展公益性文化事业发展提升行动，在全国率先实现公共文化设施免费开放，基本完成乡镇（街道）综合文化站和村（社区）综合文化服务中心达标建设任务。在全国率先建成"省有四馆、市有三馆、县有两馆、乡有一站、村有一室"五级公共文化设施网络体系，设施覆盖率达到95%。总投资逾10亿元的南京博物院一、二期改扩建工程等一批重大文化设施建成开放，江苏大剧院建设加快推进。全省国家一级图书馆、文化馆、博物馆的总数居全国前列。全省万人拥有公共文化设施面积由2010年的601平方米增加到1490平方米。第十六届全国"群星奖"比赛获得优异成绩。成功举办第六届省少儿艺术节和第十一届省"五星工程奖"评选。公共文化服务体系示范区创建工作走在全国前列，苏州市、连云港市"社区文化中心标准化建设"、南通市"环濠河博物馆群建设"创建成为第一批国家级示范区（项目），苏州市总分位列全国第一。无锡市、南京市"文化惠民百千万工程"、常州市"电视图书馆"进入第二批创建名单并通过中期督查。4个省辖市、22个县（市、区）和210个乡镇（街道）被命名为省级示范区。各地结合当地文化特点和百姓需求创新开展公共文化服务，张家港市公共文化服务"网格化"、苏州市吴江区"区域文化联动"等在全国产生影响。

艺术生产成果丰硕。促进全省舞台艺术不断繁荣，涌现出一大批优秀剧目，特别是现实主义题材剧目占50%以上，充分体现时代性、人民性、地方性特色。实施重点剧目投入工程，与地方政府合作投入话剧《枫树林》、淮剧《小镇》等13台重点剧目。实施省舞台艺术精品工程，评选和资助精品剧目50台。实施省艺术创作源头工程，通过省戏剧文学奖评选，每年推出一批优秀剧本并推动投排。话剧《枫树林》获第十届中国艺术节文华大奖，昆曲《牡丹亭》获"文华优秀剧目奖"，锡剧《一盅缘》获"文华剧目奖"。越剧《柳毅传书》、儿童剧《青春跑道》获第二届全国优秀保留剧目大奖。儿童剧《留守小孩》、舞剧《绣娘》获第十二届全国精神文明建设"五个一工程"奖。昆曲青春版《牡丹亭》、儿童剧《留守小孩》分别入选2011—2012年度国家舞台艺术精品工程重点资助和资助剧目。实施省重大主题美术创作精品工程（一、二期），创作国画14件、油画16件、版画13件、雕塑10件。在第十二届全国美展上，中国画作品获奖数量全国第一。参照国家艺术基金的模式，在全国率先设立省级政府艺术基金。创办两年一届的江苏艺术展演月，举办两届展演月活动；合并舞台艺术类和美术类原有各单项赛事奖项，创办江苏艺术政府最高奖——江苏省文华奖，完成两届评选；分别成立省书法院、省戏曲现代戏学会、省中国画学会等。

文化产业快速发展。在文化部发布的全国省市文化产业发展综合指数排名跃升第二。全省共有文化法人单位10万多家，其中年营业额500万元以上规模企业6500余家。涌现出一批自主创新能力强，竞争力、影响力、辐射力较高的规模企业。文化产业基地、园区建设加快，打造了一批不同主题、形态多样、功能互补的文化产业集聚区。全省共有200余个文化产业园区，含1个国家级文化产业试验园区、16个国家文化产业示范基地、4个国家级动漫产业基地、3个国家级文化与科技融合示范基地，同时建成14个省级文化产业示范园区、44个省级文化产业示范基地，数量和规模均居全国前列。"南京秦淮特色文化产业园"入选第五批国家级文化产业试验园区，实现我省零的突破。利用数字、网络、信息等高新技术的新兴文化业态迅速兴起，成为文化产业发展新亮点。全省拥有动漫企业300多家，其中被文化部认定享受财税优惠政策的动漫企业86家。着力打造苏州创博会、常州动漫周、南京文交会、无锡文博会等四个文化产业会展平台，推动常州、南京、无锡三个国家文化科技融合示范基地建设。全省文化企业70%为民营企业，发展成为全省文化产业主力军，南京云锦、常州卡龙、苏州蜗牛等一批优秀民营文化品牌脱颖而出，形成文化产业多元投入、竞争发展的良好格局。

对外文化交流影响提升。发挥江苏海外友城多的优势推进友城文化交流，打造精彩江苏文化品牌，成功举办第三届中美文化论坛（南京会场）、世博会江苏活动周文化艺术展演、"精彩江苏"进剑桥及音乐杂技剧《猴·西游记》美国林肯中心商演等大型对外文化交流和贸易活动。与港澳台文化交流更加密切，对台文化交流基地作用进一步发挥。江苏作为主宾省成功参加海峡两岸文化创意产业展。南京图书馆、南京博物院等省级文化机构与台湾相关文化机构建立交流合作机制。推动文化企业走出去，培育文化出口龙头企业，对外文化贸易呈现多元投入格局形成、自主创新能力提升、优势产业门类突显的良好态势，在演艺业、动漫游戏业、艺术品业等领域取得显著成绩。全省共有75家企业、10个项目被商务部、文化部等五部委认定为"国家文化出口重点企业和重点项目"，数量均居全国前列。

文化市场管理繁荣有序。下放行政审批事项3项，简化行政审批流程、审批材料等9项。集中开展游戏游艺经营场所"打黑治违"、暑期文化市场集中治理和校园周边环境整治等专项行动，加大重点区域重点部位的执法巡查，打击违法经营行为。出动执法人员193万人次，办理各类案件约1.6万件，其中6件被文化部评为全国文化市场十大案件，20件被评为重大案件，10件被评为执法案卷优秀奖。以治理网吧接纳未成年人为着力点，分三期投入450万元建设文化市场技术监管平台，加强实时监控。在全国率先完成连锁网吧建设任务，全省连锁网吧占比从2011年的20%上升到2015年的91%，位居全国前列。指导开展全国游戏游艺机电子标签化管理镇江试点，完善游戏游艺机内容审查和认证制度。全省演出总场次60万余场，其中涉外演出达30万场次。承担文化部赋予江苏开展艺术品鉴定管理试点任务，成立省艺术品行业协会，开设江苏艺术品网站，组建省艺术品鉴定评估委员会，成立艺术品鉴定评估中心，开展全省艺术品经营"十佳"诚信单位评选，完成全省艺术品经营单位调查摸底和备案登记工作。

文化遗产保护与利用富有成效。率先完成全省第三次全国不可移动文物普查，登录文物点20007处。第一次全国可移动文物普查登录数据位居全国前列。全省新增106处全国重点文物保护单位、188处省级文物保护单位，国保单位总数达226处，继续位居全国前列。全省现有国家历史文化名城12座，世界文化遗产3处，世界文化遗产预备名单4处。作为中国大运河申报世界文化遗产牵头省份（国家申遗办设在扬州市），开展中国大运河保护和申遗工作获得成功。国家文物局确定苏州市为我国江南水乡古镇联合申遗牵头城市，南京市为我国明清城墙申遗牵头城市。8个镇、7个村被国家住建部、国家文物局公布为中国历史文化名镇名村。苏州木渎古城等五个项目入选全国年度十大考古新发现。无锡鸿山遗址入选国家级考古遗址公园。文物安全综合管理实验区建设被列入省委省政府重点工作，文物安全形势保持稳定。南京博物院改扩建工程竣工开放，"县县有博物馆"工程有序推进。修订《江苏省非物质文化遗产保护条例》。新增43个国家级非遗代表性项目、31名代表性传承人和5个非遗生产性保护示范基地。省、市、县（市、区）三级共认定命名非遗代表性名录项目4591

个、传承人4489名，四级非遗名录体系全面建成。建成21个省级非遗传承示范基地、25个生产性保护示范基地、14个研究基地，456个非遗传习所、231个非遗展示馆（厅），设立了10个省级文化生态保护实验区。

文化人才队伍不断壮大。以"333工程"、"五个一批"、"青年文化人才"等工程为依托，在厅系统培育37名文化艺术优秀人才，新入选国务院特殊专家津贴2人、文化部优秀专家3人、省有突出贡献中青年专家2人。修订职称评审资格条件，评分更加科学合理，突出工作业绩导向。共评出正高492名、副高1418名。文化人才队伍结构基本合理，舞台艺术人才队伍业务水平较高，在全国处于前列；美术人才资源底蕴厚实，新人辈出；群文人才队伍遍布全省城乡各地，基础较好；文化产业人才有较强竞争力；图书文博人才实力雄厚；新一代文化科研人才队伍正走向成熟。

文化体制改革全面展开。全省文化系统全面完成各项既定改革任务。基本完成市县文化综合执法机构组建。全省105家文艺院团基本完成转企改制。全面落实事业单位岗位设置管理，基本实现"建立制度并入轨运行"的工作目标。厅直属13家事业单位岗位设置总数1466个，其中专技岗设置总数1243个，管理岗设置总数156个，高、中、初比例达到3.6 : 3.9 : 2.5。作为文化部公共文化建设改革试点，南京图书馆开展国家公共文化机构法人治理结构试点、苏州市开展国家公共文化服务标准化试点、镇江市开展国家基层综合性文化服务中心试点。无锡市、连云港市、泰州市和盐城市盐都区列为省级试点。

取得成绩的同时应该看到，江苏文化改革发展也存在一些问题，如推动文化发展的体制机制还不健全，区域文化发展不平衡现象仍然存在，艺术产品还存在有高原无高峰现象，基层执法力量比较薄弱，苏北地区人才资源相对薄弱等。对这些问题，必须采取有效措施加以解决。

第二节 "十三五"文化发展形势

党中央国务院关于文化工作的新部署对推动文化繁荣发展提出了新要求。党的十八大以来，党中央高度重视文化建设，围绕加快建设社会主义文化强国、提高国家文化软实力，提出了一系列新思想新论断，做出具有深远影响的战略部署。特别是习近平总书记在文艺工作座谈会上的重要讲话、关于加强文物保护的一系列重要论述，对在新的历史条件下做好文化工作具有深远影响。我们要自觉把推动文化建设迈上新台阶放到江苏推进"两个率先"的进程中来谋划，用先进文化引领前进方向、凝聚奋斗力量、激发创造活力，为建设"强富美高"的新江苏提供强大精神动力和文化支撑。

全面深化改革战略的实施对文化体制改革提出了新要求。十八届三中全会做出了全面深化改革的战略部署，开启了我国改革开放的新阶段。江苏要顺应"互联网+"、"文化+"发展趋势，深化文化体制改革，加快完善文化管理体制和文化生产经营机制，构建现代公共文化服务体系、现代文化产业体系、现代文化市场体系，形成有利于创新创造的文化发展环境。通过全面深化改革、扩大文化开放，进一步激发文化创造活力，释放改革发展红利。

依法治国方略加快推进对增强文化治理能力提出了新要求。十八届三中全会明确提出全面深化改革，推进国家治理体系和治理能力现代化。四中全会通过全面推进依法治国若干重大问题的决定，开启了法治中国建设新征程。江苏全面建设文化强省，必须发挥文化法治对文化治理现代化的重要依托作用，加快文化法治建设，运用法律手段管理文化事务，建立健全现代文化治理体系，在法治轨道上保障和实现公民的文化创造权、享有权和参与权等基本文化权利。

新的外交战略对全面科学推进对外文化工作提出了新要求。当前，我国与国际社会的互联互动变得空前紧密。江苏要加快文化走出去步伐，加强整体对外文化形象的策划推广，全面提升江苏的国际形象和美誉度。尤其是"一带一路"国家战略的深入实施，需要江苏发挥重要交汇点的地位和作用，利用与沿线国家有深厚历史渊源和广阔经贸往来的优势，放大开放型经济优势，广泛开展与沿线国家文化交流与合作，做好文化先行，奠定"一带一路"的民意基础、文化基础。

新型城镇化发展对传统文化的保护和传承提出了新要求。新型城镇化是当今世界的发展趋势，也是我国现代化的必由之路。中央提出走"以人为本、四化同步、优化布局、生态文明、文化传承"的中国特色新型城镇化道路。江苏要按照"文化传承、彰显特色"的要求，推动农村地区公共文化机构在服务内容和形式上进行调整，以适应服务对象从传统的以村落为主体向城市社区过渡；推动文化产业进一步适应人口高度集中的新形势，实现产业布局进一步优化。

人民群众的文化消费需求对文化产品供给提出了新要求。当前，个性化、多样化消费渐成主流，文化生产者需要更加关注消费者的情感、心理、个性需求，为不同收入阶层、教育文化背景、地域民族的人群提供差异化、定制化的消费产品和服务，实现有效供给。文化消费的发展与文化事业和文化产业的发展是双向互动的关系，居民文化消费水平的提高促使文化事业和文化产业进行自觉调整，而文化产品供给侧的优化则能满足并进一步激发居民文化消费。

高新技术的发展对转变文化发展方式提出了新要求。随着移动互联网、大数据、云计算、物联网等高新技术的迅猛发展，文化产品创作、生产、传播的技术环境已发生根本变化。数字文化服务以开放、共享、便捷的现代传播方式，更加自由、平等地体现了公民的文化权益。这就要求我们顺应"互联网+"的发展趋势，培育、发展以互联网为基础设施和创新要素的新型文化业态，加快智慧文化建设，提供更加广泛、便捷、高效的文化服务。

第二章 目标任务

第一节 指导思想

全面贯彻党的十八大和十八届三中、四中、五中全会精神，以及习近平总书记系列重要讲话精神特别是视察江苏重要讲话精神，遵循创新、协调、绿色、开放、共享的发展理念，紧紧围绕"迈上新台阶、建设新江苏"的发展定位，坚持社会主义先进文化前进方向，坚持以人民为中心的工作导向，大力培育和践行社会主义核心价值观，以"三强两高"为目标和"走在全国前列"为要求，以深入实施文化建设工程为主抓手，以完善公共文化服务、打造精品力作和培育文化人才为着力点，坚持运用法治思维和法治方式，不断提高文化治理能力和水平，推动江苏文化建设迈上新台阶。

第二节 主要目标

到2020年，全省文化改革发展的总体目标是：艺术创作全面繁荣，创作出一批精品力作。现代公共文化服务体系、现代文化产业体系、现代文化市场体系、文化遗产保护传承体系基本建成，文化产业在国民经济中的支柱地位进一步强化。"精彩江苏"品牌效应日益突显，江苏文化国际影响力显著增强。

——基本建成覆盖城乡、便捷高效、保基本、促公平的现代公共文化服务体系，实现全省公共文化设施网络全覆盖，万人拥有公共文化设施面积达到1600平方米以上，基层综合性文化服务中心覆盖率达到98%以上，公共文化服务标准化、均等化程度达到85%以上，公共文化资源利用效率和综合效益达到90%以上。

——艺术创作全面繁荣，各艺术门类有序发展，创作出一批思想性、艺术性、观赏性俱佳的精品力作，江苏艺术展演月等品牌活动辐射力、影响力显著提高。重点投入剧目不少于15台，创作优秀美术作品40件，舞台艺术和美术在国家级重要展览和奖项评比中位居全国前列。

——现代文化产业体系基本形成，文化产业结构布局明显优化，文化创意和设计服务业增加值占文化产业增加值比重超过25%，文化产业增加值占地区生产总值比重达到8%，在国民经济中的支柱地位进一步强化。建成2—3家国家级文化产业园区，10个国家级文化产业示范基地。

——省级以上文物保护单位"四有"工作完成率达100%。完成省级以上文物保护单位保护规划编制100处以上。完成100项红色遗产、名人故居和100项省级以上文物保护单位维修保护与展示提升工程。文博系博物馆安防达标率达90%以上。全国重点文物保护单位安防、消防、防雷达标率达50%以上。

——非物质文化遗产保护体系与传承机制基本健全，规划保护、抢救性保护、生产性保护和整体性保护全面展开，具有重要历史、文学、艺术、科学价值的代表性项目完好存续率达到70%以上，传统文化空间得到修复，非物质文化遗产存续环境明显改善。

——统一开放、竞争有序的现代文化市场体系基本建成，权责明确、透明高效的文化市场监管格局初步确立。2020年前完成全国文化市场管理与服务平台的推广应用，上线率达到100%，行政审批事项全部线上办理，行政执法案件全部平台办理。

——文化开放水平显著提高，对外和对港澳台文化交流的针对性、实效性稳步提升，对外文化整体形象鲜明，"精彩江苏"品牌效应日益突显。对外文化贸易规模进一步扩大，进出口结构持续优化，建成一批省级文化出口基地，文化产品和服务的国际竞争力明显增强。

——文化人才队伍建设机制体制进一步创新，人才结构进一步优化。培育舞台艺术表演名家10名、创作人才10名和画家10名。建成一支现代公共文化人才队伍，扩大图书馆业、文化馆业、博物馆业中高级职称人才队伍规模。培养一批优秀文化经营管理人才、文化专业科技人才。

——文化体制改革深入推进，按照中央和省委统一部署，文化管理体制、互联网管理体制和工作机制、文化产品创作生产引导机制、公共文化服务运行机制进一步完善，文化产业发展方式进一步转变，文化综合行政执法体制改革进一步推进，文化经济政策和文化法规体系进一步健全。

——依法管理文化事务的能力和行政效能显著提高。深入推进依法行政，政府职能加快转变，行政审批制度改革大力推进，事中事后监管切实有效，依法行政能力和行政执法水平大幅提升。文化法律法规得到认真贯彻实施，依法保障公民、法人和其他组织的文化权益。

第三节 重点任务

（一）加快现代公共文化服务体系建设

提高基本公共文化服务标准化、均等化。贯彻落实国家、省建设现代公共文化服务体系要求，推动各地参照省级保障标准制定具有地域特色的实施标准，全面建成省市县乡村五级公共文化设施网络。加强城市社区和农村文化设施建设，乡镇（街道）综合文化站全部达到或超过国家东部地区标准。全省县（市、区）以上公共图书馆、文化馆建设全部达到国家东部地区等级标准。坚持设施建设和运行管理并重，健全公共文化设施运行管理和服务标准体系。深化公共文化设施免费开放，加大文化惠民工程实施力度，完善以城带乡联动机制，积极扶持薄弱地区公共文化建设。全省万人拥有公共文化设施面积，苏南地区不少于2000平方米，苏中苏北地区不少于1500平方米。

加大公共文化资源整合力度。统筹城市街道、社区和乡镇、村基层文化设施资源配置，加大跨部门、跨领域、跨系统的资源整合力度，实现共建共享。统筹建设集宣传文化、党员教育、科学普及、图书阅读、普法教育、体育健身等功能于一体的基层综合性文化服务中心，配套建设群众文体活动场地。推进公共文化巡展巡讲巡演、送书下基层等流动服务，实现区域文化共建共享。推进公共图书馆、文化馆总分馆制建设，加强省级图书馆的引领辐射功能，充分发挥市、县级图书馆龙头作用，以省辖市图书馆为龙头，基本实现城市主城区图书馆"一卡通"服务；将乡镇（街道）、村（社区）图书阅读纳入县（市、区）图书馆统一管理。积极探索文化馆总分馆制模式。

推动公共文化数字化建设。聚焦"互联网+"，推动智慧文化建设，运用互联网和现代科技提升、扩大和延伸公共文化服务。推进公共文化资源数字化，在源头上建设好公共文化服务的起始一公里，在终端上打通公共文化服务的最后一公里，实现公共文化服务资源自上而下无障碍畅通。建设省级全域性"文化数字化服务管理平台"，将文化数字化服务管理从"局部"拓展到"全域"，建设覆盖城乡、高效便捷的公共文化数字服务体系。加强公共文化大数据采集、存储和分析处理，不断提高公共文化服务的针对性和有效性。灵活运用宽带互联网、移动互联网、广播电视网、卫星网络、移动网络等手段，拓展公共文化资源传输渠道，让公众足不出户享受公共文化服务，提高公众对公共文化服务的获得感。

创新公共文化运行机制。深化公益性文化事业单位改革，探索管办分离的有效形式，推进人事、收入分配、社会保障、经费保障制度改革，建立法人治理结构。推动公共文化服务社会化发展，激发各类社会主体参与公共文化服务的积极性。做好政府向社会力量购买公共文化服务工作，推广运用政府和社会资本合作等模式，探索开展公共文化设施社会化运营试点。鼓励群众自办文化，支持成立各类群众文化团队。培育和扶持文化类行业协会、基金会、民办非企业单位等社会组织规范有序发展。完善文化志愿者注册招募、服务记录、管理评价、激励保障机制和志愿服务下基层制度。做好公共文化服务体系国家和省级示范区、示范项目创建及后续建设，努力打造国家现代公共文化服务体系建设示范省份。

（二）促进艺术创作繁荣

打造精品力作。坚持以人民为中心的创作导向，继续贯彻落实繁荣舞台艺术、繁荣美术创作的意见，深入实施省重点投入剧目和省美术创作重点作品工程、省艺术创作源头工程，生产创作一批优秀剧目和优秀美术作品。充分发挥江苏艺术基金等财政资金的引导作用，推动江苏艺术创作从"高原"向"高峰"迈进。

举办重点活动。发挥重大艺术活动的引领作用，努力提高活动影响力和知名度，打造地方艺术活动品牌。重点举办江苏艺术展演月、省青年美术作品展览、傅抱石·江苏中国画展、林散之·江苏书法展等艺术活动。承办中国昆剧节、中国京剧节、中国歌剧节。举办梅兰芳艺术节、省淮剧展演月、周信芳戏剧节、镇江三山文化艺术展演月等艺术活动。

提升创作水平。推进全省文艺院团改革，扶持民营院团发展，激发文艺院团、艺术院校等创作单位的活力和潜力。提升艺术产品创作水平，加强艺术人才队伍建设。改革艺术评奖评价机制，建立更加公开公平公正的艺术评价体系，开展省文华奖评选，激励和引导全省艺术创作。

挖掘地方传统。传承发展江苏优秀传统文化，推进江苏戏曲传承发展，制定《关于支持江苏戏曲传承发展的意见》和《江苏戏曲传承发展规划》，加大对江苏地方戏曲院团和地方戏曲创作的扶持力度，挖掘地方戏曲、传统书法美术的资源潜力，推进江苏艺术创作古今融合、交相辉映。

（三）推动文化产业转型升级

优化文化产业结构。推进文化与网络、科技、金融深度融合。充分发挥创意设计先导产业作用，进一步壮大传统文化产业。抓住国家实施"一带一路"战略契机，大力发展特色文化产业，着力发展创意设计、新兴媒体、动漫游戏、演艺娱乐、文化旅游等行业，带动引领相关产业提升质量水平，加快实现产业结构调整和优化升级，形成与相关产业全方位、深层次、宽领域的融合发展格局。

加快省级重点文化产业基地（园区）建设。建设一批高起点、规模化、代表文化产业发展方向的省级重点文化产业基地（园区），加强规划认定和动态管理。新评选命名10—15个省级重点园区、30个省级重点基地。重点发展南京、无锡、常州国家广告产业园和国家文化科技融合示范基地，南京、苏州、无锡、常州国家动漫游戏产业基地。

培育壮大骨干文化企业。推进文化和科技融合，培育一批特色鲜明、创新能力强的文化科技企业，形成一批国内国际知名文化品牌。促进文化产业与制造业、旅游、通信、会展、商贸、教育、培训、休闲等行业融合发展。实施大企业带动战略，推动文化资源与要素适度向优秀企业集中，各门类形成一批主导企业，各地区培养一批骨干企业。鼓励有实力文化企业跨地区、跨行业、跨所有制兼并重组和上市融资。进一步发挥文化产业引导资金和紫金文化产业发展基金作用，打造文化产业领域战略投资者。

推进完善公共服务平台。提高深圳文博会江苏馆、苏州创博会、南京文交会、常州动漫周、无锡文博会、中国（徐州）文博会、连云港文博会等会展水平。办好"紫金杯"江苏文化创意设计大赛、"江苏文化创意人才培训班"。支持省文化产权交易所、南京文化产权交易所、金陵文化产权交易中心建设，发展文化资本、产权、人才、信息、技术等交易平台，规范文化资产、艺术品和文物交易。发挥省文化产业协会作用，建立完善无形资产评估鉴定、投资、保险、担保、拍卖等中介服务和行业组织。鼓励省文化产业协会与海外机构合作，举办产业投资贸易推介活动，搭建贸易服务平台。

培育和引导文化消费。顺应供给侧改革新形势，从文化产业的供给端发力，引导企业不断提高文化产品的供给水平和供给效率，通过新供给创造新需求。加强全民文化艺术教育，提高人文素养，提升文化消费水平。全方位、立体化地对文化消费加以扶持和引导，提升文化消费总量、人均文化消费支出和消费满意度。探索拉动城乡居民文化消费试点，调动市场力量，增加有效供给，拓展大众文化消费市场。扶持、引导文化企业建设文化消费载体，丰富文化消费业态，改善文化消费环境。加大政府财政购买文化消费服务的支持力度，培养文化消费理念，激发文化消费活力。

（四）加大文化遗产保护利用力度

加强文化遗产保护基础工作。建立完善优秀传统文化传承和发展体系，推进优秀传统文化创造性转化和创新性发展，让优秀传统文化拥有更多的传承载体、传播渠道和传习人群。完成第三次不可移动文物普查成果复核及评估，完成第一次可移动文物普查，建立健全全省文物资源数据库。组织第八批省级文保单位和全国重点文保单位遴选推荐，做好历史文化名城名镇名村和历史文化街区遴选推荐。加强对各级非遗名录项目和代表性传承人的保护。依托和利用历史文化街区设立非遗展示、展销基地。

加强世界文化遗产保护与管理。科学谋划和实施大运河"申遗"后的文化带建设，完成大运河遗产保护与展示示范工程，带动沿线经济社会发展。推动江南水乡古镇、中国明清城墙、海上丝绸之路等预备名单保护和申遗工作。建设世界文化遗产监测预警体系，确保预备项目遗产点中文物保护单位的完好率。修编中国大运河（江苏段）遗产保护规划。

提升博物馆服务水平。实施博物馆陈列展览提升、预防性保护、精品巡展等工程，增加原创内容，突出地域特色。加强博物馆青少年教育，扩大和深化博物馆免费开放。鼓励行业馆、专题馆发展，加大对非国有馆的扶持。规范考古管理、大遗址保护和考古遗址公园建设。科学开展太湖水下考古。

正确处理保护与利用的关系。促进文化遗产与艺术生产、创意产业、旅游产业等结合，实现文化遗产资源向经济优势转化，实现其多重价值。推动文化文物单位文化创意产品开发，采取合作、授权、独立开发等方式，深度发掘文化文物单位馆藏资源。组织开展博物馆日、文化遗产日、江苏省文物节、南京世界历史文化名城博览会和岁时节令展示展演等活动，组织文化遗产"进校园、进社区、进军营"，推动文化遗产保护向社会化方向发展。

（五）构建现代文化市场体系

推进文化市场繁荣。发展品牌化、特色化的文化集聚街区，促进区域协作和市场一体化。鼓励多种经营和业态融合，推动互联网上网服务、文化娱乐、演出等行业结构调整和转型升级。支持一批健康型、连锁型娱乐场所落户江苏，推进娱乐场所"阳光工程"建设。依托"江浙沪演出贸易洽谈会"，深化长三角演出市场交流合作。支持文化企业举办艺术博览会、产品交易会等服务平台。

加强文化市场监管。完善文化市场基本管理制度，建立健全以内容监管为重点，以信用监管为核心，覆盖文化市场监管全过程、全领域的监管体系。适应商事登记制度改革，加强事中事后监管，打击违法违规经营行为。加快推广应用全国文化市场技术监管与服务平台，支撑文化市场宏观决策、市场准入、综合执法、动态监管、公共服务等核心应用。统筹考虑综合执法机构编制配置，加强执法机构人员队伍建设。按规定配备执法车辆。

建立信用管理机制。完善文化市场信用监管体系，建立行业信用评级制度，健全行业信用信息系统，实现部门之间、行业之间、区域之间信息交互共享。加强信用信息应用，构建守信激励、失信惩戒机制，建立健全文化市场警示名单和黑名单制度。培育和扶持文化市场信用服务机构。加强对行业协会的管理与指导，推动出台行业标准、从业人员行为准则，提高行业自律，形成行业管理和行业服务的合力。

提升执法人员素质。严格实行执法人员持证上岗和资格管理制度。建立健全考核评价和激励约束等人才培养机制，拓宽培养渠道，培养复合型、专业型人才。借助高等院校及社会力量，加强法律、网络、英语、管理等专业人才培养。建立人才资源储备库，组织开展流动授课和现场辅导。开展全省执法人员全员培训和执法骨干培训，实施跨省跨界人才交流，开展轮岗、挂职、驻场等交叉锻炼，以及以案代训、现场说案等活动，提高执法人员业务操作水平。

（六）加强对外和对港澳台文化工作

深化对外和对港澳台文化交流。围绕"一带一路"战略，加强江苏对外文化整体形象的策划和推广，明确对外文化交流的重点国家和地区以及重点项目，打造"精彩江苏"品牌。坚持文化走出去与价值传播相结合，挖掘、阐发和传播江苏优秀传统文化的内在精神价值。以我友好国家和江苏国际友城为重点，突出"一带一路"沿线国家及其江苏友城，以国外受众乐于接受的方式、易于理解的语言，搭建展示和体验并举的综合平台，探索国际表达的最佳方式。广泛借鉴吸收世界各国优秀文明成果，积极引进国外文化艺术精品。发挥江苏特色文化优势和对台文化交流基地作用，推进对港澳台文化交流，重点面向港澳台普通民众特别是青少年。

促进对外文化贸易发展。用好用足国家促进对外文化贸易的相关政策，完善江苏实施细则，重点推动工艺美术、演艺、动漫、游戏等领域的合作，实现由以交流为主向交流与贸易并重的转变。鼓励和支持符合国外受众特点和文化消费习惯，代表"精彩江苏"品牌的文化产品和服务以商业方式进入国际市场，不断扩大贸易份额。建立省级文化出口重点企业和重点项目数据库，推动更多文化企业和项目进入国家文化出口重点企业和重点项目目录。支持文化企业参加演艺交易会、文化博览会等境内外国际性文化展会，拓宽对外文化贸易渠道。推动有利于中小文化企业开展对外贸易的载体建设，建立一批省级文化出口基地。鼓励有条件的企业开展境外文化领域投资合作，通过兼并收购等方式壮大境外业务。

形成打造"精彩江苏"工作合力。坚持政府统筹、社会参与、市场运作，合力打造对外和对港澳台文化交流与合作的"精彩江苏"品牌。将各地区域文化品牌纳入"精彩江苏"总体框架，统筹推进。借助并用好国家对外文化交流和贸易平台。加强与兄弟省（区、市）的横向合作，重点推进长三角地区对外和对港澳台文化交流资源互通共享。充分调动和发挥社会各界力量，鼓励更多有资质和潜力的社会组织、民营机构和企业参与对外和对港澳台文化交流。支持更多有经济实力、贸易经验的民营企业从事文化贸易，加强国际文化产品交易平台和国际营销网络建设。引入市场竞争机制，逐步建立对外和对港澳台文化交流重大项目招投标和政府采购制度，发挥政府采购的引导和示范作用。

（七）健全文化人才培养机制

统筹推进各类人才队伍建设。把握人才成长规律的科学性，加强党政人才、企业经营管理人才、专业技术人才、基层文化骨干等队伍的建设工作。重点做好面向基层、面向剧团、面向百姓的文化活动策划人才、组织人才、专业人才的业务培训和技能培训。举办文化管理人才、文化专业人才、基层文化骨干等培训班，注重普遍轮训与重点培训相结合，逐步形成集中培训、在职学习、挂职实践和业绩考评相结合的培养格局。

加强文化人才培养引进。实施更加开放的人才政策，建立全方位、多层次的人才培养、培训和使用机制。依托南京大学、南京师范大学、南京艺术学院，充分发挥文化系统各艺术学校、各级文化馆的作用，加强高层次人才、重点专业人才、基层文化骨干的培养。重点培养善于统筹规划、宏观管理、具有较强组织协调能力的文化管理人才；培养不同领域不同门类、国内一流、业内公认的文化专业人才；培养擅长文化企业经营、熟谙文化市场运作规律的文化产业人才。以委托培养、公开招聘、业外引进等方式，培养一批创新型、复合型、科技型文化人才。

优化文化人才发展环境。健全人才培养开发、评价发现、选拔任用、流动配置、激励保障机制，建立以岗位职责为基础，以品德、能力和业绩为导向的人才评价考核指标体系，逐步形成面向全社会的统一、规范、科学的文化人才激励机制。加大文化人才宣传推介力度，支持中青年优秀人才举办个人专场展演展览。对做出突出贡献的文化工作者给予奖励，对文化名人名家在工作和生活上给予更多关心支持。

第三章 工程项目

第一节 重点工程

文化设施建设工程。推进建设省文化馆新馆、省戏校新校区、南京图书馆储备书库、南京博物院朝天宫库房效能提升及南迁文物展示馆、南京市艺术小学（南京小红花艺术团）新校、苏州第二图书馆、常州市文化广场、镇江市文化新四馆、扬州非物质文化遗产基地（戏曲园）、盐城串场河文化集聚区、连云港新世界文化城等。

文化畅通工程。结合"宽带中国"、"智慧江苏"等重大信息工程建设，加快推进公共文化数字化。推动数字图书馆、文化馆、博物馆、美术馆建设，以省级图书馆、文化馆、博物馆、美术馆为龙头和重点，加快公共文化设施馆藏资源数字化，建设分布式资源库群，开发特色数字文化产品，不断提高文化资源的供给能力。加大资源整合力度，统筹实施文化信息资源共享、公共电子阅览室和古籍整理、保护与阅读传播数字化工程。推进全媒体传输服务平台建设，保障数字文化资源传播的高效快捷和安全有序。推进公共图书馆总分馆制，全面实现城市主城区图书馆通借通还"一卡通"。

精准惠民工程。建立健全群众文化需求跟踪反馈机制，采用"自下而上、以需定供"的互动式、菜单式、订单式服务模式，提高公共文化服务和惠民投入的"精准到位"，把文化发展的成果最大限度地惠及群众。在文化设施建设、产品供给、活动组织等方面，聚焦群众需求，吸引群众参与，提升群众享受文化服务的满意度和获得感。推动各级政府开展向群众发放文化惠民卡试点，将文化消费选择权交给群众，引导文艺院团、文化企业等按照群众需求进行创作、生产，进一步活跃文化消费。开展常州"文化100"大型惠民行动、徐州"舞动汉风"惠民演出等。

人才基地建设工程。支持省文化馆培训文化普及人才、省戏校培训艺术专业人才，为文化强省建设提供人才支撑。发挥省文化馆在基层文化人才培训、群众文化艺术创作和群众文化活动方面的龙头作用，将其建设成为全省文化普及人才培训基地和群众文化示范基地，升格为国家一级馆。发挥省戏校在舞台艺术和应用型艺术人才培养方面的龙头作用，将其建设成为全省文化艺术专业人才培养基地，升格为高等艺术职业院校。

重点投入剧目工程。每年遴选出3-5部重点剧目，采取项目制投入模式，由省文化厅担任出品人或省文化厅与地方政府合作，省财政重点投入，或与地方政府联合投入，重点打造优秀作品。

美术创作重点作品工程。组织江苏优秀画家创作一批思想性、艺术性俱佳的美术作品，并由省美术馆收藏。

艺术创作源头工程。由省剧目工作室实施，从作者和剧本两个创作源头入手，开展优秀戏剧文学剧本征选，每年推出一批优秀剧本，并积极推动投排。

近现代江苏美术研究展示工程。开展1840年以来江苏美术大师大家研究，举办江苏名家名作展览，出版研究画集、文集，2020年在全国巡展。

省级重点文化产业示范基地（园区）建设工程。支持文化产业园区、基地更好地发挥促进创意孵化、加强人才培养、推进产业融合、建设服务平台、培育文化品牌等功能，推动其转型升级。支持建设一批高起点、规模化、代表文化产业未来发展方向的文化产业园区。

文化产业投融资体系推进工程。深化文化金融合作，引导金融资本支持文化创意和设计服务业发展。根据文化企业特点和资产特性，创新文化金融服务体制机制，创新文化金融产品和服务。推进文化金融合作改革试点工作，探索创建文化金融合作试验区。

特色文化产业发展工程。以特色文化资源保护和合理利用为基础，推出特色鲜明的文化产品和服务，引导特色文化产业与建筑、园林、农业、体育、餐饮、服装、生活日用品等领域融合发展。引导实施一批特色文化产业项目，支持建设一批特色文化产业示范区。举办"互联网+动漫"创新趋势峰会、全省家纺创意设计画稿交易会，打造西游记文化产业园、古淮河·西游文化旅游产业园、里运河文化长廊、镇江长江路文化旅游特色街、盐城汽车博物馆等。

小微文化企业支持工程。研究制订支持小微文化企业发展办法，解决小微文化企业在创新、成本、融资、人才等方面的困难，营造良好的发展环境。推动建设众创空间、扶持文化创客，培育更多文化市场主体。

文化消费促进工程。鼓励文化企业建设运营文化消费场所，推进文化消费与信息消费融合。扶持文化类电子商务平台建设，利用移动新媒体及时提供文化消费信息，激发消费意愿。完善公益性演出补贴制度，通过票价补贴、剧场运营补贴等方式，支持艺术表演团体提供公益性演出。鼓励在商业演出和电影放映中安排低价场次或门票，鼓励网络文化运营商开发更多低收费业务。推动各级政府发放文化惠民卡，采用实名制文化消费优惠卡方式，通过手机、互联网等渠道便捷下单，开展菜单式、订单式和互动式服务，将选择权交给消费者，力求惠民投入"精准到位"。同时，依据消费数据分析引导文化服务的有效供给。

文物保护利用工程。开展省级以上、重要市县级文物保护单位的重大险情排查，推进市县级文物保护单位"四有"工作。依法划定重点地下文物埋藏区范围。实施省级以上文物保护单位抢救性保护项目、红色遗产和名人故居抢救性保护与展示提升项目。完成江南水乡古镇联合申报世界文化遗产准备工作，推进中国明清城墙、海上丝绸之路联合申遗。实施中国大运河（江苏段）遗产保护与展示示范项目，建设江苏世界文化遗产监测预警平台。建设一批省级考古遗址公园。推进唐闸历史工业城镇申遗、梅园新村纪念馆扩建、顺山集遗址公园建设、鸿山遗址本体保护展示、阖闾城遗址保护与环境整治等。

博物馆建设与服务工程。建设一批行业博物馆，支持鼓励非国有博物馆建设。对现有陈列展览进行改造，增强原创性、学术性、趣味性。开展文物数字应用技术研发，推进智慧博物馆建设。将博物馆建设与青少年教育相结合，推进将博物馆教育纳入国民教育体系。支持博物馆开展文创产品研发，突出地域特色，培育研发基地，建立"江苏博物馆文创联盟"。

可移动文物保护工程。完成江苏省第一次全国可移动文物普查，建立全省可移动文物中心数据库和文物信息交换与监管平台。进一步改善博物馆文物库房保管设施及安全设备。选取部分符合条件的博物馆进行文物健康评测、展厅和库房监控预警、文物保护实验室改善等。开展博物馆馆藏文物预防性保护、科技保护，降低文物损毁率。

文物安全与法制建设工程。实施省级以上文物保护单位安防、消防、防雷达标项目。建立健全市县文物行政执法机构及执法队伍，完善执法监控平台，提升执法信息化水平。深化江浙沪文物行政执法区域合作和相关部门协作机制，开展跨区域文物安全交叉检查。推动文物安全综合管理实验区建设。落实行政问责，依法严厉打击文物违法犯罪行为。

非物质文化遗产系列保护工程

——重点项目保护。对体现江苏传统文化精华的非物质文化遗产濒危项目建立相关保护传承机制；采用数字化多媒体等现代信息技术手段，每年完成10个省级以上代表性名录项目和代表性传承人的数字化建档保存工作；编撰出版代表性项目和代表性传承人系列丛书，为传承、研究、宣传、利用非物质文化遗产留下珍贵资料。

——生态化保护。按照江苏省生态文明建设工程的统一部署和要求，续建3—5个不同文化类型或主题的省级文化生态保护实验区，新建一批传统节日文化保护基地，扩大自然与人文生态的整体性、系统化保护范围，修复和延续地域文化空间和文化传统。

——社会化保护。评定公布第五批省级非物质文化遗产代表性传承人。实施传承人高校研修培养计划，拓展传承途径和成效。每年扶持10个市、县（市、区）的非遗展示馆（厅）内容建设，力争建成300个并免费开放。利用"文化遗产日"、传统节日和岁时节令举办传统文化展示活动，提高社群认知度、参与度和自觉性，扩大社会化保护范围。

——生产性保护。以秉承传统、传承技艺为前提，借助生产、流通、销售等手段，推动非遗更好地融入现代生活，续建20个传统美术、技艺和中药炮制（制剂）类非遗生产性保护示范基地。支持香山帮传统建筑营造技艺、相城御窑金砖和缂丝等创建国家级生产性保护示范基地。

绿色网吧建设工程。将绿色网吧建设列入文化市场年度考核内容，以"环境舒适、消费放心、内容健康"为标准，由消费者投票，组织专家学者等社会力量评估确定一批绿色网吧。计划2016年全省绿色网吧达到100家，2017年至2020年每年递增不少于100家。

"一带一路"文化交流工程。以"一带一路"沿线国家江苏友城为切入点，以设在沿线国家的海外中国文化中心为平台，以海外"欢乐春节"活动等为契机，赴沿线国家举办"精彩江苏·丝路情韵"文化周（年），推动交流合作。

友城文化交流推进工程。以英国埃塞克斯郡、加拿大安大略省等传统友城及新建友城为重点，以海外"欢乐春节"活动、友城周年庆典活动等为契机，赴友城举办"精彩江苏"文化周活动，深化我省与国际友城的文化交流合作。

对台文化交流深化工程。进一步发挥对台文化交流基地作用，利用江苏丰富的民国时期历史文化资源优势和地域特色传统文化资源，深化苏台两地在舞台艺术、造型艺术、文化产业、文化遗产、图书文献等领域的交流合作。

第二节 重点项目

江苏艺术展演月。每两年举办一届，坚持文化惠民和繁荣艺术创作相结合，通过选拔、展演、评比等环节的不断创新，把展演月办成"艺术的盛会，人民的节日"。

江苏省文华奖。作为专业文艺省政府最高奖，每两年评选一次，分别从舞台艺术和美术两个方面评出若干奖项，发挥政府评奖的引领和导向作用。

公共文化服务示范创新项目建设。开展国家级、省级公共文化服务示范创新项目申报、建设与推广。完成苏州市、镇江市、南京图书馆3个地区和单位国家级试点任务；完成无锡市、连云港市、泰州市、盐城市盐都区文化馆4个地区和单位省级试点任务。

江苏省"五星工程奖"。作为群众文艺省政府最高奖，每两年评选一次，分别从音乐、舞蹈、美术（含书法、摄影）、戏剧（含曲艺、小品）、文学等方面评出若干奖项，推动全省群众文艺创作进一步繁荣。

江苏省少儿艺术节。作为全省少儿品牌活动，每四年举办一次，主要内容有：少儿音乐、舞蹈、戏曲、曲艺专场比赛，少儿书画作品展览和现场比赛，红领巾读书征文演讲比赛等，为全省各地区提供少儿文艺创作和演出交流学习的机会，推动全省少年儿童文化艺术事业的繁荣发展。

"四特"评选。开展省级特色文化之乡、特色文化团队、特色文化家庭、特色文化标兵评选，从中优先推选参加中国民间文化艺术之乡评比，确保江苏的领先地位。

文化创意和设计服务业发展行动计划。落实《江苏省提升文化创意和设计服务发展水平行动计划（2014—2017）》，提升以文化软件服务、建筑设计服务、专业设计服务和广告服务等为主要内容的文化创意和设计服务产业发展水平，推进与相关产业融合发展。

文化市场行业繁荣发展计划。鼓励引导社会资本投资兴办文化企业。鼓励各地设立民营演出单位专项扶持资金，采取以奖代补形式扶持民营演出单位发展。鼓励上网服务场所探索多种业态和经营方式，成为社区信息服务平台和多功能文化活动场所。

江浙沪文化市场区域合作发展计划。对接"一带一路"，建立三地文化市场大数据应用平台，推进三地文化市场一体化建设。探索建立行政审批"一地准入，三地通行"联动机制，推动跨地区企业连锁、项目联动、行业联盟，形成联动管理、共同发展的新格局。

文化市场综合执法人员素质提升计划。根据不同类别、不同层次、不同岗位人员需求，开展网上视频教学。举办执法人员培训班，分5年对全省文化市场综合执法人员轮训一遍。每年举办一期执法骨干培训班，采取以案代训、交流轮训等方式，5年重点培训执法骨干100名。

文化市场综合执法与管理服务平台建设。建立全方位、多层次的文化市场技术监管系统，为市场准入、动态监管、综合执法提供信息化应用，提升监管效能和决策水平。分5年完成，基本建成网上服务、网络巡查、移动执法、信息共享、应急指挥五大系统。

"精彩江苏进剑桥"系列活动。与英国剑桥大学合作，共建"昆曲国际在线数字博物馆"，举办国际面具交流展、世界冷兵器交流展等活动，在英国精英知识阶层传播江苏的文化精彩，并通过剑桥大学产生强辐射效应。

第四章 保障措施

第一节 加大财政支持力度

保持基本公共文化服务财政支出与经济社会发展总体水平和政府财力的增长相适应。各级财政加大对公共文化设施建设、使用、管理的投入力度，加大对公共文化设施免费开放的支持力度，加大向社会力量购买公共文化服务力度，优先保障公共文化服务体系建设和运行。加大对文化数字化建设的支持力度。充分发挥江苏艺术基金的作用，加大对舞台艺术生产和美术创作的支持，鼓励创作生产精品力作。依法加大对非物质文化遗产保护和传承的资金投入。文化市场综合执法机构工作经费和能力建设经费列入同级政府财政预算。继续安排省级文物保护专项补助资金，重点用于省级及省级以上文物保护单位和重点博物馆、纪念馆、文物库房的保护、维修、安防等。推动设立江苏省文化走出去项目扶持资金，每年度评选优秀项目并予以补贴或奖励，鼓励省内国有文化企事业单位和民间社会力量赴国外及我港澳台地区开展展演、展览和展销活动，提升江苏文化国际影响力。继续安排省级文化产业发展专项资金，加大对地方重大、特色文化产业项目的扶持力度。进一步完善并落实民间资本参与重大文化产业项目的相关政策，鼓励民间资本投入文化领域。创新财政资金支持文化产业发展投入方式，充分发挥财政资金的杠杆作用，支持创意性、先导性、带动性强的文化产业项目建设。

第二节 完善文化经济政策

全面贯彻落实国务院对文化体制改革中经营性文化事业单位转制为企业的规定、进一步支持文化企业发展的规定，贯彻落实中央出台的相关文化企业税收优惠政策。进一步落实国家有关鼓励社会组织、机构和个人捐赠、兴办公益性文化事业的税收优惠政策，积极引导社会力量参与公共文化服务，增加公共文化产品和服务的供给总量。落实和完善金融支持文化产业政策，加大金融对文化产业发展的支持力度，加快江苏文化产业投融资体系建设。建立符合我省实际的文化产业信用担保制度和文化类无形资产评估、质押和交易制度，形成文化产业投融资信息共享机制。在国家许可范围内，引导社会资本以多种形式投资文化产业，保障非公有文化企业与国有文化企业享受同等政策待遇。出台推动扩大文化消费的相关政策，拉动城乡居民文化消费有效增长。争取省财政厅、省商务厅合作设立、苏豪控股集团管理的江苏"一带一路"投资基金的支持，推动更多的文化企业参与实施"一带一路"重点项目。

第三节 创新文化体制机制

通过改革创新文化体制机制，建立健全现代公共文化服务体系、文化产业体系、文化市场体系，进一步解放和激发文化创造活力。深化行政审批制度改革，创新行政许可实施机制，加强事中事后监管，实现放活和监管同步到位。盘活国有文化资源，建立文化事业单位法人治理结构。充分发挥社会和市场机制作用，激发各类市场主体的创新活力，鼓励公平竞争，优胜劣汰。完善文化市场准入和退出机制，促进文化资源在全省范围内流动。推动文化企业跨地区、跨行业、跨所有制兼并重组，提高文化产业规模化、集约化、专业化水平。

第四节 推进文化法治建设

全面推进文化领域依法行政，推动科学立法、严格执法、全民守法，通过法律手段提高文化管理的科学化、规范化、法治化水平。坚持立改废并举，加快推动地方文化立法进程，构建科学、健全的地方文化法律体系。推动出台《江苏省文化产业促进条例》《江苏省文化科技企业认定管理办法》《境外组织和个人在江苏进行非物质文化遗产调查管理办法》，推动修订《江苏省文物保护条例》《江苏省非物质文化遗产代表性项目评定管理办法》《江苏省非物质文化遗产代表性传承人认定管理办法》，研究制定《江苏省艺术品市场管理办法》。完善重大文化决策程序规定，把公众参与、专家论证、风险评估、合法性审查、集体讨论决定确定为重大行政决策的法定程序，健全依法科学民主的决策机制。大力推进文化法律法规的贯彻实施，强化综合执法队伍建设，健全执法程序，规范执法行为，提高文化执法规范化水平。推进政府信息公开，加强行政监督和问责。深入开展"七五"普法，推行文化系统全员法治培训，提高依法行政意识和学法用法能力。完善领导干部学法制度，提升领导干部运用法治思维和法治方式管理文化事务的能力。实施"法治文化作品创作繁荣行动"，着力打造一批法治文化精品力作，积极开展群众性法治文化活动，为法治江苏建设营造良好的文化氛围。

第五节 加强组织领导

各地党委、政府要把文化建设摆在全局工作突出位置，深入研究文化工作新情况新特点，及时研究解决文化改革发展重大问题，切实担负起政治责任和领导责任。加大改革力度，完善文化管理体制和文化生产经营机制。健全文化建设工作责任制，落实党政"一把手"的"第一责任"。将文化改革发展情况作为衡量领导班子工作业绩和干部晋升的重要依据。选好配强文化部门、单位领导班子，确保适岗适任，成为领导文化建设的行家里手。提请省委省政府颁布《江苏省文化改革与发展绩效评估指标体系》，开展文化改革发展绩效评估。按照引领性、系统性、代表性、操作性原则，设立符合江苏实际，科学化、规范化、标准化的指标体系，使各项文化工作具备切实抓手和衡量标尺。各地文化行政部门要将本规划确定的相关任务纳入年度计划，明确责任人和进度要求，加强规划实施的督促指导和检查考核，使文化建设的责任落实到位、工作推进到位，充分释放文化发展活力，推动江苏文化强省建设不断取得新进展新成效。

浙江省文化发展"十三五"规划

为推动"十三五"时期我省文化繁荣发展，努力建成文化强省，根据《浙江省国民经济和社会发展第十三个五年规划纲要》《文化部"十三五"时期文化改革发展规划》等要求，结合实际，制定本《规划》。

本《规划》中文化的范畴，主要指省政府文化行政部门职能范围内的全省戏剧、音乐、舞蹈、曲艺、杂技、美术、书法、摄影等文学艺术事业，图书馆、文化馆、美术馆、博物馆、非遗馆和基层综合性文化服务中心等社会文化事业，文化艺术领域的公共文化服务，文化产业领域的演艺娱乐业、动漫游戏业、网络文化和数字文化服务业、艺术品和工艺美术经营业、创意设计业、文化旅游业、文化会展业等门类，文化遗产保护，对外和对港澳台文化交流等领域。

一、发展基础与环境

"十二五"时期是我省从文化大省迈向文化强省的跨越期，文化建设取得显著成绩。文化服务大局积极主动，在弘扬社会主义核心价值观、建设"两富""两美"现代化浙江、促进"五水共治"等中心工作中发挥了积极作用；艺术创作取得丰硕成果，有近百部（个）优秀作品在国内外重大艺术评比中取得佳绩；公共文化服务体系基本实现城乡全覆盖，基本公共文化服务标准颁布实施，公共文化产品和公共文化服务渠道进一步拓宽，公共文化服务效能稳步提升；公共文化设施建设取得重大进步，浙江音乐学院建成投用，浙江小百花艺术中心、中国丝绸博物馆改扩建工程、浙江自然博物园核心馆区等重大文化设施建设正在推进，全省文化行政主管部门归口管理的各级博物馆、美术馆、图书馆、文化馆（站）全面实现免费开放；文化体制改革取得重要进展，我省被文化部确定为全国公共文化服务标准化、基层综合性文化服务中心建设、公共文化机构法人治理结构改革试点省份；文化遗产保护取得重要成果，杭州西湖文化景观和大运河（浙江段）先后列入世界遗产名录，我省入选国家级非物质文化遗产名录项目数量连续四批位居各省（区、市）首位；文化产业和文化市场不断发展壮大，全省文化产业增加值占GDP比重超过5%，文化产业已成为我省国民经济的支柱性产业；对外对港澳台文化交流成效显著，我省已与150个国家和地区开展了文化交流活动，其中，浙江交响乐团赴巴西参加庆祝中国和巴西建交40周年庆典系列活动，得到了习近平主席的高度评价；文化人才培养工作形成体系，大力推进各类文艺人才培养计划，人才工作机制不断创新。"十二五"时期浙江文化持续快速发展，为"十三五"文化发展奠定了坚实的基础。

"十三五"时期，文化建设的宏观环境发生重大变化，我省文化发展进入新阶段。从总体看，文化建设仍处于大有可为的重要战略机遇期，文化在促进经济社会持续健康发展方面的作用将更加突出。从国际看，我国的经济实力和综合国力达到新高度，国际地位不断提升，随着"一带一路"战略的实施，中华文化的国际吸引力和影响力将进一步扩大，浙江文化作为中华文化的重要组成部分，将更多地参与国际文化交流与合作。从国内看，中央高度重视文化建设，文化强国建设持续推进，一系列政策文件陆续出台，文化建设的战略地位进一步凸显；经济发展进入新常态，结构调整加快，发展动力转换，文化产业越来越成为经济结构调整的重要支点和转变经济发展方式的重要着力点；深化改革全面推进，政府职能进一步转变，治理能力进一步提高，将有效破解发展束缚，社会力量参与文化建设越来越广泛，为文化发展营造良好的政策环境和社会环境。从省内看，我省将处于高水平全面建成小康社会的决胜阶段和努力建成文化强省的攻坚时期，文化对社会风尚的引领作用日益凸显，让人民享有健康丰富的精神文化生活将成为重要任务。从文化发展走向看，文化与其他行业的融合趋势越来越明显；"互联网+"时代的到来和高新科技的日益发展，导致文化生产方式和传播方式面临深刻变革，给文化发展带来巨大空间。

同时，必须清醒地认识到，我省文化发展仍存在一些亟待解决的问题：文化产品和服务与人民群众日益增长的文化需求还不适应，广受欢迎的精品力作还不多，文化产品的数量质量有待提高；公共文化服务水平与构建现代公共文化服务体系的要求还不适应，存在一定程度的城乡差距、区域差距和人群差别，统筹协调发展能力有待增强；文化产业的实力、竞争力与浙江经济发展水平还不适应，文化外贸发展相对滞后，对经济增长和转型升级的贡献率有待提升；文化遗产保护与构建优秀传统文化传承体系还不适应，抢救保护任务依然繁重，合理利用机制有待健全；文化治理能力与文化强省建设的需要还不适应，文化资源配置效率不够高，社会力量参与文化建设的广度和深度还不够，文化发展方式有待进一步转变；文化人才与文化快速发展还不适应，拔尖艺术人才匮乏，经营管理人才紧缺，文化人才队伍建设有待进一步加强。因此，要准确把握"十三五"时期文化建设的发展规律和本质特征，以法治的思维、改革的方法和创新的手段，补齐短板，加快发展，努力打造浙江文化升级版，加快建成文化强省。

二、指导思想、基本原则和总体目标

（一）指导思想

深入贯彻习近平总书记系列重要讲话精神，以创新、协调、绿色、开放、共享五大发展理念为引领，以"八八战略"为总纲，以"干在实处永无止境，走在前列要谋新篇"为新使命，以传承中华优秀传统文化、培育社会主义核心价值观、弘扬浙江精神为主线，以改革创新、科技进步为动力，以完善文化治理体系、提升文化治理能力为着力点，进一步提升浙江文化发展品质，进一步提升人民群众幸福感，进一步扩大浙江文化影响力，充分发挥以文化人、以文惠民、以文强省的作用，为我省高水平全面建成小康社会、建设"两富""两美"现代化浙江提供强有力的文化支撑。

（二）基本原则

1.坚持正确导向。以人民为中心，以社会主义核心价值观为引领，坚持社会效益优先，发展先进文化，创新传统文化，扶持大众文化，引导流行文化，改造落后文化，抵制有害文化，巩固基层文化阵地，促进在全社会形成积极向上的精神追求和健康文明的生活方式，提高公民素质和全社会文明程度。

2.坚持创新发展。适应高水平全面建成小康社会的新要求，紧跟经济结构转型升级、新型城镇化、现代信息技术和"互联网+"的发展步伐，加强文化理念创新、制度创新、发展方式创新和文化科技创新，培育发展新动力，拓展文化发展和传播空间。

3.坚持协调发展。统筹全省主要文化资源，整体推进文化各领域之间协调发展，着力推动文化建设城乡之间、区域之间、人群之间协调发展，补齐文化各领域发展短板。促进文化与经济、社会的协调发展。

4.坚持绿色发展。树立"文化+"理念，加强生态文化建设，加快推进特色小镇文化建设，建设一批文化特色小镇，促进文化与其他领域深度融合，提高经济中的文化品质，提升文化产业增加值在国民经济中的比重。积极转变文化发展方式，实现更高质量、更有效率、更加公平、更可持续的发展。

5.坚持开放发展。坚持引进来和走出去并重、走出去与走进去并举，兼收并蓄各国优秀文明成果，积极推动浙江文化走出去，构建多层次、宽领域对外对港澳台文化交流格局，全面提高文化开放水平。

6.坚持共享发展。坚持以人为本，加强文化供给侧改革，做出更有效的制度安排，不断提高基本公共文化服务均等化水平和群众文化参与度，促进文化消费，推动文化发展成果共享，使全体人民有更多获得感、认同感和幸福感。

（三）总体目标

到2020年，努力建成文化强省，文化治理能力明显增强，文化发展环境明显改善，文化品质明显提升，浙江文化影响力明显扩大，基本建成全国公共文化服务示范区、文艺精品创作繁荣区、文化产业发展先行区、文化遗产保护模范区、优秀文化人才集聚区、文化体制机制创新区,文化发展主要指标位居全国前列,成为在全国具有重要影响力的文化发展示范区域。

——形成文化更加主动服务大局的局面。围绕中心更加紧密,服务大局更加有力,弘扬社会主义核心价值观更加有效,文化的功能与作用发挥更加充分,为经济建设、政治建设、社会建设和生态文明建设提供有力的支撑。

——基本建立城乡一体、区域均衡、人群均等的现代公共文化服务体系。基本公共文化服务标准体系进一步完善,文化产品和文化服务更加丰富,精准供给水平显著提高,文化阵地覆盖率、文化资源利用率、文化服务普及率、社会力量参与率、人民群众满意率达到新的水平,初步实现均等化。

——打造有全国影响力的文艺精品创作基地。精品创作力、人才培育力、市场营销力、品牌塑造力、政策推动力明显增强,艺术生产投资机制、管理机制、激励机制进一步完善,有社会影响的精品力作数量明显增加,形成一批全国知名的文化品牌和文化团队,建成长三角地区越剧传承发展的核心区域和全国越剧文化中心。

——建设具有浙江特色、优势明显的优秀传统文化传承体系。文化遗产安全保障能力进一步增强,文化遗产保护传承机制进一步完善,文化遗产有效利用率和科技保护水平进一步提升,保护优势、制度优势、利用优势进一步扩大,持续走在全国前列。

——构建结构合理、特色明显、竞争力强的现代文化产业发展体系和现代文化市场体系。着力优化布局、结构、产品、政策、服务,文化产业发展环境进一步完善,文化产业结构更加合理,文化市场更加繁荣有序,文化科技支撑更加有力,文化消费持续扩大,文化产业对经济转型升级的贡献率明显加大。

——创建多渠道、宽领域、多形式、多层次的对外文化工作格局。积极参与国家对外文化交流活动,每年与"一带一路"沿线国家开展文化交流活动,对外对港澳台文化交流由数量扩张转向质量提升,文化艺术产品和服务贸易出口不断加大,浙江文化对外影响力持续扩大。

——形成层次清晰、特色鲜明的文化人才体系。艺术教育体系趋于完善,文化人才培育、引进力度持续加大,高层次人才队伍发展壮大,基层文化队伍结构明显改善,推动实现人才数量多、人才类型多、育才手段多、招才方式多、用才平台多,使浙江成为富有创造活力的文化人才高地。

——建立科学有效的文化治理体系与运行机制。全面深化文化体制改革取得重要成果,文化政策法规进一步完善,政府职能进一步转变,文化治理能力明显增强,文化法治水平有效提升,形成浙江文化发展体制机制新优势。

"十三五"浙江文化发展主要指标

类别	指标名称	2020年目标值	属性
全国公共文化服务示范区创建	市、县级公共文化设施建设目标	市有五馆(文化馆、图书馆、博物馆、非遗馆和美术馆),县有四馆(文化馆、图书馆、博物馆、非遗馆或展示场所)	约束性
	农村文化礼堂和社区文化家园建成率(%)	35和10	约束性
	人均年观看文博展览、文艺表演(场次)	4.5	预期性
	县级公共图书馆人均藏书或总藏量(册)	1或500000	约束性
	提升公共文化服务重点市县(个)	20	约束性

全国文艺精品创作繁荣区创建	推出优秀原创作品（部）	100	预期性
	年均全国性获奖奖项（个）	1	预期性
	年均入选国家艺术基金项目（个）	10	预期性
	年均抢救地方戏曲传统剧目（部）	20	预期性
全国文化产业发展先行区创建	文化部门管理的文化产业增加值年均增长率（%）	10	预期性
	实施国家、省级文化领域科技创新项目（个）	45	预期性
全国文化产业发展先行区创建	国家文化产业创新实验区（个）	1	预期性
	国家文化金融合作实验区（个）	1	预期性
	文化服务贸易占文化走出去次数比重（%）	8	预期性
全国文化遗产保护模范区创建	新增世界文化遗产（处）	1	预期性
	国家一二三级博物馆占博物馆总数的比重（%）	20	预期性
	省级非物质文化遗产名录项目总数（项）	1200	预期性
	国家文化生态保护实验区新增（个）	1	预期性
	建设非遗主题小镇总数（个）	30	约束性
	建设传统戏剧之乡总数（个）	50	约束性
全国优秀文化人才集聚区创建	高级专业技术资格人员（名）	3500	预期性
	打造优秀文化创新团队（个）	50	预期性
	培养"浙江省文化厅优秀专家"（名）	100	预期性
	培训基层文艺骨干人员（万人次）	10	约束性
	培养和资助优秀青年创作、表演、管理人才（名）	300	约束性
全国文化体制机制创新区创建	建立公共文化机构法人治理结构单位（个）	150	预期性
	政府面向社会购买公共文化服务资金（亿元）	5	约束性
	新设立省级文化基金（个）	2	预期性
	创建省级基层公共文化服务创新项目（个）	30	预期性
	培育文化志愿者品牌团队（个）	100	约束性

三、主要任务

（一）坚持率先发展，构建现代公共文化服务体系

公共文化设施布局合理，互联互通，公共文化服务内容和手段更加丰富，服务质量显著提升，公共文化服务体制机制进一步完善，公共文化服务提供主体和提供方式更加多元，基本建成覆盖城乡、便捷高效、保基本、均等化的全国公共文化服务示范区。

——推进公共文化服务标准化建设。全面落实《浙江省基本公共文化服务标准（2015—2020年）》，构建省级标准为基础、行业标准为支撑和项目技术标准为补充的标准体系。根据城镇化发展趋势和城乡常住人口需求，统筹规划各级公共文化服务设施的整体布局。探索建立群众文化需求反馈机制，开展公共文化"菜单式"服务，完善公共文化服务项目与内容标准化建设。提升公共文化设施免费开放水平。县级以上公共文化机构配齐工作人员，乡镇综合文化站工作人员不少于1—2人，村（社区）公共服务中心设有由政府购买的公益文化岗位。发展壮大文化志愿者队伍。

专栏1　重大文化设施建设工程
1.省级重点项目：之江文化中心、中国丝绸博物馆改扩建、浙江自然博物园核心馆区、浙江省考古遗产展示园等。 　　2.市级重点项目：杭州市群众文化活动中心、杭州非物质文化遗产保护中心、杭州美术馆、宁波市文化馆、宁波市非物质文化遗产中心、宁波市图书馆新馆、宁波市河海博物馆、温州市美术馆、温州市非物质文化遗产展示馆、湖州市美术馆、湖州市非物质文化遗产展示馆、嘉兴美术馆、嘉兴市马家浜遗址公园（马家浜文化博物馆）、绍兴市美术馆、金华市美术馆、金华市非物质文化遗产展示馆新馆、衢州市文化艺术中心、衢州市图书馆、舟山市图书馆、台州市大剧院、台州市非遗馆、丽水市图书馆新馆等。 　　3.县级重点项目：余杭区文化艺术中心、北仑文化中心、平阳县文化艺术中心、德清"瓷之源"博物馆、长兴太湖博物馆、平湖市博物馆迁建、嘉善图书馆博物馆、嵊州市博物馆、义乌大剧院、义乌市博物馆新馆、义乌市美术馆、开化县"五馆合一"项目、临海市文化艺术中心、玉环博物馆图书馆新馆、遂昌县城市文化综合体、景宁山哈宫（畲族非遗馆）等。
出台政策：制订省级文化系统相关文化设施建设规划。

专栏2　公共文化设施优化计划
1.实现市有五馆（文化馆、图书馆、博物馆、非遗馆和美术馆），县有四馆（文化馆、图书馆、博物馆、非遗馆或展示场所）。 　　2.乡镇（街道）建有综合性文化中心。乡镇（街道）综合文化站特级站和一级站比例1/3以上。服务人口在5万人（含）以上、3~5万、3万人以下的乡镇（街道）综合文化站，建筑面积分别不低于1500平方米、1000平方米、500平方米，室外活动场地不低于600平方米。 　　3.未设立文化礼堂的行政村建有建筑面积不少于100平方米、室外活动场地不少于300平方米、因地制宜配置器材的文化活动中心；社区建有"文化家园"，不具备条件的建有面积不低于100平方米的文体活动中心。 　　4.县级图书馆、文化馆国家一级馆比例90%以上。省级中心镇或常住人口超过10万的乡镇（街道）设立图书分馆。鼓励24小时自助图书馆建设。 　　5.建设一个全省图书馆共享、面积约3万平方米的储备书库。采用高密度自动仓储，由浙江图书馆承担管理职责，供全省范围内图书馆和读者共享利用，以满足全省性的文献储存保障和共享需求。

——推进公共文化服务均衡发展。统筹全省文化资源，破除制约资源流动的体制屏障，健全全省图书馆联盟、文化馆联盟、美术馆联盟、博物馆联盟等平台，完善资源共建共享。提升重点市县基本公共文化服务水平。推进公共图书馆、文化馆总分馆建设。坚持公共文化资源向基层倾斜、向偏远地区倾斜、向弱势群体倾斜，深化流动文化加油站、文化走亲、文化联动等形式多样的流动服务机制，把公共文化服务送到群众家门口。优化特殊群体基本文化权益，积极开展面向老年人、未成年人的公益性文化活动，将外来务工人员文化供给纳入常住地公共文化服务体系。

专栏3　基本公共文化服务均等化工程
1."走亲下乡"项目。每年组织送演出下乡不少于1万场，送图书下乡不少于100万册次，送讲座、展览下乡不少于600场。组织开展"文化走亲"活动不少于500场。 　　2.群众性文化活动项目。每个县（市、区）每年组织开展规模较大的群众文体活动不少于12次；每个乡镇（街道）每年举办文化节、读书节、运动会等文化体育活动不少于6次；每个行政村（社区）每年组织群众性文化体育活动不少于2次。

3.公共文化机构公益服务项目。公共博物馆、公共美术馆每年分别举办免费展览不少于6次，每年举办公益培训或讲座不少于6次；公共图书馆、文化馆每年分别举办免费展览展示不少于4次。图书馆、文化馆每年举办公益培训或讲座不少于12次；乡镇综合文化站每年举办公益培训不少于6次。

出台政策：制订促进我省公共文化服务均等化的相关政策。

——推进公共文化服务数字化发展。建设基于全省公共文化服务体系的大数据中心，建立面向全省的文化资讯查询和文化服务交互信息平台。建设云环境下的公共文化智能服务系统，县级以上公共文化场馆建成面向群众的、交互性的公共文化空间展示及应用服务平台。加快智慧文化社区建设，将丰富的数字文化资源传输到基层综合性文化服务中心，实现"一站式"服务。推动公共图书馆、文化馆等公共文化机构对馆藏资源进行数字化加工。开展古籍数字化、珍贵文献影印出版工作。

专栏4　公共数字文化建设计划

1.推进公共文化机构数字化建设。统筹实施全国文化信息资源共享、公共电子阅览室、数字图书馆、数字文化馆建设等项目，构建标准统一、互联互通的公共数字文化服务网络，在基层实现共建共享。

2.开发特色数字文化产品。加强公共文化大数据采集、存储和分析处理。利用微博、微信、微视频、云客户端等微传播模式，与支付宝、腾讯、百度等各类平台、渠道加强合作。

3.加强古籍与民国文献保护。整理出版全省专题古籍书目，形成《中华古籍总目·浙江卷》。建设全省古籍修复网络，扩大古籍基础修复工作面，培养高尖古籍修复人才，提高古籍修复实验室水平。开展碑帖、信札、舆图等古籍以外的历史文献普查工作，完成1949年前形成的文献普查，建立浙江历史文献数字资源数据库，建立浙江历史文献保护体系。

4.支持地方数字文化建设。重点支持杭州智慧文化服务平台、湖州"文化有请、专家有约"网络平台、嘉兴"互联网+"公共文化云平台、绍兴"百姓有约"网络平台、金华"金华文化"移动发布平台、衢州流动文化加油站网络服务平台、舟山"淘文化"、"定海文化超市"、台州"公共阅读+"等。

——推进公共文化服务社会化发展。鼓励和支持社会力量参与公共文化服务体系建设。完善政府向社会力量购买公共文化服务机制，逐年提高政府购买公共文化服务额度，拓宽政府购买公共文化服务范围。推广运用政府和社会资本合作等模式，促进公共文化服务提供主体和提供方式多元化。探索推进重大文化设施项目的所有权与经营权分离，鼓励专业第三方机构参与公共文化设施的投资建设、提升改造、运营管理等，探索PPP等形式在文化设施运营管理中的创新应用。加强对文化类行业协会、基金会、民办非企业单位等社会组织参与公共文化建设的引导、扶持和管理。

——推进公共文化服务品牌建设。推动推广具有鲜明特色和社会影响力的服务项目。有效开展全民阅读，营造学习社会。深化农村文化礼堂"建、管、用、育"机制，深化精神家园建设。继续开展国家公共文化服务体系示范项目、省级公共文化服务体系示范项目创建工作和省级文化强镇、省级文化示范村（社区）评选工作。实施基层特色文化品牌建设，推进民间文化艺术之乡、地方戏曲保护特色地区等项目。推出一批代表浙江水平、群众喜闻乐见的精品佳作和具有浙江特色的公共文化服务项目。支持湖州"文化街景"、绍兴水乡文化景观带、丽水"生态文化绿廊"等特色文化服务项目建设。

专栏5　农村文化礼堂提升计划

1.年均建成1000家，全省建成文化礼堂10000家，占全省行政村总数35%左右。

2.完善人才队伍、内容供给、运行保障三大机制，加强文化礼堂品牌建设，真正建成农民群众的"精神家园"和当代乡村的"精神文化地标"。

（二）打造精品力作，推动文化艺术繁荣发展

坚持以人民为中心的创作导向，大力弘扬社会主义核心价值观，不断加强文化艺术原创能力建设，积极推

动文化艺术创新,集中打造一批具有时代特征、地域特点的文化艺术精品,扶持培育一批活跃在国内外演出舞台的知名文艺团体和优秀文艺人才,努力创建全国文艺精品创作繁荣区。

——坚持精品战略。打造一批代表浙江文化形象、富于浙江地域特色、达到国内一流水准、深受人民群众喜爱的精品佳作。聚焦中华民族伟大复兴的"中国梦",汲取浙江悠久丰厚的历史文化资源,在推动各艺术门类全面繁荣发展的基础上,着力抓好塑造浙江改革开放时代形象的当代艺术精品工程建设。加强题材规划,推出一批具有鲜明时代特色、深受人民群众喜爱的精品力作。开展"深入生活、扎根人民"主题实践采风活动。

专栏6　"时代抒怀"——当代舞台艺术精品工程

1. 优秀创作题材项目。以迎接中国共产党建党100周年和新中国成立70周年为契机,加强浙江当代舞台艺术精品创作题材库建设,统筹谋划100个左右优秀创作题材。

2. 优秀原创剧本项目。以优秀原创戏剧剧本政府购买计划和全省中青年编剧扶持计划为抓手,加强浙江当代舞台艺术原创剧本创作扶持,征集储备50个左右优秀原创剧本。

3. 优秀新创作品项目。以中国越剧艺术节和浙江省戏剧节、音乐舞蹈节、曲艺杂技魔术节为平台,加强浙江当代舞台艺术精品创作生产,年均创作排演6台左右优秀新创作品。

4. 舞台艺术精品项目。以中宣部全国精神文明建设"五个一工程"和文化部"中国文化艺术政府奖"为目标,积极参加国内国外重大文化艺术活动,推出5部左右代表性的浙江当代舞台艺术精品。

出台政策:实施《浙江省舞台艺术精品创作生产五年行动计划(2013-2017)》并新制订后5年行动计划;制订全省艺术创作题材规划。

——加强传播推广。办好中国越剧艺术节等重点文化艺术活动。深化文化直通车下基层、"雏鹰计划"优秀儿童剧和高雅艺术民族艺术进校园、"新年演出季"等公益性演出活动。创新艺术传播渠道,打造艺术院团演出品牌,扶持"浙江省舞台艺术院线",推进精品驻场演出,引导国办文艺院团、国有剧场与社会各方力量形成"场团一体、多方受益"的舞台艺术精品演出院线,激活舞台艺术演出市场,力争实现全省舞台艺术精品惠民性演出年均1000场以上。扶持畲族"三月三民歌节"等地方性文化品牌活动,打造全国畲族"文化高地"。

——推进艺术创新。加强创新型艺术团队建设,提高文化艺术自主创新能力。在全省推行"签约艺术家制度",面向海内外知名艺术家开展多种形式的柔性合作,积极引进省外艺术名家参与浙江文化精品创作,力争5年内签订10位左右"浙江省签约艺术家"。进一步完善艺术创新激励政策,对在重大艺术赛事中取得佳绩的集体和个人予以表彰。推行重大文艺活动项目公开招标和政府采购。用好国家艺术基金。按照"政府主导、社会参与、独立运转"的原则,筹划设立浙江艺术发展基金。支持温州建立温州艺术发展基金、温商私募艺术基金。

——支持戏曲传承发展。完善全省地方戏曲传承发展工作体系,构建分级管理、分类指导、分步实施的工作机制,形成有利于地方戏曲活起来、传下去、出精品、出名家的良好环境。开展地方戏曲剧种普查,建设一批地方戏曲生态保护地,抢救一批濒危剧种、命名一批传统戏剧之乡、确立一批传承基地、扶持一批重点院团、推出一批优秀剧目、培养一批戏曲名家、开展一批重大活动、形成一批戏剧品牌。制订实施《浙江省传统戏剧精品创作生产规划(2016—2020年)》。研究制订越剧、婺剧等代表性地方戏曲剧种中长期发展规划。每年推动建设1个以上各具特色的"戏曲谷""戏曲小镇"。扶持嵊州市越剧传承保护基地建设。

——加强文艺评论研究。依托省内高校和文化艺术研究机构,建设一支有深厚理论功底和专业思维的文艺评论队伍,形成符合国家文化发展战略、顺应时代要求的文艺评论体系。提高文艺评论对艺术生产的指导性及二者的融合度,发挥文艺评论对大众艺术审美趣味的导向作用。建设中国越剧学术研究基地。加强全省艺术研究院(所)建设,拓展职能,提升效能,发挥文艺研究在文艺创作、文化决策咨询、文化活动策划等方面的作用。支持杭州建设杭州文艺研究基地和嘉兴开展"嘉兴书学"研究工程。

——推进美术工作。加强对全省美术工作的统筹指导，推动美术创作、研究、评论工作和美术人才队伍建设。研究制订《浙江省公共美术馆管理办法》。制订《浙籍美术名家馆藏作品展览展示五年规划》，实施浙籍美术名家作品引聚展示工程，以浙江美术馆、浙江省博物馆为龙头，梳理不同历史时期有重大影响的浙籍美术名家名录，有计划地开展引聚工作，征集浙籍美术名家的作品和资料文献，分批、分步展示馆藏的浙籍美术名家作品，提升全省公共美术馆馆藏作品的展览和利用水平。

（三）加大文化遗产保护利用力度，构建优秀传统文化传承体系

积极探索文化遗产保护利用工作新思路，建立依法管理、创新传承、基础全面、重点突出、全民共享的现代文化遗产保护利用体系，持续推进文化遗产资源活起来、动起来、传下去、传开去，弘扬优秀传统文化，努力创建全国文化遗产保护模范区。

——夯实文博事业发展基础。全面摸清文物资源家底，继续推进文物保护单位"四有"等基础工作，不断增强安全保障能力。推进文化遗产理论研究、基层文博事业发展水平评估、世界文化遗产申报与管理、文物平安工程、文物资源GIS地理信息系统建设、文物执法监察"天地一体"系统研发、文物保护科技创新能力提升、浙江省考古遗产展示园建设等工作，创新文保工程审批管理、博物馆运行评估、文物考古研究、文物安全监管与执法监察、文保资金配置、社会文物及新型遗产保护管理等方面的体制机制，构建比较完善的文物法律法规体系和规范标准体系，基本形成政府主导有力、部门协作有为、社会参与有序的文物保护管理新机制。

专栏7　文物平安工程

1.古遗址类、古墓葬类防盗、监控系统项目。对省级以上文物保护单位中存在盗掘、盗挖风险的古遗址、古墓葬类文物保护单位，推进基于卫星GPS技术的远程监控、防入侵探测为核心的安全技防系统标准建设。

2.古建筑类、近现代类代表性建筑消防设施项目。对省级以上文保单位中的建筑类、近现代类代表性建筑中存在消防安全隐患的约330处，根据国家文物局《文物建筑防火设计导则（试行）》的要求进行消防基础设施建设，提高预警和自我救护的能力水平。

3.古建筑类、近现代类代表性建筑防雷设施项目。根据国家文物局颁布的《文物建筑防雷工程勘察设计与施工技术规范（试行）》，对全省古建筑类、近现代类代表性建筑省级以上文物保护单位中约350处，开展必要的防雷设施保护。

4.古建筑类、近现代类代表性建筑技防设施项目。对全省古建筑类、近现代类代表性建筑省级以上文物保护单位，开展安全技防设施保护。

5.文物库房、安全技防建设项目。以文物风险单位中国有文物收藏单位文物库房、安全技防等安全基础设施新建、改造为重点，持续改善和提升文物收藏的安全条件。

出台政策：制订完善文物保护管理政策制度体系和安全防范规范标准体系。

专栏8　重点文物保护和考古管理计划

1.重点文物保护工程项目：完成新叶村乡土建筑修缮工程、诸葛长乐村民居（三期）修缮工程、河阳乡土建筑修缮工程、石仓乡土建筑修缮工程、碗窑村乡土建筑修缮工程、嘉业堂藏书楼和小莲庄修缮工程、衢州城墙修缮工程、浙江大学之江校区（三期）修缮工程等一批重点文物保护工程项目。

2.世界文化遗产保护和管理：重点推进海上丝绸之路、良渚古城遗址保护展示，争取将海上丝绸之路（宁波段）、良渚古城遗址纳入"十三五"期间我国世界遗产申报正式提名项目。做好全省世界文化遗产预备名单管理工作，积极推动浙江青瓷窑遗址、江南水乡古镇、明清城墙、浙闽木拱廊桥等保护管理及申遗前期准备工作。做好西湖、大运河后申遗时代相关工作，建立健全世界文化遗产保护管理长效机制。积极争取将钱塘江海塘、矾山矾矿遗址等项目纳入我国世界文化遗产预备名单。

3.考古管理工作：开展以课题规划为导向的主动性考古项目，实施钱塘江中上游、金衢盆地、浙东南沿海地区等区域性和浙江早期新石器时代遗址、城址等专题性地下古文化遗址的考古调查勘探项目。积极开展公共考古，启动并争取建成浙江省考古遗产展示园。大力推进东海水下文化遗产保护抢救。拓展水下考古与水下文化遗产保护领域，重点实施"甬舟地区涉水文化遗产资源调查"项目。关注浙江海域重大涉水型建设工程，适时开展抢救性水下考古工作，探索建立有效介入机制。

出台政策：完善农村文物建筑和传统村落保护利用土地、资金补偿和建筑产权流转政策，研究政府土地出让前先期开展考古调查发掘制度。

——构建非遗保护传承工作新格局。坚持"保护为主、抢救第一、合理利用、传承发展"的工作方针，探索建立现代非遗保护传承体系，推动非遗保护工作从单个项目保护向整体性保护转变，从注重项目申报评审向规范化管理转变，从被动保护向增强传承活力转变，促进非遗与现代生活融合。进一步强化省、市、县三级名录体系建设，建立非遗保护发展评估监督机制，推进非遗代表性名录的依法管理和科学保护。实施非遗中青年传承人群研修研习培训项目，推进代表性传承人队伍的梯队建设。制订和实施《浙江传统工艺振兴计划》等专项性保护传承措施。实施濒危非遗项目抢救性记录和数据化保存工程，建设综合性非物质文化遗产数据库。完善整合我省非物质文化遗产保护工作载体，推进省级非遗保护示范项目建设，探索非遗整体性保护新路子。加快推进省、市、县综合性非物质文化遗产馆建设进程，每年建设1个非物质文化遗产生态保护区，建设一批传统节日标志地和非物质文化遗产展示中心。

专栏9　非遗代表性项目保护传承工程

1.名录体系建设项目。积极申报人类非物质文化遗产代表作名录和国家级非物质文化遗产代表性名录。继续实施生产性保护和整体性保护措施，省级以上非遗"八个一"保护措施全覆盖：一个保护方案、一个专家指导组、一个工作班子、一个传承基地、一个展示平台、一套完备的档案、一册普及读物、一系列保护政策，实行一项一策。

2.抢救性记录和数据化保存项目。省、市、县三级共完成100位省级以上代表性传承人的抢救性记录和数字化保存，完善综合性省级非遗数据库建设。

3.中青年传承人群研培项目。重视对中青年传承人群的培养，形成代表性传承人梯队，全省完成10000名非遗传承人群研修、研习和培训。

4.非遗保护示范项目。力争设立"浙江省非物质文化遗产保护成果奖"，每年培育10个以上省级非物质文化遗产保护示范项目。

5.非遗评估监督项目。探索非遗保护发展评估监督机制，建立省级非遗保护发展综合指数，推进非遗科学规范管理。

6.传统工艺振兴项目。制订传统工艺振兴扶持政策措施，推进30个非遗主题小镇建设。

7.传统戏剧保护项目。开展"百千万"计划，在全省形成100个"戏剧广场"（戏剧角）；公布100所戏剧传承学校（大、中、小学）；培育100个濒危剧种民间剧团（剧社）；重点培养100名濒危剧种青年传承人；重点支持恢复和排演100部传统剧目。开展"千名弟子共传承"和"万场大戏送乡亲"活动。

出台政策：修订《浙江省非物质文化遗产保护条例》。

——增强文化遗产事业融合发展和服务能力。提升文物保护单位开放利用率。推进历史文化名城名镇名村（街区）和传统村落保护利用工作。加强考古遗址公园建设。促进可移动文物"一普"成果共享，打造博物馆陈列展览精品，优化博物馆社会教育功能，推动博物馆衍生产品开发。大力推进文物对外交流活动。进一步开展非遗整体性保护和生产性保护，加快文化旅游融合发展，将非遗保护与美丽乡村建设、农村文化礼堂建设结合起来，使非遗工作与群众生产生活结合起来，提升非遗工作的社会认同和参与。继续办好舟山群岛·中国海洋文化节、中国·嘉兴端午民俗文化节、公祭大禹陵、兰亭书法节等重大活动。

专栏10　文物保护和活化利用计划

1.传统村落保护利用。协调指导松阳县实施国家文物局传统村落整体保护利用试验区工作，推广松阳县传统村落保护利用经验，合理适度利用传统村落，有效改善村民生产生活条件，探索建立政府主导、部门联动、村民主体的传统村落保护利用管理模式。

2.文物建筑活化利用培育。开展浙江省文物保护单位保护利用优秀案例征集评选。在全省征集部分已维修但仍处闲置状态的国有文物建筑，向社会公开征集利用方案。

3.考古遗址公园建设。争取将大窑龙泉窑遗址、上林湖越窑遗址等已有较好工作基础的大遗址，列入"十三五"期间国家考古遗址公园名单或立项名单。

4.浙江省文物资源地理信息系统（GIS）建设。基于地理信息系统（GIS）整合我省现有不可移动文物基础数据和资料并逐步电子化，形成较完善的不可移动文物基础数据平台，实现政府部门、社会公众对文物基础数据的查询、知识普及、使用及监测等功能。

5.可移动文物活化利用。推动可移动文物"一普"成果共享，推出一批精品陈列展览，年均举办展览1000个，争取"十三五"时期有三个陈列入选全国博物馆陈列展览精品项目。

6.全省博物馆教育活动。开展博物馆免费开放最佳做法推介，深化博物馆未成年人教育活动，构建全省博物馆教育活动项目库。

专栏11　"美丽非遗乡村行动"计划

1.美丽乡村建设非遗保护。每年打造6个民俗文化村，推进乡村非遗整体性保护。

2.美丽非遗进礼堂。开展"美丽非遗进礼堂百村行"活动：整理提升一批特色项目；指导建立一批乡村非遗馆；培育一批非遗特色表演队伍；培养一批非遗传承人；拍摄一批"寻找乡村记忆"纪录片；推出一批非遗保护传承示范案例。

3.美丽非遗志愿者行动。在各市、县（市、区）以及高校中建立非遗保护志愿服务组织50个以上，全省非遗志愿者社团会员数达到10000人以上。

（四）推动文化产业转型升级，构建完善现代文化市场体系

把握经济发展新常态下文化产业发展新机遇、文化市场新动态，大力实施"互联网+"、"文化+"发展战略，培育壮大文化产业市场主体，提升管理服务水平，规范市场经营行为，健全现代文化产业体系和现代文化市场体系，努力创建全国文化产业发展先行区。

——优化产业结构布局。创新演艺娱乐、动漫游戏、网络文化和数字文化服务、艺术品和工艺美术、创意设计、文化会展、文化旅游等七大行业提升推进机制。突出优势产业引领带动作用，整合行业发展资源，提高文化产业规模化、集约化、专业化水平，确保优势产业在全国领先地位。促进木雕、根雕、石刻、文房、青瓷、宝剑等相关历史经典产业发展和特色小镇建设。加强产业区域布局，推进地区特色文化建设，培育特色文化产业集聚区。

专栏12　文化产业转型升级工程

1.文化产业主体培育项目。实施小微文化企业扶持计划，培育一批成长型中小微文化企业；实施文化企业上市培育计划，推动一批文化企业和文化企业集团上市；实施文化产业园区提升计划，推动管理服务规范化制度化；认定一批省级文化产业示范基地园区，申报推荐国家级文化产业示范基地园区。

2.文化产业融合发展项目。实施"互联网+"、"文化+"计划，促进文化产业与科技、金融、旅游、制造业、电商等融合，重点培育一批文化创意和设计服务与相关产业融合发展的骨干企业，着力打造一批文化与科技融合示范项目、示范园区。

3.文化产业平台建设项目。建设文化产业综合服务平台，提升一批文化产业会展品牌；培育一批文化金融服务机构，建设一批文化产业研究基地，扶持一批文化产业中介服务机构。

4.地区特色文化建设项目。重点推进杭州白马湖创意园区、杭州运河天地文化创意产业园、宁波和丰创意广场、宁波"阿拉梦工厂"电影文化创意基地、温州文化旅游融合区、嘉兴江南文化创意特色中心、绍兴"古越三绝"文化产业、浙江横店影视产业实验区、金华市高新技术产业园区、衢州儒学文化区、舟山市朱家尖观音文化创意园。

出台政策：制订《文化产业转型升级三年计划》及相关配套政策措施。

——促进产业融合发展。深化文化产业与相关产业融合发展，培育新型文化业态。促进文化产业与制造业融合发展，提高产品附加值，提升产业贡献度。促进文化产业与科技融合发展，发挥移动互联网、云计算、大数据、物联网等新一代信息技术的推动作用。促进文化产业与电商融合发展，发挥阿里巴巴集团、浙中信息产业园等龙头企业（园区）优势，创新商业模式。促进文化产业与金融融合发展，拓宽融资渠道，完善文化企业融资服务链，创新文化金融配套服务机制。促进文化产业与旅游融合发展，推出一批与浙江精神气质吻合、代表浙江形象的文化旅游产品。

专栏13 文化科技支撑计划

1.健全省级文化科研课题管理体制。每年有50个以上厅级文化科研项目立项。

2.完善国家级文化科技项目（课题）申报管理。做好国家社科基金艺术学项目、文化部文化创新项目、国家文化创新工程、国家文化提升计划等国家级文化科技项目（课题）申报和管理，每年力争7个以上项目立项。

3.建设省级文化与科技协同创新机制。加强对文化领域省重大科技专项等重点项目的申报和管理力度，每年力争有7个以上项目立项，并实现项目的成果转化。

4.建设中国艺术科研所（院）浙江协同创新平台。推进浙江艺术科技研究中心建设，探索文化科技"政产学研用"协同创新浙江模式。建成全省文化科技综合查询咨询平台和文化科技专家库。

5.制订《加强文化科技创新体系建设的指导意见》。积极探索O2O模式下的文化科技成果交易机制，加强省文化科技领军型创新创业团队的引进和培育。

——搭建产业发展平台。增强服务意识，创新服务机制，建设一批包括会展交易、技术支撑、投资融资、知识产权保护、信息咨询等功能的文化产业综合服务平台。推动中国（义乌）文化产品交易会、中国国际动漫节等重要会展转型发展。扶持杭州中国"动漫之都"、宁波国家级动漫原创基地等国家级文化产业基地发展。制定文化产业园区标准，建立园区评价体系，推进重点文化产业园区知识产权服务中心建设。打造"众创空间"，培育引领创客文化。发挥高校、科研院所科研资源、人才资源集聚优势，推动文化产业研究中心、基地建设。支持地方推进文化保税区建设。

——建设现代文化市场体系。充分发挥市场在文化资源配置方面的积极作用，建立多层次文化产品和要素市场。推动文化产品供给侧结构改革，加强内容建设，丰富产品供给，优化文化消费发展环境，促进文化消费转型升级。建立健全市场准入和退出机制，降低市场准入门槛，鼓励各类市场主体公平竞争、优胜劣汰。消除地区壁垒和行业壁垒，促进文化资源合理流动，推进文化市场一体化、规范化、信息化建设。

专栏14 文化市场培育引导计划

1.文化市场信用管理与分级监管。建立健全文化市场信用管理制度，加强文化市场信用信息数据库建设，建立文化市场分级监管制度，基本形成与其他部门信用信息交互共享及联合惩戒机制。

2.上网服务行业转型升级。深入推进互联网上网服务营业场所开展转型升级试点工作，鼓励上网服务场所探索多种业态和经营方式，改善环境，优化服务，提升行业整体形象。

3. 加强文化市场行业协会建设。制订《加快推进文化市场行业协会建设的意见》，更好地发挥行业协会在行业管理中的作用。

4. 民营文艺表演团体扶持。通过联合办学、省地合作等方式，5年培训民营文艺表演团体管理和从业人员4000—4500人次。推出民营文艺表演团体"优秀剧目"，建设民营文艺表演"优秀剧团"。打造民营文艺表演团体品牌标杆，培育和壮大富有浙江特色的民营演艺产业。

5. 搭建全省数字化文化消费培育平台。在"浙淘文化供需平台"上开辟全省数字化文化消费培育平台，通过有效身份认证，向省内户籍人口发放公益性文化消费券，激发群众文化消费意愿，力争实现有效文化消费年均1亿元。

——强化文化市场监管。深入开展文化市场"平安浙江"专项行动，推进完善"双随机"抽查机制，探索建立文化市场监管信用体系，加强审批引导和事中事后监管，提升文化市场监管效能。加强文化市场综合执法机构和队伍标准化规范化建设，加强执法条件保障，推进"文化市场综合执法规范化示范区"创建，强化文化市场执法装备信息化建设和信息共享，完善文化市场技术监管平台，全面落实"智慧监管"。加强部门协作联动，夯实基层基础，发挥文化市场管理志愿者队伍等社会力量，实行群防群治。推进江浙沪文化综合执法协作。

专栏15　文化市场智能监管建设计划

1. 推广网络文化智能监管系统。实现网站内容自动抓取、网站信息数据调用和网站违规提示报警等功能，对所有网站进行24小时自动巡查。通过智能化网络监管，降低执法成本，提高网络文化监管的针对性和有效性。

2. 推进现场执法办案系统。升级执法办案软硬件系统，实现现场执法文书的"无纸化"。执法人员携带办案终端，通过系统预设的各类案情，快速制作现场笔录和询问笔录，就地打印执法文书，完成一整套执法程序。

（五）提高文化开放水平，构建新型对外对港澳台文化工作格局

坚持政府统筹、社会参与、官民并举、市场运作，统筹地方和中央、政府和民间、国内和国外等各方资源，构建多渠道、宽领域、多形式、多层次的工作格局，提升浙江文化竞争力、影响力，使我省的对外对港澳台文化工作走在全国前列。

——办好重大文化交流活动。积极参与国家组织实施的大型对外文化活动，确保我省每年参与文化部和有关国家举办的文化年（艺术节）、"欢乐春节"、中阿合作论坛等活动。融入国家"丝绸之路经济带"和21世纪"海上丝绸之路"战略，推进与丝绸之路沿线国家的文化交流、文化传播和文化贸易。扩大国际合作，积极融入区域交流，以促进城市文化发展为支点，推动宁波"东亚文化之都"建设，加强与东亚文化交流与合作。配合省委省政府重大涉外活动，统筹策划和实施文化项目。深化对港澳台文化交流与合作，充分发挥市县资源优势，每年完成对外对港澳台文化交流项目400个，提升浙江文化对外影响力。

——丰富文化交流活动内涵。立足我省地域文化和资源优势，提升"美丽浙江文化节""台湾·浙江文化节"等系列对外和对港澳台文化品牌内涵，广泛宣传中国梦和中华文化核心价值理念，大力推动我省文化艺术和非物质文化遗产走出去。深化内容建设，对传统文化资源用现代技术手段和形式进行包装、演绎，将文化资源转化成信息化的产品，创作出既代表我国民族文化又为国际文化市场所欢迎的优秀产品。用易于理解、认同和接受的手段传播中华优秀文化，塑造我省良好国际形象。

——拓展对外文化交流贸易平台。建设对外文化贸易创业创新支撑平台，探索文化产品跨境电子商务试点和对外文化贸易众创空间试点建设。完善《浙江省商业演出展览出口指导目录项目管理办法》，扶持文化产品和服务以商业方式走出去。借助浙江国际贸易平台优势，加快我省对外文化交流和贸易项目库建设，探索新型

文化产品营销模式，拓展境外文化市场。组织文化企业参加国际知名专业会展、洽谈会和双边、多边国际文化产业领域对话，推介文化企业积极参与中外友好文化年、艺术节等文化交流活动。

专栏16　"一带一路"文化交流与合作工程
1.国家级对外文化交流参与项目。围绕国家总体文化外交战略，借助国家级对外文化交流平台，向"一带一路"国家传播我省文化艺术发展成果。每年参与和执行国家文化年（艺术节）、"欢乐春节"、承办阿拉伯博物馆研修班等文化交流项目。 　　2."美丽浙江文化节"品牌提升项目。立足浙江地域特色文化和资源优势，打造和提升"美丽浙江文化节"品牌，提高品牌活动的亲切感、吸引力和认可度，每年确定1个"一带一路"重点沿线国家举办"美丽浙江文化节"活动。 　　3.对外文化贸易服务平台建设项目。完善浙江省对外文化交流和贸易项目库，加强我省对外文化贸易统计工作。利用我国驻"一带一路"沿线国家的使领馆、沿线国家驻华使领馆、中国海外文化中心及我省已有合作资源，进一步拓宽企业营销渠道。 　　4.人文学术交流推动项目。鼓励和扶持我省文博、学术机构与沿线国家的相关机构建立联系，合作开展丝绸之路沿线出土文物的研究与保护。建设国际丝路之绸研究中心，推动"海上丝绸之路"保护申遗工作。鼓励和扶持我省文化艺术领域的专家学者参与有关"一带一路"主题的国际思想领域的对话和交流。
出台政策：制订《加强对外和对港澳台文化工作实施意见》《加快发展对外文化贸易指导意见》。

（六）建立多层次人才培养体系，打造文化人才集聚高地

培养和造就一支适应文化强省建设需要的文化艺术人才队伍，确保人才规模不断壮大、人才素质整体提高、人才结构更趋合理、人才成长环境逐步优化，努力创建全国优秀文化人才集聚区。

——完善艺术教育体系。统筹推进浙江音乐学院、浙江艺术职业学院及其他艺术院校发展，按照"分层推进""错位发展""良性互动"的原则，形成多门类、多学科、多层次的艺术教育体系。鼓励文艺院校与优秀社会资源合作，与国内外知名的院校、院团、文化集团合作办学。支持艺术院校与文艺院团、公共文化服务单位开展"订单式"联合培养。建设浙江省文化干部网络学院，构建"互联网+"远程教育模式，推进全省文化干部和专业技术人员继续教育工作。

——深化文化拔尖人才培养。实施"千人计划""文化名家暨四个一批人才"和浙江"五个一批人才""浙江省151人才"等重点人才培养计划，加强高层次人才、重点专业人才培养。实施"浙江省文化创新团队""浙江省文化厅优秀专家"培育项目，提升文化领军人才创作创新能力与团队组织能力。实施青年艺术人才"新松计划"、省属舞台艺术拔尖人才推广计划、中青年编剧编导扶持计划。培育和引进高层次的文化管理、学术、交流、运营人才。完善厅局领导联系专业骨干人才制度，充分发挥人才在管理决策、重大项目、行业咨询等方面的作用。

——优化文化人才整体素质。提升全省文化系统党政人才领导水平和执政能力。完善年轻干部培养机制，推进省级文化系统优秀年轻干部后备梯队培养工作。实施更加开放的人才政策，建立全方位、多层次的人才培养机制，利用定向培养、公开招聘、业外引进等多种方式，培养一批创新型、复合型、科技型的文化人才。开展"群星"培育计划，加强群文艺术门类创作人才的培养。继续实施基层公共文化队伍素质提升工程，大力发展文化志愿者、文化社工队伍。加强戏曲、非遗、文博等传统文化保护人才的培养。加强新型文化产业人才队伍建设，培育文化产业创新人才。

——改进文化人才管理体制。健全人才培养开发、评价发现、流动配置、激励保障机制，建立人才评价考核指标体系。完善经营性文化单位管理体制机制，鼓励企业文化人才通过技术、专利、品牌入股，探索高层次文化人才协议工资制和项目工资制等多种分配方式。建立科学有效的文化事业单位专业技术人才招聘和引进机

制。创建文化人才与文化艺术、产业的对接平台，完善各类人才创新创业扶持政策。鼓励行政机关与事业单位、改制院团与国有文化企业、省级文化系统与市县文化系统人才双向合理流动。

专栏17　文化人才培育工程
1.高层次文化专业人才引进项目。每年从系统外引进2~5名高端专业技术人才，其中浙江音乐学院和浙江艺术职业学院，每年争取引进1-2名具有国际领先学术水平和专业能力的海内外高层次人才；建立健全系统内人才交流机制。 2."浙江省文化创新团队""浙江省文化厅优秀专家"培育项目。在公共文化、文化艺术、文化产业、文化市场、文化遗产等领域，评选出100名"浙江省文化厅优秀专家"。力争实现1-2个省文化厅优秀专家带出1个创新团队，打造50个左右优秀文化创新团队。 3.艺术人才培养项目。实施全省青年艺术人才培养"新松计划"，举办5期中青年创作人才高级研修班，扶持培养100名青年创作人才，发现推出100名青年表演人才，培训提高100名艺术管理人才，申报国家艺术基金青年艺术创作人才资助项目50个。实施"文艺浙军"打造计划，每年推出若干名浙江省舞台艺术中青年领军人才，通过推出代表性作品、拍摄制作个人艺术电视专题片等形式，力争5年内初步形成一支德艺双馨、结构合理的文艺浙军。开设越剧男女班和京昆传承班。 4.基层文化队伍素质提升项目。省本级组织培训全省文化行政部门分管领导、文化馆、图书馆、博物馆馆长、文化执法队长等基层文化干部及基层艺术院团业务骨干，每年培训10批次共1000人次以上。各市县文化部门分批分层培训基层文化馆、图书馆、博物馆、文化执法业务干部、乡镇文化员及业余文艺骨干，每年培训基层文化从业人员2万名以上。 5.非遗管理人员培训项目。建立分级负责的培训体系，确保各级非遗管理人员轮训一遍。培训非遗管理人员1000人次以上。 6.文物保护人才培训项目。依托国家文化遗产保护科技区域创新联盟（浙江省），培养高层次文化遗产保护创新型领军人才。每年以实训方式开展古建修缮、考古发掘、文物修复、复制拓印等多门类培训，培训各类技能人员100人以上。加强县级文博单位负责人培训，每年开办5个培训班次，培训人数200人以上。 7.文化产业人才支撑项目。实施文化产业人才引培计划，引进一批文化产业领军人才和创新团队，培养一批文化产业青年人才和创新团队。引导在浙高校加快文化产业相关学科建设。鼓励发展文化产业职业教育。设立文化产业人才数据库，健全文化产业人才评估体系、激励机制和保障制度。推进文化产业创新实训基地、文化科技"产学研"协同创新基地建设。
出台政策：制订浙江省文化创新团队、浙江省文化厅优秀专家评选相关政策，制订《省属舞台艺术拔尖人才培养计划》。

（七）全面深化改革，完善文化治理体系

全面深化文化体制改革，坚持问题导向和效果导向，不断增强改革的系统性、整体性、有效性、协同性。以改革为动力，建立科学有效的文化管理体制和运行机制，提升文化治理能力，形成浙江文化发展体制机制新优势，努力创建全国文化体制机制创新区。

——深化文化管理体制改革。进一步转变政府职能，简政放权，放管结合，优化服务，按照政企分开、政事分开原则，推动文化行政部门由办文化向管文化转变。按照中央精神，深化文化市场综合执法改革，指导推动市级与县级综合执法机构理顺关系。加强行业协会和其他文化类社会组织建设，逐步引导承接政府转移的部分职能，推进承接购买公共文化服务。支持推进舟山群岛新区海洋文化名城建设、义乌市国际贸易综合改革试点文化共建、嘉善县推进县域科学发展示范点文化共建、浦江县协调推进"四个全面"战略布局试点县建设。

——深化国家公共文化服务试点改革。积极推进我省基本公共文化服务标准化均等化建设，全面落实《浙江省关于加快构建现代公共文化服务体系的实施意见》。加快推进公益性事业单位法人治理结构改革，推动文

化馆、图书馆、博物馆、美术馆、农村文化礼堂等公共文化机构开展法人治理结构改革，创新运行机制，组建理事会，吸纳有关方面代表、专业人士、服务对象参与管理，增强事业单位发展活力。积极推动以文化礼堂为代表的基层综合性文化服务中心建设，丰富基层群众的精神文化生活。

——深化国有文艺院团改革。落实完善文化体制改革各项配套政策，加大对转企改制国有文艺院团的扶持力度，加快解决改制院团的历史遗留问题。推动保留事业体制的文艺院团理顺管理体制，改革创新内部机制，探索企业化管理，进一步完善运行机制。探索国有文艺院团社会化改革，引入社会力量参与经营管理，谋划推动国有文艺院团在戏曲生态保护区建设、金融科技合作、媒体和互联网融合、产业化等方面的积极探索和改革尝试。加快分类推进职称制度改革步伐，进一步改进事业单位岗位管理模式，深化绩效工资改革。

——深化经营性文化单位改革。推动已转制的文化企业建立现代企业制度，完善法人治理结构，加快公司制、股份制改造，增强市场竞争能力，形成符合现代企业制度要求、体现文化企业特点的资产组织形式和经营管理模式，切实提高导向把控、资本运作和市场经营能力，打造一批有实力的国有或国有控股文化企业。积极推进省级演艺资源整合，完善演艺产业链，增强演艺市场竞争力。推动新远集团健全现代企业管理制度，整合资源、盘活资产，做大做强主导产业，积极拓展新业务，办好浙江文化艺术品交易所，开发新远艺术汇等新产业，打造剧院院线产业链，提升盈利能力。

专栏18　文化体制机制改革创新工程
1.公共文化机构法人治理改革创新项目。在浙江图书馆、温州市图书馆全国公共文化机构法人治理结构改革试点和省文化厅试点的基础上，点面结合，在全省公共文化机构（图书馆、博物馆、美术馆、文化馆、农村文化礼堂等）全面推进法人治理改革创新，切实发挥好理事会作用，促进公共文化机构的发展提升。 2.民办文化发展促进项目。出台推动民办文化发展的政策措施，加强向社会力量购买公共文化服务，拓宽社会力量"办文化"路径。 3.百越文化创意有限公司项目。浙江小百花越剧院（浙江小百花越剧团）通过吸引社会力量和民营资本，共同出资组建"百越文化创意有限公司"，运营管理浙江小百花艺术中心，探索国办文艺院团发展文化产业经营新思路。 出台政策：制订全省公共文化机构法人治理相关配套政策、《浙江省鼓励和引导民间资本进入公共文化领域的实施意见》。

四、保障措施

（一）加强组织领导

完善统筹协调机制。从"五位一体"全面建成小康社会的战略高度，充分认识文化建设的重大意义，把文化建设摆在全局工作的重要位置，切实把文化工作纳入各级政府重要议事日程，纳入国民经济和社会发展总体规划。完善协调机制，充分发挥各部门职能作用，在政策衔接、标准制定和组织实施等方面加强统筹、整体设计、协调推进。

建立责任督查制度。围绕规划的总体目标和重点任务，制定工作方案，明确任务实施的分级责任和时间表、路线图，集中力量推进工作落实。建立规划实施动态监测、定期通报制度，开展规划实施评估，做好中期评估和期末评估。坚持全面从严治党新要求，落实党风廉政建设"两个责任"，强化责任追究。

（二）强化财政保障

加大资金支持力度。扩大公共财政对文化建设的投入规模，建立与我省经济发展水平相适应、与财政能力相匹配、与文化强省建设需求相对应的文化投入机制，力争做到财政投入的增幅高于本级财政经常性收入增长幅度。推进落实社区公共文化设施建设从城市住房开发投资中提取1%的规定。提高各级彩票公益金用于文化事业比重。进一步扩展资金来源渠道，加大政府性基金与一般公共预算统筹力度，积极探索基金制扶持方式。

提高文化投入效益。完善经费保障和运行机制，规范资金使用管理。将购买公共文化服务资金纳入各级政府财政预算，通过政府购买、项目补贴、定向资助、贷款贴息等多种手段，建立政府主导、社会参与的多元文化投入机制。强化文化投入的过程管理，加强文化投入的前期论证和可行性分析预测，加强文化投入的事中监管和事后评价机制。加大财政投入向农村以及公共文化服务重点市县倾斜力度，发挥公共财政"兜底线、补短板"的积极作用，促进城乡、区域、人群均衡发展。

（三）健全政策法规

完善文化政策体系。加强制度顶层设计，为文化改革发展提供政策支持。进一步放宽准入门槛、引入竞争机制、打造合作平台、落实优惠政策，鼓励民间资本参与文化建设。推动落实文化产业发展的财政扶持、税收减免、土地使用、人才引进培养等方面的优惠政策，引导民间资本、外资依法进入文化产业，鼓励金融机构关注文化产业发展，构建多元化、多渠道投融资体系。进一步健全文物保护和非物质文化遗产保护政策措施，强化对保护传承的政策扶持力度。加大已有支持对外文化贸易各项优惠政策的落实力度，加强文化企业和文化产品在进出口环节的知识产权保护。推进我省文化发展智库平台建设。

加强文化法制建设。加快文化立法工作，将文化建设的重大政策措施适时上升为法规规章，为文化强省建设提供法制保障。出台《浙江省公共文化服务保障条例》，推动制订《浙江省文化产业促进条例》，修订《浙江省非物质文化遗产保护条例》。积极推进民营文艺表演团体、非物质文化遗产生态区保护、乡镇综合文化站等方面立法调研论证起草工作。健全重大决策合法性审查制度，完善法律顾问制度。

（四）完善考核评估

构建科学的考评制度。以效果为导向，探索制定政府文化建设考核指标，将其列入各级政府效能和领导干部政绩考核体系。建立浙江省基本公共文化服务标准化均等化建设达标机制，完善评价指标体系。建立公共文化机构绩效考评制度，加强对重大文化项目资金使用、实施效果、服务效能等方面的监督和评估。探索文化产品、文化服务的质量监测体系，研究制定公众满意度指标，建立群众评价反馈机制和第三方评价机制。

强化对考评结果的运用。加强考评结果的有效传递与反馈，推动文化行政部门提升文化治理能力，推动公共文化机构及时优化公共服务。建立文化项目承接主体的服务信用档案，逐步形成诚信奖励、失信惩戒的长效机制。推动单位考评结果与个人绩效紧密挂钩，进一步强化组织的激励约束机制，提升文化行政部门和公共文化机构的工作效率。

安徽省文化厅"十三五"时期文化改革发展规划

"十三五"时期是全面建成小康社会的决胜阶段,文化建设机遇难得,任务艰巨。根据《安徽省国民经济和社会发展第十三个五年规划纲要》《安徽省"十三五"时期文化改革发展规划纲要》和省委、省政府决策部署,结合我省文化工作实际,编制本规划。

一、指导思想和基本原则

(一)指导思想

全面贯彻党的十八大和十八届三中、四中、五中、六中全会精神,深入贯彻习近平总书记系列重要讲话特别是视察安徽重要讲话精神,坚持创新、协调、绿色、开放、共享发展理念,围绕五大发展美好安徽建设,以传承弘扬优秀传统文化、满足人民群众基本文化需求为出发点和落脚点,以改革创新为动力,树立高度的文化自觉和文化自信,全面提升安徽文化的凝聚力、竞争力、影响力,努力建设创新型文化强省。

(二)基本原则

1.坚持正确方向。牢牢把握社会主义先进文化前进方向,坚持"二为"方向、"双百"方针。推进社会主义核心价值观体系建设,弘扬主旋律,提倡多样化,实现社会效益和经济效益相统一。

2.坚持以人为本。坚持以人民为中心的工作导向,发挥人民主体作用,坚持共建共享,着力保障人民群众基本文化权益,满足人民群众不断增长的精神文化需求。

3.坚持改革创新。深化文化体制改革,转变文化发展方式,加快推进体制机制、内容形式、传播手段创新。

4.坚持统筹兼顾。统筹城乡和区域文化发展,实现优势互补、良性互动。坚持两轮驱动,一手抓文化事业,一手抓文化产业。发掘、整合优秀文化资源,推动安徽文化"走出去"。

5.坚持项目引领。着眼长远、立足当前,谋划重大工程,实施项目带动,实现难点突破、重点推进、整体发展。

二、总体目标和主要指标

(一)总体目标

到2020年,基本建成覆盖城乡、便捷高效、保基本、促公平、具有安徽特色的现代公共文化服务体系,人民群众基本文化权益得到更好保障。文化产品创作生产体系不断完善,优秀舞台艺术作品不断增加,艺术创作整体水平显著提升。实现文化遗产有效保护与合理利用,保护体系基本形成。建成统一开放、竞争有序、诚信守法、监管有力的现代文化市场体系,文化产业成为支柱性产业。形成广渠道、多层次、宽领域的文化交流新格局,安徽文化影响力显著提升。完成文化改革重点任务,文化体制充满活力,文化优秀人才不断涌现,文化引领风尚、教育人民、服务社会、推动发展的作用更加突出。

(二)主要指标

1.建成省美术馆、省文化馆新馆,建设省图书馆新馆、省博物馆新馆等重大文化设施。市级公共图书馆、文化馆及新建县级公共图书馆、文化馆100%达到部颁一级馆评估标准。乡镇(街道)、村(社区)普遍建成综合性文化服务中心。

2.每年创作一批优秀艺术作品,推出2至4部具有较高艺术质量的精品大戏,15至20个音乐、舞蹈、曲艺、杂技优秀作品。3至4部大戏入选国家艺术基金资助项目。

3.提请省政府公布第八批省级文物保护单位200处左右。完成200处全国、省级文物保护单位维修、保护或抢险加固工程。全国和省级文物保护单位重大险情排除率达到100%。国家等级博物馆数量增加50%。国有博物馆馆藏文物建账率、藏品保护环境达标率达到100%。完成可移动文物保护修复项目50个。

4.完成72项国家级非物质文化遗产项目、50项濒危省级非物质文化遗产项目采录及资料整理入库。完成62名国家级和部分60岁以上省级非物质文化遗产项目代表性传承人口述史记录,建立档案,出版传承人口述史。

5.成立国家级徽派传统工艺工作站,创建1个国家级非物质文化遗产展示基地,建设30个省级非物质文化遗产传承教育基地、60个省级非物质文化遗产传习基地、100个省级非物质文化遗产传习所。

6.创建2至3个国家级文化产业示范园区,建设10个省级文化产业示范园区,评选命名100家省级文化产业示范基地。

7.文化交流活动达到400批次,其中"一带一路"沿线项目占50%以上。参加文化部"欢乐春节"等品牌项目10项以上。赴国外举办"安徽文化周"2次以上。每年与港澳台至少开展1次大型文化交流活动。

8.艺术、文博、图书、群文等专业领域高层次人才达到1000人。全省群众文化辅导员达到15000人。

三、重点任务

(一)加快构建现代公共文化服务体系

1.促进基本公共文化服务均等化。统筹城乡公共文化设施布局、服务提供、队伍建设、资金配置,均衡配置公共文化资源。以城乡基层文化设施建设为重点,以流动文化设施和数字文化阵地建设为补充,努力形成比较完备的省市县(区)乡镇(街道)村(社区)五级公共文化服务网络。按照精准扶贫、精准脱贫的要求,从设施、人才、活动、项目和加强保障五个方面,实施文化"四扶一加强"行动计划。加大资源整合,按照中宣部等四部门提出的"七个一"标准,稳步推进贫困地区村级综合文化服务中心建设。设立基层公共文化服务公益岗位,采取政府购买服务方式,为农民文化乐园、美丽乡村中心村等配备文化协管员。实施"送戏进万村"提质工程,建立"送戏进万村"公共服务平台。开展送戏"进乡镇、进校园、进社区"活动。指导贫困地区挖掘、整理优秀传统文化和特色文化资源,建立项目库,争取各类国家级文化项目扶持。

2.完善基本公共文化服务标准体系。实施动态监测,督导落实《安徽省基本公共文化服务实施标准(2015－2020)》。深化公共图书馆、博物馆(纪念馆)、美术馆、文化馆(站)等公共文化设施免费开放,实行错时开放。建立公共文化服务绩效考核、公众满意度测评、第三方评价等评价机制。建立基本公共文化服务标准动态调整机制,国家级、省级公共文化服务体系示范区和经济社会发展水平较高的地区,根据经济社会发展变化,适时调整提高具体指标。

3.加快推进公共文化服务数字化建设。推进"互联网+公共文化服务",统筹实施文化信息资源共享、数字图书馆、数字博物馆、数字文化馆建设等项目,构建标准统一、互联互通的公共数字文化服务网络,实现共建共享。搭建全省公共图书馆总分馆技术平台,推动数字文化服务一体化。鼓励公共文化服务机构挖掘安徽优秀历史文化资源,开发安徽特色公共数字文化产品,建设文化遗产数据库,推进古籍数字化建设。加强公共文化服务机构网站(网页)建设,鼓励利用微信、微博等社会化网络媒体平台创新管理与服务。完善公共文化服务场所互联网、移动互联网接入服务,公共图书馆、文化馆(站)等公共文化服务场所无线互联网接入实现普遍覆盖。加强公共文化大数据采集、存储和分析处理。加快推进数字文化资源在智能社区中的应用,实现"一站式"服务。

4.推动群众文化活动蓬勃发展。以安徽省"群星奖"为抓手,推出一批融思想性、艺术性和观赏性于一体的优秀群众文艺作品。创新举办中国农民歌会等国家级公共文化品牌活动,鼓励支持各地打造特色群众文化活动品牌。健全群众文化辅导员注册招募、服务记录、管理评价、教育培训和激励保障机制，壮大辅导员队伍，推进文化志愿辅导服务。开展群众性示范展演、节日民俗活动，搭建民间文化展示交流平台，引导乡土文化能人参与公共文化服务，培育群众文化团队。推进国家级、省级公共文化服务体系示范区（项目）、民间文化艺术之乡创建与管理，发挥示范带动作用。

5.推进公共文化建设体制机制创新。推进各地建立健全公共文化服务体系建设协调机制。深化全省"三馆一院"（公共图书馆、博物馆、文化馆、书画院）联盟工作，整合资源、共建共享。探索公共文化设施社会化运营试点。完善政府购买公共文化服务机制，拓展政府购买公共文化服务资金渠道，鼓励和支持社会力量通过投资或捐助设施设备、兴办实体、资助项目、赞助活动、提供产品和服务等方式参与公共文化服务。充分发挥基层文艺协会作用。

专栏1　公共文化服务体系建设重点工程

省级公共文化设施建设：建成省美术馆、省文化馆新馆，建设省图书馆新馆、省博物馆新馆等。

基层综合性文化服务中心建设：推动美丽乡村中心村普遍建成集宣传文化、党员教育、科学普及、普法教育、体育健身等功能于一体的村级综合文化服务中心（农民文化乐园）；每年完成国家下达的国家级贫困县（区）村级综合文化服务中心示范工程建设任务；推动其他村将综合文化服务中心建设普遍纳入村庄规划并基本实现"八个有"（有广场、有活动室、有宣传栏、有图书、有文体器材、有数字文化服务、有文艺团队、有特色活动）。

公共图书服务数字化建设：推进数字图书馆建设，省图书馆数字资源总量达到150TB，市级图书馆数字资源总量达到30TB，县级图书馆数字资源总量达到6TB。

数字文化馆建设：推动数字文化馆试点建设，县级以上文化馆基本具备信息发布、艺术欣赏、网上培训、活动开展、咨询指导等数字服务能力。

（二）推动优秀文艺作品创作展演

1.加强艺术作品创作。加强戏曲作品创作，组织文艺工作者开展主题实践活动，逐步形成深入生活、扎根人民采风创作的常态化。实施戏曲剧本创作孵化计划，围绕重要节日纪念日，以脱贫攻坚、美丽乡村、诚信廉政等现实题材为重点，加强剧本创作和剧目生产，修改打磨剧目，每年创作推出一批具有时代精神和安徽特色的优秀艺术作品。积极申报国家艺术基金项目，提高立项率。重视美术作品创作和展览展示，发展全省画院联盟，组织艺术家创作体现安徽发展和地域特色的美术书法作品。举办各类展览活动，扩大徽派美术影响力，繁荣美术事业。

2.实施戏曲振兴工程。完成安徽地方戏曲资源普查，形成各剧种普查分报告和剧种普查总报告，建立地方戏曲数据资源库，推进数字化保护与传播。评选戏曲保护示范单位，引领戏曲振兴与保护。戏曲演出纳入公共文化服务目录，通过政府购买服务等方式，组织戏曲艺术表演团体为群众演出。举办优秀戏曲展演活动。选取代表性戏曲剧种和经典剧目，试行"戏曲微动漫"进校园，培养青少年戏曲爱好者。

3.打造安徽艺术品牌。创新举办中国（安庆）黄梅戏艺术节、安徽省艺术节、全省小戏折子戏会演、"重履新安路·全省画院联盟作品展"，集中展示文艺创作优秀成果，运用文艺的形式讲好安徽故事。改进文艺评奖方式，把群众、专家评价和市场检验统一起来，提高奖项的权威性和公信度。通过"送戏进万村""送戏进校园"等惠民演出，推动文艺精品宣传工作的常态化、制度化，扩大优秀艺术作品的影响力。

4.促进民营艺术院团健康发展。实施民营艺术院团"四个十"工程和"百佳院团"评选活动，建立全省民营艺术院团基础数据库，实行动态管理。强化民营艺术院团精品意识，打磨保留剧目，创排新戏新剧。鼓励民营艺术院团参与"送戏进万村"等民生工程的采购招标。政府出资组织创作或购买适合基层演出的优秀剧作，推荐给民营文艺院团无偿使用。鼓励县乡文化馆（站）、社区文化中心免费或低价为民营艺术院团提供排练、演出场地。举办编创导演、骨干演员和市场营销人员培训班，培养民营院团艺术人才。引导演出经纪机构为民营院团搭桥铺路，开拓国内外演出市场，扶持民营艺术院团开展文化交流活动。

专栏2　艺术创作展演重点项目

加强艺术作品创作。孵化40个优秀剧本，提升40个原创剧目，推出5个精品大戏和一批具有时代精神和安徽特色的优秀艺术作品。

美术创作精品工程。依托全省画院联盟，整合各市、县书画院、美术馆资源，评选优秀美术作品200幅，举办全省美术作品展览10次，培训青年美术人才200人。

戏曲振兴工程。建立安徽地方戏曲数据资源库，实现"戏曲进校园"活动全覆盖，评选命名40个戏曲保护示范单位、40个基层传统戏曲活动场所。每年举办优秀戏曲展演活动，推动名人、名剧、名团建设。

民营艺术院团"四个十"工程：两年评选一次"十大名团""十大名剧""十大名角"和"十大演出经纪机构"，继续开展"百佳院团"评选活动，提高民营院团创作演出水平。

（三）加强文物保护利用

1.加强文物保护。重点做好世界文化遗产及国保、省保单位的保护与管理工作。加强文物保护规划编制，严格维修工程管理，每年完成40处以上重点文物保护单位维修任务。申报第八批国保单位，提请省政府公布第八批省保单位。协助做好历史文化名城、名镇、名村保护管理工作，争取黟县晋级全国历史文化名城，新增一批中国历史文化名镇名村。积极支持寿县古城墙、凤阳明中都皇故城城墙、歙县古城墙联合申报世界文化遗产。强化文物执法与安全巡查工作，开展文物法人违法案件专项整治行动。

2.促进文物利用。发挥文物在经济社会发展中的作用，推进文物与旅游等产业的深度融合。实施世界文化遗产地、大遗址、革命文物等重点展示利用项目，打造一批文物利用精品工程。基本建成凌家滩、明中都皇故城国家考古遗址公园并对外开放。完成呈坎、黄田文物保护样板工程和24个国保、省保集中成片传统村落保护利用项目，培育古村落、古民居保护利用新业态。

3.推进博物馆建设。完善博物馆公共文化服务功能，将更多博物馆纳入财政支持的免费开放范围。建立健全博物馆免费开放运行绩效评估管理体系。建设安徽博物院滨湖新馆，加快寿县安徽楚文化博物馆、金寨县革命博物馆等革命老区、贫困地区博物馆建设，推动智慧博物馆、生态博物馆、流动博物馆、社区博物馆等行业博物馆建设，基本形成主体多元、结构优化、特色鲜明、富有活力的安徽博物馆体系。推进博物馆陈列展览联盟工作，整合馆藏资源，运用新技术和现代传媒手段，建立集观赏性、知识性、互动性为一体的数字博物馆，提升陈列展览和服务绩效。

4.大力发展文博创意产业。深入挖掘文物资源的价值内涵和文化元素，更加注重实用性，延伸文博衍生产品链条，拓展产业发展空间。调动文博单位和文化创意设计企业开发创意产品积极性，开发原创文化产品和衍生产品，打造文化创意品牌，为社会资本广泛参与研发、经营等活动提供指导和便利条件。实施"互联网+中华文明"行动项目，支持和引导企事业单位通过市场方式让文物活起来，丰富人民群众尤其是广大青少年的精神文化生活。

专栏3　文物保护重点工程

大遗址保护利用工程：以含山凌家滩、凤阳明中都皇故城、繁昌窑、蚌埠双墩遗址及春秋墓、寿县寿春城、六安汉代王陵等大遗址保护利用为重点，做好相关项目规划的编制、申报和实施，加大大遗址的本体保护、周边环境整治、安全防护和展示服务设施建设力度。做好禹会村遗址、安丰塘等保护利用。

世界文化遗产保护工程：做好黄山摩崖石刻群、登山古道及古建筑和西递、宏村古建筑群的文物保护利用。推进柳孜运河遗址和大运河泗县段遗产区保护管理，做好文物本体保护、展示利用、环境整治等工作。建立安徽省世界文化遗产监测平台，完善遗产监测体系，建立实时预警和处置机制。推进"中国明清城墙"—寿县古城墙、凤阳明中都皇故城城墙、歙县古城墙联合申报世界文化遗产项目的准备工作，配合做好天柱山申报世界遗产工作。

革命文物保护展示工程："安徽革命史陈列"对外展出。做好大别山区革命旧址群、泾县云岭、徽州区岩寺新四军旧址、天长抗大八分校旧址、萧县蔡洼淮海战役总前委旧址、淮南日军侵华罪证遗址、凤阳小岗村等一批革命旧址和抗战文物的维修保护、展示利用项目。

皖南古民居保护利用工程：推进皖南古民居文物保护单位本体维修、环境整治及安全消防防雷等工程。探索古民居认租、认领、认购等保护利用新模式，打造古民居参观体验、民俗展示展演等保护利用新业态，推进传统村落体验旅游。修订《安徽省皖南古民居保护条例》。

（四）推进非物质文化遗产保护传承

1. 开展非物质文化遗产项目管理提升计划。开展省级以上非物质文化遗产项目保护单位履职情况评估，组织专家开展研究，探索建立国家级、省级非遗代表性项目的长效评估和监测机制。梳理一批省级项目，建立国家级非遗名录申报项目库，完善非遗项目及传承人名录保护体系；开展非遗传承教育培训，实施非遗传承人群研修研习培训计划。

2. 推进非物质文化遗产抢救性记录工程。开展濒危项目抢救工程。对濒危或活态传承较为困难的非遗项目，开展抢救性记录工程，以录音、录像、文字记录等方式，整理分类，汇编成图书及影音资料，建立档案研究和保护。完成国家级非遗项目数字化记录工作。开展高龄国家级非遗项目代表性传承人抢救性记录工程，并陆续整理出版传承人口述史。

3. 加强非物质文化遗产基础设施建设。建设国家、省级非物质文化遗产展示展销基地，在相对固定的场所或空间，分期分批展示代表性非物质文化遗产，为非遗保护单位、非遗传承人等搭建展示交流平台。建设省级非遗传习基地、教育传习基地与传习所，促进非遗活态传承、传播与研究。

4. 推进非物质文化遗产数字化保护。开展非物质文化遗产资源网络平台建设，建设安徽省非物质文化遗产网，建立非遗数据库。采取"互联网+"模式，搭建申报资料管理、基础数据资源、专家互动、学术资料研究等平台。

5. 推进徽州文化生态保护区建设。根据《徽州文化生态保护区建设总体规划》，推进2条文化生态发展轴、8个非遗综合性传承中心建设。建成徽州文化生态保护区规划中的主要项目，提高徽州文化生态保护区的整体保护水平。

专栏4　非物质文化遗产重点工程
非物质文化遗产抢救性记录工程：完成72项国家级非物质文化遗产项目，50项濒危省级非物质文化遗产项目采录工作，资料整理入库，数据库建设进一步丰富完善。完成62名国家级和部分60岁以上省级非物质文化遗产项目代表性传承人口述史记录，建立比较完善的传承人档案，整理出版传承人口述史。 建设安徽省非物质文化遗产网：一期网站上线，为省、市、县保护单位、传承人搭建互动平台，展现非物质文化遗产项目保护与传承信息；二期版块延伸，针对非物质文化遗产不同门类，推出相关版块予以支持，拓展新媒体传播渠道，将非物质文化遗产资源信息推送到更多公众平台。 徽州文化生态保护区建设工程：出台徽州文化生态保护制度，建成并发挥8个非物质文化遗产综合性传承中心的示范引领作用。建成故宫博物院驻黄山徽派传统工艺工作站。 非物质文化遗产基础设施建设工程：创建1个国家级非物质文化遗产展示基地，建设30个省级非物质文化遗产传承教育基地，60个省级非物质文化遗产传习基地，100个省级非物质文化遗产传习所。

（五）进一步提升文化产业总体实力

1. 推动特色文化产业加快发展。以"一带两区"（皖江文化产业带、皖南国际文化旅游示范区和皖北特色文化产业集聚区）总体布局文化产业发展重点，促进区域特色文化产业协同发展，建设一批新型文化旅游项目、打造一批文旅精品力作。培育充满活力的特色文化市场主体，形成一批具有核心竞争力的企业、产品和品牌，通过创意转化、科技提升和市场运作，提供具有鲜明特色的文化产品和服务。

2.推进重大文化产业项目建设。实施项目带动战略，推行文化产业项目管理。指导、协调和服务亿元至百亿元以上重点文化产业投资项目，推动产业项目进入国家重点特色文化产业项目库和文化金融合作项目库等。

3.发挥文化产业园区、基地示范带动作用。推动蚌埠大禹国家文化产业示范园区建成全国一流的文化产业集聚区，通过创建一批国家级文化产业示范园区，评选省级文化产业示范园区、省级文化产业示范基地，带动全省文化产业发展。加强对动漫游戏产业基地和动漫人才培训基地的指导，强化基地的孵化、交易、展示、培训等作用。

4.促进文化创意与相关产业融合发展。通过文化、人文理念引导城镇规划建设，在新型城镇化进程中深入挖掘特色文化资源，做大做强文化产业。推动文化与旅游、科技、教育、体育、农业等深度融合发展，形成文化创意与相关产业高水平、宽领域、深层次的融合发展格局。加快发展动漫游戏、网络文化、数字文化服务等新兴文化产业，做大做强合肥、芜湖国家级动漫基地，继续举办安徽省动漫大赛。指导文化文物单位做好文创产品开发工作。

5.推进文化科技融合创新。积极开展文化与科技融合的应用研究，提升文化科技创新能力，完善文化科技创新体系。组织文化部门、科研院所和高校积极参与文化科研，组织申报国家社科基金艺术学项目、国家文化创新工程项目等，创建文化部重点实验室。推动文化科技创新成果的应用与推广，用现代科技提升演艺、娱乐、文化旅游、工艺美术等传统文化产业，催生新型文化业态。

6.支持小微文化企业发展。优化小微文化企业创业发展环境，支持有条件的市合理利用闲置厂房、场地和废弃工业设施等，建设文创基地，引导小微企业创业创新。鼓励互联网创业平台、交易平台等新兴创业载体的发展，拓宽小微文化企业的互联网创业发展渠道。

7.拉动城乡居民文化消费。以国家拉动城乡居民文化消费试点为契机，出台促进文化消费的政策措施，加大财政、金融支持力度。通过政府购买服务、消费补贴等途径，引导、支持文化企业提供更多文化产品和服务，满足人民群众多层次的文化消费需求。

专栏5　文化产业重点工程
重大产业项目带动工程：指导扶持合肥万达文化旅游城、蚌埠中华古民居、滁州长城文化创意产业园、马鞍山太白岛文化旅游区、黄山新安江徽文化旅游度假区等一批重点文化产业投资项目。 　　动漫产业提升工程：国家认定的动漫企业数保持全国第一方阵，建设2家动漫人才培训基地。推动数字创意产业加速发展，建设1-2家数字创意产业集聚区。 　　拉动城乡居民文化消费工程：做好合肥、芜湖试点工作，实施拉动城乡居民文化消费工程。持续开展安徽文化惠民消费季等活动，促进文化消费快速增长。

（六）促进文化市场繁荣有序

1.激发文化市场主体活力。降低营业性演出、娱乐、艺术品经营等行业准入门槛，完善退出机制，改善行业发展环境。加强网络文化内容建设，开展优秀网络文化企业评选，推动优秀网络游戏产品和网络文化企业走出去，打造网络文化企业"安徽品牌"。

2.推进文化市场综合执法队伍建设。落实综合执法标准规范，实施文化市场综合执法能力提升计划，提高执法效率，通过练兵比武、案卷评查、案件评比等形式，提高专业化、规范化、信息化水平。

3.加强文化市场监管。加强文化市场技术监管与服务平台建设。创新执法监管方式，推进"双随机、一公开"和文化市场分级分类管理。以国家文化安全、知识产权保护和未成年人保护为重点，强化农村文化市场监管，加大文化市场整治力度，依法查处违法经营活动和行为。推进文化市场社会信用体系建设，建立健全以信用监管为核心的文化市场事前事中事后监管体系。

专栏6　文化市场重点工程
转型升级引导工程：开展传统市场门类转型升级引导。推动上网服务业、娱乐等行业转型升级，引导多业态融合发展，推出一批有一定影响力的文化市场示范街（区）、网络文化示范企业。 综合执法能力提升工程：巩固综合执法能力提升行动计划实施成果，统筹推进综合执法队伍建设。通过加大投入，加强培训考核，提升执法人员素质，改善执法装备，确保日常监管和执法工作规范高效，文化市场平稳有序、健康繁荣。 社会信用体系建设工程：依托文化市场技术监管与服务平台，建设全省文化市场基础数据库。开展文化市场诚信建设，探索实施文化企业信用等级评定，形成全省统一的信息共享、信用服务、业务关联、应用集成和技术支撑平台，推进文化市场管理工作标准化、规范化、信息化和科学化。

（七）扩大对外（港澳台）文化交流

1.弘扬徽文化，拓宽交流合作渠道。整合文化资源，培育一批具有国际竞争力的对外文化交流品牌，重点扶持和推动安徽优秀文化产品和服务出口。依托各种人文合作机制和交流平台，积极参与中国（文化）年、中国文化（艺术）节、国家展（博）览会和文化部"欢乐春节"等各类文化交流和文化贸易活动。组织好参与中俄"两河流域"文化交流、部省对口合作、港澳台文化传承等活动。积极与我国驻外使（领）馆、海外中国文化传播机构等建立广泛联系，利用友好城市、国际知名人士和海外华人华侨等资源优势，拓宽对外文化交流渠道，宣传安徽文化，服务国家外交大局和文化强省建设。

2.扶持龙头企业，促进文化贸易发展。鼓励和支持品牌效应明显、核心竞争力强的龙头文化企业开展对外文化贸易，在境外兴办文化实体，建设海外文化基地。鼓励省内企事业单位、社会组织和个人以承办、组织、投资、捐赠等形式参与对外和对港澳台文化交流工作，把更多具有安徽特色的优秀文化产品推向世界。与海外中国文化中心开展部省对口合作项目。支持演艺娱乐、文化创意、动漫游戏、工艺美术等文化贸易项目，扶持具有安徽特色的文化艺术、传统技艺项目，推动对外文化交流传播转型升级。培育一批竞争力强的外向型骨干文化企业，参与国际文化合作和竞争。加快培育民营文化贸易企业，增强国际市场营销能力。

3.增进文化认同，深化对港澳台文化交流与合作。建立与港澳文化交流合作机制，加强与港澳文化行政部门、文化艺术团体、文博机构、知名文化人士的沟通联系，充分利用港澳地区市场和人才优势，组织开展对港澳文化交流活动，增强港澳同胞的民族认同感和凝聚力。发挥人文优势，继续打好"铭传牌""包公牌""亲情牌"，组织开展丰富多彩、形式多样的皖台文化交流活动。加强皖台文化产业合作，鼓励皖台合作生产文化产品。

专栏7　对外（港澳台）文化交流重点项目
部省对口合作项目：争取文化部支持，与海外中国文化中心开展演出、展览、讲座、培训等出访活动和文化考察、"奖学之旅"来皖参观、来皖创作等来访活动。 "安徽文化周"项目：参加文化部"中国文化年·安徽周"活动。落实中德两国总理来皖访问达成的共识，在德举办"安徽文化交流周"活动。认真贯彻国家"一带一路"战略，扩大与沿线国家文化交流。 中俄"两河流域"文化交流项目：组团赴俄参加"俄罗斯之源"民间艺术节、全俄艺术节、民间实用装饰艺术大师作品展，互办画展。与楚瓦什共和国国家图书馆定期开展图书馆电子数据库及纸质图书交换等活动，与奥伦堡州互派艺术人员交流互访，以扩大和深化我省与俄罗斯伏尔加河沿岸联邦区的文化交流。 港澳台文化交流项目：举办"根与魂——中国非物质文化遗产展"、承办"艺海流金"等品牌文化活动，实施文化艺术、产业合作和人才培训计划。推进皖台文化交流，增进皖台民众情感。

（八）加强文化人才队伍建设

1.优化人才结构。大力实施人才兴文战略，建立充满生机与活力的人才工作机制，着力营造有利于优秀文化人才大量涌现、健康成长的良好环境。统筹抓好文化行政人才、文化经营管理人才和文化艺术专业人才队伍协调发展，为文化强省建设提供人才支撑。遴选艺术名家开展帮带活动，培养青年戏曲人才。持续优化文化人才学历结构、专业结构、地域分布，适应我省文化事业和产业发展的需要。

2.加大培训力度。充分发挥教育培训在文化人才培养中的基础性作用，完善在职人员继续教育体系。通过与高校、科研院所合作培养、委托培养、挂职锻炼等途径，创新培训手段，开展艺术、文博、图书、群文等专业人才、管理人才培训，逐步形成抓重点、分层次、多渠道、有特色的文化人才培训体系。发挥文化馆、博物馆、非遗传习基地、产业示范基地作用，分级负责，分类管理，开展全员培训、调训、在职教育和远程教育，提高培训成效。注重在建设重大文化工程、实施重大文化项目过程中培养、使用人才。

3.完善人才评价机制。加快推进职称制度改革，完善专业技术职务任职资格评价办法，研究制定符合文化艺术人才成长规律、适应文化事业和市场发展需要的有关专业评审标准。完善专家评委库，探索实施对专业技术人才、技能人才进行分类界定的方式，推进评价体系多元化。建立以岗位绩效考核为基础的事业单位人员考核评价制度。

4.建立健全人才培养保障机制。建立基础文化人才开发培养机制，支持国家级非物质文化遗产项目剧种基础人才培养。实施高层次人才能力提升工程，支持艺术、文物等专业高层次人才培养培训。建立健全人才选拔机制，推动建立荣誉制度，表彰奖励成就卓著的文化工作者。建立和完善政府购买基层公共文化服务岗位办法，增强基层公共文化服务能力，切实解决基层公共文化服务人才缺乏问题。

专栏8　文化人才队伍建设重点工程
文化人才队伍建设工程：配合中宣部、文化部、省委宣传部、省人社厅等选拔"四个一批"人才、文化名家、优秀专家、享受政府特殊津贴专家，选拔文化行业学术和技术带头人、全省宣传文化领域拔尖人才、青年英才。 　　文化人才培训工程：对全省各类文化人才进行分类培训，每年培训不少于20个班次、2000人次；选调学员参加文化部、省委组织部培训、调学；与安徽师范大学等高等院校合作共建安徽省文化人才培训基地、安徽省动漫人才培训基地，定向培训专业人才。 　　高层次文化人才能力提升工程：每年从全省遴选15名高层次专业技术人员赴境外开展不少于15天的专项培训，组织全省文物非物质文化遗产、书画创作、图书资料、群众文化类高级研修班，每两年组织一期赴香港（或台湾）的专业培训班。 　　文化专业技术人员继续教育：加强文化系统继续教育基地建设，强化教学管理，提升教学水平，每年承办各类培训不少于10期，组织专业技术人员继续教育不少于1000人次。

（九）加强文化法治建设

1.加快推动文化立法。根据国家相关法律法规，积极推动并配合做好《安徽省公共文化服务保障条例》《安徽省非国有博物馆管理办法》等文化法规、规章的制定、修改工作，为文化事业改革发展提供法律保障。

2.深入推进依法行政。继续深化行政审批制度改革，严格推行权力清单、责任清单制度。进一步加强文化市场监管、文物执法督察，确保公共文化、产业发展等各项重大政策的贯彻落实。加强权力监管、执法监督，建立健全重大事项合法性审查制度、行政裁量权基准制度、重大行政执法决定法制审核制度，细化行政裁量标准，规范裁量范围、种类和幅度，规范公正文明执法，建设法治型机关。

3.扎实推进法制宣传。做好《公共文化服务保障法》《文物保护法》《非物质文化遗产法》《安徽省非物质文化遗产条例》《安徽省凌家滩遗址保护条例》等文化法律法规普及宣传，利用"法制宣传日""文化遗产日"等，开展文化法制宣传教育活动。完善学法制度，培养法治思维，提高学法用法能力。积极开展法治题材作品创作生产、展演展播，培育弘扬法治文化。

四、建立健全保障机制

(一)加强组织领导

推进建立党委统一领导、党政齐抓共管、有关部门分工负责、社会力量积极参与,权责明确、统筹推进的文化建设领导体制和规划落实工作机制。积极推动各地党委、政府切实加强组织领导,将文化建设纳入本地区国民经济和社会发展总体规划,纳入重要议事日程,纳入政府目标考核,纳入科学发展考核评价体系,切实做到与经济社会发展一起部署、一并实施、一同考核。

(二)深化体制机制改革

贯彻落实省委、省政府关于深化文化体制改革的部署,激发文化创造活力,深入推进重点领域改革,完成各项改革任务。做好深化文化市场综合执法改革工作,逐步形成权责明确、监督有效、保障有力的文化市场综合执法管理体制,推进文化领域跨部门、跨行业综合执法。加快推进公共图书馆、文化馆、博物馆等公益性文化事业单位建立法人治理结构,组建理事会。

(三)落实财税政策

整合优化文化文物资金,加大省级转移支付力度。建立健全专项资金监督管理机制,提高资金使用效益。鼓励市县设立公共文化服务、戏曲发展、文化遗产保护等专项资金。落实金融支持文化产业发展的政策措施,深化与金融、保险、担保机构的合作。

(四)加强党风廉政建设

文化系统要切实加强党的建设,增强"四个意识",严守政治纪律和政治规矩。坚持开展作风建设专项督查,强化"三重一大"事项民主决策制度落实,确保资金安全、高效使用。进一步加强廉政风险防控力度,建立约束机制,为文化改革发展积聚正能量、营造好氛围。

(五)加强督查落实

文化系统各部门、各单位要结合规划提出的目标和任务,制定落实规划的实施方案,扎实推进各项工作。建立规划实施情况督查推动和评估机制,结合日常调研、中期评估、经费使用、项目落实等情况,及时跟进掌握规划实施进展及成效,督促解决规划实施中的困难和问题。

福建省"十三五"文化改革发展专项规划

前 言

为深入贯彻落实《福建省国民经济和社会发展第十三个五年规划纲要》等精神，编制本规划。本规划由省文化厅牵头会同省委宣传部、省新闻出版广电局、省社科联、省文联编制，涵盖了精神文明、文化艺术、新闻出版、广播影视、哲学社会科学等方面。

第一章 发展基础和面临形势

一、发展现状

"十二五"时期，福建文化持续繁荣发展，基本完成了阶段性任务，取得了新的成效。

——社会主义核心价值观教育扎实推进。学习贯彻习近平总书记系列重要讲话精神，坚定中国特色社会主义道路自信、理论自信和制度自信，不断完善党委（党组）中心组学习制度，广泛开展面向基层的对象化、分众化、互动式宣讲。加强党的创新理论研究，产生了一批研究中国特色社会主义理论体系的课题成果，推出了一批反映社会主义核心价值观的优秀出版物、广播影视作品。颁布施行《福建省社会科学普及条例》，社会科学普及工作步入法治化、规范化轨道。

——精神文明创建不断深入。全面部署中国特色社会主义和中国梦宣传教育活动，公民道德建设、诚信建设等工作持续加强。8人被评为全国道德模范，人数居全国前列；294人入选"中国好人榜"。厦门、福州继续保持全国文明城市荣誉称号，三明、泉州、漳州新进入全国文明城市行列，莆田、龙岩、平潭以及福清、石狮、晋江、长泰、惠安、沙县、泰宁、武平荣获全国文明城市提名城市，德化、永春保留全国文明县城称号，沙县夏茂镇等66个村镇荣获全国文明村镇称号，厦门航空公司等167个单位荣获全国文明单位称号。

——文化体制改革全面推开。组建福建省新闻出版广电局，市县新闻出版、广电行政部门机构合并改革稳步推进。国有文化单位改革有序推进，6家国有文艺院团完成转企改革，33家非时政类报刊出版单位完成转企改制任务。推动海峡出版发行集团股份制改造，推进福建日报报业集团经营管理机制改革。组建福建广电网络集团，基本实现全省广播电视有线网络"一省一网"。福州、莆田被评为"全国文化体制改革工作先进地区"。深化文化市场综合执法改革，完成简政放权"四张清单"的清理工作，着力加强取消或调整的行政审批项目的后续监管工作。

——公共文化建设持续完善。厦门、三明、福州等入选国家公共文化服务示范区，艺术扶贫工程、村级文化协管员队伍建设、激情广场大家唱和宁德古田溪山书画院建设模式入选国家公共文化服务示范项目。全民阅读活动逐步向常态化、数字化、移动化方向转变，农家书屋实现行政村全覆盖。完成全省广播电视村村通、农村有线广播村村响工程及县乡村三级联播联控暨应急预警系统建设，高山无线发射台站基础设施建设稳步推进，广电有线网络数字化率达91.48%。实现县级数字影院全覆盖，一村一月免费观看一场数字电影得到落实。全省县级博物馆全面达标，建设500个激情广场群众性文化示范点、新建500个乡镇综合文化站文化信息共享服务点、扶持32个非物质文化遗产地方剧种剧团公益性演出等为民办实事文化项目全面完成。"情系八闽——文化志愿服务走基层"为民惠民系列文化活动广泛开展。

——文化艺术精品不断涌现。我省电影、电视剧、戏剧、歌曲、广播剧、文艺类图书荣获第十二届全国精神文明建设"五个一工程"优秀作品奖,实现"满堂红";6部作品荣获第十三届全国精神文明建设"五个一工程"奖。16部剧目获"文华奖"等国家级以上奖项,4人次获"中国戏剧梅花奖",1人次获中国曲艺牡丹奖。成功举办第五、六届福建艺术节等活动。创排大型舞剧《丝海梦寻》,受邀在联合国总部、联合国教科文组织总部、欧盟机构以及中国台湾地区、香港地区、澳门地区演出。福建美术、书法跻身全国先进行列,5幅作品入选"中华文明历史题材美术创作工程",在第5届中国书法兰亭奖与第11届全国书法篆刻展中入展与获奖人数均创下历史最好成绩。53种广播影视精品获国家级以上奖项及荣誉,3部影片票房破亿元。107种重点图书获国家级奖项、列入国家重点规划项目或国家重点基金资助。

——文化产业实力快速提升。2015年文化产业增加值突破1000亿元,占地区生产总值比重为4.1%,总量和占比均居全国前列。新闻出版业综合实力名列全国第10位,动漫游戏业、工艺美术业综合实力均名列全国第4位。电影业持续快速发展,电影票房14.86亿元,年均增长43.2%。网龙集团连续两届获评全国文化企业30强。形成以泉州、厦门、福州为核心的创意设计、动漫游戏集聚区,以莆田、泉州、福州为核心的工艺美术产业集聚区,以南平、龙岩等闽西闽北地区为核心的生态和文化旅游产业集聚区。福州、厦门获批闽台国家文化产业试验园区、国家级文化和科技融合示范基地。厦门软件园二期动漫园区、福州软件园影视动漫产业基地分别获评国家动画产业基地和国家影视动漫实验园。全国最大的正版数字内容聚合和发行平台——中国移动手机动漫基地落户厦门。海峡两岸(厦门)文化产业博览会、海峡两岸图书交易会、中国(莆田)海峡工艺品博览会等平台影响力不断扩大。

——文化遗产保护有力推进。全省共登记不可移动文物33251处,位居全国第10位。中央苏区革命文物、涉台文物、水下文物等特色文化遗产和乡土建筑、工业遗产等新型文化遗产在全国占有重要地位,其中涉台文物1515处,约占全国总数的四分之三。武夷山城村汉城、三明万寿岩两处考古遗址公园列入国家考古遗址公园立项名单。海上丝绸之路、三坊七巷、闽浙木拱廊桥、闽南红砖建筑、鼓浪屿等入选《中国世界文化遗产预备名单》。"福州茉莉花与茶文化系统"入选全球重要农业文化遗产。福州三坊七巷社区博物馆成为全国首家生态(社区)博物馆。全国首个印刷文化保护基地落户我省。新认定中国历史文化街区4个,新增中国历史文化名街3个、名镇6个、名村13个。明清海防遗址入选国家大遗址保护项目库。"福建木偶戏后继人才培养计划"成功入选人类非物质文化遗产优秀实践名册,我省成为获得人类非物质文化遗产三个系列的唯一省份。德化荣膺联合国教科文组织"世界瓷都"称号。《闽南文化生态保护区总体规划》正式实施。4家企业获批国家级非遗生产性保护示范基地,3家企业获批国家级非遗保护研究基地。福建艺术职业学院成为目前全国唯一的国家级非物质文化遗产人才培养基地。

——对台对外交流合作日益拓展。组织22批"福建文化宝岛行"系列文化交流活动,涉及35个院团(组)2200多人。中国闽台缘博物馆每年接待台胞7万~8万人次。"妈祖之光"大型电视综艺晚会每年持续入岛直播举办。海峡媒体峰会、海峡影视季、海峡新闻出版合作论坛、世界闽南文化节、"21世纪海上丝绸之路"国家级研讨会、东亚文化之都?2014泉州活动年暨首届海上丝绸之路国际艺术节、第十四届亚洲艺术节暨第二届海上丝绸之路国际艺术节、首届丝绸之路国际电影节福州分会场和第二届丝绸之路国际电影节(福州主会场)等大型对台对外文化交流活动成功举办。在美国等8个国家设立8家"闽侨书屋",率先在南非、美国各设立1家"闽侨文化中心"。"丝路帆远——海上丝绸之路文物精品(图片)展"到联合国总部和巴西、英国等国家巡展。"闽韵流芳.福建文化年"系列活动在法国巴黎举办。对外文化产品和服务贸易位居全国前列。

二、机遇与挑战

"十三五"时期,福建文化改革发展机遇与挑战并存。

(一)中央对文化建设做出战略部署,为文化改革发展提供遵循。党的十八大以来党中央高度重视文化建设，做出一系列重大决策部署。习近平总书记就文化建设发表系列重要讲话，特别是在文艺工作座谈会和党的新闻舆论工作座谈会上发表的重要讲话，以及关于传承弘扬中华优秀传统文化的重要论述，为新时期文化改革发展指明了方向。

（二）中央提出的全面建成小康社会奋斗目标，对文化建设提出新要求。"十三五"时期文化建设将对经济社会可持续发展和综合国力提升起到重要支撑作用，直接关系到人民群众的生活质量和幸福指数。创新、协调、绿色、开放、共享的发展理念与文化建设息息相关，为"十三五"时期我省文化发展提供重要的思想指引和理论武器。

（三）中央支持福建加快发展，为福建文化改革发展提供新机遇。近年来，中央陆续出台实施了一系列支持福建加快发展的意见、规划和方案，尤其是支持福建发展的"三规划两方案"、深入实施生态省战略和加快建设生态文明先行示范区建设的意见、中国（福建）自由贸易试验区总体方案，以及支持福建省进一步加快经济社会发展、建设21世纪海上丝绸之路核心区等重大政策，为福建文化建设带来新的政策红利。

（四）经济发展进入新常态，为文化改革发展开辟新空间。适应经济新常态，推进供给侧结构性改革，为发展文化产业、扩大文化消费、推动产业结构转型注入新活力。"互联网＋文化"发展态势和新媒体蓬勃发展，也为我省发展文化产业、拉动文化消费、推动文化产品和文化服务"走出去"提供新契机。

"十三五"时期推进我省文化改革发展也必须克服存在的问题和不足：一是文化管理体制机制不健全，事业产业关系未理顺。二是公共文化服务体系不健全，城乡、区域发展不平衡，管理运行机制有待完善。三是传统媒体与新兴媒体融合步伐较慢，产业总体实力和竞争力不强。四是文物保护与开发建设矛盾日益凸显，文化遗产保护形势严峻。五是文艺出精品、出人才的机制亟待健全完善。六是对台对外文化交流质量和效益有待提升。

第二章　总体要求

一、指导思想

深入贯彻落实党的十八届三中、四中、五中全会和省委九届十四次、十五次全会精神，深入贯彻落实习近平总书记系列重要讲话精神和对福建工作的重要指示，紧紧围绕"四个全面"战略布局和创新、协调、绿色、开放、共享的发展理念，坚持社会主义先进文化前进方向，坚持以人民为中心的创作导向，以培育和弘扬社会主义核心价值观为根本任务，以满足人民群众的精神文化需求为出发点和落脚点，以改革创新为动力，加快文化强省建设，促进我省文化事业全面繁荣和文化产业跨越发展，为推动我省经济社会发展再上一个新台阶，建设机制活、产业优、百姓富、生态美的新福建提供有力支撑和保障。

二、基本原则

坚持正确导向。坚持用"中国梦"和社会主义核心价值观凝聚共识、汇聚力量，全面贯彻为人民服务、为社会主义服务的方向和百花齐放、百家争鸣的方针，弘扬主旋律，推动全社会形成积极向上的精神追求和健康文明的生活方式。

坚持改革创新。进一步解放思想，积极破除制约文化事业和文化产业发展的体制机制障碍，加快文化产业技术革新，促进文化传播手段和内容生产创新，推动传统媒体和新兴媒体融合发展，大力解放和发展文化生产力。

坚持均衡发展。坚持创新、协调、绿色、开放、共享的发展理念，大力推进文化事业和文化产业发展方式由粗放型向集约型、数量型向质量型、单向型向互动型转变，加大对贫困县、乡（街道）和村（社区）的文化政策倾斜力度，推动公共文化服务领域均衡发展。

坚持统筹兼顾。始终把社会效益放在首位，坚持社会效益和经济效益有机统一，科学协调文化领域各方面关系，实现文化事业普惠基层、文化事业与文化产业双效统一。

三、发展目标

"十三五"期间，力争把我省建设成为公共文化服务体系均衡发展省、全国对台对侨对外文化交流的重要基地、全国重要的文化产业基地，文化艺术精品生产创作、地方戏曲传承发展、媒体融合发展、文化遗产保护利用、数字文化建设与服务、国家级文化生态保护区建设等方面水平位居全国前列。

——精神文明建设取得新成效。城乡文明程度和公民文明素质显著提高，群众性精神文明创建活动实现新突破。力争到2020年，福州、厦门、漳州、泉州、三明继续保留全国文明城市称号，新增1~2个地级全国文明城市、4~5个县级全国文明城市。县级以上文明村镇占全省村镇数的30%以上，县级以上文明单位占全省法人单位数的10%以上。

——现代公共文化服务体系建设走在全国前列。基本建成覆盖城乡、便捷高效、保基本、促公平的现代公共文化服务体系。各级各类公共文化设施互联互通，实现公共文化资源效能最大化。公共文化"互联网+"服务方式和手段日益完善。品种丰富、结构合理、特色鲜明的文化资源体系和群众文化需求反馈机制基本建立。广播电视人口综合覆盖率均达到99.5%，农村群众一村一月免费观看一场数字电影服务有效保障。到2020年，实现全省国有图书馆、博物馆和文化馆全部达到等级馆标准。

——文化产业成为国民经济支柱性产业。文化产业持续健康快速发展，文化产业增加值占地区生产总值比重超过5%，成为国民经济支柱产业。基本建成区域布局合理、产业结构优化、主导产业突出、企业实力雄厚、市场繁荣有序、福建特色彰显的现代文化产业发展体系。新闻出版、广播影视产业发展水平明显提高，工艺美术等传统优势产业市场竞争力明显增强。以科技创新为支撑、媒体融合发展为导向的文化新业态繁荣发展。文化产业重大项目深入实施，拥有一批在全国具有较强实力和竞争力的大型文化企业或集团，培育2家以上总资产超过100亿、5家以上超过50亿的文化企业。"互联网+文化产业"行动实施方案有效实施，推动文化产业转型升级，做大做强。

——文化艺术创作生产整体水平不断提高。文化精品战略深入实施，推出6~10个（台）具有福建特色的优秀剧（节）目，重点打造一批优秀出版物、影视作品、节目栏目，福建艺术节、福建省百花文艺奖等相关奖项品牌活动效应凸显，优秀传统艺术传承创新持续推进。

——历史文化遗产得到有效保护与利用。推进三明万寿岩遗址和武夷山汉城遗址国家考古遗址公园建设。完成第二期涉台文物保护工程的实施。加强古田会议旧址、长汀革命旧址等原中央苏区革命文物保护利用。朱子文化、妈祖文化品牌，林则徐、严复等名人文化品牌及福建书院文化品牌建设有效推进。争取设立国家级朱子文化生态保护实验区、国家级客家文化生态保护实验区。设立30~40个省级畲族文化生态保护示范点（园区）。建成一批非物质文化遗产专题博物馆、民俗博物馆和传习所。

——文化体制机制不断创新。各项改革重点任务全面落实。行政部门职能加快转变，管理体制和运行机制不断完善，宏观管理能力不断提高，依法行政能力进一步增强。全省国有文艺院团改革积极稳妥推进。国有新闻媒体公益性文化单位内部制度改革继续深化。公益类事业单位法人治理结构加快建立，经营性文化事业单位加快转企改制，已转制的国有文化企业加快公司制、股份制改造步伐。

——海上丝绸之路核心区文化建设有效推进。海丝历史文化资源优势充分发挥，与海丝沿线国家文化交流与合作不断加强，海丝文化品牌集群积极打造。丝绸之路国际电影节、国际艺术节等系列文化活动有效开展，海丝题材文化精品创作力度加大，舞剧《丝海梦寻》品牌继续提升。闽台文化交流合作持续深化。泉州等地海丝遗迹和鼓浪屿申报世界文化遗产工作取得突破。福建文化"走出去"步伐加快，对外文化贸易持续发展，对外文化影响力不断扩大。

第三章　主要任务

一、大力加强社会主义核心价值观建设

(一) 进一步强化思想理论武装

坚持不懈地以马克思主义中国化最新成果武装党员、教育群众，加强对中国特色社会主义理论体系的研究与普及。推进理论工作"四大平台"建设，加强马克思主义理论研究和建设工程、中国特色社会主义理论体系研究中心、马克思主义学院、报刊网络理论宣传阵地建设，深化对重大现实问题、重大思想理论问题、重大实践经验总结的课题研究。坚持把社会主义核心价值观贯穿到各项工作中，加强研究阐述和舆论引导，大力弘扬社会主流价值，引领社会思潮，凝聚社会共识。充分发挥省级理论进基层示范点的作用，坚持开展形势政策和国防教育，推动科学理论深入人心。

(二) 培育文明和谐社会风尚

加强基层宣传思想文化工作，推进社会主义核心价值观宣传教育、农村宣传思想文化工作示范乡镇创建、爱国主义教育基地提升工程、家风家训馆建设和书院建设等。深化中国特色社会主义和中国梦学习宣传教育，制作播出《中国梦？福建故事》等电视纪录片，组织创作一批核心价值观公益广告、动漫宣传片。继续贯彻落实《公民道德建设实施纲要》，深入推进社会公德、职业道德、家庭美德、个人品德建设。继续弘扬科学精神，加强人文关怀，培育奋发进取、理性平和、开放包容的社会心态。加强文明礼仪教育，推动形成我为人人、人人为我的社会氛围。强化职业操守，支持创新创业，鼓励劳动致富，发扬团队精神。综合运用法律、教育、行政、舆论等手段，引导人们讲正气、知荣辱、尽义务，形成扶正祛邪、惩恶扬善的社会风气。长期坚持开展志愿服务，推进志愿服务经常化和规范化，到2020年，全省经过规范注册的志愿者力争超过250万人。

(三) 广泛开展群众性精神文明创建活动

以群众更多"获得感"为目的和标尺开展文明城市创建，加强文明社区建设。加强农村精神文明创建，着力移风易俗，培育文明新风。文明行业、文明单位创建重点抓好"优质服务、便民利民"活动，改善行业风气。深入推进学雷锋志愿服务活动。抓好家庭家风建设，文明家庭创建。文明校园创建重点强化师德师风建设，深化学生道德教育实践。推进诚信建设、志愿服务、文明旅游等制度化，拓展网络精神文明建设，深化道德领域突出问题专项教育与治理。通过发挥文明创建测评体系的导向作用、加强日常检查监督和明察暗访、发挥媒体舆论监督作用、完善评先退出考核机制等方式强化常态长效工作机制。

(四) 繁荣发展哲学社会科学

充分发挥哲学社会科学在认识世界、传承文明、创新理论、咨政育人、服务社会等方面的重要作用。组织实施《福建省哲学社会科学研究"十三五"规划》，健全社科成果评价体系，开展省第十二、十三届社会科学优秀成果评奖，推出哲学社会科学研究精品。推进基础理论研究，完善学科建设，形成富有特色、结构合理、充满活力的学科集群。实施哲学社会科学创新工程，推进新型文化和哲学社会科学智库建设。深化福建省中国特色社会主义理论体系研究中心建设，加大对习近平总书记系列重要讲话精神及在福建工作时重要思想和方略研究。管好用好全省社会科学普及基地，加强哲学社会科学普及宣传工作，做好各学科学术名家大家工作，注重培养和延揽青年学术才俊。

(五) 加强未成年人思想道德建设和大学生思想政治教育

深入挖掘朱子文化、林则徐精神、严复思想等历代知名人物精神内核，把社会主义核心价值观和优秀传统文化教育融入国民教育全过程。深化大学生思想政治教育，组织开展社会实践活动，加强和改进高校思想政治

理论课，加强形势政策教育等。深入开展青少年爱国主义读书教育活动。营造全社会关心和支持未成年人思想道德建设的良好氛围，完善社会、学校和家庭"三结合"教育网络。加强未成年人文艺作品创作生产，实施校园德育数字化工程，推动校外活动场所、未成年人心理健康辅导站规范化建设，继续加强"乡村学校少年宫"建设。加强留守儿童等特殊未成年人群体的关爱教育。构建有力的法律保护环境，建立健全统筹协调、宣传引导、考核评价等长效机制。

二、加快现代公共文化服务体系建设

（一）大力推进基本公共文化服务标准化、均等化

加强公共文化设施网络建设，完善公共图书馆、博物馆、文化馆、美术馆、纪念馆、广播电视台、高山发射台站、城乡阅报屏（栏）等公共文化设施。完善省、市、县、乡、村五级公共文化服务基础设施网络。推进基层综合性文化服务中心建设，到2020年，全省乡镇（街道）和村（社区）普遍建成集宣传文化、党员教育、科学普及、普法教育、体育健身等功能于一体的基层综合性公共文化设施和场所，形成符合实际、运行良好的管理体制和运行机制，建设一支扎根基层、专兼职结合、综合素质高的基层文化队伍。加强少年儿童图书馆（少年儿童阅览室）建设，有条件地区建立独立建制的少年儿童图书馆。坚持以标准化促进均等化，以县为单位推进落实《福建省基本公共文化服务保障实施标准》（2015—2020年）。

（二）增强公共文化服务发展动力

培育和促进文化消费，推动公共文化服务向优质服务转变，实现标准化和个性化服务的有机统一。通过政府采购、建立基金、项目补贴、定向资助、贷款贴息等方式，保障公益性文化事业持续健康发展。鼓励和引导社会力量以各种方式参与公共文化服务体系建设，制定规范和推动社会资本进入文化领域的实施意见。鼓励海外华侨、港澳台同胞、民营企业和私人积极捐资捐赠支持文化建设，特别是捐建或自建文化基础设施。培育和规范文化类社会组织，引导文化类社会组织依法依规开展公共文化服务。推进向社会购买公共文化服务，建立健全政府向社会力量购买公共文化服务机制。出台全省促进社会力量捐赠公共文化事业管理办法。

（三）推动公共文化服务创新发展

加强公共文化服务与科技融合发展，统筹建设数字图书馆、数字博物馆、数字文化馆、数字美术馆、数字农家书屋、城乡电子阅报屏、公共电子阅览室等设施，完善农村公益电影放映、广播电视村村通、地面数字电视、直播卫星户户通等工程，推进覆盖城乡的公共数字文化云服务。推进数字版权公共服务平台建设，引入社会化机制，加强多网、多终端应用开发，实现公共文化数字资源协作加工、有效保护与便捷利用。提升公共文化服务现代传播能力，加强移动互联网、交互式网络电视、手机电视等新技术开发应用，推动手机终端软件（APP）、微信、微博等基于新媒体的数字文化服务。加强广播电视台、发射台（站）、监测台（站）建设，推进有线电视网络建设和数字化双向化改造，推进直播卫星和地面数字电视覆盖工程，实现广播电视户户通。完善应急广播体系建设。加强省、市、县三级广播电视、主流报纸和各级政府网站的公共文化频道频率、专栏建设。

（四）提升公共文化服务效能

实施"互联网+"公共文化服务行动，构建全省统一的公共文化产品和服务社会化运作网络平台。完善公共文化设施免费开放的保障机制，通过税收优惠、财政补贴、社会捐赠、编制调整等方式，为免费开放提供资金、人才等方面保障。出台向社会力量购买公共文化服务管理办法及指导性目录。建立群众文化需求征集和反馈评价机制，制定并定期发布公共文化服务提供目录，开展"菜单式""订单式"服务。依托高校和社科机构等第三方机构，建立公共文化服务第三方评价机制。推进公共文化机构互联互通，实施文化服务"一卡通"、公共文化巡展巡讲巡演等服务，实现区域文化共建共享。开展有针对性的宣传、民俗、娱乐以及"送戏下乡、

演艺惠民"等活动。推进公共文化服务进校园。围绕国家重大纪念日、传统节日、民俗节庆、文化主题日,以"我们的节日"为主题,组织开展群众性节日民俗活动。培育积极健康、多姿多彩的社会文化形态。传承弘扬福建优秀传统文化,开展文化遗产保护和管理标准化研究,提升全省文化遗产保护和管理水平。在继续做好宗祠普查、书院普查工作的基础上,引领带动书院、宗祠开展优秀传统文化教育。丰富优秀公共文化产品供给,鼓励和引导组织开展特色民间工艺、民间戏剧、曲艺、舞蹈、音乐和民族体育等非物质文化遗产的学习传承活动和民俗文艺活动。

专栏1　公共文化服务工程

公共文化重点设施建设。建成海峡演艺中心项目并投入使用。推进省美术馆新馆建设。加快省图书馆改扩建项目建设。完善客家博物馆园建设,加强陈列布展。争取福建人民艺术剧院剧场、省艺术馆新馆、省图书馆仓储库、福建中国闽台缘博物馆"两岸关系和平发展"主题展馆和军民共享的宁德国际文化艺术交流展示中心项目完成立项并开始建设。

《八闽文库》出版工程。该工程是有史以来第一次大规模、成系统地全面调查、整理、出版福建历代文献典籍的特大工程,出版书目1189种、1705册。以全媒体产品体系创新出版方式,其中纸质图书包括"文献集成""要籍选刊""专题汇编"等板块。

广播影视公共服务提升工程。主要包括:①广播电视节目无线数字化覆盖工程。实现广播和电视节目均不少于15套在全省覆盖。②无线发射台站基础设施建设。对高山道路、电力、供水、机房等设施进行维修和升级改造。③福建省应急广播系统建设。实现与国家应急广播系统、城市公共广播和农村有线广播系统等有效对接,与省级应急部门的应急信息发布需求对接。④农村公益电影放映提升项目。选择150个行政村,开展农村电影放映由室外转室内建设,深入开展公益电影放映,提供免费观影服务。

新闻出版公共服务增效工程。主要包括:①全民阅读推广项目。开展"全民读书月""世界读书日·海峡读者节"等各类阅读促进活动,推进全民阅读数字化,推动《福建省全民阅读促进条例》的起草和制定,建设全民阅读示范基地。②数字农家书屋建设。推进数字农家书屋与各类公共数字文化服务项目融合发展。③福建印刷文化保护基地建设。建设中国印刷博物馆建阳、连城、宁化分馆,加强印刷文物保护和传统印刷技艺传承,组织拍摄电视纪录片《建本留香》和策划出版相关图书。④福建印刷文化博物馆建设。做好福建印刷文化展品的收集、修缮、保护、展示、研究等工作,加大对印刷文化的宣传推广。

八闽基层特色文化活动对接平台——"八闽文化云"。利用有线广电网络,为固定和临时场所的民俗文化节庆活动、节日主题活动、非物质文化遗产活动、文化旅游项目、特色文化产品展览展示等提供视频监控、现场录制、现场直播等系列服务。通过数字化手段建立基础文化活动、优秀传统文化、精神文明建设成果等的电子档案库和媒体资源库,促进传统文化的信息化数字化,加强结对帮扶和基层宣传文化工作的供需对接。

三、推动文化体制改革机制创新

(一)健全完善文化宏观管理体制

建立职责明确、反应灵敏、运转有序、统一高效的宏观调控体系,以转变政府职能、提高管理效能为中心,不断深化文化行政管理体制改革,推进政企、政事分开和管办分离,推动文化行政管理部门履行好政策调节、市场监管、社会管理和公共服务职能。严格主管主办制度,推进文化广电新闻出版企业行业协会与各级行政管理部门(包括下属单位)脱钩。建立协调有序的综合执法运行机制,推进综合执法工作的法制化、科学化、规范化。建立健全党委和政府监管有机结合、宣传部门有效主导的国有文化资产管理机构,推动实现管人管事管资产管导向相统一。明确出资人职责,推动文化企业把社会效益放在首位,实现社会效益和经济效益相统一。研究制定国有文化企业综合效益考核体系,落实国有文化企业负责人经营业绩、薪酬管理等制度,确保国有资产保值增值。加强行业自律,建立健全市场准入和退出机制,不断完善现代流通体制,构建统一、高效、便捷的文化市场管理网络。

（二）不断创新公共文化服务运行管理机制

建立省、市、县三级公共文化服务体系建设协调机制，强化对工作方案、财政保障、人才保障等重大政策的研究和制定。继续在公共文化服务的投入保障、服务供给、考核评价等机制的改革创新方面积极探索，持续形成责任明确、行为规范、富有效率、服务优良的长效运行机制。加强对公共文化基础设施的统筹规划和管理运营，推动资源整合和跨部门项目合作，实现基层公共文化服务设施共建共享，提升公共文化服务的效率和质量。以《事业单位人事管理条例》实施为契机，深化国有公益性文化单位内部制度改革，进一步明确不同文化事业单位功能定位，形成有效运行机制。推动福建艺术职业学院升格为本科艺术院校。继续推进法人治理结构试点建设，形成多种公共文化机构法人治理结构模式。加大公益性文化事业单位的劳动人事、收入分配和社会保障制度改革，全面实施全员聘用制度、岗位管理制度、绩效工资制度。创新基层公共文化管理机制，发挥城乡基层群众性自治组织的作用，推广居民、村民评议等行之有效的做法，引导城市社区居民和村民参与公共文化服务项目规划、建设、管理和监督。加强基层文化队伍建设，按照控制总量、盘活存量、优化结构、有减有增的要求，在现有总量内，合理配备各级各类公共文化机构人员编制。

（三）持续培育合格文化市场主体

加快培育自主经营、富有活力的文化市场主体，深化文艺院团、广播影视、新闻媒体等单位管理体制经营机制改革，积极推进福建日报社剥离经营性资产，组建传媒集团公司。推动出版、发行、影视制作发行放映等领域已转制单位完善法人治理结构和内部运行机制，全面完成省属文化企业股份制、公司制改造，建立有文化特色的现代企业制度。继续深化国有文艺院团体制改革。全面完成市、县两级电影发行放映单位转企改制，加快电影院线和数字电影院（城）建设，壮大国有电影院线实力。完善省级主要新闻单位采编播人事管理制度，推进新闻媒体采编与经营分开。围绕做大做强主流媒体这一重点，积极培育综合性传媒集团。积极推动从事互联网新闻信息服务、网络出版、网络视听传播节目服务以及对外专项出版业务的企业开展特殊管理股试点工作。

四、提高文化产业发展竞争力

（一）推动六大重点文化产业发展

1.新闻出版业。推进数字化转型升级工程。加快发展数字内容产业，鼓励支持新闻出版单位开发新型出版产品，发展数字出版、在线教育、网络文学、动漫游戏、文化创意、移动多媒体等新业态。加强内容数据库和用户数据库建设和开发利用，以内容产业为基础进行深度开发，拓展衍生产品销售、版权贸易。培育报刊、出版传媒集团和龙头企业，支持福建日报社（报业集团）和海峡出版发行集团改革创新，多元发展。鼓励印刷企业设备更新、技术革新和产品创新，积极发展绿色印刷、数字印刷、智能印刷、创意印刷、定制印刷等新业态。鼓励实体书店创新经营、转型升级，探索体验式阅读服务和网上书店等多元商业模式。加快推动发行业向网络空间延伸，发展电子商务，做大做强电商平台。积极利用互联网技术和平台，推动报刊出版内容、渠道、平台、经营管理的转型升级，探索新的发展模式和商业模式。加强版权登记、保护和应用开发，充分发挥国家海峡版权交易中心平台作用，培育一批全省版权示范单位、示范园区。

2.广播影视业。支持省广播影视集团跨媒体合作，逐步建成国内具有较强竞争力的大型综合性传媒集团。支持福建广电网络集团加强资源整合，提升节目传输能力和服务水平。推进福建广播影视全媒体平台建设，实施广播、电视、电影精品建设工程，加强节目策划、制作能力与品牌营销能力，创新内容产品的制作、投融资机制，打造一批知名节目、专题、频道品牌。发挥广播电视内容产业核心优势，促进节目推广和交易，探索版权、商标等资产和衍生品的开发经营。鼓励支持新媒体企业加强网络视听节目内容创作生产，探索网络传播盈利模式。加快交互式网络电视等服务平台建设，发展电子商务、远程教育、远程医疗等综合信息服务，提升全产业链竞争力。加快推动重点影视文化产业园区建设。继续实施县级城市数字影院建设工程。支持现有县（市）城区2厅以下数字影院改造升级，鼓励社会资本投资综合改革试点小城镇数字影院建设，安排符合条件的乡镇电影院试点建设。培育1~2个具有品牌影响力和市场竞争力的骨干电影企业。大力发展影视大数据产业，提升影视上下游产业整合开发能力。加强福建影视拍摄基地建设，鼓励和支持各影视企业围绕影视剧拍摄发展后期制作、体验式观影、衍生品开发等多业态。

3.工艺美术业。加强工艺非物质文化遗产保护性开发，推动传统现代艺术设计产业转型升级。提升工艺技术自主研发能力和科技创新水平，提升德化陶瓷、福州漆艺、仙游古典工艺等一批行业技术机构的研发水平和创新服务能力。支持省创意设计中心建设，加快传统工艺美术与创意产业、电子商务的融合发展。推动福州寿山石和漆器等专业产品市场发展，做强做优德化陶瓷园、惠安崇武石雕园、中国古典工艺博览城、宁德工艺博览城、上杭黄金珠宝及铜文化创意产业园等园区，打造一批在全国具有影响力的工艺美术展览展示、交易贸易平台。

4.动漫游戏业。推动国家动漫精品工程、中国民族网络游戏出版工程、中华优秀出版物（音像电子游戏出版物）和中国文化艺术政府奖动漫奖参评。支持具有自主知识产权的动漫游戏产品研发，培育一批原创与研发能力强的动漫游戏企业，打造一批有影响的动漫游戏品牌。加强动漫游戏产业基地建设，强化基地的孵化、交易、展示、培训等作用，提升福州、厦门国家级动漫（动画）游戏产业基地的辐射带动能力。搭建专业化、国际化的动漫游戏会展交易平台和版权交易平台，推动动漫游戏品牌形象、动漫技术、动漫元素与玩具、服装、食品、日用品等产业融合发展。

5.文化旅游与演艺娱乐业。进一步打好武夷山"双世遗"品牌，提升福建土楼、莆田妈祖、马尾船政、福州三坊七巷、闽南文化生态保护实验区等特色历史文化资源的保护开发水平，扩大"妈祖文化旅游节""朱子文化节"等文化节庆品牌的影响力。加快剧院、剧场等演艺基础设施建设，扩大原创性演出产品生产。加快培育旅游演艺市场，引导主要旅游城市、重点旅游景区开发大型旅游演艺产品。推动闽台两岸演艺企业交流合作，打造优质演出剧目，推动设立闽台两岸演艺中心。

6.创意设计与会展业。加强文化创意和设计服务与相关产业融合发展，重点发展工业设计、文化创意、时尚设计等领域，建设一批海峡创意产业集群。调动各级各类博物馆利用馆藏资源开发创意产品的积极性，大力发展文博创意产业。推动工业设计向高端综合设计服务转变，支持国家工业设计中心建设，认定一批省级工业设计中心，持续举办年度"海峡杯"工业设计大赛。支持国家级和省级广告产业园区建设，形成福州、厦门、泉州三大板块广告企业集群。加强与海内外会展组织合作交流，做大做强海峡两岸文博会、图博会等重要展会，打造在海内外具有影响力的文化会展品牌，将福州、厦门建设成为全国一线会展城市。

（二）加快建设文化产业基地、园区和特色产业群

加强文化产业基地、园区的规划、认定及动态管理，建设一批专业化、规模化、集约化的国家和省级文化产业示范园区，打造一批集聚效应明显的文化产业示范基地。重点推进闽台国家文化产业试验园区、国家级文化和科技融合示范基地、海西国家广告产业园区、海峡国家数字出版产业基地等国家级文化产业园区建设。打造特色文化旅游基地和特色文化街区，推动特色文化产业示范区和省级创意产业园区（基地）建设，形成一批具有地方特色的创意产业基地、园区和文化产业群。

（三）促进文化产业与相关产业融合

加快文化创意和设计服务与制造业、数字内容产业、建筑业、农业、演艺娱乐、出版发行、体育产业、旅游业等相关产业融合发展，推进福州、厦门等国家级文化和科技融合示范基地建设，培育一批文化科技融合示范基地、龙头企业。深入实施文化旅游融合示范工程，推进一批以海丝文化、朱子文化、生态文化等为重点的文化旅游重点项目。推动文化产业与金融业融合发展，建立健全多元化、多层次、多渠道的投融资体系。支持海峡出版发行集团完成核心业务整体上市。支持福建日报社（报业集团）海都公众服务公司完成股改上市。

(四) 健全现代文化市场体系

建立健全统一开放、竞争有序的多层次文化消费市场，扩大和引导文化消费，增加文化消费总量，提高文化消费水平。着力发展电子商务、物联网、文化物流、品牌授权、文化定制等文化新业态。引导重点城市群建设区域文化产品销售中心和文化物流配送中心，加强中小城市文化消费市场建设，合理布局小城镇和乡村文化服务网点。鼓励实施文化消费补贴制度。支持建设、改造剧院、电影院等文化消费基础设施。引导文化企业开发适销对路的文化产品和服务，培育新的文化消费增长点。加快培育资本、产权、人才、信息、技术等文化要素市场，加速发展文化产品拍卖、经纪、评估、鉴定、交易等文化市场中介。完善互联网上网服务行业管理政策，鼓励上网服务场所探索多种业态经营方式。

专栏2　文化产业发展工程
文化产业基地、园区和特色产业群。重点抓好闽台（福州、厦门）文化产业园区建设。推进福州、厦门国家级数字出版基地、海峡传媒港项目、南靖海峡印刷产业园、上杭黄金珠宝及铜文化创意产业园、晋江印刷基地、石狮包装基地等园区建设。打造有特色有影响力的文化众创空间或创客工作室。打造若干家年产值在5～10亿元、若干家年产值超10亿元以上的文化产业园区。 　　新闻出版数字化建设项目。主要包括：①出版物数字化工程。建设优秀传统出版物知识资源数据库，包括海峡教育云平台、中国自然生态图鉴（美丽中国）知识数据库、民国史工具书数据库与检索系统、两岸闽南话大辞典全媒体数字平台、闽台中药资源图片库、视频库建设等。②福建日报传媒中心数字化项目。建设集内容生产、智能传播、流程再造、舆情监控等功能于一体的传统媒体、新兴媒体、网络数据等五大平台。③海都公众U我民生云服务平台。搭建"互联网＋民生"技术服务系统。④数字版权综合运营管理平台。建设集版权确权登记、版权交易代理、版权维权保护、版权孵化金融支持等服务为一体的运营平台。 　　影视文化产业促进项目。主要包括：①福建影视文化创意产业园。引进海峡两岸影视创意企业和人才入驻园区，打造集影视策划、剧本创作、拍摄录制、后期编辑、院线发行等为一体的产业园。②万星影视文化城连锁项目。采用PPP等形式吸引社会资本，重点投资县级城市影城建设。③中兴院线新建影城项目。参与省内外一批影城建设。④荔园智慧影视文化城。综合开发运营影视动漫策划制作与体验，影视动漫版权集散、亲子影视文化体验等三大产业集群。⑤广电中心（二期）影视文化产业综合体项目。实施广播影视文化特色影城建设，促进影视文化消费和产业聚焦。 　　印刷业转型升级项目。主要包括：①传统印刷企业数字化改造工程。引导重点印刷企业，着重对传统印刷流程和工艺进行数字化、网络化、智能化改造升级。②海峡印刷创意中心。整合海峡出版发行集团印刷资源，建设集创意设计、新材料研发、绿色印刷、数字印务等于一体的印务基地。 　　发行业转型升级项目。主要包括：①海峡出版广场项目。在原新华印刷厂、彩色印刷公司地址建设大型书城和文化创意中心。②新华文化城连锁经营及新华书店改造提升项目。改造提升全省新华书店卖场的阅读环境和业态布局，建设电子商务系统，完成110家门店升级改造，打造以图书为核心，以工艺品、电影院及相关文化产品为支撑的复合型业态。 　　广电网络产业开发项目。主要包括：①下一代广播电视网（NGB）。推进有线电视用户双向化改造等建设。②福建广电网络智能融合终端研发及市场推广项目。建设新一代家庭智能终端，为用户提供多元化综合信息服务。③福建广电网络互联网＋TV多屏融合项目。打造福建广电网络互联网视频与增值业务门户，提供党员远程教育、地方特色内容发布等服务。

五、繁荣文化产品创作生产

（一）推动文艺精品创作

继续繁荣文化产品创作生产，鼓励创新创优，推出更多传播当代中国价值观念、体现中华文化精神和福建优秀传统文化的精品力作。组织开展福建地方戏曲剧种普查工作，实施"福建濒危剧种曲种抢救工程"，加强对地方戏剧的保护研究。整理优秀传统戏曲作品，扶持一批地方戏曲重点院团，培养一批潜心钻研、德艺双馨的创作表演人才，推出一批珍贵的地方戏曲史料及作品。加大扶持力度，重点加强闽派批评、闽派诗歌、闽派文学创作，实施闽版出版物精品工程、福建影视精品工程、重点报刊内容建设工程和福建网络文艺精品工程。策划实施纪念建党100周年新闻出版广播影视作品选题工作。积极培育、选送和推介优秀作品参加国家"五个一工程"和文化部文华奖、"中国出版政府奖""中华优秀出版物奖"等国家级奖项评选，力争有更多的好作品获得全国性表彰。组织文化系统艺术单位"深入生活、扎根人民"，开展采风创作、结对帮扶、慰问演出等活动。积极举办各类艺术活动，推动福建文艺"走出去"。实施获奖优秀作品巡展巡演系列活动，发挥精品力作的社会示范效应，打响福建文化的知名度。推动武夷山、厦门、泰宁、土楼、三坊七巷等重点旅游目的地城市和景区创作文化旅游演艺精品，并开展常态化商业演出。推动闽台两岸演艺企业携手打造优质演出剧目，加强在传统戏剧、民谣、舞蹈、编剧、导演、剧院管理等方面交流合作。

（二）打响福建文化品牌

挖掘、整理、研究福建特色文化资源，重点挖掘闽南文化、客家文化、妈祖文化、朱子文化、船政文化、红色文化、海洋文化、福建书院文化、畲族文化、闽都文化和陈靖姑文化等地方特色文化，鼓励以文学、戏剧、影视、美术、创意设计等艺术形式创作凸显福建本土文化的优秀作品。推进文学艺术精品创作工程，打造在全国有影响力的"文艺闽军"，提高福建文化影响力。实施福建红色文化保护传承弘扬工程、福建文脉延续工程、海上丝绸之路文艺创作工程、福建戏曲（剧）繁荣工程和福建青年文艺人才培养工程，推动闽派文论、诗歌、小说、戏曲（剧）、翻译、美术振兴。支持创作思想精深、艺术精湛、制作精良的展现福建特色、具有示范带动效应的品牌出版物和广播电视品牌栏目。重点实施品牌刊社培育扶持计划和广播电视品牌栏目建设。

专栏3　文化产品创作生产工程

文艺精品创作展示展演。争取申办第十二届中国艺术节。举办第七届福建艺术节暨福建省第27届戏剧会演及第四届音乐舞蹈杂技曲艺类优秀节目展演活动。举办第九、十届全省青年演员比赛，第一、二届福建戏曲优秀传统经典折子戏展演。举办福建省第二、三、四届中小学生戏剧展演。举办"闽彩墨华——福建省画院进京作品展""福州国际魔术艺术节""福建省优秀原创音乐作品展示（交流）音乐会"、闽港青少年优秀舞蹈展演暨福建省优秀民族民间舞蹈香港校园行等。

福建特色文艺品牌培育。推选优秀作品参加"五个一工程"奖、中国艺术节暨文华奖等国家艺术活动和评奖，扶持创排畲族舞剧《山哈魂》参加全国少数民族文艺会演。深化打造福建省百花文艺奖，办好"水仙花"戏剧奖、"金钟花"音乐奖、"百合花"舞蹈奖、"八闽丹青"美术书法奖、"金像"摄影奖、"山茶花"民间文艺奖、曲艺"丹桂奖"、"福建省电视艺术奖""福建魔术'金手杖'奖大赛"等活动。实施"闽派文学"发展扶持工程，推动闽派批评、诗歌、翻译、戏剧等创作和研究，启动"朱子文化美术创作工程"，创作杂技剧《戚继光》、魔幻剧《我的梦》和大型杂技综艺晚会《福秀》，举办"一带一路""中国梦"海丝主题音乐征集创作，开展"深入生活·扎根人民"主题音乐采风创作活动等。

闽版出版物精品工程。重点抓好《中国共产党治国理政丛书》《中国改革开放全景录·福建卷》等167种主题图书项目的策划出版。鼓励引导出版单位推出"闽派批评""闽派翻译""闽派诗歌""福建思想文化大系"丛书、社会科学《百人百部书库》、"福建历史人物"系列丛书、《闽东之光》系列丛书以及朱子文化等反映福建历史特色出版物的出版工作。出版两岸宗亲文化、闽南语文化、妈祖文化等反映两岸历史渊源出版物。实施"中国自然生态图鉴"复合出版、"中国中药资源大典"复合出版、"品牌特色产品线建设工程"。建设"八闽传奇儿童文学馆""海疆学术资料馆数字化知识服务"等项目。

品牌刊社培育扶持计划。重点培育我省期刊出版龙头骨干，重点支持期刊出版单位集团化战略、数字化转型和融合发展，增强优秀期刊的引领示范作用，着力打造一批全国知名的品牌刊社，力争在5年左右培育有影响力和美誉度的品牌期刊3~5个，有竞争力和知名度的杂志社1~3家，努力打造涵盖各主要期刊门类的品牌期刊第一方阵，不断增强优秀期刊引领示范作用。

福建影视精品工程。重点扶持"中国梦"优秀广播影视作品的创作生产。推出既有福建特色历史文化价值，又能反映经济社会发展现实特征的优秀纪录片。支持系列主题微广播剧创作生产播出，推动传统广播媒体的内容创新。加强原创影视剧内容的创作生产，组织推动《县委书记谷文昌》《建本留香》《客家人》等重点电影、电视纪录片、电视剧拍摄制作和宣传推介。扶持严复系列影视文化制作项目，突出船政文化在文化产业培育和两岸交流中的重要作用，挖掘福建传统历史文化传奇故事，开发文化品牌栏目和节目。力争推出10部左右优秀纪录片、5部左右优秀广播剧（微广播剧）、10部左右优秀电视剧（动画片）。建立健全电影剧本库，鼓励本省电影创作生产，支持福建、海丝、海峡题材电影创作，扶持省电影公司参与投资反映"中国梦"和福建重要题材的电影拍摄，全省电影生产数量达到平均每年10部以上，力争有1~2部在全国电影市场既叫好又叫座的精品力作。

广播电视品牌栏目建设。重点推进优秀广播电视品牌栏目创作生产，支持广播电视媒体打造品牌活动，挖掘福建传统历史文化故事，培育一批导向正确、特色鲜明、效益显著的品牌频率频道和节目栏目，计划每年扶持10个广播电视品牌栏目，重点扶持原创性、公益性和少儿类栏目。力争打造1~2个在全国有一定影响的优秀广播电视栏目。

福建网络文艺精品工程。加强网络视听内容创作生产，重点扶持我省优秀原创节目、重大宣传项目、台网融合案例、传播创新产品、重点推广项目、优秀内容管理项目、优秀研究成果等七类项目，继续实施"社会主义核心价值观 共筑中国梦"主题原创优秀网络视听节目作品征集、评选和展播活动，争取5部以上作品获得国家表彰。抓好互联网出版机构主题精品出版，加快网络文学发展，积极参加优秀网络文学原创作品推介活动。引导、扶持我省更多企业出版运营民族原创网络游戏精品，力争更多作品入选"中国民族网络游戏出版工程"项目，组织优秀游戏企业参赛参评中国音像与数字出版协会举办的各类活动。

六、加强文化遗产保护发展

（一）加强历史文物的保护和利用

推进世界文化遗产申报、保护和管理。完善福建土楼世界文化遗产保护管理机制，建立福建土楼世界文化遗产监测与防灾预警系统。组织编制并实施《武夷山世界文化与自然遗产保护规划》，进一步完善监测和防灾预警体系。进一步研究世界文化遗产保护与旅游产业协调发展的各项政策和机制。全面实施涉台文物保护工程，重点推动朱子文物、林则徐文物、严复文物等名人系列涉台文物保护工程。加强涉台文物的管理和利用，打造一批以涉台文物为主要内容的传统村落和建筑群的综合展示利用项目。全面推进三明万寿岩遗址与武夷山汉城遗址国家考古遗址公园建设，积极探索大遗址保护、展示模式和管理运行机制。推进文化遗址对游客开放，建设一批文化旅游体验精品。实施"记得住乡愁"历史文化街区、村镇保护计划，颁布实施《福建省历史文化名城名镇名村保护条例》。开展以县为单位的县域文化资源普查，加强历史文化名城名镇名村、历史文化街区、传统村落保护力度，推进省级以上历史文化名城名镇名村、历史文化街区、传统村落的整体保护利用工程，打造一批特色旅游名镇、名村。组织实施18个国保省保集中成片传统村落整体保护利用项目。加强原中央苏区革命文物保护利用，推进红色文化旅游产业发展。加强博物馆保存环境建设和馆藏文物保护修复，打造一批精品展览，完善博物馆青少年教育功能。引导非国有博物馆建设管理，切实提升非国有博物馆的公共文化服务能力和规范化水平。推动全省国有博物馆馆舍建设基本达到《博物馆建筑设计规范》要求。

（二）加强非物质文化遗产的保护和传承

重点保护发展闽南文化、客家文化、妈祖文化、朱子文化、红色文化、船政文化、福建书院文化、畲族文化、闽都文化和陈靖姑文化等特色文化，加大对红色文化、海洋文化的挖掘和弘扬，努力培育一地一品一特色的民族民间文化品牌。加强国家级和省级文化生态保护实验区建设。建设闽南文化、客家文化、畲族文化、妈祖文化、朱子文化等文化生态保护实验区。提高非物质文化遗产保护、传承的能力和水平，进一步完善国家、省、设区市、县（市、区）四级非物质文化遗产代表性项目名录体系，推动非物质文化遗产项目的整体保护。重点加大对面临生存危机的传统戏剧、传统技艺的代表性传承人的保护力度，实施抢救性记录工程，组织高水平的教育培训，培养一批高层次的非物质文化遗产保护专业人才，加强非物质文化遗产理论研究。加强非物质文化遗产和地方特色资源数据库建设，推动全省非物质文化遗产项目的数字化保护，继续推进《福建文化记忆》数据库群建设，建立"闽南文化生态保护区数据库""闽台宗祠文化资源数据库"。推进"中华古籍保护计划"，建设国家级古籍修复中心。推进"福州漆艺（福建脱胎漆器髹饰技艺）""武夷岩茶（大红袍）制作技艺""南戏（梨园戏、莆仙戏）""木偶戏"等国家级非物质文化遗产项目建设。征集、整合和利用乡规民约、祖训家规，组织民风民俗、民间传统技艺系列展览展示活动，传播优秀传统文化。进一步丰富和拓展非物质文化遗产进校园的形式和内容。充分发挥非物质文化遗产的资源优势，开发形式多样的旅游体验产品和伴手礼商品。扶持一批有实力、有特色的对外宣传交流表演团体，积极开展各种宣传展示活动，提升福建文化遗产在海峡两岸乃至国际上的影响力。

专栏4　文化生态保护工程

加强闽南文化生态保护区建设。继续实施《闽南文化生态保护区总体规划》，加快建设53个整体性保护重点区域，重点推进泉州古城、鼓浪屿、海上丝绸之路核心区史迹、历史文化街区、村镇和传统村落保护。推进泉州建设闽南文化生态园、漳州建设闽南文化生态走廊、厦门打造闽南文化博物馆。推进保护区各个县（区）综合性展示馆、专题展示馆建设。继续指导、规范、扶持一批传习中心，培养出一批新的传承人。继续公布、扶持一批非物质文化遗产生产性保护示范基地。

加强客家文化建设。推进设立国家级福建客家文化生态保护实验区。重点建设好29个文化生态保护试点，设立45个传习中心，做好10个生产性保护项目，建设一批文化生态保护基础设施，建设一批重要的客家文化设施骨干项目。

加强妈祖文化建设。继续实施《湄洲岛妈祖文化生态保护区规划纲要》，基本形成较为完备的妈祖文化遗产保护体系，较为完整的基础设施，较为完善的妈祖文化生态环境，实现妈祖文化保护工作科学化、规范化、网络化、法制化。

加强朱子文化建设。积极推进朱子文化的研究、保护和合理利用，开展"走朱子之路"等活动，打造朱子文化品牌。力争申报成功与朱子文化相关的1~2个国家级非物质文化遗产代表性项目，确定2~3个省级非物质文化遗产代表性项目，10~20个市、县级非物质文化遗产代表性项目，争取设立国家级朱子文化生态保护实验区。将福建书院文化建设纳入朱子文化建设范畴，重点建设4~5所以"闽学""朱子文化"为亮点的书院，研究、传承和发扬中国传统文化的精髓，复兴福建书院文化传统。

加强红色文化建设。实施福建红色文化保护传承弘扬工程，加大古田会议旧址群、长汀革命旧址群、才溪乡调查会址、漳州中国工农红军东路军领导机关旧址等革命文物保护力度，在龙岩、武夷山、宁德、三明等红色旅游基地建立红色文化博览馆、文化景观。研究整理红色文化，打造具有全国影响力的红色文化交流平台，推出一批内容丰富、具有理论高度的学术成果。组织开展红色文化专题活动，创作生产一批红色文艺精品，提升打造一批红色文化旅游精品路线。

加强畲族文化建设。设立福建畲族文化生态保护示范点（园区），加强畲族文化研究，加强规划和保护。设立30~40个左右畲族文化生态保护示范点。争取在闽东地区成立省级畲族文化生态保护实验区。

加强闽都文化建设。深入挖掘闽都文化内涵，大力实施名城历史记忆工程，重点开展朱紫坊、上下杭等历史文化街区和烟台山、冶山历史文化风貌区保护修复工程，建立不可移动文物信息数据库。规划建设闽剧博物馆。完善非物质文化遗产保护传承体系，推动咏春拳、福州茉莉花茶窨制工艺申报人类非物质文化遗产代表作目录，挖掘恢复优秀传统剧目，出版闽都文化图书。

七、推进现代传播体系建设

（一）加快推动媒体融合发展

推动"一报一台一网"（福建日报、东南卫视、东南网）建设，发挥行业的内容和公信力优势，把传统媒体的影响力向移动终端和网络空间延伸，增强主流媒体的舆论引导能力。组织实施《传统媒体和新兴媒体融合发展重点扶持项目管理办法》，支持传统媒体推进采编流程集约化、数字化改造和移动采编、多媒体采编系统升级，支持传统媒体建设内容和用户数据库、实现数据资源的互联互通，支持报刊网一体化发展。加快推动广播电台、电视台数字化、网络化应用，着力推进省、市两级电视台高清化建设，逐步实现省、市电视台制播高清化。支持福建网络广播电视台建设发展，加快IPTV省级集成播控分平台的投入使用。

（二）加快建设多元传播渠道

适应分众化、差异化传播趋势，加快构建舆论引导新格局。支持新闻媒体扩展内容传播渠道，建设推广微信、微博、移动客户端、二维码等信息传播平台。积极发展移动数字电视业务，扩大公共交通车载电视的覆盖范围。支持我省新闻媒体和传播机构积极参与数字福建、智慧城市、智慧社区、数字家庭等项目建设。

（三）加快构建科学监管体系

进一步落实省、市、县三级行政管理部门的政府监管职责，明确监管工作任务。加强对各级广电播出机构的规范管理，切实提高安全播出水平。规范书报刊出版活动，严格监管出版物印刷、发行市场和产品质量。严厉打击和整治虚假违法广告和违规互联网视听节目、电视购物节目。进一步健全电影专资管理体系，提高电影售票监管系统和农村电影放映监管水平。深入开展"扫黄打非"，建立互联网监控技术平台，以网络为重点，持续开展打击非法出版物和有害信息专项行动。加强版权执法，持续开展打击侵权盗版专项行动，不断规范作品转载传播行为，维护线上线下版权秩序。

专栏5　媒体融合与监管平台项目工程

主流报刊媒体融合项目。主要包括：①福建日报媒体融合项目。推进福建融媒体智能化传播工程建设，推动内容采编平台融合和采编流程再造。完成内容和用户大数据库建设，连接"数字福建"存储中心。支持福建日报全媒体大楼建设。②海峡导报"动新闻"数字出版平台项目。打造跨平面阅读和多媒体数字阅读的新一代新闻产品生产和发布平台。

广电内容数据库建设项目。主要包括：①省广播影视集团媒资系统大数据平台。对影像资料进行数字化整理编目归档保存，实现提供检索、资源共享、互联互通。②福建广电网络集团NGB中心项目。建设海量视频节目库，实现节目内容重组与分发的播控平台和互动电视云平台。

广电媒体融合发展项目。主要包括：①福建网络广播电视台和IPTV集成播控分平台项目。网络广播电视台项目计划实现电视节目在包括PC、移动终端在内的多屏发布。IPTV集成播控分平台计划实现与央视总平台和福建电信传输平台对接，实现系统双认证、双计费的功能。②"看厦门"城市信息云平台。建设新闻资讯整合传播、网络视听服务、城市信息消费服务、市民互动娱乐社交、对外网络宣传等五个平台，实现"多屏化""社交化"。③漳州市户外电视智能互动网络项目。通过终端设备、手机APP软件将政令接收、城市预警、城市便民服务、多平台互动等功能融为一体。④"福视悦动"便民手机客户端项目。分步开发大规模分发节目系统、辐射全国重点城市的对外宣传平台和云电商平台。⑤泉州广播电视台新媒体平台项目。实现网站、微信公众账号、微博、APP客户端全覆盖，提供便民通道及公共服务。

新闻出版广播影视综合监管平台项目。主要包括：①广播电视监管平台。建设涵盖省市县三级数字电视、IPTV、手机电视、互联网电视信号监测的技术系统。②新闻出版监管平台。建设针对传统出版物内容和质量监测的技术系统。③农村电影放映监管平台。实现对全省加装GPS模块的农村电影数字放映设备放映情况的实时监控。④"扫黄打非"网络监管技术平台。实现对我省备案网站信息传播等领域实时监测、监管。

八、增进对外对台文化交流

（一）扩大对外文化交流

加强国际文化交流与合作，积极做好中外高级别人文交流活动、友好城市文化交流等活动。落实"部省合作计划"，实施与中国驻外大使馆文化交流合作项目。参与"海外中国文化中心"建设及对口合作等国家搭建的重要对外文化交流平台活动。支持闽籍华侨华人社团传承中华文化，开展形式多样的传统节庆活动。开展"八闽文化走乡亲"系列活动。邀请海外华侨华人文化人士来闽考察。

（二）拓展闽台闽港澳文化交流

借助港澳地区举办国际性文化活动，开展各种形式的闽港澳文化合作与交流。加强与旅港澳乡亲、民间社团的联系和沟通。推动福建文化企业赴港澳参加相关文化贸易活动，在CEPA框架下，鼓励香港、澳门投资者在我省设立企业。

持续发挥对台基地平台作用。继续办好海峡论坛、海峡媒体峰会等活动。推动两岸媒体信息共享、人员互访、合办栏目、联合采访。深化闽台学术交流和社团往来。办好海峡两岸民间艺术节、海峡两岸文化产业博览交易会、中国？湄洲妈祖文化旅游节、闽台对渡文化节暨蚶江海上泼水节、海峡两岸关帝文化节、中国（莆田）海峡工艺品博览会、郑成功文化节等重点涉台文化交流活动。推动福州新区对台文化交流基地建设，做强船政文化等品牌，鼓励和支持两岸文化重要交流活动和项目优先选择在福州新区举办或开展。完善闽台文创产业常态化合作机制，拓展闽台文化产业合作交流。推动闽台青少年艺术演艺文化创意交流合作等项目建设。加强与台湾有影响的文化艺术中介机构合作。

（三）加强对外传播能力和话语体系建设

加强重点主题对外传播宣传，深入开展以"中国梦"为引领的"新福建""清新福建"等特色宣传。巩固对东南亚印尼、菲律宾等重点华侨国家宣传工作，把握好同日本、韩国、蒙古、泰国等周边国家新闻交流合作工作，提升美国、加拿大、英国、法国、德国、意大利和俄国的国际传播能力，实现在亚洲、美洲、欧洲、大洋洲和非洲更多地方落地。扩大海峡卫视、厦门卫视通过中国电视长城平台对外落地；推进与人民日报海外版、中国国际广播电台等中央外宣媒体合作，深化与中国日报合作，办好福建全球英文网。积极邀请外国媒体、港澳台媒体和海外华文媒体来闽采访。进一步开拓在闽籍侨馆、会馆、中餐馆等的宣传传播工作。继续办好美国《侨报》和《欧洲时报》福建专版，推动《福建侨报》在12个国家与14家华文媒体合作落地印刷发行，力争将《美国侨报》福建专版打造成为讲好福建故事的海外版。

（四）促进对外文化贸易发展

推动我省适销对路的工艺美术、舞台艺术、视觉艺术等文化产品与服务"走出去"。鼓励和支持文化企业在境外投资、营销、参展、宣传等领域开展活动，积极拓展境外文化市场。开展文化出口重点企业认定工作，培育一批发展潜力大、产品市场前景好的文化出口重点企业。发挥文化出口重点企业品牌示范效应，建立融文化交流、项目创意、文化产品和服务出口于一体的综合服务平台。邀请海丝沿线国家参展厦门文博会等重要展会，鼓励和支持赴境外举办福建文化精品展览、展销活动，扩大文化产品和服务出口。支持文化企业在境外版权登记、商标注册、专利申请以及维护升级，开展国际通行的资质认证。大力拓展中国（福建）自由贸易试验区文化功能，提升自由贸易试验区文化市场开放开发水平。建设福建（海峡）对外文化贸易平台。

专栏6　闽台文化深化交流工程

深化两岸文艺交流。继续举办"海峡两岸曲艺欢乐汇""海峡诗会""两岸民间文艺理论研讨会""海峡两岸校园戏剧交流展演""海峡两岸合唱节"等活动。继续打造"乡剧相聚""福到澎湖"等交流品牌。举办海峡两岸作家笔会、海峡两岸书画展、海峡两岸华人音乐创作交流笔会、闽台名家民间音乐整理改编创作出版系列活动。加大闽台戏剧、音乐等艺术门类创作交流的力度，推动歌仔戏、闽剧与台湾剧团创作交流和演出。

深化两岸新闻出版广播影视交流。建设闽台民间族谱数字博物馆，组织出版妈祖文化数字出版物、闽台传统建筑、闽南话、客家文化等反映两岸宗亲文化的出版物精品。建设台版出版物数据中心，加强数据资料管理和开发利用。宣传推广闽台广播影视精品和方言节目，引导鼓励闽台两岸影视剧（含文献片）创作交流。与台湾出版单位合作出版《闽台历代方志集成》（800卷）、《馆藏民国闽台关系档案汇编》（100卷）、《台湾古籍丛编》（10卷）、《闽台药用植物图志》（4卷）、《台湾新文学文库》（30卷）等反映两岸历史文化的出版物精品。继续办好海峡两岸图交会、海峡媒体峰会、金门书展（台澎金马巡回展）、海峡影视季、海峡悦读会、海峡两岸电视主持新人赛、闽粤赣台两岸客家人电影文化交流等活动，入岛举办"妈祖之光"电视综艺晚会、闽南语歌曲创作演唱大赛等活动。

深化民俗宗亲文化交流。继续入岛举办各类族谱展、涉台文物展、福建工艺美术展、福建民间民俗展及民间技艺展示，组织妈祖神像、保生大帝神像、陈靖姑金身等入岛巡游等。继续推进"祖地文化"交流展览，策划两岸联合举办大型展览。深化闽台同宗同名村交流活动，举办"海峡两岸同宗同名村文化论坛"和"海峡两岸民间谱牒文化论坛"，建设"海峡两岸谱牒文献交流服务中心"。持续办好海峡旅游博览会。持续开展两岸同名村续缘之旅。

深化与台湾青少年交流。继续开展"福建文化宝岛校园行"项目，完成"五年百校"的交流计划。继续办好海峡青年节。提升"海峡两岸少儿歌手大奖赛"交流活动水平。依托福建中国闽台缘博物馆等海峡两岸交流基地，深化两岸青少年交流，举办"海峡两岸青少年夏令营""两岸青年新闻讲习所"。设立海峡两岸青少年舞蹈艺术交流研习基地。持续开展"万名台湾青年学子来闽修学旅游"活动。继续组织两岸青少年快乐读书会，举办"新教师·新课堂"海峡两岸基础教育交流研讨活动，建设"海峡悦读学堂"、海峡青年文艺创作基地及数字化交流平台等。

九、推进海上丝绸之路核心区文化建设

（一）加强福建海丝文化建设顶层规划

积极呼应国家"一带一路"战略和我省21世纪海上丝绸之路核心区建设，彰显我省作为"一带一路"空间结合部唯一省份的独特优势，统筹整合资源，组织编制《21世纪海上丝绸之路核心区文化发展专项规划》，出台具体政策和措施，指导海丝文化项目在我省合理布局、山海联动、凝练特色、错位发展，构建形成全省合力打响海丝文化品牌的工作格局，努力以海丝文化引领海上丝绸之路核心区建设。

（二）加大海丝文化资源价值挖掘力度

支持高校和社科机构开展福建海丝历史文化与建设21世纪海上丝绸之路核心区关系的课题研究，打造福建省海洋文化中心等一批海丝文化高端智库和学术交流平台。加强高校与海洋文化相关的专业建设，加大海洋文化人才培养力度。发掘海丝商贸人文历史资源，扶持以海丝文化为题材的文化产品创作生产，扩大舞剧《丝海梦寻》品牌影响，建立海洋文化创意产业素材库，讲好福建海洋文明故事。策划出版海丝文献系列、研究系列、普及系列图书，建设海丝文化数字出版平台和对外宣传平台。整合利用海丝人文资源和文化史迹，推动海丝文化与旅游融合发展，策划建设王景弘故里香寮村等一批海丝主题旅游景区，打造形成海丝文化旅游品牌集群。

（三）推进海丝文化遗产申遗和保护利用

深入开展我省海上丝绸之路文化遗产本体保护、学术研究、环境整治和展示利用，全力做好海上丝绸之路泉州史迹、鼓浪屿申报世界文化遗产工作，力争2017年、2018年申遗成功。推动"万里茶道"（福建段）捆绑申报《中国世界文化遗产预备名单》。开展福州古港、泉州古港、漳州月港等海丝核心港口遗产的保护与弘扬，加强闽江、晋江、九龙江、汀江水系等古代河运与海上丝绸之路渊源研究，实施德化窑遗址、明清海防遗址、昙石山遗址等大遗址保护展示工程，加大建盏、北苑茶等文化遗址保护力度。开展闽台史前文化交流暨南岛语族起源研究，加强平潭壳丘头、霞浦黄瓜山、晋江庵山等海洋文化遗址的保护和展示。推进平潭海域、漳州海域等水下重要文化遗产的保护和利用，争取设立福建水下文化遗产保护和研究机构。

（四）拓宽与海丝沿线国家文化交流渠道

衔接国家丝路书香、丝绸之路影视桥等工程，扶持福建文化艺术精品"走出去"。办好海上丝绸之路相关论坛、艺术节、电影节、博览会、旅游节等重大活动。加强海洋文化非物质文化遗产发掘与保护，积极推动民间信仰、民俗文化等民间交流往来，争取设立中国海洋文化基因库、世界妈祖文化中心，定期举办各种民俗、祭祀活动。支持承办世界客属恳亲大会、世界华商大会等具有国际或区域影响力的人文交流活动，增进我省与海丝沿线国家人民之间的民间互信。

（五）实施海丝文化交流与合作工程

加强与海丝沿线国家和地区在数字出版、网络影视、动漫游戏、在线教育、文化电商等领域的产业合作。组织福建文化精品赴海丝沿线国家和地区展览交易。加快"海上丝绸之路数字文化长廊"建设，推进海上丝绸之路国际文化交流展示中心、中国海上丝绸之路博物馆、海上丝绸之路国际艺术公园、南洋华裔族群寻根谒祖综合服务平台等项目建设，发挥海上丝绸之路客家族谱对接服务平台、客家博物馆园在全球客家人寻根问祖和文化交流中的作用。举办"海丝美术创作及国际双年邀请展（暂名）""海丝寻梦——海上丝绸之路舞蹈艺术节"等活动。组织实施福建文化进海丝沿线国家场馆计划，推广在华侨、闽侨聚居地建设"闽侨书屋""闽侨文化中心"，建立国际文化交流基地，扩大中华优秀传统文化和福建特色文化海外传播影响力。

专栏7　海丝核心区文化建设工程

海丝文化发展规划。研究编制《21世纪海上丝绸之路核心区文化发展专项规划》，出台具体政策和措施。加强海丝历史文化与建设21世纪海上丝绸之路核心区关系的课题研究，打造福建省海洋文化中心等海丝文化高端智库和学术交流平台。

海丝文化载体平台建设。加快"海上丝绸之路数字文化长廊"建设，重点建设海丝文化资源库、海丝文化资源建设协作网和海丝文化资源服务协同网、海丝文化展示平台和网上文化商贸平台。支持中国海上丝绸之路博物馆、海上丝绸之路国际艺术公园、海上丝绸之路客家族谱对接服务平台、海洋文化创意产业素材库、中国海洋文化基因库、世界妈祖文化中心等项目建设。

海丝文化遗产保护利用。争取海上丝绸之路泉州史迹、鼓浪屿申遗成功，推动"万里茶道"（福建段）申遗工作。加大海洋文化遗址发掘力度，实施德化窑遗址、明清海防遗址、昙石山遗址等大遗址保护展示工程。推进水下重要文化遗产保护和利用，争取设立福建水下文化遗产保护和研究机构。策划建设王景弘故里香寮村等一批海丝主题旅游景区。

海丝文化交流合作。扶持福建文化艺术精品"走出去"。办好海丝国际艺术节、电影节等重大文化活动。推广建设"闽侨书屋""闽侨文化中心"，建立国际文化交流基地。支持承办具有国际或区域影响力的人文交流活动。

第四章 保障措施

一、加强统筹领导，科学组织实施

坚持和完善党委统一领导、党政齐抓共管、宣传部门组织协调、有关部门分工负责、社会力量积极参与的工作体制和工作格局，形成文化建设的强大合力。加强文化改革发展的宏观政策调研，加强制度设计，建立完善文化专家咨询制度和参与决策的机制。建立健全规划实施的工作机制和目标责任制。

二、推进文化立法，加强法制保障

推进文化立法进程，进一步修订完善原有的文化法规和规章体系。逐步形成与现行法律框架相配套、与全面推行依法行政和建设福建文化强省相适应的文化法律法规体系。加强依法行政，全面提升文化行政部门依法行政能力，扎实推进文化管理的科学化与法制化。规范文化市场秩序，严厉打击侵权盗版行为，持续开展"扫黄打非"行动，净化社会文化环境。加强文化法制队伍建设，建立普法长效机制。

三、落实文化经济政策，推进文化事业和文化产业协调发展

合理划分各级政府基本公共文化服务支出责任，建立健全公共文化服务财政保障机制。公共财政投入向基本公共文化需求倾斜。鼓励和引导社会力量提供公共文化产品和服务。发挥福建海峡文化产业投资基金、福建文化产业发展投资基金的作用，重点扶持特色文化产业项目建设，支持文化科技研发应用和提高文化企业技术装备水平。继续落实中央支持福建文化建设的政策措施，全面落实我省近年已出台的支持文化事业文化产业发展的一系列政策。

四、完善文化人才机制，建设人才队伍

大力实施人才兴文战略，完善相关政策措施，健全人才培养工作机制。加快构建一支各学科门类齐全、结构合理、梯次分明、素质优良的宣传思想文化工作者队伍。继续实施"四个一批"人才、文化名家和社会科学领军人才等培养工程。加强基层文化人才队伍建设。重视发现和培养扎根基层的乡土文化能人、民族民间文化传承人特别是非物质文化遗产项目代表性传承人。建立健全文化人才分类培训机制。充分发挥人才培养基地作用。依托福建省文学院，建设福建作家人才培养基地。设立福建省青少年戏剧、曲艺传承基地。积极引进高层次人才。实施高端紧缺文化人才培养计划。

江西省文化产业发展"十三五"规划

文化产业是以生产和提供精神产品为主要活动，以满足人们的文化需求为目标的经营性行业，兼具意识形态和商品双重属性，是国民经济中具有先导性、战略性和支柱性的新兴朝阳产业，是推动经济结构调整的重要支点和转变经济发展方式的重要着力点。我国文化产业发展经历了规模不断扩张、业态不断丰富的阶段，经济步入新常态，文化产业迎来了提质增效的冲刺关键期。面对新形势和新要求，我省紧紧盯住并追赶东部沿海地区文化产业发展态势，牢固树立和自觉践行"创新、协调、绿色、开放、共享"发展新理念，努力推动文化产业逆势增长，对保持全省经济社会健康平稳发展具有十分重要意义。

为推动文化产业成为国民经济支柱性产业，加快建设文化强省，依据《江西省国民经济和社会发展第十三个五年规划纲要》，制定本规划。本规划是引领全省未来五年文化产业发展的导航仪，是各地各部门谋划文化产业工作的指南针，是助推全省经济转型发展的宣言书。

一、打造支柱性产业的基础和形势

（一）发展基础

"十二五"时期，江西经济保持平稳增长、发展动力活力不断增强、产业结构持续优化，全省文化产业发展也取得了长足进步，呈现总量快速增长、主体不断壮大、结构逐步优化的良好发展态势，文化产业逐步向国民经济支柱性产业迈进，成为全省经济转型升级、跨越式发展的重要力量。

——文化体制改革激发市场活力。全省文化体制改革持续深入，政府进一步简政放权、放管结合、优化服务，降低文化准入门槛，增强创业创新制度供给，鼓励和引导社会资本进入文化领域，催生了大量创业主体，改革红利不断释放。全省陶瓷、烟花、印刷、毛笔、雕刻、玩具、文化电子产品，成长为过十亿、甚至百亿的产业。江西出版集团连续八届进入全国文化企业30强，成为全国为数不多的过百亿大型文化企业；全省上市文化企业达到12家，上市融资取得突破性进展；新增注册文化企业7万多户，增长率达63.67%，市场活力有效增强。

——施政布策指导产业强基固本。按照"发展升级、小康提速、绿色崛起、实干兴赣"十六字方针，我们坚持创新发展、高位推动、强力配置，用像抓工业和农业那样的系统思维来壮大文化产业，用以政府名义举办专场招商引资的方式来推动发展文化产业。全省文化产业发展蹄疾步稳，产业基础进一步夯实，拥有国家级文化产业示范基地9家，国家级印刷包装产业基地2家，国家级数字出版基地1家，国家级版权示范基地1家，国家级文化和科技融合示范基地1家，国家级非物质文化遗产项目70个，国家级文2化生态保护实验区2个，国家级生产性保护示范基地4个。全省文化产业综合指数和影响力指数分别进入全国前十位，产业发展呈现出明显优势和向好趋势。

——科学布局推动区域结构优化。突出区域特点，统筹布局，引导差异发展、特色发展。初步形成了南昌以新闻出版、广播电视电影、文化信息服务等为主导的发展格局，景德镇陶瓷艺术名扬中外，抚州油画产业凸显成效，九江、上饶、鹰潭文化旅游与传统雕刻业绩显著，萍乡、新余、宜春焰火鞭炮、游戏动漫及动漫衍生品等产业特色明显，赣州、吉安、萍乡印刷包装、玩具制造及工艺美术集聚发展等主要特点。

——系统政策引领跨界融合发展。我省认真制定贯彻国家关于文化产业系列政策的实施意见，大力促进"文化+"工程。文化创意和设计服务与制造业融合，塑造了工业新优势；文化与科技融合，提升了电子消费水平；文化与农业、旅游业融合，引领相关产业升级；文化与金融融合，提升了金融服务功能；文化与贸易投资融合，加快了文化创意产品和服务"走出去"的步伐。

"十二五"时期，全省文化产业发展提前一年实现了翻一番目标，综合实力明显增强，为未来发展打下了坚实的基础。存在的主要问题是：文化产业增长速度较快但增加值总量较小，对全省经济总量和综合实力支撑不足；产业结构不合理，传统优势文化产业占主导但新型文化业态发展不足；文化企业规模普遍不大，缺少战略投资者和引领行业的龙头文化企业；文化品牌建设滞后，以高端创意为核心的竞争力不强；政策体系和保障措施不完善，市场配置文化资源的积极作用尚未充分发挥。今后必须坚持问题导向，保持战略定力，切实有效化解。

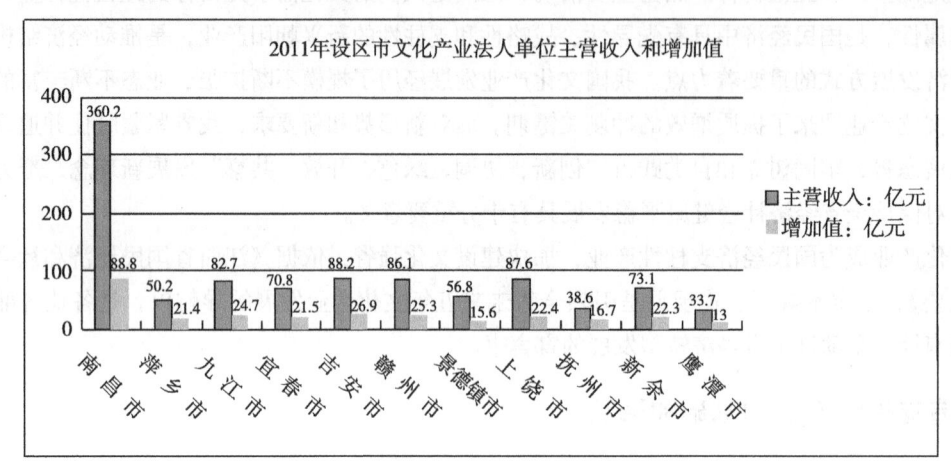

2011年设区市文化产业法人单位主营收入和增加值

城市	主营收入：亿元	增加值：亿元
南昌市	360.2	88.8
萍乡市	50.2	21.4
九江市	82.7	24.7
宜春市	70.8	21.5
吉安市	88.2	26.9
赣州市	86.1	25.3
景德镇市	56.8	15.6
上饶市	87.6	22.4
抚州市	38.6	16.7
新余市	73.1	22.3
鹰潭市	33.7	13

"十二五"时期江西省文化产业法人单位增加值占GDP比重

年份	增加值GDP比重
2011年	2.52%
2012年	3.15%
2013年	3.50%
2014年	3.69%
2015年	3.86%

"十二五"时期江西省文化产业法人单位主营收入和增加值

年份	主营收入：亿元	增加值：亿元
2011年	1020	295
2012年	1460	407
2013年	1783	502
2014年	2039	580
2015年	2300	650

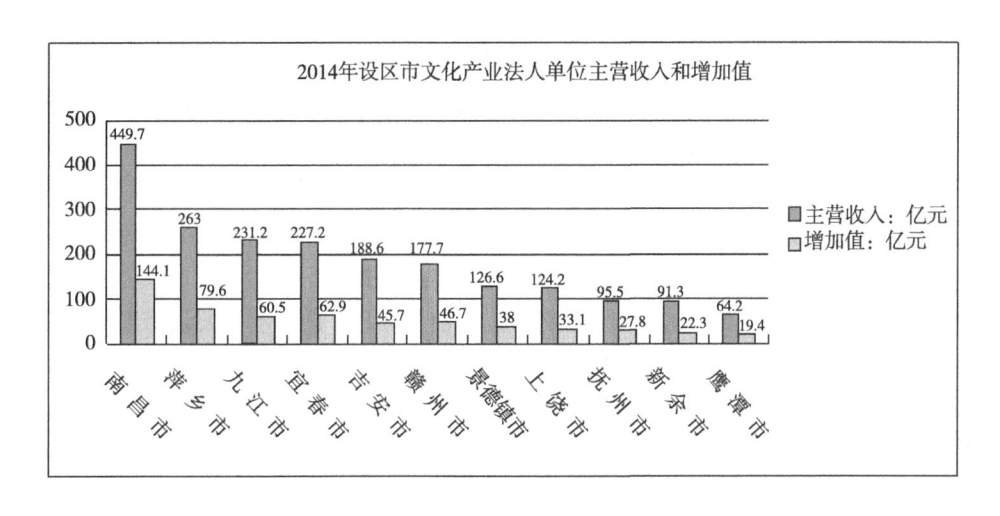

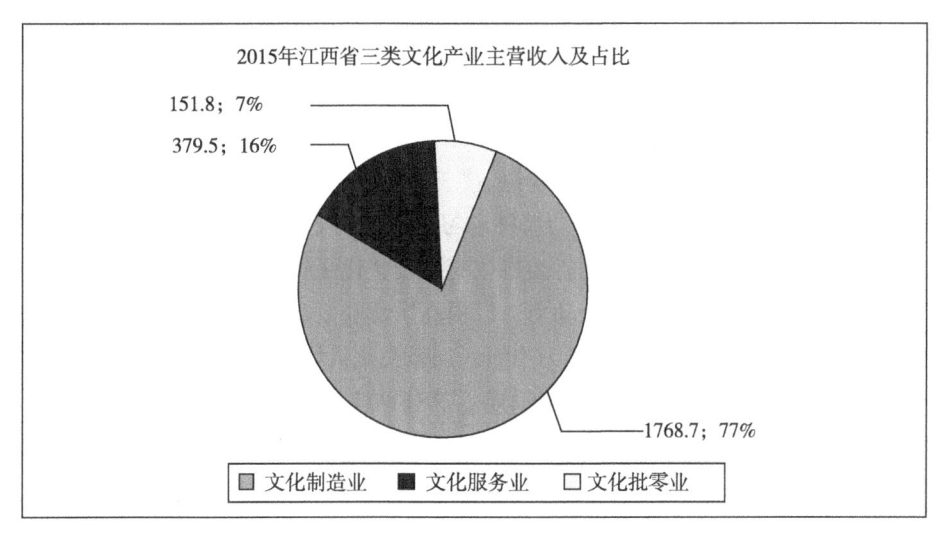

2014年设区市文化产业法人单位主营收入和增加值

设区市	主营收入：亿元	增加值：亿元
南昌市	449.7	144.1
萍乡市	263	79.6
九江市	231.2	60.5
宜春市	227.2	62.9
吉安市	188.6	45.7
赣州市	177.7	46.7
景德镇市	126.6	38
上饶市	124.2	33.1
抚州市	95.5	27.8
新余市	91.3	22.3
鹰潭市	64.2	19.4

2015年江西省三类文化产业主营收入及占比

- 文化制造业：1768.7；77%
- 文化服务业：379.5；16%
- 文化批零业：151.8；7%

（二）面临形势

"十三五"时期，世界多极化、经济全球化深入发展，国际竞争向全方位拓展，我国经济新的增长动力正在孕育形成，我省文化产业将迎来可以大有作为的黄金发展期。

从国际看，文化产业竞争更加凸显。21世纪，世界各国综合国力竞争日趋激烈，文化软实力竞争成为各国核心竞争领域。发达国家出于发展本国经济、获取价值认同、主导世界格局变化等战略利益考虑，高度重视文化产业发展，强力推动文化经济化、经济文化化，把文化产业作为政治经济文化渗透的重要载体，不断推进文化产业国际化进程，向其他国家输出其意识形态及价值观念。"十三五"时期依然是我国构建世界人类命运共同体、参与全球治理体系的关键阶段，发展文化产业有利于增强文化"软实力"，提升中华文化感召力、影响力，展示我国和平崛起新形象，保障文化安全，维护国家利益。

从国内看，文化产业发展正当其时。习近平总书记指出，提高国家文化软实力，关系"两个一百年"奋斗目标和中华民族伟大复兴中国梦的实现。文化产业将在建设社会主义文化强国、引领13亿中国人民筑梦的道路上发挥至关重要的作用。国务院颁布了《文化产业振兴规划》，密集出台了加快文化产业发展的系列政策文件，文化产业发展已上升为国家战略。"十三五"时期，是我国全面深化改革和经济转型升级的关键时期，模仿型排浪式消费阶段基本结束，传统一二产业投资需求相对饱和，绿色低碳循环发展新方式逐渐形成，技术和创新成为驱动发展新引擎。文化产业以资源消耗少、环境污染少、附加值高、发展潜力大的优势，将接力传统一二产业成为金融资本的关注点、大众创业万众创新的聚焦点，全国各地在新一轮转型发展中把文化产业摆在更加突出位置，呈现千帆竞发、百舸争流态势。

从省内看，文化产业发展机遇大于挑战。江西经济社会发展正处在加速发展的爬坡期、全面小康的攻坚期、生态建设的提升期，江西文化产业发展具有后来居上的有利条件。江西地处我国中部，居于承东启西、连接南北的战略枢纽，是唯一与珠三角、长三角、闽三角都毗邻的省份，区位优势明显；江西物华天宝、人杰地灵，绿色文化、红色文化、古色文化交相辉映，资源优势独特；江西正在全面深化改革，大力推进法治建设，不断转变政府职能，文化产业扶持力度不断加强，文化产业发展环境日趋优化；国家"一带一路"、长江经济带建设、长江中游城市群规划、鄱阳湖生态经济区建设、赣南等原中央苏区振兴发展和建设生态文明先行示范区等国家发展战略机遇叠加，为文化产业发展提供强大动力和内在要求。

站在新的更高的发展起点上，江西文化产业蓄势待发，前景广阔。全省上下要认清形势，牢固树立"文化产业可以实现弯道超车发展"的理念，增强责任感使命感，解放思想、创新观念，乘势而上，采取更有力的措施，加快推进文化产业重点领域和关键环节的改革创新；要迎接挑战，增强紧迫感危机感，主动适应环境新变化，着力解决影响和制约文化产业科学发展的深层次问题，解放和发展文化生产力，推动文化产业持续成为我省经济社会发展的新动能。

二、总体要求

（一）指导思想

高举中国特色社会主义伟大旗帜，以邓小平理论、"三个代表"重要思想、科学发展观为指导，深入贯彻落实党的十八大、十八届三中、四中、五中全会精神和习近平总书记系列重要讲话精神，紧紧围绕"五位一体"总体布局和"四个全面"战略布局，瞄准省委省政府建设文化强省的坐标方位和"发展升级、小康提速、绿色崛起、实干兴赣"的指导方针，以改革为动力，以提高质量和效益为中心，以激发市场主体活力为重点，以深入推进"文化+"系列跨界融合和优化布局为主线，加强文化供给侧结构改革，促进文化消费，统筹整合与挖掘利用文化资源，努力将资源优势转化为产业优势，构建结构合理、门类齐全、富有创意、竞争力强的现代文化产业体系，为实现"五年决战同步全面小康"提供强大的价值引导力、文化凝聚力、精神推动力。

（二）基本原则

——坚持深化改革、完善机制。建立健全科学有效的文化治理体制和灵活高效的运行机制，推动政府部门由管文化向治理文化转变。

——坚持政府引导、市场推动。充分发挥规划引领、政策支持、资金扶持、市场监管的政府职能。遵循市场规律，让市场在配置文化产业资源中发挥积极作用，激发企业创新创意创造活力。

——坚持价值引领、内容为王。以社会主义核心价值观为引领，根植于优秀传统文化的沃土，重在挖掘"江西元素""江西故事"，推动文化资源创造性转化和创新性发展。始终把社会效益放在首位，实现社会价值和经济价值相统一。

——坚持深度融合、提质增效。围绕提升产业附加值，促进文化产业内部及与其他产业纵深融合发展、联动发展，加快产业结构优化、技术创新、链条创新、业态创新，推进产业转型升级。

——坚持布局谋篇、重点突破。进一步优化全省区域文化产业功能结构和空间布局，聚焦重点园区、重要行业和重大项目，发挥引领、示范和带动作用，培育新的增长点、增长带、增长极。

（三）战略定位和产业布局

树立超常规发展理念，立足江西发展基础，放眼全国乃至世界，面向国内国际两个市场，培育形成产业规模大、创新能力强、政策环境优、特色品牌多的文化产业集聚群，推动江西文化产业综合实力、生产力、影响力和驱动力四项指数进入全国列，文化产业先导作用明显，核心文化产品出口保持全国前列，努力在更大范围、更高层次参与国际文化交流合作与竞争，力争把江西文化产业打造成为全省经济社会发展的新引擎，全国文化产业发展的新高地，世界文化交流合作的新名片。

以区域资源为依托，构建"三带、四板块"的空间布局，形成特色鲜明、优势互补、重点突出、辐射带动能力强的文化产业发展格局。"三带"，沪昆高速沿线文化产业增长带、京九铁路沿线文化产业增长带、向莆铁路沿线文化产业增长带。沪昆高速沿线文化产业增长带主要依托上饶、鹰潭、新余、宜春、萍乡，重点发展动漫游戏、文化科技、文化旅游及茶叶包装等产业；京九铁路文化产业带主要依托九江、吉安和赣州，重点发展红色旅游、客家旅游、影视制作、高端制造、印刷出版、文化休闲等产业。向莆铁路沿线文化产业增长带主要依托南昌、抚州，重点发展高端创意与设计、动漫游戏、文化会展、工艺美术等产业。"四板块"，昌九核心板块、赣南等原中央苏区板块、赣东北板块、赣西板块，板块中布局若干个特色产业。

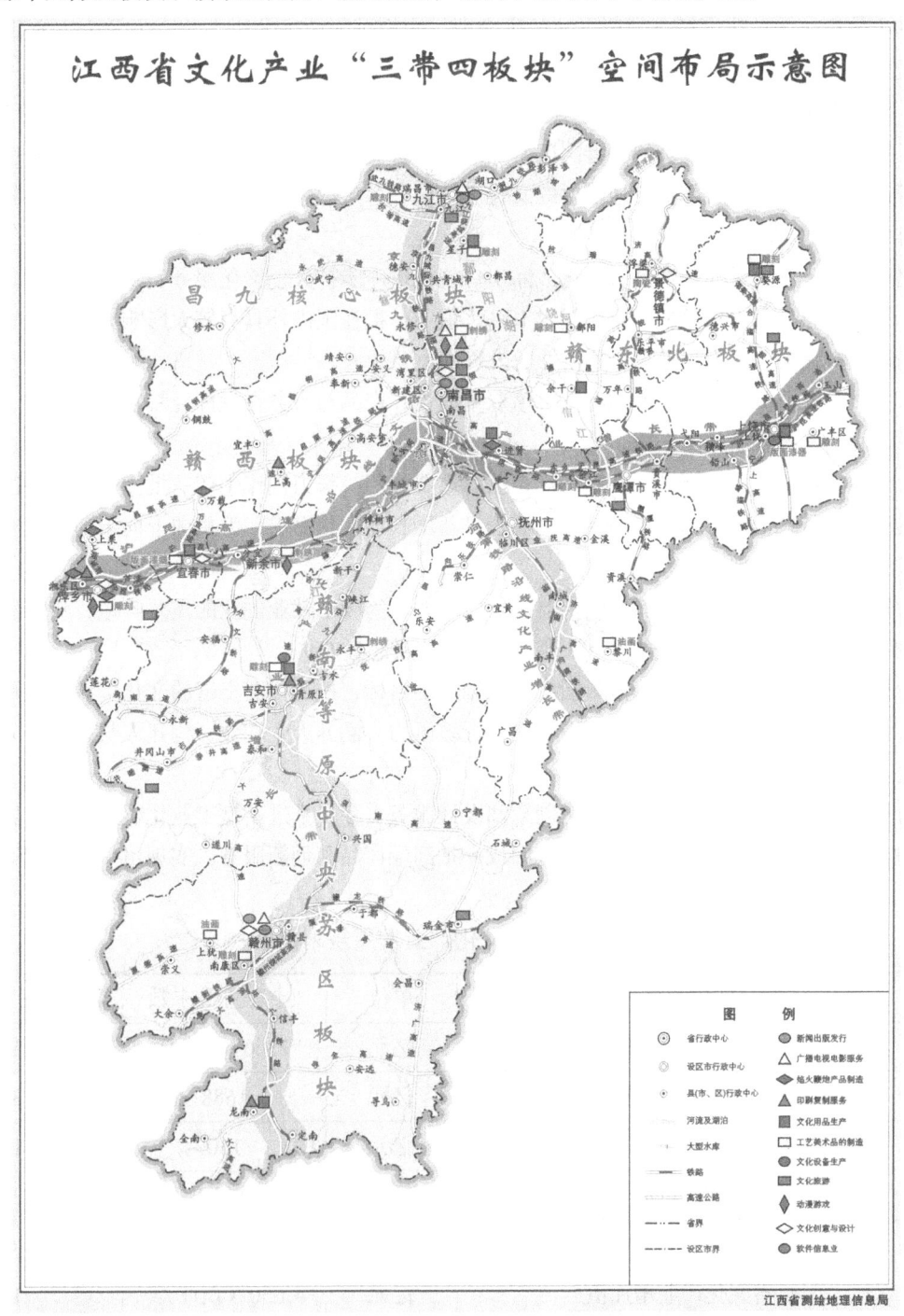

江西省文化产业"三带四板块"空间布局示意图

（四）发展目标和社会贡献

发展目标：到2020年，全省文化产业主营业务收入达到5000亿元，比2015年翻一番，年均增速达到15%以上；全省文化产业增加值实现1500亿元，占全省GDP比重达到5%以上。文化原创能力进一步提高，拥有一批具有核心竞争力的企业，文化产品和服务更加丰富，形成一批拥有自主知识产权的产品，文化消费形成快速增长态势，占全省消费零售总额的比重不断提高，成为新常态下扩大内需的重要力量。文化产业成为全省国民经济中引导带动力强的支柱性产业。

——产业结构更趋优化。充分运用文化云、文化+电商、大数据、APP以及高科技等手段，促进文化与相关产业深度融合，加快形成新技术、新模式、新业态竞相涌现的发展态势。推动新兴业态与传统产业的结构比发生显著变化。

——市场主体进一步壮大。既有顶天立地的大企业，也有铺天盖地的小企业。力争上市文化企业达到40家以上，形成50家主营业务收入过10亿元、10家过50亿元的骨干文化企业，打造5家以上年经营收入过100亿元的"赣"字号文化企业航母。

——园区集聚效应切实增强。加快完善园区基础设施，提高园区综合配套能力，提升园区吸引力、承载力和集聚度，打造一批上规模、有效益、强辐射的文化产业园。各类国家级文化、出版印刷、与科技融合的示范基地建设取得明显成效。

——文化"走出去"成果显著。全省文化产品出口规模进一步扩大，文化服务贸易发展迅速。力争全省文化产品出口总额占全省外贸出口总额的比重超过10%。形成一批在国内外具有较大影响力的文化贸易平台和文化贸易出口基地。文化产业成为我省吸引利用外商投资的重要领域。

社会贡献：文化产业具有社会价值和经济价值双重属性，产品与服务在发挥经济功能的同时，对构建和谐社会担负着滋润心灵、潜移默化的作用。

——成为引领社会风尚的航标灯。发挥文化企业的重要作用，努力创作生产一批体现时代特征、反映江西人文精神、具有江西特色的文艺精品，满足人民群众日益增长的文化需求，汇集向上向善力量，丰富培育、巩固社会主义核心价值观的表现载体。

——成为促进大众创业、万众创新的助推器。文化产业成为吸纳就业创业的重要阵地，年均新增就业岗位超过6万个，到2020年末行业从业人员占全社会就业人数比重超过15%。

——成为提升幸福指数的黏合剂。紧紧围绕绿色崛起的目标，挖掘江西丰富的文化资源，传承历史文化基因，提供丰富健康的文化产品，发挥文化温润心灵、舒缓压力、涵养人生功效，构建人与自然、人与社会和谐融洽的精神生态。

——成为催生新型业态的加速器。把文化创意和设计服务贯穿于推进新型工业化、信息化、城镇化、农业现代化进程中，促进与实体经济深度融合，加快形成一批高端产品和创新服务，实现由"江西制造"向"江西创造"转变。

"十三五"时期文化产业发展规划指标

序号	指标名称	单位	"十二五"末数	"十三五"末预测数
1	全省文化产业主营业务收入	亿元	2300（预计）	5000
1.1	规模以上文化企业主营业务收入	亿元	1688	3750
1.11	文化服务业	亿元	140	1050
1.12	文化制造业	亿元	1446	2100
1.13	文化产品批发和零售贸易业	亿元	102	600
2	全省文化产业增加值	亿元	650（预计）	1500
3	增加值占全省GDP比重	%	3.86	5以上
4	增加值占全国增加值总量比重	%	2.42	3.0—3.5
5	综合指数	全国排位	8	7

6	影响力指数	全国排位	10	9
7	生产力指数	全国排位		
8	驱动力指数	全国排位		
9	规模以上文化制造业、文化服务业、文化产品批发和零售贸易业比重	%	76.9：16.5：6.6	55：28：17
10	上市企业数	家	12	40
10.1	上市企业资产总规模	亿元	180	800
11	就业岗位数	万人	34	80
12	文化创意知识产权登记数	个		
13	供给侧系数（文化消费综合指数）		79.5	

全省文化产业十大行业发展目标

类别	2015年主营业务收入 预计数（亿元）	占比（%）	2020年主营业务收入 预计数（亿元）	占比（%）
合计	2300	100	5000	100
新闻出版发行服务	120	5.2	290	5.8
广播电视电影服务	29	1.3	100	2.0
文化艺术服务	34	1.5	100	2.0
文化信息传输	41	1.8	120	2.4
文化创意和设计服务	136	5.9	340	6.8
文化休闲娱乐服务	91	4.0	300	6.0
工艺美术品的生产	430	18.7	1000	20.0
文化产品的辅助生产	428	18.6	850	17.0
文化用品的生产	899	39.1	1700	34.0
文化专用设备的生产	92	4.0	200	4.0

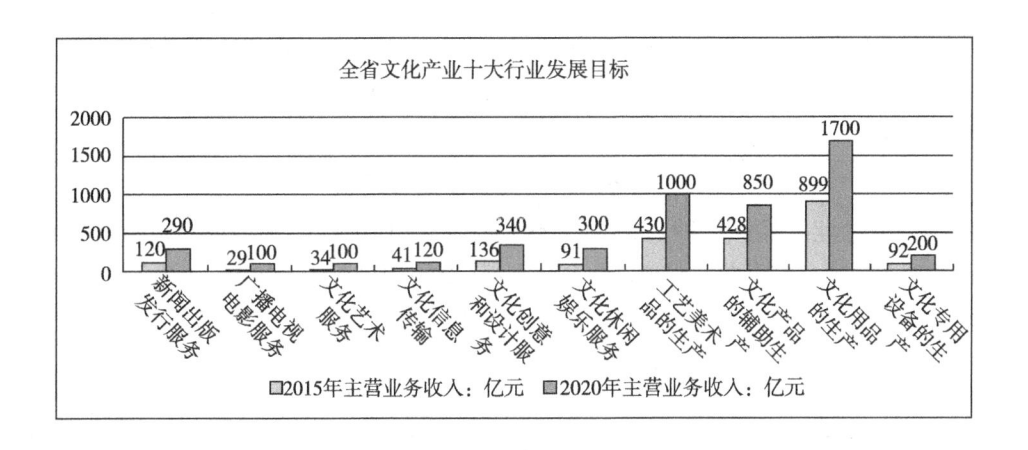

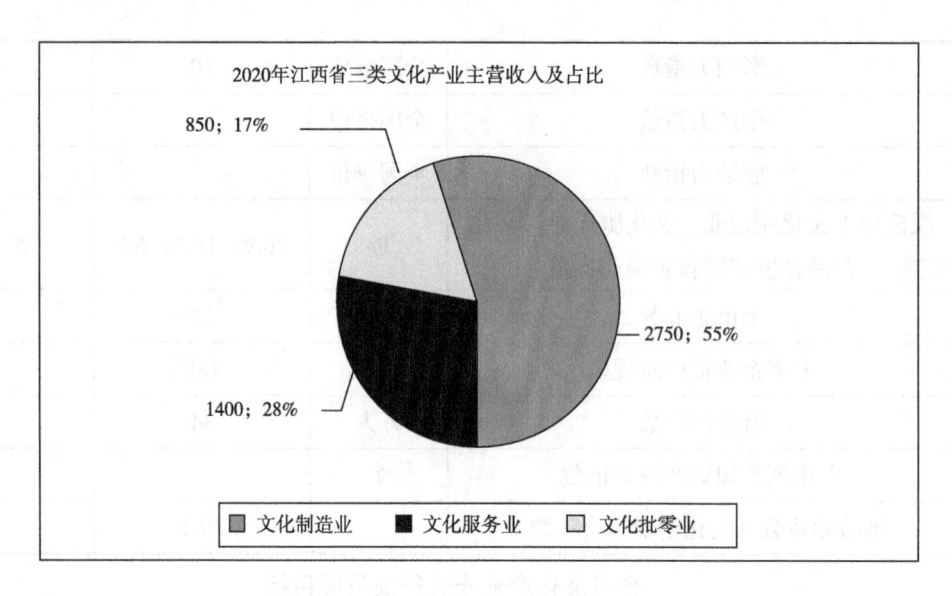

2020年江西省三类文化产业主营收入及占比

- 文化制造业：2750；55%
- 文化服务业：1400；28%
- 文化批零业：850；17%

三、重点任务

实施创新驱动、项目带动、消费拉动、开放引动四大战略，全面提升文化产业创新能力和核心竞争力，不断提高文化产品和文化服务的质量和效益，努力满足人民群众多层次多方面多样化的精神文化需求。

（一）培育壮大市场主体

鼓励各类市场主体公平竞争、优胜劣汰，发挥企业创新的主体作用，形成以国有文化企业为主体，多种所有制共同发展新格局。

1.扶持小微文化企业。鼓励和引导民间资本进入文化领域，兴办小微文化企业。简化创办手续，降低准入门槛，支持个体创业者、文化工作室、民办非企业文化机构、文化产业专业合作社发展，培育文化产权鉴定、评估、拍卖、经纪等机构。通过政府采购、信贷支持、加强服务等多种形式，大力扶持小微文化企业发展，形成富有活力的小微企业集群。引导小微文化企业走"专、精、特、新"和与大企业协作配套发展的道路，在开展特色经营、创新产品和服务、提升原创水平和科技含量等方面形成竞争优势。加强文化品牌建设，促进小微文化企业向专业化、品牌化方向发展。

2.壮大骨干文化企业。加快组建江西文化演艺发展集团、江西广电传媒集团，支持江西出版集团、江西日报传媒集团以资本为纽带，实行跨地区、跨行业、跨所有制、跨媒体兼并重组，培育一批核心竞争力强的国有或国有控股的大型文化企业。推动江西省艺术品产权交易所重组运营。扶持具有一定规模且市场潜力较大的民营企业做大做强。

3.发展混合所有制文化企业。围绕"资产整合、资源共享、资本经营"的思路，积极推动国有资本、非国有资本交叉持股、相互融合。通过购买服务、特许经营、委托代理等方式，鼓励非国有企业参与文化经营。推进具备条件的国有文化企业或企业集团实现投资主体多元化，把产权多元化与完善企业法人治理结构结合起来，提高国有资本配置和运行效率，提升国有文化资产保值增值能力。探索实行特殊股管理制度，吸引更多文化领域的战略投资者。

专栏1　市场主体培育工程

1.孵化小微文化企业。落实国家扶持小微文化企业发展相关政策，简政放权，孵化一批有潜力、有活力、有创造力的小微文化企业集群，形成江西文化领域"大众创业，万众创新"的生动局面。

2.壮大重点文化企业。做大做强江西出版集团、江西广电传媒集团、江西报业集团、江西文化演艺发展集团、江西艺术品产权交易所等重点文化集团，培育一批核心竞争力的国有或国有控股大型文化企业。

3.培植民营文化企业。鼓励和支持社会资本进入文化领域，以多种形式投资、参与重大文化产业项目。培植一批发展潜力大、市场前景优、成长性好的民营文化企业。

(二) 加快内容产业创新

坚持"元素植入、奇思妙想、闻所未闻"的生产理念，支持内容创新，改造提升传统文化产业，加快发展新兴文化产业，完善现代文化产业体系，厚植文化产业新优势。

1.做强新闻出版业。加快建立完善现代企业制度，全面推进以社会效益为先兼顾效率的集约化发展路径。加快高新技术与传统出版业的融合，加快传统媒体与新媒体融合。大力扶持原创创意作品出版、绿色高端印刷复制、现代出版发行，推进产业结构调整升级，加快从主要依赖传统纸介质出版物向多种介质形态出版物的数字出版产业转型。建成若干国内领先的数字出版产业基地和各具特色、技术先进的印刷包装产业基地。

2.加快广播影视业转型。提升电影、电视剧和电视节目的生产能力，扩大影视制作、发行、播映和后产品开发，满足多种媒体、多种终端对影视数字内容的需求。扶持移动电视、手机电视、电视购物等新媒体、新业态；全面推进"三网"融合，推动下一代广播电视网和交互式网络电视等服务平台建设，推动智慧社区、智慧家庭建设。支持数字影院基础设施建设，对新建和改扩建乡镇数字影院给予适当补助。建立面向全省原创广播影视作品获得全国性奖项、全国性平台首播的奖励机制；对在江西制作发行的影视作品给予适当奖励。

3.做大动漫游戏产业。发挥江西省人民政府动漫奖的激励作用，扶持内容健康向上、富有创意的优秀原创动漫产品的创作、生产、传播和衍生品消费。坚持技术创新与市场开发相结合，加强分类指导，优化动漫产业结构。倡导、扶持动漫产业走地域风格和时代特点相结合的原创之路，着力打造深受观众喜爱的动漫形象和品牌。鼓励动漫与境内外、国内外企业合作，拓宽制作代工和衍生品授权生产渠道，延伸动漫产业链条。丰富动漫产品载体，推动电视动画片、动漫电视剧、动漫电影、动漫出版物、动漫广告共同发展。鼓励研发具有自主知识产权的网络游戏、电子游戏产品，举办跨区域电子竞技比赛，推动网络产业加快发展。

4.厚植新兴文化业态。推动文化产品数字化生产、网络化体验、信息化服务，加快新业态发展。深入实施国家文化科技创新工程，支持VR技术、数字技术、互联网、软件等高新技术成果向文化领域转化应用，提升文化产品多媒体、多终端传播的制作能力。实施网络文艺精品创作和传播计划，鼓励推出优秀网络原创作品，扩大网络文学、网络音乐、网络艺术品、网络演出等在线和移动生产销售。大力发展电子出版物、电子书、手机出版物等数字出版。加快培育移动互联网、VR技术应用、视听新媒体、3D打印和绿色印刷等新业态。

5.改造提升工艺美术业。创建艺术原创、学术评价、艺术品市场互为推进的艺术发展体系，加快青年美术家培养，繁荣美术创作，发展画廊产业。突出赣鄱元素，加强传统工艺美术品种、技艺的保护与传承，不断开发和运用现代新技术、新工艺、新材料，提高产品的档次和品位、规模、效益。打造一批工艺美术特色村镇，创建一批工艺美术大师工作室，培育一批行业名人名作名店，切实提升全省工艺美术品的行业影响力、竞争力。

6.促进演艺业繁荣。通过政府购买服务、原创剧目补贴、以奖代补等方式，扶持演艺企业创作生产，增强面向市场、服务群众的能力。加强舞美设计、舞台布景创意和舞台技术装备创新，丰富舞台艺术表现形式。加快剧院、剧场、电子票务等演艺基础设施建设，加快组建江西院线演出公司，推动全省主要演出场所经营创新，促进演出市场健康发展。加快演艺与旅游业的融合，开发具有江西地域特色和文化风情的景（城）区演艺，提升景（城）区演艺节目水平，培育旅游演艺市场，丰富旅游演艺产品，避免同质化。设计开发演艺衍生产品，延伸演艺产业链。

7.做强文化旅游业。以文化提升旅游的内涵质量，以旅游扩大文化的传播消费，挖掘江西历史文化和地域文化资源，建设旅游文化名街、名村、名镇，发展红色文化游、历史文化游、道教文化游、生态文化游、乡村休闲游等多种旅游形式。精心打造旅游精品线路，扶持特色文化旅游项目，努力打造原中央苏区红色文化游、井冈山红色与生态文化游、龙虎山、三清山道教文化游、赣南客家风情游、新余仙女文化游等一批特色文化旅游品牌。高标准建设景德镇御窑厂遗址、南昌海昏侯墓园遗址等文化旅游聚集区，实施非遗进景区工程。加强旅游纪念品、工艺品的研发设计，拓展文化旅游产业链。

专栏2　内容产业创新工程
1."文化+"跨界融合。发展基于文化创意和设计与制造业、建筑业、农林业、旅游业等相关产业融合新设计、新工艺、新业态，创造具有地方特色和时代气息的现代文化新产品。
2.传统媒体和新兴媒体融合。以现有传媒出版产业布局为基础，发展以网络出版、移动出版等为代表的数字出版新业态。鼓励支持传统出版企业数字化升级改造，培育10家左右年主营业务收入亿元以上的数字出版骨干企业，打造国内一流综合性数字出版产业基地。
3.VR技术推广应用。统筹VR技术培训、产品体验和技术服务，积极推动VR技术在广告、多媒体、旅游景区，以及房屋建筑工程设计、室内装饰、园林工程设计等领域的应用和消费。
4.三网融合。积极推进下一代广播电视网、新一代移动通信网络、宽带光纤接入网络等网络基础设施建设，推进三网融合创新业务形态，发挥各类信息网络设施的文化传播作用，实现互联互通、有序运行。
5.文化旅游融合。推动红色旅游、生态旅游、休闲旅游、历史文化旅游与新兴文化产业融合发展，鼓励文化创意、演艺、工艺美术、科技与旅游资源整合，开发具有地域特色和民族风情的旅游演艺精品和旅游商品，提升旅游产品开发和旅游服务设计水平，提高个性化旅游供给能力，建设一批文化旅游精品景区和经典线路。
6.演艺业繁荣。坚持精品战略，繁荣艺术创作，打造一批具有赣鄱特色、体现时代气息、展示当代风貌、在全国具有广泛影响的原创演艺精品和一批具有较大产业规模和较强竞争实力的文化娱乐品牌。
7.动漫原创精品。扶持内容健康向上、富有创意的优秀原创动漫产品的创作、生产、传播和消费，鼓励面向新媒体渠道的动漫创作。建设动漫技术渲染平台，着力打造瓷动漫、红动漫、史动漫系列品牌，形成一批在全国具有较强竞争力和影响力的动漫品牌和动漫企业。
8.网络文化产品。推动我省优秀文化产品的数字化、网络化，提高网络文化产品的服务和供给能力。支持开发具有自主知识产权的网络文化产品，加强网络科技与文化建设各领域间的协调合作，支持数字技术、信息技术、网络技术在图书馆、博物馆、美术馆、文化馆中的集成应用。
9.文艺演出院线建设。打破地域界限，以江西艺术中心为龙头，采取托管经营等方式，联合萍乡安源大剧院等市县剧场，降低演出流通成本，推动设区城市演出场所连锁经营，实现演艺产业规模化，集约化和高科技化。

（三）打造文化产业集群

围绕"特色鲜明、企业集群、差异发展"的思路，加强项目布局，提高江西文化产业规模化、集约化、专业化水平，形成文化产业要素集聚、抱团发展的良好态势。

1.加强文化产业园区（基地）建设。积极利用工业厂房、仓储用房等，转型建设文化创意产业园区。围绕特色资源，规划建设一批主业优势明显、综合效益突出、辐射带动作用大的园区（基地），提高产业集中度和集约化经营水平。修改完善文化产业园区管理办法，促进健康发展。实施重大项目带动，支持重点文化产业基地建设，打造一批国内领先、国际知名的企业、品牌和产品。

2.推进城市文化综合体建设。集文化创意、酒店、商贸、餐饮、娱乐休闲和会展等多功能为一体的城市文化综合体是城市文化走向繁荣的重要标志，对推动城市建设、促进经济发展、提升城市品位等方面发挥重要作用。要把文化综合体建设放在城市整体规划中统筹安排，综合考虑区位特点、交通条件、城市规模、文化传统和经济水平等多因素，在全省规划兴建一批主题鲜明、内涵丰富、彰显文化特色的城市文化综合体。支持新城区优先预留文化综合体用地指标，老城区要加大对原有文化场馆、广场、旅游景点等综合体的改造力度，发挥原有文化综合体作用。支持万达广场、绿地中心、华章城市文化创意体验中心等城市文化综合体项目建设。

3.构建特色产业板块。依托非遗资源，集中打造景德镇陶瓷、余江雕刻、婺源砚台、铅山连史纸、萍乡宜春鞭炮、萍乡打锡及傩面具雕刻、进贤毛笔、李渡焰火、新余夏布绣等产业集群。依托历史文化资源，发展古村落文化旅游，支持赣州、吉安发展红色文化、闽浙赣皖革命根据地红色旅游聚集区、红色影视基地建设等。依托良好的自然环境，打造一批集农耕体验、田园观光、养生休闲、文化传承于一体的特色生态文化产业示范园区、基地。依托工业园区，提升吉泰走廊等地文化科技产品制造水平。合理布局、适度建设具有自主知识产权、科技含量高、富有赣鄱文化特色的主题公园。

专栏3　产业集聚工程

1.提升文化产业园区。鼓励各地依据产业发展基础和文化资源特点，规划建设具有地方特色的园区；加大对国家级、省级文化产业示范园区的指导和扶持力度。培育3至5家年经营收入过百亿元的园区、10家左右经营收入过20亿元的园区。

2.特色文化产业基地。加强区域性特色文化产业基地建设，优化产业布局，提高产业集中度，进一步推进文化产业向规模化、集约化、专业化转变，推动形成一批具有全国影响力、集聚效果明显和产业特色鲜明的文化产业集聚基地。

3.城市文化综合体建设。鼓励以文化生产为基础、文化体验为特色、文化休闲与文化商业为重点、创意产业为延伸、会展商务相配合，以及行政办公、综合商业、其他服务业、总部基地、居住等互补的泛文化、多产业聚集的文化产业综合体。

4.公共服务平台建设。依靠丰富的信息资源、强大的技术力量以及多元的发布渠道，依托专业的信息策划团队，整合江西文化产业资源，提供包括推广、信息、投融资、咨询、内容、渠道在内的多种产业服务，旨在为产业上下游沟通、联动提供系统服务，全方面带动整个江西文化产业的协同发展。

（四）壮大新兴文化消费

落实以人民为中心的发展思想，探索建立文化消费的长效机制，以优质、丰富的文化产品和服务吸引消费者，增强文化产业发展的内生动力，发挥消费对文化产业增长的重要作用。

1.推进文化消费供给侧改革。大力推进市场取向的文化消费供给侧改革，更加重视供给侧产品和服务的校正，瞄准个性化、分众化、科技化的文化消费新需求、新趋势，推进文化产品和服务供给创新。启动城市文化消费供给侧改革试点，开发与文化融合的教育培训、健身、旅游、休闲等服务性消费。大力开发适宜互联网、移动终端等载体的网络文化产品，促进动漫游戏、网络音乐娱乐等数字文化内容的消费。加快淘汰不适应文化消费新需求的产品和服务，着力增加有效供给，培育新的文化消费增长点，增加文化消费总量。

2.营造良好的消费环境。制定出台扩大文化消费的政策措施，注重转变城乡居民文化消费观念，培育文化消费习惯，提高文化消费自觉性和积极性。建立扩大文化消费需求的长效机制，鼓励实施文化消费补贴制度，引导城乡居民文化消费，有条件的地方要为困难群众和农民工文化消费提供适当补贴，开展文化惠民。鼓励在商业演出中安排一定数量的低价场次或门票，鼓励网络文化运营商开发更多低收费业务。发挥文化精品的市场影响力和带动力，激活文化消费市场。

3.改善文化消费条件。支持剧院等文化消费基础设施，引导文化企业投资兴建更多适合群众需求的文化消费场所。支持社会力量兴办各类文化设施，鼓励机关、学校和部队的文化设施面向社会开放。加快文化票务网络建设。发展连锁经营、物流配送、电子商务等现代流通组织和流通形式，构建以大城市为中心、中小城市相配套、贯通城乡的文化产品流通网络。积极开发文化消费信贷产品，活跃文化消费市场。

4.增强农村文化消费。引导农民转变消费观念，提高文化消费意识。发展农村教育和培训，提升文化素养，活跃文化生活，培育农村文化消费需求。推动农村淘宝网与公共文化服务网络融合，在提升文化服务效率的同时，将全省2万多个乡镇（街道）、村（社区）文化服务站点，培育成适合不同人群、兼具上网服务、社交休闲、竞技娱乐、电子课堂、远程服务、电子商务等多功能的综合活动场所，培育新型文化业态。加强农村基础文化设施和文化网点建设，提高农村文化消费的便捷性。

专栏4　文化消费工程
1.文化消费城市试点。借鉴国家先行试点地区经验做法，选择经济实力好、消费潜力大、文化基础设施优、地方政府积极性高的城区开展文化消费试点，探索文化消费有效机制，扩大文化产品和服务有效供给。争取南昌市、新余市纳入国家扩大文化消费试点城市。 2.农村淘宝网工程。与阿里巴巴集团开展战略合作，盘活用好全省乡村文化站等公共文化服务资源，拓展其功能，实现农村（社区）+互联网+文化+生活的新业态，促进农村（社区）文化消费的新发展。 3.互联网上网服务场所转型升级工程。开展上网服务场所分级评定，鼓励植入公共文化服务功能，支持参与社区、乡镇公共文化服务，推动其成为电子智能运动项目培训和比赛场所。 4.文化消费设施建设。推进市县剧院新建、改扩建和乡镇数字影院建设。

（五）提升开放水平

围绕"深化长珠闽、巩固港澳台、突破欧美韩"的大开放战略，坚持利用两个市场、两种资源并重，打造一批国际知名文化品牌，提升江西文化在世界上的传播力、影响力和美誉度。

1.提升产业开放平台效能。坚持政府搭台、市场运作、企业主体思路，依托现有各类文化产业开放平台，拓宽文化产品和服务贸易渠道，鼓励、支持和引导文化企业开拓国际市场，加大具有国际竞争力的文化贸易品牌的培育力度。对入选国家或省文化出口重点企业目录的企业，优先支持参加深圳文博会、北京文博会等境内外文化贸易展会。

2.拓展文化贸易空间。配合"一带一路"发展战略，推动我省文艺院团、非物质文化遗产、文博项目等赴海外、境外演出和展览。用好各类出口平台和海外营销渠道，加大具有江西特色的文化出口重点企业和项目的扶持；培育一批产品优特、主业突出、核心竞争力强的重点文化贸易企业；打造一批具有国际影响力的江西文化品牌和文艺精品。依托我省文化产业特色和基础，培育一批动漫、影视、文化创意等省级文化贸易出口基地和特色产业园区。推动各类文化贸易企业向园区聚集，补齐上下游文化产业链，进一步做大对外文化贸易的规模和品种。

3.加大文化开放合作力度。加快建设海外文化交流中心，实施文化贸易"走出去"和"引进来"双向发展计划，形成在更大范围、更广领域和更高层次参与对外文化交流贸易格局，提升江西文化对外开放水平。加大"引进来"力度，鼓励海外资本和社会资本来赣投资，采取合资、合作、重组、并购等方式，引进一批投资规模大、带动作用强、示范效应好的外向型文化企业和机构，扩大和提高文化进出口的规模和效益，在开放发展中提高文化竞争力和影响力。

专栏5　平台建设应用工程
1.文化产业开放平台。举办艺术南昌国际博览会、中国（江西）红色文化博览会和（共青城）中国青年APP大赛。借力世界绿色发展投资贸易博览会、赣港经贸合作活动、赣台经贸文化合作交流、中国（江西）国际麻纺博览会、景德镇陶瓷博览会、中国（抚州）汤显祖艺术节、中国龙虎山道教文化旅游节、中国鹰潭黄蜡石交易博览会、环鄱阳湖国际自行车赛等国际展会、赛事、出口平台的影响力，提高文化产品和服务贸易水平。办好文化产业平台，营造良好的引智引资引技氛围。 2.海外文化交流中心。加快与文化部合作共建葡萄牙中国文化中心，加强非洲中国文化基地建设，构建中华文化海外展示体验综合平台、对外文化交流基地和对外招商引资活动的窗口。

（六）推进文化金融和公共服务发展

坚持以破解产业发展难题为牵引，深入推进文化金融合作，构建完善文化产业公共服务体系。

1.深化文化金融合作。持续深入推动"文化+金融"发展，健全完善文化金融合作联席会议机制，加强文化金融合作项目库建设。探索建立针对文化企业轻资产特点的智力资源信用评估办法，鼓励银行业金融机构创新质押类信贷产品。鼓励金融机构建立专门服务文化产业的专营机构、特色支行和文化金融专业服务团队，推动组建文化互联网专业银行。推动设立文化产业专项基金，吸引更多社会资本参与文化产业的发展，逐步建立起多元化、社会化、公共化的投融资服务体系。鼓励采取政府和社会资本合作（PPP）模式，通过特许经营、公建民营、民办公助等方式，拓宽社会资本进入文化领域渠道。加快文化产权交易所建设，积极稳妥推进文化产品证券化。完善文化企业上市资源储备库，加大上市文化企业奖励，推动更多优质文化企业上市融资。

2.加强公共服务建设。谋划建设集公共技术支撑、投融资服务、企业孵化、信息发布、资源共享等功能于一体的文化产业综合服务平台。创新文化艺术品市场运营模式，探索建立第三方艺术品直购交易平台。建设小微文化企业创业孵化基地，降低创业成本和创业风险，提高创业成功率。进一步完善我省文化产业发展的统计指标体系，确保提供及时准确的信息。推动建立江西文化产业发展政策第三方评估机制，及时完善发展政策，提高文化产业政策的精准度。开展文化产业链招商、产业集群招商，创新"互联网+"招商新模式。

四、保障措施

（一）加强组织实施。省政府成立"促进文化产业发展协调推进小组"，建立专门的协调推进工作机制，加强对文化产业发展的宏观指导和协调沟通，研究商讨重大政策、重大举措、重大项目，统筹资源，形成合力，确保规划有序推进落实。各级政府要把推动文化产业发展列入重要议事日程，纳入绩效考评的重要内容，并增加考评分值。省直有关单位要依据本规划，结合各自职责分工，制定实施方案和工作计划，做好与本规划衔接及重大任务的分解和落实。文化行政主管部门要加强对规划落实跟踪问效、评估督查，及时总结经验，发现问题，研究举措，确保规划顺利实施和各项目标任务圆满完成。

（二）深化文化体制改革。深入推进法治江西建设，深化行政审批制度改革，加快转变政府职能，完善有利于文化产业发展的责任清单、权力清单、负面清单和省政府公共审批网"三单一网"工程，努力优化政务环境，提高行政效能。进一步理顺政府及文化行政管理部门与文化企业、中介组织、行业协会的关系，真正做到政企分开、政资分开、管办分离。继续完善责权统一、管人管事管资产管导向相结合的国有文化资产管理体制和运行机制，完善国有文化企业评估、监测、考核体系，支持引导企业建立产权清晰、权责分明、政企分开、管理科学的现代企业制度，引导企业将库存资源多次转化。建立灵活高效的文化产品生产经营机制，使企业真正成为自主经营、自负盈亏、自我发展、自我约束的市场主体。进一步放宽市场准入，降低行业准入门槛，简化审批程序，营造文化产业发展的良好环境。

（三）完善政策措施。进一步贯彻落实国务院关于推动经营性文化事业单位转制，扶持文化企业发展，支持文化产品和服务出口，鼓励技术创新，促进文化创意和设计与相关产业融合等扶持政策。深入贯彻落实省委省政府《关于降低企业成本优化发展环境的若干意见》，完善惠企政策措施。修改完善文化产业发展资金管理办法，逐步加大各级财政支持力度，有条件的设区市财政应设立文化创意产业专项资金，扶持文化企业发展。修改完善江西省人民政府关于加快发展文化创意产业的政策措施，落实投融资奖励补贴、资产处置、土地开发利用、税收优惠等政策措施。

（四）强化人才保障。树立强烈的人才意识，寻觅人才求贤若渴，发现人才如获至宝，举荐人才不拘一格，使用人才各尽其能。实施高层次人才引进计划，引进一批熟悉市场规律、懂文化、善经营的现代文化企业领军人才。实施文化产业创业创意人才扶持计划，着力培养实用性技术人才。实施高等院校文化产业学科建设计划，加强文化产业研究咨询智库建设。把文化产业人才引进和培养纳入"赣鄱英才555工程"和文化名家、宣传文化系统"四个一批"人才工程。探索建立文化产业人才职称评定制度。完善分配和激励机制，鼓励文化产业企业对有突出贡献的人才以知识产权、股权、期权等方式参与分配。

附件：1.重点文化产业基地
2.重点文化企业和重点文化产业园区

附件1 重点文化产业基地

序号	名称	主要建设内容和目标
1	江西国家数字出版基地	按照一地多园区的发展思路，将基地建成以南昌高新区为主体，辐射周边，带动我省传统出版产业向新兴数字出版产业转型升级的数字出版核心区。
2	南昌西汉海昏侯墓遗址文化旅游基地	开展遗址保护立法，加强文物资源研究、整理、交流和宣传，开展世界文化遗产申报，促进核心区保护和周边景区建设，打造国际知名旅游目的地。
3	南昌文化创意产业基地	进一步做实699创意园、791产业园、古玩城、泰豪动漫园、樟树林和瓷板画产业园，加强国家文化科技融合基地园区规划，双创扶持，形成一批知名文化科技企业和知名品牌。
4	赣州、吉安印刷包装产业基地	提升包装设计水平，促进包装产业转型升级。
5	赣州红色影视基地	红色题材拍摄景观建设和影视制作及文化旅游。
6	中国共青城APP产业基地	依托江西省政府和团中央共同举办的全国青年APP创意大赛平台，完善孵化设施，建设移动APP产业。
7	九江珠贝城首饰产业基地	加强珠宝设计师培养和引进，提升鄱阳湖珍珠品牌，建设以珍珠首饰为主、多种首饰设计、制作、展示和销售园。
8	上饶文化科技融合基地	发展基于互联网技术的动漫设计、广告创意、影视版权、数字出版、工业创意设计等文化创意新业态，打造"互联网+"文化创意孵化器，培育一批上市龙头文化企业。
9	广丰木雕产业基地	依托木雕产业园，实施木雕产业513计划（5年吸引全国雕刻技师1万名、形成年主营业务收入300亿元的雕刻产业）。
10	宜春农耕健身产业基地	推动文化与相关产业融合发展，打造集农耕文化与健身休闲娱乐为一体的产业园区。
11	吉安文化电子产品制造基地	依托吉泰走廊电子信息产业园，加大文化电子产品生产企业招标，形成全国知名文化电子产品生产圈。
12	抚州东辉文化产业基地	木（根）雕工艺品制作，红木文化展示展销等。
13	新余动漫产业基地	突出原创，挖掘江西文化资源，开发一批具有影响力、弘扬社会主义核心价值的动漫剧品牌和知名企业。
14	萍乡动漫游戏产业基地	坚持原创和代工并举，加强与域外合作，孵化一批动漫游戏制作团队。
15	景德镇陶瓷文化基地	建设集创意、制作、艺术培训、展示、交流合作陶瓷文化园，打造国家级文化产业园区和世界陶瓷文化创意之都。
16	鹰潭雕刻产业基地	发挥"果喜木雕"的品牌优势和黄蜡石资源优势，打造技师培训、制作创意、产品展示和网络销售的全产业链，促进木雕和石雕工艺成为全国知名文创区。

附件2 重点文化企业和重点文化产业园区

序号	一、重点文化企业
1	江西出版集团
2	江西文化演艺发展集团
3	江西广电传媒集团
4	江西报业集团
5	江西艺术品产权交易所
6	江西新华发行集团有限公司
7	江西金太阳教育研究有限公司
8	二十一世纪出版社有限责任公司
9	江西风尚家庭购物有限公司
10	南昌万达国际电影城有限公司
11	江西腾王科技有限公司
12	江西桐青金属工艺品有限公司
13	泰豪动漫有限公司
14	江西华奥印务有限责任公司
15	大余东宏锡制品有限公司
16	聚声泰（信丰）科技有限公司
17	瑞金红动力文化旅游发展有限公司
18	江西欣祥包装彩印有限公司
19	庐山旅游发展股份有限公司
20	江西统百利彩印包装股份有限公司
21	九江百艺文化发展有限公司
22	上饶市巨网科技有限公司
23	江西婺源旅游股份有限公司
24	江西婺源朱子实业有限公司
25	婺源县华龙木雕有限公司
26	江西丝黛实业有限公司
27	江西铜鼓江桥竹木业有限责任公司
28	奉新鸿圣（江西）彩印包装实业有限公司
29	丰城市春光包装公司
30	宜春金海泰艺术品投资管理有限公司
31	江西中森礼花股份有限公司
32	万载县万广源进出口有限公司

序号	
33	樟树市德泰木制品有限公司
34	江西华文光电股份有限公司
35	吉安航盛电子有限公司
36	江西麻姑实业集团有限公司
37	江西恩达麻世纪科技股份有限公司
38	江西仙女湖文化发展有限公司
39	新余渝州绣坊责任有限公司
40	瀚皇典传媒有限公司
41	江西安源锦绣城文化产业有限公司
42	萍乡凯天网络有限责任公司
43	萍乡市时代工艺包装有限公司
44	景德镇法蓝瓷实业有限公司
45	景德镇陶瓷股份有限公司
46	景德镇国信创业投资管理有限公司
47	景德镇佳洋陶瓷有限公司
48	江西省东源投资发展有限公司
49	江西省龙虎山旅游文化发展有限公司
50	江西晶赢文化产业有限公司
51	江西汉羲文化发展有限公司
52	江西龙虎山逍遥城文化产业有限公司
序号	二、重点文化产业园区
1	江西省文港文化创意产业园
2	江西樟树林文化生活公园
3	江西新华安699文化创意产业园
4	江西南昌791艺术街区
5	赣州国家印刷包装产业基地
6	宋城壹号文化创意产业园
7	赣坊1969文化创意产业园
8	瑞金市红色文化创意产业园
9	立信中部红木产业园
10	广丰县红木文化创意产业园
11	江西省包装印刷产业（上高）园区
12	吉安国家印刷包装产业园区
13	黎川油画创意产业园（抚州）

14	新余抱石文化创意产业园
15	恒业陶瓷文化创意街区-"大师汇"
16	陶溪川国际陶瓷文化产业园
17	1949建国创意园
18	景德镇市明清园（雕塑瓷厂）
19	景德镇名坊园
20	余江县雕刻文化创意产业园

山东省文化厅"十三五"时期文化改革发展规划

为深入贯彻落实党的十八大和十八届三中、四中、五中、六中全会精神，深入贯彻落实习近平总书记系列重要讲话精神，进一步加快文化改革发展，建设文化强省，根据《山东省国民经济和社会发展第十三个五年规划纲要》《文化部"十三五"时期文化改革发展规划》和《山东省"十三五"时期文化改革发展规划纲要》，编制本规划。

序　言

文化是民族的血脉，是人民的精神家园，是国家强盛的重要支撑。实现中华民族的伟大复兴，离不开中华文化的繁荣兴盛。弘扬中华文化，凝聚中国力量，是文化建设的神圣使命。山东是中华文明的重要发祥地，文化资源丰富，历史底蕴深厚，文化事业和文化产业发展具有独特优势。习近平总书记视察山东并发表重要讲话、做出重要批示，赋予山东文化建设走在全国前列的光荣使命，曲阜优秀传统文化传承发展示范区列入《中华人民共和国国民经济和社会发展第十三个五年规划纲要》，山东文化建设深度融入国家文化战略，为全省文化发展提供了重大历史机遇和强大发展动力。

"十二五"时期，在省委、省政府的坚强领导下，全省文化战线意气风发，凯歌猛进，改革创新，锐意进取，文化事业、文化产业生机勃发、繁荣发展，创造了无愧于时代的新业绩。一是公共文化服务体系建设亮点频现成就卓然，整体面貌发生重大改变。全省各级累计投入公共文化设施385亿元，其中，十艺节筹备期间（2011年—2013年）投入249亿元，2014年投入63亿元，2015年投入73亿元，是新中国成立以来我省公共文化服务体系建设投入最集中、投资量最大、水平提升最快时期。乡镇（街道）综合文化站基本实现全覆盖，文化活动室（文化大院）覆盖率达94.8%，比"十一五"末增长28个百分点，文化演展场馆水平进入国内一流行列。在全国率先制定出台《关于加快构建现代公共文化服务体系的实施意见》和《实施标准》，形成整体推进的良好态势。连续4年实施"文化惠民、服务群众"实事，文化民生显著改善。二是艺术创作生产繁花似锦硕果飘香，一批优秀作品蓬勃涌现。广大文艺工作者牢牢抓住十艺节在山东举办的历史机遇，不负众望，顽强拼搏，创作热情空前高涨，一大批优秀作品立上舞台。"十二五"时期全省推出369部大戏，2个剧目获中宣部"五个一工程戏剧奖"，4个剧目获文华大奖或文华特别奖，一大批优秀演员和剧目获得梅花奖、红梅奖、兰花奖、全国戏剧奖、中国歌剧奖及国际杂技金奖。扶持艺术创作长效机制进一步完善，舞台艺术"4+1工程"持续推进，争取国家艺术基金支持额度位居全国前列，形成"全链条"扶持引导的"山东模式"。三是文化战线内涵深化创新推进，优秀传统文化传承发展。全省文化工作者认真学习贯彻习近平总书记视察孔子研究院重要讲话精神，着力挖掘和阐发齐鲁优秀传统文化，承载起薪火相传、文化传承、以文化人的历史重任。创新实施"传承弘扬优秀传统文化十大行动"，全国文化厅（局）长中华优秀传统文化继承与发展高级研讨班在山东举办。"图书馆+书院"模式、乡村儒学和社区儒学创新推进，全省图书馆尼山书院基本实现全覆盖。启动实施县及县以下历史文化展示工程，县域历史文化展示完成94.3%。面向国内外征集评选中华优秀传统文化故事会故事作品500篇。加大非物质文化遗产传承保护，全省各级投入非遗保护资金超过21亿元，国家级非遗项目居全国第二位，建成1个国家级文化生态保护实验区、9个省级文化生态保护实验区。成功举办三届中国非物质文化遗产博览会。四是文化产业转型升级加快发展，现代文化市场体系不断培育。制定实施蓝黄经济区、省会城市群经济圈、西部经济隆起带4个文化产业发展专项规划，文化产业规模和效益不断提升，文化产业增加值年均增长17%，2015年达到2370亿元。深入推进文化市场技术监管与服务平台应用，建成全国文化市场技术监管与服务平台北方分中心（服务覆盖12个省份），成为全国第一个所有市、县全面实现平台上网运行的省份。互联网上网服务行业转型升级加快推进，涌现出德州市"社区综合性文化上网服务站"、淄博市"文化惠民进社区工程"试点等等一批典型。五是对外和对港澳台文化交流日趋活跃，齐鲁文化软实力不断增强。"十二五"期间，省直及各市艺术院团赴国外、境外演出交流6000多人次，举办演出3000余场，美术展览1500多场，非遗展示600多场。成功举办第二届、第三届尼山论坛，第四届、第五届、第六届、第七届世界儒学大会，在马耳他、俄罗斯莫斯科、波兰华沙、新西兰奥克兰、澳大利亚悉尼等多个国家设立17家尼山书屋。在埃及、泰国举办"中国山东文化年"，在澳大利亚举办"澳亚艺术节·聚焦山东"活动，"2015东亚文化之都·中国青岛活动年"策划开展活动150多项，承办中日韩文化部长会议，举办中日韩艺术之夜文艺演出。省杂技团《鼓韵》参加中非合作论坛《中非时刻》文艺晚会取得圆满成功，习近平总书记及50多位国家元首观看演出，山东演艺走出去得到文化部、外交部表扬认可。六是文化体制改革工作取得重要成效，内生动力不断增强。继续深化国有文艺院团改革，完成省直文艺院团改革尾欠工作，人员身份、资产处置、院团整合等方面遗留问题得到妥善处理。加快转变政府职能，建立发布省文化厅行政审批清单、行政权力清单、政府责任清单。加快推进文化立法，《山东省非物质文化遗产条例》颁布实施。深入推进文化科技创新，国家社科基金艺术学项目立项课题61项、位居全国前三名，国家文化创新工程项目和科技创新项目11项，文化部创新奖获奖项目2个。组织评选省政府"山东省文化创新奖"获奖项目60个。

"十三五"时期是全面建成小康社会的决胜阶段，也是建设文化强省的关键时期，我省文化改革发展仍处于大有作为的重要战略机遇期。习近平总书记系列重要讲话为实现"两个一百年"奋斗目标和中华民族伟大复兴梦提供了科学理论指导和行动指南，用社会主义核心价值观凝心聚力，建设社会主义文化强省，形成整体推进的战略态势。经济发展进入新常态，文化在稳增长、促改革、调结构、惠民生等方面将发挥更加重要的作用。新型城镇化、"一带一路"建设等国家重大战略相继实施，文化建设空间广阔。居民可支配收入和闲暇时间逐渐增多，多样化多层次的精神文化需求更加旺盛。"互联网+"等高科技的广泛应用催生了文化生产、传播、消费方式的深刻变革，文化发展面临重大机遇。同时，"十三五"时期我省文化建设仍面临诸多挑战，全省文化建设的水平和质量离全面建成小康社会还存在一定差距，区域之间、城乡之间文化发展还不平衡，艺术创作存在"有数量缺质量、有高原缺高峰"的现象，文化产业结构不够合理，文化资源开发利用不够，迫切需要补齐短板、兜好底线，提高区域、城乡文化发展的均衡性和协调性，提高公民素质和文明程度。新思想引领新征程、新战略带来新课题、新常态提出新要求、新定位提升新标杆、新节点蕴含新机遇，全省文化战线必须以新的理念引领文化发展，进一步解放思想、锐意进取，深化改革、激发活力，推动全省文化改革发展走在全国前列。

一、指导思想和基本原则

（一）指导思想

高举中国特色社会主义伟大旗帜，全面贯彻党的十八大和十八届三中、四中、五中、六中全会精神，以马克思列宁主义、毛泽东思想、邓小平理论、"三个代表"重要思想、科学发展观为指导，深入贯彻习近平总书记系列重要讲话和重要批示精神，深入贯彻创新、协调、绿色、开放、共享的发展理念，协调推进"四个全面"战略布局，按照"一个定位、三个提升"的要求，大力实施创新驱动、艺术高峰、人才兴文战略，全力推进现代公共文化服务体系、优秀传统文化传承创新体系、现代文化产业和文化市场体系、齐鲁文化对外交流传播体系、文化服务保障体系建设，加快建设文化强省，顺利完成全面建成小康社会各项任务，努力把山东建设成为全国区域文化中心和道德文化高地，为经济文化强省建设提供文化凝聚力和精神推动力。

（二）基本原则

1.坚持正确方向。坚持党对文化工作的领导，牢牢把握社会主义先进文化前进方向，贯彻"二为"方向、

"双百"方针,把社会主义核心价值观贯穿到文化建设各领域各环节,坚持把社会效益放在首位、社会效益和经济效益相统一。

2.坚持以人为本。坚持以人民为中心的工作导向,发挥人民主体作用,坚持共建共享,努力利民惠民,着力提高人民群众文化参与度,提升国民素质和社会文明程度,促进人的全面发展。

3.坚持改革创新。积极探索有利于解放和发展文化生产力的新措施、新途径,全方位推进文化创新,深化文化体制改革,激发文化创造活力。

4.坚持科学发展。加快转变文化发展方式,促进城乡、区域文化协调发展,推动文化与其他领域融合发展,努力实现更高质量、更有效率、更加公平、更可持续的发展。

5.坚持传承弘扬。把弘扬优秀传统文化与发展现实文化有机统一起来,在继承中发展,在发展中继承,实现齐鲁优秀传统文化创造性转化和创新性发展。

6.坚持开放包容。构建全方位、多层次、宽领域文化对外开放格局,吸收借鉴人类优秀文明成果,推动中华文化、齐鲁文化走向世界。

二、发展目标和主要指标

(一)发展目标

到2020年,文化强省建设取得重要进展,全面实现文化小康,文化在区域内的影响力和对经济社会发展大格局的贡献度明显提升。中国梦和社会主义核心价值观更加深入人心,人民群众精神文化生活更加丰富,文化参与的广度和深度不断拓展,公民素质和社会文明程度明显提高。文艺创作生产繁荣发展,文艺创作支持体系更加健全,推出更多彰显时代精神和齐鲁文化特色,无愧于民族、无愧于时代的精品力作,艺术高峰初步形成。现代公共文化服务体系基本建成,人民群众基本文化权益得到更好保障。非物质文化遗产得到有效保护,齐鲁优秀传统文化广为弘扬。现代文化市场体系和现代文化产业体系更加完善,文化产业成为国民经济支柱性产业。文化领域关键技术研发及转化应用能力显著增强,科技支撑引领文化改革发展的作用明显提升。文化开放水平显著提高,齐鲁文化国际影响力大大增强。文化体制改革全面深入推进,文化管理体制和文化产品生产经营机制充满活力、富有效率。文化政策体系不断完善,人才队伍结构更加优化,财政保障机制更加健全,文化法治建设全面推进。曲阜优秀传统文化传承发展示范区和齐文化传承创新示范区规划建设取得明显成效,区域文化发展战略格局基本形成。

(二)主要指标

——"十三五"期间,全省新创作剧目100台以上,传承100出传统经典剧目(包括经典折子戏),扶持20部以上具有引领和示范意义的剧本创作,推出20部以上精品剧目。争取国家艺术基金立项资助项目达到100项。

——到"十三五"期末,县级公共图书馆、文化馆和乡镇(街道)综合文化站设施建设基本达标,村(社区)普遍建立综合性文化服务中心。

——到"十三五"期末,全省人均拥有公共图书馆(含分馆)藏书量达到1.8册,全省公共图书馆年流通人次达到5000万,文化馆(站)年服务人次达到5000万。

——到"十三五"期末,国家级非遗代表性传承人抢救性记录覆盖率达100%,国家非遗保护利用设施建设工程项目达到10个,国家级项目数量继续居全国领先。全省各级非物质文化传习所达到2000个,省级非遗生产性保护示范基地达到100个,省级文化生态保护实验区达到20个,创建一批中国非遗传承人群培训基地、传统工艺重点实验室、传统工艺工作站。全面完成县乡村历史文化展示工程。

——"十三五"期间,以推动文化产业增加值占GDP比重5%为目标,实现文化产业增加值现价年均增长速度保持在15%左右。

——到"十三五"期末，基于平台的文化市场信用信息数据库涵盖全国95%以上的文化市场经营主体，文化市场技术监管与服务平台在全省区县级文化行政部门和文化市场综合执法机构应用率达到98%以上。

——"十三五"期间，组织评选60个文化创新项目，组织实施90个文化创新项目推广及转化，组织评选50个文化艺术科学重点学科，建设5个文化科技重点实验室，支持2000项文化科技项目和艺术科学研究课题，扶持引导文化与科技融合发展载体。

——"十三五"期间，与文化部合作建成塞尔维亚贝尔格莱德中国文化中心。

三、推动艺术创作繁荣发展

把握正确的创作导向，聚焦中国梦时代主题，充分发挥艺术创作长效机制推动作用，努力创作推出一批传播当代中国价值观念、展示山东当代建设成果、体现齐鲁地域文化风格，时代特征鲜明、艺术感染力强烈、与伟大时代相匹配并传之久远的文艺精品。

——坚持以人民为中心的创作导向。聚焦中国梦时代主题，把创作生产优秀作品作为文艺工作的中心环节，大力弘扬社会主义核心价值观。开展"深入生活、扎根人民"主题实践活动，建立健全长效机制。围绕建党95周年、建国70周年、建党100周年等重大活动，科学规划艺术创作，大力推动主题创作和展演展示活动。

——加强艺术创作长效扶持体系建设。实施"4+1"工程、重点选题创作扶持计划，不断完善全链条扶持机制，推动文艺精品创作提质增量。积极营造支持艺术家干事创业良好环境，充分激发广大文艺工作者创作热情。积极申报文化部重点创作工程，更加有效地发挥国家艺术基金的支持引导作用。通过一系列政策保障、奖励扶持、重大工程，推动山东艺术事业加速发展。

——创作推出更多优秀文艺作品。尊重艺术创作规律，抓好现实题材、爱国主义题材、重大革命和历史题材、齐鲁优秀传统文化和地域文化题材的创作生产，努力推出更多优秀艺术精品。推进"齐鲁优秀文化重点创作工程"，加大艺术创作重点项目论证力度，着力打造一批具有全国影响力、全省带动力、同门类艺术引导力的文艺精品。继续实施"山东地方戏振兴与京剧扶持工程"，建立"优秀保留剧目名录"和"剧本共享平台"，建立地方戏曲振兴发展示范区和戏曲人才培养基地，推动山东戏曲更加繁荣。实施"齐鲁优秀传统艺术发展计划"，加大对山东地方戏曲、民间音乐、民间舞蹈保护扶持力度，促进各艺术门类全面协调发展。策划实施"齐鲁文化重点题材美术创作工程""齐鲁名家美术作品收藏计划"和"现当代美术精品收藏计划"，深入推进"大哉孔子·儒家文化经典中国画创作工程"。组织实施纪念改革开放40周年、全面建成小康社会和新中国成立70周年主题美术创作，持续打造壮大"齐鲁画派"，推动山东美术发展换档升级。完善山东省优秀群众艺术创作与选拔机制，推出更多优秀群众性音乐、舞蹈、戏剧（小品）、曲艺作品，推动群众艺术繁荣发展。

——完善艺术评价体系建设。建立完善专家评价、市场评价、群众评价相统一的艺术评价体系。落实中央文艺评奖改革精神，科学设置文艺奖项，精简获奖数量，改革评奖机制，规范评奖程序，严格评奖标准，加大社会评价、观众评价比重，加大社会效益考量比重，充分发挥文艺评奖的导向激励作用。建立获奖作品跟踪考核机制、重点工程资助作品验收机制，将优秀文艺作品演出情况纳入跟踪考核和结项验收标准，推动获奖作品面向公众多演出。注重文艺理论研究工作，开展积极健康的文艺批评，加强文艺阵地建设，优化环境氛围，为艺术创作繁荣发展提供理论及学术支撑。

——加强优秀作品传播推广。重视发挥"文华奖"、国家舞台艺术精品工程、优秀保留剧目工程、"五个一"工程奖等重大文艺评比的导向性、带动性作用，办好山东文化艺术节、全省小型戏剧展演等活动，打造自下而上的优秀文艺作品宣传展示平台。探索创新优秀文艺作品宣传渠道，加强与省内外新闻媒体合作，探索"互联网+戏曲"传播新渠道。加强省内外美术馆、画院沟通协调，强化馆际、院际合作，实现优秀美术品资源"迎进来、送出去"。组织开展"一村一年一场戏"、政府购买文艺演出进社会福利机构、"艺术家进校园"、元旦春节演出季等活动。加强对剧院、演艺区发展的支持引导，建立完善中小型专业剧场演出补贴制度，探索剧院建设、运营、管理的科学模式，形成演出长效机制。

专栏1　艺术创作生产
山东省优秀保留剧目工程：评选推出10部左右艺术水平高、社会影响大、群众欢迎度高、市场认可度高、具有突出传承保留价值的优秀剧目，支持其复排演出。 　　山东省舞台艺术精品工程：评选推出20余部精品剧目，支持其进一步加工提升，打造一批在国内外文艺舞台产生较大影响、能够引领和代表山东艺术发展最高水平的艺术精品。 　　山东省地方戏曲振兴与京剧保护扶持工程：开展戏曲普查，建立"优秀保留剧目名录"和"剧本共享平台"，建立地方戏曲振兴发展示范区，开展濒危剧种"依团传承"。创新传统戏曲与现代传媒、数字技术结合，加强戏曲传播推广。建立戏曲人才培养基地，实施"名家传艺"计划，加强戏曲专业人才培养，推动戏曲下基层、进校园。实施戏曲院团提升计划，加强对戏曲院团扶持力度，支持戏曲院团改善办公及演出设备设施条件。 　　山东省重点选题创作扶持计划：科学规划全省各艺术门类布局，推动不同艺术门类协调发展。发挥重点工程引导作用，围绕中国梦创作主题，加强现实题材、重大革命和历史题材、爱国主义题材、山东地域文化题材创作，支持一批新创作优秀艺术项目。 　　"深入生活、扎根人民"主题实践活动：完善支持文艺工作者长期深入生活的政策措施，建立健全长效保障和激励机制，推动广大文艺单位、艺术家"深入生活、扎根人民"，开展采风创作、结对帮扶、慰问演出等活动。 　　公益文化演出活动：建立健全政府购买公共文化服务制度，扩展购买范围，加大购买力度，加强政府购买公共文化服务实施监督和绩效考核。发挥各级各类文艺院团、艺术院校作用，深入开展"一村一年一场戏"工程、政府购买文艺演出进社会福利机构等公益演出活动。探索实施"一校一年一场戏"工程，推动高等院校和中小学戏曲教育，开展高雅艺术进校园活动。

四、加快构建现代公共文化服务体系

坚持政府主导、多元参与、共建共享、协同发展，以保障人民群众基本文化权益为出发点，以促进公共文化服务标准化均等化为突破口，构建覆盖城乡、便捷高效、保基本、促公平的现代公共文化服务体系。

——健全公共文化设施网络体系。着力抓好文化精准扶贫，创新实施"169"文化精准扶贫行动，全面完成文化扶贫任务，建立健全覆盖省、市、县、乡、村的五级公共文化服务设施网络。推进公共图书馆、文化馆、乡镇（街道）综合文化站、村（社区）综合性文化服务中心（文化活动室）等公共文化设施达到国家标准。省级、市级图书馆、文化馆达到国家一级，县级图书馆、文化馆达到国家二级，市、县两级基本建成博物馆、美术馆，乡镇（街道）综合文化站（中心）达到国家三级，乡镇（街道）和村（社区）普遍建成基层综合性文化服务中心。

——推进公共文化服务标准化。贯彻落实国家基本公共文化服务指导标准和山东省基本公共文化服务实施标准，完善以县为主体的实施方案。建立保障标准动态调整机制，合理规划建设各类公共文化设施，健全公共文化设施技术标准，建立公共文化机构管理和服务标准。完善公共文化服务机构绩效考核标准，探索引入社会第三方开展公众满意度测评。

——推进公共文化服务均等化。统筹公共文化资源配置，促进城乡公共文化服务均衡发展。全省乡镇（街道）和村（社区）普遍建成基层综合性文化服务中心，配套建设文体广场。推行公共文化场馆总分馆制，开展流动服务和数字服务。实施文化精准扶贫，加大对贫困地区资金、项目和政策扶持力度，到2018年完成省定贫困村的文化扶贫工作任务。加强特殊群体服务，保障好老年人、未成年人、妇女、残疾人、下岗失业人员、城市低收入人群、农民工和农村留守人群等特殊群体的基本公共文化权益。

——创新公共文化管理体制和运行机制。健全完善公共文化服务体系建设协调机制，统筹实施全省重大公

共文化服务工程，推动公共文化资源共建共享。深化公益性文化单位改革，推动公共文化服务机构建立理事会制度。进一步简政放权，理顺文化主管部门和公共文化服务机构之间关系，减少政府对公共文化资源的直接配置。利用文化信息资源共享工程和数字图书馆等文化科技载体，创新公共文化服务评价机制，打造群众对公共文化服务的需求平台和评价平台。

——提高公共文化服务能力。统筹各类数字资源，实施公共数字文化建设工程，推动公共文化服务机构馆藏产品数字化，打造公共文化资源共建共享数据库。推动数字图书馆、文化馆、博物馆、美术馆建设。加强公共文化服务与科技融合发展，培育打造一批公共文化服务科技创新示范项目。推进公共电子阅览室建设试点，推进海疆数字文化长廊建设。拓展公共文化服务空间，支持各类公共文化服务机构广泛开展文化活动，提升综合性服务功能。

——丰富公共文化产品和服务供给。支持引导群众文艺创作，完善文化产品评价体系和激励机制。实施齐鲁文化传承创新工程，开展传承弘扬优秀传统文化活动。推进"五馆一站"免费开放，提升公共文化服务效能。推进公共文化机构互联互通。开展丰富多彩的公共文化活动，加强公共文化服务品牌建设。

——增强公共文化服务发展动力。创新公共文化设施管理模式，引导鼓励社会力量参与公共文化服务体系建设，探索开展公共文化设施社会化运营。建立健全政府购买服务工作机制，扶持"庄户剧团"等各类群众自办文化团体建设。培育和规范文化类社会组织，鼓励其参与公共文化服务。大力推进文化志愿服务，完善"结对子、种文化"工作机制，构建参与广泛、内容丰富、形式多样、机制健全的文化志愿服务体系。

专栏2　现代公共文化服务体系建设

省级重点文化设施建设工程：实施山东画院创作基地、山东省文化艺术职业学院、省图书馆新馆、省文化馆群星剧场、省石刻艺术博物馆、山东非物质文化遗产馆、省少儿美术馆等重大文化设施改造建设项目，形成比较完备的省级文化设施网络。

市县文化设施标准化建设工程：合理规划、建设、改造各级各类公共文化设施，支持地方按照国家颁布的标准，对不达标的公共文化设施进行提档升级。促进全省各级公共文化设施建设达到《山东省基本公共文化服务实施标准》及相关设施建设标准。

基层综合性文化服务中心建设项目：全省乡镇（街道）和城乡社区、村普遍建成基层综合文化服务中心，配套建设文体广场，并建有阅报栏、健身路径、健身器材、灯光、有源音箱等必要配套设施设备。

公共数字文化建设工程：统筹实施全省文化信息资源共享工程、数字图书馆推广工程、公共电子阅览室建设计划和数字文化馆建设，搭建全省公共文化数字平台，与国家平台有效对接。发展公共电子阅览室新形态，推广公共数字文化移动服务。实施"边疆万里数字文化长廊"数字文化工程建设。

文化惠民服务群众办实事项目：组织实施文化惠民办实事项目，重点向基层群众倾斜，加大优质文化产品和服务供给，实现文化惠民与群众需求有效对接、精准服务，确保文化惠民落到实处。

贫困地区公共文化服务体系建设项目：加强贫困地区现代公共文化服务体系建设，完善乡村文化活动设施和活动场所。到2018年，全省7005个省定贫困村建成基层综合性公共文化设施和文体广场，实现贫困村综合性文化活动室全覆盖。

文化志愿服务项目：建立健全文化志愿服务组织，完善工作运行机制，壮大文化志愿者队伍。实施文化志愿服务项目，培育文化志愿服务品牌。开展"春雨工程"——全国文化志愿者边疆行活动，以"大讲堂"、"大舞台"、"大展台"为载体，搭建内地与边疆民族地区文化帮扶与交流平台。

特殊群体文化权益保障计划：组织实施盲人数字图书馆建设、农民工书架、老年非学历教育等示范性项目，开展针对老年人、未成年人、残疾人、农民工等特殊群体的文化活动。

公共文化设施免费开放项目：深入推进公共图书馆、文化馆（站）、美术馆免费向群众开放，以需求为导向，进一步完善免费开放服务项目的种类、内容和数量，扩大免费开放范围，提高免费开放经费补贴标准。

全民文化艺术普及项目：依托各级文化馆（站）举办全民文化艺术素养提升培训活动，普及推广高雅艺术，开展以繁荣特色民间文化艺术为主题的交流展示活动，举办"群星奖"获奖作品巡演。

文化援疆援藏援青项目：全面落实中央和省委省政府关于援疆、援藏、援青工作的重要部署，坚持统筹规划、分步实施、突出重点、务求实效的原则，扎实推进文化援建工作，提高受援地文化系统自我发展能力，推动受援地文化事业和文化产业快速发展，促进边疆地区实现长治久安。

五、大力传承弘扬优秀传统文化

深入推进齐鲁优秀文化传承创新工程，着力加强对优秀传统文化的挖掘阐发、普及推广和传承保护，推动形成整体推进的战略态势。

——深化优秀传统文化研究阐发。加强对山东古代地域文化研究，深化山东史前文明、东夷文化、齐文化、鲁文化、莒文化、诸子百家学说整理挖掘阐发。突出儒家文化研究阐发，着力扶持建设孔子研究院、孟子研究院等儒家文化研究机构，打造世界儒学研究中心。积极推进校地合作，支持荀子研究院、管子研究院、墨子研究院、孙子研究院等研究基地建设。充分发挥山东人文社科协作体引领作用，适时建立全省文化研究院联盟，统筹利用人才、课题等资源，全面推动优秀传统文化研究利用。

专栏3　传承弘扬优秀传统文化

曲阜优秀传统文化传承发展示范区：以曲阜、邹城、泗水为依托，辐射全国乃至国际，以建设孔孟故里文化圣地、中华文化传承教育基地、国际修学旅游目的地、儒家文化研究交流中心、大遗址组团式保护园区为目标，推进文化遗产保护、生态修复、环境整治、基础设施建设、文化内涵提升等工作，加强公民道德和文明素养教育，努力建设道德文化首善之区和全球华人共同的精神家园。

齐文化传承创新示范区：以齐文化开发利用为统领，以"一院（齐文化研究院）、一节（齐文化节）、一坛（稷下学宫论坛）"为依托，从"展示、弘扬、利用"三个层面入手，统筹推进鲁商文化、聊斋文化、陶琉文化等齐地文化的挖掘开发，重塑以齐文化为主要标志的区域文化体系和城市文化品牌，加速齐文化资源向现实生产力转化，打造齐文化教育基地、旅游基地和研究交流中心。

县及县以下历史文化展示工程：统筹全省县史、镇史、村史、红色文化、特色文化等历史文化资源，充分利用公共文化设施，加强对齐鲁文化的研究阐发、传承传播、普及推广，建成体现本地历史文化资源特色、内容丰富、形式新颖、互动体验性强的历史文化展示场所。"十三五"期间巩固提升县级历史文化展示，完成镇村两级历史文化展示。

乡村儒学和社区儒学推进计划：依托现代公共文化服务体系，在全省广大农村推广"乡村儒学讲堂"，传承弘扬优秀传统文化，提升群众道德文明水平。在巩固城市图书馆"尼山书院"发展基础上，建立完善全省尼山书院联盟，形成山东孔子故乡独有的特色与优势，打造全国甚至国际知名的文化品牌，同时积极推动"尼山书院"逐步走出图书馆，走进社区，形成乡村儒学、社区儒学并举的良好局面。

古籍保护工程：实施古籍普查工程、古籍展示工程、古籍标准化工程、古籍修复工程、古籍数字化工程、古籍人才工程六大工程，全面提升古籍保护工作水平，推动古籍保护工作科学化、规范化、特色化。

中华优秀传统文化故事会征集项目：面向全社会征集弘扬传统美德的历史故事和体现社会主义核心价值观的现实故事，适合社会不同群体及大众需求，适用于网络、报刊、影视等媒介传播，每年征集中华传统美德故事500个，建立健全故事会网络传播平台，广泛开展故事展演展播活动。

——开展优秀传统文化普及教育。面向全社会，加强优秀传统文化教育，以党员干部、青少年为重点，推动优秀传统文化进机关、进企业、进乡村、进社区、进学校、进军营、进家庭，实现普及教育全覆盖。实施乡村儒学、社区儒学推进计划，加强儒学讲堂建设。推广"图书馆+书院"模式，在各级公共图书馆建设尼山书院，建立全省尼山书院联盟。继续推进县及县以下历史文化展示工程。用好齐鲁大讲堂、道德讲堂、孔子学堂等大众化传播平台。

——大力弘扬山东革命历史文化。深化沂蒙精神内涵研究，发掘沂蒙、胶东、渤海、冀鲁豫等红色文化资源，深化重大革命历史事件、重要革命历史人物、优良传统和革命精神研究，推出传承红色文化记忆、弘扬齐鲁红色文化的系列作品，加强爱国主义教育基地和党性教育、党史教育、廉政教育基地建设。

——推动区域文化建设。扎实开展本土文化资源普查，全面盘清文化资源家底，建立系统、全面的文化资源库。探索建立分类分级文化资源管理制度，制定重点文化资源开发规划，推动全省文化资源实现有效保护、理性挖掘和科学利用。规划建设曲阜优秀传统文化传承发展示范区，打造道德文化高地、全球华人共同的精神家园。支持齐文化传承创新示范区建设，全面推进研究挖掘、遗产保护、设施配套等开发工作，打造齐文化教育基地、旅游基地和研究交流中心。积极拓展泰山文化、黄河文化、运河文化、水浒文化、红色文化、海洋文化、泉水文化、工业文化、书画文化等特色文化的影响力，推动形成特色文化、区域文化竞相发展的良好局面。

六、提高非物质文化遗产保护传承水平

——推动资源普查常态化。定期开展非物质文化遗产资源普查，运用文字、录音、录像等方式，对非物质文化遗产进行真实、系统和全面的记录，摸清家底。按照"全面普查、广泛采集、确立重点、建档立卡、分类制作、图文并茂"的工作要求，编撰调查研究报告、传承人口述史，有序推进非物质文化遗产普查成果和保护成果的出版工作。建立健全各项制度，妥善保管实物资料，防止损毁和缺失。建立濒危、已消亡的非物质文化遗产项目库，实施人文生态和文化形态的普查调研和抢救性建档整理保护。

——加强非物质文化遗产项目保护。进一步健全非物质文化遗产四级名录体系，实施国家级、省级非物质文化遗产项目"六个一"保护行动，即每个国家级、省级非物质文化遗产项目有一个保护规划、一个专家指导组、一个工作班子、一个传习展示场所、一套完备档案、一册普及读本。编制省级非物质文化遗产代表性项目整体性保护规划，实施非物质文化遗产项目整体性保护。积极推动国家级、省级文化生态保护实验区建设，指导各地做好规划编制及实施工作。继续创建一批国家级、省级文化生态保护实验区。

——完善传承机制建设体系。加强传承人认定管理机制，进一步规范代表性传承人认定管理工作，力争每个国家级、省级项目都有传承人。实施国家级、省级非物质文化遗产项目代表性传承人抢救性记录工程。全面实施省级代表性传承人"五个一"扶持计划，即每年至少对省级代表性传承人进行一次走访慰问，发放一笔政府补贴，召开一次座谈培训会，举办一次技艺展示，组织一次收徒传艺活动。实施"扶持1000位非遗传承人、民间艺人收徒传艺"活动。实施非遗传承人群研修研习培训计划，帮助非遗传承人群提高文化艺术修养、审美能力和创新能力。

——增强非物质文化遗产活力。积极开展非物质文化遗产生产性保护，支持国家级、省级非物质文化遗产生产性保护示范基地做大做强，继续创建一批省级非物质文化遗产生产性示范基地。实施山东省传统工艺振兴工程，推进传统工艺走进现代生活、现代设计走进传统工艺。鼓励和支持优秀文创企业、设计企业和高校到传统工艺项目所在地设立工作站和实验室，帮助传统工艺企业和从业者改进设计、改善材料、改良制作、提高品质、策划品牌，开发传统工艺品及非遗衍生品，打造一批具有山东特色的传统工艺品牌。

——搭建非物质文化遗产展示展演交流载体。加大非遗基础设施建设扶持力度，争取更多项目列入国家非物质文化遗产保护利用设施建设工程项目库，支持各地建设非物质文化遗产展览、展示、传习场所。推动非遗保护与公共文化服务体系建设有机结合，鼓励图书馆、文化馆、博物馆等公共文化机构开展非遗宣传展示活动。加强与旅游等部门联合，在旅游线路、景区增设非物质文化遗产原生态文化活态展示区、生态博物馆等。利用"文化遗产日"、"山东省非物质文化遗产月"，开展形式多样、内容丰富的展演展示活动，着力打造一批具有代表性的民俗节庆活动品牌。组织编撰出版一批山东非物质文化遗产科普系列丛书。加强非物质文化遗产对外文化交流，推出一批地域特色鲜明、内涵丰富的非物质文化遗产展示精品，提升齐鲁文化国际影响力。

>
> **专栏4　非物质文化遗产保护传承**
>
> 　　山东省传统工艺振兴工程：利用我省丰富的非遗资源，积极开展"互联网+传统工艺"的研究和探索，推动传统工艺成为创客空间、创新工场、智慧小企业的重点对象和优质资源，在秉承传统、不失其本的基础上，引入现代创意设计，进一步改良制作、提升品质，提高传统工艺产品的当代审美价值和实用程度，促进传统工艺与文化创意产业融合发展。
>
> 　　中国非物质文化遗产传承人群研修培训计划：委托高等院（校）、职业院（校）对非物质文化遗产传承人群广泛培训，提高非物质文化遗产传承人群的文化素养、学习能力、传承水平，推动提高传统工艺的品质，扩大传统工艺品市场认知度和市场份额，促进传统工艺更加广泛地走进现代大众生活。加强对非物质文化遗产管理人才、专业人才培训。
>
> 　　非物质文化遗产保护利用设施建设工程：推进全省非物质文化遗产保护利用基础设施建设，以传统表演类、传统美术、传统技艺类、民俗类等项目为依托，争取更多国家级项目进入国家发改委、文化部"十三五"非物质文化遗产利用设施建设项目及储备项目库。各市、各县（市、区）至少建立1处非物质文化遗产展示、传习场所。
>
> 　　非物质文化遗产代表性传承人抢救性记录工程：根据非物质文化遗产"以人为本、活态传承"的特点，对全省所有的国家级、省级非物质文化遗产代表性传承人，采取数字多媒体等现代信息技术手段，按照统一的标准规范，全面、真实、系统地记录代表性传承人口述史、传统技艺流程、代表剧（节）目、仪式规程等信息，为传承、研究、利用非物质文化遗产留下宝贵资料。

七、推动文化产业成为国民经济支柱性产业

　　以文化产业转型升级为突破口，改造提升传统文化产业，加快发展新型文化业态，推动产业融合，加强文化科技创新，扶持骨干文化企业，全面提升文化产业发展水平。

　　——完善现代文化产业体系。改造提升演艺娱乐、工艺美术、文化旅游、广告会展等传统文化产业，催生培育创意设计、数字文化服务、移动多媒体、动漫游戏、网络文化等新型文化业态，推进文化产业与制造、建筑、信息、旅游、农业、体育等相关产业融合发展。实施"互联网+文化产业"行动，建设一批重点项目，形成特色鲜明、结构合理、富有活力的"互联网+文化产业"载体集群。建立健全文化产业管理组织体系、市场主体组织体系和产业支撑体系，完善文化产业发展政策，构建结构合理、门类齐全、科技融合、创意创新和竞争开放的现代文化产业体系。发展演出娱乐、动漫游戏、工艺美术等文化产品市场，建设产权、版权、技术等要素市场，开展文化产业公共服务平台建设工程。深化文化金融合作，举办小微文化企业投融资路演活动，引导社会资本进入文化领域。

　　——推动特色文化产业发展。依托齐鲁大地深厚的历史人文积淀，深入挖掘儒学文化、齐文化、红色文化、泰山文化、海洋文化、泉水文化等特色资源，推动建立全省文化产业优势互补、联动发展的布局体系。引导各地根据资源禀赋和功能定位，走特色化、差异化发展之路，推动特色文化产业项目纳入国家文化产业项目库。加大文化资源创意转化力度，鼓励齐鲁原创动漫产品创作生产，推动文化创意成为经济发展新动能，打造"文化引领·创意山东"品牌。围绕省会城市群经济圈、山东半岛蓝色经济区、黄河三角洲高效生态经济区和西部经济隆起带建设，打造一批在全国有重要影响力的特色文化产业带。实施品牌提升战略，塑造知名文化品牌，发展特色文化城市。落实文化文物单位文创产品开发的各项政策，加强文化资源梳理与共享，整合社会文化创意开发资源，采取多种方式开发文化创意产品，推动设计作品成果转化和应用。以文创产品开发带动大众创业、万众创新，大力发展文化创客空间，加强营销资源整合力度，探索适合文化创意产品的统筹营销策略。总结推广试点单位先进经验，适时将试点工作推广到全省地市级文化文物单位。

　　——培育壮大文化产业市场主体。坚持"抓大托中扶小"统筹发力，推动形成不同所有制文化企业共同发

展、大中小微文化企业相互促进的产业组织体系。实施重大项目带动战略，策划推出重大文化产业PPP项目，积极引进世界500强的文化企业地区总部和全国100强文化企业及其研发基地、销售中心。扶持一批掌握核心技术、拥有原创品牌、具有较强竞争力的骨干文化企业，鼓励进行跨地区、跨行业、跨所有制兼并重组。加强文化产业园区基地的规划建设和管理，完善退出机制，推动关联性较强的上下游企业和资源要素向园区集聚，提升园区整体竞争力。实施"文化创意集市"建设计划，加强文化企业孵化器、公共服务平台、众创空间建设，支持"专、精、特、新、优"中小微文化企业发展，鼓励文化产业"大众创业、万众创新"。支持骨干文化企业与科研单位组建科技创新战略联盟，建设一批企业重点实验室和技术研究中心，提升文化企业的装备水平和研发能力。

——扩大和引导文化消费。从供需两端发力，支持各地促进文化消费，建立扩大和引导文化消费的长效机制。开展改善文化消费品供给专项行动，提高文化产品和服务的有效供给水平，以供给创新释放消费潜力，以消费升级带动产业升级。通过政府购买服务、消费补贴等途径，引导和支持全省文化企业提供更多优质文化产品和服务。加强对文化消费大数据的分析运用，积极适应居民发展型和享受型文化消费的新变化、新需求，加快培育城市、农村文化消费体系。开展生活美学行动计划，提升公众文化消费素养。开展山东省惠民文化消费活动，倡导文化消费理念，引领文化消费意愿，扩大文化消费需求。建设文化消费服务平台，发行齐鲁文化消费卡，拉动演艺、娱乐、影视、图书、书画、旅游等消费水平，培育新的文化消费增长点。

专栏5　文化产业发展

文化产业园区转型升级工程：统筹规划建设一批产业特色明显、规模效益显著、资源利用高效、功能配套完善、服务管理规范的重点文化产业示范载体。加强对现有各类文化产业示范园区、基地的监督、管理和服务，严格执行园区、基地的准入和退出机制，促进园区向增值服务、投资收益方向转型。积极申报国家级文化产业示范园区、基地。

文化消费促进工程：扩大文化消费需求，提高文化产品和服务的有效供给水平，以供给创新释放消费潜力，以消费升级带动产业升级。开展生活美学行动计划、山东省惠民文化消费活动，建设文化消费服务平台，培育新的文化消费增长点。

文化产业服务平台建设工程：坚持政府引导、市场运作、共建共享，建设高水平文化产业公共服务和技术创新平台，重点支持公共技术、产权交易、投资融资、人才培养、展示交易、商务咨询等平台建设。实施文化众创空间发展计划。支持成立全省文化产业园区联盟，加强园区间的资源整合和产业合作。

数字文化产业发展工程：丰富数字文化内容和形式，创新数字文化技术和装备。提高我省网络文化产品的原创能力和文化品位，打造在国内具有较强竞争力和影响力的动漫品牌和骨干动漫企业。

文化金融创新工程：举办小微文化企业投融资路演活动，实施文化企业上市助推计划。鼓励符合条件的文化企业发行企业债券、公司债券或非金融企业债务融资工具，支持文化产业类投资基金发展。健全文化企业征信体系、融资风险补偿机制和信用担保体系，完善无形资产和收益权抵（质）押权融资办法。探索设立文化银行，支持有条件的地区建设文化金融服务中心，积极推进国家文化艺术金融试验区建设。

八、建立健全现代文化市场体系

建立统一开放、竞争有序、诚信守法、监管有力的现代文化市场体系，健全以内容监管为重点、信用监管为核心的文化市场事中事后监管体系，满足广大人民群众多样化、差异化、个性化精神文化需求。

——完善文化市场行业管理。调整完善文化市场准入和退出机制，建立健全政策法规、标准规范，为行业提供优质公共服务和行政指导。进一步发挥市场在文化资源配置中的积极作用，鼓励企业加快创新、改善服务环境。引导市场主体弘扬社会主义核心价值观和中华优秀传统文化。支持大中城市建设文化娱乐综合体。

——推动文化市场转型升级。推动上网服务行业、文化娱乐行业等转型升级，提升形象，进行场所分级评定和分类管理，开展政策试点和典型推介，建设一批特色化、专业化、规范化文化市场经营场所，形成示范效应，带动行业发展。

——推进文化市场信用体系建设。完善信用信息数据库，实现部门之间、行业之间、区域之间信息交互共享。开展文化市场经营主体分级分类管理，构建守信激励、失信惩戒和协同监管机制，发挥行业协会在文化市场信用体系建设中的积极作用。加强行业信用评级制度建设及信用信息应用，定期公布违法违规经营主体和产品黑名单、警示名单。

——加强文化市场监管能力建设。深入推进文化市场综合执法改革，加强文化市场执法机构和队伍建设，提高执法队伍的专业化、规范化、信息化水平，加强执法人员管理。完善文化市场执法指挥平台，加强重大案件督查督办，开展文化市场集中整治。开展以案件为导向的执法业务培训，提高执法队伍业务能力和办案水平。推进全国文化市场技术监管与服务平台全面应用，提高文化市场管理与执法信息化水平。

专栏6　现代文化市场体系建设
文化市场信用体系建设工程：健全文化市场信用信息数据库，完善文化市场经营主体信用评价体系，形成部门之间、行业之间、区域之间的信用信息交互共享，向有关部门和公众提供便捷、及时的文化市场信用信息服务。 　　文化市场综合执法能力提升工程：加强文化市场综合执法规章制度建设，健全文化市场综合执法协作机制，推广文化市场随机抽查机制、综合执法以案施训和师资巡讲活动，提高文化市场安全生产水平。推动地方落实综合执法队伍能力建设及工作经费。 　　文化市场技术监管与服务平台建设和推广工程：完善支撑文化市场宏观决策、市场准入、综合执法、动态监管和公共服务等核心应用，统一高效的文化市场技术监管系统，完善文化市场统一的监管与服务平台。加强平台的运营维护和人员培训，推进平台在各级文化行政部门和综合执法机构应用率达到98%。 　　网络文化市场建设工程：支持国产优秀网络文化产品生产创作，完善网络文化内容监管体系、执法机制，防控含有禁止内容的网络文化产品传播，净化网络文化环境。鼓励传统文化市场与网络文化市场优势互补、融合发展。

九、扩大对外文化交流与文化贸易

紧紧围绕省委省政府重要出访、重大经贸洽谈、友好省州交流等重大外事活动，坚持政府统筹、社会参与、官民并举、市场运作，整合利用各方面力量和资源，形成对外和对港澳台文化工作合力。充分挖掘和用好丰富的齐鲁文化资源，加强文化交流内容建设和品牌培育，创新文化传播模式，实现对外和对港澳台文化工作制度化管理、系统化运作、机制化建设、品牌化发展。

——提升文化服务外事大局水平。加快提升国际传播能力，扩大对外文化交流合作，讲好山东故事，持续打造"孔子故乡，中国山东"品牌。大力发展与世界各国地方政府间的文化交流，构建畅通的政府间文化交流合作机制。以重要外事活动为契机，积极开展对外文化交流与合作，充分展示齐鲁文化精粹和魅力。积极参与文化部举办的中国文化年、文化节、"欢乐春节"等活动。

——加强中外思想文化交流。加强与世界不同文明之间的对话与交流，创新尼山世界文明论坛、世界儒学大会举办方式，办好尼山书屋、海外尼山论坛、海外尼山讲堂、中韩儒学对话会等交流项目。加强与国外智库的交流与合作，与国际汉学界进行深度切磋。深化儒学对外交流与合作，始终在东亚儒家文化圈中居于主动，在世界儒学研究传播中保持充分话语权。

——加强与"一带一路"沿线国家文化交流与合作。加强顶层设计，举办"齐鲁文化丝路行"系列文化交流活动，办好"孔子家乡山东特色文化产品展"。畅通人文交流合作，增进相互理解和认同，奠定"一带一路"建设的坚实民意基础和社会根基。

——加强海外文化阵地建设。制定《山东省关于加强部省合作共建贝尔格莱德中国文化中心的实施方案》，做好贝尔格莱德中国文化中心的建设、管理、运营工作，开展国情推介、思想交流、文化展示、非遗展览、信息服务等活动，扩大海外中国文化中心的影响力。以海外中国文化中心为平台办好"山东文化年"活动，推动齐鲁文化走出去。

——大力发展对外文化贸易。实施文化贸易促进工程，制定完善支持文化产品和服务走出去的政策措施，重点扶持全省演艺娱乐、动漫、网络游戏等领域的文化企业和产品走向世界。积极扶持文化企业参加各类国际性文化产品交易会、海外项目展示会、投资洽谈会，打造对外文化贸易综合平台。鼓励在境外兴办文化实体，鼓励参与境外文化投资，拓展民间交流合作领域。鼓励符合条件的非公有制企业依法获得文化产品和服务出口经营资格，并享受国有文化企业同等待遇。抓住中韩、中澳、中瑞等自贸区建设机遇，充分发挥我省文化资源优势，全面对接自贸区建设，加强与韩国在娱乐、演艺、影视、节目制作与传输等领域的合作，逐步扩大与欧洲、东南亚等地区交流合作范围。

——深化对港澳台文化工作。实施齐鲁文化港澳台传播工程，定期组织开展文化交流活动，扩大齐鲁文化在港澳台地区的影响，增进港澳台同胞对中华文化的认同。积极申办文化部对港澳台重点交流项目。

专栏7　对外文化交流与贸易
对外文化交流品牌培育工程：创新尼山论坛、世界儒学大会举办方式，尝试举办专项文明对话。办好中国山东文化年、中国山东文化周、孔子文化周、海外尼山论坛、尼山书屋等品牌活动，打造"齐鲁文化丝路行"品牌。 对外文化交流项目库工程：以国际眼光策划文化交流活动，抓好对外文化交流项目库建设，打通历史与现实、艺术与产业、展示与展销、讲解与互动，推动图片实物展览、非遗项目展演、艺术表演、产品展销等内容有机结合，增强参与性、互动性、趣味性，讲好孔子故事、山东故事、中国故事，推出系列化的对外文化交流项目。 对外文化贸易促进工程：制定完善文化贸易政策，加大外向型文化企业扶持力度，培育一批重点文化贸易企业。鼓励支持杂技、歌舞、地方戏曲、非物质文化遗产类产品开拓国际市场。 齐鲁文化港澳台传播工程：加强与港澳台思想文化界的深度交流，推动齐鲁文化进港澳台校园、基层社区。 海外中国文化中心合作共建工程：与文化部合作共建塞尔维亚贝尔格莱德中国文化中心。

十、提升文化科技创新和艺术教育水平

深入实施创新驱动战略，加强文化科技创新，推动文化与科技深度融合，增强文化发展核心竞争力。发挥艺术教育在高层次专业人才培养中的主阵地作用，完善艺术教育共建与协同创新体系。

——优化文化科技创新发展环境。探索跨部门、跨地区的文化科技融合工作机制，支持社会力量参与文化创新活动。以文化科技创新体系建设为核心，坚持合作共享开放，汇集各方资源，建设文化大数据平台，培育创新型文化科技企业，培养复合型文化科技人才队伍，促进文化科技成果应用转化。

——加强文化创新发展引领。以"山东省文化创新奖"为平台，实施文化创新工程，遴选培育文化创新发展引领示范项目，开展文化创新成果示范推广，建立健全文化创新体系，提升文化事业和文化产业创新能力。

——完善艺术科学研究体系。围绕文化强省建设重点工作和文化艺术热点问题，加强艺术科学研究规划及重点课题立项，推出一批高质量文化艺术研究成果。加强重点领域研究，建设一批规划科学、结构合理、居于全国学科前沿的优势学科。

——提升艺术教育质量和艺术普及水平。发挥全省艺术职业教学指导委员会平台作用，提升艺术院校教学、科研水平，鼓励艺术院校建立实践基地，开展艺术实践，提高艺术教育人才培养质量。深入开展青少年艺术普及，规范引导社会艺术水平考级健康有序发展，维护考级单位和考生合法权益。

专栏8　文化科教融合重点工程
文化创新工程：评选"山东省文化创新奖"60项，推广应用文化创新项目90个，组织实施文化创新成果宣传、示范和推广活动，推动文化体制机制、内容形式、传播手段和发展模式创新。 　　文化科技基础环境建设工程：依托高等院校、科研院所和文化企事业单位建设5个文化科技重点实验室，重点培育20家左右文化与科技融合示范基地，认定20个左右文化科技企业。加强文化科技战略研究和关键技术攻关，系统部署100项左右文化科技基础科研项目，转化推广200项左右文化科技创新成果。 　　艺术科学研究体系建设工程：加强艺术理论、戏曲戏剧、音乐、舞蹈、广播影视与新媒体艺术、美术、艺术设计、文化遗产、文化管理服务、文化产业、区域文化等重点领域研究，支持2000项左右艺术科学重点研究课题，组织遴选50个左右艺术科学重点学科，推出一批具有影响力的文化艺术研究成果。 　　齐鲁优秀传统文化传承创新研究项目：整合传统文化研究机构科研力量，组织实施500项优秀传统文化专项科研项目，提升"世界儒学大会""稷下学宫论坛"国际影响力，建立健全"中华优秀传统文化故事会"网络传播平台，面向全球征集一批优秀传统文化故事，广泛开展展演展播活动。 　　文化大数据项目：落实文化领域大数据建设，深入实施"互联网+文化产业"行动计划，研究开发"山东文化云"，推动文化艺术资源数字化、信息化和网络化。 　　文化装备与系统平台建设项目：提高公共文化服务、演艺娱乐、展览会展、传统工艺、动漫游戏、文化旅游、创意设计、数字文化等重点领域技术装备水平，推进各类技术创新服务平台建设，组织开展演艺场馆质量和安全信息普查，建设演艺场馆装备质量和安全评估科技服务平台。 　　艺术教育提升工程：整合大中专艺术院校力量，建设10个左右艺术教育教学实践示范基地，提高高层次专业艺术人才培养质量。实施公众艺术普及行动，完善艺术考级监管服务技术系统，建设艺术考级明星教师、明星考生展示平台，丰富艺术考级音乐、舞蹈、美术比赛展演活动。

十一、深化文化体制机制改革

　　建立健全党委领导、政府管理、行业自律、社会监督、企事业单位依法运营的文化管理体制和运行机制。

　　——完善文化管理体制。按照政企分开、政事分开原则，推动文化行政部门与其所属的文化企事业单位进一步理顺关系，赋予企事业单位更多的法人自主权。加快推进文化行政部门职能转变，深化行政审批制度改革，简政放权、放管结合、做好服务，综合运用法律、行政、经济、科技等手段提高管理效能。规范行政审批，完善行政权力清单、责任清单和公共服务事项清单制度。继续深化文化市场综合执法改革，逐步形成权责明确、监督有效、保障有力的文化市场综合执法管理体制。

　　——推进文化事业单位改革。建立健全公共文化事业单位法人治理结构，在试点单位组建理事会的基础上，逐步向公共文化服务单位推广，吸纳有关方面代表、专业人士、各界群众参与管理，健全决策、执行和监督机制。深化事业单位人事、收入分配、劳动保障等制度改革，积极探索政事分开、管办分离的有效形式。创新文化事业单位管理运行机制，强化服务功能，增强发展活力。探索去行政化，科学衡量和评价事业单位。加强绩效考核力度，充分考虑行业特点和客观条件，客观公正评价文化事业单位运行状况，及时将考核情况向社会公开，接受社会监督，提高考核工作的公信力和结果运用。深化国有文艺院团改革，推动保留事业体制的国有文艺院团加快内部机制改革，充分发挥其水准较高、特色鲜明的示范作用，探索实行企业化管理，增强面向市场、面向群众提供服务的能力。

　　——建立健全有文化特色的现代企业制度。正确处理文化的意识形态属性和产业属性、文化企业特点和现代企业制度要求的关系，根据省国有文化资产管理理事会的统一部署，统筹制度设计和政策配套，尊重企业法人主体和自主经营权。明确把社会效益第一、社会价值优先的经营理念，体现在文化企业章程和各项规章制度中。推动党委领导与法人治理结构相结合，内部激励和约束相结合，形成体现文化企业特点、符合现代企业制度要求的资产组织形式和经营管理模式。推动已转制的文化企业加快公司制、股份制改造，完善法人治理结构，增强其面向市场、参与竞争的能力。进一步深化国有文艺院团体制改革，通过政府购买服务、原创剧目补贴、以奖代补等方式扶持已转企国有文艺院团的艺术创作生产，建立长效扶持机制，建立既符合艺术规律又符合市场规律的内部管理机制。

——培育和规范文化类社会组织。加强对文化类行业协会、基金会、民办非企业单位等社会组织的引导、扶持和管理，促进规范有序发展。制定和完善关于文化类非营利组织的规章，明确功能定位。鼓励公共文化机构和文化市场主体成立行业协会，积极发挥行业组织在行业自律、行业管理、行业交流等方面的重要作用。加大政府向文化类社会组织购买服务力度，将适合由社会组织提供的公共文化服务事项交由社会组织承担。

十二、加强文化人才队伍建设

紧紧围绕加快经济文化强省建设目标，以提升软实力为核心，坚持培养和引进并重，建设规模宏大、结构合理、素质优良的文化人才队伍，为全省文化改革发展提供强有力的人才保障和智力支持。

——健全文化人才发展体制机制。健全文化人才培养开发、评价发现、选拔任用、流动配置、激励保障机制，营造充满生机活力、富有效率、更加开放的文化人才制度体系。根据中央和省里的安排部署，进一步完善专业技术职务任职评价方法。加大对西部经济隆起带和省扶贫开发重点区域基层文化人才培养支持力度。对在全国、国际文化艺术比赛中获奖集体和个人进行奖励。探索建立在重大文化工程、重点文化项目实施、急难险重工作中发现、识别人才的机制。

——培养造就高层次领军人物。强化对高层次文化人才培养的导向和扶持，在文化艺术领域培养一批造诣高深、成就突出、影响广泛的杰出人才。认真落实党委联系专家制度，加强与专家的经常性联系，适时组织专家参加重大问题研讨交流活动。健全落实走访慰问文化艺术杰出人才制度。建立专家咨询机制，组织高层次人才为文化发展的重大决策以及重大工程项目提供咨询服务。依托优势研究机构，推动文化艺术新型智库建设。探索建立专家学术休假制度、学术（艺术）助手制度和师承制度等高层次人才培养制度。完善相关政策措施，多渠道引进海外高层次文化艺术人才。鼓励支持文化研究机构和大型文化企业建立博士后工作流动站。广泛宣传报道专家及其优秀成果，扩大社会影响。

——加大青年文化艺术人才培养力度。依托文化事业单位、骨干企业、文化产业园区及创意产业集聚区，为优秀青年文化艺术人才脱颖而出创造条件、提供平台。鼓励青年文化人才深入基层、深入一线，在基层实践中锻炼成才。利用省政府公派出国留学计划，选派有发展潜力的优秀年轻专业技术人才到国外高等院校或学术研究机构留学。采取培训研修、项目资助、横向纵向交流等方式，鼓励与辅助省内青年文化艺术人才积极参加国家和省部级重点工程项目。

——加强基层文化人才队伍建设。完善学习培训、待遇保障、志愿服务等政策措施，吸引更多优秀文化人才服务基层。依托全国基层文化队伍培训基地等机构，建立完善基层文化人才培训网络。落实《关于支持菏泽市人才发展的若干意见》，对菏泽市基层文化人才培养予以倾斜。重视发现和培养扎根基层的乡土文化能人、民族民间文化传承人特别是非物质文化遗产项目代表性传承人，在全社会形成推动基层文化人才健康成长、可持续发展的良好氛围。

——拓展文化人才培养途径。依托"千人计划"文化艺术人才项目、文化名家暨"四个一批"人才选拔、文化部优秀专家、齐鲁文化人才等人才工程，推荐选拔一批优秀文化艺术人才。加大对全省艺术研究院所建设的指导和支持，设立山东省文化艺术职业学院，加强文化系统艺术学校学科建设与人才培养，建立高素质、专业化、"双师型"教师队伍，推动民族文化传承与创新示范专业点建设，深化产教融合，实现艺术教育与文化事业、产业全面对接。

——加强文化人才培训工作。按照分级负责、分类管理的工作原则，逐步形成组织调训、干部培训、在职教育、挂职实践相结合的工作格局。依托党校、行政学院、干部学院、高等院校、职业院校、重点大型企业和各级各类教学点，优化部省联合培训、区域合作培训、单位之间联合培训的办学体制。完善文化人才现代教育培训体系，实施好文化行业专业技术人才知识更新工程，创新培训手段和培训模式，深化培训质量管理改革，完善培训教学评价考核机制，打造优秀培训品牌和特色培训项目，健全有重点、分层次、多渠道的培训工作体系。

专栏9　文化人才重点工程
山东省文化艺术人才培育工程：根据山东文化强省建设的需要，从全省文化艺术单位选派一批有培训前途和发展潜力的艺术表演、公共文化服务、文化产业、非遗保护等方面的中青年人才，到高等院校、专门机构进修或培训，不断提升现有人才队伍整体素质，努力为优秀中青年文化艺术人才成长创造条件，培育我省文化艺术各领域新的领军人才。 　　大师引进工程项目：发挥山东省图书馆、山东博物馆、山东省文化馆、山东美术馆"四馆"名誉馆长的作用，充分挖掘利用"四馆"丰富的馆藏资源和基础设施、人才队伍等优势，通过名誉馆长的引领带动，全面提升山东省文化艺术领域的学术研究、文化交流和社会教育水平，带动全省文化人才队伍素质的全面提升，打造山东文化人才高地，形成文化强省建设的人才优势，为加快文化强省建设提供强有力的人才支撑。 　　儒学人才培养计划：全面落实习近平总书记关于弘扬中华优秀传统文化的重要指示，加快儒学人才培养培育和吸纳集聚，力争用5年左右的时间，引进和培养一批业内有影响的儒学研究专家、儒学创意创业人才及儒学传播人才，加快建设儒学人才高地。 　　西部经济隆起带和省扶贫开发重点区域人才计划文化人才项目：到2020年，在西部经济隆起带和省扶贫开发重点区域77个县（市、区），每年选拔200名文化工作者（志愿者）到受援地基层一线服务，从受援地选派40名中青年业务骨干到省直文化单位挂职研修，为西部经济隆起带和省扶贫开发重点区域提供有力的文化人才保障和智力支持。 　　文化科技人才培养计划：举办文化科技创新研修班，汇集和培养100名左右有重要影响的技术专家和中青年研究骨干，扶持100名科研学科带头人和学术骨干，建设文化科技创新专家库和文化艺术科研专家库。 　　基层文化队伍培训工程：利用3年时间，对全省1800多个乡镇（街道）文化站长进行轮训，提升基层文化骨干思想政治素质和业务工作能力。

十三、保障措施

加大文化改革发展的政策和法制保障力度，进一步落实各项政策措施，有效发挥引导、扶持、激励、规范作用，营造良好的制度环境，确保各项工作顺利推进。

——加强文化财政保障。建立健全同财力相匹配、同人民群众文化需求相适应的政府投入机制。推动建立稳定的公共文化服务经费保障机制，优先安排涉及广大人民群众切身利益的文化项目，重点保障基层公共文化机构正常运转和开展基本公共文化活动所需经费，扶持公共文化机构的技术改造和设备投入，增加文化遗产保护经费投入。鼓励各市设立公共文化服务体系建设专项资金，加大彩票公益金用于文化事业的投入，结合转移支付资金积极支持乡镇和农村文化建设。加大一般公共预算的统筹力度，通过政府购买、项目补贴、定向资助、贷款贴息、税收减免等多种手段引导和激励社会力量参与文化建设，推动建立政府主导、社会参与的多元文化投入机制。继续通过政府购买省直剧场高水平文艺演出服务等方式，加大对剧场及其运营管理的扶持力度。鼓励设立文化发展基金，扶持引导文化产品创作生产、翻译和人才培养。整合现有各类文化方面的专项资金，重点支持文化产业发展平台建设和新兴业态及骨干文化企业发展。文化企业缴纳的土地出让金，优先用于文化基础设施建设。鼓励社会资本改造、新建面向公众开放的鼓励类文化设施，根据其规模和功能，按照"不叠加优惠"原则，省、市、县（市、区）分级负担，省级从服务业发展引导资金中安排资金补贴，市、县级从现有各类支持文化产业发展的资金中统筹解决。加强财政文化资金绩效评价管理，建立健全财政资金监督管理机制，提高财政资金使用效率。

——完善文化经济政策落实。延续执行国有经营性文化单位转企改制扶持政策。积极拓宽公共文化建设投入渠道，引导和鼓励企业、社会组织及个人捐赠和兴办公益性文化事业，制定并落实好相关优惠政策。推动将文化用地纳入城乡发展规划、土地利用总体规划，在国家土地政策许可范围内，优先保证重要公益性文化设施和文化产业设施、项目用地。进一步推动完善文化税收政策落实，积极落实公益性捐赠税前扣除政策。推动落实有利于文化内容创意生产、非物质文化遗产项目经营、小微文化企业发展的税收优惠政策。加大已有支持对外文化贸易各项税收优惠政策的落实力度。简化文化产品出口行政审批程序，加强对外文化贸易公共信息服务。

——健全文化法规规章制度。加快推进《山东省公共文化服务保障条例》《山东省文化产业促进条例》《山东省艺术品市场管理条例》等重点立法项目进程。贯彻《山东省非物质文化遗产条例》，开展《山东省公共图书馆管理办法》贯彻落实情况检查。完善省文化厅规范性文件合法性审查、"三统一"制度和备案程序。深入推进文化领域依法行政，建立健全文化行政机关和直属企事业单位法律顾问制度、重大决策合法性审查工作制度。

——加强知识产权保护。健全文化产业知识产权保护体系，完善知识产权地方法规，鼓励文化产业知识产权联盟发展，开展文化产业知识产权统计工作，建立知识产权信用评估机制。支持山东文化版权交易平台建设，搭建全省文化产业知识产权流转、融资的综合服务平台，鼓励国内外版权交流合作，激发文化创造活力。强化知识产权意识，加强知识产权执法监督，引导文化产品和服务企业将知识产权作为文化产业的核心资产，鼓励文化企业自主创新成果及时申请、注册相关权利，加大对文化企业涉外知识产权和无形资产维权服务力度。实施商标战略，促进企业品牌建设，保护和推广省内文化产业著名商标。

十四、组织实施

全省各级文化行政部门要充分认识《山东省文化厅"十三五"时期文化改革发展规划》的重大意义，积极推动各级单位和政府把文化建设摆在全局工作重要位置，纳入经济社会发展总体规划，列入各级政府效能和领导干部政绩考核体系，做到文化建设与经济建设、政治建设、社会建设以及生态文明建设同部署、同落实。全省文化系统各单位、各部门要认真贯彻本规划，结合实际制定实施方案和年度执行计划，明确重大工程和重大项目的责任主体和实施进度。省文化厅办公室要把规划贯彻实施情况纳入"大督查"体系，对规划实施情况进行动态监测和跟踪分析，加强年度检查和中期评估，及时发现并解决问题，确保圆满完成规划预定目标。

河南省文化厅"十三五"时期文化改革发展规划

为深入贯彻落实党的十八大和十八届三中、四中、五中、六中全会精神，贯彻落实习近平总书记系列重要讲话和调研河南工作时的重要讲话精神，推动中原文化大发展大繁荣，根据《河南省国民经济和社会发展第十三个五年规划纲要》《河南省全面建成小康社会加快现代化建设战略纲要》《河南省加快构建现代公共文化服务体系实施意见》《文化部"十三五"时期文化改革发展规划》等，编制本规划。

序　言

"十二五"时期，全省文化工作者按照中央、省委关于文化建设的决策部署，解放思想、锐意进取，改革创新、求真务实，圆满完成了《河南省"十二五"文化建设规划纲要》确定的主要目标任务，开创了文化繁荣发展新局面，为社会主义文化强省建设奠定了坚实基础。

——初步建立了公共文化服务体系，公共文化服务能力得到较大提升。基本实现县有图书馆、文化馆，乡镇有文化站，村有文化大院。全省3027个博物馆、图书馆、文化馆（站）、美术馆对外免费开放，文化信息资源共享工程、数字图书馆推广工程和公共电子阅览室建设等数字文化服务逐步推进，"舞台艺术送农民""中原文化大舞台"等文化惠民工程每年为基层免费或低价演出超万场。

——文艺创作生产发展繁荣，加强了社会主义核心价值观传播。全省文化系统先后推出一批优秀剧（节）目，获中宣部"五个一"工程4部、中国艺术节文华奖2部，入选国家舞台艺术精品工程3部，入选国家艺术基金扶持项目35项，"河南戏剧现象"广受赞誉。

——文化遗产保护取得显著成绩，促进了优秀传统文化传承。圆满完成了第三次不可移动文物普查，顺利开展了全国第一次可移动文物普查，普查登记全省国有单位馆藏文物176万件（组）。全省不可移动文物总量达65519处，全国重点文物保护单位数量达358处，省级文物保护单位1231处，43个考古发掘项目被评选为年度"全国十大考古新发现"。文物保护科技化水平、学术理论研究等多项指标多年居全国前列，大运河、丝绸之路河南段被列入世界文化遗产。全省非物质文化遗产保护工作全面推进，国家级非物质文化遗产代表性项目达113个，代表性传承人达84人，省级非物质文化遗产代表性项目达728个，代表性传承人达641人。建设了一批非物质文化遗产展示馆、传习所，抢救记录了一大批非遗项目，组织完成了稀有剧种抢救工程等重大非遗保护工程。中国豫剧节、黄帝故里拜祖大典、中国洛阳牡丹文化节、开封菊花花会、淮阳太昊陵庙会、宝丰马街书会、浚县正月古庙会等重大传统文化活动品牌效应日益明显。

——文化产业快速发展，文化市场更加繁荣有序。全省文化市场主体达到11万家，现代市场文化体系基本形成。文化产业集聚发展势头强劲，建成国家级文化产业示范园区1个、国家文化产业示范基地12个，省级文化产业示范园区9个，省级文化产业示范基地104个。互联网上网服务营业场所达9870个、歌舞游艺娱乐场所2680余个。

——文化体制机制改革进一步深化，文化发展动力广泛激发。全省188家国有文艺院团完成阶段性改革任务，省直公益性文化事业单位内部改革深入进行。市县文化、广电、新闻出版基本实现了三局合一，全省文化市场综合执法改革基本完成，文化执法队伍达2700余人。

——对外文化交流不断拓展，中原文化影响力进一步增强。每年组织实施对外文化项目百余项，与美国、俄罗斯、日本、韩国及非洲国家文化交流不断深化和拓展，对台文化交流成效显著，武术表演、文物展出、戏曲表演、杂技表演、非遗展示成为我省对外文化交流的亮点。

在不断取得新突破、新成就的同时，全省文化工作也存在着一些不容忽视的困难和问题：公共文化经费投入不足。缺乏公共文化财政支出比例和增幅等硬性指标，文化建设尚未建立持续增长的保障机制。文化产业整体竞争力不强。文化产业自主创新能力不高，新型文化业态发展不足。文化人才队伍缺口较大。文化队伍人员不足，尤其是基层文化人员和策划创意专业人才较为匮乏，不能满足文化大发展大繁荣的形势需要。

"十三五"时期是全面建成小康社会的决胜阶段，也是建设社会主义文化强省的重要时期。站在新的历史起点上，面临文化建设新的发展机遇，面对更加广阔的文化建设空间和广大人民群众更加旺盛的多样化多层次精神文化需求，必须以新发展新理念引领文化建设，全面提高全省文化发展的质量和效益，推动社会主义文化大发展大繁荣。

一、指导思想和基本原则

（一）指导思想

高举中国特色社会主义伟大旗帜，以马克思列宁主义、毛泽东思想、邓小平理论、"三个代表"重要思想、科学发展观为指导，贯彻落实党的十八大、十八届三中、四中、五中、六中全会精神和习近平总书记系列重要讲话精神，按照"五位一体"总体布局和"四个全面"战略布局，践行创新、协调、绿色、开放、共享的发展理念，坚持社会主义先进文化前进方向，坚持以人民为中心的工作导向，进一步坚定文化自信，增强文化自觉，积极推进华夏历史文明传承创新区建设，努力实现省第十次党代会提出的加快构筑"全国重要的文化高地"的奋斗目标，为实现决胜全面小康、让中原更加出彩这一历史任务，提供强大的价值引导、文化凝聚和精神推动。

（二）基本原则

1. 坚持正确方向。坚持党对文化工作的领导，牢牢把握社会主义先进文化前进方向，贯彻"二为"方向、"双百"方针，把社会主义核心价值观贯穿到文化建设各领域各环节，坚持把社会效益放在首位、社会效益和经济效益相统一。

2. 坚持以人为本。坚持以人民为中心的工作导向，着眼于人的全面发展，坚持共建共享，鼓励大众创业、万众创新，让人民群众成为文化改革发展的参与者、受益者。

3. 坚持改革创新。坚持以运行机制改革为主线，以工作创新为动力，推进文化治理体系建设，积极探索有利于解放和发展文化生产力的举措和途径，增强文化治理能力，激发文化创造活力。

4. 坚持科学发展。加快转变文化发展方式，提高文化产品质量，提升文化服务效率，增强文化工作运筹能力，推进城乡文化、文化行业与其他行业以及文化工作各领域间的协同发展。

5. 坚持实事求是。坚持一切从实际出发，实事求是。根据全省文化工作实际制定规划、确定工作目标，推进工作进度。

二、发展目标和主要任务

（一）公共文化服务

1. 推进公共文化服务标准化、均等化。

贯彻实施我省公共文化服务体系相关标准。贯彻落实省委办公厅、省政府办公厅《关于加快构建现代公共文化服务体系的实施意见》和省政府办公厅《河南省推进基层综合性文化服务中心建设的实施方案》《关于做好政府向社会力量购买公共文化服务工作的实施意见》，落实《河南省基本公共文化服务实施标准（2015—2020年）》。

加强公共文化基础设施建设。重点建设中原考古博物院、二里头夏朝遗址博物馆，完成河南博物院加固维修工程，提升陈展与服务水平，完成省直文艺院团剧场建设。全面完成市、县级公共图书馆、文化馆及基层综合性文化服务中心等公共文化服务设施建设任务。整合利用闲置学校等现有城乡公共设施，依托城乡社区综合服务设施，加强城市社区和农村文化设施建设。鼓励有条件的县建设博物馆、美术馆、少儿图书馆等。编制《河南省"十三五"时期贫困地区公共文化服务体系建设实施方案》，按照精准扶贫的要求，集中实施一批文化扶贫项目。加快开封、商丘、漯河、南阳、信阳城阳城遗址等博物馆建设和陈列布展工作。支持国有行业、专题（专项）博物馆和非国有博物馆发展，推进基层文物收藏单位文物库房升级改造。

丰富群众精神文化生活。深入开展全民阅读活动，加快建设"书香河南"。深入开展"文明河南·欢乐中原""文明生活·教你一招""春满中原""百城万场""乡村艺术节"等品牌文化活动，鼓励支持各地举办具有地方特色的群众文化活动，实现市市有品牌、县县有特色。打造"出彩河南人——河南省优秀群众文化作品展演""幸福河南——全省艺术广场舞展演"等公共文化活动品牌，引导群众文化活动健康、规范、有序开展。推进民间文化艺术之乡、特色文化村和文化能人建设。鼓励群众自办文化，支持成立各类群众文化团队。大力开展流动文化服务，为县以上公共文化机构配置经常性开展流动文化服务必需的设施设备，打通公共文化服务"最后一公里"。

保障特殊群体基本文化权益。将老年人、未成年人、残疾人、农民工、农村留守妇女儿童、生活困难群众作为公共文化服务的重点对象。开展有益于特殊群体身心健康的文体活动，加强少儿优秀出版物、影片、戏曲推荐工作，为残疾人参与公共文化服务提供必要设施，实施全省关爱农村留守老人、留守妇女、留守儿童、农民工文化服务行动计划，丰富留守人员文化生活。

2.提高公共文化服务效能。

持续开展省级公共文化服务体系示范区（项目）创建工作。充分发挥典型的示范、带动作用，分类指导全省城乡基层文化建设，继续在全省创建一批网络健全、结构合理、发展均衡、运行有效的公共文化服务体系示范区，培育一批具有创新性、带动性、导向性、科学性的公共文化服务体系项目，为我省公共文化服务体系建设探索经验、提供示范，推动公共文化服务体系建设科学发展。

推进公共文化服务单位免费开放。深入推进公共图书馆、博物馆、文化馆（站）、美术馆等公共文化设施免费开放，提升免费开放水平。建立公共文化服务城乡联动机制，支持以行业联盟、总分馆制等形式加强区域文化机构联动合作，推动县级文化馆、图书馆总分馆制建设。加强基层公共文化队伍培训，提升基层公共文化服务单位队伍素质。

完善公共文化服务评价工作机制。以效能为导向，制定河南省公共文化服务体系建设考核指标和考核办法，开展绩效考核工作。考评结果作为确定预算、收入分配与负责人奖惩等的重要依据。完善服务质量监测体系，研究制定公众满意度指标，建立群众评价和反馈机制。探索建立公共文化服务第三方评价机制，增强公共文化服务评价的客观性和科学性。

3.增强公共文化服务活力。

深化体制改革和机制创新。开展公益性文化事业单位改革，推动公共图书馆、博物馆、文化馆组建理事会。发挥城乡基层群众性自治组织的作用，引导城市社区居民和村民参与公共文化服务。推动把公共文化服务纳入基层社区服务网格进行管理，培育城乡社区互助文化，营造社区和谐环境。

培育和规范文化类社会组织。加强对文化类行业协会、基金会、民办非企业单位等社会组织的引导、扶持和管理，推动其规范有序发展。引导文化类社会组织依法依规开展公共文化服务，参与公益性文化活动。

大力推进文化志愿服务。逐步完善全省文化志愿者注册招募、服务记录、管理评价和激励保障机制，建立各级文化志愿者服务队伍。建立志愿者服务下基层制度，加强对文化志愿队伍的培训，提升文化志愿者的服务意识、服务能力和服务水平。

扩大公共文化服务范围和规模。制定政府向社会力量购买公共文化服务工作实施意见和目录。扩大政府向社会购买公共文化服务规模，推行政府购买服务、原创剧目补贴、以奖代补等。逐步加大财政资金向社会力量购买公共文化服务的投入力度，促进公共文化服务项目化管理、专业化运行、社会化参与。

> **专栏1　公共文化服务体系建设**
>
> 二里头夏朝遗址博物馆建设。计划建筑面积3万平方米，投资规模5.5亿，突出考古遗迹展示、出土文物陈列、文物科技保护、考古文献资料收藏和研究、社会教育服务、文物标本库房、公众参与互动以及文化产业等功能，逐步建设成为二里头文化文物档案资料信息中心、二里头文化学术研究交流中心、普及文物考古知识的公众考古中心、中国考古与博物馆事业发展的标志性博物馆以及提升区域发展的文化精品工程。
>
> 中原考古博物院建设。计划建筑面积6.9万平方米、投资规模8.7亿的中原考古博物院，包括中原考古基本陈列、文物库房、考古资料中心、中原考古学史陈列、考古出土文物整理、出土文物的修复与科技保护、科研及交流、公众考古中心、公共服务和管理用房等。
>
> 河南博物院加固维修和功能提升工程。对河南博物院主展馆进行加固维修，提升建筑抗震能力，同时提升场馆内部环境及展陈与服务功能。改造东配楼，扩大展陈面积，完善展陈体系，改造培训楼，形成馆藏文物保护中心，提升文保水平。改造原省文物交流中心基础设施，建设河南博物院民俗博物馆。
>
> 省直文艺院团剧场建设。包括选址新建河南歌舞演艺集团、省京剧院、省话剧院、省曲剧团、省豫剧院一团等5个剧场，原址建设豫剧院三团1个剧场。计划总投资规模4.5亿元，建筑面积6.7万平方米。
>
> 全省基层综合性文化服务中心建设。到2020年，全省范围的乡镇（街道）和村（社区）普遍建成集宣传文化、党员教育、科学普及、普法教育、体育健身等功能于一体，资源充足、设备齐全、服务规范、保障有力、群众满意度较高的基层综合性公共文化设施和场所。
>
> 河南省公共文化服务体系示范区（项目）创建。命名第4、5、6批省级公共文化服务体系示范区（项目），引领带动县域公共文化服务体系建设再上新台阶。
>
> 文化惠民活动。继续实施打造"舞台艺术送农民""中原文化大舞台""高雅艺术进校园"等文化惠民活动品牌。鼓励支持各种所有制文艺院团深入基层进行公益性演出。每年送文艺演出到每个乡镇不少于5场，到每个行政村不少于1场。全省"舞台艺术送农民""中原文化大舞台""高雅艺术进校园"等公益演出达8万场以上。
>
> 政府购买公共文化服务。主要用于：公益性文化产品的创作与传播；公益性文化活动的组织与承办；中华优秀传统文化的保护、传承与展示；公共文化设施的运营和管理；民办文化机构提供的免费或低收费服务。

（二）艺术创作生产

1.加强优秀作品创作生产规划指导。深入贯彻习近平总书记文艺工作座谈会重要讲话精神和中央、省委关于繁荣发展社会主义文艺的精神，聚焦中国梦时代主题，把弘扬中国梦作为文艺创作长期的创作主线和创作任务。组织好全省重点文艺创作项目扶持工作，重点扶持重大革命和历史题材、现实题材、农村题材、少儿题材等的创作生产。加强对省直院团创作生产的规划指导，健全重点剧（节）目创作申报论证、投入方式、跟踪管理、绩效考核等工作机制。充分发挥国家艺术基金、全省艺术生产资金扶持平台引导作用，提高全省艺术生产水平和质量。适应现代信息技术和互联网发展步伐，推动艺术与新技术、新业态、新模式、新媒体有机融合，推动文艺创作生产方式的变革和进步。支持河南省美术馆争创国家重点美术馆。出台全省公共美术馆建设标准和扶持政策。引导民营美术馆规范化发展。

2.深入开展服务基层活动。建立健全艺术家"深入生活、扎根人民"的长效机制，组织全省文艺工作者深入基层农村厂矿和革命老区、贫困地区开展慰问演出、采风创作、体验生活和结对帮扶等活动，扩大主题实践活动的辐射面和影响力。建立结对子、种文化工作机制，支持各级文艺院团在基层建立创作基地和联系点。持续开展好"舞台艺术送农民""中原文化大舞台"等文化惠民活动，不断丰富活动内容，提高演出质量。

3.加大优秀文艺作品推广力度。办好中国豫剧节和全省戏剧、音乐、舞蹈、杂技比赛及美术展览等，为优秀作品服务人民搭建广阔的展示展览平台。扩大公益性演出的范围，支持艺术院团在演出中为农民工、弱势群体和少年儿童等安排低价位或公益演出。鼓励艺术院团和机构开展多种形式的艺术普及推广活动。

4.加强艺术科研工作。根据文化建设的实际情况和现实需求，每年确立一批针对性、实用性的重大艺术科研项目和应用型艺术科研课题、调研课题，谋划和制定符合艺术发展实际、符合科学发展观要求的对策性项目，为艺术发展提供决策参考和智力支持。定期举办"河南省美术馆学术提名展"等，打造我省美术展览科研品牌。

专栏2　艺术创作生产

艺术精品创作生产工程。以国家和省内各类赛事展演和项目申报等为抓手，发现、推出、打造一批优秀艺术作品。到2020年，新创50部体现社会主义核心价值观，思想性、艺术性相统一的优秀舞台艺术剧目；新创100个小戏、小品、音乐、舞蹈、曲艺、杂技等小型作品，重点加工提高50部左右优秀舞台艺术作品，恢复排练、移植改编100台左右传统保留剧目。举办20个以上有一定规模和影响的美术品牌展览。在全国性各类舞台艺术评选中力争取得优异成绩。

地方戏曲振兴工程。实施河南省地方戏曲振兴工程，努力振兴豫剧、曲剧、越调等传统剧种，抢救和保护小剧种。完成地方戏曲剧种普查，建立具有地方特色的戏曲剧种数据库和信息共享交流网络平台。探索建立优秀剧本扶持机制，实施我省"三个一批"：重点征集一批新创戏曲剧本，整理改编一批优秀传统戏曲剧目，买断一批优秀戏曲剧本版权（或改编移植权）。挖掘和抢救传统剧本、名老艺人声腔和表演艺术，推动传统经典剧目重新立于舞台。

"戏曲进校园"工程。实施"戏曲进校园"工程，按照"一年试点、两年推广、三年普及"的工作目标，推动戏曲艺术表演团体到各级各类学校演出，争取让全省大中小学生每年免费欣赏到1场优秀的戏曲演出。

文艺评论工程。深化文艺评奖改革，修订、完善、规范、实施《河南省文华奖评奖办法》，建立公开、公平、公正的评奖机制。加强文艺评论工作，开展积极健康的文艺批评，培养高素质文艺评论队伍。

美术科研与收藏工程。加强美术研究，提高公益性美术机构的学术水平和科研能力。组织编纂《二十世纪河南美术史》，对优秀美术作品进行梳理、挖掘、抢救与保护，形成特色收藏体系。

（三）文物保护利用

1.推进世界文化遗产保护管理工作。依托河南省文物建筑保护研究院，建立完善河南省世界文化遗产监测中心。进一步做好丝绸之路河南段扩展项目的文物保护工作以及预备名单申报工作，力争开封明清城墙、万里茶道列入预备名单或申报世界文化遗产。

2.做好大遗址保护展示与考古遗址公园建设工作。重点推进偃师二里头遗址、偃师商城遗址、汉魏洛阳故城遗址、隋唐洛阳城遗址、洛阳邙山陵墓群、安阳殷墟、郑州商城、新郑郑韩故城、新密古城寨城址、巩义宋陵、信阳城阳城遗址等保护展示工程。加快建设、推进郑州商城、内黄三杨庄遗址、新郑郑韩故城、偃师商城、信阳城阳城遗址早日进入国家考古遗址公园名单。继续完善安阳殷墟、隋唐洛阳城、汉魏洛阳故城3处国家考古遗址公园相关配套设施建设。

3.加强文物保护和管理。做好重点项目建设中的文物保护，完成南水北调中线工程河南段文物保护工作，做好商丘至登封高速公路工程、南阳至信阳燃气管道、信阳出山店水库、汝阳前坪水库、新建郑万铁路河南段工程、新建蒙西至华中地区铁路煤运通道河南段工程、新建商合杭铁路河南段工程等重点项目建设中的文物保护工作。

加强文物建筑的维修保护工作，推进开封城墙、商丘归德府城墙、卢氏城隍庙、淅川荆紫关镇古建筑群等全国重点文物保护单位保护维修工程，加强郏县临沣寨、清丰单拐等传统村落保护利用工作。加强文物基础保护工作，做好全国、全省重点文物保护单位"四有"工作和保护规划编制工作，开展万里茶道、少数民族文物、长征遗迹、抗战文物等专项资源的调查、研究、整理和规划利用工作。做好文物单位的开放利用工作，重点形成一批精品和有代表性的开放单位，与有关部门结合推出一批文物旅游线路。做好文创产品开发，加强文物复仿制品基地管理，完成全省第一次全国可移动文物普查工作，推动全省田野零散石刻文物集中保管。

4.加强博物馆、基层文物库房建设和管理。优化博物馆结构，丰富博物馆藏品资源，建设主体多元、结构优化、特色鲜明、富有活力的现代博物馆体系。加快革命老区、贫困地区博物馆建设，实施博物馆提升工程。推进基层文物收藏单位文物库房的标准化建设，改善文物收藏保管条件。加强博物馆藏品征集，拓展博物馆藏品征集领域和途径，充实丰富基层博物馆藏品数量。建立博物馆藏品共享和有偿馆际交流机制，推动考古研究机构依法向博物馆移交考古发掘出土文物。实施馆藏文物保存条件达标和标准化库房建设工程，建设文物保存环境监测平台、环境调控系统和专有装置。推进基层博物馆珍贵文物等重要藏品集中保管，实现国家一、二级博物馆文物保存环境全部达标。建立健全博物馆陈列展览和教育服务质量标准和评价体系，建设陈列展览交流平台，建立国家一级博物馆与基层博物馆借展、联展、巡展合作机制。

5.提升文物保护科研水平。加大技术与经费扶持力度，提升全省文物科技保护硬件设施水平，形成以河南省文物考古研究院、河南博物院为核心，以郑州、洛阳、新乡、安阳、许昌、南阳、驻马店等为区域中心的河南文物科技保护网络，组建河南省文物科技保护联盟。积极承担国家自然科学基金、国家社科基金，中华文明探源工程、"指南针"计划等省部级以上科研课题，扩大与国外文物科技保护研究机构的合作，提高全省考古调查、勘探发掘的科技含量和研究水平。

6.加大文物安全保护力度。健全文物安全责任体系，推进文物安全综合防范体系建设。加强文物安全督察，及时整改消除安全隐患。发挥打击文物犯罪工作机制作用，及时督办侦破重特大文物案件，确保全省文物安全形势整体稳定。

专栏3　文物保护利用

河南省世界文化遗产保护和展示工程。对我省境内洛阳龙门石窟、安阳殷墟、登封"天地之中"历史建筑群、大运河河南段和丝绸之路河南段5项世界文化遗产进行系统的研究、保护和展示，并推动数字化展示。

大遗址和考古遗址公园建设。加强洛阳、郑州两大片区，长城、大运河、丝绸之路河南段、万里茶路4条线性遗产保护展示，推进巩义宋陵、渑池仰韶村、邙山陵墓群北魏宣武帝陵等大遗址保护展示工程，加快安阳殷墟、隋唐洛阳城、汉魏洛阳故城等国家考古遗址公园建设，加快实施安阳高陵、淮阳平粮台古城遗址、禹州钧窑遗址等保护展示工作。建成5-10处河南省省级考古遗址公园。

河南省国有文物收藏单位安全防护达标工程。按照《博物馆和文物保护单位安全防范系统要求》标准，为全省334家国有文物库房、博物馆、纪念馆等文物收藏单位建设必需的实体防范设施及入侵报警、视频监控、声音复核、出入口控制等系统，确保文物收藏环境实体牢固、探测报警及时、处置防控到位。

河南省文物保护单位安全防护达标工程。按照国家《文物建筑防火设计导则》《博物馆和文物保护单位安全防范系统要求》及《文物建筑防雷技术规范》等标准，为全省1231处省级文物保护单位建设文物建筑（古建筑及近现代重要史迹代表性建筑）消防工程、安全技术防范工程、文物建筑（古建筑及近现代重要史迹代表性建筑）防雷工程。省级以上重点文物保护"四有"工作完成率和重点险情排除率达到100%。

安阳高陵环境整治工程。项目建设内容主要包括：对占压曹操高陵陵园北部及东部的村庄整体拆迁，建设新的遗址博物馆，对保护范围内影响文物周边环境的设施进行迁移整治。

非国有博物馆建设。完善非国有博物馆法人治理结构，健全非国有博物馆准入和退出制度，实施非国有博物馆展示服务功能提升工程。全省非国有博物馆总数达到150家。

（四）非物质文化遗产保护传承

1.完善名录体系。组织实施全省非物质文化遗产四级名录项目档案建设工作。做好国家级非物质文化遗产和代表性传承人申报工作，开展河南省非物质文化遗产代表性传承人评审工作。推进"太极拳""木版年画"等项目申报人类非物质文化遗产代表作名录。

2.强化基础工作建设。做好非物质文化遗产分类保护工作。开展方言调查、整理和研究工作。继续实施国家级、省级非物质文化遗产代表性传承人抢救性记录工程，全面推动全省非物质文化遗产数据库建设。推进河南省文化生态保护区、生产性保护示范基地、研究基地建设。加强传统村落非物质文化遗产的调查、整理和保护。

3.推进展示传习场馆建设。基本完成列入国家投资计划的10个展示馆、传习所建设任务。加大政府扶持力度，推进现有场馆的充实和提高。鼓励非物质文化遗产保护传承机构和传承人建设，开办不同形式的展示馆、传习所。对全省非物质文化遗产展示馆、传习所进行登记、命名和备案管理。

4.提高展示展演水平。组织、安排好春节、清明、端午、中秋等重要传统节日的非物质文化遗产日展示展演。支持"中国（宝丰）国家级非物质文化遗产曲艺展演""中国（淮阳）非物质文化遗产展示展演""中国（鹿邑）河南省非物质文化遗产展演"等品牌非物质文化遗产展示展演活动，形成品牌效应。积极推进非物质文化遗产进校园、进课堂、进教材。

5.振兴传统工艺。依托郑州轻工业学院等高等院校，开展传统工艺研究培训计划。支持和鼓励优秀文创企业、设计企业和高校到传统工艺项目所在地、文化生态实验区等设立工作站。支持开展传统工艺网络推介和销售活动。

专栏4　非物质文化遗产保护传承
保护展示传习馆建设工程。对非物质文化遗产代表性项目进行全面梳理，新建一批非物质文化遗产保护展示传习馆。重点推进太康道情艺术中心、商丘四平调保护利用设施、毛氏济世堂脱骨疽疗法传统医药炮制保护利用设施、许昌越调展演中心、南乐目连戏排演中心、安阳淮调剧种保护利用设施、汝瓷烧制技艺·非物质文化遗产展示馆等项目建设。 分类抢救保护工程。继续推进非物质文化遗产分类保护工作，全面实施河南省传统美术抢救保护工程、传统技艺抢救保护工程和传统医药类非物质文化遗产抢救保护工程。 代表性传承人抢救性记录工程。继续实施国家级和省级非物质文化遗产代表性传承人抢救性记录工程，每年记录国家级代表性传承人10名，省级代表性传承人10名。 展示馆传习所扶持计划。每年对20个左右免费向公众开放的优秀展示馆、传习所进行奖励性补贴。 非物质文化遗产保护研究课题征集计划。每两年征集一次，扶持20-30个研究课题。 传统工艺研修培训计划。每年举办1-2期传统工艺研修培训班，每期1个月，培训传统工艺传习者50人。

（五）文化产业发展

1.促进新型业态发展。大力扶持以数字内容服务、动漫游戏、新型演艺娱乐等为主要代表的新型文化业态发展壮大，促进新的技术模式、商业模式和产业融合模式的建立。加快实现发展动力转换，推动新技术、新产业、新业态蓬勃发展，推进文化与互联网及其他产业深度融合发展。培育一批带动力强、具有辐射效应的重点项目。每年在国家级、省级、市级、区县级层面，集中力量抓好一批投资大、规模大、关联度高的具有重大示范效应和产业拉动作用的文化产业项目，带动全省文化产业快速发展。

2.推动区域文化产业协调发展。加强对文化产业园区、基地布局的统筹规划，鼓励各地依托文化资源，走差异化、特色化发展之路，培育壮大一批优势明显、特色突出的文化产业基地、文化产业集群和文化产业园区、基地。大力推动新兴文化产业跨行业、跨地区和跨所有制的联合重组与并购扩张，壮大自身的规模和实力，拓展市场空间和发展空间。统筹城乡文化产业发展，注重农村文化资源挖掘，加大对历史文化名镇和传统村落的保护开发力度，支持开发康体、养生、运动、娱乐、体验等多样化、综合性旅游休闲产品，建设一批休闲街区、特色村镇、旅游度假区。

3.扩大文化消费和对外贸易。加强文化消费供给，充分激发市场活力和社会创新创造能力，引导文化企业提供个性化、多样化的文化产品和服务。开展形式多样的主题宣传活动，营造良好的文化消费氛围，引导消费者树立科学、合理、健康的文化消费理念。整合对外文化贸易资源，加强以文化核心内容为主的对外文化企业建设，培育一批核心内容创新力强的对外文化贸易领军企业。增强文化出口企业核心内容产品的创新能力，推出一批优秀文化出口产品，打造一批优秀文化出口品牌。推动文化科技、文化金融融合发展，提高重点对外文化贸易领域的技术装备水平，促进传统文化贸易产业的调整和优化，推动对外文化贸易新兴产业的培育和发展。

4.培育各类市场主体。指导非公有制文化企业在开展特色经营、创新产品特色和服务、提升原创水平和科技含量等方面形成竞争优势。贯彻落实鼓励和引导民间资本进入文化领域政策，鼓励社会资本投资、兴办小微文化企业，加强文化企业孵化器、公共服务平台、众创空间建设，支持"专、精、特、新"小微文化发展。鼓励金融创新、拓宽融资渠道，进一步缓解小微文化企业融资难问题。加强对文化企业上市的辅导培育，探索建立文化企业上市资源储备库，研究分类指导不同类型文化企业与资本市场对接。

专栏5　文化产业发展

骨干文化企业培育计划。重点打造3至5部原创文化产业品牌，培育50家左右全国知名的品牌文化企业，打造2至3个社会影响大、综合效益好的文化会展和节庆品牌。培育3至5家年经营收入过10亿元的大型文化企业集团。全省小微文化企业超过6万家。实现5家文化企业登录"新三板"挂牌融资，3至5家文化企业上市。

重大文化产业项目建设。重点推进郑州华谊兄弟电影文化项目、郑州华强文化科技产业基地三期、洛阳隋唐百戏城文化产业园项目一期工程（国际大马戏演艺中心）、朱仙镇国家文化生态旅游示范区、平顶山大香山国学文化园、隋唐洛阳城国家遗址公园、郑州市开元寺塔湾古街"少林开元盛世"文化产业园、南阳国际玉城项目、南阳市淅川世界水博园项目、开封大龙亭主题园区、开封清明上河城项目启动区项目、赊店古镇旅游开发项目、洛阳东西南隅历史街区保护项目、洛阳市河洛古镇项目、洛阳花仙文化旅游创意产业园、驻马店市遂平嵖岈山西游文化产业园、新郑黄帝故里景区扩建工程、许昌三国文化产业园、南阳内乡文化旅游产业园、漯河市文化科技园区、济源市531创意产业园等重大项目建设。

文化产业园区和基地建设计划。培育5至8家年经营收入过百亿元的文化产业园区、15家左右经营收入过20亿元的文化产业园区，国家级文化产业示范园区（试验园区）、示范基地分别达到5个、20个，省级文化产业示范园区、示范基地分别达到15个、30个。省级以上文化产业园区、基地实现营业收入400亿元，从业人员达到50万人。

文化消费试点城市。推进我省国家文化消费试点城市试点工作。

省级高成长服务业专项引导资金扶持新型文化业态项目计划。每年扶持全省新型文化业态项目不低于20个。

（六）文化市场管理

1.加强体制机制建设。落实中办、国办关于深化文化市场综合执法改革的通知要求，理顺我省综合执法机构体制机制，推动落实综合执法机构的编制、经费、装备及执法车辆等问题，加强行业监管。落实行政执法责任制，完善综合执法机构权力清单、责任清单和执法规程等各项工作制度，规范执法行为，加强综合执法队伍培训考核，推动综合执法法制化、科学化、规范化建设，着力打造政治坚定、行为规范、业务精通、作风过硬的文化市场综合执法队伍。持续推进行政审批规范化建设，强化文化市场事中事后监管，严厉打击违法和不良文化现象及违法违规文化经营活动，切实维护文化市场健康、安全、有序。

2.放宽市场准入。认真贯彻文化市场政策法规，落实行政审批"先照后证"改革要求，放宽准入标准，优化准入服务，推动大众创业、万众创新，鼓励各种社会力量进入文化市场领域，培育新的文化消费形态，开拓新的文化消费领域。加强文化产品市场和文化要素市场建设，重点发展演出、娱乐、网络文化、艺术品等文化产品市场。进一步推进互联网上网服务行业转型升级，打造引领公众文化生活的社区娱乐、信息平台。鼓励、扶持和规范民营艺术表演团体发展，提升各类营业性演出的数量和质量。推动文化娱乐行业转型升级，打造阳光娱乐品牌。加强艺术品市场管理，规范经营行为，大力发展一级、二级、三级市场，打造中原艺术品牌。加快培育产权、版权、技术、信息等文化要素市场，支持城市建设文化娱乐综合体。大力发展文化经纪代理、评估鉴定、版权交易、推介咨询等中介机构，引导其规范运作，向品牌化、专业化方向发展。

3.推进诚信体系建设。推动文化市场企业信用等级评定，带动文化市场行风建设。完善文化市场社会监督机制，充分发挥"五老"义务监督员、新闻媒体、人大代表、政协委员、网络舆论等社会公众的监督作用。建立健全全省农村文化市场监管信息月报制度和全省农村文化市场监管信息员制度，推动落实农村文化市场监管工作经费补贴。落实省政府"双公示"制度，建立健全文化市场信用管理数据库，向社会公开政策信息、审批信息、文化市场警示信息、处罚信息等基础数据，建立全省文化市场诚信档案，完善"黑名单"制度和"经营异常名录"制度。充分发挥各类文化市场行业组织在行业自律、行业监督、行业诚信建设中的作用。

4.提升管理水平。推动文化市场服务与管理网络化、信息化建设，加快建设全省文化市场服务与监管信息技术平台，提升文化市场监管信息化水平，充分利用信息网络技术建立健全河南省文化市场创业服务体系、社会诚信体系，实现在线即时监督监测及非现场监管执法，提高文化市场管理的科技化、现代化水平，全面提升文化市场监管能力。建立健全文化市场安全生产工作体制机制，厘清文化行政部门与有关部门文化市场安全生产管理的职责，全面落实文化市场经营者安全生产的主体责任，提升文化市场经营单位安全生产的技术装备和管理水平，严惩违反安全生产管理法律、法规的经营行为，努力建设平安文化市场。

专栏6　现代文化市场体系建设

文化产品市场和文化要素市场建设。全省经文化行政部门许可、备案的文化市场经营主体达到2万家以上。打造5至10家网络文化经营单位开发网络游戏、动漫等网络文化产品，使之成为具有较强影响力的河南本土网络文化企业。

文化市场技术监管与服务平台河南分中心建设。充分利用信息网络技术建立健全河南省文化市场创业服务体系、社会诚信体系，实现在线即时监督监测，加强非现场监管执法，为创业者提供文化市场发展信息、业务指导和政策法规服务，实现信息资源共享，形成全省文化市场统一的信息共享平台、统一的业务关联平台、统一的应用集成平台和统一的技术支撑平台。

文化市场综合执法改革。落实中央和我省关于深化文化市场综合执法改革的意见精神，基本完成深化文化市场综合执法改革任务，进一步整合文化市场执法权，形成权责明确、监督有效、保障有力的文化市场综合执法管理体制；建设一支政治坚定、行为规范、业务精通、作风过硬的文化市场综合执法队伍。

（七）对外及对港澳台文化交流

1.促进中原文化走出去。配合国家外交大局和省委、省政府对外开放战略，充分挖掘中原文化的内涵，利用"央地合作""部省合作"等机制和"欢乐春节""中国文化年""中非合作论坛"等活动和中国海外文化中心平台，推动文化团体参与合作交流，扩大中原文化在海外影响力，让河南在中国文化形象对外传播中更加出彩。深入开展同"一带一路"沿线国家之间文化交流。利用好河南投资贸易洽谈会、上海国际艺术节、成都国际非物质文化遗产节等活动，加强对外文化联系。指导海外少林文化中心管理，推动太极海外文化中心建设。加大对重点项目走出去的资金支持力度，打造中原文化的重点品牌，丰富文化走出去的内容。培育一批体现河南特色、具有较高水平的对外文化交流知名品牌，扩大文化产品和服务在国际市场的份额。支持民间团体、民营企业和个人参与对外文化交流与贸易，借助现代传媒手段和国际性博览会、艺术节、论坛等文化交流平台推介优秀文化产品和服务。

2.引进海外优秀文化艺术。以"中国洛阳牡丹文化节""中国豫剧节""中国（淮阳）非物质文化遗产展演"等重大节会、文艺赛事和展演为载体,邀请国外艺术团体和文化相关机构,举办高规格的演出、展览、参访等活动,深化对外文化交流与合作。继续实施"海外优秀艺术进校园、进社区"活动。

3.推动对港澳台的文化交流。利用"黄帝故里拜祖大典""根亲文化节"等节会,积极开展相关文化交流,发挥中原文化在凝聚海内外华人作用,提高港澳台同胞及海外侨胞对根亲文化的认同感。发挥"文化部两岸文化交流基地"平台的作用,以根亲文化为纽带,以两岸豫剧交流为抓手,召开"河洛文化及豫剧交流发展研讨会",继续实施"两岸戏剧人才培训计划",不断开拓交流新渠道。积极推动优秀中原文化走进港澳台校园。建立健全与港澳台间的交流合作机制。

专栏7 对外及对港澳台文化交流

对外及对港澳台文化交流。每年组织50个团体开展对外及对港澳台文化交流。每年与5个"一带一路"沿线国家开展交流,邀请3到5个海外文化团体走进我省大、中、小学校和社区。助推10个文化企业、文化产品和文化服务进入国际市场。力争省级文化产品出口示范基地达到20家,进入国家重点文化出口重点企业和项目的企业达到30个。

中原文物"走出去"。围绕"一带一路"国家战略,落实省政府和国家文物局签署的《关于保护丝绸之路遗产的联合协定》,配合国家文物局"中华文明走出去工程",向世界多方位介绍中原文明承载的传统价值、审美元素、文化基因符号,提高对外文物展览水平,扩大与国(境)外文物科研机构在科研和人才培养等方面的合作交流,提升中原文化影响力。引进国(境)外优秀展览来豫展出,邀请海外优秀专家、学者来豫讲学或研究,传播文物保护方面的先进理念和成果。

(八)文化人才队伍建设

1.健全文化人才培训体系。完善人才政策体系,健全人才培养开发、评价发现、选拔任用、流动配置、激励保障机制。坚持在实践中锻炼人才,在重大文化工程、重点文化项目实施中发现和培养人才。按照分级负责、分类管理的工作原则,构建组织调训、干部培训、在职教育、挂职实践和远程培训相结合的工作格局。依托党校、行政学院、高等院校、重点大型企业和各级各类教学点,在文化行政部门开展初任培训、任职培训、岗位培训、专题培训、业务培训。加强培训质量管理,完善培训评价考核机制,打造优秀培训品牌和特色培训项目。

2.完善人才培养、引进机制。充分发挥政府的导向和扶持作用,实施高端人才培养项目和海外高层次人才引进计划,在重点领域引进急需的高端文化人才。开展优秀专家选拔扶持工作,建立重点专家联系制度。着眼于"出精品、出大作、出大家",继续在全省范围内实施"艺术名家推介工程",推出我省各艺术领域的领军人物,扩大艺术名家在全国的影响。探索建立专家学术休假制度、学术(艺术)助手制度和师承制度等利于培养高层次人才制度,创造良好的人才发展社会环境。启动实施"河南省青年艺术人才扶持计划",对优秀青年艺术人才进行扶持和推介。通过举办表演人才培训班、编导培训班、戏曲音乐创作培训班、舞台美术(含舞美设计、服装、灯光等)创作培训班、美术书法类培训班等,培养一批专业艺术人才。通过"河南省青年戏剧演员大赛"、名家带徒、领衔主演、评奖激励、论坛研讨等方式,为文艺事业培养高素质人才。加强美术人才梯队的建设,加强对美术创作、史论研究、理论批评及展览策划等领域人才的培养,构建复合型人才队伍。加强艺术管理人才和文化产业人才的培养。

3.加强基层文化人才队伍建设。以专职文化队伍、业余文化骨干、文化志愿者为重点,完善基层文化人才培训网络,统筹推进分级分类分层培训。继续实施"三区"人才支持计划文化工作者专项。吸收政治思想好、文化水平高、热爱文化事业的大中专毕业生到基层文化站工作。加大文化信息资源共享工程人才队伍建设力度,实现文化共享工程的基层服务网络"村村通"。

> **专栏8　人才队伍建设**
>
> 　　河南艺术名家推介工程。采取召开推介研讨会、出版艺术家个人艺术评传、举办个人作品演出或展览、制作艺术专题片等方式，在全国范围集中宣传和推介，扩大我省艺术名家在全国的影响，推出10余名各领域艺术名家。
> 　　河南省青年优秀艺术人才扶持计划。对45岁以下的优秀青年艺术人才进行扶持和推介，为有潜质的优秀青年艺术人才打造剧目，搭建适合青年艺术人才健康成长的平台。扶持50名左右优秀青年艺术人才。
> 　　河南省非物质文化遗产传承人群研修研习培训计划。制定实施河南省非物质文化遗产培训规划，分类分批对非物质文化遗产保护工作者队伍进行培训；实施河南省非物质文化遗产传承人群研修演习培训计划，对代表性传承人群开展研修演习培训，培训人数力争达到4000名。
> 　　文化经营和管理人才培训计划。以培养文化经营和高端管理人才为重点，加大对文化产业人才的扶持和培养，每年组织培训人员不低于150人。

三、保障措施

（一）强化组织

推动各级党委政府把现代公共文化服务体系建设、文艺繁荣发展、文化资源保护等重点文化工作纳入重要议事日程，列入当地国民经济和社会发展总体规划、对党委政府的考核指标体系、目标管理责任制、财政预算及城乡建设整体规划等。建立健全党委和政府统一领导的现代公共文化服务体系建设协调机制，形成推动现代公共文化服务体系建设的合力，推进现代公共文化服务体系建设制度化、规范化。加快政府部门由"办文化"向"管文化"转变，做好行政审批权下放后的各项服务保障工作，进一步提高文化宏观管理和治理能力。

（二）完善政策

落实促进文化发展的政策措施，争取文化发展的优惠政策，创新文化发展的激励机制和措施。会同有关部门抓好相关税收优惠政策的细化和落实，重点落实现行鼓励社会组织、机构和个人捐赠公益性文化事业所得税税前扣除政策规定。加大社会资本参与公共文化建设、进入文化产业的税收优惠力度，利用税收经济杠杆促进文化事业和文化产业健康发展。加强与相关部门的协调沟通，在文化用地规划、建设等方面争取更多优惠政策。积极探索文化投融资手段，为文化创业投资、项目孵化和产业发展等提供资金政策支持，逐步建立健全各种资金政策扶持文化发展的配套机制。推进文化事业单位分类改革，进一步完善事业单位岗位设置和聘用管理制度，建立健全绩效考核机制。推进公共文化事业单位法人治理结构改革和国有经营性文化单位改制运行，推动文化企业跨行业、跨所有制发展，促进文化事业全面繁荣和文化产业快速发展。

（三）加大投入

建立保障标准更加明晰，投入方式更加灵活，投入结构更加合理，监督管理更加严格，绩效评价更加科学，社会参与更加活跃的文化财政投入机制，保障文化改革发展各项目标顺利实施。一是创新投入方式。坚持以人民需求为导向，推动文化财政由"保供给"向"保需求"转变，推动政府职能转变。充分发挥市场在资金配置中的积极作用，建立健全政府向社会力量购买公共文化服务机制，创新文化服务方式，扩大广大群众在公共文化上的有效参与，不断提高服务效能，保障广大人民群众基本文化权益。二是拓展投入渠道。积极拓展资金来源渠道，完善文化经济政策，建立"政府主导、社会参与"的多元文化投入机制，通过政府购买、项目补贴、定向资助、贷款贴息等多种手段引导、激励社会力量参与文化建设。三是明确投入重点。进一步加强基层农村文化发展，加大各级财政投入力度，重点向革命老区、民族地区和贫困地区倾斜，着力支持基层农村文化建设。四是加强投入监管。建立健全资金管理制度，构建全方位的监督检查网络体系，切实提高财政资金使用效率。制定文化投入绩效考核评价办法，建立健全财政资金监督管理机制，构建贯穿全过程、覆盖全方位的财务管理制度体系，切实提高财政资金使用效率，切实遏制文化资金浪费。

（四）依法推进

加强文化法治建设，全面推进政务公开，深入推进依法行政。逐步建立和完善地方文化政策法规体系，重点研究和制定基本文化权益保障、重大文化活动组织、社区文化活动中心管理、非物质文化遗产保护、艺术品市场管理等方面的法规规章。加强文化市场管理，建立健全服务型文化市场行政执法工作机制，积极探索、创新文化市场综合执法方式方法，推动文化建设和管理迈入法制化轨道。加强文化领域知识产权保护，严厉打击侵犯知识产权的各种行为，维护文艺工作者和文艺机构的合法权益。重视法制宣传教育，提高全省文化工作者的法律意识和法律素质，培育社会文化维权和监督能力。

湖北省"十三五"时期文化事业发展规划

为深入贯彻落实党的十八届五中全会和省委十届七次全会精神，加快推进文化强省建设，努力打造与湖北经济发展位次前移、质量升级相适应的文化地位，根据《文化部"十三五"时期文化改革发展规划》《湖北省国民经济和社会发展第十三个五年规划纲要》和《湖北省"十三五"时期文化发展规划》，编制本规划。

序　言

一个国家、一个民族的强盛，总是以文化兴盛为支撑的，中华民族伟大复兴需要以中华文化发展繁荣为条件，在湖北加快推进"建成支点、走在前列"进程中，文化建设担负着重要使命。"十二五"时期，全省各级党委政府高度重视文化建设，深化文化体制改革取得重大进展，公共文化服务体系建设扎实推进，艺术创作生产成果丰硕，文化遗产保护利用亮点纷呈，文化产业发展态势强劲，文化市场监管水平不断提升，对外文化交流日趋活跃，文化人才队伍不断壮大，文化发展保障水平显著提高，呈现出蓬勃发展的良好态势，文化强省建设的基础不断夯实。

党的十八大以来，习近平总书记将文化自信提升到前所未有的战略高度，就加快建设社会主义文化强国、提高国家文化软实力发表一系列重要讲话，提出一系列新思想新论断新要求，为在新的历史起点上推进文化改革发展提供了根本遵循。"十三五"时期是全面建成小康社会的决胜阶段，也是湖北迈入文化强省行列的攻坚时期。"四个全面"战略布局湖北实施，需要充分发挥文化引领风尚、教育人民、服务社会、推动发展的作用，为实现"中国梦"湖北篇的宏伟目标提供强大精神动力和文化支撑。特别是省委十届七次全会确定"率先、进位、升级、奠基"的四大目标，要求必须补齐文化发展短板、筑牢文化民生底线，率先在中部地区实现文化小康，力争文化发展在全国的位次进一步前移、质量效益跻身"第一梯队"，为实现第二个百年奋斗目标奠定坚实的文化基础。"一带一路"、长江经济带、长江中游城市群和新型城镇化等国家重大战略相继实施，进一步拓展了文化建设新空间；经济发展进入新常态，文化在稳增长、促改革、调结构、惠民生方面将发挥更加重要的作用；移动互联网、大数据、云计算、物联网等高新技术的广泛应用，催生了文化生产、传播、消费方式的深刻变革；中央和省委、省政府出台一系列具有深远影响的重大政策措施，为文化建设提供了强有力的支撑，文化改革发展仍处在可以大有作为的重要战略机遇期。同时，我省文化建设还存在一些问题和困难，基层文化建设财政投入仍然不足，文化产业发展相对滞后，文化人才严重缺乏，文化产品和服务不能很好地满足人民群众日益增长的多层次多样化精神文化需求。面对新形势、新任务、新要求，我们要坚定文化自信，增强文化自觉，在新的历史起点上奋力开创文化强省建设新局面，努力为"建成支点、走在前列"提供强大的价值引导力、文化凝聚力和精神推动力。

一、指导思想

高举中国特色社会主义伟大旗帜，深入贯彻党的十八大和十八届三中、四中、五中、六中全会精神，深入贯彻习近平总书记系列重要讲话精神，深入贯彻创新、协调、绿色、开放、共享的发展理念，紧紧围绕"四个全面"战略布局湖北实施，按照"中部领头、全国一流、湖北特色、世界影响"的文化发展定位，坚持以社会主义核心价值观为引领，坚持社会主义先进文化前进方向，坚持以人民为中心的工作导向，坚持把社会效益放在首位、社会效益和经济效益相统一，坚持竞进提质、实干兴文，扎实推进文化改革发展各项工作，奋力实现由文化大省向文化强省的历史性跨越,为"建成支点、走在前列"、实现"中国梦"湖北篇奠定坚实的文化基础。

二、主要目标

到2020年,把湖北建成在全国特别是长江流域具有重要影响力的区域文化中心,努力实现文化治理能力和水平显著提高、文化工作在全局工作中的贡献度显著提高、人民群众的满意度显著提高,迈入文化强省行列,在中部地区率先实现文化小康。

——艺术创作更加繁荣,精品力作不断涌现,艺术展演品牌辐射力和影响力显著提高,建成全国戏曲强省。推出100部(件)优秀舞台艺术、美术作品,在国家级重大艺术展演活动中位居全国前列,全省专业艺术院团年均演出2万场(次)以上。

——现代公共文化服务体系基本建成,标准化、均等化水平显著提高,人民群众精神文化生活更加丰富。全省"三馆一站"覆盖率达到1.3个以上,县级及以上公共图书馆、文化馆达到国家二级以上标准,乡镇(街道)综合文化站达到国家三级以上标准,国家三级及以上博物馆总数达到40个以上。市县剧场、村(社区)综合文化服务中心及与之相配套的文化广场建设实现全覆盖。全省人均拥有公共图书馆(含分馆)藏书量达到0.75册,公共图书馆年流通人次和文化馆(站)、博物馆年服务人次分别达到3400万人次。

——优秀传统文化传承体系加速构建,文化遗产得到全面保护与合理利用。新增入选《中国世界文化遗产预备名单》项目1处,运行开放考古遗址公园数量4处,完成8处全国重点文物保护规划编制工作、30处全国重点文物保护单位维修工程和20处省级文物重点保护示范工程。全国重点文物保护单位"四有"工作完成率和重大险情排除率均达到100%。新增列入国家级非物质文化遗产名录项目20个、省级非物质文化遗产名录项目50个。

——现代文化市场体系不断健全,以内容监管为重点、信用监管为核心的文化市场事中事后监管体系基本形成,文化市场行业转型升级取得明显成效。基于平台的文化市场信用信息数据库涵盖全省90%以上的文化市场经营主体,文化市场技术监管与服务平台在全省县级文化行政部门和文化市场综合执法机构应用率达到95%,文化经营场所转型升级覆盖率达到70%以上。

——文化产业体系更加完善,文化产业结构布局不断优化,促进文化消费的长效机制基本建立。力争创建1个国家级文化产业示范园区,重点打造35个省级文化产业示范园区、170个示范基地,推动全省文化产业增加值占GDP比重达到5%、城乡居民文化娱乐服务支出占家庭消费支出比重达到4.2%。

——对外和对港澳台文化交流日益频繁,对外文化贸易规模不断扩大,力争建成1个全省文化产品出口基地,培育5-8家具有国际竞争力的外向型文化企业,重点文化出口企业达到20家,"荆楚文化走世界"品牌影响力进一步提高。

——文化人才队伍不断壮大,人才结构进一步优化。重点培养舞台艺术、美术人才各100名,为基层文化单位培训各类文化业务骨干1万人次以上。

三、推动艺术事业繁荣发展

深入学习贯彻习近平总书记在文艺工作座谈会上的重要讲话精神,坚持以人民为中心的创作导向,努力推出更多具有国家水准、彰显湖北气派的精品力作,进一步巩固和提升湖北艺术创作生产在全国的优势地位。

——推进优秀艺术作品创作生产。加强艺术创作规划指导和资源统筹,坚持直接抓、参与抓和引导抓相结合,提高艺术创作生产的组织化程度和专业化水平。聚焦中国梦时代主题,围绕庆祝建党95周年、党的十九大、新中国成立70周年等开展主题创作展演活动,抓好现实题材、爱国主义题材、重大革命和历史题材、青少年题材的创作。以实施国家舞台艺术精品创作工程为载体,创作推出一批达到全国一流水平的优秀舞台艺术作品,进一步扩大湖北舞台艺术在全国的影响力与辐射力。实施湖北省重大题材美术创作工程,创作推出一批彰显湖北特色的优秀美术作品,进一步擦亮"长江画派"文艺品牌。加大对原创艺术精品创作扶持力度,抓好剧本、音乐创作等基础性环节,实施网络艺术精品创作和传播计划,推动艺术内容和形式创新。广泛开展"深入生活、扎根人民"主题实践活动,建立健全长效机制。深化全省性艺术评奖改革,完善艺术评价激励机制。

——推动戏曲振兴发展。以组织实施《湖北省戏曲振兴发展计划(2016—2020年)》和《湖北省京剧振兴发展计划(2016—2020年)》为重点,坚持保护传承与创新发展并重,努力培育有利于戏曲活起来、传下去、出精品、出名家的良好环境,全面提高湖北戏曲整体发展水平,加快建设全国戏曲强省。坚持传统戏、现代戏、新编历史剧"三并举",加大戏曲精品剧目创作力度。支持和推动省京剧院、省戏曲艺术剧院、武汉汉剧院等3个国家重点戏曲团团做大做强,加强挂省牌戏曲院团建设,评选和支持一批全省地方戏曲创作演出重点院团,促进基层和民营戏曲艺术表演团体发展。加大政府购买戏曲演出力度,确保全省每村年均送戏1场以上。扎实推进戏曲进校园,认真落实湖北省大中专学校、中小学校戏曲工作"八个一"行动方案,确保大中小学生每年免费观看1场戏曲演出。

——加强优秀作品的传播推广。积极参与和承办全国性重大艺术活动,坚持办好三年一届的湖北艺术节、地方戏曲艺术节以及楚剧、黄梅戏、荆州花鼓戏等地方剧种艺术节,并与开展基层惠民演出相结合,扩大优秀作品的知名度和观众覆盖面。持续举办秋之韵·东湖音乐会、"我们的中国梦"文化进万家、百团上山下乡暨新春金秋巡回演出季、万场好戏下基层、省直文艺院团赴贫困地区送戏下乡等基层惠民展演活动,让艺术创作成果惠及广大人民群众。充分发挥湖北省演艺资源交流交易平台的作用,推动艺术产品创作生产与剧场资源整合力度,做强演艺演出业。支持和推动湖北优秀艺术作品"走出去",开展多种形式的国际推广交流活动。

专栏1　艺术事业繁荣发展

舞台艺术精品创作工程:每年推出20台左右优秀舞台作品,新创作100部(出)戏剧剧目,推出50部(出)反映现实题材的戏剧作品,重点打造20部(出)思想精深、艺术精湛、制作精良的精品力作。

重大题材美术创作工程:每年推出20件精品美术作品,重点创作50件重大历史题材美术作品,以艺术的方式再现我省系列重大历史事件和改革开放以来经济社会发展的丰硕成果。

戏曲振兴发展计划:实施戏曲剧目创作、人才培养、剧种传承发展、院团和群众组织建设、演出和推广交流以及振兴武汉戏码头、戏曲进校园和校园戏曲工作等七大专项行动计划,推出20部(出)在全国有影响的精品力作,培养30名以上德艺双馨戏曲名家,建设30个左右的重点戏曲院团,推动每个剧种搜集整理并形成一套文献或影音资料,实现全省城乡戏曲群众组织和活动全覆盖,进一步振兴武汉"戏码头",建成全国戏曲强省。

京剧振兴发展计划:通过建强一批专业院团、发展一批群众组织、创排一批精品力作、培养一支优秀人才队伍、培育一个不断壮大的观众群、策划开展多种形式的京剧艺术演出和交流推广活动等措施,打造8至10台当代中国京剧史上的高峰之作,重点培养30名左右的中青年拔尖人才,形成以省京剧院为龙头、武汉等地京剧院团为重点,民间剧团、京剧班社、戏迷票友团体等群众性组织为基础的全省京剧振兴发展格局,进一步振兴武汉京剧大码头,巩固和提升湖北京剧在京、津、沪、汉第一方阵中的地位。

网络艺术精品创作和传播计划:积极探索"互联网+文艺"的创作模式和传播方式,大力发展网络剧、网络演出等新型网络艺术类型,鼓励和支持创作生产一批传播当代中国价值观念、体现荆楚文化精神的网络艺术精品力作,依托网络空间打造优秀艺术精品宣传推介新平台。

"深入生活、扎根人民"主题实践活动:制定支持艺术工作者长期深入生活、扎根人民的政策措施,建立健全长效保障和激励机制。组织文化系统艺术单位深入基层开展采风创作、结对帮扶、慰问演出等活动。

四、构建现代公共文化服务体系

以贯彻落实《关于加快构建现代公共文化服务体系的实施意见》(鄂办发〔2015〕62号)为抓手,以促进基本公共文化服务标准化均等化为主攻方向,坚持政府主导、社会参与、重心下移、共建共享,加快建成与我省经济社会发展水平和人民群众需求相匹配的现代公共文化服务体系。

——推进基本公共文化服务标准化均等化。坚持以标准化促进均等化，推动市县地方政府强化主导责任，以县（市、区）为基本单位，全面落实《湖北省基本公共文化服务实施标准（2015年~2020年）》及各地具体实施标准，建立健全可持续的公共文化投入保障机制，兜好政府保障底线。建立公共文化服务城乡联动机制，推进公共图书馆、文化馆总分馆制建设，开展"结对子、种文化"帮扶活动，促进城乡公共文化服务一体化发展。深入推进文化精准扶贫，加大对全省37个贫困县公共文化服务体系建设的支持力度，推动贫困地区基本公共文化服务主要指标达到全省平均水平。将老年人、未成年人、残疾人、农民工、农村留守妇女儿童等作为公共文化服务的重点对象，切实保障特殊群体基本文化权益。建立基本公共文化服务标准实施年度监测和绩效评价机制，实行绩效跟踪评价。

——完善公共文化设施网络。扎实推进省级重大文化设施建设，完成列入国家规划的地市级公共图书馆、群艺馆、博物馆和县级公共图书馆、文化馆建设，推动具备条件的市州新建美术馆、非遗展示馆，推动具备条件的县（市、区）建设博物馆、非遗展示馆。全面启动市、县标准化剧场建设，大力推进国有文艺院团综合排练场建设，改善院团创作演出条件。采取盘活存量、调整置换、集中利用等方式，在乡镇（街道）和村（社区）建设基层综合性文化服务中心，推进基层公共文化资源有效整合和统筹利用，并配套建设文体广场。推动未达标的公共文化设施全面达到省级建设标准，彻底消除公共文化设施网络盲点。加强流动文化设施和数字文化设施建设，打通公共文化服务的"最后一公里"。建立健全公共文化设施运行管理和服务标准体系，规范各级各类公共文化机构服务项目和流程。

——提高公共文化服务效能。提升公共图书馆、文化（群艺）馆、博物馆、美术馆等免费开放服务水平，逐步将行业博物馆和有条件的文物保护单位纳入免费开放范围。建立群众文化需求反馈机制，推行"按需点单"服务模式。实施"一县一团"工程，每个县至少重点扶持一个国有或民营艺术院团承担公益演出服务。加强公共文化服务品牌建设，吸引更多群众参与公共文化活动。推进"湖北省民间文化艺术之乡"创建，实施"百团千队万能人"扶持工程、"百姓舞台"工程，引导"草根文化"健康发展。建立健全政府向社会力量购买公共文化服务机制，出台促进社会力量捐赠公共文化事业的管理办法，培育和规范文化类社会组织，大力推进文化志愿服务，促进公共文化服务提供主体和提供方式多元化。统筹实施重大公共数字文化建设工程，加强互联网、云计算、大数据在公共文化服务领域的应用，加强数字文化产品和服务的开发，提高优质资源供给能力。

——创新公共文化管理体制和运行机制。建立健全公共文化服务体系建设协调机制，加强政策衔接、沟通协调和督导检查，推动基层党委和政府统筹实施各类重大文化项目。深入推进公共文化服务体系示范区（项目）建设，组织开展国家基层公共文化示范创新项目创建，打造公共文化服务创新实践平台。建立文化事业单位法人治理结构，推动公共图书馆、文化馆、博物馆和剧场等组建理事会。推动公共文化服务机构建立横向、纵向、区域联盟，探索公共文化设施整合共建的有效途径，促进公共文化服务互联互通、共建共享。完善公共文化服务评价机制，加强公共文化服务绩效评估。完善对口援建工作机制，提高文化精准扶贫、文化援藏援疆帮扶质量。

专栏2　现代公共文化服务体系建设

省级重大文化设施建设工程：推进省博物馆三期扩建、湖北艺术职业学院新校区、谭鑫培大剧院、省群艺馆新馆等重大文化设施建设，规划建设湖北省非物质文化遗产综合展示馆。

基层"四馆三场"建设工程：根据《湖北省基本公共文化服务实施标准（2015年~2020年）》及相关公共文化设施建设标准，通过新建、改扩建等方式，重点支持县级公共图书馆、文化馆和剧场建设实现全覆盖，支持文物资源大县新建20个公共博物馆，支持建设25个县级非遗展示馆，支持县级专业院团各建设一个综合排练场，支持全省每个行政村（社区）至少建设一个文体广场。

基层综合性文化服务中心建设工程：加大资源整合力度，在乡镇（街道）和村（社区）普遍建设集宣传文化、党员教育、科技普及、普法教育、体育健身等功能于一体的基层综合性文化服务中心，并与村级文体广场建设相配套，配备简易舞台戏台、阅报栏（屏）、灯光音响设备、广播器材和体育健身设施等。

贫困地区村级综合文化服务中心建设示范工程：在国家确定的集中连片特殊困难地区和国家贫困县的每个乡镇确定一个村作为综合性文化服务中心建设示范点，建成一个文化活动广场、一个活动室、一个简易戏台和一面宣传墙，配套一套文化器材、一套广播器材、一套体育设施器材。

流动文化设施配送工程：根据基层实际，为每个县级国有公共文化机构各配备1辆流动图书车、1辆流动文艺辅导车、1辆演出通勤车、1辆流动博物馆车，并对流动舞台车进行升级换代，用于开展流动文化服务。

公共数字文化建设工程：建立湖北省公共文化数字综合服务平台，推进全省各级各类公共文化资源聚集共享，实现公共文化供给、公共文化需求、公众信息服务等"一站式"服务。推动数字图书馆、文化馆、美术馆和智慧博物馆建设，实施全省文化信息资源共享工程和公共电子阅览室建设计划，打造湖北全民"掌上阅读"服务系统，试点推进"智慧云广场"建设，建设一批免费WIFI文化广场。

"一县一团"工程：推动全省各县（市、区）进一步完善国有文艺院团改革，加大政府向民营艺术院团购买公共文化产品和服务力度，至少重点扶持一个面向基层、服务大众的国有或民营艺术院团开展公益性演出服务。

"百团千队万能人"扶持工程：推动全省各县（市、区）重点培育1个以上的民营文艺院团、10支群众自发组织的文艺团队和100名群众文艺能人，充分挖掘和释放蕴藏在民间的文艺力量。

"百姓舞台"工程：按照有戏台舞台、有活动设备（健身设施）、有宣传设施、有群文团队、有活动品牌、有管理制度"七有"的要求，深入推进全省乡村社区广场文化建设，丰富基层群众精神文化生活。

公共文化服务品牌建设项目：重点打造"长江讲坛"讲座之书品牌、"长江读书节"全民阅读推广品牌、"文化力量·民间精彩"群众性文化活动品牌、"听涛讲坛"艺术普及品牌、"礼乐学堂"优秀传统文化传承品牌。以"楚天群星奖"评选活动为抓手，推动各市、县推出1-2个群众便于参与、乐于参与的公共文化活动品牌。

五、加强历史文化遗产保护与传承

遵循文化遗产保护规律，坚持科学保护、合理利用，构建起富有地域特色的文化遗产保护传承体系，推动荆楚优秀传统文化传承和发展。

——加强文物保护利用。建立文物登录制度和文物资源数据库，全面掌握全省文物保护现状，推进文物信息资源社会共享。组织开展全国重点文物保护单位、重点省级文物保护单位规划编制。实施省级及以上文物保护单位"百项工程"。加强世界文化遗产申报和管理。推进大遗址保护和考古遗址公园建设。加强传统村落、古民居、文庙（书院）类古建筑、宗祠、戏楼（台）保护。加大大别山红色文化遗产保护力度，加强水下文化遗产保护。加强历史文化名城、村镇、街区和传统村落整体格局和历史风貌的保护，建设传统村落保护幕阜山区、武陵山区示范区。组织开展全国重点文物保护单位、省级文物保护单位和历史文化名城、村镇、街区、传统村落推荐申报工作，做好基本建设中的考古调查、勘探、发掘和文物保护工作。加强可移动文物保护，加大馆藏珍贵文物抢救性保护修复力度，实施湖北经济社会发展变迁物证征集工程。加强文物执法工作，全面落实文物安全保护"一处一策"制度，实施楚天文物平安工程，提高文物安全防范水平。实施古籍保护利用计划，加大古籍普查、修复、保存、宣传和利用力度，让古籍里的文字活起来。

——提高非物质文化遗产保护传承水平。组织开展新一轮全省非遗资源普查，加大非遗代表性项目和代表性传承人申报、认定和命名力度，建立健全省级名录动态管理机制，进一步完善国家、省、市、县四级名录和传承人体系。实施非遗名录项目保护计划，加强非遗代表性项目保护传承工作。实施非遗传承人支持计划，加大对非遗代表性传承人和传承人群的扶持力度。加强非遗生产性保护，实施荆楚传统工艺振兴计划，打造一批

"民族特色、国家品牌"非遗活态传承新成果。编制实施《武陵山区（鄂西南）土家族苗族文化生态保护实验区总体规划》，推动13个省级文化生态保护实验区建设，探索整体性科学保护模式。充分发挥各非遗研究中心的作用，加强分类保护规范与保护技术研究。进一步完善非遗保护制度，建立常态化的评估督查机制，推动非遗事业可持续发展。

——拓展文化遗产展示利用空间。推动文化遗产保护与扶贫开发、生态旅游和新型城镇化相结合，打造一批特色小镇、美丽乡村和文化旅游精品线路。支持武汉建设"博物馆之城"，推进武汉自然历史博物馆、中国南水北调博物馆等专题馆建设，在黄陂大余湾、恩施土家族苗族村寨开展社区博物馆、生态博物馆等新型博物馆建设试点，积极推动非国有博物馆发展，不断优化博物馆体系。依托全省博物馆展览联盟，完善博物馆借展、联展、巡展合作机制，加强流动博物馆建设。创新博物馆传播形式和手段，争取1-2个项目入围全国博物馆十大精品陈列展览评选推介。实施文博创意产业扶持计划，积极培育具有荆楚文化特色的文博创意品牌。实施非遗保护利用设施建设工程，鼓励图书馆、文化馆、博物馆等公共文化机构开展非遗宣传展示活动，办好屈原故里端午文化节、炎帝神农祭和中国长江非物质文化遗产大展等重大活动。加强文教结合，推动文化遗产教育和传承进校园、进课堂，完善博物馆青少年教育功能，推动建立中小学生定期参观博物馆长效机制和资源共享机制。利用国际博物馆日、中国文化遗产日等重要节点和春节等传统节日开展形式多样的文化遗产宣传展示活动，推动文化遗产领域的对外文化交流。

专栏3　历史文化遗产保护与传承

世界文化遗产申报管理工程：牵头推进"万里茶道"申报世界文化遗产工作，力争列入《中国世界文化遗产预备名单》；积极推进黄石矿冶工业遗产、荆州和襄阳城墙等世界文化遗产预备清单项目的申遗工作。加强武当山古建筑群、钟祥明显陵、唐崖土司城址等世界文化遗产的保护管理和展示利用，完善监测体系。

文物保护单位"百项工程"：围绕省委省政府中心工作，认真梳理文物资源，突出地域文化特色，结合文化旅游态势，引导发挥市、县积极性，在省级及以上文物保护单位中遴选100处左右文物，建立完善项目库，科学开展规划编制、报批和颁布工作，大力推进保护维修、展示利用工程，在整体改善文物面貌的同时，充分发挥文物资源的社会效益。

大遗址保护和考古遗址公园建设工程：加强荆州、随州大遗址片区和石家河、屈家岭、容美土司遗址等国家级大遗址保护，推进盘龙城、铜绿山、龙湾等国家考古遗址公园建设，实施黄冈禹王城省级考古遗址公园试点项目。

传统村落保护利用工程：推进全国重点文物保护单位和省级文物保护单位集中成片传统村落整体保护利用，完成鹤峰县五里乡五里村、利川市谋道镇鱼木村、赤壁市赵李桥镇羊楼洞村3处传统村落整体保护利用项目，建立全省传统村落保护利用项目库。

博物馆社会教育功能提升工程：以博物馆基础建设为抓手，完善博物馆公共服务功能、优化场馆布局。开展以"礼乐学堂""历史课堂""首义寻踪""考古夏令营"等为示范推广的博物馆中小学教育活动，凝练总结一批教育项目，建立博物馆青少年教育项目库，纳入项目库的精品课程30个以上。每座博物馆年开展针对中小学生专门的讲解服务或教育活动5次以上。

湖北经济社会发展变迁物证征集工程：拓展博物馆藏品征集领域和途径，制定入馆门类和标准，搜集保存新中国成立特别是改革开放以来反映中国当代社会经济发展的重要实物物证，全省博物馆新增相关物证藏品3000件以上，丰富博物馆馆藏资源。

楚天文物平安工程：推动在荆州、荆门、随州等田野文物资源富集地区建设智能巡查管理系统，建成1至2个田野文物联防联控综合管理示范区，完成14处全国重点文物保护单位古墓葬安防工程、50处全国重点文物保护单位古建筑和近现代建筑消防工程以及36个三级以上博物馆安全达标工程。完善文物安全保护综治考核评价和执法督察机制，建立消防安全风险等级管控和隐患排查双重预防工作机制，严厉打击文物犯罪。

非物质文化遗产保护"十个一"行动计划：在着力改善机构队伍、经费和保护制度基础上，扎实做好项目保护规划、档案资料、研究成果、传播平台、传承基地、传承队伍和活态品牌建设，促进我省非遗保护走向规范化。

非遗名录项目保护计划：每年支持40个国家级、80个省级非遗代表性项目保护单位开展保护传承工作，每年资助省级及以上非遗代表性传承人开展传习活动，指导和支持20个以上省级非遗项目申报入选国家级非遗名录。

非遗传承人支持计划：运用数字多媒体等现代信息技术，每年对10名左右国家级、30名省级非遗代表性传承人实施抢救性记录，为传承、研究、宣传、利用非物质文化遗产留下宝贵资料。充分发挥各项目保护单位和各非遗研究中心作用，每年举办一系列非遗传承人群技艺培训班和研修研习班，扩大非遗传承人群队伍，提高传承创新能力。

非遗保护利用设施建设工程：以省级及以上非遗代表性项目为依托，重点建设8—10个传统表演艺术类、传统手工技艺类、传统民俗活动类非遗项目展览、展示、传习场所设施，每年支持新建、改造10个代表性项目传习所，鼓励和支持项目保护单位及社会力量共同推进非遗传承基地、传习所、展示中心（包括数字展示中心）建设。

荆楚传统工艺振兴计划：以楚式漆器、剪纸、织绣类项目为重点，

采取有针对性的扶持政策措施，加强传统工艺传承人群培养，组织举办多种形式的传统工艺大赛，推动非遗研究机构为提高传统工艺设计制作水平提供科研和技术支撑，鼓励和引导相关企业开发传统工艺精品和衍生品，支持商业网站与相关专业网站设立传统工艺展示和手工艺品销售平台，积极探索与文化生态保护实验区、旅游景区相结合的有效模式，培育和形成具有荆楚印记、民族特色、国家水准的知名品牌。

文博创意产业扶持计划：制定出台推动文创产品开发的政策性文件，以湖北省博物馆等试点单位为龙头，创新文创产品开发授权模式，鼓励和支持文博单位采取独资、知识产权作价入股等方式创办经营性企业，充分发挥各类市场主体作用，实施一批具有示范带头和产业拉动作用的文博创意产品开发项目，加快完善文创产品营销体系，逐步形成特色鲜明、富有创意、表现力强的文博创意产品体系。

古籍保护利用计划：完成全省古籍普查、登记工作。做好国家级和省级古籍重点保护单位和珍贵古籍名录的申报和评选工作。加强我省珍贵古籍及简牍契约文书、金石拓片、碑刻拓片的整理、出版工作。通过缩微复制、数字化和重大出版项目的实施，实现古籍的再生性保护。全面完成《现存湖北著作总录》编纂工作。为《荆楚文库》编纂做好服务工作，如期完成《荆楚文库·方志编》影印整理编纂任务。积极推进湖北省图书馆和有条件的市级馆开展典籍博物馆和"中华古籍保护计划"展示体验区建设。通过广泛开展古籍专题展览展示、历史文化讲座、读书活动和学术交流等活动，建立面向公众的古籍门户网站等形式，扩大古籍影响。

六、完善现代文化市场体系

坚持管建并重，加快建立统一开放、竞争有序、诚信守法、监管有力的现代文化市场体系，促进文化市场健康有序发展。

——加强文化产品和要素市场建设。推动文化产品供给侧结构性改革，加强内容建设，丰富产品供给。实施文化市场行业转型升级工程，鼓励和支持文化娱乐企业加快业态转型、创新服务模式。鼓励综合性、平台式文化经营场所发展，向公众提供"一站式"文化娱乐消费。加强网络文化内容建设，引导文化市场主体创作生产弘扬社会主义核心价值观的网络文化产品，鼓励传统文化市场与网络文化市场优势互补、融合发展。完善文化市场准入退出机制，着力推动中国（湖北）自由贸易区实验区文化市场发展，增强文化市场内生动力。

——构建文化市场事中事后监管体系。加强文化市场内容监管，完善网络文化内容监管体系，构建自审自查、网络筛查、通力协作、严格执法的网络文化市场执法机制，严控含有禁止内容的网络文化内容传播。建立

全省文化市场信用数据汇集系统，落实《文化市场黑名单管理办法》和"双公示"制度，探索实施文化市场主体信用分类监管，定期公布文化市场违法违规经营主体和文化产品黑名单、警示名单，实现与工商、税务、公安等部门信用数据的交互共享，构建守信激励、失信惩戒和协调监管机制，健全以内容监管为重点、信用监管为核心的文化市场事中事后监管体系。

——提升文化市场综合执法能力。加强全省文化市场综合执法机构和队伍建设，提高文化市场综合执法专业化、规范化、信息化水平。严格执行文化市场综合执法人员上岗制度，实施文化市场综合执法人员素质提升工程，提高综合执法队伍执法办案能力。大力推行"互联网+"文化市场综合执法模式，加强全国文化市场技术监管与服务平台应用，升级上网服务场所监管平台，建立网络举报平台，提高文化市场管理与执法信息化水平。实施文化市场"净化"工程，针对突出问题开展专项整治，加强重点案件督查督办。健全完善文化市场行政执法和刑事司法衔接机制，严厉打击文化市场违法犯罪行为。全面落实文化市场执法责任制，完善综合执法评价工作机制。

专栏4　完善现代文化市场体系

文化市场行业转型升级工程：深入推进互联网上网服务行业转型升级向纵深拓展，继续鼓励企业探索发展新的业态和服务模式。出台全省推动文化娱乐行业转型升级的指导意见，积极推进文化娱乐行业转型升级，解决行业发展的突出问题，为社会公众提供健康多样的文化娱乐消费。评选全省文化市场行业转型升级示范场所，充分发挥引领示范作用。

文化市场综合执法人员素质提升工程：加强对文化市场综合执法人员法治理论和业务技能培训，定期组织开展执法业务培训、岗位练兵等活动，加强以办案实务为导向的执法培训，严格廉政纪律，使用统一执法标识、执法证件和执法文书，建成一支政治强、业务精、纪律严、作风正、形象好的文化市场综合执法队伍。

文化市场"净化"工程：建立文化市场常态化"净化"机制，有针对性、有重点地开展文化市场"暑期集中行动"、"网络文化市场治理""交叉执法检查"等专项治理行动，严厉打击文化市场违法违规经营行动。加强对基层文化市场工作的督导，强化对基层文化市场监管工作的明察暗访、重大案件督查力度，实施文化市场"双随机"抽查。

七、推动文化产业成为国民经济支柱性产业

坚持以文化系统主要门类产业发展为重点，大力实施"互联网+""文化+"战略，着力推进文化产业供给侧改革，突破性扩大文化产业规模和总量，全面提升文化产业发展质量和效益，努力提高在经济发展中的贡献度。

——推动文化产业结构优化升级。大力推进文化科技创新，推动上网服务、游戏游艺、歌舞娱乐、工艺美术等行业转型升级，加快发展动漫、游戏、创意设计、网络文化、数字文化服务等新型文化业态，鼓励网络文化与传统文化产业创新融合发展。加强对武汉东湖国家级文化和科技融合示范基地发展的指导和支持，组建湖北省动漫游戏产业技术创新联盟，推动文化科技产业新兴业态的形成和发展，充分发挥促进文化产业结构优化升级的示范、辐射、带动作用。推动文化与创意设计深度融合，催生新技术、新工艺、新产品。深化文化金融合作，推动文化产业与制造、建筑、信息、旅游、农业、体育等相关产业融合发展，拓展文化产业发展空间。

——培育壮大文化市场主体。以创建国家、省级文化产业示范园区、基地为抓手，加大对优势文化企业和重点产业项目的扶持力度，打造一批骨干文化企业和特色文化产业聚集区。支持武昌·长江文化创意设计产业园做大做强，提升湖北省大学生文化创意设计大赛影响力，培育和形成一批文化创意骨干企业。利用深圳文博会等重大展会契机，加大文化产业项目推介和招商引资力度，积极引导社会资本向文化产业流动聚集。鼓励和支持有实力文化企业跨地区、跨行业、跨所有制兼并重组和上市融资，培育一批知名文化产业品牌。进一步办好中国湖北文化艺术品博览会，引导和支持以武汉为中心、襄阳和宜昌为两翼的艺术品一级市场建设，支持有

条件的市州建设艺术品聚集区和专业市场。加强文化企业孵化器、公共服务平台、众创空间建设，推动文化产业领域的大众创业、万众创新，支持"专、精、特、新"小微文化企业发展。依托长江经济带、长江中游城市群等重大区域发展战略，引导各地大力发展特色文化产业，推动形成多点支撑、错位发展的格局。

——引导和促进文化消费。实施文化消费促进计划，推动建立扩大和引导文化消费的长效机制，不断增强文化消费拉动产业发展的积极作用。引导文化企业从供给端发力，不断提高文化产品和服务的供给水平和效率，积极培育新的文化消费增长点，通过新供给创造新需求。加大文化艺术教育普及力度，组织开展文化消费主题活动，培育文化消费需求，倡导文化消费理念，营造文化消费环境，提升文化消费能力和水平。支持武汉市等地开展引导城乡居民扩大文化消费试点工作，充分发挥典型示范和辐射作用，不断扩大文化消费试点范围，有效释放文化消费潜力。

专栏5　文化产业发展

文化产业示范园区（基地）培育工程：支持有实力的特色文化产业园区创建国家级文化产业示范园区，力争全省国家级文化产业示范园区达到2个、示范基地达到15个。加强省级文化产业示范园区基地的规划建设和管理，严格命名标准，完善推出机制，重点打造35个省级文化产业示范园区、170个示范基地，推动文化产业规模化、集约化、专业化发展。

文化消费促进计划：将促进文化消费贯穿于文化建设的各个领域，从扶持创作生产、扩大有效供给、激发市场活力、提高公共文化服务水平和效能等多方面着手，研究提出扩大文化消费的政策措施，支持和推动武汉、宜昌等地建设国家文化消费试点城市，推动建立促进文化消费的长效机制，加速释放居民的文化消费需求。

特色文化产业重点项目：支持规划实施湖北文化创作交流基地、昙华林艺术区、襄阳隆中文化产业园、荆州纪南生态文化旅游区、荆州关公义园、鄂州梧桐湖文化创意产业园、随州编钟音乐文化创意产业园、恩施民族文化创意产业园、仙桃市湖北江汉文化创意产业园、天门中国茶文化之城等一批特色文化产业项目，培育一批特色文化产业企业、产品和品牌。

八、扩大对外和对港澳台文化交流

坚持政府统筹、社会参与、官民并举、市场运作，加强全省对外文化交流工作的统筹协调，积极构建全方位、多层次、宽领域的对外文化交流格局，进一步扩大"荆楚文化走世界"品牌影响力。

——扩大政府间文化交流。服务国家外交大局和省委省政府重大外事活动，借助央地合作机制，积极参与海外中国文化中心对口合作、"欢乐春节"、"感知中国"等品牌活动，组织实施一批重大对外文化交流项目，加强深层次、多样化、重实效的人文思想交流，讲好湖北故事，传播好湖北声音。围绕"一带一路"建设，组织开展"荆风楚韵丝路行"文化交流活动；以推进"万里茶道"申报世界文化遗产为契机，深化与俄罗斯、蒙古的文化交流与合作。加强对港澳台特别是面向青少年的文化交流，促进文化认同和国家认同。

——拓展对外和对港澳台文化交流渠道。加强全省各类文化交流主体、交流平台、交流途径和文化资源的统筹，鼓励和引导民间团体更多地参与对外和对港澳台文化交流活动，支持民营文化企业承担对外和对港澳台文化交流任务，促进文化艺术机构之间的专业交流，推动荆楚文化更多更好地"走出去"。建立对外和对港澳台文化交流网络支撑平台，整合、包装我省对外文化交流精品项目，利用互联网拓展荆楚文化走出去的新空间。进一步加大"引进来"力度，丰富广大人民群众精神文化生活。

——促进对外和对港澳台文化贸易发展。用好用足国家促进对外和对港澳台文化贸易的相关政策，鼓励和支持文化企业开发既符合国外受众特点、又具有荆楚文化风格的文化产品，推动重点文化企业利用各类交流交易平台扩大文化产品和服务出口，着力培育一批具有国际竞争力的对外和对港澳台文化贸易知名企业和品牌。支持文化企业参加境内外重要国际性文化展会活动，推动更多文化企业和项目进入国家文化出口重点企业和重点项目目录。

九、加强文化人才队伍建设

牢固树立文化人才优先发展理念，大力实施"人才兴文"战略，全面推进文化人才队伍建设，努力开创人人皆可成才，人人尽展其才的文化人才发展新局面。

——推动各类文化人才队伍协调发展。实施湖北省舞台艺术、美术"两个一百"人才培养工程和文化领域创新创业人才培养计划，培养一批成就突出、影响广泛的高端文化人才。支持设立戏曲大师（名家）工作室。实施戏曲名家收徒传艺工程，鼓励音乐、舞蹈、美术、曲艺、文博等各类文化名家采取师徒制人才培养模式，培养一批青年文艺骨干。加强艺术研究院所专业人员队伍建设，培养学术带头人和研究骨干。鼓励各单位发挥职能优势，加大编导、舞美、编剧、创意设计、投融资管理等方面紧缺人才的引进、培养力度。加强基层文化队伍建设，推动解决基层文化单位人员配备、基本待遇、工作条件等方面的实际问题，实现每个乡镇综合文化站公益性服务岗位工作人员不少于2名、村（社区）配置工作人员享受公共财政补贴的目标。实施荆楚农村基层文化骨干培训计划，扶持民间文艺社团、业余队伍、培养乡土文化能人、民族民间文化传承人和各类文化活动骨干带头人，鼓励"三支一扶"毕业生、大学生"村官"、志愿者等从事基层综合性文化服务中心管理服务工作，建强专兼结合的基层文化人才队伍。继续实施"三区"文化人才支持计划，提升贫困地区基层文化人才队伍服务水平。加强市、县文化局长轮训。实施新型文化智库建设工程，壮大文化政策研究和决策咨询队伍。

——创新文化人才培养机制。健全文化人才培训体系，按照分级负责、分类管理的原则，组织开展各门类的岗位培训、专题培训、业务培训。推动将公共文化服务专业人才培养纳入国民教育体系。加强文化系统艺术职业院校建设。落实大中专戏曲职业教育生均拨款制度。以省艺术研究院为龙头，加强编剧、导演、音乐、舞美等创作人才培养。支持湖北艺术职业学院与省戏曲艺术剧院等联合开办楚剧、汉剧、黄梅戏定向班，探索与中国戏曲学院、上海戏曲学院、武汉大学等专业院校合作办学，通过委托定向培养等多种方式加强戏曲后备人才队伍建设。发挥出土木漆器保护国家文物局重点科研基地等资源优势，加强文化遗产保护利用领域人才培养。

——优化人才成长环境。创新人才培养开发、评价发现、选拔任用、流动配置、激励保障机制，营造充满活力、富有效率、更加开放的人才制度环境。完善文化人才职称职务评聘措施和办法，完善人才选拔作用机制，加大领军型、复合型、创新型文化人才引进力度。支持积极打造特色鲜明、前景广阔的众创空间，促进文化人才创新创业。顺应网络文化发展的趋势，着力搭建网络文化人才培养平台，促进青年创意人才在网络文化领域脱颖而出。加大文化人才品牌宣传力度，综合运用多种传播渠道和各类平台，加大对我省文化人才的宣传推介和人才建设成果的展示，提升我省文化人才工作的美誉度和影响力。

专栏6　文化人才队伍建设

舞台艺术和美术"两个一百"人才培养工程：在全省范围内选拔一批舞台艺术、美术人才，在三年的培养周期内筹措1000万元专项资金，择优进行资助，力争打造一批舞台艺术、美术文化名家。

戏曲名家收徒传艺计划：省、市、县三级每年在各戏曲剧种、行当和各流派中遴选一批戏曲名家，采取导师制及"一带二、一带三"等方式，加强戏曲骨干人才培养。

荆楚农村基层文化骨干培训计划：重点培训1200名乡镇综合文化站站长、1000名非物质文化遗产传承人和1000名农村文化活动骨干带头人。

"三区"文化人才支持计划：每年从省、市、州文化单位选派30名左右优秀文化人才到"三区"县直文化单位开展文化服务和业务培训，从"三区"县直文化单位选派200名左右文化人才到乡镇、村开展文化服务，资助"三区"招募350名志愿者开展文化服务。

新型文化智库建设工程：依托高校、科研机构等人才资源，建立全省文化人才专家库，加强对文化工作的基础性研究以及对文化创新发展的全局性、前瞻性、对策性研究，为文化改革发展提供智力支撑。

十、强化各项保障措施

——深化文化体制改革。按照政企分开、政事分开原则，推动文化行政部门与所属文化企事业单位进一步理顺关系，依法赋予企事业单位更多的法人自主权。加快文化行政部门职能转变，健全文化行政权力和责任清单制度，深化文化行政审批制度改革，加大文化行政审批项目精简力度，积极探索加强事中事后监管的有效办法，扎实推进文化领域的"放、管、服"工作。坚持把社会效益放在首位，完善文艺院团"一团一策"分类改革，健全国有文艺院团管理体制和运行机制。进一步深化文化市场综合执法改革，加快形成责权明确、监督有效、保障有力的文化市场综合执法管理体制。创新乡镇文化管理体制，推动县（市、区）通过县聘乡用、派出制等形式加强乡镇文化工作力量配备。

——加大文化政策落实力度。加强文化财政保障，推动各级财政将提供基本公共文化服务、政府向社会力量购买公共文化服务、支持戏曲振兴发展、综合执法机构和能力建设等所需资金纳入财政预算。加大宣传引导力度，积极推动从城市住房开发投资中征收1%用于社区公共文化设施建设、捐赠公益性文化事业所得税税前扣除、扶持国有经营性文化单位转企改制和小微文化企业发展税收优惠等重要文化经济政策的落实。完善配套政策，及时跟进制定出台与国家重大文化政策相衔接的地方性文件。

——推进文化法治建设。加快地方文化立法进程，推进湖北省公共文化服务保障条例、文化产业促进条例、文物安全管理办法等重点立法项目，修订《湖北省实施〈中华人民共和国文物保护法〉办法》，指导和推动市（州）开展文化立法工作。积极争取各级人大开展文化执法检查，推动重大文化法律法规的贯彻实施。完善文化法律顾问制度，建立健全重大决策合法性审查机制，提高文化执法规范化水平。建立健全知识产权保护机制，加强文化知识产权保护。

——提升文化科技支撑水平。深入实施科技带动战略，完善文化科技融合工作机制，促进文化与科技融合发展。推动将文化科技创新纳入科技发展专项规划，加强文化领域技术集成创新、模式创新与自主创新，推动建立以企业为主体、市场为导向、产学研相结合的文化科技创新体系，支持开展文化专用装备、软件、系统的研发应用及其他关键技术研究。推动现代科技在文化领域的应用与推广，利用互联网等手段拓宽文化传播渠道，运用云计算、物联网、大数据等新一代信息技术推动基于智能移动终端软件、新媒体的公共文化服务，大力提高文化领域技术装备水平。

——加强文化系统党的建设。坚持"党要管党、从严治党"方针，推动文化系统各级党组织全面落实管党治党主体责任，扎实推进党的思想建设、组织建设、作风建设、反腐倡廉建设和制度建设，为文化建设发展提供坚强组织保障。

十一、组织实施

全省各级文化行政部门要充分认识《湖北省"十三五"时期文化事业发展规划》的重大意义，积极推动各级党委和政府把文化建设摆在全局工作重要位置，纳入经济社会发展总体规划，列入各级领导班子履职尽责考核体系，切实加强对规划实施的领导，做到文化建设与经济建设、政治建设、社会建设以及生态文明建设同部署、同落实；要认真贯彻本规划，结合实际制定实施方案和年度执行计划，加强对规划实施情况的动态监测和跟踪分析，及时发现并解决有关问题，认真做好中期评估和期末评估，确保各项目标任务圆满完成。

湖南省文化厅"十三五"时期文化发展规划

"十三五"时期，是全面建成小康社会的决胜阶段，是全面深化改革的攻坚期，是全面推进依法治省的关键期，是全面推动文化繁荣的机遇期。湖南省文化厅坚持战略思维，坚持目标引领，坚持问题导向，根据党和国家文化发展方针政策及省委省政府的文化强省战略，制定了未来五年文化改革发展思路、目标任务和重大项目。

一、指导思想、方针原则和发展目标

（一）指导思想

高举中国特色社会主义伟大旗帜，以马克思列宁主义、毛泽东思想、邓小平理论、"三个代表"重要思想和科学发展观为指导，深入贯彻习近平总书记系列重要讲话精神，按照"四个全面"的总体方略，坚持文化自信，以新的发展理念引领文化建设，在创新发展中激发文化创新活力，在协调发展中推动文化均衡发展，在绿色发展中充分发挥文化的重要作用，在开放发展中提高文化竞争力和影响力，在共享发展中保障文化民生，争取为谱写中国梦的湖南篇章提供有力的思想保证、精神动力、舆论支持和文化条件。

（二）方针原则

——坚持以人为本。坚持以人民为中心的工作导向，建立健全群众文化需求征集、评价和反馈机制，持续加大文化惠民工程的实施力度，不断提高公共文化产品的供给和服务能力，以文化服务的繁荣发展提升人民群众的幸福指数。

——坚持深化改革。在转变职能基础上提高文化宏观管理能力，创新文化管理体制；在坚持导向基础上创新文艺创作生产传播评价机制；在标准均等基础上加快建立现代公共文化服务体系；在体系建设基础上完善文化遗产保护传承机制；在融合发展基础上增强文化市场主体竞争力；在简政放权基础上建立健全现代文化市场体系；在统筹各种资源基础上提高文化"走出去"水平。

——坚持法治引领。把深化文化法治建设与推动文化改革发展紧密结合起来，努力建设符合社会主义先进文化前进方向、遵循文化发展规律、有利于激发文化创造活力、保障人民基本文化权益的文化法律规章制度和规范公正文明的文化行政执法体系，在法治轨道上提高文化治理能力现代化水平。

——坚持开放创新。探索建立文化多元投入机制，推动公共文化服务社会化发展；推动文化和科技融合，推动文化创意与设计业、制造业、旅游业、农业等重点领域融合发展，运用互联网+思维推动文化共享惠民、文化展示传播、文化营销推广；培育多层次文化产品和要素市场，鼓励金融资本、社会资本、文化资源相结合，提升文化软实力，扩大社会影响力，实现文化的跨越式发展。

（三）发展目标

——以提高国民素质和文明程度为着力点，促进人的全面发展。把中国梦和社会主义核心价值观贯穿文化工作的各方面和全过程，在精神文明建设活动、文化产品生产传播、文化服务提供和各类文化活动的开展中，坚持正确的价值导向，使人们在文化消费、文化体验中感受爱国主义、传递民族精神、把握时代精神，为全面建成小康社会提供强大的价值引导力、文化凝聚力和精神推动力。

——以加强艺术精品创作生产为着力点，繁荣发展社会主义文艺。深入贯彻习近平总书记在文艺工作座谈会上的重要讲话精神，落实中央关于繁荣社会主义文艺的意见，坚持以人民为中心的创作导向，以中国精神为灵魂，以中国梦为时代主题，以中华优秀传统文化为根脉，以创新为动力，以创作生产优秀作品为中心环节，深入生活，扎根人民，推出更多无愧于民族、无愧于时代的文艺精品，凝聚共识，汇聚力量。

——以公共文化服务标准化均等化为着力点，基本建成现代公共文化服务体系。加强基本公共文化服务标准化、均等化建设，重点是补齐短板，兜好底线；引导文化资源向基层、农村和老少边穷地区倾斜，着力解决贫困地区公共文化服务体系建设问题，完善公共文化设施网络，加大文化惠民力度，推进基本公共文化服务均等化进程，丰富服务内容，提高服务水平；创新公共文化服务方式，通过政府购买、社会资助、项目运营等形式推动公共文化服务社会化专业化发展，提升服务效能；建立群众评价和反馈机制，促进公共文化服务供需有效对接，打造公共文化服务升级版。

——以推进传统文化创造性转化发展为着力点，构建优秀传统文化传承体系。加强文物保护，继续推进一系列重大文物保护工程；提升非物质文化遗产保护水平，加强非物质文化数字保护和利用设施建设；振兴传统工艺，实施传统工艺扶持计划和古籍保护计划；将传承弘扬优秀传统文化融入国民教育、民间传承、文艺创作、产业发展等各个方面，赋予新意，创新形式，发挥好其在提高国家文化软实力、培育国民经济新的增长点、推动经济社会协调发展中的作用。

——以引导文化产业优化升级为着力点，培育形成新的增长点、增长极、增长带。通过重点行业带动和有力政策推动，促进文化产业优化结构布局、增强创新能力、提高质量效益；重点培育骨干文化企业和创意文化产业，改造提升演艺、会展、工艺美术等传统产业，加快发展动漫、游戏、数字娱乐等新型文化业态，推动文化产业优化升级；促进文化与科技双向深度融合，发展"互联网+文化产业"；营造良好文化消费环境，培育城乡居民文化消费习惯，增加文化产品有效供给，提升服务水平和质量，不断扩大文化消费规模。

——以优化市场健康发展环境为着力点，健全现代文化市场体系。建立统一开放、竞争有序、诚信守法、监管有力的现代文化市场体系；深化行政审批改革，简政放权、放管结合、优化服务，健全以内容监管为重点、以信用监管为核心、覆盖文化市场事前事中事后的全过程全领域的监管体系；建立公平保障机制，打破地域分割、所有制壁垒，充分发挥市场在文化资源配置中的基础性作用，促进人才、资金、科研成果等要素合理流动。

——以开创文化开放新格局为着力点，推动湖湘文化影响力持续扩大。加大对外文化工作创新力度，推动对外文化工作理念创新、思路创新、体制机制创新，创新对外传播、文化交流、文化贸易方式，把对外文化工作提高到新水平；加强与"一带一路"沿线国家的文化交流与合作，推动形成深度融合的互利合作格局；加快对外文化贸易优化升级，打造湖湘文化品牌，展示湖南崭新形象。

二、营造良好创作环境，引领湖南文艺全面繁荣发展

始终坚持以人民为中心的创作导向，坚持思想精深与艺术精湛相结合、创作生产与群众需求相结合、传承发展与创新普及相结合、政府主导与社会参与相结合、多出精品与多推人才相结合，不断激发文艺繁荣发展的生机与活力。

1.完善文艺创作机制。加强对全省院团的艺术创作总体布局；继续开展"深入生活、扎根人民"主题实践活动及"名师传艺"工程；进一步完善重大题材、精品剧目创作招标制度，舞台艺术多元投入机制，剧目生产专家论证制度，精品剧目生产奖励扶持制度；丰富全省剧本创作题材库、重点剧目题材储备库和剧本交流中心库。

2.振兴湖南地方戏曲。贯彻落实《关于支持戏曲传承发展的若干政策》（国办发〔2015〕52号）和《关于支持戏曲传承发展的意见》（湘政办发〔2016〕24号），全面振兴湘剧、花鼓戏、祁剧、汉剧等19个地方剧种；分年度委托戏曲院校开展全省地方戏曲编剧、导演、作曲、舞美人才培训班，每年资助2~5个地方戏曲剧种人才培训班；对全省地方戏创作演出重点院团的表演及创作人才进行培训，对各类特色鲜明、重点突出的地方戏曲人才培训项目进行资助；对全省地方戏创作演出重点院团赴境外演出和艺术交流活动实行补贴；支持各

地对本地最具代表性地方戏曲剧种的史料进行抢救、保存；举办有影响的地方戏曲展演及表彰活动。

3.繁荣文艺精品创作。实施重点题材创作计划，突出"中国梦"题材、地方特色题材、爱国主义和革命历史题材、现实生活题材和少数民族题材五大重点题材创作；围绕国家艺术基金申报、文华奖、"五个一工程"奖、中国艺术节、湖南艺术节等平台，加强对精品剧目的培育、创新和扶植，挖掘湖南资源，讲好湖南文化故事，推出湖南文化精品。

4.打造文艺活动品牌。坚持办好三年一届的湖南艺术节，每年轮流举办全省青年演员折子戏比赛、新创小戏比赛，专业声乐、器乐、舞蹈、曲艺等艺术活动，鼓励支持各市州举办艺术活动，带动我省艺术创作生产整体水平不断提升。

专栏1 重大文艺活动品牌与重要文艺奖项主要指标	
重大文化活动品牌	湖南艺术节；
	"怀素杯"全国书法双年展；
	全省青年演员折子戏比赛；
重要文艺奖项指标	力争每届艺术节推出30台以上新创剧目、30个以上新创小戏；
	力争实现每年有3~5个精品剧目入选国家艺术基金资助项目；
	力争5年间推出15~20个重点剧目可供加工打磨；
	力争2~4个剧目进入国家级大奖行列；
	力争2~3人获得梅花奖或文华奖单项奖。

三、加大政府财政投入，推动公共文化设施提质升级

继续加大政府对公共文化设施建设的投入，多渠道筹集资金，改善文化设施投资环境，加大管理和利用力度，到2020年，基本建成以省级文化设施为龙头，市州文化设施为骨干，县、乡镇（街道）、村（社区）基层文化设施为基础，布局合理、设施完善、功能健全、和谐发展的公共文化设施体系。

1.推进省级重点公共文化设施建设。重点建设一批能体现湖南特色的省级标志性文化设施，主要包括：湖南省博物馆陈列布展及精装建设、湖南图书馆新馆建设、湖南艺术职业学院新校区建设、省演艺集团场馆（含湖南文化广场二期建设项目和省歌舞剧院搬迁梅溪湖项目）建设。

2.推进市州级公共文化设施建设。主要包括：新建长沙戏剧艺术中心，改扩建长沙美术馆和湘剧保护传承中心；推进株洲市图书馆、市群艺馆改扩建工程和博物馆（含市美术馆）、市戏剧传承中心搬迁改造工程；完成湘潭市图书馆新馆、湘潭大剧院建设，新建齐白石美术馆；新建岳阳市洞庭湖博物馆、岳阳市巴陵戏传承展演中心，推进岳阳市美术馆新馆展厅建设，改扩建岳阳市少年儿童图书馆；新建常德市美术馆，完成市图书馆各功能区划建设；新建衡阳市博物馆；新建湘西州博物馆、州艺术中心和武陵山民族文化园；新建益阳市图书馆新馆、群艺馆新馆；新建永州市文化艺术中心、永州市民俗博物馆；完成张家界市图书馆、博物馆建设，新建市文化馆、美术馆、剧院、武陵山博物馆；推进邵阳市文化艺术中心建设，完成市博物馆陈列设计及布展；推动娄底市博物馆、文化馆陈列设计；新建怀化市艺术馆、博物馆、美术馆、影视中心；新建郴州市博物馆、市群众艺术馆、湖南昆剧团五岭歌舞剧场，改扩建市图书馆。

3.推动县级公共文化设施提质改造。参照国家规划及标准，对全省未达标的县级公共图书馆和县级文化馆进行新建和改扩建；结合各县（市）文物资源条件、建设规划，统筹推进县域特色博物馆新建工程；支持县级戏曲艺术和具有地方特色的国有文艺院团试点建设一批综合性排练场所；鼓励有条件的县级文化馆综合设置戏曲排练演出场所，推动为县级国有文艺院团建设小型综合排演场所，通过多种渠道为艺术表演团体免费或低价提供排练演出场所，逐步实现一县一剧场。

4.推进基层综合性文化服务中心建设。贯彻落实《国务院办公厅关于推进基层综合性文化服务中心建设的指导意见》（国办发〔2015〕74号）和《湖南省人民政府办公厅关于推进基层综合性文化服务中心建设的实施意见》（湘政办发〔2016〕48号）精神，制定基层综合性文化服务中心建设标准，加大资源整合力度，主要采取盘活存量、调整置换、集中利用等方式，按照人口规模和服务半径在乡镇（街道）和村（社区）统筹建设一批选址适中、与地域条件相协调，集宣传文化、党员教育、科技普及、普法教育、体育健身等功能于一体的基层综合性文化服务中心，配套建设文体广场并配备阅报栏（屏）、灯光音响设备、广播器材和体育健身设施等。

专栏2 公共文化设施建设主要指标	
省级重点公共文化设施	省博物馆陈列布展及精装建设工程；
	湖南省文化艺术中心建设工程；
	湖南艺术职业学院新校区建设工程；
	省演艺集团场馆（含湖南文化广场二期建设项目和省歌舞剧院搬迁梅溪湖项目）建设项目；
市州重点公共文化设施	推进各市州级文化馆（群艺馆）、图书馆、博物馆、剧场（影剧院）和文化广场等基本公共文化设施建设；
县级基础公共文化设施	对未达到国家相关建设标准的县（市）级图书馆、文化馆、博物馆、美术馆、剧场进行提质改造；
基层综合性文化服务中心	推进基层综合文化站（中心）建设，建筑面积不少于300平方米，站（中心）内设立图书阅览室、教育培训室、管理和辅助用室、多功能活动厅；
基层综合性文化服务中心	结合基层公共服务综合设施建设，整合闲置中小学校等资源，统筹建设村（社区）综合文化服务中心，设有1间多功能文化活动室、1间图书阅览室（可与农家书屋整合）、1个文化广场、1个宣传栏、1套文化器材、1套广播器材、1套体育设施器材；
流动文化设施设备建设	为县级公共文化机构配备流动文化服务车；重点加强农村集市流动服务点建设，配备新型集成化、便携式、多功能的流动文化服务设备，逐步实现流动文化服务常态化。

四、推进标准化均等化，构建现代公共文化服务体系

以贯彻落实《关于加快构建现代公共文化服务体系的实施意见》（湘办发〔2015〕39号）为抓手，坚持政府主导、社会参与、重心下移、共建共享，稳步提高基本公共文化服务标准化、均等化水平，与我省全面建成小康社会的进程同步，构建覆盖城乡、便捷高效、保基本、促公平的现代公共文化服务体系。

1.落实公共文化服务实施标准。以县为基本单位全面落实《湖南省基本公共文化服务实施标准（2015—2020年）》（湘办发〔2015〕39号文件附件），制定县域基本公共文化服务项目供给目录，围绕文艺演出、文体活动、展览展示、读书看报、广播电视、电影放映等方面，设置具体服务项目，明确服务种类、内容、数量要求，完善考核方式，提升服务质量和效率。到2020年，基本公共文化服务内容各项指标达到国家指导标准和我省实施标准要求。

2.创新公共文化服务机制。贯彻落实《关于做好政府向社会力量购买公共文化服务工作的实施意见》（湘政办发〔2016〕6号），建立健全政府向社会力量购买公共文化服务的工作机制，鼓励社会力量、社会资本参与公共文化服务；建立健全群众文化需求征集、评价和反馈机制；积极培育文化非营利组织；推进事业单位法人治理结构试点工作；构建参与广泛、内容丰富、形式多样、机制健全的文化志愿服务体系，探索具有湖南特色的文化志愿服务模式。

3.完善数字文化服务体系。利用文化信息资源共享工程、公共电子阅览室建设计划和数字图书馆推广工程，构建公共数字文化综合服务平台，实现基层公共数字文化服务的综合管理和"一站式"提供，打通公共文

化服务"最后一公里";启动数字文化馆、智慧博物馆、特色文化资源库建设,提升数字文化资源的传播服务效率,为公共文化服务体系建设提供数字化支撑。

4.搭建群众文化活动平台。深入开展"欢乐潇湘"大型群众文化活动,形成全省性公共文化活动示范效应,引导群众在文化建设中自我表现、自我教育、自我服务;继续抓好全国性"群星奖"、老年合唱节、少儿合唱节等群众文化汇演活动,组织创作群众文化精品力作;推进"湖南省民间文化艺术之乡"创建,扶持和发展一批具有广泛群众基础的传统艺术项目,打造有影响力的传统文化活动;贯彻落实国务院四部门《关于引导广场舞活动健康开展的通知》(文公共发〔2015〕15号)要求,培育一批具有导向性、示范性的广场舞品牌活动;鼓励支持市州打造群众文化活动品牌,实现城乡群众文化活动健康、文明、有序开展。

5.深入开展文化惠民活动。组织各级各类文艺院团和社会组织继续推进"雅韵三湘·高雅艺术普及推广计划",深入开展"送戏曲进万村,送书画进万家"活动,有效丰富群众文化生活。

6.切实开展文化精准扶贫。贯彻落实七部委《"十三五"时期贫困地区公共文化服务体系建设规划纲要》(文公共发〔2015〕24号)和我省七厅局联合印发的《"十三五"时期湖南贫困地区公共文化服务体系建设规划纲要》(湘文公共〔2016〕62号),对我省集中连片特困地区及国家扶贫开发重点县在公共文化服务标准化、均等化、数字化、社会化建设等方面采取有效措施,力争到2020年,贫困地区基本公共文化服务主要指标接近全省平均水平,文化在提高贫困地区群众科学文化素质、促进当地经济社会全面发展方面发挥更大作用。

专栏3	公共文化服务体系建设主要指标
文化资源数字化建设	省公共电子阅览室信息管理平台实现推广应用,推进公共文化数字服务"进村入户";
	公共数字图书馆数字资源量省级达到100TB,市级达到25TB,县级达到3TB;
	数字图书馆项目:建设统一认证、检索、管理、发布、安全、手机服务的图书信息管理系统,实现平台咨询、移动电子图书服务;
	数字博物馆项目:推动博物馆藏品资源数字化、陈列展览数字化、教育服务数字化;
	数字文化馆项目:整合全省文化(群艺)馆资源,完善文化馆线上、线下建设服务,完善全省群文工作配送,统筹全省群文工作;
公共文化服务效能提升 公共文化服务效能提升	公共图书馆总分馆体系建设;
	文化馆总分馆体系建设;
	县级公共图书馆人均藏书量不少于0.6册,年新增藏书量不少于5000册,年开展流动图书服务不少于12次;
	公共图书馆、文化馆(站)、公共博物馆(非文物建筑及遗址类)等公共文化设施免费开放,每周开放时间不少于42小时、每年开放时间不少于300天,基本服务项目健全;
群众文化活动品牌	"欢乐潇湘"大型群众文化活动;
	"群星奖"群众文化汇演活动;
	湖南省民间文化艺术之乡创建;
	文化志愿服务活动项目;
	市州群众文化活动品牌;
文化惠民活动	每年积极参与"雅韵三湘"高雅艺术普及推广计划;
	每年开展"送戏曲进万村,送书画进万家"活动,完成"演艺惠民、送戏下乡"10000场演出,名家作品进百姓家里。

五、加大保护传承力度，大力弘扬中华优秀传统文化

以夯实基础、构建体系、增强能力为着力点，形成以政府主导、社会参与的保护机制，加快文化遗产的保护传承体系建设，构建具有湖湘特色的优秀文化传承体系，切实做到"让文化遗产活起来"。

1.推进博物馆纪念馆免费开放。坚持提升博物馆纪念馆的展陈水平和服务质量；未能完全免费开放的公共博物馆，健全灵活多样的特定时段或特定人群免费开放制度；建立健全博物馆免费开放经费保障机制，落实免费开放补助资金中地方各级财政需负担的部分；开展博物馆免费开放绩效评估和考核；推动博物馆、纪念馆以各种形式参与学校、农村、社区、企业、军营文化建设。

2.推进革命文物保护展示体系建设。到2020年，完成1至7批所有革命文物类全国重点文物保护单位保护规划保护工程编报批工作，并重点实施其中一批文物单位的本体修缮工程、展示利用工程与环境整治工程；推动1至7批所有革命文物类全国重点文物保护单位均对公众开放；展示和建设一批以革命文物为核心的红色景区；对湖南地区近现代所涉文物实现全面整合保护、全程全景展现，为社会主义核心价值体系构建贡献革命文物资源与文物主管部门的力量。

3.推进文物安全工程体系建设。积极推动全省文物行政执法队伍建设，完善文物行政执法工作，加强田野文物安全防范体系建设；推进文物、博物馆风险等级单位技防达标工作，完善文物保护单位、博物馆的消防设施和避雷设施，坚决打击盗掘、走私等文物犯罪活动。

4.推进文化遗产设施基础建设。继续做好通道、绥宁侗族村寨，凤凰区域性防御体系，益阳、岳阳的万里茶道申遗工作；全面完成1-9批省级文物保护单位"四有"工作；跟进我省非遗博物馆、专题博物馆、展示中心、传习馆所等基础设施建设工作；支持指导市州、县（市、区）做好考古遗址公园、历史文化街区、伟人故居、文化遗产博览园等项目建设。

5.完善非遗四级名录体系及保护机制。建立健全保护机制和监督检查机制、非遗项目价值评估体系和省级名录、代表性传承人动态管理机制；探索省级非遗名录项目分类保护的规范标准、保护细则。

6.广泛开展非遗宣传工作。利用民俗节庆活动，开展非遗展览、演出、讲座、论坛等活动；推动非遗进校园、进市场、进演出，在大中小学开展非遗相关知识的教育，开展创建"非遗"传承学校和"非遗"实践基地评选活动；推动非遗项目参与国际交流与合作；推动非遗普查成果和保护成果出版工作。

7.加快非遗信息化建设。推进国家级项目数字化采集试点工作；推动省级项目数字化采集工作；制定和完善全省统一的数字化保护工程的标准体系；探索建立14个市州级非物质文化遗产数字化资源库；推进建设非物质文化遗产项目库（包含名录库、传承人库等）、专题数据库（包含文化生态保护区库、数字化抢救专题数据库等）、研究资料库、管理工作库、公众数据库等，形成非遗保护的数据库群。

8.实施湖湘传统手工艺振兴计划。重点针对传统手工艺为主的非遗传承人群，组织传承人到院校或企业研修研习，推动交流与互鉴；鼓励和推动设计企业、高校等到传统手工艺项目所在地设立工作站；鼓励扶持企业和高校申请设立重点实验室；鼓励传统手工艺品拓展销售渠道，支持历史传统文化街区、文化生态保护实验区、旅游景区设立传统手工艺品展销基地。

9.实施中华典籍整理工程。加强对古籍的普查、修复、保存、宣传和利用；推进全省古籍普查登记工作，全面实施"中华古籍保护计划""民国时期文献保护计划"，做好少数民族古籍保护、抢救、整理、出版和研究工作；出版《湖南简牍集成》大型图书。

10.围绕国家"一带一路"战略部署，开展考古发掘、文化遗产保护展示国际合作。充分发挥我省考古发掘、文物展览等方面的优势，在湖南与孟加拉国考古合作已经取得重大成绩的基础上，进一步加强与孟加拉国、斯里兰卡、印度、巴基斯坦等南亚国家在考古发掘、文化遗产保护和展示等方面的合作，争取在沿线国家设立"湖南文化中心"。

专栏4 文化遗产保护利用主要指标		
文物项目	文化遗产园区建设：完善和提升龙山里耶古城、永顺老司城、长沙铜官窑、澧县城头山等国家重要大遗址与考古遗址公园的保护、展示、利用、管理的水平；重点推进长沙汉王陵、宁乡炭河里等国家重要大遗址与考古遗址公园和秋收起义、湘鄂川黔革命旧址、汨罗屈子文化园等纪念园区的保护和建设；积极推进宁远舜庙遗址、益阳兔子山遗址、长沙马王堆汉墓等古遗址申报国家重要大遗址保护和国家考古遗址公园项目；	
	传统村落保护：重点完成全省28个国保省保集中连片传统村落整体保护利用；	
	申遗工作：继续做好通道、绥宁侗族村寨，凤凰区域性防御体系，益阳、岳阳的万里茶道申遗基础工作，争取纳入国家申遗重点项目；	
	湖南文物资源数字化平台：推动全省博物馆馆藏文物数字化、智慧博物馆和掌上博物馆建设；推动全省4000多处不可移动文物保护单位和考古发掘成果资源数字化；	
非遗项目	省级文化生态保护实验区设立和建设：在全省范围内选择非遗代表性项目集中、特色鲜明、形式和内涵保持完整的特定区域为"省级文化生态保护实验区"，实行区域性整体保护；	
	"神奇湖南"掌上展示馆项目：将我省十大类非遗项目资源数字化，开辟传承人专栏专区展示传习、手工技艺类非遗产品展销等专栏；	
	推进武陵山片区民间文化传承与发展协同创新中心建设；	
	推进各地非遗博物馆、专题博物馆、展示中心、传习馆所等基础设施建设；	
	支持推广民俗节庆活动：支持以花垣县"赶秋节"、安仁县"赶分社"、凤凰县苗族四月八"跳花节"、凤凰县苗族银饰服饰文化节、吉首鼓文化节、泸溪县浦市"中元节"、通道县"中国侗族大戊梁歌会"、城步县六月六"山歌节"、绥宁县四月八"姑娘节"、岳阳（汨罗）世界非物质文化遗产"端午节"系列活动等为代表的民族传统节庆活动的举办。	

六、加强分类规划指导，推动文化产业全面转型升级

以落实政策和重大项目、搭建服务平台扶持小微企业和特色文化产业为重点，不断提升文化创意水平，催生和扶持新型文化业态，推动文化与金融、科技、旅游的融合力度不断加大，逐步提高对国民经济增长的贡献率。

1.优化产业布局。推动形成优势互补、错位发展、区域联动的产业发展格局：以"长株潭"地区为文化产业核心增长极，重点发展传媒出版、动漫游戏、影视制作、创意研发等产业，打造全国文化产业高地，增强产业辐射能力；大湘西地区主要依托民族民俗文化等资源，重点发展文化旅游、创意设计、非遗传承、工艺美术等文化业态；大湘南地区加快推动文化产业与装备制造业、出口加工、对外贸易、现代服务业等相关领域融合发展，重点发展文化旅游、文化休闲等产业；环洞庭湖地区强化以生态文化、休闲文化、创意文化为特色的文化产业发展方向，重点发展生态经济、休闲农业、观光体验等产业形态。

2.加强分类指导。演艺业：鼓励和引导文化企业融合市场资源，走连锁经营道路，推动行业提档升级；积极推进长株潭三市演艺资源共享和演出票务合作体系建设；支持省演艺集团做大做强。动漫游戏业：大力发展原创漫画、影视动画、网络动漫、手机动漫、动漫舞台剧演出和动漫软件制作等动漫游戏产业，延伸产业链条，拓展传播方式，推进传统动漫产业升级；依托国家投入的中国（湖南）动漫公共技术服务平台和中国（湖南）手机动漫公共技术服务平台的技术优势，降低动漫制作生产成本，吸引更多动漫企业和团队回湘创业；支持组建湖南动漫集团；推动长沙（国际）动漫游戏展成为全国知名动漫展会品牌。娱乐业：加大科技融合力度，推动传统娱乐业向现代娱乐业转型升级；进一步提高娱乐市场细分程度，引进和发展先进的经营形式和娱乐场所，建设满足不同消费需求的现代娱乐市场体系。创意设计业：促进文化创意设计服务与相关产业的融合

发展，提高产业附加值；支持成立湖南创意设计联盟或协会性质的专业机构。艺术品业：扶持一批能带动行业发展的龙头企业、重点项目和品牌产品；推动春秋两季湖南文物博览会和中国收藏产业博览会成为全国文化产业会展业的重点品牌；加强艺术品市场的法制建设，健全艺术品经纪人制度，规范艺术品交易行为，培育和支持文化艺术产权交易机构发展。文化旅游业：加强文化与旅游产业的有机融合，以文化提升旅游的内涵，以旅游扩大文化的传播；推动特色文化产业和旅游的深度融合，引导各地根据实际情况寻求差异化发展，实现"一地一品"；支持大湘西乡村文化旅游开发力度。网络文化业：引导网吧向规模化、连锁化、专业化和品牌化方向发展；提升上网服务行业经营效益和整体水平。艺术培训业：规范社会艺术教育培训行为，形成规模化、专业化、企业化、社会化的艺术教育培训体系；培育艺术培训业龙头企业和重点品牌，打造高端艺术教育连锁经营品牌。会展业：加强会展软件硬件建设，支持长沙会展中心新址建设；提高会展业市场化运作水平，促进与文化旅游及商贸的合作，做大做强一批有影响力的节庆会展品牌。工艺美术业：加强收藏、鉴赏专业人才队伍建设，发展艺术品民间收藏市场；支持打造省级工艺美术专业展会。数字文化业：抢抓"三网融合"试点的重大机遇，探索建立互动增值业务模式；开发以电子商务为重点的媒体零售产业，与海量用户端对接的互动产业，与移动新媒体捆绑的数字传播行业等，培育一批具有国际竞争力的数字文化企业。

3.加强基础工作服务。完善湖南文化产业统计体系，建立健全湖南重点文化产业项目库、重点文化企业库、重点文化产业领军人才库、文化产业人才需求信息库等数据库动态管理机制；完善文化市场要素建设与监管，重点培育文化人才市场、金融市场、产权市场和版权交易市场，完善文化企业组建集团和上市融资的扶持措施；为文化企业在项目发布、融资等方面提供基础服务。

4.推动产业转型升级。加快文化产业发展方式转变，积极推进文化与科技、旅游、金融、体育、制造业和农业等融合发展，推进文化创意和设计服务与相关产业融合发展；加快提升文化产业科技水平，大力支持文化企业自主创新和技术进步；推动文化产业与移动互联网对接，推进文化产业与物联网、移动互联网、云计算、大数据等的融合创新，再造文化产品的生产流程、服务方式、盈利模式和业态形态。

5.深入推进园区建设。推动国家级文化和科技融合示范基地建设；加快长沙天心文化产业园、湘台文化创意产业园，潇湘文化创意产业园、华凯创意国家文化产业示范基地等重点园区（基地）建设；指导各市州一批重点文化产业园区（基地）建设，引导文化产业园区突出主导产业和主体功能，避免同质化竞争。

	专栏5　文化产业发展主要指标
文化产业发展目标	推动实现全省文化产业增加值保持年均15%以上的增速；
	重点扶持1~2个小微文化企业创新创意基地；
	着力培育2家以上文化企业集团；
	力争5家以上文化企业上市融资；
	逐步形成2~3个湖湘特色鲜明、产业布局合理、创新能力明显的湖南特色文化产业集群；
	形成一批特色文化产业区县和乡镇；
	全省重点文化产业项目库、特色文化产业项目库、特色文化企业名录库动态管理和跟踪服务效果良好；
	加快提升演艺娱乐、文化旅游、广告会展、文化艺术等传统文化产业，重点培育和发展创意设计、动漫游戏、移动多媒体等新兴文化产业；
	办好湖南文博创意产品博览会、湖南（国际）收藏产业博览会、中国·湖南（国际）艺术博览会、湖南文化创意设计大赛、湖湘工艺美术创意成果展、湖湘动漫月、湖南动漫智能机器人展会等一系列品牌活动；
	引导和扩大文化消费。

6.特色文化产业发展工程：贯彻落实《湖南省文化产业示范基地和园区基地管理办法》（湘文改字〔2015〕1号），支持规划实施一批特色文化产业项目，支持建设一批特色文化产业园区基地，培育特色文化企业、产业和品牌。

7.实施促进文化消费计划：引导创建国家文化消费试点城市，总结评估试点情况，研究提出扩大文化消费的政策措施，引导文化企业扩大文化产品和服务的有效供给，逐步建立促进文化消费的长效机制，形成可复制、可推广的经验模式。

七、完善立体监管机制，促进文化市场健康平稳发展

坚持市场监管与市场培育结合、综合执法与制度规范结合、集中整治与日常监管结合、传统执法与科技执法结合，规范文化市场秩序，激发文化市场活力，健全现代文化市场体系，主动开拓为企业和群众服务的新形式、新途径，营造良好的创业创新环境。

1.深化改革，提升综合执法能力。在推进全国文化市场技术监管与服务平台上线应用的基础上建立上网服务营业场所监控平台，加快文化市场监管标准化、规范化、信息化建设；着力打造一支法治意识、法治素养、法治能力较强的文化市场管理和执法队伍；加快形成"权责明确、监督有效、保障有力"的文化市场综合执法体制，提升综合执法工作的法治化、科学化、规范化水平。

2.依法行政，加强市场监管力度。开展文化市场专项整治行动，加强举报受理，确保文化娱乐、演出和网络文化市场内容安全和文化经营场所生产安全；成立全省网络文化市场联合执法小组，加强网络文化执法；坚持开展执法队伍业务培训、技能比拼和执法资质管理；加强执法案件指导和督办，组织开展行政审批和执法案卷评查工作；着力构建依法经营、违法必究、公平交易、诚实守信的文化市场秩序。

3.简政放权，积极培育市场主体。进一步规范行政审批权限，完善事中事后监管，制定文化市场行业行政审批标准，推动各地创建文化市场行政审批规范示范点，促进行政审批规范化；打破文化市场条块分割、城乡分离，清除市场壁垒，完善市场准入和退出机制，鼓励各类市场主体公平竞争、优胜劣汰；推动互联网上网服务、歌舞娱乐和游戏游艺行业转型升级。

4.建立机制，完善市场信用体系。完善文化市场信用信息数据库，建立文化市场信用管理规章制度，指导协会开展行业标准及规范建设；健全文化市场各行业信用评价体系，履行"双告知"职责、实施"双随机"抽查、完善"双公示"机制，实施黑名单动态管理，与其他部门建立信用信息交互共享及联合惩戒机制。

专栏6	文化市场监管主要指标
文化市场监管发展目标	建立文化市场安全生产监督检查基本规范；
	制定文化市场经营主体分级分类管理政策措施；
	推行文化市场行业行政审批标准；
	建设上网服务营业场所监控平台；
	开展"诚信画廊"评选和复核工作；
	推进文化市场信用体系建设。

八、深化交流合作层次，提升湖湘文化国内国际影响

加大湖湘文化对外宣传推介力度，优化传播形式和表现手法，通过展览、展演等活动，推动湖湘文化走出去，提高湖湘文化在国内国际的知名度和美誉度，影响力和辐射力。

1.扩大国际文化交流。服务国家外交大局，配合国家"一带一路"战略布局和省政府对外开放战略，做好与友好国家和地区文化交流活动，深化与港澳台地区的文化交流与合作；充分利用文化部搭建的海外"欢乐春节"品牌活动平台和部省对口合作平台，组织开展专业艺术对外交流，力争每年在境外举办"湖南文化周"活

动；大力引进外国优秀文化艺术成果；每年以"政府指导、社会参与、市场运作"的形式，在省内举办1-2次具有国际水准的艺术演出和展览活动，力争打造出更多的湖湘品牌文化交流活动。

2.加强对外文化贸易。加强与北京、上海对外文化贸易基地的联系，充分用好自贸区的优惠政策，支持文化企业研发"湖湘特色、中国风格、国际气派"的外向型文化产品，积极拓展文艺演出、动漫游戏、工艺美术等文化产品出口和服务贸易；鼓励有实力的文化企业通过合资、合作、并购等形式，直接在海外建立自己的研发、生产、营销基地，根据当地的审美情趣和消费习惯，量身创作具有丰富文化内涵的产品，并力争使其打入当地主流社会。

3.创新对外文化交流机制。创新对外文化交流项目运作方式、对外文化交流项目管理机制和融资机制，制定符合本地区实际的对外文化发展规划；完善对外交流激励政策，表彰和奖励文化"走出去"优秀单位和企业；加强资源统筹能力，拓宽资源对外推介渠道；大力推动传统戏曲"走出去"工程。

	专栏7 对外文化交流主要指标
对外文化交流 发展目标	利用部省对口合作平台，组织专业艺术对外交流项目35个以上；
	力争每年在境外举办1-2次大型"湖南文化周"活动；
	力争省内每年举办1-2次具有国际水准的艺术演出和展览活动；
	打造出更多的湖湘品牌文化交流活动；
	支持民族地区与港澳台少数民族开展文化交流活动；
	挖掘我省特色文化资源，加强资源对外推介。

九、加强人才队伍建设，形成智力支持保障体系

加快各类文化人才成长步伐，实现人才队伍总量稳步增长，素质不断提升，结构更加合理，活力不断增强，效能充分发挥，为文化改革发展提供坚强的人才保障和智力支持。

1.创新人才发展体制机制。深入贯彻落实中央《关于深化人才发展体制机制改革的意见》及我省相关政策，坚持党管人才、服务发展大局、突出市场导向、体现分类施策、扩大人才开放。结合本省实际，力争在人才发展体制机制的重要领域和关键环节上取得突破性进展，人才管理体制更加科学高效，人才评价、流动、激励机制更加完善，识才爱才敬才用才氛围更加浓厚。

2.构建全方位人才培养体系。进一步强化用人单位在人才培训中的主体地位，完善在职人员继续教育体系。以湖南艺术职业学院全国文化干部培训基地为中心，打造我省的文化人才培养阵地。启动"百千万"文艺人才提升工程，"十三五"期间，借助国家级高水平艺术院校平台，送训百名优秀文艺人才；依托省内教育培训基地，培养培训千名文艺人才及文化管理干部；整各级培训资源，轮训万名基层文化工作者；逐步形成重点突出、层次分明、渠道多样、特色显著的多层次全方位人才培养体系。

3.强化急需紧缺文化人才队伍建设。以急需紧缺专业人才为重点，加大重点领域专门人才的开发力度，加大对体制外人才的支持和培养力度，加强人才的需求预测，采取"走出去"和"请进来"相结合的方式，盘活现有存量人才。依托"文化部优秀专家"、"梅花奖"等各类奖项的评选，打造一支文化领军人才。继续实施我省"三区"人才支持计划文化工作者专项，每年选派1000名优秀文化工作者到"三区"工作和提供服务，每年为"三区"培养一批骨干文化工作者，积极引导优秀文化人才向基层流动，为我省公共文化服务均等化提供人才支持。

十、优化保障服务机制，提高文化改革发展保障水平

紧紧围绕贯彻党中央"四个全面"战略布局，深化文化体制改革、加强文化法治建设、优化文化人才结构、狠抓党风廉政建设，加强各项基础工作的长效机制建设，进一步汇聚提升文化治理能力的强大合力，为文

化改革发展提供坚实保障。

1.深化文化体制改革。深入贯彻落实省委省政府关于深化文化体制改革的战略部署，以激发文化创造活力为中心环节，着力于深入推进重点领域改革，创新文化管理体制和运行机制，完成文化领域各项改革事项。

2.推进文化法治建设。进一步强化对行政权力的监督和制约；进一步加强和改进制度建设，严格执行规范性文件"三统一"制度，完善重大行政决策的公众参与和合法性审查等机制；进一步规范公正文明执法，严格执法程序，推进行政处罚裁量权基准适用工作；进一步发挥行政复议化解矛盾纠纷的主渠道作用，提高办案质量；进一步推进科学立法，建立健全文化行政管理规章制度。

3.强化文化财政保障。进一步健全文化财政保障机制，加大政府投入力度；按照基本公共文化服务标准，各级政府落实提供基本公共服务项目所必需的资金；将购买公共文化服务资金纳入各级政府财政预算；建立财政文化资金绩效评估结果与预算安排挂钩制度，建立健全财政资金监督管理机制，提高资金使用效益。

4.提升科技支撑水平。探索跨部门、跨地区的文化科技融合工作机制；支持社会力量参与文化创新活动；加强文化科技创新成果宣传和推广；组织实施文化重点领域科技成果应用示范项目，进一步激发文化领域创新创造的活力。

5.加强文化宣传报道。适应现代传播新格局，把一切具备传播功能和媒介属性的载体和平台都作为先进文化的传播渠道，大力提升全媒体的传播辐射效应，逐步完善文化湖南微信、官方微博，文化湖南APP和湖南文化中英文双语网站，不断扩大文化传播的受众面和影响力。

6.加强党风廉政建设。坚持开展作风建设工作专项督查，强化"三重一大"事项民主决策制度落实，确保资金安全、高效使用；进一步加强廉政风险防控机制建设，形成领导干部不敢腐、不能腐、不想腐的约束机制，为文化改革发展积聚正能量、营造好氛围。

广西壮族自治区文化发展"十三五"规划

前 言

"十三五"时期，是广西与全国同步全面建成小康社会，基本建成面向东盟国际大通道、西南中南地区开放发展新的战略支点、21世纪海上丝绸之路与丝绸之路经济带有机衔接重要门户的关键时期，也是广西进一步加快文化改革发展、建设民族文化强区的重要时期。本规划根据《广西壮族自治区国民经济和社会发展第十三个五年规划纲要》，以及文化部、国家新闻出版广电总局有关文件精神编制，阐明"十三五"时期文化改革发展的指导思想、目标任务和重要举措，是指导未来5年全区文化改革发展的纲领性文件。

第一章 规划背景

一、发展基础

"十二五"时期，广西文化建设全面快速发展，社会主义核心价值体系建设不断巩固和拓展，文化建设在引领时代风尚、丰富群众生活、推动经济发展、优化社会环境、塑造广西形象等方面的作用明显增强，广西文化软实力、核心竞争力、综合影响力、服务能力大幅提升。

——文化艺术创作生产成果丰硕。坚持以人民为中心的创作导向，实施文化精品战略，创作生产了一批弘扬优秀民族传统文化、展现"美丽中国·美丽广西"、讴歌时代精神、在全国享有盛誉的文艺精品。音乐剧《桂花雨》、桂剧《七步吟》获中央宣传部精神文明建设"五个一"工程奖，有5部作品入选国家舞台艺术精品工程重点资助剧目，舞剧《碧海丝路》获中国文化艺术政府奖文华奖，话剧《老街》获全国话剧金狮奖小剧场剧目奖，音乐剧《幸福不等待》获全国话剧金狮奖编剧奖，彩调剧《刘三姐》荣获文化部保留剧目奖。一批特色鲜明的文艺新作脱颖而出，壮剧《第一书记》在全区各地巡演反响热烈；儿童剧《魔豆》被评为第八届全国儿童剧优秀剧目展演的入选剧目，荣获得2015年度中国儿童剧票房10强。17个项目获中国出版政府奖等国家级出版物大奖。摄制完成20部674集电视剧、30部电影、15部199集电视动画片，9部影视剧获得国内外大奖。《夜莺》代表中国参加2014年度奥斯卡角逐，在广西尚属首次。4部微电影和网络动画片《可可小爱》获得国家新闻出版广电总局优秀原创网络视听节目奖，网络文学作品《宁子墨那代人》入选国家新闻出版广电总局"2015年优秀网络文学原创作品推介活动"作品名单。

——公共文化服务体系逐步完善。覆盖城乡的五级公共文化服务网络框架初步形成，现有公共图书馆112个、文化馆123个、文化站1168个、村级公共服务中心7079个，基本实现市县有图书馆、文化馆，乡镇有综合文化站。3个设区市被列为国家公共文化服务体系示范区，4个县（市、区）被列为示范项目。公共文化场馆基本实行零门槛开放和免费提供基本服务；创新农村公共文化服务模式，推进建设7079个村级公共服务中心，覆盖49.3%的行政村，创造了在西部欠发达地区建设基层公共文化服务体系的广西经验，农村公共文化事业走在全国西部省区前列。建成农家书屋15138家，实现"村村有书屋"的目标；新建乡镇无线发射台站479座，发放直播卫星户户通20万套，每年放映农村电影超17.5万场，数字化改造广播电视无线发射台613座。广播人口综合覆盖率和电视人口综合覆盖率分别达到96.74%和98.31%。

——文化惠民活动深入基层。推动公共文化场馆节假日文化活动实现常态化。打造民族文化活动品牌，"唱响八桂中国梦艺术精品到基层"等惠民演出品牌以服务基层、服务群众为导向深入农村、社区、企业、校园、军营开展惠民演出近万场；"壮族三月三"等节庆文化品牌，开展丰富多彩的民俗文化活动和舞台艺术精品演出，形成"市市有活动，县县有节目"的格局，成为"大聚会、大联欢、大团结"的民族盛会和展示广西优秀民族文化的重要平台，充分展现广西经济发展、文化繁荣、民族团结、社会和谐之美；"南国之声"周末音乐会、"民族戏苑"周末剧场等城市驻场演出品牌丰富市民精神文化生活，辐射效应与彰显力不断提升，成为城市里一道亮丽的风景，塑造了城市文化新形象。

——文化产业整体实力不断增强。文化产业蓬勃发展，2015年文化产业增加值达到424.22亿元，占全区地区生产总值（GDP）的2.52%。现有国家级文化产业示范基地8家，自治区文化产业示范园区4家、文化产业示范基地103家，成长型小微文化企业60家；自治区动漫骨干企业28家，自治区动漫人才培养基地16家；培育了38个特色文化产业（项目）示范县（市、区），特色文化产业成为县域经济发展的新引擎。新闻出版广播影视产业发展迅速，2015年数字影院总数151家，银幕465块，电影院线票房收入7.74亿元，广播电视经营创收42.06亿元，印刷业总产值突破百亿元，数字出版年总产值达4亿元。广西广电网络公司上市工作基本完成，为成为少数民族自治区中第一家成功上市的文化企业打下坚实基础。

——文化市场阳光健康繁荣发展。统一、开放、竞争、有序的现代文化市场体系逐渐形成，现有文化市场经营机构8142个，列全国第13位；利润总额9.2亿元，列全国第18位；文化消费满意度在全国排名前列。互联网上网服务行业转型升级试点工作有序推进，网络文化市场新兴业态快速壮大。建立健全文化市场监管体系，推进文化市场"黑名单"管理，开展专项治理整顿和安全生产大排查活动，文化市场经营活动繁荣有序，5年来无一例安全责任事故发生。

——文化遗产保护利用取得重大突破。左江花山岩画文化景观被确定列为2016年中国申报世界文化遗产唯一项目。灵渠、海上丝绸之路·北海史迹、侗族村寨·三江侗族村寨列入中国世界文化遗产预备名录。文物保护成果显著，全国重点文物保护单位增至66处、自治区级文物保护单位356处、市县级文物保护单位1937处；国家历史文化名城3个、名镇7个、名村9个、历史街区1个，自治区历史文化名镇13个、名村26个，中国传统村落89个；4处文物保护单位列入国家大遗址名单，甑皮岩遗址公布为华南地区唯一的国家考古遗址公园，靖江王府及王陵列入国家考古遗址公园立项名单。新建博物馆153个，超额完成百家博物馆建设项目，博物达到225个（含民办博物馆）。广西民族博物馆"BEIXNUENGX（贝侬）——壮族文化展"荣获全国博物馆十大陈列展览精品。非物质文化遗产保护体系日趋完善，建立国家、自治区、市、县四级非物质文化遗产名录体系，现有国家级代表性项目名录49个，项目代表性传承人26名；自治区级代表性项目名录424个，项目代表性传承人240名；国家级生态保护试验区1个，自治区级6个；国家级非物质文化遗产生产性保护示范基地2个，自治区级37个。推动中越边境非物质文化遗产惠民富民示范带建设，在边境地区建成23个非物质文化遗产传承保护示范点。

——对外文化交流影响不断扩大。对外文化交流的深度和广度进一步拓展，完成重点文化交流合作项目55个，来访29起380人次，出访98起1803人次。成功打造"美丽中国·美丽广西"文化交流品牌，合作共建首尔、悉尼、曼谷等海外中国文化中心，在世界各地开展一系列"广西文化周"活动。成功举办10届中国—东盟文化论坛，论坛成为加强中国与东盟文化交流合作，增进了解与友谊的重要平台，为进一步夯实双方战略伙伴关系注入了新的动力。与30多个国家和地区达成版权贸易图书2600多种。成功举办2届中国—东盟出版博览会和5届台湾广西图书展。广西师范大学出版社集团完成对澳大利亚视觉出版集团股权交易交割的收购手续，实现资本"走出去"零的突破。接力出版社埃及分社成立。《中国—东盟博览》杂志落地印尼、马来西亚、泰国，中越文杂志《荷花》落地越南，幼儿期刊《小聪仔》发行到马来西亚。电视栏目《中国剧场》落地柬埔寨、老挝等东盟国家，广西电视台电视节目覆盖东盟、东亚、欧洲、北美、澳洲约30个国家和地区，成功举办"聚焦广西"国际电视采访等多项大型外宣活动。专题片《海上新丝路》被国务院新闻办列入"海外媒体供片工程"，作为国家领导人出访国礼赠送给"一带一路"有关国家。纪录片《寻找巴布什金中校》入选中俄两国共同庆祝世界反法西斯战争胜利70周年人文领域活动计划项目，被列为2015年对外传播重点项目。电影《夜莺》被列为2014年中法建交50周年纪念活动重点文化宣传项目，入围十多个国家和地区的电影节或电影展。我区译制的国产优秀电视剧《老马家的幸福往事》《北京青年》陆续在东盟国家电视台播出，引起热烈反响。

——文化体制改革成效显著。文化体制机制改革创新取得新突破，保留事业体制文艺院团9家，转制文艺院团22家、划转69家、撤销17家。国有转制文艺院团企业运营机制进一步完善，改制后的文艺院团艺术创作生产实现可喜发展。文化市场综合执法改革全面完成，14个地级市和95个县（市、区）组建文化市场综合执法机构。组建广西电影集团有限公司、广西期刊传媒集团有限公司、广西新华书店集团股份有限公司、广西演艺集团有限公司。完成经营性图书音像出版单位转企改制、非时政类报刊出版单位体制改革工作。成为全国首个实现省（自治区）、市、县、乡镇、村广电网络五级贯通的省区。

必须清醒地看到，广西文化建设虽然取得了新成效，文化软实力得到了快速提升。但从总体看，广西文化改革发展现状与民族文化资源大区、文化遗产大区的地位还不相匹配，与建设民族文化强区的目标相比、与全面建成小康社会的新要求相比，仍然存在一定的差距。主要是文化创新能力不足、文化领域立法滞后、文化发展保障措施尚未完善、制约文化体制机制障碍依然存在、公共文化基础设施比较薄弱、文化产业整体实力不强、市场配置资源作用未充分发挥、文化遗产安全形势严峻、国际传播能力不高、文化艺术拔尖人才紧缺等薄弱环节和问题。广西文化建设必须在"补短板、兜底线、提质增效"上下功夫，继续深化改革、完善政策、健全体制，推动社会主义文化大发展大繁荣。

二、发展形势

——文化发展宏观环境更加优化。党的十八大以来，党中央对文化建设给予了前所未有的高度重视，做出了扎实推进社会主义文化强国建设的战略部署，文化建设成为国家"五位一体"总体布局的重要支点。党的十八届三中全会对文化体制机制改革做出了部署，党的十八届四中全会对建立健全文化法律制度提出了要求。习近平总书记就提高国家文化软实力、培育弘扬社会主义核心价值观、保护弘扬中华优秀传统文化、繁荣文艺创作、推进文明交流互鉴等做出了重要论述，为全面推进文化改革发展提供了根本遵循。

——文化发展重要作用更加凸显。为适应经济发展新常态，国家大力推进现代服务业和战略性新兴产业发展，为发展文化产业、拉动文化消费提供了新契机。文化产业是现代服务业的重要组成部分，发展文化产业、扩大文化消费，对于推动经济结构转型、拉动经济增长将发挥更加重要作用。国家深入实施全方位开放战略，加快推进"一带一路"建设，与东盟合力打造中国—东盟自贸区升级版，促进我国与全球经济体系深度融合。广西作为"一带一路"有机衔接的重要门户，在中国与东盟文化交流合作中，主力省区的平台作用更加突显。

——文化发展政策支持更加有力。国家把促进基本公共文化服务标准化均等化，作为全面深化改革的重要任务，加大对基层特别是农村和欠发达地区文化建设的政策扶持力度。党中央明确提出要加强贫困地区公共文化服务体系建设，对贫困地区公共文化服务体系建设将会给予更多倾斜，投入力度进一步加大。作为全国贫困地区、少数民族地区、边境地区和革命老区数量较多、较为集中、脱贫面相对较大的西部省区，广西公共文化服务设施和水平与东部发达地区的差距较大，必将获得国家政策的重点扶持。

——文化发展空间更加广阔。国家提出要走"以人为本、四化同步、优化布局、生态文明、文化传承"的中国特色新型城镇化道路，对文化建设同步跟进提出了新要求。文化建设既是新型城镇化的重要组成部分，又是新型城镇化的重要保障和推动力量。在新型城镇化进程中，提升文化品位、保护传承文化、促进公共服务均等化成为中心任务。

第二章　总体要求

一、指导思想

全面贯彻党的十八大和十八届三中、四中、五中、六中全会精神，深入贯彻习近平总书记系列重要讲话精神，牢固树立和落实创新、协调、绿色、开放、共享发展理念，牢牢把握社会主义先进文化前进方向，坚持以人民为中心的工作导向，以社会主义核心价值观为引领，充分发挥广西特色资源优势和区位优势，全方位推进文化创新，深化文化体制改革，大力发展文化事业和文化产业，构建体现时代发展趋势、符合文化发展规律、具有广西特点的文化发展格局，加快建设民族文化强区，为营造"三大生态"、实现"两个建成"目标提供强大的价值引导力、文化凝聚力、精神推动力。

二、基本原则

——坚持正确方向。坚持社会主义先进文化前进方向，全面贯彻"二为"（文艺为人民服务、为社会主义服务）方向和"双百"（百花齐放、百家争鸣）方针，把社会主义核心价值观贯穿到文化建设各领域各环节，促进在全社会形成积极向上的精神追求和健康文明的生活方式，提高公民素质和全社会文明程度。

——坚持以人为本。坚持以人民为中心的工作导向，把满足人民群众日益增长的精神文化需求作为文化工作的出发点和落脚点，充分发挥人民在文化建设中的主体作用，坚持文化发展为了人民、文化发展依靠人民、文化发展由人民共享，使全体人民有更多获得感、认同感和幸福感。

——坚持协调发展。坚持把社会效益放在首位，实现社会效益与经济效益相统一，加快转变文化发展方式，促进城乡、区域文化协调发展，推进文化跨界深度融合，打造文化发展新引擎，努力实现更高质量、更有效率、更加公平、更可持续的发展。

——坚持改革创新。紧跟经济结构转型升级、新型城镇化、现代信息技术和"互联网+"的发展步伐，加强文化理念创新、制度创新、发展方式创新和文化科技创新，培育发展新动力，拓展文化发展和传播空间，让大众创业、万众创新在文化领域蔚然成风。

——坚持传承弘扬。坚持继承和弘扬优秀民族文化，加强广西优秀民族传统历史文化传承保护与开发利用，体现传统文化的区域特色和时代特征，突出广西气派、广西风格、广西精神，彰显广西特色，打造广西文化品牌，增强广西优秀民族传统文化竞争力。

——坚持开放包容。积极参与"一带一路"文化交流与合作，扩大对外文化贸易，构建全方位、多层次、宽领域的文化对外开放格局，大力宣传展示广西优秀文化。吸收借鉴世界各国优秀文化成果，积极引进文化领域人才、技术、经营管理经验，不断增强广西文化国际竞争力和影响力，推动广西文化走进东盟，走向世界。

三、发展目标

到2020年，广西民族文化强区建设取得重要进展：社会主义核心价值观更加深入人心，人民群众精神文化生活更加丰富，国民素质和社会文明程度逐步提高；文化精品力作不断涌现，文化艺术繁荣发展；现代公共文化服务体系基本建成，人民群众基本文化权益得到切实保障；现代文化产业体系更加完善，文化产业逐步成为国民经济支柱性产业；现代文化市场体系更加规范有序，文化产品和文化服务丰富多彩；优秀传统文化传承体系加速构建，文化遗产保护和利用水平明显提高；对外文化交流体系更加健全，广西文化国际影响力显著提升；文化惠民富民工程全面实施，贫困地区文化发展能力明显增强；人才兴文战略加快推进，一批高层次领军人物和青年拔尖人才脱颖而出；文化改革创新全方位推进，富有活力的文化管理体制和运行机制建立健全。文化综合发展实力位于西部地区前列，成为全国边疆民族地区文化建设示范区、全国区域性文化中心、中国—东盟文化交流枢纽、中华文化走向东盟的主力省区。

四、主要指标

——文化设施建设。各级公共图书馆、文化馆、影剧院、乡镇（街道）综合文化站、农家书屋等设施建设达到国家标准。村级公共服务中心覆盖率达到80%以上。基本实现广播电视户户通，广播综合人口覆盖率和电视人口综合覆盖率节目分别达到98%和99%。

——公共文化服务。公共图书馆人均拥有图书文献1册，国民综合阅读率达到80%，人均书报刊用纸量达到240印张，千人拥有出版物发行网点数0.13个。每25万人拥有一个博物馆。贫困地区基本公共文化服务接近全国平均水平。

——文艺精品创作生产。创作排演10部左右在全国有影响力的舞台艺术作品，创作生产5部左右在全国有影响力的影视作品，推出5—10部在全国有影响力的长篇小说，创作1—3台适合我区旅游演出的舞台作品，打造3个左右在全国有影响力的知名文艺栏目，推出10部左右在全国有影响力的精品图书。

——文化遗产保护利用。争取1项世界文化遗产预备名单项目列入世界遗产名录。公布自治区级文物保护单位100处。国有博物馆建有安防系统达到90%以上。非物质文化遗产代表性项目完好存续率达到70%以上。建设文化生态保护区10个。

——文化产业发展。文化新业态增加值占文化产业增加值比重不断增强，文化产业增加值占地区生产总值比重达到4%以上。建成1家国家级文化产业园区、2个国家级文化产业示范基地、50个自治区文化产业示范基地。电影产量每年稳定在3—5部左右，电影票房年均增长15%以上，突破10亿元。

——文化市场管理。基本完成全国文化市场管理与服务平台推广应用，上线率达到98%以上，行政审批事项全部线上办理，行政执法案件全部平台办理。

——文化交流合作。参与共建3家海外中国文化中心，组织10次以上海外欢乐春节活动。扶持10家以上文化企业走向东盟文化市场，建立2家以上面向东盟的文化出口基地，扩大对东盟国家文化贸易规模。

——文化人才培养。培育知名舞台表演艺术家10名、作家10名、画家10名。培养引进100名优秀文化经营管理人才、1000名文化专业科技人才。每年培养150名急需紧缺的基层文化工作者。

第三章　主要任务

一、构建五大体系

（一）构建现代公共文化服务体系

坚持政府主导、社会参与，全面推进基本公共文化服务体系标准化均等化，基本建成覆盖城乡、服务便捷、保障充分、统筹有力、充满活力的现代公共文化服务体系，保障人民群众基本文化权益。

全面推进基本公共文化服务标准化均等化建设。全面落实《广西壮族自治区基本公共文化服务标准》，明确政府主导地位和保障底线。根据城镇化发展趋势和城乡常住人口需求，统筹规划各级公共文化服务设施的整体布局，加大对公共文化服务基础设施建设的投入，建成完备的自治区、市、县、乡、村五级公共文化设施网络，提高公共文化服务网络的覆盖率。建立群众文化需求反馈机制，开展公共文化"菜单式"服务，制定公共文化服务目录，完善公共文化服务项目与内容标准化建设。深入开展送文化下基层活动，促进城乡公共文化服务均衡发展。

增强基本公共文化服务供给能力。创新公共文化服务方式，推进政府购买公共文化服务，促进公共文化服务资源共建共享。深入推进公共图书馆、博物馆、文化馆（站）、美术馆等公共文化设施免费开放，提升免费开放服务水平。加强公共数字文化平台建设，利用信息技术拓展公共文化服务能力和传播范围，构建数字化、信息化、网络化环境下文化建设的新平台、新阵地,全面提升公共文化服务能力和服务水平。推动公共文化服务社会化发展,鼓励企业、社会组织和个人参与提供公共文化产品和服务。全面实施全民阅读工程。加快城乡阅报栏(屏)工程建设。组织各类优秀出版物推荐活动。支持实体书店和图书馆合作开展借阅、购买、馆藏活动。鼓励党报党刊、三农类报刊在农村免费赠阅,推动送书下乡。开展学龄前儿童基础阅读促进工作和向中小学生推荐优秀出版物工作。推动农村电影流动放映向固定放映、室外放映向室内放映转变。进一步增强壮语等少数民族语言节目制作、译制和传播能力。

健全公共文化管理运行机制。健全自治区公共文化服务协调机制,完善公共文化服务体系运行机制,统筹推进各类重大文化项目。保障财政对公共文化服务的投入。建立健全县级图书馆、文化馆总分馆制,促进资源共享和有效利用。县级以上公共文化机构按照职能和当地人力资源保障、编办等部门核准的编制数配齐工作人员,乡镇综合文化站每站配备编制人员1-2人,规模较大的乡镇适当增加,村(社区)公共服务中心设有由政府购买的公益文化岗位。加强自治区、市、县新闻出版广播影视公共服务运行机构和人员队伍建设,健全监管平台和服务网点。建立公共文化服务绩效管理机制,开展公共文化服务第三方评价工作,发挥绩效评价对政府行为的导向作用,提升政府公共文化服务水平。

专栏1　现代公共文化服务体系建设

1.创建国家公共文化服务体系示范区:巩固提升来宾市、玉林市和河池市仫佬族自治县、柳州市鱼峰区、桂林市临桂区创建第一、第二批国家公共文化服务体系示范区(项目)成果,组织防城港市和柳州市柳南区开展第三批国家公共文化服务体系示范区(项目)创建工作。

2.公共数字文化平台建设:统筹实施党员干部现代化远程教育工程。推动数字图书馆、文化馆、博物馆、美术馆和公共电子阅览室建设。实施农村广播无线覆盖工程。推动农家书屋工程提效升级,建立多种形式的数字农家书屋。建立公共读物投放点网络和公共数字阅读终端网络。

3.文化志愿服务行动计划:开展"春雨工程""大地情深""阳光工程"等示范性文化志愿服务活动和以"扎根基层、服务群众"等为主题的基层文化志愿服务活动。健全文化志愿服务组织,规范文化志愿服务管理,壮大文化志愿者队伍。

(二)构建优秀传统文化传承体系

坚持"保护为主、抢救第一、合理利用、加强管理"的工作方针,全面提升文化遗产保护利用水平,着力推动民族优秀文化保护传承与创新发展,基本形成系统完备、地域特色鲜明的优秀传统文化传承体系。

加强世界文化遗产保护展示利用。提高左江花山岩画世界文化遗产保护利用水平,实施世界文化遗产保护维修工程,加强世界文化遗产左江花山岩画文化景观本体及周边环境的保护。推动列入中国世界文化遗产预备名单的灵渠、海上丝绸之路·北海史迹、侗族村寨·三江侗族村寨申报世界文化遗产。创新文化遗产展示传播途径,提升文化遗产展示传播能力。加强世界文化遗产基础研究,进一步挖掘遗产地历史文化科学价值,提高世界文化遗产保护、展示、利用、管理的水平,提升世界文化遗产保护利用效益。

加强文物保护利用。开展濒危不可移动文物抢救保护与维修,实施重大文物抢救性保护工程,推动文物保护单位预防性保护常态化。实施全国重点文物、自治区级重点文物保护工程。公布第七批自治区文物保护单位,实施全国重点文物保护单位、自治区文物单位文物保护重点工程,逐步完善各级文物保护大单位的"四有"工作。开展第八批全国重点文物保护单位申报工作。加强历史文化名城、名镇、名村、历史街区和传统村落保护,推进全国重点文物保护单位和自治区级文物保护单位集中成片传统村落整体保护利用。加强城乡建设中涉及文物的抢救性保护工作。建立文物保护工程巡查制度。全面推进水下文化遗产保护,开展北部湾水下考古发掘保护项目。

推动博物馆事业发展。深入实施国家文物博物馆行业标准,加强文物博物馆标准化建设。建立博物馆各类业务评估机制,完善博物馆监督管理机制,健全博物馆免费开放政策支持制度。充分发挥博物馆公共文化服务功能，建立博物馆免费开放的评估和考核制度。大力推进博物馆建设，支持民族地区、贫困地区、革命老区建设博物馆，积极推动行业博物馆、生态博物馆、遗址博物馆、村史（街史）馆和非国有博物馆等专题博物馆建设。开辟博物馆藏品来源渠道，丰富藏品种类数量。建设国有与非国有博物馆藏品数据库。建立博物馆合作机制，完善博物馆理事会制度。建立具有藏品保护修复资质的单位为基层服务的制度，支持博物馆开展重要藏品研究攻关。

提高非物质文化遗产保护传承水平。进一步完善非物质文化遗产保护制度，继续扩大传承人群，提高保护传承水平，推动非物质文化遗产事业可持续发展。完善非物质文化遗产传承体系，实施代表性传承人抢救性记录工程。实施传统工艺振兴计划，加强非物质文化遗产生产性保护，推进传统工艺与文化创意产业融合发展，支持利用非物质文化遗产元素研发衍生产品，培育一批非物质文化遗产生产性保护示范基地，推进传统工艺的有效保护利用。实施非物质文化遗产项目整体性保护，推进国家级、自治区级文化生态保护区建设。推进中越边境非物质文化遗产保护惠民富民示范带建设。实施地方戏曲振兴计划，挖掘整理广西地方戏曲剧种，推进数字化保存和传播。

专栏2　优秀传统文化传承体系建设

1.世界文化遗产保护项目。实施左江花山岩画文化景观重点文物保护项目；完善左江花山岩画文化景观监测预警体系、安全防护和展示利用设施建设项目。

2.重点文物保护利用项目。实施重大基本建设考古与文物抢救项目；开展自治区级以上文物保护单位规划编制、维修保护、环境整治；支持开展民族自治县、人口较少民族文物保护工作。推进明清海防广西段等边境文物保护维修项目。

3.传统村落整体保护利用项目。编制全国与自治区文物保护单位中传统村落保护利用规划，推进传统村落基础设施项目、传统村落安防设施项目、传统村落环境整治项目开展，加强传统村落整体保护利用。

4.石刻类文物保护项目。开展柳州市柳侯祠碑刻、桂林石刻、柳州石刻、永福县百寿岩石刻、全州县湘山寺塔群与石刻、宜州市会仙山摩崖石刻等保护项目。

5.大遗址建设项目。健全考古遗址建设保护管理机制，实施靖江王府及王陵保护项目、合浦汉墓群保护项目、甑皮岩遗址保护项目；推动合浦汉墓群、临贺故城、白莲洞遗址、顶蛳山遗址、百色盆地旧石器遗址群，申报建设国家考古遗址公园项目。

6.非物质文化遗产代表性项目保护传承。实施非物质文化遗产名录体系建设项目，新增250项自治区级代表性项目名录；实施非物质文化遗产项目代表性传承人抢救性记录项目；实施传统技艺传承培训帮扶项目，命名扶持50户非物质文化遗产代表性传统技艺项目传承示范户，资助200名传承人到高校企业研修提升技艺。

7.文化生态保护区建设。推广铜鼓文化（河池）生态保护实验区建设经验，推进国家级文化生态保护区建设，新增2个自治区级文化生态保护区。推进中越边境非物质文化遗产保护惠民富民示范带建设。

（三）构建现代文化产业体系

坚持发挥市场在资源配置中的决定性作用，推进文化产业领域供给侧结构性改革，以文化产业创新发展为主线，以促进文化产业与相关产业融合发展为重点，实施重大文化产业工程和重点文化产业项目带动战略，推动文化企业出精品、出人才、出名企、上台阶、上水平，加快文化产业转型升级、提质增效。

优化文化产业发展布局。实施差异化城乡文化产业发展战略，发挥中心城市的辐射带动作用，推动县域文化产业发展。建设北部湾特色文化产业圈、西江特色文化产业带、左右江革命老区特色文化产业带，推动特色文化产业示范县和特色文化城镇、街区、村屯建设，树立一批特色文化品牌，形成"一地一品"特色文化产业发展格局。

发展壮大优势文化企业群。深化国有文化企业改革，发展壮大广西文化产业集团有限公司等一批有核心竞争力的国有文化企业。打造一批有实力、有竞争力的骨干企业，引进文化产业战略投资者，推动形成不同所有制文化企业共同发展，大中小微文化企业相互促进的开放多元的文化产业发展格局。推动文化领域大众创业，万众创新，培育具有较强创意创新能力和发展潜力的小微文化企业。依托文化创意产业园区、商务楼宇、高校院所等资源，着力打造线上线下联动的低成本、便利化、全要素、开放式的众创空间，重点培育一批富有活力的创新型企业；推进众创空间创新创业成果的产业化，营造创新体、创新要素、创新人才充满活力的众创环境。推进制播分离改革，培育发展节目制作经营主体，允许非公有制企业参与广播影视制作机构改制经营，支持民营有序进入数字出版领域。鼓励和培育文化创意企业在主板、中小板、创业板、新三板等多渠道上市。

做大做强主导文化产业。加强文化科技创新，大力发展创意设计、影视服务企业、数字动漫、网络游戏、数字文化服务等新型文化业态，推动文化旅游、演艺娱乐、工艺美术等传统行业转型升级。推进原创动漫精品培育计划，评选广西优秀原创动漫产（作）品，扶持具有桂风壮韵的动漫精品创作、生产和传播。鼓励民族特色、健康向上的原创游戏发展，提高游戏产品的文化内涵，增强游戏产业的核心竞争力。大力发展文化旅游业，鼓励开发特色鲜明、效益显著的文化旅游产品，打造文化旅游系列活动品牌，推出高品质旅游演艺产品。鼓励开发健康向上的原创娱乐产品和新兴娱乐方式，加快工艺美术产品、传统手工艺品与现代科技和时代元素融合。壮大工艺美术品特色产业基地，建设工艺美术品特色产业园区，加强工艺美术品专业村规划建设，扶持龙头企业、重点项目和品牌产品。做优做大做强新闻出版产业，提高规模化、集约化、专业化水平。发挥广播影视产业核心优势，大力繁荣电影、电视剧、影视动画、纪录片、网络剧、微电影等产业，建设影视文化强区。城市影院银幕数达到750块，3D银幕数达到700块，巨幕影厅达到25个左右。推进三网融合，积极发展高清电视、移动多媒体广播电视、手机电视、数字广播、回看点播、电视院线、宽带服务、智能家居、智慧城市等新兴业务，促进文化和信息消费。

建设文化产业多元化品牌体系。通过文化产业领域品牌园区、品牌地标、品牌企业、品牌活动、品牌产品、品牌人物等的打造，培育认定自治区文化创意产品开发示范单位，展示"创意广西"内涵形象。举办广西文化创意产品设计大赛，让创意进入市场，让企业找准商机，让艺术走进生活。鼓励企业制定实施品牌发展战略，厚植民族文化优势，打造一批形象优质的文化创意企业和产品品牌。支持重点文化产业园区、基地进行产品更新、服务升级、品牌打造和业务创新，建设提升桂林高新区创意产业园、北海市文化产业园等产业园区，推动形成主题突出、特色鲜明的文化创意产业品牌园区；推动街区、社区和园区融合发展，倡导园区节能环保、绿色发展理念，形成产城融合发展新模式。

专栏3　现代文化产业体系建设

1.特色文化产业发展扶持计划。建立特色文化产业重点项目库，每年遴选10个以上特色文化产业重点项目，给予建设补助、贷款贴息、奖励等扶持。

2.成长型小微文化企业扶持计划。加强文化企业孵化器、众创空间、公共服务平台建设，重点培育100家具有较强创意创新能力和发展潜力的小微文化企业。

3.文化创意集聚区建设项目：建设广西文化产业城、桂林高新区创意产业园、南宁东盟文化博览园、北海文化产业园、钦州坭兴陶文化创意产业园、桂平西山影视文化城、梧州文化创意园、百色红色文化园、河池长寿文化产业园、广西文化艺术品产权交易所、中国—东盟绿色创意印刷产业园、中国—东盟文化产业基地、中国—东盟网络影视基地、中国—东盟出版基地、黄姚古镇旅游文化产业园等重点文化创意集聚区。培育50家自治区文化产业示范基地。

扩大和引导文化消费。优化文化产品供给结构，打造各具特色、人民群众喜闻乐见的文化精品，为消费者提供更好更多的文化消费选择。支持南宁、桂林等城市申报创建国家文化消费试点城市。鼓励文化企业建设运营文化消费场所，推进文化消费与信息消费融合。稳妥推进文化+互联网+金融发展，拓展创新金融投资渠道，打通文化领域产业链，推动文化产品供给。扶持文化类电子商务平台建设，利用移动新媒体及时提供文化消费

信息，激发消费意愿。完善公益性演出补贴制度，通过票价补贴、剧场运营补贴等方式，支持艺术表演团体提供公益性演出。鼓励在商业演出和电影放映中安排低价场次或门票，鼓励网络文化运营商开发更多低收费业务。推动全区各级政府发放文化惠民卡，采用实名制文化消费优惠卡方式，通过手机、互联网等渠道便捷下单，开展菜单式、订单式和互动式服务。

（四）构建现代文化市场体系

以培育市场主体、激发市场活力、加强市场监管为重点，建立健全统一开放、竞争有序、诚信守法、监管有力、阳光健康的现代文化市场体系，满足人民群众的文化消费需求。

建设阳光健康的文化市场。贯彻落实文化市场主体准入"先照后证"制度，改进文化市场行政审批工作。降低市场准入门槛，加大文化市场主体培育力度。取消对含有电子游戏机的游艺娱乐场所、互联网上网服务营业场所总量和布局规划的要求。鼓励民营资本投资创办文化市场经营企业、开展文化市场经营活动，扩大文化市场消费，满足人民群众日益增长的文化消费需求。优化文化消费发展环境，促进互联网上网服务行业和文化娱乐行业转型升级，逐步形成试点先行、辐射全区的发展态势。鼓励各类文化市场主体公平竞争、优胜劣汰，促进文化市场阳光健康繁荣发展。

强化文化市场监管。加强审批引导和事中事后监管，提升文化市场监管效能。完善文化市场监管手段，探索建立文化市场监管信用体系，对文化市场经营主体实行分级分类管理，推行警示名单和黑名单基本制度，构建守信激励、失信惩戒的监管机制。深入推进平安文化市场建设，开展文化市场各时期、各阶段、各类型专项整治行动、综合治理和安全生产工作，严厉打击各类违法违规文化产品及其经营活动，营造良好的文化市场发展环境。加强网络文化市场监管体系建设，构建网络版权保护机制。加快完善自治区、市、县广播电视监管平台和视听新媒体监管平台，建设功能齐全的广播电视监测监管体系，增强广播影视监测监管能力和安全保障能力。

专栏4　现代文化市场体系建设

1. 文化市场信用体系建设项目。完善自治区、市、县文化市场信用信息数据库，涵盖95%的文化市场经营主体；建立文化市场信用管理规章制度；健全文化市场信用评价体系；建立信用信息交互共享及联合惩戒机制。

2. 互联网上网服务场所升级项目。全面推进互联网上网服务场所转型升级工作，2016年引导转型升级场所110家，之后逐年新增。

3. 网络文化市场建设项目。完善网络文化内容监管体系，构建网络文化市场执法机制。促进传统文化市场与网络文化市场优势互补、融合发展。

4. 文化市场平台建设应用项目。完善文化市场技术监管体系，健全信息共享平台、信用服务平台、业务关联平台、应用集成平台和技术支撑平台，95%以上的县级文化行政管理部门和文化市场综合执法机构应用平台开展核心业务。

5. 新闻出版广播电视监管平台建设项目。建设网络出版及监管云平台，完善网络电视（IPTV）监管平台，健全视听媒体监测监管云计算系统工程，推进农村电影放映监管平台建设。

提升文化市场综合执法能力。进一步深化文化市场综合执法改革，推进文化市场综合执法机构和队伍标准化规范化建设。加强执法队伍培训工作，定期开展练兵比武活动，提升执法人员执法能力。全面应用全国文化市场技术监管与服务平台，提高文化市场管理与执法信息化水平。推进文化市场综合执法协作，推广文化市场"双随机"抽查监管机制，制定文化市场安全工作规范，提升突发事件防范处置能力。建立与西部地区和泛珠区域各省市文化市场执法协作机制，加强文化市场执法协作与信息互通应用，增强文化市场综合执法监管能力。

（五）构建对外文化交流体系

坚持"走出去"与"请进来"相结合、政府交流与民间交流相结合、文化交流与文化贸易相结合，积极构建对外文化交流体系，展示"美丽中国·美丽广西"文化魅力，增强广西文化服务"一带一路"建设能力，扩大广西文化影响力。

积极开展对外文化交流与资源共享。服务国家外交大局，深化央地共建合作，大力开展与世界各国和国际组织的政府间文化交流。积极参与中国文化年、海外"欢乐春节"等重大文化交流活动，在海外中国文化中心开设"广西文化大讲堂"等专题讲座，组织广西优秀青年文化艺术人才与国外同行的交流学习，探索建设中外文化艺术信息交流与资源共享网络平台，弘扬优秀民族传统文化，打造提升"美丽中国·美丽广西"对外文化交流活动品牌，讲好中国故事、展现广西风采，全面树立美好广西形象。

重点推进与"一带一路"沿线国家文化合作发展。服务国家"一带一路"战略部署，探索建立与双边和多边文化合作伙伴关系，组建对外文化交流基地，完善文化合作发展机制。举办"红铜鼓"中国东盟艺术教育成果展演活动，办好中国—东盟文化论坛，拓展论坛功能，丰富论坛形式，增设分论坛和子论坛，打造成为东盟共同体建成后10+1文化交流与合作的重要平台，并逐步向中国与"一带一路"沿线国家文化交流合作平台发展。完善与东盟文化交流平台，推进中国—东盟文化交流培训中心建设。举办中国—东盟文化展、动漫游戏展、美术展、摄影展、文物展，办好中国—东盟（南宁）戏剧周、南宁国际民歌艺术节、中国—东盟桂林杂技魔术节等大型艺术节庆活动，提高广西在中外文化交流特别是对东盟国家文化合作格局中的地位和作用。实施文化睦邻计划，加强中越边境文化交流合作，促进边境地区文化繁荣发展。加强文化对外传播能力建设，加大介绍中国（广西）发展变化、反映当代中国（广西）精神风貌、传播优秀中华文化、壮乡文化的精品出版物的翻译出版和国际推广力度，扩大广西人民广播电台、广西电视台对周边国家和地区的覆盖面，积极参与"丝绸之路影视桥工程"，构建与丝路国家广播影视合作新格局；加强与东盟各国的网络视听节目的合作交流，推动网络视听新媒体对外传播能力建设。

深化与港澳台文化交流合作。加强与港澳台文化机构文化交流，打造桂港澳台四地青少年艺术节、青年文化论坛、青年文化产业交流营，推动优秀文化精品进入港澳台基层社区和学校。实施桂港澳台人员回访计划，推动桂港澳台文化人士、青年大学生、青少年学生访问广西、体验广西文化，增强文化同根意识。重点推进内地与港澳关于建立更紧密经贸关系的安排（CEPA）机制的战略部署在广西实施，将相关政策延伸至广西。允许香港、澳门服务提供者在广西设立独资娱乐场所，繁荣广西文化市场，扩大文化消费。加强与澳门特别行政区在文化创意机制方面的交流与合作。

推动对外文化贸易繁荣发展。积极推动文化产品和服务参与国际竞争，鼓励企业开发既符合国外受众特点、又具有广西风格的文化产品。实施重点企业海外发展扶持计划，重点推动阐释中国梦、传播当代中国价值观、展示中国优秀传统文化的演艺、电影、电视剧、动画、纪录片等进入国际主流市场。扶持文化出口重点企业和重点项目。引导文化企业境外投资，拓展海外文化市场。支持影视机构在境外开办中国影视节目播出时段，支持影视机构参与国外数字电视投资、建设和运营。采取国际合作、委托代理、建设出口基地等方式，参与境外艺术节、图书展、影视展、文艺演出、文化遗产展示等国际文化活动，扩大文化产业和文化服务贸易出口。

专栏5　对外文化交流体系建设

1.中国—东盟文化论坛功能提升项目。增设一批文化领域细分行业论坛，打造一批分行业文艺展演平台、形成一批常态化活动品牌；建设中国—东盟广播影视节目制作播出平台、中国—东盟广播影视产品译制平台、中国—东盟电视剧译制播出与交易平台；设立中国—东盟南宁海上丝绸之路广播影视展播周、中国—东盟南宁海上丝绸之路文物展览周、设立中国—东盟南宁海上丝绸之路电影文化节，拓展中国—东盟文化论坛功能。

2.文化交流合作促进项目。实施对东盟文化睦邻计划，打造一批面向东盟国家的文化交流活动品牌；参与央地共建合作，依托海外中国文化中心、重大国事活动、国际文化交流平台，集中在"一带一路"沿线国家举办广西文化年、广西文化周、广西文化日等活动；选派优秀节目参加欢乐春节、建交等周年庆典演出；选派优秀文化藏品参加展览；举办中国广西文化讲座节目。打造"美丽中国·美丽广西"文化品牌。

3. 国际传播能力提升项目。打造"一带一路"文化网络，建立走进东盟基础书目库，翻译出版一批讲好中国故事、展示中国形象的重点出版物；推动广西优秀广播影视节目走进东盟，扩大对东盟广播电视覆盖面。扩大《中国剧场》在东盟国家的影响力。搭建国际文化交易平台，打造一批具有国际影响力的文化品牌。

4. 港澳台文化人员回访项目。在桂台经贸文化论坛等成熟机制框架内，邀请文化领军人物、广西籍文化名人、文化企业主等访问广西；开展"文化寻根"活动，邀请青年大学生到广西开展文化艺术创作采风，组织青少年学生参观广西优秀民族文化精美项目、游览名胜古迹、体验非物质文化遗产等。

二、实施四大工程

（一）实施文化精品创作工程

深入贯彻落实习近平总书记在文艺工作座谈会上的重要讲话精神，坚持"二为"方向和"双百"方针，坚持以人民为中心的创作导向，突出广西特色、广西品牌、广西故事、广西人才、广西题材、广西品味、广西平台，打造一批无愧于民族、无愧于时代的桂风壮韵艺术精品。

创作生产优秀文艺精品。加强现实题材、爱国主义题材、重大革命和历史题材、青少年题材等主题创作，按照"规划一批、创作一批、推出一批"的思路，深入实施艺术创作"十百千"计划，创作排演10部左右在全国有一定影响力的大型舞台艺术作品，小戏小品100部，音乐（歌曲）、舞蹈、曲艺、美术等文艺作品1000部（件），每年创作一批音乐、舞蹈、曲艺、杂技、美术、书法等各门类优秀作品；重点推出5—10部左右在全国有一定影响力的长篇小说和一批中短篇小说、散文、诗歌、报告文学作品；创作生产5部左右在全国有影响力的影视作品；创作1—3台适合旅游演出的具有广西地方特色的舞台作品；打造3个左右在全国有一定影响力的知名文艺栏目节目；推出10部左右在全国有影响力的精品图书。围绕庆祝建党95周年、建国70周年、自治区成立60周年等重大活动，开展主题创作和展演展示活动。大力发展网络文艺，实施网络文艺精品创作和传播计划，推动网络文学、网络音乐、网络剧、微电影、网络演出、网络动漫等新兴文艺繁荣发展，促进传统文艺与网络文艺创新性融合。

深入持久开展"深入生活、扎根人民"主题实践活动。建立健全艺术家采风创作长效机制，定期开展蹲点采风活动。自治区每年要开展2—5批蹲点采风活动，每批采风时间不少于3周，主创人员采风时间累计不少于1个月。建立文艺创作基地制度，组织开展采风、创作、培训等活动，助推文艺事业发展。

完善文艺创作生产机制。把创新精神和精品意识贯穿文艺作品创作生产全过程，讲好广西故事，打造广西品牌。完善艺术创作项目签约制度，健全公开公正公平的艺委会评审制度，引进区外文化名家传帮带制度，培育壮大广西艺术创作群体。进一步加大对文艺精品创作生产的投入，对自治区给予扶持的文化精品项目，有关市要相应给予配套资金。加强政策指导，帮助优秀作品申报国家艺术基金、文化产业专项资金等，争取更多国家层面的扶持；支持广西原创作品申报国内国际大奖，参与市场运作，推动实现社会效益与经济效益双丰收。吸纳社会资金，激发各方力量，共同关注支持文艺精品创作。建立健全"结对子、种文化"工作机制，加强结对帮扶文艺志愿服务队伍建设，助推区直文艺院团与基层文艺院团结对子，广泛开展慰问演出、文艺支教、文艺培训、展览展示等文艺志愿服务活动。实施农村中小学艺术教育计划，鼓励艺术院校毕业生到农村中小学任教。

加强优秀作品的传播推广。持续打造"南国之声"周末音乐会等驻场演出品牌，继续打造广西剧展、广西音乐舞蹈比赛、广西青年戏曲演员比赛、广西青年舞蹈演员比赛、广西杂技魔术比赛等品牌艺术赛事，促进优秀文艺作品的多渠道传播、多平台展示、多终端推送。完善群众文艺扶持机制，充分发挥广西特色文艺之乡和文艺村、文艺户在群众文艺创作中的引领作用，壮大民间文艺力量。大力扶持少数民族载体建设，鼓励文艺创作者深入民族地区挖掘少数民族题材，举办首届广西少数民族文艺会演，遴选优秀剧目参加全国少数民族文艺会演。搭建和完善文艺精品评论、宣传和推广平台，拓展宣传渠道和方式，提升广西故事的传播力、感染力、影响力。

> **专栏6　文化精品创作工程**
>
> 1.艺术创作"十百千"计划。推进《海上丝路》《苗寨红哥》《麦琼芳》《贵妃远行》等大型剧目创作；提升《冯子材》《刘三姐》《第一书记》《花山》《百鸟衣》等优秀舞台作品。创作生产大型舞台艺术精品10部，小戏小品100部，音乐（歌曲）、舞蹈、曲艺、美术等文艺作品1000部（件）。
> 2.新闻出版广播影视精品创作计划。实施一批重点影视剧、广播剧以及重点出版题材工程。创作电视剧《沧海丝路》《北部湾之恋》，电影《大航海》《桃花源》《袁崇焕》《飞跃雪山的爱》等影视作品。
> 3.自治区成立60周年项目。广西主题文艺演出、灿烂广西、60年优秀歌曲集锦、音乐会、精品剧目展演、民族服饰展演，美术书法摄影作品展，广西建设陈列展、奇石精品展、博物馆精品文物展。

（二）实施文化惠民富民工程

建立健全文化资源向贫困地区倾斜机制，实施文化扶贫惠民富民工程，增强贫困地区文化发展能力，到2020年实现贫困地区基本公共文化服务达到或接近全国平均水平，确保如期实现文化小康。

完善基层公共文化服务设施。将公共文化服务体系建设纳入文化精准扶贫攻坚战略，优先推进贫困地区公共文化设施网络建设。推动贫困地区县级图书馆、文化馆达标建设，支持贫困地区县级国有戏曲院团和民族地区国有文艺院团综合排练场所建设，加快贫困村村级公共服务中心建设，率先补齐公共文化服务体系建设的基层短板。实施贫困地区村文化活动室设备购置项目，为贫困地区村文化活动室购置音响、乐器等基本文化服务设备，保障群众基本文化权益，激发贫困地区内生发展动力。

深入开展基层文化惠民活动。实施文化惠民品牌工程，继续打造"壮族三月三"等节庆活动品牌、"唱响八桂中国梦艺术精品到基层"等惠民演出品牌、"和谐文化在基层"等群众文化活动品牌，弘扬社会主义核心价值观，丰富人民群众的精神文化生活。深入开展送文化下基层活动，持续开展"我们的中国梦——文化进万家""送艺术精品下基层演出""送欢乐下基层""千村万户文艺惠民""万名基层文艺骨干大培训""手拉手"、农村电影放映、全民阅读等活动，繁荣社会主义文化。推动节假日文化活动、文化服务常态化，以国庆节、元旦、春节和"壮族三月三"等重要纪念日、民族传统节日为载体，以全区公共文化场馆为阵地，开展丰富多彩的群众性文化活动，让人民群众共享文化改革发展成果。

培育发展文化富民产业。创新贫困地区文化精准扶贫工作方式，引导支持贫困地区保护开发利用文化资源，发展能带动群众长期稳定增收的优势特色文化产业，推动实施一批特色文化产业项目，促进贫困地区经济发展和群众就业。加强对贫困地区小微文化企业和农户在技术、设备、管理等方面的支持，促进贫困地区文化与旅游、科技、金融、农业、林业等相关产业融合发展，拓展和完善产业链。鼓励引导文化企业到贫困地区参与脱贫攻坚。深入开展国家级、自治区级历史文化名镇名村和传统村落保护工作，加快贫困地区不可移动文物的保护维修。结合乡村旅游扶贫，挖掘贫困地区民俗风情文化资源，带动贫困人口发展民俗文化产业增收致富。推进传统工艺振兴，重点帮扶有市场潜力的传统技艺类项目，提高传统技艺类项目的市场化能力。扶持贫困地区非物质文化遗产代表性项目保护工作平台建设，挖掘市场化潜力。大力推广非物质文化遗产资源入股、合作的经营模式，完善利益联结机制，拓宽贫困地区农民群众的增收渠道，实现非物质文化遗产保护与致富双赢互利。

增强贫困地区文化发展能力。建立贫困地区文化下乡服务机制，组织开展文化惠民演出活动，弘扬社会主义核心价值观；建立贫困地区群众文化活动引导机制，开展一批针对贫困地区的志愿服务项目，带动贫困地区文化活动开展，营造团结奋进、欢乐祥和的社会氛围。建立贫困地区文化人才队伍建设机制，建设民族工艺传承创新、文化遗产保护培训基地，支持贫困地区基层文化骨干和文化人才培训进修。在有条件的贫困村配备公共财政补贴的公共文化专管员。

专栏7　文化惠民富民工程
1.贫困地区文化扶贫基础设施建设项目。实施贫困村村级公共服务中心建设帮扶项目；实施贫困地区村文化活动室设备购置项目和中西部贫困地区公共数字文化服务提档升级项目建设；重点支持5个贫困地区县级国有戏曲院团和民族地区国有文艺院团综合排演场所试点建设；开展54个贫困县（含"天窗县"和享受待遇县）公共文化发展帮扶计划。 　　2.贫困地区特色文化产业发展帮扶计划。推动马山等12县制定特色文化产业（项目）示范县发展规划；实施三江侗族农民画等特色文化产业培育开发帮扶项目；靖西旧州织绣等10个产业提档升级帮扶项目。 　　3.贫困地区文化遗产保护帮扶计划。实施贫困地区传统技艺类帮扶项目；中国传统村落整体保护开发利用帮扶项目；贫困地区非物质文化遗产保护工作平台建设项目；贫困县非物质文化遗产保护工作人员培训项目。 　　4.文化惠民演出千场计划。组织各级文艺院团开展"我们的中国梦——文化进万家""唱响八桂中国梦"等系列演出每年1000场以上，形成10个以上驻场演出品牌。

（三）实施文化基础设施建设工程

适应推进新型城镇化和建设社会主义新农村的要求，统筹规划、合理布局，以中心城市标志性文化设施建设为支撑，以城乡基层文化设施建设为重点，以流动文化设施和数字文化阵地建设为补充，大力加强公共文化基础设施建设，形成比较完善的自治区、市、县、乡、村五级公共文化设施网络。

推进自治区级公共文化设施建设。改扩建广西博物馆、广西图书馆、广西群众艺术馆。建设广西民族剧院、广西文化艺术中心、广西自然博物馆、广西天文馆、广西新媒体中心、广西人民广播电台技术业务综合楼、中国—东盟（广西）电视中心等文化设施，使自治区级公共文化设施达到国家建设标准。

推进市、县（市、区）、乡镇（街道）公共文化设施建设。推动地市级公共图书馆、群众艺术馆、博物馆等公共文化设施新建和改扩建，对县（市、区）公共图书馆、文化馆、乡镇（街道）综合文化站等进行达标建设。到2020年，设区市建有达标的公共图书馆、群众艺术馆、博物馆，县（市、区）建有达标的公共图书馆、文化馆，乡镇（街道）建有达标的综合文化站，逐步为贫困县文化馆配备一台流动服务车。加强县乡广播电视基础设施建设。实施县级城市数字影院建设工程。推进数字广播电视入户接收，实现数字广播电视户户通。

推进行政村（社区）公共文化活动场所建设。总结村级公共服务中心建设的成功经验，整合部门资源，加快建设综合性村级公共服务中心，实现行政村基本覆盖。建立健全应急广播体系，实施广播电视地面数字覆盖工程、宽带网络进村入户工程及乡镇无线广播电视发射台建设工程。完善乡镇农村广播电视有线网络，实施村村通宽带工程。为农村边远山区特困户赠送卫星直播接收设备。根据《城市居住区规划设计规范》等标准和要求，新建商品房小区或其他居民小区配套相应规模的公共文化服务设施设备。

推进数字文化阵地建设。统筹实施文化信息资源共享工程、数字图书馆推广工程、全民阅读数字农家书屋、公共电子阅览室建设计划，推进公共文化服务云平台建设，建设自治区基本公共数字文化资源库。

专栏8　文化基础设施建设工程
综合性文化服务中心项目：每年建设1000个左右基层综合性文化服务中心，到2020年，有条件的乡镇（街道）和行政村（社区）基本建成集宣传文化、党员教育、科学普及、普法教育、体育健身等功能于一体的基层综合性公共文化设施和场所。逐步完善社区和贫困村文化活动室设备配置，加强"建、管、用"机制建设，建立健全基层综合性文化服务中心监管平台。

（四）实施文化人才队伍建设工程

实施"人才兴文"战略，大力加强以文化行政人才、文化经营管理人才和文化艺术专业人才为主体的文化人才队伍建设，着力营造有利于优秀文化人才大量涌现、健康成长的良好氛围，实现文化人才总量稳步增长，文化人才队伍素质明显提高。

培养造就高层次领军人物。充分发挥党委、政府的导向和扶持作用，依托广西文化艺术创作人才小高地、广西文化及自然遗产保护与利用人才小高地、重大文化工程和重点文化项目，采取紧缺人才外送培养、重点人才"回炉深造"等形式，在优势和特色领域着力培养一批在区内外有较大影响力的本土文艺名家、"广西团队"和广西文化名人暨"四个一批人才"；通过引进外来人才、文艺家签约制度、文学创作招标工程、与国家级文艺院团和知名艺术家合作工程等，发挥高层次领军人物的作用，提升广西文化发展的层次和水平。

着力培养青年拔尖人才。在文化艺术领域培养一批青年学术带头人，培养高层次领军人才后备力量。建立青年学术骨干、后备干部人才库，实施文化人才学历提升计划、德艺双馨青年表演艺术人才培养计划、艺术明星培养计划、文化名家传帮带计划、文博人才培养"金鼎工程"、新闻出版广播影视人才培养计划和原创纪录片优秀作品优秀人才扶持计划，培养文艺后备人才、年轻人才、新生代人才。加强对文化创意、文化产业、文化技术、文化经营、文化管理等人才的扶持。

加强"三区"文化人才队伍建设。实施边远贫困地区、边疆民族地区和革命老区文化人才支持计划，围绕"出人才、出成果、出效益"的目标，从自治区、市级文化机构选派优秀文化工作者深入"三区"开展帮扶工作，加强"三区"急需紧缺人才培养，提高"三区"文化工作者素质。继续轮训市县文化局长及县级图书馆馆长、文化馆馆长、博物馆馆长和乡镇文化站站长。逐步完善自治区、市、县、乡、村五级文化人才培养体系，打造优秀培训品牌和特色培训项目。巩固农村文化阵地。促进基层文化人才培训与精准扶贫工作相结合。

建立健全自治区级文化人才荣誉评奖制度。表彰激励有突出贡献的文化工作者，激发广大文化艺术专业人才的敬业精神和创新精神。完善人事管理制度和激励制度，鼓励和吸引优秀人才在文化领域建功立业。

专栏9　文化人才队伍建设工程

1. 文化艺术人才学历提升计划。每年支持10名文化艺术人才攻读硕士、博士学位；每年支持20名文化艺术人才参加本科学历或双学历继续教育。

2. 德艺双馨青年表演艺术人才培养计划。每年遴选10名青年表演艺术人才予以重点扶持、培养。

3. 文化名家传帮带计划。每年在艺术、图书、文博领域遴选5个学科带头人，采取"1带X"的方式，重点培养一批具备较好基础和较大发展潜力的文化专业后备人才。

4. "三区"文化人才支持计划。每年选派600名优秀文化工作者到县、乡文化机构工作或提供服务；每年为基层培养150名急需紧缺的文化工作者。辅导基层演出团队100个。

三、推进两大行动

（一）推进文化跨界融合发展行动

大力倡导"文化+"理念，牢固树立"文化+"的战略思维，优化"文化+"政策环境，健全"文化+"融合机制，推动"文化+"向纵深发展，促进产品和服务创新，催生新兴业态，不断增强文化对经济社会发展的支撑能力。

"文化+科技"融合发展。建立健全文化创意与科技创新协同发展的工作机制，加强文化生产、传播、展现、消费等环节的技术攻关力度，加大自治区重点文化工程的科技支撑强度，推进桂林国家文化和科技融合示范基地等集聚区的建设，培育认定自治区文化和科技融合示范基地，促进文化创意与科技创新深度融合。加快各类文化创新要素聚集融合，加快培育具有核心竞争力的文化科技领军企业，着力打造具有示范带动作用的文化产业集群和文化科技业态。大力发掘文化产业大数据应用价值，形成满足政府需要、符合产业需求的数据决策、监管、评估系统。鼓励企业用好高新技术企业认定、研发费用加计扣除等政策，建立健全"孵化+创投"的创新培育体系，营造文化创意与科技创新融合发展的良好环境。

"文化+旅游"融合发展。强化文化创意对旅游开发的引导作用。发掘、整合历史和民俗文化资源，加强地域文化元素与旅游产品的有机结合，以文化创意提高旅游开发品质，丰富"遍行天下，心仪广西"的广西整体形象品牌的文化内涵。重点培育桂林山水、滨海度假、长寿养生、边关览胜、民族风情、红色福地等六大文化旅游品牌。重点打造红水河文化、桂北文化、中越边境、刘三姐特色民族风情文化旅游线。建设以阳朔休闲度假特色主题城镇、兴安秦汉文化特色主题城镇、临桂五通农民绘画艺术新主题小镇等为代表的个性突出、风情浓郁的文化旅游精品。挖掘广西民族文化节庆资源，充分激发民间创意，丰富节庆文化内涵及活动内容，打造文化旅游节庆品牌。

"文化+制造业"融合发展。鼓励文化企业与制造企业深度合作，通过形象授权、限量复制、加盟制造、委托代理等形式开发文化衍生产品。加快将文化元素融入制造业研发、设计等价值链高端环节，支持基于新技术、新工艺、新装备、新材料、新需求的设计应用研究，促进工业设计向高端综合设计服务转变，推动工业设计服务领域延伸和服务模式升级。

"文化+农业"融合发展。以特色农业产业为基础、以创意农业为手段、以农耕文化为精髓，促进文化创意与优势农业资源的有机结合，促进农区变景区，田园变公园，大力发展休闲农业与乡村旅游，丰富广西"美丽乡村"建设内涵。重点发展具有文化理念的休闲农业与乡村旅游，推进"创意美丽乡村"计划，建设一批高标准、高质量、有特色的集农耕体验、田园观光、民俗风情、教育展示、文化传承于一体的休闲农业与乡村旅游项目。

"文化+互联网"融合发展。加大互联网、大数据、云计算、物联网等技术在文化领域的应用，提升新闻出版、广播影视、博物馆管理、文化遗产保护以及其他公共文化机构的技术装备系统水平；提升各类文化机构数字化、网络化、智能化水平；开展互联网相关技术的集成创新活动，加快推进数字文化艺术资源开发，形成数字文化资源共享目录清单，建设文化大数据综合服务平台，增强文化大数据公共服务能力；加强各类文化场馆和文化行业领域的互联网信息共享与服务平台建设；推动全媒体网络化制播技术、全台网技术与云计算、大数据、宽带互联网等新一代信息技术的融合创新，加快构建全媒体制播云平台。推进电子政务平台、网络媒体平台、数据交换平台的同步发展，实现数据共享和业务协同。大力推动传统媒体与新兴媒体融合发展，综合运用微博、微信、移动客户端等拓展传统媒体传播空间，构建具有多样传播形态、多元传播渠道、多种平台终端的立体传播体系。推动各级党报党刊、电台电视台与网络、手机等新兴媒体在内容、渠道、平台，以及业务开发、经营管理、体制机制等方面深度融合、优势互补、一体发展。发挥我区的民族、生态、海洋特色，推进有特色有内涵的数字出版建设，大力发展网络视听、IPTV及广播电视新兴业态。建设广西网络广播电视台，实施桂版图书、党刊、期刊数字出版工程。

"文化+金融"融合发展。落实和完善金融支持文化产业政策，加快广西文化产业投融资体系建设。支持银行、保险、投资基金等机构联合采取投资企业股权、债券、资产支持计划等多种形式为文化企业提供综合性金融服务；支持各地建立文化金融服务中心，鼓励文化产业类投资基金发展；加快推进文化企业采取短期融资券、中期票据等债务融资工具优化融资结构，鼓励金融机构根据文化企业特点开展无形资产质押融资，发行区域集优债券、行业集优债券等拓宽融资渠道，上市融资和并购重组等增强直接融资能力；发挥文化产业投资基金的引导作用，鼓励依法发起组建各类文化产业投资公司和文化产业投资基金，支持民间资本参与发展文化产业，引导私募股权投资基金、创业投资基金等各类投资机构投资文化产业；支持文化企业海外并购、境外投资。

专栏10　文化跨界融合发展
1.新型主流媒体建设项目。建设广西网络广播电视台、桂版图书数字图书馆工程、党刊全媒体融合传播与服务工程、中国（广西）—东盟期刊文化交流展示贸易中心、网络文学健康发展工程、数字出版知识服务平台建设工程及动漫、网络游戏创新工程、中国村落文化数字出版平台。

2. "文化+互联网"项目。开展互联网相关技术集成创新活动,提升各类文化机构数字化、网络化、智能化水平。建设各类文化场馆和文化行业领域的互联网信息共享与服务平台,打造文化领域网络众创空间。

3. 文化大数据项目:建设广西文化产业信息服务平台、全媒体制播云平台、"云上广西"互联网云平台、数字出版服务平台、中国村落文化数字出版平台。推进文化大数据综合服务平台建设,提升文化大数据产业应用水平和公共服务能力。推进数据共享和业务协同,实现电子政务平台、网络媒体平台、数据交换平台同步发展。

(二)推进文化体制机制创新发展行动

开启新一轮文化创新发展,深入推进文化体制改革,完善文化管理体制和深化国有文化单位改革,全面提升文化治理能力和水平,不断激发文化发展动力,释放文化创造活力。

完善文化管理体制。推进政企分开和政事分开,理顺政企政事关系,依法赋予企事业单位更多的法人自主权。深化文化部门权力清单和责任清单制度工作,创新行政审批方式,提高文化行政管理效能。鼓励和支持民间资本参与出版经营活动,在坚持出版权、播出权特许经营的前提下,允许出版与制作、制作和播出分开。

推进文化事业单位改革。深化公益性文化事业单位人事、收入分配,社会保障、经费保障等制度改革,创新管理运行机制,积极探索政事分开、管办分享的有效形式。建立公共文化机构法人治理结构,推动公共图书馆、博物馆、文化馆等组建理事会,健全决策、执行和监督机制。推动保留事业体制院团企业化管理,增强面向市场、面向群众服务提供的能力。推进文化行业协会与行政机关脱钩,发挥文化行业组织在行业自律管理交流等方面的积极作用。引入第三方评估,完善绩效管理机制。加快形成服务优良、富有效率的公共文化服务运行机制。

健全现代文化企业制度。按照政企分开、政事分开的原则,推动党政部门与其所属文化新闻出版广播影视企业脱钩。继续大力推动已转制企业进行公司制、股份制改造,建立产权清晰、权责明确、政企分开、管理科学、具有文化特色的现代企业制度,培育壮大文化市场主体。完善文化企业内部运行管理机制,确保国有文化企业把社会效益放在首位、实现社会效益和经济效益相统一。健全国有文化企业资产监管体制,创新文化资产组织形式,健全投资主体多元化的新型文化投融资体系。加强对文化类社会组织的发展引导扶持,支持承担适合的公共文化服务事项。完善政府购买服务、原创剧目补贴、以奖代补等政策,健全社会效益和经济效益综合考核评价指标体系,扶持转制文艺院团艺术创作生产。

第四章 保障措施

一、强化组织实施

加强统筹协调。全区各级党委、政府要充分认识文化在经济社会发展全局中的重要作用,切实把文化改革发展摆在全局工作的重要位置,加强对文化改革发展的组织领导,加大文化改革发展的政策和法治保障力度,营造良好的制度环境,确保各项目标任务完成。着力谋划文化中长期发展战略,确定文化发展思路,解决影响文化发展大局的重要问题。把文化发展纳入本地区经济社会总体发展规划,推动文化建设与经济建设、政治建设、社会建设以及生态文明建设同步协调发展。开展城市公共文化设施专项布局规划。完善文化发展考核评价体系,建立第三方评估制度,把文化建设列入各级政府效能和领导干部政绩考核体系。

加强监督评估。全区各级文化职能主管部门要积极推进文化建设组织领导协调机制的健全完善,充分发挥自治区文化体制改革和文化产业发展工作领导小组统筹协调作用,落实各项政策措施,有效发挥引导扶持激励规范作用,确保本规划各项任务落到实处。加强文化建设重点工程项目建设,加快项目前期工作,推进重大项目落实,进一步加大项目储备。建立规划实施情况的跟踪监测制度,加强年度检查和中期评估,确保规划目标实现。

二、加大文化财政投入

加大财政对文化建设的投入，健全文化财政保障机制。增强全区各级财政特别是县级财政保障能力，推动基本公共文化服务财政支出增长与政府财力增长相适应。全区各级财政要加大对公共文化设施建设、使用、管理的投入力度，重点支持县、乡、村三级公共文化服务体系建设。按照基本公共文化服务标准，落实基层提供基本公共服务项目所必需的资金，将购买公共文化服务资金纳入各级政府财政预算。加大政府性基金与一般公共预算的统筹力度，通过政府购买，项目补贴，定向资助、贷款贴息等多种手段引导和激励社会力量参与文化建设。明确各级政府在推进文化建设中的职责，科学划分各级政府文化事权与财政支出责任，推动各级财政转移支付从粗放投入向精准投入转变。进一步优化完善转移支付机制，重点向革命老区、边境地区、集中连片特困地区倾斜。健全对公共文化事业财政投入的绩效评估体系，建立财政文化资金绩效评价结果与预算安排挂钩制度，完善财政资金监督管理制度，提高资金使用效益。

三、完善文化经济政策

产业政策。加快出台广西参与"一带一路"文化产业带建设的扶持政策。争取中央文化产业发展专项资金对广西重大文化项目的支持；结合自治区本级财力逐步提高自治区本级文化产业发展资金，扩大产业发展资金的扶持范围，重点扶持文化创意示范园区、示范企业、示范项目和公共服务平台建设；各设区市要设立文化产业发展专项资金。健全文化产业示范基地园区考核、激励机制，对被认定为国家级和自治区级文化产业示范园区、基地的单位给予适当奖励。出台推动扩大文化消费的相关政策，拉动城乡居民文化消费有效增长。

财税政策。贯彻落实国家促进文化产业发展的财税支持政策，完善和落实项目补助、贷款贴息、保费补贴等措施。落实有利于文化内容创意生产，非物质文化遗产项目经营、小微文化企业发展的税收优惠政策。落实国家有关鼓励社会组织、机构和个人捐赠、兴办公益性文化事业的税收优惠政策，积极引导社会力量参与公共文化服务，增加公共文化产品和服务的供给总量。落实文化创意和设计服务企业用水、用电、用气、用热与工业同价，降低企业运营成本。

土地政策。将文化用地纳入城乡规划、土地利用总体规划，在国家土地政策许可范围内，优先保证重要公益性文化设施和文化产业设施、项目用地。利用划拨方式取得的存量房产、土地兴办文化创意和设计服务企业，在符合城乡规划的前提下，土地用途可暂不办理变更手续。连续经营一年以上，符合《划拨用地目录》的，可以划拨方式办理用地手续；不符合《划拨用地目录》的，在符合国家有关规定的前提下可采取协议出让方式办理用地手续。纳入自治区统筹推进重点项目且用地集约的文化创意产业项目，属于工业项目的，其土地出让底价在不低于该项目土地取得成本、土地前期开发成本和按规定应收取的相关费用之和的前提下，可按不低于所在地土地等别相对应《全国工业用地出让最低价标准》的70%执行。根据新型城镇化建设要求，优化社区公共文化设施建设合理布局，提高文化用地综合利用效率。

经贸政策。加大对外文化贸易优惠政策落实力度，简化文化出口行政审批流程，加强对外文化贸易公共信息服务。深入贯彻落实国家关于CEPA机制的战略部署及相关文件精神，争取国家支持将CEPA机制下文娱服务政策延伸至广西，进一步加强广西与港澳特区更紧密文化经贸关系，提高广西文化开放水平。对经国务院有关部门认定的动漫企业自主开发、生产动漫直接产品，确需进口的商品可依法享受免征进口关税及进口环节增值税。加大软件出口和文化产品出口的财政资金扶持力度，支持中小文化创意企业境外参展、宣传推介、贷款贴息等。

四、推进文化法治建设

切实推进文化法治建设，健全现代文化治理体系，提高文化管理的科学化、规范化、法治化水平。坚持立改废并举，加快推动广西地方文化立法进程，构建科学健全的广西地方文化法规体系。重点围绕公共文化服务供给，公共文化场馆设施使用；促进文化产业发展、文化科技企业认定、著作权保护；音像书报刊市场、文化馆美术馆艺术品市场、新媒体等公共视听节目、广播电视设施安全管理；对外文化交流贸易；民族民间传统文化传承保护；历史文物、非物质文化遗产、考古遗址、古籍、古镇古村保护开发利用等领域，加强地方文化立法，加快文化建设法制化进程。完善重大文化决策程序规定，健全依法科学民主的决策机制。积极推行法律顾问制度，完善文化法制专家委员会制度。大力推进文化法律法规的贯彻实施，强化综合执法队伍建设，健全执法程序，规范执法行为，提高文化执法规范化水平。推进政府信息公开，加强行政监督和问责。推行文化系统全员法治培训，提高依法行政意识和学法用法能力。

五、加强文化知识产权保护

建立健全知识产权保护机制，提升对文化知识产权的管理能力和运用水平，发挥文化知识产权对文化事业、文化产业发展的创新驱动作用。加快健全完善文化知识产权公共服务交易平台，促进文化知识产权贸易；推进文化知识产权以及著作权、专利权、商标权等文化类无形资产代理、托管、评估、登记、确权、流转、质押、融资、投资等活动的开展，加快培育壮大文化知识产权相关业态，提升文化知识产权运用效益；深入做好文化知识产权维权工作，营造良好的文化知识产权保护环境，激发文化创造活力。

海南省文化广电出版体育"十三五"发展规划

为贯彻落实中央和省委、省政府关于"十三五"时期文化改革发展的系列决策部署，根据《海南省国民经济和社会发展第十三个五年规划纲要》编制本规划。本规划重点阐述未来五年全省文化改革发展的指导思想、发展目标、主要任务和重大政策措施，是"十三五"时期全省文化广电出版体育事业产业发展的基本蓝图和行动纲领。

第一章 文化体育事业产业发展形势和总体要求

"十三五"时期是协调推进经济、政治、社会、文化、生态"五位一体"各领域改革发展的攻坚期，是海南全面建成小康社会的决胜期。必须准确研判国际国内形势，结合我省实际，把握海南文化事业和产业发展的突出矛盾，立足海南生态立省、经济特区、国际旅游岛三大优势，大力推进文化供给侧结构性改革，以战略化思维、国际化视野，推动构建适应海南经济社会发展要求的现代公共文化服务体系和国际化水平高、本土文化魅力独特、创新创意性强的现代文化体育产业体系，争创基本公共文化服务标准化、均等化和文化体育产业特色发展的实践范例，为谱写美丽中国海南篇章提供强大文化支撑。

第一节 "十二五"回顾

"十二五"时期，在省委、省政府的高度重视下，全省文体系统坚持稳中求进的工作总基调，全力以赴转作风、抓改革、促发展、惠民生，文化凝聚力、民生服务力、经济推动力和对外影响力明显提升，文化体育事业产业发展迈上新台阶，取得新成效。

全省公共文化建设投入稳步增长，覆盖城乡的公共文化服务设施网络正在形成，各个重大文化惠民工程相继实施，公共数字文化建设扎实推进，公共文化服务队伍不断壮大。省图书馆、省博物馆、省歌舞剧院和市民文化广场等相继建成并投入使用，省民族博物馆改扩建主体工程完成，国家南海博物馆项目建设启动。全省共有公共图书馆21个、文化馆23个、博物馆33个（其中公共博物馆17个，备案民办博物馆16个），广播电视台20座、广播电视发射台26座（省直属6座，市县20座）、微波站12座，成为满足人民群众基本文化需求的重要载体。扎实推进"六大文化惠民工程"建设，共建成204个乡镇综合文化站、984个行政村（社区）活动室、60个公共电子阅览室、22个文化信息资源共享市县支中心、204个乡镇和2556个行政村服务点；实施广播电视村村通、直播卫星户户通和南海渔船通工程，解决65万户农村群众和2617艘海上作业渔船收听收看广播电视节目问题，在全省2568个行政村、2696个农垦系统生产队实现广播"村村响"；农村公益电影放映每年完成3万多场次；建成农家书屋2695家；建成全民健身中心6个、乡镇农民体育健身工程204个、行政村农民体育健身工程1930个、全民健身路径462条，人均体育场地面积达到1.51平方米。创办海南省艺术节，创作演出舞蹈诗《黎族故事》《守望黎母山》，歌舞剧《执着》《山魂》，琼剧《海瑞》《王国兴》《西沙情》，歌剧《南海哩哩美》，舞剧《秋菊传奇》等优秀文艺作品200多个。推动全民阅读深入开展，成功举办第23届全国图书交易博览会和连续五届海南书香节。文化遗产保护工作取得重大成效，完成第三次全省文物普查工作，共登记不可移动文物4274处；开展海南地区第一次全国可移动文物普查，采集文物信息109643件，核定公布第三批省级文保单位108处；完成全省非物质文化遗产（以下简称"非遗"）普查，确定国家级非遗保护项目28项，省级非遗保护项目72项；建成大型非遗保护陈列馆3个、传习所32个。对外文化交流活动再上新台阶，与近百个国家及港澳台地区开展文化交流共885项11223人次，其中商业性演展664项2823人次，出口创汇网络游戏和演艺产品总计1975万美元。坚持实施人才兴文战略，完成全省"十二五"基层文化干部培训任务，受训人数达1800余人；全省15所业余体校办学条件得到改善，培训9636名国家级和省一、二级社会体育指导员；成立54家省级体育社会组织。海南帆船470级2名运动员代表国家参加伦敦奥运会，我省体育代表团在第十二届全运会取得3金1银1铜的历史最好成绩。

全省文化体制改革进展顺利，在重点领域和关键环节不断取得新突破。完成广电系统电视剧制作机构、党报发行机构的剥离转制。完成全省各市县文化市场综合行政执法改革。实现全省18家国有文艺院团和22家非时政类报刊社转企改制。推动海南出版社与四川新华文轩出版传媒股份有限公司实现战略重组。2012年，我省被评为全国文化体制改革先进地区，海口、三亚作为地级市受到表彰。积极推动公益性文化事业单位的人事、分配、社保三项内部制度改革，促进公共文化服务质量和社会效益明显提高。

全省文化体育产业总量和规模不断壮大，产业结构日趋合理，产业体系不断完善。截至2015年全省共有演出团体106家，歌舞娱乐场所644家，经营性互联网文化单位25家，互联网上网服务营业场所（网吧）1174家，游艺娱乐场所630家；广播影视节目制作机构89家，电影院40家（银幕160块，座位数共计24908个），全省票房收入由2011年的8818万元增长至2015年的3.54多亿元，年均增长率41.5%；全省有线电视光缆总路由长度达8000余公里，有线电视用户终端约207万个，广播综合人口覆盖率96.51%，无线电视综合人口覆盖率95.48%；报社17家，杂志社42家，出版社5家，光盘复制企业2家，印刷企业320家、发行单位542家（批发企业26家）；高尔夫企业51家，各类体育场馆12000个。建有国家级文化产业示范基地6个，省级文化产业示范园区2个、示范基地9个。精心打造了环海南岛国际公路自行车赛、环海南岛国际大帆船赛、海南高尔夫球公开赛等三大国际品牌赛事，带动了赛事经济发展；高水准筹划文博会、体博会会展工作，先后引进黑龙江临高体育冬训基地、陵水羽毛球训练基地、海口观澜湖华谊冯小刚电影公社、长影海南环球100生态修复工程等重点文化体育产业项目。稳步发展竞猜型体育彩票和大型国际赛事即开彩票，创新研发的"飞鱼游戏""环岛赛游戏"高频玩法彩票和体育娱乐视频电子即开彩票先后获批并相继上市销售，在探索发展体育彩票工作上取得新突破，我省成为目前全国体彩系统中唯一一个上市销售电子即开彩票的省份，全省体育彩票总销售额达34.23亿元，实现筹集公益金8.2亿元。

第二节　发展形势

从国际环境看，各国越来越依赖文化提供的软实力进行国内治理和国际交往，文化发展政策的中心任务转向促使资本介入文化生产和消费，使文化与经济间建立起密切联系的纽带，文化政策成为经济政策的一部分。各国注重文化政策与经济政策的融合，以发展文化体育产业作为提升文化软实力的抓手，将其作为新的经济增长点、支柱产业以及城市和区域发展的新契机。

从国内环境看，随着经济全球化、文化多样化、社会信息化和我国经济发展进入新常态，经济发展方式加快转变，第三产业日益崛起，各领域供给侧结构性改革稳步推进，网络、数字技术迅猛发展，云计算、大数据、虚拟现实、人工智能等新一代信息技术广泛应用，"互联网+"模式深入推广，人民群众的文化消费需求呈现多样化和层次化发展趋势，文化与科技、旅游、金融等深度融合，文化体育新业态不断涌现，文化体育产业逐渐成为国民经济新的增长点，这些深刻变化为文化体育事业产业带来新的发展机遇，我国文化体育事业产业发展处于大有可为的重要战略机遇期。近年来，以习近平为总书记的党中央对文化改革发展提出了新目标、新任务和新要求，对加强社会主义核心价值体系建设、繁荣文艺创作、构建现代公共文化服务体系、弘扬中华优秀传统文化、完善现代文化市场体系、培育壮大文化产业、深化文化体制改革等方面做出了重要决策部署，为我省文化体育事业产业发展提供了基本遵循。

从省内环境看，国际国内文化大环境变化的新趋势和新特点为海南文化体育事业产业发展提供了有利的外部条件，同时也带来新的挑战。海南有生态立省、经济特区、国际旅游岛三大优势，国家"一带一路"战略将海口、三亚列为支点城市，全域旅游示范省建设正推进实施，文化体育产业被列入全省12个重点产业，全国基本公共文化服务标准化均等化先行区建设顺利启动，为我省文化改革发展带来难得的历史机遇，文化体育产业完全有可能成为我省"十三五"时期经济发展新的增长极和支柱性产业。

同时，海南文化建设仍然面临不少问题：文化发展基础薄弱，各市县财政收入不平衡，投入机制不健全、运行保障经费不充足，对公共文化服务体系建设的投入仍然欠缺；公共文化体育设施管理运营水平低，服务能力和利用效率有待提高；地区之间、城乡之间、东中西部之间发展不均衡，布局有待调整；文艺产品创作生产与供给还不能完全满足人民群众日益增长的文化需求；高素质、领军型专业文化人才比较缺乏。全省文化体育产业普遍规模小，重大项目不多，缺少"航母企业"，存在"小、散、弱"的现象；产业门类较为单一，同质化现象比较严重，缺乏特色品牌和创新产品；企业发展动力不足，与相关产业融合度低，文化产品的附加值未能充分体现；产业基础设施薄弱，制约了相关产业发展和产业链延伸；在执行省政府有关加快文化体育产业发展的政策方面，存在着部分优惠政策落实不到位等问题，需要在"十三五"期间着力解决。

第三节　指导思想与发展理念

一、指导思想

高举中国特色社会主义伟大旗帜，全面贯彻党的十八大和十八届三中、四中、五中全会精神，以马克思列宁主义、毛泽东思想、邓小平理论、"三个代表"重要思想、科学发展观为指导，深入贯彻习近平总书记系列重要讲话精神，按照"五位一体"总体布局和"四个全面"战略布局，以全面建设国际旅游岛为总抓手，抢抓国家"一带一路"战略重大机遇，以满足人民精神文化需求为出发点和落脚点，以对标国际通用标准和规则为工作要求，大力推进文化领域改革创新，统筹发展文化体育事业，培育壮大文化体育产业，助力海南如期全面建成小康社会。

二、发展理念

"十三五"时期，我省文化事业产业发展必须立足国际化视野、战略化思维，前瞻文化全球化大势，契合国情和省情，紧扣创新、协调、绿色、开放、共享五大发展理念，增强文化发展动力，厚植文化发展优势。

把创新摆在文化体育发展的核心位置。实施创新驱动发展战略，大力推进大众创业、万众创新，充分激发各类文化体育主体创新活力和自主创新能力，加快形成鼓励创业创新的文化体育市场环境，加强新技术、新工艺在文化体育领域的运用，不断丰富文化体育创新内涵。

把协调作为文化体育发展的内在要求。积极推动文化体育与经济社会协调发展，不断增强各项文化体育工作的系统性和协同性，统筹文化体育在事业与产业间、城乡间、区域间及各业态的协调发展。

把绿色贯穿文化体育发展的全过程。充分发挥文化体育行业绿色低碳优势，助推美丽海南建设。引导群众养成文明健康生活方式，开展好艺术鉴赏、看电视听广播、读书看报、体育健身等文化体育活动。依托文化节庆和体育赛事，大力发展资源占用少、环境影响小、产品附加值高的文化体育产业。

把开放融入文化体育发展的各方面。依托国家"一带一路"战略机遇，促进文化体育交流与传播。发展多层次、宽领域对外文化体育交流格局，深化与东南亚国家和港澳台地区的文化体育合作，兼收并蓄其他国家和地区优秀文明成果，积极推动海南文化体育走出去，形成一批在国内外有较高影响力的文化体育交流品牌，对内不断壮大海南文化体育实力，对外提高国际影响力。

把共享作为文化体育发展的价值取向。健全现代公共文化服务体系，推进公共文化服务标准化、均等化。加大文化体育基础设施投入，加强文化体育产品和服务供给，实施文化惠民工程，使人民群众共享文化改革发展的成果。

第四节　发展目标和任务

到2020年，文化产品更加丰富，创作出一批有本土文化特色的精品力作；现代公共文化服务体系基本建成，优秀传统文化传承体系逐步形成；现代文化产业体系、现代文化市场体系更加完善；文化体育产业发展与国际接轨，成为海南国民经济支柱性产业；文化对外开放水平显著提高，国际影响力显著增强。

——公共文化服务体系结构更加合理、功能更加健全、供给更加有力。省、市县、乡镇（街道）、行政村（社区）四级公共文化体育设施更加完善，覆盖城乡的公共文化服务体系全面建成，全省人民群众基本文化权益得到充分保障，人均享有公共文化服务设施指标达到全国先进水平，平均每万人公共文化服务设施建筑面积达到359.5平方米以上，全省人均拥有公共图书馆藏量由现在的0.46册提高到0.6册，人均年新增公共图书馆藏量不少于0.06册，广大农村地区可免费收看17套以上数字电视节目，收听15套以上数字音频广播节目。全省行政村农民体育健身工程全覆盖，人均体育场地面积达到1.8平方米以上。全民健身持续推进，健康海南加快构建。建立医疗卫生部门与体育部门的联动机制，发挥体育运动在医疗康复领域的主动干预作用。到2020年，全省国民体质达标率为90.55%，经常参加体育锻炼人数达到270万人。进一步加强社会体育指导员培训，各级社会体育指导员注册人数为1.36万人，每千人拥有1.5个社会体育指导员。竞技体育成绩稳定提升，各类运动员、教练员、体育管理者等竞技体育人才的选拔、培养、交流等制度不断建立和完善；组团参加第十三届全国体育运动会，争取保牌冲金，力争我省运动员参加第32届东京奥运会。

——文化体育产业成为海南国民经济支柱性产业。文化体育产业基础进一步增强，产业体系进一步完善，产业结构进一步优化，体制机制更富活力，创新能力显著提升。足球改革取得重要进展，全省足球基础设施建设得到加强，各级足球训练、竞赛、人才培养体系逐步建立健全，推动成立足球俱乐部并组织参加全国职业足球联赛，扶持女子足球发展，足球产业初具雏形。到2020年，文化体育产业占全省地区生产总值的比重达到5%以上。

——文化产品更加丰富，人民群众普遍享受到更多更好的文化成果。继续实施文化精品工程，加大文化产品生产力度，全省推出40台新创剧目，其中3-5台达到国家级奖项水平；打造2-3部思想性、艺术性、观赏性俱佳的海南本土题材影视剧（片）；创作生产一批有影响力的海洋题材文艺作品。"十三五"期间，出版一批有本土历史价值和学术价值的重点图书，实现图书出版年均增长10%，销售总码洋30亿元；报纸期刊累计增长15%，总产值约7亿元；印刷业累计增长10%，总产值约40亿元；出版物发行业累计增长10.76%，总产值约25亿元。以海口、三亚、儋州、琼海为中心，其他各市、县相配套，乡镇网点为延伸，贯通城乡的实体书店建设体系基本形成。新闻出版业数字化转型升级基本完成，传统出版与新兴出版融合发展初见成效，数字出版总营收保持年均17%的增长，国民数字阅读率达到70%，传统内容资源数字化转换率达到80%。

——优秀传统文化传承体系基本建立。推动文化遗产工作由抢救性保护向预防性保护转变，省域海洋文化遗产得到有效保护。统筹制订《海南省文化遗产保护利用总体规划》；继续推动各级非遗名录体系建设，全省推荐申报国家级代表性项目不少于5个，新增省级代表性项目不少于8个，市县级不少于100个；进一步完善非遗代表性传承人认定机制，全省新增各级代表性传承人不少于50人；全省博物馆展览交流70个以上。

第二章　统筹发展公共文化体育事业

以保障人民群众基本文化权益为出发点和落脚点，以构建现代公共文化服务体系为着力点，坚持科学规划、布局合理、适度超前的发展理念，形成兼顾城乡间、区域间协调发展，全面覆盖、重点突出的公共文化体育事业布局。大力繁荣海南文艺创作，实施精品工程，推进海南优秀传统文化保护和传承。推进文化供给侧结构性改革，补长文化发展短板，加强公共文化体育基础设施建设，优化公共文化产品和服务供给，力争建成基本公共文化服务标准化、均等化先行区。促进文体与科技在公共文化服务领域的充分融合，净化社会文化发展环境，打通公共文化服务的"最后一公里"。广泛开展对外文化交流活动，致力提升海南文化国际竞争力、影响力。

第一节　大力繁荣发展社会主义文艺

（一）繁荣海南文艺创作，实施精品工程

加强政府对文艺创作的引导，坚持"二为"方向、"双百"方针，坚持以人民为中心的创作导向，把创作生产优秀作品作为文艺工作的中心环节，鼓励艺术创新，努力创作出更多传播当代中国价值观念、反映中国人审美追求、体现海南文化特色、代表海南文化形象，思想精深、艺术精湛、制作精良的文艺精品。围绕庆祝建党95周年、建国70周年、建省30周年等重大活动，开展主题创作和展演展示活动。抓好现实题材、爱国主义题材、重大革命和历史题材的创作生产。实施琼剧振兴工程，传承保护琼剧艺术。充分发挥国家艺术基金对我省艺术创作质量的提升作用。通过政府购买服务、原创剧目补贴、以奖代补等方式扶持已转企国有文艺院团的艺术创作生产。扶持和培育一批能活跃在国内外演出舞台的知名文艺团体和优秀文艺人才，增强艺术院团、文化馆、美术馆的创作演出（展览）能力，推动文学、影视、戏剧、音乐、美术、舞蹈、曲艺等艺术门类创作的全面繁荣。健全我省文化产品评价体系，进一步改革评奖制度。推动发展文艺批评和文艺理论研究，提升我省文化艺术科研水平。

专栏1	文艺精品创作工程
1	新创40台左右精品剧目（省级艺术表演团体创作15台；市县艺术表演团体创作25台）。
2	打造2-3部思想性、艺术性、观赏性俱佳的海南本土题材影视剧（片）。

（二）加强本土文化资源开发利用，推动文化体育品牌塑造

深入挖掘海南本土文化内核，将黎族传统纺染织绣技艺和黎族原始制陶技艺搬上舞台、融入节庆活动，开发整理一批黎苗传统建筑、服饰、宗教、艺术、饮食、医药等民族文化资源；将海洋特色或元素纳入沿海市县公共文化服务体系建设，形成独具特色的海洋文化服务品牌。在海南省艺术节、海南书香节、海南黎苗"三月三"、海南七仙温泉嬉水节、环海南岛国际公路自行车赛、环海南岛国际大帆船赛、海南高尔夫球公开赛等文体品牌基础上，培育海南跨年嘉年华、亚洲艺术节、观澜湖世界明星赛等有国际影响力的节庆赛事，塑造海南区域文化品牌形象。

专栏2	重点文化体育品牌项目
1	海南省艺术节
2	海南书香节
3	海南（21世纪海上丝绸之路）合唱节
4	环海南岛国际公路自行车赛
5	环海南岛国际大帆船赛
6	观澜湖世界明星赛
7	海南国际马拉松赛
8	海南高尔夫球公开赛

第二节　加快构建现代公共文化服务体系

（一）全面推进基本公共文化服务标准化、均等化

——加快构建基本公共文化服务标准化、均等化先行区。坚持政府主导、社会参与、重心下移、共建共享的原则，以人民群众基本文化需求为导向，以市县为基本单位，构建我省基本公共文化服务标准化指标体系，建立运转顺畅、协调高效的基本公共文化服务标准化工作机制，以标准化推动全省公共文化服务均等化，力争成为全国基本公共文化服务标准化、均等化先行区。

——推进公共文化服务整合联动。积极推进城乡"结对子、种文化"，鼓励资源丰富的地区面向基层开展点对点帮扶活动，促进公共文化服务的城乡联动。发挥海口、三亚、儋州等中心城市和澄迈、保亭国家公共文化服务体系建设示范区的辐射、示范作用，推动相邻市县之间资源共建共享、互补有无，引导推进公共文化服务的区域联动。整合组织、宣传、文化、科技、民政等部门资源，集中力量推进基层综合文化服务中心建设，为群众提供便捷的文化宣传、广播影视、读书看报、党员教育、科学普及、全民健身、技能培训等服务，大力推进公共文化服务的部门联动。

——推动公共文化服务社会化。促进公共文化服务项目化管理、专业化运行、社会化参与。建立健全政府购买服务工作机制，确定公共文化服务政府采购和资助目录，扩大采购和资助范围。运用政府与社会资本合作、公益创投、公益众筹等多种模式，支持企业、社会组织和个人提供公共文化体育设施、产品和服务。鼓励利用闲置用地、历史街区、老旧村落等实施公共文化体育项目，推动公共文化体育设施社会化运营。广泛开展文化体育志愿服务。

专栏3	文化体育惠民工程
1	农家书屋工程
2	文化信息资源共享工程
3	中央和省广播电视节目无线数字化覆盖工程
4	应急广播系统建设
5	农村公益电影放映工程
6	农民体育健身工程
7	全民健身路径工程
8	"三个一"惠民演出工程
9	全民阅读工程（城乡公共阅报栏（屏）工程）

（二）完善公共文化体育设施网络

——推进重大文化体育设施建设。规划建设省美术馆、省音乐厅、省体育中心（五源河文化体育中心）、省图书馆二期、省群众艺术馆（新址）；完成国家南海博物馆（新建）、省博物馆二期和省民族博物馆改扩建工程建设，协助建设国家文物局水下文化遗产保护中心南海基地；力争在海口、三亚、儋州等3个中心城市建成标准剧场。

专栏4 重大文化体育设施建设项目		
序号	项目名称	建设内容
1	省美术馆	主要建设内容包括展厅、艺术工作室、设备技术用房和必要的办公用房。
2	省音乐厅	主要建设内容包括1个约1600座的标准交响乐厅、1个约800座的多功能音乐厅、1个约300座的室内音乐厅，以及排练厅、化妆室、艺术培训中心、录音棚、琴房、音乐咖啡吧等附属设施。
3	国家南海博物馆	主要建设内容包括馆藏展陈、业务保障、科研教育和后勤服务等四大体系。

4	省体育中心（五源河文化体育中心）	旨在打造集竞赛、训练、体育休闲、文化活动、旅游度假等一体的大型文化体育公园。包括：体育场、体育馆、游泳馆、网球中心、运动员公寓及康复中心、体育运动学校、音乐厅、展览中心、广电中心等"一场八馆"、奥体公园场地及配套设施。
5	省图书馆二期	建设集书库、阅览室、辅助用房等于一体的公共阅读平台。
6	国家文物局水下文化遗产保护中心南海基地（协助国家文物局项目）	该工程包括南海水下文化遗产保护科研楼（国家海洋出水文物修复科技重点实验室）、船体保护修复车间、南海基地综合管理楼、水下考古训练康复楼及其他公共辅助用房，是国家研究水下文化遗产保护的重要基地。
7	琼剧振兴工程	贯彻落实《海南省十三五时期琼剧传承发展规划纲要》，实施琼剧精品工程、人才工程、信息化工程；挖掘整理琼剧非遗资料，加强琼剧非遗保护；扶持琼剧创作生产新创剧目16-18台，境外文化交流优秀剧目不少于10台，支持琼剧各类展演，加强琼剧人才培养，建立琼剧数据库和信息共享交流网络平台，并借此加大扶持、宣传普及力度。
8	省群众艺术馆（新址）	该项目是集多功能群艺场所为一体的综合文化设施，包括群众文化艺术培训用房、非遗保护成果及群众文化艺术发展成果展厅、群众演出小剧场、数字化服务用房、演播室、档案室、讲座报告厅、群众休闲活动用房、群众文化艺术研究创作及非遗保护业务研究用房等。建筑面积15000平方米。
9	省博物馆二期工程（展陈工程）	内容包括陈列展览工程、公共服务设施及文物库房建设等。
10	省民族博物馆改扩建工程（展陈及配套设施）	建设内容以纺织文化为主线，充分展示海南唯一的世界文化遗产——黎锦及苗、回族等各民族纺织文化。
11	海南体育职业技术学院	根据学院建设发展需要，在桂林洋高校区或观澜湖附近片区筹建一个新校区。将海南省高级体育运动技术学校建设成以高职大专教育为主，每年招生人数700人，三年学生人数达到2100人的全日制高等体育职业院校。
12	省文化艺术学校改（扩）工程	包括教师周转房、美术与图书楼、形体艺术楼、演艺音乐楼、教学综合楼。
13	省琼剧院（新址）	包括办公楼、小剧场、排练厅、琼剧传习馆（所）、琼剧艺术展示厅、物资仓库、设备技术用房等。

——加强基层公共文化体育设施建设。强化市县（区）图书馆、文化馆、博物馆、标准剧场、实体书店、全民健身活动中心、公共体育场等建设，促进市县图书馆、文化馆全面达标。完善县、乡镇（街道）、村（社区）及农垦系统文化体育设施和活动场所建设，实现全省村村有文化室，实体书店乡镇全覆盖，各市县均有体育场、全民健身活动中心，因地制宜开展群众身边的健身活动。规划建设一批自行车绿道、登山步道、健身步道、户外营地，在城市社区建设15分钟体育生活圈，新建社区体育设施覆盖率达到100%。加强我省贫困地区公共文化体育设施建设。

\multicolumn{3}{	c	}{专栏5　基层公共文化体育设施建设项目}
序号	项目名称	建设内容
1	市县公共图书馆、文化馆	至2020年，全面实现全省市县公共图书馆、文化馆均达到国家标准。争取中央资金和省级财政资金继续支持新建、改扩建市县公共图书馆、文化馆。
2	行政村（社区）基层文化服务中心	建设标准为室内建筑面积不低于100平方米，室外篮（排）球场和露天舞台为一体的综合文化服务场所。"十二五"已完成984个，尚有2662个行政村和社区未建，至2020年争取实现全省行政村（社区）完成建设。
3	市县全民健身活动中心	加快推进县级全民健身活动中心建设，建筑面积为2000-4000平方米（根据各市县实际情况确定），用于室内体育健身面积不少于1500平方米，至少可开展7种以上健身活动的社会民众健身场所。"十三五"实现全省各市县均建有全民健身活动中心。
4	市县公共体育场	至2020年，实现全省市县均建有公共体育场。争取中央财政资金和从省级体育彩票公益金中安排资金支持市县公共体育场建设。

——提升文化体育设施服务效能。加强公共文化体育设施运行维护，利用新技术对现有公共文化体育设施改造升级，推动基本公共文化服务数字化、网络化建设。健全各级公共文化体育服务项目和流程，推广"按需点单"服务模式，推动各地建设便捷通畅的文化产品和服务配送网络，开展公共文化体育设施评估定级等考评工作。深入推动公共文化体育场馆免费或低收费开放，逐步推动和支持学校、企事业单位内部文化设施及民办文化体育场馆等向社会免费提供基本文体服务。

(三)净化社会文化发展环境

建立权责明确、监督有效、保障有力的文化市场综合执法管理体制，整合文化市场行政执法权，加快实现跨部门、跨行业综合执法。建设运营省文化监管平台，强化事中事后监管。组织广播电视安全播出大检查，开展境外卫星电视非法接收设施专项整治行动，加强对广播电视低俗虚假广告和插播广告的治理。推进软件正版化工作，持续开展"扫黄打非"专项行动，着力推进"扫黄打非"进基层工程。依法加强体育市场特别是高危体育场所监管。推动文体类行业协会、商会等社会组织建立健全行业经营自律规范、自律公约和职业道德准则。

\multicolumn{3}{	c	}{专栏6　文化平台建设项目}
序号	项目名称	建设内容
1	建成并完善海南省文化监管平台	采用先进的数字技术、网络技术，建立多角度、多方位的文化监督平台，实时上传全省网吧、娱乐场所、体彩乐吧、文物场所、互联网出版物、互联网视听节目等重要文化场所和文化内容音视频及相关数据信息。
2	推进"扫黄打非"进基层工程及监控平台建设	01建立省、地级市、市县（区）、乡镇（街道）、乡村（社区）"五级监管"体系，实现五级联防。 02推进"扫黄打非"进乡村、社区、学校、企业、景区、渔港 "六进基层"工程。 03建立省网络"扫黄打非"监控中心，加强有害网络出版物及舆情汇总通报、快速删除屏蔽、重要线索联合核查、重点案件协查督办等工作。

第三节　推进海南优秀传统文化传承弘扬

（一）加强文物保护利用

坚持"保护为主、抢救第一、合理利用、加强管理"的工作方针，分类指导，突出重点，全面提升文物保护利用水平，推动海南优秀传统文化创造性转化和创新性发展。开展海上丝绸之路南海段航线水下文化遗产调查。组织实施北礁沉船遗址和甘泉岛唐宋遗址两处国保单位的保护与展示项目。组织开展海上丝绸之路南海段课题研究，参与海上丝绸之路世界文化遗产申报工作。按照国家文物局要求，开展文化遗产的保护规划编制、保护维修、环境整治、宣传展示、申遗点安防、监测设施项目建设等工作。建设覆盖全省的集文化遗产保护、宣传、公众服务、普及教育、旅游、电子地图等为一体的海南文化遗产数字信息化系统。促进文物保护与扶贫开发、生态旅游以及新型城镇化、社会主义新农村建设相结合，推动特色小镇、美丽乡村建设。

（二）提高非遗保护传承水平

坚持"保护为主、抢救第一、合理利用、传承发展"的工作方针，进一步完善非遗保护制度，推动非遗保护事业可持续发展。构建科学严谨的非遗名录体系，继续推动各级非遗名录体系特别是市县级名录体系建设，支持三沙市建立非遗名录体系。进一步完善非遗代表性传承人认定机制，努力扩大传承人群。积极推进非遗进课堂、进教材、进校园，在中小学、职业学校建立非遗传承教学基地，开设非遗教育课程。整理、编纂出版《黎族传统纺染织绣技艺全书》《海南省非遗丛书》等省重点非遗著作。充分利用传统表演艺术类非遗代表性项目开展文化展演展示活动，将民族民间文化艺术融入风情旅游，提升海南旅游文化品质。稳步推进非遗生产性保护工作，促进有市场潜力的代表性项目良性发展，重点培育一批国家级、省级非遗生产性保护示范基地。

\	专栏7　文化遗产保护与利用重点工程
类　别	重点项目
南海水下文化遗产大遗址保护	1.海上丝绸之路南海段环海南岛沿海水下文化遗产调查。 2.西沙群岛海域水下文化遗产调查、发掘，西沙群岛海域水下文化遗产保护总体规划编制。 3.南沙、中沙群岛水下文化遗产调查和巡查。 4.南海水下文化遗产重要遗址重点调查、发掘、保护工程。 5.北礁沉船遗址保护规划的申报立项。 6.珊瑚岛1号沉船遗址保护规划和保护方案编制，珊瑚岛1号沉船遗址保护设施建设。 7.北礁、甘泉岛文化遗产保护与展示工程，文化遗产公园建设。
史前考古调查与田野考古发掘和研究	8.陵水县黎安镇莲子湾、新村镇桥山，昌江乌烈镇乌烈村、东方市荣村遗址，澄迈福安窑址、儋州碗窑窑址及与海上丝绸之路相关的文化遗产考古调查和发掘。
文物单位保护与文物普查	9.加强定安古城等全国重点文物保护单位和省级文物保护单位保护与修缮，完善保护单位"四有"工作。重点支持打造以琼海留客村蔡家宅为中心的南洋华侨文化区。 10.到2016年底，完成19个市县的第一次全国可移动文物普查，加强成果利用。
传统村落文化遗产保护	11.高林村、十八行村、保平村、白查村等传统村落文化遗产保护展示利用。
海丝南海段课题研究及世遗项目申报	12.古盐田、火山岩建筑群等文物保护修缮及相关重要文物展示利用。 13.全省明清海防遗址保护工程及相关重要遗址保护展示利用。 14.儋州峨蔓古盐田申报世界文化遗产保护项目。

第四节　推动文化体育与科技融合发展

（一）以科技支撑公共文化服务

通过文体与科技在公共文化服务领域的充分融合，打通公共文化服务的"最后一公里"，提高服务效能。申报和实施一批国家和省级文化、广电、出版科技项目，推动数字技术、网络技术、新型显示技术等在公共文化服务、文化产品生产制作和传播各领域的广泛应用。加大文化数字推广力度，创建数字图书馆、文化馆、农家书屋、公益电影、全民健身服务、全民阅读服务等数字文化服务平台，提供一站式服务，建设全域共享、互联互通的公共数字文化服务体系。综合利用高新技术，丰富文化艺术、广播影视、新闻出版产品的表现形式和表现手段，增强产品表现力、感染力和时代感。探索创新"互联网+文化"路径，实现本土特色文化快速传播。

（二）以科技创新促进文化体育产业快速发展

依托高科技，推动文化体育产业结构调整和提质升级，发展新业态。创建高新技术文化园区，打造一批科技含量高、创新能力强的文化产业集群，发展动漫游戏产业园。推动传统媒体和新兴媒体、传统出版和新兴出版融合发展，大力发展数字出版和数字媒体、数字影院。推广三网融合，促进高清电视、移动电视、手机电视、交互式网络电视（IPTV）传输、网络电视台等新业务发展，实现有线、无线、卫星互联互通和智能协同覆盖。

第五节　夯实国际文化交流平台

积极配合国家"一带一路"战略，大力推进与东南亚和港澳台的文化交流活动，在更高层次上参与对外文化贸易，加快文化交流与文化贸易结合发展。依托国家和我省重大涉外活动，以及海南承办各类国际赛事的天然优势，积极传播海南优秀文化，打造国际文化交流的重要平台。加强省际合作，探索建立泛珠三角地区文化资源库共享平台。建立多部门参与的对外文化交流协调机制，加强市县联动，统筹整合全省对外文化交流资源。实施文化交流与文化贸易双轮驱动战略，发展动漫、游戏、影视作品、演艺、特色工艺品出口及版权、中外合作出版、图书进出口等文化贸易。

专栏8	对外文化交流重点项目
1	海上丝绸之路文化遗产保护论坛

第三章　培育壮大文化体育产业

把文化体育产业发展纳入全省总体规划，着力产业培育、着力融合发展、着力品牌塑造，推进文化体育产业管理体制和政策体系重大突破，推动产业结构调整和转型升级。发挥文化体育产业基金的杠杆作用，打通助推文体产业跨越式发展的金融市场化通道。引入国际通用的行业规范、管理标准和营商规则，促进文体投资贸易便利化、国际化。促进文化体育产业与其他产业融合发展，发挥文化体育产业对相关产业转型升级和提质增效的外溢效应。扩大和引导文化消费，提高产业竞争力，使之成为国民经济新的增长点。大力发展新兴产业、改造提升传统产业、着重发展特色优势产业，重点发展影视制作、动漫游戏、旅游演艺和体育产业，孵化和培育发展海洋文化体育产业。培育壮大一批特色鲜明、创新能力强的骨干文体企业，打造一批文化体育产业品牌。加强文化体育产业园区、基地建设，创建一批高起点、规模化、代表文化体育产业发展方向的示范园区和基地。加强文体企业孵化器、公共服务平台、众创空间建设，扶持文化体育产业领域创新创业，支持"专、精、特、新"小微文体企业发展。加强文化产品市场和文化生产要素市场建设，建立包括产品交易博览会、网上交易平台、门店经营等在内的文化产品流通交易体系。

第一节　大力发展影视制作产业

（一）打造中国影视产业集聚地

利用各级政府扶持影视产业发展政策，为影视制作和拍摄企业提供更多便利化和国际化服务，争取设立海南省影视产业发展资金，鼓励和引导民间资本投资电影制片、发行、放映领域，积极培育影视制作市场主体。以海口观澜湖华谊冯小刚电影公社、长影海南环球100生态修复工程和即将建成的儋州海花岛影视基地以及全省文化旅游景区为基础，打造海口文化体育产业园，吸引与影视关联的上下游文化产业集聚入驻。利用海南天然摄影棚、国内独一无二的热带海岛风光取景地等优势，吸引国内外尤其是好莱坞大片来琼拍摄，打造国际影视制作和拍摄基地。

\multicolumn{3}{c}{专栏9　影视制作产业重点项目}		
序号	项目名称	建设内容
1	海口观澜湖华谊冯小刚电影公社	建设独具特色的影视拍摄基地，包括：1942风情街、社会主义风情街、南洋风情街、园林景观区、影视摄影基地，并借以《唐山大地震》、《非诚勿扰》等系列经典电影场景打造集影视制作、电影旅游、建筑文化旅游和文化商业旅游为一体的电影主题旅游园区。
2	长影海南环球100生态修复工程	该项目是集影视制作、影视娱乐、影视商务、影视演艺、影视教育、影视传媒、影视科技等多功能于一体的电影产业园区。建设内容有国际电影论坛会址，主题乐园，国际影视交流、交易、展示和培训中心，国内外名导演、名编剧、名制片人、名演员、名经纪人工作室，国际乡村电影创作基地、影视后期特效制作基地、影视动漫创作基地、微电影创作基地、影视新媒体研发基地、影视外景拍摄基地等。
3	海口文化体育产业园	由省文体厅与海口市政府合作共建，涵盖影视制作、文艺创作、动漫游戏、创意设计、音像制作、工艺美术、文化产品交易、文化旅游、文化消费等产业。实行一园多基地模式，逐步整合利用海口市文化要素和人文资源。计划入驻500家企业和机构，年产值500亿元、税收50亿元，提供10000人以上就业机会。

（二）拓展影视制作产业链

积极引进国际国内知名影视公司，借助龙头企业的辐射带动力，吸引影视上下游文化产业——演艺业、时装业、传播业、出版业、广告业、游戏业等集聚，引导房地产等领域资本进入影视内容核心产业，辐射休闲、旅游、酒店、餐饮等相关产业，不断延伸新业态，开发新的衍生产品，建立全方位的影视产业链。借助"互联网+"平台，实现传统影视产业在渠道营销、内容生产及跨界资源上的整合，促进投资、生产、发行、播映一体化发展。

（三）提升广播影视传媒区域影响力

协助组建海南广播影视传媒集团，巩固提升广播影视传媒产业发展水平和影响力。力推三沙卫视成为环南海地区有影响力的区域媒体，覆盖部分内地省份并在21世纪海上丝绸之路沿线的东南亚国家和地区落地。

第二节　积极培育动漫游戏产业

（一）加快动漫游戏产业培育

扶持发展以数字化生产、网络化传播为主要特征的网络动漫、手机游戏、网页游戏等产业。加强与国际国内的动漫游戏交流合作，支持国内外知名动漫影视机构在海南投资落户和创办研发机构，推动我省优秀动漫游戏"走出去",重点培育几个拥有自主知识产权的省属动漫游戏品牌。按照便利化标准推进游戏产业发展,进一步完善审批管理、结汇限制等政策配套和服务水平。向国家新闻出版广电总局申请授权我省对国产网游实施属地管理、"前置审批"等改革试点。制定我省《游戏类技术先进型企业认定管理办法》等相关配套政策,在商务、科技、金融、通信管理等部门的大力支持下,按照国际规则,解决文化体育服务贸易境外便利结汇等问题。

(二)筹建动漫游戏产业服务平台

推动动漫游戏基础研发及配套设施建设,规划建设动漫游戏产业人才培训、科技研发、企业孵化、产品展示、信息交流与体验等综合服务平台,不断提升平台对各类高精度动漫游戏内容制作的支持服务能力。以中国游戏数码港为依托,整合游戏行业资源,联合韩、英、美等国游戏、电子竞技行业协会,升级创设博鳌亚太游戏展,探索动漫游戏产业集约化、现代化的发展模式。

专栏10	动漫游戏产业重点项目
项目名称	建设内容
中国游戏数码港	由海南省政府与国家新闻出版广电总局合作共建,规划1500亩,建设期2016-2018年。计划引进企业500家,年产值300亿元。建设内容包括:中国游戏研发中心,游戏科技馆,电子竞技中心,游戏进出口结算中心,中国游戏产业基地,中韩、中英游戏产业基地,以及游戏学院等。

第三节　创新发展旅游演艺产业

(一)提升旅游演艺竞争力

把握旅游演艺产业发展规律,把旅游演艺产业培育成促进旅游与文化融合发展的纽带产业、拉动旅游消费的重要引擎。鼓励社会资本以投资、参股、控股、并购等方式进入旅游演艺市场,允许适度引进境外资本投资海南旅游演艺市场,支持旅游演艺企业向品牌化方向发展。提升旅游演艺科技含量,加快推进旅游演艺产业数字化和智慧化发展。依托现代舞台科技,充分运用声、光、电等技术,放大旅游演艺产品感染力和震撼效果。积极开发旅游演艺产业衍生产品和服务,拉长旅游演艺产业链,不断提高旅游演艺产业附加值,努力实现旅游演艺产业经济效益最大化。重点建设琼剧会馆等新兴演艺剧场,改造升级三亚千古情演艺剧场、博鳌琼花剧场、槟榔谷演艺剧场等一批传统演艺剧场,提升万宁兴隆东南亚风情歌舞演艺内涵,增强我省旅游演艺市场综合竞争力。

(二)推动旅游演艺国际化表达

大力开发以黎苗文化、热带海岛风情、海南历史民俗、社会主义核心价值观等为元素的旅游演艺产品,打造一到两台代表海南特色、叫好又叫座的旅游演艺精品剧目。以民族元素为内核,融入时尚、国际元素,通过现代艺术手段,加以精心包装制作,推动旅游演艺国际化表达。

专栏11	旅游演艺产业重点项目	
序号	项目名称	建设内容
1	琼剧会馆	琼剧会馆以琼剧展示为核心,构筑海南黎苗文化及各戏曲剧种为主的海南非遗文化展示交流平台,打造文化旅游窗口,推进文化与旅游融合发展。将在三亚建设,适时将其模式复制到有关市县。

第四节 加快发展体育产业

（一）大力发展特色体育产业

围绕健康海南建设，不断丰富体育供给，扩大体育消费，促进体育产业快速增长，从而成为推动经济社会持续发展的重要力量。大力发展体育休闲旅游、体育健身服务、体育竞赛表演等项目，开发体育衍生产品。引入知名体育运营公司，开发和丰富赛事IP，提升环海南岛国际公路自行车赛、环海南岛国际大帆船赛、海南高尔夫球公开赛等三大传统赛事品牌影响力，打造海南国际马拉松赛、观澜湖世界明星赛等新赛事。依托重大体育赛事和体育活动的带动效应，吸引外资进入海南，兴建户外体育活动营地、主题公园、海上赛事、海岛水下水上运动等高端体育场地设施。与国内外体育行业龙头企业合作，打造一批高水准体育产业项目，以足球冬训、高尔夫运动、海上赛事等为代表发展体育产业，建设区域特色体育基地。引导支持移动互联网+体育，利用大数据、APP等，积极拓展体育产业新业态。

（二）积极培育足球产业

理顺我省足球管理体制和运行机制，健全各级足球协会的组织和功能，完善各级足球训练、竞赛体系；大力推动以校园足球为龙头的青少年足球发展，鼓励开展各类社会足球运动；采用合作共建模式成立海南足球队并参加全国职业足球联赛；扶持琼中女足，推动全省女子足球的发展；建立健全足球人才培养体系。

推动足球与旅游、文化、教育等产业融合发展，鼓励以民营资本为主体，依托海南独特的气候及环境资源优势，结合全省各地特点，建设一批集足球训练、培训、文化娱乐、健身休闲、旅游为一体的综合型足球产业基地，将发展足球冬训基地、足球培训与度假休闲结合，组织和吸引国内外的足球队伍和足球爱好者到我省集训、培训和度假，拉动相关产业发展。

专栏12 体育产业重点项目

序号	项目名称	建设内容
1	海口国家帆船帆板冬训基地	建成一个可承接帆船帆板专业队训练、竞赛等综合性基地，并配套功能齐全的附属体育设施。
2	三亚亚龙湾国家滑水训练基地	集综合竞技馆、国际运动康复理疗中心、运动员培训中心、运动员食宿楼、体育主题酒吧、海上体育表演设施、大型水上体育表演秀观众看台等为一体的世界顶级索道滑水场。
3	五指山国家举重训练基地	集训练、科研、康复于一体，可承接国家集训队训练，并可作为省内集训和比赛的综合场地。训练馆占地4200平方米，游泳池占地2212平方米（竣工）；运动员宿舍楼17746平方米（续建）。
4	中国足球南方训练基地	在海口观澜湖建设20片标准足球场及附属设施，用于国家队、国内外职业队足球训练、比赛、交流。
5	国家冲浪培训基地	万宁市与中国极限运动协会合作开发冲浪产业，在日月湾建立国家冲浪基地，内设展览馆、办公区、会议室、多功能厅、教室等，满足培训、办公、展览、会务、新闻媒体发布等需求。
6	江苏省南方（体育）训练中心	东方市引进江苏省体育局投资建设的体育训练中心，建设内容有田径、各种球类、自行车、武术、飞碟和艺术体操等训练场馆。
7	中国（海南）国际武术推广基地	定安县与国家体育总局武管中心、国际武联共同开发建设，集专业散打（自由搏击）比赛场馆、竞技武术训练标准场馆、配套体能训练馆、户外操场、电教楼、教练员及运动员宿舍等为一体的武术推广基地。

第五节　推动文化与旅游融合发展

借鉴国际旅游目的地经验，开发、丰富文化旅游项目和产品，推动文化与旅游融合发展，提升海南国际旅游岛内涵和文化吸引力。实施文化旅游创意战略，开发特色文化旅游产品，打造一批新的文化旅游示范基地。联合交通、旅游部门，对部分景区道路和建筑进行修建和改造升级，对全省的古村落、古建筑等文化遗存景点进行保护性挖掘利用，加强文化旅游基础设施建设。突出海南公共建筑和民居的历史文化内涵，为城镇民居设计有浓郁海南文化特色的外观标识，推动文化旅游小镇建设。力争把全省2574个行政村文化室打造成休闲驿站，同时对黎、苗族聚居区的古村落进行视觉元素再造，统一外观标识，进一步丰富海南全域旅游内容。按照国际化理念、国际化标准建设重点文化设施，突出地标式外观设计，兼具游览观光、科普教育、体验互动、休闲娱乐等功能，打造一批彰显国际化水平的文化地标，成为展示海南民族本土文化的重要平台和吸引国内外游客的旅游目的地。

进一步落实我省体育彩票与旅游业深度融合，围绕产品、渠道、客户和服务四个层面升级优化，规划布局全省5A级景区、星级酒店、交通枢纽、购物中心、游客集散地等作为销售体育彩票的主要渠道，实现全岛范围内利用手机移动客户端轻松购彩，力争"十三五"期间我省体育彩票总销量达到100亿元，实现筹集公益金20亿元。

专栏13　文化旅游产业重点项目			
序号	项目名称	建设内容
1	儋州海花岛文化体育产业综合体	集童话乐园、海洋世界、水上乐园、特色博物馆、大型歌剧院、音乐厅、电影艺术中心、影视基地、实景演出、民俗表演广场、中心公园、欧式婚礼庄园等于一体的文化旅游胜地。
2	三亚海棠湾复星亚特兰蒂斯水上主题乐园	集七星级酒店、海洋公园（鲨鱼池、海豚剧场、互动池）、娱乐、购物、特色美食、演艺、国际会展、海洋乐园体验于一体的休闲娱乐中心。
3	五指山黎峒文化园	集文化民俗体验区、田园观光游览区、养生度假公寓区等为一体。
4	儋州东坡文化旅游区	包括中和镇基础设施项目给水管道工程，古城墙修复工程（含新建故城北门广场、北门城门、西门城门、古城墙恢复工程），体育广场，儋阳森林公园，书画院，增建李光、符确等历史名人纪念堂，东坡书法碑林，东坡生平馆，东坡文学成果展馆等文化旅游项目。

第六节　积极发展新闻出版产业

加快构建现代新闻出版市场体系，做优做大做强新闻出版产业，进一步提高规模化、集约化和专业化水平。以海南书香节为抓手，全力推动全民阅读活动深入开展，促进阅读消费，带动新闻出版产业发展。巩固发展图书、报纸、期刊等传统出版产业，加快发展数字音乐、动漫游戏、网络文学、数字教育等新兴出版产业，加强城乡实体书店网点建设，推动实体书店发展新兴业态，支持大型书城升级改造，加快实体书店与网络融合发展，积极发展新闻出版流通和物流产业。走内涵式发展道路，培育一批创新竞争力强的新闻出版发行传媒企业。

\multicolumn{3}{	c	}{专栏14 新闻出版产业重点项目}
序号	项目名称	建设内容
1	海南日报报业集团媒体融合项目	全媒体"中央厨房"、百万用户级新闻客户端、南海网改制上市、24小时视频直播平台集群、海南云智慧平台集群、网络基础设施等六大工程升级改造。
2	海南日报互联网+众创中心	打造海南首家"媒体驱动型"数字内容产业互联网+项目孵化平台,具备办公、路演、信息发布、资本对接、产品展示、人才培训、创业交流等功能,同时搭建创投宣传线上服务平台,包括全省统一的互联网+创业门户网站、海创客APP、项目数据库等。
3	海南日报文化创意中心	以满足外来游客本地消费为市场目标,研发、生产、销售具有我省市县区域特色的文化创意产品。
4	海南出版社北京人文社科基地	以海南出版社北京分社为基础,建设海南版人文社科大众图书生产基地,提升海南人文社科图书影响力。到十三五末,该基地年出版品种达400种,码洋1亿元,形成有特色、有规模、有影响的若干产品线。
5	海南出版社数字出版平台	包括内容数字化工具、数字化编辑系统、内容资源管理系统、数字资源应用与发布平台四部分,实现内容快速传播,满足读者个性化阅读需求。
6	海南出版社《琼崖文库》出版工程	全面发掘、收集和整理海南有文化价值和影响力的典籍、著作及其他文献作品,填补海南大型经典文库空白。拟定出版300卷(册)。
7	南方出版社《二十四史》阅读、检索、聚合、交互平台	利用新一代信息技术,建设《二十四史》编辑、加工、聚合、订阅、互动、研究于一体的数字化运营平台。
8	南海出版公司"走出去"文化传播服务平台	借助南海出版公司全媒体数字出版平台的数字内容以及生产、运营、管理等功能,开展多渠道文化信息发布与平台服务、区域文化舆情分析,实现向东南亚地区发布文化信息,为传播海上丝路文化提供参考和指导。

第四章 保障措施

第一节 加强组织领导

各级党委、政府要树立阵地意识、导向意识,高度重视文化体育事业产业发展,统筹协调文化体育事业产业建设,将其纳入各地经济和社会发展规划,促进我省文化体育事业产业创新发展。各级文体行政管理部门要加强对《规划》实施进展、公共平台建设以及重大项目推进等工作的指导和监督,跟踪分析《规划》执行情况,做好中后期评估,提高《规划》实施水平,确保圆满完成《规划》的各项目标任务。加强省市县联动,在全省范围内形成有利于文化体育事业产业创新发展的领导体制和工作机制。

第二节 加大文化投入

加大公共财政对文化体育事业产业的投入,强化政府公共文化服务供给职能。按照基本公共文化服务标准,落实基层提供基本公共文化服务项目所需资金,将购买公共文化服务资金纳入各级财政预算。改革各级财政对文化体育事业产业投入方式，规范和加强专项资金管理，建立文化体育财政资金绩效评价结果与预算安排挂钩制度，提高资金使用效率。充分发挥省文化产业发展专项资金和省体育产业发展专项资金的引导作用，扶持一批重点文化体育园区（基地）和重点文体企业。

建立多元化投入机制，吸引社会资本对文化体育产业的投入。给予文体企业在商业信贷、股权投资、企业上市、挂牌交易、发行债券等方面的优惠政策，鼓励文体企业多方融资。倡导各级政府与投资机构签订战略框架协议，为文体企业搭建融资平台。鼓励引进社会资本设立各类文化体育产业投资基金，着力解决文体企业融资难问题。

第三节 推进文化法治建设

（一）完善和实施系列文化政策法规

用好用足中央和省里出台的文化优惠政策，并根据各地实际加紧制定实施细则，细化财政、金融、税收、用地、人才等方面的政策措施，为社会各界参与文化建设、支持文化发展提供更为宽松有利的政策条件。逐步完善和落实鼓励单位和个人捐赠、兴办公益文化事业的各项政策。加强文化法治建设，研究制定《海南省文化产业促进条例》《海南省公共文化服务保障条例》《海南省非物质文化遗产保护条例》《海南省全民阅读促进办法》等地方性法规和规章，形成我省配套的文化法规体系，使文化执法机构有法可依。

（二）加强和规范文化行政执法

理顺文化行政执法管理体制，完善文化市场综合执法机制，严格行政执法责任，施行目标考核奖惩，为文化体育事业产业发展提供行政执法保障。以保护生态环境为前提，加强生态环境执法，确保文化产业重点项目选址避让生态保护红线区。

第四节 深化文化体制改革

（一）推进文化宏观管理体制改革，转变政府职能

加快推动政府职能转变，充分发挥市场资源配置作用，降低文化市场准入门槛，营造有利于企业发展壮大的体制机制和市场环境。按照"合法行政、合理行政、程序正当、高效便民、诚实守信、权责统一"的要求，规范审批项目和流程，实行"一个窗口受理"，提供"一站式"服务，提高审批效率。简化网络文化经营等许可证的申办及年检，助力互联网企业发展。全面施行政务公开，推行行政权力清单、责任清单和负面清单，加强监督问责。

（二）深化文化微观运行机制，推动文化创新

推动形成责任明确、行为规范、富有成效、服务优良的公共文化服务运行机制。引导文体企业建立健全现代企业制度，完善法人治理结构，不断提高经营管理水平和市场竞争能力，以机制改革推动文化创新。深化文化事业单位人事、收入分配、社会保障等制度改革，创新管理运行机制。推动公共图书馆、博物馆、文化馆等组建理事会，吸纳有关方面代表、专业人士、各界群众参与管理。

第五节 建设高素质文化人才队伍

（一）完善人才发展环境，大力引进高素质人才

用足用好人才优惠政策，加大人才引进力度，重点引进领军人才和骨干人才，培养后备人才，发掘利用"候鸟"人才。完善人才措施，打破体制障碍，切实解决人才引进中的实际问题。按照"不求所有，但求所用"的原则，通过项目合作、咨询顾问、短期兼职、候鸟服务、退休返聘、对口支援等方式，实现引才与引智相结合。

（二）建立契合需求、注重实效的人才培训体系

创新人才培训模式，加强与高等院校和研究院所合作，推进学以致用的培训体系。分级分类对文化系统人才进行培训，注重培训的针对性和实效性。实施专业人才培训计划，造就一批复合型骨干人才。通过挂职、跟班、对口支援等方式，开展省直单位与市县单位之间互派人员交流，重点对边远贫困地区予以帮扶。

（三）建立开放共享、人尽其才的发展机制

建设全省文化人才数据库，创造人才信息共享途径，开放有序的人才流动渠道，促进人才队伍效能最大化。改革完善专业技术资格评审办法，建立健全人才评价和激励保障机制。加大对各类文体企业人才服务力度，创造人才发展的良好环境。

重庆市文化发展"十三五"规划

"十三五"时期是重庆全面建成小康社会的决胜阶段,是深入推进文化强市建设的战略机遇期。为统筹推进我市文化事业与文化产业加快发展,根据《重庆市国民经济和社会发展第十三个五年规划纲要》和国家部委相关规划,编制本规划。

第一章 发展基础

第一节 "十二五"文化发展回顾

"十二五"时期,特别是党的十八大以来,重庆文化建设强基固本、提档跨越。文化体制改革活力迸发,文化事业与文化产业比翼齐飞,文化生产与文化保护相得益彰,文化在全市发展中的地位和作用更加凸显,初步奠定了建设文化强市的坚实基础。

在全国率先探索文化大部门制,发展动力增强。市委市政府把文化工作纳入对区县(自治县)年度考核,出台系列扶持文化发展的政策文件。财政对文化投入比"十一五"增长1.4倍。成立市和区县(自治县)两级文化委员会,有力统筹文化文物、新闻出版、广播影视发展,实现"办"文化向"管"文化转变。深化国有文化资产监管与运营分离,成立市文资办和市文投集团。制定文化行政权力清单,取消27项审批事项,初步做到"放管服"结合。完成164家经营性文化事业单位转企改制,建立文化产权交易中心。组建市图书馆理事会,试点政府购买公共演出服务。

硬软件同步提升,文化惠民工程有序推进。建成国泰艺术中心、群众艺术馆新馆、大足石刻陈列总馆、重庆自然博物馆新馆和重庆文化艺术职业学院一期。区县(自治县)文化馆图书馆、乡镇(街道)文化站、村(社区)文化室实现全覆盖并免费开放。"三馆一站"年服务人次逾4700万,每万人拥有"三馆一站"面积从361平方米增至568平方米,高于全国平均水平。文化信息资源共享、农村电影放映、全民阅读等惠民工程扎实推进,广播电视村村通和农家书屋提前实现全覆盖,社区电影放映、农村文化中心户、公共文化物联网建设在全国率先启动。到基层年均送戏1000场以上、送书60万册以上、送电影12万场以上。创建重庆文化艺术节、重庆读书月、重庆演出季等活动品牌。

文化产业保持较快增长,社会投资踊跃。初步形成文化产业十大门类。全市文化产业增加值从2010年的238亿元增至2015年的540亿元,占全市GDP比重从3.0%升至3.4%,文化创意设计、文化用品生产、工艺美术品占比跃居十大门类产业前三位。全市文化企业注册数从约3万家增至7.6万家,注册资本金总额从约600亿元增至2000亿元,90%以上新增注资为非公有资本,文化产业成为民间投资创业的重要方向。建立国家文化产业园区10个,扶持市级基地企业75家,纳入新闻出版广电总局项目库38个。市属国有四大文化集团营收总和突破100亿元,资产总额近300亿元。猪八戒网、五洲传媒等民营文化企业跻身行业前列。

文化创作生产能力提升,版权保护加强。创排演舞台艺术剧目15台,推出获国家大奖、基金的出版物68种,央视或省级卫视播出的影视剧16部。歌剧《钓鱼城》、话剧《幸存者》、图书《忠诚与背叛》、电视剧《刘伯承元帅》等11部作品获中宣部"五个一工程"奖,京剧《金锁记》等3部作品获中国戏剧节奖,杂技剧《花木兰》等3部作品获精品资助,芭蕾舞剧《追寻香格里拉》等4部作品获艺术基金资助。重庆出版社、西南师范大学出版社、重庆大学出版社平均生产能力五年来稳居全国第一,重庆出版社稳居地方出版社之首。《解放大西南》等8部影视剧获飞天奖、金鹰奖，广电节目年播出时长增加10万小时。全市版权登记数累计突破10万件。机关单位软件正版化工作基本完成。

传播体系转型起步，对外文化交流扩大。《重庆日报》《改革》等7种报刊入选全国百强，《商界》等发行量居全国同类期刊前茅。重庆卫视及新闻频道高清播出，重庆网络电视台成立。广播、电视人口综合覆盖率分别达98.62%和99.07%，均高于全国平均水平。打造全国数字出版转型示范单位7家、文化出口重点企业5家、百强印刷企业和网站各3家，新增互联网出版、视听机构20家，绿色印刷企业24家。新建成电影院143家，区县（自治县）电影院实现全覆盖，全市每4万人拥有1张银幕，远高于全国平均水平。每年开展版权贸易300余项，"重庆文化周"取得良好反响。

文化遗产保护格局初步构建，安防条件不断改善。完成三峡文物抢救性保护，修复大足石刻千手观音、潼南大佛本体，发掘南宋衙署遗址，合川钓鱼城、涪陵白鹤梁列入世界文化遗产预备名录。新增国家文物保护单位35处，中国历史文化名镇2个、名村1个、街区1个，传统村落63个。新发现文物点17244个，增幅全国第一。博物馆数量实现翻番达81家。承办中国文化遗产日主场城市活动，推出《抗战岁月》《千秋红岩》等陈列精品。新增国家非遗项目15个，川剧列入联合国非遗预备名录。建立永川豆豉生产性保护基地，武陵山区（渝东南）国家级文化生态保护实验区加快建设。

第二节　"十三五"文化发展形势

"十三五"时期，重庆文化建设将受惠于中央、地方和文化自身优势多重叠加的利好条件，进入大有作为的战略机遇期。基本特点可概括为"四期并存"。

全面深化改革的攻坚期。党的十八届三中全会提出，以激发全民族文化创造活力为中心环节，推进文化体制改革机制创新，建设社会主义文化强国；完善文化管理体制，建立健全现代文化市场体系，构建现代公共文化服务体系，提高文化开放水平。市委成立深化文化体制改革领导小组，把国有文化资产改革、文化市场公平准入纳入了全市25个重点改革专项。市和区县（自治县）文化部门在实现大部门制后，深入推进服务型政府部门的职能转变。上下贯通的改革举措落实，将有力补短板、破瓶颈，为文化强市建设注入不竭动力。

重大发展战略的实施期。党的十八届五中全会提出了创新、协调、绿色、开放、共享的发展理念，强调"推动物质文明与精神文明协调发展"；文化在国家战略中的地位更加凸显，对经济社会发展和综合国力提升的支撑作用得以强化。"一带一路"、长江经济带、西部大开发等国家战略纵横推进，"一带一路"天然就是一条文明交融之路，长江经济带也是文化事业产业联动发展的纽带，西部大开发必然挖掘文化内生动力。五大功能区域发展战略深化拓展，将成为文化参与城乡功能构建的平台；直辖市体制优势和国家中心城市聚集效应的增强，人力资源素质的提升，直接刺激文化建设提档升级。

转方式调结构的调整期。中央强调，深化供给侧结构性改革，加快形成引领经济新常态的发展方式。文化产业作为现代服务业的代表，正在积蓄新的发展动能，日益成为供给侧"补短板"的重点、国民经济调结构的着力点，文化消费也日益成为扩大内需的新引擎。市委、市政府将文化产业确立为全市十大现代服务业之一。"十二五"末，重庆人均GDP已超过8000美元，进入国际公认的文化产业发展黄金期。全市城乡居民文化娱乐消费支出存在较大增长空间。

融合跨界发展的扩张期。文化天然具有融合、衍生的特质，文化与科技并驾齐驱，是创意资本的重要源泉、新时代创新驱动的基本要素，将成为经济发展动力转换的关键之一。"十三五"时期不仅是"互联网+"的时代，也是"文化+"的时代。随着各界认识的深化、技术路径的成熟及扶持性政策的落地，文化将成为我市的"第四产业"，加快与科技、经济、旅游、金融等深度融合，衍生出众多前所未见的新业态，走向全面跨界发展。文化也将成为大众创业、万众创新的重要领域，为社会营造浓郁的创新氛围。

同时要清醒看到，宏观经济下行压力较大，供给侧结构性改革任务艰巨；重庆总体仍处于欠发达阶段、仍属于欠发达地区；重庆文化建设也在"爬坡上坎"，制约发展的瓶颈障碍尚未完全破除；特别是城乡、区域、群体之间公共文化资源分布不均衡，公共文化服务覆盖度、通达度、社会参与度不够；文化产业增速在经济新常态下回落，创新驱动和融合发展不够；文化创作生产原创力不足；书报刊印数下降，传统媒体广告经营艰难；文化遗产保护整体性预防性不足，文博系统运行相对封闭；文化产业发展缺乏有力支撑，公共文化财政支出比重没有明显提升。

第二章 深入推进文化强市建设

第一节 指导思想

深入贯彻党的十八大和十八届三中、四中、五中、六中全会精神，认真贯彻落实习近平总书记系列重要讲话精神，统筹推进"五位一体"总体布局和协调推进"四个全面"战略布局，牢固树立创新、协调、绿色、开放、共享的发展理念，坚持社会主义先进文化前进方向，坚持以人民为中心的工作导向，始终把社会效益放在首位、实现社会效益和经济效益相统一，按照"科学发展、富民兴渝"总任务，深化拓展五大功能区域发展战略，以全面深化文化体制改革为强大动力，深入推进公共文化、文化产业、创作生产、现代传播、文化传承、文化保障"六个体系"建设，充分发挥文化在价值引领、创新驱动、融合促进等方面的重要功能，为重庆物质文明与精神文明协调发展、如期全面建成小康社会提供强大支撑。

第二节 基本原则

坚持正确方向，弘扬核心价值。为实现团结稳定鼓劲，正面宣传为主，唱响主旋律，发出好声音，凝聚正能量，营造好氛围。聚焦中国梦的时代主题，通过文化创作生产传播推进社会主义核心价值体系建设常态化、具体化，使核心价值深入人心，市民文化素养提高，城市文明程度提升。

坚持创新发展，增强文化活力。把创新摆在文化发展全局的核心位置，促进文化理念、内容、制度、业态协同创新。以深化文化供给侧结构性改革为主线，努力丰富公共文化有效供给，驱动文化产业创新发展，释放文化娱乐消费需求，形成引领经济新常态的文化发展方式。处理好政府与市场的关系，增强文化市场资源配置能力和政府服务能力。

坚持协调发展，促进文产融合。辩证把握文化内部及文化与经济社会总体发展之间的关系。整合文化文物、新闻出版、广播影视业态资源，促进大文化融合发展。推动文化与相关产业跨界发展，实现物质文明与精神文明相互促进。统筹文化改革、发展和管理。推动文化事业产业一体两翼发展，事业支撑产业，产业反哺事业，实现双轮驱动。

坚持绿色发展，建设生态文明。着力建设"山清水秀"的文化生态，确保内容生产绿色健康、文化市场繁荣有序。发挥文化产业轻资产特点，助推生态经济崛起。构建文化生态保护实验区，促进城乡居民生活方式绿色转型。在城市建设中融入传统文化，留住人文记忆。

坚持开放发展，传承中华文化。把弘扬优秀传统文化和发展现实文化有机统一，在继承中发展，在发展中继承。增强文化发展的开放性和包容性，吸收借鉴人类文明一切有益成果。提高现代传播能力，推动中华文化和巴渝文化走向世界。

坚持共享发展，实践以文化人。把增进人民福祉、促进人的全面发展作为文化大发展的出发点和落脚点。坚持以人民为中心的创作生产导向，深入基层、深入生活，为人民抒写故事。重心下移构建现代公共文化服务体系，保障人民群众的基本文化权益，使全体人民在文化共建共享中有更多获得感、幸福感。

第三节 发展目标

深入推进与城乡统筹的国家中心城市相适应的文化强市建设，到2020年基本建成公共文化、文化产业、创作生产、现代传播、文化传承和文化保障"六个体系"，构建起文化大发展大繁荣的整体格局和良好生态，显著提升文化软实力，文化发展的诸多方面走在西部前列。

——现代公共文化服务体系加快构建。到2017年基本完成文化脱贫攻坚任务。到2020年所有区县（自治县）基本公共文化服务达市级实施标准；实现基层文化服务中心全覆盖，辐射形成标准统一、功能综合、便捷通达的城乡惠民文化服务网络。巩固全面建成小康社会的文化基础。

——现代文化产业和市场体系初步健全。初步形成统一开放、竞争有序的现代文化市场。推动文化产业开放、聚集、融合发展和创新驱动取得突破。到2020年全市文化产业增加值突破1000亿元，力争把文化产业培育成支柱产业。

——文化精品创作生产体系日趋完善。繁荣发展社会主义文艺，使书、报、刊、戏、影、视、网等精神食粮更加丰富。力争到2020年巴渝文化系统工程取得阶段成果，本土原创能力和版权保护水平显著提升。

——现代传播体系逐渐形成。促进推动传统媒体与新兴媒体体系化融合，力争到2020年实现出版广电全领域全媒体转型。提升巴渝文化传播力、影响力。

——优秀传统文化传承体系基本形成。到2020年，整体改善全市文物保护状况，显著增强博物馆社会功能，完善非遗活态传承体系。保护弘扬优秀传统文化，更加彰显重庆历史文化名城风采。

——文化发展保障支撑体系完善。到2020年，深化文化体制改革取得全面进展，文化政策法规体系化，文化行业治理现代化，文化人才队伍结构合理，人均公共文化财政支出达到相应标准。形成有利于激发全社会文化创造活力的环境氛围。

专栏1 "十三五"重庆文化发展主要指标						
分类	指标	单位	属性	2015年	2020年
公共文化服务	基层综合性文化服务中心覆盖率	%	约束	—	100
	万人拥有"三馆一站"面积	平方米	预期	568	640
	人均享有"三馆一站"服务	次	预期	1.625	2.25
文化产业发展	文化产业增加值占GDP比重	%	预期	3.4	4
	规模以上文化企业	家	预期	679	1000
	城镇居民文化娱乐消费支出比重	%	预期	5.07	5.4
	农村居民文化娱乐消费支出比重	%	预期	2.06	2.5
文化创作生产	年均新创排演舞台艺术剧目	台	约束	3	3
	图书年均出版	种	预期	5654	6000
	影视剧年均出品	部	预期	18	25
传播体系建设	广播人口综合覆盖率	%	约束	98.62	99
	电视人口综合覆盖率	%	约束	99.07	99.2
	人均观看商业电影场次	次	预期	1	1.5
文化遗产保护	市级以上文保单位"四有"完成率	%	预期	53	100
	市级以上文保单位重大险情排查率	%	约束	—	100
	珍贵文物藏品建账建档率	%	约束	—	100
	珍贵文物藏品环境达标率	%	约束	—	100
文化发展保障	人均公共文化财政支出	元	预期	152	200
	文化在岗人员培训率	%	约束	—	100

第三章　构建现代公共文化服务体系

构建现代公共文化服务体系，是保障人民文化权益、提升社会文明的制度设计，是全面建成小康社会补短板、兜底线工程。坚持政府主导、共建共享，形成标准统一、重心下移的工作格局，到2020年基本建成统筹城乡、小康惠民文化服务网络，使群众在文化建设中有更多获得感、幸福感。

第一节　促进基本公共文化服务均等化

建立市级协调机制，加强公共文化服务领域的资源整合。以区县（自治县）为单位，全面推行《重庆市基本公共文化服务实施标准（2015—2020）》，为市民提供读书报刊、听广播、看电影电视、观展览演出、使用场馆设施、享受流动文化设施和数字文化阵地等服务项目，切实保障群众基本文化权益。将贫困县公共文化服务体系建设与集中连片扶贫开发结合起来，实施文化精准扶贫，配合贫困县"摘帽"，到2017年基本完成文化脱贫攻坚任务。到2020年所有区县（自治县）公共文化服务达到市级实施标准，总体实现城乡基本公共文化服务均等化。逐步建立市级标准提升机制，鼓励有条件的区县（自治县）先行创建国家公共文化服务体系示范区。完善城乡接合部和新建小区文化设施，将农民工等流动群体纳入常住地公共文化服务体系。巩固送戏、送书、送电影下乡常态机制，推进"结对子、种文化"，促进城乡公共文化服务一体化。坚持普惠与特惠结合，面向未成年人、老年人、残疾人、生活困难群众等特殊群体，有针对性地提供专题培训、数字化启蒙、无障碍设施、盲文阅读等服务，体现人文关怀。

第二节　提升公共文化设施建设水平

优化各级文化设施布局，适度增加人均拥有面积，着重提高设施使用率。加强文化用地预控，主城区规划重大文化设施建设用地达1.7平方公里。推动市级文化设施在类型上补缺、在功能上提档，建设文艺院团团场、重庆文化艺术职业学院二期、重庆国际马戏城二期、重庆广播电视发射新塔、少儿图书馆新馆、重庆自然博物园、数字图书馆、数字博物馆、重庆工业博物馆。推进公共文化设施与文化产业及商贸、旅游等功能设施集群化配置，成为有集中度、展示度、融合度的文化地标。围绕重庆多中心组团式布局，加快重庆大学城、九龙坡西城、南岸茶园、渝北中央公园等综合性文化艺术中心建设。力争"十三五"完成区县（自治县）"三馆"达标建设。按公共文化资源均衡化配置思路，着力解决基层设施功能单一、忙闲不均的问题，主要采取拆并闲置、置换盘活、集中利用等方式改扩建，到2020年实现乡镇（街道）、村（社区）两级基层综合性公共文化服务中心全覆盖。基层文化服务中心重在"综合性"，要配套文体活动广场、文化室（广播室）、宣传栏（电子阅报栏），配齐音响等文体器材，有条件的还要配置电影放映室和简易戏台，落实人员管理，打造成为人气度高的公共文化场所。以基层综合性文化服务中心为载体，辐射周边形成标准统一、功能综合、便捷通达的城乡惠民文化服务圈。

专栏2　"十三五"重庆公共文化设施

文艺院团团场、重庆文化艺术职业学院二期、重庆国际马戏城二期、重庆广播电视发射新塔、少儿图书馆新馆、重庆自然博物园、数字图书馆、数字博物馆、重庆工业博物馆、城市发展新区综合性文化艺术中心、区县（自治县）"三馆"建设、基层综合性文化服务中心建设。

第三节　丰富公共文化产品和服务供给

统筹实施文化惠民工程，根据群众需求，结合区县（自治县）实际，增强服务供给的有效性。深化文化馆（站）、图书馆、博物馆、美术馆、纪念馆等免费开放，争取把社区文化服务中心和更多博物馆纳入财政支持，逐步提高补助标准，增加错时开放时间。力争到2020年"三馆一站"服务人次逾6500万，市民人均享有服务2.25次。加强"三农"、进城务工、青少年等公益类出版物、广播电视节目的策划推介。大力推进全民阅读，坚持举办重庆读书月，增加人均购书经费，设立更多公共读物投放点，每年为每个农家书屋更新出版物60种以上，倡导每人每年读5本书。因地因户制宜统筹好有线、卫星、无线三种入户方式，实施好偏远地区直播卫星、地面无线工程，推进广播电视村村通向户户通、模拟通向数字通升级。逐步提供中央和地方基本广播电视节目免费服务。继续开展农村和社区惠民电影放映，保证年均12万场的放映总量，丰富新片供给，推进流动向固定、室外向室内放映转变。按国家规划实施地方应急广播体系建设，基本实现应急广播覆盖到村。推进全民艺术普及，办好重庆演出季，市级院团每年举办2000场左右的公益演出。推动各级各类学校普及艺术教育。完善群众文艺帮扶机制，挖掘各类节庆的文化内涵，组织"文化下乡""文化进社区"，开展市民喜闻乐见的传唱、汇演、鉴赏、品读活动。

第四节　创新公共文化服务方式和手段

推进公共文化服务数字化、社会化，构建互联互通、共建共享的服务体系。统筹公共数字文化建设，在实施文化信息资源共享、数字图书馆推广、公共电子阅览室、卫星农家书屋等工程和办好文化网络电视基础上，着力加强数字文化跨领域、跨机构、跨终端的整合，长远形成全市公共文化大数据库，使群众能随时随地共享资源。加快公共文化物联网建设，把物联网机制、技术和管理模式引入公共文化领域，尽快覆盖所有区县（自治县）下沉基层文化服务中心，长远实现全市公共文化产品的联网调度和统一采购，为群众提供菜单式、订单式服务。推广"三馆"总分馆制，促进各馆资源共享，扩大单馆服务半径。支持实体书店与图书馆合作"借阅、购买、馆藏"。为基层配置流动文化车，立足需求建设农村文化中心户，通过协同式服务打通公共文化服务"最后一公里"。逐步开放政府购买服务的资金来源和项目库，促进公共文化服务主体和方式多元化。鼓励机关、学校、企事业单位等内部文化设施向公众开放。鼓励社会力量通过兴办实体、赞助活动、捐资捐物等方式提供公共文化服务。以公众参与度和群众满意度为核心，建立公共文化服务效能评价机制，使政府"送"文化与群众"要"文化更匹配。

专栏3　"十三五"重庆公共文化服务
公共文化设施免费开放、公共数字文化建设、公共文化物联网、农家书屋、直播卫星户户通、广播电视节目无线数字化覆盖、应急广播体系建设、惠民电影放映、重庆读书月、重庆演出季。

第四章　健全现代文化产业和市场体系

发展文化产业是经济新常态下实现市场繁荣的着力点。要遵循文化发展和市场经济双重规律，深化供给侧结构性改革，增强文化市场资源配置能力，构建开放、聚集、创新、融合发展的文化产业体系和统一开放竞争有序的文化市场体系。使文化产业增速高于全市经济增速，力争到2020年成为我市支柱性产业。

第一节　优化文化产业五大功能区域布局

结合五大功能区域发展定位及资源禀赋，优化文化产业布局，引导错位、协调、联动发展。都市功能核心区打造文化资本聚集区，力推"文化+金融""文化+商贸"，发展文化总部经济，建设一批辐射力强的文化消费综合体，引导高端文化要素聚集。都市功能拓展区打造新兴文化拓展区，力推"文化+科技"，建设国家级文化园区，引进、孵化一大批以数字技术为支撑的现代文化实体。都市功能核心区和都市功能拓展区协同融合，率先把文化产业建成区域支柱性产业。城市发展新区打造文化生产配套区，力推"文化+制造业"，配套当地支柱产业，发展工艺美术品、印刷包装和文化用品生产，助推新型工业化和城镇化。渝东北生态涵养发展区和渝东南生态保护发展区打造文化生态旅游区，力推"文化+旅游""文化+农业"，深挖当地非遗资源，在整体保护文化生态基础上，建设文化旅游经济带和创意农业观光区，培育民俗文化产业。加快构建内强素质、外拓体量的重点门类支撑格局。做强文化艺术、出版发行、广播影视等传统门类，巩固大文化根基。做大文化创意设计、文化用品生产、工艺美术品等新兴门类，带动文化产业规模倍增，力争全市文化产业年均增长率达到13%。

第二节　培育和引进文化市场主体

抓大扶小相结合，使多元文化市场主体更活跃。督导文化企业按供给侧改革方向调整业务结构，退出过度竞争，盘活闲置资源。加快国有骨干文化企业混合所有制改造、跨媒体融合、跨行业跨地域重组和上市融资，使其向战略投资者转变。做强重庆日报报业集团、重庆广电集团（总台）、重庆出版集团、重庆新华书店四大国有文化集团和市文投集团，力争到2020年培育资产百亿集团3—5家，实现"全国文化企业30强"和市属国有文化企业上市零的突破。推进文化产业对内对外开放，以重大项目为抓手，支持区县（自治县）招引市外、业外乃至全球知名企业来渝投放品牌，投资兴建文旅商综合体，加快打造万达文化旅游城、华侨城欢乐谷、皇庭珠宝城、汉海极地海洋公园等带动性项目，使我市成为文化产业投资热土。依法放宽文化市场公平准入，落实民营文化企业与国有文化企业平等政策待遇。鼓励文化领域大众创业、万众创新，加快众创、众包、众扶、众筹平台建设，孵化各种形式的小微文化企业。实施成长型文化企业培育计划，力争到2020年培育规模以上文化企业1000家。

第三节　引导文化产业规模化集约化

强化聚集区产业链整合、企业孵化等功能，带动文化产业集约化专业化。文化园区评选要区别定位、配套先行，防止一哄而上、有进无出。继续打造国家数字出版基地、CAD中央艺术区、南滨路文化产业长廊、黄桷坪艺术园区、磁器口古镇、綦江农民版画、洪崖洞、巴国城、虎溪公社、涪陵印包产业园等部委和市政府挂牌园区，在巩固现状聚集基础上，做好内涵提升。支持有关区政府结合本区产业升级方向，统一规划、长远设计，将文化产业培育列为区域发展的核心目标之一，把相邻文化项目"串点成线、捏合成团"，打造广域化、协同性的文化产业主体功能区。力争到2020年初步形成渝中母城中央艺术区、两江新区文化科技融合示范区、南滨文化休闲娱乐区、九龙半岛文化创意设计区、沙磁文化旅游区的环境、氛围和影响。依托我市"六横七纵"路网建设，加强文化园区互联互通的规划组织。联络沿江区县（自治县），整合特色文化资源，构建重庆的长江文化产业带。支持龙头企业结合总部基地建设，打造社会化的文化众创平台。合理利用传统风貌街区和历史文化名镇名村，鼓励与旅游商业街联动。借鉴工业园区发展经验，定制文化园区扶持政策。构建起以主体功能区为骨架、特色园区街区为脉络的全市性文化产业集群。

专栏4　"十三五"重庆文化产业聚集发展
重庆国家数字出版基地、两江新区文化科技融合示范区、CAD中央艺术区、渝中母城中央艺术区、南滨路文化产业长廊、南滨文化休闲娱乐区、黄桷坪艺术园区、九龙半岛文化创意设计区、磁器口古镇、沙磁文化旅游区、綦江农民版画、洪崖洞、巴国城、虎溪公社、涪陵印包产业园。

第四节　驱动文化产业供给侧创新

打造科技引擎，发挥"互联网+"在文化资源配置中的优化集成作用，推动云计算、物联网、大数据等新一代信息技术与文化融合，促进传统文化企业供给侧改革创新。加强内容产品数字化采集、存储、加工、传输及各式便携终端使用，发展电子书、手机报刊、纸质有声读物、移动多媒体、互联网电视等新兴业态，努力实现一个内容多种创意、一个创意多次开发、一次开发多种产品、一种产品多个形态。推动演艺、娱乐、文博、印刷等设施设备数字化，发展特效电影、实景演出、全息展览、按需印刷等新兴业态，提升文化生产效率和服务体验。嫁接文化产业与电商、物流体系，拓展院线模式、发行网络和第三方业务。构建物联网化的文化要素平台，促进信息交换和产品流通，使实体与虚拟文化产业高度互动。通过新技术复原珍贵文物，引入新工艺打造特色非遗产品，使文化遗产焕发新神采。加强对行业标准实施的指导，在文化园区构建科技创新联合体，推动共性技术和基础装备研发。支持龙头企业结合总部建设，升级产业基础设施，为早日剥离和独立发展文化新兴业态创造条件。

专栏5　"十三五"重庆文化产业创新驱动
演艺院线、重庆广告园、重报智能数字印刷、优配电商物流、有线云数据中心、视美动漫创谷、RFID电子书签应用、天健创意产业基地、现代印刷物流基地、解放碑时尚文化城、江北中心书城、区县书城、阅淘网、新华第三方物流基地、期刊数字出版中心、西南大学出版中心、五洲世纪文创中心、电子书包和智慧云、网络学术出版平台、数字化印刷技改。

第五节　促进文化产业跨界融合发展

实施"文化+"战略，充分发挥创意禀赋，促进文化产业与经济社会各领域跨界发展。大力推进"文化+旅游"，深化文旅部门资源共享机制，实现文旅融合项目规划、推介、实施"三同步"，打造新兴文化旅游目的地。建设一批文旅融合的主题园区，整合一批文旅融合的观光线路，举办一批文旅融合的节庆活动，创排演一批文旅融合的演艺精品，开发一批文旅融合的纪念品工艺品，以文化提升旅游的内涵质量，以旅游扩大文化的传播消费。发展"文化+制造业"，做强工业、广告等设计实体，将高水平的文化创意融入我市制造业的研发设计、装备工艺、产品体验和品牌营销，提升制成品的实用性、审美性，增强新型工业的文化附加值。发展"文化+商贸服务业"，支持城市综合体、购物中心、商业街等引入跨界经营的文化业态，改善商圈文化休闲环境，凸显"重庆老字号"的文化元素。发展"文化+农业"，扶持特色农产品观光园区，策划农事节庆，展示农耕生态文化。发展"文化+智库产业"，鼓励文化机构兴办产学研用相结合的新型智库，构建"创意城市"的人才网络。将文化考量融入旧城改造和城乡人居建设，以文化创意提升规划、建筑和园林设计，传承历史文脉，打造独具特色的山水城市和美丽乡村，提升人民宜居水平。

第六节　活跃文化市场和文化消费

发展多层次的文化要素市场，积极建设国家文化消费试点城市。构建全市性文化产品专业市场、物流配送中心、连锁经营体系和商贸服务平台，办好重庆文化产业博览会、西部动漫文化节。推动演出、娱乐、上网服务等文化场所业态升级。加强代理、经纪、拍卖、咨询等文化中介机构建设。发挥股权投资引导基金和财政专项资金互补作用，引导文化产业战略性投资。发展"文化+金融"，办好文化产权交易所，开设文化项目路演中心，探索对版权、品牌、特许经营权等文化资产的确权定价机制，发展主要服务于文化产业的小贷公司，创新质押贷款等与文化轻资产特点相适应的金融产品，助推文化资源资本化。鼓励专业第三方开发适用于文化消费的支付结算系统。以建设国家文化消费试点城市为契机，带动市民文化消费规模持续增长。以书报刊、演艺、有线电视、电影等产品为重点，实施市场主导、政府助力的文化消费惠民计划，从补贴文化经营单位向补贴居民文化消费支出转变，逐步提高加盟商户的绩效奖励水平。力争城乡居民文化娱乐消费支出比重提升，使文化供给侧需求侧改革互动。

专栏6　"十三五"重庆文化产业融合发展
重庆文化产业博览会、西部动漫文化节、猪八戒网、两江国际影视城、重庆智库研究院、机器人体验馆、涪陵1898·榨菜小镇、山城后街、京渝国际文创园、斯威特钢琴基地、巴滨文化休闲区、长寿·菩提古镇、老重庆影视外景区、大足石雕园、陶文化园、壹秋堂夏布、安居古城、龙文化园、知德易学城、山神漆器园、鬼城民俗主题园、牡丹文化街、星际未来城、"烽烟三国"、夔州诗苑、巫山神女文化园、十里花灯、蚩尤九黎城、万盛动漫园、重庆际华园、工业设计版权兴业基地。

第五章 培育文化精品创作生产体系

文化精品反映城市的创造活力，是文化软实力的主要承载。坚持以社会主义核心价值观为引领、中华优秀传统文化和巴渝文化为根脉，弘扬抗战文化、三峡文化和红岩精神，大力繁荣文学艺术、新闻出版、广播影视创作生产，努力推出无愧于时代、引领巴渝文化新风尚的文化精品。

第一节 扶持文艺精品创作生产

通过树立标准、工程带动，完善繁荣社会主义文艺的机制。改进文艺评奖，争取将部门分立的评奖整合提档为政府大奖。合理设置考核指标，发挥评奖导向作用，让文艺作品形成思想性、艺术性和观赏性相统一的新风尚。开展"深入生活、扎根人民"实践活动，制定经济和人事政策，为文艺工作者蹲点基层提供条件。大力扶持文艺原创，争取设立专项资金，重点扶持文学、剧本、作曲等基础性环节，面向全社会公开征集原创作品，资助原创内容通过出版物、影视剧、戏剧等形式转化成果，培育成就文化精品。提高中国梦主题和爱国主义、现实主义题材创作的组织化程度。开展重庆题材系列创作活动，组织艺术家写重庆、画重庆、唱重庆、拍重庆。落实市级文艺院团改制政策，大幅改善院团团场等创作生产条件。扶持戏曲传承，推进川剧等地方戏曲振兴，构建学校教育与院团传习相结合的人才培养体系，实施"名家传戏"。依托国家艺术基金、精品工程和展演活动实施舞台艺术精品工程。"十三五"期间创排演艺术剧目15台以上，力争8个市级文艺院团创作出代表本院团艺术新高度的精品诞生。推进全市性演艺院线建设，提高各大剧场使用率，使演艺精品与更多市民见面。推动美术、音乐、舞蹈、摄影、书法等各种文艺形态欣欣向荣，蓬勃发展。

第二节 繁荣书报刊音像电子出版

繁荣各类出版，使其成为打造文化精品的中坚力量，体现传承创新巴渝文化的担当。狠抓策划源头，将固态出版选题计划改进为动态出版选题库，对入库选题跟踪服务。强化选题征集、项目资助、审读评奖等一条龙引导机制。实施重大公益出版工程，使国家出版基金与市级公益出版资金联动，集中打造时政、巴渝特色、文化传承、文艺原创、公益惠民、少儿等板块，力争"十三五"推出获国家大奖，各种基金推介的精品出版物100种。首推《巴渝文库》出版工程，五年内取得阶段成果，逐步集成重庆三千年历史文化，使巴渝文化谱系化，彰显独特而隽永的巴渝文化品格。做好社会主义核心价值观主题出版，加强古籍整理出版，支持网络文学出版。实施品牌报刊及重点学术期刊建设工程，扩大资助规模，扶持10种全国知名的经营性报刊和20种核心学术期刊，强化在人文、财经、科教等领域影响力，打造渝版报刊方阵。加快音像电子出版全媒体转型。"十三五"期间年均出版图书6000种，提升再版重印率。推动重庆出版社独占地方出版社鳌头，西南师范大学出版社、重庆大学出版社在大学出版社"二十强"中升位，打造《重庆日报》《改革》等8种以上全国百强报刊，《党员文摘》《商界》《课堂内外》等5种以上发行量全国领先报刊，探索组建期刊集团。

第三节 推动广播影视作品创新创优

发挥广播影视作品直观形象的特点，着力打造富于感染力的文化精品。加强广播影视调控，在剧本创作、拍摄制作、发行播映等关键环节，突出社会主义核心价值观。扩大公益服务类节目制播比例。改进收视收听率调查，在广播影视评价体系中凸显社会效益。实施影视精品工程，扶持本地创作拍摄，"十三五"时期推出电影50部、电视剧50部、动画片20部、纪录片30部，力争更多渝派电影走上商业院线和国际影展，更多渝产电视剧登陆各省（区、市）卫视平台。实施广播电视节目创优工程，力争市与区县（自治县）两级广电媒体培育出20个特色栏目，以特色栏目带动频道频率专业化建设。扶持网络剧、微电影、网络动漫等新型视听产品原创,培育朝气蓬勃、健康向上的网络文化。继续推进制播分离,提高影视节目制作的社会化水平。深化制片人(工作室)制,在版权引进和台外合作中注重吸纳转化、为我作用。到2020年全市广播影视节目播出时长增至50万小时。

第四节　加强原创版权保护及应用

版权是知识产权的重要组成,保护版权就是保护原创,保护消费者。持续推进版权保护社会化体系建设,营造尊重版权、鼓励创新的氛围,促进作品向产品转化。加快打造版权监管网络平台,完善版权执法联动机制,开展打击侵权盗版专项行动。巩固机关单位软件正版化成果,力争完成市和区县(自治县)两级国有企业软件正版化。加强版权宣传,提高公众认知度。完善版权登记上门服务,力争"十三五"时期全市普通作品版权登记数保持年均2万件,提高登记作品质量。在九龙坡黄桷坪艺术区园区打造全市性版权交易中心,定位"第四方平台",构建数字内容"版权云",完善版权定价机制,孵化版权产业实体。在江北五里店工业设计中心等文化园区设立版权工作站,扶持綦江版画、大足石雕等版权兴业基地,力争新增一批国家级示范项目。组建市版权协会和动漫版权联盟,逐步形成版权行业的自律调解、合作发展机制。推进全市文化单位史馆(站)建设,开展巴渝文献数字化抢救,通过实体建设和数字化抢救两手抓,切实加强文化自身积累,为原创生产提供底蕴支撑。

专栏7　"十三五"重庆文化创作生产
舞台艺术精品工程、重大题材美术创作、重大公益出版工程、巴渝文库、品牌报刊工程、重点学术期刊建设、影视精品工程、广播电视创优栏目、网络文化建设工程、版权交易中心、文化单位史馆(室)建设、巴渝文献数字化抢救、"大美三千年"、"巴国霓歌"、"归来三峡"。

第六章　打造立体融合的现代传播体系

传播力是文化功能实现的基础。坚守文化本位,强化互联网思维,内容为本,技术为用,促进出版广电全领域全媒体转型,到2020年基本建成立体多样、融合发展的现代传播体系。立足内陆开放高地,整体谋划、构建、呈现和输出巴渝文化品牌。

第一节　实施媒体融合发展行动计划

推动传统媒体原创力、公信力向互联网延伸,打造出纸媒、视听、固网、动网立体传播的新型主流媒体。坚持党媒党姓,办好《重庆日报》、《当代党员》、重庆电视台和华龙网,昂起党报党刊党台党网龙头。以内容提质带动媒体建设,办强大众媒体,办精专业媒体,办优区县媒体。细分读者,调整报刊和频道频率定位,发展轻轨报、社区报等新型媒体。办好重庆网络广播电视台,推出"重庆""上游新闻"等手机客户端(APP),实现市属媒体手机报订户、APP装机量、微信公众号粉丝"三个1000万",构筑本土移动互联网传播支柱。探索媒体运营线上线下一体化,从新闻信息服务向生活、娱乐、商业服务拓展。以重庆日报报业集团、重庆广电集团(总台)为重点,全面实施媒体融合发展行动计划。尽快在集团层面统筹资源、重构流程,建立全媒体采编平台和制播网,继而把媒体融合从内容生产拓展到渠道、平台、经营各方面。力争到2020年两大集团完成全媒体转型,实现媒体融合体系化。

第二节　加快出版印刷发行全流程转型

加快编辑、印刷、发行全流程数字化转型,构建互联网+时代的出版传播新生态。铺展国家和市两级数字出版转型示范工程,做好遴选、资助、推介。鼓励出版单位探索集选题策划、协同编辑、结构化加工于一体的内容生产发布平台。努力扩大原创电子书出版和数字报付费发行。全力打造两江新区国家数字出版基地，按"1+N"模式在有条件的单位拓展分园，发展在线教育、期刊数据库、网络游戏等优势门类，力争到2020年入驻企业超过150家，产出达50亿元。实施"互联网+绿色"印刷战略，建立环保印刷监测平台，加大企业认证资助力度，力争绿色印企增至50家。实现中小学教材、票据绿色印刷全覆盖，推进政府采购、食品药品、教辅等绿色印刷，开发在线印刷DIY系统。应用电子书签等技术，推进传统发行向"电子商务+物联网"转变。实施实体书店支持计划，依托城乡商业网点和公共设施拓展书店体系，鼓励实体书店融入商贸物流等关联行业，在区域配送中发挥支点作用，努力把实体书店建成集阅读学习、展示交流、聚会休闲于一体的复合型文化场所。

第三节　推进广播影视全体系数字化

推进包括有线网络、制播平台、视听终端在内的整个广播影视体系数字化。提升广播电视综合人口覆盖率，到2020年基本实现数字广播电视户户通。迁建广播发射台，改造高山无线发射台，巩固区县（自治县）广播电视台标准化成果，打造更多高清频道。整合有线电视网络，提高传输互动等业务承载能力，到2020年全面完成双向化，初步实现物联网化。降低入户门槛，维系和发展家庭用户，丰富数字电视付费节目，拓展"TV+"的综合信息服务，巩固有线电视作为家庭文娱中心地位。大力实施"宽带广电"战略，推进"三网融合"的下一代广播电视网（NGB）建设，支持其全面参与互联网产业竞争。在区县（自治区）影院全覆盖基础上，推动10万人以上的城市新区和乡镇建设数字影院，到2020年全市商业电影银幕超过1200张，人均观看商业电影每年1.5次。推广电影拷贝卫星传输，推进电影院线建设。支持网络视听节目机构发展，搭建广电机构对音视频众创内容进行整合投放的云平台。鼓励跨界发展视听新媒体，推进接收技术标准化，使广播影视内容有效覆盖电视、机顶盒、电脑、手机等终端。

第四节　扩大"一带一路"文化交流

人文交流是文明对话的桥梁。按照内陆开放高地的定位，把政府交流与民间交流、经贸交流与人文交流结合起来，不断扩大巴渝文化影响力。整合全市艺术、文物、非遗、出版、影视资源，参与重大文化交流活动，整体呈现和输出巴渝文化品牌。面向"一带一路"特别是渝新欧、渝昆泛亚通道沿线国家，集中开展"欢乐春节""重庆文化周""巴渝风情展"等活动，广泛传播大足石刻、恐龙化石、川剧、杂技、当代艺术、渝版图书和影视剧等特色品牌。通过互办展览、合作开发文创产品、组织人才研修等方式，深化友好城市及兄弟单位间文化互动。加强对港澳台地区文化交流，举办"巴山渝水宝岛行"。开展"未来之城"中新文化互联互通活动。组团参加国际大型艺术展、书展、电影节和文化产业展。依托"经典中国""丝路书香""丝绸之路影视桥"等国家工程，开发外向型的渝版图书、影视剧、网络游戏等文化产品。力争每年开展版权贸易500项以上。探索建立文化保税区，设立保税商品展销中心，为文化外贸提供通关便利，发展创意设计、影视制作、印刷包装等保税加工业态，打造西部对外文化贸易基地。培育重庆出版集团、重庆演艺集团等文化出口重点企业，鼓励其与国际知名企业缔结战略合作，探索设立海外分支机构。

> **专栏8　"十三五"重庆文化传播交流**
>
> 数字出版转型示范和融合发展、新区及乡镇数字影院建设、全媒体采编平台、全媒体制播网、"重庆"APP、"上游新闻"APP、广播发射台迁建、高山无线发射台改造、区县电视台标准化建设、有线网络物联网化、音视频云平台、图书网点联合拓展、移动互联网自助出版、重庆文化周、版权"走出去"、文化保税区、"一带一路"美术展、大足石刻世界巡回展。

第七章 建设巴渝文化保护传承体系

文化遗产是人民共同的精神家园，是文化发展的战略资源。坚持保护为主、抢救第一、合理利用、加强管理的方针，通过完善的保护体系、持续的利用渠道和广泛的传承载体传习人群，努力使文化遗产"活"起来，更加彰显重庆历史文化名城风采。

第一节 开展文物基础性整体性保护

推进区县（自治县）文管所标准化建设，明确基层文化服务中心文物保护职责，有条件的文保单位向公众开放。建立文物登录制度和历史文化资源信息库，公布第三批市级文保单位，力争到2020年市级以上文保单位"四有"（有范围、有标志、有档案、有机构）完成率100%。划定市级以上文保单位建设控制地带，编制全国重点文保单位专项保护规划。落实文物保护主体责任和修缮义务，组织文物安全督察，加强岁修，减少大修。推进一批安防、消防、防雷和排险工程，力争市级以上文保单位重大险情排查率100%。整体实施石窟寺及石刻、革命旧址与抗战遗址、巴渝建筑、三峡文物、名镇名村和传统村落等文保重点工程，大覆盖、大投入、成体系、有延续地保护重庆特色文物，使文物保护向抢救与预防并重、本体与环境并重转变。开展乡土建筑、文化线路等二十世纪遗产调查。强化田野考古的基础地位，做好文物修复保存、成果展览出版。制定文物修缮技术导则。密切文物保护与城乡规划、国土利用等联动。强化基本建设中考古调查、勘探发掘前置程序，把所需经费纳入工程预算。

第二节 推动博物馆专业化效益型发展

构建历史、革命、抗战、工业、自然（科技）五大博物馆群。支持民间合法收藏和民办博物馆，打造民俗、艺术等专题性博物馆和智慧、生态、社区等新形态博物馆。力争到2020年有藏品条件的区县（自治县）全部建成博物馆，全市博物馆增至120家。完成全市国有可移动文物普查，开展重庆变迁实物征藏，建立馆藏文物数据库，珍贵文物建账建档率达100%。加强博物馆风险防护，对全市珍贵文物配备柜架囊匣，实现馆藏5000件以上博物馆环境基本达标。编制《中华古籍总目·重庆卷》，每年修复革命文物、三峡出土文物、书画古籍等1000件以上。提高策展水平，每年新推出主题展览100个以上。实施《千秋红岩》《远古巴渝》《重庆：城市之路》等改陈工程，探索建立多媒体集成的体验式展陈体系。强化博物馆社会功能，结合免费开放开展社区巡展、考古体验、社会文物评估等公益活动。巩固博物馆青少年教育试点成果，建立中小学生定期参观博物馆及实践活动机制。完善文博场所配套设施和标识系统，增强旅游接待功能。落实国家培育文博产业的政策，支持博物馆挖掘馆藏资源，试点开展委托或授权经营，合作开发文创产品。

第三节 活态传承非物质文化遗产

保护非遗等文化生态就是涵养民族文化的根和魂。以项目保护为中心，展馆建设为承载，生产性保护和生态区打造为方向，加快构建非遗活态传承体系。完善国家、市、区县三级非遗名录。结合表演、技艺、民俗等不同类别特点，实施濒危非遗项目抢救工程，加强《巴渝寻宝》推介，利用影视、出版、演艺等作品记录其技艺精华，鼓励原住民按习俗开展乡社活动。力争到2020年国家非遗项目增至50个以上。实施传承人群研习计划，鼓励代表性传承人授徒，对学艺者奖学资助。实施非物质文化遗产展陈工程，集合全市非遗资源，按前街后坊模式，择址打造非遗博物馆和博览产业园，成为非遗展示传承、活态体验的聚集区和文化旅游新的重镇。设立非遗创意中心，立足老百姓衣食住用开发衍生产品，通过生活化、市场化实现活态转化，力争建成一批生产性保护基地。培育工匠精神，通过新技术、新材料，振兴陶瓷、漆器、织造、雕刻、刺绣等传统工艺。发掘乡土文学、民族歌舞、地方戏曲、民俗庙会等，打造民间艺术之乡。加快渝东南、渝东北两大文化生态区建设,以区域内非遗保护为中心,推进文化文物资源和环境系统保护,助推文化、自然、社会协调的生态文明建设。

第四节　加强传统风貌街区修缮利用

传统风貌街区是城市的一张名片,要切实加强保护修缮与利用,使传统和现代交相辉映和谐共生,让历史文脉绵延相传。首批修缮十八梯、湖广会馆—东水门、米市街—慈云寺—龙门浩、木洞、丰盛等传统风貌街区,逐步推广开来。重视文化遗产的不可再生性,坚持保护为先,加强点上保护与面上保护互动,坚决反对拆真建假,坚持原地址、原风貌、原工艺,做到修旧如故,让人记得住乡愁。在做好保护前提下合理利用,积极赋予传统风貌街区新功能,发挥其经济、社会和历史文化价值,提升城市品质。

第五节　促进文化遗产创造性转化

结合五大功能区域战略,继续做好文化遗产"亮、保、建、养"四篇文章。都市功能核心区和都市功能拓展区做好"亮"的文章,挖掘传统巴渝、开埠建市、抗战陪都、革命圣地等资源,集中修复"一岛两江四岸"遗址,彰显历史文化名城风采。城市发展新区做好"保"和"建"的文章,挖掘石窟石刻、名镇名村、古代军事、工业遗存等资源,新建一批保护设施,确保新区文脉不断层。渝东北生态涵养发展区和渝东南生态保护发展区做好"养"的文章,挖掘乡土民俗、自然生态、史前文明、三峡移民等资源,整体构建文化生态保护区,形成"两翼"特色文化。支持重庆中国三峡博物馆建设央地共建的国家级博物馆,打造国家文物保护装备基地暨三峡文物科技保护中心。支持红岩联线按国家5A级旅游景区规划实施改造,打造全国知名的红色旅游目的地和干部党性教育基地。深化大遗址保护利用,推进合川钓鱼城、涪陵白鹤梁申报世界文化遗产,建设南宋衙署、龙骨坡、白帝城等考古遗址公园,修复大足石刻卧佛。合理利用长安1862、特钢厂、建峰厂等工业遗产。建设三峡移民、抗战戏剧纪念馆。培育荣昌区、梁平县等非遗大区大县,引导区县(自治县)抓好实物留存等内涵聚集,促进产品开发等衍生转化。推动文化遗产保护利用与国民素养教育、特色文化旅游及群众就业增收相结合,力争实现创造性转化。

专栏9　"十三五"重庆文化遗产保护利用
传统风貌街区、石窟寺及石刻保护、革命旧址和抗战遗址保护、巴渝建筑保护、三峡文物保护、名镇名村和传统村落保护、文化遗产保护设施建设、渝东南(武陵山区)国家级文化生态保护实验区、渝东北(三峡库区)文化生态区、非遗名录及传承人抢救、非物质文化遗产展陈工程、国家文物保护装备基地、红岩联线基础设施改造、"千秋红岩"展演技术集成、文物标本库房和修复中心、南宋衙署遗址公园、长安1862。

第八章　完善文化发展保障支撑体系

文化发展重在保障。立足当下、着眼长远,为文化强市建设完善制度性保障和资源支撑。

第一节　全面深化文化体制改革

改革创新是文化大发展的不竭动力。突出增量改革理念,深化文化行政、事业、国资、市场四位一体改革,处理好政府与市场、事业与产业、艺术与娱乐的关系,创新文化强市建设的制度构架。

深化文化行政改革。深化大部门制,进一步打破传统分割,更有力地统筹文化文物、新闻出版、广播影视业态和社会文化资源,以适应大文化融合发展需要。加快文化部门从管微观向管宏观的职能转变。以服务型政府建设为主线,把工作重心转移到创造良好发展环境、提供优质公共服务和促进市场公平有序上来。坚持"放管服"结合,既着眼于把关文化内容,把该管的事切实管好,更着眼于服务文化发展,把该放的权坚决放开到位。大幅减少政府对资源的直接配置，放活市场主体和要素。加快文化治理从单纯依靠行政手段向综合运用法律、经济、行政、技术手段转变。

深化文化事业改革。建立跨部门的大社会公共文化服务协调机制，扩大对文化资助。推进文化事业单位分类改革，对公益性文化单位强化服务本位，完善绩效考核。推动公共图书馆、博物馆、文化馆、美术馆等组建理事会，吸纳各界代表参与管理。健全政府开放采购、市场竞争供给的机制，提高公共文化服务社会化水平。推广政府和社会资本合作（PPP）模式，允许社会资本参与公共文化设施建设运营。加强文化志愿服务，培育公益文化基金会等非营利机构。

深化国有文化资产改革。健全党委和政府监管国有文化资产的机制。深化国有文化资产监管与资本运营相分离。深化经营性文化事业单位转企改制，加快国有文化企业股份制、混合所有制改造和开放性市场化重组。建立国有文化企业党委领导与法人治理相结合的内部机制，健全编辑委员会、艺术委员会等专门机构，使其管理模式既符合现代企业制度，又体现文化自身特点。推动国有文化企业把社会效益放在首位、实现社会效益与经济效益相统一，建立可量化、可检查的对社会效益的考核标准。

深化文化市场改革。完善公平准入和有序退出机制。进一步降低门槛，除国家明令禁止以外的一切文化市场领域，不同所有制市场主体均可平等进入。引导各类市场主体公平竞争、优胜劣汰。鼓励非公有制文化企业发展，按国家规定允许参与对外出版、网络出版，允许以控股形式参与国有影视制作机构、文艺院团改制经营。在坚持出版权、播出权特许经营前提下，允许制作和出版、制作和播出分开。推动金融资本、社会资本、文化资源相结合，促进文化要素以市场为基础自由流动、高效配置。

第二节　全面推进依法行政

把落实全面依法治市与深化文化行政改革结合起来，构建文化发展的法治支撑。加快地方立法，力争出台我市公共文化服务条例、文化产业促进条例、文化市场管理条例，做好文物保护法实施办法修订工作。从大文化融合发展的需要出发，切合重庆实际，慎立多修，立改废并举，增强文化规章及规范性文件的针对性。围绕建设法治政府，定期修订和公布文化行政权力清单，做到法定职责必须为、法无授权不可为。结合国家要求继续取消一般性审批、下放基础性审批，最大限度减少前置性审批，健全相应的事中事后监管。推进政务公开和电子政务，简化申报材料，提高当场办结比例，提升行政服务效率和工作透明度。

第三节　加大政府投入力度

建立财政投入稳定增长机制，到2020年我市人均公共文化财政支出达相应标准，文化占财政支出比重提升。扩大宣传文化专项资金规模，增强文化领域政策调节能力。加大市级统筹资金对文化基础设施建设投入。合理划分各级财政基本公共文化服务支出责任。对公共文化机构日常运行经费和基本项目购买经费做到应保尽保。加大市级财政转移支付力度，按扶贫攻坚要求取消贫困县财政对部分公益性文化项目的配套。从城市建设维护费中足额提取社区文化建设费。争取恢复市级文化产业专项资金。探索市属文化企业有条件免缴部分国有资本收益，以支持其转型发展。

第四节　完善和落实文化经济政策

回应突破瓶颈的现实诉求，构建文化发展的政策支撑。抓好国家文化经济政策的市级配套和创造性实施。发挥"文化+"的渠道优势，通过部门联动促进文化与经济信息、科技、旅游等领域共享资源，实现政策叠加效应。发挥直辖市体制优势，深化部市合作机制，努力形成重庆文化在竞争性领域的政策优势。协调发展改革、财政、人力社保、国土、规划、税务等部门支持，为文化发展提供基础条件。探索在城市建设用地分类中增设文化及相关产业类别，优先保障文化功能性设施用地。新改、扩建居民住宅区，按国家规定配建公共文化设施。完善基本建设中土地置换、容积率平衡等文物保护补偿办法。鼓励把城市转型中退出的工业用地用于发展文化，不断降低文化产业项目用地成本。探索将文化服务行业纳入营改增试点范围，研究创意型企业成本抵扣办法，实质性减轻小微文化企业税负。落实公益文化捐赠的税前抵扣。本着先行先试精神，在配套文化事业运行、引导文化产业聚集、培育成长型文化企业、拉动市民文化消费等领域，谋划更多创新性政策，助推重庆文化跨越发展。

第五节 实施"人才兴文"工程

人才是文化繁荣的根本保证。要把民营企业人才、引进人才、外地重庆籍人才纳入人才建设计划统筹。以主创人才、复合型人才为重点，推进"五个一批""巴渝新秀""文化优才"等人才培养工程，力争在文化文物、新闻出版、广播影视等领域新培养出领军人才100名、中青年骨干人才300名。加强基层人才队伍建设，确保乡镇（街道）文化专干人数只增不减，落实每个行政村（社区）设有不少于1个政府购买的文化公益岗位。壮大志愿者、义务管理员等"编外"文化队伍。加强德艺双馨教育，实施文化文物、新闻出版、广播影视在岗人员五年轮训计划。支持文化单位拟订智力贡献参与分配的可行办法。对市级人才资助项目，责成人才所在单位按不少于1∶1比例配套。完善职业技能鉴定机制，畅通改制和民营文化企业职称评定渠道。完成重庆文化艺术职业学院大专标准化建设。

第六节 推进行业治理体系建设

通过政府监管、行业自律、社会监督相结合，推进文化行业治理现代化。强化文化文物、新闻出版、广播影视各领域的属地监管，开展好专项治理行动，净化文化市场秩序。完善文化市场综合执法的部门联动机制，减少执法层级，将执法重点从注重主体向注重行为转变。实施文化市场综合执法能力提升计划，以案施训，增强装备。建设大数据支撑的文化市场技术监管平台和一体化的新媒体实时监管平台。推动文化文物、新闻出版、广播影视各领域行业协会建设，发挥好协调、监督、服务、维权等功能，实现行业自律。与工商联动，加快构建文化企业征信系统，建立失信"黑名单"制度。推进文化行业标准化和信息化建设。

专栏10　"十三五"重庆文化发展保障
文化市场技术监管平台、新媒体实时监管平台、实体书店支持计划、文化消费惠民计划、文化企业征信系统、文化在岗人员五年轮训计划。

第七节 加强规划实施

加强组织领导。各区县（自治县）要衔接制定本地文化发展"十三五"规划。市文化委要对本规划指标项目进行分解，明确责任分工，抓好督促。各区县（自治县）文化部门和有关单位要把规划任务项目纳入本部门、本单位重点工作计划，细化落实。市级相关部门尽快制定落实政府投入和相关政策细则。

强化项目导向。充分发挥规划对"十三五"文化资源配置的导向作用。坚持把本规划作为制定文化工作年度计划及相关政策，衔接相关土地、城乡、专项、专业规划的重要依据。推动规划配套的十大项目库滚动实施，对入库项目在国家项目申报、市级资金安排、文化资源配置等方面优先考虑、重点保障。

改进评估考核。围绕规划目标任务特别是约束性指标和政府投入项目，建立科学公允的"十三五"文化发展测评考核体系。加强统计分析工作。将目标任务的完成情况，纳入区县（自治县）、部门及单位年度目标考核。做好规划中期评估和总结评估，探索开展第三方评估。

四川省"十三五"文化发展规划

根据国家"十三五"文化改革发展规划纲要、四川省国民经济和社会发展第十三个五年规划纲要（2016—2020年）和文化部、国家新闻出版广电总局、国家文物局专项规划，编制本规划。

一、规划背景

"十二五"时期，文化建设取得显著成绩，呈现文化软实力不断增强、文化生产力不断发展、文化影响力不断扩大、文化民生不断改善的良好局面。思想理论建设扎实推进，主流思想舆论巩固壮大，培育和践行社会主义核心价值观成绩显著；公共文化服务能力显著提升，覆盖城乡的公共文化设施网络初步建成；巴蜀文艺精品力作不断涌现，"振兴川剧"工程取得阶段成效；文物保护、考古发掘、大遗址保护、世界文化遗产保护管理、文物安全监管等重点工作成效显著，博物馆体系日臻完善，文物科技保护水平稳步提高，非物质文化遗产保护传承体系和机制不断健全，文化遗产传承创新体系建设进一步加强；文化产业快速发展，年均增速超过20%，藏羌彝文化产业走廊建设成效显著；现代文化传播能力不断提高，舆论引导能力显著增强，媒体融合发展成效明显；体制创新激发改革活力，国有文艺院团、非时政类报刊、电影院转企改制、全省文化市场综合行政执法改革和有线广播电视网络整合任务全面完成，出版单位和产业集团重组等重点领域改革取得突破性进展；对外文化交流和文化贸易水平进一步提升，四川文化"走出去"在广度、深度和高度上取得突破；"人才兴文"战略稳步推进，人才培养、激励、评价、保障机制逐步完善，文化人才队伍不断壮大。

"十三五"时期是我国全面建成小康社会的决胜阶段，是四川深入实施"三大发展战略"、奋力推进"两个跨越"，加快推动治蜀兴川方略深入实施的重要时期。从全国看，党的十八大以来，党中央高度重视文化建设，做出一系列重大决策部署，文化建设的战略地位进一步突显；习近平总书记就文化建设发表系列重要讲话，为新时期文化改革发展指明了前进方向；我国经济发展进入新常态，供给侧结构性改革深入推进，经济发展提质增效、转型升级的要求更加紧迫，文化产业成为经济结构调整的重要支点和转变经济发展方式的重要着力点；国家"一带一路"和长江经济带建设战略深入实施，开展对外文化交流、发展对外文化贸易前景更加广阔。从全省看，省委省政府高度重视文化改革发展，文化工作面临着前所未有的机遇，天府新区上升为国家级新区、系统推进全面创新改革试验、获批设立自由贸易试验区等历史性机遇，为文化改革发展提供了广阔发展空间。

但是，我省文化发展面临的挑战仍然严峻，文化发展总体水平偏低，与文化资源大省地位还不相匹配，与人民群众精神文化需求还不相适应，与经济发展水平还不相协调；区域和城乡文化发展还不均衡，特别是革命老区、民族地区、贫困地区（以下简称"三区"）文化发展短板明显，实现文化小康任务十分艰巨；公共文化设施"建、管、用"长效机制还不完善，公共文化产品和服务供给总量还不足，供需错配矛盾较为突出；文化产业规模化集约化程度还不高，高端产业和产业高端培育不够，文化整体实力和竞争力还不强，对经济增长的贡献率有待提升；文化管理体制机制还不健全，制约文化发展的一些深层次矛盾和问题尚未根本解决；优秀传统文化传承创新体系还不健全，历史文化资源挖掘整理还不够系统和深入，四川文化影响力亟待提升；文化经营管理人才、文艺领军人才、高端智库人才、全媒型专家型新闻人才较为匮乏，基层文化工作力量配备还不到位，文化建设的人才基础亟待夯实。

要深刻把握文化改革发展形势的深刻变化，立足我省文化建设实际，主动适应、把握、引领新常态，抢抓发展机遇，创新发展理念，厚植发展优势，破解发展难题，不断开拓我省文化发展新境界。

二、总体要求

(一) 指导思想

高举中国特色社会主义伟大旗帜，坚持以马克思列宁主义、毛泽东思想、邓小平理论、"三个代表"重要思想、科学发展观为指导，深入学习贯彻习近平总书记系列重要讲话精神，全面落实中央和省委重大决策部署，紧紧围绕"五位一体"总体布局和"四个全面"战略布局，牢固树立和践行"创新、协调、绿色、开放、共享"发展理念，坚持社会主义先进文化前进方向，坚持以社会主义核心价值观为引领，坚持以人民为中心的工作导向，坚持以改革创新为动力，坚持以文化产业的大发展推动文化事业的全面繁荣，加快文化小康进程，为实施"三大发展战略"、推进"两个跨越"、谱写中国梦四川篇章提供思想保证、精神力量、道德滋养和文化条件。

(二) 基本原则

坚持正确导向。坚持团结稳定鼓劲、正面宣传为主，巩固壮大主流思想舆论，弘扬主旋律，传播正能量。坚持把社会效益放在首位，提供积极健康的文化产品和文化服务，实现社会效益与经济效益相统一。

坚持创新创造。遵循宣传思想文化工作规律，推进理念创新、手段创新、基层工作创新。积极稳妥推进文化体制改革，推动文化供给侧结构性改革，加快媒体融合发展步伐，进一步解放和发展文化生产力。实施"文化+"战略，拓展文化与经济社会各领域融合的广度和深度。

坚持协调均衡。大力发展公益性文化事业和经营性文化产业，坚持文化事业与文化产业并行并重、协调发展。推动文化建设城乡之间、区域之间协调均衡发展，补齐发展短板。

坚持开放合作。统筹整合国内外各类文化资源要素，深度融入国家"一带一路"和长江经济带战略，开展全方位、多层次、宽领域的文化传播和交流，提升文化发展竞争力。大力推动四川文化走出去，讲好四川故事、传播四川声音，展示四川良好形象。

坚持共建共享。坚持以人民为中心的工作导向，充分保障群众基本文化权益，不断满足人民日益增长的精神文化需求，使全体人民有更多文化获得感。坚持以政府为主导，发挥人民主体作用，鼓励支持社会力量参与文化建设。

(三) 发展目标

到2020年，文化发展环境明显改善，文化产业竞争力明显增强，巴蜀文化影响力不断扩大，公民文明素质和社会文明程度明显提升，文化发展主要指标进入全国第一方阵，如期实现文化小康目标，基本建成文化强省。

文化作品创作生产能力大幅提升。重点打造30部思想精深、艺术精湛、制作精良，体现时代文化成就、代表四川文化形象的精品力作；实现名家传戏20人次，传承25出经典川剧，扶持40部剧目创作；国家艺术基金立项资助项目达到100项；生产电视剧80部，电影60部，出版图书、音像电子和网络出版物总品种数达5.76万种；著作权作品登记数量突破20万件。

现代公共文化服务体系基本建成。县级公共图书馆、文化馆和乡（镇、街道）综合文化站设施建设基本达标，贫困地区县县有流动文化车，基本公共文化服务保障标准全面实施；实现国民综合阅读率达到90%，国民数字化阅读率达到80%；全省广播、电视综合人口覆盖率分别达到98%、98.99%，基本实现数字广播电视户户通，为全民免费提供突发事件应急广播服务；农家书屋年均新增出版物60种；建成46318个阅报栏（屏）。

文化产业成为支柱性产业之一。现代文化产业体系和现代文化市场体系不断完善，文化产业结构更加合理，文化市场更加繁荣有序，文化科技支撑更加有力，文化消费持续扩大，优质文化产品与服务更加丰富，文化产业对经济转型升级的贡献更加明显。到2020年，1—2家企业进入全国"文化企业30强"，A股上市文化企业与"新三板"达9家以上，资产过百亿元文化企业达5家以上，文化产业增加值占全省GDP比重5%以上。

优秀传统文化传承体系基本形成。古蜀文明、三国文化、民族民俗文化传承创新体系建设取得明显成效，四川历史文化名人研究取得丰硕成果。非物质文化遗产传承保护和开发利用水平不断提高，文物文博文创事业链、产业链基本形成。优秀传统文化实现创造性转化和创新性发展，巴蜀文化知名度和影响力不断扩大。到2020年，省级以上文物保护单位"四有"工作实现100%，重大文物险情排除率达到100%；博物馆总数达到280个，年服务人次达到5600万，国有馆藏珍贵文物保护率达到100%；文化创意产品种类达到1000种；培训非物质文化遗产传承人群不少于1500人次，开展国家级非物质文化遗产传承人抢救性记录不少于30人。

"高清四川智慧广电"基本建成。建立高清四川标准体系，高清覆盖率达到100%；建成下一代广播电视网络（NGB），建成并投入运行城镇公共视听热点80000个、数字文化视听社区40000个、视听乡村10000个。

媒体融合发展取得重大突破。媒体数字化率、融合率达到100%；推出2—3个在全国有较强影响力的融合发展新媒体产品，建成3—5个有强大实力、传播力、影响力和公信力的新型媒体集团，形成5—8个全国知名新型媒体品牌。

产业发展实现转型升级。扶持文化产业总资产、总收入超过百亿元的产业集团2—3家，总资产、总收入超过50亿元的企业5—8家，新增3—5家上市企业；"高清四川智慧广电"拉动消费规模超过1000亿元，带动上下游行业新增产值超过3000亿元。

文化市场监管更加有效。基于全国文化市场技术监管与服务平台的文化市场信用信息数据库涵盖全省90%以上的文化市场经营主体，文化市场技术监管与服务平台在全省县级文化行政部门和文化市场综合执法机构应用率达到95%以上。

文化人才队伍不断壮大。重点扶持资助50名巴蜀名家和100名巴蜀文化英才，支持50名青年戏曲表演人才进艺术院校深造，为"三区"培养3500名优秀文化工作者。

文化对外开放能力显著提升。政府主导、企业主体、市场运作、社会参与的文化走出去格局更加完善，外向型文化精品生产更加丰富，对外文化贸易和投资进一步扩大，对外文化传播和交流进一步深化，巴蜀文化品牌更多进入国际市场。到2020年，对外文化贸易额超过10亿美元，初步建成西部内陆开放型文化高地。

三、繁荣艺术创作生产

（一）推进优秀文艺作品生产

坚持振兴川剧，加强川剧、戏曲曲艺和民间文艺扶持；推动文学、戏剧、音乐、美术、舞蹈、曲艺、杂技、书法、摄影等各艺术门类创作全面繁荣；加大剧本创作扶持力度，组织实施四川省优秀剧本共享资源库、四川省全民艺术普及优秀项目库；振兴四川出版，实施巴蜀出版工程，抓好"四川历史文化名人系列"出版；创新网络视听内容监管，支持网络作品健康发展，催生更多网络精品；加强网上思想文化阵地建设，发展积极向上的网络文化。

（二）加强优秀作品传播推广

发挥四川艺术节、四川电视节等重大文化活动示范引导作用，扩大优秀文艺作品知名度和观众覆盖面；发展网络文艺，创新艺术传播渠道，支持建设综合性剧目排练中心，鼓励有条件的国有排练场所向民营院团开放；加强对剧场、演艺区发展的支持和引导，探索推进艺术产品创作生产与剧场资源的整合利用；探索剧场建设、运营、管理的科学模式，研究制定剧场运营管理规范；加强对各艺术门类领军人物和代表性艺术家的宣传推介，支持其采风创作、出川交流办展、演出、出版艺术创作成果等。

> **专栏1　创新巴蜀文化艺术精品生产体系重点项目**
>
> 重大主题创作工程：实施舞台艺术精品工程、省重大主题美术创作精品工程，组织实施一批具有示范引领作用的国家或省级重点文化创作生产项目；重点扶持重大革命和历史题材、现实题材、"一带一路"题材、民族题材等创作生产。
>
> 文化精品创作（创建）工程：实施储备一批、扶持一批、推出一批舞台艺术创作滚动扶持计划；发展民族文化精品扶持、创作工程；推动巴蜀出版、重点报刊建设工程，继续抓好《巴蜀全书》编辑出版；实施广播电视节目创新创优工程、"美丽四川"广播影视精品创作工程、网络视听内容建设工程。
>
> 艺术创作生产源头工程：组织实施"三个一批"（征集新创一批、整理改编一批、买断移植一批）剧本创作扶持计划和剧本孵化计划，对符合文化产业发展专项资金申报条件的优秀戏曲剧本创作项目予以支持；开展四川省戏剧文学奖评选、全民艺术普及优秀作品辅导评选；实施优秀戏剧创作人才培养计划，组织创作研讨、新作评讲、编剧培训、创作采风等活动；实施文艺评论家培养计划。
>
> 川剧振兴和地方戏曲曲艺保护传承扶持工程：开展地方戏曲曲艺、民间文艺普查调研，建立优秀保留剧目名录；大力推动"名家传戏——川剧及四川曲艺名家收徒传艺"工程，积极开展大中小学戏曲进校园活动，提高学生艺术鉴赏能力；推进四川戏曲博物馆建设。
>
> 文艺作品展演展览平台建设工程：加强文艺作品展演展览平台建设，建立健全科学合理的文艺作品评价标准和体系；适时申办国家级综合艺术盛会；实施"互联网+文艺创作"计划；推进数字艺术档案、数字美术馆建设。
>
> 美术馆画院标准化建设和美术创作收藏工程：实施"美术馆市（州）全覆盖"计划，推动美术馆画院标准化建设工程，制定全省美术馆画院评估定级办法和标准，推动建立美术馆、画院等相关社会组织；实施全省美术馆画院专业建设提升、发展扶持计划；推动四川省美术创作收藏工程，鼓励艺术家、收藏家和社会各界向美术馆画院捐赠优秀美术作品，支持美术馆对珍贵藏品的修复保护。
>
> 巴蜀书画艺术传承创新工程：整理巴蜀书画艺术历史文献，实施巴蜀画派名家工程和巴蜀画派人才培养计划；大力开展巴蜀画风采风写生和创作研究活动；实施巴蜀画风创作研究成果国内外交流推广计划，举办巴蜀画风学术交流论坛、年度巴蜀画风创作研究成果国内外巡展等活动；开展巴蜀画风创作研究成果专题收藏。
>
> 文艺服务配送和帮扶工程：推动省级文艺院团演出服务配送工程，支持各级文艺院团深入基层进行公益性展演、巡演以及多种形式的艺术普及教育活动；深化"结对子、种文化"活动，实施"三区"艺术创作提升计划。

四、加快构建现代公共文化服务体系

（一）促进基本公共文化服务标准化均等化

健全公共文化设施运行管理和服务标准体系，规范各级各类公共文化机构服务项目和流程；以标准化促进均等化，补齐公共文化服务短板，推动区域间、城乡间公共文化服务均衡协调发展；探索利用有线广播电视网络入户，推进图书报刊进家庭工程建设；推进藏区州、县广播电视节目覆盖，引导和推动广电机构、社会机构在乡（镇）和有条件的村建立10000个广播影视服务网点。

（二）加快公共文化设施提档升级

推动基层服务设施建设标准化，加快实现省、市、县、乡、村五级公共文化设施网络全覆盖；对未达标的县级公共图书馆、文化馆进行新建和改（扩）建。建设基层综合性文化服务中心（幸福美丽新村文化院坝），深入实施幸福美丽新村建设文化传承行动，围绕文艺演出、读书看报、广播电视、文体活动等打造城市"15分钟文化圈"和农村"十里文化圈";推动县级以上广播电视台、发射台、监测台和数字影院基础设施设备达标升级,全面提升数字化、网络化、高清化制播能力和承载能力。

(三) 提升公共文化产品和服务供给水平

推进城乡"结对子、种文化";建立公共文化服务需求反馈机制,开展"按需点单"服务;以县级文化馆、图书馆为中心推进总分馆制建设;开展以流动文化车为主要形式的流动文化服务;大力实施全民阅读和全民艺术普及行动计划;推进红色文化、军营文化、校园文化、企业文化等各类社会文化事业建设;加强区域文化机构合作,促进成渝城市群公共文化服务协同发展。

(四) 创新公共文化服务供给机制

整合公共数字文化服务项目资源,构建标准统一、互联互通的公共数字文化服务网络,建设新闻出版广播影视公共服务管理云平台;建立健全政府向社会力量购买公共文化服务机制,探索开展公共文化设施社会化运营试点;制定公共文化服务考核指标和绩效考评制度,探索公共文化服务第三方评价机制;探索推广农民文化理事会机制,大力推进民办文化机构发展。

(五) 实施广播影视惠民工程

推进广播电视村村通向户户通升级,实现数字广播电视户户通;推进地面数字电视建设,力争本地节目数字化覆盖率从40%提升至80%,完成全省无线覆盖数字化转换;建立完善省、市、县电影放映监管平台,切实加强放映监管;做好中小学生爱国主义影片放映,切实解决外出务工群体看电影难问题;深入开展全民阅读活动,积极推动全民阅读立法,推广数字阅读,逐步建立免费赠阅体系;加快推进全省应急广播体系建设,完善传输覆盖网络和接收终端,实现全省行政村广播村村响;建成基层政务信息发布、政策宣讲和灾害预警应急指挥调控平台。

(六) 推进文化精准扶贫

加大对贫困地区公共文化建设项目、资金的倾斜力度;盘活贫困地区文化资源,大力实施文化惠民扶贫工程,加强贫困地区县、乡、村文化基础设施建设,加大贫困村文化室达标建设力度;加强贫困地区文化流动服务建设;实施文化惠民演出行动;指导贫困地区因地制宜做好文化与旅游、农业、生态等融合发展规划,发展特色文化旅游、现代观光农业等产业,打造红色文化、藏羌彝民族文化等地方特色文化旅游品牌;鼓励乡村和民族地区开发非物质文化旅游商品和乡村民宿旅游项目,支持其提升文化内涵和附加值;贫困地区广播电视数字化覆盖率、地方节目数字化覆盖率分别达到98%、80%,推动"贫困乡村"变"视听乡村"。

(七) 深入实施幸福美丽新村建设文化传承行动

加强历史文物和非物质文化遗产传承与利用;实施乡村记忆工程,加强新型城镇化进程中历史文化遗产保护,筹划建设一批民俗生态博物馆、乡村博物馆,评选一批传统民居、传统街区、古村落、传统名镇以及民俗文化和民俗工艺传承人;实施历史文化展示工程,利用传统民俗节日,开展春节庙会、元宵灯会、中秋摆塔等文化活动;加强历史文化网上传播,积极利用现代信息技术手段,搭建历史文化网上展播平台。

专栏2　丰富现代公共文化服务体系重点项目

文化精准扶贫项目:推动88个贫困县县级数字电影院达标、应急广播平台标准化建设和村级文化室建设,配备流动文化车;建成11501个贫困村阅报栏;对未达标的县级公共图书馆、文化馆进行新建或改(扩)建;推动文化扶贫数字下乡、基层书屋数字化工程;推动阅读服务创新工程、高清视听惠民普及工程;开展农民就业和致富增收技能免费培训,搭建农村文化电子商务平台;实施乡村文化风貌塑造工程、"一村一品"文化项目打造工程、文化"能工巧匠"培养工程;开展藏区文化科技卫生"三下乡"暨"法律七进"活动。

> 公共文化设施项目：推进四川大剧院、四川剧场、天府新区省级文化中心等重大文化设施建设；推动市（州）级图书馆、文化馆、综合性博物馆、文物大县博物馆及无博物馆县文物库房建设工程；实施广播电视台升级达标工程、高山无线发射台站基础设施达标工程、监测台标准化建设项目、县城数字影院达标改造项目、农家（社区）书屋提档升级工程、乡镇固定数字电影放映点建设、广播影视公共服务网点标准化建设工程。
>
> 民族文化"春雨工程"：组织民族地区基层文化队伍培训，制定对口援助工作计划，开展形式多样的"汉藏文化交流活动"和四川文化志愿者边疆行活动。
>
> 基本公共文化服务项目：实施社会文化组织培育工程、广播影视数字化高清化全覆盖工程、四川应急广播建设工程；实施新闻出版广播影视公共服务均等化工程，建立新闻出版广播影视内容资源库；推动现代公共文化服务体系示范县建设；搭建公共文化服务云平台，推动公共数字文化地方资源库建设；实施免费开放提升工程、综合性文化服务中心建设工程；开展"书香四川""书香天府"全民阅读和全民艺术普及行动，开展"畅享院坝"、博物馆青少年教育活动和汉藏文化交流等品牌文化惠民活动；实施"阳光工程"——中西部地区农村文化志愿者服务行动计划，建立文化志愿者及服务项目的数据库；实施中央和地方广播电视节目无线数字化覆盖工程。
>
> 特殊群体文化产品扶持计划：开展面向老年人、未成年人、残疾人、农民工、农村留守妇女儿童等特殊群体的文化活动，培育一批特殊群体文化服务品牌；推进文化系统老年大学规范化建设。
>
> 公共文化"5+3"发展格局：在成都经济区打造"互联网+公共文化创意示范区"；在川南经济区打造"公共文化+产业整合示范区"，积极发展生态旅游和文化旅游；在川东北经济区打造"公共文化+资源开发融合发展示范区"；在攀西经济区打造"公共文化+工业化融合发展示范区"；在川西北经济区打造"公共文化+生态旅游融合发展示范区"；深入实施"互联网+公共文化服务"行动计划。

五、传承弘扬优秀传统文化

（一）实施中华优秀传统文化传承工程

统筹巴蜀优秀传统文化资源，深入挖掘古蜀文明、历史名人、巴文化、三国文化、藏羌彝民族文化、道教文化、峨眉武术文化、民间民俗文化等巴蜀优秀传统文化；实施巴蜀优秀传统文化保护传承行动计划，推动巴蜀优秀传统文化的文态和业态创造性转化和发展，增强巴蜀优秀传统文化与科技深度融合；建立巴蜀优秀传统文化传承发展示范区和研究基地，加强文化遗产和档案文献的保护和利用，促进巴蜀文化优秀基因与当代文化相适应、与现代社会相协调，弘扬巴蜀文化精神，传承传播优秀巴蜀文明成果。

（二）加强文物保护

加大全国重点和省级文物单位保护力度，推进国保省保集中成片传统村落整体保护利用，做好基本建设中的文物保护工作，加快大遗址保护示范工程建设；加强历史文化名城、名镇、名村和街区中的文物保护单位抢救保护；推进蜀道申遗和世界文化遗产保护；加强文博队伍建设、人才的培养和引进，加快文博领军人才、科技人才、技能人才、复合型管理人才培养，提升文物安全监管能力和文物安全防范水平，严格文物执法，强化文物督察。

（三）发展博物馆事业

推进市级综合性博物馆、文物大县博物馆及"三区"博物馆建设；发展特色专题博物馆，构建主体多元、布局合理、层次科学、种类完备的博物馆体系；推进"智慧博物馆"建设，提升博物馆智慧管理、智慧保护、智慧服务智能水平；提高博物馆陈列展示和社会服务水平，推动建立中小学生定期参观博物馆的长效机制；加强三线工业遗产实物、少数民族文物征集；加强藏品保护，重点实施馆藏珍贵文物抢救性和预防性保护工程，强化博物馆安全防范，提升基层文管所文物库房设施设备水平；支持非国有博物馆发展，加快博物馆理事会制度建设；改革财政供养博物馆开放时间，推动博物馆等公共文化服务设施延时错时开放，切实提高财政资金使用效率，充分发挥博物馆社会效应，丰富群众精神文化生活。

（四）加强文物展示利用

推动文物保护成果创造性转化，促进文物保护与新型城镇化、新农村建设、扶贫开发、生态旅游等相结合；挖掘文物资源的价值内涵和文化元素，抓好巴蜀典籍推荐和宣传，逐步形成巴蜀文化鲜明、民族文化浓郁、形式多样、富有创意、竞争力强的文博创意产品体系；依托自然和文化遗产资源、文物资源，开发一系列文化研修主题的研学旅行产品，加大打击文物走私力度；扩大文物对外交流与合作。

专栏3　完善优秀传统文化传承体系重点项目

巴蜀文化传承创新体系建设：实施巴蜀文化传承创新行动计划，建立巴蜀文化传承创新示范区，实施一批巴蜀文化重点项目和工程；开展"互联网+巴蜀文化"行动，建设开放型、多领域、全方位的应用管理服务体系。

古蜀文明传承创新工程：实施古蜀文明探源研究和蜀王世系探索与断代工程，建立国际古蜀文明研究基地；推动古蜀文明遗址申报世界文化遗产；实施三星堆遗址、金沙遗址、成都平原史前城址等古蜀文明遗址保护利用工程。

文物保护展示重点工程：加强川渝石窟、茶马古道、巴文化遗址（罗家坝遗址、城坝遗址）保护展示；开展蜀道世界文化与自然遗产申报；推动国家考古遗址公园建设；强化传统村落和藏区、彝区、羌区文物保护利用，三国文化、红色文化和名人名士文化保护；建成四川考古体验馆，实施文物平安工程。

博物馆体系建设工程：实施四川博物院改扩建工程；建成广安市博物馆、资阳市博物馆；建设巴中市博物馆、眉山市博物馆、内江市博物馆、南充市博物馆、遂宁市博物馆；启动乐山市博物馆、凉山州博物馆建设；启动"三区"和文物大县博物馆建设，实施国家一级博物馆"智慧博物馆"工程；推进第一次全国可移动文物普查成果应用，推动博物馆青少年教育和示范基地建设。

古籍文献保护计划：建立完善古籍普查、修复、保存、宣传和利用工作机制，实现古籍的再生性保护，有效抢救保护古籍资料、民国文献；建立省级古籍保护重点单位和古籍保护单位动态复查机制。

四川历史名人研究及文化传承工程：按照在国际国内有较大影响、在四川有遗迹遗址遗存和研究基础的标准，精心选择一批历史名人，建立全国性的研究基地和传播中心；举办系列国际性学术研讨会；开展四川名人手稿征集和口述历史资料征集工作，建立反映四川名人手稿资料库和口述历史资料库。

六、提高非物质文化遗产保护传承水平

（一）完善非遗保护传承体系

完善国家、省、市、县四级非遗项目名录体系和代表性传承人体系；抓好蜀锦、蜀绣、藏族唐卡、彝族火把节、羌族刺绣等国家级非遗项目的保护传承和合理利用；加强羌族文化、格萨尔文化、摩梭文化、传统村落的保护。

（二）推进非遗的合理利用和创新发展

运用"互联网+""非遗+"在非遗传承人和市场之间搭建非遗项目推广、展示、销售平台，促进非遗技艺走进当代生活。

（三）加强四川非遗宣传传播

启动第三、四批省级非遗名录图典的编撰工作；推动实施国家级、省级非遗影像建设；创新思路和方式，提升中国成都国际非遗节的办展办节水平。

（四）强化非遗保护队伍建设

提高综合素质和业务水平，建设非遗专家队伍，完善、充实省级非遗专家库，开展非遗传承人群培训工作，面向全社会招募培训非遗保护志愿者。

（五）完善非遗展示场馆、传习所建设

加强省非遗保护中心展示馆建设，鼓励支持各地通过多种经费投入渠道，把各类非遗展示馆、传习所纳入公共文化服务体系，纳入免费开放范围；鼓励支持国家级、省级非遗生产性保护示范基地和非遗企业设立非遗项目收藏研究、传承传习、展示宣传场所。

专栏4　非物质文化遗产保护传承重点项目
传统工艺振兴计划：制定传统工艺振兴名录，鼓励和支持传统工艺传承人群参加研修研习培训；设立传统工艺和手工艺销售平台，设立展示展销基地（窗口）；举办传统工艺比赛、四川省传统工艺展览；实施非遗传承人群研修研习培训计划。 非遗资源调查工程：开展全省非遗资源调查，建立四川省非物质文化遗产研究保护数据库；运用互联网技术和云计算等科技手段，实现非遗资源、数据社会共享。 国家级非遗项目代表性传承人抢救性记录工程：全面记录我省国家级非遗项目代表性传承人口述史、传统技艺流程、代表剧（节）目、仪式规程等信息，对我省国家级非遗代表性传承人开展抢救性记录。 国家非遗保护利用设施建设工程：以国家级非遗项目为依托，根据项目的分布状况，统筹建设一批传统表演艺术类、传统手工技艺类、传统民俗活动类非遗项目保护利用设施。 非遗数字化保护工程：完善非遗数字化技术标准，建设数字非遗中心（馆），集成四川省非遗传承人宣传推广平台，推动实施国家级、省级非遗影像建设。

七、增强文化产业实力和竞争力

（一）优化文化创意产业发展布局

加快文化产业聚集区和产业项目建设，优化"一核四区"的区域布局；以成都平原经济区为核心，立足创新、强化融合，充分发挥成都文化产业发展核心区带动作用，打造成德绵文化创新示范带；以巴蜀文化、红色文化、三国文化、民族文化、川酒文化、川茶文化等为重点，加快梳理文化资源，提高文化资源转化利用效率，加强藏羌彝文化产业走廊、国家生态文化旅游融合发展试验区建设；打造一批主题鲜明、品位较高、综合效益突出的文化旅游示范区，推出一批文化旅游融合发展品牌，全面推进川西、川中、川南、川东北文化产业发展区建设。

（二）推动文化创意产业转型升级

改造提升演艺、娱乐、文化旅游、工艺美术等传统文化产业，加快发展动漫、游戏、创意设计、数字内容等新型文化业态；加大政策资金支持，推进文化创意产业与相关产业融合发展，推动商业模式创新，培育和扶持一批知名文化品牌和文化企业；加强文化产业聚集区的规划建设和管理，提升聚集区发展的质量效益；实施数字内容动漫游戏产业重点项目；推动文化创意产业向集约化发展，推进重点文化产业展会向市场化、国际化、专业化方向转型升级。

（三）发展新兴文化业态

大力加强文化内容生产，不断创新服务业态，持续丰富文化产品内涵和视听应用；运用高新技术加速产业升级改造，出台文化和旅游融合发展等政策意见，推动文化产业与旅游、体育、教育、信息、物流、广告等产业融合，形成涵盖创意设计、动漫游戏、出版发行、印刷复制、版权、影视、音乐等现代门类的产业体系；构建以文化旅游、演艺娱乐、动漫游戏、创意设计为核心的高端产业集群。

（四）加快特色文化产业发展

大力推动特色文化产业示范区建设，推进文化（文物）单位文化创意产品开发，打造具有创新技术、迎合市场的文化特色产品；建设文化特色鲜明、产业优势突出的特色文化产业品牌；促推音乐等特色产业发展，打造四川音乐品牌，建设全国乃至世界有影响力的音乐生产地、乐器集散地、版权交易地和演出集聚地，将成都打造成为中国西部创意文化中心和音乐之都。

（五）培育文化企业主体

深化国有文化企业改革，健全法人治理结构，打造具有品牌影响力的骨干文化产业集团；推动文化企业跨地区、跨行业、跨所有制、跨媒体兼并重组；支持民营文化企业和各类小微文化企业发展，扶持文化产业领域创新创业；完善文化产业公共服务，提高信息咨询、项目推广、电子商务、财税支持、金融服务、统计分析、人才培训、产权交易、创意设计、技术支撑等方面服务能力；打造跨界跨域经营产业链，引进战略投资者，促进新闻出版广播影视资源在全省范围内有序流动。

（六）努力扩大文化消费

继续办好四川文化消费节，在成都、泸州等地推进国家文化消费试点城市建设工作，鼓励实施文化消费补贴制度，探索建立扩大文化消费的长效机制；培育文化消费需求，扩大文化消费规模，通过调整文化产品的供需结构，促进由投资驱动转为消费驱动，增强文化产业发展的内生动力。

专栏5　发展现代文化产业体系重点项目
文化产业发展提升工程：结合发展集聚区建设，融合发展平台打造项目，开发一批四川特色文博创意产品；重点依托四川文化创意产业研究院，实施四川特色文化创意产品打造工程；依托国家动漫游戏振兴（四川）基地，实现动漫游戏产业提质转型升级发展，加快以"互联网+文化"为代表的新型文化业态发展，推动文化产业转型升级。 特色文化产业集聚工程：促进区域文化产业特色化、差异化发展，推进李白文化产业园、南龛文化产业园、自贡彩灯文化产业园、遂宁观音文化产业园、眉山东坡文化产业园等特色文化产业园区建设。 藏羌彝文化产业走廊（四川区域）建设：以藏、羌、彝民族文化资源产业转化为基础，打造民族特色文化品牌；形成以九寨沟环线为中心，香格里拉文化生态旅游区、羌族文化生态保护实验区等为支撑的藏羌彝文化产业走廊（四川区域）的整体布局。 文化产业公共服务平台：建设文化产业项目服务、文化消费服务、人才培养培训等平台；健全文化企业征信体系、融资风险补偿机制和信用担保体系；建立文化企业上市资源储备库，鼓励四川文化产业股权投资基金工程等文化产业类投资基金发展；支持建立文化金融服务中心，建设文化金融合作项目。 新型文化业态打造工程：推进"熊猫梦工场"新天府文化创意产业中心、中国西部文化产业园、西部文化产业中心、下一代广播电视网建设；发展农村T2O电商项目、智慧家庭物联网项目；搭建出版物供应链协同平台、文轩数字出版云平台；建立成都国际版权交易中心、四川文化视听云计算及家庭大数据产业示范基地；发展峨影集团"云院线""峨影·1958"视听公园文创孵化器；建立西部文化物流配送基地（二期）；树立四川电影文化新地标；建立四川出版传媒中心，推动攀枝花印务产业园等项目建设；实施智慧广电推进工程、版权示范创建工程和绿色印刷推广工程；建设"互联网+"大熊猫文化创意实体产品设计、数字产品设计与开发服务平台。 音乐产业发展工程：推动国家音乐产业基地成都基地建设，实施优秀原创影视音乐节目创优工程；推进成都城市音乐厅、四川"音乐之家"、四川虚拟电子音乐平台、数字娱乐电子商务平台、四川民族音乐推广平台、四川民间音乐数字资源库等项目建设；实施"四川音乐季"特色品牌打造工程；举办中国成都汽车音乐节、成都风暴电子音乐节、成都国际诗歌音乐节、成都创客音乐会和乐动蓉城月末惠民音乐会等；推动传统音乐、演艺与网络视听、移动多媒体、数字音乐、动漫游戏融合发展。

八、建立健全现代文化市场体系

（一）提升文化市场服务水平

推进文化市场业态发展，培育文化市场主体，丰富文化产品与服务，鼓励引导文化市场转型升级；鼓励文化市场经营主体积极参与公共文化服务；加强文化市场管理规范化建设，坚持依法行政，提高服务能力。

（二）建设文化市场服务品牌

通过娱乐场所和互联网上网服务营业场所转型升级、演艺院线建设、特色艺术品市场建设、旅游演出和农村演出市场培育、绿色网络游戏建设，打造文化市场优秀品牌；支持川剧、自贡彩灯、苴却砚、南红玛瑙等优秀文化市场产品"走出国门"；搭建全省文化市场产品和服务宣传推广平台。

（三）强化文化市场政务服务

依托第三方机构加强文化市场发展研究，扶持各门类文化市场发展；强化文化市场管理信息化建设，推广全国文化市场技术监管与服务平台应用；完善信用信息数据库，构建信用信息体系；建立健全与其他部门信用信息交换共享及联合惩戒机制。

（四）完善综合执法机构和管理体制

健全文化市场综合执法机构，明确职能职责，落实综合执法保障；加强文化市场综合执法人员及其资格管理，提升全省综合执法水平和能力；建立综合执法标准规范，落实综合执法责任制和责任追究机制；推进行政执法在线办理，实现信息互通共享、视频监管、在线监测、移动执法、电子案卷等功能。

专栏6　健全现代文化市场体系重点项目

文化市场产品推介平台建设工程：建设移动互联网文化产品服务推介平台，扶持特色艺术品、旅游演出和农村演出等市场；建立健全市场审批、政府市场服务及监管数字平台。

文化市场信用体系建设工程：建设文化市场基础数据库，完善市场主体信用信息记录；探索实施文化市场信用分类分级监管，建立警示名单和黑名单制度。

数字化移动执法系统建设工程：推动信息化建设和执法办案监督管理深度融合，提升综合执法效能，规范执法行为；建立开放、透明、便民的执法机制。

互联网上网服务营业场所技术监管平台工程：建立全省统一、省市县分级管理的上网服务场所技术监管平台，规范上网服务场所经营行为。

九、提高文化开放水平

（一）拓展对外传播领域

积极参与国家级重点文化交流项目，深化与港澳台文化机构合作，推动各类文物特展赴"一带一路"沿线国家和地区交流；开展影视创作、出版发行、精品译配、出版物数据库推广、广播影视技术合作；组织跨境采访、媒体互动等品牌活动，推广巴蜀文化品牌；支持媒体加强内容自主创新，在专业出版和原创影视、网络剧、微电影（微视频）、动漫、网络游戏等领域，打造一批具有自主知识产权和国际竞争力的文化产品。

（二）扩大对外产品和服务贸易

加大对演艺娱乐、动漫游戏、出版影视、境外灯展等重点企业和项目的引导力度，培育一批外向型企业和产业基地，扶持企业开展跨境服务和服务外包；支持企业通过独资、合资、合作、参股、控股等方式，兼并、收购境外企业，到境外建社建站、办报办刊、开厂开店、开办影视节目，建设国际营销网络，拓展国际市场；

积极引进国外和省外国内优秀文化品牌和企业，开发巴蜀文化项目；重点扶持展示巴蜀优秀文化的舞台艺术、音乐产品、电影、电视剧、影视动画、纪录片、网络游戏、出版物及蜀锦、蜀绣为代表的四川特色文化工艺品出口项目；加大数字出版产品和版权、技术、服务的输出；鼓励、支持非公有制文化企业参与"走出去"；加大优秀影视作品的翻译和译制扶持力度，加强与国外作家、汉学家、翻译家、出版家的合作；搭建境内和对外文化贸易推广平台，支持优秀文化企业参加境内外专业文化贸易展会，拓展海外市场。

（三）推动对外和对港澳台文化交流

推动国际合作，拓宽交流渠道，培育一批具有巴蜀特色、民族特色和反映四川创新精神的文化交流品牌；开展部省合作，加强与驻外使领馆和海外中国文化中心的协作，积极参加国家级对外和对港澳台人文交流重点项目；推动省内重要国际文化节庆品牌化发展；借助国际友好省区、友好城市平台，发挥各国驻川渝领事馆和港澳台驻川机构优势，推动人文交流和互惠合作。

专栏7　四川对外和对港澳台文化交流与贸易

四川文化交流创新发展工程：参与"欢乐春节""文化中国""中国文化节""海外中国文化中心年度合作"等国家级重点文化交流项目；深化与港澳台文化机构合作，推广四川文化交流品牌；提高成都国际友城青年音乐周、南充国际木偶艺术周等在川举办的文化节会的国际影响力；推动"古蜀文明展""巴蜀文化展"等文物特展赴"一带一路"沿线国家和地区交流。探索共建和利用海外中国文化中心。

四川对外文化贸易促进工程：组织文化企业参加香港国际授权展、台北国际礼品文具暨伴手礼名品展、美国演艺出品人年会、上海国际艺术节等；提升自贡彩灯、仿真恐龙和成都动漫游戏等对外文化贸易品牌的国际竞争力；推动成都艺术品保税仓库发展升级。

"走出去"提质增效项目：实施康巴卫视印度落地工程；推动新华文轩海外电子商务平台建设；实施看四川大外宣工程；举办中俄电影文化交流周活动；搭建文轩"一带一路"文化服务及贸易平台；创立"一带一路报道"新刊；做好"一带一路"主题出版；实施康巴卫视丝绸之路影视桥项目《岗日杂塘》；打造康巴卫视藏语全媒体国际传播集群。

十、加强文化人才队伍建设

（一）健全文化人才发展体制机制

完善人才政策体系，健全人才培养开发、评价发现、选拔任用、流动配置、激励保障机制；深入推进文化类专业职称改革，严格新闻出版广播影视职业资格管理；加大对边远贫困地区、民族地区和革命老区人才的培养支持力度；强化对社会文化人才资源的开发和利用，建立文化人才数字化管理平台；进一步做好文化先进单位、全国文化系统先进集体、先进工作者和劳动模范等表彰激励工作。

（二）培养造就巴蜀文化名家

大力推进巴蜀文化名家、创新型文化科技人才培养计划等培养工程；做好国家级、省部级优秀专家的推荐选拔工作，培养造就一批文化艺术、文物博物、非遗传承、出版传媒等领域文化领军人才；推出青年文化新人，培养巴蜀文化名家后备人才；扶持培育川剧、四川曲艺等本土特色文艺形式的后继人才；切实加强文艺理论和评论员队伍建设；加大海内外高层次文化人才引进力度，建立"师带徒"、学术（艺术）助手制度等高层次人才培养制度；对入选巴蜀文化名家、创新型文化科技人才培养计划的优秀文化人才，各级宣传文化、人事人才部门要从宣传文化、人才工作专项资金中安排专门资金给予项目资助。

（三）加强基层文化人才队伍建设

配齐配好基层文化工作人员，着力提升从业人员服务群众的能力和水平；鼓励乡贤、志愿者、"三支一扶"、大学生"村官"等专兼职人员从事基层文化服务工作；推进边远贫困地区、民族地区和革命老区人才支持计划文化工作者专项工作；督促落实农家（社区）书屋、乡镇广播站、固定放映点、公共服务网点管理人员，推动建立阅读推广志愿者队伍；推动文化行业职业技能鉴定认证工作，引导职业院校根据基层需求设置专业；加强文化技能人才培养，强化非公有制单位和社会组织文化人才工作，加大县级文化行政部门在文化专干选聘中的话语权。

（四）健全文化人才培训体系

完善基层文化人才培训网络，统筹推进分级分类分层培训；构建组织调训、干部培训、在职教育、挂职实践和远程培训相结合的工作格局；实施文化专业人才知识更新计划，开展知识更新继续教育，加强文化高端人才培训，培养一批创作精英；加强培训质量管理，完善培训评价考核机制，打造优秀培训品牌和特色培训项目。

专栏8　文化人才队伍建设

巴蜀文化名家工程、创新型文化科技人才培养计划：每年遴选扶持20名巴蜀文化名家，支持120个文化科技人才创办企业；推动巴蜀文化英才计划，地方戏曲人才扶持工程；实施名编辑、名编剧、名记者、名主持人和名播音员培养计划。

地方戏曲人才扶持工程：支持30名戏曲名家采取"师带徒"等方式传授代表性剧目，支持50名戏曲青年表演人才进入艺术院校进一步深造，为培养新一代青年戏曲拔尖人才创造良好条件。

全省基层公共文化服务培训计划：县级以上公共文化机构从业人员每年参加脱产培训时间不少于15天，乡镇（街道）、基层综合性文化服务中心文化专兼职人员每年参加集中培训时间不少于5天。

文化专业人才知识更新计划：文化专业技术人员参加继续教育的时间，每年累计不少于90学时（1学时为45分钟），其中专业科目一般不少于60学时。

"三区"人才支持计划文化工作者专项：每年选派750名优秀文化工作者到边远贫困地区、边疆民族地区和革命老区工作服务，每年为"三区"培养150名急需紧缺文化工作者。

基层优秀文化人才递进培养计划：每年系统性培养100名基层优秀文化人才。

十一、推动传统媒体和新兴媒体融合发展

（一）推进媒体内容深度融合

支持集团大数据中心、全媒体制播云平台、广电视听云计算平台、家庭大数据服务云平台等建设，夯实融合发展数据库；推进大数据等现代信息技术在文化产业工程项目中的应用，加快将优质内容推送到互联网电视、智能手机、平板电脑等终端，赢得传播先机。

（二）推进媒体渠道深度融合

加快布局移动互联网业务，发展移动客户端、手机网站、手机报等应用，丰富信息内容、提升互动功能、重视用户体验；健全报刊台网互动、省市媒体联动的传播机制，创建跨媒体宣传协作平台，构建多形态、多渠道、多终端的现代传播体系。

（三）推进媒体平台深度融合

建立统一指挥调度的多功能一体化采编发平台，打造集新闻生产、加工、多渠道分发于一体的高效便捷的全媒体采编发平台，实现24小时在线播发、内容实时推送和用户实时互动。

（四）推进媒体经营深度融合

提升市场影响力，引导国有资本、社会资本投入媒体融合发展重点项目，支持广播电视台等传统媒体控股或参股互联网企业、科技企业、文化企业；创新媒体融合发展的融资政策，打造新媒体投资平台，建立媒体融合发展产业园、孵化器、研究院，设立媒体融合发展创业基金。

（五）推进媒体管理深度融合

强化互联网思维，创新体制机制，抓住融为一体、合二为一融合发展关键，推动媒体融合从相加阶段迈到相融阶段，全面建成大网络、大舆情、全媒体工作格局。

专栏9　传统媒体与新兴媒体融合发展工程

新媒体产品项目：发展川报全媒体集群新媒体矩阵，加强封面传媒、"看度"移动客户端、成都商报移动优先全媒体平台、每经新媒100财经极客孵化项目建设；打造市（州）报社、广播电视台新媒体产品；发展天府TV新媒体矩阵，推广四川彝语语音手机报平台，发展"融媒体智慧服务平台"项目，建立天府新媒体智慧终端，推广小学数字化教材。

技术支撑项目：实施"互联网+中华文明"行动计划，推动新技术、新装备在博物馆的运用；鼓励文博单位运用物联网、云计算、大数据、移动互联等现代信息技术促进信息资源的开放共享；推动川报集团信息化基础设施升级，建立川报全媒体集群新媒体中心；搭建广播融合发展技术支撑平台，建立四川数字期刊传媒中心（第二期），搭建四川广电网络"TV+"媒体融合平台，广电视听云计算平台，四川家庭大数据服务平台，"看熊猫"全媒体服务平台；建立成都传媒集团用户大数据中心；搭建文轩全媒体服务平台；搭建市（州）全媒体技术平台；融入天府云平台；搭建藏区全媒体融合信息化传播平台；搭建四川网络广播电视台全业务融合支撑服务平台。

基础设施项目：搭建川报集团大数据平台；实施广播电视媒体融合技术运用平台标准化建设工程、广播电视新媒体产品矩阵建设工程；建立科普科幻传媒基地、成都传媒集团新媒体产业园区；完善四川广电企业IT信息化系统；推动天府金融、天府学院、乐山日报社全媒体融合发展项目；建立科技学术期刊资源数据库；建立博创融城创智经济产业园区。

十二、提升文化科技支撑水平

（一）完善文化科技创新发展环境

提升文化艺术科研水平，支持社会力量参与文化科技创新活动；扶持认定文化科技融合示范型载体，培养文化科技融合专门型人才，加强文化科技创新成果宣传推广，进一步激发文化领域创新创造的活力。

（二）加强文化领域共性关键技术研发

支持数字文化资源开发关键技术研究与应用，研究数字文化资源公益服务与商业运营并行互惠的运行模式；加快文化艺术展演展陈虚拟化、协同化、数字化步伐，加快对文化领域重要装备、工艺、系统、技术平台的开发利用。

（三）推进文化遗产与科技融合

实施"互联网+文化"工程、"文化四川云"工程，大力推进文物、非遗保护与文化产业、文化科技、文化旅游的融合；开展文化遗产领域的科技应用基础性研究，积极创造条件申报国家文化创新工程项目、国家社科基金艺术学科研究项目和文化部重点实验室。

（四）促进文化科技成果转化应用

组织实施文化重点领域科技成果应用示范项目，促进科技成果转化为文化生产力；支持文化（文物）单位进行文化创意产品开发，提高文化、文物资源转化利用效率。

十三、深化文化体制机制改革

（一）完善文化宏观管理体制

深化文化行政管理体制改革，推动政府部门由办文化向管文化转变；健全新型国有文化资产管理体制机制，按照依法规范的要求，建立党委和政府监管有机结合、宣传部门有效主导的国有文化资产管理模式，实现"管人、管事、管资产、管导向"相统一；完善互联网管理领导体制和工作机制，落实内容建设、行业管理和打击违法犯罪的职能职责，构建形成依法管网治网的良好格局；推进供给侧结构性改革，提高文化产品和服务供给体系的质量和效益；深化文化市场综合执法改革，提升执法效能，规范市场秩序。

（二）分类推进文化事业单位改革

明确文化事业单位的功能定位，深化人事管理、收入分配、社会保障、经费保障等制度改革，推动形成责任明确、行为规范、富有效率、服务优良的运行机制；深化国有文艺院团改革，增强面向市场、服务群众的能力。推动公共图书馆、博物馆、文化馆（站）等事业单位建立法人治理结构，组建理事会；支持党报党刊、电台电视台、时政类报刊社、出版社等事业单位改革，严格实行采编与经营分开；坚持出版权、播出权特许经营，探索制作和出版、制作和播出分开。

（三）健全富有文化特色的现代企业制度

深化国有文化企业分类改革，增强国有文化企业实力活力竞争力，坚持把社会效益放在首位，实现社会效益和经济效益相统一；推动国有文化企业进一步健全法人治理结构，坚持党委领导与法人治理结构相结合、内部激励和约束相结合，形成体现文化企业特点、符合行业发展要求的资产组织形式和经营管理模式，规范议事决策程序；明确党组织在公司治理结构中的法定地位，发挥党组织的领导核心和政治核心作用；完善社会效益和经济效益综合考核评价指标体系，建立可量化、可核查的社会效益考核指标，建立考核结果与薪酬分配挂钩的绩效考核制度。

（四）培育和规范文化类社会组织

加强对文化类行业协会、基金会、民办非企业单位等社会组织的引导、扶持和管理，促进其规范有序发展；积极发挥行业组织在行业自律、行业管理、行业交流等方面的重要作用；厘清文化行政部门与所属行业协会的职能边界，积极稳妥推进文化行业协会与行政机关脱钩；加大政府向文化类社会组织购买服务力度，将适合由社会组织提供的公共文化服务事项交由社会组织承担。

十四、组织保障

（一）加强组织领导

各地要切实加强领导，相关职能部门要各司其职、密切配合，依法承担保护传承文化（文物）的职能职责，将其列入各级领导干部政绩考核体系；各级文化（文物）行政主管部门要具体抓好落实，建立健全相关工作机制，履行好规划统筹、督促落实、沟通协调等职责。

(二) 构建法规保障长效机制

抓紧出台四川省非物质文化遗产条例;加快四川省公共文化服务保障条例立法进程;适时修订《四川省〈中华人民共和国文物保护法〉实施办法》,推进文化市场综合执法地方法规立法进程;启动四川省文化产业促进条例立法调研;鼓励支持拥有地方立法权的市(州)先行出台历史文化保护地方性法规、政府规章;建立文化立法专家咨询库,搭建地方文化立法研究评估与咨询基地。

(三) 加强文化财政保障

优化完善转移支付体制,优先支持"三区"和农村文化建设;建立健全文化投入绩效管理制度,提高资金使用效率;落实各项税收优惠政策,竭力推动非遗生产性保护;加大政府性基金与一般公共预算的统筹力度,通过政府购买、项目补贴、定向资助、贷款贴息等多种手段引导和激励社会力量参与文化建设,建立政府、社会、市场共同参与的多元文化投入机制。

(四) 强化实施评估监督

各有关单位要根据本规划要求,针对本部门实际情况,对目标任务逐一细化分解,制定实施方案,对规划实施情况进行动态监测和跟踪分析,确保各项规划目标任务顺利推进;健全规划实施监督评估制度,对规划确定的调控目标进行跟踪检查,纳入单位综合评价体系;适时引入第三方评估,强化评估结果的运用。

贵州省"十三五"文化事业和文化产业发展规划

序 言

根据《文化部"十三五"时期文化改革发展规划》《贵州省国民经济和社会发展第十三个五年规划纲要》《关于建设多彩贵州民族特色文化强省的实施意见》《贵州省宣传思想文化工作"十三五"发展规划》,结合贵州文化发展实际,编制本规划。主要明确未来五年全省文化、新闻出版广播电视、档案、地方志等文化事业和文化产业发展的总体要求、发展理念、目标任务和保障措施,是贵州"十三五"时期文化事业和文化产业发展的整体蓝图,是政府履行职责和指导全社会参与文化建设的重要依据。

第一篇 决胜全面小康阶段文化发展的形势和任务

党的十八大明确了"两个一百年"的奋斗目标,"十三五"时期是全面建成小康社会决胜阶段。处于后发赶超决战决胜中的贵州,"十三五"文化发展迎来难得机遇,任务更加艰巨,谋划好"十三五"的发展需要总结好"十二五"的成绩,分析好"十三五"的形势,明确"十三五"发展的总体要求和发展理念,进而确定总体思路和发展目标。

第一章 "十二五"时期贵州文化发展取得的成就

"十二五"时期,贵州走向文化引领发展、呈现文化自觉自信自强的新阶段,贵州文化多元一体、和谐共生的特色得到广泛认同,影响力进一步增强,文化软实力进一步提升,为推进多彩贵州民族特色文化强省建设打下坚实基础。

文化精品打造成绩突出。苗族歌舞剧《仰欧桑》、电视剧《奢香夫人》《领袖》和电影《近距离击杀》荣获全国精神文明建设"五个一工程"奖。《侗族大歌》、女子群舞《水姑娘》、苗族《水歌》、大型民族舞剧《天蝉地傩》、贵州民族歌舞集《原色》参加第四届全国少数民族文艺汇演取得好成绩。大型花灯剧《月照枫林渡》(又名《枫染秋渡》)获全国戏剧文化奖"原创剧目大奖"、文华剧目奖、优秀表演奖。广播节目《我为盲人说电影》和电视节目《最爱是中华》被评为全国创新创优栏目,多部黔版影视剧在央视黄金档播出。电视剧《十送红军》《二十四道拐》获第30届电视剧飞天奖提名,电视剧《二十四道拐》入选纪念中国人民抗日战争和世界反法西斯战争胜利70周年重点剧目。《当代贵州》《中国贵州民族民间美术全集》《亚鲁王书系》获中国出版政府奖。《凯里生物群:5.08亿年前的海洋生物》《领袖少年丛书》获中华优秀出版物奖。《中国抗日战争全景录·贵州卷》列入中国人民抗日战争和世界反法西斯战争胜利70周年重点图书。《民族民间艺术瑰宝系列画册》《中国侗族》《中国面具史》列为经典中国国际出版工程并在欧美地区发行。举办"贵州省第三届美术专业比赛"及获奖作品展。完成《多彩贵州风》(旅游版)创作并持续驻场演出。50余件作品入选"第十届中国艺术节·全国优秀美术作品展览"。全省第二轮志书编纂出版各级各类志书40部。《贵州年鉴》连续出版31卷。

公共文化服务体系初步形成。实施"八大文化惠民工程",全省基本实现县县有图书馆和文化馆、乡乡有综合文化站,文化信息资源共享工程服务点实现省、市、县、乡、村五级全覆盖,公共图书馆藏书达1217万册、人均0.35册，贵州数字图书馆访问量达13900万人次，遵义市、贵阳市成功创建国家公共文化服务体系示范区，毕节市获第三批创建资格。全省共建成农家书屋18781个，农家书屋实现全省行政村全覆盖，建立"数字农家书屋"723个、"社区书屋"18个，共补充图书3705万册、报刊39万份。实现县城数字影院全覆盖，建立农村数字电影院线11条，共放映农村公益电影94.13万场。完成广播电视村村通工程382万户、直播卫星户户通200万户，在全国率先完成有线数字电视全省整体转换，乡镇数字化广电网络全覆盖，广播综合人口覆盖率达91.52%，电视综合人口覆盖率达95.39%。建成县级综合档案馆新馆34个，各级国家综合档案馆藏档案达721.4万卷，创建全国社会主义新农村建设档案工作示范县（市、区）5个、全省社会主义新农村建设档案工作示范县（区、特区）18个，国家综合档案馆案卷级目录数据库、文件级目录数据库、全文数据库分别达342.8万条、3566.4万条、1560.5万幅，各级国家综合档案馆向社会开放档案221.48余万卷、236.37余万件，专项验收重点建设项目档案53个，21个省级企事业单位档案通过星级评估，1384个乡（镇、街道）建档率达100%。

文化遗产保护成效显著。海龙屯土司遗址列入世界文化遗产，实现全省世界文化遗产零突破。列入中国申报世界文化遗产预备名单3项。贵州省博物馆新馆建成试运行。古籍保护成效显著。列入第七批全国重点文物保护单位名单32处。《贵州省非物质文化遗产保护条例》颁布实施。获批设立黔东南国家级民族文化生态保护实验区，设立省级文化生态保护实验区2个。11人被命名为第四批国家级非物质文化遗产项目代表性传承人。15个项目列入第四批国家级非物质文化遗产名录。105人被命名为第三批省级非物质文化遗产项目代表性传承人。贵州被列为全国非物质文化遗产数字化保护工程"非物质文化遗产资源采集"试点。获评国家级非遗生产性保护示范基地3家。抢救国家重点档案13.4万卷，保护国家重点档案17.8万卷。布依族古文字档案入选第四批《中国档案文献遗产名录》。

文化产业发展步伐加快。贵州文化广场项目和贵州省北京路影剧院改造项目开工建设。贵州文化演艺集团成立并实现常态化运营，年演出达500余场次，2个项目获中央和省文产专项资金支持，1台剧目获国家艺术基金扶持。贵阳朗玛信息技术股份有限公司被评为"国家规划布局内重点软件企业""国家火炬计划软件产业基地骨干企业"等。《多彩贵州风》入选《国家文化旅游重点项目名录》和《2011-2012年度国家文化出口重点项目》，持续驻场商演3100余场。以动漫为代表的文化创意产业发展迅速，连续举办的"亚洲青年动漫大赛"成为全国知名、在亚洲有一定影响的动漫赛事。全省文化及相关产业增加值占ＧＤＰ比重为３.２８％。贵州广电传媒集团获2015年全国"文化企业30强"提名奖。当代贵州期刊传媒集团、贵阳日报传媒集团被评为国家新闻出版广电总局"数字出版转型示范单位"。贵州省3个市州纳入文化部、财政部《藏羌彝文化产业走廊总体规划》。

文化行政管理进一步规范。全国文化市场技术监管与服务平台基本实现省、市、县三级正式上线运行，实现通过平台办理文化市场行政审批和执法业务。《贵州省有线广播电视网建设维护管理办法》正式实施，广播电视播出机构、广告、卫星电视传播秩序及网络视听节目等管理成效明显，实现广播电视安全播出，中央新闻单位驻黔机构和省级新闻单位驻地方机构清理整顿按时完成，全省政府机关实现软件正版化，"扫黄打非"成效显著，出版物质量检查工作进一步加强。出台《关于加强和改进新形势下档案工作的实施意见》《贵州省重大活动档案管理办法》《贵州省信访事项档案管理办法（试行）》等政策法规，依法治档工作取得新进步。

文化影响力不断提升。大型民族歌舞"多彩贵州风"参加"中国文化年"系列活动、中日邦交正常化40周年系列活动和中菲建交36周年庆祝活动，赴美国、日本、菲律宾、澳大利亚和新西兰巡演。在西班牙、俄罗斯、法国、中国香港、中国台湾等国家和地区举行多彩贵州主题系列文化活动。参加2013年墨尔本中国戏剧节、法国蒙图瓦尔国际民间艺术节等7个艺术节、泰国第99届北榄坡府游神盛会、第22届"俄罗斯同胞"全俄民间创作艺术节。贵州出版集团公司共41种图书版权输出到欧美和亚洲各国。成功承办第24届全国图书交易博览会。举办首届孔学堂·国学图书博览会。

文化人才建设得到加强。分类建立文化系统党政人才、副高以上专业人才信息库。实施"三区"人才支持计划文化工作者专项和《泛珠三角区域合作培养文化艺术领军人才意向书》项目。委托中国戏曲学院、云南文化艺术职业学院、成都文化艺术学校培养文艺专业人才70名。文化系统有国家"万人计划"入选者1名，文化部优秀专家8名，管理期内省管专家7名，全国文化名家暨中宣部"四个一批"人才1名，"甲秀文化"人才26名。新闻出版广播影视系统享受国务院津贴2人，享受省政府津贴4人，省管专家2人，引进博士2名，全国新闻出版行业领军人才12人，"四个一批"人才80人。通过与中国传媒大学合作提升学历144人。全面推进编辑记者、播音员、主持人持证上岗、年审和执业注册制度，共1443人取得执业资格。

文化体制改革取得明显成绩。认真抓好各项文化市场行政审批改革措施的贯彻落实，不断完善文化市场准入政策并降低门槛，简化审批程序，将文化、文物、新闻出版、广播影视、档案等行政审批及服务事项全部纳入贵州省政务服务中心窗口统一办理，实现一站式服务，为行政相对人提供高效便捷服务。

贵州是全国率先完成文化体制改革任务的省份之一。省直文化系统经营性事业单位转制任务全面完成，完成省歌舞剧院等9家文化单位企业转制，组建贵州文化演艺集团。公益性文化事业单位内部机制改革不断深化，省博物馆、图书馆、文化馆等省直公益性文化事业单位积极推进内部机制改革，管理水平和服务质量进一步提升。全省9个市（州）和88个县（市、区）级文化市场综合执法机构全部批复组建，经费纳入财政预算。全省9个市（州）文化局与广电局合并，贵州省新闻出版局与贵州省广电局合并，成立了贵州省新闻出版广电局，机构职能整合工作顺利完成。全省新闻出版行业完成非时政类报刊出版单位转企改制33家。组建新的贵州广播电视台及贵州广电传媒集团有限公司、贵州出版传媒有限公司、贵州日报报业集团传媒有限公司、当代贵州期刊传媒集团公司等四大国有文化企业集团和4个市（州）级报业集团有限公司。新设立贵州大学出版社、孔学堂书局两家出版社，新增孔学堂杂志。

第二章 "十三五"时期贵州文化发展面临的新形势

"十三五"时期是贵州文化可以大有作为的重要战略机遇期。以习近平总书记为核心的党中央高度重视文化建设，提出坚持社会主义先进文化前进方向，坚持以人民为中心的工作导向，坚持把社会效益放在首位、社会效益和经济效益相统一，坚定文化自信，增强文化自觉，加快文化改革发展，加强社会主义精神文明建设，建设社会主义文化强国。贵州省委省政府认真贯彻中央精神，强调要牢固树立"补短板、做长板"理念，全力打造多彩贵州民族特色文化强省，提出要强文化创作，坚持文化建设内容为王，精心抓好题材规划、人才培养和品牌推广；要强文化服务，统筹好文化硬件和软件建设，统筹好"种文化"与"送文化"，发挥文化服务在大扶贫战略行动中的重要作用；要强文化产业，扶持壮大一批文化企业、产业园区、发展平台，把文化产业培育成为支柱性产业；要强文化创新，推进文化与大数据、文化与旅游深度融合，让多彩贵州风行天下。贵州经济社会发展迅速，文化发展的基础支撑显著增强。中央和省里对文化建设的高度重视，为多彩贵州民族特色文化强省建设营造了良好环境、提供了强大支撑。"十二五"期间全省文化事业和文化产业的繁荣发展，为我们进一步推动文化创新，建设多彩贵州民族特色文化强省奠定了坚实基础。

同时也要清醒看到，受国际国内文化环境影响，全省文化建设仍旧面临不少挑战。按照全面建成小康社会的新要求，全省文化建设还面临不小差距。一是文艺环境、业态、格局深刻调整，创作、传播、消费深刻变化，新的文艺组织和文艺群体大量涌现，引导、管理、服务的体制机制、手段方法亟须改革创新。二是对文化凝聚力量、引领价值的重要性认识需要进一步提升。文化凝魂聚气的作用需要进一步发挥，以人民为中心的工作导向需要进一步确立，文艺精品的打造还存在数量不够多、质量不够高的情况，文化自觉自信需要进一步树立。三是大文化视野需要进一步树立，公共文化服务的统筹力度需要加强。部门联动机制需要建立健全，公共文化基础设施短板需要尽快补齐，标准化、均等化的任务还很繁重，服务手段、方式需要进一步创新，服务内容需要提升和更加具有实效性，群众需求反馈机制需要建立健全。四是随着物质生活水平的提高，文化产品和服务尚不能满足人民群众日益增长的需求，文化领域供给侧结构性改革需要着力推进。五是文化遗产的保护与合理利用水平需要进一步提升，机制、平台建设需要加强，依托民族特色文化资源的现代创新转化力度不够，成果不多。六是文化开放带动作用需要加强，文化与相关领域、业态以及多元文化形态之间的融合不够，创新能力匮乏。七是理论对实践的指导还很薄弱。基层文化艺术研究机构还不健全，文化智库建设滞后，文化领域理论研究能力需要加强，立足全省文化建设的战略性、前瞻性、全局性研究还很薄弱，尤其是全省民族特色文化体系建设需要加强研究。八是文化建设投入力度需要进一步加大，文化人才队伍建设需要加强，束缚文化建设的体制机制性障碍需要进一步清除。

综合判断，"十三五"时期，贵州文化建设既面临机遇也有挑战，但贵州文化可以跨越发展、特色发展、创新发展的大趋势没有变，文化服务全省决胜全面小康的任务更加繁重。我们要增强机遇意识、责任意识、大局意识，斗志昂扬、奋发图强、凝心聚力肩负起科学发展、后发赶超、同步小康的文化使命。

第三章 总体要求和发展理念

"十三五"时期全省文化发展的总体要求是：高举中国特色社会主义伟大旗帜，全面贯彻党的十八大、十八届三中、四中、五中、六中全会和省十一次党代会、省委十一届三次、四次、五次、六次、七次、八次全会精神，以马克思列宁主义、毛泽东思想、邓小平理论、"三个代表"重要思想、科学发展观为指导，深入贯彻习近平总书记系列重要讲话精神，按照中央和省委的战略部署，统筹推进"五位一体"总体布局，协调推进"四个全面"战略布局，贯彻创新、协调、绿色、开放、共享五大理念，坚持社会主义先进文化前进方向，以社会主义核心价值观为引领，倡导"天人合一、知行合一"的贵州人文精神，坚定文化自信，增强文化自觉，紧紧围绕全省发展主基调、主战略和大扶贫大数据战略行动，加快文化改革发展，建设多彩贵州民族特色文化强省，谱写贵州文化建设新篇章。

坚持创新发展。牢牢树立创新思维，加强理论创新、制度创新、发展方式创新，推动历史文化、民族文化、山地文化、阳明文化、红色文化、"三线"文化之间的融合，推动文化与工业化、城镇化、农业现代化相互融合，推动文化与科技、金融、旅游的深度融合，增强文化创意活力，着重创造性转换和创新性发展，探索有贵州特色的文化创新发展之路。

坚持协调发展。充分发挥文化建设在两个文明协调发展中的重要作用，大力推动城乡之间、区域之间文化的协调发展，加强联动，补齐短板，兜好底线，缩小城乡和区域差距，保障基层尤其是贫困地区群众的基本文化权益。引导各地根据文化资源禀赋和功能定位实现特色发展，构建全省区域文化发展新格局。

坚持绿色发展。强化社会主义生态文明新时代的文化担当，推动绿色理念向文化领域的融合，促进文化事业和文化产业低碳、集约和可持续发展；推动文化理念向生态领域的融合，增强绿色发展的文化支撑，创造生态文明新时代的新文化。

坚持开放发展。树立开放意识，搭建多种类型的高端平台，创新方式，坚持"引进来"和"走出去"并重，推动国际国内多元文化交流，讲好贵州故事，彰显贵州文化影响力和竞争力，传播中国价值。

坚持共享发展。坚持文化发展为了人民、依靠人民，文化发展成果由人民共享，增加公共文化产品和服务供给，提升公共文化资源共建共享程度，向公众提供便捷、高效、廉价的文化服务，提升群众在文化发展中的主体性、参与度和幸福感，真正让文化发展成果惠及全民，满足人民精神文化需求，促进人的全面发展。

第四章 发展目标

以大文化助推大扶贫大数据战略行动，深入挖掘我省丰富多彩的民族特色文化资源，实施文化建设"十大工程"，打造"十大品牌"，推动文化育民、励民、惠民、富民，推出更多彰显社会主义核心价值观、讲好贵州故事的文艺精品，现代公共文化服务体系基本建成，文化遗产保护利用水平进一步提高，文化市场进一步繁荣，文化产业成为国民经济支柱性产业，多彩贵州民族特色文化品牌打造取得明显成效，贵州文化特质更加彰显，贵州文化整体实力和核心竞争力进一步增强，贵州文化的吸引力、影响力进一步扩大，多彩贵州民族特色文化强省建设取得重要进展，社会主义核心价值观更加深入人心，人民群众精神文化生活更加丰富。

——文化助推脱贫实现新突破。发挥丰富的文化遗产资源优势，加强传承人培训、传统村落保护利用，推动传统工艺开发、红色文化遗迹、传统村落整体性保护、文化生态博物馆建设与旅游业的有机结合，建设一批红色文化旅游景区、传统村落民俗文化旅游景区、生态文化旅游景区，推出一批特色文化产品，助推贫困群众脱贫致富。开展新闻出版广播影视工作助推群众脱贫致富。加强精准扶贫档案工作。

——文化精品打造实现新突破。坚持"二为"方向和"双百"方针，立足历史文化、民族文化、山地文化、阳明文化、红色文化、"三线"文化，弘扬主旋律，彰显正能量，推出更多更好激励作用强、艺术水准高、影响范围广的文艺精品。打造一批舞台艺术精品，力争在国家高端平台展示并取得好成绩，支持指导各市州、贵安新区、仁怀市、威宁县立足特色文化资源优势和地域特点打造不少于1台舞台艺术精品。全面完成全省第二轮修志规划任务，实现全省三级综合年鉴全覆盖，编纂全省专业志鉴和部门志、特色志、乡镇村志。

——文化基础建设实现新突破。建成一批省级重大文化设施，新建和改扩建一批市、县级公共文化场馆，建成一批档案馆、民族博物馆和文化生态博物馆，推进基层公共文化设施建设。县级公共图书馆、文化馆和乡镇（街道）综合文化站（文化活动中心）设施建设基本达标，普遍建立村级综合性文化服务中心，贫困地区县县具有流动图书车、流动文化车，每25万人拥有一个博物馆。全省公共文化设施网络全面覆盖。全省90%以上文化馆、公共图书馆达到部颁三级以上评估（建设）标准。全省人均拥有公共图书馆（含分馆）藏量达0.5册左右。全省文化信息资源共享工程资源量争取达到150TB以上，贵州数字图书馆资源总量争取达到130TB以上。全省广播综合人口覆盖率达到94%以上，电视综合人口覆盖率达到97%以上。全省国家综合档案馆馆藏档案达1000万卷以上，省级、市州级和县级国家综合档案馆馆藏永久档案数字化的比例力争分别达到60%、75%和50%以上，馆藏档案数据库目录达到8500万条、全文数据库达到2.8亿幅，完成32.5万卷国家重点档案和50万卷以上省级重点档案的抢救、保护和开发。

——文化服务大众实现新突破。各项文化惠民措施落地见效，基层宣传文化队伍不断壮大，基础薄弱状况得到根本改变，凸显贵州民族特色和地域特色、体现时代发展趋势、覆盖城乡、便捷高效、保基本、促公平的现代公共文化服务体系基本建成。推动基本公共文化服务标准化、均等化发展，引导文化资源向城乡基层尤其是贫困地区倾斜，保障人民基本文化权益。广泛开展群众性文化活动，举办重大宣传主题文化活动，省直院团开展公益性演出每年不少于500场。倡导全民阅读，不断提升公民文明素质和社会文明程度。

——文化遗产保护利用实现新突破。推动文物保护由抢救性保护为主向抢救性与预防性保护并重转变，由注重文物本体保护向文物本体与周边环境、文化生态的整体保护转变。重点支持重要文化遗产地、抢救性文物、古籍保护、国家历史文化名城名镇名村和传统村落保护建设，积极推进贵州民族文化遗产保护百村计划和非物质文化遗产保护利用。全国重点文物保护单位"四有"工作完成率达到100%，全国重点文物保护单位和省级重点文物保护单位重大文物保护工程合格率达到100%。提高博物馆、纪念馆服务效率，推动文物合理利用与旅游产业发展相结合。非物质文化遗产项目保护、传承人保护工作进入全国先进行列，贵州成为中国乃至世界非物质文化遗产集聚展示交流的重要基地。培训非物质文化遗产传承人群2万人次，对年满70周岁的24名国家级非物质文化遗产项目代表性传承人开展抢救性记录。加强国家重点档案抢救、保护和开发工作，完成地方志、年鉴修编。

——文化产业发展实现新突破。以多彩贵州民族特色文化为内涵，构建现代文化产业体系。深化文化体制改革，建立健全现代文化市场体系。基本形成大型企业集团为龙头，产业园区与产业基地为依托，文化产品交易市场为基础，传统产业与新兴产业共同繁荣发展的格局，打造一批经营收入过100亿、过50亿、过30亿的骨干文化企业，确保2家文化企业上市，文化产业力争成为国民经济支柱性产业。

——文化影响力实现新突破。提高文化开放水平，广泛开展国内国际文化交流合作，加强对外传播能力建设，推动形成多彩贵州文化传播体系。文化交流互动更加活跃，内容更加丰富，特色更加鲜明，形成多渠道、多层次、宽领域的对外文化交流格局，贵州文化影响力、传播力显著增强。

——文化人才队伍建设实现新突破。进一步建立完善人才培养、引进、使用激励机制，文化人才队伍建设进一步加强，结构合理、素质优良、作风过硬的文化人才体系逐步建立，建成文化人才高地，充分发挥文化人才在文化建设中的重要作用。

第二篇　实施大文化助推大扶贫大数据战略行动

紧紧围绕大扶贫大数据战略行动，找准多彩贵州民族特色文化强省建设的精准坐标，实施文化建设十大工程，打造文化精品，构建现代公共文化服务体系，提高文化遗产保护利用水平，促进文化产业发展，扩大文化交流，建设文化人才高地，充分发挥文化建设在全面建成小康社会中的重大作用，助力脱贫攻坚，决胜全面小康。

第五章　实施文化助推脱贫工程

主动融入大扶贫战略行动，按照全面推进与重点突破相结合的方式，把贫困地区文化建设与集中连片扶贫开发、生态扶贫移民搬迁、新型城镇化和"四在农家·美丽乡村"创建结合起来，做实文化助推脱贫民生实事，促进贫困群众脱贫致富，在文化助推群众脱贫致富方面探索具有国家层面示范价值的贵州经验。

第一节　合理利用文化资源助推脱贫致富

拓展文化部中国非物质文化遗产传承人群研修培训计划，实施"十、百、千、万"培训工程。"十"即培养（培育）数十名大师级传承人、数十名国内知名手工艺品设计师，"百"即培养（培育）数百名传统手工技艺骨干传承人、数百名省内知名手工艺品设计者、市场营销人员，"千"即培养（培育）数千个传统手工技艺传承骨干，"万"即动员数万名传统村落贫困农户参与传统手工技艺培训，实现农村贫困人口就业人数新增上万人，推动贫困地区群众创业就业。建设各级非物质文化遗产生产性保护示范基地。以民俗和传统节日与旅游深度融合推动贫困群众脱贫致富。公共文博基础设施建设、公共文博文化服务向弱势群体、老区和偏远贫困地区倾斜，推动红色遗迹、传统村落整体性保护、文化生态博物馆建设，促进文化遗产保护与旅游业深度融合，助推贫困群众脱贫致富。引进成熟、知名企业参与传统手工艺品的创意研发和销售，帮助拓展销售市场。推动实施文化产业扶贫"千村计划"，对具备资源优势和产业发展条件的贫困村给予文化产业项目扶持，计划扶持1000个村。

第二节　开展新闻出版广播影视工作助推脱贫致富

推进广播电视高山无线发射台站基础设施等重点惠民工程建设，继续做好中央广播电视节目无线数字化覆盖工程和多彩贵州"广电云"村村通工程建设任务，按照国家新闻出版广电总局工作部署，加快推进广播电视由村村通向户户用升级，力争全面完成全省户户用推进建设任务。实施农家书屋图书补充更新工程，建设试点卫星数字农家书屋。推动县城数字影院建设，探索建立农村电影公益放映、直播卫星电视、有线数字电视、地面数字电视、调频应急广播、互联网接入"六位一体"长效服务机制。支持少数民族语电影译制。实施广播电视精准扶贫减免特困户费用工程。实施农村文化旅游电商扶贫"大数据+文化"行动。

强化舆论引导和典型引领，组织全省主流媒体继续办好"科学扶贫、精准扶贫、有效脱贫"等专栏，开展"舆论扶贫乡村行"活动，及时对各地各部门扶贫开发先进经验、有效做法和先进集体、先进个人进行深度报道。把握全国扶贫日等关键时间节点，争取在中央主要新闻媒体策划推出贵州扶贫开发重点报道，加强在兄弟省（区、市）特别是对口帮扶城市重点媒体、网站的宣传报道力度。开展媒体聚焦脱贫攻坚系列活动和扶贫济困倡议活动，推出"来自一线的扶贫开发案例"系列报道。实施宣传文化云扶贫服务平台建设工程，打造"采编融合、内容汇聚、多渠道传播、多终端一体化"的精准扶贫舆论、文化传播平台。广播电视网络生活类栏目推动社会各界通过捐赠、结对帮扶等方式参与大扶贫。开展多形态微传播扶贫活动和扶贫信息服务。在PC端和手机客户端开辟舆论新阵地，广泛引导网民关注参与扶贫开发工作。经济民生类栏目积极面向贫困地区加大招工就业信息、特色产品、急需解决问题的报道。整合中央驻黔媒体、省内主要媒体采编力量深入全省各地各部门开展舆论监督工作，提供全面、及时、准确的决策参考信息，为全省打赢脱贫攻坚战提供强有力的信息支撑。

第三节 开展扶贫档案工作助推脱贫致富

制定实施《贵州省扶贫档案管理办法》，以完善精准扶贫建档立卡工作为重点，多形式、多层次开展精准扶贫档案工作试点示范。突出业务监督指导，全面加强扶贫开发档案工作，确保全省扶贫档案材料齐全、收集完整、整理规范、管理安全并及时移交，为科学治贫、精准脱贫服务。积极推进村级建档，探索"村档乡管"模式，开展全省列入中国传统村落名录的村落建档工作。根据全省农村土地确权登记颁证工作的需要，制定《贵州省农村土地承包经营权确权登记颁证档案管理实施办法》，规范档案管理工作，固定确权颁证成果，保障农户合法权益，努力使全省扶贫开发档案制度建设不断完善、管理水平不断提高，档案资源得到有效整合、高效利用。健全民生档案工作制度，提高管理服务水平。

第六章 实施文化数字建设工程

创新文化数字资源传播和服务手段，丰富"云上贵州"公共文化服务应用内容，以快捷、方便、准确、安全和共享的数字文化信息资源全面提升公共文化服务效能，发挥现代信息技术在满足群众文化需求方面的重要作用，推动经济社会全面发展。

第一节 建设贵州文化大数据平台

以国家公共文化数字支撑平台为基础，整合文化信息资源共享工程、数字图书馆推广工程、文物、非物质文化遗产、文艺创作演出科研、文化产业等领域的数字文化资源，利用"云计算"等最新信息技术手段，进行全面数字化建设，借鉴国内外资源孵化和运营实践的成功经验，通过统一管理、合理开发，建成集文化资源申报、储存、管理、应用及服务为一体的贵州文化大数据平台，开展线上线下"一站式"综合数字文化服务，创新文化数字资源的传播和服务手段，加大文化领域科技创新支持力度，推动运用互联网+、TV+、大数据、云计算等新技术发展新业态，为全省新兴文化产业发展和传统文化产业优化升级提供技术支撑，发挥科技对文化产业的提升带动作用，为实现文化资源创造性转化和创新性发展提供有效支撑，以快捷、方便、准确、安全和共享的数字文化信息资源推动文化事业和文化产业发展。

第二节 实施"出版广电云"工程

运用互联网+、大数据、云计算等新技术，整合资源，搭建平台，推动新闻出版广播影视业数字化、网络化、智能化转型升级。实施中国文化（出版广电）大数据产业项目、智慧城市项目、党刊大数据中心及党建数字出版云平台项目、"云上贵州——7+N"媒体云项目、下一代广播电视网（NGB）建设项目、新华文化综合体项目、"海龙囤"多媒体出版及数字化传承项目、"漫动画"新媒体数字平台、贵州数字教育资源云平台等重点项目，支持新闻出版企业开展大数据应用。

第三节 建设数字档案馆（室）

建成数字档案馆示范点20个、数字档案室示范点100个。推广贵州省综合电子文件档案管理系统，促进机关电子档案规范管理、在线移交。争取外省（区、市）在贵州建设档案数据容灾备份中心，全面实现全省各级国家综合档案馆数字档案资源异地异质备份保管。建设开放档案信息化资源社会化共享服务平台，优先推动与民生保障服务相关的档案数据开放。建立国家、省级层面的国家重点档案文件级目录数据库和专题库。全面推进档案资源存量数字化、增量电子化、利用网络化，省级、市（州）级和县级国家综合档案馆馆藏永久档案数字化的比例力争分别达到60%、75%和50%，各级国家综合档案馆档案目录数据库达8500万条、全文数据库达2.8亿幅。其中省档案馆档案目录数据库达720万条、确保全文数据库达2700万幅并力争达3400万幅，实现文件级目录全覆盖。省及市（州）国家综合档案馆建成具有接收立档单位电子档案、覆盖馆藏重要档案数字化副本等功能完善的数字档案馆，50%的县建成数字档案馆或启动数字档案馆项目。

第七章 实施文化精品打造工程

着眼全国精神文明建设"五个一工程"评选、中国艺术节、全国少数民族文艺会演等高端展示平台，紧扣时代脉搏，推出一批以重大革命和历史题材、民族题材、现实题材、农村题材、爱国主义题材、青少年题材为主，打造舞台艺术、美术、广播影视、新闻出版、网络、档案和地方志精品，以文化精品鼓舞人、激励人，实现文化励民，充分彰显文化在社会主义核心价值观引领中的重要作用。

第一节 打造艺术精品

把握重大时间节点和主题，打造体现地域特色、反映社会主义核心价值观的舞台艺术精品。组织申报国家艺术基金项目，积极实施国家舞台艺术精品创作工程、全国重点创作剧目选题计划、文化部重点创作扶持剧目和优秀剧本创作扶持计划，推动艺术精品创作。充分调动全省各级各类文艺院团艺术生产创作积极性，推出歌舞剧《神韵贵州》、话剧《王阳明》、花灯剧《花繁叶茂》《云上红梅》、黔剧《湄水长歌》、动漫儿童剧《黔龙飞梦》（暂名）、音舞诗《乐雅·正集》、舞剧《蝴蝶妈妈》、京剧《龙场悟道》、杂技剧《大国酒魂》《万水千山》等新创作品，打磨提升舞剧《天蝉地傩》、花灯剧《盐道》、话剧《图云关》《文朝荣》、音乐剧《嘎老》、大型民族歌舞《多彩贵州风》、歌舞剧《千年大歌》《守望》等优秀舞台作品。创作、遴选宣传贵州的歌曲。大力支持戏曲传承发展，开展地方戏曲剧种普查工作，努力改善戏曲人才培养、创作生产、演出设施设备等条件。指导全省艺术创作与生产，鼓励省直院团与地方政府合作，探索创新合作模式，推动各市（州）、县（市、区、特区）演艺精品的打造。组织开展贵州画风学术理论研究，组织一批有代表性的画家，创作推出一批具有贵州特色、时代特色的美术精品，展示贵州画坛创作实力。完成"贵州百村保护计划"题材美术创作任务，实施多彩贵州大型书画"双百"创作重点项目。力争文艺精品在中国艺术节和全国少数民族文艺会演等高端平台获奖。

第二节 打造新闻出版、广播影视、网络等精品

围绕重大活动、重大会议、重大事件、重大节庆等主题，做好重大主题出版工作。实施《贵州文库》《贵州学者文丛》《大众儒学》《清水江文书》《阳明心学系列》等精品图书出版项目。实施《教育扶贫责任大——国培班学员报告》《挖掉穷根要实干——来自扶贫一线的时代强音》《守住底线走新路——来自学术理论界的思考》等反贫困系列图书出版项目。实施古籍图书整理出版项目。办好《孔学堂》杂志。推动《云上绣娘》《云雾街》《极度危机》《王阳明》《文军西征》《黎明和转折》《香港，今夜星空灿烂》等广播影视、动漫精品创作生产和播映。实施网络内容精品创作传播工程，重点推动优秀原创网络视听节目、精品网络剧、微电影和动漫作品创作传播。

第三节 打造档案、地方志精品

编纂出版《红军在贵州史料汇编》《中国红十字会救护总队档案史料汇编》《民国时期贵州民族档案史料汇

编》《民国时期社会调查史料》和《贵州清水江文书》丛书等。编纂出版二轮省志32卷48分册及6卷特色志、8部市州级志书、52部县级志书。编纂出版《贵州减贫志》《梵净山志》《黔东南州斗牛文化志》等特色志书和一批传统村落志。开展中国名镇志、名村志编纂工作。构建地方综合年鉴编纂体系，实现省、市（州）和县（市、区、特区）地方综合年鉴全覆盖，一年一鉴公开出版。

第八章　实施文化基础建设工程

扎实抓好文化基础设施建设，在推进城镇化进程中切实保障群众基本文化权益。建设重点文化地标，使之成为贵州高端艺术殿堂，充分发挥其艺术交流、精品展示、文化传播等功能，促进文化消费，带动产业发展，提升城市形象。

第一节　重大文化设施建设

将贵州省博物馆老馆改扩建为贵州省美术馆，逐渐完善其典藏、陈列、展示、研究以及公益培训等功能，使之成为全省标志性的公共文化设施和文化交流展示高端平台。建设贵州省革命历史纪念馆。继续推进贵州文化广场建设和贵州省北京路影剧院改扩建工程建设。抓好贵州省文化馆新馆、贵州省文艺人才培训交流基地、贵州省文化遗产信息中心、贵州省档案馆（贵州省地方志馆）、贵州省文物考古研究所贵安整理基地（贵州省公共考古活动中心）等建设。健全完善贵州省非物质文化遗产博览馆各项功能设施。

第二节　基本公共文化设施建设

按照基本公共文化服务指导标准查缺补漏，新建和改扩建一批市（州）级、县级图书馆、文化馆。建设完善贵阳市博物馆、安顺市博物馆、六盘水市博物馆、铜仁市博物馆、黔东南州民族博物馆、黔南州博物馆、黔西南州博物馆、毕节市博物馆等市州级博物馆。整合各级各类面向基层的公共文化资源和服务，采取盘活存量、调整置换、集中利用等方式，新建或改扩建乡镇（街道）综合文化站和村（社区）综合文化服务中心，配套建设文体活动广场。加强流动文化设施建设，配备流动图书车、流动文化车。实施贫困地区公共文化数字提档升级项目。通过公共文化基础设施达标建设，切实保障基本公共文化服务供给。加强省、市（州）、县（市、区、特区）非物质文化遗产展示中心（馆）建设，鼓励社会力量建设非物质文化遗产基础设施。加强县级广播电视设施建设，实施应急广播工程，实现农村广播"村村响"。积极推进城乡有线广播电视数字化一体化发展，实施有线数字电视网络图书馆工程项目。实施全省广播电视高清制播能力建设工程。实施高山发射台站基础设施改扩建工程。实施中央广播电视节目无线数字化覆盖工程。实施多彩贵州"广电云"村村通工程，加快推进广播电视由村村通向户户用升级，力争全面完成全省户户用推进建设任务。实施少数民族地区县级新华书店改造"东风工程"。加快黔南州、贵阳市、遵义市、铜仁市、安顺市、毕节市、黔西南州、黔东南州、贵安新区档案馆新馆和纳入规划的52个县级档案馆新馆建设，确保到2020年全省各级国家综合档案馆建设面积达标、设施完善、功能齐全、安全保密、服务便捷、节能环保，基础条件得到全面改善。力争80%的市（州）和50%的县（市、区、特区）建成地方志馆，为开放、开发、利用地方志资源创造有利条件。

第九章　实施文化服务大众工程

以实现基本公共文化服务标准化均等化为目标，以人民群众基本文化需求为导向，通过政府主导，引导社会参与，调动企事业单位积极性、主动性和创造性，丰富公共文化产品和服务，满足群众日益增长的多层次、多样化精神文化需求，鼓舞士气，凝聚人心，为同步小康营造良好文化氛围。

第一节 推进基本公共文化服务标准化均等化

以县为基本单位，全面落实国家基本公共文化服务指导标准和地方实施标准。推进公共文化服务体系示范区建设，巩固遵义市、贵阳市创建成果，加大对毕节市创建国家公共文化服务体系示范区指导和支持力度。健全公共文化设施运行管理和服务标准体系，规范各级各类公共文化机构服务项目和流程，提升公共文化设施服务效能。加大对革命老区、民族地区、贫困地区公共文化建设的帮扶，深入实施文化扶贫项目。坚持送文化下乡，促进城乡公共文化服务均衡发展。提供适合老年人、未成年人、残疾人、农民工、农村留守妇女儿童、生活困难群众等群体的公共文化产品和服务。完善全民阅读活动组织机构，采取多种形式推进全民阅读进家庭、进社区、进校园、进农村、进企业、进机关。推广普及数字阅读，建立面向不同群体的多元化好书推荐体系。

第二节 开展主题文化活动

举办"纪念中国共产党成立95周年和红军长征胜利80周年""纪念中国人民解放军成立90周年""纪念改革开放40周年""纪念中华人民共和国成立70周年""庆祝全面建成小康社会"和"纪念世界反法西斯战争胜利暨中国人民抗战胜利75周年"等主题演出。扎实开展"深入生活·扎根人民"主题实践活动。整合相关部门资源开展以国学阅读为主题的"多彩贵州·书香黔地"全民阅读活动。

第三节 多渠道满足大众文化需求

加大政府对公共文化产品和服务的购买力度，研究实施"国民文化消费卡"工程。支持各类演艺精品和演艺人才活跃在舞台上，演起来、动起来、活起来。成立多彩贵州民族特色文化艺术团。举办多彩贵州大舞台"走基层·送欢乐"等展演周、展演月、展演季活动。引进国外、省外演艺精品，组织省内演艺精品，采取低票价或零票价惠民方式，建设公益性、常态化、高品位的演艺服务平台，吸引更多群众步入艺术殿堂，共享文化成果，提升审美水平。每年组织省直文艺院团文化公益性演出500场次以上。开展戏曲进校园活动，确保大中小学学生每年免费看1场优秀戏曲演出。举办全省广场舞大赛。支持文化事业单位进社区、学校、厂矿、部队、农村开展文化服务。继续推进贵州数字图书馆建设，抓好数字文化馆建设。推进"数字图书进农家"项目。为群众提供书报刊阅读、文化娱乐、文艺培训、艺术欣赏、文化素质教育辅导。加强各级各类公共文化设施免费开放保障力度，全面推进公共图书馆、文化馆、美术馆、博物馆、纪念馆等免费开放和国家综合档案馆利用档案免费服务。鼓励非国有博物馆、行业博物馆免费开放，提升服务质量。扶持群众文化队伍，推动省直文艺院团积极开展与基层文化馆站结对帮扶工作。培育基层公共文化服务社会组织，开展形式多样的文化活动。组织参加全国"群星奖"评选。在开展公益性演出的同时，把握市场需求导向，以社会效益为主，努力实现社会效益和经济效益相统一，加强艺术探索和实践，着力培育观众消费习惯和演出市场，加强正面引导，面向市场推出一批艺术水准高、市场效益好的精品力作，更好地满足人民群众日益增长的多样化精神文化需求。促进公共文化服务和贵州特色文化旅游及现代服务业融合发展，积极推动与公共文化相关的教育培训、体育健身、演艺会展等融合发展。推动非物质文化遗产传习场所和传统民俗文化活动场所等向公众提供优惠或免费的公益性文化服务。

第十章 实施文化活动品牌工程

充分挖掘多彩贵州民族特色文化内涵，打造系列文化活动品牌，发挥整合效应和规模效应，展示艺术成果，荟萃精品力作，促进交流合作，推动文化创新，繁荣文艺创作，实现文化惠民，宣传展示多彩贵州良好形象。

第一节　打造系列重大文化活动品牌

定期举办主题突出、内容丰富、影响广泛、精彩纷呈的"多彩贵州文化艺术节"，以"展、演、论"等多元形式荟萃全省文化艺术大观。打造"生态文明贵阳国际论坛"文化分论坛及文艺演出活动，传播生态价值观，彰显"天人合一"的贵州人文生态内涵，推动生态文明理念由政府主导向大众主体转变。提升打造中国国际阳明文化节，增强阳明文化传播力和影响力。

第二节　打造特色文化活动品牌

围绕宣传主题，充分挖掘我省特色文化内涵，打造重大节点晚会品牌。依托贵州特色文化资源，积极开展艺术探索实践，打造"第一诗剧场"公益文化品牌。定期举办孔学堂国学图书博览会，通过组织国学图书、期刊、数字出版物及相关文化产品专题展及相关品鉴、解读、交流、体验、评选等活动，构建全国优秀国学出版物展示交流、交换、交易平台，提升扩大优秀传统文化出版物生存发展力和影响力，引导提升全社会对中华优秀传统文化的认知认同，营造热爱优秀传统文化、学习传播优秀传统文化的良好氛围。实施全民阅读计划，营造书香贵州。打造"山之骨·黔之韵"贵州年度优秀美术作品展品牌。打造"留存的记忆"贵州古村落视觉再现美术作品展品牌。

第三节　打造新闻出版广电活动品牌

推出一批弘扬社会主义核心价值观的广播电视节目、栏目。蓬勃开展各类全民阅读活动，完善全民阅读基础设施建设，壮大阅读推广人队伍，推动建立各类阅读推广机构，加强全民阅读法制化建设，健全全民阅读工作体制机制，基本形成与全面建成小康社会发展要求相适应的以人为本、面向基层、惠及群众、兼顾重点的全民阅读推广服务体系，推动国民素质和社会文明程度显著提高。精心策划系列高端论坛和高品质、接地气的国学文化活动，搭建国学文化交流传播新平台，弘扬优秀传统文化。

第四节　打造档案宣传活动品牌

开展多种形式的档案、地方志宣传活动，各级国家综合档案馆每年至少举办一次专题展览，围绕纪念长征胜利80周年、新中国成立纪念活动、"六九"国际档案日等重要节点，举办基本档案文化陈列、重要民族民间档案、贵州名人档案等展览，开展多种形式的档案宣传活动，充分发挥爱国主义教育基地、大学生社会实践基地、中小学档案教育社会实践基地的功能，把各级国家综合档案馆建设成为培育和践行社会主义核心价值观的重要阵地。

第十一章　实施文化遗产保护工程

保护挖掘历史文化资源，对全省丰厚的文化遗产进行深度调查、研究、鉴别、申报，采取切实措施进行有效保护并推进合理利用，促进全省优秀传统文化创造性转化、创新型发展。

第一节　提升文化遗产保护水平

建立文物登录制度。编制一批文物保护维修方案，建设一批文物保护设施，实施一批文物保护项目和工程，建立夜郎等考古科研基地，抓好遵义海龙屯世界文化遗产及赫章可乐、黔西观音洞、普定穿洞、盘县大洞等考古遗址公园项目建设。建设晴隆"24道拐"等国家级遗址公园。推进遵义海龙屯、万山汞矿、赫章可乐、安顺宁谷的考古工作。推动申报世界文化遗产工作。强化文物保护"四有"建设。完成第一次全国可移动文物普查。加强茶马古道文化遗产、红色文化遗产、抗战文化遗产等的保护，继续开展工业遗产、抗战遗产、近现代建筑和线性文化遗产专项调查。推进名人故居与纪念地保护和展示。建立文物保护监管机制，做好宣传工作，提高社会公众关注度，增强科技防范，将消防、安防、防雷列入文物保护重点建设，确保文物安全。完成全省古籍普查登记工作，实施中华古籍保护计划和民国时期文献保护计划，加强民族古籍保护工作。

收集整理非物质文化遗产的文字、图片、音频、视频资料，做好新发现和濒危非物质文化遗产登记，抢救整理一批代表性非物质文化遗产。推出一批贵州非物质文化遗产项目口述史、调查报告、田野笔记、研究论著。举办以非物质文化遗产保护发展为专题的国际学术研讨会或论坛，争取文化部或联合国教科文组织支持，适时召开全国或国际性（地区性）非物质文化遗产论坛。支持黔东南国家级民族文化生态保护实验区建设，支持黔南水族文化生态保护区申报国家级文化生态保护实验区，创建黔西南布依族、黔西北彝族、武陵山（黔东）苗族土家族省级文化生态保护区并申报国家级保护区。在有条件的传统村落建设文化生态博物馆。评审公布非物质文化遗产生产性保护示范基地，大力引导扶持国家级和省级非物质文化遗产生产性保护示范基地建设，在政策引导、资金支持、技术创新、传承人群培养等方面取得新成果。推进实施《贵州省非物质文化遗产保护发展规划（2014——2020年）》《侗族大歌传承发展行动计划》。

第二节 加强非物质文化遗产传承队伍建设

开展非物质文化遗产传承人群研修培训。加大国家级传承人申报力度，力争每个国家级项目都有对应传承人。优化传承人年龄结构，增大中青年传承人比例，使全省传承人形成梯次配备。健全完善非物质文化遗产传承人动态管理、进退机制和保护激励机制。加强非物质文化遗产保护工作者在职进修和培训。建立非物质文化遗产保护高素质工作团队。加强非物质文化遗产保护传承教育培训基地建设。推荐符合条件的高等院校、文化传承企事业单位申报国家级培训基地。遴选一批省级培训基地，各市州遴选一批市州级培训基地。

第三节 提升文化遗产展陈水平

贯彻实施《博物馆条例》。以免费开放为契机，构建以国家和省一、二、三级博物馆为骨干、国有博物馆为主体、非国有博物馆为补充的博物馆体系，推动博物馆从数量增长到质量提升转变。提高展陈水平，创新博物馆、纪念馆运行管理机制，推动资源整合共享，提高服务效率。

将贵州省非物质文化遗产博览馆建成国内一流的非物质文化遗产展示交流传播中心。利用航空、高铁等城际交通服务站点，建设一批贵州非物质文化遗产对外展示窗口，在旅游线路、景区增设非物质文化遗产展示区、文化生态博物馆等，设立相关器具、手工制品展示体验区域，开展有非物质文化遗产特色的民俗、展演活动。鼓励广播电视、报刊、网络、图书馆、文化馆、博物馆等公共文化机构开展非物质文化遗产宣传展示活动。

第四节 推动文化遗产合理利用

加强文化遗产保护，重点支持重要文化遗产地、抢救性文物、国家历史文化名城名镇名村和传统村落保护，积极推进贵州民族文化保护百村计划和非物质文化遗产保护利用。推动文物资源利用与旅游产业发展相结合。继续实施传统村落整体保护利用项目，打造一批特色文化旅游产品，促进农民增收和地方经济社会发展。开展文化遗产资源调查研究，为制定《贵州省文物资源合理利用规划》提供科学依据。

大力发展民族服饰、民族美食、民族医药、手工制品、纪念品等非物质文化遗产衍生产品，支持非物质文化遗产衍生产品项目入驻产业园区，发展一批特色产业、建成一批龙头企业、助推形成一批著名品牌。鼓励将贵州非物质文化遗产元素与现代时尚元素相结合，让蜡染、刺绣、银饰、织锦、土布、箫笛、染织等系列产品走向国内国际市场。

第五节 加强国家重点档案抢救保护和开发

贯彻国家档案局、财政部关于国家重点档案保护开发的规划，组织抓好贵州国家重点档案保护开发项目库建设和项目申报工作，积极争取国家项目支持，落实地方财政匹配支持。制定并实施《贵州省关于实施<"十三五"时期国家重点档案保护与开发工作总体规划>的工作方案》，扎实做好国家重点档案普查登记、项目建库、接收征集、人才培训、档案整理、开放鉴定、开发利用、公开出版等系列工作，力争2020年基本完成全省32.5万卷国家重点档案抢救保护，力争完成50万卷以上省级重点档案的抢救保护。同时做好水书、清水江文书（锦屏文书）、布依族古文字档案、彝文档案、苗族亚鲁王口述档案和屯堡文化档案等民族民间档案文献抢救、保护和开发工作。进行国家重点档案目录资源体系建设。

第十二章 实施文化产业促进工程

依托民族特色文化资源，围绕历史文化、红色文化、民族文化、山地文化、阳明文化、"三线"文化的保护和利用，调整产业布局、培育产业重点、优化产业组织、完善产业政策、创新体制机制，以文化创意和设计服务为核心，实现与相关产业融合发展，大力发展民族演艺、音乐、工艺、节庆、出版、广播影视、会展等特色文化产业，壮大提升文化艺术、广播影视、新闻出版、休闲娱乐等传统文化产业，培育扶持数字出版印刷、绿色印刷、互联网新媒体、三网融合、文化创意、动漫游戏等新兴文化产业。促进文化产业成为全省国民经济支柱性产业，推动群众脱贫致富。

第一节 培育壮大市场主体

按照建立有文化特色的现代企业制度的要求，推动省直国有文化企业集团完善法人治理结构和内部经营机制，通过公司制、股份制改造，成为自主经营、自负盈亏的市场竞争主体。进一步推动国有文化企业跨地区、跨行业、跨所有制兼并重组，打造一批有竞争力、有影响力的国有或国有控股文化产业集团，不断做强做优做大国有文化企业，培育一批有特色、有实力、有竞争力的骨干文化企业。加快推动贵州广电网络公司、贵州出版集团、多彩贵州文化艺术有限公司上市工作，推动多彩贵州网、家有购物、天马传媒、星空影业等骨干文化企业筹备上市工作。以贵州文化演艺集团为龙头，大力发展全省文化演艺业，把省黔剧院、省花灯剧院建设成为全国一流的地方戏创作生产主体，把省歌舞剧院、省话剧团、省杂技团建设成为国内活跃的专业创作生产主体。推进国有文化单位改革，积极引进文化产业领域战略投资者，参与企业改制重组，探索开展新闻出版广播影视国有文化企业实行特殊管理股试点。推进上网服务行业、文化娱乐行业转型升级。培育发展"精、专、特、新"中小微民营文化企业。继续实施促进县域文化产业发展"三个一工程"。

第二节 打造一批特色文化产业集群

重点打造阳明文化产业集群、生态文化产业集群、遵义红色文化产业集群、安顺屯堡文化产业集群、毕节六盘水彝族文化产业集群、铜仁梵净山土家族文化产业集群、黔东南苗侗文化产业集群、黔南水族瑶族文化产业集群、黔西南布依文化产业集群、遵义仡佬文化产业集群。重点打造一批以黄果树、万峰林、织金洞、梵净山等为代表的山地文化产业集聚区。鼓励推动各地根据自身资源优势，因地制宜打造一批特色文化产业集群，推动文化产业规模化、集约化和专业化发展。

第三节 创建一批文化旅游融合创新区

积极推进文化旅游发展创新区建设，推动文化旅游深度融合发展。建设融合发展载体，打造提升一批特色城镇、传统村落、文化街区。结合自然文化遗产地和非物质文化遗产，建设一批民族特色文化旅游精品。提升现有景区文化内涵，开发具有民族特色、地域特色、与时尚结合的文化旅游商品，积极开发康体、养生、运动、娱乐、体验等多样性、体验性旅游休闲产品，推动特色演艺进驻景区。加大评估指导力度，推动全省开展文化旅游发展创新示范区建设，积极支持办好文化旅游期刊《乡村地理》。推进多彩万象城文化旅游演艺、隆里文化旅游产业园、乡愁贵州、仰阿莎文化主题公园、印象·茅台大型实景演出、黎平侗族大歌实景演出基地等项目建设。

第四节 实施重大文化产业项目

巩固提升省重点文化产业园区（基地）、街区（小镇）和项目建设运营。推进贵州文化广场、磅礴全媒体传媒、当代贵州全媒体、贵安新区国际民间艺术博览城、多彩贵州文化创意园二期、贵阳孔学堂三期、贵阳日报传媒集团文化产业园二期、遵义市印刷工业园区、正安吉他文化产业园、万峰林·文化创意产业基地、黔东南原生态民族文化创意产业园、毕节六盘水彝族文化产业走廊等建设。开发建设"中国文化（出版广电）大数据产业"项目，积极支持贵州日报报业集团印务传媒研发基地、贵州广电家有购物集团电子商务文化产业基地、党刊及贵州期刊数字出版基地、乐视文化创意平台、互联网+贵州非物质文化遗产创新创业平台、多彩贵州城、贵州文化出版产业园、新华文化综合体等省级重点文化产业项目建设。建立重点项目情况通报、现场调度、督促督查工作机制，推动重大文化产业项目加快建设实施，发挥示范引领作用。

第五节 建设展示交易平台

创新方式、整合资源，不断丰富提升展示交易平台。根据民博会统一部署，举办多彩贵州文化创意活动，涵盖创意设计大赛、成功案例分享、论坛、展示、交流、体验、交易等内容，搭建线上展示销售、线下体验互动平台。推动跨地区跨行业文化电商联盟成立并有效运行，搭建全国文化电商展示交易服务平台，举办全国文化电商论坛。积极依托各类文博会展平台开展招商引资，加大贵州文化产品宣传推介力度。支持举办亚洲青年动漫大赛。

第六节 建设文化产业投融资平台

推动"文化+金融"融合发展，建立贵州文化产业投融资体系。组建省级文化产业投资平台，积极探索有效运营模式，进一步优化国有资本布局结构，实现保值增值。积极创新使用方式，通过基金运作、债权投资、股权投资、风险补偿等方式提升省级文化产业发展专项资金使用绩效，集中力量扶持一批体现贵州特色、提升贵州实力的文化产业项目和文化市场主体。进一步做大贵州文化产业发展基金规模，并通过项目投入、股权投资等充分发挥基金培育扶植贵州文化产业的作用。优化文化金融服务，通过中小微文化企业融资风险补偿基金，最大限度撬动银行贷款，切实解决中小微文化企业融资难融资贵的问题，并进一步创新开发多元化、多层次的文化金融产品。完善文化金融配套服务，依托贵州文化产权交易所、艺术品评鉴中心（协会）等机构开展著作权、专利权、商标权等无形资产评估、质押、登记、托管和流转，建立文化企业无形资产抵质押融资机制。

第十三章 实施文化交流提升工程

充分利用省内出版、广播影视、演艺文化资源，创作生产符合对外传播规律、易于让国外受众接受的优秀产品，拓展境外商演渠道，对外讲好贵州故事，传播好贵州好声音。积极参与国家对外及对港澳台文化交流与合作，积极融入国家"一带一路"战略，坚持"走出去""请进来"相结合，形成"中央与地方相结合，官方与民间相结合，政府交流项目与民间市场运作相结合"的文化交流工作网络，提高文化交流水平，促进贵州文化、旅游及商贸发展。

第一节 增强对外及对港澳台文化交流

参与文化部及我国驻外使领馆举办的春节、国庆等重点文化交流品牌及"中国文化周""中国文化年""中国文化节"等活动。实施部省对口合作计划，以海外中国文化中心为平台，以部省对口合作项目为纽带，宣传推介贵州文化。以民族演艺、非物质文化遗产及文博考古为重点，选派文艺演出、展示展览、培训交流、学术研讨等团体"走出去"。以参访、文化推介、座谈会等形式，将外国及港澳台嘉宾"请进来"。指导鼓励省直文化单位和全省各地发挥自身特色优势，积极参与对外及对港澳台文化交流。

第二节 加强新闻出版广电对外交流

以人才、内容、渠道、平台建设为重点，搭建"走出去"信息服务平台，完善"走出去"基础项目库，打造一批具有自主知识产权和国际竞争力、展现中华优秀传统文化和多彩贵州民族特色文化的出版影视精品。办好"中俄媒体交流年"分项活动，重点组织开展好"中俄媒体交流年"之"少儿类媒体交流"系列活动。

第三节 加强对外宣传工作

重点支持贵州日报报业集团、当代贵州期刊传媒集团、贵州广播电视台、多彩贵州网、贵州广电传媒集团、贵州出版集团与国内外主要新闻出版广电单位建立战略合作关系，提高境内外落地率，提升对外传播力。支持省内各新闻单位聚焦贵州与瑞士、韩国、东盟、中国台湾等国家和地区的交流合作，加强与当地新闻单位的报道联动，切实扩大贵州媒体舆论影响力。

第四节 加强档案、地方志交流合作

积极参与国际档案理事会东亚地区分会和中俄档案文化交流等国际国内档案发展交流事务。采取请进来、走出去的方式，加强与国（境）外贵州重要档案、地方志书的交换征集、学术交流、联合办展、人才培养等交流合作。着手中国红十字会救护总队档案、资料出省出境征集工作，力争在境外举办"中国红十字会救护总队档案史料展览"。推进水书、清水江文书（锦屏文书）等地方档案文献申报中国档案文献遗产名录、亚太记忆名录和世界记忆名录。

第十四章 实施人才高地建设工程

进一步建立完善人才培养、引进、使用、激励机制，加强文化人才队伍建设，建成文化人才高地，充分发挥文化人才在文化建设中的重要作用。

第一节 建设高素质的文化干部队伍

进一步完善优秀文化干部脱颖而出的选人用人机制。做好干部选拔任用工作，以鲜明的实干导向，激励各级干部在狠抓落实上下功夫。进一步完善文化干部队伍继续教育机制，及时更新知识储备，加大培养复合型干部力度。分级分类选派干部参加文化部、新闻出版广电总局、国家档案局、省委组织部、省委宣传部等组织的培训学习、挂职锻炼，着力提高干部政治素质和能力，建设一支善于推动文化工作科学发展的文化干部队伍。探索实施从严管理干部机制，激发文化干部队伍干事创业激情，增强执行力落实力。

第二节 建设德才兼备的文化专业人才队伍

制定切实可行的文化专业人才培养、使用和引进计划，加快文化专业人才成长步伐，努力造就一支品德高、作风硬、负责任、业务精、能力强的专业人才队伍。培养高层次领军人才，坚持在实践中锻炼人才、发现人才和培养人才，力争有一定数量的文化专业人才进入全国文化名家暨"四个一批"人才、文化部优秀专家、省管专家、核心专家、"甲秀文化人才"、德艺双馨文艺家等行列。用活用好人才服务政策，优化工作环境，充分发挥高层次人才在行业的引领作用。

发展和培养一批具现代意识、创新思维的公共文化管理者和基层公共文化服务人才，根据国家标准和自身

业务发展实际确定文化机构人员编制。将公共文化服务专业人才培养纳入省内高校专业设置和招生计划。组织专业文艺工作者到基层教、学、帮、带，强化基层文化队伍建设。加强对基层公共文化服务人才的培训。为基层"种文化"，实施文艺骨干"双百艺术帮扶计划"，大力扶持基层文化团体和业余文化队伍发展。扎实推进"三区"人才支持计划文化工作者专项，为基层培养急需的文化人才。推动省直高校与省直文艺院团合作，通过"团带班"等形式培养一批戏曲、舞蹈、杂技等紧缺人才。建立戏曲保护传承工作体系，实施戏曲名家收徒传艺工程。积极与国内顶尖艺术院团、文化科研机构、专业艺术院校等合作，通过项目参与方式，培养带动全省戏剧创作、编导、舞美、文化市场营销等高端人才发展。继续抓好全省文化遗产保护人才、文化创意人才等的培训。通过合作办班等形式加快提升档案、地方志专业人才队伍整体素质。研究制定档案工作领域专家型、技能型人才培养政策措施，加快培养一批档案信息化、档案编研、档案保护和地方志编修等专业人才。推动贵州省广播电视学校清镇职教城新校区项目建设，积极筹建贵州新闻出版广播影视人才培训基地。

实施高端艺术人才引进培养计划。推动文化、新闻出版广电、档案行业建立高端人才培养引进机制。对国内外知名领军人才，开辟"绿色通道"引进；以"不为我有、但为我用"理念，通过"候鸟型"人才使用机制引进高端人才。

进一步做好文化、新闻出版广电、档案专业技术职称评审工作。建立人才激励机制，对有突出贡献人才给予奖励。

第三节　建设新型文化智库

加强文化研究高端人才建设。依托贵州省文化艺术研究院聚集文化研究高端人才，建设贵州文化艺术领域的高端智库。深化多彩贵州民族特色文化的基础研究和文化艺术创新实践的理论研究，推出一批文艺理论、文艺评论优秀成果。成立贵州省文化发展战略研究中心，积极推进全省文化战略及应用对策研究。提高"艺术规划课题"中文化战略及应用对策研究的列项比重，积极组织相关科研机构和个人申报各级哲学社会科学课题、艺术规划课题，积极组织推荐相关研究成果参加各级哲学社会科学优秀成果评奖。围绕全省文化建设实际积极举办文化战略及应用对策方面的研讨会或高端论坛。建立健全市州级文化艺术研究机构。建设省级档案、地方志专家信息库。

第三篇　打造多彩贵州民族特色文化品牌

围绕省委、省政府建设多彩贵州民族特色文化强省建设战略，做强红色文化、做亮民族文化、做优山地文化、做厚传统文化、做活"三线"文化，鼓励支持各市（州）采取行之有效措施，促进地方民族特色文化发展，打造既具有地方特色又具有国家层面价值的文化品牌，促进多彩贵州民族特色文化体系建设。

第十五章　打造以阳明文化为主的贵阳孔学堂传统文化品牌

充分运用王阳明在贵州龙场悟道创立阳明心学的深远影响，打造以阳明文化为主的贵阳孔学堂传统文化品牌。

依托孔学堂、阳明洞、阳明祠，建设孔学堂中华传统文化传承教化基地、中国阳明文化园、阳明历史文化街区，实现"三足鼎筑"弘扬阳明文化新格局。依托贵州大学、贵州师范大学和贵阳学院，整合国内外著名高校及智库专业力量，加强阳明文化的研究、咨询和交流服务，建设"阳明学数据库"，建立集"阳明文化传承与美德养成协同创新中心""贵州阳明文化研究院"和"阳明心学与当代社会心态研究院"三位一体的贵阳孔学堂高等研究院，搭建国家级阳明学研究平台。推进贵阳孔学堂中华文化国际研修园建设，拓展贵阳孔学堂教化研修功能，突出传统文化传承挖掘、教化研修、传播推广功能，打造传统文化基础理论与现实问题研究高地。打造国学数字图书馆等传统文化网络传播平台。支持申报"良知日"、评选"世界良知人物",提升中国国际阳明文化节及生态文明(贵阳)国际论坛"阳明论坛"规模和水平。支持在孔学堂建设王阳明先生纪念馆。制作"王阳明"题材的电影(动漫)作品,编辑出版《阳明全书》《黔中王门学案》,创作演出话剧《王阳明》和京剧《王阳明龙场悟道》等阳明文化精品。设立省社科规划国学专项课题。

第十六章 打造以遵义会议为核心的长征文化品牌

保护与合理利用长征文化资源,打造以遵义会议为核心的长征文化品牌,弘扬传承社会主义核心价值观。

推进红军长征在贵州的线性文化遗产展示,策划开展一系列长征文化主题活动。举办长征文化艺术节。开展以遵义会议会址为核心的长征文化重点遗迹保护,深入挖掘提炼长征文化内涵和价值,加大对长征文化的宣传推广力度。积极推进以长征文化为素材的文艺创作,推出一批长征文化题材的文学、音乐、舞蹈、美术、广播影视精品。编辑出版长征文化系列丛书和通俗读本,推动长征文化进课堂、进讲堂。培育一批长征文化旅游龙头企业,实施一批长征文化遗迹保护基础设施项目,打造一批长征文化旅游特色小镇,建设一批长征文化农庄,推出一批长征文化创意产品,打造一批长征文化主题酒店、餐厅,精心设计一批长征文化旅游线路,促进长征文化旅游产业发展。以遵义会议纪念体系为引领,带动"四渡赤水"沿线、娄山关战斗遗址、苟坝会议会址、黎平会议会址、猴场会议会址、鸡鸣三省会议会址、黔东、黔西北革命根据地打造长征文化品牌。

第十七章 打造黔东南国家级民族文化生态保护实验区乡村文化品牌

黔东南传统村落资源极为丰富,民族传统文化厚重。以黔东南国家级民族文化生态保护实验区建设为依托,选择特色鲜明、保护完好的村寨为载体,加强黔东南州传统村落保护,深度挖掘和合理利用民族传统文化资源,支持传统村落文化与旅游业融合发展,打造黔东南国家级民族文化生态保护实验区乡村文化品牌。

完成已立项获批的黔东南州国保、省保文物修缮工程,启动黔东南州19处国保单位环境整治工程,实施黔东南州59处省保单位维修工程,完成黔东南州国保单位"三防"工程,启动"国保单位监控技术防范工程+互联网云端实时展示工程"。加强传统村落保护,全面保护文物古迹、历史建筑、特色民居、古生物遗址、古驿道、革命遗存等,对非物质文化遗产进行抢救和保护,建设完善非物质文化遗产项目传承教育示范基地,建设保护传统村落空间、生态、文化的真实性与完整性。加强非物质文化遗产项目传承人培训。打造民族民间节日文化品牌。在省级以上非物质文化遗产名录项目主要流布的传统村落建设一批文化生态博物馆。加大对非物质文化遗产生产性保护示范基地扶持力度,支持非物质文化遗产生产性保护示范基地作为小微企业发展。支持"侗族村寨""苗族村寨"申报世界文化遗产。

第十八章 打造黔南"好花红"文化品牌

"好花红"是黔南州布依文化的代表。通过加强非物质文化遗产传承保护与合理利用,创作文艺精品,举办民俗节庆活动,开发特色文化产品,全面推进黔南"好花红"文化品牌打造。

建设"好花红"文化广场、布依文化艺术博物馆、中华布依系列堂屋、"好花红"民歌发源地纪念馆、布依生活体验馆、布依民俗风情园、布依文化艺术中心、好花红艺术团、布依族枫香染技艺传承基地、"好花红"民族艺术创意综合体、布依族商业步行街、艺术家公寓、好花红主题酒店、布依文化度假庄园、布依文化主题公寓、布依文化青年旅社,实施惠水"好花红"文化传承基地项目。创作演出精品舞台剧《好花红——山水田园梦》《远古走来的贵族》《秀色黔南》《绣女》。进一步推广"好花红"、绕家大歌、布依族八音弹唱等传统音乐。打造"好花红"系列特色产品。举办"好花红"文化艺术节、贵定音寨"金海雪山"文化旅游艺术节、罗甸千岛湖文化旅游节。支持布依族"六月六"等民俗节庆活动。

第十九章　打造黔西南山地文化品牌

黔西南州拥有独具特色的喀斯特地貌和丰富的民族文化资源。依托地貌特色和生态优势，注重历史人文、民族文化与自然景观的保护利用，打造黔西南山地文化品牌。

支持举办国际山地旅游大会。支持创建省级黔西南布依族文化生态实验区，支持黔西南州申报国家级文化生态实验区。建设非物质文化遗产传承保护基地，完善"非遗"数字化保护工作，加强布依族文化研究，加强布依族古村寨、民俗信仰、生产生活方式的整体性保护。以双乳峰、三岔河、马岭河、万峰林、史迪威·晴隆二十四道拐、国家级森林公园仙鹤坪、国家级地质公园坡岗岩溶生态区、省级风景名胜区安龙招堤、兴义云湖山等奇特自然风光与"贵州龙"化石群、"兴义人"古人类文化遗址、南明历史遗迹"十八先生墓""永历皇宫"、何应钦故居等文化、历史、自然景观为载体，支持开发山地文化旅游精品线路。支持八音坐唱、布艺戏等非物质文化遗产项目融入山地旅游发展，新创舞台剧《布依八音》。

第二十章　打造藏羌彝文化产业走廊毕节品牌

实施《全国藏羌彝文化产业走廊总体规划》及《全国藏羌彝文化产业走廊总体规划——毕节市专项规划》，加强对毕节彝族传统文化遗迹和非物质文化遗产保护，提炼挖掘彝族文化内涵和价值，打造文艺精品和工艺美术精品，促进彝族文化产业发展，打造藏羌彝文化产业走廊毕节品牌。

支持创建黔西北民族文化生态实验区。以发展民族文化旅游业为龙头，大力拓展民族演艺、民族节庆会展、民族出版、民族民间工艺品生产加工、民族食品生产加工及包装、民族户外休闲运动、民族传统医药等7大重点领域产业发展，加快推进毕节彝族文化产业走廊建设步伐，使之成为毕节市文化产业发展新亮点和战略性支柱产业。挖掘提炼彝族文化内涵，保护和开发一批文物景点，建设一批以古城、古镇、古寨、古建筑、古驿道为内容的历史文化旅游观光项目，实现文化与旅游的深度融合，建设国际国内一流彝族文化旅游目的地和休闲度假胜地。支持打造百里杜鹃风景名胜区、威宁草海生态旅游度假区、阿西里西生态旅游度假区、古彝圣水——支嘎阿鲁湖休闲度假区、大方慕俄格古城古彝文化旅游区、黔西水西古城文化旅游区、威宁乌撒彝人部落国际旅游区等。支持打造"非遗"音乐剧《指路经》、彝族古剧《撮泰吉》等彝族文艺精品。支持大方彝族漆器、毕节彝族服饰等传统工艺开发利用。

第二十一章　打造以六盘水为代表的"三线"文化品牌

六盘水市是"三线"建设的中心地域，孕育了艰苦创业、敢打敢拼、顾全大局、团结协作、爱国奉献、不怕牺牲的"三线"建设精神，留下了丰富的"三线"建设文化遗产。开展"三线"建设遗迹保护工作，挖掘提炼"三线"文化内涵和价值，积极促进"三线"文化产业发展，打造以六盘水为代表的"三线"文化品牌。

支持六盘水市申报和举办"三线文化节"。保护好一批"三线"建设遗迹，修建"三线"建设纪念碑。在省内征集一批具有重要历史、科学、艺术价值的"三线"时期重要实物及资料，将六盘水"贵州三线建设博物馆"提升打造成为主题更加突出、设施更加完善、展陈更加丰富、服务更加优良的具有全国影响的专题博物馆。对"三线"建设遗迹进行普查，建设"三线"文化资源数据库，搭建集"三线"建设文化研究、咨询、交流为一体的平台。以"三线"文化相关人文、历史故事、民间传说为素材，组织创作与"三线"建设有关的影视、文学作品，打造"三线"舞台剧，创作"三线"歌曲。建设"三线"影视创作基地。开展以弘扬"三线"

文化精神为主题的活动。挖掘"三线"建设期间鲜活事例，利用水城矿务局、水城钢铁厂等"三线"文化资源，着力打造"三线基地一日游""钢铁是怎样炼成的""入矿入井体验"等集观赏性、体验性、游乐性为一体的"三线"旅游项目，开发相关旅游商品。打造水城古镇——"三线"广场——"三线"博物馆精品旅游线路。

第二十二章　打造铜仁梵净山文化品牌

梵净山是全国五大佛教名山中唯一的弥勒菩萨道场，集生态文化、红色文化、民族文化、佛教文化于一山，文化资源丰富，生态环境良好。立足梵净山文化特色和优势，促进民族文化、佛教文化与旅游产业深度融合发展，打造梵净山文化品牌。

建设梵净佛教文化研究基地，成立梵净山佛教文化研究所，恢复重建铜仁各地传统书院，建设梵净山佛教文化网站。推进梵净山环线旅游村寨建设，着力打造云舍、桃花源村、紫薇镇等梵净山特色文化旅游景区。实施梵净山佛教文化苑二期工程、中华山、佛顶山、飞灵山等佛教文化旅游工程，修建国际禅修中心、中医养生基地，设置禅修中心心灵居所、国学堂、素食馆、武术馆、中草药艺术公园、中医主题度假村。以印江湄坨生态茶叶示范园区为中心修建禅馆。打造梵净山、大明边城、松桃苗王城等产业链完整、产品类型丰富的十大梵净民族文化影视基地。支持创排《人文铜仁·史韵深厚》《风情铜仁·飞歌黔东》《律动铜仁·印象梵净》等大型山水情景歌舞剧，编辑出版《桃源铜仁》《仁义铜仁》。提升打造"梵净山佛教文化节"。支持举办梵净山生态文明与佛教文化论坛、"人与生物圈计划"战略研讨会。

第二十三章　打造安顺屯堡文化品牌

安顺屯堡文化包含屯堡人特有的服饰、语言、建筑、信仰、民俗和艺术。通过促进安顺屯堡文化与旅游产业深度融合发展，打造安顺屯堡文化品牌。

成立屯堡文化研究机构，推出一批既有学术价值又有实用价值的研究成果。编辑出版屯堡文化系列丛书和通俗读本。打造《大屯堡》实景剧、《屯堡女人》花灯剧等屯堡文艺精品。定期举办"屯堡文化汇""屯堡文化展演"，举办各种丰富的屯堡民俗活动。推动文化产业与旅游等产业融合发展，培育文化旅游龙头企业，扶持一批自主经营、自主创新的屯堡文化市场主体，辐射带动屯堡文化产业快速发展。实施一批屯堡文化基础设施项目，打造屯堡文化旅游特色小镇，建设屯堡文化农庄，推出屯堡文化创意产品，打造一批屯堡文化主题酒店、餐厅。支持安顺申报国家文化产业示范园区。促进建立大屯堡文化产业片区。积极推进黄果树、格凸河、屯堡、关岭地质公园捆绑申报世界文化和自然双遗产地。

第二十四章　打造贵安生态文化品牌

充分发挥贵安新区文化和生态优势，以建设大数据产业集聚区为引领，把贵安新区建设成为集"旅游、休闲、度假、疗养"功能于一体的国际知名"生态文化旅游新区"，打造贵安生态文化品牌。

创建5所国家级、省级"绿色学校"，争取建设1至2个国家级、省级生态文明教育基地。打造富有地域特色、民族特色的文化生态保护区。建立政府主导、社会和民众共同参与的绿色文化宣传教育机制和普遍均等化的新型城乡绿色文化服务机制。打造以提供实物形态的绿色文化产品和参与式绿色文化服务为主的市场化经营产业。积极申报历史文化名城名镇名村，建设生态文化旅游示范村。依托世界民族民俗博物馆、泰豪国际数字文化创意产业园、乐华国际游乐城等引领性项目，加快文化与旅游融合发展。积极促进生态文化旅游与黔菜产业、生态地产、都市农业、特色食品、旅游小商品加工业等产业融合发展。积极策划旅游会展活动，加强会展基础设施建设，促进旅游与会展联动发展。促进生态文化旅游与文化创意产业融合发展，促进民族服装设计、建筑设计、视觉艺术、表演艺术、环境艺术、雕塑等相关业态发展。建设贵州民族城、贵安国际民间艺术博览城、贵安国际文化艺术小镇、猫猫洞民俗文化街。

第四篇 强化实现目标任务的保障措施

本规划经省人民代表大会审议批准，具有法律效力。通过正确履行政府职责，合理配置公共文化资源，调控引导社会资源参与文化建设，保障本《规划》实施。

第二十五章 强化组织保障

第一节 加强组织领导

结合实际制定《规划》实施方案，明确责任分工和时间表、路线图，扎实有序推进工作落实，做到组织领导到位、任务分解到位、工作措施到位，确保《规划》实施。加强宣传引导，形成全社会支持参与文化建设的良好氛围。

建立省领导联系重大文化项目制度，督促项目实施。成立省文艺精品创作领导小组，加强对全省文艺精品创作的组织领导和统筹协调。

第二节 加强督促检查

将文化建设纳入全省各级党委和政府年度工作目标考核内容。加强动态监测分析，密切跟踪形势变化，针对实施中存在的问题，适时调整工作重点、政策和保障机制，提出确保完成《规划》目标任务的工作措施。建立健全监测评估机制，搞好年度实施情况评估、中期评估和总结评估，同时充分借助专业智库等开展第三方评估。

第二十六章 强化政策措施保障

第一节 加强文化法制建设

积极推进文化领域立法进程，制定完善有关文化建设的地方性法规和政府规章，推动出台促进公共文化服务保障、文艺创研表演、文化创意设计、文化遗产保护、网络文艺扶持奖励、文化产业发展、文化企事业单位管理、文化产业示范基地管理、全民阅读等地方性法规、规章。进一步发挥法律顾问作用，进一步健全依法决策、科学决策机制，简政放权，放管结合，更好发挥社会力量在文化建设中的作用。加大执法力度，维护和谐有序的文化发展改革环境。

第二节 深化文化体制机制改革

按照管人管事管资产相统一的国有文化资产管理模式，组建国有资本投资运营公司，探索积极有效运营模式，进一步优化国有资本布局结构。推动国有文化企业建立有文化特色的现代企业制度，推动国有文化企业公司制股份制改革，完善社会效益和经济效益综合考核评价指标体系。加大国有文艺院团扶持力度，推动落实配套政策，通过政府购买服务、原创剧目补贴、"以奖代补"等方式扶持转制院团的艺术创作生产。制定实施"以购代补"措施，向特殊群体发放"文化消费卡""票价"补贴、剧场运营补贴等，加大对艺术表演团体公益性演出的扶持力度。推动供给侧改革，实施国家拉动文化消费试点项目，释放文化消费潜力。推动保留事业体制院团内部机制改革，探索实行企业化管理。开展文化系统知识产权统计工作，对文化资源的知识产权状况进行确权、登记、评估。推进公益性文化事业单位分类改革，深化人事、收入分配、社会保障制度改革，推动图书馆、文化馆（站）、博物馆、美术馆等建立完善法人治理结构。建立健全县级图书馆、文化馆总分馆制，促进资源共享和有效利用。推动行政村（社区）设置不少于1个政府购买的宣传文化公益岗位。建立图书馆、文化馆（站）等开展公共文化服务第三方评价与群众评价机制。培育和规范文化类社会组织。推进文化市场信用体系建设。推进全国文化市场技术监管与服务平台业务系统应用工作，规范平台应用业务流程，完善"一户一档"文化市场信息资源库。深入推进文化市场综合执法改革，提高执法水平。

第三节　构建公共文化服务体系联动机制

完善党委领导、政府负责、部门协同、统筹推进的公共文化基础设施建设工作机制，整合各级各类公共文化基础设施建设项目，盘活存量、合理布局，统筹建设完善各级公共文化基础设施。整合公共文化基础设施各项功能，统筹公共文化基础设施的综合利用。统筹各级各类公共文化综合服务，加强对各相关部门开展公共文化服务活动的统筹整合，形成规模效应，助推形成品牌。创新公共文化设施管理模式，探索开展公共文化设施社会化运营试点。将基层公共文化服务纳入基层社区服务网格进行管理，培育城乡社区互助文化。推动试点地区完善公共文化服务体系建设协调机制，建立完善基本公共文化服务科学、规范、适用、易行的标准体系，全面提升全省现代公共文化服务体系建设水平。

第四节　激发社会主体活力

推广政府和社会力量合作（PPP）等模式，制定政策措施，鼓励民间资本通过投资或捐助设施设备、兴办实体、资助项目、赞助活动、提供产品和服务等方式参与公共文化服务体系建设。将民间资本举办文化机构和建设公共文化设施纳入经济社会发展规划、城乡建设规划、土地利用规划，满足用地需求。运用公共文化设施社会化运营试点经验，在明晰产权的基础上，通过委托、招投标、承包、合资、合作等方式，吸引具备资质的社会组织、企业或有能力的个人运营管理。引入市场机制，大力扶持公共文化领头羊、乡土文化能人、民族民间文化传承人等引领带动的民间文化社团、小微文化企业等发展富有民族地域特色、具有惠民富民效果的公共文化服务项目。

第五节　促进文化志愿服务

鼓励地方、行业、单位组建各具特色的文化志愿服务队伍，通过"结对子、种文化"等方式，组织专家学者、艺术家、专业文化工作者参加志愿服务，推动艺术院团等到基层特别是贫困地区开展内容丰富、形式多样的志愿服务活动并形成品牌。完善文化志愿者注册招募、服务记录、管理评价和激励保障机制，推进省、市（州）、县（市、区）和行业文化志愿者队伍互联互动、共同提升。

第二十七章　强化经费保障

提高资金保障水平和使用效益。围绕本《规划》重点领域和项目，各级财政结合财政实际，通过统筹经费预算安排，优化调整支出结构，加大资金整合力度，创新财政投入方式等多种渠道，逐步加大对文化建设的投入，建立稳定的文化投入增长机制。落实政府购买公共文化服务、打造多彩贵州民族特色文化品牌、舞台艺术精品创作、高端艺术人才引进补贴、县域文化产业发展"三个一工程"、对外文化交流工作、文化数字工程建设及运行、国有演出场所运行补助、非物质文化遗产展示场所运行、文化事业单位优秀艺术品收藏和珍贵档案征集、文化艺术规划课题等经费，进一步提高转制国有文艺院团正常事业费标准和公益性演出场次、场租补贴标准，申报设立贵州省文化艺术发展基金。

西藏自治区"十三五"时期文化发展规划

前言

"十三五"时期是西藏与全国一道全面建成小康社会的决胜阶段。《西藏自治区"十三五"时期文化发展规划》作为西藏经济社会发展的重要组成部分，在促进西藏长足发展和长治久安中具有重要作用。《西藏自治区"十三五"时期文化发展规划》深入贯彻落实党的十八大和十八届三中、四中、五中、六中全会精神，中央第六次西藏工作座谈会精神，深入贯彻落实习近平总书记系列重要讲话精神和治国理政新理念新思想新战略、特别是治边稳藏重要战略思想，按照自治区第九次党代会的部署，坚持以人民为中心的发展思想，坚持稳中求进、进中求好、补齐短板的工作总基调，以推进供给侧结构性改革为主线，以提高发展质量和效益为中心，为推进西藏经济社会持续快速健康发展提供重要支撑。

《西藏自治区"十三五"时期文化发展规划》根据《中共中央关于制定国民经济和社会发展第十三个五规划的建议》《国家"十三五"时期文化发展改革规划纲要》《文化部"十三五"时期文化发展改革规划》《关于进一步支持西藏经济社会发展若干政策和重大项目意见》《中共西藏自治区委员会关于制定"十三五"时期国民经济和社会发展规划的建议》《西藏自治区"十三五"时期国民经济和社会发展规划纲要》，以及《中共中央办公厅、国务院办公厅关于加快构建现代公共文化服务体系的意见》《国务院办公厅印发关于支持戏曲传承发展若干政策的通知》《国务院办公厅关于推进基层综合性文化服务中心建设的指导意见》《中共中央关于繁荣发展社会主义文艺的意见》《中共中央办公厅、国务院办公厅关于实施中华优秀传统文化传承发展的意见》《中共西藏自治区委员会关于繁荣发展社会主义文艺的意见》编制。《西藏自治区"十三五"时期文化发展规划》既要从国家战略全局高度出发，又要为西藏文化全面改革和长远发展奠定更加坚实的基础。《西藏自治区"十三五"时期文化发展规划》深入分析了发展形势和有利条件，明确了文化改革发展目标任务和保障措施，体现了西藏各族群众意愿，是指导西藏未来五年文化改革发展的宏伟蓝图，是加快西藏文化改革发展的行动纲领。

第一章 "十二五"时期西藏文化发展回顾

一、"十二五"时期西藏文化发展成就

"十二五"时期是我区文化建设的重要发展期，文化建设取得令人瞩目的新成就。文化设施建设步伐加快，公共文化服务网络不断健全；文艺创作不断繁荣，优秀文化产品日益丰富；文化遗产保护力度加大，优秀传统文化得到保护和传承；文化产业蓬勃发展，特色文化品牌逐步创立；文化市场监管有力，文化安全得到有效维护；文化交流更趋广泛，西藏文化的影响力显著提升；机构和队伍不断完善，文化人才不断涌现。为全面推进重要的中华民族特色文化保护地建设，在新的历史起点上繁荣发展西藏社会主义文化奠定了坚实的基础。

——文化发展政策体系不断完善。自治区党委、政府高度重视文化工作，认真贯彻落实中央决策部署，从推进西藏跨越式发展和长治久安的战略高度，把文化建设摆在更加突出的位置，不断加强对文化工作的领导，开创了西藏文化建设的新局面。2010年以来，自治区党委、政府召开了全区文化发展大会，出台了《关于推动文化大发展大繁荣的决定》；自治区第八次党代会专题研究文化工作，做出了"实现由文化资源大区向文化发

展强区转变"的重要部署；区党委八届二次全委会审议通过了《贯彻落实<中央关于深化文化体制改革 推动文化大发展大繁荣若干重大问题的决定>的实施意见》，区党委八届五次、六次、七次、八次全委会分别提出了一系列推动文化发展的政策，还专门制定出台《西藏自治区贯彻落实<关于加快构建现代公共文化服务体系的意见>的实施意见》，为当前和今后一个时期我区文化建设指明了前进方向，提供了强有力的政策保障。

——公共文化服务体系不断健全。"十二五"文化建设重点项目扎实推进，公共文化设施网络不断健全。截至2015年底，我区顺利实现地市有图书馆、群艺馆和博物馆，县县有综合文化活动中心，乡乡有综合文化站，53%的县级民族艺术团有排练场所的目标。公共文化设施总量比"十一五"时期增加593个，基本形成区地县乡四级公共文化设施网络。全区各地市和县通过各种渠道，建成了1600余个文化广场。文化信息资源共享工程加快推进，建成了1个自治区分中心，4个地市支中心，74个县支中心，692个乡镇基层点和5300多个村居基层点，为人民群众便捷享受数字化的文化服务提供了有利条件。林芝市、山南市、日喀则市、昌都市第一、二批示范区（项目）创建工作通过国家验收，拉萨市、那曲地区、阿里地区获得第三批示范区（项目）创建资格。"十二五"时期，全区公共文化设施开展免费开放活动4万余场、受益群众累计达到1000余万人次，形成了拉萨雪顿节等群众性、常态化品牌文化活动90多个，全区乡村文艺演出队每年开展文艺演出8400余场。在第十六届"群星奖"决赛中，我区5个群众文艺作品和4个项目获"群星奖"，创造了历史上最好成绩。先后多次接待文化部等组织的文化专家学者到我区演出、讲学和举办展览，邀请重庆、浙江等省市到我区开展文化活动，有效促进了各民族文化的交往交流交融。

——文艺创作不断繁荣。"十二五"时期，以每年推出至少1台精品剧目为目标，不断加大创作力度，先后催生出了大型民族歌舞《魅力西藏》《太阳的女儿》、新编藏戏《金色家园》《朵雄的春天》、话剧《解放·解放!》《共同家园》等一批优秀文艺作品，改编和推出了舞台版传统藏戏《白玛文巴》和《诺桑王子》。《卓娃桑姆》、大型民族歌舞《魅力西藏》获第十届艺术节"文华优秀剧目奖"、第四届全国少数民族文艺会演"金奖"，话剧《解放·解放!》获国家舞台艺术精品工程奖、第十届艺术节"文华剧目奖"，新编藏戏《金色家园》获第四届全国少数民族文艺会演"剧目金奖"，填补了我区艺术创作领域多项空白，实现了我区无国家精品剧目的"零突破"。

——文化市场繁荣有序。全区文化市场繁荣发展，管理模式不断完善，法律法规日益健全，初步形成了涵盖娱乐、演出、网络文化等领域相对独立的市场体系。截至2015年底，全区共有文化经营场所871家，其中歌舞娱乐场所502家、互联网上网服务场所364家、演出经营场所5家，各类文化市场从业人员6055人，登记注册资金近11亿元。文化市场的发展壮大，不断丰富和活跃了广大人民群众精神文化生活，提高了西藏人民的科学文化素质，对促进地方经济发展、带动就业、推动精神文明建设起到了重要作用。在加快建设文化市场体系的同时，我们高度重视监管工作，开展了文化市场审批项目专项清理，加大了网络市场、歌舞娱乐场所和经营性演出活动的监管力度，彻底取缔了30余家违规审批的电子游戏游艺场所，有力净化了文化市场。

——特色文化产业加快发展。积极促进文化与旅游等相关产业融合发展，制定出台《推进文化金融合作的实施意见》《促进文化与旅游结合发展的实施意见》等。在文化部的大力支持下，我区的拉萨、林芝、昌都三市纳入《藏羌彝文化产业走廊总体规划》核心区。截至2015年底，全区共有2个国家级文化产业示范基地、1个国家级文化产业示范（试验）园区、14个自治区级文化产业示范基地；文化企业4100多家，从业人员3万余人，门类20余种。"十二五"期间，每年新批准成立文化企业近200家。各地市先后推出了《寻找香巴拉》《幸福在路上》和实景剧《文成公主》等一批大型民族演艺剧目，取得了较好的社会和经济效益。成功举办两届中国西藏旅游文化国际博览会。组织50余家优秀文化企业参加北京、深圳和西部文化产业博览会和中国成都非物质文化遗产节等国内重大会展，现场交易额近亿元。参与"中国光彩事业西藏行"等招商引资活动，实现文化产业引资7.6亿元。围绕建设中国唐卡艺术中心，先后成功举办了五届"西藏唐卡艺术博览会"，评选了4名西藏唐卡艺术大师和99名西藏等级唐卡画师。据统计，全区近千名唐卡画师每年生产、销售高端唐卡总额达7000万元以上。

——文化遗产得到有效保护。五年来，中央财政对我区非物质文化遗产保护累计投入专项资金1.18亿元，自治区财政累计投入资金3018万元，为我区非物质文化遗产保护工作提供了有力的经费保障。《西藏自治区实施<中华人民共和国非物质文化遗产法>办法》于2014年6月1日施行，开启了我区依法保护非物质文化遗产的新阶段。启动"西藏农耕文化抢救性记录工程"，并对古格宣舞、藏戏霞尔巴贡、喇嘛玛尼说唱等10余个濒危项目和贡嘎仁增、旦巴绕丹等20名年事已高的国家级、自治区级具有代表性的传承人进行抢救性记录。评选自治区"年度十佳传承人"，出台《西藏自治区非物质文化遗产项目代表性传承人认定与管理办法（试行）》，推动传承人保护工作常态化、制度化。2012年以来每年在拉萨"雪顿节"期间举行全区藏戏汇演，不断加强对民间藏戏队资金扶持，全区民间藏戏队伍数量得到空前壮大，表演水平大幅提高。印发《关于开展非物质文化遗产进校园工作的意见》，评选非物质文化遗产进校园工作示范基地，非物质文化遗产保护后继有人。建立西藏唐卡画院、藏戏艺术展示厅、藏医药陈列馆、藏东南尼洋阁文化遗产博物馆等各级各类非物质文化遗产传习展示场所113个，并积极利用藏历新年、雪顿节等传统节庆和文化遗产日、藏博会等重大文化活动进行深入宣传，增强我区优秀传统文化的影响力与竞争力。出版发行《西藏自治区非物质文化遗产名录图典》《藏东歌舞传承集萃》和《传统八大藏戏》等出版物，普查成果转化进程加快。新增国家级非物质文化遗产代表性项目29项、代表性传承人15人，自治区级代表性项目101项、代表性传承人123人，加快推进藏医药申报联合国教科文组织人类非物质文化遗产代表作名录工作，进一步健全了我区非物质文化遗产名录体系。目前，全区有人类非物质文化遗产代表作2项，国家级和自治区级代表性项目分别为89项、323项，国家级和自治区级代表性传承人分别为68名、350名，国家级生产性保护示范基地4个、自治区级生产性保护示范基地12个。

——对外文化交流更趋广泛。大力实施西藏文化"走出去"战略，着力打造我区对外文化交流品牌"中国西藏·扎西德勒"，积极组织文化遗产展览、文艺演出团队出境出国开展文化交流活动，有力宣传了西藏文化保护和发展成果，扩大了西藏文化在国内外的影响力。"十二五"时期，先后派出团（组）30余个，访问了美国、泰国和港澳台等多个国家和地区，大力宣传在中国共产党领导下的社会主义新西藏发生的翻天覆地变化和巨大进步，正面宣传西藏，为我们争取到了国际社会更多的理解和支持，为西藏政治稳定、经济繁荣、民族团结、社会进步的大好局面做出了不可替代的贡献，得到了文化部、自治区党委、政府和有关部门的充分肯定。

——文化队伍不断发展壮大。"十二五"时期，加大了文化人才培养力度，出台了《自治区政府办公厅关于转发〈自治区文化厅关于进一步加强西藏自治区专业艺术表演类人才队伍建设意见〉》。目前，全区文化系统共有专职工作人员（含县级民族艺术团演员）5000余人，10个专业文艺团体，74支县级民族艺术团，133支民间藏戏队，2446支乡村业余文艺队，建立了包含30余名专家的自治区公共文化服务体系建设专家库。2010年以来，先后组织全区文化队伍参加各类培训班近200期，受训人员近2万人次，实现了基层文化干部轮训一遍的目标，极大促进基层文化队伍的建设和发展。

二、"十二五"时期西藏文化发展存在的主要困难和问题

受特殊的地理环境、社会历史和经济发展水平等各种因素影响和制约，西藏文化工作起步晚、底子薄、基础差、欠账多，各项工作仍远远滞后于全国平均水平，滞后于西部地区和其他少数民族地区。特别是我区处在反分裂斗争第一线，与西方敌对势力、十四世达赖集团在思想文化领域的斗争一刻也未停止，维护国家文化安全、弘扬主流文化的任务仍然十分艰巨；文化带动形成新的经济增长点的作用急需提升；满足各族人民日益增长的多样化精神文化需求任务更加紧迫等。这些困难和问题，在很大程度上制约了我区文化发展，影响了西藏由文化资源大区向文化发展强区跨越的步伐。

——政策保障体系不完备。各级政府在公共文化服务中的主体责任急需强化，主导作用亟待进一步发挥。推动文化建设的政策、项目、资金、人才等保障机制相对薄弱，政策法规体系亟待健全。特别是稳步增长的投入长效机制还未建立，文化投入总量少、比重低，"十二五"期间文化事业费占财政总支出比重仅为0.27%，落后于全国0.38%的平均水平，属于全国较低水平。同时，社会力量进入文化领域的投资渠道有限，文化设施

紧缺和资金困难十分突出。

——文化设施网络亟待完善。"十二五"时期，全区行政村（社区）综合性文化服务中心建设项目未纳入规划，所有行政村（社区）还没有建设符合国家规定和要求的综合性文化服务中心，也没有相应的文化娱乐设备。县县有流动舞台车的目标也只完成了16%。已有的集文化馆、图书馆功能为一体74个县级综合文化活动中心面积小、功能弱，急需改善现有场地和设施条件。地市和县级的综合性剧场缺乏，大部分民族艺术团体排练场所简陋，与实际需求存在较大差距。

——公共文化服务覆盖有限。以免费开放为主的公共文化设施管理和使用工作力度亟待加大，免费开放补助经费不足，地县级财政配套难，公共文化设施和管理服务亟待标准化建设，公共文化设施的服务时间和数量不足，服务对象和方式单一，服务质量和效果不显著，服务覆盖面不广。

——优秀文化产品供给不足。专业文艺团体精品剧目创编能力弱，文艺精品数量有限、影响不足。广大农牧民群众看得懂、用得上、喜闻乐见的各类文化产品创作、生产和供给能力不足。各级图书馆藏书量不丰富（2015年自治区人均拥有图书馆藏量仅为0.39本），数字文化资源短缺，藏语数字文化资源库建设经费、人才严重不足，文化信息资源共享工程的各级平台作用亟待有效发挥。同时，西藏优秀文艺作品在国内外的影响力仍不强，文化品牌效应仍不明显。

——文化产业发展较慢。推进文化产业发展的政策体系不完备，支撑资金有限，骨干文化企业培育量少质弱，规模化集约化程度不高，文化产品创新能力较弱、供应单一、附加值不高。文化产业整体上处于散小弱的状态，对经济发展的贡献率仍较低。

——文化遗产保护任务艰巨。保护传承民族优秀文化遗产，反击十四世达赖集团及西方反华势力鼓吹的"西藏文化毁灭论"任务依然艰巨。一些珍贵的历史文物、非物质文化遗产和古籍资源面临破坏、流失、断代等问题，抢救性保护工作亟待加强。文化遗产合理利用率低，文化遗产的显性作用没有得到有效发挥。

——文化队伍十分薄弱。全区文化队伍总量不足，从业人员层次低、素质不高，特别是部分县区综合文化活动中心和乡镇综合文化站人员力量急需加强，人员落实需尽快到位。全区艺术创作、文化经营管理人才普遍缺乏，县级民族艺术团和乡村业余文艺演出队力量不足，兼职文艺队伍急需发展壮大。

第二章 "十三五"时期西藏文化发展面临的形势

西藏是国家重要的安全屏障，是反对分裂的重要前沿阵地。尤其是思想文化领域作为反分裂斗争的重要战场，在牢固占领和巩固基层文化阵地、保障国家文化安全等方面的任务异常艰巨。特别是封建农奴制的思想残余、宗教消极影响还有一定市场，教育引导广大群众摆脱落后思想、克服陈规陋习的任务艰巨。因此，进一步加强西藏文化建设，事关筑牢和巩固反分裂斗争的思想基础和思想防线，事关保障人民群众的基本文化权益，事关西藏的长足发展和长治久安。"十三五"时期，西藏文化发展既面临着前所未有的重大机遇，也面临着重大挑战和压力。

——全面建成小康社会的决胜期。全面建成小康社会是"十三五"末我区必须实现的重大发展目标。中央第六次西藏工作座谈会明确提出，到2020年自治区城乡居民人均可支配收入要接近全国平均水平，基本公共服务主要指标要接近或达到西部地区平均水平，建成安居乐业、保障有力、家园秀美、民族团结、文明和谐的小康社会的宏伟目标。当前，西藏的经济发展水平和社会发育程度还比较低，要确保顺利完成这一历史性任务，"十三五"期间西藏文化建设必须在"补齐短板""兜好底线"方面下功夫，积极争取中央支持，努力缩小区域差距、城乡差距，提升基本公共文化服务标准化、均等化水平，提高文化发展的全面性、协调性和可持续性。

——深化文化体制改革的攻坚期。十八届三中全会对全面深化改革做出了重要部署，明确提出全面推进文化体制机制创新，完善文化管理体制，构建现代公共文化服务体系，建立健全现代文化市场体系，提高文化开放水平。自治区第八次、第九次党代会都将文化建设摆在更加突出的位置,对推动我区文化改革发展,实现由文化资源大区向文化发展强区转变做出了一系列重要部署,文化在我区"五位一体"总体布局中的地位和作用日益凸显,推进文化繁荣发展的政策环境不断改善,文化建设迎来了难得的黄金机遇期。"十三五"规划的实施必须与十八届三中全会提出的改革路线图和时间表密切吻合,加快文化体制机制改革创新,加速推进文化领域各项事业,锐意创新、攻坚破难,切实解决西藏文化发展的瓶颈问题和制约因素,确保到2020年完成改革目标。

——巩固思想文化阵地的关键期。近年来,西方敌对势力、十四世达赖集团不断通过意识形态领域加紧对我区进行思想文化渗透,与我争夺阵地、争夺群众、争夺人心的斗争仍然十分激烈。文化建设与巩固拓展基层思想文化阵地、与深入开展意识形态领域的反分裂斗争要求仍有一定差距,充分发挥文化引领社会、教育人民、维护稳定、促进发展的作用亟待进一步发挥。

——建设中华民族特色文化保护地的重要机遇期。中央第六次西藏工作座谈会继续强调"把西藏建设成为重要的中华民族特色文化保护地"的战略目标,中央民族工作会议提出"要发展少数民族文化事业,坚持以社会主义先进文化为引领,促进各民族文化交融、创新,把尊重、继承和弘扬少数民族优秀传统文化,与传承、建设各民族共享的中华文化有机结合起来"的要求。西藏拥有丰富独特的文化资源,其优秀传统民族文化是中华文化的重要组成部分。建设中华民族特色文化保护地,为我区发掘、保护、传承和弘扬优秀传统文化,为文化遗产的保护发展利用,提供了千载难逢的重要机遇。

第三章 "十三五"时期西藏文化发展的指导思想和基本原则

一、指导思想

高举中国特色社会主义伟大旗帜,深入贯彻落实党的十八大和十八届三中、四中、五中、六中全会精神,中央第六次西藏工作座谈会精神,坚持以马克思列宁主义、毛泽东思想、邓小平理论、"三个代表"重要思想、科学发展观为指导,深入贯彻落实习近平总书记系列重要讲话精神和治国理政新理念新思想新战略,深入贯彻习近平总书记治边稳藏重要战略思想,深入贯彻落实以习近平同志为核心的党中央治藏方略,坚持"五位一体"总体布局和"四个全面"战略布局,牢固树立"四个意识",坚持"依法治藏、富民兴藏、长期建藏、凝聚人心、夯实基础"重要原则,牢固树立创新、协调、绿色、开放、共享的发展理念,牢牢把握社会主义先进文化前进方向,坚持以人民为中心的工作导向,以社会主义核心价值观为引领,全面落实自治区第九次党代会精神和区党委、政府决策部署,充分发挥西藏特色资源优势,解放思想、开拓创新,大力推进重要的中华民族特色文化保护地建设,进一步坚定文化自信,增强文化自觉,加快推进文化发展政策保障体系、现代公共文化服务体系、现代文化市场体系、文化产品供给体系、文化遗产保护传承体系建设,大力推进文化发展强区建设,努力为实现西藏与全国一道全面建成小康社会目标提供强大的价值引领力、文化凝聚力、精神推动力。

二、基本原则

——坚持社会主义先进文化方向。深入贯彻落实"二为"方向、"双百"方针,弘扬主旋律,提倡多样化。加强社会主义核心价值观建设,始终把弘扬社会主义先进文化放在首位,大力弘扬"老西藏精神""两路精神",始终把社会效益放在首位,实现经济效益和社会效益的有机统一。

——坚持以人民为中心的工作导向。坚持文化发展为了人民,文化发展依靠人民,文化发展成果由人民共享。坚持把满足人民群众日益增长的精神文化需求作为一切工作的出发点和落脚点。充分发挥人民群众在文化建设中的主体地位,不断激发全社会的文化创造活力,不断提升国民素质和社会文明程度,促进人的全面发展。

——坚持改革创新。树立文化发展新理念，创新管理思路，提高发展水平。加快推进体制机制创新、内容形式创新、传播手段创新和发展业态创新，不断解放和发展文化生产力，增强社会主义文化的吸引力和凝聚力。

——坚持协调发展。加快构建现代公共文化服务体系，落实重点文化服务项目，组织重大文化活动，实施重大文化工程，坚持文化事业与文化产业协同发展，坚持城市乡村一体化发展，加强制度建设，持续推动各项文化工作不断取得新突破。

——坚持突出民族特色。按照中央第六次西藏工作座谈会关于建设重要的"中华民族特色文化保护地"战略部署，立足西藏区情，大力弘扬优秀传统文化，坚持在保护中发展，在发展中保护，立足民族特色文化资源优势，积极打造高原特色文化品牌，奋力推进文化资源大区向文化发展强区转变。

第四章 "十三五"时期西藏文化发展的总体目标和指标体系

一、总体目标

"十三五"末，基本实现"自治区有公共图书馆、群众艺术馆、博物馆、非物质文化遗产展示中心，地市有公共图书馆、群众艺术馆、博物馆，县有功能相对完善的综合文化活动中心、民族艺术团排练演出场所，乡镇有综合文化站，行政村和社区有综合性文化服务中心"的目标；进一步健全和完善自治区、地市、县区、乡镇、村五级基本公共文化服务设施和数字文化服务网络；基本建成覆盖城乡、便捷高效、保基本、促公平的现代公共文化服务体系；为地市、县区、乡镇、村等基层文化活动场所配备必要的设施设备，切实保障各族人民群众的基本文化权益，满足各族人民群众基本文化需求，公共文化服务能力达到西部地区平均水平；中华民族特色文化保护地建设取得显著成效，文化强区建设步伐不断加快，社会主义文化在西藏进一步繁荣发展。

二、指标体系

——进一步深化文化事业单位内部机制体制改革。文化事业单位内部改革进一步深化，激励机制进一步健全，管理体制进一步完善，文化法治能力和服务水平明显提升，文化创造性转化能力和创新性发展水平显著提高，文化资源得到有效整合，文化工作运行机制更加健全，基本实现文化管理工作的现代化、科学化和规范化。

——基本建成现代公共文化服务体系。"十三五"末，全面建成以城市公共文化设施为骨干，以县（区）、乡镇（街道）和村（社区）文化设施为基础，以流动文化设施和数字文化阵地为补充的自治区、地市、县区、乡镇、村五级公共文化设施和数字文化服务网络，公共文化设施规范化、标准化、数字化水平明显提升，基本满足城镇居民就近便捷享受公共文化服务的需求。地（市）级城市实现"15分钟公共文化服务圈"。人均拥有公共图书馆藏书量达到0.6册。稳定增长的投入机制全面建立，专兼职队伍显著壮大，公共文化服务社会化水平明显提高，形成与经济社会发展水平相适应的公共文化运行保障机制。公共文化服务内容和手段更加丰富，人民群众看电视、看电影、听广播、读书看报、参加公共文化体育活动等基本文化权益得到更好保障，基本公共文化服务均等化水平稳步提高，基本建成覆盖城乡、便捷高效、保基本、促公平的现代公共文化服务体系。

——基本建成完善的文化产品供给体系。文化产品生产能力显著提高，戏曲、音乐、舞蹈、书法、绘画、雕塑、动漫、工艺美术等文化艺术协调发展，深受广大人民群众喜闻乐见的精品力作不断涌现，社会主义文艺繁荣发展。综合运用资金支持、文艺评奖、舆论引导等手段，实现对艺术事业的宏观管理。"十三五"时期，新创30部体现社会主义核心价值体系，集思想性、艺术性、观赏性为一体的优秀舞台艺术剧目；建立自治区级文艺创作政府奖；"八大藏戏"传统剧目全部实现舞台化；创作推出反映重大爱国主义革命历史题材、现实题材、农村题材、少儿题材和民族特色题材的优秀文艺作品10余部；重点扶持民族音乐、地方戏曲（藏戏）、话剧、舞剧等高雅艺术剧（节）目5台；基本形成"一县一品"、"一乡一品"的群众文化活动品牌；实现优秀文艺作品创作数量比"十二五"末翻一番，以文艺下乡为主的文化产品供给数量比"十二五"末提高50%以上。

——基本建成完备的文化遗产保护传承体系。建成完备的文化遗产资源数据库和保护名录，形成较为完善的文化遗产普查、申报、保护、研究、传承、传播机制和西藏优秀传统文化传承体系，确保优秀传统文化得到更好的保护、利用及弘扬。力争成功申报1个国家级文化生态保护实验区，建立2-3个自治区级文化生态保护实验区；命名8个自治区级非物质文化遗产生产性保护示范基地，建设20个非物质文化遗产项目保护利用设施；全面完成7地市古籍普查登记；申报和命名国家珍贵古籍名录400个、"全国古籍重点保护单位"10个，命名自治区级名录1000个、重点收藏单位20家；改善80个重点古籍收藏单位的保管条件；完成30名非物质文化遗产代表性传承人抢救性记录工作，出版1套丛书，传承人队伍数量比"十二五"末期壮大40%以上；全面修复10000叶破损古籍，数字化、影印出版藏文古籍300函，新刻印珍本、孤本50函（木刻本），数字化古籍数据50万条。

——基本建成开放的现代文化市场体系。打破文化市场条块分割、地区封锁、城乡分离的传统格局，加快推进信用体系建设，形成比较完备的文化市场准入和退出机制，文化市场政治安全进一步巩固。构建扶持文化产业发展的政策体系，初步形成一批优势明显、特色鲜明的文化产业龙头企业、基地（园区）和产业群。文化旅游业、演艺娱乐业、民族手工艺业、节庆会展业、文化创意与设计服务业全面发展。"十三五"末，基本形成统一开放、竞争有序的现代文化市场体系和结构合理、优势突出、特色鲜明、竞争力强的文化产业发展体系；基本建成功能完善的文化市场技术监管与服务平台和文化产业展示交流服务平台；实现全区文化企业总量比"十二五"末翻一番，文化产业总产值占全区GDP的4-5%；形成2-3个文化会展品牌；建成一批国家级和自治区级文化产业示范基地（园区）；结合特色小城镇建设，重点扶持50个文化产业特征明显、具有较大发展潜力的特色乡镇和街村。

——基本形成对外文化交流新格局。围绕实施"一带一路"、南亚大通道等国家重大战略，制定文化交流合作专项计划。初步建成内容丰富、形式多样的对外文化交流资源库，"政府主导支持、社会广泛参与、多种方式运作"的工作模式更加完善，对周边国家和地区的文化交流工作机制更加成熟，基本实现更高层次、更高频率、更高质量的对外文化交流。"十三五"末，基本形成"中国西藏·扎西德勒"西藏知名对外文化交流品牌。

——基本形成高素质文化工作队伍。统筹推进文化党政人才、文化经营管理人才、文化艺术专业技术人才、公共文化服务人才、高技能文化人才、文化科技人才和文化外交人才7支队伍建设，基层文化人才队伍不断壮大，人才结构更加合理、素质明显提高、发展环境进一步优化。"十三五"末，全区文化行业高级专业技术人员队伍总数达到400人左右；专兼职文化工作队伍总量比"十二五"末增长20%。

——基本形成完善的文化政策法规体系。立足区情，着眼长远，把握机遇，找准着力点，大力推进文化法制化、规范化、程序化建设进程。"十三五"末，基本形成完善快捷高效的文化市场审批规范；基本建成适应新时期文化发展需要，符合社会主义先进文化前进方向，遵循文化发展规律，有利于激发文化创造活力，有效传承保护优秀民族传统文化的西藏文化政策法规体系；我区文化法治工作相对滞后的局面明显改善，文化法制化水平提高到新的阶段。

第五章 "十三五"时期西藏文化发展的重点任务

为确保"十三五"时期文化发展的主要目标得以实现，全面推进重要的中华民族特色文化保护地建设，"十三五"时期，我区文化发展的任务是：

一、以社会主义核心价值观为引领，为中华民族特色文化保护地建设营造良好的社会氛围

始终坚持以社会主义核心价值观引领文化建设，将社会主义核心价值观贯穿公共文化服务、文化产品供

给、文化遗产传承保护、文化产业发展、对外文化交流、文化队伍培养等工作的全过程，充分发挥文化引领社会、教育人民、维护稳定和促进发展的重要作用。围绕"把西藏建设成为重要的中华民族特色文化保护地"等重大课题，形成一批重要文化建设理论和实践成果，加快成果转化，推动文化事业和文化产业持续健康快速发展。

二、以人民需求为导向，提升公共文化服务质量和水平

以人民群众基本文化需求为导向，以改革创新为动力，以基层为重点，以基本公共文化服务标准化、均等化、数字化为突破口，构建体现时代发展趋势、适应我区发展要求、符合文化发展规律、具有中国特色、西藏特点的现代公共文化服务体系。

专栏1　公共文化服务提升工程

公共文化设施网络建设：实施一批重点文化设施建设项目，完善自治区、地市、县区、乡镇、村五级公共文化设施网络。配备74个县综合文化活动中心流动文化车。

公共文化服务保障体系建设：逐步建立现代公共文化服务体系，健全公共文化设施和服务指标体系，促进基本公共文化服务标准化、均等化。积极引导和鼓励社会力量支持和参与公共文化服务。

公共文化服务内容建设：加大公共数字文化建设，探索建设"西藏公共数字文化融合服务平台"，广泛开展群众文化活动和"文化下乡"，保障广大人民群众特别是农牧民群众的基本文化权益。

——完善公共文化服务保障体系。建立以政府主导、全社会参与的公共文化服务体系建设机制，强化各级政府在公共文化服务中的主体责任，建立稳定增长的公共文化服务财政保障机制。全面落实公共文化设施和服务指标体系，建立健全以群众评价为主要标准的绩效考评机制，促进基本公共文化服务标准化、均等化。积极引导和鼓励社会力量支持和参与公共文化服务，建立和完善公共文化服务领域的政策和法律法规。

——健全公共文化设施网络。加快重点文化设施建设，实施村综合性文化服务中心示范工程，不断完善自治区、地市、县区、乡镇、村五级公共文化设施网络。推动县以上公共图书馆、文化馆总分馆制。为74个县综合文化活动中心配备流动文化车。

——加强公共文化服务内容建设。建设"西藏公共数字文化融合服务平台"。加大公共数字文化建设，建成7地市共享工程支中心和数字图书馆，实施乡村基层服务点提档升级，加强地方特色资源建设，丰富资源内容，扩充资源数量，提高资源质量，扩大资源的服务覆盖面。广泛开展群众文化活动和"文化下乡"，推动社区文化、村镇文化、企业文化、校园文化协调发展，实现"一县一品、一乡一品"。加快推进数字文化服务和流动文化服务，显著提高面向村组的文化服务数量，扩大公共文化服务覆盖面，进一步保障人民群众特别是农牧民群众基本文化权益。

——提升公共文化服务水平。强化公益性文化单位的骨干作用，实现数字公共文化服务全覆盖，促进公共文化服务便捷化、网络化。实现公共文化管理和服务标准化、均等化、可控化，实现菜单式和订单化的服务模式。全面提升公共图书馆、群众艺术馆、县级综合文化活动中心、乡镇综合文化站等公共文化服务机构的设施、设备、资源、队伍、活动和服务的免费开放水平，丰富服务内容，提升服务质量，优化服务环境。

——广泛开展群众文化活动。充分依托民族传统节日和民族民间文化资源，广泛开展全民阅读、全民艺术普及、全民健身、全民科普活动等群众性文化活动，加强村镇文化、社区文化、寺庙文化、企业文化、校园文化、军营文化、残疾人文化、广场文化、家庭文化建设，培育积极健康、多姿多彩的社会文化形态；支持群众自办文艺团体建设，打造群众文化活动品牌；采取政府购买、补贴等形式，坚持面向基层提供免费文化服务，提高下乡演出的场次和质量。继续办好区域特色节庆文化活动，扩大群众参与率。积极参加"群星奖"和"中国民间文化艺术之乡"等活动评选，促进群众文化和特色文化发展。继续依托"春雨工程"等活动，广泛开展与内地省市的文化交流活动，引进国内优秀文化产品和服务到我区开展文化支援和交流，支持我区文化走出

去，促进各民族文化交往交流交融。

三、以打造文艺品牌为目标，加大艺术创作生产和传播

深入贯彻落实习近平总书记在文艺工作座谈会上的重要讲话精神，坚持以人民为中心的创作导向，完善文艺创作奖励机制，全面实施文艺精品战略，加大重大革命历史、爱国主义、民族团结题材主题的舞台艺术、出版物、广播影视和数字文化资源等优秀文艺作品的创作生产力度，努力创作生产更多传播社会主义核心价值观念，突出西藏地域特色、民族特色，深受广大人民群众喜闻乐见的优秀作品，推动戏剧、歌舞、美术、民族传统体育、动漫等各类文化艺术协调发展，促进社会主义文艺繁荣发展。

专栏2　文艺创作生产工程
文艺精品工程：加大舞台艺术和数字文化的创作生产和供给力度，强化国家艺术基金项目申报和管理，每年推出一定数量的优秀当代艺术展览和重大民族特色文艺作品，打造精品剧目、经典歌曲、优秀舞蹈。
艺术传播工程：推动传统藏戏、民族歌舞的舞台化和数字化建设，扩大优秀文艺作品的受众面，广泛开展与内地省市的文化交流活动，实现文化艺术成果为人民共享。

——促进各艺术门类全面发展。健全创作奖励机制，建立全区文艺创作基金，褒奖优秀作品和人才。积极采取多种方式，深入开展"中国梦"主题文艺作品征集、评比、展演等活动，遴选和表彰一批优秀作品，向国家推荐一批体现西藏特色和水平的精品力作，为基层广大农牧民群众及时提供一批高质量的精神文化食粮。积极利用西部少数民族地区艺术提升工程，扶持发展水平相对薄弱的艺术品种，补齐艺术发展的短板。

——实施文艺精品战略和特色战略。围绕社会主义核心价值观和中国梦主题，改革和创新文艺创作机制，加大以藏语言文字为主的舞台艺术和数字文化的创作生产和供给力度，增加中华民族的当代文化积累。每年推出一定数量的优秀当代艺术展览；加快歌舞剧、话剧、藏戏，特别是体现时代主题、弘扬当代精神的经典歌曲、优秀舞蹈的创作生产传播，进一步突出西藏的地域特色、民族特色；实施西藏传统民歌收集整理保护工作；积极申报国家艺术基金，推动重大文艺创作，打造在国内有影响的优秀剧目；合并编撰第一轮、第二轮《西藏自治区志·文艺志》。每年举办一次全区专业舞台艺术创作专题研讨会。

——开拓艺术传播新渠道。通过组织巡演、下基层慰问演出、"高雅艺术进校园"和加大公益性演出等文化产品的政府购买补贴等方式，努力扩大优秀文艺作品的受众面，全面实现文化艺术成果为人民共享。推动传统藏戏、民族歌舞的舞台化和数字化建设，创新和发展藏戏、民族歌舞的演出形式，扩大观众群和服务面。

——加强文艺评论工作。以全区院团新创、复排的优秀作品为对象，以重大艺术活动为平台，发挥平面媒体、电视媒体等传统媒体以及两微一端、网络媒体等新兴媒体的作用，开展和引导积极健康的文艺评论，提升艺术评论水平，扩大艺术评论影响，有效促进艺术创作。

四、以加强保护为重点，提升文化遗产保护利用水平

紧紧围绕我区经济社会发展中心，坚持"保护为主、抢救第一、合理利用、传承发展"的工作方针，实施文化遗产保护工程，全面加强文化遗产保护和利用，加大文物、非物质文化遗产、藏文古籍文献保护力度，建立健全保护名录和工作机制，努力推动优秀民族传统文化创造性转化和创新性发展。

专栏3　文化遗产保护工程
非物质文化遗产保护工程：完善非物质文化遗产四级名录体系及保护机制，推进保护利用设施建设，继续命名一批生产性保护示范基地。
古籍保护工程：建成自治区古籍数字资源库，继续实施重点收藏单位的条件改善项目，实施再生性修复保护和数字化建设，加强理论研究和成果出版工作。

——加强非物质文化遗产保护。启动全区非物质文化遗产资源重点调查，继续加强非物质文化遗产的普

查、归档、成果出版和数据库建设。进一步完善非物质文化遗产四级名录体系及保护机制，制定专项保护规划。实行各级代表性传承人科学认定、动态管理和奖惩机制，分级实施非物质文化遗产传承人群研培计划，提高其传承能力和学识素养，发展壮大传承人队伍。全面实施国家级代表性传承人抢救性记录工作，开展一批自治区级非物质文化遗产濒危项目及年事已高代表性传承人抢救性记录工程。支持符合条件的地市建设非物质文化遗产展示中心和传习所，推进藏戏、唐卡等具有代表性的非物质文化遗产保护利用设施项目建设。大力推进国家级文化生态保护实验区申报工作，推进自治区文化生态保护实验区建设，探索科学合理的建设模式和整体性保护方式。大力振兴传统工艺，继续命名一批生产性保护示范基地，鼓励各地积极依托非物质文化遗产资源发展旅游及相关产业，打造民族特色文化品牌。积极开展"互联网+非物质文化遗产保护"的研究和探索，运用现代信息技术拓展传播途径、提高保护水平。注重城镇化进程中的非物质文化遗产保护，发挥古村落在优秀传统文化传承过程中的载体作用。深入开展非物质文化遗产进校园工作，命名一批示范基地。深化非物质文化遗产保护理论和政策研究，认定一批研究基地，推出一批研究成果。加大非物质文化遗产法律法规的宣传和执法检查力度。优先扶持边境地区、贫困地区和人口较少民族聚居地区的非物质文化遗产保护。探索建立区域联席制度，着力构建西藏非物质文化遗产传承发展体系和共建共享工作机制。

——积极推进古籍保护。全面完成古籍普查工作，准确掌握资源数量、价值大小、分布情况和保存状况，建成自治区古籍数字资源库。加强古籍保护名录建设，命名公布自治区级珍贵古籍和古籍重点保护单位名录，形成分级保护体系。继续实施重点收藏单位的条件改善项目，实施再生性修复保护和数字化建设。加强理论研究和成果出版工作，积极营造古籍保护工作良好的社会环境。

五、以培育主体平台为基础，推动文化产业跨越式发展

全面实施《西藏自治区"十三五"时期文化产业发展规划》，推动文化产业与旅游产业、体育产业深度融合，着力打造集高原地理、历史人文于一体的中国藏民族特色文化产业发展基地，构建结构合理、优势突出、特色鲜明、竞争力强的文化产业发展体系，把西藏潜在的文化资源优势转化为现实的文化发展优势，推动文化产业成为新的国民经济支柱性产业。

专栏4　文化产业建设工程
文化产业重点工程：打造西藏特色文化产业"一轴两线五区"，推进文化创意和设计服务与相关产业融合，扶持发展网络游戏、网络音乐、文化电子商务等新型业态。
实施项目带动工程：加大藏羌彝文化产业走廊、西藏特色文化产业示范区、中华民族特色文化产业园区基础设施建设项目的实施力度，加大招商引资力度。
建设产业园区（基地）：建设一批具有民族特色、地域特点和发展前景的文化产业园区（基地），到2020年基本形成梯次合理、布局完备、分级命名的全区文化产业园区（基地）体系。

——发展重点领域。坚持特色化、差异化的发展思路，优化文化产业空间布局，打造西藏特色文化产业"一轴两线五区"。重点发展文化旅游业、演艺娱乐业、民族手工艺品业、会展节庆业、出版影视业、体育文化业、文化产品数字与相关服务等文化产业门类。促进文化旅游相结合，推进文化资源向旅游产品转化，培育一批具有西藏特色的文化旅游精品景区、景点和线路，布局一批民族文化体验消费场所，形成一批高品质、有特色的演艺精品和演艺娱乐场所，加快文化与旅游等相关产业融合发展。实施"互联网+藏文化"系列工程，培育创意文化产业和新型文化业态，提升特色文化产业的内生力和竞争力。大力发掘西藏特色文化元素，在保护多样性和独特性的基础上，加快工艺美术产品与创意设计、现代科技的融合，提高产品附加值，促进衍生产品开发。鼓励小微文化企业进驻文化产业园区经营发展，促进藏民族文化艺术品产业集约化、规模化发展。推进文化创意和设计服务与相关产业融合发展，开展原创动漫推广工作，发展网络游戏、网络音乐、文化电子商务等新型业态；开展西藏特色文化产业创意研究和试点工作，开发文化创意产品。

——培育市场主体。重点建设西藏动漫影视创作基地、西藏特色文化产业公共服务平台，坚持以市场为导向，积极支持和培育具有鲜明民族特色的文化产业龙头企业。降低社会资本准入门槛，通过政府采购、信贷支持等形式扶持小微文化企业发展，强化特色经营；鼓励各类工艺美术师、非物质文化遗产传承人通过多种形式投身文化产业。做大做强唐卡、藏戏、藏毯、藏香、藏茶、金属锻造等民族特色文化产业，推动民俗节庆会展业、民族演艺业蓬勃发展。

　　——实施项目带动。加大文化产业招商引资力度，积极参加北京文博会、深圳文博会、西部文博会、敦煌文博会、海峡两岸文博会等重点展会，大力引进优势文化企业带动西藏文化产业发展。加强与对口援藏单位的文化产业项目合作。建立和完善自治区文化产业重点项目库，积极申报国家级重点产业项目，加大藏羌彝文化产业走廊、西藏特色文化产业示范区、中华民族特色文化产业园区等基础设施建设项目的实施力度，推动重点文化产业项目快速发展。建立完善重点项目，尤其是跨区域项目的联动推进机制，及时协调解决建设过程中遇到的困难和问题，建立文化金融合作机制，加大对重点项目的投融资服务力度。

　　——建设产业园区（基地）。建设一批具有民族特色、地域特点和发展前景的文化产业园区（基地），规范评选命名办法，引导其向规模化、专业化、聚集化方向发展。到2020年，逐步建成国家级、自治区级、地市级、县区级四级文化产业示范园区（基地），基本形成梯次合理、布局完备、分级命名的全区文化产业园区（基地）体系。

六、以强化管理为突破口，加大文化市场监管力度

　　加强文化市场法制和技术监管，培育积极正面、公平竞争、优胜劣汰、诚信守法的市场环境，完善文化市场基本管理制度，建立健全文化市场体系，进一步巩固文化市场政治安全。

专栏5　文化市场建设工程
文化市场法制建设工程：研究制定文化市场行政审批规范和制度，优化全区互联网上网服务企业布局，建设全区文化市场技术监管与服务平台，推进文化市场依法管理。 　　文化市场诚信建设工程：探索建立文化市场信用管理数据库和文化市场行业经营主体信用档案，开展文化市场企业信用等级评定，建立健全守信激励和失信惩戒机制。

　　——加强文化市场法治监管。制定完善文化市场各类主体行政审批规范和制度，推进文化市场依法管理。积极推进7地市民族文化演艺中心建设的前期工作。推动优秀传统文化瑰宝和当代文化精品网络传播，坚决抵制和打击西方敌对势力、十四世达赖集团反动文化的渗透。优化全区互联网上网服务企业布局，推动网吧转型和连锁化经营。加强歌舞娱乐场所人员和节目内容审查管理，规范经营秩序。

　　——加强文化市场技术监管。推进我区文化市场信息化管理工作，健全文化市场行业经营主体、从业人员信息登记管理办法，建成全区文化市场技术监管与服务平台，实现对主要门类文化市场的综合动态监管，加快推进文化娱乐场所电子技术监控工程。

　　——加强文化市场诚信建设。推动政务公开，建立文化市场信用管理数据库，向社会公开政策信息、审批信息、文化市场警示信息等政府基础性数据。强化行业自律，重点扶持演出娱乐、艺术品经营、网络文化等行业协会。建立文化市场行业经营主体信用档案，开展文化市场企业信用等级评定，建立健全守信激励和失信惩戒机制。

七、以整体提升为目标，扩大对外和对港澳台文化交流

　　积极参与国家重大对外文化交流项目和"央地合作"、"省区合作"计划，配合国家总体外交战略，加强对尼泊尔等周边国家的文化交流。建立文化交流资源库，拓展非物质文化遗产展示、文艺演出等民族文化交流项目，全面树立"中国西藏 扎西德勒"对外文化交流品牌。进一步完善"政府主导支持、社会广泛参与、多种方式运作"的工作模式，积极推介和争取我区文化项目参加"欢乐春节""国家文化年"等活动，扩大对外开放力度，正面宣传西藏。通过积极参与国际著名的艺术节、博览会、大型赛事等活动，推动西藏特色优势剧目

进入国际市场，开展对外展演。

八、以"人才兴文"为战略，推动文化队伍建设

遵循文化人才成长规律，以实施"人才兴文"战略为抓手，加快推进文化人才工作体制机制改革和政策创新，为文化改革发展提供坚强的人才保障和广泛的智力支持。

专栏6　文化队伍建设工程
文化队伍发展工程：制定实施基层文化人才队伍建设规划，全面落实县、乡公共文化机构专职人员配套政策，建立起能上能下、动态管理的长效用人机制。 重大人才工程：贯彻落实"三区"人才计划文化工作者专项，实施文化名家工程，进一步发挥名家示范引领作用。探索文化人才教育、培养和援藏工作新模式。 文化人才激励工程：建立完善人才评价发现机制。探索建立分配激励机制，推进实施事业单位岗位绩效工资制度。

——加强基层文化队伍建设。制定实施基层文化人才队伍建设规划。落实配齐县综合文化活动中心和乡镇综合文化站编制和人员，全面落实县、乡公共文化机构专职人员配套政策。加大对民族艺术团和业余文艺演出队的扶持力度，发展壮大城乡群众文艺队伍。培育和壮大文化志愿者队伍，充分调动广大人民群众的文化创造活力。

——实施重大人才工程。重点抓好"三区"人才计划文化工作者专项的深入落实，积极探索新的更加符合西藏实际的选派和培养方式，不断强化监督检查，创新工作机制，细化完善"三区"工作财务管理办法、选派培养人员管理和考核办法等相关制度，进一步增强项目实效。实施文化名家工程，在专业艺术、文化遗产保护、艺术研究、群众文化等领域，推出一批造诣深、成就突出、影响广泛、体现西藏文化发展水平的名家大师，对其承担的重大课题、重点项目、重要演出给予重点扶持、资助，进一步发挥名家示范引领作用。

——加强人才使用管理。狠抓"三个导向"，培养践行"三严三实"的文化好干部。积极推动文化事业单位人事制度改革，逐步扩大用人单位的自主权。重点抓好事业单位岗位设置管理和聘用工作，实现由固定用人向合同用人转变，由身份管理向岗位管理转变，按照公开、平等、竞争、择优的原则，继续推行和完善公开招聘、竞争上岗等措施办法，建立起能上能下、动态管理的长效用人机制。

——扩宽人才培养和引进渠道。深入实施人才知识更新工程，以落实第五次全国文化援藏工作会人才项目为抓手，以全国文化干部网络学院远程教育为重要平台，加大各类文化人才继续教育力度。加强沟通协调，争取各方支持，切实落实专业艺术院团表演类人才整班委托培养和急需紧缺人才单招单录工作。结合西藏文化发展特征，以项目援藏、定期援藏相结合的方式，积极探索文化人才援藏新模式。针对文艺创编人才、艺术表演人才的专业特殊性，探索将单招单录政策和人才引进政策相结合的办法，降低人才引进门槛，不断充实专业艺术人才队伍，促进人才队伍结构的合理化。

——健全人才评价发现机制。建立以岗位职责要求为基础，以品德、能力和业绩为导向，科学化、社会化的人才评价发现机制。完善人才评价标准，改进人才评价方式，克服人才评价重学历、资历，轻能力、业绩的现象。加强岗位职责、能力素质和工作业绩考核，有效探索在重大文化工程、重大文化项目实施中发现、识别人才的机制，促进人才评价发现与培养使用有机结合。

——完善人才激励机制。优先推荐在工作岗位上做出突出贡献，在文化系统长期贡献的优秀人才，作为国务院特殊津贴、自治区政府特殊津贴、全国宣传文化系统"四个一批"、全区宣传文化系统"五个一批"工程人选，加大奖励力度。积极探索建立分配激励机制。

第六章　"十三五"时期西藏文化发展的重点支撑项目

"十三五"时期，为健全完善自治区、地市、县区、乡镇、村五级公共文化服务设施网络，构建现代五级

基本公共文化服务体系，将重点实施一批文化基础设施建设项目。

专栏7　文化基础设施建设工程
基层文化设施：建设全区剩余的35个县级民族艺术团排练场所，统筹建设全区7个农林场和新增建制的45个乡镇综合文化站，建设810个村综合性文化服务中心。 　　城市公共文化设施：建设西藏自治区话剧团排练演出场所，改扩建7地市级民族文艺团体排练演出场所，建设拉萨市图书馆。 　　西藏大剧院：尽快开工建设总建筑面积5万平方米的西藏大剧院，填补我区无省级剧场的空白。 　　文化阳光政务信息平台：建设西藏文化阳光政务信息平台，搭建西藏自治区文化系统政府门户群及公众服务网站群。 　　文化遗产保护利用设施：建设8个国家级非物质文化遗产项目保护利用设施，建成自治区级古籍保护传承服务中心。 　　特色文化示范区基础设施：继续推进"藏羌彝文化产业走廊"建设，建设一批民族特色文化产业园区，建设一批西藏特色文化产业基础设施。

一、基层文化设施

——新建县级民族艺术团排练场所。建设全区剩余的35个县级民族艺术团排练场所，建设集音乐创作、排练、辅导用房，舞蹈创作、排练、辅导功能房（可进行小型演出）及附属设施和业务用房为一体的县级民族艺术团排演场所。

——新建乡镇（农林场）综合文化站。统筹全区7个农林场和新增建制的45个乡镇综合文化站建设。建成集多功能活动厅（主要用于开展小型演出、文艺排练、电影放映、游艺等）和图书阅览室及书库、文化科技卫生法律培训室、文化信息资源共享工程基层点、广电维修站等为一体，并配套建设围墙、露天舞台、升旗台、宣传栏等附属设施的标准化综合文化站。

——新建村综合性文化服务中心。以西藏自治区村级综合文化服务中心示范工程和全国贫困村文化设备配备项目为依托，推动全区810个村级综合性文化服务中心建设。

二、城市公共文化设施

——新建自治区话剧团排练演出场所。建成集排练、演出（包括灯控室、音控室、化妆间、更衣室、服装道具制作及仓库）及相关功能用房和相应配套设施为一体的小型话剧排练演出场所。

——改扩建地市级专业文艺团体排练演出场所。按照公共文化服务体系标准化、均等化建设要求，大力改善地市级专业文艺团体创作、排练和演出等设施条件，将7地市级专业文艺团体排练演出场所建设成为集创作、排练、演出、艺术展示和相关业务用房为一体的多功能综合性的公共文化设施，并配套建设好相应附属设施。

——新建拉萨市图书馆。按照国家标准，推进因遗漏等原因而未能纳入"十二五"全国地市级公共文化设施建设规划项目储备库的拉萨市图书馆工程项目的实施。

三、西藏大剧院

西藏大剧院定位于具有浓郁地域民族特色和时代特征的标志性建筑，外部设计突出西藏特色、内部设施和机械设备相对先进，具有一定超前性的标准化剧场，是集文艺演出、会议、文化艺术展览、文化事业推广等为一体的综合性公共文化设施。项目建设内容主要包括：大剧院（兼会议、音乐厅）、小剧院（多功能剧场）、艺术展示馆（廊）、演员之家（培训中心）及室外地上地下停车场等配套设施。

四、文化阳光政务信息平台

——建设西藏文化阳光政务信息平台。坚持集约节约、互联互通、数据共享的原则，搭建西藏自治区文化系统政府门户群及公众服务网站群，包含文化政务审批及信息公开系统、文化市场电子取证系统、文化项目管理系统、文化设施管理系统、非物质文化遗产管理系统、文艺专家管理系统、社会文艺团体管理系统、文化人才培养系统、电子公文传输系统、文化产业交流交易系统，对接政务办公OA系统，形成西藏自治区文化政务信息化的主要业务应用群，加强政务信息的发布渠道和更新频率，提高政务工作效率，节约政务管理成本，树立政府执政的正面形象，提升政务信息公开力度，促进文化产业蓬勃发展；搭建西藏自治区公共数字文化融合服务中心，统筹各类服务资源，实现公共文化传播渠道优化及资源整合；搭建西藏文化数据云，整合全区现有文化资源，发掘民间文化资源，充实文化服务内容；配套建设网络机房及服务器、存储等硬件系统，确保支撑以上系统的正常运行。

五、文化遗产保护传承工程

——新建国家级非物质文化遗产项目保护利用设施。为8个国家级非物质文化遗产项目建设保护利用设施，其中：传统表演艺术类项目传习中心4个，手工技艺类项目传习中心4个。传统表演艺术类建设内容包括：艺术成果展示厅、小型排练剧场、多功能公益培训厅、非物质文化遗产库房等。传统手工技艺类建设内容包括：传习培训交流多功能厅、技艺传承教室、技艺收藏展示厅、储藏保护库房等。

——新建自治区古籍保护传承服务中心。建成集藏文古籍的保护、传承、展示、阅览、修复、研究、经典文化推广和藏文书法、雕版印刷、木刻技艺、藏纸制作技艺等多种功能为一体的古籍保护传承服务中心，并配套建设功能用房和附属设施。

六、特色文化示范区基础设施

——中华民族特色文化产业园区建设。主要包括：拉萨"西藏文化旅游创意园区"提升工程；日喀则"江洛康萨文化产业园区"建设项目；昌都"康巴文化产业园"建设项目；林芝"贡布文化产业园区"建设项目；山南"藏源文化主题公园"建设项目；阿里"象雄文化产业园"建设项目等。

——"藏羌彝文化产业走廊"建设。主要包括：（1）列入国家总规核心区的我区三市建设项目10个：拉萨"茶马古道文化走廊核心体验区""拉萨古玩艺术品交易中心"；昌都"十八军遗址红色文化旅游开发项目""噶玛嘎赤唐卡画派生产基地""江达波罗木刻雕版生产基地"；林芝"门巴服饰开发制作基地""梗舞实景演出剧场""巴宜区文化产品生产基地""僜人民俗文化产业开发园区""珞巴编织产品生产基地"。（2）列入国家总规辐射区的我区两地建设项目7个：山南"加查神湖国家公园""洛扎峡谷生态文化走廊旅游区""拉加里文化旅游景区""桑耶文化旅游景区综合开发项目"；那曲"怒江两岸文化产业开发项目""原生态风土歌舞剧《藏北音画》演艺项目""格萨尔演艺中心"。

——西藏特色文化产业基础设施建设。在文化底蕴深厚、具有代表性的50个小城镇（古村落、古街）建设一批集文化产品生产、销售和宣传展示为一体的基础设施，在具有集聚效应的部分古街道、古村落实施整体保护与开发工程。

第七章 "十三五"时期西藏文化发展的重点保障措施

一、加强文化工作领导

完善党委领导、政府管理、部门协同、权责明确、统筹推进的西藏文化繁荣发展工作管理制度，充分发挥自治区公共文化服务体系建设协调小组工作机制职能作用和资源优势，在规划编制、政策衔接、标准制定和项目实施等方面加强统筹、顶层规划、整体推进。各级党委和政府要从贯彻落实"四个全面"战略布局的高度，从实现全面建成小康社会宏伟目标的高度，从加强党的执政能力、提高党的领导水平和执政水平的高度，进一步提高对文化工作的重要性、必要性和紧迫性认识，切实增强责任感、使命感和紧迫感，将文化建设和构建现代公共文化服务体系纳入本地区国民经济和社会发展总体规划，纳入重要议事日程，要结合实际研究制定实施方案或规划，全力推进落实。

二、深化文化体制改革

积极稳妥推进公益性文化单位机制改革，突出公益属性，强化服务功能，增强发展活力。按照政企分开、政事分开的原则，推动政府部门由办文化向管文化转变，提升政府配置公共文化资源、管理文化市场和引导社会力量参与的能力。不断增强改革的系统性、整体性、协同性，推动文化事业全面繁荣和文化产业快速发展，提供更多更好的优秀文化产品和文化服务。加快转变文化行政部门职能，提升政府配置公共文化资源、管理文化市场和引导社会力量参与的能力，推动文化内容、形式、方法、手段创新。

三、提高文化管理水平

牢固树立以人民为中心的工作导向，构建覆盖城乡、便捷高效、保基本、促公平的现代五级基本公共文化服务体系，促进基本公共文化服务标准化、均等化，切实加强文艺精品创作引导扶持力度，推动我区社会主义文化大发展大繁荣。健全完善西藏自治区公共文化设施建设、运行、管理和服务指标，强化监督、管理和考核工作，全面建立基本公共文化服务标准体系。完善管理体制机制，创新公共文化服务内容和形式，规范各级各类公共文化设施服务项目和服务流程，完善内部管理制度，提高管理效能和服务水平。

四、加大文化建设投入

充分发挥政府公共财政的主导作用，加大对文化工作的经费保障投入力度，建立稳定增长的投入长效机制。完善文化投入专项资金制度，规范公共文化服务专项转移支付。对公益性文化事业给予经费保障，对关系广大农牧民群众切身利益的文化项目给予重点扶持，推动文化投入向贫困地区倾斜。优先安排基层公共文化服务项目，全面保障县级综合文化活动中心、乡镇综合文化站和行政村（社区）综合性文化服务中心等基层公共文化服务机构所需经费，落实文化信息资源共享工程、公共电子阅览室建设、数字图书馆推广工程、非物质文化遗产保护工程、艺术精品创作推广工程、古籍保护工程等专项资金。

五、落实文化经济政策

深入贯彻落实《国务院关于推进文化创意和设计服务与相关产业融合发展的若干意见》《国务院关于加快发展对外文化贸易的意见》《关于深入推进文化金融合作的意见》等精神，借助资本市场发展文化产业，促进金融资本、社会资本和西藏文化资源的有效对接。扩大文化产业发展专项资金规模，扶持重点文化产业园区（基地）、龙头企业、重大项目建设。鼓励社会力量投入文化事业，支持社会组织、机构和个人兴办公益性文化事业，引导文化非营利机构提供公共文化产品和服务。我区文化企业按照财税〔2013〕87号文件和藏政发〔2014〕51号文件相关规定落实优惠政策，积极引导社会资本以多种方式参与公共文化建设，逐步形成政府投入与社会投入相结合的多渠道、多元化公益性文化投入机制。

六、积极推动文化援藏

深入贯彻落实中央对口援藏20周年座谈会和第五次全国文化援藏工作会议精神，积极加强与对口援藏单位的沟通协调，充分利用对口援藏单位在人才、资金、技术、管理等方面的优势，推进全区公共文化服务体系建设，加快艺术繁荣和文化产业发展，规范文化市场健康有序发展，加强非物质文化遗产保护和古籍保护等工作，助推西藏文化繁荣发展。充分发挥"春雨工程"——全国文化志愿者边疆行的作用，以"大讲堂""大舞台""大展台"为基础和载体，通过双向互动形式，搭建内地与西藏文化帮扶和交流平台。探索文化人才智力援藏双向交流机制，逐步搭建西藏区内艺术类毕业学生到内地援藏省市文化企业实习锻炼的培训机制。以文化部实施"西部地区文化人才支持计划"等为契机，加强各类文化人才的培养和引进，促进全区文化人才结构更趋合理。

七、加强文化法规建设

全面梳理文化领域法规制度，做好立、改、废工作，建立健全坚持社会主义先进文化前进方向、遵循文化发展规律、有利于激发文化创造活力、保障人民基本文化权益的文化法规制度。制订出台《公共文化服务保障条例》，适时修订《西藏自治区文化市场管理条例》，在全国人大颁布出台《文化产业促进法》后，积极配合自治区人大拟定出台《西藏自治区文化产业促进条例》，促进基本公共文化服务标准化、均等化，把行之有效的文化经济政策法定化，健全社会效益和经济效益有机统一的制度规范。制定文化市场准入和退出标准。制定文化市场各类主体行政审批规范手册，全面推进审批工作规范化进程。全力推进"两支队伍"的普法教育，提高文化建设法制化水平。

八、强化文化人才培养

完善人才政策体系，健全人才培养开发、评价发现、选拔任用、流动配置、激励保障机制、实行人才工作目标责任考核制，制定完善干部选拔任用、人员调动、干部轮岗交流、人员休假、考勤管理等制度，形成以制度管人、风清气正的良好用人环境，为文化人才队伍发展提供坚强的制度保障。坚持"资源共享、合作共赢"的工作思路，促进文化与教育事业紧密合作、深度融合、协同发展，大力实施非遗进校园工程，不断提升民族文化传承与创新能力。建立表演类人才队伍建设与内地艺术院校联合培养的工作机制，联合自治区党校等区内外高校大力开展文化管理干部与专业技术再教育，探索建立"三区人才"选派与培养工作机制。稳步推进县、乡等基层公共文化服务人才建设和队伍培训，完善人才激励和保障机制，全面提高从业人员素质。

陕西省"十三五"文化发展规划

"十三五"时期（2016-2020年），是推进"四个全面"和实现"中国梦"的关键时期，为了认真贯彻落实党的十八大和十八届三中、四中、五中全会精神，以及建设"三个陕西"、"一路一带"的战略部署，践行社会主义核心价值观，在"新常态"下促进陕西文化大发展大繁荣，打造中国文化中心，根据省委、省政府的工作要求，编制形成本规划。

第一章 "十二五"文化建设回顾

第一节 文化事业成就

——在重大公共文化设施建设方面，包括省第二图书馆、省群众艺术中心等在内的省级重点项目有序推进，五个市级图书馆或艺术馆已竣工，县级"两馆一院"和乡镇文化建设项目全面完成。

——在公共文化服务平台建设方面，宝鸡市成功创建第一批国家公共文化服务体系示范区，渭南市、铜川市正在分别创建第二、三批示范区，渭南市"一元剧场"、铜川市"公共图书馆一体化"、安康市"汉剧兴市"等6个项目已成功创建或正在创建国家示范项目。建成文化共享工程省级分中心1个，市级支中心7个，县级支中心101个，实现了省、市、县、乡、村全覆盖；省图书馆和西安、宝鸡、咸阳、铜川、安康、商洛6个市数字图书馆推广工程建设工作顺利实施；公共电子阅览室建设投入8282万元，建成2828个公共电子阅览室并向社会免费开放；为16668个行政村文化活动室配送了文化活动器材，为常年深入农村演出的104个剧团配送了流动舞台车和灯光、音响等演出设备，为77个县图书馆配送了流动图书车，实现了县级剧团和县级图书馆流动服务车全覆盖。

——在文化惠民方面，从2011年6月起，我省112家公共图书馆、119家文化馆、3家美术馆、1542家乡镇综合文化站统一向社会免费开放；从2012年开始，省级实行成本购买演出服务的办法，并采取"以奖代补"方式引导市县开展购买演出服务，推进政府部门由"办文化"向"管文化"转变，共采购各类演出5000余场。

——在艺术创作方面，舞台艺术中，有歌舞剧《米脂婆姨绥德汉》《兰花花》《金格灿灿的彩》，歌剧《大汉苏武》，京剧《风雨老腔》，秦腔《大树西迁》《西京故事》《柳河湾的新娘》，交响乐《长安》、民族管弦乐《秦风秦韵》《丝路长安》《乡韵》、大型歌舞《大唐赋》等近两百部优秀剧（节）目，分别获得文化部"文华大奖特别奖"、文华优秀剧目奖、国家舞台艺术精品工程奖、国家艺术基金资助项目，以及中宣部"五个一工程奖"等。歌舞剧《延安保育院》《延安颂》《梦回大唐》《大长安》和《长恨歌》等旅游演出形成了特色旅游文化品牌。在美术创作上，共有16件作品在国家和国际艺术赛事中获奖，100多件优秀作品入选全国性和国际重大美术展览，5件美术作品入选参展第十届中国艺术节全国优秀美术书法展览，19件美术作品入选参展第十二届全国美展，1件作品获金奖。

——在群众文化活动方面，通过举办丝绸之路国际艺术节、陕西省艺术节、陕西省阅读文化节、陕西省群众文化节等示范性、品牌性活动，带动全省群众性文化活动的整体提升和全面提高。举办"国风·秦韵"陕西传统文化系列展演，开展地方戏曲、剪纸、民歌、腰鼓、书法等优秀传统文化进校园、进社区活动，举办戏剧大赛、民歌大赛、锣鼓大赛、曲艺大赛、社火展演等富有地方特色的文化活动，极大丰富了城乡群众的文化生活。截至2013年，指导群众业余文艺团队1.17万个，每个县区均有不少于100家的各类民办文化团体，成为公益性文化单位的重要补充，形成了国有和民办互为补充的公共文化发展态势。

——在文化遗产保护方面，制定出台了《陕西省非物质文化遗产条例》，对全省非遗资源进行了普查，记录线索38416条。重点加强了名录体系和代表性传承人队伍建设，建立了国家、省、市、县四级非物质文化遗产名录。现有国家级名录项目74项，省级441项，市级1415项，县级4150项。西安鼓乐、中国剪纸（安塞剪纸、延川剪纸）、中国皮影戏（华县皮影戏）成功入选联合国人类非物质文化遗产名录。现有国家级非物质文化遗产项目代表性传承人50人，省级385人，市级1281人，县级3977人。国家级陕北文化生态保护实验区和国家级羌文化生态保护实验区建设有重大进展。古籍保护计划和非物质文化遗产保护工作顺利推进，文化遗产得到全面有效保护。

——在文化市场管理方面。"十二五"期间，我省研究制定了《关于进一步加强我省文化市场管理工作的若干意见》、《关于加强文化市场综合执法装备配备工作指导意见》等一系列文件，进一步促进了我省文化市场综合执法工作系统化、规范化发展。截至目前，全省10市、107个县（区）均已挂牌成立了文化市场综合执法机构，建立了内部管理制度和执法工作制度，全省文化市场执法体系进一步完善。

第二节　文化交流成果

在文化交流方面，"十二五"期间，我们依托陕西丰厚的文化资源，全面拓宽文化交流渠道，先后组派文化交流团组赴美国、俄罗斯、澳大利亚、德国、意大利、法国、奥地利、土耳其、日本等三十余个国家和地区开展形式多样的文化交流活动。依托国家文化部海外"欢乐春节"品牌积极宣传陕西文化，组织了陕西传统文化周系列活动，打造了"从长安到罗马——丝绸之路系列演展活动""今日丝绸之路国际美术邀请展"等一批知名文化品牌，成功举办了两届"丝绸之路国际艺术节"，承办了庆祝中国—土耳其、中国—伊朗建交文化庆祝活动，为配合国家总体文化外交做出了应有贡献。

第三节　文化体制改革情况

在文化体制改革方面，目前我省国有文艺院团的转企改制和市县文化市场综合执法机构的合并组建任务已全面完成。公益性事业单位改革稳步推进，劳动、人事和收入分配制度改革有序进行，用工制度逐步规范。陕西演艺集团改制以来，转变观念、锐意创新，不断强化项目带动作用，"走出去，引进来"，用政府扶持、项目扶持，来鼓励企业能够多创新、多出优秀作品，以全新理念建立市场运作和管理机制，整合艺术资源，推动品牌化建设和衍生产品开发，逐渐走上健康发展轨道。

第四节　存在的问题

"十二五"期间，我省在文化建设各个领域虽然取得了较大进展，但是，与广大人民群众日益增长的精神文化需求及实现"文化强省"的战略目标相比还存在一定的差距，文化的发展与全省经济的发展还不相匹配，公共文化事业等方面还存在许多亟待解决的问题。具体表现在：各级政府对文化建设的认识还需要进一步提高；公共文化设施的布局应更加科学、更加合理；文化建设的投入力度还要进一步加大；基层文化人才队伍的综合素质有待提高；公共文化产品与资源相对缺乏的现状还需要进一步改善；文化惠民演出的交通、场地和宣传瓶颈有待突破；城乡文化发展不平衡、基层文化尤其是农村文化生活比较贫乏的格局需要进一步改观。

第二章　"十三五"文化发展规划

第一节　指导思想

规划以邓小平理论、科学发展观和习近平总书记系列讲话精神为指导，按照省委、省政府建设文化强省和

"三个陕西"的总体要求，结合国家"一带一路"发展战略，以文化体制改革为动力，着力培育文化市场主体，扩大对外文化交流，传承和弘扬优秀传统文化，促进基本公共文化服务标准化与均等化，实现我省文化事业又好又快发展。

第二节 基本原则

坚持社会效益和经济效益相统一。发展文化事业，促进文化产业，必须坚持把社会效益放在首位，努力实现社会效益和经济效益的统一；

坚持政府推动和市场引领相结合。要有效发挥政府推动文化事业和产业发展的组织、引导、扶持作用，充分发挥市场在资源配置中的基础作用；

坚持体制改革与科技创新相结合。坚持体制改革与科技创新两驱动，推动文化与科技、金融和旅游的融合，以激发文化发展之活力；

坚持长远规划与分步实施相结合。立足当前，放眼长远，实行统一规划，分步实施，推进全省文化建设科学发展。

第三节 发展目标

现代公共文化服务体系基本建成。根据中共中央办公厅、国务院办公厅《关于加快构建现代公共文化服务体系的意见》（中办发〔2015〕2号）精神，我省将在未来五年，按照填平补齐、消灭空白、完善功能、满足需求的原则，到2020年，基本建成覆盖城乡、便捷高效、保基本、促公平、具有陕西特色的现代公共文化服务体系，其中包括：文化设施网络体系、供给体系、创新服务体系、均衡发展体系、绩效评估体系、保障体系等六大体系。

推进文化艺术创作事业全面繁荣。坚持以人民为中心的创作生产导向，推出一批弘扬社会主义核心价值观、体现民族精神和时代精神的艺术精品，重点抓好舞台艺术精品的创作、演出和交流。省、市每年新创作1—2部原创剧目，力争五年创作舞台剧目100部以上；重点推出50部弘扬主旋律、体现多样化的优秀剧目；完成300幅以上表现陕西近现代重大历史事件和重要历史人物的大型绘画和雕塑作品；坚持政府每年免费或低票价提供2000场以上各类文艺节目。创作200件群众文艺作品，重点打造40件音乐、舞蹈、戏剧、曲艺作品。

促进优秀传统文化传承体系有效建立。力争到2020年，非物质文化遗产名录体系和代表性传承人队伍建设进一步完善，法律法规不断建立健全，抢救性、生产性、整体性、数字化等保护方式有效实施，各类展演展示宣传交流活动深入开展，项目和代表性传承人得到科学保护，非遗的传承展示基础设施建设逐步改善，非遗保护深入人心。完成全省古籍完整项著录登记，编辑出版《中华古籍总目（陕西卷）》。加强民间文化艺术之乡建设。设立100个国学馆、国艺馆，传承和弘扬中华优秀传统文化。弘扬中华传统文化，展示三秦文化魅力，积极实施"国风秦韵"系列文化项目，认真落实省委、省政府《关于发展繁荣秦腔艺术的若干意见》，出台我省振兴秦腔艺术发展规划，积极实施秦腔艺术10大项目。

强化文化人才队伍建设。到2020年，基本形成与经济发展相适应、与文化工作相适应的文化人才长效保障机制。文化人才总量稳步增加，文化人才队伍的整体素质明显提高，能够满足文化事业和文化产业发展的总体需求。"十三五"期间，每年基层文化人才示范培训不少于1000人次，为我省"三区"县培养文化人才不少于100人，选派不少于1100名文化工作者到"三区"工作或服务。通过人才培养选派工作的开展，进一步带动我省连片特困县区、贫困县区、革命老区文化人才队伍建设。同时，积极探索文化人才引进机制，制定并完善有突出贡献的文化人才激励、奖励办法。加强文化志愿者队伍建设，构建起省、市、县、乡、村五级志愿服务体系。

不断完善现代文化市场体系。充分发挥市场对资源配置的决定性作用，建立健全文化产品市场和文化要素市场，促进文化产品和生产要素的合理流动。简政放权、依法监管，构建统一开放、竞争有序、诚信守法、监管有力的现代市场体系，加快形成权责明确、公平公正、透明高效、法治保障的市场监管格局，到2020年建成体制比较科学、制度更加完善的市场监管体系。

积极实施"文化走出去"战略。认真贯彻中共中央办公厅、国务院办公厅《关于进一步加强对外和对港澳台文化工作的意见》，按照"建设丝绸之路经济带新起点文化先行"的总体要求，以宣传丝路文化为突破口，积极实施文化"走出去"战略，推动文化与国际商贸、旅游相结合，形成全方位、多层次、宽领域的对外文化交流新格局，进一步扩大陕西文化的对外影响力。

进一步深化文化体制改革。推进文化体制机制创新，深化文化企事业单位内部改革，建立政府向社会力量购买公共文化服务机制，公益性事业单位内部运行机制基本健全，先进文化主导地位得到加强，经营性文化单位改制到位，运行机制更加完善，逐步形成一批自主经营、自负盈亏、自我发展、自我约束的国有和国有控股文化企业。

第四节　发展任务

一、文化事业

（一）继续提高公共文化设施建设水平，实现公共文化设施的有效覆盖

加强省级重点公共文化设施建设，加快推进第二省图书馆、省群众文化艺术中心建设。重点补齐市县级公共文化服务设施空白点，着力推进渭南市、榆林市、汉中市公共图书馆、榆林市群众艺术馆、以及部分县公共图书馆建设，同时提升现有"两馆"设施水平，确保"十三五"末，市级"两馆"全部达到部颁二级，县级"两馆"全部达到部颁三级。重点推进基层综合性文化服务中心建设，到2020年，全省范围内的乡镇（街道）、村（社区）普遍建成基层综合性文化服务中心，同时，以流动文化设施和数字文化阵地建设为补充，努力实现省、市、县、乡镇（街道）、村（社区）五级公共文化设施网络全覆盖。

（二）促进公共文化产品的创作和生产，丰富公共文化服务的内容

一是探索建立群众需求反馈机制。重点加强对基层群众文化需求的了解，有针对性地提供公共文化产品和服务。二是组织创作优秀公共文化产品。引导各级文化单位和文化企业创作生产优秀公共文化产品，积极弘扬社会主义核心价值体系。三是广泛开展基层群众文化活动。扩大陕西省群众文化节（农民、社区、少儿）、陕西省阅读文化节等群众文化活动的影响力。四是大力发展地方特色文化。重点利用陕西传统文化资源打造具有地方特色的文化精品。

（三）完善、创新公共文化服务供给体系，增强公共文化产品的供给能力

一是充分发挥公益性文化单位在公共文化服务中的骨干作用。面向基层、面向群众，提供优质高效、普遍均等的公共文化服务。二是建立政府购买公共文化服务机制，推进公共文化服务社会化。三是加强政策扶持，鼓励引导社会力量通过投资或捐助设施设备、兴办实体、资助项目、赞助活动、提供产品和服务等方式参与公共文化服务体系建设。四是培育规范文化类社会组织。加强对文化类行业协会、民间文化社会团体（民间班社、自乐班、文化大院、读书社等）的引导、扶持和管理。五是拓宽服务领域，创新服务方式。鼓励公共文化单位探索适合基层特点、适应群众需要的新的文化服务方式。六是坚持以群众需求为导向，构建起覆盖城乡、便捷高效、标准统一、互联互通的公共数字文化服务网络，有效保障广大基层群众的公共数字文化权益。七是加大文化科技创新力度，支持科研机构和科技企业的文化科技成果应用于公共文化服务领域。

（四）注重特定地域、特殊群体的公共文化服务，促进公共文化服务均等化

一是促进城乡基本公共文化服务均等化。建立公共文化服务城乡联动机制，在城乡基层，特别是农村和偏远地区，开展流动服务和数字服务，打通公共文化服务"最后一公里"。二是加大对革命老区、贫困地区的扶持力度。结合国家扶贫开发攻坚战略，编制革命老区和贫困地区公共文化服务体系建设发展规划。中、省涉及民生文化的设施建设、文化项目、资金投入优先向革命老区和贫困地区倾斜。三是保障特殊群体享有均等的文化权益。将老年人、未成年人、残疾人、农民工、农村留守妇女儿童、生活困难群众等特殊群体作为公共文化服务的重点对象。

（五）全面推进文化惠民工程，积极探索政府向社会力量购买公共文化服务新机制

印发《陕西省政府向社会力量购买公共文化服务工作实施意见》《管理办法》和《目录清单》，督促已开展政府购买演出服务的市、县（区）进一步扩大覆盖面，提高服务水平；尚未开展的尽快启动实施，加快推进步伐，力争两年左右，各市、县（区）全面开展并基本建成政府购买公共演出服务制度。省级财政、文化部门在继续开展购买演出送戏下乡的同时，建立"以奖代补"机制，加大资金投入，选取购买演出服务数量、投入努力程度、制度建设、群众评价等因素测算分配资金，对市县开展政府购买演出服务进行奖补。支持创编、移植和排练一批农村题材的文艺作品，对演出场次在300场以上的市、县剧团，实行"以奖代补"，鼓励市、县剧团以及民营演出团体进农村、社区、高校演出。

（六）牢固树立精品意识，坚持艺术创新

以文化为基，打造出以特色文化为载体的"多彩"陕西文化精品繁荣局面，创作一批代表当代、体现陕西特色、在全国有影响的标志性文化精品，推出一批经得起历史检验、群众检验和市场检验的精品力作。以举办第十一届中国艺术节为抓手，加大全省40部重点剧目打造提升力度，使其成为思想性、艺术性、观赏性俱佳的优秀剧目，争取20部剧目参加第十五届"文华奖"的评选，2部作品冲击"文华大奖"。8件群众文艺作品参加十七届"群星奖"评选，力争2件作品获取"群星奖"。实施"从长安到罗马"舞台艺术精品创作工程、"今日丝绸之路"美术作品创作工程和中国陕北民歌传承与创新十大工程。

（七）弘扬传统文化，强化非物质文化遗产保护工作

继续与省教育厅联合推进陕西省中小学优秀传统文化教育社会实践基地命名工作，以及非遗进校园、进教材、进课堂工作，传承弘扬中华传统文化精髓。推进非物质文化遗产生产性保护基地（单位）建设，发挥其典型示范作用，增强非物质文化遗产的生产力和生命力。结合国家发改委和文化部国家级非遗基础设施建设项目的推进，加快推进各类展示、传习、陈列场所建设，展示和传承非物质文化遗产，提升保护利用能力。加强西安鼓乐、秦腔等品牌项目的宣传展示，增强非遗的社会影响力。拓展保护渠道，引导民营企业、高等院校、科研机构、社会团体等参与非遗保护，从而形成合力，共同推进非遗保护事业的发展。加强古籍保护，建设古籍专藏书库，实施古籍数字化及专题数据库建设，做好古籍普查登记、珍贵名录建立、古籍宣传、培训和出版。展演陕西民乐、西安鼓乐、优秀秦腔剧目，创作秦腔新剧，增强我省非遗项目的社会影响力。立项建设中国秦腔博物馆和博览园。加强民间文化艺术之乡建设，推动民间文化交流展示。

（八）强化文化市场管理，全面提升文化执法水平

一是积极构建现代文化市场体系。运用法律、经济和必要的行政手段，调整市场布局，优化市场结构，引导和调节文化市场。二是建立科学合理的管理体系。严格依法行政，完善文化市场主体和产品的准入和退出制度，开展文化市场诚信体系和标准体系建设。三是建设运行规范的综合执法体系。进一步深化文化市场综合执法改革，健全县级文化市场管理和执法队伍，建立完善乡镇文化市场管理体制机制。四是建设保障有力的监管队伍体系。落实文化市场综合执法机构的编制、人员、经费。根据《陕西省文化市场综合执法装备配备工作的指导意见》，各级政府要切实保证执法经费，配备执法车辆，购置必备的执法装备，改善执法条件和待遇。五是建设科学高效的技术监管体系。按照文化部全国文化市场技术监管与服务平台的总体规划和实施要求，实现对文化市场的科学监管。六是建设综合有力的长效管理体系。充分发挥文化市场管理工作领导小组的作用，建立部门协作机制，落实监管职责，加大联合执地力度。强化社会监督机制，建立举报奖励制度，加强行业自律，规范经营行为。

二、人才培养

（一）在公共文化人才队伍建设方面

按照"存量优化、增量优选"的原则，探索能够发现人才、吸引人才、培养人才、留住人才、用好人才的体制机制，建立一支稳定的、高素质的公共文化人才队伍。一是重视公共文化人才的选拔、引进和培养。完善人才政策和措施，营造良好的文化人才使用和成长环境，吸引各类优秀人才进入公共文化服务领域。建立健全基层管理人才选拔任用机制。二是落实编制，解决待遇，稳定基层文化队伍。贯彻落实中办国办《关于加快构建现代公共文化服务体系的意见》精神，明确核定县、乡镇综合文化站人员编制，每个文化站配备1-2人，规模较大的乡镇适当增加。三是加强文化队伍的教育培训，提升队伍素质和服务能力。将公共文化服务专业人才培养纳入国民教育体系，稳步推进基层公共文化服务队伍培训，运用院校教育、岗位培训、业务交流等多种方式，加大培训、轮训力度，更新文化从业人员的知识，着力提高队伍公共文化服务能力。四是大力发展文化志愿者队伍。完善文化志愿者注册招募、服务记录、管理评价和激励保障机制。鼓励和引导社会人员参与公益性文化服务，成为专业文化队伍的有益补充。鼓励离退休文艺工作者、艺术院校学生和其他热心公益事业的各界人士为社区和乡村提供志愿文化服务。重视发现和培养扎根基层乡土文化能人、民间文化传承人特别是非物质文化遗产项目代表性传承人，凝聚乡贤力量，推动我省乡村文化建设。

（二）在文化艺术人才培养方面

一是进一步完善人才培训计划，根据相关规定，拿出适合我省文艺人才现状的培训目标方案；二是建立起文艺人才发现、奖励机制，给更多的文艺人才以展现才华的机会与舞台；三是全面落实国家"三区"人才培训计划；四是创新文艺人才用人机制，为人才流动创造良好的政策环境；五是实施"陕西省终身成就艺术家项目"、"陕西秦腔流派传承培养项目"，加大对文艺名家的扶持，总结艺术成就，培养青年艺术人才。

三、文化交流

进一步扩大中外公共文化交流和省际文化交流，积极实施"文化走出去"战略。紧紧围绕"一带一路"战略机遇，以陕西厚重的历史文化为依托，用文化交流和文化产品贸易方式来扩大陕西文化的影响力。办好一年一度的丝绸之路国际艺术节、"国风秦韵"和"欢乐春节"等活动，通过节会、论坛等方式，向世界展示陕西文化的魅力。

四、文化体制改革

依据国家文化体制改革目标任务的要求，各类文化专项资金和基金，向符合条件的转企改制文化单位倾斜，建立起政府向社会力量购买公共文化服务新机制，同时，加大对市县转制文艺院团的扶持力度。依法减少和规范省级文化行政审批，做好中央行政审批的承接工作；开展公共图书馆、博物馆、文化馆等公共文化单位法人治理结构的改革；加强公共文化服务体系制度设计研究，建立健全公共文化服务体系建设长效机制；推进公共文化服务的标准化和规范化建设，明确我省公共文化服务基本保障标准和公共文化单位服务规范；加强公共文化绩效考核；深化文化市场综合执法改革；组织举办"丝绸之路"为主题的各项文艺活动；建设全省互联互通、数据共享的网络文化产品、视听节目、网络出版等内容监测监管体系。

第五节　重点工程与项目

"十三五"期间，全省在文化建设方面，将重点实施"五大工程"，共36个项目。

1. 重点文化设施建设工程。

序号	项目名称	负责单位	项目内容	建设标准
1	省级重大文化设施项目	省文化厅及相关项目单位	陕西省第二图书馆、陕西省群众文化艺术中心（第二艺术馆）、实验剧院（西京剧院）、陕西美术创意苑、省演艺人才培训基地、古都丝路演艺基地。	省图8万平方米，艺术中心4万平方米，西京剧院1万平方米，创意苑4.7万平方米，人才基地2万平方米，丝艺基地50亩。
2	市级馆院建设项目	相关市文广新局	全面加强10市1区图书馆、文化（群艺）馆基础设施建设，提升市级公共文化服务水平。重点推进渭南市、汉中市、榆林市市级图书馆、榆林市市级群艺馆、宝鸡音乐厅、渭南嘉和美术馆、铜川文化艺术中心、延安陕北说书馆建设。	对市级图书馆面积未达到4500平方米进行新建或改扩建；对市级群众艺术馆（中心）面积未达到4000平方米进行新建或改扩建，达到国家建设标准。
3	县级"两馆一院"改造项目	相关县（区）文广新局	改扩建不达标的县级图书馆、文化馆。对具备条件的文化馆、图书馆、影（剧）院进行整合，建设集图书阅览、文化信息共享、文艺演出等多功能的县级综合文化中心。	使全省所有县级公共图书馆、文化馆达到国家三级馆以上标准。
4	城市社区综合文化中心	相关市县（区）文广新局	对社区文化中心（室）进行维修、改造和文化活动设施配送，争取"十三五"末基本实现城市社区有综合文化中心（室）的目标。	每年建设350-400个。共建2000个。
5	乡镇（街道）综合文化站（乡镇文体中心）	相关县（区）文广新局	乡镇（街道）综合性文化设施重在完善和补缺，对个别尚未建成的进行集中建设。	新建250个，300平米/个。
6	村（社区）基层文化服务中心（乡村文化苑）	相关县（区）文广新局	依托村（社区）党组织活动场所、城乡社区综合服务设施、文化活动室、闲置中小学校、新建住宅小区公共服务配套设施以及其他城乡综合公共服务设施，在明确产权归属、保证服务接续的基础上进行集合建设。	27000个村。
7	"一县一品"、"一镇一特色"项目	相关县（区）文广新局	每年支持20个"一县一品"、"一镇一特色"示范项目创建示范项目，通过这些示范项目进一步提升我省公共文化服务体系的建设成果，进一步推动我省公共文化服务向广覆盖、高效能转变。	五年共扶持100个县、1000个乡镇。

序号	项目名称		项目内容	建设标准
8	24小时自助图书馆项目	省文化厅	计划在全省10个设区市和杨凌示范区、韩城市以及省直管县应根据本地实际情况，选择合适的社区、交通枢纽、广场、党政机关设立设立24小时自助图书馆服务点，将其作为城市公共文化服务设施的有效补充，构建遍及全省的24小时自助图书馆服务体系。	项目计划建设周期为5年。从2015年开始，每年采购50台24小时自助图书馆，到"十三五"结束，共计采购250台，在全省基本形成24小时自助图书馆服务网络。

2.公共文化服务体系建设工程。

序号	项目名称		项目内容	建设标准
9	文化信息资源共享工程	省文化厅及相关县（区）文广新局	建设乡镇基层服务点，推进城市街道（社区）文化中心、文化活动室基层服务点建设，实现共享工程全覆盖。对舞台剧目、音乐、美术、非遗、艺术古籍和各类艺术文献资源进行数字化转化和开发。	推进文化信息资源"进村入户"，数字资源量不少于150TB，数据库不少于15个。
10	数字文化馆建设项目	省文化厅及相关县（区）文广新局	全省90%以上的公共图书馆互通互联，实现图书资源在全省范围内共建共享。建设24小时街区流动图书馆，实施全省图书馆联盟、文化馆系统数字文化服务工程，提升省市县文化信息网络建设和数字化服务水平。	
11	村级文化活动器材配送项目	省文化厅及相关县（区）文广新局	为已建成的村级文化活动室配送文化活动器材。	实现90%以上的行政村拥有文化器材。具备开展基本活动条件。
12	流动文化服务车配送项目	省文化厅及相关县（区）文广新局	向市县图书馆、文化馆配送流动服务车和文化活动设备。	图书馆每年下基层服务次数不低于50次，文化馆每年组织流动演出和流动展览各10场以上。
13	公共文化场馆免费开放	省文化厅及相关县（区）文广新局	全面推进全省公共图书馆、美术馆、文化馆（站）等向全社会免费开放。	
14	文化市场综合执法装备现代化项目	省文化厅及相关县（区）文广新局	包括数码照相机、数码摄像机、硬盘存储器、执法记录仪等取证设备，以及笔记本电脑、实物投影仪、移动存储介质、便携式打印机、便携式网络适配器、移动执法手持式终端等信息网络装备。	计划五年内为省、市、县（区）三级文化市场综合执法机构，共配备300套信息化移动执法装备。

序号	项目名称		项目内容	建设标准
15	连片特困地区"文化援助"项目	省文化厅及相关县（区）文广新局	丰富我省国家连片特困地区广大群众精神文化生活，实现公共文化服务的均等化。	每年在全省支持开展30个"文化援助"项目。
16	省文化厅文化信息枢纽项目	省文化厅及相关县（区）文广新局	（1）省文化厅数字文化艺术枢纽（中心）：文化艺术成果数字化、移动互联网文化服务；（2）省市文化市场管理信息平台：平台建设及相关设备配备；（3）国风秦韵文化品牌网站。	按照政府采购标准。

3.艺术创作繁荣工程。

序号	项目名称	项目内容		建设标准
17	陕西省艺术基金项目	省文化厅	资助艺术精品的创作生产、传播交流推广、政纪收藏，及艺术人才培养。	计划每年资助大型剧目10项，小型剧目20项，传播交流推广项目30项，青年艺术人才资助项目20项，美术创作资助50项。
18	美术作品展览、交流、收藏项目	省文化厅、省美术馆	藏品收藏、举办品牌美术展览项目、举办国家藏品季展览、组织我省藏品或陕西当代艺术家作品赴外省市展出、引进境外优秀展览来陕展出	陕西省美术博物馆品牌展览项目"高原 高原"展，每年举办一次；陕西省美术博物馆举办国家藏品季展一次；每年组织藏品或陕西当代艺术家作品赴外省市展出，共3站。
19	一市一品项目	省文化厅及相关县（区）文广新局	支持地方特色剧种剧目，鼓励省、市、县级剧团以及民营演出团体的艺术创作。每年每市创作演出一部优秀剧目。	对年演出场次达到200场的新创作剧目给予演出补助。
20	购买演出服务项目	省文化厅及相关县（区）文广新局	支持创编、移植和排练一批农村题材的文艺作品，鼓励市、县剧团以及民营演出团体进农村、社区、高校演出。采取"以奖代补"方式，对常年开展演出的省市县剧团给予奖励补贴。	
21	艺术科研项目	省文化厅、艺研所	设立文化艺术科研基金，开展重大艺术科研课题、文化战略、文化产业、艺术创作等方面的研究；推进陕西艺术通史出版和陕西传统剧目大典编撰出版。	

序号	项目名称		项目内容	建设标准
22	陕西文艺资源数据库建设项目	省文化厅、省图书馆、省艺研所、省艺术馆	建设陕西文艺资源数据库，收集、整理加工全省文化艺术资源，对重点扶持的舞台剧目、音乐、美术、非物质文化遗产、艺术古籍资料和各类艺术文献资源等进行数字化转化和开发。	
23	陕西艺术创作基地建设项目	省文化厅	陕北、关中、陕南各一个。	

4.传统文化传承保护工程。

序号	项目名称		项目内容	建设标准
24	抢救性保护名录项目	省文化厅、省艺术馆	开展国家级、省级重点或濒危项目保护：	依据文化部《国家级非遗代表传承人抢救性记录工作规范》。
25	抢救性保护项目	省文化厅、省艺术馆及相关市县区文广新局	抢救保护国家级项目代表性传承人50人；抢救保护省级项目代表性传承人150人。	
26	展示馆、传习馆（所）项目	省文化厅、省艺术馆及相关市县区文广新局	建成国家级项目传习所10个，省级项目传习所20个。	
27	文化生态实验区整体保护项目	省文化厅、省艺术馆及相关市县区文广新局	国家级陕北文化生态保护实验区实施建设，国家级羌族文化生态保护区启动建设。	依据《国家文化生态保护实验区总体规划》（2014-2028）。
28	古籍保护项目	省文化厅、省图书馆、省艺研所、省艺术馆	建设古籍专藏书库，实施古籍数字化及专题数据库建设，做好古籍普查登记、珍贵名录建立、古籍宣传、培训和出版。	
29	国风秦韵项目	省文化厅、台湾天朗文商旅集团	展演陕西民乐、西安鼓乐、优秀秦腔剧目，创作秦腔新剧，展示展演非遗节目、作品、产品和产业，立项建设中国秦腔博物馆和陕西非遗活态博览苑（107坊）。	陕西非物质文化遗产活态博览苑（107坊）规划面积200亩。中国秦腔博物馆 规划面积15000平方米。含展演非遗项目场所、秦腔剧目演出场所，以及一处秦腔剧场。
30	民间文化艺术之乡交流展示项目	省文化厅	推动"民间文化艺术之乡"开展交流展示，普及推广民间文化艺术。	每年举办3次。

515

5.文化人才培养工程。

序号	项目名称		项目内容	建设标准
31	培养1000名基层文化骨干	省文化厅	300名图书馆和文化馆业务骨干人员、400名乡镇、村文化站（室）骨干、300名城市社区文化骨干	
32	培养1000名舞台艺术人才	省文化厅	200名编剧、100名导演、400名表演艺术家、100名作曲、200名舞美人员	
33	培养300名文化专业人才	省文化厅	100名文化产业高层次经营管理人才、100名高级文化艺术专业技术人才、100名非物质文化遗产保护管理和专业人才	
34	培养30名青年文化艺术人才	省文化厅	10名知名青年编剧、10名知名青年导演、10名知名青年表演艺术家	
35	引进艺术领军人才	省文化厅	引进文化艺术领军人才不少于30人。重点奖励有突出贡献的文化艺术人才不少于20人	
36	引进文化产业人才	省文化厅	每年引进尖端动漫人才和文化创意产业管理人才不少于50人	

第六节 保障措施

建立协调有力的工作机制，合力推进文化工作组织实施。进一步发挥"陕西省公共文化服务体系建设协调组"重要作用，建立起统一规划合力推进的工作机制，消除行政壁垒，突破体制障碍，促进公共文化资源共建共享，提高公共文化资源的整体利用效率。

加大财政投入力度，支持文化建设全面发展。认真贯彻落实《陕西省人民政府关于支持文化大发展大繁荣若干财税政策的意见》，建立逐年增长的公共文化服务经费保障机制，确保各级财政每年新增财力不低于2%用于文化建设，使文化支出占财政支出的比重达到1%，确保公共财政对文化投入的增幅高于财政经常性收入增幅。继续征收文化事业建设费，从城市住房开发投资中提取1%用于社区公共文化设施建设。进一步拓宽文化投入来源渠道，增加政府非税收入用于文化的投入，提高各级彩票公益金用于文化事业比重。

落实完善改革配套政策，确保文化体制改革顺利实施。对已有的支持文化体制改革的政策进行修订或延续，完善转制文化企业养老保障政策，研究制定符合演艺职业特点的转岗政策，积极争取有关部门支持，解决转企改制后的养老待遇水平衔接问题。

创新机制，建立现代化的公共文化绩效评估体系。逐步完善公共文化服务评估体系，建立起以群众需求为导向，以外部评价为主力，以公共文化服务的质量和效益为重点，政府、社会、服务群体共同参与，绩效评估结果与项目资金转移支付相挂钩的"公共文化服务绩效评估体系"，并将其纳入各级政府绩效考核体系。建立公共文化需求反馈机制，准确、全面地了解群众的文化需求。继续开展公共图书馆、文化馆、乡镇综合文化站评估定级，开展国家公共文化服务体系示范区（项目）、文化先进县（地区）创建。

推进文化法制建设，建立现代文化法制保障体系。加强公共文化、非遗保护等方面的立法顶层设计，将文化立法列入发展规划，分年度统筹推进。推动《陕西省公共文化保障条例》、《陕西省公共图书馆条例》、《陕西省文化馆（站）条例》尽快进入立法程序，修订完善《陕西省文化市场管理条例》，对《陕西省非物质文化遗产条例》涉及文化方面的法律法规的执行情况强化监督检查。

甘肃省"十三五"文化产业发展规划

为进一步加快文化产业发展，建设文化大省，根据《中华人民共和国国民经济和社会发展第十三个五年规划纲要》《甘肃省国民经济和社会发展第十三个五年规划纲要》和《华夏文明传承创新区总体方案》，编制本规划。

第一章 规划背景

文化产业是市场经济条件下繁荣发展中国特色社会主义文化、满足人民群众精神文化需要、推动经济结构调整、转变经济发展方式的重要载体，是我省现代服务业的首位工程。大力发展文化产业，激发全省文化创造活力，是推动我省经济社会发展的战略性、全局性工作，是华夏文明传承创新区建设的重点任务，是加快推进我省供给侧结构性改革的现实途径，是打好打赢全面建成小康社会决胜战的内在需要。

"十二五"时期，我省文化产业实现高位持续快速增长，由起步阶段进入了快速发展阶段。全省文化产业增加值占全省生产总值比重从1.26%增长到2.3%，资产总量从227.5亿元增长到578.45亿元，法人单位数从3855户增长到1.1万户，法人单位从业人数从8.84万人增长到20.25万人。文化产业招商引资实质性签约项目1319个，落地932个，项目落地率为70.66%；签约合同金额达5893.43亿元，到位资金1216.88亿元，资金到位率为21.64%。建立了1个国家级文化产业示范园区、9个国家级文化产业示范基地、3个省级示范园区、23个省级示范基地。新建数字影院109家，实现县级以上城市数字影院全覆盖。

文化体制改革稳步推进，全面完成经营性文化事业单位转企改制、全省广电网络整合、文化行政主体合并等阶段性改革任务；文化市场主体不断壮大，读者出版传媒股份有限公司成功挂牌上市，实现了我省文化企业上市零的突破，组建了一批大型国有文化企业集团，培育发展了一批民营文化企业；文化产业发展平台不断增多，丝绸之路（敦煌）国际文化博览会成功获批，成立了甘肃省文化产权交易中心股份有限公司。

"十三五"时期是我省全面建成小康社会的决胜阶段。新的经济社会形势对文化产业发展既提出了更高更紧迫的要求，也带来了千载难逢的机遇和更加严峻的挑战。

从机遇来看，一是随着中华民族伟大复兴事业的推进，促进文化产业发展、借助市场手段打造中华文化软实力的任务更加紧迫，发展文化产业已经上升为国家战略；二是随着经济社会转型和现代服务业的迅猛发展，文化产业在稳增长、促改革、调结构、惠民生、防风险中的作用日益凸显，文化产业已经成为国民经济重要组成部分，支持文化产业发展的优惠政策不断增多、力度不断加大；三是新一轮西部大开发、"一带一路"战略、华夏文明传承创新区建设等为文化产业带来了千载难逢的历史机遇。

从挑战来看，一是甘肃经济社会发展相对落后，对文化产业发展的支撑作用不强；二是社会各界对文化产业的认识不到位、重视程度不够，发展文化产业的思路不清晰、理念相对滞后，产业布局和区域功能定位模糊，发展方向不明确；三是我省文化产业发展基础薄弱，产业配套程度低，大型骨干企业少，品牌建设相对滞后，文化产业规模、质量效益与全国总体水平差距较大，缺乏核心竞争力，与文化资源大省地位不相称，属于典型的后发赶超型区域；四是区域发展不平衡，文化产业集聚程度不高，文化产业基地和园区数量少，尚未形成特色鲜明、竞争优势明显的产业集群；五是文化产业与其他产业的融合程度低，新型业态发展缓慢，产业结构层次低、发展方式粗放、产业链条短，创新型中小微文化企业发展缓慢；六是人才支撑不够，懂文化、善管理、会经营的应用型文化人才严重缺乏；七是支持文化产业发展的保障措施尚不完善，市场配置文化资源的作用尚未充分发挥，制约发展的体制机制障碍依然存在。

在新的历史时期，我省必须深入贯彻落实中央的决策部署，科学谋划，采取有力措施，厚植发展优势，破解发展难题，切实转变文化产业发展方式，努力走出一条彰显甘肃特色的文化产业发展道路。

第二章　指导思想、基本原则、发展目标

一、指导思想

高举中国特色社会主义伟大旗帜，全面落实党的十八大和十八届三中、四中、五中全会精神，以马克思列宁主义、毛泽东思想、邓小平理论、"三个代表"重要思想、科学发展观为指导，深入贯彻习近平总书记系列重要讲话精神，紧紧围绕"五位一体"总体布局和"四个全面"战略布局，遵循社会主义市场经济规律和文化发展规律，充分发挥我省特色文化资源优势、丝绸之路经济带建设区位优势和华夏文明传承创新区平台优势，抢抓经济结构调整和产业转型机遇，深入贯彻创新、协调、绿色、开放、共享五大发展理念，以华夏文明传承创新区建设为统揽，以改革创新为动力，以重大项目为支撑，优化区域布局，强化科技创新、金融支持、人才支撑、政策保障，解放和发展文化生产力，走出一条经济欠发达但文化资源相对富集地区文化产业跨越发展的新路子，打造全国独具特色的文化产业基地、西部现代文化创新的新高地。

二、基本原则

——坚持"五大发展"理念。坚持创新、协调、绿色、开放、共享五大发展理念，以"创新"增强发展动力，以"协调"增强发展后劲，以"绿色"厚植发展优势，以"开放"拓宽发展空间，以"共享"凝聚发展合力，优化文化资源配置，打造核心竞争力，增强文化软实力。

——坚持践行社会主义核心价值观。坚持以社会主义核心价值观引领文化产业发展，把培育和弘扬社会主义核心价值观作为凝魂聚气、强基固本的基础工程，融入文化产业发展全过程，体现到文化产品创作生产传播的方方面面，努力推出一批自觉体现社会主义核心价值观、满足人民精神文化需要的文化产品。

——坚持"两个效益"相统一。正确处理社会效益和经济效益、社会价值和市场价值、文化的意识形态属性与产业属性的关系，坚持社会主义先进文化前进方向，统筹制度设计，强化政策引导，建立健全确保国有文化企业把社会效益放在首位、实现社会效益和经济效益相统一的体制机制。

——坚持以人为本。发挥人民在文化建设中的主体作用，坚持文化发展为了人民、文化发展依靠人民、文化发展成果由人民共享，促进人的全面发展，培育有理想、有道德、有文化、有纪律的社会主义公民。全面贯彻"二为"方向和"双百"方针，发挥文化引领风尚、教育人民、服务社会、推动发展的作用。

——坚持深化改革。充分发挥市场在文化资源配置中的决定性作用和政府在文化产业发展中的引导性作用，健全文化市场体系，建立富有活力的文化产品生产经营机制，完善文化宏观管理体制。深化文化事业单位、国有文化企业改革，加大文化产业供给侧结构性改革。

三、发展目标

深入实施集聚发展、创新发展和"文化+"战略，着力提升文化要素聚集力、文化企业竞争力和文化产品供给力，推动文化产业规模化、专业化、集约化发展。力争到2020年，文化管理体制充满活力，文化产业体系健全完善，文化市场主体活力显著增强，文化创新能力快速提升，文化产品生产经营机制富有效率，文化人才队伍不断壮大，文化产业整体实力和竞争力显著增强，基本形成结构优化、布局合理、特色鲜明、配套完善的文化产业发展格局，全省文化产业年增加值超过500亿元，占当年全省GDP比重达到5%以上，成为我省国民经济支柱性产业，使甘肃成为全国独具特色的文化产业基地、西部现代文化创新的新高地。

深入开展文化产业扶贫工作。立足贫困地区的文化资源禀赋，发挥文化在扶贫攻坚、改善民生、促进就业等方面的积极作用，因地制宜规划建设一批特色鲜明、优势突出、带动力强的特色文化产品加工基地、生产专业合作社；将特色文化产业发展纳入新型城镇化建设规划和美丽乡村建设，打造一批文化特点鲜明、主导产业突出的特色文化示范乡镇、示范村，延续历史文脉，承载文化记忆。

大力实施"3355"文化产业发展工程。着力构建传统优势产业体系、新兴文化产业体系、文化与其他产业融合发展体系等三大产业体系；着力打造陇东南文化历史产业区、兰州都市文化产业区、河西走廊文化生态产业区等三大特色文化产业区；着力加强骨干文化企业、市场体系、人才队伍、文化品牌、开放合作等五大支撑保障体系建设；完成"五个一百"目标，即建成100个文化产业示范基地、100个营业收入过亿元的骨干文化企业、100个投资过十亿元的重点文化产业项目、100个文化产业扶贫村，文化产业吸纳就业人数超过100万人。

第三章　健全文化产业体系

构建"1655"文化产业体系，把文化旅游业作为发展文化产业的首位工程，做强做大广播影视、出版发行、印刷包装、民间民俗工艺美术、演艺、娱乐等六大传统文化产业，巩固已有优势；加快培育创意设计、数字内容、节庆会展、文化装备制造、文博业等五大新兴文化产业，培育新的增长点；大力发展文化与旅游融合、文化与科技融合、文化与体育融合、文化与农业融合、文化与中医药养生保健融合等五大融合型文化产业，放大文化"溢出"效应，实现各产业互利共赢。

一、做强做大传统文化产业

（一）广播影视业

加快广电传输网络建设，提升技术水平，扩大网络覆盖范围，丰富服务内容。支持甘肃省广播电影电视总台（集团）打造精品频道和栏目，加快电视节目制播高清化建设。加快高速全光下一代广播电视网、有线无线融合网建设，统筹有线电视与广播电视村村通、户户通建设，加快发展网络在线广播、交互式网络电视、移动多媒体广播电视等新媒体业务。鼓励和支持甘肃新视界电影院线、甘肃飞天农村数字电影院线等本土电影院线加快发展。建设一批集拍摄、旅游、观光、休闲、度假、影视教育等多种功能为一体的影视拍摄基地。做大甘肃长城西部电影集团有限责任公司，扶持一批本土影视制作公司。采用资本合作、项目合作等多种形式，推出一批市场热销、有国际影响力的甘版影视产品，重点支持和推出一批以我省历史与现实为背景的西部类型电影、电视剧。拍摄一批以我省历史文化、生态资源、扶贫攻坚等为题材的纪录片，打造纪录片大省。

（二）出版发行业

发挥我省在期刊领域的优势，做大做强甘版期刊群。调整优化甘肃图书出版结构，重点围绕"一带一路"、华夏文明传承创新区和甘肃历史文化资源，推出一批甘版特色图书。加快发展网络出版、数字出版、移动终端阅读等多种介质形态出版物，实现同一内容多种介质的全媒体发布。打造西部一流书刊批发市场和物流中心。大力发展实体书店，加快少数民族地区图书零售网点建设，鼓励创新书店经营模式，助推全民阅读。

（三）印刷包装业

加快印刷企业技术装备改造，重点发展纳米绿色印刷、多色高速印刷、数码化个性化印刷。布局建设集印刷技术研发、创意设计、设备生产和维修、原辅材料供应为一体，辐射周边省区的印刷产业示范园区、基地，打造旗舰型印刷包装企业集团。加大包装装潢印刷研发和设计，提高技术水平和规模化程度，推动包装装潢印刷业向上下游延伸，建立较为完整的包装装潢印刷产业链。

（四）民间民俗工艺美术业

充分发挥我省民间民俗工艺美术资源优势，用现代经营理念、创意设计、时尚元素、营销手段、资本运作方式和互联网技术提升传统民间民俗工艺品生产能力，创新生产运营模式，加大对具有地方特色和民族特色的民间民俗工艺美术的产业化开发。鼓励民间民俗工艺美术能工巧匠、传承人和艺人走市场化道路，扶持发展一批民间民俗手工艺专业村、合作社。大力发展书画产业，打造敦煌画派。加快现代工艺美术业发展。提升文化集市建设水平。

（五）演艺业

支持文艺院团发展，加快排演场所建设，推动演艺设施提质升级，优化演艺环境，提升剧场运营水平，培育演出市场。大力支持推进戏剧剧本创作，建立剧本储备库。发挥演艺骨干企业带动引领作用和《丝路花雨》《大梦敦煌》等精品剧目的影响力，探索组建剧院联盟、演艺院线，积极拓展国内外演艺市场，打造精品演艺品牌。鼓励市县转制文艺院团充分挖掘民族歌舞资源和人才，开发民族风情文娱演艺节目，丰富基层群众文化生活。鼓励社会资本投资兴办民营演艺团体、开办演出机构、举办演出活动，支持民间艺人组建微型演艺团体。发展演艺培训业，鼓励兴办各类演艺培训机构，大力培养各类舞台艺术人才。

（六）娱乐业

统筹优化主题公园区域布局。鼓励广播电台、电视台开发寓教于乐的广播电视互动综艺节目。充分发挥我省草原、沙漠、戈壁、河流、雪山等自然生态资源多样性优势，开发和培育户外文化旅游体验娱乐项目。挖掘推广文明健康的传统优秀民间文化娱乐活动。开发引进科技含量高、市场前景广阔的现代文化娱乐项目。推进"西风烈·绚丽甘肃"原创歌曲创作工程，培育发展音乐产业。拓展网络增值服务，开发网络游戏、视听内容等互联网娱乐服务。

专栏1　提升传统文化产业

①精品图书出版：建立精品图书策划、筛选、立项、扶持机制，建立甘版精品图书出版项目库，打造特色精品图书出版单位，推出100部有学术分量、历史价值、社会影响的精品图书，争取获得"五个一"工程奖等国家级出版奖项。

②古籍整理出版：建立我省古籍目录，制定古籍整理和出版计划，通过政府引导、社会参与、市场化运作的方式，加快推进古籍整理、修复、保护和出版。

③影视剧拍摄：改造提升建设一批特色影视拍摄基地。实施西部类型影视剧本工程和纪录片大省建设工程。推出50部电影、10部（200集）电视剧，重点打造5部文化内涵丰富、艺术水平高的影视剧精品。争取获得"五个一"工程奖等国家级影视奖项。

④实体书店建设：重点发展社区、农村书店。鼓励和支持实体书店与创意商品零售、休闲空间打造和电商相结合，创新经营模式，提升服务水平。

⑤印刷包装产业升级转型：依托飞天印刷产业园、西北印刷文化数字产业园等园区，加快规模经营和产业集聚。建设一批印刷包装技术研发中心和实验室，重点推动数字印刷技术开发和应用。

⑥传统手工艺振兴：对我省传统手工艺进行普查、建档，进行数字化影像化保存。建立传统手工艺研究中心，对濒危手工艺进行抢救性保护。运用新技术、新工艺、新材料、新设备对传统手工艺进行产业化现代化转化，构建"农户+协会+公司+市场+互联网"的生产经营体系，培育一批知名品牌。

⑦演艺院线建设：联合省内及周边省份演出剧院，建立西部演艺院线，成立演艺联盟，建立统一的票务网，推进演出场所连锁经营，实现演艺产业规模化、集约化发展。

⑧精品剧目创作：创排一批体现甘肃文化特色的精品剧目，争取获得"五个一"工程等国家奖项，打造戏剧大省。

⑨文化娱乐发展：支持甘肃省广播电影电视总台（集团）推出1-2档在全国有影响的文艺类、综艺类电视节目。推动建设一批城镇文化娱乐综合体。规划开发一批独具特色的户外探险娱乐项目。

二、加快培育新兴文化产业

(一) 文化创意及设计服务

建设一批文化创意及设计服务产业孵化基地，推动文化创意产业集聚发展，打造文化创意及设计服务平台，加快文化创意及设计服务产品的生产、交易和成果转化。加快文化创意设计与工业设计、建筑设计、城乡规划设计、园林景观设计、工程设计、软件设计等设计服务业的有机融合，推动文化创意及设计服务业向价值链高端延伸。大力发展平面设计、工艺美术设计、装饰设计等设计服务行业。大力发展广告业，推动广告设计与创意、策划、会展、影视、报刊等领域的充分对接。

(二) 数字内容

通过云技术、大数据等信息手段，加大对我省文化资源的文字、影像资料整理记录，加快文化内容的数字化转化，着力为电影、电视、图书、报刊、艺术创作等提供数字内容服务。积极融入动漫游戏、虚拟仿真等全国和全球生产链，聚焦内容生产，着力打造原创动漫内容、智能终端内容、虚拟仿真内容等文化内容生产供给基地。实施"互联网+"战略，积极培育网络音乐、网络游戏、网络演出、网络动漫、网络文学、网络视听等网络文化新业态。

(三) 节庆会展

办好丝绸之路（敦煌）国际文化博览会，打造世界一流的国际文化交流合作平台。统筹节庆会展管理，创新节庆会展理念，鼓励错位发展、特色办展和差异化竞争，培育壮大节庆会展市场主体，形成政府引导、市场主导的运作模式。强化品牌建设，策划培育一批具有国际知名度和影响力的民族特色文化节庆会展品牌。争取承办落地一批国家级节庆会展活动，力争每个市州都有1个国家级节庆会展项目。完善节庆会展服务配套设施，提高智能化精细化水平。

(四) 文化装备制造

培育发展以企业技术创新中心、大学科技园、工程（技术）研究中心为核心的文化装备制造技术研发体系。引进一批技术先进、产业牵引力强的文化装备制造企业，建立文化装备投资交易和展示推广中心，健全文化装备产业链，打造文化装备制造业集群。加快产学研用有机结合，支持和鼓励省内装备制造企业开发投资文化装备项目，争取入选国家文化科技创新工程。依托兰州新区、天水等地的装备制造业基础，打造辐射西部地区及中西亚各国的文化装备制造基地。依托甘肃广播电视网络文化产业园，打造视听设备生产基地。

(五) 文博业

依托"历史再现"工程，在确保公益目标、保护好国家文物、做强主业的前提下，深度挖掘文物资源市场价值，加大博物馆资源的产业化开发，大力发展文博创意产业。实施"文化创意+博物馆"工程，加大与创意设计、旅游的深度对接，利用馆藏资源开发文化创意纪念品、文化旅游纪念品、知名文物复仿工艺品。推动文物保护、修复、鉴定等技术的产业化开发和市场化运营。

专栏2　培育新兴文化产业

①文化创意及设计服务业：建立一批资源共享平台，为创意设计提供仪器设备、科学数据、软件程序、检验检测、快速制造等公共服务。培育和建设一批文化创意及设计服务孵化平台，促进文化创意设计人才培养、成果交流转化和产业化，推动中小创意设计企业集聚和成长。

②数字内容业：培育和引进一批文化数字内容生产企业。建设数字内容生产、转换、加工、投送平台。对数字内容核心技术、关键技术和共性技术进行重点攻关，形成具有自主知识产权的数字文化技术支撑体系。

③文化节庆会展业：中国·嘉峪关国际短片电影展、"张芝奖"全国书法大展、敦煌行·丝绸之路国际旅游节、公祭中华人文始祖伏羲大典、中国兰州国际鼓文化艺术周、兰州国际民间艺术节、中国乞巧文化旅游节、中国民族声乐敦煌奖、中国·河西走廊有机葡萄美酒节、中国庆阳农耕文化节、中国书画艺术节、世界李氏文化旅游节、平凉崆峒养生文化旅游节。

④舞台艺术装备制造业：发挥我省舞台器械装备制造优势，研发增强舞台艺术表现力的声光电综合集成应用技术、基于虚拟现实的舞美设计与舞台布景技术、移动舞台装备制造技术等关键支撑技术，做大做强舞台装备制造业。

⑤文博业：深入实施"历史再现"工程，建设一批特色博物馆。建立博物馆商店联盟，发展连锁经营，加快建设文博创意产品电商平台。打造一批特色文博旅游景点，开发文博旅游精品线路。

三、大力发展文化融合产业

（一）文化与旅游融合

促进文化与旅游深度融合，做大做强文化旅游产业，建设文化旅游强省。发展以历史、民族、民俗等文化体验为主要内容和目的的甘肃特色文化旅游，重点发展以敦煌文化为核心的河西五市精品丝路游、以黄河文化为核心的沿黄四市（州）黄河风情游、以始祖文化为核心的陇东南四市华夏祖脉游。大力发展中医药养生保健旅游和红色文化旅游。规划建设一批文化旅游综合体项目，积极开发旅游演出市场，发展驻场演出。着力构建旅游文化商品研发生产体系，建立健全产品销售网络。

（二）文化与科技融合

依托兰州国家级文化和科技融合示范基地、国家高新技术产业开发区和省内高等院校、科研院所及文化科技企业，开展文化科技研究，促进文化科技成果转化，培养引进一批创新创业人才，培育一批带动性强的文化科技创新型领军企业。利用数字技术、网络信息技术改造提升文化产品创作、生产、传播和消费手段，催生新兴文化形态和文化业态。积极推动三网融合，加大云计算和大数据平台建设，做好文化资源的数字化采集、保存和应用，培育数字文化产业。

（三）文化与体育融合

发挥文化产业优势，助推体育产业发展，重点开发体育传媒、体育会展、体育广告、体育影视、竞赛表演、体育纪念品等新型业态。依托甘肃省体育馆、临洮体育训练基地，打造集体育训练、健身休闲娱乐、体育旅游观光为一体的文化体育产业基地。发挥少数民族体育和传统体育优势，开发民族特色体育赛事。加快"丝绸之路体育健身长廊"建设，充分利用我省沙漠、戈壁等特殊自然资源，大力发展户外、极限、康体等新型体育休闲项目。

（四）文化与农业融合

挖掘和开发我省农耕文化遗产，推动文化产业与农业深度融合。利用文化创意设计改造提升农业产品形象，建设一批集农耕体验、田园观光、教育展示、文化传承于一体的休闲农业产业园、特色农产品展览展示馆和农事景观。充分利用互联网、影视等现代传播手段，加大对甘肃地方特色美食、特色农产品的宣传推介，打造特色知名品牌。

（五）文化与中医药养生保健融合

深入挖掘和整理岐伯文化、皇甫谧文化等我省积淀深厚的中医药养生保健文化资源，加快中医药养生保健图书、影视等文化产品创作生产。传承推广独具特色的中医养生技术，打造以中医药文化传播体验、康复理疗、养生保健为核心的中医药养生保健文化旅游产业。举办中医养生保健节庆会展，建立中医药养生保健文化普及推广平台。加快陇东南国家中医药养生保健旅游创新区建设。

专栏3　文化产业融合发展

①文化旅游纪念品开发：建立文化旅游纪念品标识体系、质量认证监督体系。扶持一批文化旅游纪念品研发生产企业，鼓励企业加大文化创意设计，为景点量身打造特色文化旅游纪念品，培育一批知名品牌。

②文化旅游商品销售网络建设：培育一批文化旅游商贸企业，打造一批专营店、精品店。规划建设一批文化旅游商品专业集散市场，重点推进景区（景点）标准化销售区域建设。加快建设特色文化旅游商品销售平台，推动酒店、商城、机场、车站、演艺场所等销售网点建设。举办文化旅游商品展销会。

③文化体育产业开发：支持开办体育休闲娱乐频道（栏目）。加大对传统民族体育项目文化内涵的挖掘，推出一批体育影视和图书产品，开发一批体育创意产品。

④自驾游基地建设：规划设计自驾游线路，在沿线统筹布局建设房车营地、露营基地，提供车辆出租维修保养、旅游购物、餐饮休闲、文化娱乐等完善的配套服务。

⑤农耕食文化活态传承：建成一批集特色农产品种植、特色禽畜养殖、旅游观光、休闲体验、科普示范、乡村民宿为一体的文化农业融合项目，发展乡村旅游，建设美丽乡村。

⑥文化科技创新：实施文化科技攻关行动，推动技术集成创新。建设一批文化科技创新服务平台，构建文化科技创新体系，培育孵化一批文化与科技融合示范企业。

⑦中医药养生保健文化产业发展：加大中医药养生文化研究。加快中医药养生文化产业化开发。建设一批中医药养生保健文化产业示范基地。

⑧文化产业精准扶贫：加快偏远贫困地区文化集市建设。大力实施乡村旅游富民工程，发展乡村文化旅游、风情小镇、特色农庄、农家乐、家庭旅馆，帮助农民就地就近创业就业，实现脱贫致富。实施文化信息扶贫，加快推进农村电子商务建设。

第四章　统筹优化区域布局

按照华夏文明传承创新区建设总体布局，根据我省文化资源的区域分布和产业发展基础，重点建设三大文化产业区，着力打造多个特色文化产业集群，积极培育一批主导产业示范园区（基地），推动丝绸之路文化产业带建设，形成"一带三区多园"的产业空间分布。

一、布局三大文化产业区

陇东南文化历史产业区。该区域包括天水、平凉、庆阳、陇南，区域内自然生态良好、文化形态多样、历史文化沉积深厚。产业区建设要突出绿色发展，注重保护乡村文化风貌、文化特色和自然生态，通过创意转化、科技提升和市场运作，探索发展特色民间民俗工艺美术、民族特色演艺、特色文化旅游、特色节庆、中医药养生保健等文化业态。保护和建设特色文化生态区、特色街区、特色村镇，提供具有鲜明地域特点的文化产品和服务，在实现文化产业发展的同时，留住青山绿水、系住乡愁、守住华夏文明的根（文）脉。

兰州都市文化产业区。该区域包括兰州、白银、定西、临夏、甘南，区域内拥有科技、人才、交通、制造、市场、资金和民族文化等众多资源优势。产业区建设要突出现代都市优势和特色，着力推动文化与科技、金融、制造、创意设计服务的深度融合，在改造提升传统文化业态的同时，加快发展文化创意设计、文化装备制造、文化数字内容等知识密集型文化业态，打造高层次文化产业圈。突出城市文化功能定位，积极培育发展文化金融服务、文化商贸流通、文化人才培养、文化产权保护和交易、文化企业孵化、文化科技研发等支持文化产业发展的服务性产业，着力打造服务甘肃、辐射周边省区的综合性、高端化、专业化文化服务集聚区。发挥省会城市的辐射带动作用和民族文化资源富集优势，推动实现区域内互补发展、联动发展、共享发展，加大特色民族文化资源的挖掘开发力度，着力打造临夏特色民族文化产品、甘南藏文化产品、陇中特色文化产品研发生产销售集聚区，培育特色文化旅游目的地。

河西走廊文化生态产业区。该区域包括嘉峪关、酒泉、张掖、武威、金昌，是古丝绸之路的重要途经区域，区域内历史文化遗存丰富、世界遗产密集、民族文化形态多样、自然风貌独特。产业区建设要突出开放发展，重点围绕"丝绸之路经济带"建设，依托丝绸之路（敦煌）国际文化博览会、敦煌行·丝绸之路国际旅游节等重大文化节会，大力开展国际性文化会展活动。突出融合发展，打造集戈壁、沙漠、绿洲、丹霞、民族风情、历史文化于一体的西部特色文化旅游区，加大旅游文化产品开发，培育文化旅游产业；利用独特的自然环境，按照国际标准举办特色体育活动、赛事和展会，培育文化体育产业；对葡萄、香草花卉等特色农业进行文化创意开发，提升文化附加值，发展特色文化休闲农业。围绕国际会展和赛事，引进国外文化企业、产品和服务，健全产业链，形成特色产业体系。

二、打造特色文化产业

按照区域相近、产业关联的原则，提高文化产业规模化、集聚化、专业化水平，培育一批特色文化产业。依托兰州、天水等地的工业园、高新技术产业园、高等院校、装备制造企业、龙头文化企业，开发利用本地文化资源，积极培育独具特色的文化科技融合、文化教育培训、文化创意设计、文化装备制造等产业。发挥商业集聚区的要素聚集功能和高速公路、铁路、机场等在要素流通中的通道效应，重点打造文化商贸业、文化物流中心。将特色文化产业建设纳入城市发展和新型城镇化建设、村容改造，建设有历史记忆、地域特点、民族特色的特色文化城镇和乡村，延续历史文脉，承载文化记忆。将特色文化产业建设与城乡景观风貌、功能提升紧密结合，扩大文化消费空间，提升人居环境的文化内涵，培育良好的文化消费习惯。利用民间民俗工艺品制作传统、特色文化城镇街区乡村和文化遗产（遗迹）等资源，重点发展民间民俗工艺品产业、特色文化旅游产业。

专栏4　特色文化产业
①兰州文玩艺术品商贸产业：依托万博金城古玩城及周边文化产品交易市场和兰州古玩城等，建设兰州文化艺术商贸产业群。
②嘉峪关科技生态创意文化产业：以方特欢乐世界为核心，整合南湖文化生态园、观礼古镇夜光文化街、玉龙湾生态文化旅游产业园、三禾雄关奇石城等，建设嘉峪关科技生态创意文化产业群。
③酒泉汉唐文化创新产业：重点建设夜光杯文化旅游博览园、锦绣酒泉主题公园等项目，对丝绸之路博览园、酒泉玉文化博览园、酒泉酒文化博览园进行改造，打造集文化经贸、文化旅游、文博业等为一体的汉唐文化新区。
④张掖文化体育产业：依托已形成的中国张掖祁连山国际超百公里户外运动挑战赛、全国山地救援交流赛、全国徒步大会、清华EMBA丝绸之路（张掖）全球商学院智慧精英挑战赛等，发展文化体育配套服务产业，打造文化体育产业群。
⑤金昌香草花卉文化创意产业：围绕金川区花卉种植基地，规划建设香草保健疗养园、芳香文化产业园、香草美育创意产业园、香草婚庆创意产业园等，发展文化创意配套产业，打造金昌香草花卉文化创意产业群。
⑥葡萄酒文化产业：依托我省葡萄种植园、葡萄酒文化节、葡萄酒堡等，发展葡萄酒文化配套产业，打造葡萄酒文化产业群。
⑦书画产业：依托通渭、陇西、镇原等地区浓厚的书画文化氛围，培育书画交流、交易、培训、展览、衍生品开发等，打造在全国有影响的书画产业群。
⑧平凉养生文化产业：依托平凉良好的自然人文环境和传统养生文化，打造平凉养生文化产业群。
⑨庆阳农耕与岐黄文化产业：依托庆阳农耕文化资源、岐黄中医药文化资源、农耕文化产业园和香包、刺绣等民间民俗工艺品基础，建设农耕与岐黄文化产业群。

⑩天水民间工艺品生产加工产业：依托天水雕漆、陶艺、鸳鸯玉、古琴、竹雕、木雕、砖雕、脊兽、丝毯、庞公石等品牌工艺品生产企业，打造旅游商品加工产业群。

⑪西和乞巧文化产业：依托西和县丰富多彩的乞巧文化，建设乞巧文化特色村，开发特色文化产品和活动，打造乞巧文化产业群。

⑫临夏民族民俗文化产业：围绕临夏砖雕、木雕、雕刻葫芦、地毯、民间刺绣、穆斯林特需文化产品等，打造临夏民族民俗文化产业群。

⑬夏河藏族民俗文化产业：依托藏地特色文化旅游业，发展藏族歌舞演艺，扩大民族服饰制作、唐卡制作等民族文化艺术品生产，打造藏族民俗文化产业群。

⑭藏羌彝文化产业走廊甘肃段产业：在我省相关区域，加快发展一批民族手工艺品生产、民族服饰生产、民族特需文化产品生产及相关衍生产品开发等特色产业群，加快发展具有地域特色和民族风情的文化旅游业、民族演艺娱乐业。

说明："十三五"期间，将在此基础上，再规划建设16个特色文化产业，并根据实际情况和发展需要，对名称、内容、分布、数量进行动态调整。

三、建设文化产业示范园区和基地

按照运行方式集聚化、布局方式集群化、发展方式集约化的原则，建设一批产业支撑作用明显的文化产业示范园区。提高文化产业示范园区基础设施、服务管理机构建设，增强产业孵化能力，提高产业集聚度。坚持政府主导、市场参与、错位发展原则，加强规划设计、可研论证，创新文化产业示范园区发展模式。文化产业示范园区发展要着力推动产业升级和优化，培育主导产业，完善产业链，提升产业核心竞争力；要强化基础设施建设，规范园区管理，完善配套服务功能，创新服务方式，着力搭建产业发展服务平台。鼓励利用废旧工业厂房、仓储用房、传统老街等兴办文化产业示范园区。力争到2020年，在全省建设30个占地面积在100亩以上的标准化专业化文化产业示范园区，其中重点建设10个工业创意设计示范园区、1—2个国家级文化产业示范园。

文化产业基地是自主创新研发能力强，在专业领域影响贡献较大，在内容、技术、模式、业态、体制机制等方面具有明显的典型示范和引领作用，具有一定规模的文化企业（机构）。力争到2020年，全省建成100个文化产业示范基地，其中重点建设10—20个国家级文化产业示范基地。

专栏5　重点文化产业示范园区

一、国家命名的文化产业园
敦煌文化产业示范园
二、省委宣传部、省文化厅、省新闻出版广电局联合命名的文化产业园
1.兰州创意文化产业园
2.兰州高新技术产业开发区
三、地区和企业命名的文化产业园
1.兰州文化旅游产业园（兰州兰木家具有限责任公司）
2.飞天文化产业园
3.西北印刷文化产业园
4.甘肃省广播电视网络文化产业园
5.裕固族特色文化产业园
6.金昌市创意文化产业园
7.武威天马文化产业园

8.武威创意文化产业园
9.中华始祖文化产业园
10.天水雕漆文化产业园
11.天水创意文化产业园
12.平凉数字文化创意园
13.白银区铜工艺产业园
14.白银平川区艺术陶瓷文化产业园
15.庆阳民俗文化产业园
16.陇西李氏文化产业园
17.岷县洮砚文化产业园
18.通渭县书画产业园
19.西狭颂中华书法文化产业园
20.临夏民族民俗文化产业园
21.羚城藏族文化产业园
22.甘南文化旅游创意园区
说明:"十三五"期间,将在此基础上,根据实际情况和发展需要,对产业园名称、内容、分布、数量进行动态调整。

第五章 强化支撑保障体系

加快骨干文化企业培育,健全文化市场体系,壮大人才队伍,夯实产业发展基础,补齐短板,强化产业支撑保障体系,打造知名品牌,提升全省文化产业核心竞争力,构建开放发展新格局。

一、培育骨干企业

充分发挥读者出版传媒股份有限公司等文化企业(集团)优势,推动跨地区、跨行业、跨所有制兼并重组,着力打造10个以上的旗舰型文化企业集团,使之成为我省文化市场的主导力量和文化产业的战略投资者。加快发展创新型文化企业,着力培育100家以上拥有核心技术、创新成果和自主知识产权的创新型文化企业,重点培育一批文化科技创新型企业。创造良好的政策环境和平等竞争机会,培育一批富有创新能力和核心竞争力的民营骨干文化企业。在政策允许范围内,发展混合所有制文化企业,引进一批国内外知名的行业引领性文化企业。加大对骨干文化企业的支持和扶持力度,开展骨干文化企业100强评选工作。加大文化企业上市培育力度,争取到2020年,全省上市文化企业达到3—5家。

二、健全市场体系

发挥政府宏观调控和市场配置资源作用,强化行业组织建设管理,构建统一开放、公平竞争、规范有序的文化产品和要素市场体系,促进文化资源有序流动。制定负面清单,建立健全文化市场准入和退出机制。大力发展经纪、代理、评估、鉴定、推介、咨询、拍卖等中介服务机构,完善文化产业中介服务市场。大力发展连锁经营、物流配送、电子商务等现代流通组织形式,鼓励建设城市文化娱乐综合体,构建覆盖城乡的文化产品流通网络,加快培育和发展农村文化市场,引导和促进城乡文化消费。

三、壮大产业人才队伍

创新文化人才培育引进方式,实施优秀文化企业家培养计划,建立职业化、市场化、专业化经营管理人才队伍，突破高端文化人才紧缺瓶颈。加强国有文化企业干部人才选拔考核任用管理，逐步建立国有文化企业负责人党委任命和社会招聘相结合的人才选拔机制。健全文化产业人才培养机制，逐步形成高等教育与在职教育、专业技能培训、中等专业培训相结合的人才培养体系。完善激励机制，鼓励知识产权、专利技术入股，调动创新型文化人才的积极性。优化职称评定、技能认定、评奖表彰办法，形成公平竞争、各尽所能的人才成长环境。依托省内高校、科研院所及大型文化企业，建立文化产业智库，为全省文化产业发展提供政策建议和智力支持。

四、打造知名文化品牌

深入实施品牌发展战略，加强文化商标注册和品牌管理，加大知名品牌保护力度，提高"读者"等甘肃文化品牌的识别度、知名度、美誉度和牵引度。对具有地域特征的民族民俗特色文化产品鼓励注册集体商标、证明商标，培育一批凝聚民族文化特色的品牌。引导文化企业主动注册商标，开展优质品牌认定、推介、提升工作，加快培育一批拥有自主知识产权的知名品牌。加强对老字号、知名商号的保护和传承，推出一批传统特色文化品牌。

五、构建开放合作发展新格局

全面融入"一带一路"建设，构建全方位、多层次、宽领域、国际化的文化产业开放合作发展新格局。瞄准国际文化产业前沿，引进一批具有引领性、带动性、战略性的文化产业项目和企业，提升国际化水平。加大国际文化市场研究，有针对性地开发面向国际市场的文化产品，培育一批外向型文化企业，加快推动甘肃文化"走出去"。加强国际合作，依托兰州新区综合保税区和武威保税物流中心，建设国际文化贸易中心，吸引外资企业和国内优秀文化企业在我省进行文化科技研发生产和服务外包，将我省打造成为主要面向"一带一路"沿线国家的，集创意设计、产品生产、文化贸易、成果展示等为一体的国际文化产业集聚区。

专栏6 文化产业支撑保障体系

①骨干文化企业培育：建立骨干文化企业名录库。对于实力强、前景好的骨干文化企业在资源配置、资金支持等方面给予倾斜。发挥文化产业智库优势，支持和帮助龙头企业完善管理体系，提升管理水平和效益。

②上市文化企业孵化：确定拟上市文化企业备选名单，成立上市辅导团队，对企业进行全面系统辅导，提高企业上市成功率。对上市文化企业给予奖励。

③文化产品市场建设：在全省建设一批专业性文化产品批发市场，健全文化产品流通体系。支持各地改造提升发展现有文化商品交易市场，建设一批特色化现代化文化商贸产业群。

④文化产业"走出去"：建立文化产品出口奖励机制。借助丝绸之路（敦煌）国际文化博览会，加大对外文化贸易合作。建立一批海外文化贸易基地（中心），拓宽对外文化贸易渠道。鼓励我省文化企业通过在境外新设、收购、合作等方式，加快走出去步伐。

⑤文化金融融合发展：政府牵头建立文化金融服务平台，建立文化产业金融担保风险补偿金，建立政府、银行、文化企业和保险公司多方合作机制。建立文化金融工作联席会议制度。鼓励和支持银行金融机构成立文化金融服务团队，提供专业服务。

⑥文化产业智库建设：采取政府引导、社会参与的方式，组建一批官方和民间文化产业智库。支持智库开展文化产业规划、决策咨询、管理培训等活动。建立健全文化产业智库管理工作机制。

⑦文化品牌建设：建立知名文化品牌库。开展"一地一品"特色文化品牌建设活动。开展知名文化品牌宣传推介活动。将华夏文明传承创新区和丝绸之路（敦煌）国际文化博览会打造成为甘肃文化标志品牌。

第六章 深入推进改革创新

始终把社会效益放在首位，进一步深化文化体制改革，解放和发展文化生产力。加快形成科学有效的宏观管理体制，完善国有文化单位法人治理结构，激发文化创新创业活力。

一、完善宏观管理体制

加快转变政府职能，推进政企分开、政事分开、政社分开、事企分开，实现政府部门由办文化向管文化转变。正确处理党委、政府、市场、社会之间的关系，建立健全党委领导、政府管理、行业自律、社会监督、文化企业依法运营的文化管理体制和富有活力的文化产品生产经营机制。按照管人管事管资产管导向相统一的要求，坚持党委和政府对国有文化企业重大事项的决策权、资产配置的控制权、宣传业务的终审权、主要领导干部的任免权，建立新型国有文化资产管理体制机制，建立党委和政府监管国有文化资产的管理机构，加强国有文化资产管理，有效行使出资人权利。深化文化市场综合执法改革，实现省市县文化市场综合执法统一管理、统一指挥、统一执法。完善文化市场管理，规范文化市场秩序，加强对文化市场的监督和管理，深入开展"扫黄打非"专项行动。降低社会资本进入门槛，建立社会资本投资文化产业指导目录，鼓励非公有制文化企业发展。加强文化产业统计机构和队伍建设，完善统计体系。

二、深化文化事业单位改革

推进文化事业单位人事、收入分配、社会保障、经费保障等制度改革。推动公共图书馆、博物馆、文化馆、美术馆等建立以理事会制度为核心的法人治理结构。加强对党报党刊、电台电视台等主流媒体管理，加快推进采编与经营分开、制作与播出分开、制作与出版分开。进一步深化甘肃省广播电影电视总台（集团）、甘肃日报社事企分离改革，逐步实现事业部分与经营部分分开。在法律允许范围内，在保障文化事业单位公共服务质量基础上，鼓励文化事业与文化产业有效对接，形成事业与产业相互促进、合作发展的格局。

三、深化国有文化企业改革

遵循市场经济规律和文化发展规律，坚持权利、义务、责任相统一，坚持激励和约束相结合，分类推进国有文化企业改革，使国有文化企业真正成为依法自主经营、自负盈亏、自担风险、自我约束、自我发展的独立市场主体。推动国有文化企业建立体现文化特色的资产组织形式，建立现代企业制度，完善法人治理结构，创新经营管理模式，打造合格的文化市场主体。加快国有文化企业公司制股份制改造，在政策允许范围内，在确保国有资本控股的前提下，探索引进社会资本。按照国家规定，探索建立国家特殊管理股制度。鼓励传统媒体积极拓展新媒体业务，推动传统媒体与新兴媒体相互学习、相互合作、融合发展。

四、推动创新创业

深入推进大众创业万众创新，增强文化产业发展的创造力。强化文化企业创新主体地位和主导作用，支持和鼓励文化企业在经营模式、产品设计、市场营销、企业管理等方面进行全方位创新。加大对创新创业的倾斜支持力度，创新政府和社会资本合作发展模式。突出科技创新在文化创新中的引领作用，通过资金投入、政策支持、平台搭建等方式，引导省内高校、科研机构参与文化创新，加快推动文化科技创新成果的资本化、产业化转化。切实发挥好兰州国家级文化和科技融合示范基地的集聚孵化功能，培育和孵化一批文化科技创新企业。优化文化领域创新创业发展环境，建立创新创业公共服务平台，鼓励企业内部众创，培育一批创新能力强、市场前景广、拥有自主知识产权、"专精特新"特点突出的创新型小微文化企业。

专栏7　深化改革创新
①深化国有文化企业管理制度改革：完善国有文化企业负责人薪酬制度，建立健全国有文化企业负责人管理办法、国有文化企业干部人才评价考核制度、国有文化企业经营业绩考核和企业负责人薪酬管理办法、国有文化企业负责人经济责任审计和离任审计制度、国有文化企业负责人述职述廉述德述法制度。规范国有文化企业负责人履职待遇、职务消费，完善社会效益、经营业绩、管理责任考核办法。 ②鼓励"大众创业，万众创新"：建立一批文化创客空间、创意工坊、文化工场等中小微文化企业创新创业孵化基地，培育一批创新型小微文化企业、文化工作室。发展文化众创、众包、众扶、众筹平台。

第七章　政策措施

围绕规划目标和任务，进一步加强组织领导，建立和完善产业扶持政策，健全投融资机制，强化文化法制建设，形成推动发展的合力，确保规划内容落到实处。

一、强化组织领导

建立健全党委统一领导、政府组织实施、宣传部门协调指导、文化行政主管部门具体落实、各有关部门密切配合的领导体制和工作机制，确保规划落到实处。各级党委政府牵头，行业管理部门协调配合，推动产业示范园区、公共服务平台、技术创新中心、人才培育机构、文化产业智库等产业发展配套设施建设，形成党政齐抓、部门联动、聚焦发力、推动发展的强大合力。把文化产业发展纳入全面建成小康社会的考核体系，作为评价地区发展水平、衡量发展质量和领导干部业绩的重要依据，积极营造"文化兴省、文化强省、产业富省"的浓郁社会氛围。

二、强化政策落实

落实中央和我省出台的一系列支持文化产业发展的优惠政策。省属重点文化企业，经省政府批准，2020年年底前可免缴国有资本经营收益。对符合条件的文化创意和设计服务企业，经认定为高新技术企业并履行相关备案程序后，可减按15%的优惠税率征收企业所得税。积极推进向省内文化企业购买公共文化产品和服务。在各地土地利用规划中预留文化产业发展空间，把文化基础设施建设、重大文化产业项目和特色文化产业群以及文化产业示范园区（基地）建设用地纳入土地利用总体规划，由所在市（县）城乡规划主管部门统一进行规划管理，对重点经营性文化产业项目用地予以倾斜，实行划拨、招标、拍卖或者挂牌方式供地；对符合国家规定、属于产业升级和城市功能布局优化的文化产业项目，在土地增值税、土地交易费用、土地使用税等方面，按规定可享受有关优惠政策。根据我省文化产业发展需要，进一步研究出台具体扶持措施。建立文化产业发展综合评价体系，对规划实施情况进行跟踪分析、跟踪检查。

三、建立健全投融资机制

优化文化产业改革发展专项资金使用方式，成立文化产业投资基金、产业发展基金，引导社会资本投资文化产业；建立贷款风险补偿机制，引导银行、保险等机构创新文化金融产品及服务方式。完善文化资源评估抵押办法，健全文化产权交易体系，加快文化资产证券化转化，切实推动文化资源价值转化。搭建"银政企"文化产业融资平台，建立文化企业投融资项目库，推动银企对接。鼓励文化企业开展互联网股权众筹融资，支持小微文化企业在全国中小企业股权转让系统和区域性股权交易市场挂牌融资。

四、强化法制建设

严格执行国家有关文化方面的法律法规，切实维护文化安全。研究制定体现甘肃特色、操作性强的地方性文化法规，完善文化政策法规体系。加强文化市场执法，严厉打击侵权、违法行为，切实保护知识产权。加强法制宣传，加大普法力度，为文化产业发展营造良好的法制环境。

青海省"十三五"文化发展规划

前 言

为全面贯彻党的十八届五中全会和省委十二届十次全会精神，进一步加快文化改革发展，建设文化名省，不断满足人民群众日益增长的精神文化需求，根据《青海省国民经济和社会发展第十三个五年规划纲要》，结合我省文化工作实际，特编制《青海省"十三五"文化发展规划》。本规划涵盖了文化和新闻出版的全部内容。

第一章 发展基础

"十二五"（2011-2015年）时期，我省文化工作以党的十七届六中全会、十八大以及全省文化改革发展大会精神为指导，认真贯彻落实省委、省政府各项决策部署，紧紧围绕文化名省建设目标，全力推动实施"八大工程"，累计完成投资83亿元，超规划目标19亿元，超额完成29.6%，全面完成了"十二五"文化发展规划确定的各项目标任务，文化事业、文化产业取得长足发展。

——文艺创作生产日渐繁荣。"十二五"期间，我省文艺创作活力得到有效释放，全省各级文艺院团深入挖掘青海历史、民族、地域等特色文化资源，积极创作歌舞诗《风从青海来》、京剧《七个月零四天》、平弦戏《未婚妈妈》、话剧《草原之子》、交响乐《青海花儿红》、杂技《高原精灵》、文旅剧目《古道传奇》等25台符合时代要求、体现民族精神和地域特色的舞台艺术作品，创造了良好的社会效益。其中，儿童京剧《藏羚羊》、民族风情歌舞《热贡神韵》、歌舞剧《玉树不会忘记》入选国家舞台艺术精品工程资助剧目；藏戏《松赞干布》和杂技剧《雪豹王子》获得国家艺术资金支持。

——公共文化设施网络不断完善。"十二五"期间，我省公共文化服务网络逐步完善，国家和省财政共投入公共文化建设资金16.6亿元，先后实施省图书馆二期、文化馆、美术馆及市州、县、乡、村一大批基础设施建设项目，全省五级公共文化服务网络覆盖率达95%。实施公共文化设施免费开放、文化"进村入户"、农（牧）家书屋、数字图书馆、流动图书车等一系列文化惠民工程。公共文化服务标准化、均等化水平大幅提升。

——文化遗产保护取得重大进展。全省分别新增国家级、省级重点文物保护单位27处、59处。投资14亿元，推动实施喇家国家考古遗址公园建设、对塔尔寺等一大批重点文物保护单位进行了维修和保护性设施建设、圆满完成了玉树地震灾后重点文物抢救性保护和修缮。国家、省、市州、县四级非遗名录保护体系得到基本建立，全省分别新增国家级、省级非遗代表性名录项目16项、55项，新增国家级格萨尔（果洛）文化生态保护实验区。投资1.7亿元，对一批非遗名录项目进行了抢救性、生产性保护。

——新闻出版事业繁荣发展。"十二五"期间，出版青海汉、藏文图书2228种，其中藏文图书480种；出版汉、藏文教材2320种，其中藏文教材760种，连续实现了"课前到书，人手一册"；出版电子音像出版物185种。《农牧区科普读物丛书》《守望三江源》等134种图书分获中华优秀出版物图书提名奖、精神文明建设"五个一工程"等奖项，《藏羚羊》《美丽的青海湖》等10种电子音像出版物荣获中国电视金鹰奖等奖项。投资0.7亿元，通过实施少数民族新闻出版东风工程，全省各出版、印刷、发行单位基础设施条件有了明显改善，服务能力有了显著提升。

——文化产业增加值实现翻一番。"十二五"期间，重点推动工艺美术、文化旅游、演艺娱乐、新闻出版等行业发展，文化产业得到快速发展，增加值达56亿元，年均增长率达20%以上，占全省GDP的2.32%。规划的27个文化产业园区中有18个相继投入运营，累计完成投资42亿元。国家级文化产业示范基地达到10个，省级文化产业示范基地达到70个，规模（限额）以上文化企业达到38个。财政、金融助推文化产业发展，财政累计投入文化产业扶持资金3.54亿元，金融部门累计发放贷款超过68亿元，一大批文化企业和项目得到有力支持。

——文化市场监管逐步强化。"十二五"期间，全面推动文化市场技术监管与服务平台建设，完成了全省4187家文化经营单位的数据采集及部分上线工作，开展线上行政审批与综合执法工作。组织开展打击非法出版物、网络淫秽色情信息、校园周边出版物市场集中整治等专项行动，查缴违禁非法出版物及宣传品9.3万件，审读鉴定违禁非法出版物及宣传品2390种，全省文化市场环境得到极大改善。

——文化体制改革不断深入。积极推进行政审批制度改革，依法取消审批项目21项、下放9项、修改1项，承接国家部委审批项目13项。加快国有文化企业改制，组建成立了青海省演艺集团有限责任公司，完成了青海人民出版社等6家单位、14家非时政类报刊出版单位的转企改制任务。全面完成了文化市场综合执法改革，实现属地化管理和综合执法。推进公共文化服务单位组建法人治理结构，在省文化馆等5个文化事业单位组建了理事会。

——对外文化交流成绩显著。"十二五"期间，青海对外文化交流走在全国前列。全省共开展对外文化交流项目40多批次，组织文化企业赴30个国家进行产品展示、交流。承接文化部"艺海流金"港澳文化交流活动。完成赴港澳感恩演出、东南亚"欢乐春节"、"中韩缘"文化节、大美青海走进阿尔及利亚等多项对外文化交流任务。举办青海文化旅游节、西北五省区花儿演唱会、青海国际"水与生命"主题音乐会等文化交流活动，"大美青海"的文化内涵得到进一步丰富，文化影响力也得到进一步提升。

——人才队伍建设成效明显。依托国家和我省人才队伍建设工程，拓宽培训渠道，创新培训手段，采取岗位实践、在职培训、挂职锻炼、选派人员到基层服务等方式，加大文化新闻出版各类人才的培养力度。五年来，投入资金6609万元，举办培训班330期，培训各类人才27475人次，人才队伍建设取得新成效。

"十二五"规划各项指标完成情况

序号	指标	单位	十一五	十二五	年均增长（%）
1	平均每万人公共文化设施建筑面积	平方米	300	500	11
2	公共图书馆图书人均藏量	册	0.6	0.7	4
3	公共图书馆年流通人次	万人次	89	112	5
4	文化馆（站）年服务人次	万人次	143	347	19.4
5	博物馆年服务人次	万人次	83	147	12
6	文化产业增加值	亿元	22	56	20.5
7	文化产业增加值占GDP比重	%	—	2.32	
8	文化产业增加值占第三产业比重	%		5.6	
9	规模（限额）以上文化企业数量	个	—	38	—
10	文化产业从业人员（直接或间接）	万人	9	20	17
11	出版图书	种	1500	2228	9.7
12	民文图书出版	种	248	480	14

第二章 发展环境

"十三五"时期是全面建成小康社会的决胜期，我省经济社会发展将步入加快发展的重要战略机遇期，文化改革发展既面临着难得的历史机遇，又面临着现实挑战。

一、战略机遇

——全面建成小康社会有利于文化的快速发展。全面建成小康社会的战略目标，将有利于全省上下更加注重文化建设的全面性、协调性和可持续性，更加注重公共文化服务体系建设，有利于更好地保障广大人民群众的基本文化权益，满足人民群众日益增长的精神文化需求，提高人民群众的幸福指数。

——"一三一"总体要求为文化发展指明了方向。省委站在历史和时代的新高度，牢牢把握"四个全面"战略布局，以"五个发展"理念为遵循，立足省情，明确提出了"十三五"时期我省经济社会发展必须遵循的"一三一"总体要求，这为我们破解发展难题，增强发展动力，实现文化持续快速发展指明了方向。

——各项有力政策为文化发展提供了坚实保障。中央支持四省藏区经济社会发展的意见、中央关于加快构建现代公共文化服务体系的意见、中央关于繁荣发展社会主义文艺的意见、国务院关于推进基层综合性文化服务中心的指导意见、国务院关于推进文化创意和设计服务与相关产业融合发展的意见等一系列政策的出台，为深化文化体制改革，促进文化事业和文化产业快速发展提供了有力的政策保障。

——"一带一路"战略为文化发展提供了新机遇。我省处于丝绸之路经济带向西开放的重要节点，多民族多元文化优势明显，充分挖掘特色优势文化资源，积极融入中央提出的"一带一路"战略，形成以丝绸之路经济带为核心的区域发展格局，有利于文化成为促进区域人文交流和经济融合发展的重要载体。

——"生态立省"战略为文化发展提供了广阔空间。"生态立省"是我省长期坚持的重大战略，在构筑国家生态安全屏障、建设生态文明先行区目标的引领下，发挥好文化产业资源消耗低、环境污染少、吸纳劳动力强、易与相关产业融合等优势，大力发展特色文化产业，推动扶贫开发、就业创业、增加群众收入，有利于文化成为推动生态文明建设、促进经济社会发展的重要着力点。

——高新技术发展为文化创新提供了技术支撑。随着互联网、大数据、云计算、物联网等高新技术的广泛应用，科技创新正深刻影响着文化发展。在文化与科技加速融合的态势下，把握高新技术带来的发展机遇，有利于积极利用"互联网+"等新型业态创新文化服务、艺术生产、文化产业模式和空间，推动实现文化创新发展。

——多年的发展成就为文化持续发展奠定基础。经过多年努力，文艺创作基础不断牢固，公共文化服务设施明显改善，文化产业实力不断增强，文化市场环境不断改善，文化名省建设已取得了阶段性丰硕成果，为未来发展打下了坚实的基础。

二、现实挑战

——文化设施建设相对滞后。我省公共文化基础设施建设相对滞后，部分设施尚未达到国家标准，基层公共文化服务设施不足，广大基层群众日益增长的文化需求难以得到有效满足。

——文化发展资金投入不足。地方财政对文化发展的投入不足，基层公益性文化单位经费保障水平低；扶持文化产业发展的资金总量有限；许多珍贵文物、非物质文化遗产因缺乏资金投入得不到有效保护和合理利用。

——公共文化供给效能较低。公共文化产品和服务供给能力不足，供给主体单一，基层馆（站）利用率不高。适应文化发展规律和市场经济要求，政府主导、社会广泛参与的公共文化服务供给体系尚未形成。

——文艺创作生产能力较弱。全省文艺创作整体水平与社会和群众的需求有不小差距，数量偏少、种类单一、选材不活，缺少全面体现青海特色、彰显青海精神、有影响力的精品力作。文艺创作队伍力量薄弱，缺乏文艺展演平台，文艺展演的市场化运作水平低。

——新闻出版业发展水平不高。新闻出版基础薄弱，集约化程度低，出版产品数量、质量与人民日益增长的文化需求不相适应，缺乏有重大影响的精品出版物。原创出版不足，传统出版转型升级尚处起步阶段。

——文化产业整体实力不强。文化产业基础薄弱,发展规模小,市场化程度不高,知名品牌少。文化市场主体弱、小、散,创新能力不强。文化产业园区集约化程度低、运营质量不高、示范引领作用发挥不够。文化产业发展的政策体系尚未健全,融资难、融资贵的问题仍然突出。

——文化创新发展人才匮乏。全省文化人才总量规模小,结构不合理,特别是高层次文化专业技术人才和经营管理人才紧缺,基层公益性文化单位普遍缺编、缺人。人才引进机制不活,人才培养的系统性、针对性、有效性还不强。

——文化法治建设有待加强。文化立法步伐缓慢,依法行政能力还不强。基层综合文化执法机构不健全,执法人员数量和水平不能适应工作要求。文化市场监管手段落后,文化执法效能较低,执法保障能力不强。

——改革面临深层次矛盾。文化工作体制机制不顺的问题仍然突出,但在利益主体多元化、利益格局基本形成的情况下,继续深化文化体制机制改革涉及深层次的利益关系调整,改革攻坚更具复杂性和艰巨性。

总体来看,"十三五"时期,我省面临着文化大发展大繁荣的良好机遇。在推动文化发展的过程中,需要立足省情,准确把握和遵循文化发展的客观规律,解放思想、转变观念、求实创新、开拓进取,积极主动开创文化事业和文化产业又好又快发展的新局面。

第三章 总体要求

一、指导思想

高举中国特色社会主义伟大旗帜,以马克思列宁主义、毛泽东思想、邓小平理论、"三个代表"重要思想、科学发展观为指导,全面贯彻党的十八大、十八届三中、四中、五中全会和习近平总书记系列重要讲话精神,牢牢把握"两个巩固"根本任务,紧紧围绕"四个全面"战略布局,深入贯彻创新、协调、绿色、开放、共享的发展理念,按照省委提出的实现"一个同步"、奋力建设"三区"、打造"一个高地"总体要求,坚持社会主义先进文化的前进方向,坚持以人民为中心的工作导向,坚持把社会效益放在首位,实现社会效益与经济效益相统一,坚定文化自信,增强文化自觉,加快推进文化名省建设,为全面建成小康社会提供强大的价值引导力、文化凝聚力和精神推动力。

二、基本原则

——以人为本原则。坚持文化发展为了人民、文化发展依靠人民、文化发展成果由人民共享,尊重人民群众的主体地位和首创精神,把满足人民群众日益增长的精神文化需求作为工作的出发点和落脚点。

——改革创新原则。以激发各民族文化创造活力为中心环节,积极探索有利于解放和发展文化生产力的新举措、新途径,全方位推进文化体制机制、内容形式、传播手段的创新发展。

——夯实基层原则。坚持各类资源优先向基层倾斜,着力破解制约基层文化改革发展的一系列难题,全面夯实基层文化发展基础,激发基层文化发展活力,为青海文化持续繁荣发展提供不竭动力。

——特色引领原则。坚持因地制宜、错位发展,推进我省历史、地域、民族等特色优势文化资源的开发利用,促进城乡、区域文化协调发展,全力打造特色文化品牌,着力提升青海文化的影响力和美誉度。

——开放包容原则。坚持政府统筹、社会参与、官民并举、市场运作,努力构建全方位、多层次、宽领域的文化开放格局,加快推动各民族多元文化交流、交融,增进文化理解与尊重,促进社会和谐进步。

三、发展目标

到2020年,文化名省建设取得重大进展,文化小康全面实现,文化软实力明显增强。中国梦和社会主义核心价值观更加深入人心，各族人民群众精神文化生活更加丰富，公民素质和社会文明程度逐步提高。现代公共文化服务体系基本建成，优秀传统文化传承体系加速构建，现代文化产业体系和市场体系更加完善。

——公共文化服务体系覆盖率达到100%。省、市州、县、乡公共图书馆、文化馆（站）、博物馆等公共文化服务设施基本达标，普遍建成村级综合性文化服务中心，县县有流动图书车、流动文化车，公共文化服务效能明显提高，服务内涵和品质不断优化，人民群众基本文化权益得到更好保障。

——创作一批体现青海精神、高原气派的精品力作。文艺创作实现"五个一"，即每年打造一部好剧、生产一台好戏、出版一本好书、创作一首好歌、办好一次节会。到2020年，形成在全国有影响力的一部剧、一台戏、一本书、一首歌和一个节，通过"五个一"工程，推动实现全省文艺事业的普遍繁荣。

——优秀传统文化传承保护全面加强。文化遗产保护利用取得明显进展，全国重点文物保护单位"四有"标准达到100%。传统工艺、优秀传统文化得到有效传承保护，非物质文化遗产保护四级名录体系进一步健全，热贡文化生态保护实验区和格萨尔（果洛）文化生态保护实验区建设取得重大进展。

——新闻出版业基本完成转型升级。新闻出版内容生产更加丰富，出版青版图书2500种以上，电子音像出版物200种以上。面向基层、农牧区的出版物数量、质量和民文出版规模、能力显著提高。传统出版纸质资源全部实现数字化，传统出版与新型出版融合发展实现新突破。

——推动文化产业成为全省国民经济的重要增长点。着力提高文化产业规模化、集约化、专业化水平，文化产业增加值达到140亿元，占GDP比重4%以上，年均增速保持20%以上，文化企业上市公司实现零突破，培育规模（限额）以上文化企业超过100家。文化产业驱动力指数位居西部前列，文化消费占城乡居民生活支出比重有较大提高。

——特色文化品牌影响力不断扩大，文化开放格局日益完善。依托青海独特的多元民族文化资源，打造一批具有浓郁地方特色、在国内外有重要影响的特色文化品牌，"大融之美·文化青海"的独特魅力不断彰显，文化"走出去"实现新突破，文化开放格局日益完善。

"十三五"文化发展规划主要指标

序号	指标	单位	预期目标	年均增长（%）
1	平均每万人公共文化设施建筑面积	平方米	1000	15
2	公共图书馆图书人均藏量	册	1	7
3	公共图书馆年流通人次	万人次	300	22
4	文化馆（站）年服务人次	万人次	500	8
5	博物馆年服务人次	万人次	300	15.5
6	文化产业增加值	亿元	140	20
7	文化产业增加值占GDP比重	%	4	--
8	文化产业增加值占第三产业比重	%	8.7	--
9	规模（限额）以上文化企业数量	个	100	22
10	文化产业从业人员（直接或间接）	万人	35	12
11	出版图书种类	种	2500	2.5
12	民文图书出版种类	种	516	1.5
13	全国重点文物保护单位"四有"标准	%	100	--

第四章 主要任务

一、繁荣文化艺术创作生产

坚持"二为"方向和"双百"方针,坚持以人民为中心的创作导向,重点围绕打造青海精神高地,创作生产更多体现时代精神、民族精神,思想性、艺术性、观赏性相统一的优秀作品。

——把握正确的创作导向。深入贯彻落实习近平总书记在文艺工作座谈会上的重要讲话精神,聚焦中国梦时代主题,以社会主义核心价值观为引领,大力弘扬以"两弹一星"精神、"五个特别"的青藏高原精神、"人一之,我十之"的实干精神、玉树抗震救灾精神为代表的青海精神,以鲜活的文艺作品深入开展爱国主义、集体主义、社会主义教育,有效夯实全省各族人民的共同思想基础,激发建设青海的主人翁意识。

——创作生产优秀文艺作品。坚持把创作生产优秀作品作为文艺工作的中心环节,尊重艺术创作规律,抓好现实题材、爱国主义题材、重大革命和历史题材、青少年题材的创作生产。实施精品战略,加强艺术创作资源统筹,重点围绕舞台艺术精品创作、文旅演艺剧目生产、地方戏曲品牌打造、民族音乐发展等领域,大力推进文化内容与形式创新,集聚资源打造精品,努力攀登艺术高峰,实现量质齐升。

——加强优秀作品的传播推广。积极打造青海文化旅游节、丝路花儿艺术节等重大文化交流活动品牌,推动优秀艺术作品的传播。加强与国内兄弟省(市、区)的合作,推动优秀艺术作品巡演推广,扩大知名度。统筹艺术作品创作生产、剧场(排演场)设施建设和旅游景区资源的整合利用,推动优秀艺术作品进景区常态化演出,扩大观众覆盖面。深入开展艺术普及活动,支持专业文艺院团每年送戏下乡百场、高雅艺术进校园、进社区百场等文艺惠民活动,提升公众艺术素养。

——完善文艺创作扶持政策。坚持因地制宜,分类指导,深入推进全省各级专业文艺院团体制机制改革,完善各项管理制度。改进和优化政府扶持方式,通过政府购买公共文化服务,重点转向"项目资助",推动全省各级专业文艺院团发展。省级专业文艺院团要在选题策划、创作编排、人才培养、传播推广等方面给市州级院团进行帮扶。坚持价值导向把关机制,在创作报审、宣传推介、播映展演等不同环节严格程序、科学管理,改进评价激励示范机制,强化"群众评价、专家评价、市场检验"相统一的评价标准。

专栏1 文艺作品创作生产

精品剧目创作项目:实施"双五"精品舞台剧目创作项目,创作完成5台舞台艺术精品剧目、5台文旅演艺剧目。

地方戏曲扶持项目:开展剧种普查,重点扶持创作青海平弦戏2台、青海藏戏5台;继续打造"西部京剧"品牌,推出2台优秀剧目。

美术发展和收藏项目:组织美术工作者开展"深入生活,扎根人民"主题实践活动,省美术馆收藏省内外美术界名家代表作品300幅,推出50个美术精品展览(国际性5个、省内外45个)。

市州、县级剧场(排演场)建设项目:实施32个州、县级剧场(排演场)建设项目,改善各级文艺院团排练、演出设施条件。

"一带一路"主题作品扶持项目:抢救保护传统民族音乐舞蹈资源,重点扶持推出5部"一带一路"为主题的文艺作品。

优秀剧(节)目展演项目:每年举办1次全省艺术院团舞台艺术剧(节)目展演活动,促进各地文艺创作和交流,推出文艺新人。

市州级国有文艺院团扶持计划:对市州级国有文艺院团在项目资助、选题策划、创作编排、人才培养、对外交流等方面给予扶持。

> 文化艺术普及公益行动：开展文化艺术知识普及行动，专业艺术院团每年送戏下乡百场、高雅艺术进校园、进社区百场等文艺惠民活动，惠及群众50余万人次。
>
> 青海文化研究项目：组织省内外科研机构、高校等力量对青海文化进行系统研究，将研究成果编辑出版，并加以宣传，提升青海文化的地位和影响力。

二、构建现代公共文化服务体系

坚持政府主导、社会参与、重心下移、共建共享，以满足人民群众基本文化需求为出发点和落脚点，加快构建适应社会发展要求、符合文化发展规律、具有青海特色的现代公共文化服务体系。

——加快完善公共文化设施网络。统筹城乡公共文化设施建设布局和资源配置，实施公共文化设施填平补齐工程，推动各级公共文化设施达到国家标准。实施省博物馆提升改造工程，市州级12个公共图书馆、文化馆、博物馆建设和西宁、海东县级13个图书馆、文化馆标准化建设工程，全面改善设施条件，完善服务功能。适应新型城镇化和社会主义新农村（牧区）建设发展要求，引导文化资源向城乡基层倾斜，重点采取整合资源、盘活存量、改造提升、新建等多种方式，实施基层综合性文化服务中心建设。配备新型集成化、便携式、多功能流动文化服务设备，实现阵地服务、流动服务、数字化服务有机结合和有效覆盖，打通公共文化服务"最后一公里"，全面完善公共文化服务设施网络。

——切实提高公共文化服务效能。积极对接"互联网+"行动计划，统筹整合文化信息资源共享工程、数字图书馆文化馆、少数民族语言文字和地方特色文化等数字化资源，加大云计算、大数据在公共文化服务领域的应用，集中打造青海"文化云"，形成网上图书馆、网上文化馆、网上博物馆、网上美术馆、网上剧场、网上培训、网上资讯等丰富多彩的网络精神家园，推动全省公共文化服务的互联互通，为人民群众提供"一站式"的公共文化服务。制定公共文化服务目录，建立群众文化需求反馈机制，依托各地公共文化服务机构，推动建设便捷畅通的服务配送网络，推广"按需点单"服务模式，开展"菜单式""订单式"服务。深入推进实施公共文化设施免费开放工程，丰富服务内容，提升服务水平。广泛组织开展文化志愿者服务工作，提高群众文化参与程度，全面提高公共文化服务效能。

——有效增强公共文化发展活力。尊重人民群众主体地位，大力发展群众自办文化，广泛动员社会力量参与公共文化建设，推动公共文化服务社会化发展。举办全省群众文化展演活动，为群众性文化活动提供交流平台。建立健全政府向社会力量购买公共文化服务机制，引导社会力量参与公共文化服务，鼓励社会力量投资或捐助公共文化设施设备、资助文化活动、提供公共文化产品和服务。支持社会力量兴办公共文化项目，促进公共文化服务举办主体多元化、建设运营社会化、融资方式多元化。

——创新公共文化管理体制和运行机制。深化公益性文化单位内部机制改革，建立公益性文化事业单位法人治理结构，全面推动全省各级公共图书馆、文化馆、博物馆组建理事会。在全省50%的县建立县级公共文化机构总分馆体系，形成以县级公共图书馆、文化馆为总馆，乡镇综合文化站为分馆，村（社区）综合性文化服务中心为服务点的总分馆体系，建立公共文化服务城乡联动机制，实现城乡公共文化服务一体化运行。健全完善公共文化服务评价工作机制，建立公共文化机构绩效考评制度，研究制定公众满意度指标，建立群众评价和反馈机制。

> **专栏2　现代公共文化服务体系建设**
>
> 公共文化设施建设项目：省博物馆提升改造。新建、改扩建市州级12个图书馆、群艺馆、博物馆。新建、改扩建西宁、海东13个县（区）级文化馆图书馆。支持新建1030个村级综合性文化服务中心，通过盘活存量、整合资源、改造提升等方式建设1588个基层综合性文化服务中心（乡镇文化站369个，村级综合性文化服务中心1219个），完善服务功能，提升服务水平，对设施改造、配套文体广场、阅报栏（屏）、文体设备器材等方面进行适当补助。

青海"文化云"建设项目：统筹整合文化信息资源共享工程、数字图书馆文化馆推广工程、少数民族语言文字和地方特色文化数字资源，利用现代信息网络技术，推动公共文化服务的互联互通，形成网上图书馆、网上文化馆、网上博物馆、网上美术馆、网上剧场、网上培训、网上资讯等丰富多彩的网络精神家园，为人民群众提供"一站式"的公共文化服务。

流动文化服务项目：在城市人口流动较大的商业区、居民生活区、校园、军营等配备图书自助借阅设施，实现图书资源的流动配置，方便读者借阅；为全省55个文化馆配备集文艺演出、展览展示、辅导培训等多种功能的流动文化车；继续实施公共文化设施免费开放工程，充分发挥图书自助借阅设施、流动图书车、流动文化车、流动售书车等资源优势，广泛组织开展图书借阅、文艺演出、文化下乡等各类流动文化惠民活动。

文化志愿者服务项目：通过政府购买服务等形式，聘请大学毕业生、乡土文化能人等，为每个乡镇综合文化站解决1~2名文化志愿者，专职开展文化服务工作；为村（社区）综合性文化服务中心配备1名公益文化岗位；鼓励文化志愿者服务进校园，支持学校开设美育课程。

三、构建优秀传统文化传承体系

坚持"保护为主、抢救第一、合理利用、加强管理、传承发展"的工作方针，发扬我省农耕文化、草原文化、昆仑文化的原生态性、共生性和民族性，全面加强重点文物和非物质文化遗产的保护利用。

——加大文物保护力度。实施一批重大文物保护修缮、保护性设施建设、国有可移动文物保护修复等工程。推进喇家国家考古遗址公园建设，整体规划打造"喇家遗址、大禹故里、土族风情、黄河风光"四位一体的文物保护利用示范区。积极争取实施沈那遗址公园、考古基地建设项目。实施传统村落整体保护利用项目，加大传统村落、少数民族特色村镇和传统民居、历史文化名城名镇名村整体保护力度。积极开展唐蕃古道申报世界文化遗产工作。积极申报国家级文物保护单位和历史文化名城名镇名村，启动第十批省级文物保护单位申报审批工作，开展历史文化街区划定和省级历史文化名城名镇名村评选工作。认真做好文物保护"四有"工作，夯实文物保护基础。建立省级文物保护单位管护员制度。建立全省文物信息数据库管理系统，做好重点区域的文物资源调查。重视和加强文物保护和利用工作，统筹做好文物保护单位保护和展示利用配套设施建设工作，实现在保护中利用，在利用中保护。

——提升文博服务水平。深入落实博物馆条例，提升博物馆社会教育水平。组建青海省博物馆协会，支持特色鲜明的非国有博物馆建设，鼓励引导社会力量参与文博领域的管理事务。注重体现社会主义建设和发展成就物品的征集工作，建立博物馆馆藏资源共享机制，提高馆藏文物利用率。支持各地区、各级博物馆扩大展览交流合作，举办各种联展、借展、巡展。依托数字信息技术实施文博展示体验工程，开辟文博主题精品游线。

——完善非物质文化遗产传承保护机制。继续完善非物质文化遗产四级名录体系。支持国家级非物质文化遗产项目保护利用设施建设，建立形式多样、各具特色的非物质文化遗产展览、展示、传习场所。实施国家级非物质文化遗产代表性传承人抢救性记录工程，加强抢救性保护成果的整理利用。开展非物质文化遗产传承人群研修培训工作，帮助非物质文化遗产传承人群提高文化艺术素养、审美能力和创新能力。全面实施文化记忆工程，分类分批实施历史、文化、艺术、山川记忆工程，系统整理、研究、保护和展示利用，建立全民共识的精神标识、文化标识和地理标识。

——推动传统文化艺术传承保护。实施传统工艺振兴计划，挖掘传统工艺的技术与文化双重价值，倡导和弘扬工匠精神，促进传统工艺走进现代生活、现代设计走进传统工艺，提高传统工艺从业人群的传承水平，提高传统工艺制品的品质和效益，发挥传统工艺对城乡就业的促进作用。实施青海优秀传统文化题材创作工程和地方戏曲扶持计划，制定地方戏曲和少数民族戏曲扶持名录。加大"花儿"、平弦戏、藏戏等优秀传统民间艺术的研究、保护和传承力度。持续推进民间文化艺术之乡建设与申报工作。推动非物质文化遗产与现代教育体系融合，完善非物质文化遗产代表性传承人参与院校教学工作机制。

专栏3　文物保护利用
大遗址保护项目：依托喇家国家考古遗址公园建设，整体打造"大禹故里园"；热水墓群整体保护和展示利用；沈那国家考古遗址公园争取立项。 　　全国重点文物保护单位保护项目：塔尔寺、瞿昙寺、旦斗寺、隆务寺等41处国保单位本体维修、环境整治和展示利用等。 　　明长城保护项目：实施明长城平安、互助、民和、乐都、大通、湟源、湟中、西宁、门源、贵德、化隆等11个段的抢险加固、保护修缮、设施建设、环境整治等，推动大通明长城主题公园建设。 　　传统村落保护与利用项目：实施同仁县保安镇城内村、隆务镇吾屯下庄村、年都乎乡郭麻日村、年都乎村4处传统村落保护规划编制、本体维修、环境整治、展示利用等。 　　"一带一路"文化遗产保护利用项目：围绕丝绸之路、唐蕃古道和茶马古道，重点做好沿线重点文物遗存考古调查研究及勘探发掘、保护修缮及展示利用工作。 　　省级重点文物保护单位保护项目：基本完成省级重点文物保护单位保护范围和建设控制地带划定，实施古建筑本体维修，推动重点田野文物考古调查研究、本体保护、辅助设施建设等。 　　文物平安工程：全面实施全国重点文物保护单位的"三防"工程，推进省级重点文物保护单位安防、消防设施建设工程。争取全省国有文物收藏单位的防火、防盗设施基本达标。 　　文物考古基地建设项目：新建集修复、整理、保护、研究、展示为一体的综合性考古研究工作基地。 　　可移动文物保护修复及预防性保护项目：馆藏珍贵文物及重要出土文物修复保护、预防性保护和数字化保护。

----推进文化生态保护区建设。围绕创建生态文明先行区，推进文化生态保护区建设。巩固提升国家级热贡文化生态保护实验区建设成果，广泛组织开展非物质文化遗产展示交流活动，丰富建设内容，提升建设质量，推广建设经验。规划建设国家级格萨尔（果洛）文化生态保护实验区，支持实施保护利用设施建设，大力挖掘格萨尔文化资源，充分运用多种文化艺术形式生产格萨尔系列文化产品，提高格萨尔文化传承保护水平。加快推进玉树康巴文化生态保护实验区总体规划编制和申报工作，力争得到国家批准。总结推广国家级文化生态保护实验区建设经验，支持各地根据自身特色推进省级文化生态保护区建设，重点推进互助土族、循化撒拉族、海西德都蒙古等省级文化生态保护区建设。

专栏4　非物质文化遗产保护传承
青海文化记忆工程：以历史文物、非物质文化遗产、文化典藏、文化艺术、城乡建筑、名山大川等为核心，分类分批实施历史、文化、艺术、山川记忆工程以及文化记忆数字化保存与活化行动计划，系统整理、研究、保护和展示利用，建立全民共识的精神标识、文化标识和地理标识。 　　传统工艺振兴计划：在非物质文化遗产传承体系建设和工艺美术保护工作基础上，在历史文化街区、文化生态保护实验区和自然人文景区设立非物质文化遗产展示和产品销售网点。鼓励推进优秀传统文化工艺进校园。举办多种形式的传统工艺比赛活动。 　　构建青海传统文化传承体系：对现有国家级、省级非物质文化遗产代表性项目进行调查记录、技艺传习、展示交流等传承保护；对65岁以上国家级非物质文化遗产代表性传承人掌握的技艺进行全面抢救性记录；开展非物质文化遗产代表性项目相关传承人群研修研习培训，提高传承能力，扩大传承人群，增强传承后劲，规模约5000人次。 　　文化生态保护区建设：巩固提升热贡文化生态保护实验区建设成果，广泛组织开展非物质文化遗产展示交流活动；规划建设格萨尔（果洛）文化生态保护实验区，加大格萨尔文化遗产资源的挖掘、整理，扶持格萨尔文艺作品的创作生产和有效传播。加快推进玉树康巴文化生态保护实验区总体规划编制和申报工作，力争得到国家批准。规划建设互助土族、循化撒拉族、海西德都蒙古等省级文化生态保护区。

国家级非物质文化遗产保护利用设施建设项目：以国家级非物质文化遗产代表性项目为依托，统筹建设10个传统表演艺术类、传统手工技艺类、传统民俗活动类非物质文化遗产项目传承保护、展示利用的综合

四、推动新闻出版事业发展

牢牢把握社会主义先进文化的前进方向，弘扬主旋律，
传播正能量，坚守意识形态阵地，为经济社会发展提供重要的思想保证、精神动力和舆论支持。

——加强主流思想舆论阵地建设。坚持政治家办报，强化政治意识、大局意识、责任意识、阵地意识，牢牢把握舆论引导话语权、主动权。重点加强党报、党刊新闻媒体建设，大力推动传统媒体与新兴媒体融合发展，培养壮大主流媒体的传播力、创造力、影响力，充分发挥舆论主导作用，强化舆论引导能力，提高舆论引导水平。支持各级主流媒体运用互联网等新型技术，开辟新型传播渠道，占领新阵地。着力加强出版物市场监管体系建设，搭建出版物市场网络监管平台，提升行业监管能力和水平，确保出版物市场和网络文化安全。

——加强新闻出版精品力作创作生产。坚持以人民为中心的创作导向，聚焦中国梦时代主题，大力培育和弘扬社会主义核心价值观，实施精品出版工程，重点抓好主题出版、民族团结进步出版、惠农惠牧出版、少儿出版、文艺精品出版和本土特色文化出版，着力推出更多反映人民主体地位和现实生活、群众喜闻乐见的思想精深、艺术精湛、制作精良的精品力作。支持实施少数民族文字和双语出版项目，不断提升少数民族语言文字出版能力和印制发行能力。加强报纸、期刊品牌建设，进一步提升报纸、期刊内容质量和创新能力。

——提高新闻出版公共服务水平。继续实施少数民族新闻出版"东风工程"，加快推进新闻出版单位基础设施建设和设备技术更新改造。实施城乡阅报栏（屏）和出版物免费赠阅项目，充分发挥"全民阅读推广中心"和"书香之家"引领示范作用，鼓励和引导社会力量开展捐书助读活动，广泛深入开展全民阅读活动，推动"书香青海"品牌建设。推动农（牧）家书屋工程提质增效，完善出版物补充更新机制，加强对农（牧）家书屋的统筹管理和使用，推动建立卫星数字书屋。支持基层图书发行网点建设，建立覆盖城乡的出版物发行流通网络，构建完善发行网点布局体系。鼓励和引导实体书店创新发展模式，探索推进以图书经营为核心、多种文化业态并存的新型经营模式。

——积极推动传统出版转型升级。立足传统出版，深入实施创新驱动发展战略，发挥内容优势，运用先进技术，走向网络空间，推进线上线下互动创新。加快组建成立出版传媒集团，盘活出版资源，丰富产品形态，提升技术水平，加快推动传统出版与新兴出版优势互补，在内容、渠道、平台、经营、管理等方面深度融合，实现出版内容、技术应用、平台终端、人才队伍的共享融通，形成一体化的组织机构、传播体系和管理机制，不断增强新闻出版业整体实力、传播力和影响力。

专栏5　新闻出版发展

少数民族新闻出版"东风工程"：青海民族出版社、青海新华（民族）印刷厂、青海藏文报及海东、海北、海南、海西、黄南、果洛州报社业务用房建设及配套相关设施。为大通、民和、互助、循化、化隆等5个民族自治县新华书店配备流动售书车；以数字印刷、绿色印刷为重点，支持民文印刷技术升级改造。

精品出版项目：加大少数民族语言文字翻译出版能力建设，支持青海民族出版社、青海人民出版社、西海民族音像出版社、江河电子出版社、昆仑音像出版社等出版单位精品出版物编辑出版。

"书香青海"建设项目：支持实施市民书香苑建设、出版物免费赠阅、城乡阅报栏（屏）建设。完善农（牧）家书屋出版物补充更新机制，建立卫星数字书屋，加强统筹管理和使用，推动农（牧）家书屋提质增效。深入开展全民阅读活动，推动全民阅读进家庭、进社区、进校园、进农村、进企业、进机关、进军营等。

实体书店建设项目：支持化隆、共和等15个县新华书店和西海镇、鲁沙尔镇等21个城乡发行网点建设。推动西宁大十字新华书店、小桥新华书店升级改造，创新商业模式和服务形式，将大十字新华书店打造成西宁市首家综合性文化体验消费中心，将小桥新华书店打造为体验式特色主题书店。引导扶持西宁三田书城、里想书店等民营书店的发展。积极在省内高校开办特色实体书店。

传统出版转型升级项目：重点支持青海民族出版社、青海日报社、青海人民出版社、西海民族音像出版社、青海昆仑音像出版社、青海藏文科技报社等数字出版转型升级示范单位的数字化建设，推动传统出版转型升级和传统媒体与新媒体融合发展，提高数字传播能力。

出版物监管平台建设项目：以互联网出版监管平台、出版物市场网络监管平台建设为抓手，构建新型互联网出版监管和出版物市场监管平台系统。

五、推动文化产业快速发展

坚持因地制宜、突出特色、创新驱动、融合发展的思路，积极挖掘整合特色文化资源，加大政策扶持力度，推动传统产业优化升级，培育新型复合文化业态，实施重大项目建设和园区（基地）提升工程，发展和壮大骨干文化企业，扩大和引导文化消费，加快文化产业发展，构建现代文化产业体系。

（一）优化文化产业布局

坚持因地制宜，分类指导，支持和鼓励各地区发挥比较优势，实行差异化发展，促进各类文化资源、要素向优势产业门类有序集聚，形成"一核五区"的发展格局。

"一核"：立足省会西宁政治、经济、文化中心地位，全力打造地域和城市文化品牌，提升文化形象和文化品位，强化引领带动辐射作用。

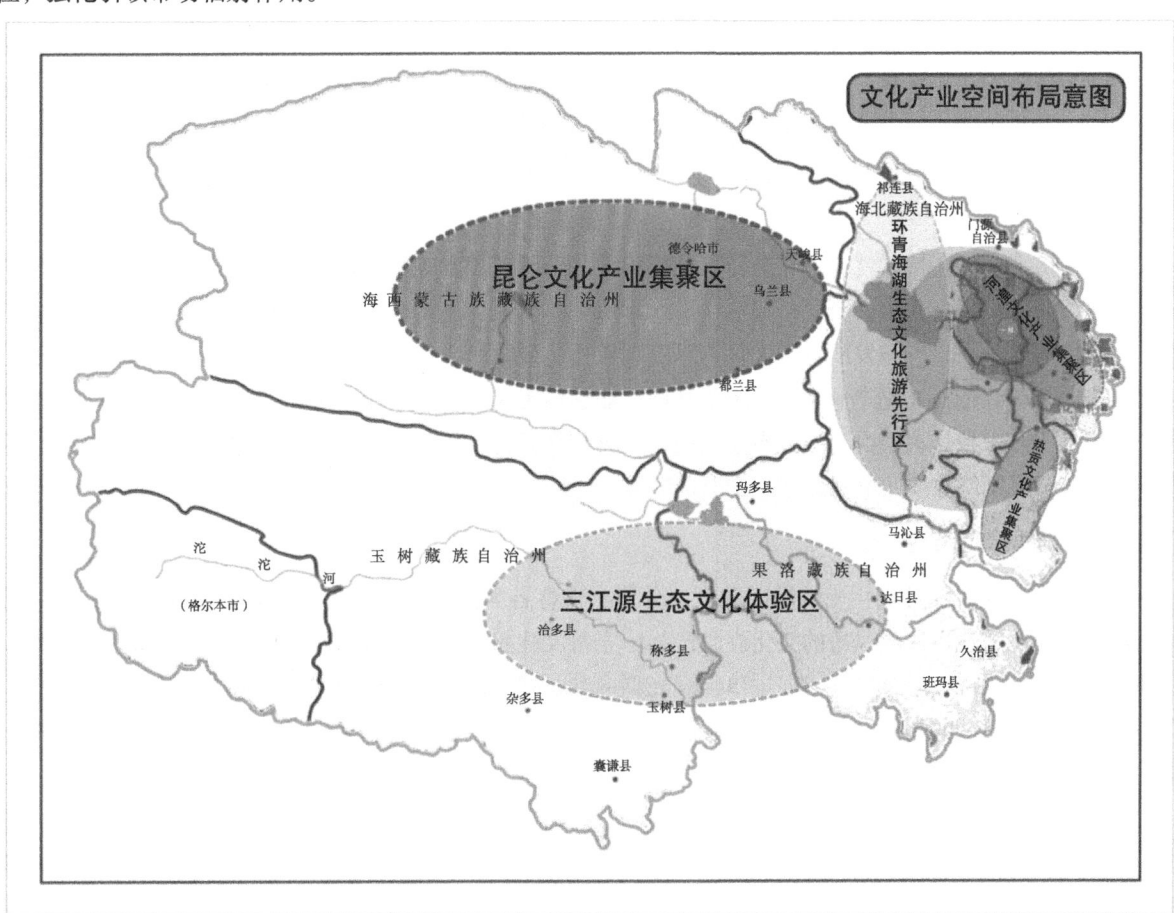

文化产业空间布局意图

"五区"：依托丰富多元的河湟文化资源，重点将西宁、海东打造成为集文化旅游、创意设计、节庆会展、演艺娱乐等为一体的河湟文化产业集聚区；以黄南国家级热贡文化生态保护实验区和藏羌彝文化产业走廊等重点项目建设为载体，重点推动热贡艺术产业规模化、集约化、专业化发展，打造热贡文化产业集聚区；以三江源国家公园建设为契机，依托国家级格萨尔（果洛）、玉树康巴文化生态保护实验区建设，推动文化、生态、旅游协调发展，集中打造三江源生态文化体验区。以独特的自然资源和丰富的人文资源为依托，将海南、海北打造成为环青海湖生态文化旅游先行区。以格尔木昆仑玉文化产业园、海西德都蒙古文化产业园、德令哈丝路创意产业园等项目建设为重点，发挥青藏公路、铁路在要素集聚和流通中的作用，促进海西特色文化产业点状集聚，打造昆仑文化产业集聚区。

（二）推动传统优势行业优化升级

——工艺美术业。重点推动唐卡、昆仑玉、藏毯及艺术挂毯、民间刺绣、民族服饰、黄河石艺画等特色文化产品的规模化生产。借助"互联网+"等现代高新技术手段与创意设计理念，研发与现代生产生活和消费需求对接的文化创意产品，加快传统工艺美术业优化升级。强化品牌意识，提高产品附加值，发挥工艺美术在推进扶贫、就业领域的重要作用。

——新闻出版业。以提高内容创新和生产能力为重点，巩固提升图书、报纸、期刊等传统出版产业。以业态创新、产品创新和内容创新为重点，加快发展民族音乐、民族语动漫、移动多媒体、网络视听、网络出版、数字教育等新兴出版产业。以绿色印刷、数字印刷、按需印刷为重点，引导印刷行业从加工型向服务型、个性化转变，筹建民族文字印刷园区，培育印刷示范企业，大力发展印刷产业。以电子商务和流通网络建设为重点，积极发展新闻出版流通和物流产业。实施藏文图书报刊"走向藏川甘滇"战略，扩大在全国藏区以及尼泊尔等国家的覆盖面和社会影响力。

——节庆会展业。科学统筹全省节庆活动资源，发掘各地传统节庆文化内涵，提升节庆文化品质，合理规划举办时序和空间布局，办好青海文化旅游节、三江源国际摄影节、海东河湟文化旅游节、海南藏族服饰文化艺术节、黄南热贡文化旅游节、海北祁连山草原风情文化旅游节、海西昆仑文化旅游节、果洛玛域格萨尔文化旅游节、玉树康巴艺术节等一批参与度高、影响力大、社会效益和经济效益好的节庆活动。创新办节办展理念，完善会展产业链条，提高会展服务能力，逐步形成由政府主导、全社会广泛参与的市场化运作模式，实现会展业快速发展。

——艺术培训业。坚持以就业为导向，立足民族演艺、工艺美术等民族民间技能技艺，鼓励和引导省、市、州、县共建，公办、民办并重，企业、行业并举，形成主体多元、结构合理、灵活开放、特色鲜明、效益突出的现代艺术培训体系。培育和发展各类文化艺术培训机构，鼓励培训机构、文艺团体等开展艺术培训，满足不同层次的培训需求。依托文化产业园区、示范基地、非遗传习所、职业学校，构建产学研一体化平台。支持提升省文化艺术职业学校培训层次，扩大专业范围，改善校舍条件。创新艺术教育培训方式，依托互联网、数字新媒体等渠道开展网络在线、电视课堂等艺术培训服务。

（三）大力发展新型复合业态

——文化旅游业。促进文化旅游深度融合，分层次培育各类涉旅文化企业，推动文化旅游重点项目建设。大力开发具有地域特色和民族风情的文化旅游产品，丰富文化旅游市场。推动文化旅游业与生态农业、体育产业、科技信息等相关产业融合发展，促进单纯观光型向参与式、体验式、休闲式等新型文化旅游业态转变。大力推动文旅演艺剧目、非物质文化遗产项目、图书音像、文化旅游产品进景区，提升景区的文化内涵。实施文化旅游摄影基地群建设。

——演艺娱乐业。培育和繁荣文化演艺娱乐市场，激活创作、演出、营销端各市场主体活力，构建主体多元、竞争有序、高效运转的演艺娱乐产业链。鼓励吸引社会资本投资剧目策划、创作和营业性演出活动。积极利用网络等媒体资源，宣传推广民族歌舞、青海"花儿"等青海特色演艺。推动成立青海省演艺院线、剧院联盟，并加强与国内其他院线、联盟的合作与交流。拓宽市场合作渠道，积极与国内外知名运作商、文艺主创团队等专业力量合作，推动专业院团、演艺机构、从业人员"走出去"，支持民间举办市场化运作的演唱会、音乐节。

——创意设计业。坚持继承和创新相结合，以创意创新、交互融合的大设计理念为引导，深入挖掘优秀文化资源，改造提升传统文化产业，促进特色文化元素、传统工艺技艺与创意设计、现代科技、时代元素相结合，设计研发独具特色的文化产品，提高青海本土文化创意设计整体水平，逐步形成具有青海民族民间特色的创意设计发展模式。引导各级各类文化文物单位依托馆藏资源、形象品牌、陈列展览、主题活动和人才队伍等要素，积极稳妥推进文化创意产品开发，促进优秀文化资源的传承传播与合理利用。举办文化创意产品设计大赛，以文化创意助推文化、旅游、科技等相关产业的融合发展。

——动漫游戏业。实施原创动漫培育和扶持计划，依托文化产业孵化平台培育一批有活力、有潜力的骨干动漫企业。加强原创能力建设，鼓励和引导动漫企业挖掘青海民族民间文化资源，创作生产《格萨尔》等系列优秀动漫作品，培育本土动漫品牌，用动漫语言讲好青海故事、传播青海文化。开发动漫衍生产品，拓展动漫外包市场，吸引人才、技术，逐步健全动漫产业链。

> **专栏6 文化产业发展**
>
> 促进文化消费计划：推动黄南州国家文化消费试点城市建设，总结推广试点经验。引导文化企业提供个性化、多样化的文化产品和服务。鼓励文化企业拓展电子商务营销模式，利用微博、微信、互联网等方式，向消费者及时提供最新文化消费信息。
>
> 文化创意产品扶持计划：引导传统工艺美术行业设计开发与生产生活和消费需求有效对接的文化创意产品。调动博物馆、图书馆、文化馆、美术馆等单位和创意设计机构等社会力量参与创作生产适应市场需要、满足现代消费需求的优秀文化创意产品。举办全省文化创意产品设计大赛。
>
> 文化产业数字发展计划：依托青海"文化云"，加快推动优秀文化内容数字化转化，加强数字文化创意内容创作与供给，大力推进文化科技创新，加快培育移动多媒体、网络视听、数字出版、动漫游戏等新兴数字文化产业，积极抢占文化与科技融合发展的制高点。
>
> 特色文化产业发展项目：有序开发特色优势文化资源，通过创意转化、科技提升和市场运作，推出特色鲜明的文化产品和服务。支持建设具有富民效应的文化产业项目。持续推进丝绸之路文化产业带、藏羌彝文化产业走廊项目建设。推进刚察、循化、祁连等文化旅游融合发展示范点建设，形成可推广、可复制的模式。
>
> 文化市场主体培育项目：重点扶持国家、省级文化产业示范基地发展，培育区域骨干龙头企业。鼓励文化企业通过合资、合作、兼并重组发展壮大。加快国有文化企业公司制股份制改造，组建工艺美术集团、出版传媒集团。推进"成长型小微文化企业扶持计划"，建设省级文化产业孵化基地，培育10个创业孵化平台，孵化1000家小微文化企业。
>
> 文化产业园（基地）提升项目：引导现有文化产业园（基地）发挥创意孵化、人才培养、产业融合、搭建平台、培育品牌等功能，促进优化升级。

六、推动文化与旅游深度融合

坚持以高原旅游名省战略为引领，统筹规划，以弘扬、传承、展示、利用优秀历史文化、民族文化、地域文化为重点，以唐蕃古道申报世界文化遗产为契机，全力将唐蕃古道沿线打造成为保护文化生态、传承民族文化、增强文化认同、促进民族团结的文化展示走廊，积极推动文化与旅游深度融合。

——统筹做好唐蕃古道文化展示走廊建设规划。坚持因地制宜，突出重点，以弘扬优秀历史文化为主线，挖掘、展示、利用民族文化、地域文化为重点，统筹做好唐蕃古道文化展示走廊建设专项规划。注重加强与陕西、甘肃、西藏等省区的合作，推动唐蕃古道沿线地区文化协同发展。统筹整合唐蕃古道沿线各类文化旅游资源，提升沿线地区文化服务和展示能力，加强民族、地域文化品牌建设和宣传，增强文化影响力，发挥文化在民族团结和旅游发展中的重要作用。

——加大唐蕃古道文化展示重点项目扶持力度。坚持政府主导、市场参与相结合的原则，统筹做好唐蕃古道沿线地区多元文化展示、文化遗产保护利用、特色文化产业发展等各类重点文化项目的储备，系统规划好文化展示设施等重点项目的空间布局，全面推动实施重点项目建设。积极引导各类优惠政策和项目资金优先向唐蕃古道文化展示走廊建设倾斜，全力支持做好文化展示设施、文化遗产展示利用、特色文化产业开发等重点项目建设。

——全面推动唐蕃古道沿线文化旅游的深度融合。以青藏高原气势磅礴的人文自然景观为依托，以优秀历史文化为主线，加强唐蕃古道沿线民族民间文化传说、民族音乐舞蹈、重要历史文物、非物质文化遗产等的搜集整理、传承弘扬和展示利用，采取多种方式，全面为丰富的自然景观、各类文化遗产赋予新的文化和精神内涵，努力讲好弘扬优秀历史文化、传承展示民族文化、促进民族团结进步为主要内容的新青海故事，深度推动文化旅游的深度融合和互动发展。

专栏7　唐蕃古道文化展示走廊建设
文化展示利用设施建设：省文化艺术馆、西宁博物馆群以及海东市、民和县、海南州、海北州、囊谦县剧场建设。青海"花儿"、青海平弦、土族纳顿、黄南藏戏、玉树卓舞、民族服饰等表演艺术、传统技艺、民俗活动等各类非物质文化遗产展演设施建设。 主题文艺作品创作生产：5台以唐蕃古道历史文化为主题的舞台艺术精品剧目的创作生产；创作10首反映各民族团结进步的民族音乐歌曲；组织美术工作者开展以唐蕃古道历史文化为主题的采风活动，创作优秀美术作品，举办5次以上的主题美术作品展览；编辑出版5部原创主题精品图书和音像制品。 重点文物展示利用：民和喇家国家考古遗址公园建设、乐都瞿昙寺展示利用工程、乐都柳湾遗址展示利用工程、西宁沈那遗址公园建设、湟中塔尔寺展示利用工程、湟源丹噶尔古城明清文物古建筑展示利用工程、海北西海郡故城展示利用工程、中国第一个核武器研制基地旧址保护与展示利用工程、新寨嘉那嘛呢、贝大日如来佛石窟寺及勒巴沟摩崖、藏娘佛塔及桑周寺、格萨尔三十大将军灵塔及达那寺等展示利用工程等。 特色文化产业园区建设：乐都区文化一条街、互助温泉文化休闲度假区、西宁城南文化产业聚集区、青海高原西创意文化产业园、湟中民族文化风情园、大美青海玉文化产业园、海南藏文信息产业园、兴海安多民俗文化村、玉树康巴藏文化产业园等。 文化交流平台打造项目：依托青海文化旅游节、青海"丝路花儿"艺术节，组织开展唐蕃古道历史文化为主题的文化交流活动。

七、推进现代文化市场体系建设

坚持加强市场执法监管与促进行业发展繁荣并重的"两手抓"工作思路，推进建立统一开放、竞争有序、诚信守法、监管有力的现代文化市场体系。

——培育完善文化市场新环境。积极引导建立多层次文化产品和要素市场。推动传统文化行业优化升级，推动"互联网+"对传统文化市场领域整合，积极培育新兴文化市场和新型业态。鼓励各类文化企业因地制宜，加快创新，改造硬件，提升服务。建立健全市场准入退出制度和标准规范，为各类要素主体提供公平、公开竞争环境，消除行业壁垒，鼓励多业整合，培育和发展农村文化市场，推动文化市场成为满足人民群众多样化精神文化需求的主渠道。

——提升文化市场综合执法能力。深化文化市场综合执法改革，加强文化市场综合执法机构和队伍建设，建设一支政治强、业务精、纪律严、作风正的专业化、规范化、信息化执法队伍。进一步明确维护国家文化安全和意识形态安全精准目标，牢牢把握社会主义先进文化前进方向，严厉打击文化领域违法违规经营行为，促进文化市场规范有序发展。加大文化市场案件查办力度，针对突出问题开展专项治理。强化队伍培训和规范管理。

——推进文化市场信用体系建设。以文化市场技术监管与服务平台应用为基础，引导文化行业诚信健康发展。加强市场主体的责任意识，以文化市场诚信治理、信息公开、黑名单、学习培训、公开承诺等引导、监督、约束手段，构建守信激励、失信惩戒的监管机制，提升文化行业形象，促进行业诚信健康发展。

专栏8　现代文化市场体系建设

文化市场技术监管与服务平台建设：充分利用国家文化市场技术监管与服务平台，积极做好相关业务人员培训工作，全省文化市场技术监管与服务平台上线率达到80%。

文化市场综合执法能力提升：推进文化市场综合执法能力提升行动计划，推广综合执法师资巡讲活动，协作开展西藏及四省藏区"318"执法活动，全面提高执法人员水平。

文化市场信用体系建设：完善文化市场信用信息数据，涵盖全省80%以上的文化市场经营主体，引导文化行业诚信健康发展。

网络文化市场建设：完善网络文化内容监管体系，防控含有禁止内容的网络文化产品传播，净化网络文化环境。

八、积极挖掘发展生态文化

遵循生态文明对生态文化建设的一系列新要求，把生态文化建设作为推动"文化青海"建设的重要载体，努力挖掘、传承、保护和利用生态文化资源，大力推动生态文化发展。

——积极营造生态文化建设的良好氛围。挖掘各民族优秀生态文化理念，利用各种媒体渠道，广泛组织开展生态文化知识的普及教育，提高全民生态文明意识，营造生态文化建设的良好社会氛围，推动全社会形成简约适度、绿色低碳、文明健康的消费行为。挖掘丰富的生态文化资源，因地制宜，会同市政部门，用各种优秀的传统文化元素集中命名一批城镇街道、建筑等的名称，用多种形式传播生态文化发展理念，厚植生态文化优势，增强青海生态文化发展自信。

——着力改善生态文化基础设施。全面推动黄南国家级热贡文化生态保护实验区和格萨尔（果洛）文化生态保护实验区建设，积极改善各类非物质文化遗产传承保护和利用的设施条件，实现文化在保护中合理利用，在利用中加强保护。实施文化和自然遗产地保护设施建设，推动实施一批生态文化基础设施建设项目。

——丰富生态文化产品。依托生态文明先行区建设，组织、策划出版一批反映生态文化发展的图书和音像制品，丰富生态文化资源内涵。创作一批反映生态文化的音乐、摄影、美术、舞蹈、戏曲等文艺作品。发挥文化创意功能作用，大力发展文化科技、文化旅游、文化农业等各类产业，培育一批生态文化企业。

专栏9　挖掘发展生态文化

生态文明理念普及行动计划：挖掘各民族优秀生态文化理念，广泛组织开展生态文化知识的普及教育，提高人民群众生态文明意识，营造生态文化建设的良好社会氛围，推动全社会形成简约适度、绿色低碳、文明健康的消费行为。

生态文化产品创作生产项目：支持打造生态文化产品展演展示平台，扶持策划出版生态文化方面的图书、音像制品，鼓励创作一批反映生态文化的音乐、摄影、美术、舞蹈、戏曲等文艺作品。

九、加大对外文化交流力度

坚持"政府统筹、社会参与、官民并举、市场运作"，创新方式方法，不断拓宽文化交流和文化贸易渠道，努力传播青海特色文化，全面提升青海文化的影响力。

——完善文化交流平台与渠道。积极融入丝绸之路经济带建设，巩固与韩国、越南、泰国等东亚、东南亚国家及港澳台地区的文化交流；发展与蒙古、俄罗斯、白俄罗斯、土库曼斯坦等丝路沿线国家的文化交流合作；拓展与欧洲、美洲国家的文化交流渠道。建设丝绸之路非物质文化遗产交流展示项目库，开展与丝路沿线国家的文物交流合作。加强与海外中国文化中心的合作，广泛开展"青海文化周"系列活动，打造交流活动品牌。多语种翻译、出版、推广、传播青海当代文学作品。利用好青海文化旅游节、"丝路花儿"艺术节等展示平台，推介文化交流精品剧目和精品图书，广泛对外传播青海文化。

——扩大对外文化贸易与合作。围绕国家"一带一路"战略，加快对外文化贸易优化升级，促进青海优势文化产业要素有序流动、特色资源高效配置、市场深度融合。提高传统优势文化产品竞争力，加强营销和售后服务网络建设。广泛组织参加国内外文化产业博览会、交易会，加大我省特色文化产品和项目的宣传推介。

专栏10 对外文化交流
文化艺术交流品牌打造项目：打造青海文化旅游节、"丝路花儿"艺术节等品牌活动，扩大青海文化知名度和影响力。 "一带一路"文化交流与合作项目：推进实施"部省合作"计划，承接国家部委文化交流任务，组织民族民间歌舞团队、文化名人、非物质文化遗产传承人等与丝绸之路沿线国家每年开展不少于2次的文化交流活动。 港澳台民族文化交流项目：加强与港澳台思想文化界的深度交流，每年至少开展1次文化交流活动，推动我省优秀民族文化产品进入港澳台基层社区。 对口支援文化交流项目：充分利用国家对口支援政策，加强与对口支援省市的文化、人才交流与合作。 "丝路书香"项目：编辑出版民族文字精品图书，加强与印度、尼泊尔等丝绸之路沿线国家的文化交流。

十、发挥文化在脱贫攻坚中的作用

紧紧围绕"八个一批"扶贫攻坚任务，加强文化发展与扶贫攻坚政策的衔接，不断健全文化扶贫工作制度，充分发挥文化在脱贫攻坚中的积极作用，带动群众脱贫致富。

——积极为群众脱贫致富创造有利条件。在全省1622个建档立卡贫困村普遍建成集宣传文化、党员教育、科学普及、普法教育、体育健身等功能于一体，资源充足、设备齐全、服务规范、保障有力、群众满意度较高的基层综合性文化服务中心，并通过联合办班、提供场地、远程培训等多种方式，积极开展科学普及、法制宣传、社会救助、养老助残等惠农惠牧服务，提高群众科学文化素养。配合有关部门开展养殖、种植等各类生产技术培训，帮助贫困群众掌握1-2项实用技术。深入推进省级文明村镇、"五星级文明户"创建工作，培养群众健康文明的生活方式。

——充分发挥优势资源在脱贫攻坚中的作用。支持贫困地区依托当地丰富的民族民间特色文化资源，走特色化、差异化、集聚化发展之路，重点发展农村牧区手工艺品、民间歌舞演艺、乡村文化旅游等优势文化产业，培育打造一批特色文化产业乡镇和村，扩大贫困地区群众的就业渠道，增加群众收入。积极鼓励、引导和支持贫困地区挖掘非物质文化遗产资源，创建非物质文化遗产传承保护基地，开展非物质文化遗产生产性保护。依托非物质文化遗产传承人群研修研习培训计划，鼓励非物质文化遗产代表性传承人优先招收有传承意愿的贫困群众为徒，传授技艺。积极帮助有创业愿望、有一技之长的贫困非物质文化遗产传承人设立创业项目，带动帮助贫困群众开辟文化增收渠道。

——大力开展文化帮扶工作。把文化帮扶纳入行业扶贫和定点扶贫工作内容，通过合作共建、结对帮扶、区域文化联动等形式，建立省级文化单位、公共文化服务示范区城市、文化先进单位、城镇与农村牧区结对帮扶工作机制。积极为企业和社会各界参与文化帮扶提供准确信息，推进帮扶资源供给与帮扶需求的有效对接，提高社会帮扶资源配置与使用效率。建立文化企业和社会各方力量参与文化帮扶的工作制度。打造一批文化帮扶公益品牌，发挥品牌效应，积极引导社会各方面资源向贫困地区聚集，动员社会各方面力量参与文化帮扶重点项目，形成政府、市场、社会协同推进贫困地区文化建设和发展的工作格局。

专栏11　文化扶贫
"公共文化+扶贫"：积极对接贫困地区农牧民群众脱贫致富需求，依托基层综合性文化服务中心，以文化信息资源共享工程为平台，通过多媒体教学、上机自学、集中授课、基地实训等多种形式，积极组织开展各类专项培训，培养提高贫困群众科学文化素养，帮助贫困群众掌握实用的生产技术。 "文化产业+扶贫"：鼓励和支持贫困地区依托当地民族民间特色文化资源，规划建设示范带动性强、吸纳劳动力多的民间手工艺品、民间歌舞演艺、乡村文化旅游等文化产业示范点（基地、乡镇、村），并在产品开发、人才培训等方面进行重点扶持。积极推广"公司+农（牧）户"的经营模式，促进文化产品生产、传播、消费的数字化、网络化进程，拓宽贫困地区文化产品的展示空间和销售渠道。 "非遗传承+扶贫"：积极开展非物质文化遗产生产性保护，鼓励非物质文化遗产代表性传承人优先招收有传承意愿的贫困群众为徒，传授技艺。依托非物质文化遗产传承人群研修研习培训计划，对贫困地区传统手工艺传承人、学徒和从业者开展分类培训，帮助他们提高文化素养、审美能力和设计水平；支持贫困艺人参加省内外重大非遗展会活动，提供产品展示销售平台。 "文化志愿+扶贫"：鼓励和支持专家学者、艺术家、青年学生、专业技术人才、退休人员和社会各界人士为贫困地区提供文化志愿服务，推动公共文化单位、文艺院团等到贫困地区开展教、学、帮、带工作。

十一、加强文化人才队伍建设

实施"人才兴文"战略，加大各类文化人才培养力度，实现人才队伍总量稳步增长，结构更加合理，活力不断增强，效能充分发挥，为文化改革发展提供坚强的人才保障和智力支持。

——健全文化人才培养体制机制。继续推进健全人才培养开发、评价发现、选拔任用、流动配置、激励保障机制和运行机制，完善文化人才队伍建设政策措施和人才政策体系，创新培训模式，拓展办学渠道，坚持在实践中锻炼人才，在重大文化工程、重点文化项目实施中发现和培养人才，建立"选、训、用"相结合的选人用人工作机制。

——培养造就高层次文化人才。依托我省"高端创新人才千人计划"，积极引进省外文化行业杰出人才、领军人才、拔尖人才，开展教学科研、联合攻关、技术合作等工作。同时，选派有发展潜力的文化优秀人才、技术骨干到省外访学研修、合作交流、实践锻炼，提高本土文化领域高端人才能力素质，积极发挥其在本领域显著的引领作用。

——加强基层文化人才队伍建设。依托国家"三区计划"文化工作者专项，制定年度专业技术人员服务基层工作计划，加大对农牧区基层文化从业人员，特别是基层公益性文化单位工作人员的培训力度，加强省直文化专业技术人才对基层专职文化队伍、业余文化骨干、文化志愿者的指导和参与。统筹推进分级分类分层培训，将我省文化人才培训工作的重点前移到农牧区基层文化单位，有效提升人才培训工作的辐射范围。

——健全文化人才培训体系。按照分级负责、分类管理的工作原则，构建组织调训、干部培训、在职教育、挂职实践等方式相结合的培养格局。依托文化部干部管理学院、国家新闻出版广电总局培训中心、省委党校、行政学院、高等院校和各级各类教学点，开展初任培训、任职培训、岗位培训、专题培训、专业技能等各类培训。

专栏12　人才队伍建设
全省文化系统管理人员轮训项目：举办全省各级文化行政主管部门和公共文化服务机构负责人培训班，五年内轮训一遍，累计培训300人。 文化专业人才培养计划：每年举办1-2期文化行业高研班，五年内培养200余名业务精通、成绩显著、勇于创新的优秀专业技术人员。

> 基层文化人才培养计划：依托"三区计划"文化工作者专项，每年培养基层乡镇文化工作者120名，选派文化志愿者、文化工作者1000名。
>
> 高层次文化人才引进培养计划：按照"高端创新人才千人计划"目标任务，有计划、分层次地引进一批文化行业的高端人才，培养一批领军人才和拔尖人才。

第五章 保障措施

一、加强组织领导

——健全组织领导机制。加强各级党委、政府统一领导，有关部门密切配合，行政主管部门狠抓落实的机制建设，不断形成多部门齐抓共管、协同发展的强大合力。积极推动各级党委和政府把文化建设摆在全局工作重要位置，纳入经济社会发展总体规划，列入各级政府效能和领导干部政绩考核体系，做到文化建设与经济建设、政治建设、社会建设以及生态文明建设同部署、同落实。文化系统各单位、各部门要认真贯彻本规划，结合实际制定实施方案和年度执行计划，分解落实工作责任，认真抓好落实。

——加强目标责任考核。把发展文化事业和特色文化产业纳入各级政府年度目标责任考核内容，考核结果以适当方式向社会公布。要明确重大工程和重大项目的责任主体和实施进度，对规划实施情况进行动态监测和跟踪分析，加强年度检查和中期评估，确保本规划确定的各项任务和目标如期完成。要重视对评估结果的科学运用，及时发现并解决问题，确保规划取得实效。

二、深化文化体制改革

——深化行政管理体制改革。探索建立健全党委领导、政府管理、部门协同、权责明确、统筹推进的文化建设发展协调机制。深化行政审批制度改革，进一步简政放权，减少行政审批项目，放宽市场准入，激发社会活力。加快转变文化行政部门职能，强化政策调节、市场监管、社会管理、公共服务职能，推动政企分开、政事分开、管办分离，不断提高宏观管理能力。积极培育规范行业协会、文化类社会组织、中介组织以及文化志愿者等社会力量。

——深化企事业单位改革。着眼于突出公益属性、强化服务功能、增强发展活力，全面推进公益性文化事业单位人事、收入分配、社会保障制度改革，明确服务规范，加强绩效评估考核。创新公共文化服务设施运行机制，全面推进公益性文化单位组建成立理事会，吸纳有代表性的社会人士、专业人士、基层群众参与管理。坚持把社会效益放在首位，实现社会效益与经济效益相统一，以建立现代企业制度为重点，加快推进国有经营性文化单位改革。巩固国有文艺院团、非时政类报刊社、出版发行企业改革成果，完善法人治理结构，形成符合现代企业制度要求、体现文化企业特点的资产组织形式和经营管理模式。

三、完善投融资体系

——加大政府财政投入。充分发挥政府公共财政主导作用，不断加大财政对文化建设和发展的投入力度，建立同人民群众文化需求相适应的政府投入保障机制。优化完善转移支付体制，优先支持基层农村牧区文化建设和发展。转变财政资金投入方式，积极探索建立文化产业发展基金，鼓励和引导更多的社会资本投入文化产业。鼓励有条件的地区组建成立国有文化资本投资公司，发挥财政资金和国有资本的杠杆作用，开展文化及相关联项目投资、建设、管理及运营。

——鼓励社会资本进入。改革创新公共文化服务投入方式，支持通过特许经营、政府购买服务、投资补助等多种方式，鼓励社会资本投资公共文化服务领域，大力推广实施政府和社会资本合作（PPP）模式。探索推进国有文化企业混合所有制改革，实现各种所有制资本在文化领域取长补短、相互促进、共同发展。引进国内外有实力的文化企业、投资机构投资建设文化项目。推动支持文化企业利用多层次资本市场上市挂牌工作，扩大文化企业直接融资比重。通过银政企合作，撬动更多社会资本和民间资本参与重点文化项目建设。支持文化企业利用出口信贷、出口信用保险、内保外贷、外保内贷等方式从事境外投资。

四、优化发展环境

——完善扶持政策。贯彻落实国家建设"一带一路"重大战略决策及扶持藏区发展的优惠政策，配套出台促进我省文化改革发展的措施和办法。制定实施政府向社会力量购买公共文化服务的相关政策，落实企业、机构和个人捐赠、兴办公益性文化事业的税收优惠政策。落实文化体制改革配套政策。健全推动特色文化产业发展的财政、税收、金融、土地、人才培养及扩大文化消费的相关政策。

——加强文化法治建设。加快公共文化服务、文化产业发展、文化遗产保护、文化市场监管等方面立法调研，积极推动文化立法工作。结合"七五"普法和依法治理工作，深入开展文化法治宣传教育。坚持依法行政，依法加强文化市场监管，深入开展"扫黄打非"工作，加大知识产权保护力度。深化文化市场综合执法改革，加强文化综合执法队伍建设，加大文化市场事中事后的监管力度，提高依法行政能力和服务水平，营造公正、公平、有序的文化市场环境。

宁夏公共文化服务体系"十三五"建设规划

公共文化服务是公共基本服务的重要内容，是实施文化惠民、文化民生的重要途径，是维护社会公平正义、促进社会和谐稳定的重要保障。为加快构建全区公共文化服务体系，更好地保障群众基本文化权益，实现到2020年与全国同步建成全面小康社会的目标，根据《中共中央办公厅国务院办公厅关于加快构建现代公共文化服务体系的意见》（中办发〔2015〕2号）、《文化部国家发展改革委国家民委财政部新闻出版广电总局体育总局国务院扶贫办关于印发"十三五"时期贫困地区公共文化服务体系建设规划纲要的通知》（文公共发〔2015〕24号）、《自治区人民政府关于印发宁夏回族自治区国民经济和社会发展第十三个五年规划纲要的通知》（宁政发〔2016〕30号）等文件精神，结合我区实际，制定本规划。

第一章 规划背景

"十三五"时期是全面建成小康社会的决胜时期，也是推动文化强区建设的关键时期。加快构建现代公共文化服务体系，促进基本公共文化服务标准化、均等化，更好地保障人民群众基本文化权益，对于统筹推进"五位一体"总体布局、协调推进"四个全面"战略布局，加快建设开放宁夏、富裕宁夏、和谐宁夏、美丽宁夏，实现与全国同步建成全面小康社会具有重要意义。

一、"十二五"发展成就

"十二五"期间，自治区党委、人民政府深入实施文化强区战略，把公共文化服务体系建设作为文化事业发展的重要任务，坚持以基层为重点，以改革创新为手段，以提高服务水平为目的，切实加强公共文化基础设施建设，深入实施文化惠民工程，人民群众基本文化权益得到了有效保障，为"十三五"发展奠定了坚实基础。

（一）公共文化设施网络基本建立

统筹城乡资源布局，建成宁夏大剧院等自治区重大文化设施，新建改造地市公共图书馆、文化馆、博物馆10个和县（区）图书馆、文化馆15个，新建标准化乡镇综合文化站56个，扶持示范村文化室、民间文艺团队、农民文化大院1100个。广播电视公共服务水平明显提升，文化信息资源共享和公共电子阅览覆盖城乡，农家书屋覆盖所有行政村，区、市、县、乡、村五级公共文化设施网络基本形成。

（二）群众基本权益得到有效保障

用好国家免费开放补助资金，落实地方财政配套经费政策，建立健全免费开放运行管理制度，图书馆、文化馆、博物馆、文化站等公共文化场馆全面实现免费开放，年免费开放服务群众300万人次以上。积极开展文化志愿服务活动，引导群众自办文化，开展全民阅读"七进"活动，农村公益电影放映覆盖全区所有行政村。

（三）群众文化生活日益丰富

加大政府购买公共文化服务力度，打造"中国西部民歌（花儿）歌会""新春乐""欢乐宁夏"群众文艺会演以及"春雨工程"文化志愿服务等多个群众文化活动品牌，培育发展"清凉宁夏"特色广场，开展文化下乡活动，展演活动覆盖市县（区）、延伸乡镇（街道）和行政村（社区），初步形成具有宁夏特色的群众文化活动品牌系列，满足了各族群众日益增长的文化需求。

（四）文化传承体系基本建成

全面完成第三次全国不可移动文物普查、长城资源调查和第一次全国可移动文物普查。申报世界文化遗产工作实现大的突破，西夏陵、固原北朝隋唐墓地列入中国世界文化遗产预备名单。全区博物馆总量达到75座，免费开放的博物馆、纪念馆达到34座。公布第三、第四批自治区级非遗项目45项，命名第四、第五批自治区级非遗传承基地（点）27个，设立自治区生态文化保护区1个。

（五）文化发展活力不断增强

按照《宁夏回族自治区党委人民政府关于印发宁夏回族自治区深化文化体制改革实施方案的通知》（宁党发〔2014〕50号）、《宁夏回族自治区党委办公厅人民政府办公厅印发关于加快构建现代公共文化服务体系实施意见的通知》（宁党办〔2015〕45号）等政策性文件，做好顶层设计，落实地方配套经费，建立公共文化服务运行协调机制，创新服务内容和形式，基本形成了部门联动、社会参与、共建共享的机制，公共文化事业发展活力明显增强。

虽然我区公共文化服务体系建设取得了明显成效，但由于我区公共文化服务体系建设起点低、历史欠账多，目前仍然存在着综合服务能力比较弱、标准化均等化水平比较低、城乡基础设施不完善、发展不均衡等突出问题，尤其是农村和中南部贫困地区基础条件薄弱，专业人才缺乏，数字化建设滞后，文化资源配置还不够均等；公共文化政策研究、制度设计和机制建立相对滞后，公共文化服务水平总体不高，服务供给与人民群众文化需求和全面建成小康社会目标、构建现代公共文化服务体系的要求还存在一定的差距，实现和保障人民群众基本文化权益的任务依然艰巨。

二、"十三五"时期面临的形势

"十三五"是我区经济社会发展转型升级的关键时期，也是与全国同步建成全面小康社会的决胜阶段。随着"五位一体"总体布局和"四个全面"战略布局的协调推进，特别是国家"一带一路"、西部大开发战略等一系列重大决策部署的深入实施，我区公共文化发展迎来难得的战略机遇，公共文化建设的重要地位将更加显现。党的十八届三中全会提出构建现代公共文化服务体系和基本建成公共文化服务体系的目标任务，《中共中央办公厅国务院办公厅关于加快构建现代公共文化服务体系的意见》（中办发〔2015〕2号），把加快公共文化服务体系建设放在重要位置，推动公共文化建设从文化部门行为上升为地方党委、人民政府的部署，动员组织社会力量广泛参与公共文化建设，带动项目资金大投入、基础设施大建设、人才队伍大发展，公共文化服务体系建设进入全面推进、重点突破、综合提升的快车道。自治区党委、人民政府高度重视，加快文化强区战略实施，大力推进文化扶贫工程，为补齐贫困地区公共文化服务体系建设"短板"提供了有利条件，也为构建现代公共文化服务体系提供了坚强领导和保障。

"十三五"是加快推进我区公共文化服务体系建设的关键时期，统筹城乡、山川文化一体化发展、促进各族人民共享文化改革发展，必须紧紧围绕与全国同步建成全面小康社会奋斗这个总目标，牢牢抓住提高公共文化服务标准化均等化这条主线，坚持目标导向、问题导向和需求导向，突出重点，对标"短板"，精准施策，全面构建现代公共文化服务体系，切实保障人民群众基本文化权益，让广大群众共享文化改革发展福利。"十三五"也是我区文化事业发展大有作为的黄金时期，自治区党委、政府关于融入国家"一带一路"、建设"四个宁夏"、打赢脱贫攻坚战、打造内陆开放示范区、中阿合作先行区和丝绸之路战略支点等重大战略目标的实现都对文化事业发展提出更高的要求。

第二章 总体要求

一、指导思想

深入贯彻落实党的十八大、十八届三中、四中、五中、六中全会精神和习近平总书记系列重要讲话精神，按照与全国同步建成全面小康社会的总体要求，坚持以社会主义核心价值观为引领，以完善公共文化设施网络、提升服务效能、促进均衡发展为主线，顺应人民群众日益增长的多样化、多层次、多方面文化需求，大力实施文化强区战略和文化扶贫工程，构建具有宁夏特色的现代公共文化服务体系，促进公共文化服务标准化、均等化，实现服务群众同教育引导群众相结合、满足群众文化需求同提高群众文化素质相结合，协调推进文化建设与经济社会建设，为建设开放宁夏、富裕宁夏、和谐宁夏、美丽宁夏提供强大精神动力和文化支撑。

二、基本原则

——服务大局，协调发展。坚持以人民为中心，以社会主义核心价值观为引领，紧盯全面小康社会奋斗目标，把公共文化建设纳入新型城镇化、新农村建设和扶贫开发总体布局，推进文化与经济社会均衡协调发展。

——对标短板，精准建设。以县（区）为基本单元和落实主体，找准公共文化设施"短板"，全面推进与重点突破相结合，加快公共文化设施标准化、均等化建设，因地制宜解决存在问题，夯实全区公共文化服务基础。

——因需供给，方便实惠。优先满足人民群众读书看报、收听广播、参观展览、体育健身等基本文化需求，深入实施文化惠民工程，丰富公共文化产品，创新服务供给方式，充分保障广大人民群众的基本文化权益。

——政府主导，社会参与。统筹全区主要文化资源，完善公共文化设施网络，加强基层公共文化服务资源整合，科学规划，分类指导，加快推进政府购买公共文化服务，引导社会力量参与公共文化服务，形成全社会共建共享格局。

——深化改革，创新机制。全面落实中央关于深化文化体制改革、加快构建现代公共文化服务体系的要求，立足区情实际，加强公共文化服务管理体制改革创新，激发公共文化发展活力。

三、主要目标

到2020年，实现区、市、县、乡镇（街道）、村（社区）五级公共文化设施标准化，城乡和区域公共文化服务项目均等化，基本建成覆盖城乡、便捷高效、保基本、促公平，具有宁夏特色的现代公共文化服务体系，主要指标达到或高于全国平均水平，各族群众基本文化权益得到更好保障。

——标准化建设取得新进展。自治区重大文化设施更加完善，地市级图书馆、文化馆、博物馆，县（区）图书馆、文化馆，乡镇（街道）综合文化站实现全覆盖，行政村（社区）综合文化服务中心全部达到"七个一"建设标准，数字化服务平台更加健全，公共文化服务活动实现常态化、标准化、制度化。

——均等化服务实现新成效。公共文化服务项目基本均衡，固定场馆、流动设施和数字服务有效覆盖全区群众，农村和贫困地区公共文化服务能力和水平得到明显改善，山川、城乡公共文化服务实现均衡发展，全区五级公共文化服务体系更加完善。

——群众满意度实现新提升。公共文化服务的内容、种类、数量和水平达到国家和自治区实施标准，多样化的群众需求反馈和评价机制基本建立，具有宁夏特色的公共文化服务品牌更加靓丽，公共文化服务的需求适应性、群众参与率、受益率和满意度明显提升。

——非遗保护迈上新台阶。国家级项目名录及代表性传承人申报工作取得新突破，自治区级项目名录及传承人评审、认定和资助机制进一步健全，保护传承工作扎实推进，全民保护意识明显增强，保护传承体系更加完善。

——队伍建设得到新加强。全区乡土文化能人、基层文化骨干和专业文化人才信息资源库初步建成，学习培训、管理使用、评价激励机制基本完善，人才队伍数量和质量明显扩大和提高，文化人才成长环境得到明显改善。

——改革创新实现新突破。公共文化机构内部管理体制健全、运行机制完善，政府向社会力量购买公共文化服务力度不断加大，文化产品供给能力明显增强，政府、市场、社会共同参与公共文化服务体系建设的格局基本形成。

专栏1 公共文化服务体系建设主要指标				
项目		单位	2015年	2020年
1.文化馆	设置率	%	93	100
	达标率（部颁二级以上）	%	63	100
2.图书馆	设置率	%	86	100
	达标率（部颁二级以上）	%	63	100
	人均公共图书馆藏书量	册	0.8	1.5
	数字图书馆建设率（县级以上）	%	25	100
	图书馆数字资源共享资源量	TB	80	200
3.乡镇（街道）文化站达标率（部颁三级以上）		%	70	100
4.公共电子阅览室覆盖率		%	80	100
5.广播综合人口覆盖率		%	96.6	97.9
6.电视综合人口覆盖率		%	99.2	99.7
7.行政村（社区）综合文化服务中心覆盖率		%	70	100
8.民间文艺团队		个	1136	1500
9.农民文化大院		个	730	1000
10.乡土艺术人才		人	2600	3600
11.注册文化志愿者		人	6000	10000

第三章 主要任务

一、完善公共文化设施网络体系

适应新型城镇化和社会主义新农村建设的要求，根据国家基本公共文化服务指导标准和自治区实施标准，精准推进全区五级公共文化设施网络建设，实现固定设施与流动设施、数字设施有机结合、相互补充和有效覆盖。

（一）提升完善区市公共文化基础设施

抓住自治区成立60周年大庆的机遇，建成宁夏美术馆等一批重大文化工程。加快推进宁夏图书馆综合服务能力提升工程和固原博物馆、罗山及六盘山广播电视转播台改扩建工程，建设银川市中心图书馆、固原市图书馆、文化馆和丝路文化展览馆，改造升级石嘴山市、吴忠市、中卫市图书馆和文化馆综合服务功能，提升中心城市文化辐射带动能力。

（二）加快完善县（区）公共文化设施

按照县（区）图书馆、文化馆全部达到国家二级馆以上标准的要求，新建改建西吉县等10个县（区）文化馆和大武口区等9个县（区）图书馆，支持有条件的县（区）新建博物馆。支持中南部9县（区）集中实施图书馆、文化馆标准化建设工程，全区所有县（区）实现图书馆、文化馆全覆盖、全达标。

（三）重点推进基层综合性文化设施建设

坚持重心下移、贴近群众、对标建设、填平补齐的原则，新建40个标准化乡镇综合文化站（其中贫困地区27个）。依托乡镇综合文化站，建设40个国有农村出版物发行网点，填补我区农村出版物发行网点空白。实施文化扶贫工程，参照"七个一"标准，2017年全面完成606个贫困村综合文化服务中心建设任务。实施"百乡千村"公共文化设施提升、农民文化大院特色化建设、民间文艺团队多样化发展工程。到2020年，全区基层公共文化设施实现全覆盖、全达标。

（四）切实加强广播电视基础设施建设

统筹利用现有资源，实施广播电视户户通升级工程，完善各级广播电视台、发射台（站）、监测台（站）基础设施，建设全区农村智能广播网和应急广播平台。加快实施广播电视无线数字化覆盖网工程，推动地面无线模拟电视向数字化转换，加快地面数字音频广播（CDR）试点和应用推广，建立广播电视村村通、户户通长效运维机制，切实提升广播电视服务能力和水平。实施农村电影固定放映点建设工程，改善放映条件，提高放映质量。

（五）进一步完善流动文化服务设施

争取国家支持，为所有市、县（区）公共文化机构配备流动舞台车、流动图书车、流动电影放映车，使其具备经常性开展流动服务的条件。依托基层综合性文化服务中心，在人口聚集的乡镇、行政村（移民村）、集贸市场和产业园区等公共场所建立流动文化服务站点，合理配置集成化、便携式、多功能的文化服务设备器材，逐步实现流动文化服务常态化。

专栏2	公共文化设施建设工程
区市文化设施建设	1.建成宁夏美术馆。 2.完成宁夏图书馆综合服务能力提升工程和固原博物馆、罗山及六盘山广播电视转播台改扩建工程。 3.建成银川市中心图书馆、固原市文化馆、固原市图书馆、固原市丝路文化展览馆。
县（区）图书馆、文化馆建设	1.新建和改建西吉县文化馆、原州区文化馆、隆德县文化馆、彭阳县文化馆、青铜峡市文化馆、同心县文化馆、红寺堡区文化馆、利通区文化馆、海原县文化馆、沙坡头区文化馆。 2.新建和改建大武口区图书馆、利通区图书馆、盐池县图书馆、青铜峡市图书馆、原州区图书馆、西吉县图书馆、隆德县图书馆、彭阳县图书馆、沙坡头区图书馆。
乡镇综合文化站及农村出版物发行网点建设	1.新建40个标准化乡镇综合文化站。即：贺兰县南梁台子文化站，利通区上桥镇、古城镇、金星镇、胜利镇、板桥乡文化站，盐池县高沙窝镇、青山乡文化站，同心县豫海镇、田老庄乡、石狮管委会文化站，红寺堡区太阳山镇、新庄集乡文化站，原州区中河乡文化站，西吉县吉强镇、兴隆镇、平峰镇、震湖乡、马建乡、沙沟乡、白崖乡、硝河乡、兴平乡、马莲乡、新营乡文化站，隆德县杨河乡、凤岭乡、山河乡、奠安乡文化站，泾源县泾河源镇、香水镇文化站，沙坡头区滨河镇、宣河镇、文昌镇、兴仁镇、柔园镇文化站，中宁县石空镇、太阳梁乡文化站，海原县海城镇、关桥乡文化站。 2.依托乡镇综合文化站等设施，建设40个国有农村出版物发行网点。

行政村文化设施建设	1.2017年建成贫困地区606个村综合文化服务中心，实现全区行政村综合文化服务中心全覆盖。 2.2017年开始推进文化大院特色化建设，配置活动器材，到2020年达到1000个。 3.扶持民间文艺团队364个，配备设备器材，到2020年达到1500个。 4.在行政村建设智能广播网（"村村响"）和国家应急广播平台，配置广播设备器材，到2020年达到全覆盖。 5.推进农村固定电影放映点建设，全区增加到500个。
流动文化服务设施建设	1.为原州区、泾源县配置流动舞台车，盐池县、红寺堡区配置流动图书车，实现市、县（区）都有流动服务车。 2.建立基层流动文化服务点，实现乡镇（街道）、村（社区）都有流动服务点。

二、推进公共文化服务均衡发展

统筹城乡、山川、人群间基本公共文化服务，坚持以标准化促进均等化，以精准建设补齐发展"短板"，加大公共文化产品生产和服务供给力度，推动全区公共文化服务均衡发展，保障人人享有基本公共文化服务。

（一）大力推进基本公共文化服务标准化建设

按照自治区基本公共文化服务实施标准，确定区、市、县、乡、村五级基本公共文化服务项目，围绕文艺演出、读书看报、广播电视、电影放映、文体活动、展览展示、教育培训等方面，制定供给目录，公示服务种类、内容、数量和时间要求，提升服务质量和效率。到2020年，基本公共文化服务各项指标达到自治区实施标准要求。

（二）优先补齐贫困地区公共文化服务"短板"

争取中央专项资金支持，加大自治区级财政投入，增加自治区民生工程文体促进计划经费和服务"三农"内容，并向中南部9县（区）倾斜，取消建设资金地方配套，集中实施一批公共文化扶贫项目，补齐公共文化服务体系"短板"，实现全覆盖、全达标。提升县（区）图书馆、文化馆服务功能，运用智能化、数字化手段升级传统文化服务，实现电子信息、数字文化全覆盖。制定文化人才招聘政策，补充图书馆、文化馆专业人员，配齐乡镇文化站专干和村综合文化服务中心专管员。挖掘人文和自然资源，加大对特色文化旅游产业的扶持力度，开辟多条文化旅游专线，推动文化旅游服务和文化产品开发增值，增强贫困地区文化发展后劲。

（三）提高民族聚居区公共文化服务水平

坚持把公共文化建设作为加强民族地区工作的重点内容，加大项目、资金、人才、技术和培训等方面的支持力度。加强优秀文化作品在民族聚居区的传播，鼓励和扶助民族文化产品的创作生产，重点支持民族文艺精品创作，打造固原地区民族文学创作品牌。挖掘整理少数民族传统文化体育项目，开展具有民族特色的群众性文化体育活动，支持办好少数民族传统体育运动会和少数民族文艺汇演。

（四）切实保障特殊群体基本文化权益

将中小学生定期参观博物馆、美术馆、纪念馆、科技馆等纳入自治区中小学教育计划，开辟中小学"第二课堂"。满足特殊群体的文化需求，鼓励有条件的地方在基层综合文化服务中心设置"小饭桌""四点半学堂"等服务设施，加强对农村留守儿童和农民工子女课外在阅读辅导、艺术培训、科学普及、文体活动等方面的文化服务。加强面向城乡妇女在计生知识、心理咨询、文艺活动等方面的文化服务。鼓励建立老年体协、老年艺术团、老年大学等文体组织，并提供必要的活动经费。提高面向农村残疾人的无障碍公共文化体育服务水平，将农民工纳入本地区公共文化服务体系，在农民工等流动人口集聚地开展流动图书借阅、电影放映和数字文化服务等活动。

（五）精准实施文化扶贫

建立合作共建、结对帮扶、区域文化联动工作机制，精准实施文化脱贫行动计划和文化扶贫项目，提升群众文化素质，加快贫困地区群众脱贫致富。采取集中培训和下派文化辅导员包片抓点的方式，培养农村文化能人和乡土文化人才，指导群众开展文化娱乐活动、创排地方小戏小品。挖掘民族民间特色文化资源，扶持建设"农民舞台""文化集市""农家乐"等乡村旅游融合发展示范点，发展特色手工艺品、传统文化展示表演和乡村文化旅游，带动当地经济发展，增加当地群众收入。

专栏3 公共文化服务均衡发展行动计划	
特殊群体服务	1.县级以上图书馆开办少儿、老年人及残障人阅览室。 2.依托数字图书馆，为中小学生提供精品电子书、电子期刊报纸和网络精品公开课服务。 3.实施"书香童年"阅读工程，为学龄前儿童发放阅读书包、开展阅读指导服务。 4.县级以上文化馆开办老年人书画创作室、妇女手工制作室、老年人文化娱乐室。 5.乡镇（街道）综合文化站，行政村（社区）综合文化服务中心为老年人、农民工、留守儿童等提供读书看报、上网看电视、健身锻炼等基本服务。
公共文化扶贫	1.每年组织"文化下乡""送欢乐下基层""志愿服务走基层"等活动，为贫困地区群众提供演出、讲座和展览等公共文化服务。 2.每年开展"春雨工程"大舞台巡演、大展台巡展和大讲堂培训贫困地区文化骨干活动。 3.每年更新1次基层图书（电子）阅览室图书，组织贫困地区农民开展阅读活动。 4.通过下派文化辅导员、志愿服务、资助项目、购买文化产品和服务等方式，丰富贫困地区公共文化供给。

三、提升公共文化服务效能

深化国家公共文化服务体系示范区（项目）创建，整合优化资源配置，拓展服务功能，创新服务方式，推进公共文化共建共享、互联互通、多元互补，切实提高公共文化机构服务能力。

（一）扩容提级城市图书馆、文化馆服务功能

以县（区）级以上公共图书馆、文化馆为重点，创新服务手段，扩展服务功能，提高设施管理利用效率。在图书馆功能上，改造宁夏图书馆功能布局，完善数字服务平台，增设音乐欣赏厅、阅读茶吧、读者沙龙和儿童阅读游乐体验区，提供精品电子书、电子期刊报纸和网络精品公开课等，开展个性化服务；建设地市级图书馆数字服务平台，建立完善报告厅设施，举办各类群众喜闻乐见的讲座培训，设立多媒体演播厅，提供丰富的音像视听服务；更新增加县（区）图书馆馆藏，扩大自助借阅功能，健全残疾人通道，提供对特殊人群的服务。在文化馆功能上，建设宁夏文化馆数字文化服务平台，增设音乐录制和视听体验设施，让群众感受音乐创作乐趣。建立公共文化服务QQ群、开设微信公众号，在互动中传播健康的公共文化；在地市级文化馆增设非遗传习展示区和传承人工作室，举办各类艺术讲座，提供群众交流艺术创作和研讨学习平台。开设小剧场，让群众自编、自导、自演各类小型剧目。试点开办老年大学，逐步拓宽适合老年人特点的服务功能；推进县（区）文化馆数字服务平台建设，开展网络培训辅导，设立非遗展示传习室，丰富民间特色文化展陈传习，加大对基层综合文化服务中心管理人员和乡土文艺人才的培训。

（二）健全拓展农村文化设施服务功能

整合农村公共文化资源，逐步完善扩展服务功能。整合乡镇综合文化站设施，统管统用，强化标准，规范服务，增设民间手工艺制作传习、民间艺术品和老物件收藏展览及传统体育竞技健身等服务，提高综合服务效能。规范村综合文化服务中心服务标准，补充设备器材，配齐管理人员。整合党员教育、科普普法、电影放

映、体育健身、老年饭桌、电商服务等公共资源，实施农家书屋创新发展工程、增设"道德讲堂"、村史馆，丰富村综合文化服务中心服务内容。提高农民文化大院设备配置标准，完善小戏排练表演服务功能，扶持有条件的文化大院建设小舞台。增设传统民俗收藏展示和民间传统手工艺作品制作销售及民间书画创作等文化服务，逐步将农民文化大院纳入政府购买公共文化服务承接主体。

（三）创新优化服务方式

创新供给方式。通过政府购买、票价补贴等方式，支持各类艺术表演团体为农村提供公益性演出，支持经营性文化设施、传统民族文化场所提供优惠或免费的文化服务，支持电影企业深入城乡开展公益放映。实施网络配送。创建"按需点单"公共文化服务模式，建设"县建总站、乡镇（街道）建分站、村（社区）建基点"的文化配送网络，形成"你点单、我配送"的文化服务机制。借助网络平台，结合"互联网+"行动计划，以"线上预约+线下配送"方式，利用信息化技术实现县域内公共文化服务线上自主预约，线下按需配送、定点跟踪服务。加大免费开放力度。畅通群众需求反馈渠道，细化公共文化设施免费开放目录清单，实施错时和延时服务，形成免费开放新机制。打造广场展演品牌。提升"清凉宁夏"广场文化展演水平，重点打造市、县（区）特色广场品牌，引导有条件的乡镇和行政村积极举办广场文化活动，形成"天天健身舞、周周舞台戏、月月主题赛"的常态化广场文化活动格局。推进流动服务。采取流动图书车、舞台车、电影放映车以及图书"漂流包"、农村农家书柜（图书流通服务点）、演出小分队等多种形式，在城市街道、社区和农村乡镇、行政村等人群聚集场所提供便捷的文化服务。

专栏4	公共文化服务效能提升计划
扩容提级城市图书馆、文化馆功能	1.图书馆重点建设完善数字化服务平台，配置自助借阅机，设立多媒体演播厅，完善残障人听读设施，增设阅读茶吧和儿童阅读游乐体验区。 2.文化馆重点建设完善数字化服务平台，开设微信公众号，增设非遗传习展示区和传承人工作室，开办小剧场，增设音乐录制和视听体验设施。
健全拓展农村设施功能	1.重点整合利用乡镇综合文化站资源，增强日常服务效能，增设民间手工艺制作技艺传习和民间艺术品收藏展览等服务功能。 2.村综合文化服务中心达到"七个一"标准（1个文化活动广场、1个简易戏台、1个文化活动室、1个图书（电子）阅览室、1套文化活动器材、1套广播影视器材、1套体育建设设施），增设道德讲堂、老年饭桌、电商服务等功能。 3.农民文化大院增加小戏编排表演、民间传统工艺传习、民俗展览等功能。
免费开放服务	1.增加服务项目，健全服务标准，规范服务流程，完善管理制度。 2.细化免费开放目录清单，实施"菜单式"服务，按照群众需求，错时、延时提供服务。 3.公共图书馆每周开放时间不少于56小时，文化馆（站）、公共博物馆（非文物建筑及遗址类）等公共文化设施每周开放时间不少于42小时。 4.县级以上公共体育场、全民健身活动中心提供免费开放时段，每周免费开放时段不少于14小时。 5.县级以上工人文化宫、青少年宫、妇女儿童活动中心、科技馆等设施免费提供基本公共文化服务项目。
提升广场展演	打造40个以上广场展演活动品牌，逐步向乡村延伸，每年开展广场演出1500场以上。
推进流动服务	常年开展图书阅览、文艺演出、电影放映等流动服务基层活动，每年送戏下乡1600场以上。
网络配送服务	1.县级以上公共文化机构建有面向群众的网站，设施内免费提供无线Wifi服务。 2.各级公共图书馆、文化馆（站、中心）基本建有公共电子阅览室，并免费提供上网服务。 3.通过网络电视、有线（数字）电视、电信网、手机终端等实现公共文化综合入户率达到50%。

四、丰富公共文化服务供给

紧紧围绕人民群众需求，深入推进公共文化供给侧结构性改革，加强公共文化产品创作和推广，构建群众文化作品交流展示平台，打造一批常态化、有影响力的群众文化活动品牌，不断丰富全区各族群众的精神文化生活。

（一）丰富群众文化生活

持续举办中国西部民歌（花儿）歌会，扩大国际、国内优秀民族民间文化交流，带动宁夏优秀文化传承传播。提升全区群众文艺会演、广场展演、社火大赛、书画摄影作品展等品牌活动水平，扩大"欢乐宁夏"品牌效应和影响力。实施广场文化延伸工程，推动文化广场覆盖乡镇（街道）、村（社区），开展民间文艺团队、农民文化大院文艺会演和城乡好声音、农民歌手大赛等文化活动，形成群众演、演群众、演给群众看的长效机制。实施城乡"快阅"和全民阅读提档升级工程，在公交站台、重要交通节点、公园、广场、农村集贸市场、移民聚居区设立实体书店、阅报栏、政策信息栏、图书自助借阅机、文化展示墙，推进图书报刊进公交、进商场、进餐厅、进宾馆、进乡村。进一步做好中小学爱国主义影片放映，继续实施农村电影放映和公益电影"五进"工程。丰富影片供给，切实解决外出打工群众看电影难问题。

（二）繁荣群众文艺创作

支持具有宁夏特色的戏剧小品、音乐舞蹈、文学曲艺、书画摄影、民间传统手工艺等优秀作品创作生产。加大对宁夏花儿、道情、数花、坐唱、秦腔等地方传统表演艺术的扶持力度。鼓励文化艺术公司、民间文艺团队、农民文化大院开展群众文艺创作交流活动。支持国有专业文艺院团、民营演艺机构创作群众喜闻乐见的文艺精品。引导博物馆、美术馆、公共图书馆、文化馆、非物质文化遗产中心等文化文物单位，依托馆藏资源、形象品牌、陈列展览、主题活动和人才队伍等要素，积极稳妥推进文化创意产品开发，丰富公共文化服务产品。深入推进生态文化建设，发挥文化活动潜移默化的作用，开展寓教于乐的文化活动，提高人民群众节约意识、环保意识和生态意识，营造全民参与环境保护和生态文明建设的良好风尚。

（三）发展优秀传统文化

推进非遗保护传承，实施非遗濒危项目保护及代表性传承人抢救性记录工作，认定公布自治区级非遗代表性传承人。扶持非遗传承基地（点）和非遗传习展示馆（室）建设，资助非遗衍生品开发、生产，鼓励民间艺人和爱好者融入传承基地（点）参与非遗传习展演活动，搭建民间传统工艺品展销平台。评选申报"中国民间文化艺术之乡"，推动春节、端午节、中秋节、重阳节等民间传统节日文化活动丰富开展，鼓励各地举办民间民俗文化展演活动。注重对地方文献、民俗器物和本土名家艺术精品的收藏和展览，形成品类丰富、特色鲜明的民间文化资源积累。

（四）拓展文物教育服务功能

围绕国家和自治区重大历史、民族精神、先民智慧等主题，策划一系列具有鲜明教育作用、彰显社会主义核心价值观的主题展览，提升爱国主义教育基地、科普基地展示教育水平。进一步提升博物馆教育功能，让文物说话，讲好中国、宁夏故事，提高文化影响力。推进西夏陵、丝绸之路固原段申报世界文化遗产工作，实施长城加固保护工程，加强文物保护和利用。支持有条件的文化文物单位在保证公益服务前提下，展销文化创意产品，开展差异化的有偿服务。创新文物资源利用模式，推动文物保护与扶贫开发、生态旅游和新农村建设相结合，促进美丽宁夏建设。培育以博物馆和文物保护单位为载体的体验旅游、研学旅行、休闲旅游等精品旅游线路，促进文物保护与信息产业、旅游产业、休闲产业、生态建设相融合，促进城市产业转型发展。争取实施国家记忆行动计划，建设宁夏民族文物展示体验片区。

（五）扶持社会力量和群众自办文化

建立健全支持社会力量兴办公共文化制度，通过项目补贴、定向资助、贷款贴息等措施，鼓励引导各类企业、社会组织和个人投资或捐助公共文化设备、资助文化活动、提供公共文化产品和服务，促进公共文化服务主体多元化、建设运营社会化、融资方式多样化。大力支持群众自主参与，支持基层民间自办具有公益性和准公益性的图书馆、书画社、工作室、小剧团等文化组织。采取政府购买等方式，鼓励各类艺术表演团体、群众自办文化产品和服务项目为农村提供公益性演出，支持经营性文化设施、传统民俗文化活动场所等为群众提供优惠或免费的文化服务。将群众自办文化纳入自治区民生计划，对具有潜在发展前景的民间文艺团队、农民文化大院等给予设备器材扶持和产品创作指导及编导演职人员培训。依托重大节庆、文艺博览等活动，组织群众自办文化展演交流，广泛参与群众文艺会演、民间非遗展览、群众书画展览等群众性赛事活动，打造群众自办文化品牌，形成社会共建共享格局。

专栏5 公共文化惠民服务计划	
群众文化品牌活动	1.中国西部民歌（花儿）歌会，每年一届，举办5届。 2."欢乐宁夏"群众文艺会演和"新春乐"全区社火大赛，每年一届，各举办5届。 3."清凉宁夏"特色广场文化年均展演1500场以上。 4.常年开展"春雨工程"、"大地情深"及9个主题文化志愿活动，每年推出3个-5个全国示范性志愿服务案例。
群众文艺精品创作	1.依托"欢乐宁夏"群众文艺会演平台，每年推出30个左右优秀群众艺术原创作品。 2.依托全国"群星奖"评选平台，每三年举办一次农村小戏小品、民间曲艺、群众歌舞等文艺作品创作评选活动，推出在全国有影响力的群众文艺精品。 3.依托北方十五省、市优秀文艺类图书评选活动，每年度重点组织做好我区优秀文学艺术作品的出版工作，出版一批群众喜闻乐见的原创作品。
发展优秀传统文化	1.实施宁夏美术馆美术作品收藏计划，创作特色鲜明的美术作品。 2.申报第五批、六批国家级非遗代表性项目和第六批、七批国家级代表性传承人。 3.认定公布第五批、六批自治区级非遗代表性项目和第四批、五批自治区级代表性传承人。 4.扶持建立第六批非遗保护传承基地（点）。 5.支持建立非遗传习展示馆（室）。 6.每年举办1次"文化遗产日"主题宣传活动。
基本公共文化服务	1.各级文化馆年均开展较大规模群众文化活动不少于12次。 2.乡镇（街道）综合文化站年均开展较大规模群众文化活动不少于6次。 3.村（社区）综合文化服务中心年开展群众文化活动不少于4次。 4.继续实施农村电影放映工程，每年放映4万场以上。

五、加快公共数字文化建设

充分发挥公共数字文化在推动公共文化建设中的重要作用，加强公共数字文化平台建设、资源建设和服务推广，促进公共文化服务与现代科技融合发展。

（一）加强公共数字文化平台建设

统筹整合文化信息资源共享工程、数字图书馆推广工程和公共电子阅览室建设计划，构建县域公共数字文化综合服务平台和区域性公共数字文化管理平台，实现基层公共数字文化服务的综合管理和"一站式"服务，方便群众获取数字文化资源。

（二）提升公共文化机构数字化水平

结合"宽带中国""智慧宁夏"等重大信息工程，推动数字图书馆、数字文化馆、数字美术馆、智慧博物馆建设，完成自治区图书馆数字化提档升级和地级市数字图书馆推广工程，建立县（区）图书馆数字化服务平台；推进区、市、县三级文化馆数字平台建设，到2020年，县级公共文化机构基本具备数字资源提供能力和远程服务能力。

（三）建设公共文化数字资源

依托公共文化机构数字化平台，征集制作我区少数民族文化、民间传统文化、文化遗产、红色历史文化、戏剧戏曲、音乐舞蹈、历史地理等特色文化数字资源，到2020年，建成戏曲动漫、民歌（花儿）、大漠长城、传统手工艺、春节民俗、回族文献、宁夏岩画多媒体、宁夏红色记忆多媒体等地方特色重点数字文化资源库。

专栏6 公共数字文化建设工程	
数字图书馆建设	1.依托宁夏图书馆（文化信息资源共享工程分中心）建成宁夏公共文化服务云平台，完成数字资源统一云目录建设、大数据采集、应用服务对接及服务推广。 2.建成5个地级市图书馆数字服务平台。县（区）图书馆具备基本的数字资源加工和远程服务能力。 3.宁夏图书馆数字资源量达到100TB、地市图书馆达到20TB，县（区）图书馆达到2TB。
数字文化馆建设	建成宁夏文化馆数字服务平台，逐步推进地市文化馆和县（区）文化馆数字化服务设施建设，基本实现信息发布、艺术欣赏、网上培训、活动开展、辅导创作等服务项目覆盖各级文化馆。
数字资源库建设	建成戏曲动漫、民歌（花儿）、大漠长城、传统手工艺、春节民俗、回族文献、宁夏岩画多媒体、宁夏红色记忆多媒体等重点数字文化资源库。
广播电视数字化建设	利用现有设施资源，增配数字广播电视发射系统，实现无线数字电视县级以上城市全覆盖，15套电视节目和15套广播节目无线数字化全覆盖。

六、加强公共文化人才队伍建设

坚持存量优化、增量优选，以文化管理、专业技术、民间艺术人才队伍建设为重点，完善学习培训、管理使用、待遇保障等方面的政策措施，建设稳定、高素质的公共文化人才队伍。

（一）培养高端文艺人才

实施本土中青年优秀文化人才扶持计划和紧缺文化人才培育引进计划，采取选派进修和招聘引入等办法，加大对高端文艺人才的培养。搭建重大群众文化活动策划、重大课题研究及文艺精品创作等平台，营造高端文艺人才创新创业、施展才华的良好环境，通过高端人才带动本土文化人才发展。突出岗位匹配的要求，大力引进新闻出版、广播电视播出机构等急需的专业型人才，保持专业人员队伍的活力，为公共文化转型发展储备人力资源。

（二）锻造专业技术人才

借助全国基层文化队伍培训计划和全区专业技术继续教育培训平台，依托各级公共文化机构、广播电视技术中心和公共图书馆学会、文化馆协会等行业组织，建立区、市、县三级培训网络，分级分类分批对县、乡文化干部进行系统培训培养，提升专业技术人才的业务素质。以事业发展需求为导向，加强对新闻出版广电从业人员的管理，深入开展马克思主义新闻观、文艺观、出版观等学习教育活动。完善职业资格制度，做好新闻采编人员、广播电视编辑记者和播音员主持人培训考核工作，提高专业技术技能。

（三）培育乡土文化人才

重视培养扎根基层的乡土文化能人和民间文化传承人，借助"春雨工程—大讲堂"平台和实施非遗传承人群研修研习培训计划等，分年度、有计划地实施全员培训。建立乡土文化人才信息库，通过搭建交流平台、提供活动经费、组织培训辅导等方式，鼓励和扶持乡土人才开展农村文化艺术、民族民间文化、文物保护管理等乡土文化技能培训与传承、普及与推广，发挥他们在传统文化传承、手工技艺培训、文化遗产保护等方面的积极作用。引导文化类社会组织健康发展，成立相应协会，积聚各类乡土文化人才，自我管理、自我服务、自我发展。

（四）壮大志愿者队伍

建立健全志愿者服务制度，以图书馆、文化馆、博物馆、科技馆、革命纪念馆为平台，广泛吸引志愿者参与文化服务。建立区、市、县三级文化志愿者管理、保障和激励机制，根据公共文化设施志愿服务的需要，以全国志愿服务信息系统为依托，以落实机制为抓手，做好志愿者招募、注册、培训、管理、激励、保障和支持等工作，加强文化志愿者队伍建设。实施"阳光工程"农村文化志愿者行动计划和"三区"人才支持计划，以春雨工程"大舞台""大展台""大讲堂"为载体，组织志愿者到贫困地区教、学、帮、带，广泛开展志愿服务活动，使公共文化设施志愿服务成为全社会学雷锋志愿服务的品牌、传承和弘扬中华优秀文化的窗口、培育和践行社会主义核心价值观的重要阵地。

（五）提升人才管理能力

配齐乡镇综合文化站专干和村综合文化服务中心专管员。实施"一员三能"工程，依托全国基层文化队伍远程培训网络、文化信息资源共享工程服务网络和社会体育指导员培训计划，采取集中培训、业务辅导、远程教学等多种形式，加强基层文化管理人员业务培训，提升管理能力、专业能力和服务能力。建立培训上岗制度，乡镇综合文化站从业人员应熟悉广播电视技术，具备组织群众文化活动等多方面的服务能力。

专栏7 公共文化人才队伍建设计划	
专业人才	1.县级以上公共文化机构专业人员占职工总数不低于80%。 2.县级公共图书馆、文化馆、公共博物馆每馆配备不少于12人，其中，专业技术人员比例不少于65%，并组建1支登记注册、管理规范的文化志愿者队伍。 3.乡镇综合文化站文化专干2名-3名，确保有1名专职。 4.村（社区）综合文化服务中心不少于1名文化专管员。
教育培训	1.每年推荐参加全国业务培训文化领军人才50人次。 2.每年集中举办全区基层文艺骨干和乡土艺术人才培训班1期-2期，培训300人次。 3.公共图书馆年举办公益性讲座。自治区级不少于12次、地市级不少于6次、县级不少于4次。 4.文化馆每年举办公益性讲座培训。自治区级不少于12次、地市级不少于6次、县级不少于4次。 5.公共博物馆、美术馆年举办公益讲座培训，自治区级不少于12次、地市级不少于6次、县级不少于4次。 6.县级以上公共文化机构从业人员每年参加脱产培训时间不少于15天，乡镇（街道）、村（社区）文化专兼职人员每年参加集中培训时间不少于5天。 7.每年举办非遗传承人群普及培训班4期，培训200人以上。
文化志愿者	1.面向社会招募注册文化志愿者，到2020年达到10000人。 2.实施"阳光工程"农村文化志愿者行动计划，招聘志愿者50人安排到贫困地区村综合文化服务中心管理日常业务工作。 3.争取国家"三区"人才支持，每年招聘168人，安排到基层文化单位开展志愿服务活动。

七、创新公共文化服务工作机制

改革公共文化机制体制，创新公共文化服务方式，提高公共文化机构服务能力，增强公共文化发展活力，推进公共文化服务实现标准化、均等化、数字化、社会化。

(一) 完善政府向社会力量购买公共文化服务机制

制定政府向社会力量购买公共文化服务的指导性目录，根据供需变化适时进行动态调整。发挥市场在文化资源配置中的决定性作用，放宽承接主体准入条件，将公益性文化产品创作传播、公益性文化活动组织承办、民族民间优秀传统文化项目保护传承、公共文化设施的运营管理和民办文化机构免费或低收费服务等内容纳入政府购买和招标范围。到2020年，在全区基本建立较为完善的政府向社会力量购买公共文化服务制度，形成与全区经济社会发展相适应、与人民群众精神文化需求相符合的公共文化供给机制，公共文化服务质量水平和社会化程度显著提高。

(二) 建立贫困地区公共文化服务体系建设扶持机制

依照国家文化部等七部委印发的《"十三五"时期贫困地区公共文化服务体系建设规划纲要》和自治区扶贫攻坚战略部署，针对我区中南部9县（区）公共文化服务体系"短板"，按照"三年集中攻坚，两年巩固提高，力争提前脱贫"的目标要求，制定文化扶贫工程实施方案，建立区、市、县三级联动和社会力量参与文化帮扶工作机制，采取精准措施，推进公共文化设施、文化品牌、特色文化产业、文化人才培养等协同共建。到2020年，在中南部贫困地区基本建立山川同标、服务均衡的公共文化服务体系。

(三) 建立基层综合性文化服务中心建设推进机制

制定推进基层综合性文化服务中心建设的实施方案，配套制定项目实施管理、项目资金管理使用和设备采购办法的政策措施，统一实施主体、统一制度、统一采购、统一资金使用、统一评估验收。强化县（区）人民政府在推进基层综合性文化服务中心建设中的主体责任，明确存量改造和增量建设任务，重点围绕基层综合性文化服务中心的功能定位、运行方式、服务规范、人员管理、经费投入、考核奖惩等环节，建立健全标准体系和内部管理制度，实现设施良性运转、长期使用和可持续发展。

(四) 建立公共文化机构现代管理服务机制

坚持先行试点，稳步推进图书馆、文化馆等公益性文化事业单位法人治理结构改革，组建理事会，引导社会各界专业人士和群众代表参与公共文化服务运营和管理，增强公共文化机构发展活力。建立以县（区）图书馆、文化馆为总馆，乡镇（街道）综合文化站为分馆，村（社区）综合文化服务中心为服务点的运行体系，实现文化产品、服务供给、指导培训、统筹协调，打通公共文化服务"最后一公里"，实现县域范围内的城乡文化一体化。

(五) 完善公共文化服务评价激励工作机制

建立公共文化机构服务水平绩效考核制度，考评结果作为确定预算、收入分配及负责人奖惩的重要依据。建立县级文化部门对乡镇（街道）文化站长和村（社区）综合文化服务中心专管员考核评价制度。探索建立公共文化服务第三方评价机制。

第四章　保障措施

一、组织领导

健全完善党委和政府统一领导、文化部门组织协调、有关部门分工负责、社会力量积极参与的工作格局，明确部门分工，加强统筹协调，全面推进落实。自治区公共文化服务体系建设协调组及各成员单位统筹推进全区"十三五"公共文化服务体系建设规划的落实。各市、县（区）要将"十三五"期间公共文化服务体系建设列入重要议事日程，纳入本地区国民经济和社会发展总体规划，健全相应组织机构，建立协调推进机制，制定具体工作方案，完善相关配套政策，确定责任书、时间表、路线图，集中精力抓好落实。各级文化部门对照各项任务指标，认真组织实施，有序推进各项工作。各级宣传部门要加大宣传力度，加强舆论引导，营造全社会共同建设公共文化服务体系的良好环境。

二、经费保障

紧抓国家支持贫困地区、革命老区和民族地区公共文化建设的重大机遇，积极争取中央财政转移支付对宁夏公共文化服务体系建设的资金投入。各地要将公共文化服务体系建设所需资金纳入财政预算管理，合理划分基本公共文化服务支出责任，建立健全区、市、县三级基本公共文化服务财政保障机制，按照规划目标和基本公共文化服务标准，落实提供基本公共文化服务项目所必需的资金，确保设施建设、人员培训、活动开展、购买服务等基本公共文化服务运行经费落实到位。积极落实国家现行鼓励社会组织、机构和个人捐赠公益性文化事业所得税税前扣除和文化创意生产、非遗项目经营税收优惠等政策规定。各级财政、审计部门要进一步加强对公共文化服务资金管理使用情况的监督和审计。

三、监督评估

建立规划督查评估机制，合理确定评价办法、指标体系及权重、目标，对各市、县（区）落实公共文化服务体系"十三五"建设规划任务的情况进行督查督办。进一步完善公共文化事业单位年度报告、信息公开、公众监督制度，鼓励广大群众参与公共文化服务项目规划、实施和监督。突出群众参与率和满意度测评指标，建立群众文化需求表达反馈机制，委托社会组织进行第三方评估。自治区文化厅要加强与自治区发展改革委、财政厅、新闻出版广电局、体育局、扶贫办等部门的沟通协调，及时研究解决规划实施过程中出现的新情况新问题。各市、县（区）文化部门每年向自治区文化厅报告规划实施情况。自治区文化厅会同有关部门对规划实施进展和成效进行动态监督和跟踪分析，适时开展中期评估和后期考核，同时对重大文化项目资金使用、实施效果、服务效能进行监督和评估。

新疆维吾尔自治区文化事业"十三五"发展规划

为深入贯彻落实党的十八大精神、中央治疆方略和习近平总书记系列重要讲话精神，推动社会主义文化强国建设，促进新疆文化大发展大繁荣，不断增强新疆文化软实力，围绕、聚焦、服务社会稳定和长治久安总目标，按照自治区第九次党代会确定的未来五年新疆工作基本要求和主要奋斗目标，根据国家"一带一路"发展战略、《文化部"十三五"时期文化改革发展规划》和《新疆维吾尔自治区国民经济和社会发展第十三个五年规划纲要》，制定本规划。

一、"十二五"时期自治区文化事业发展回顾

（一）取得的主要成就

文化是民族的血脉，是人民的精神家园。"十二五"时期，自治区党委、人民政府高度重视文化工作，大力发展文化事业和文化产业，极大地丰富和满足了全区各族群众的精神文化生活，为推动新疆社会稳定和长治久安营造了良好的文化氛围，文化建设在引领当代价值、提升公众素养、提高生活质量、推动经济发展、优化社会氛围、塑造国家形象等方面的作用显著增强。

——社会主义核心价值观深入人心。主动适应新疆稳定发展"三期叠加"形势，始终坚持"马克思主义五观""五个认同""三个离不开"教育，深入推进社会主义核心价值观和中国梦宣传教育，将培育和践行社会主义核心价值观融入各类文化展演活动中。牢牢掌握意识形态领域斗争主动权，积极探索"去极端化"的文化路径，大力实施"四个一批"文化惠民演出活动，引导各族群众追求现代文明生活，自觉远离宗教极端，有效推动社会主义核心价值观在各族群众心中生根发芽。

——基本公共文化体系日趋完善。"四馆一站"免费开放深入实施，边疆万里数字文化长廊建设项目进展顺利。28个地市级"三馆"项目规划投资建设，完成对面积不达标县级公共图书馆、文化馆的改造升级。建成文化信息资源共享各级分（支）中心和基层服务站点9622个，南疆三地州行政村（社区）文化室4151个。完成区地县级图书馆公共电子阅览室项目建设和区地级数字图书馆建设。完成全区1820个基层文化站点公共电子阅览室专项设备购置。流动舞台车实现全疆所有县市全覆盖，流动图书车实现南疆所有县市全覆盖。新疆艺术中心、自治区图书馆改扩建、新疆文化译制中心等重大文化工程建设稳步推进。截至2015年底，全疆有公共图书馆107个、文化馆118个、博物馆（纪念馆）86个，美术馆48个，乡镇（街道）综合文化站1168个，村级（社区）综合性文化服务中心7795个。

——艺术创作生产成果丰硕。设立自治区文化艺术创作专项扶持资金和美术馆藏品收藏资金，逐步完善区地县三级政府购买演出机制，不断推进文艺创作生产全面协调可持续发展。歌舞剧《情暖天山》、电视连续剧《阿娜尔汗》获第十三届"五个一工程"奖，音乐杂技剧《你好，阿凡提》获"文华大奖特别奖"，并入选国家舞台艺术精品工程重点资助剧目（十大剧目），舞蹈诗《永远的麦西来甫》获第九届中国舞蹈"荷花奖"舞剧·舞蹈诗大赛作品金奖，歌舞晚会《大美新疆》在第四届全国少数民族文艺会演中获剧目金奖。美术创作稳步发展，多人多次在国内国外美术展览中获奖。

——群众文化活动丰富多彩。"自治区百日广场文化活动竞赛""自治区乡村百日文体活动竞赛""群星耀天山""文化下乡""高雅艺术进校园"等群众文化品牌活动全面推进，"乡村大舞台""书香新疆·全民阅读""周末大舞台"等活动深入开展，麦西热甫、阿肯阿依特斯、诺鲁孜节、那达慕大会等民间传统节庆系列文化活动深受各族群众欢迎。全区各地围绕传统节日、民俗节庆、重大纪念日、文化主题日等重要节点开展群

众性文化活动已成为常态。

——文化产业发展迅速。文化产业发展政策体系不断完善，简政放权力度持续加大，先后出台了一系列文化产业扶持政策和管理办法，不断激发市场活力，助推文化企业繁荣发展。文化产业规模不断扩大，产业增加值持续增加，2015年，全区文化产业增加值为112.68亿元，占GDP比重为1.21%。加强财政资金对重大项目的引导扶持，不断拓展文化产业发展空间。积极培育壮大骨干文化企业，全区现有国家级文化产业示范基地6家，自治区文化产业示范基地92家，通过国家动漫企业认定的企业12家。园区基地集聚效应凸显，建成各类文化产业园区13家。成功举办三届丝绸之路新疆文化创意产业博览会，实现了文化产业社会效益和经济效益双丰收。

——文物保护取得显著成绩。"丝绸之路"跨国申遗成功，我区6个遗产地成为首批世界文化遗产，北庭故城遗址列入国家考古遗址公园名单。考古发掘取得重要进展，重点文物保护维修工程进展顺利，文物保护能力和服务水平不断提升。文物科技工作取得新进步，文化遗产得到有效保护，文物在推进"去极端化"、改善民生、推动发展、促进民族团结等方面发挥了独特作用。

——非物质文化遗产保护传承体系不断完善。持续实施中华文脉-新疆非物质文化遗产保护记录工程，扎实推进非物质文化遗产名录体系和代表性传承人队伍建设，不断加大非物质文化遗产保护专项资金投入力度，深入开展非物质文化遗产生产性保护，积极开展非物质文化遗产宣传展示工作。"十二五"时期，列入联合国教科文组织人类非物质文化遗产代表作名录2项、急需保护的非物质文化遗产名录1项，共有国家级代表性项目83项，自治区级代表性项目293项；国家级代表性传承人64人，自治区级代表性传承人473名。命名91个非物质文化遗产保护传承基地，公布4个自治区级文化生态保护实验区。

——文化市场规范有序。文化市场主体规模不断壮大，品牌效应初步显现，统一开放、竞争有序的文化市场体系基本建立。综合执法运行机制逐步形成，以打击"西化""分化"、整治"三非"和"去极端化"为重点，坚持常态化、南北疆交叉执法检查，确保文化市场内容安全和生产安全。文化市场管理日趋规范，监管体系进一步完善，各类违法违规经营行为得到有效遏制。坚持宽进严管，文化市场管理重心从事前审批向事中事后监管转移，不断激发市场主体活力，基本形成了多种所有制并存、门类齐全、品种多样、具有地方特色的文化市场经营格局。

——对外和对港澳台文化交流日趋活跃。文化交流体制机制建设逐步完善，官方文化交流合作步伐不断加快，民间对外文化交流日趋频繁，文化传播渠道深入拓展，对外文化贸易基础进一步夯实，对港澳台文化交流内容更加丰富，逐步形成了多层次、宽领域、多渠道的对外文化交流格局。先后赴60多个国家和地区开展学术交流、文物展览、交流演出活动，打造了中国新疆国际民族舞蹈节、中国亚欧博览会—中外文化展示周、中国新疆国际艺术双年展、中国海外文化中心—新疆文化周等对外文化交流品牌活动，新疆对外文化传播力和影响力日益扩大。

——文化援疆取得可喜成绩。文化援疆成为对口援疆工作重要内容，共实施文化援疆项目近200个，累计投入资金11.4亿元，为新疆文化发展注入强大动力。

——文化人才队伍不断壮大。全面推进文化系统干部教育培训工作，梯次式培养培训文化专业技术人员，有计划开展文化产业经营管理和基层文化骨干、文化能人培训，文化人才队伍不断壮大，人才队伍结构日趋合理。共培训全疆文化系统党员领导干部240余人次，委托24所内地文化艺术类高校为新疆定向培养文化艺术专业本科生和培训文化艺术骨干人才2035人，先后培养了180余名具有研究生同等学力的高端文化人才，通过文化系列专业技术人员继续教育培训2400余人，开展基层文化从业者及文化能人培训380余人次，分层次、分批次地打造了一支政治坚强、业务优良、结构合理的文化人才队伍。

(二) 存在的主要问题

"十二五"时期，新疆文化在加快繁荣发展的同时，也存在一些不容忽视的问题，文化建设质量和水平离自治区党委、人民政府的目标要求、离全区各族人民群众精神文化需求还有一定差距。主要表现为：受历史、自然、经济等方面因素影响，全区公共文化设施建设相对滞后，公共文化服务基础比较薄弱；公共文化产品和服务还不能满足人民群众多层次、多样化需求，群众文化参与的广度和深度有待提升；艺术创作能力有待进一步加强，文艺精品创作数量和质量还需进一步提高；文化产业发展水平总体不高，创新能力较弱，产业结构和布局不尽合理；文化遗产保护传承难度较大，文物安全形势依然严峻；文化市场执法力量比较薄弱；对外文化传播的方式方法有待改进；文化人才队伍结构不够合理，高端拔尖人才依然短缺。

二、"十三五"时期自治区文化事业发展机遇与挑战

"十三五"时期是新疆打牢社会稳定和长治久安坚实基础的关键时期，是打赢脱贫攻坚战、全面建成小康社会的决战决胜阶段，也是新疆文化建设大有作为的重要战略机遇期。第二次中央新疆工作座谈会明确了新疆在党和国家战略全局中的特殊重要地位，确立了新疆工作社会稳定和长治久安的总目标，为做好新形势下新疆工作指明了前进方向、提供了根本遵循。党中央深入实施"一带一路"战略、推动丝绸之路经济带核心区建设，加快实施新一轮西部大开发战略、大力推进向西开放，为新疆经济社会发展提供了广阔空间，新疆文化发展的外部环境更加有利。近年来，中央和自治区对文化建设提出了一系列新理念新部署新要求，明确要求要始终坚持马克思主义的指导地位，坚持社会主义先进文化的前进方向，坚定占领宣传思想文化阵地，确保意识形态领域安全，更加突显了文化建设的战略地位。全区城镇化进程加快，城镇文化品位提升，城市文化内涵丰富，人民群众的文化需求更加迫切，对文化建设同步跟进提出了新的要求。经济发展进入新常态，为发展文化产业、拉动文化消费提供了契机，文化发展的内在动力更加强劲。文化体制机制改革深入推进，互联网等高科技迅猛发展，文化传播的手段和方式更加多样便捷，为文化建设提供了有力支撑。新疆悠久的历史和丰富的文化资源，全区党员干部和各族群众爱党爱国爱社会主义，思稳定、盼和谐、求发展、奔小康的愿望强烈，为文化建设奠定了坚实基础，文化创新发展的远景更加广阔。

同时，我区文化发展仍面临着严峻挑战：一是世界多极化、经济全球化深入发展和科学技术日新月异，文化与经济、政治相互交融的程度不断加深，各种思想文化交流交融交锋更加激烈，文化安全形势更加复杂，维护意识形态领域安全的任务艰巨繁重。二是新疆工作形势面临着稳定发展两个"三期叠加"。一方面，新疆处于暴力恐怖活动活跃期、反分裂斗争激烈期、干预治疗阵痛期"三期叠加"的态势没有根本改变，分裂和反分裂斗争是长期的、复杂的、尖锐的，有时甚至是十分激烈的，维护祖国统一、民族团结、国家安全、社会稳定的任务艰巨繁重。一方面，新疆与全国一样处于经济增长速度换档期、结构调整阵痛期、前期刺激政策消化期"三期叠加"阶段，打赢全区脱贫攻坚战、实现经济更好更快发展、全面建成小康社会的任务艰巨繁重。三是人民群众日益旺盛的文化需求对文化工作提出更高要求，用社会主义先进文化引领社会、提升公民道德素质、增强凝聚力的任务艰巨繁重。四是现代文化市场体系还不够完善，文化产业规模化、集约化程度不高，城镇居民文化消费能力和水平较低，文化创新能力有待进一步增强，推动文化与经济社会协调发展任重道远。

面对新形势、新机遇、新挑战，我们要紧紧围绕社会稳定和长治久安总目标，聚焦总目标，服务总目标，准确把握当今文化发展新趋势和人民群众精神文化生活新期待，抢抓文化发展新机遇，遵循文化发展规律，加快文化改革创新，以新的发展理念引领文化建设，进一步坚定文化自信，增强文化自觉，全面提高文化发展的质量和效益，推动社会主义文化大繁荣大发展，为新疆社会稳定和长治久安提供强大的精神动力和智力支持。

三、"十三五"时期自治区文化事业发展的指导思想和基本原则

（一）指导思想

始终高举中国特色社会主义伟大旗帜，以邓小平理论、"三个代表"重要思想、科学发展观为指导，深入贯彻落实习近平总书记系列重要讲话、第二次中央新疆工作座谈会议和自治区第九次党代会精神，坚决贯彻落实中央治疆方略和"丝绸之路经济带核心区"发展战略，统筹推进"五位一体"总体布局，协调推进"四个全面"战略布局，牢固树立和贯彻"创新、协调、绿色、开放、共享"发展理念，坚持社会主义先进文化前进

方向，紧紧围绕、聚焦、服务社会稳定和长治久安总目标，以推进新疆文化治理体系和治理能力现代化为引领，以经济发展和民生改善为基础，以培育弘扬社会主义核心价值观为根本任务，以维护意识形态领域安全为重点，以满足全区各族人民精神文化需求为出发点和落脚点，以改革创新为动力，着力传承和弘扬中华传统优秀文化，不断提升社会主义核心价值观的引领力、意识形态领域的影响力、主流舆论媒体的传播力、公共文化服务的辐射力、特色文化产业的竞争力、社会主义精神文化产品的供给力，进一步增强全区各族人民的文化自觉和文化自信，全面完成文化小康建设各项任务，为建设社会主义文化强国，实现中华民族伟大复兴的中国梦，开创新疆团结和谐、繁荣富裕、文明进步、安居乐业的良好局面提供文化支撑。

（二）基本原则

——坚持正确方向。坚持党对文化工作的领导，牢牢把握社会主义先进文化前进方向，贯彻"二为"方向和"双百"方针，弘扬主旋律，传播正能量，把社会主义核心价值观贯穿到文化建设各领域各环节，坚持把社会效益放在首位，社会效益与经济效益相统一。

——坚持科学发展。把握文化发展新特征，转变文化发展方式，促进城乡、区域文化协调发展，推动文化与其他领域融合发展，加快提升文化治理能力现代化，努力实现更高质量、更加公平、更有效的可持续发展，不断提高文化科学发展水平。

——坚持改革创新。坚持"创新、协调、绿色、开放、共享"发展理念，以激发各民族文化创造活力为中心环节，大力推动文化体制机制、内容形式、传播手段和发展业态创新，构建充满活力、富有效率、更加开放、有利于文化科学发展的体制机制，不断解放和发展文化生产力，增强社会主义先进文化的吸引力和凝聚力。

——坚持以人为本。坚持以人民为中心的工作导向，贯彻"三贴近"原则，发挥人民的主体作用，按照共建共享、利民惠民要求，努力提高人民群众文化参与度，充分调动广大文化工作者的积极性和创造性，不断激发全社会的文化创造活力，切实保障人民群众基本文化权益，促进人的全面发展。

——坚持统筹兼顾。统筹文化事业各项工作，处理好重点与一般、传承与创新、建设与使用、基本要求与体现特色、政府与民间、改革发展与管理、文化交流和文化贸易等关系，协调完善文化发展结构和资源配置，不断增强文化发展后劲。

——坚持开放包容。积极吸收外来有益文化，借鉴人类优秀文明成果，在继承中发展，在发展中创新，构建全方位、多层次、宽领域文化对外开放格局，推动新疆文化走向全国，走向世界。

四、"十三五"时期自治区文化事业发展思路和主要目标

（一）发展思路

坚持中国特色社会主义发展道路，坚持社会主义先进文化前进方向，充分发挥文化工作在党和国家工作全局中的重要作用，着力推进社会主义核心价值观建设，着力传承中华优秀传统文化，着力推出更多优秀文艺作品，着力培养造就大批优秀文化人才，满足人民群众日益增长的多层次、多样化的精神文化需求。深入推进文化体制机制改革，加快构建现代公共文化服务体系，推动文化产业成为国民经济重要产业，建立健全现代文化市场体系，加强文化遗产保护，建立健全对外文化交流机制，推进文化与旅游、体育、科技深度融合，全面推动新疆文化又好又快发展。

（二）主要目标

到2020年，全区现代公共文化服务体系进一步建立健全，公共文化辐射力和服务水平显著增强，贫困地区基本公共文化服务能力建设接近全国平均水平；文艺创作生产繁荣发展，精品力作和优秀人才不断涌现，社会主义精神文化产品的供给力不断提升；文化遗产得到有效保护传承和利用，文化遗产保护体系更加完善；现

代文化产业体系和文化市场体系基本建立，文化产业的整体实力和竞争力显著增强，成为我区经济社会发展的重要行业；文化"走出去"步伐加快，区内外影响力不断扩大，文化传播力明显提升，为推动全面建成小康社会，维护新疆社会稳定和长治久安提供良好的文化条件。

——公共文化服务体系进一步完善。全区乡镇（街道）和村（社区）综合性文化服务中心建设初步实现全覆盖；县级公共图书馆、文化馆总分馆制度建设覆盖率达30%以上；不断丰富公共文化服务的内容和手段，完善管理、运行和保障机制，进一步提升服务质量，基本形成政府、市场、社会共同参与公共文化服务体系建设的格局；保障各族群众基本文化权益，稳步提高基本公共文化服务均等化水平，基本建成覆盖自治区、地（州、市）、县（市、区）、乡镇（街道）、村（社区）的五级现代公共文化服务体系。

——艺术创作生产能力显著增强。加大优秀文化产品创作生产扶持力度，创新文艺管理机制，挖掘新疆特色文化资源，鼓励扶持原创性生产和新兴艺术形式，扎实开展"深入生活，扎根人民"主题实践活动，精心打造一批价值观上透射现代文化理念、内容上反映新疆各族人民群众现实生活、形式和技巧上生动感人的文化作品。

——群众文化活动丰富多彩。依托"访惠聚""民族团结一家亲"活动和"文化家园—万村千乡文化带头人"选拔培育等工作载体，组织开展"我的中国梦""文化进万家""文化下基层"、区域性汇演比赛、文化教育培训和文化文物展示展览等活动，打造"双百活动竞赛""书香新疆·全民阅读""周末大舞台"等群众性文化品牌活动。加大政府购买支持贫困村公益性文化活动的力度，持续推进"文化六进"，广泛开展"一乡（街道）一品牌、一村（社区）一特色"创建活动，形成群众文化活动常态化格局。

——文物保护和非物质文化遗产保护传承利用水平明显提高。建立健全文物保护机制，推进重点文物抢救保护工作，维护文物安全；推动传统工艺、民族民间文化传承和发展，加大非物质文化遗产保护与传承力度；提高文化遗产合理利用水平，基本形成较为完善的文化遗产保护传承利用体系。

——文化产业快速发展。增强文化市场供给、流通和消费能力，扩大文化产业规模，优化产业结构，发展壮大特色文化产业和新兴业态，进一步提升发展水平和竞争力，形成公有制为主体，多种所有制协调发展、特色鲜明、布局合理、链条完整、效益显著的文化产业格局。到2020年，自治区文化产业增加值达到400亿元，约占自治区GDP比重的3%，成为自治区国民经济的重要行业。

——文化市场管理服务能力不断提升。进一步规范文化市场秩序，净化文化市场环境，建立健全现代文化市场体系，基本形成统一开放、竞争有序的文化市场格局。推动文化市场技术监管与服务平台的推广应用，以互联网上网服务行业、网络文化、文化创意企业、营业性演出、娱乐、艺术品市场经营的文化产品内容为监管重点，加大文化文物执法力度，建立较为完善的文化监管体系。

——对外和对港澳台文化交流深入推进。创新工作思路，丰富工作内容，畅通中华文化传播渠道，促进人文交流深入发展；加强与"一带一路"沿线国家和港澳台地区之间的文化交流与合作，官方和民间并举形成合力，促进文化贸易较快增长；各项制度进一步完善，逐步建立起科学、高效、便捷、安全的对外和对港澳台文化交流工作机制。

——文化体制改革稳步推进。推进公益性文化事业单位人事、收入分配和社会保障制度改革，推动文化市场综合执法的专业性建设，发展壮大文化产业，着力破解制约文化科学发展的矛盾和问题，进一步解放和发展文化生产力。到2020年，基本建立充满活力、富有效率、有利于文化繁荣发展的体制机制。

——文化人才队伍进一步发展壮大。实施文化人才聚集战略，完善文化人才发展体制机制，加大全区文化人才储备力度，优化文化人才队伍结构，推动重点文化人才和基层文化骨干均衡发展。

五、"十三五"时期自治区文化事业发展的主要任务

（一）基本建成现代公共文化服务体系

根据现代公共文化"保基本"和"标准化、均等化"要求，按照"正确导向、政府主导、社会参与、共建

共享、改革创新"原则，以我区南疆四地州、边境地区、贫困县以及基层农村（社区）为重点，加强文化设施建设，实施文化惠民工程，提升公共文化产品和服务能力，统筹推进公共文化服务均衡发展，积极构建覆盖城乡、便捷高效、均衡发展的现代公共文化服务体系。

统筹推进基本公共文化服务标准化、均等化。以县为基本单位，全面落实国家基本公共文化服务指导标准和自治区实施标准。健全公共文化设施标准运行管理和服务标准体系，规范各类公共文化机构服务项目和流程。以标准化促进均等化，填平补齐公共文化资源，推动区域间、城乡间公共文化服务均衡协调发展。推进乡镇（街道）和村（社区）综合性文化服务中心建设，充分发挥村民服务中心、社区综合服务设施、党群活动中心等主阵地作用，推进城乡"结对子、种文化"，加强城市对农村文化建设的帮扶，形成常态化工作机制。将老年人、未成年人、残疾人、农民工、农村留守妇女儿童作为公共文化服务的重点对象，有针对性地开展各类公益性文化服务活动。以各族群众基本文化需求为导向，依据自治区基本公共文化服务实施标准，明确基本公共文化服务项目、硬件设施、人员编制、财政保障和评价标准，明确各级政府保障底线，做到保障基本、统一规范。

专栏1 公共文化设施建设重点项目	
自治区级公共文化设施建设	自治区图书馆改扩建项目
地州市公共文化设施建设	地州市级"三馆建设"项目 推进《全国地市级公共文化设施建设规划》中已具备新建或改扩建条件的地州市级图书馆、文化馆和博物馆的续建项目。
县市级公共文化设施建设	县市级图书馆、文化馆标准化建设项目 逐步实施全区不达标或无馆舍的县市级图书馆和文化馆新建或改扩建工程。
流动设施配备	启动南疆四地州和国贫县39辆流动文化车配置项目

增强公共文化服务发展动力。统筹考虑各族群众基本文化需求和多样化文化需求，广泛开展公益性文化艺术活动。建立健全政府向社会力量购买公共文化服务机制，支持和促进社会力量通过投资、兴办实体、资助项目、提供产品和服务等方式参与公共文化服务体系建设。成立自治区图书馆、文化馆、博物馆行业协会，加快完成建章立制等工作。建立文化志愿服务制度，动员组织社会各界人士参加志愿服务，构建参与广泛、内容丰富、形式多样、机制健全的文化志愿服务体系。

加强公共文化产品和服务供给。建立健全群众文化需求反馈机制，开展"菜单式""订单式"服务；加大对跨部门、跨行业、跨地域公共文化资源的整合力度，建设公共文化服务机构横向、纵向、区域联盟，推进公共文化服务互联互通，实现区域文化共建共享；创作生产更多传播当代中国价值观念，体现中华优秀文化，反映各族群众审美追求，思想性、艺术性、观赏性有机统一的优秀文化产品；积极开展全民艺术普及、全民阅读、全民健身、全民科普活动，推进"双百活动竞赛""书香新疆·全民阅读""群星耀天山""周末大舞台"等群众文化品牌活动，促进城乡、区域之间群众文化交往交流交融。

专栏2 基层文化活动品牌项目
1.自治区百日广场文化活动竞赛 推动"百日广场文化活动竞赛"健康开展，做到每月有主题，每周有活动，天天有歌声，年年有评比，使之成为群众性精神文明创建的重要形式和共建共享和谐文明的重要平台。 2.自治区乡村百日文体活动竞赛 继续开展"面向农牧区、面向基层、贴近农牧民、服务农牧民"的全区性文体品牌活动，积极营造"生产发展、生活富裕、乡风文明、村容整洁、管理民主"的新农村氛围。 3."群星耀天山"活动 继续坚持每三年举办一届群众才艺大赛，涵盖音乐、舞蹈、戏剧、曲艺、书法、摄影、绘画等七个艺术门类，打造覆盖全疆、内容丰富、形式多样、艺术水平较高的大型群众文化品牌活动。

4."书香新疆·全民阅读"活动

以推广阅读为目标,组织开展主题演讲、经典诵读、读书征文、知识竞赛、讲座、展览、爱心捐赠等形式,广泛开展全民阅读活动,弘扬主旋律、传播正能量。

5."文化六进"活动

深入推进文化进机关、进社区、进农村、进企业、进学校、进军营的"六进"活动。

推进公共文化服务与科技融合发展。结合"宽带中国""智慧城市"等国家和自治区重大信息工程建设,加快推进公共文化机构数字化建设;统筹实施全国文化信息资源共享、贫困地区公共数字文化提档升级、数字图书馆、数字文化馆、数字博物馆、直播卫星广播电视公共服务、农村数字电影放映、数字农家书屋、城乡电子阅报屏等项目建设,构建标准统一、互联互通的公共数字文化服务网络。

加大贫困地区公共文化服务体系建设力度。与自治区扶贫攻坚战略相结合,加大对贫困地区特别是南疆四地州及其他贫困县公共文化建设的帮扶力度,补齐公共文化服务短板。盘活贫困地区文化资源,大力推动文化惠民。将提升公共文化服务能力纳入定点扶贫工作内容,通过对口支援、合作共建等形式,建立与贫困县的结对帮扶机制。按照精准扶贫要求,以数字文化服务、乡土人才培养、流动文化服务、农村留守妇女儿童文化帮扶等为重点,实施一批文化扶贫项目。

专栏3 公共文化产品和服务建设重点项目

1.推进基层综合性文化服务中心建设

按照整体规划、试点先行、逐步推进的办法,与基层阵地建设项目统一规划、统筹安排、同步推进,利用5年时间,在全区每个乡镇(街道)和每个行政村(社区),基本建成集宣传文化、党员教育、科学普及、普法教育、体育健身等功能于一体的基层综合性文化服务中心。

2.国家公共文化服务体系示范区(项目)创建项目

2016年做好第二批国家公共文化服务体系示范区(项目)建设的验收工作;2017年重点做好昌吉州示范区,塔城、哈密市示范区项目创建工作;加强对示范区(项目)创建过程管理,发挥典型的示范和带动作用,全面推进我区现代公共文化服务体系建设。

3."四馆一站"免费开放服务项目

扎实推进图书馆、文化馆、博物馆、美术馆和乡镇综合文化站免费开放服务,不断拓宽服务内容,着力提高免费开放服务质量和水平。

4.流动文化服务建设项目

依托公共图书馆、文化馆、博物馆和数字文化工程开展流动服务,推进图书馆、文化馆总分馆制,形成系统资源有效整合、统一管理和高效利用的法人治理模式。结合重要节日纪念日开展演出、展览展示、讲座、辅导等流动文化服务。

5.公共数字文化建设项目

统筹实施全区文化信息资源共享工程、数字图书馆和公共电子阅览室建设计划,搭建公共文化数字和全民阅读平台,建设自治区基本公共数字文化资源库,提高优势资源供给能力。

6.特困地区、特殊群体文化帮扶项目

以提升南疆四地州集中连片特困地区公共文化服务能力为重点,将农村"三留守"人员、残疾人等特殊群体,作为公共文化服务的重点对象,有针对性地开展文化帮扶,推进基本公共文化服务标准化、均等化。

创新公共文化管理体制和运行机制。建立健全党委领导、政府管理、部门协同、权责明确、统筹推进的自治区公共文化服务体系建设协调机制;建立事业单位法人治理结构,推动各级公共图书馆、文化馆、博物馆、美术馆等组建理事会,健全决策、执行和监督机制;发挥城乡基层群众性自治组织的作用,推动开展公共文化服务参与式管理,健全民意表达和监督机制,引导城市社区居民和村民参与公共文化服务项目规划、建设、管理和监督，扎实推进文化志愿服务；制定政府公共文化服务考核指标，作为考核评价领导班子和领导干部政绩的重要内容，纳入科学发展考核体系。

加大公共文化服务保障力度。合理划分各级政府基本公共文化服务支出责任，建立健全公共文化服务财政保障机制，落实提供基本公共文化服务项目所必需的资金，保障公共文化服务体系建设和运行；按照控制总量、盘活存量、优化结构、有减有增的要求，制定落实各级各类公共文化服务机构人员编制标准，并根据业务发展状况进行动态调整；明确由公共财政补贴，在社区、村级文化室设立公共文化服务岗位；完善基层公共文化服务人才激励机制和保障机制，积极培育基层文化带头人，加强乡土文化人才和非物质文化遗产传承人队伍建设。

（二）繁荣发展文艺创作

深入贯彻落实《中共中央关于繁荣发展社会主义文艺的意见》和习近平总书记关于文艺工作系列讲话精神，加强和改进党对文艺工作的领导，不断完善艺术创作生产管理机制，进一步拓展创作空间，丰富创作手段，创新艺术形式，激发创作活力。把创作生产优秀作品作为文艺工作的中心环节，以中国特色社会主义、社会主义核心价值观、中国梦、马克思主义"五观"、党史国史和新疆历史"三史"教育等为创作主旨，树立歌唱祖国、讴歌时代、礼赞英雄、服务基层的创作理念，努力创作生产更多文艺精品，不断提升社会主义精神文化产品的供给力，构筑各族群众共有的精神家园。

繁荣文艺作品创作生产。依托重点创作项目，推动反映中央和自治区党委重大实践活动的主题创作。扎实开展"深入生活，扎根人民"主题实践活动，建立健全长效机制，积极推进爱国主义题材、重大革命和历史题材、以及青少年题材等创作。打造一批体现社会主义核心价值观，反映民族团结、社会和谐、通俗易懂、群众喜闻乐见的歌曲和小品。继续举办全疆戏曲、小品、舞蹈、器乐等艺术类赛事，推新人出新作。促进传统文艺与网络文艺创新性融合，推动网络音乐、网络剧、网络演出、网络动漫等新兴文艺类型繁荣有序发展，鼓励艺术家积极运用网络传播优秀作品。继续完善新疆美术馆体系建设，积极打造美术品展览、交流平台，开展主题性美术采风创作活动，推动美术创作向质量高、作品精、形式多样化方向发展。

完善文艺创作和评价机制。创新形式，充实内容，健全完善全区艺术创作生产的政策保障机制和科学决策机制。充分发挥国家和自治区文艺创作扶持资金及政府购买演出机制的杠杆作用，扶持引导民营文化企业、文化创作工作室和高校艺术院团，鼓励业余文艺社团、民营剧团、演出队、老年大学以及青少年文艺群体、网络文艺社群、社区和企业文艺骨干、乡土文化能人等广泛开展创作活动，激发人民创作活力。高度重视和切实加强文艺评论机制，建立健全文艺作品质量的综合评价体系，扶持重点文艺评论力量，发挥好各级文艺评论组织、研究机构、高等学校的积极作用，将专家评价和群众认可统一起来，加强文艺评论阵地建设、理论研究和成果推广，推动文艺健康发展。不断规范完善文艺产品评奖机制，提高文艺奖项的权威性和公信度。

传承和弘扬中华传统优秀文化。加强民族民间艺术的扶持，保护和发掘少数民族文艺成果及资源。创新艺术传播渠道，促进优秀文艺作品多渠道传播、多平台展示、多终端推送。加强综合性排练中心建设。深入开展艺术普及活动，着力提升公众艺术素养。实施地方戏曲振兴计划，扶持优秀戏曲院团，抢救挖掘整理优秀传统剧目，推进数字化保存和传播。积极邀请国家级文艺院团和内地省、区（市）优秀院团赴疆开展文化展演和帮扶活动。

加大文艺产品惠民工作力度。坚持重心下移，将各类文化惠民措施纳入公共文化服务体系建设规划，以实效为标准，提升质量和水平。创新形式，持续开展"四个一批"文化惠民活动，建立完善"四个一批"长效机制，促进"送文化"与群众需求有效对接。继续用好剧场、文化广场、文化馆（站）、基层综合性文化服务中心等各类文化阵地，围绕年节庆典等，开展系列展演展览活动。加强对各类文化阵地的管理，杜绝错误文艺思潮和不良文艺作品的传播。

> **专栏4　文化艺术创作生产**
>
> 1.实施精品战略工程
> 加强对艺术创作生产的规划指导，有效集聚各方资源，提高整体创作水平，打造更多更好的优秀作品。到2020年，全区演出超过百场的优秀剧目数量明显增加，力争5部以上作品入选国家级奖项或资助平台，整体创作水平明显提高。
> 2.艺术创作引导和主题创作工程
> 围绕社会主义核心价值观、"中国梦"以及中央和自治区党委重大实践活动积极开展主题创作，推进小品、歌曲、舞蹈、杂技、美术等艺术形式在质和量上的整体提升。
> 3.优秀传统文化传承工程
> 加强对地方戏曲、民族音乐舞蹈、曲艺杂技、民族语言类作品创作，扶持重点剧本创作。
> 4.文艺作品评价和优秀作品推广工程
> 完善公开、公平、公正的评奖机制，加强文艺评论工作，实施艺术评价体系构建计划，利用节庆展演、新闻媒体、演出院线等资源，为宣传推广优秀作品创造条件。
> 5.自治区美术收藏发展工程
> 支持收藏、展览和创作优秀美术作品，加快画院、美术馆建设，提高研究、收藏、展览和创作水平。
> 6.继续实施文化惠民演出工程
> 大力开展"四个一批"文化惠民演出，推进"文化进万家""文化三下乡""高雅艺术进校园"等文化惠民活动，全区各级专业艺术院团年演出不少于规定场次。
> 7.推动文艺理论建设创新工程
> 以重大理论与现实问题为主攻方向，坚持基础研究与应用研究并举，推出一批高质量的文化艺术研究成果。
> 8.县市艺术表演团体排练场所试点建设项目
> 启动7个县（市）国有文艺院团综合排练场所建设试点，逐步改善国有文艺院团排练条件。
> 9.编制艺术创作发展规划
> 召开全区艺术创作工作会议，编制并推动实施艺术创作"十三五"发展规划。

（三）提高文物保护利用和非物质文化遗产保护传承水平

弘扬传承民族优秀文化，加大文化遗产保护力度、正确处理保护与利用、传承与发展的关系，构建完备的、富有新疆地域特色的文化遗产保护、管理、利用体系，让新疆优秀传统文化绽放异彩、展现勃勃生机，增强各族群众自信心和自豪感。

——加大文物保护力度。全面贯彻"保护为主、抢救第一、合理利用、加强管理"的文物方针，研究制定《自治区文物保护单位管理办法》等法规规章，严格执行文物行业的相关标准和规范，提升我区依法保护文物工作的能力和水平。

着力做好现有世界文化遗产地的保护与利用，积极推进吐鲁番地区坎儿井的保护申遗工作。加强国家考古遗址公园和重点文物保护单位的建设管理。继续实施大遗址、古墓葬、古建筑和长城资源的维修保护工作，加强和改善野外文物保护设施建设。开展全区文物资源调查，完成全国第一次可移动文物普查工作。实施文物科技创新战略，加大文物科技保护投入力度，加强科技成果应用转化，提高我区文物保护整体水平。

贯彻实施《博物馆条例》，丰富博物馆藏品资源，注重馆藏文物日常养护，提高博物馆公共文化服务水平。完善以自治区博物馆为龙头，地州市级博物馆和重点行业博物馆为骨干，县市级博物馆为基础，民办博物馆为补充的博物馆布局体系建设，推动博物馆收藏、保护、展示、教育的各项功能与职能建设。

做好配合基本建设的抢救性考古发掘和保护工作，积极开展主动性考古工作，推进考古资料的整理和考古成果向社会的转化。进一步加强文物安全工作，建立文物安全监测预警系统、安全防范联席会议制度，依法打击文物违法犯罪活动。

专栏5　加强文物保护利用

1. 重点文物抢救保护工程
继续对丝绸之路沿线的北庭故城、交河故城、楼兰故城等20余处重点文物实施本体抢救性保护。

2. 丝绸之路遗产地保护设施建设工程
对克孜尔千佛洞、苏巴什佛寺遗址等6处遗产地开展以环境整治、展示设施、保护管理设施为重点的遗产地保护设施建设。

3. 野外文物保护设施建设工程
对尼雅遗址、森木塞姆千佛洞等重要的野外文物点修建文物看护用房及保护围栏，解决巡查看护经费和装备（车辆），并在安全防护方面给予支持。

4. 世界文化遗产申报工作
积极协助当地政府开展吐鲁番坎儿井申遗有关工作，继续推动吐鲁番坎儿井保护利用项目的实施，做好申遗项目的相关准备工作。

5. 国家考古遗址公园建设
继续推进北庭故城国家考古遗址公园建设工作。开展国家考古遗址公园立项项目的遴选工作，对阿敦乔鲁墓群、达玛沟佛寺遗址、石人子沟遗址群、洋海墓群等条件成熟的重要遗址，按照国家考古遗址公园建设的要求，做好项目立项申报的前期准备工作。

6. 长城烽燧保护工程
编制完成新疆区域长城保护规划，完善新疆长城烽燧的"四有"基础工作，完成长城文物保护单位的公布工作；继续实施吐鲁番市烽燧群、巴州烽燧群、和田地区烽燧群保护工作，启动乌鲁木齐市烽燧群、昌吉州烽燧群、喀什地区烽燧群、阿克苏地区烽燧群保护工作。

7. 主动性考古调查、发掘项目
实施丝绸之路路网考古调查和新疆清代卡伦遗址考古调查。

8. 文物科技保护项目
重点支持对土遗址、石窟壁画、岩画、古建筑等不可移动文物和馆藏丝毛物织品、壁画、古代文书、彩绘泥塑、干尸标本、金属器物等可移动文物的技术保护工作；开展现代科技在文物保护中的研究、利用与推广工作；加强对文物本体的预防性保护工作；建立馆藏文物保存环境监测平台，提高馆藏文物收藏保管能力。

9. 新疆博物馆二期项目
博物馆二期新建工程建设，达到布局合理、设施配套、功能齐全的要求。

——提高非物质文化遗产保护传承水平。以传承人培养为核心，以融入现代生活为导向，完善保护制度，扩大传承人群，巩固抢救保护成果，提高保护传承水平，促进非物质文化遗产可持续发展。

完善非物质文化遗产保护传承体系。建立健全各级非物质文化遗产名录体系。制定《自治区级非物质文化遗产代表性项目管理办法》，完善各级非物质文化遗产保护制度。编制非物质文化遗产代表性项目保护规划，推进文化生态保护区建设，加强非物质文化遗产代表性项目的评估和整体性保护。推进国家非物质文化遗产保护利用设施项目建设，鼓励各地组织建设规模适合、特色鲜明的非物质文化遗产展示、传习基础设施。加强基层非物质文化遗产保护机构和队伍建设，建立健全社会参与非物质文化遗产保护的协调和监督机制，形成非物质文化遗产保护工作合力。

提高非物质文化遗产传承活力。加大对非物质文化遗产代表性传承人和代表性项目的扶持力度，加强中青年传承人的培养，增强传承主体的积极性。实施"中华文脉–新疆非物质文化遗产保护记录工程"，实施国家级代表性传承人的抢救性记录,加强抢救性保护成果的整理和利用。实施中国非物质文化遗产传承人群研修研习培训计划。推进非物质文化遗产与现代教育体系深度融合,推进非物质文化遗产的学历教育和普及教育,鼓励各地中小学开展具有地方特色的乡土课程。不断增强社会公众主动参与保护传承工作的自觉意识,提高非物质文化遗产传承活力。

促进新疆传统工艺振兴。实施中国传统工艺振兴计划,总结推广哈密传统工艺工作站、木垒哈萨克族刺绣生产性保护实验等经验,发掘和运用传统工艺所包含的文化元素和工艺理念,丰富传统工艺的题材和产品品种,改进设计与制作水平,培育知名品牌,推进传统工艺在现代生产生活中的广泛应用。

专栏6　推进非物质文化遗产保护传承

1.实施"中华文脉——新疆非遗保护记录工程"和国家级代表性传承人抢救性记录工程

深入推进"中华文脉--新疆非物质文化遗产保护记录工程",编纂出版100部系列丛书和专题片,出版《新疆服饰》图册。完成60名国家级非物质文化遗产代表性传承人抢救性记录。

2.制定非物质文化遗产保护规划

逐步制定联合国教科文组织人类非物质文化遗产代表作名录项目新疆维吾尔木卡姆艺术、玛纳斯和急需保护的非物质文化遗产名录项目麦西热甫及国家级非物质文化遗产代表性项目的保护规划,以规划为抓手指导项目保护。

3.实施中国传统工艺振兴计划

建立传统工艺振兴目录,扩大传承人队伍,将传统工艺作为中国非物质文化遗产传承人群研修研习培训计划的实施重点,加强学科建设和理论、技术研究,提高设计、制作水平和整体质量,拓宽产品的推介、展示、销售渠道,加强基础设施建设,鼓励和引导社会资本发展传统工艺,加强文化生态环境的整体保护,促进社会普及教育,开展国际国内交流与合作。

4.实施中国非物质文化遗产传承人群研修研习培训计划

以传统工艺类的非物质文化遗产传承人群为主要培训对象,委托高校或企业开展非物质文化遗产传承人群培训,提升非物质文化遗产的保护传承水平。

5.建设10个国家非物质文化遗产保护利用设施

哈萨克族阿依特斯传承中心、锡伯族贝伦舞传承中心、塔塔尔族撒班节传承中心、哈萨克族达斯坦传承中心、江格尔传承中心、新疆维吾尔族鼓吹乐传承中心、新疆曲子传承中心、纳孜库姆传承中心、刀郎麦西热甫传承中心、维吾尔族刺绣传承中心。

6.开展非物质文化遗产展示交流活动

办好新疆非物质文化遗产展示周、天山南北贺新春-非物质文化遗产春节习俗展、新疆乡村艺术节暨曲子文化节等具有区域特色的、专题化的展览展示展演和节庆活动,促进各民族交往交流交融。

——加强古籍保护工作。深入挖掘典籍文化资源,开展新疆少数民族古籍文献普查和征集工作,建立长效的古籍登记制度。编辑出版《新疆地区古籍普查登记目录》,启动中华古籍总目分省卷工作,积极开展讲座、展览等活动,不断推进古籍数字化建设,拓展古籍保护工作成果展示的深度和广度。积极申报国家重点古籍保护单位和"国家珍贵古籍名录",全面推动古籍库房标准化建设。建立完善的古籍保护、流通等管理制度和古籍保护人才队伍的职业培养机制,有计划、有步骤地培养古籍文献编目、鉴定和修复人才。

——提升文物和非物质文化遗产资源利用水平。在确保公益目标、保护好国家文物、做强主业的前提下,加强文化资源开放和共享,鼓励文化文物单位与社会力量深度合作,鼓励具备条件的文化文物单位采取合作、授权、独立开发等方式开展文化创意产品开发。发挥文化文物资源在促进地区经济社会发展中的作用,培育一批文化文物旅游品牌。实施博物馆展示陈列精品和流动博物馆服务工程,搞好文物衍生品和服务项目开发,成立博物馆文化创意产品研发中心,引导文博单位增强版权保护意识,形成版权交易与品牌授权机制。增强非物质文化遗产的展示交流,充分利用民族传统节日和"文化遗产日",组织开展"自然和文化遗产日暨新疆非物质文化遗产展示周""天山南北贺新春-新疆非物质文化遗产春节习俗展""新疆乡村艺术节暨曲子文化节"等系列宣传展示活动以及非物质文化遗产博览会等示范性展示宣传活动。推动非物质文化遗产的区域交流与合作，推进非物质文化遗产的建档与研究及数据库和网站建设，提高全社会文化遗产保护意识。

（四）提升特色文化产业竞争力

围绕丝绸之路经济带核心区文化科教中心建设，以文化产业聚集布局和区域协调发展为主线，以改革创新为动力，以市场需求为导向，积极培育和壮大文化产业，努力提升文化产业对经济增长的贡献率。

——优化文化产业发展环境。依据《自治区文化产业发展专项规划（2016-2020）》，研究制定符合我区发展的文化产业政策，推动文化产业创新驱动、转型升级。逐步加大财政扶持力度，充分发挥文化产业发展专项资金的引导作用，鼓励各地根据当地发展实际设立文化产业专项资金。实施文化产业人才扶持计划，培养一批既懂文化产业发展规律又懂国际化经营理念的复合型人才队伍。

——完善文化产业空间布局。依据丝绸之路经济带核心区文化科教中心建设总体规划，根据丝绸之路经济带核心区文化科教中心（文化体育部分）建设的实施意见，结合我区文化资源的区域分布和产业发展基础，培育一批主导产业示范区和示范基地，着力打造多个文化产业集群，逐步形成"两核、三带、三区、多点"的文化产业空间布局。

——推进文化产业转型升级。推动传统文化产业的创新升级，提升产品品质、丰富产品形态、延伸产业链条，多渠道拓宽文化产业发展空间，形成一批具有核心竞争力的特色文化企业、文化产品和文化品牌。大力发展"文化+"业态，推进文化产业与制造、建筑、设计、信息、旅游、农业、体育、健康等相关产业融合发展，增加文化含量和产业附加值，把文化资源转化为产业优势和市场优势。加快培育创意设计、广告会展、动漫、数字文化服务等新型行业，形成产业生态链。不断提升产品附加值，增强核心竞争力，构建优势互补、资源共享、合作竞争、系统完善的文化产业体系。

——完善文化产业发展平台。加强对文化企业的组织引导，建立健全以信息咨询、投资融资、合作交流为主要内容的综合性服务平台。提升新疆丝绸之路文化创意产业博览会的影响力，打造丝绸之路沿线国家和地区信息交流、项目合作的交易平台。推进文化与金融融合发展，加强与开放性、政策性金融机构的合作，建立以文化信息和文化产业项目为核心的投融资平台。完善文化产业重大项目管理机制，加强各级文化行政部门对文化产业项目的指导和服务。

——引导和扩大文化消费。加快推进供给侧改革，优化文化产品供给结构，打造各具特色的文化精品，满足各族群众多样化、多层次的文化消费需求。落实国家文化消费试点地区相关政策，引导和支持文化企业开发新技术、新产品和新业态，创新商业运作模式，培育新的文化消费增长点，引导消费升级。

专栏7　文化产业发展重大项目

1. 文化产业重大项目扶持计划

推动新疆文化产业重点项目库建设，每年遴选10个左右产业优势明显、发展后劲足、持续增长能力强的项目纳入自治区重点扶持范围。

2. 文化产业示范基地和文化产业园区建设

推动有影响力的10家国家级和150家自治区级文化产业示范基地建设。建成10个文化产业密集的文化产业园区。

3. 龙头文化企业培育计划

加强对骨干文化企业的扶持、引导，培育10家有核心竞争力的优秀文化企业上市。

4. 打造文化产业交易平台

组织开展丝绸之路文化产业创意博览会，充分利用各类文化产业博览会推介新疆文化产品和服务。

5. 文化产业援疆建设项目

推进援疆省市与受援地文化产业建设项目对接，实现100个文化产业对口援疆项目的落地实施。

(五) 建立健全现代文化市场体系

坚持一手抓发展与繁荣，一手抓执法与监管，建立健全以内容监管为重点，以信用监管为核心的市场监管体系，激发市场主体活力和内生动力，推动文化市场结构调整、转型升级，培育积极正面、公平竞争、优胜劣汰的文化市场环境，确保文化市场的安全稳定和繁荣发展。

——建立繁荣有序、健康文明的文化市场体系。进一步优化文化市场投资环境，鼓励社会资本投入文化基础设施建设，积极参与各级公共文化服务。加快发展互联网文化市场，推动互联网上网服务行业转型升级。启动娱乐行业转型升级工作，鼓励企业增加投入，改造服务环境，促进行业提质增效，健康发展。逐步形成以国有骨干文化企业为主体、中小文化企业为基础的多种所有制共同发展、统一开放、竞争有序的现代文化市场格局。

——培育壮大文化市场主体。调整和优化文化市场布局，培育和健全各类文化产品市场，打破条块分割、城乡分离的市场格局，促进文化产品和生产要素的合理流动，推动城乡文化市场统筹发展。积极拓展大众文化消费市场，培育农村文化市场，提高文化消费在城乡居民日常消费中的比重。加强文化资产评估、文化产权交易、文化经纪代理等中介机构建设。培育文化服务市场和演出市场，举办"丝绸之路演出交易会"。

——加大文化市场监管力度。继续推进文化市场诚信体系建设，建立健全文化市场黑名单制度，定期公布文化市场违法违规经营主体和文化产品警示名单，开展文化企业信用等级评定，促进文化市场行风建设。强化文化市场的社会监督和舆论监督，健全社会监督员队伍。加强文化文物综合执法队伍建设，完善文化文物监管体系，重点加强对含有禁止类内容的文化产品的监管，依法打击各类文化市场违法违规经营活动和文物违法行为。坚决遏制反动及有害文化内容入侵文化市场，抵制"三股势力"和宗教极端思想利用文化市场进行渗透。加大网络文化、互联网上网服务行业的监管力度，保护未成年人合法权益，确保网络文化内容的安全健康。将艺术品监管纳入文化市场监管内容，逐步推动对艺术品市场的有序监管。不断完善全国文化市场技术监管与服务平台应用工作，提高文化市场综合执法信息化水平。积极争取上级支持和相关部门配合，努力推进文化市场综合执法改革。

(六) 加强对外和港澳台文化交流合作

充分发挥新疆跨国分布文化相近、民心相通的优势，坚持"走出去"与"请进来"并重，"文化交流"与"文化贸易"并举，创新工作思路和方法，积极参与国际文化交流与合作，讲好"中国故事·新疆篇章"，不断提升新疆地域文化影响力，实现新疆文化繁荣发展。

——推进丝绸之路经济带核心区文化交流中心建设。实施文化传播展示工程，充分挖掘利用新疆地域特色的文化资源，推动文化产品、文化服务和文化实体参与国内外市场。加大与丝绸之路经济带沿线国家之间的文化交流合作，实现深度融合，互利共赢，促进文化相互借鉴，共同繁荣。

——完善对外文化交流合作机制。加强顶层设计，统筹规划对外文化交流活动，健全完善以政府主导、企业主体、市场运作、社会参与的双边和多边文化交流合作机制，构建全方位、多层次、宽领域文化走出去格局。

——提高对外文化交流水平。通过部省合作，积极参与"欢乐春节""文化年""文化周""艺术节"等对外文化交流重要活动。主动吸收借鉴国外优秀文化成果，不断提升中国新疆国际民族舞蹈节、"中国亚欧博览会—中外文化展示周"、中国新疆国际艺术双年展等项目的品牌效应。同时，按照品牌化、本土化、市场化的发展方向，进一步扩大视野，拓宽渠道，创新内容，打造更多的新疆地域文化品牌项目。

——大力发展对外文化贸易。积极探索我区文化产品与文化服务向中西亚出口贸易模式，大力发掘、培育有地域特色的外向型文化产品和骨干文化企业，建设文化产品和服务"走出去"资源库，加强与国外知名文化机构和文化企业的合作交流，实现文化内容的交流合作与资源共享。加强互联网、新媒体资源的开发运用，搭建文化贸易服务平台，畅通文化贸易渠道，加强文化产品的推介营销，推动文化企业和具有自主品牌的文化产品、服务和项目进入国际市场。

——深化对港澳台文化交流工作。积极传承和大力弘扬中华传统文化，不断拓宽渠道，搭建平台，丰富内容，促进文化融合、民心相通，提升对港澳台文化交流水平。加强面对港澳台青少年的文化交流，促进文化认同和国家认同。稳妥推进两岸文化交流合作，支持两岸文化企业、社会团体共同举办和参与各类文化交流活动，推动两岸文化交流合作机制化、常态化，努力形成"大中华文化"格局。

	专栏8 丝绸之路经济带核心区科教文化中心项目（文化部分）
在建项目	1.新疆艺术中心项目 新疆艺术中心是中亚文化交流中心建设项目之一，功能设置包括新疆美术馆、新疆画院、自治区文化馆、自治区艺术研究所和非遗保护研究中心。 2.新疆文化译制中心项目 新疆文化译制中心是中亚文化交流中心建设项目之一，功能设置包括合成剧场、数字化小剧场、动漫车间及工作室、录音棚、排练厅、文艺剧（节）目移植制作室等。 3.乌鲁木齐市文化中心项目 乌鲁木齐市文化中心是集乌鲁木齐市大剧院、音乐厅、博物馆、文化馆、城市规划展示馆和图书城等六大场馆于一体的综合性文化中心。 4.丝绸之路印象城项目 由新疆印象西域国际文化旅游产业园开发有限公司（新疆西域实业集团）在昌吉市投资建设，包含新疆大剧院、丝绸之路国际大巴扎、旅游集散中心、大型室内水上世界、非物质文化遗产街区等十五个规划项目。 5.阿拉山口市国际文化艺术对外交流中心项目 阿拉山口市国际文化艺术对外交流中心建设规划设置包括国际剧院、体育馆、民族文化馆、图书馆、美术馆、国际文化展厅、音乐厅和国际主题博物馆等。
拟建项目	1.和田玉文化创意产业园项目 在和田市规划建设新疆和田玉文化创意产业园，包括和田玉交易所、和田玉博物馆、和田玉工艺区、玉史人物馆、旅游集散中心等。 2.霍尔果斯国际文化交流中心项目 在边境两侧地区之间形成更加紧密的文化交流场所，建立中哈两国乃至丝绸之路经济带的文化枢纽，为促进经济交流打下坚实基础。 3.喀什国际文化交流中心项目 喀什国际文化交流中心规划设置主要有歌舞剧院、文化馆、美术馆、音乐厅、非物质文化遗产传承保护中心。 4.新疆文化创意设计平台项目 建设新疆文化创意设计平台，促进创意设计产业、人才汇集，产生聚集效应，带动我区创意产业发展。 5.克拉玛依国际石油博览园项目 含石油艺术广场区、怀旧之旅文化纪念区、装备设备集中展示区、设备艺术展示区等。 6.和田地区维吾尔医药保护传承中心项目 含医药图书馆和博物馆。 7.对外文化交流创新发展项目 积极开展"中国新疆国际民族舞蹈节""中国·亚欧博览会-中外文化展示周""中国新疆国际艺术双年展""中国海外文化中心-新疆文化展示周""海外欢乐春节"等对外文化交流品牌活动，建立与"一路一带"沿线国家文化机构的交流合作框架，形成文化交流合作网络，着力打造新的文化交流品牌。

（七）深化文化体制机制改革

深入推进文化体制改革，建立健全党委领导、政府管理、行业自律、社会监督、依法运营的文化管理体制和文化产品生产经营机制，为文化发展提供强大动力。

——深化文化行政管理体制改革。加快文化行政管理部门职能转变，深化行政审批制度改革，加强事中事后监管，促进简政放权、放管结合、做好服务"三管齐下"。完善管人管事管资产管导向相结合的国有文化资产管理体制，加强国有文化资产管理，确保国有资产保值增值。深化文化市场综合执法改革，完善自治区文化文物综合执法局运行机制，整合执法力量，形成合力。建立和完善文化与教育、体育、旅游、新闻出版广电等各行业间合作联动的统筹协调机制，调动社会力量参与文化建设的积极性，全面推动文化建设可持续发展。

——推进文艺院团改革创新。完善自治区直属文艺院团运行机制，注重艺术资源整合，加强内部绩效管理，通过政策引导、机制创新，激发内在活力，提高艺术创作能力，进一步增强区属院团在全区的辐射带动能力。全区国有文艺院团要结合自身实际，深化改革，强化管理，增强发展活力和市场竞争力。各级文化行政管理部门要积极探索建立民营艺术院团引导扶持机制，鼓励支持社会资本投资兴办民营艺术院团，推动民营文艺院团积极参与基层文化服务和对外文化交流，使其成为我区文艺事业发展繁荣的重要力量。

——推进公益性文化事业单位改革创新。深化公益性文化事业单位分类改革，优化事业单位结构布局，提高服务水平。完善公益性文化事业单位绩效评估考核，通过科学管理，提高服务质量。创建公共文化服务设施运行、免费开放资金使用和流动服务机制，吸纳有代表性的专业人士、社会人士、基层群众参与管理，提高免费开放服务水平。创新乡镇综合文化站设备管理，开放服务的工作机制，切实发挥作用，使其成为传播先进文化和农业科普知识的重要阵地。

——实施文化创新工程。全面推动文化理论创新、文化内容形式创新、文化科技创新和文化业态创新，加快构建有利于全面提升自主创新能力的体制机制。发挥新疆多元文化优势，鼓励文化产品创意创新，增强社会各界参与文化创新的自觉性和主动性，推动创新成果在公共文化服务、文化产业、文化资源保护、舞台演艺等领域的运用和推广。积极运用高新技术手段推动形式创新，催生新的文艺品种，增强文化产品的表现力、感染力和传播力。

——推动文化与科技融合。充分运用高新技术，拓展文化传播渠道，丰富文化表现形式。以科技创新为动力，完善公共文化服务的供给方式和内容，满足人民群众的基本文化需求。以覆盖城乡的公共文化服务设施为平台，加快推进信息化、网络化建设，积极运用现代信息技术和网络技术，增强文化信息资源传输、存储和供给能力。推动传统艺术与现代技术相互融合，加速改造传统文化业态，发展新兴文化业态。

（八）加强文化人才队伍建设

始终坚持党管人才原则，深化全区人才发展体制机制改革，优化人才队伍结构，提升文化人才队伍素质，大力培养造就和使用各民族优秀文化干部和文化人才。建立健全文化人才发展制度体系，实施文化人才工程，加强文化人才团结引领，充分调动用人主体的积极性，努力建设一支政治坚定、业务精湛、作风优良、党和人民放心的文化人才队伍。

——培养造就高层次文化人才。制定文化人才分类专项培训计划，对全区文化系统党政干部进行轮训。实施《第二轮（2016-2020年）新疆文化艺术人才定向培养及培训规划》。继续开展文化领军人才、文艺创作人才、文化产业人才的培养培训，逐批次培养一批具有大局意识和总揽全局能力的党政文化人才，培育一批具有高学历、高素质的文化艺术专业人才，扶持一批懂经营善管理的文化产业人才，造就一批高层次领军人物和高端文化人才。

——加强基层文化人才队伍建设。加大对文化能人、民间艺人、非物质文化遗产传承人等乡土文化人才队伍的培养力度，继续开展自治区高级民间艺术师专业技术职务任职资格评选，以南疆四地州为重点启动实施"农村（牧区）文化能人编创培训计划"，提高文化能人编排创作能力；实施文化工作者专项计划和基层公共文化服务骨干培训计划，启动"一村一名文化组织员、两名文化能人"（1+2）培养工程，力争用5年时间，形成扎根基层农牧区的文化骨干队伍。

——建立健全人才工作机制。按照分级负责的原则，建立健全全部门统筹指导、用人单位发挥主体作用、文化团体广泛参与的工作运行机制。创新工作方式方法，构建组织调训、干部培训、在职教育、挂职实践和远程培训相结合的工作格局。坚持公开、公平、公正原则，健全人才培养开发、评价发现、选拔任用、流动配置、激励保障机制，积极争取人才引进政策，确保人才引得进、留得住。

专栏9　文化人才培养重点工程

1. 文化系统党政干部轮训

对全区文化系统党政干部进行轮训。每年组织一期专项培训，每期培训时间为10天，培训人员40名，计划5年培训人员200名。

2. 文化产业人才扶持计划

加大文化产业经营管理和创新性人才的培养力度，每年组织一期专项培训，计划5年培训人员100名。

3. 非物质文化遗产传承人群培养计划

实施"非遗保护进万村传承人群培训计划"，每年举办2-3期非物质文化遗产专业知识培训班，培训地、县非物质文化遗产管理人才；积极开展分级、分类培训，重点培训各门类业务骨干、管理以及传承人群队伍；在文化部支持下，与教育等部门协作实施"中国非遗传承人群研修研习培训计划"，扩大传承人群，提高传承能力。

4. 文化高层次人才培养项目

重点扶持、培养一批文化艺术创作、文物保护和文化科技等方面的名家。每年选派10左右名政治上强、业务优良、有发展潜力的专业技术人才，赴内地文化科研机构或高校以一对一的培养模式进行为期1年的培养。5年共计培养50名左右文化领军人才。

5. 文化工作者专项计划

重点针对45个贫困县及边境县市开展人才支持计划和文化工作者专项计划。每年选派800名优秀文化工作者到全区县级以下基层文化单位提供文化服务；每年为基层培训150名"基层急需紧缺的文化工作者"（每年培训时间不少于3个月）。计划5年选派4000名文化工作者服务基层，为基层培训750名文化骨干。

6. 基层公共文化服务骨干培训计划

每年组织4期"全疆基层公共文化服务骨干培训班"（每期10天），每期培训100人，每年培训400人，计划5年培训2000人。

7. 文化人才援疆项目

以援疆工作为契机，建立对口援疆文化人才培养培训机制，形成对口援疆工作人才培养培训和文化交流常态化工作格局。

六、保障措施

（一）加强组织领导

各地各部门要充分认识文化建设在建设团结和谐、繁荣富强、文明进步、安居乐业社会主义新疆，在维护社会稳定和长治久安中的重要地位和作用，进一步完善"党委统一领导、政府组织实施、宣传部门协调指导、行政主管部门具体落实、相关部门密切配合"的领导体制和工作机制。充分调动广大文化工作者积极性和创造性，动员全社会参与文化建设，形成推动文化发展的整体合力。各地、各部门要按照本规划的统一安排，制定推进工作的年度计划和具体措施，细化工作责任，落实目标任务，及时总结经验，发现问题，研究对策，确保规划顺利实施和各项目标任务的圆满完成。

(二) 加大文化财政保障

发挥公共财政的主导作用，大力推进新疆基层综合文化服务中心建设，构建现代公共文化服务体系，发展壮大文化产业。落实中央投入资金和政府购买演出政策，保障文化单位、文化项目、艺术创作生产、公益性文化场所免费开放、文化遗产保护传承、对外文化交流和文化人才培养等方面的资金需求。

(三) 完善文化经济政策

贯彻落实国家和自治区现行关于文化事业的各项优惠政策，研究制定文化事业配套政策。完善金融支持文化产业发展政策，鼓励有实力的企业、团体、个人依法组建各类文化产业投资公司和文化产业创业投资基金，支持建立多元文化产业投融资体系。建立文化产业与金融机构的战略合作机制，促进文化与资本市场对接，完善文化市场准入机制，制定扶持民营文化企业发展意见，保障非公有制文化企业在技术创新、财税优惠、融资服务、对外贸易等方面享受与国有文化企业同等待遇。文化建设用地要纳入土地利用总体规划，纳入城乡建设总体规划，优先安排新建公益性文化设施建设项目所需用地。文化企业和文化创意产业园区用地，可视情况采取划拨、出让、租赁等方式供给，并出台优惠政策给予支持。

(四) 推动文化援疆工作

突出重点、精准发力、科学谋划，积极主动与文化部和各援疆省市进行对接，充分发挥各援疆省市的资金、人才等资源优势，坚持援疆资金项目向基层倾斜，向保障改善民生倾斜。推动援疆工作通过公共文化服务体系建设改善文化民生，通过文化产业发展拉动就业，通过文化交流促进文化认同，服务于社会稳定和长治久安工作大局，推进受援地文化发展繁荣。受援地要挖掘自身潜力，充分发挥主动性和创造性，不断提升自身文化发展实力，推动文化援疆工作取得实效。

(五) 强化文化法治建设

深入贯彻自治区《关于全面推进依法治疆建设法治新疆的意见》，坚持弘扬法治精神与社会主义核心价值观相衔接，推进文化立法进程，建立健全与社会主义市场经济相适应的文化法规体系。研究制定促进公共文化服务体系建设、文化产业发展、文化市场管理、文化遗产保护、网络信息传播服务等地方性法规和政府规章制度。加大执法力度，严厉打击侵犯、破坏文化建设行为，为文化事业营造良好的法治环境。加强文化法治宣传，不断加强文化法治建设，继续推进文化法治与"去极端化"宣传教育相结合，把文化建设纳入法治化轨道。

(六) 加强党的建设

紧紧围绕长社会稳定和长治久安总目标，牢固树立"四个意识"，充分发挥党总揽全局、协调各方的领导核心作用，坚持党要管党、从严治党，切实加强各级党组织建设、领导班子和干部人才队伍建设，严格党内政治生活，加强党内监督、党风廉政建设和反腐败斗争，严肃文化系统反分裂斗争纪律，坚定占领宣传思想文化阵地，全面推进文化事业繁荣发展，切实维护我区意识形态领域安全。各级文化部门要充分发挥牵头作用，抓好文化企业和社会组织党的建设工作，切实发挥企业党组织政治核心、政治引领和政治保障作用。

(七) 健全规划实施与评估机制

各级文化和发改部门要加强组织协调，健全组织落实机制，提出规划具体实施办法，创造良好的政策环境和服务环境，积极支持规划项目建设，确保规划的严肃性、权威性、指导性和顺利实施。建立健全规划的评估机制，对规划的执行进行中期评估，认真总结经验，善于发现问题，及时采取措施，保证规划的顺利实施。

新疆建设兵团"十三五"时期文化改革发展规划

"十三五"时期是全面建成小康社会的决胜时期，是维护新疆社会稳定和实现长治久安的关键时期，是兵团发挥"稳定器、大熔炉、示范区"作用的重要时期。为深入贯彻中央部署和兵团党委六届十五次全委（扩大）会议精神，加快构建兵团现代公共文化服务体系、现代文化市场体系、现代文化产业体系和中华优秀传统文化传承体系，全面推进兵团先进文化示范区建设，根据《国家"十三五"时期文化改革发展规划纲要》《文化部"十三五"时期文化改革发展规划》和《兵团"十三五"时期经济社会发展规划纲要》，编制本规划。

一、指导思想和基本原则

（一）指导思想

高举中国特色社会主义伟大旗帜，深入贯彻党的十八大和十八届三中、四中、五中、六中全会精神，深入贯彻习近平总书记系列重要讲话特别是视察新疆和兵团时的重要讲话精神，紧紧围绕"五位一体"总体布局和"四个全面"战略布局，牢固树立"创新、协调、绿色、开放、共享"的发展理念，坚持社会主义先进文化前进方向，坚持以人民为中心的工作导向，坚持把社会效益放在首位、实现社会效益和经济效益相统一，加快推动兵团文化改革发展，着力完善兵团现代公共文化服务体系、现代文化市场体系、现代文化产业体系和中华优秀传统文化传承体系，提升传播先进文化、弘扬中华文化、促进"五个认同"及文化交往交流交融的能力，全面推进兵团先进文化示范区建设和兵地融合发展，为兵团在西北地区率先全面建成小康社会，维护新疆社会稳定和实现长治久安做出新的更大贡献。

（二）基本原则

坚持围绕中心、服务大局。坚持党对文化工作的领导，牢牢把握社会主义先进文化前进方向。贯彻"二为"方向、"双百"方针，弘扬主旋律，传播正能量，提倡多样化，把弘扬和践行社会主义核心价值观贯穿到文化工作的各个领域各个环节。紧紧围绕兵团党委中心工作，服务兵团维稳戍边事业，推动文化繁荣发展。

坚持以人为本、以文化人。坚持以人民为中心的工作导向，坚持共建共享，努力惠民利民，保障广大职工群众基本文化权益，满足日益增长的精神文化需求，共享文化改革发展成果，提升职工群众文化素养和社会文明程度，促进人的全面发展。

坚持改革创新、增强活力。以"五大发展"理念指导兵团文化改革发展工作。继续深化兵团文化体制改革，推进现代法人治理结构试点，完善文化管理体制机制，全力推进文化创新，解放艺术生产力，激发文化创造力。

坚持各方参与、提升效能。鼓励和支持社会力量参与文化建设，发挥各类社会主体参与文化建设的积极性，培育和引导文化消费，丰富文化产品供给，提升服务质量和水平，满足广大职工群众多样化精神文化需求。

坚持统筹兼顾、突出重点。加强统筹协调，建立协同机制，整合各方资源，推动兵团文化跨部门、跨领域、跨系统协调融合发展。坚持问题导向，着力解决制约文化改革发展的关键因素和瓶颈问题，推进文化事业和文化产业"双轮"驱动。

二、发展目标和主要任务

到2020年，兵团文化事业全面发展，文化管理水平全面提升，文化工作在维护新疆社会稳定和实现长治久安中的作用更加明显。文艺创作生产繁荣发展，推出更多弘扬社会主义核心价值观和兵团精神的文艺精品；现代公共文化服务体系基本建成，职工群众基本文化权益得到更好保障；现代文化市场体系初步建立，市场在文化资源配置中的作用有效发挥；现代文化产业体系更加完善，文化产业在兵团经济体系中的比重明显增加；中华优秀传统文化传承体系更加健全，文化遗产得到有效保护，见证历史、教育后人功能充分发挥；文化交流更加活跃，兵团文化传播力、影响力不断提升；文化体制改革稳步推进，文化管理机制和人才队伍结构更加优化。到"十三五"末，实现如下主要指标：

——新创10部兵团题材大型舞台剧节目，复排20部经典折子戏。兵团文艺基金立项资助项目达到100项。

——兵团平均每万人拥有的公共文化设施（公共图书馆、文化馆、博物馆、纪念馆、综合性文化服务中心等）建筑面积达到1000平方米。

——师（市）公共图书馆人均藏书量不低于0.6册，人均年新增藏书量不少于0.06册；连队（社区）综合文化服务活动室（含农家书屋）提供借阅的图书不少于1200种、1500册，报刊不少于20种，年新增图书不少于60种。师（市）每年举办全民阅读活动不少于一次，活动持续时间不少于两天，居民覆盖率不低于30%。

——文化产业在兵团国内生产总值中的比重达到4%，打造一个具有较大影响的文化产业展会，形成两家跨区域文艺演出院线，培育四家左右骨干文化企业集团，建成五家左右兵团级文化产业示范园区，培育六个左右特色鲜明、主导产业突出的特色文化产业集群，努力发掘文化产业发展新的增长点和增长极，全面提升文化产业发展的质量和效益。

——师（市）全部、团场（镇）60%以上建有博物馆、纪念馆。博物馆、纪念馆（一级风险单位）防火、防盗设施达标率100%。馆藏一级文物的建账建档率100%。全国重点文物保护单位的重大文物险情排除率100%。

——建成两个国家级非物质文化遗产传承人群研修研习培训基地，申报国家级非物质文化遗产项目达到10个以上，兵团辖区内国家级非物质文化遗产代表性传承人抢救性记录覆盖率100%。

——兵团文艺表演团体"送文化下基层"慰问演出达到3000场次，在国内巡演达到150场次，赴国境外巡演达到50场次。其中，戏曲剧团到基层演出达到1000场次。扶持200支左右基层业余文艺表演团体长年在基层演出。

——全国文化市场技术监管与服务平台在兵团的应用率60%以上，信用数据库覆盖兵团75%以上的文化市场经营主体。

——培训兵团基层文化经营管理人才达到2000人次，选拔培养基层文化能人达到400人以上。

三、繁荣文艺创作生产

坚持以人民为中心的创作导向，围绕兵团先进文化示范区建设，创作更多体现社会主义核心价值观、传播先进文化、弘扬中华文化、传承兵团精神、反映现实生活，思想性、艺术性、观赏性相统一的文艺精品。

把握正确创作导向。聚焦"我们的中国梦--兵团篇章"时代主题，弘扬中华优秀传统文化，传播社会主义先进文化，培育和践行社会主义核心价值观，唱响爱国主义主旋律。开展"深入生活、扎根人民"主题实践活动，建立健全长效机制。围绕庆祝建党95周年、建国70周年、兵团成立65周年等重大活动及"七一"、"十一"等重大节庆，开展主题创作和展演展示活动。

实施文艺精品战略。实施兵团文艺精品工程，设立兵团艺术发展资金，有效推动重大革命历史题材、兵团历史和现实题材、民族团结和兵地融合题材、青少年题材、对口援疆题材等文艺精品创作生产。实施"兵团舞台艺术精品工程"、"兵团戏曲传承发展扶持工程"、"军垦题材美术创作工程"和"兵团文艺精品推广工程"，推动兵团各门类艺术全面繁荣发展。发挥兵团精神文明建设"五个一工程"奖、兵团"绿洲文艺奖"及国家艺术基金和各类奖项的导向激励作用。

拓展基层文艺阵地。加强文艺名家工作室和文学、戏剧、音乐、舞蹈、杂技、美术、曲艺、影视、书法、摄影等艺术创作采风基地建设，支持石河子大学文学艺术学院、石河子文化艺术学校建设，使之成为优秀文艺作品不断涌现的创作基地、优秀文艺创作队伍的培养基地、文化产业发展的孵化基地。加大对《绿洲》《绿风》等兵团重点文学刊物扶持力度。高度重视文艺网建设，引导和规范网络文学健康发展，积极拓展新的文艺阵地。

完善长效发展机制。建立完善文艺创作、文艺评论、人才培养、阵地建设等机制，营造良好艺术创作生产环境。健全选题论证机制，制定文艺创作生产中长期发展规划。改革完善评奖激励机制，把遵循社会主义先进文化前进方向和人民满意作为评价作品的最高标准，实现群众评价、专家评价和市场检验有机统一。建立获奖作品跟踪评议机制，推动获奖作品走出去、走下去，多展示、多演出。加强文艺评论工作，开展积极健康的文艺批评。

专栏1　艺术创作生产重点工程项目

1.兵团舞台艺术精品工程

成立兵团艺术专家委员会，制定《兵团艺术专家委员会章程》，制定文艺创作生产中长期发展规划、年度重点创作剧目选题计划和重点剧目创作扶持计划，推出10部兵团题材大型舞台剧节目。

2.兵团戏曲传承发展扶持工程

开展戏曲剧种普查。支持豫剧、秦剧、曲子戏、眉户等剧种传承发展，复排20部经典折子戏。实施中青年戏曲艺术表演人才培养计划。逐步完善戏曲创作生产、展示展演机制。开展兵团折子戏大赛等活动，鼓励戏曲剧团到基层演出，推动戏曲、非物质文化遗产进校园。

3.军垦题材美术创作工程

建设美术创作采风基地，组织开展重大军垦题材国画、油画、版画、雕塑、剪纸创作活动，支持军垦雕塑主题公园、军垦美术馆建设。

4.兵团文艺精品推广工程

支持兵团优秀舞台剧和作品，重大军垦题材美术、书法、摄影作品赴疆外、境外巡演（巡展），参与对外文化交流，参加国际国内重大比赛和展演活动，扩大兵团文化传播力、影响力。

5."深入生活、扎根人民"主题实践活动

完善支持文艺工作者深入生活、深入基层、深入群众的长效保障和激励机制。组织兵团文艺工作者"深入生活、扎根人民"，坚持开展采风创作、结对帮扶、慰问演出等活动，每年不少于3次。

6.国有文艺团体排练场所建设工程

积极争取国家财政资金，支持新建改建扩建兵、师国有文艺团体排练场所，改善排练条件。

四、构建现代公共文化服务体系

全面落实《兵团关于加快构建公共文化服务体系的实施意见》（新兵党办发〔2016〕3号）和《关于推进兵团基层综合性文化服务中心建设的实施意见》（新兵办发〔2016〕56号），以保障职工群众基本文化需求为出发点和落脚点，以改革创新为动力，以基层基础设施建设为重点，坚持行政主导、社会参与、重心下移、共建共享，全面推进兵团基本公共文化服务标准化、均等化、社会化、现代化，加快构建覆盖兵团、辐射地方、符合标准、发展均衡、便捷高效、保障基本、促进公平的具有兵团特色的现代公共文化服务体系。

推进基本公共文化服务标准化均等化。以团场为基本单位，全面落实基本公共文化服务国家指导标准和兵团实施标准。完善公共文化设施建设、运行标准，基础设备配置标准及管理服务规范，提升公共文化服务能力和水平。加大对南疆、边境、少数民族聚居、困难和与地方相邻团场公共文化服务体系建设扶持力度，保障老年人、未成年人、残疾人、农民工及生活困难群众等特殊群体的基本文化权益，确保周边地区各族群众共享基本公共文化服务。

完善公共文化服务设施网络。健全覆盖兵团、师（市）、团场（镇）、连队（社区）四级公共文化服务设施及其服务网络。兵团建成文化传媒发展基地，各师（市）建设标准化的博物馆（纪念馆）、公共图书馆、文化馆（艺术馆），各团场（镇）、连队（社区）结合实际建设团史馆、文化馆（综合性文化服务中心）。各师（市）、团场（镇）结合文化发展需求和实际，适应城镇化建设进程，通过多种途径、多种形式建设博物馆、文化艺术中心（影剧院）、新闻传媒中心等文化设施。统筹公共文化设施布局、服务提供、队伍建设、资金保障，均衡配置资源。为南疆、边境、少数民族聚居等重点团场配备流动文化车，大力开展流动服务和数字服务，促进文化资源整合和互联互通，打通公共文化服务"最后一公里"。

丰富公共文化产品供给。实施文化惠民工程，持续开展"送文化下基层"活动，定期举办"文化艺术周""文艺汇演""基层文化能人大赛"等活动，推动"书香兵团""团歌大赛"等活动常态化。继续支持博物馆（纪念馆）、公共图书馆、文化馆（站）、美术馆向社会免费开放。以"我们的节日"为抓手，大力开展群众性文化活动，推动红色文化、民族文化、社区文化、企业文化、校园文化、广场文化等协调发展。鼓励群众自办文化。实施"一连一年一场戏"计划，支持文艺表演团体提供公益性演出。支持兵团优秀文艺作品巡演、巡展，推动戏曲文化遗产、高雅艺术进校园、进社区。提高数字文化产品和服务供给能力，促进优秀传统文化瑰宝和当代文化精品网络传播。

实施重大公共文化服务工程。积极推进"环塔里木文化传播与共建共享工程""边境文化长廊建设工程""基层文化阵地建设工程""基层文化人才队伍建设工程"等文化工程，支持在师（市）、团场（镇）、连队（社区）兴建一批重大文化项目，完善一批基础文化设施，建成一批文化活动广场，培养一批基层文艺骨干，组织一批文化惠民项目，建造一批传播先进文化、弘扬中华文化、体现兵团特色的标志性文化建筑。对接"一带一路"国家战略，科学统筹、合理规划、有效整合兵团丝路沿线文物遗址、文化遗产、屯垦旧址、自然景观等资源，大力发展特色文化产业，推进对外文化交流和贸易。

创新公共文化服务形式。建立群众文化需求反馈机制，及时准确了解和掌握群众文化需求，制定公共文化服务供给目录，开展"菜单式""订单式"服务，提供个性化、精准化服务。推动兵团各级公共图书馆、博物馆、文化馆建立现代法人治理结构，完善总分馆制和理事会制度。发挥公共电子阅览室作用，利用网站、微博、微信等现代科技手段为群众服务。加强公共文化服务品牌建设，着力打造"一师一特色""一团一品牌"的特色文化品牌，推动形成具有鲜明兵团特色和社会影响力的服务项目。落实《兵团关于向社会力量购买公共文化服务的实施意见》（新兵办发〔2015〕73号），健全向社会力量购买公共文化服务机制。推广运用政府和社会资本合作等模式，促进公共文化服务提供主体和提供方式多元化、多样化。建立健全志愿者服务机制，构建参与广泛、内容丰富、形式多样、机制健全的文化志愿服务体系。

扩大文化交流合作。积极参与"一带一路"沿线国家、省市文化交流合作，完善交流合作机制，进一步提升中华文化软实力和国际影响力，增进周边国家对中华文化的了解和认同。实施"走出去、请进来"战略，鼓励兵团专业文艺团体参与国家"走出去"项目，支持优秀剧目、非遗展演、文物艺术品赴海外巡演巡展，开拓海外演出展览市场，参与国际特别是周边地区文化交流。支持开展西域文化主题学术交流与研究。

专栏2　现代公共文化服务体系建设重点工程项目

1. 兵团文化传媒发展基地建设项目

在十二师五一农场新区建设兵团广播电视制播中心、报业传媒中心和文化艺术中心，总建筑面积9万余平方米，着力打造兵团文化传媒发展基地。

2. 基层公共文化设施建设工程

积极争取国家财政资金和各省市对口援疆资金，重点支持师（市）建设标准化的博物馆（纪念馆）、公共图书馆、文化馆（艺术馆），团场（镇）结合实际建设公共图书馆、文化馆（综合性文化服务中心）和团史馆（纪念馆）。

3.基层文化阵地建设工程

积极争取国家财政资金和各省市对口援疆资金，支持团场（镇）、连队（社区）依托现有资源，建设集宣传文化、党员教育、科技普及、普法教育、体育健身等功能于一体的综合性文化服务中心。在完善基层公共文化设施网络和服务网络的基础上，重点推进文化艺术、新闻出版、广播影视、新媒体传播等方面的项目建设，进一步巩固和扩大基层文化阵地。

4.文化惠民工程

根据职工群众实际需求，采取政府向社会力量购买等形式，持续开展"送文化下基层"慰问演出活动，其中兵团直属文艺团体每年下基层慰问演出不少于400场（次）。每两年组织一届文化艺术周、一届文艺汇演、一届基层文化能人大赛。适时组织戏曲折子戏大赛、戏曲展演等活动。

5.环塔里木文化传承与共建共享工程

在南疆地区兵团第一师阿拉尔市、二师铁门关市、三师图木舒克市、十四师昆玉市的师、团、连及塔里木大学，以及与南疆地区地方31个县市接壤的45个团场和与地方其他99个乡镇、224个村接壤的219个连队（社区）建设重大文化工程、基础文化设施、文化广场及弘扬中华文化、体现兵团特色的标志性文化建筑。

6.边境文化长廊建设工程

在北疆地区兵团第四师可克达拉市、五师双河市、六师五家渠市、七师、八师石河子市、九师、十师北屯市、十一师、十二师、十三师的58个边境团场，以及与北疆地区地方的63个县、市接壤的110个团场，与243个乡、366个村接壤的502个连队（社区）规划建设重大文化工程、基础文化设施、文化广场及弘扬中华文化、体现兵团特色的标志性文化建筑。

7."一带一路"文化发展工程

科学统筹、合理规划、有效整合兵团丝路沿线文物遗址、文化遗产、屯垦旧址、自然景观等资源，大力发展特色文化产业，推进对外文化交流和贸易。

五、推进文化遗产保护传承

坚持"保护为主、抢救第一、合理利用、加强管理"的工作方针，建立完善文物和非物质文化遗产保护传承工作体系，提升文化遗产保护、传承和利用水平，推动中华优秀传统文化创造性转化和创新性发展。

加强文物保护、管理与利用。制定《兵团"十三五"时期文物事业发展规划》，明确"十三五"时期兵团文物保护管理利用的主要目标和工作任务。进一步加强兵团辖区文物资源调查，建立完善文物登录制度，全面掌握兵团文物保护现状和需求，推进文物信息资源社会共享。加强不可移动文物保护，实施重点文物保护项目。继续加大对辖区内大遗址及重点文物的抢救性保护，加强国家级文物保护单位管理，加强屯垦戍边遗址、当代军垦旧址等保护利用。发布兵团第一次可移动文物普查成果。加强文物保护基础设施建设，提高文物保护装备水平。建立完善文物安全监管模式，提升安全监管能力，增强文物安全防范水平。

加强博物馆、纪念馆建设。积极争取国家支持，建设全面反映历代中央政府治理边疆历史的国家屯垦历史博物馆。持续推进师（市）博物馆、团场（镇）纪念馆建设。加大新型城镇化进程中文物保护工作力度。不断丰富各级博物馆馆藏资源，完善展陈功能，提升服务质量，推动博物馆发展由数量增长向质量提升转变。实施"兵团口述史"制作和经济社会变迁物证征集项目，系统反映兵团屯垦戍边历史。继续做好屯垦戍边主题展览，推出一批体现中华优秀传统文化和社会主义核心价值观的陈列展览，发挥军垦博物馆展陈集群效应。进一步加大博物馆、纪念馆免费开放工作力度，完善中小学生定期参观制度，充分发挥博物馆、纪念馆的社会教育功能。全面推进博物馆、纪念馆理事会制度改革。

加大优秀传统文化传承保护力度。建立中华优秀传统文化普及推广工作机制，推动中华优秀传统文化创造性转化和创新性发展，让优秀传统文化活起来。结合中华民族传统节日和"文化遗产日"，组织开展中华优秀传统文化宣传、普及、推广及展示展演活动。大力支持兵团戏曲事业传承发展。鼓励各师（市）、团场（镇）举办专题性、有特色的非遗展示展览活动。

加强非物质文化遗产保护。进一步开展非物质文化遗产普查、登记、申报工作，健全兵团非物质文化遗产代表性目录体系，加强非物质文化遗产普查资料的研究和利用。扶持戏曲类和传统手工技艺类非物质文化遗产传承发展，提高传承活力。组织开展多种形式、不同层级的非物质文化遗产传承人群研修研习培训活动，帮助传承人群提升文化素养、审美能力和设计水平，促进非物质文化遗产走进现代生活。在非物质文化遗产资源丰富的师（市）建设2-3个非物质文化遗产保护传承基地。不断完善非物质文化遗产普查资料的整理、编目、存档，加强对历史古籍、少数民族古籍的保护工作。

专栏3　文化遗产保护传承发展重点工程项目

1. 国家屯垦历史博物馆建设项目

积极争取国家支持，筹备建设全面反映历代中央政府治理边疆、开发边疆、建设边疆历史的国家屯垦历史博物馆。

2. 基层博物馆、纪念馆建设项目

重点支持南疆及边境师（市）博物馆建设，团场（镇）纪念馆、团史馆建设，建成一批反映我国边疆屯垦开发历史、兵团屯垦戍边历史及多民族融合发展历史的屯垦博物馆集群。支持已建博物馆设施改造。

3. 重点文物保护项目

加强不可移动文物保护。全面启动兵团辖区内国家级重点文物保护单位保护规划编制及项目实施工作。实施兵团辖区内自治区级、兵团级重点文物保护单位文物保护工程项目。

4. 文博资源基础数据库建设工程

加强兵团辖区内文物、博物馆资源基础数据库建设，建设全国重点文物保护单位、重要大遗址、博物馆及馆藏一级文物等文博资源基础数据库，完善数据管理、研究、使用工作机制。

5. 非遗传承人群研修研习培训计划

制定兵团非物质文化遗产传承人群研修研习培训计划，委托石河子大学和塔里木大学，开展非物质文化遗产代表性项目相关传承人群研修研习培训，提高传承能力，扩大传承人群，增强传承水平，规模约为1500人次。

六、完善现代文化市场体系和现代文化产业体系

以建设丝绸之路经济带核心区为契机，以深化改革、完善体制、创新机制为动力，以市场为导向、园区为依托、企业为主体，以新闻传媒、出版印刷、广播影视、文化演艺、特色旅游、休闲娱乐、创意设计、工艺美术为主导产业，实施龙头引领、项目带动、产业聚集发展战略，打造特色鲜明、优势突出、竞争力强的重点项目、重点企业、重点产业和重点产品，形成较为完善的现代文化市场和文化产业体系。

落实文化产业发展规划。全面落实《关于加快推进兵团文化产业发展的意见》（新兵发〔2013〕41号）及《兵团文化产业发展规划（2014-2020）》（新兵办发〔2014〕43号），深入推进兵团文化（科技）产业园区建设，着力打造"一基五园两区"建设项目，形成覆盖南北疆的文化产业布局。发挥兵、师（市）两级文化产业发展专项资金杠杆作用，实行资金、土地、税收、信贷等方面的优惠政策，重点支持发展广播影视、新闻出版、演艺服务、特色旅游、休闲娱乐、创意设计、工艺美术等七大产业。充分整合资源，逐步组建并做大做强兵团广电传媒、报业传媒、电影院线、演艺等四大文化企业集团。支持参加兵团绿博会文化产业展及深圳文博会等大型展会，搭建交流展示和招商引资平台。

打造特色文化产业品牌。大力发展工艺美术、文化旅游、特色节庆、观光农业等特色文化产业，开发具有地域特色和民族风情的旅游产品，促进由单纯观光型向参与式、体验式等新型业态转变。支持建设集演艺、娱

乐、电影、休闲、旅游、餐饮、购物等于一体的文化综合体。支持发展反映兵团屯垦戍边历史的油画、雕塑、木刻、剪纸等军垦特色文化产业。结合边境沿线独特的自然风光和人文景观，打造集爱国主义教育实践、旅游观光、休闲娱乐、影视拍摄等为一体的文化产业景观带。支持推进兵团科教文化中心、一师阿拉尔沙漠场地汽车拉力赛、六师五家渠"一城三馆一园"、七师121团"丝绸之路文化园"等重大文化产业项目。

推动文化产业转型升级。加快发展动漫、游戏、创意设计、网络文化、数字文化等新型文化业态，推动上网服务、游戏游艺、歌舞娱乐等行业调整结构、转型升级。推进文化与创意设计深入融合，催生新技术、新工艺、新业态、新产品，满足新需求。推动"互联网+""文化+"对传统文化市场的整合，推进文化产业与科技、制造、建筑、信息、旅游、农业、体育、金融等相关产业融合发展。推动文化产品供给侧结构性改革，加强内容建设，丰富产品供给。鼓励文化企业加快创新、增加投入、改造装备、改善服务环境，支持行业协会举办创意设计大赛。

加强文化市场监督管理。推进审批制度改革，进一步简政放权，加强监管，优化服务。全面推进全国文化市场技术监管与服务平台落地应用工作，确保行政许可审批、案件办理、数据上报工作正常开，提升文化市场技术监督能力。建立完善兵团文化市场信用数据库，完善黑名单制度，建立守信激励、失信惩戒和协同监管的工作机制，健全以内容监管为重点、信用监管为核心的文化市场事中事后监管体系。深化文化市场综合执法改革，建立完善兵师团三级综合执法机构，提高综合执法队伍专业化、规范化、信息化水平。针对"三非"等突出问题，结合重要时间节点，深入开展"扫黄打非"专项行动，加大案件督查督办力度，加强文化市场监管，规范文化市场秩序。

专栏4　现代文化市场与文化产业体系重点工程项目

1. 兵团文化（科技）产业园区建设项目

在兵团文化传媒发展基地（含广播电视制播中心、报业传媒中心和文化艺术中心）建设基础上，推进文化艺术产业孵化基地、文化艺术产业交易中心等项目建设。

2. "一基五园两区"建设项目

即兵团文化传媒发展基地，八师石河子、六师五家渠、一师阿拉尔、十师北屯、三师图木舒克等兵团级文化产业园区，喀什、霍尔果斯经济开发区兵团分区文化产业园。

3. "一城三馆一园"建设项目

编制"一城三馆一园"项目规划，建设"一城"即中华西域古城，"三馆"即屯垦博物馆、丝路国学馆、西域民族文化馆，"一园"即大型主题游乐园。

4. "四大集团"建设工程

整合兵团报刊传媒和出版印刷资源，组建以兵团日报社为主体的报业传媒集团；整合兵团广播电视制播资源，组建以兵团广播电视台为主体的广电传媒集团；整合兵团演艺资源，组建以兵团歌舞剧团、杂技团、豫剧团、秦剧团为主体的演艺集团；整合兵团电影发行放映资源，组建以和平影视文化发展有限责任公司为主体的电影院线集团。

5. 文化市场技术监管与服务平台建设项目

建立完善兵团文化市场基础数据库，逐步推广应用全国文化市场技术监管与服务平台，上线开展行政许可及综合执法业务，及时报送执法数据、信息。基础数据库覆盖兵团75%以上的文化市场经营主体，平台在师团两级应用率达到60%以上。

七、加强改革发展组织保障

加大对兵团文化改革发展的组织领导、财政资金、人才队伍、政策法规等方面的保障力度，切实落实各项政策措施，加大引导、扶持、激励、规范力度，营造良好的制度、政策和社会环境，确保各项工作顺利推进。

完善文化管理体制机制。在简政放权的基础上，建立完善权力清单，完善职能，明确职责权限，加强队伍建设。着力强化兵、师（市）两级及重点团场（镇）文物管理职能，对重点文物实施抢救性保护和精细化管理；完善兵、师（市）、团场（镇）、连队（社区）四级公共文化服务职能，通过多种途径切实加强工作队伍和专业人才建设。总结兵团事业单位改革试点经验，积极稳妥推进兵团文化事业单位人事、收入分配和社会保障制度改革。推动兵团各级公共图书馆、博物馆、文化馆建立现代法人治理结构，完善总分馆制和理事会制度。

创新财政投入方式。进一步健全财政保障机制，创新政府投入方式。按照基本公共文化服务国家指导标准和兵团实施标准，多渠道筹措落实基层提供基本公共文化服务项目所必需的资金。加大兵团文化发展专项资金与一般公共预算的统筹力度，通过政府购买、项目补贴、定向资助、贷款贴息、配套奖励等多种形式引导和激励社会力量参与文化建设。进一步优化完善转移支付机制，重点向南疆、边境、少数民族聚居及贫困团场倾斜。加强对中央专项资金和兵团文化发展专项资金的监督检查和规范管理。

加强文化人才队伍建设。实施"基层文化人才队伍建设工程"，加大培训培养力度，分级分类、分期分批对基层文化管理干部、文艺骨干、文化能人和文化企业经营人员进行轮训，着力培养一批具有现代意识、创新意识、懂业务、会管理、善经营的文化人才队伍。积极争取中央和对口援疆省市支持，重点加强编剧、导演、音响、舞美、造型等专业技术人才和文学、影视、音乐、舞蹈、杂技、戏曲等专业艺术人才的培养深造。探索与专业艺术院校合作，着力培养中青年文艺骨干。结合国家"革命老区、少数民族地区、贫困地区"人才计划文化工作者专项支持政策，有计划、有针对性地培养一批急需紧缺的文化工作者。健全人才培养开发、评价发现、选拔任用、流动配置、引进派出、激励保障等机制，完善文化人才队伍结构，为文化改革发展提供坚强的人才保障和广泛的智力支持。

加强组织领导。兵、师（市）、团场（镇）要高度重视"十三五"时期文化改革发展规划编制工作，积极推动各级党委将文化建设纳入经济社会发展总体规划和科学发展考核评价体系，做到文化建设与经济建设、政治建设、社会建设以及生态文明建设同部署、同实施、同考核。各部门、各单位要结合规划提出的目标和任务，制定落实规划的实施方案，扎实推进各项工作。要建立规划实施评估机制，加强对规划实施的评估督察，做好中期评估和期末评估，确保各项任务的落实。要加大对"十三五"时期文化改革发展规划的宣传力度，为兵团文化建设发展营造良好的舆论环境。

宁波市文化广电新闻出版局"十三五"文化发展规划

文化是城市的灵魂和魅力所在，是提升区域综合竞争力、引领经济社会发展的核心力量。"十三五"时期是宁波实现高水平全面建成小康社会、全面建成现代化国际港口城市的关键时期，也是实现文化大发展大繁荣、基本建成文化强市的重要战略机遇期。在新一轮的发展机遇和竞争中，文化的地位更加重要，任务更加繁重，使命更加光荣，影响更加深远。依据《宁波市国民经济和社会发展第十三个五年规划纲要》和国家、浙江省、宁波市相关文化改革发展规划，编制《宁波市文化广电新闻出版局"十三五"文化发展规划》。规划期限为2016-2020年。

一、现实基础和发展环境

（一）现实基础

"十二五"以来，宁波市委、市政府始终坚持贯彻落实科学发展观，高度重视文化建设，积极推进文化大市向文化强市跨越，文化发展保持了积极健康向上的良好态势。

1.公共文化惠民成效显著

坚持政府主导、以人为本、均衡为先、效率至上，统筹推进全市公共文化服务体系建设，较好地保障了人民群众的基本文化权益。公共文化服务多项指标走在同类城市前列，11个县（市）区全部成功创建浙江省文化先进县（市）区，其中被授予"全国文化先进县"的有7个，鄞州区成为首批国家公共文化服务体系示范区，慈溪市和镇海区成为浙江省公共文化服务体系示范区，城乡群众文化满意度连续6年在85%以上。公共文化设施有了明显改善，宁波文化广场建成开放，凤凰剧场改造、宁波市图书馆新馆等项目开工建设，天一阁、保国寺改造提升工程顺利完成。乡镇（街道）综合文化站和村（社区）基层文化宫实现高标准全覆盖，"十五分钟文化活动圈"基本建成。文化惠民工程深入实施，文化馆、图书馆和综合性博物馆免费开放，广播电视、应急广播体系、农家书屋、公共电子阅览室实现行政村全覆盖，20户以下自然村、2411艘渔船通广播电视，建成公益电影放映基地100家、室内固定放映点204个。文化产品和服务更加丰富，承办了中国首届文化馆年会等重大节庆活动，打造了"天一讲堂""阿拉音乐节""农民电影节"等公益性文化活动平台，培育基层业余文艺团队6600多支，全市年均举办"天然舞台""天天演"等文化惠民活动超过5000场，每年送电影下乡25000多场、送戏下乡6000多场，市级剧场每年开展高雅艺术演出400多场次。

2.文化遗产保护稳步推进

文化遗产保护理念不断更新，事业基础不断夯实，工作机制不断完善，文化遗产事业已成为全市文化繁荣发展的重要内容，成为助推经济社会发展的积极力量。宁波作为中国大运河出海口、海上丝绸之路始发港，成功跻身世界文化遗产城市行列，有2项遗产进入世界文化遗产预备名单。文化遗产资源更加丰富，现有各级文保单位（点）1648处，其中全国文物保护单位31处、国家大遗址2处；市级以上非遗项目190项，其中国家级23项；市级以上非遗生态保护实验区7个，其中国家级1个，遗产资源数量和质量位居全国历史文化名城前列。国家首个水下文化遗产保护基地暨中国港口博物馆落成开放，小白礁1号沉船整体打捞圆满完成。博物馆发展质量稳步提升，有国家三级以上博物馆10家，宁波博物馆被授予国家一级博物馆、最具创新博物馆，32家非国有博物馆落成并开馆。全面构建非遗传承传播体系，创新保护项目、传承人、传承基地"三位一体"的非遗保护模式，11个县（市）区全部建立非遗中心。

3.文化传播能力不断提升

积极实施文化精品工程，涌现出音乐剧《告诉海》、歌剧《红帮裁缝》、甬剧《宁波大哥》、越剧《烟雨青瓷》、姚剧《王阳明》、舞蹈《竹儿青青》、电视剧《向东是大海》等一批文艺精品，7部作品获全国"五个一工程奖"，7件作品获得全国"群星奖"，39件作品获中国新闻奖、中国广播影视大奖等国家级新闻出版广播影视政府奖。被国务院列为第二批"三网融合"试点城市，全市基本实现了广播电视"同城一网"，宁波日报报业集团、宁波广电集团两大国有集团总资产和综合实力显著提升。对外文化交流活跃，承办了第五、六届中国国际声乐比赛，每年举办海外宁波文化周，《十里红妆·女儿梦》成功赴美国、澳大利亚等国家商演，全市共60多个团组赴20余个国家和地区开展文化交流，引进国际性展览50多场次、海外演出200多场次。创办了《天一文化》《天一文苑》《天一文荟》等文化刊物和甬剧《药行街》等电视栏目，地域文化传播影响明显提升。

4. 文化产业发展步伐加快

文化产业总量规模不断扩大，2015年全市文化法人单位机构数增加到25856家，文化产业实现增加值328.6亿元，占GDP比重为4.1%。制定出台一系列加快文化产业发展的政策文件，文化产业发展环境更加优化。文化产业主体不断壮大，有国家级文化产业园区4个、国家文化产业示范基地3个、国家文化出口重点企业9个、文化上市企业8个。文化产业服务平台不断完善，文化与金融、科技融合工作不断深化，宁波国家高新区被授予国家文化和科技融合示范基地。加快推动互联网上网服务营业场所、娱乐场所、艺术品市场转型升级，积极繁荣夜间文化演艺、休闲娱乐等活动，推动"月光经济"发展，文化市场健康有序。

5. 文化管理体制不断优化

加快推进文化体制机制创新，国有文艺院团转企改制工作全面完成，被中宣部等部委授予全国文化体制改革工作先进地区。文化市场综合执法体制改革继续深化，积极创建"文化市场综合执法规范化示范区"，农村文化市场监管、打击侵权盗版工作经验在全国推广，文化市场行政执法综合考评连续8年居全省第一，文化市场良好率持续保持在96%以上。坚持依法行政，加强文化行业管理，规范文化行政权力运行，被授予浙江省依法行政示范单位，法治政府建设考核先进单位。文化行政审批的标准化、同权同批等改革继续领跑全市，文化审批窗口连续9年荣获宁波市行政服务示范窗口。加强"扫黄打非"和文化市场管理，创新网络文化市场智能化监管，建立报刊和图书出版审读制度、广播电视安全播出监测和内容评议制度。扎实开展党的群众路线教育、"三严三实"专题教育和单位文化建设等活动，党风廉政和干部队伍建设进一步加强。

尽管"十二五"宁波文化发展成效明显，但宁波丰富的文化资源优势没有充分转化为文化发展优势，制约文化科学发展的体制机制障碍尚未完全破除，文化建设质量和水平与文化强市目标和人民群众的需求尚有一定差距。一是城乡、区域文化发展尚不平衡，文化产品的数量和质量有待提高，优秀传统文化及地域特色文化的传承和开发不够。二是文化产业的规模总量偏小，结构不尽合理，内容产业实力不强。三是文化治理能力有待提升，文化创新驱动能力有待加强。四是城市文化形象不够鲜明，市民文化生活品质有待提高，文化国际化程度有待加强。五是文化保障不够有力，多元投入机制尚未健全，文化人才队伍建设有待加强。因此，要准确把握"十三五"时期文化建设的发展规律和本质特征，以法治的思维、改革的方法和创新的手段，补齐短板，加快发展，努力推动宁波文化提档升级，争取早日建成文化强市。

（二）发展环境

今后五年，是中国发展的重要战略机遇期，也是宁波转型发展的关键期，文化建设的宏观环境将发生重大变化，文化大发展大繁荣机遇与挑战共存。

从国际看，文化在综合国力较量中的地位和作用越来越突出，新一轮文化竞争越来越激烈，而随着国际政治格局的多极化，中国的国际话语权和地区事务主导能力进一步增强，文化国际认同程度明显提高，文化传播迎来重大机遇，讲好中国故事、唱响中国声音，营造良好国际舆论环境、传播中国价值观，成为新的文化热点。宁波作为国家首批对外开放城市、"一带一路"战略支点城市，广泛开展国际文化交流合作，拓展文化贸易、文化旅游、文化消费新的增长点，提升文化软实力是迫切需要解决的命题。

从国内看，文化发展的重大政策密集出台，文化建设战略地位日益凸显。"十三五"期间，经济发展进入新常态，更加注重平衡发展、绿色发展、创新发展和共享发展。文化产业低能耗、高附加值、强需求的特点，有利于促进产业转型升级和经济发展方式转变，将会成为新的经济增长极。"互联网+"时代，文化与金融、科技等进一步融合发展，以信息技术为代表的科技创新将有力推进文化装备生产、文化内容生产和传播转型升级。宁波必须顺应潮流，进一步推进文化科技创新，深化文化体制机制改革，促进文化事业和文化产业的协调发展。

从宁波看，作为长江三角洲南翼经济中心城市、长三角五大都市圈之一，跻身全国大城市第一方队、建设中国特色社会主义"四好示范区"是宁波发展的新坐标。文化是城市核心竞争力和综合实力的重要组成部分，未来城市定位对加快文化发展提出了新要求。随着新型城镇化的深入推进，在注重提升居民文化素质、促进公共服务均等化的同时，保护地方文化传统和文化特色、预留文化发展空间同样任重道远。在建成更高标准的小康社会过程中，广大市民群众的文化需求日益旺盛，文化消费结构和层次不断提高，为文化实现跨越式发展提供了动力和空间。

二、总体思路和发展目标

（一）指导思想

高举中国特色社会主义伟大旗帜，以马克思列宁主义、毛泽东思想、邓小平理论、"三个代表"重要思想和科学发展观为指导，全面贯彻党的十八大和十八届三中、四中、五中全会精神，深入贯彻落实习近平总书记系列重要讲话精神，坚持创新、协调、绿色、开放、共享的发展理念，以社会主义先进文化为引领，以满足人民群众日益增长的精神文化需求为根本，以提高文化发展质量和效益为中心，以深化文化体制改革创新为动力，着力建设综合实力领先的文化强市和特色鲜明的东亚文化之都，为高水平全面建成小康社会、全面建成现代化国际港口城市提供强大的精神动力和文化支撑。

（二）基本原则

1. 坚持创新发展，推进文化智慧化

进一步深化文化体制改革，加快转变政府职能，推动文化内容形式、体制机制、传播手段创新，增强文化发展活力。充分利用新一代信息网络等高新技术，打造新型文化形态，提升文化智慧化水平。

2. 坚持协调发展，推进文化品质化

构建城乡一体、区域平衡的文化发展格局，推进文化事业和文化产业协同发展，不断增强文化发展的整体性。以"中国梦"和社会主义核心价值观为引领，发展先进文化，传承传统文化，引导流行文化，培育精品文化，提升文化发展品质。

3. 坚持绿色发展，推进文化特色化

发挥文化行业低消耗、低排放的优势，走绿色、低碳、循环的发展道路，树立"文化+"理念，深化文化金融、文化科技合作，推动文化与旅游、制造、体育等行业的融合，促进文化转型升级。深入挖掘优质文化资源，保护和传承历史文脉，努力实现地域文化的创造性转化、特色化发展。

4. 坚持开放发展，推进文化国际化

围绕建设更高水平的现代化国际港口城市，以"东亚文化之都"建设为重点，全方位、多层次、宽领域地推进文化交流与合作，坚持"走出去"与"引进来"并重，扩大城市文化国际影响，提升城市国际化水平。

5. 坚持共享发展，推进文化社会化

以保障人民群众基本文化权益为根本，提高基本公共文化服务均等化水平，让人民群众共享文化发展成果，不断增强文化获得感和幸福感。加强社会资源整合，建立健全文化服务的多元供给机制，培育、支持和引导社会力量广泛参与文化建设，提高文化社会化水平。

（三）发展目标

1. 总体目标

到2020年，文化发展主要指标走在同类城市前列，现代公共文化服务体系、现代文化市场体系、现代文化产业体系、优秀传统文化传承传播体系和文化治理体系更加完善，城市文化发展品质明显提升，文化发展实力明显增强，文化发展环境明显改善，文化引领支撑经济社会作用明显，基本建成综合实力领先的文化强市和特色鲜明的东亚文化之都。

2.具体目标

——努力建设"一都三城"。以建设书香之城、音乐之城、影视之城为主要抓手，精心打造魅力独特、影响广泛的"东亚文化之都"。深入实施城市文化品牌战略，打造城市文化名片，提升城市文化形象，全面展示宁波文化的多元、开放、创新和繁荣，宁波文化国际影响力和辐射力显著增强。

——建设公共文化服务示范区。基本建成均衡为先、效率至上的现代公共文化服务体系，文化设施完备便利，文化产品优质充足，文化服务便捷高效，文化生态良性循环，实现公共文化服务城乡、区域、人群统筹协调发展，主要指标居全国大城市第一方队。

——建设文化传承传播创新区。基本建成机制完善、成效显著的优秀传统文化传承传播体系，文化遗产保护和利用水平不断提高，文化创作活力迸发，文化精品不断涌现，文化研究成果突出，传统媒体与新兴媒体深度融合，文化传播影响能力显著增强。

——建设文化产业转型试验区。基本建成结构合理、竞争力强的现代文化产业体系和现代文化市场体系，文化产业总量规模不断扩大，文化产业结构更加优化，文化市场繁荣有序，文化产业与其他产业深度融合，成为国家文化消费试点城市，争创国家文化金融合作试验区，文化产业成为宁波国民经济支柱性产业。

——建设文化治理创新先行区。基本建成监管有力、科学高效的现代文化治理体系，文化体制改革取得重要成果，文化政策法规不断完善，政府职能有效转变，文化治理能力明显增强，文化法治水平有效提升，形成文化发展体制机制新优势。

专栏1 "十三五"宁波文化发展主要指标					
类别	指标名称	单位	指标值（2015）	指标值（2020）
建设"一都三城"	共建海外中国文化中心	个		1
	打造国际性文化赛事（节庆、论坛等）	个	1	2
	组织赴境外文化交流项目数	个	20	40
	引进境外文化交流项目数	个	50	80
	举办阅读、音乐、影视等文化活动	场	3000	5000
建设公共文化服务示范区	公共文化事业费占地方财政支出比重	%	0.47	0.7
	每万人拥有公共文化设施面积	平方米	2492	3500
	每万人拥有电影银幕数	块	0.49	0.8
	人均年观看电影、艺术表演、文博展览次数	人次	4.7	6
	人均拥有公共图书馆藏书量	册	0.98	1.5
	图书馆流通率	人次	1.07	1.5
	群众文化满意度	%	85%	90%
建设文化传承传播创新区	世界文化遗产数	个	1	2
	各级文保单位（点）	个	1600	2000
	其中：国家级	个	31	40
	省级	个	57	70
	各级非物质文化遗产代表性名录项目数	个	190	250
	其中：国家级	个	23	25

	省级	个	85	100
	省级以上获奖优秀文化作品	部	53	省内前列
建设文化产业转型试验区	省级以上文化产业示范园区	个	5	8
	省级以上文化产业示范基地	个	7	10
	省级以上文化出口重点企业	个	12	20
	文化上市企业	个	8	20
	文化产业增加值占GDP比重	%	4.1	5
	文化内容产业增加值增幅	%	10.11	15
建设文化治理创新先行区	省级以上文化科技创新项目	个	2	4
	版权作品登记数量	件	2208	5000
	建立公共文化机构法人治理结构单位	个	4	20
	引进高端专业文化人才	名	5	10
	培育文化优秀专家	名	20	100
	打造业余文艺团队	支	6600	7000

三、主要任务

（一）加快提升城市文化品质

1.打造城市特色文化品牌

建设"东亚文化之都"。加强顶层设计，与中国社科院合作成立东亚文化之都研究中心。聚焦宁波都市圈建设，本着"东亚意识、文化交融、彼此欣赏"的精神，突出"共生·创新·

和谐"共识，深化拓展与日韩文化、教育、体育、旅游、经贸领域的全方位合作交流，扩大城市的国际知名度、美誉度。坚持"政府主导、社会参与、内外交融、共建共享"原则，以文化惠民为根本，以提升城市文化软实力为重点，以主动融入"一带一路"建设为核心，广泛开展丰富多彩的文化活动，推动历史文化与现代文化的融合、文化事业与文化产业的融合、政府与民间的融合、长远与当前的融合。拓展对外文化交流空间，推进东亚文化之都与欧洲文化之都、阿拉伯文化之都等的合作交流，打造国际文化名城。

建设"书香之城"。围绕建设学习型城市，进一步挖掘书香、研究书香、凝聚书香、传播书香，充分展示宁波"耕读之乡"、"浙东邹鲁"、"文献名邦"的文化内涵和独特魅力。加大历史人文资源和古籍资源保护、研究和利用，持续打造南国书城天一阁品牌，创办国际性高端文化论坛"天一阁论坛"。完善全民阅读设施网络，构建以公共图书馆、实体书店、网络阅读平台等为支撑的立体阅读空间。实施"全城阅读"工程，举办全民阅读系列活动，继续开设"天一讲堂"等公益性文化讲座，定期发布城市阅读指数，培育一批社会读书组织。继续出版《四明文库》大型文献古籍出版工程和"宁波文化丛书"等文化研究项目。承办国家"书香城市"评选活动，扩大宁波书香城市在国内外影响。

建设"音乐之城"。将音乐作为宁波城市发展的软实力，围绕特色品牌、音乐公共空间、音乐教育、创作与传播、音乐产业等体系建设，塑造"音乐"城市品牌形象，提升城市的整体品位。承办第七届、第八届中国国际声乐比赛，提升城市国际影响。举办宁波市音乐舞蹈节、阿拉音乐节等重大音乐艺术活动，营造城市音乐氛围。提升宁波交响乐团、宁波合唱团等专业音乐院团作用，指导宁波童声合唱团建设，举办丰富多彩的音乐会、合唱赛、交响乐和民乐演出活动，提升城市艺术品位。发挥国家级乐器制造基地的优势，着力推进在线音乐教育、高校音乐教育、民间音乐教育。实施"一人一艺"全民艺术普及工程，提升市民的音乐艺术素养。推进宁波音乐港和国家音乐产业基地建设，加快音乐产业发展。

建设"影视之城"。完善影视创作、拍摄、制作、放映等产业链，推动影视业规模化、集聚化、专业化发展，打造具有国内外影响力的影视名城。建立全市影视创作联盟、电影发行放映联盟和综合性影视服务平台，形成影视产业发展合力。推动宁波广电集团转型升级，建设省内一流、国内有较强影响力、竞争力的新型城市主流媒体和现代文化传媒集团。继续发挥宁波自然地理和人文经济优势，以象山影视城为基础，打造全域化的影视拍摄基地。推进影视产业园区和集聚区建设，合理布局城乡影院。继续举办"农民电影节"、"市民电影节"等影视节庆活动，进一步营造影视文化氛围。

2.构建立体公共文化空间

加强重大公共文化设施建设。建成宁波市图书馆新馆、宁波市艺术剧院、宁波报业传媒大厦等重大文化设施，推进宁波非物质文化遗产中心馆、中国宁波河海博物馆、宁波文化馆新馆、宁波音乐厅等重大文化项目建设，指导建设一批县（市）区级重大公共文化设施项目。

完善公共文化设施网络体系。统筹完善全市公共文化设施整体布局，深入推进公共图书馆、文化馆"中心馆-总分馆"服务体系建设，形成比较完备的市、县、乡、村（社区）四级公共文化服务网络，建成高质量"十五分钟文化活动圈"。推动现有公共文化设施提档升级，县级政府所在地要优化公共图书馆、文化馆、博物馆、非遗展示馆、剧院等公共文化设施，建有公共文化广场、广播电视机构和广播电视发射（监测）台，确保所有县（市）区图书馆、文化馆高标准达到部颁一级馆，博物馆达到部颁三级以上标准，所有乡镇（街道）综合文化站达到省一级站以上标准。以农村文化礼堂为抓手，因地制宜、分类推进基层综合性文化服务中心建设。鼓励有条件的中心镇建设独立的图书馆。合理规划公园、广场等户外公共文体设施。整合各类民办博物馆、非遗馆等文化设施纳入公共文化服务体系。

构建多维立体文化空间。积极建设网络图书馆、电视图书馆、移动图书馆，与实体图书馆形成线上线下联动的服务平台。支持文化馆建设数字文化馆服务平台、数字文化管理服务体系、数字文化体验厅等数字文化馆系统。推动博物馆建设网络博物馆、数字博物馆、流动博物馆，实现线上线下、馆内馆外资源有效对接，与实体博物馆相互补充。学习和借鉴国内外城市文化空间建设经验，积极引导全社会各种力量，把地铁、广场等公共基础设施建成公共阅读空间、公共艺术空间、公共展览空间、公共表演空间和公益文化传播空间等。

专栏2　重点公共文化设施项目
1.市级重点项目。在建类：市艺术剧院（凤凰剧场）改造项目、市图书馆新馆及其智能化项目、宁波报业传媒大厦。推进类：宁波非物质文化遗产中心馆、中国宁波河海博物馆、宁波文化馆新馆、宁波音乐厅。
2.县（市）区重点项目。余姚市公共文化中心建设工程、鄞州区鄞江古镇开发项目、鄞州区塘溪镇文化开发工程、江东区图书馆、北仑区文化艺术中心、梅山保税区梅山地方文化社区、宁海县十里红妆博物馆、宁海县潘天寿艺术中心、宁海县文化中心、象山县中国海洋渔文化展览展示馆（博物馆）、象山县图书馆迁建工程。

3.繁荣文化创作生产

实施文化精品工程。聚焦中国梦的时代主题，培育和弘扬社会主义核心价值观，按照市委、市政府"美丽宁波"、"四好示范区"等重大工作部署，推进甬剧《周信芳》、越剧《藏书楼》、歌剧《呦呦鹿鸣》、舞剧《花木兰》等一批重点文艺创作项目，重点扶持重大革命和历史题材、现实题材、农村题材、少儿题材、地域性题材等的创作生产，争取更多作品获国家"五个一工程"奖、"文华奖""中国广播影视奖"等国家级大奖。

实施优秀传统文化传承弘扬工程。加强对甬剧、越剧、姚剧、平调等传统艺术的扶持，深入挖掘浙东文化、史前文化、商帮文化、海洋文化、藏书文化、佛教文化等特色地域文化资源，推动建立优秀作品创作题材库，鼓励以舞台文艺、广播影视、动漫游戏等方式创作生产一批优秀地域文化作品。加强文化艺术研究机构建设，发挥文艺研究在文艺创作、文化决策咨询、文化策划等方面的作用。

实施群众文化作品提升工程。逐步完善群众文化优秀作品的创作、选拔和推广机制，鼓励和支持群众自愿组建各类文化团体，引导群众广泛参与各种形式文艺作品的创作和表演，每年评选推出一批优秀的群众文化作品，促进群众文艺繁荣，营造"大众创作、万众表演"的良好氛围。

实施文艺院团创优工程。认真贯彻落实习近平总书记在文艺座谈会上的讲话精神和中共中央《关于繁荣发展社会主义文艺的意见》，通过机制创新，着力加强宁波市演艺集团、宁波交响乐团等文艺团体建设，提升服务水平和能力，努力建设成为国内一流、国际知名的文艺团队。

（二）完善现代公共文化服务体系

4. 推进基本公共文化服务均衡发展

逐步完善基本公共文化服务标准体系。贯彻落实《宁波市委市政府办公厅关于加快构建现代公共文化服务体系的实施意见》，按照国家指导标准和浙江省基本公共文化服务标准，积极推行《宁波市基本公共文化服务标准（2015-2020）》和《宁波市基本公共文化服务保障标准（2015-2020）》，明确我市基本公共文化服务的内容、种类、数量和水平，以及各级政府的保障责任。实施《宁波市乡镇（街道）图书馆建设与服务规范》。

保障特殊人群的基本文化权益。大力发展覆盖城乡的数字图书馆、数字文化馆、数字博物馆、网络剧场等新兴文化服务平台。将老年人、未成年人、残障人员、外来务工人员、生活困难群众作为公共文化服务的重点对象，以老年大学、青少年宫以及文化馆、图书馆、博物馆、科技馆等公益性文化单位为主阵地，为特殊人群提供专项文化产品和服务。

5. 加强公共文化产品和服务供给

丰富公共文化供给模式。继续实施"天然舞台""天天演""万场电影进农村""送书下乡""农家书屋"等文化惠民项目。继续实施广电低保工程，实现全市农村应急广播体系全覆盖，抓好村村响、户户通的维护保障工作。推动博物馆、美术馆、剧院建立合作联盟。建立健全政府向社会购买供给服务，出台政府向社会力量购买公共文化服务的实施意见，制订政府购买公共文化服务指导目录。推广运用政府和社会资本合作等模式，促进公共文化提供主体和方式多元化。鼓励和支持社会力量通过投资或捐助、兴办实体、资助项目、赞助活动等方式参与公共文化服务体系建设，培育一批成熟的文化社会组织。

提升公共文化服务效能。坚持公共文化设施建设和使用并重，规范公共文化机构服务项目和流程，完善内部运行管理制度，提高服务水平。深入推进公共图书馆、博物馆、文化馆（站）、纪念馆、美术馆等免费开放工作，切实提高乡镇（街道）综合文化站、农村文化礼堂和社区文化宫的使用率和参与度。建立面向全市的文化资讯查询和文化交互平台，完善双向互动、资源共享、公平开放等公共文化提供和选择服务，推动公共文化供需的无障碍对接。乡镇（街道）以上公共文化场馆建成面向群众的、交互性的公共文化空间及应用服务平台。推动公共图书馆、文化馆等公共文化机构对馆藏资源进行数字化建设，加快智慧文化社区建设，实现数字文化资源"一站式"服务。推动"文化宁波"等公共文化服务平台的建设与使用，提升公共文化服务的效益。

6. 推进公共文化服务品牌化建设

实施示范引领工程。继续推进国家、省公共文化服务体系示范区（项目）创建工作，开展市公共文化示范区、示范项目评选，全面提升全市公共文化服务体系建设水平。组织文化特色镇（街道）评选，实施基层特色文化品牌项目建设，推进民间文化艺术之乡、甬剧、姚剧、平调等地方戏曲保护特色地区、项目评审。

打造文化节庆品牌。以建设"东亚文化之都"为契机，统筹全市重大文化节庆活动。争取承办"中国非遗年会"等国家级重大文化活动，继续办好市民文化艺术节、阿拉音乐节、农民电影节、海丝文化节等重大文化活动，支持县（市）区举办中国开游节、中国开渔节、港口文化节、慈孝文化节、青瓷文化节、弥勒文化节等特色文化节庆活动。广泛开展丰富多彩的群众性文化活动，培育和推广一批群众文化活动品牌，打造"一镇一品"、"一村一品"。

专栏3　现代公共文化服务体系建设项目
1.公共文化服务标准化项目 　　出台《宁波市基本公共文化服务标准（2015-2020）》、《宁波市基本公共文化服务保障标准（2015-2020）》、《宁波市乡镇（街道）图书馆建设与服务规范》等。 2.重点文化惠民服务工程 　　实施全民艺术普及工程、公共文化资源城乡一体化、智慧文化提升、广播电视惠民、农家书屋图书更新等一批惠民工程。 3.重大文化节庆活动品牌 　　举办市民文化艺术节、阿拉音乐节、农民电影节、全民读书节、海丝文化节、中国开游节、中国开渔节、港口文化节、慈孝文化节、青瓷文化节、弥勒文化节等活动。

（三）加强文化遗产保护与传承

7.着力构建大文物保护格局

加强世界文化遗产保护利用与申报工作。加强中国大运河（宁波段）遗产的日常保护巡查和动态监测、预警管理工作，编制《中国大运河（宁波段）控制性详细规划》，实施大运河遗产展示利用项目。加强海上丝绸之路遗产专题调查和基础研究，实施申遗点的本体保护修缮、环境整治、陈列展示和监测项目，做好海上丝绸之路保护与申遗工作。积极助推杭州湾古海塘、明清海防、中国古代藏书楼等文化遗产纳入新一轮的《中国世界文化遗产预备名单》项目。

扎实推进文物与名城保护。有效推进第三次全国文物普查成果转化，进一步增加省级文物保护单位数量，切实制定"三普"名录保护措施。实施美丽乡愁文化遗产保护修缮工程，重点保护一批古桥、古祠堂、名人故居、地标性文化景观及代表性近现代建筑。配合规划部门做好名城名镇名村保护工作，重点做好月湖西区、秀水街等历史文化街区保护整治工程，抢救保护江北岸、梅墟等历史地段重要文物建筑和富有特色的历史建筑与传统民居群。建立全市不可移动文物信息管理系统，实行文物保护单位（点）保护管理状况与评估制度，发布年度评估报告和濒危名录，建立文物消防隐患挂牌整改机制。

8.稳步推进水陆考古工作

开展田野考古工作。加强与国家、省级考古单位合作，做好鱼山遗址、河姆渡文化核心区、上林湖越窑遗址等重大考古发掘项目。继续做好重点工程建设项目的抢救性考古调查、勘探、发掘，加强对考古新发现的重要地下文物遗迹的保护，争取划定宁波市第二批地下文物埋藏区。

加强水下文化遗产保护。实施"甬舟地区涉水文化遗产资源调查"项目和上林湖后施岙水域考古调查项目，基本摸清甬舟两地"三海"（海丝、海防、海岛）类型文化遗产家底，力争公布一批水下文物保护单位（点）和保护区。加强国家水下文化遗产宁波基地建设，实施一批文物考古科技保护项目，坚持考古发掘与研究并重，全面提升宁波考古队伍水平。

9.努力提高博物馆发展水平

完善博物馆功能布局。加强县级国有特色核心馆的建设，发展一批反映宁波行业历史特征的国有博物馆、纪念馆，扶持社会力量发展一批具有地域特色和文化品牌的非国有博物馆，完善"一馆两翼"、多元体制的宁波博物馆体系。建设若干个有重要影响力的博物馆群或文博衍生服务产品集聚区，发展一批社区博物馆和名人纪念馆，探索数字博物馆、智慧博物馆建设。

提高博物馆建设水平。建设全市国办博物馆文物信息数据库，加强非国有博物馆馆藏文物登记、备案和管理，完善非国有博物馆准入和退出制度。完成全国可移动文物"一普"工作，构建全市博物馆馆藏体系。建设宁波博物馆科技保护研究中心、天一阁"中国纸质类文物保护研究中心"，推动天一阁、保国寺等文博单位创建国家5A景区。

10.完善非遗传承保护体系

推动以"三位一体"保护模式和非遗传承保护评估标准为核心的现代非遗传承保护标准化体系建设，积极探索符合宁波全国大城市第一方队定位的非物质文化遗产保护途径和方法。研究出台非遗传承保护、开发利用的相关意见，健全市、县（市）区、乡镇三级非物质文化遗产保护工作机制，实现非物质文化遗产保护工作的规范化、系统化和科学化。继续充实非遗文化库，重点扶持一批保护传承情况较好、具有深厚历史文化底蕴的项目申报国家级、省级非遗名录。

推进非遗工作与信息化科技结合，用现代数字化手段提升非遗保护工作水平，建立全市非物质文化遗产保护信息化工作体系和综合性的市级非物质文化遗产数据库。以非遗基地建设为抓手，将项目传承基地、传承教学基地、传统节日保护基地、非遗生产性保护基地建设综合考虑，拓展传承载体。推动非遗保护与文化旅游、美丽乡村建设和市民生产生活结合起来，进一步推进非遗保护的社会参与和社会认同。

专栏4　文化遗产保护和传承体系项目

1.申遗项目

完成丈亭老街、慈江闸、小西坝、大西坝、庆安会馆、压赛堰等大运河遗产保护工程；开展海上丝绸之路遗产专题调查、开展遗产点监测和环境整治，推进并完成海上丝绸之路申遗。

2.文保项目

实施保国寺大殿修缮工程、伏跗室西扩工程（赵叔孺故居保护工程）、天一阁（盛宅等）东扩修缮工程。指导实施林宅（二期）、郡庙、灵桥修缮工程（海曙）；天主教堂修缮工程（江北）；浙东革命根据地旧址（鲁迅学院）修缮工程（余姚）；古戏台修缮工程（宁海）；花岙兵营遗址修缮工程、塔山遗址公园建设（象山）；鸣鹤新五房修缮工程（慈溪）。

3.考古项目

实施鱼山遗址、河姆渡文化核心区、上林湖越窑遗址等重大考古发掘项目，甬舟地区涉水文化遗产资源调查、上林湖后施岙水域考古调查项目，宁波"小白礁Ⅰ号"沉船保护修复科技项目，"宁波文物考古研究丛书"出版项目。

4.博物馆项目

实施保国寺科技保护中心建设、天一阁博物馆库房扩建工程，指导建设中国越窑青瓷博物馆、中国越窑青瓷博物馆（慈溪）、河姆渡湿地公园（余姚）；周尧昆虫博物馆、宁波水利博物馆（鄞州）；奉化市博物馆（奉化）；宁海博物馆、（潘天寿美术馆、潘公凯艺术馆）、宁海十里红妆博物馆（宁海）；宁波名人纪念馆、郡庙非物质文化遗产保护中心（海曙）；甬剧博物馆、宁波城建展览馆（江东）、宁波党史馆（江北）。

5.非遗项目

新增省级以上非遗名录15个（其中国家级2个）、非遗传承人12个（其中国家级2个），建立现代非遗传承保护评估标准。

（四）构建优秀文化传播体系

11.提升新闻媒体舆论引导力

以党报党刊、广播电视播出机构为主体，整合驻甬新闻机构及其他媒体，改进新闻报道方式，推进新闻内容、形式和传播手段的创新，不断提升新闻传播质量。围绕"中国梦"和"四个全面"战略布局，抓好重大决策、重大主题、重大活动、重大典型和重大成就的宣传。

完善审评管理机制，推动审读评议一体化建设。探索建立县市报新闻例会、审读意见书面反馈机制。建立健全报刊综合质量评估机制，开展出版质量满意度测评。构建舆论引导、节目评议、行风监督"三位一体"的广播电视监管平台，规范播出机构频率频道设置，提升对播出机构自办节目的评议水平，加强广播影视行业和新媒体的监管。

12.推动媒体改革和融合发展

推动国有传媒骨干企业融合发展，力争跻身全国城市媒体集团第一方队。实施报业集团媒体融合发展工程、广电集团媒体融合发展工程，推动传统媒体与新兴媒体在内容、渠道、平台、经营管理方面的深度融合，打造成为具有强大传播力和竞争力的新型传媒集团，争取进入国家新兴主流媒体行列。

实施传媒品牌创新创优工程，培育一批导向正确、特色鲜明、效益显著的品牌报刊、频率频道和节目栏目，继续扶持对农、少儿、法制、道德建设等栏目和公益性广告，力争10部以上作品获得国家级奖项，打造2~3档有全国影响力的品牌栏目。积极推进"三网融合"，全面实现"全市一网"建设目标。建成高清互动数字家庭网络，构建内容集成播出分发网络，实现电视、电脑、手机的三屏融合，提供立体式网络视频服务。

13.扩大新闻媒体传播覆盖面

继续实施"宽带广电"战略，积极推进光纤入户，加快数字广播电视地面网建设，实现全市无盲点覆盖，切实提高城乡宽带接入能力、无线覆盖率、新一代通信网络速率。提升网络化数字化水平，推动传统出版单位新兴数字技术研发和应用，推动广播电视全媒体网络化制播技术、全台网技术与云计算、大数据、社交媒体、宽带互联网等新一代信息技术的融合创新。

积极推动宁波广电集团主要电视频道"上星"，加强对有关基础设施和技术设备的投入与改造，提升高清频道节目的制作和播出质量。依托本地新闻媒体进一步开设地域文化专栏，办好《东亚文都》和"天一"系列文化刊物，加强地域文化传播，扩大地域文化影响。

专栏5　优秀文化传播体系项目

1.报业集团媒体融合发展工程

推进宁波日报和中国宁波网全方位深度融合，形成以"一报一网一端"为核心的新型主流舆论阵地，构建《宁波晚报》、《东南商报》等都市报集群。

2.广电集团媒体融合发展工程

实施电视频道上星覆盖工程，积极策划、构建上星频道节目体系和技术体系；加强多媒体新闻中心建设和全高清频道建设，搭建多媒体良性互动发展的综合平台；以新兴信息网络为节目传播载体，打造融合网络特征与电视特征的多终端、立体化传播平台；以传统媒体和现有广电网络为基础，打通广播、电视和互联网新兴媒体的网络接口，搭建集新闻传播、信息共享和民生服务为一体的全媒体云平台。

3."全市一网"整合工程

推进"三网"融合，全面实现"全市一网"建设目标；继续实施"宽带广电"战略，加快下一代广播电视网建设，大力推广光纤入户工程；积极推动广电、电信业务双向进入，重点建设以数字电视为中心、有线无线相结合、全程全网、互联互通、可管可控的高清互动数字家庭网络。

4.传媒品牌创新创优工程

建立节目栏目综合评价系统，对广播电视主要频率频道、主要报纸期刊及其主体节目（栏目、专栏）进行综合评估，打造2~3档在全省有影响力的品牌栏目。

5.审读评议一体化改革工程

组建宁波市新闻出版广播影视审读评议中心，推进审读评议机构、平台、人员和管理一体，构建内容管理、质量评估、行风监测"三位一体"的新闻出版广播电视内容质量评测平台。

（五）推动文化产业提质增效

14.优化文化产业发展结构

贯彻落实中央关于加强供给侧结构性改革的要求，坚持把社会效益放在首位、社会效益和经济效益相统一，努力构建结构合理、门类齐全、科技含量高、富有创意、竞争力强的现代文化产业体系，推动文化产业成为国民经济支柱性产业。转型发展演艺、娱乐、影视、印刷等传统文化产业，加快发展动漫游戏、数字出版、现代传媒、文化休闲旅游等新兴文化产业。"十三五"期间，实现主管内容产业增加值的年均增长速度超过15%。

大力推进文化科技创新，推动文化产业与相关产业融合发展，推动商业模式创新，促进产业结构优化升级。根据各地文化资源禀赋、区位特点、产业态势，实施差异化的区域文化产业发展战略，统筹产业区域布局，城乡发展，形成各具特色、重点突出、差异发展的文化产业发展空间布局。

15.培育壮大文化产业主体

实施龙头企业升级工程，充分发挥现有国家、省、市三级文化产业示范园区和示范基地的带动作用，积极培育和命名一批文化产业园区和示范基地，推动报业集团、广电集团、演艺集团、象山影视城等文化骨干企业转型升级。推进"阿拉梦工厂"电影文化创意基地项目建设，打造融影视展示、影视服务、体验消费于一体的影视综合园区。支持优秀文化企业在新三板、创业板、中小板、主板上市。

实施高成长企业扶持工程，扶持一批成长型小微文化企业，推动"个转企""小升规"，提升产业的集约化、规模化水平，到2020年，做大做强100家中小文化企业。打造一批特色文化集聚区，提高文化产业规模化、集约化、专业化水平，支持举办特色文化产业博览会。推动文化文物单位文化创意产品开发，支持宁波博物馆、天一阁博物馆、宁波市图书馆、宁波美术馆等单位开展文化创意产品开发试点。

实施传统文化市场转型升级工程，推进互联网上网服务营业场所等开展转型升级试点工作，加强文化市场规范化、一体化、信息化建设，提升行业整体形象。推动文化产品供给侧结构性改革，充分发挥市场在文化资源配置中的积极作用，建立多层次文化产品和要素市场。

16.完善文化产业服务体系

深入推进文化金融合作，以争创国家文化金融合作试验区为目标，推动建立文化产业风险池、文创小额贷款公司、文化产业投资基金。鼓励文化银行等金融机构支持文化产业项目，探索著作权、文化资源项目等银行信贷抵押方式，支持互联网金融，众筹融资平台试点，鼓励保险资金参与文化产业发展。

培育和扩大文化消费，以宁波被授予国家首批扩大文化消费试点城市为契机，拓展"线上线下"文化消费新形式，创新文化消费经营模式，探索文化与旅游、商贸、体育等联动发展，探索具有区域特色、可复制可推广的文化消费模式。

加强文化产业政策宣传，建立文化产业重点项目库，做好项目指导、推广和服务。加快文化市场社会征信体系建设，加强文化产业知识产权保护。支持本地文化企业与境内外大型文化企业的项目对接。

专栏6　文化产业提质增效项目
1.文化产业园区建设工程 提升现有文化产业园区品质，到2020年，争创1个国家级文化产业示范园区。 2.骨干文化企业培育工程 到2020年，争取规模以上企业超过1000家，做大做强100家中小文化企业，新增文化上市企业10家、省级文化产业示范基地3个。 3.文化市场转型升级工程 深入推进互联网上网服务营业场所等传统文化市场转型升级试点工作，探索具有区域特色的发展模式。 4.文化金融合作工程 搭建政银企多方合作共赢平台，鼓励金融机构创新产品和服务，争创国家文化金融合作试验区。 5.文化消费促进工程 培育和促进文化消费，推进国家文化消费试点城市各项工作，到2020年，居民文化消费的支出占总消费比重超过5%。 6."文化+"融合发展工程 探索文化与科技、旅游、商贸、体育等联动发展，文化对经济社会的引领带动作用更加凸现。

（六）建设国际文化名城

17.创新文化交流机制

完善文化交流合作机制建设，加强与文化部、省文化厅等主管部门有效对接，与外宣、外事、侨办等相关部门建立定期联络机制，与文化部共建1个海外中国文化中心。建立各县市区文化交流联席会议制度，促进县市区文化交流活跃开展。借助国家文化年（艺术节）、"欢乐春节"、浙江文化周等优质平台，争取更多渠道、资金、项目等资源。

建设宁波国际文化交流中心，策划文化艺术展览、文化艺术演出、文化交流主题论坛等活动，推广宁波文化风情的出版物、影视剧、地方戏剧等特色文化产品。整合和壮大国际友城、海外侨胞、海外宁波帮以及文化企业等各类主体力量，构建多渠道、宽领域、多形式、多层次的对外文化交流与合作格局。

18.实施文化交流品牌提升战略

丰富"红妆"品牌内涵。继续做亮"十里红妆"文化品牌，精心打造多媒体舞台剧《霸王别姬》等一系列优秀文艺作品，举办红妆文化展览，加大海外商业巡演推广力度。

扩大"港口"品牌影响。继续发挥国际性港口优势，创新"宁波港口文化节"举办模式，引入市场化、专业化运作机制，打造"一带一路"战略支点城市的亮丽文化名片。

打造"博物馆"品牌形象。立足宁波博物馆友城联盟，加强与国际友好城市博物馆，特别是"一带一路"沿线国家友城博物馆的合作，定期开展互换巡展、资料共享、人才培训交流、学术研讨等活动，形成集聚效应和品牌效应。力争到"十三五"末，与宁波博物馆建立友好合作关系的国际博物馆不少于20家。

19.加快发展对外文化贸易

培育壮大文化龙头贸易企业。通过政策支持、信息服务和平台搭建等多种措施，鼓励和支持文化企业在境外投资、营销、参展等领域开展活动，开展境外专利申请、文化贸易培训、境外技术收购等项目。命名一批市级文化出口重点企业，筹备建立全市文化产品和服务出口重点企业数据库。充分利用各类国际性文化博览会、影视节、出版物展销会等活动做好文化产品和服务的推介营销，依托消博会、甬港经济合作论坛、"欧洲-宁波周"、甬台经贸文化交流活动和中国国际文具礼品博览会（宁波文具展）等宁波市重点经贸活动推动对外文化贸易。

建立外向型文化产业集聚区。以宁波保税区为主体，以宁波进口中心和象保合作区为两个配套区域，利用港口保税区政策优势，鼓励境外公司来甬设立文化服务贸易企业总部、结算中心，构建文化港口保税功能区，打造宁波对外文化贸易基地。深化与阿拉伯、港澳台地区在文物保护、考古、博物馆、新闻出版、影视、演艺、展览、戏剧、舞蹈等方面的交流与合作。

专栏7　对外文化交流提升计划

1.文化交流平台提升计划

建设1个海外中国文化中心，成立宁波国际文化交流中心。

2.文化交流品牌提升计划

重点打造"红妆""港口""博物馆"三大品牌，城市文化的国际影响力和辐射力显著增强。

3.文化对外贸易提升计划

争取市级以上文化出口重点企业达到30家，文化服务贸易出口占服务贸易出口比重达到5%。

（七）提升文化治理水平

20.全面深化文化体制改革

深化文化管理方式改革，进一步转变政府职能，深入推进简政放权工作，继续减少、下放行政审批事项，扩大市县同权同批范围，着力构建市县一体化、扁平化的行政审批体制。加强审批承接能力建设，优化审批服务，简化审批流程，创新审批方式，健全高效审批机制，完善文化行政审批标准化、规范化和信息化体系。加快建立事中事后监管制度，全面推行"双随机、一公开"，推进"放管服"改革，推动文化行政部门由办文化向管文化转变，提高文化宏观管理能力。探索建立市、县（市）区两级审批同权的扁平化管理制度，完善文化行政审批标准化、规范化和信息化体系。贯彻落实《关于进一步深化文化市场综合执法改革的意见》，深化文化市场综合执法改革，加强文化市场综合执法队伍建设。

推进国有文化经营单位改革，深化宁波市电影公司、宁波市演艺集团改革，探索股份制经营模式，健全法人治理结构，进一步完善现代企业制度及其运行机制。探索建立宁波市国有文化资产经营管理公司，实行统一管理、统一经营、统一考核。深化文化事业单位改革，进一步推进文化馆、博物馆、图书馆等公益性事业法人单位治理结构改革，充分发挥理事会的作用，增强文化事业单位发展活力。

21.构建现代文化市场监管体系

树立"大文化、大市场、大安全"理念，提升文化市场监管效能。推进文化市场信用制度建设，建立健全文化市场信用信息系统，完善信用信息数据库，加强行业信用评级制度建设及信息信用应用，培育和扶持文化市场信用服务机构，发挥行业协会在文化市场诚信建设中的作用。

开展"宁波市文化市场综合执法规范化示范区"创建工作，完善市、县、镇（乡）、村四级文化市场管理网络，进一步推进执法机构标准化、执法队伍正规化、市场监管科学化、执法手段法治化。深入开展"扫黄打非"，加大知识产权保护力度，强化广播电视安全播出，加强文化行业监测监管。

22.深入推进文化法治建设

深入推进法治机关建设，做好文化法律法规"立改废释"，健全完善文化法规体系。进一步完善"四张清单一张网"，全面推进政府信息公开和行政审批全流程公开，提高权力透明度和政府公信力。建立健全文化行政裁量权基准制度，细化、量化行政裁量标准，规范裁量范围、种类和幅度。加强行政规范性文件管理，规范行政决策程序，建立健全科学决策、民主决策、依法决策机制。加强行政复议和行政应诉工作。积极开展法治宣传，健全领导干部学法制度。加强对文化行业协会的指导，注重引导文化企业加强自律，合法经营。

（八）加强文化人才队伍建设

23.完善文化人才工作机制

完善文化人才选用机制，制定宁波文化产业人才需求和分类目录，建立定期发布紧缺预警机制，大力实施"泛3315"计划、创新型领军和拔尖人才引进培育计划。探索改革文化事业单位专业技术招聘办法，强化用人单位的主体责任，建立更加科学有效的人才招聘和引进机制。借助高洽会、"才富宁波"引进文化产业急需人才，鼓励通过短期聘用、咨询讲学、项目合作等"柔性"方式引进人才。改革人才评价机制，加快分类推进职称制度改革步伐，深化职称自主评价和技能人才自主评价，探索多元化、科学化人才评价标准和体系。坚持用好用活人才，完善文化人才绩效考核体系，建立能上能下、能进能出的工作机制。

24.实施文化人才培养工程

完善人才培养制度，着力培养文化名家、领军拔尖人才，优秀中青年文化人才。实施宁波市优秀文化人才资助计划，设立宁波文化人才基金，有计划、有重点地资助优秀文化人才。实施宁波市青年文艺之星培养工程，通过导师制、项目扶持、搭建展示平台等方式，培育一批优秀的、有潜力的青年文化人才。实施千名文化人才培育工程，重点培育文化创意设计、影视制作、文化信息传输、工艺美术等领域人才。鼓励有条件的县（市）区、开发区引导社会资本建设"千人计划"、海外人才离岸创业基地、众创空间等人才培育载体。

25.优化人才发展环境

完善各类人才创新创业扶持政策，创建文化人才与文化艺术、产业的对接平台。改善基层文化人才工作、生活条件，拓展职业发展空间。健全人才激励制度，完善政府给荣誉、企业给奖励体系。加大人才激励力度，重奖在文化领域做出突出贡献的优秀人才。定期开展"甬城文化英才"评选，设立文化名家奖、科技创新特别奖、优秀技能奖等予以表彰。开辟高端文化人才"绿色通道"，切实解决住房、子女教育、健康医疗、社会保障等问题。建立文化人才教育培训平台，与知名院校、在甬高校、文化机构展开合作，对文化系统的领导干部、中青年业务骨干、基层文化人才、文艺新人等各类文化人才展开教育培训。利用"文化宁波"公共服务平台、宁波人才市场官网、宁波市主流媒体及其新媒体，构筑文化人才工作政策宣传平台和文化人才资源信息服务平台。

四、保障措施

(一) 加强组织领导

从"五位一体"全面建成小康社会的战略高度，充分认识文化建设的重大意义，把文化建设摆在全局工作的重要位置，切实把文化工作纳入各级政府重要议事日程，纳入国民经济和社会发展总体规划，纳入绩效考核体系。加快转变政府职能，推进党风廉政建设。充分发挥公共文化服务、文化遗产保护、扫黄打非等各级文化建设领导小组作用，在政策衔接、标准制定和实施等方面加强统筹、整体设计、协调推进。发挥基层党委和政府作用，探索整合基层文化服务资源的方式和途径，实现共建共享，提升综合效益。围绕规划的总体目标和重点任务，制定工作方案，明确任务实施的分级责任和时间表、路线图，集中力量推进工作落实。建立规划实施动态监测、定期通报制度，开展规划实施评估，做好中期评估和期末评估。

(二) 完善政策法规

认真贯彻国务院、浙江省和上级主管部门出台的文化广电新闻出版领域有关政策，紧密结合宁波文化发展实际，制定公共文化服务、文化遗产保护、文化产业发展等方面的配套政策。修订和完善广播电视播出机构、网络运行机构安全播出考核办法及细则。加强文化、文物、广电等地方性法规制订修改工作，出台《宁波市博物馆管理办法》，开展《宁波海上丝绸之路遗产保护管理办法》和《宁波市全民阅读促进条例》等法规规章的立法调研，修订《宁波市文物保护管理条例》、《宁波市有线电视管理条例》。

(三) 加大政府投入力度

扩大公共财政对文化建设的投入规模，建立与我市经济发展水平相适应、与财政能力相匹配、与文化强市建设需求相对应的文化投入机制，确保财政投入的增幅高于同级财政经常性收入增长幅度，确保文化事业费占财政支出比重逐步增长。各级政府将公共文化资金纳入公共财政经常性支出预算，依据宁波市基本公共文化服务标准提供资金支持。社区公共文化设施建设要落实从城市住房开放投资中提取1%的规定。将公共文化产品和服务纳入政府采购范围，进一步加大对文化体制改革、文化产业的资金扶持力度。适应财政预算管理和改革新要求，科学严谨、规范编制和执行预算，改革公共财政投入方式，强化文化投入的过程管理，提高财政资金的使用效益。

(四) 加强考核评估

构建科学的考评制度，以效能为导向，制定政府文化建设考核指标，并将其列为考核评价领导班子和领导干部政绩的重要内容。建立公共文化机构绩效考评制度，加强对重大文化项目资金使用、实施效果、服务效能等方面的监督和评估。完善文化产品、文化服务的质量监测体系，研究制定公众满意度指标，建立群众评价和反馈机制。探索建立第三方评价机制，增强文化产品、文化服务评价的客观性和科学性。

大连市文化发展"十三五"规划

为贯彻落实文化强国战略,实现文化大繁荣大发展,全面促进大连市文化事业、文化产业全面发展,建设文化强市,推进富庶、文明、美丽的现代化国际城市建设,依据国家和辽宁省文化发展定位和规划,结合大连文化建设的实际情况和发展要求,编制《大连市文化发展"十三五"规划》。本规划旨在明确"十三五"时期大连市文化发展面临的环境、总体要求、主要任务和保障措施。

一、发展基础与环境

(一)"十二五"时期文化发展主要成就

"十二五"时期,大连市坚持社会主义文化方向,坚持文化为民、文化惠民服务方针,较好地完成了"十二五"规划中制定的发展目标和任务,文化事业得到全面推进。

1.公共文化服务体系建设成果丰富

按照"舞台艺术天天有演出、群众文化周周有活动、博物馆月月有新展,文化设施建设年年有新改观"的工作思路,各项文化建设和文化服务实现跨越式推进。

——公共文化服务能力和水平全面提升。成功创建国家公共文化服务体系示范区城市,成为全国首批、辽宁省唯一获此殊荣的城市,公共文化服务能力和水平得到全方位提高。

——公共文化基础设施建设力度不断加大。改造了人民文化俱乐部并投入使用,按照"修旧如旧"方式翻建了宏济大舞台,新建大连国际会议中心大剧院、大连博物馆、大连图书馆、大连京剧院综合楼、大连市群众艺术馆以及扩建大连艺术学校等文化设施建设项目正在稳步推进。

——文化政策法规体系进一步完善。2012年市人民代表大会通过了《大连市不可移动文物保护条例》。市政府办公厅制定了《大连市人民政府办公厅关于鼓励社会文艺院团发展的意见》(大政办发〔2014〕66号)。市文广局与市财政局联合出台了《大连市社会文艺院团演出服务购买和优秀剧(节)目奖励暂行办法》《大连市非物质文化遗产保护专项资金管理办法》《大连市专业剧场演出扶持暂行办法》《大连市美术馆 公共图书馆 文化馆(站)免费开放工作实施和经费落实方案》《大连市少儿图书资源全域共享建设实施方案》等。为繁荣和规范文化市场,市文广局出台了《大连市文化广播影视局出版物审查鉴定工作办法》《关于进一步加强和规范游艺娱乐场所管理的通知》《关于进一步加强文化市场安全管理工作的通知》等相关文件。

——重点民生工程落实到位。全市共有公共图书馆14个,其中国家一级馆11个;文化馆14个,其中国家一级馆5个;博物馆30个,电影院30个,美术馆2个。公益性文化场馆全部免费开放,让更多的百姓享受到文化发展的成果。"十二五"期间落实的重点民生工程项目有:免费开放公共博物馆(包括遗址类和非遗址类)、图书馆、展览馆、文化馆、纪念馆、电子阅览室、图书室等公益性文化场馆;全市建成一百多个500平方米以上的农村乡镇文化站,46个城区街道均整合资源扩建了300平方米以上的综合文化站。全市584个社区书屋全部建成,与987个农家书屋一起,基本实现全市社区书屋全覆盖。全市新建了1500个标准配置的电子阅览室,乡镇(街道)、村(社区)公共电子阅览室覆盖率达到了100%。为偏远地区6359户居民收听收看广播电视节目提供信号保障系统,在全省率先实现了广播电视信号全域覆盖。组织院团免费送戏下乡,并将农民工聚集地和敬老院纳入送戏下乡范畴,已经形成"天天有演出,周周有活动,月月有新展"的文化服务模式。坚持农村电影"2151"工程,在全市973个行政村每月公益放映1场电影,103家农村敬老院每月免费放映电影2场;在城市农民工集聚地每年免费放映公益电影500场。

——打造了一批文化品牌活动。"亿达之声"夏季艺术节、文化大连系列活动、专业艺术"五进"活动、"快乐周末"公益性艺术赏析普及系列活动、京剧每月一星活动、系列新年音乐会、新人新剧目展演、大连作家森林、金秋送和谐、大连汉风文化方舟、演出季活动等，已经成为大连市有影响力、有持续性、有群众性的品牌活动。打造"政府埋单、群众看戏"文化服务模式。继2014年在东北地区率先实施政府购买民营文艺团体惠民公益演出100场之后，2015年投入490万元，购买民营团体演出场次增加至200场。

2. 文化事业发展成效显著

——文化体制改革不断深化。根据文化单位的特点，分类推进国有文化单位改革，不断深化文化事业单位内部改革，文化活力不断增强。

——专业艺术活动水准提升。成功举办夏季达沃斯论坛文化晚宴文艺演出和非遗展示，突出了中国元素、大连元素，让中外来宾感受到中华文化的魅力。成功举办第六届大连新人新剧目展演，参演单位由专业艺术院团拓展为面向全社会，成为专业文艺、群众文艺和其他社会文艺力量共同参与，展示全市最新优秀文艺成果的高水准文化活动。

——艺术精品创作成就斐然。加大文艺精品创作扶持力度，出台了支持繁荣文化艺术发展的管理办法十余个，推出了一批在国内、省内有影响的影视剧作品和舞台艺术作品。专业院团创作演出的剧（节）目获得国际级奖项5个、国家级奖项10个、大区及省级奖项50余个。影视拍摄单位创作电视剧800余部（集），《王大花的革命生涯》《闯关东前传》《钢铁年代》等全国热播。

——文物博物工作成果显著。颁布了第一部地方性文物保护法规《大连市不可移动文物保护条例》，填补了我市文化立法空白。全市现有文物保护单位405处，其中国家级35处、省级84处、市级109处、区市县级177处。全市现有非遗保护项目33个，其中复州皮影戏和庄河剪纸两个项目被联合国教科文组织列入世界级非物质文化遗产名录，另有国家级7个、省级24个。文博系统所属各博物馆、纪念馆除基本陈列展览外，还举办各类临时展览和公益免费惠民展览。

3. 文化产业发展态势较好

文化产业发展新格局初步形成，对经济的贡献率大幅度提升，增加值快速增长，年均增速超过15%，占全市GDP的3.5%，文化产业已成为经济社会持续发展的新动力引擎。

——文化产业园区建设不断提升。"十二五"期间，已完成沙河口区文化产业创新园区发展规划、旅顺口区太阳沟文化创意产业园区发展规划、庄河海王九岛发展规划、长山岛国际文化旅游度假区发展规划。创建大连文化产业创新园区，文化产业基地建设取得巨大进展。全市已拥有国家级文化产业示范基地4家、省级文化产业示范园区2家、省级文化产业示范基地6家、全国文化重点出口企业6家。2013年，大连市被认定为国家级文化和科技融合示范基地。

——文化创意、设计服务与相关产业融合发展。《推进文化创意和设计服务与相关产业融合发展实施方案》（大政发〔2015〕38号文件印发）正式出台，《大连市文化产业促进条例》立法工作有序推进，以项目建设带动文化产业实现全面发展，有效推动了文化创意和设计服务与装备制造业、旅游业等产业领域融合发展。大连市荣获2013年中国十大影响力会展城市称号，大连软交会被评为2013年中国十佳品牌专业展览会。积极争取国家文化产业专项资金支持，吸引社会资本投资文化产业。729意象东方雕塑艺术文化创意馆、大连新华书店中心书城相继营业。

——积极培育重点文化企业。为动漫企业进行国家认证，落实营业税、增值税等方面的税收政策。申报国家文化产业专项资金，为一批优秀项目争取项目补贴、贷款贴息。建立大连市文化产业发展数据库，已登录文化产业企业6000家。大连圣亚旅游控股股份有限公司、大连海昌旅游集团、大连华臣影业集团有限公司等多家企业实现跨区域发展。

——文化产业投融资机制不断完善。与工商银行大连分行正式签署了战略合作协议，在未来5年内，工商银行大连分行将为我市文化企业提供融资服务，支持文化产业的发展，我市文化产业投融资平台正式建立。工商银行与大连大青文化产业集团有限公司、大连海昌旅游集团公司、大连圣亚旅游控股股份有限公司、大连金石文化旅游投资有限公司4家骨干文化企业签署了融资合作协议书。同时，民营资本投资文化产业积极性明显提高，投资比例大幅提高。

——文化市场有序发展。在充分发挥公共财政在文化建设中主导作用的同时，加强对社会力量参与文化建设的鼓励和引导。形成了政府财政、社会力量共同参与的公共文化服务新格局。全市共有各类文化市场经营单位1万余家，从业人员10万人。

（二）存在的主要问题

文化创新意识需进一步强化，文化创新氛围需进一步优化，促进和保障文化发展的政策措施需进一步健全、完善。

公共文化服务设施、载体建设规模和水平，与人民群众日益增长的文化需求、城市现代化发展水平和地位及城市文化布局标识性、合理性和均衡性要求还有差距。

具有国内、国际影响力的文化艺术成果数量不足、产出频率不高，具有国内、国际影响力的大型文化艺术活动缺乏、没有相应平台。

文化产业整体实力不强，产业结构有待进一步优化，内容产业和高附加值产业比例偏低，核心竞争力有待增强。

文化人才队伍建设存在薄弱环节，高端文化人才、专业性人才、技术型人才还比较缺乏，人才保护、扶植和引进措施仍不够完善。

（三）"十三五"时期文化发展面临的环境

随着经济社会发展和人民生活水平不断提高，文化发展具有更加广阔空间和更为有利环境，同时也面临更为有利的机遇和更为艰巨的挑战。

1.国家战略为文化发展提供重要机遇

党的十八大作出了推进文化大发展、大繁荣的战略部署，习近平总书记在文艺工作座谈会、中央城市工作会议及"十三五"规划建议等系列讲话中，强调了社会主义文化建设的重要性，为文化发展提供了基本遵循和战略指引，文化建设进入前所未有的战略机遇期。

2.经济新常态为发挥文化的独特优势提供了新契机

在经济新常态形势下，尤其在转变发展方式过程中，充分发挥文化产业优结构、扩内需、增就业、促跨越、可持续的优势，把文化建设作为转变经济发展方式、推动经济结构战略性调整和产业转型升级的重要抓手，把文化产业培育成战略性新兴产业，实现经济社会的创新发展和创意发展。

3.城市发展定位对加快文化发展提出了新要求

"一带一路"战略、东北振兴、"两先区"及"品质立市"建设，为大连文化发展提供了广阔空间，也提出了更高要求。充分发挥文化引领作用，大力提升城市文化软实力，推进城市精神生活进步、文化环境优化、文化品质提升、文化影响扩大，成为"十三五"时期文化事业的必然担当。

4.经济社会发展为大连文化发展拓展了新空间

随着经济建设的持续发展、生活水平不断提高，人民群众的精神文化需求日益旺盛，文化生活品质日益提高，文化生活方式日益多样，文化消费能力日益增强，为文化事业和文化产业的新发展提出了更为新鲜、更为迫切的要求，创造了更为坚实、广大的基础，对文化供给侧改革和发展提出了更大的挑战。

二、总体要求

（一）指导思想

全面贯彻落实党的十八大及十八届三中、四中、五中全会和习近平总书记系列重要讲话精神，坚持"五位一体"总体布局和"四个全面"战略布局,贯彻"创新、协调、绿色、开放、共享"五大发展理念。坚持社会主义先进文化的前进方向,以社会主义核心价值体系建设为引领,以不断提升人民群众精神文化素质和精神文化生活质量为目的,以品质立市为主题,全面实现文化强市的建设目标。

(二) 基本原则

——坚持社会效益与经济效益统一。高度重视文化社会效益和社会影响,在坚持社会主义核心价值体系、坚持正确的人生观、价值观、社会观、历史观、文化观的基础上,实现社会效益与经济效益的统一。

——坚持文化事业与文化产业并举。通过宏观引导、政策支持、资金扶持、市场监管等手段,不断提高文化艺术事业发展质量、能力和水平,提高公共文化服务能力,推动文化事业和文化产业繁荣发展。

——坚持文化创新与文化个性共存。鼓励文化艺术创新发展,鼓励创造具有时代精神、地方特色、个性色彩的文化艺术成果,鼓励创新文化艺术生产方式、手段和管理、经营模式,为文化艺术发展营造充满创造欲望、创造自由和创造机遇的精神氛围和社会氛围。

——坚持重点推进与全面提升结合。抓住、抓准、抓实文化事业和文化产业发展的基础性、关键性、引领性环节,形成战略重点,并予以重点关注、扶植和推进。在战略重点的牵动下,创造文化发展的均等机遇和共同平台,激发全社会的文化创造力,实现文化的全面发展。

——坚持文化传承与转型发展协调。正确、科学、适度处理好保护与发展的关系,在城市转型发展的过程中,高度重视文化脉络、文化遗产、文化特征的保存和延续,并使之有机融入城市发展的时代步履之中,熔铸在现代城市的精神空间和物理空间之中,助力转型发展,焕发新的生命。

(三) 发展目标

通过"十三五"时期的全力推进,形成与富庶、美丽、文明的现代化国际城市相匹配的高品质文化环境、文化生活、文化生产、文化创造的新格局,建成在东北地区具有领先地位、在国内具有一流水准、在国际具有较大影响力的文化强市,为实现现代文化名城的目标夯实基础。

——全民精神素质全面提高。以社会主义核心价值体系为精神引领,营造文明和谐的精神氛围,倡导科学进步的道德风尚,培育现代人文精神,提升文化素质,在信念理想、道德文明、文化修养、创新能力等方面,促进全民精神素质全面提高。

——公共文化服务体系进一步完善。在已经建成第一批国家公共文化服务体系示范城市的基础上,持续完善硬件设施,不断创新服务机制,提升服务能力和服务水平,实现公共文化服务体系建设的高品质发展。

——文化基础设施建设不断推进。以现代化、标识性大型设施建设为重点,以网络化、多类型文化设施建设为依托,推进城市文化基础设施建设,形成重点突出、特色鲜明、布局合理、功能互补的城市文化设施格局。

——文化创新能力显著增长。以文化创意、文化原创、文化创业、文化品牌为重点,创新机制,搭建平台,大幅度提高城市文化产品生产能力、推广能力,大幅度提升城市文化影响力。

——文化产业不断壮大。到2020年,力争实现文化产业增加值占全市GDP比重达到5%以上,成为我市国民经济支柱性产业。初步建成以创意和内容产业为核心、龙头企业为带动、产业基地为骨干,结构合理、整体协调和持续发展的文化产业格局,提高文化产业的聚集力和影响力。

三、主要任务

(一) 培育大连人文精神,提高社会文明程度

大力培育以社会主义核心价值体系为灵魂、以民族优秀文化传统为底蕴、以现代文明素质为基调、以城市精神品格为特征的新时期大连人文精神。

1.加强社会主义核心价值体系建设

不断培育弘扬民族精神和时代精神,形成全市人民奋发向上的精神力量和团结和睦的精神纽带。强化公民

的国家意识、社会责任意识、民主法治意识等价值理念。实施公民道德建设工程，把家庭教育、学校教育和社会教育紧密结合起来，以社会公德、职业道德、家庭美德为着力点，大力倡导爱国守法、明礼诚信、团结友善、勤俭自强、敬业奉献的基本道德规范。积极探索新形势下思想道德建设的特点和规律，创新形式、内容、手段，增强工作的针对性、实效性和吸引力、感染力。加强和改进青少年思想道德教育，充分调动社会各方面力量，健全学校、家庭、社会三结合的教育网络，在重大节日、纪念日集中开展思想道德教育主题宣传活动。采取多种形式为未成年人健康成长营造良好的社会文化环境。

2.建设学习型社会，提升公民科学文化素养

以学习型城市建设为目标，积极建设学习型机关、学习型社区、学习型企业。全面开展全民读书活动，加强全民阅读活动品牌建设，打造全民阅读精品项目，加大阅读活动引导，开展"全民读书活动月"活动，倡导以读书为乐的生活方式，弘扬以读书为荣的价值观念。推广手机阅读、网络阅读、电子书阅读等多种载体的阅读方式。倡导学习与实践相结合，促进阅读成果转化。重视和改进青少年阅读，发展民间阅读组织，丰富全民阅读参与主体。

3.营造良好舆论氛围，深化文明城市建设

注重风气培育，开展道德实践活动，为大连经济社会发展提供强有力的精神动力。积极推动文明城市、文明村镇、文明单位、文明家庭和文明校园创建活动。进一步深化爱国主义、民族精神和革命传统教育实践活动，增强爱国主义、集体主义、社会主义的信念。利用国际性节日及民间传统节日、重大历史事件等，举行形式多样的主题教育实践活动。在全社会广泛开展"创新、创业、创造"教育，为新时期大连人文精神增添新的元素。

4.打造文化活动品牌，提升城市文化品格

积极打造对城市发展有长远影响的文化品牌，构建规模化、系列化、多层次的文化节庆活动品牌体系。扩大大连特色公共文化活动品牌的国内国际的知名度和美誉度，凸显大连城市的特质。深入开展"打造文化大连"系列主题活动、大连文艺界"三个十"评选活动、大连图书馆白云系列活动、"共创明天"少儿读书系列活动等，以及"打造文化中山""星海之恋""春之鼓舞""国际合唱节""百花会（节）""庄河之夏""渔家风情"等区市县品牌文化活动，活跃和丰富广大人民群众的文化生活，充分发挥乡镇街道文化站、广场及农家大院的作用，培训文化骨干，通过演出、活动等多种有效载体，提升大连市民的文化素养，提高大连城市的文化品格。

（二）完善公共文化服务体系，提高市民文化生活品质

全面提升大连国家公共文化服务示范区建设品质，进一步发挥其示范效应，科学而有序地推进全域城市化环境下基本公共文化标准化服务。进一步拓展政府向社会购买公共文化服务的种类，全面开展"文化有约"活动，加强精品创作生产，打造城市文化品牌。加快推进文化基础设施建设，建设公共文化服务数字平台，全面满足小康社会条件下城乡人民群众精神文化基本需求。

1.公共文化设施建设保持领先地位

以大连全域城市化建设为契机，提升市、区市县、乡镇（街道）、村（社区）四级公共文化设施网络体系品质，通过搭建骨架、延伸触角，改善文化发展的基本物质条件，增强城市文化集聚和辐射功能，实现城乡公共文化服务均等化和标准化。庄河、长海博物馆建成并对外开放，补齐公共文化服务短板。至2020年全市公共文化设施整体水平达到全国领先水平。

——以公共文化服务均等化和标准化为目标，坚持设施共建、品质共享，坚持城乡互动、优势互补，优化市、区市县、街道（乡镇）、社区（村）四级公共文化设施网络，使其覆盖全面、服务便利、功能完善、管理良好，努力使我市成为东北城乡公共文化设施一体化发展先行区。

——建成一批与大连城市影响力相匹配，体现城市特色和时代精神的现代化文化设施，在此基础上，市区形成500米文化圈，人口密集的区市县形成千米文化圈。

——依托大连全域化城市发展战略，建设金普新区等城市文化综合体，形成公共文化服务、市民文化休闲娱乐的功能集聚和辐射的示范区，以形成城乡文化发展一体化新格局。

——充分发挥青少年活动中心、工人文化宫等各类行业性公共文化活动阵地的作用，推动机关、学校、部队等机构内部文化设施的对外开放，实现社会文化设施共享。

——新建以大连博物馆为代表的一批标志性文化设施，确保按期完工并免费开放。

2.建立优质高效的公共服务运行体系

完善提高以人为本、优质高效的公共服务运行体系，以体制创新、机制创新为重点，提升文化为民惠民精准水平。

——加强公共文化产品生产。对具有大连特色和重要艺术价值的原创艺术产品以及民间艺术生产、传播给予扶持。结合扶持发展文化产业，引导文化企业参与公共文化服务，多生产优质廉价、安全适用的文化产品。政府投资、资助或拥有版权的文化产品无偿用于公共文化服务。

——切实保障基本文化服务。以创新服务理念、服务方式、服务内容为重点，进一步明确各类公共文化设施的服务标准，搭建新型公共文化服务平台。图书馆加强文献资源建设，在城乡之间构建统一服务网络，为满足群众阅读需求提供基本保障。实施公共文化流动服务工程。文化馆每年组织流动演出12场以上，流动展览10场以上；图书馆每年下基层服务次数不低于50次。每个行政村每年免费观看5场以上戏剧或文艺演出，每年组织8次以上规模较大的文体活动。提升博物馆、图书馆、美术馆、音乐厅、剧场的服务功能，充分发挥其展示历史、传播知识和提升市民审美情趣的作用。

——以现代化文化服务形式方便市民参与，推进发展"文化有约"服务模式。整合全市公益性文化场馆（剧场）和各类院团（演艺剧团）的优质资源，通过打造高速便捷的服务平台，建立优质便捷的公共文化服务网络，以"菜单"预约形式为市民提供免费培训、讲座、展览、演出等公共文化服务。

——积极扶持文化广场及农村文化大院建设工作。主动引导，专人服务，并完善文化广场相关配套设施，广泛开展内容丰富、形式多样的文化广场活动。通过政策鼓励、资金扶持，鼓励和吸收多种经济成分参与农村文化大院建设，通过城乡共建、村企共建，增强文化大院自我发展的能力。

——深入推进公益文化场馆免费开放工作。图书馆每周开放时间不少于56小时；文化馆（站）、博物馆每周开放时间不少于42小时。实现公共博物馆全免费开放，促进民办博物馆发展，提升民办博物馆公益性。

——保障特殊群体的文化权益。针对特殊群体开展基本的文化服务，不断完善相关设施设备功能，开展针对弱势群体和特殊人群的各类文体活动。

——加大政府购买社会文化服务的力度。继续推进"打造文化大连"系列主题活动，创新引进政府购买服务、社会力量广泛参与的新模式，形成政府财政、社会力量共同参与的公共文化服务新格局。

3.加强公共文化服务数字化建设

加快现代科技应用步伐，提高公共文化服务的信息化、网络化水平。

——建立大连市公共文化服务信息平台。利用移动服务技术和互联网技术打造满足市民文化需求的服务体系。依托互联网技术与移动终端的普及应用，建设B/S（浏览器/服务器）模式的公众文化服务系统，集推送公共文化服务信息、反馈服务质量、了解文化需求于一体，实现信息传递、定制服务、服务评价等功能于一身的数字文化服务平台。

——加强数字图书馆建设。建立以大连图书馆为中心馆，区市县图书馆为二级网络的"一卡通"工程，实现通借通还，并逐步推进街道、社区图书室三级、四级网络建设。新建手机图书馆，使手机用户能够共享市图书馆资源。

——加强市级和区市县级文化馆、博物馆数字化建设。所有市民都可以通过多种方式使用文化信息资源及享受数字文化馆、数字博物馆等资源服务。完善并丰富"线上博物馆"功能，建立群众活动远程指导网络。

——加强大连特色数字资源库建设。依托全国文化信息资源共享工程，不断完善"大连非物质文化遗产资源库""大连图书馆馆藏文献资源库""大连市少儿数字文献资源库""大连白云书院讲座视频资源库"等大连地方特色资源库建设，继续挖掘、编制具有大连特色的数字资源库。

——推动广播影视科技创新发展。在巩固广播电视"村村通""户户通"已有成果的基础上，进一步扩大直播卫星应用领域，加快全市农村有线广播电视网络升级改造，完善农村广播电视基础设施建设和体制机制建设。支持采用数字、网络等高新技术，发展移动多媒体广播电视、网络广播影视、移动文化信息服务、数字娱乐产品，推进广播电视传播和电影放映数字化进程。

4.加强公共文化服务人才队伍建设

——依托市民文化素质提升工程等培训载体，采取市里培训专干，区市县培训骨干，乡镇（街道）培训积极分子，村（社区）培训普通群众的方式，不断提高基层文化骨干专业素质。

——健全公共文化服务人才使用制度，优化公共文化服务人才成长环境；建立公共文化服务人才奖励机制，激发文化创意、创业、创新热情；增设"特殊人才"贡献奖等激励机制，吸引热爱文化事业、具有文艺才能的高校毕业生到基层服务，激发基层文化人才的精品意识与创新热情。

——通过政策扶持民间成立各种形式的文化团队，发现和培养一批热爱公共文化服务工作的文化志愿者，并定期培训，以提升文化志愿者队伍素质，充分发挥文化志愿者参与文化建设的积极性，带动和激发广大群众参与文化活动。

——建立大连群众文化人才考评体系。采取政府组织、专家参与的方式，定期进行公共文化服务体系建设评估考评，每年对区市县进行公共文化服务体系建设考核排名并通报，对工作突出的地区给予表彰和奖励。加大公共文化服务建设在政府工作目标责任制考核体系中的比重。

——建立公共文化服务人才培训基地。依托各级党校、艺术学校及在连高校，对群众文化人才进行继续教育，实施业务干部培训计划，保证区市县文化单位在职员工参加脱产培训时间每年20天以上；乡镇（街道）、村（社区）基层文化专兼职人员参加集中培训时间每年5天以上。每两年轮训一次文化志愿者队伍，提升文化志愿者素质。

——开展市民素质培训提升工程。采取"市级集中培训，社区分散辅导"的方式，形成两级培训网络，每年培训市民达10万人次以上，提升市民整体艺术修养和艺术水平。

——重视残疾人文化艺术人才的选拔和培养，鼓励扶持残疾人参与文化艺术活动和文艺创作。

——积极引导群众自主参与各种形式的文艺创作活动，建立群众文化优秀作品的创作、选拔和推广机制。

（三）实施重点文化工程，推动文化事业大发展大繁荣

1.重点文化工程

"十三五"时期重点文化工程是配合市委、市政府品质立市战略，实施全面提升城市文化发展水准的"品质文化工程"。

（1）文化艺术精品工程。

——继续实施文艺精品创作生产"5511"工程。组织落实年度重点作品扶持项目，即5部文学作品、5部影视剧（电影、电视剧、广播剧、纪录片、动漫剧）、1部舞台剧、1部文艺丛书，加强文艺评论工作，推动"名牌、名品、名人"为重点的大连文艺"三名"工程。

——打造舞台艺术精品。专业院团在"十三五"期间推出3至5部优秀剧目，积极参与省、国家和国际有影响力的艺术赛事和专业评奖活动，争获国家、国际重要奖项。积极申报国家艺术基金，加大对优秀舞台艺术作品提升和推介的支持力度。

——打造电影电视剧精品。重点扶持讲好中国故事、讲好大连故事的原创电视剧作品，拍摄具有国内一流水准的电视剧作品2—3部。探索发展电影作品拍摄的思路、机制，支持电影故事片创作拍摄。重视电视纪录片、广播剧、动漫、影视剧拍摄制作，推出反映大连历史和现实风貌的系列作品。

(2) 文化惠民工程。

——品牌文化惠民工程。继续开展专业院团"五进"公益演出、农村电影"2151"工程，扶持城市社区文化中心、乡镇综合文化站、文体活动室和农村文化大院的建设，丰富"快乐周末"公益性讲座的内容，将品牌文化打造成惠民新常态。

——市民素质提高工程。传承中华优秀文化，继续深化"打造文化大连"惠民工程，牢固树立以人民为中心的创作导向，创新开展"大连作家森林""大连汉风文化方舟"等新型文化文艺传播载体活动，鼓励、引导、激活基层文艺工作，涵养优化本土文化生态。

(3) 文化基础设施建设工程。

——完善城市文化发展硬件设施。重点建设与城市文化生活质量和城市文化地位相适应的大型、基础性文化设施，完善现有公共文化设施的硬件配置。

——鼓励民营资本建设主题博物馆、小剧场、艺术作坊等各类小型文化场馆。

(4) 城市文化环境工程。

——实施城市主题文化公园建设工程。选择3~4个现有城市公园，建设以"戏剧""歌舞""美术书法""电视剧""非物质文化遗产"等为主题的文化公园。

——持续开展建筑与街景艺术化工程。通过艺术化设计及雕刻、绘画、摄影、电光艺术等元素的介入和渗透，美化城市环境。

——持续开展文化名镇（村、街区）建设工程，选择具有传统文化气息或标志城市特征的镇、村、街区，打造文化气韵生动、文化生活丰富、文化感受独特的文化名镇、名村、名街区。

(5) 城市文化展示平台构建工程。

——举办大连国际城市艺术节。整合现有的大连夏季国际艺术节、大连新人新剧目展演等艺术类活动，组办大连国际城市艺术节，结合"一带一路"经济发展战略，充分汇集沿线城市的文化资源，打造舞台艺术精品展示、文化交流、艺术展览和文化贸易的展示平台。

——鼓励支持文化艺术机构、社会力量兴办不同类型、不同规模的文化艺术展示活动，打造各具特色的文化艺术展示平台。

(6) 文化遗产与工业遗产保护开发利用工程。

——中东铁路保护工程。整合我市近百处有关中东铁路文物资源，争取通过辽宁省文物局联合黑龙江、吉林、内蒙古等省区文物部门，将四省区中东铁路整体申报为国家文物保护重点工程，并使其得到更好的保护利用。

——山城遗址保护工程。推进我市全国重点文物保护单位得利寺山城、巍霸山城和大黑山山城遗址等高句丽山城列入国家文物局的文物保护重点工程，并进行整治修复。

——重点推进小珠山国家考古遗址公园申报工作。力争以现代方式保护好遗址，充分发挥文物考古科研、考古知识普及等作用，为国家海岛考古、海洋文化挖掘展示提供依据。

——历史文化街区、村镇保护开发工程。做好对旅顺太阳沟、中山广场近代建筑群、黑石礁、南山、胜利桥北街区等五大历史街区传统格局和历史风貌的保持和延续工作。积极做好对庄河青堆子、瓦房店复州城等村镇保护、开发、利用工作。

——制定近代工业遗产保护规划。加强大、中型工业遗产项目的确认、保护、利用工作，通过工业博物馆、近代城市发展史展示、文化产业园等方式，盘活工业遗产项目。

(7) 文化走出去工程。

——充分利用大连区位优势，积极开拓以面向东北亚为主的国际文化市场，支持有国际竞争力的外向型文化企业向境外发展。扶持文化企业开展跨境服务和国际服务外包，推动文化产品和服务出口。

——拓展与"一带一路"沿线国家和城市的文化交流、文化贸易和文化旅游。

——积极参加国际、国内知名度高、影响力大的文化艺术活动、赛事,积极参与各类文化艺术展览、营销、推广活动,积极宣传推介原创艺术精品和品牌文化产品。

(8) 文化艺术研究评论高地工程。

——加强文艺理论建设和文艺评论工作。推出一批在国内文化艺术领域具有领先水平和较大影响力的文化艺术研究学术著作和学术论文(评论)。

——打造文化思想传播阵地。扩大各类传媒的文化平台,提高文化信息的辐射力。创办公开出版的专业文化艺术刊物。

2.各项文化事业的主要任务

(1) 专业艺术事业。

——实施精品战略,繁荣艺术创作。市属国有专业院团要努力推出思想精深、艺术精湛、制作精良的优秀舞台艺术作品,夯实高原,创造高峰。每年创作(含改编、移植)排演1台具有较高思想性、艺术性和观赏性的新剧目。5年内要打造1—2台在省内、国内有一定影响的精品剧目。每3年举办一届新人新剧目展演活动,每3年举办1次专业艺术表演团体技术表演赛。

——加大演出力度,不断开拓演出市场。加大市属国有专业院团国内外演出力度。继续深入开展"五进"公益性演出等文化惠民活动,年均演出不少于200场。继续开展"快乐周末"公益性艺术赏析普及系列活动,年均不少于30场。继续发挥人民文化俱乐部、宏济大舞台等专业剧场作用,引进更多的中外舞台艺术精品

——积极实施文化"走出去"战略。市属国有专业院团要不断拓展文化"走出去"的新领域,积极开展对外文化艺术交流,不断拓展国际演出市场。

(2) 图书考古文博事业。

——完善图书馆的数字化体系。实现市、区市县、乡镇(街道)、社区(村)四级服务网络的全面资源共享,健全城乡一体的图书馆服务体系。构建以数字图书馆、数字文化馆、数字博物馆为资源平台,以街道(社区)电子阅览室、文化信息资源"进村入户"为接收平台,以大连公共文化服务信息平台为服务平台的全方位立体式的数字文化服务网络。

——加强文物保护基础工作建设。实施文物项目库建设,完善文物保护的"四有"工作,提高文物管理依法行政效能、质量。多渠道争取文物保护专项资金,形成全国重点文物保护单位修缮主要依靠国家资金,省、市级文物保护单位修缮依靠市、县财政补助的资金筹集渠道,并逐步形成修缮资金依法主要以文物管理使用人自筹为主、政府财政补助为辅的不可移动文物修缮的新格局。

——在重点推进文化遗产与工业遗产保护开发利用工程的同时,重视非物质文化遗产保护工作,继续确认非物质文化遗产保护项目,申报省级和国家级非遗项目,逐步完善非物质文化遗产的保护和传承机制,对现有非遗项目进行保护性开发,对已列入非遗的项目落实保护措施,开展非遗传承工程。

——增强社会服务功能,实现图书馆博物馆公共文化服务的基本化、均等化和便利化。利用全国第一次可移动普查成果,增强博物馆的信息服务功能。加强区市县图书馆博物馆基础建设工作,提升区市县图书馆博物馆公共服务能力。扩大图书馆博物馆公共文化服务覆盖范围,积极探索政府购买公共文化服务制度,以延伸对街道、社区等基层单位的服务。

(3) 群众文化事业。

——建立健全高效的服务机制。了解市民文化需求,繁荣社会群众文化活动,接受各种文化服务预约,健全公民文化需求表达机制和公共参与机制,着力实现群众文化服务的公益性、基本性、均等性和便利性。

——完善群众文化网络。完善区市县群众文化服务基础文化设施,提升社区文化中心、乡镇文化(馆)站、文化大院等群众文化活动的质量。提升市、区市县、乡镇(街道)、村(社区)四级公共文化设施网络体系品质,完善500米文化圈和千米文化圈建设,增强城市文化集聚和辐射功能,实现城乡公共文化服务均等化和优质化。

——搭建数字文化馆,实现群众文化服务资源共享。建设一个数字化文化平台,将群众文化信息、辅导和培训工作、预约服务等相关内容实现网络共享,引导社会力量积极参与群众文化活动。

——保持文化活动的特色化、层次化。加强特色活动基地和非物质文化遗产保护基地的建设。积极指导社区文化中心、乡镇文化站、文化大院的特色文化活动,使其与传统文化、当地特色文化艺术形式充分地结合。

(4) 广播影视事业。

——发展广播电视事业。保障全覆盖广播电视信号的安全无故障传送,提升数字化和网络化水平。逐步完善广播电视等重要新闻媒体的管理和运行机制。有序推进地面数字广播电视网络、广播电视直播卫星服务体系和应急广播体系建设。推进三网融合。组建面向市场的影视剧、娱乐、科技、体育等节目制作公司,提高节目创新性,提升收视率和辐射范围。大力发展网络广播电视、手持电视、公交移动电视,重点拓展地铁电视和移动电视、楼宇电视。

——推动影视产业发展。整合现有影视基地资源,建设功能完善、特色鲜明、具有影响力的影视基地。全面提升电影、电视剧、电视节目和新媒体影视的创作和生产能力,扩大影视制作、发行、播映和衍生品开发。重点支持影视制作企业提升影视剧制作能力和水平。完善加快城乡数码影院建设,提高电影发行放映的覆盖率和服务水平。

(5) 新闻出版和版权事业。

——进一步加快新闻出版转型升级的步伐。切实推动传统出版和新兴出版在内容、渠道、平台、经营、管理等方面深度融合。

——积极引导印刷业转型升级。推进绿色印刷,发展数字印刷,提升大连市印刷业"十三五"期间的供给质量和水平。

——完善出版发行网络。鼓励多种形式兴建或者运营各类主题书店、专业书店、微型书店、书吧等特色书店,构建覆盖城乡、便民利民的图书发行渠道体系,在设施和资源方面为全面阅读提供保障。

——加强版权保护和运用。积极开展版权管理和服务,促进版权产业发展,使版权保护工作更好地为全市经济、文化、科技和社会发展服务。巩固政府软件正版化成果,全面完成国有企业软件正版化工作。积极创建国家、省版权示范单位、示范园区(基地),为创建国家版权示范城市奠定良好基础。

(6) 社科研究与文化艺术研究。

——强化前沿意识和国际视野,加大学术文化建设力度,鼓励哲学社会科学界为城市发展发挥思想库作用。优化科研环境,推动学术创新,打造高端学术交流平台,推出一批高水准的社会科学和文化艺术研究成果,提升与国内外学术前沿对话交流能力。

——加强社会科学和文化艺术研究机构建设,整合研究力量,打造有规模、有能力、有影响的学术机构,重视学术社团建设,发挥专家学者的参谋、咨询作用。

——打造社科和文化艺术研究学术平台、媒体阵地,创造良好的学术氛围和舆论环境。

——完善社会科学和文化艺术研究奖励机制,细化奖励项目,扩大奖励覆盖面,加大奖励力度。

(四) 优化文化产业结构,促进文化产业创新集聚发展

1. 构建现代文化产业体系

加快《大连市文化产业促进条例》立法工作。通过设立我市产业投资引导基金,建立文化产业股权投资基金,实行市场化、专业化运作。着眼现代文化产业发展方向,借鉴国际文化产业发展先进理念,立足我市文化产业发展基础和资源优势,进一步改造提升传统文化产业,推动传统产业转型升级,进一步推动现代科技在文化产业领域的广泛应用,积极培育、支持新兴文化产业业态发展,推动文化产业集聚区(园区、基地)建设和吸纳集聚能力强、特色明显的重点文化产业项目建设,逐步构建结构合理、特色明显、富有创意和科技元素、核心竞争力强的现代文化产业体系。依托我市资源优势,在产业结构优化升级过程中,重点打造具有比较优势和发展前景的"八大行业"。发挥我市在文化创意、动漫游戏、文化旅游、影视传媒等方面形成的竞争优势,

打造"四大文化产业集聚区"。

专栏1　八大行业
一是以服装博览会、软件交易会等为载体的文化会展业；二是以海洋文化、近代史文化和特色休闲为内容的文化旅游业；三是以广播电视台、报业集团等为依托的现代传媒业；四是以动漫基地为中心的动漫游戏业；五是以图书出版、出版物发行、包装装潢印刷为重点的出版印刷发行业；六是传承与创新相融合的影视业；七是以杂技团、歌舞团、话剧团、京剧院、大连对外文化艺术交流中心、大连保利剧院和艺隆演艺公司等为主体的文化演艺、休闲娱乐业；八是以大青文化集团青铜工艺品铸造等为主体的文化产品制造业。

专栏2　四大文化产业集聚区
一是文化创意产业集聚区，重点支持十五库创意产业园、大连研发设计产业园、高新区设计城、"7.29"艺术空间、大连广告创意产业园等产业园区建设；二是动漫游戏产业集聚区，以动漫基地为中心，大力培育原创动漫产品的生产，打造国内外知名的外向型动漫游戏产业基地；三是文化旅游产业集聚区，加快金石文化旅游区、旅顺太阳沟、长山群岛国际旅游度假区等项目建设，打造内涵丰富、特色鲜明的文化旅游集聚区；四是影视产业集聚区，重点支持影视剧创作生产，打造国内外知名的影视产业集聚区。

2.建立健全现代文化市场体系

构建统一、开放、竞争、有序的文化市场体系，促进文化产品和生产要素合理流动，推动文化产业发展。一是积极发展文化产品市场。运用市场准入、价格调节、财税优惠等政策，引导出版发行、电影放映、文艺表演、网络服务等文化领域健康可持续发展，同时积极开发农村文化市场。二是充分完善文化要素市场。利用国内外资本市场，拓展文化产业投融资渠道，规范文化产权交易，重点发展版权和其他无形文化资产交易市场。三是培育文化市场主体。充分发挥国有和社会资本的积极性，鼓励投资兴办文化产业。降低市场准入门槛，充分释放市场活力。鼓励投资主体多元化，通过支持和鼓励大型国有文化企业集团实行跨地区、跨行业兼并重组，着力培育一批实力雄厚、具备竞争力和影响力的大型骨干文化企业，增强国有文化资本的控制力和影响力。四是发展现代流通组织和流通方式。推进连锁经营、物流配送、电子商务，加快文化产品物流中心建设，努力建设区域文化产品物流中心，鼓励跨越区域、管理规范、技术先进、服务优质的现代文化产品物流企业发展。大力发展现代文化产品连锁经营，鼓励出版物发行、票务、互联网上网服务、电影发行放映等文化企业以资本为纽带，形成一批文化产品连锁企业。

3.推进文化创意和设计服务与相关产业融合发展

适应文化创意和设计服务与经济社会各领域、各行业多向交互融合的态势，围绕经济结构调整和发展方式转变、培育新的经济增长点、促进产品和服务创新、扩大文化消费和满足人民群众文化需求，按照统筹协调、重点突破、市场主导、创新驱动、文化传承、科技支撑的原则，推动我市文化创意和设计服务与装备制造业、消费品工业、建筑业、信息业、旅游业、休闲农业等领域融合发展，建设一批特色鲜明的融合发展集聚区和新型城镇，打造一批具有国际国内影响力的品牌，培养一批高素质的文化创意人才，文化创意和设计服务增加值显著提高，相关产业产品和服务的增加值明显提高，初步建成面向东北亚地区的文化贸易中心、三次产业融合发展的文化创意设计中心和文化创意设计人才集聚中心。

4.增加文化供给，扩大文化消费

进一步激发文化产业发展活力，繁荣文化产品和服务市场，积极扩大文化消费。一要培育文化消费理念。充分利用电视、互联网、报刊、杂志等各种媒体的舆论引导功能，开展形式多样、内涵丰富的主题宣传活动，营造良好的文化消费氛围，引导消费者树立科学、合理、健康的文化消费理念和习惯。二要深化文化供给侧改革。进一步改善和优化各类文化消费场所的设施条件，繁荣文艺演出市场，通过政府购买服务和票价补贴等方式，引导支持文化企业提供更多更好的产品服务。繁荣图书出版市场，鼓励支持民营资本开设实体书店、独立书店，对于特点突出、人文色彩浓郁、创意程度高的特色实体书店、独立书店，政府给予一定的资助。鼓励书店开展集合图书及创意产品销售、文化沙龙、讲座、演出、精致餐饮等多种服务的多元化立体经营。深入推进文化旅游高度融合，推出有特色的旅游纪念创意产品，开辟特色文化旅游新线路，打造产业基础好、消费氛围浓、经营活力强的文化创意特色街区。三要引导文化消费行为，优化文化消费环境。建设快速、便捷、多种类的文化消费资讯传播渠道，拓展文化消费信贷业务，提供便利金融服务，鼓励文化类电子商务平台发挥技术、信息、资金优势，为文化消费提供服务，落实职工带薪休假制度，鼓励错峰休假、弹性作息，充分保障职工的休息休假权，使群众有充裕的时间进行文化消费。四要加强文化市场监管，保护文化消费权益。创新监管理念，完善监管机制，转变监管作风，加大监管力度，以确保文化市场安全有序，切实维护消费者合法权益。

专栏3　"十三五"时期重点文化产业项目

旅顺太阳沟文化产业园区、金州古城文化产业园、千秋万代——中华文明史记公园、幻想儿童文学产业化基地、缘起·1983（大连）文化创意产业园、神秘东方主题雕塑公园、大连研发设计产业园、现代蜡染艺术创意及旅游产业园、旅顺口区清风小镇影视文化产业基地。

（五）提高现代文化传播能力，增强大连文化影响力

1. 提高舆论引导能力

坚持善待媒体、善用媒体、善管媒体，不断扩大主流媒体的覆盖面和影响力，积极运用网络、手机等新兴媒体，构建统筹协调、责任明确、功能互补、覆盖广泛、富有效率的舆论引导格局。强化新闻媒体的社会责任，提高重大主题宣传报道的策划与组织实施水平，壮大主流舆论，提高舆论引导的及时性、权威性和公信力、影响力，为新一轮科学发展发挥导向作用。积极把握新闻传播规律和社会舆论格局新变化，增强日常新闻报道的感染力和说服力，发挥宣传党的主张、弘扬社会正气、通达社情民意、引导社会热点、疏导公众情绪、搞好舆论监督的重要作用。进一步建立和完善新闻发布制度、重大突发事件报道工作机制、重大舆情监测研判制度，掌握突发公共事件和社会热点问题舆论引导的主动权。建立健全网络发言人制度，加强网上主题宣传和热点引导的主动策划，提升网络舆论管理和引导水平。完善广播电视安全播出监管机制，坚持落实出版物重大选题备案制度和出版物审读制度，保护文化安全。

2. 培育新型文化传媒集团

以社会效益最大化和经济效益最优化为目标，坚持突出主业、多元化发展、差异化竞争战略，积极引导报业、广播电视、出版、网络等不同媒体业态合作，加大品牌推广和资本运营力度。积极改革创新，实现从内容、形式、生产流程到市场模式的全面创新，通过跨区域、多媒体经营，积极发展新技术、新媒体、新业态，集中各种要素加快建设国内一流新型文化传媒集团。引导社会力量参与融合项目的技术研发和市场开拓，鼓励支持符合条件的企业上市融资，促进金融资本、社会资本与新型文化传媒资源有效对接。

3. 积极发展网络等新兴媒体

加大对重点网站的扶持力度，建设一批有影响力的新闻网站和商业网站，努力将大连文化网建成有较大影响力和综合服务功能的文化网站。促进传统媒体和新兴媒体的融合发展，支持我市主要媒体积极发展手机APP、手机报刊、手机电视、移动电视、网络广播、网络电视等新兴传播载体，尽快建设一批新媒体优质品牌。创新网络文化形式，实施网络文化精品工程，培育有大连特色的网络文学、网络音乐和健康向上的网络动漫、游戏等网络文化产品，加大原创网络文化产品扶持力度。支持开办社区及社会公益网站，建设基层网络平台。完善行政监管与行业自律相结合的互联网管理体系，完善网络监管技术手段，加强网上信息监管，深入开展网络净化行动，探索对即时通讯、互动栏目、音视频等网络新业务的科学化管理。提升网络媒体的对外传播能力，鼓励重点网站以互建链接、内容供应、技术合作等方式与国外知名网络媒体合作。

4. 深入推进对外文化交流合作

全方位推进对外文化交流与合作，不断增强文化的深度交融和共同发展。充分利用大连独特的地缘优势和人文资源优势，坚持"走出去"与"引进来"相结合，在积极实施文化"走出去"战略的同时，广泛引进借鉴

国外先进文化发展成果及经验，使大连成为东北重要的文化交流中心。制定扶持文化出口优惠政策，积极鼓励文化企业产品和服务出口，重点培育一批外向型文化出口企业和产业基地。抓好影视音像、影视动漫、出版物、文艺演出等国际营销网络建设，拓展与国际演艺、展览、电子出版中介机构和中介经纪人合作，鼓励和支持各种所有制的内容生产和服务类企业到海外开办分支、分销机构，举办演出、展览等。

5.实施文化形象传播计划

提炼具有时代特征、大连特色的大连文化形象传播符号系统，展示大连文化传统和新的历史发展。制定与大连新一轮发展相适应的文化形象传播计划，利用形象片、歌曲、广告等作品，利用广播电视、报纸杂志和网络等媒体，在大连、辽宁、东北和全国范围内突出大连文化传播品牌，使大连知名度和美誉度大幅提升。创建和完善专业的大连文化资源宣介刊物和特色文化产品推广网站，扩大对外宣传。充分利用广播电视、报纸杂志、网络等多种途径统一设计公益性广告与宣传标语，通过规范有序设置以及形象生动的宣传，开展一系列高品质的节庆活动，重点宣传人文景观、生态休闲、科技文化等，加大文化产业以及优秀文化企业的宣传力度，使大连成为更多的国内外游客商务、旅游的目的地。

四、保障措施

（一）深化文化管理体制改革

深入推进简政放权、放管结合、优化服务，加快政府职能转变，打造法治政府、创新政府、廉洁政府和服务型政府。深入推进文化行政审批制度改革，进一步规范行政审批行为，逐项公开审批流程，压缩并明确审批时限，以标准化促进规范化。深入推进监管方式创新，提升监管效能，进一步加强文化市场事中事后监管。加强文化领域执法体系建设，继续推进文化领域综合执法。进一步优化政府服务，切实提高公共服务的针对性和实效性，为大众创业、万众创新提供全方位的服务。搭建为市场主体服务的公共平台，及时解决创业者在资金、政策、信息、技术等方面的难题，最大程度释放创新创业活力，实现服务便利化、集约化、高效化，推动文化产业加快发展。

（二）创新文化单位运行机制

创新文化运行机制，理顺政府与文化企事业单位的关系，实行政企分开、政事分开、管办分离，强化行政主管部门宏观调控、政策引导、市场监管、社会管理和公共服务职能。按照"区别对待、分类指导"的改革原则，积极推进文化企事业单位改革。公益性文化单位以"增加投入、转换机制、增强活力、改善服务"为重点，增强发展活力，提高服务质量，最大限度地发挥文化事业单位的社会效益。继续推动经营性文化事业单位转企改制，加快推动国有文化企业实行公司制、股份制改造，鼓励非公资本参与国有文化企业的股份制改造，推动国有文化企业尽快建立现代企业制度，增强国有文化企业的创新发展活力。建立健全文化行业协会，培育文化中介组织。

（三）优化文化经济政策体系

认真落实中央、省颁布的各项文化经济政策，制定和实施一系列文化经济政策，从投融资、财政税收、工商登记、土地与价格和社会保障等方面制定扶持公益性文化事业、发展文化产业的相关政策。制定文化精品扶持政策，促进大连文化大发展。进一步拓宽融资渠道，放宽文化投资领域和条件，允许非公有资本进入法律法规未禁止进入的文化产业领域。鼓励银行安排贷款指标用于发展文化产业，并对新兴或创新型文化项目实行低息贷款。鼓励和支持文化企业实行股份制改造，建立现代企业制度。支持符合条件的文化企业上市融资。探索引入风险资本，完善文化风险投资体系。充分利用产权交易市场，畅通文化资本退出渠道。文化企业按相关规定享受税收优惠政策。积极引导社会力量捐助文化事业，继续鼓励对宣传文化事业的捐赠。

（四）完善公共文化投入机制

加大文化事业的投入力度，扩大公共财政覆盖范围，继续完善政府购买文化服务模式，重点支持公共图书馆事业、优秀剧目创作演出、电影电视精品创作生产、基层文化设施、文博工作、理论创新、社科普及、文学艺术创作等文化事业发展。重点投入有助于实现公共文化服务均等化，有助于实现城乡平衡、区域平衡、群体平衡，有助于优化公共文化设施空间布局的文化建设项目。进一步完善公共文化投融资机制，改变文化投入方式，提高资金投入效率。引导、推进金融服务业与文化产业联姻，引导和鼓励商业银行、融资担保机构创新服务模式和信贷产品。加大吸引社会资金参与文化发展项目的力度。利用特许经营、投资补助等方式，吸引社会资金参与有合理回报和一定投资收益的文化基础设施和公共文化事业建设。以项目投入为手段，以激发活力为目标，加强审计和监督，提高公共资金使用效益。

（五）健全公民文化参与机制

研究和探索通过调查研究、接触公众代表、人大代表、建立咨询委员会等多种方法形成市民文化需求表达和参与机制，培养市民群众参与文化决策的兴趣，逐渐养成表达需求和参与决策的自觉意识。鼓励文化企业参与文化事业的建设，探索社会组织参与公益性文化事业的新模式。推进基层文化单位管理体制、人事制度与分配制度的改革，增强公益性事业单位的内部活力，不断提高公共文化服务质量。鼓励社会力量积极参与公益性文化建设，部分公益性文化活动可面向社会进行公开招标。扶持活力强、影响大的优秀社会文化组织和民间文艺团体，鼓励民间文艺团体和个人进行文艺精品创作。鼓励社会力量捐助建设公共文化设施，或自建面向公众开放、非营利性的图书馆、博物馆等文化设施。

深圳市文化发展"十三五"规划

"十三五"时期，是全面建成小康社会的决胜阶段，也是深圳加快建设文化强市的关键时期，深圳文化改革发展仍处于大有可为的重要战略机遇期。为充分发挥文化在建设现代化国际化创新型城市和实现人的全面发展中的独特作用，提升城市文化软实力，根据《深圳市国民经济和社会发展第十三个五年规划纲要》、《深圳文化创新发展2020（实施方案）》（深文改〔2016〕1号）和《关于加快构建现代公共文化服务体系的实施意见（2016—2020年）》（深办发〔2016〕9号），制定本规划。

一、发展基础和发展环境

（一）深圳文化发展的基础

"十二五"时期，深圳加快推进"文化强市"建设，文化改革发展成效显著，市民文化需求得到较好满足，城市文化软实力显著提升，实现了文化事业和文化产业全面协调发展，为"十三五"文化建设奠定了良好基础。

1.公共文化服务体系日益完善

深圳艺术学校新址建成使用，当代艺术与城市规划展览馆等重大文化设施启动建设，自助图书馆完成布点240台，基层文化设施网络日益健全，公共文化一体化加快推进，文化服务的便利性显著增强。文化惠民活动蓬勃开展，市民文化福利不断提升。

2.城市文化软实力显著提升

《走向复兴》等12部作品荣获中宣部"五个一"工程奖，大型原创儒家交响乐作品《人文颂》多次参加国内外演出。"两城一都"（图书馆之城、钢琴之城、设计之都）建设硕果累累。深圳读书月、创意十二月、中国深圳国际钢琴协奏曲比赛、中国设计大展、深圳创意设计新锐奖、深港城市建筑双城双年展等在全国和国际有重大影响的活动成功举办。全民阅读推广活动深入开展，被联合国教科文组织授予"全球全民阅读典范城市"称号。对外文化交流领域不断拓展。

3.文化创意产业实力显著增强

文化创意产业发展专项资金每年达5亿元。"文化＋科技""文化＋创意""文化＋旅游"等新业态迅速发展。中国（深圳）国际文化产业博览交易会（以下简称文博会）、深圳文化产权交易所（以下简称文交所）、中国文化产业投资基金等国家级文化产业平台互动配套，带动作用日益凸显。全市建成市级文化创意产业园区（基地）62家，其中国家级文化产业园区（基地）达13家，集聚效应明显。2015年，文化创意产业增加值达1757亿元，占全市GDP的10%。

4.文化遗产保护成效明显

在全国率先出台加强改革开放历史文物保护的有关规定。大鹏所城、大万世居文物保护工程扎实推进。深圳博物馆入选全国重点博物馆，《改革开放史》展览荣获全国十大陈列精品奖。出台民办博物馆扶持有关政策，民办博物馆总数达26家。非物质文化遗产保护体系进一步完善，现有省级以上非物质文化遗产项目32个，其中国家级项目8个。

5.文化体制改革成果显著

文化审批制度改革加快推进，市级文化审批事项由19项减少至8项，减幅达58%。社会资本进入文化领域的渠道不断拓展，社会力量参与文化建设的积极性得到较好激发。文化志愿服务领域不断拓展，文化义工总数达1.7万人。事业单位法人治理结构改革深入推进，市属公共文化场馆全部组建理事会。连续四次荣获"全国文化体制改革先进地区"称号。

但是，深圳文化建设与经济社会发展的整体水平和我市在全国的经济地位还不匹配，与建成现代化国际化创新型城市的要求存在不小差距。主要表现在：代表国际化特大城市形象的标志性文化设施数量偏少，基层文化设施网络还不健全，原特区内外文化发展不均衡，公共文化服务的质量与水平仍需进一步提高；文化艺术原创能力不强，在国内外有重大影响的文艺作品、文化节庆活动品牌偏少，缺乏有国际影响的文化活动和赛事；文化产业核心层比重偏低，文化创意企业规模总体偏小，创新创意能力有待进一步提高，核心竞争力有待增强；文化传播能力不足，媒体融合发展亟待加强；文化管理职能转变还不到位，重大文化体制机制创新成果数量偏少，多元化文化供给格局还未形成；高端文化人才比较缺乏，人才引进和发展环境尚待优化等等。

（二）"十三五"时期文化发展面临的环境

1.全面建成小康社会对文化发展提出了新要求

小康社会既包括物质生活方面的富足，也包括精神文化生活的充实。文化建设在全面建成小康社会进程中肩负两方面的任务：一是满足广大群众日益增长的精神文化需求，更好实现市民文化权利，显著改善文化民生；二是建设中华民族共有精神家园，提高人民群众的幸福指数，促进社会和谐。党的十八大提出了全面建成小康社会和推进社会主义文化强国建设的宏伟目标，深圳市委市政府也做出了加快建设文化强市的战略部署。努力实现基本公共文化服务均等化，让市民享受更有品质的文化服务，为全面建成小康社会创造良好的文化条件，是深圳文化改革发展的必然要求。

2.建设现代化国际化创新型城市为文化发展提供了新空间

文化发展水平是城市软实力和综合竞争力的重要体现。深圳正致力于建设更具影响力的国际化城市，但我市公共文化服务还不能有效满足市民多样化需求，文化影响力和知名度与城市经济社会地位不相匹配。进一步提高文化发展水平，加快文化设施建设，大力发展现代创意文化和创新型文化，拓展对外文化交流领域，培育国际文化活动品牌，是建设现代化国际化创新型城市的迫切需要。

3.经济结构转型升级为文化发展提供了新契机

文化创意产业作为战略性新兴产业，资源消耗低、环境污染少、带动就业能力强、易于和相关产业融合，是经济增长和转型升级的新引擎，以及供给侧结构性改革的重要突破口。加快发展文化创意产业、促进文化消费，积极扩大文化创意产品和服务供给，有利于保障和改善民生，有利于扩大内需、增加就业、培育新的经济增长点，推动经济转型升级。

二、总体要求和发展目标

（三）指导思想

以邓小平理论、"三个代表"重要思想、科学发展观为指导，全面贯彻党的十八大和十八届三中、四中、五中全会精神，深入贯彻习近平总书记系列重要讲话精神，牢固树立创新、协调、绿色、开放、共享的发展理念，大力弘扬社会主义核心价值观，深入推进文化改革创新，加快构建城市精神体系、公共文化服务体系、文化品牌体系、现代文化产业体系和现代文化传播体系，积极传承优秀传统文化，提高文化开放水平，不断激发全社会的文化创造活力，增强城市文化综合实力，努力建设文化强市，为建设现代化国际化创新型城市提供坚强有力的精神动力和文化支撑。

（四）基本原则

1.坚持政府主导，社会参与

坚持以社会主义核心价值观为引领，不断加大文化建设投入。引入市场机制，激发社会力量参与文化事业和文化产业的积极性，实现文化供给多元化、社会化。

2.坚持质量引领，突出特色

按照"四个全面"的战略布局，对标国内外先进城市，坚持高标准规划、高水平建设，努力提高深圳文化的影响力。大力发展创新型、智慧型、包容型、力量型城市主流文化，形成与现代化国际化创新型城市相匹配的文化特质。

3.坚持共建共享，全面协调

加强统筹管理，建立协同机制，优化资源配置，做到物尽其用、人尽其才，发挥整体优势，提升综合效益。提升公共文化服务质量和效能，引导市民养成健康向上的文艺爱好，扩大和提升文化消费需求，促进文化事业与文化产业发展良性互动。

4.坚持改革创新，激发活力

加快转变政府职能，完善管理体制机制，改进文化管理方式。深化国有文化集团和文艺院团体制改革，加快培育社会文化组织。创新公共文化服务的内容和形式，加快推进文化与科技深度融合，促进文化创意与相关产业融合发展，大力培育文化新业态。

（五）发展目标

通过深化改革和加大投入，显著提高文化发展水平和质量，将深圳打造成为精神气质鲜明突出、文化创新引领潮流、文艺创作精品迭出、文化活动丰富多彩、文化设施功能完备、文化服务普惠优质、文化传媒融合发展、文化产业充满活力、文化形象开放时尚、文化人才群英荟萃的国际文化创意先锋城市，努力建设与现代化国际化创新型城市相匹配的文化强市。

1.社会主义核心价值观深入人心

深化新时期"深圳精神"新内涵，培育遵法纪、守诚信、讲道德的文明市民，争创第五届、第六届"全国文明城市"，到2020年全市公共文明指数达到90分以上，市民思想道德素质和科学文化素质全面提高。

2.现代公共文化服务体系更加完善

基本建成便捷高效、保基本、促公平的现代公共文化服务体系，公共文化设施实现全面覆盖、互联互通，每万人公共文化设施面积不少于2,000平方米，公共文化服务的内容和手段更加丰富，服务质量显著提升，公共文化管理、运行和保障机制进一步完善，基本公共文化服务标准化、均等化水平显著提高。

3.文化产业的支柱性产业地位更加巩固

数字内容产业和创意设计、文化信息服务等新型业态占比超过60%，产业质量和国际竞争力持续提高。文化创意产业增加值年均增长10%以上，对国民经济发展的贡献进一步增强。文博会专业化市场化国际化水平显著提升，产业带动效应进一步增强，国际影响力持续扩大。

4.城市文化软实力更具影响

文化艺术原创能力显著提升，涌现一批在全国有一定影响的文艺精品。重大文化活动的影响力持续扩大，活动质量不断提升。哲学社会科学理论建设和学术创新特色突出，研究水平跻身全国前列。文化传播力和辐射力显著增强，现代传媒集团在全国的影响力不断扩大。对外文化交流与合作领域不断拓展，深圳文化在国际的影响力进一步增强。

5.城市文化特色更加鲜明

创新型、智慧型、包容型、力量型城市主流文化基本形成，城市凝聚力明显增强。"两城一都"建设成效显著，书香城市氛围日益浓厚，高雅艺术更加普及，"设计之都"的地位更加巩固。引进、举办一批国际性、国家级品牌文化节庆和赛事，城市国际化文化氛围更加浓郁。

6.文化发展的体制机制更有活力

政府文化管理职能进一步转变，行政审批事项更加精简，社会资本参与文化建设的渠道更加畅通，文化类社会组织发展规范活跃。政府采购文化服务全面展开，公共文化供给多元化格局基本成型。文艺院团改革和文化事业单位改革不断深化，文艺创作的活力得到充分激发。文化治理体系和治理能力现代化水平显著提升。

专栏1　深圳市文化发展"十三五"规划主要指标表

指标类别	指标名称	单位	现状	2020年
公共文化服务	公共文化设施面积总面积	万平方米	255.1	300
	公共图书馆图书总藏量	万册	2562	2887
	市民图书阅读率	/	63.5%	68.5%
	公益电影放映场次	场	12,000	15,000
	美术、文物展览场次	场	358	500
	周末系列文化活动（美丽星期天、戏聚星期六、周末剧场）场次	场	178	190
	文化志愿者人数占常住人口比例	/	1.58‰	2‰
	电视双向互动家庭用户	万户	75	100
文化产业	文化创意产业增加值	亿元	1,757	2,800
	文化创意产业增加值占全市GDP比重	/	10%	10.8%

三、主要任务

（六）加快构建现代公共文化服务体系，不断提高市民文化福利水平

1.加快推进文化设施建设

深入实施文体惠民工程，规划建设一批与深圳城市地位相匹配、具有国际先进水平的重大文化设施。有效整合和提升完善各类文化空间，逐步形成2至3处现代化国际化的城市文化核心区，打造一批特色文化街区和特色文化小镇。推动各区（新区，下同）规划建设一批骨干文化设施，打造较高水准的公共文化服务平台。制定并实施《深圳市公共文体设施配置标准》，加快基层综合性文化服务中心建设，完善基层文化馆站设施设备，实现公共文化设施全覆盖。创新公共文化设施管理模式，探索开展公共文化设施社会化运营试点，通过委托或招投标等方式，吸引社会组织和企业参与公共文化设施的运营。

专栏2　公共文化设施建设项目

市级文化设施： 建成深圳市当代艺术与城市规划馆、深圳文学艺术中心、深圳美术馆新馆、深圳图书馆调剂书库，规划建设深圳文化馆新馆、自然博物馆，完成深圳博物馆老馆维修改造，启动建设深圳书城龙岗城、龙华城、光明城、湾区城、大鹏城，开展深圳歌剧院建设的前期论证工作。

区级以下文化设施： 建成坪山文化综合体、龙岗中心区"三馆"和宝安中心区青少年宫，启动建设光明新区文化艺术中心、南山区文化馆、龙华文体中心和布吉文体中心、观澜文体公园。采取盘活存量、调整置换、集中利用等方式，在街道和社区建设基层综合性文化服务中心。支持在各街道建设创意特色书吧。

2.广泛开展群众文化活动

大力实施文化惠民项目，继续开展周末系列、流动系列、高雅艺术系列文化活动，办好鹏城金秋市民文化节、深圳合唱节等群众性品牌文化活动，不断丰富活动内涵、提升活动水平，满足不同层次的文化需求。引导广场文化活动健康、规范、有序开展。深入开展群众性节日民俗活动。促进戏曲发展，加大对深圳粤剧团等本土专业戏曲艺术团体扶持力度。鼓励市民自办文化，支持成立各类群众文化团队。通过组织示范性展演、巡演等形式，为民间文化队伍提供展示交流平台。完善公益性演出补贴制度，通过票价补贴、剧场运营补贴等方式，支持艺术表演团体提供公益性演出服务。

专栏3　重点群众文化活动项目
继续办好"周末剧场""美丽星期天"等周末艺术普及活动，丰富流动大舞台演出等流动系列文化活动内容，继续办好"深圳晚八点""温馨阅读夜""光影星期五"等常设公共文化服务活动，完善公益电影放映机制，进一步扩大活动覆盖率。继续办好外来青工文体节、鹏城金秋市民文化节、深圳合唱节等群众文化活动，进一步提升群众文化活动的质量与内涵。

3.打造文化活动品牌

根据市民文化需求特点，以国际先进城市为标杆，积极构建规模化、系列化、多层次的文化节庆活动品牌体系。不断丰富深圳读书月、创意十二月、市民文化大讲堂等现有文化活动品牌的内容，提高市民参与度，努力将其打造为市民享受文化发展成果的平台。继续办好中国设计大展、中国国际钢琴协奏曲比赛等重大文化活动，不断提升活动影响力和知名度。建立城市文化菜单，形成"月月有主题、全年都精彩"的文化生活新局面。鼓励各区培育打造各具特色的文化活动品牌，重点支持福田莲花山草地音乐节、深圳粤剧周（罗湖）、南山流行音乐节、深圳湾草地音乐会、盐田沙滩音乐节以及龙岗区乐杜鹃、迷笛、热波、草莓音乐节等文化活动。创新开展网络文化奖、网络安全周等网络文化活动，鼓励社会力量参与文化活动品牌建设。

专栏4　品牌文化活动项目
进一步丰富文博会艺术节、戏曲名剧名家展演、深圳读书月、创意十二月、市民文化大讲堂、鹏城歌飞扬、经典诗文朗诵会等常设品牌文化活动的内涵，不断提高群众参与度。加快提升中国设计大展、深圳设计奖、深圳钢琴公开赛、设计之都公益广告大赛等的品牌影响力，丰富活动内涵。 办好联合国教科文组织深圳创意设计新锐奖、中国国际钢琴协奏曲比赛、深圳国际水墨双年展、观澜国际版画双年展、深港城市建筑双城双年展等国际性品牌文化活动，不断提升深圳文化的国际化水平。 积极引进国家级文化活动落户深圳，推动创办国际科技影视周、深圳"一带一路"国际音乐季、深圳设计周、深圳国际摄影大赛等国际化品牌文化活动。

4.提升公共文化服务效能

进一步推进政府建设的公共文化场馆向市民免费开放，通过项目公示、错时开放、延长免费开放时间等手段，积极提供各类公共文化服务。不断丰富公共文化服务机构的藏书、藏品，加快展览展示更换频率，拓展服务领域。建立群众文化需求反馈机制，及时准确了解和掌握群众文化需求，制定公共文化服务供给目录，开展菜单式、订单式、互动式服务，实现供需对接。深化"图书馆之城"建设，加快推进公共图书馆总分馆建设，不断提升图书馆服务效能。推动公共文化服务供给侧结构性改革，以行业联盟等形式，促进图书馆、文化馆、博物馆等公共文化服务机构开展馆际合作，统筹开展公共文化巡展巡讲巡演等服务，提升服务效益。建立公共文化服务绩效评估机制，完善公共文化服务质量监测体系，利用网络点评和大数据分析，增强公共文化服务评价的客观性和科学性。

5.推进公共文化服务标准化

公布《深圳市基本公共文化服务实施标准（2016—2020年）》，构建市、区、街道和社区四级基本公共文化服务标准体系，明确基本公共文化服务内容、种类、数量、水平等。鼓励各区创新辖区特色文化服务项目，推出特色文化服务标准。建立标准动态调整机制，根据实施效果、经济社会发展和群众文化需求，适时调整完善相关指标。建立健全公共文化设施运行管理和服务标准体系，规范各类公共文化机构服务项目和服务流程，完善内部管理制度，提高服务水平。

专栏5　公共文化服务标准体系
公布《深圳市基本公共文化服务实施标准（2016—2020年）》，形成有深圳特色的公共文化服务标准体系。 　　服务设施配置标准：以步行10分钟为服务半径，统筹设置公共文体设施。到2020年，每万人公共文化设施面积不少于2000平方米，服务半径不低于"十分钟文化圈"。 　　服务设施开放标准：政府投资的公共图书馆、文化馆、博物馆、美术馆、街道文体中心、社区综合性文化服务中心等公共文体设施向社会免费开放，基本文化服务项目健全并实行免费服务。 　　广播影视服务标准：为市民提供突发事件应急广播服务。通过无线模拟提供不少于6套广播节目，通过数字音频提供不少于15套广播节目。通过地面数字电视提供不少于17套电视节目。面向社区和厂区提供公益电影放映服务，全市年放映公益电影≥15000场。每学期为中小学生提供2部爱国主义教育影片。 　　文化配送服务标准：市级文化机构每年向基层配送的文化活动（不含公益电影，下同）≥300场次；福田、罗湖、南山、宝安、龙岗等区级文化机构向基层配送的文化活动≥200场次；盐田、光明、坪山、龙华、大鹏等区级文化机构向基层配送的文化活动≥100场次。 　　文化场馆服务：市级文化馆年组织公益性文化活动（演出、培训、展览、讲座、辅导、交流等）≥300场次，其中大型文化活动≥7场次，大型展览≥7个，艺术培训项目≥10个；市级博物馆、市级美术馆年组织展览及讲座等活动≥50场次，其中常设基本陈列展览≥2个。 　　文艺创作服务：市级文化馆年组织创作并展演的作品≥10部（件），区级文化馆年组织创作并展演的作品≥5部（件），街道文体中心（文化站）年组织创作并展演的作品≥2部（件）。 　　文化遗产服务：每年举办非物质文化遗产传承活动，其中市级大型活动≥2场次，区级、街道级活动≥2场次。

6.提升公共文化服务信息化水平

加快文化资源信息化建设，推动重要公共文化艺术培训、展览、讲座、演出资源的数字化和网络化。推行"互联网+公共文化"，实现公共文化场所无线网络全覆盖，加快数字图书馆、数字美术馆、数字博物馆建设，建设公共文化数字资源库群。支持公共文化机构开展数字化研发应用，强化线上、线下互动，提升公共文化服务用户体验。探索推进公共文化"互联网+"建设，加强公共文化资源整合开发，加强多网、多终端应用开发。利用数字化资源、智能化技术、网络化传播，拓展公共文化服务能力和传播范围。有效运用宽带互联网、移动互联网、广播电视网、卫星网络等手段，拓宽公共文化资源传输渠道。

专栏6　文化信息工程
实施数字图书馆、数字文化馆、数字美术馆、数字博物馆及数字书城工程，推进公共文化机构开展数字化研发应用，鼓励通过社交软件、移动APP、微博、微信等服务方式，创新服务模式。建立公共文化服务云和大数据平台，加快推进数字文化资源实现"一站式"服务。完善全民阅读数字出版分众平台、全民阅读网，推进全民阅读服务创新。 　　区级及以上公共图书馆、文化馆、博物馆、美术馆100%建成并开通网上图书馆、文化馆、博物馆、美术馆，具备基本功能，并提供数字服务项目。 　　区级及以上公共图书馆建成地方特色数字资源库≥3个。

7.加大文艺精品创作力度

加强引导，完善扶持机制，营造有利于文艺创作的良好环境，充分调动文艺工作者的创作积极性。紧扣重大纪念活动时间节点，特别是深圳经济特区改革开放主题，组织开展文艺精品创作，在文学、音乐、影视、舞台艺术、美术、出版等领域，创作出能在国际和国家级平台出彩的精品力作，打造引领时代潮流的文艺精品生产基地。支持网络剧、网络音乐、网络动漫等新兴文艺发展。进一步提升公共文化服务机构、国有文化企业提供的公益文化产品和服务的质量，创作生产更多传播社会主义核心价值观，体现中国精神、深圳特色的优秀文化产品。深化文艺院团改革，做优深圳交响乐团，扶持深圳粤剧团发展，筹办深圳歌剧舞剧院、深圳话剧团，推动民间文艺团体发展。提升深圳大剧院、深圳音乐厅的运营管理水平和服务功能，探索融合发展的新路子。优化文艺院团治理结构，设立艺术委员会和艺术总监，开展艺术职务序列改革。探索采用客座制、签约制、特聘制等灵活形式，吸引优秀创作人才，并通过委约创作、项目合作和在深设立工作室等方式，加强与国内外优秀创作人才的合作，为深圳文艺创作注入新鲜活力。探索实施剧（节）目制作人制度。鼓励民办文艺表演团体参与文艺创作，创造条件，支持民办文艺表演团体参与文艺评奖、重大活动汇演，支持其开拓演出市场，申请各类政府专项资金，进一步激活全社会的文化创作活力。

8.推动公共文化服务社会化

探索实施购买服务、项目补贴、以奖代补、基金制等多种财政投入方式，促进公共文化服务提供主体和提供方式多元化。进一步建立健全政府面向社会力量购买公共文化服务机制，编制政府面向社会力量采购公共文化服务指导性目录。鼓励和支持社会力量通过投资（或捐助）设施设备、兴办实体、资助项目、赞助活动、提供产品和服务等方式，参与公共文化服务体系建设。鼓励通过众筹或成立公益基金等形式，开展公益文化活动。完善文化类社会组织培育与扶持政策，引导文化类社会组织依法依规开展公共文化服务。

9.大力推进文化志愿服务

大力弘扬志愿服务精神，坚持志愿服务与政府服务、市场服务相衔接，奉献社会与自我发展相统一，社会倡导和自愿参与相结合，构建参与广泛、内容丰富、形式多样、机制健全的文化志愿服务体系。创新服务内容、工作方式和活动载体，培育具有地方或行业特色的文化志愿服务品牌。完善文化志愿者注册招募、服务记录、管理评价和激励保障机制，文化志愿者人数达到全市常住人口的2‰。引导文化志愿者进入街道、社区文化站（室）服务。加强对文化志愿队伍的培训，提升文化志愿者的服务意识、能力和水平。组织专家学者、艺术家等社会知名人士参加志愿服务，提高社会影响力。

10.建设学习型城市

以打造"图书馆之城"、国际一流书城群和全国数字阅读先进城市为载体，构建优质便捷的购书、借书、读书服务体系，人均公共图书馆藏书量达到1.9册。支持特色书吧建设，基本形成"一区一书城、一街道一书吧"格局，打造集阅读、休闲、展览展示于一体的公共文化服务平台。深入贯彻《深圳经济特区全民阅读促进条例》，编制深圳市全民阅读发展纲要，加强全民阅读活动品牌建设，努力将深圳读书月打造成为国际知名、国内一流的阅读品牌。打造全民阅读精品项目，办好读书论坛、全民阅读网和月度好书榜等品牌活动，建设全国读书文化的领军城市，到2020年，市民图书阅读率达68.5%。加强对阅读活动的引导，完善阅读推广人培训机制，壮大阅读推广人队伍。倡导"每天阅读一小时"，弘扬以读书为荣的价值观念。建立健全全民阅读评价指标体系，建设全民阅读水平测试公益平台。发布包括数字化出版物在内的全民阅读基础书目和分类推荐书目，推动成立公益性全民阅读基金。结合新媒体的特点和趋势，打造全民阅读APP、掌上书城，推广手机阅读、网络阅读、电子书阅读等多种载体的阅读方式。加强青少年和儿童阅读，关注基层群众阅读需求，发展民间阅读组织，丰富全民阅读参与主体。

（七）加快构建现代文化产业体系，提升文化产业综合竞争力

11.推动业态融合创新

进一步发挥"文化+"的功能，强化文化创意和科技创新两大支撑，继续认定和扶持"文化+科技""文化+互联网""文化+创意""文化+金融""文化+旅游"等新型业态示范企业和优秀项目，打造具有国际竞争力的创意文化产业集聚高地。加大对制造业、金融业、建筑房地产业、软件业等与文化创意项目跨界融合发展的龙头企业的政策扶持，鼓励传统制造型文化企业提高创意研发环节比重和水平，引导产业融合和创新升级。

12.做强做大市场主体

发挥市文化创意产业发展专项资金的引导作用，撬动金融资本、社会资本以产业投资基金、众筹、P2P等多种形式，投资文化创意产业，支持个人工作室、独立策划机构、"文化创客"等小微创意企业加快成长。建立挂点联系服务企业工作机制，发挥三大国有文化集团的引领作用，重点支持30家掌握核心技术、拥有原创品牌、具有较强市场竞争力的龙头文化企业和企业集团，争取有1—2家企业跻身世界500强，有2—3家企业入围全国文化企业30强。

13.优化产业空间布局

按照"一区一大项目、一街道一园区"的原则，市、区联动推进潮人码头、国际艺展、大芬油画产业基地、华强文化创意园、华谊兄弟文化城、前海国家级文化创意产业园等重大项目规划建设，着力发展文化产业总部经济。统一市级文化创意产业园区和文博会分会场标识系统，提高园区软硬件建设标准。推动新建市级文化创意产业园区20个，新增国家级文化产业示范园区或基地2—3个。

14.打造国际知名文化展会品牌

突出质量型内涵式发展，着力提升文博会国际化、市场化、专业化水平。结合国家文化发展战略，每年突出办好1—2个特色主题展馆。按照国际一流展会标准，建立完善文博会质量管理体系。发挥行业协会和专业招展机构作用，逐步实现招商招展全市场运作。完善"1+N"模式，利用文博会资源举办系列文化创意专业展会。强化海外招商，探索设立文博会海外分会场。实行文博会分会场考核末位淘汰制，提升分会场的文化内涵和产业发展质量。支持文博会公司探索通过增资扩股等方式，与国际、国内品牌会展机构开展合作，积极推进文博会产业园区建设，打造集文化产品交易、研发设计、创业孵化、信息服务和总部办公为一体的功能齐全、服务设施完善的文化创意产业集聚园区和总部经济区。

15.完善国家级产业服务平台

支持文交所搭建新闻出版、广播影视内容版权登记和交易平台，创新开展市场化交易业务，拓宽文化投融资服务领域。完善深圳高新区国家级文化和科技融合示范基地服务机制，建设文化科技产业"硅谷"。建成广东国家数字出版基地深圳园区，形成国内领先的数字出版产业链。积极推动在前海蛇口自贸片区设立首家文化银行，探索创建国家文化金融合作试验区。推动中国文化产业投资基金新增投资支持3家以上深圳文化创意企业。依托国家级平台举办文化创意产业高端论坛、信息发布、认定评选等权威活动。

（八）创新文化遗产保护机制，传承城市文化根脉

16.积极推进文物保护工程建设

加强不可移动文物保护，积极推进大鹏所城二期、大万世居、茂盛世居等体现岭南特质和深圳历史的重点文物保护工程建设。在有效保护前提下，积极探索开展不可移动文物的合理开发利用。建立健全非国有不可移动文物保护补偿机制，调动非国有文物所有权人参与文物保护的积极性。开展不可移动文物测绘和保护现状调查评估等工作，建立不可移动文物资源数据库，进一步夯实文物保护基础。推进文物安全防范设施设备建设，落实文物安全责任制，加大文物安全巡查和执法力度，全面提升文物安全防范水平。

17.加强非物质文化遗产保护与利用

深入开展非物质文化遗产调查和整理研究工作，进一步健全非物质文化遗产保护机制。积极申报各级非物质文化遗产代表性项目，规范开展传承人认定工作，建立完善全市非物质文化遗产名录库，积累"城市记忆"。积极开展非物质文化遗产展演展示活动，进一步丰富非物质文化遗产进校园的形式和内容。探索非物质文化遗产保护与开发有机结合途径，推动非物质文化遗产项目的生产性保护。加强岭南特色和深圳地方特色非物质文化遗产的调查、挖掘和保护传承工作，传承深圳优秀民俗文化。以文化遗产日、国际博物馆日、传统节日等为契机，开展形式多样的宣传展示活动。

18.大力发展博物馆事业

积极引进国内外精品文物展览，不断提升博物馆展览质量。大力提升博物馆观众接待服务和运营管理水

平，策划组织各类主题宣教活动，进一步发挥博物馆的爱国主义教育和国民教育示范基地功能。全面完成第一次可移动文物普查工作，建立全市国有可移动文物数据库。积极扶持和引导民办博物馆发展。广泛开展改革开放历史文物征集，加强改革开放历史研究，不断丰富和完善《改革开放史》展陈内容。

（九）加快构建现代文化传播体系，增强深圳文化辐射力

19.不断提高舆论引导能力

坚持正确舆论导向，充分发挥党报党刊、广播电视在舆论引导中的核心作用，进一步发挥网络媒体、手机媒体等新兴媒体的作用，牢牢把握舆论主导权。加强基层新闻出版广播影视设施建设，加大优质产品服务供给力度，巩固基层舆论阵地。完善舆情监测研判和突发事件宣传报道快速反应制度，健全舆情应对综合协调机制，掌握舆论引导主动权。强化新闻媒体的社会责任，落实内容和产品备案、审核、审查、审读等管理机制，严把导向关、播映关、出版关、发行关。深入开展"扫黄打非"行动，建立健全安全播出检查和隐患督办机制，确保安全出版、安全播出。

20.加快传统媒体和新兴媒体融合发展

坚持传统媒体与新兴媒体优势互补、融合发展，推动传统媒体向现代媒体转型升级，推动新闻信息生产模式转型。综合运用多媒体表现形式，拓展媒体的社会服务，不断扩大辐射面。建设技术标准统一的内容和用户数据库，推进出版和播出资源数据库建设。加强媒体传输渠道建设，进一步完善现代出版发行网络，加强新兴出版重点平台建设。推动广电传输网络全领域智能协同覆盖并互联互通，进一步推进报网融合、台网融合。支持城市联合网络电视台（CUTV）发展，推进云媒体平台、云出版平台、云阅读平台等建设，推动建设移动新媒体集群。支持深圳报业集团建设核心新媒体客户端，支持深圳特区报"读特"、深圳晚报"深圳ZAKER"等新媒体项目建设，打造具有区域影响力乃至全国影响力的新媒体产品。支持深圳报业集团成立传媒融合基金，强化对媒体融合项目的股权投资。推动深圳广播电影电视集团对现有新闻制作播出系统进行升级改造，实现媒介资源整合、信息共享，构建现代化立体传播体系。办好中国国际新媒体短片节、中国（深圳）国际电视剧节目交易会和深圳动漫节。

21.深入实施传媒精品战略

建立报刊出版质量评价体系，培育一批原创能力强、品牌影响力大的骨干报刊。深化非时政类报刊转制改革工作，进一步理顺管理体制，探索引进战略合作伙伴。加强出版企业扶持，努力实现图书国家出版奖、"五个一"工程奖零的突破。坚持广播电视新闻立台，提高科教类、文化类、道德建设类节目的制作播出比例，优化原有品牌节目栏目。充分利用毗邻港澳的优势打造特色品牌节目，推动形成在全国广电节目有一定影响力的"深圳现象"。坚持剧本为先、创意制胜，把剧本创作放在影视生产的首要位置，推动影视创作生产能力持续提升，努力打造一批既有观赏性、艺术性，又受市场欢迎、群众喜爱的影视精品。

22.加快新闻出版转型升级

加快新闻出版新兴业态发展，建设数字内容投送平台，提高内容出版产业整体实力。加快印刷复制业转型升级和设备改造，向自动化、智能化、信息化、数字化发展，引导产业绿色转型。推动落实国家绿色印刷标准，力争到"十三五"末，获得绿色印刷企业资格认证的数量达到50家。加强数字出版核心技术的研发和应用，加快发展移动阅读、在线教育、知识服务、电子商务等新业态，提升数字出版内容的传播力和影响力。探索民营资本进入出版领域渠道，构建国家控股、民间资本参股、专业机构管理、以市场为导向、以数字出版为发展方向的出版模式。支持深圳报业集团培育新兴业务改制上市，以及非党报媒体转企改制，以资本市场为推手，加快媒体融合发展，支持深圳报业集团新媒体文化产业基地建设。市文化创意产业发展专项资金加大对数字出版的支持力度，加快建设国家数字出版基地，打造2—3个具有较大影响的数字出版项目和国家级数字出版示范企业。鼓励发展新一代数字书城，支持线上线下一体化运营。推进实体书店与电子商务合作，加强发行网点建设。

23.大力推进广播影视创新发展

加快广播电视网络数字化、双向化、宽带化改造升级，继续推进三网融合，促进高清电视、互动电视、交

互式网络电视（IPTV）、手机电视等视听新媒体业务发展。推进下一代广播电视网（NGB）建设，带动影视内容产业发展。推进下一代宽带无线（NGBW）广播网试点城市建设，基于现有广播网络，采用通信技术、信息技术和新一代广播技术，推动广播电视的升级换代。促进有线电视业务创新，全面提升有线电视网络的服务品质和终端用户体验。实施"百万高清"计划，推动4K超高清业务的发展和智慧家庭应用的普及。继续提高公益电影放映质量，逐步建立固定放映与流动放映相结合，公益放映和商业放映互补的公共服务体系。加强电影市场管理，维护电影市场秩序，推动影院改造升级和多元化经营，促进电影市场繁荣发展。

（十）扩大文化交流与合作，努力提升深圳城市影响力

24.提高文化开放水平

配合国家整体外交战略和我市对外经贸交流，推动深圳本土优秀文化品牌和非物质文化遗产项目积极参与"欢乐春节""中国文化年（节、月）""逢五逢十"建交庆祝演出等重大国家对外文化品牌活动，深化与友好城市、联合国教科文组织创意城市网络的交流与合作，办好友城文化艺术周等活动，推动深圳优秀文艺团体及文化精品"走出去"。加强民间文化国际交流，形成多层次的对外文化交流格局。加强与境内外主流机构合作，策划实施一系列高水平的对外文化交流项目，积极引进世界优秀文化产品，筹办双边和多边国际艺术节庆活动，探索举办深圳设计周、深圳国际现代艺术节。通过演员客座交流、联合出品及互派巡演等形式，加强与国际主流文化机构的横向联系，提升深圳的国际形象和美誉度。

25.加强与港澳台地区文化交流与合作

推动深圳与港澳在表演艺术互派交流、文艺作品联合制作以及艺术人员培训等方面深化合作。深化文化产业合作，推动深港澳在创意设计、动漫游戏、影视传媒等产业的分工协作和优势互补。加强图书馆、博物馆领域交流合作，推进青少年人文交流，提升深港合作水平，拓展合作领域。鼓励和支持民间文化交流，促进深港文化融合。以传承和弘扬中华传统文化为重心，深化对台文化交流，扩大与台湾创意产业的合作。继续办好深圳与港澳台地区的品牌文化交流项目，促进文化交流与合作。

26.大力促进对外文化贸易发展

以国家对外文化贸易基地为载体，整合全市主要对外文化贸易企业资源，形成文化出口联合体，并通过搭建公共服务等平台，吸引泛珠三角有关企业加入，建立泛珠三角对外文化贸易辐射圈。加大深圳—爱丁堡文化创业产业孵化中心的推广力度，进一步提升孵化功能。按照园区主体运营、政府扶持的原则，通过友城合作等渠道，鼓励有条件的文化创意产业园区加快走出去，推广设立国家创意产业孵化中心和分支机构。

27.加强与"一带一路"沿线国家（地区）的文化交流与合作

加强与东盟、澳大利亚、东非等海上丝绸之路沿线国家（地区）的合作与交流，积极参与海外中国文化中心相关工作，策划主题鲜明的对外文化交流活动，举办深圳"一带一路"国际音乐季，提升城市国际化水平和软实力。办好文博会"一带一路"专馆，积极引进"一带一路"沿线国家（地区）参展。建设国家对外文化贸易基地（深圳）"一带一路"专业服务平台，扩大对"一带一路"沿线国家（地区）的文化贸易。

专栏7　重点对外文化交流项目

文化走出去项目。积极参与"欢乐春节""中国文化年（节、月）""逢五逢十"建交庆祝演出等国家重大对外文化品牌活动，打造对外文化交流品牌，推动更多文化艺术精品走出去。

引进文化项目。办好"鹏城春荟法兰西·中法文化之春艺术节"、非洲文化聚焦等活动，吸引更多客座画家参与文化创作。办好深圳读书月"阅读双城记"等活动，加强国际友城之间的文化交流与合作。

文化合作项目。推动与俄罗斯马林斯基剧院联合制作歌剧项目，与德国吉森剧院、波兰波兹南舞蹈团开展三城舞蹈合作计划，创作优秀文艺作品。

港澳台文化交流。继续办好深港创意艺术双周、深港设计双年展、文博会澳门精品展等港澳台文化交流活动，发挥深港台创意设计廊等合作平台作用，推动与香港在联合制作以及艺术行政人员培训领域的合作。

四、实施保障

（十一）加强组织领导

各区（含新区，下同）和市有关部门要从全面建成小康社会、打造民生幸福城市的高度，充分认识文化建设的重要性和紧迫性，把文化建设摆在更加突出的位置，列入重要议事日程，纳入经济社会发展总体规划和年度计划。充分发挥文化强市建设领导小组和公共文化服务体系协调组的作用，加强对全市文化建设的统一领导、组织和协调。

（十二）强化资金保障

加强财政投入力度，拓宽资金来源渠道，建立政府主导、社会参与的多元文化投入机制，落实提供基本公共文化服务项目所必需的资金。发挥市、区文化创意产业发展专项资金的引导作用，对符合条件的企业、社会组织通过项目资助、奖励和贷款贴息等方式予以扶持。加强对文化事业资金、文化产业发展专项资金管理使用情况的监督和审计，切实提高资金使用效益。

（十三）完善经济政策

落实企业和个人捐赠、兴办公益性文化事业的税收优惠政策，调动社会力量参与公益文化建设。加大对文化创意产业支持力度，引导和支持依法发起组建各类文化创意产业投资基金和机构。积极推动文化创意企业通过上市、发行债券等直接融资手段获得金融支持。将文化产业建设用地纳入城市土地利用规划，对符合条件的文化企业和文化产业园区在用地方面予以扶持。鼓励文化企业参与旧城区、旧工业区改造，通过推动城市更新扩大文化产业发展空间。

（十四）加强改革创新

深化文化体制改革，完善文化管理体制和运行机制，强化政府在政策引导、平台搭建、公共服务、环境营造等方面职能，推动政企分开、政事分开、管办分离。完善文化事业单位法人治理结构，探索更为有效的绩效评估形式，推动事业单位服务创新。深化行政审批制度改革，放宽市场准入，激发社会活力。深化国有文艺院团改革，夯实文艺精品创作基础。深化国有文化集团改革，打造新型主流文化传媒集团。加强行业协会和文化类社会组织、中介组织的培育。

（十五）加强队伍建设

加强文化队伍建设，落实相关编制政策，配齐基层文化单位工作人员，保障基层文化工作者的相应待遇。积极引进高端文化人才，不断完善高层次人才政策，优化文化队伍人员结构。引进培养一批学术大家，加强智库建设，增强哲学社会科学研究力量。注重发挥非公有制文化单位人才的积极性，在职称评定、培训提高、政府奖励资助等方面给予同等待遇。支持深圳艺术学校提升办学水平，探索创办艺术类特色学院。鼓励有条件的中高等院校开展艺术特色教育，加强文化人才培训，全面提高从业人员素质。加强基层文化人才和文艺骨干队伍建设，创造条件发挥其文艺特长。

（十六）优化发展环境

加强文化市场管理、公共文化服务等领域的制度建设。适应商事登记制度改革新形势，探索文化市场事中、事后监管办法，创新市场监管模式。完善文化市场综合执法体制，深入开展"扫黄打非"行动，完善文化市场管理机制。加强文化执法信息化建设，提高市场监管效能。加大文化市场违法行为的查处力度，健全完善行政执法与刑事司法相衔接的机制，提高行政执法的威慑力。提高互联网依法管理水平，规范网上传播秩序。加强基层执法队伍建设，健全市、区文化市场监管联动协调机制，保障文化市场健康有序发展。

青岛市"十三五"时期文化发展改革规划纲要

为深入贯彻落实党的十八大和十八届三中、四中、五中、六中全会精神,加快文化发展改革,推动社会主义文化大发展大繁荣,建设文化青岛、打造文化强市,根据《国家"十三五"时期文化发展改革规划纲要》《山东省"十三五"时期文化发展改革规划纲要》和《青岛市国民经济和社会发展第十三个五年规划纲要》,编制本规划纲要。

序 言

文化是民族的血脉,是人民的精神家园,是城市发展的灵魂。坚持"两手抓、两手都要硬",推动物质文明和精神文明协调发展,繁荣发展社会主义先进文化,是党和国家的战略方针,是我市加快建设宜居幸福创新型国际城市的重要内容。

"十二五"时期,市委、市政府高度重视文化建设,深入实施文化强市战略,大力推进文化事业文化产业繁荣发展,文化建设取得显著成效。《青岛市"十二五"时期文化改革发展规划纲要》确定的各项任务基本完成,中国特色社会主义理论体系最新成果的学习宣传教育不断加强,中华民族伟大复兴的中国梦和社会主义核心价值观深入人心,主流思想舆论不断巩固,我市蝉联全国文明城市荣誉称号;文化体制改革深入推进,文化市场活力进一步增强,文化事业文化产业持续健康发展;公共文化服务不断完善,成功创建国家首批公共文化服务体系示范区,基层群众文化生活持续改善,镇(街道)综合文化站实现全覆盖;文艺创作日益活跃,中华优秀传统文化进一步弘扬,群众文化生活更加丰富多彩,文化品牌影响力不断提升;文化产业成为国民经济的支柱性产业;城市文化综合实力明显增强。

"十三五"时期是全面建成小康社会的决胜阶段,也是加快文化发展改革、推进文化强市建设的关键阶段。在新的历史起点上,要在全面建成小康社会中走在前列,加快建设宜居幸福创新型国际城市,必须凝聚正能量、增强软实力,充分发挥文化引领风尚、教育人民、服务社会、推动发展的作用。全面建成小康社会,迫切需要补齐文化发展短板、实现文化小康,丰富人们精神文化生活,提高市民素质和社会文明程度。适应把握引领经济发展新常态,推动改革全面深化,促进社会和谐稳定,迫切需要牢固树立和贯彻落实创新、协调、绿色、开放、共享的发展理念,增进社会共识、营造良好氛围,激发人民群众创造活力。高新技术发展日新月异,社会信息化持续推进,互联网影响广泛而深刻,迫切需要拓展文化发展新领域,发展壮大网上主流舆论阵地,实现文化与科技深度融合,更好运用先进技术发展和传播先进文化。"十三五"时期,文化发展改革面临难得历史机遇,也面临巨大挑战。文化发展仍然在一定程度上滞后于经济发展,加快发展速度、壮大城市整体文化实力的要求十分迫切;文化交流交融交锋更加频繁,特别是互联网快速发展,巩固思想文化阵地、掌握话语权主导权的压力更加突出;文化体制改革面临一些深层次矛盾和难点问题,啃硬骨头、攻坚克难的任务更加艰巨;面对人民群众日益增长的精神文化需求,文化产业结构还有待进一步优化,文化产品和服务的有效性、精准性尚需加强,保障文化民生、满足人民群众多样化文化需求的任务更加繁重。面对新形势新要求,要进一步坚定文化自信,增强文化自觉,加快建设文化青岛,打造文化强市,为建设宜居幸福创新型国际城市提供强大价值引领力、文化凝聚力和精神推动力。

一、总体要求

（一）牢牢把握文化发展改革的指导思想

高举中国特色社会主义伟大旗帜，全面贯彻党的十八大和十八届三中、四中、五中、六中全会精神，以马克思列宁主义、毛泽东思想、邓小平理论、"三个代表"重要思想、科学发展观为指导，深入学习贯彻习近平总书记系列重要讲话精神和治国理政新理念新思想新战略，切实增强政治意识、大局意识、核心意识、看齐意识，紧紧围绕统筹推进"五位一体"总体布局和协调推进"四个全面"战略布局，坚持以社会主义核心价值观为引领，坚持社会主义先进文化前进方向，坚持中国特色社会主义文化发展道路，坚持依法治国和以德治国相结合，坚持以人民为中心的发展思想和工作导向，坚持把社会效益放在首位、社会效益与经济效益相统一，全面推进文化发展改革，全面完成文化小康建设各项任务，推动文化事业全面繁荣、文化产业快速发展、优秀传统文化传承弘扬，建设文化青岛，打造文化强市，为加快建设宜居幸福创新型国际城市提供强大精神文化支撑。

（二）把新发展理念贯穿于文化发展改革全过程

——坚持创新发展，增强文化发展改革动力。充分发挥创新在推进文化发展改革中的战略支撑作用，体现文化例外要求，加大改革力度，全面推进文化内容形式、方法手段、载体渠道、体制机制、政策法规等创新，推进文化领域供给侧结构性改革，增强文化产品和服务有效供给，激发动力、增强活力、释放潜力，推动出精品出人才出效益。

——坚持协调发展，构建均衡发展格局。统筹城乡、区域文化发展，统筹文化发展、改革和管理，正确处理政府与市场、国有与民营、对内与对外等重要关系，促进文化事业全面繁荣、文化产业快速发展、优秀传统文化传承弘扬。

——坚持绿色发展，推动文化健康繁荣。尊重规律，增加优秀精神文化产品和优质文化服务供给，净化社会文化环境，打造健康文化市场，提升文化产业发展质量和效益，推动形成绿色发展方式和生活方式。

——坚持开放发展，加快推动文化"走出去"。围绕国家"一带一路"建设，发挥文化传播与交流合作的引导力、融合力、创造力、感染力，推动文化"走出去"，提高国际传播能力，讲好青岛故事、传播青岛声音、展示青岛形象，增强城市文化软实力。

——坚持共享发展，惠及全体市民。面向基层，贴近群众、依靠群众、服务群众，保障人民基本文化权益，满足人民群众日益增长的精神文化需求，提高群众文化参与度和获得感。

（三）全面实现文化发展改革的目标任务

到2020年，全市文化发展主要指标、文化事业整体水平、文化产业综合实力走在全国同类城市前列，基本建成文化品位高雅、文化底蕴丰厚、文化事业繁荣、文化产业发达、文化特色鲜明的现代海洋文化名城。

——马克思主义中国化最新成果广泛普及，中国梦引领凝聚作用进一步增强，社会主义核心价值观更加深入人心，市民思想道德素质、科学文化素质和社会文明程度显著提高。

——精神文化产品创作生产更加活跃繁荣，社会精神文化生活丰富多彩，网络文化健康发展，文化精品和优秀人才不断涌现，建设具有全国影响力和国际知名度的文化精品生产高地。

——现代传播体系逐步建立，传统媒体与新兴媒体融合发展取得阶段性成果，新型主流媒体不断壮大，网络空间更加清朗，社会舆论积极向上。

——现代公共文化服务体系全面建成，基本公共文化服务标准化、均等化水平明显提高，体现青岛特色的文化设施网络基本形成，公共文化供给与群众文化需求有效匹配。

——现代文化产业体系和现代文化市场体系更加完善，文化市场的积极作用进一步发挥，做优做强做大一批文化企业和文化品牌，文化产业发展质量和效益显著提升，影视之城、音乐之岛等城市文化特色进一步彰显，文化作为全市国民经济重要支柱性产业的地位更加巩固，文化"走出去"迈出新步伐，城市文化整体实力和竞争力显著增强。

——文化宏观管理体制改革不断深化，微观运行机制进一步健全，文化发展政策环境不断优化，文化法治建设深入推进，文化发展活力进一步激发。

二、主要任务

（一）加强思想理论建设

坚持用党的理论创新成果武装头脑、指导实践、推动工作，不断巩固马克思主义在意识形态领域的指导地位，教育广大干部群众增强"四个意识"、坚定"四个自信"。

1. 深化中国特色社会主义理论体系的学习研究宣传

把深入学习宣传贯彻习近平总书记系列重要讲话精神和治国理政新理念新思想新战略作为重中之重，深化中国特色社会主义和中国梦的学习宣传教育。结合推进"两学一做"学习教育常态化制度化深入开展理论宣传。深入推进马克思主义理论研究和建设工程、中国特色社会主义理论体系研究中心、马克思主义学院、报刊网络理论宣传阵地"四大平台"建设。坚持和完善党委（党组）中心组学习制度。组织理论惠民"百千万"宣讲活动和"中国梦"系列宣讲活动，开展面向基层群众的对象化、互动化理论宣讲。深入开展高校思想政治工作。加强青少年理想信念教育。

2. 加强意识形态领域管理

落实党委（党组）意识形态工作责任制，建立健全考核、督查、问责机制，牢牢掌握意识形态工作领导权和主动权。推动各级党校、行政学院开设意识形态工作课程和讲座。坚持党管宣传、党管意识形态、党管媒体，落实属地管理、分级负责和谁主管谁负责的原则，加强意识形态阵地管理，建立健全网络意识形态工作机制，切实维护意识形态安全。

3. 推动哲学社会科学繁荣发展

深入贯彻习近平总书记在哲学社会科学工作座谈会上的重要讲话精神，加强社会科学规划管理和优秀成果转化。深入实施理论惠民工程，办好社科普及周等品牌活动。建立健全哲学社会科学管理体制，研究制定青岛市社会科学普及制度。完善哲学社会科学经费管理机制。加强对哲学社会科学各类论坛、讲座、科研机构的引导和管理。扶持哲学社会科学优秀著作出版。推进新型智库建设，打造一批直接为党委、政府决策服务的高水平智库，造就一支专业素质过硬、善于联系实际、富有创新精神的公共政策研究和决策咨询队伍，推出一系列原创性、标志性、引领性智库研究成果，基本形成与青岛城市地位和发展目标相匹配的新型智库体系。

（二）提高舆论引导水平

牢牢坚持党性原则、坚持马克思主义新闻观、坚持正确舆论导向、坚持正面宣传为主，把政治方向摆在第一位，加快构建现代传播体系，健全舆情引导机制，强化媒体社会责任，发展壮大主流媒体，切实提高新闻舆论传播力、引导力、影响力、公信力。

1. 做强做大主流舆论

适应分众化、差异化传播趋势，加快构建主流舆论矩阵。加强青岛日报、市广播电视台、青岛新闻网等重点新闻媒体建设，提高宣传报道质量和水平，扩大受众覆盖面。加强和改进主题宣传、典型宣传、成就宣传，持续开展党中央治国理政新理念新思想新战略重大主题宣传，做活经济宣传，做好热点引导。综合运用微博、微信、移动新闻客户端等传播方式，拓展主流舆论传播空间。打造舆论引导和信息发布权威平台，提升快速反应和直播报道能力。做好舆情分析研判和预警应对，健全舆情会商机制。做好重大突发事件新闻报道和权威发布，把握舆论引导的时度效。加强和改进舆论监督，发挥舆论监督建设性作用。深化主要新闻单位采编播管岗位人事管理制度改革。

2.推动媒体融合发展

全面实施内容、服务、技术、人才、环境"五大提升行动",推动融合发展尽快从相"加"迈向相"融",不断提升融合发展质量和水平。支持青岛日报社、市广播电视台采编生产流程集约化改造,建设统一指挥调度的融媒体中心、全媒体采编平台等"中央厨房",推动各种要素深度融合、各种资源充分共享、各种媒介互联互通,生产全媒体产品。推进青岛日报融媒体、青岛广电融媒体、青岛出版融媒体等传播集群建设,加大对都市类媒体和新媒体平台的整合力度,逐步减少同质化竞争,集中力量做大做强重点融媒体平台,形成立体化、网络化、广覆盖的现代传播体系。

3.发展壮大网上舆论阵地

遵循网络传播规律,强化互联网思维,加快网络媒体发展。加强重点新闻网站和政府网站建设。加强教育引导,不断提升网民网络文明素养,培育健康的网络生态。依法加强网络管理,强化网站主体责任,健全网站分级分层管理体制。加强新闻媒体及其从业人员"两微一端"管理,制定青岛市新闻网站(新媒体)管理工作细则。统筹推进网络舆论引导、网络文化建设、网络文明传播、网络公益活动,增亮网络底色、激发网络正气。

4.规范传播秩序

将所有从事新闻信息服务、具有媒体属性和舆论动员功能的传播平台纳入管理范围,加强所有新闻信息服务和相关业务从业人员管理,统一管理制度和管理要求。落实互联网分类管理办法,加强网络媒体管理。加强网站新闻来源管理,规范商业网站转载行为和网络转载版权秩序。建立完善网络版权使用机制。加强新闻采编专业人员职务行为信息管理。加强互联网信息搜索引擎、即时通信工具、移动新闻客户端等管理,明确微博、微信等的运营主体对所传播内容的主体责任。加大对新闻界突出问题治理力度。严厉打击网络谣言、有害信息、虚假新闻、新闻敲诈和假媒体假记者。

(三)培育和践行社会主义核心价值观

把社会主义核心价值观融入经济社会发展各领域、贯穿社会生活全过程,加强教育引导、舆论宣传、文化熏陶、实践养成和制度保障,推动社会主义核心价值观宣传教育落细落小落实。

1.推进社会主义核心价值观学习实践具体化系统化

加强对社会主义核心价值观的研究阐释和宣传普及,充分运用各类媒体、文艺作品、公益广告和群众性文化活动等开展主题宣传。加强社会主义核心价值观载体建设,深入开展优良家风传承、优良校训倡导、企业精神培育、乡贤文化创新发展等专项行动。强化实践养成,注重典型示范,开展文化培育,精心设计开展人民群众喜闻乐见的活动。深入实施爱国主义教育实施纲要,把社会主义核心价值观纳入国民教育体系,增强学生爱国精神、社会责任感和实践创新能力。发扬红色传统,传承红色基因,用好革命历史类纪念设施、遗址和各类爱国主义教育示范基地等红色资源。弘扬社会主义法治精神,把社会主义核心价值观融入法治建设,推动公正文明执法司法,彰显社会主流价值。推动社会治理体现社会主义核心价值观要求,强化公共政策的价值导向,探索建立重大公共政策道德风险评估和纠偏机制。

2.加强和改进群众性思想政治工作

加强对社会热点难点焦点问题的应对解读,积极回应社会关切,合理引导社会预期,推动解决实际问题。充分利用重大纪念日和重要节庆日,依托基层公共文化设施和场所,组织开展形势政策教育。加强和改进基层宣传思想文化工作,推动基层党组织、基层单位、城乡社区有针对性地加强思想政治工作,创新非公有制经济组织和社会组织的思想政治工作方式。加强青少年思想政治工作。加强高校思想政治建设。持续深入推进"基层工作加强年"活动。健全人文关怀和心理疏导机制,培育自尊自信、理性平和、积极向上的社会心态。

3.深入推进公民道德建设和群众性精神文明创建活动

加强社会公德、职业道德、家庭美德、个人品德教育。充分发挥党员干部的模范带头作用。礼敬英雄人物,加强对重大典型和道德模范的学习宣传。弘扬"微尘""红飘带"精神,常态化评选"文明市民"和"感动青岛"道德模范。弘扬中华传统美德，开展孝敬教育、勤劳节俭教育、文明礼仪教育，创新发展乡贤文化。加强社会诚信建设，推进诚信建设制度化。坚持从细节抓起，大力倡导文明排队、文明驾驶、文明乘车、文明行路，广泛开展"你懂得，别忘了"文明礼仪宣传倡导活动，深入开展群众性精神文明创建活动，推动文明城市、文明村镇、文明单位、文明家庭、文明校园"五大创建"常态化，全面提升市民文明素质和城市文明程度，争取继续蝉联全国文明城市荣誉称号。全面落实《青岛市文明行为促进条例》，提升城市文明建设法治化水平。深入推进学雷锋志愿服务制度化、专业化、常态化，加强志愿服务组织、项目和基地建设，打造"大爱青岛"志愿服务品牌。针对群众反映强烈的突出问题，深入开展文明旅游、文明交通、文明办网、文明上网等专项文明行动，不断提升城市文明水平。

(四) 繁荣文化产品创作生产

牢固树立以人民为中心的创作导向，坚持"二为"方向和"双百"方针，加强规划指导，着力扶持优秀文化产品创作生产，突出本土元素，打造精品力作，延续城市"文化基因"，叫响"青岛文艺"品牌。

1. 把握正确创作导向

牢固树立以人民为中心的创作导向，坚持"二为"方向和"双百"方针，努力为人民抒写、抒情、抒怀，满足人民群众多样化、多层次的文化需求，推动文学艺术繁荣发展。广泛开展"深入生活、扎根人民"主题实践活动，讲好百姓身边日常故事。完善深入生活采风创作活动管理办法，支持广大文艺工作者"到人民中去"。建立支持文艺工作者长期深入生活扎根基层的长效保障机制。

2. 实施文艺精品创作生产工程

牢固树立精品意识，突出重大现实题材、"中国梦"题材、爱国主义题材、重大革命和历史题材、优秀传统文化题材、青少年题材等专项创作，加强创作规划和选题策划，推出一批有筋骨、有道德、有温度、艺术震撼力强的精品力作。加强本土特色创作，打造一批凸显"青岛印记"的文艺精品。组织"一带一路"主题系列文艺创作。加大精品创作扶持力度，抓好文学、剧本、作曲等基础性环节，支持戏剧、电影、电视、音乐、舞蹈、美术、摄影、书法、曲艺、杂技等艺术门类创新发展。推进高雅艺术和优秀传统文化进校园活动。加强网络文化产品创作生产，推动网络文学、网络剧、微电影等新兴文艺类型健康繁荣有序发展。推动传统文艺与网络文艺创新性融合，促进优秀作品多渠道传输、多平台展示、多终端推送。

3. 完善文艺创作生产体制机制

根据文艺创作生产组织方式、投入方式、队伍结构、媒体环境、市场供求等方面出现的新情况新变化，加强组织协调，整合各类文艺资源，广泛吸引和动员社会力量参与文艺作品创作生产，形成推进文艺精品创作的强大合力。建立完善重大题材、重点作品创作规划策划机制，把长远规划、年度计划和临时性工作任务结合起来，形成重点文艺作品梯次推进的格局。充分发挥党委宣传部门在引导扶持文艺精品创作生产中的主导作用，综合运用政策扶持、财政投入、评奖激励等杠杆作用，创新文艺精品创作生产的扶持机制。建立健全科学合理的文化产品评价体系，把价值取向、艺术水准、受众反应、社会影响等作为主要指标，合理设置反映市场接受程度的量化指标。全面落实国家知识产权战略，建立健全信息网络传播权长效保护机制，以版权保护促进文化创新。完善版权相关法规制度、行政执法体制和社会服务体系，依法打击侵权盗版行为，保护版权权利人利益。

(五) 着力构建现代公共文化服务体系

坚持政府主导、社会参与、重心下移、共建共享，注重有用、适用、综合、配套，统筹建设、使用和管理，着力构建普惠性、保基本、均等化、可持续的现代公共文化服务体系。

1. 优化提升公共文化服务设施和服务网络

全面落实国家公共文化服务指导标准，健全各级各类公共文化基础设施。加快推进市文化艺术中心、演艺大厦、新图书馆、市博物馆扩建、市电影博物馆、"青岛文学艺术家之家"等重大文化设施项目建设和国家文物局水下文化遗产保护中心北海基地建设，形成一批体现城市特色的重大文化设施。立足实际，注重实效，加快区（市）公共文化服务设施一体化建设，规划建设集图书馆、文化馆、博物馆、美术馆等文化设施功能于一体的文化综合体，打造富有地方特色的区域性综合文化中心。探索"互联网+公共文化服务"模式，推进公共文化服务数字化建设，强化数字图书馆、数字文化馆、数字博物馆建设，开发文化资源移动客户端。鼓励社会力量投资或捐助公共文化设施设备。

2.推动基层公共文化设施资源共建共享

统筹公共文化设施网络和重点文化惠民工程，避免重复建设。整合宣传文化、党员教育、科普普法、体育健身等资源，建设完善镇（街道）、村（社区）综合文化服务设施。合理利用历史街区、民宅村落、闲置厂房等，兴办公共文化项目。以区（市）图书馆、文化馆为中心推进总分馆制。深入实施文化惠民工程，提高公共文化产品和服务供给能力，保证公共文化产品和服务有效供给。深入实施全民阅读工程，支持实体书店发展，开展"读书月""悦读季"等全民阅读活动，提升社区书屋、农家书屋数字化水平。推进公共文化设施免费开放。搭建公共文化服务云平台，为市民提供不受时间、地域限制的一站式服务。

3.创新公共文化服务运行机制

完善公共文化服务公众需求反馈机制，及时调整公共文化产品和服务内容、形式、供给方向，精准化满足人民群众文化需求。完善政府向社会力量购买公共文化服务机制。鼓励社会组织和企业参与公共文化设施运营和产品服务供给。建立"按需制单、百姓点单"模式，明确由基层选定为主的公共文化服务项目，健全配送网络。强化面向特定地域、特殊群体的公共文化服务，促进公共文化服务均等化。加大文化扶贫力度。开发和提供适合老年人、未成年人、农民工、残疾人等群体的基本公共文化产品和服务。完善文化科技卫生"三下乡"长效机制。完善公共文化考核评价，探索建立第三方评价机制。

（六）完善现代文化市场体系和现代文化产业体系

将加快发展文化产业作为实施新旧动能转换重大工程的重要方面，坚持规划引领、政策驱动、跨界融合，加快发展步伐，优化产业结构和空间布局，促进文化资源与文化产业有机融合，扩大和引导文化消费，提高规模化集约化专业化水平，提高文化产业发展质量和效益。

1.发展壮大文化市场主体

加大对龙头企业、项目的培育支持力度，大力发展骨干文化企业，着力培育一批主业突出、核心竞争力强、市场占有率高的综合性文化企业集团。深入开展国有文化企业"对标超越"活动，推动青岛报业传媒集团、青岛广电影视传媒集团、青岛出版集团、青岛演艺集团等国有文化企业加快转型升级，推动跨所有制并购重组，着力做优做强做大。加大招商引资力度，吸引国内外优秀文化企业来青投资创业发展。鼓励和引导非公有制文化企业发展。支持"专、精、特、新"中小微文化企业发展。启动文化创客空间扶持工程，吸引优质文化产业项目落地孵化，扩大文化内容生产者、创意实现者、产品营销者、跨界融合者以及民间工艺传承人等文化创客规模，到2020年全市文化创客群体规模达到50万人。

2.推进文化市场建设

着力构建统一开放、竞争有序的现代文化市场体系，完善文化市场准入和退出机制。加快文化产品市场建设，发展基于互联网的新型文化市场业态，发展电子票务、电影院线、演出院线、网络书店等现代流通组织形式。加快培育健全文化产权、版权、人才、技术等文化要素市场，高水平建设青岛国际版权交易中心，举办中国青岛东亚版权创意精品展示交易会等展会，争取举办更多具有全国乃至全球影响力的品牌展会。创新文化投融资体制，推动文化资源与金融资本有效对接。鼓励有条件的国有文化企业利用资本市场发展壮大，推动资产证券化。以入选首批国家消费试点城市为契机，积极培育和扩大文化消费，加强文化消费场所建设，支持建设文化娱乐综合体，支持艺术街区、特色书店和小剧场等建设，鼓励将文化消费嵌入各类消费场所，开展新型文化消费金融服务模式。完善促进市民文化消费的政策措施。发展文化旅游，扩大休闲娱乐消费。培育和发展农村文化市场。加强城乡出版物发行网点建设。规范出版物市场价格行为。加强文化行业组织建设，发展文化中介服务。加强文化市场管理，深入开展"扫黄打非"。

3.优化文化产业结构布局

实施科技创新、文化创新双轮驱动战略，提升科技创新对文化创新贡献率，加强文化内容创新、形式创新、业态创新，推动传统文化产业转型升级，加快发展新兴产业。全面对接"三中心一基地"建设，加强产业功能区规划，按照产业集聚、空间集约、功能集中的原则，优化产业空间布局。全面梳理我市广播影视、新闻出版、视觉艺术以及文化金融等各产业发展情况，聚焦重点行业和区域，加大培育扶持力度，着力打造一批具有全国影响力和辐射力的文化行业和园区，发展一批特色文化产业园区和基地。结合推进新型城镇化，推动建设融合式发展楼宇、园区和特色小镇。

4.打造世界级影视文化产业高地

充分发挥东方影都等重点项目的龙头带动作用，加快灵山湾影视文化产业区建设，吸引集聚优势产业资源，不断拓宽影视产业链，构筑影视投资、影视摄制、电影发行、院线管理等现代影视产业集群。深化影视单位体制机制改革，促进影视制作机构转型升级，激发创造活力。全面提升影视作品策划制作水平和影视创作组织化程度，统筹考虑城市禀赋、资源优势、产业基础和发展定位，创作推出一批展现青岛题材、青岛元素、青岛形象的影视精品，讲好"青岛故事"。成立青岛影视发展中心。推进国家电影交易中心建设，搭建电影交易平台。申创联合国教科文组织创意城市网络"电影之都"，建设世界知名的"影视之城"。

5.推进文化与相关产业融合发展

大力推进文化与科技、旅游、金融、制造、体育等产业深度融合，健全经济部门和宣传文化部门共同促进文化与相关产业融合发展的工作机制。加强国家级文化和科技融合示范基地、国家虚拟现实高新技术产业化基地建设。探索在崂山区、黄岛区创建文化金融合作试验区。实施"互联网+文化"行动，加快文化产业与互联网、物联网、大数据等新业态的有效对接，抢占文化产业发展制高点。

（七）传承弘扬优秀传统文化

充分发挥青岛作为国家历史文化名城的优势，深入实施中华优秀传统文化传承发展工程，推动优秀传统文化创新性发展、创造性转化，让中华优秀传统文化拥有更多的传承载体、传播渠道和研习人群，增强文化自信，助力宜居幸福创新型国际城市建设。

1.建立和完善优秀传统文化传承体系

系统梳理传统文化资源，加强对青岛优秀传统文化的系统性研究、抢救性挖掘和创新性阐发。广泛开展优秀传统文化宣传普及，推动优秀传统文化进课堂、进社区、进农村、进企业、进机关。深入开展"我们的节日"主题活动，开设基层文化讲堂，开展丰富多彩的群众性经典诵读、节日民俗和文化娱乐活动。

2.加强文化遗产保护传承

健全文物和非物质文化遗产普查、登记、建档、认定制度，加强对重点文物保护单位、历史文化名城名街名镇名村、非物质文化遗产等珍贵遗产资源保护。推动名人故居保护利用工作，引导社会力量参与故居保护利用。加强非物质文化遗产代表性项目和传承人名录体系建设，实施非物质文化遗产代表性项目和传承人扶持计划。做好近现代优秀历史建筑保护利用、海上丝绸之路文化遗产研究保护、乡村记忆（传统村落、古民居）保护等重点工作。规划建设滨海文化长廊，以海岸线为依托，将海山、海岛、海岸、海港、海城、海防等海洋自然与人文景观，以及重点文化设施和文化项目串点成线，构筑集聚联通的文化线路和区间，打造富有青岛地域特色、具有国际影响力的滨海文化长廊。建设考古遗址公园，实施齐长城人文自

然景观展示工程。加大对民间文学、民俗文化、民间音乐舞蹈戏曲等遗产的抢救力度，打造一批民间文化艺术之乡。加强对传统工艺的传承保护和开发创新，挖掘技术和文化双重价值。推动传统工艺走进现代生活，运用现代设计改进传统工艺，促进传统工艺提高品质、形成品牌、带动就业。大力发展有历史记忆、地域特色的美丽城镇、美丽乡村。积极争创国家级、省级文化生态保护区。

3.着力打造"博物馆之城"

鼓励企业、事业单位、社会团体和公民等社会力量投资兴办各种类型博物馆；挖掘城市风貌及地域文化特色，着力建设海洋文化、工业遗产、城市建筑、名人故居等博物馆群。完善博物馆公共文化服务功能，将更多博物馆纳入财政支持的免费开放范围，提升博物馆公共文化服务质量和水平。到2020年底，全市博物馆总数超过100家，实现每10万人拥有1个博物馆，形成以公办博物馆为主体，以行业博物馆、非国有博物馆为辅助的博物馆发展格局。

（八）提高文化开放水平

统筹对外文化交流、传播和贸易，加快文化"走出去"步伐，着力建设具有国际竞争力和影响力的对外文化贸易强市，提升城市知名度和美誉度，树立良好城市形象。

1.加强对外传播能力建设

加强城市形象对外宣传推介，高水平做好对外宣传议题设置和选题策划、对外供稿信息采编、外宣印刷产品制作、外宣音像产品制作等工作，运用融通中外的新概念新范畴新表述做好重点内容生产，提高外宣品制作水平。充分利用新媒体、新技术开展对外宣传，探索在海外建立外宣基地，形成海外传播矩阵。加强与国外媒体特别是重点华文媒体的合作交流，积极拓展与"一带一路"沿线国家、发展中国家媒体的联系，每年新增1家合作媒体，每个洲合作媒体达到3家以上，推动"借嘴说话""借筒传声""借台唱戏"，增强对外传播实效。鼓励有实力的文化企业在境外购买媒体播出时段和报刊版面，开办广播电视频率频道等。

2.积极发展对外文化贸易

大力培育对外文化贸易主体，打造一批外向型骨干文化企业。到2020年，我市对外文化贸易企业力争突破2000家，培育10个国家级文化出口重点企业和10个文化出口重点项目，形成一批青岛文化出口品牌。重点加强与"一带一路"沿线国家文化交流合作，深化欧美日韩文化贸易往来，支持企业参加文化贸易促进活动，推动文化产品和服务出口不断增长。鼓励开展境外文化投资合作，扩大境外优质文化资产规模。推进文化贸易基地和文化产业园区建设，加快建设青岛国际文化产业保税园区，推进文化贸易企业聚集化、国际化发展。

3.扩大文化交流合作

深化与国际友城的文化交流，探索在重点国际友城设立青岛文化艺术交流中心。支持民间力量参与对外文化交流，发挥海外侨胞的积极作用。实施"东亚文化之都"建设工程，搭建国际文化交流平台，推进"东亚文化之都联盟"建设，加强与欧美、东盟等区域"文化之都"交流合作。统筹引进来和走出去，坚持以我为主、为我所用，积极吸收借鉴国外有益文化成果、先进经营管理理念和经验做法。加强与港澳台文化交流合作，共同弘扬中华文化。

（九）深入推进文化体制机制改革创新

遵循社会主义精神文明建设规律，把握文化创作生产传播特点，进一步发挥市场在文化资源配置中的积极作用，加强制度创新，构建确保把社会效益放在首位、社会效益和经济效益相统一的体制机制，调动全社会参与文化发展改革的积极性、主动性、创造性。

1.全面深化文化体制改革

正确处理党委、政府、市场、社会之间的关系，建立健全党委领导、政府管理、行业自律、社会监督、企事业单位依法运营的文化体制机制。加大供给侧结构性改革力度，增强文化产品和服务有效供给。深化公益性文化事业单位改革，强化社会服务功能。加强文化领域信用体系建设。推动国有文化企业加快完善文化生产经营机制，提高市场开发和营销能力。引导非公有资本有序进入、规范经营，鼓励社会各方面参与文化创业。科学区分文化建设项目类型，可以产业化、市场化方式运作的以产业化、市场化方式动作。推广政府和社会资本合作（PPP）模式，允许社会资本参与图书馆、文化馆、博物馆、剧院等公共文化设施建设和运营。

2.完善文化管理体制

加强文化宏观管理,理顺统领全市文化发展改革的领导体制和运行机制,巩固筑牢宣传思想文化阵地。深化文化行政管理体制改革,推动政府职能转变,赋予文化企事业单位更多的法人自主权。完善互联网管理领导体制,加强互联网文化管理制度建设,完善有关管理工作联动机制。健全国有文化资产管理体制机制。深化文化市场综合行政执法改革,理顺执法机构与有关行政管理部门之间的关系,全面落实行政执法责任制。推进文化类社会组织和行业自律建设,深化文联、作协、记协改革。

3.深化文化事业单位改革

分类推进文化事业单位改革,进一步明确不同单位的功能定位。深化人事、收入分配、社会保障、经费保障等制度改革,加强绩效评估考核。推动公共文化馆、图书馆、博物馆、美术馆等建立事业单位法人治理结构。加大对党报党刊、电台电视台等主流媒体扶持力度,加强内部管理,严格实行采编与经营分开,规范经营活动。在坚持出版权、播出权特许经营前提下,允许制作和出版、制作和播出分开。

4.建立健全有文化特色的现代企业制度

加快国有文化企业公司制股份制改造,科学设置内部组织结构,强化经营管理。深化企业内部改革。完善社会效益和经济效益综合考核评价指标体系,建立健全社会效益的具体评价标准,建立考核结果与薪酬分配挂钩的绩效考核制度。推动从事内容创作生产传播的文化企业建立健全编委会、艺委会等专门机构,把社会效益要求纳入公司章程,贯穿到生产经营管理各环节和全过程。推动党政部门逐步与所属文化企业脱钩,理顺主管主办单位与出资人机构关系。

5.加强文化法规制度建设

全面贯彻落实国家公共文化服务保障、网络安全、电影产业促进、知识产权保护、非物质文化遗产保护、文化市场管理等方面法律法规。积极推进地方文化立法进程,按照"立、改、废"要求,全面梳理现有文化领域地方性法规、政府规章,推进城市公共艺术、文化遗产保护等方面法规制度建设,切实把文化建设和管理纳入法治化轨道。对文化重大项目、文化财政投入和文化建设规划等重大文化决策,建立完善公众参与、专家论证、风险评估、合法性审查、集体讨论决定的依法决策机制,加强社会参与和监督力度,营造促进文化繁荣发展的良好法治环境。

(十)加强文化人才队伍建设

坚持党管干部、党管人才,突出抓好思想政治建设,全面提高能力素质,加快培养造就一支政治坚定、业务精湛、作风优良、德才兼备、党和人民放心的文化人才队伍。

1.加强思想政治建设和职业道德建设

选好配强宣传思想文化单位领导班子,做到讲政治、强党性、敢担当、勇创新、严律己。大力加强马克思主义新闻观、文艺观教育,开展分层分类培训。深入开展"深入生活、扎根人民""走基层、转作风、改文风"等主题实践活动。

2.培养造就高层次文化人才

加强领军人才建设,建立健全重大文化项目首席专家制度。每年重点资助一批哲学社会科学、新闻出版、广播影视、文化艺术、文化产业、文化遗产保护等方面优秀人才。积极参与全国文化名家暨"四个一批"人才工程、国家高层次人才特殊支持计划和我省泰山学者工程、齐鲁文化名家工程,对入选者进行重点培养,加强资助管理。加强文化产业投资运营、文化企业管理、媒体融合发展、网络信息服务等方面复合型人才和紧缺人才培养,多渠道引进高层次文化人才。完善文化人才引进管理办法和各项扶持政策,积极引进高、精、尖专业文化人才及其团队。加强对创新创业人才的支持力度,鼓励支持各类文化企业与科研机构、高等院校结成创新型组织,为人才干事创业、施展才华搭建平台。鼓励区(市)建设特色化创业基地和创业园区,为各类创意人才群体创业发展提供良好条件。

3.加强基层宣传文化人才队伍建设

完善学习培训、待遇保障等政策措施，吸引优秀文化人才服务基层。鼓励文化体制改革中分流人员到基层文化机构工作。优化文化队伍结构，提高市、区（市）文化单位业务人员比重。配齐配好镇（街道）综合文化站专职人员，选配好行政村（社区）宣传文化专兼职工作人员，推动解决基层文化单位人员配置、基本待遇、工作条件等方面的实际问题。打造专兼结合的基层工作队伍，扶持民间文艺社团、业余队伍，培养乡土文化能人、民间文化传承人和各类文化活动骨干。强化职业院校文化艺术类专业建设，鼓励民间艺人、技艺大师到职业院校兼职任教。深入推进服务农民、服务基层文化建设先进集体创建活动。大力发展文化志愿者队伍，鼓励社会各方面人士提供公共文化服务、参与基层文化活动。

4.优化文化人才发展环境

创新人才工作机制，健全人才培养开发、评价发现、选拔任用、激励保障等机制。完善人才教育培训机制，引导支持驻青高校、社会培训机构开展文化产业研究和文化人才培养，吸引国内外著名培训组织来青建立文化培训机构，构建多层次、多渠道、多门类的文化人才培养培训体系。推进人事制度改革，进一步形成竞争择优的用人机制，鼓励各类文化人才脱颖而出。定期举办培训班，加强文化系统干部培训。加大人才宣传推介力度，组织主要新闻媒体和重点新闻网站开设专题专栏，宣传具有代表性的文化人才典型。

（十一）完善和落实文化经济政策

加大政策创新和执行力度，进一步健全文化经济政策体系，增强针对性、拓展覆盖面，强化政策引导激励和兜底保障作用，为坚持把社会效益放在首位、社会效益和经济效益相统一提供强有力的支撑。

1.加大财政投入

完善公共财政文化投入机制，多渠道筹措资金支持文化发展改革。合理划分各级政府在文化领域的财政事权和支出责任，明确其主体责任。进一步完善转移支付体制，加大市级财政转移支付力度，重点向经济薄弱镇、村和贫困村倾斜。加大财政补助资金的统筹力度，继续设立宣传文化发展专项资金及文艺精品创作专项资金。建立稳定的公共文化服务经费保障机制，优先安排涉及广大人民群众切身利益的文化项目，重点保障基层公共文化机构正常运转和基本公共文化活动有序开展所需经费，支持公共文化机构技术改造和设备投入。加大政府向社会力量购买公共文化服务的力度。创新文化产业发展专项资金管理模式，提高资金使用效益。市属重点文化企业，经市政府依法依规批准，2020年底前可免缴国有资本收益。整合现有各类文化方面专项资金，重点支持文化产业发展平台建设和高精特新及骨干文化企业发展。建立财政文化预算安排与资金绩效评价结果挂钩制度。通过政府购买服务、原创剧目补贴、以奖代补等方式，着力扶持文艺院团发展改革。

2.落实和完善文化税收与金融政策

落实经营性文化事业单位转制为企业以及支持文化创意和设计服务、电影、动漫、出版发行等文化企业发展的相关政策，落实支持社会组织、机构、个人捐赠和兴办公益性文化事业的相关政策。落实非物质文化遗产项目经营等方面的税收优惠政策。鼓励金融机构开发适合文化企业特点的文化金融产品。支持符合条件的文化企业直接融资，支持上市文化企业利用资本市场并购重组。完善文化金融中介服务体系，促进文化金融对接。探索开展无形资产评估、抵押、质押贷款业务。鼓励开发文化消费信贷产品。

3.健全文化贸易促进政策

落实和完善鼓励文化产品和服务出口的政策措施，加大对文化企业、文化产品和服务"走出去"扶持力度。鼓励文化企业参加国际性重点展会和文化宣传交流活动，大力培育外向型文化企业和产业基地，支持有条件的企业在境外设立企业和分支机构。加快文化产品和服务出口基地建设，积极推荐支持更多企业列入国家、省文化出口重点企业目录。支持开展涉外知识产权维权工作。

4.加强文化建设用地保障

将文化用地纳入城乡发展规划、土地利用总体规划，在国家土地政策许可范围内，优先保证重要公益性文化设施和文化产业设施、项目用地。城市建设用地增设文化产业规划用地类型。积极推进老城区搬迁企业用地根据相关规划优先用于发展文化产业，鼓励利用存量建设用地发展文化产业项目。文化企业改制为一般竞争性企业的，原生产经营性划拨用地可采用协议出让或租赁方式进行土地资产处置。对城镇数字影院建设使用国有土地，符合土地利用总体规划和城乡规划的，给予土地供应支持，对只有一个意向用地者的，可按法律法规规定以协议方式供地。新建、改建、扩建居民住宅区，按照国家有关规定规划和建设相应的文化体育设施。

三、组织实施

（一）党委和政府切实担负起文化发展改革的政治责任

各级党委和政府要把"十三五"时期文化发展改革规划纲要提出的目标任务纳入经济社会发展全局，作为评价地区发展水平、衡量发展质量和考核领导干部工作业绩的重要内容，切实加强组织领导，确保各项任务落实落地。各级领导干部特别是党员领导干部，要学会用先进文化引领发展，把加强文化建设作为"一把手"工程，经常研究部署、靠前督导检查，及时解决工作推进中的重点难点问题。充分发挥市文化体制改革和文化产业发展工作领导小组作用，加强对文化发展改革的组织协调、督查指导。

（二）加强文化领域领导班子和党组织建设

配齐配强文化领域各级领导班子，切实加强思想政治、业务能力建设。各级领导干部要切实提高驾驭文化发展改革能力，加强文化理论学习和文化问题研究，提高文化综合素养，努力成为领导文化建设的行家里手。把文化建设内容纳入干部培训计划。结合文化单位特点加强和创新基层党的工作，发挥好文化事业单位、国有和国有控股文化企业党组织的领导核心和政治核心作用。注重在文化领域优秀人才中发展党员。重视文化领域非公有制经济组织和社会组织党的组织建设。

（三）健全共同推进文化建设工作机制

坚持和完善党委统一领导、党政齐抓共管、宣传部门组织协调、有关部门分工负责、社会力量积极参与的工作体制和工作格局，形成推动文化建设的强大合力。网信、文广新等部门要认真履行职责，抓紧制定本领域的专项规划，报市文化体制改革和文化产业发展工作领导小组批准后实施。发展改革、经济和信息化、教育、科技、商务、体育、旅游发展、会展等部门，要按照全市统一部署和各自职责分工，切实做好文化青岛建设有关工作。财政、人力资源社会保障、国土资源房管、规划、工商、国有资产监管、物价、税务等部门，要用足用活有关文化发展扶持政策，做好文化重点工程保障实施工作。统计部门要加强科学统计，做好文化产业统计工作。工会、共青团、妇联、文联、科协、社科联要发挥好联系群众、组织群众的重要作用，动员全社会广泛参与。统筹市、区（市）资源，充分发挥区（市）工作积极性，推进文化招商引资、招才引智、项目与园区建设等重点工作。各区市各有关部门要加强对本规划纲要实施情况的跟踪分析和监督检查，推动各项任务措施落到实处。